证券公司合规管理人员胜任能力考试参考用书

证券公司合规管理
法律法规手册

《证券公司合规管理法律法规手册》编委会　编

中国财政经济出版社

图书在版编目（CIP）数据

证券公司合规管理法律法规手册／《证券公司合规管理法律法规手册》编委会编．—北京：中国财政经济出版社，2010.6

ISBN 978－7－5095－2268－4

Ⅰ．①证…　Ⅱ．①证…　Ⅲ．①证券交易所－法规－中国－手册　Ⅳ．①D922.287－62

中国版本图书馆CIP数据核字（2010）第094609号

责任编辑：付克华　王艳红　　　责任校对：赵翠平

封面设计：郁　佳　　　版式设计：苏　红

中国财政经济出版社 出版

URL：http：//www.cfeph.cn

E－mail：cfeph@cfeph.cn

社址：北京市海淀区阜成路甲28号　邮政编码：100142

营销中心电话：010－88190406　北京财经书店电话：010－64033436

北京财经印刷厂印刷

787×1092毫米　16开　48印张　1181.000字

2010年6月第1版　2010年6月第1次印刷

定价：75.00元

ISBN 978－7－5095－2268－4/D·0106

（图书出现印装问题，本社负责调换）

本社质量投诉电话：010－88190744

目 录

一、常 用 篇

二、证券公司管理规则篇

（一）法人治理

（二）人员管理

（五）IT　治　理

（六）其他管理规则

三、证券公司业务规则篇

(一) 经纪业务

一、常 用 篇

中华人民共和国公司法

（2005 年 10 月 27 日 中华人民共和国主席令第 42 号，1993 年 12 月 29 日第八届全国人民代表大会常务委员会第五次会议通过 根据 1999 年 12 月 25 日第九届全国人民代表大会常务委员会第十三次会议《关于修改〈中华人民共和国公司法〉的决定》第一次修正 根据 2004 年 8 月 28 日第十届全国人民代表大会常务委员会第十一次会议《关于修改〈中华人民共和国公司法〉的决定》第二次修正 2005 年 10 月 27 日第十届全国人民代表大会常务委员会第十八次会议修订 2006 年 1 月 1 日实施）

第一章 总 则

第一条 为了规范公司的组织和行为，保护公司、股东和债权人的合法权益，维护社会经济秩序，促进社会主义市场经济的发展，制定本法。

第二条 本法所称公司是指依照本法在中国境内设立的有限责任公司和股份有限公司。

第三条 公司是企业法人，有独立的法人财产，享有法人财产权。公司以其全部财产对公司的债务承担责任。

有限责任公司的股东以其认缴的出资额为限对公司承担责任；股份有限公司的股东以其认购的股份为限对公司承担责任。

第四条 公司股东依法享有资产收益、参与重大决策和选择管理者等权利。

第五条 公司从事经营活动，必须遵守法律、行政法规，遵守社会公德、商业道德，诚实守信，接受政府和社会公众的监督，承担社会责任。

公司的合法权益受法律保护，不受侵犯。

第六条 设立公司，应当依法向公司登记机关申请设立登记。符合本法规定的设立条件的，由公司登记机关分别登记为有限责任公司或者股份有限公司；不符合本法规定的设立条件的，不得登记为有限责任公司或者股份有限公司。

法律、行政法规规定设立公司必须报经批准的，应当在公司登记前依法办理批准手续。

公众可以向公司登记机关申请查询公司登记事项，公司登记机关应当提供查询服务。

第七条 依法设立的公司，由公司登记机关发给公司营业执照。公司营业执照签发日期为公司成立日期。

公司营业执照应当载明公司的名称、住所、注册资本、实收资本、经营范围、法定代表人姓名等事项。

公司营业执照记载的事项发生变更的，公司应当依法办理变更登记，由公司登记机关换发营业执照。

第八条 依照本法设立的有限责任公司，必须在公司名称中标明有限责任公司或者有限公司字样。

依照本法设立的股份有限公司，必须在公司名称中标明股份有限公司或者股份公司字样。

第九条 有限责任公司变更为股份有限公司，应当符合本法规定的股份有限公司的条件。股份有限公司变更为有限责任公司，应当符合本法规定的有限责任公司的条件。

有限责任公司变更为股份有限公司的，或者股份有限公司变更为有限责任公司的，公司变更前的债权、债务由变更后的公司承继。

第十条 公司以其主要办事机构所在地为住所。

第十一条 设立公司必须依法制定公司章程。公司章程对公司、股东、董事、监事、高级管理人员具有约束力。

第十二条 公司的经营范围由公司章程规定，并依法登记。公司可以修改公司章程，改变经营范围，但是应当办理变更登记。

公司的经营范围中属于法律、行政法规规定须经批准的项目，应当依法经过批准。

第十三条 公司法定代表人依照公司章程的规定，由董事长、执行董事或者经理担任，并依法登记。公司法定代表人变更，应当办理变更登记。

第十四条 公司可以设立分公司。设立分公司，应当向公司登记机关申请登记，领取营业执照。分公司不具有法人资格，其民事责任由公司承担。

公司可以设立子公司，子公司具有法人资格，依法独立承担民事责任。

第十五条 公司可以向其他企业投资；但是，除法律另有规定外，不得成为对所投资企业的债务承担连带责任的出资人。

第十六条 公司向其他企业投资或者为他人提供担保，依照公司章程的规定，由董事会或者股东会、股东大会决议；公司章程对投资或者担保的总额及单项投资或者担保的数额有限额规定的，不得超过规定的限额。

公司为公司股东或者实际控制人提供担保的，必须经股东会或者股东大会决议。

前款规定的股东或者受前款规定的实际控制人支配的股东，不得参加前款规定事项的表决。该项表决由出席会议的其他股东所持表决权的过半数通过。

第十七条 公司必须保护职工的合法权益，依法与职工签订劳动合同，参加社会保险，加强劳动保护，实现安全生产。

公司应当采用多种形式，加强公司职工的职业教育和岗位培训，提高职工素质。

第十八条 公司职工依照《中华人民共和国工会法》组织工会，开展工会活动，维护职工合法权益。公司应当为本公司工会提供必要的活动条件。公司工会代表职工就职工的劳动报酬、工作时间、福利、保险和劳动安全卫生等事项依法与公司签订集体合同。

公司依照宪法和有关法律的规定，通过职工代表大会或者其他形式，实行民主管理。

公司研究决定改制以及经营方面的重大问题、制定重要的规章制度时，应当听取公司工会的意见，并通过职工代表大会或者其他形式听取职工的意见和建议。

第十九条 在公司中，根据中国共产党章程的规定，设立中国共产党的组织，开展党的活动。公司应当为党组织的活动提供必要条件。

第二十条 公司股东应当遵守法律、行政法规和公司章程，依法行使股东权利，不得滥用股东权利损害公司或者其他股东的利益；不得滥用公司法人独立地位和股东有限责任损害公司债权人的利益。

公司股东滥用股东权利给公司或者其他股东造成损失的，应当依法承担赔偿责任。

公司股东滥用公司法人独立地位和股东有限责任，逃避债务，严重损害公司债权人利益的，应当对公司债务承担连带责任。

第二十一条 公司的控股股东、实际控制人、董事、监事、高级管理人员不得利用其关联关系损害公司利益。

违反前款规定，给公司造成损失的，应当承担赔偿责任。

第二十二条 公司股东会或者股东大会、董事会的决议内容违反法律、行政法规的无效。

股东会或者股东大会、董事会的会议召集程序、表决方式违反法律、行政法规或者公司章程，或者决议内容违反公司章程的，股东可以自决议作出之日起六十日内，请求人民法院撤销。

股东依照前款规定提起诉讼的，人民法院可以应公司的请求，要求股东提供相应担保。

公司根据股东会或者股东大会、董事会决议已办理变更登记的，人民法院宣告该决议无效或者撤销该决议后，公司应当向公司登记机关申请撤销变更登记。

第二章 有限责任公司的设立和组织机构

第一节 设 立

第二十三条 设立有限责任公司，应当具备下列条件：

（一）股东符合法定人数；

（二）股东出资达到法定资本最低限额；

（三）股东共同制定公司章程；

（四）有公司名称，建立符合有限责任公司要求的组织机构；

（五）有公司住所。

第二十四条 有限责任公司由五十个以下股东出资设立。

第二十五条 有限责任公司章程应当载明下列事项：

（一）公司名称和住所；

（二）公司经营范围；

（三）公司注册资本；

（四）股东的姓名或者名称；

（五）股东的出资方式、出资额和出资时间；

（六）公司的机构及其产生办法、职权、议事规则；

（七）公司法定代表人；

（八）股东会会议认为需要规定的其他事项。

股东应当在公司章程上签名、盖章。

第二十六条 有限责任公司的注册资本为在公司登记机关登记的全体股东认缴的出资额。公司全体股东的首次出资额不得低于注册资本的百分之二十，也不得低于法定的注册资本最低限额，其余部分由股东自公司成立之日起两年内缴足；其中，投资公司可以在五年内缴足。

有限责任公司注册资本的最低限额为人民币三万元。法律、行政法规对有限责任公司注册资本的最低限额有较高规定的，从其规定。

第二十七条 股东可以用货币出资，也可以用实物、知识产权、土地使用权等可以用货币估价并可以依法转让的非货币财产作价出资；但是，法律、行政法规规定不得作为出资的财产除外。

对作为出资的非货币财产应当评估作价，核实财产，不得高估或者低估作价。法律、行政法规对评估作价有规定的，从其规定。

全体股东的货币出资金额不得低于有限责任公司注册资本的百分之三十。

第二十八条 股东应当按期足额缴纳公司章程中规定的各自所认缴的出资额。股东以货币出资的，应当将货币出资足额存入有限责任公司在银行开设的账户；以非货币财产出资的，应当依法办理其财产权的转移手续。

股东不按照前款规定缴纳出资的，除应当向公司足额缴纳外，还应当向已按期足额缴纳出资的股东承担违约责任。

第二十九条 股东缴纳出资后，必须经依法设立的验资机构验资并出具证明。

第三十条 股东的首次出资经依法设立的验资机构验资后，由全体股东指定的代表或者共同委托的代理人向公司登记机关报送公司登记申请书、公司章程、验资证明等文件，申请设立登记。

第三十一条 有限责任公司成立后，发现作为设立公司出资的非货币财产的实际价额显著低于公司章程所定价额的，应当由交付该出资的股东补足其差额；公司设立时的其他股东承担连带责任。

第三十二条 有限责任公司成立后，应当向股东签发出资证明书。

出资证明书应当载明下列事项：

（一）公司名称；

（二）公司成立日期；

（三）公司注册资本；

（四）股东的姓名或者名称、缴纳的出资额和出资日期；

（五）出资证明书的编号和核发日期。

出资证明书由公司盖章。

第三十三条 有限责任公司应当置备股东名册，记载下列事项：

（一）股东的姓名或者名称及住所；

（二）股东的出资额；

（三）出资证明书编号。

记载于股东名册的股东，可以依股东名册主张行使股东权利。

公司应当将股东的姓名或者名称及其出资额向公司登记机关登记；登记事项发生变更的，应当办理变更登记。未经登记或者变更登记的，不得对抗第三人。

第三十四条 股东有权查阅、复制公司章程、股东会会议记录、董事会会议决议、监事会会议决议和财务会计报告。

股东可以要求查阅公司会计账簿。股东要求查阅公司会计账簿的，应当向公司提出书面请求，说明目的。公司有合理根据认为股东查阅会计账簿有不正当目的，可能损害公司合法利益的，可以拒绝提供查阅，并应当自股东提出书面请求之日起十五日内书面答复股东并说明理由。公司拒绝提供查阅的，股东可以请求人民法院要求公司提供查阅。

第三十五条 股东按照实缴的出资比例分取红利；公司新增资本时，股东有权优先按照实缴的出资比例认缴出资。但是，全体股东约定不按照出资比例分取红利或者不按照出资比例优先认缴出资的除外。

第三十六条 公司成立后，股东不得抽逃出资。

第二节 组织机构

第三十七条 有限责任公司股东会由全体股东组成。股东会是公司的权力机构，依照本法行使职权。

第三十八条 股东会行使下列职权：

（一）决定公司的经营方针和投资计划；

（二）选举和更换由非职工代表担任的董事、监事，决定有关董事、监事的报酬事项；

（三）审议批准董事会的报告；

（四）审议批准监事会或者监事的报告；

（五）审议批准公司的年度财务预算方案、决算方案；

（六）审议批准公司的利润分配方案和弥补亏损方案；

（七）对公司增加或者减少注册资本作出决议；

（八）对发行公司债券作出决议；

（九）对公司合并、分立、解散、清算或者变更公司形式作出决议；

（十）修改公司章程；

（十一）公司章程规定的其他职权。

对前款所列事项股东以书面形式一致表示同意的，可以不召开股东会会议，直接作出决定，并由全体股东在决定文件上签名、盖章。

第三十九条 首次股东会会议由出资最多的股东召集和主持，依照本法规定行使职权。

第四十条 股东会会议分为定期会议和临时会议。

定期会议应当依照公司章程的规定按时召开。代表十分之一以上表决权的股东，三分之一以上的董事，监事会或者不设监事会的公司的监事提议召开临时会议的，应当召开临时会议。

第四十一条 有限责任公司设立董事会的，股东会会议由董事会召集，董事长主持；董事长不能履行职务或者不履行职务的，由副董事长主持；副董事长不能履行职务或者不履行职务的，由半数以上董事共同推举一名董事主持。

有限责任公司不设董事会的，股东会会议由执行董事召集和主持。

董事会或者执行董事不能履行或者不履行召集股东会会议职责的，由监事会或者不设监事会的公司的监事召集和主持；监事会或者监事不召集和主持的，代表十分之一以上表决权的股东可以自行召集和主持。

第四十二条 召开股东会会议，应当于会议召开十五日前通知全体股东；但是，公司章程另有规定或者全体股东另有约定的除外。

股东会应当对所议事项的决定作成会议记录，出席会议的股东应当在会议记录上签名。

第四十三条 股东会会议由股东按照出资比例行使表决权；但是，公司章程另有规定的除外。

第四十四条 股东会的议事方式和表决程序，除本法有规定的外，由公司章程规定。

股东会会议作出修改公司章程、增加或者减少注册资本的决议，以及公司合并、分立、解散或者变更公司形式的决议，必须经代表三分之二以上表决权的股东通过。

第四十五条 有限责任公司设董事会，其成员为三人至十三人；但是，本法第五十一条另有规定的除外。

两个以上的国有企业或者两个以上的其他国有投资主体投资设立的有限责任公司，其董事会成员中应当有公司职工代表；其他有限责任公司董事会成员中可以有公司职工代表。董事会中的职工代表由公司职工通过职工代表大会、职工大会或者其他形式民主选举产生。

董事会设董事长一人，可以设副董事长。董事长、副董事长的产生办法由公司章程规定。

第四十六条 董事任期由公司章程规定，但每届任期不得超过三年。董事任期届满，连选可以连任。

董事任期届满未及时改选，或者董事在任期内辞职导致董事会成员低于法定人数的，在改选出的董事就任前，原董事仍应当依照法律、行政法规和公司章程的规定，履行董事职务。

第四十七条 董事会对股东会负责，行使下列职权：

（一）召集股东会会议，并向股东会报告工作；

（二）执行股东会的决议；

（三）决定公司的经营计划和投资方案；

（四）制订公司的年度财务预算方案、决算方案；

（五）制订公司的利润分配方案和弥补亏损方案；

（六）制订公司增加或者减少注册资本以及发行公司债券的方案；

（七）制订公司合并、分立、解散或者变更公司形式的方案；

（八）决定公司内部管理机构的设置；

（九）决定聘任或者解聘公司经理及其报酬事项，并根据经理的提名决定聘任或者解聘公司副经理、财务负责人及其报酬事项；

（十）制定公司的基本管理制度；

（十一）公司章程规定的其他职权。

第四十八条 董事会会议由董事长召集和主持；董事长不能履行职务或者不履行职务的，由副董事长召集和主持；副董事长不能履行职务或者不履行职务的，由半数以上董事共同推举一名董事召集和主持。

第四十九条 董事会的议事方式和表决程序，除本法有规定的外，由公司章程规定。

董事会应当对所议事项的决定作成会议记录，出席会议的董事应当在会议记录上签名。

董事会决议的表决，实行一人一票。

第五十条 有限责任公司可以设经理，由董事会决定聘任或者解聘。经理对董事会负责，行使下列职权：

（一）主持公司的生产经营管理工作，组织实施董事会决议；

（二）组织实施公司年度经营计划和投资方案；

（三）拟订公司内部管理机构设置方案；

（四）拟订公司的基本管理制度；

（五）制定公司的具体规章；

（六）提请聘任或者解聘公司副经理、财务负责人；

（七）决定聘任或者解聘除应由董事会决定聘任或者解聘以外的负责管理人员；

（八）董事会授予的其他职权。

公司章程对经理职权另有规定的，从其规定。

经理列席董事会会议。

第五十一条 股东人数较少或者规模较小的有限责任公司，可以设一名执行董事，不设董事会。执行董事可以兼任公司经理。

执行董事的职权由公司章程规定。

第五十二条　有限责任公司设监事会，其成员不得少于三人。股东人数较少或者规模较小的有限责任公司，可以设一至二名监事，不设监事会。

监事会应当包括股东代表和适当比例的公司职工代表，其中职工代表的比例不得低于三分之一，具体比例由公司章程规定。监事会中的职工代表由公司职工通过职工代表大会、职工大会或者其他形式民主选举产生。

监事会设主席一人，由全体监事过半数选举产生。监事会主席召集和主持监事会会议；监事会主席不能履行职务或者不履行职务的，由半数以上监事共同推举一名监事召集和主持监事会会议。

董事、高级管理人员不得兼任监事。

第五十三条　监事的任期每届为三年。监事任期届满，连选可以连任。

监事任期届满未及时改选，或者监事在任期内辞职导致监事会成员低于法定人数的，在改选出的监事就任前，原监事仍应当依照法律、行政法规和公司章程的规定，履行监事职务。

第五十四条　监事会、不设监事会的公司的监事行使下列职权：

（一）检查公司财务；

（二）对董事、高级管理人员执行公司职务的行为进行监督，对违反法律、行政法规、公司章程或者股东会决议的董事、高级管理人员提出罢免的建议；

（三）当董事、高级管理人员的行为损害公司的利益时，要求董事、高级管理人员予以纠正；

（四）提议召开临时股东会会议，在董事会不履行本法规定的召集和主持股东会会议职责时召集和主持股东会会议；

（五）向股东会会议提出提案；

（六）依照本法第一百五十二条的规定，对董事、高级管理人员提起诉讼；

（七）公司章程规定的其他职权。

第五十五条　监事可以列席董事会会议，并对董事会决议事项提出质询或者建议。

监事会、不设监事会的公司的监事发现公司经营情况异常，可以进行调查；必要时，可以聘请会计师事务所等协助其工作，费用由公司承担。

第五十六条　监事会每年度至少召开一次会议，监事可以提议召开临时监事会会议。

监事会的议事方式和表决程序，除本法有规定的外，由公司章程规定。

监事会决议应当经半数以上监事通过。

监事会应当对所议事项的决定作成会议记录，出席会议的监事应当在会议记录上签名。

第五十七条　监事会、不设监事会的公司的监事行使职权所必需的费用，由公司承担。

第三节　一人有限责任公司的特别规定

第五十八条　一人有限责任公司的设立和组织机构，适用本节规定；本节没有规定的，适用本章第一节、第二节的规定。

本法所称一人有限责任公司，是指只有一个自然人股东或者一个法人股东的有限责任公司。

第五十九条　一人有限责任公司的注册资本最低限额为人民币十万元。股东应当一次足额缴纳公司章程规定的出资额。

一个自然人只能投资设立一个一人有限责任公司。该一人有限责任公司不能投资设立新的一人有限责任公司。

第六十条 一人有限责任公司应当在公司登记中注明自然人独资或者法人独资，并在公司营业执照中载明。

第六十一条 一人有限责任公司章程由股东制定。

第六十二条 一人有限责任公司不设股东会。股东作出本法第三十八条第一款所列决定时，应当采用书面形式，并由股东签名后置备于公司。

第六十三条 一人有限责任公司应当在每一会计年度终了时编制财务会计报告，并经会计师事务所审计。

第六十四条 一人有限责任公司的股东不能证明公司财产独立于股东自己的财产的，应当对公司债务承担连带责任。

第四节　国有独资公司的特别规定

第六十五条 国有独资公司的设立和组织机构，适用本节规定；本节没有规定的，适用本章第一节、第二节的规定。

本法所称国有独资公司，是指国家单独出资、由国务院或者地方人民政府授权本级人民政府国有资产监督管理机构履行出资人职责的有限责任公司。

第六十六条 国有独资公司章程由国有资产监督管理机构制定，或者由董事会制订报国有资产监督管理机构批准。

第六十七条 国有独资公司不设股东会，由国有资产监督管理机构行使股东会职权。国有资产监督管理机构可以授权公司董事会行使股东会的部分职权，决定公司的重大事项，但公司的合并、分立、解散、增加或者减少注册资本和发行公司债券，必须由国有资产监督管理机构决定；其中，重要的国有独资公司合并、分立、解散、申请破产的，应当由国有资产监督管理机构审核后，报本级人民政府批准。

前款所称重要的国有独资公司，按照国务院的规定确定。

第六十八条 国有独资公司设董事会，依照本法第四十七条、第六十七条的规定行使职权。董事每届任期不得超过三年。董事会成员中应当有公司职工代表。

董事会成员由国有资产监督管理机构委派；但是，董事会成员中的职工代表由公司职工代表大会选举产生。

董事会设董事长一人，可以设副董事长。董事长、副董事长由国有资产监督管理机构从董事会成员中指定。

第六十九条 国有独资公司设经理，由董事会聘任或者解聘。经理依照本法第五十条规定行使职权。

经国有资产监督管理机构同意，董事会成员可以兼任经理。

第七十条 国有独资公司的董事长、副董事长、董事、高级管理人员，未经国有资产监督管理机构同意，不得在其他有限责任公司、股份有限公司或者其他经济组织兼职。

第七十一条 国有独资公司监事会成员不得少于五人，其中职工代表的比例不得低于三分之一，具体比例由公司章程规定。

监事会成员由国有资产监督管理机构委派；但是，监事会成员中的职工代表由公司职工代表大会选举产生。监事会主席由国有资产监督管理机构从监事会成员中指定。

监事会行使本法第五十四条第（一）项至第（三）项规定的职权和国务院规定的其他

职权。

第三章 有限责任公司的股权转让

第七十二条 有限责任公司的股东之间可以相互转让其全部或者部分股权。

股东向股东以外的人转让股权，应当经其他股东过半数同意。股东应就其股权转让事项书面通知其他股东征求同意，其他股东自接到书面通知之日起满三十日未答复的，视为同意转让。其他股东半数以上不同意转让的，不同意的股东应当购买该转让的股权；不购买的，视为同意转让。

经股东同意转让的股权，在同等条件下，其他股东有优先购买权。两个以上股东主张行使优先购买权的，协商确定各自的购买比例；协商不成的，按照转让时各自的出资比例行使优先购买权。

公司章程对股权转让另有规定的，从其规定。

第七十三条 人民法院依照法律规定的强制执行程序转让股东的股权时，应当通知公司及全体股东，其他股东在同等条件下有优先购买权。其他股东自人民法院通知之日起满二十日不行使优先购买权的，视为放弃优先购买权。

第七十四条 依照本法第七十二条、第七十三条转让股权后，公司应当注销原股东的出资证明书，向新股东签发出资证明书，并相应修改公司章程和股东名册中有关股东及其出资额的记载。对公司章程的该项修改不需再由股东会表决。

第七十五条 有下列情形之一的，对股东会该项决议投反对票的股东可以请求公司按照合理的价格收购其股权：

（一）公司连续五年不向股东分配利润，而公司该五年连续盈利，并且符合本法规定的分配利润条件的；

（二）公司合并、分立、转让主要财产的；

（三）公司章程规定的营业期限届满或者章程规定的其他解散事由出现，股东会会议通过决议修改章程使公司存续的。

自股东会会议决议通过之日起六十日内，股东与公司不能达成股权收购协议的，股东可以自股东会会议决议通过之日起九十日内向人民法院提起诉讼。

第七十六条 自然人股东死亡后，其合法继承人可以继承股东资格；但是，公司章程另有规定的除外。

第四章 股份有限公司的设立和组织机构

第一节 设 立

第七十七条 设立股份有限公司，应当具备下列条件：

（一）发起人符合法定人数；

（二）发起人认购和募集的股本达到法定资本最低限额；

（三）股份发行、筹办事项符合法律规定；

（四）发起人制订公司章程，采用募集方式设立的经创立大会通过；

（五）有公司名称，建立符合股份有限公司要求的组织机构；

（六）有公司住所。

第七十八条 股份有限公司的设立，可以采取发起设立或者募集设立的方式。

发起设立，是指由发起人认购公司应发行的全部股份而设立公司。

募集设立，是指由发起人认购公司应发行股份的一部分，其余股份向社会公开募集或者向特定对象募集而设立公司。

第七十九条 设立股份有限公司，应当有二人以上二百人以下为发起人，其中须有半数以上的发起人在中国境内有住所。

第八十条 股份有限公司发起人承担公司筹办事务。

发起人应当签订发起人协议，明确各自在公司设立过程中的权利和义务。

第八十一条 股份有限公司采取发起设立方式设立的，注册资本为在公司登记机关登记的全体发起人认购的股本总额。公司全体发起人的首次出资额不得低于注册资本的百分之二十，其余部分由发起人自公司成立之日起两年内缴足；其中，投资公司可以在五年内缴足。在缴足前，不得向他人募集股份。

股份有限公司采取募集方式设立的，注册资本为在公司登记机关登记的实收股本总额。

股份有限公司注册资本的最低限额为人民币五百万元。法律、行政法规对股份有限公司注册资本的最低限额有较高规定的，从其规定。

第八十二条 股份有限公司章程应当载明下列事项：

（一）公司名称和住所；

（二）公司经营范围；

（三）公司设立方式；

（四）公司股份总数、每股金额和注册资本；

（五）发起人的姓名或者名称、认购的股份数、出资方式和出资时间；

（六）董事会的组成、职权和议事规则；

（七）公司法定代表人；

（八）监事会的组成、职权和议事规则；

（九）公司利润分配办法；

（十）公司的解散事由与清算办法；

（十一）公司的通知和公告办法；

（十二）股东大会会议认为需要规定的其他事项。

第八十三条 发起人的出资方式，适用本法第二十七条的规定。

第八十四条 以发起设立方式设立股份有限公司的，发起人应当书面认足公司章程规定其认购的股份；一次缴纳的，应即缴纳全部出资；分期缴纳的，应即缴纳首期出资。以非货币财产出资的，应当依法办理其财产权的转移手续。

发起人不依照前款规定缴纳出资的，应当按照发起人协议承担违约责任。

发起人首次缴纳出资后，应当选举董事会和监事会，由董事会向公司登记机关报送公司章程、由依法设定的验资机构出具的验资证明以及法律、行政法规规定的其他文件，申请设立登记。

第八十五条 以募集设立方式设立股份有限公司的，发起人认购的股份不得少于公司股份总数的百分之三十五；但是，法律、行政法规另有规定的，从其规定。

第八十六条 发起人向社会公开募集股份，必须公告招股说明书，并制作认股书。认股书应当载明本法第八十七条所列事项，由认股人填写认购股数、金额、住所，并签名、盖章。

认股人按照所认购股数缴纳股款。

第八十七条 招股说明书应当附有发起人制订的公司章程，并载明下列事项：

（一）发起人认购的股份数；

（二）每股的票面金额和发行价格；

（三）无记名股票的发行总数；

（四）募集资金的用途；

（五）认股人的权利、义务；

（六）本次募股的起止期限及逾期未募足时认股人可以撤回所认股份的说明。

第八十八条 发起人向社会公开募集股份，应当由依法设立的证券公司承销，签订承销协议。

第八十九条 发起人向社会公开募集股份，应当同银行签订代收股款协议。

代收股款的银行应当按照协议代收和保存股款，向缴纳股款的认股人出具收款单据，并负有向有关部门出具收款证明的义务。

第九十条 发行股份的股款缴足后，必须经依法设立的验资机构验资并出具证明。发起人应当自股款缴足之日起三十日内主持召开公司创立大会。创立大会由发起人、认股人组成。

发行的股份超过招股说明书规定的截止期限尚未募足的，或者发行股份的股款缴足后，发起人在三十日内未召开创立大会的，认股人可以按照所缴股款并加算银行同期存款利息，要求发起人返还。

第九十一条 发起人应当在创立大会召开十五日前将会议日期通知各认股人或者予以公告。创立大会应有代表股份总数过半数的发起人、认股人出席，方可举行。

创立大会行使下列职权：

（一）审议发起人关于公司筹办情况的报告；

（二）通过公司章程；

（三）选举董事会成员；

（四）选举监事会成员；

（五）对公司的设立费用进行审核；

（六）对发起人用于抵作股款的财产的作价进行审核；

（七）发生不可抗力或者经营条件发生重大变化直接影响公司设立的，可以作出不设立公司的决议。

创立大会对前款所列事项作出决议，必须经出席会议的认股人所持表决权过半数通过。

第九十二条 发起人、认股人缴纳股款或者交付抵作股款的出资后，除未按期募足股份、发起人未按期召开创立大会或者创立大会决议不设立公司的情形外，不得抽回其股本。

第九十三条 董事会应于创立大会结束后三十日内，向公司登记机关报送下列文件，申请设立登记：

（一）公司登记申请书；

（二）创立大会的会议记录；

（三）公司章程；

（四）验资证明；

（五）法定代表人、董事、监事的任职文件及其身份证明；

（六）发起人的法人资格证明或者自然人身份证明；

（七）公司住所证明。

以募集方式设立股份有限公司公开发行股票的，还应当向公司登记机关报送国务院证券监督管理机构的核准文件。

第九十四条 股份有限公司成立后，发起人未按照公司章程的规定缴足出资的，应当补缴；其他发起人承担连带责任。

股份有限公司成立后，发现作为设立公司出资的非货币财产的实际价额显著低于公司章程所定价额的，应当由交付该出资的发起人补足其差额；其他发起人承担连带责任。

第九十五条 股份有限公司的发起人应当承担下列责任：

（一）公司不能成立时，对设立行为所产生的债务和费用负连带责任；

（二）公司不能成立时，对认股人已缴纳的股款，负返还股款并加算银行同期存款利息的连带责任；

（三）在公司设立过程中，由于发起人的过失致使公司利益受到损害的，应当对公司承担赔偿责任。

第九十六条 有限责任公司变更为股份有限公司时，折合的实收股本总额不得高于公司净资产额。有限责任公司变更为股份有限公司，为增加资本公开发行股份时，应当依法办理。

第九十七条 股份有限公司应当将公司章程、股东名册、公司债券存根、股东大会会议记录、董事会会议记录、监事会会议记录、财务会计报告置备于本公司。

第九十八条 股东有权查阅公司章程、股东名册、公司债券存根、股东大会会议记录、董事会会议决议、监事会会议决议、财务会计报告，对公司的经营提出建议或者质询。

第二节 股东大会

第九十九条 股份有限公司股东大会由全体股东组成。股东大会是公司的权力机构，依照本法行使职权。

第一百条 本法第三十八条第一款关于有限责任公司股东会职权的规定，适用于股份有限公司股东大会。

第一百零一条 股东大会应当每年召开一次年会。有下列情形之一的，应当在两个月内召开临时股东大会：

（一）董事人数不足本法规定人数或者公司章程所定人数的三分之二时；

（二）公司未弥补的亏损达实收股本总额三分之一时；

（三）单独或者合计持有公司百分之十以上股份的股东请求时；

（四）董事会认为必要时；

（五）监事会提议召开时；

（六）公司章程规定的其他情形。

第一百零二条 股东大会会议由董事会召集，董事长主持；董事长不能履行职务或者不履行职务的，由副董事长主持；副董事长不能履行职务或者不履行职务的，由半数以上董事共同推举一名董事主持。

董事会不能履行或者不履行召集股东大会会议职责的，监事会应当及时召集和主持；监事会不召集和主持的，连续九十日以上单独或者合计持有公司百分之十以上股份的股东可以自行召集和主持。

第一百零三条 召开股东大会会议，应当将会议召开的时间、地点和审议的事项于会议召开二十日前通知各股东；临时股东大会应当于会议召开十五日前通知各股东；发行无记名股票的，应当于会议召开三十日前公告会议召开的时间、地点和审议事项。

单独或者合计持有公司百分之三以上股份的股东，可以在股东大会召开十日前提出临时提案并书面提交董事会；董事会应当在收到提案后二日内通知其他股东，并将该临时提案提交股东大会审议。临时提案的内容应当属于股东大会职权范围，并有明确议题和具体决议事项。

股东大会不得对前两款通知中未列明的事项作出决议。

无记名股票持有人出席股东大会会议的，应当于会议召开五日前至股东大会闭会时将股票交存于公司。

第一百零四条 股东出席股东大会会议，所持每一股份有一表决权。但是，公司持有的本公司股份没有表决权。

股东大会作出决议，必须经出席会议的股东所持表决权过半数通过。但是，股东大会作出修改公司章程、增加或者减少注册资本的决议，以及公司合并、分立、解散或者变更公司形式的决议，必须经出席会议的股东所持表决权的三分之二以上通过。

第一百零五条 本法和公司章程规定公司转让、受让重大资产或者对外提供担保等事项必须经股东大会作出决议的，董事会应当及时召集股东大会会议，由股东大会就上述事项进行表决。

第一百零六条 股东大会选举董事、监事，可以依照公司章程的规定或者股东大会的决议，实行累积投票制。

本法所称累积投票制，是指股东大会选举董事或者监事时，每一股份拥有与应选董事或者监事人数相同的表决权，股东拥有的表决权可以集中使用。

第一百零七条 股东可以委托代理人出席股东大会会议，代理人应当向公司提交股东授权委托书，并在授权范围内行使表决权。

第一百零八条 股东大会应当对所议事项的决定作成会议记录，主持人、出席会议的董事应当在会议记录上签名。会议记录应当与出席股东的签名册及代理出席的委托书一并保存。

第三节 董事会、经理

第一百零九条 股份有限公司设董事会，其成员为五人至十九人。

董事会成员中可以有公司职工代表。董事会中的职工代表由公司职工通过职工代表大会、职工大会或者其他形式民主选举产生。

本法第四十六条关于有限责任公司董事任期的规定，适用于股份有限公司董事。

本法第四十七条关于有限责任公司董事会职权的规定，适用于股份有限公司董事会。

第一百一十条 董事会设董事长一人，可以设副董事长。董事长和副董事长由董事会以全体董事的过半数选举产生。

董事长召集和主持董事会会议，检查董事会决议的实施情况。副董事长协助董事长工作，董事长不能履行职务或者不履行职务的，由副董事长履行职务；副董事长不能履行职务或者不履行职务的，由半数以上董事共同推举一名董事履行职务。

第一百一十一条 董事会每年度至少召开两次会议，每次会议应当于会议召开十日前通知全体董事和监事。

代表十分之一以上表决权的股东、三分之一以上董事或者监事会，可以提议召开董事会临时会议。董事长应当自接到提议后十日内，召集和主持董事会会议。

董事会召开临时会议，可以另定召集董事会的通知方式和通知时限。

第一百一十二条 董事会会议应有过半数的董事出席方可举行。董事会作出决议，必须经全体董事的过半数通过。

董事会决议的表决，实行一人一票。

第一百一十三条 董事会会议，应由董事本人出席；董事因故不能出席，可以书面委托其他董事代为出席，委托书中应载明授权范围。

董事会应当对会议所议事项的决定作成会议记录，出席会议的董事应当在会议记录上签名。

董事应当对董事会的决议承担责任。董事会的决议违反法律、行政法规或者公司章程、股东大会决议，致使公司遭受严重损失的，参与决议的董事对公司负赔偿责任。但经证明在表决时曾表明异议并记载于会议记录的，该董事可以免除责任。

第一百一十四条 股份有限公司设经理，由董事会决定聘任或者解聘。

本法第五十条关于有限责任公司经理职权的规定，适用于股份有限公司经理。

第一百一十五条 公司董事会可以决定由董事会成员兼任经理。

第一百一十六条 公司不得直接或者通过子公司向董事、监事、高级管理人员提供借款。

第一百一十七条 公司应当定期向股东披露董事、监事、高级管理人员从公司获得报酬的情况。

第四节 监事会

第一百一十八条 股份有限公司设监事会，其成员不得少于三人。

监事会应当包括股东代表和适当比例的公司职工代表，其中职工代表的比例不得低于三分之一，具体比例由公司章程规定。监事会中的职工代表由公司职工通过职工代表大会、职工大会或者其他形式民主选举产生。

监事会设主席一人，可以设副主席。监事会主席和副主席由全体监事过半数选举产生。监事会主席召集和主持监事会会议；监事会主席不能履行职务或者不履行职务的，由监事会副主席召集和主持监事会会议；监事会副主席不能履行职务或者不履行职务的，由半数以上监事共同推举一名监事召集和主持监事会会议。

董事、高级管理人员不得兼任监事。

本法第五十三条关于有限责任公司监事任期的规定，适用于股份有限公司监事。

第一百一十九条 本法第五十四条、第五十五条关于有限责任公司监事会职权的规定，适用于股份有限公司监事会。

监事会行使职权所必需的费用，由公司承担。

第一百二十条 监事会每六个月至少召开一次会议。监事可以提议召开临时监事会会议。

监事会的议事方式和表决程序，除本法有规定的外，由公司章程规定。

监事会决议应当经半数以上监事通过。

监事会应当对所议事项的决定作成会议记录，出席会议的监事应当在会议记录上签名。

第五节 上市公司组织机构的特别规定

第一百二十一条 本法所称上市公司，是指其股票在证券交易所上市交易的股份有限公司。

第一百二十二条 上市公司在一年内购买、出售重大资产或者担保金额超过公司资产总额百分之三十的，应当由股东大会作出决议，并经出席会议的股东所持表决权的三分之二以上通过。

第一百二十三条　上市公司设立独立董事，具体办法由国务院规定。

第一百二十四条　上市公司设董事会秘书，负责公司股东大会和董事会会议的筹备、文件保管以及公司股东资料的管理，办理信息披露事务等事宜。

第一百二十五条　上市公司董事与董事会会议决议事项所涉及的企业有关联关系的，不得对该项决议行使表决权，也不得代理其他董事行使表决权。该董事会会议由过半数的无关联关系董事出席即可举行，董事会会议所作决议须经无关联关系董事过半数通过。出席董事会的无关联关系董事人数不足三人的，应将该事项提交上市公司股东大会审议。

第五章　股份有限公司的股份发行和转让

第一节　股份发行

第一百二十六条　股份有限公司的资本划分为股份，每一股的金额相等。

公司的股份采取股票的形式。股票是公司签发的证明股东所持股份的凭证。

第一百二十七条　股份的发行，实行公平、公正的原则，同种类的每一股份应当具有同等权利。

同次发行的同种类股票，每股的发行条件和价格应当相同；任何单位或者个人所认购的股份，每股应当支付相同价额。

第一百二十八条　股票发行价格可以按票面金额，也可以超过票面金额，但不得低于票面金额。

第一百二十九条　股票采用纸面形式或者国务院证券监督管理机构规定的其他形式。

股票应当载明下列主要事项：

（一）公司名称；

（二）公司成立日期；

（三）股票种类、票面金额及代表的股份数；

（四）股票的编号。

股票由法定代表人签名，公司盖章。

发起人的股票，应当标明发起人股票字样。

第一百三十条　公司发行的股票，可以为记名股票，也可以为无记名股票。

公司向发起人、法人发行的股票，应当为记名股票，并应当记载该发起人、法人的名称或者姓名，不得另立户名或者以代表人姓名记名。

第一百三十一条　公司发行记名股票的，应当置备股东名册，记载下列事项：

（一）股东的姓名或者名称及住所；

（二）各股东所持股份数；

（三）各股东所持股票的编号；

（四）各股东取得股份的日期。

发行无记名股票的，公司应当记载其股票数量、编号及发行日期。

第一百三十二条　国务院可以对公司发行本法规定以外的其他种类的股份，另行作出规定。

第一百三十三条　股份有限公司成立后，即向股东正式交付股票。公司成立前不得向股东交付股票。

第一百三十四条 公司发行新股，股东大会应当对下列事项作出决议：

（一）新股种类及数额；

（二）新股发行价格；

（三）新股发行的起止日期；

（四）向原有股东发行新股的种类及数额。

第一百三十五条 公司经国务院证券监督管理机构核准公开发行新股时，必须公告新股招股说明书和财务会计报告，并制作认股书。

本法第八十八条、第八十九条的规定适用于公司公开发行新股。

第一百三十六条 公司发行新股，可以根据公司经营情况和财务状况，确定其作价方案。

第一百三十七条 公司发行新股募足股款后，必须向公司登记机关办理变更登记，并公告。

第二节 股份转让

第一百三十八条 股东持有的股份可以依法转让。

第一百三十九条 股东转让其股份，应当在依法设立的证券交易场所进行或者按照国务院规定的其他方式进行。

第一百四十条 记名股票，由股东以背书方式或者法律、行政法规规定的其他方式转让；转让后由公司将受让人的姓名或者名称及住所记载于股东名册。

股东大会召开前二十日内或者公司决定分配股利的基准日前五日内，不得进行前款规定的股东名册的变更登记。但是，法律对上市公司股东名册变更登记另有规定的，从其规定。

第一百四十一条 无记名股票的转让，由股东将该股票交付给受让人后即发生转让的效力。

第一百四十二条 发起人持有的本公司股份，自公司成立之日起一年内不得转让。公司公开发行股份前已发行的股份，自公司股票在证券交易所上市交易之日起一年内不得转让。

公司董事、监事、高级管理人员应当向公司申报所持有的本公司的股份及其变动情况，在任职期间每年转让的股份不得超过其所持有本公司股份总数的百分之二十五；所持本公司股份自公司股票上市交易之日起一年内不得转让。上述人员离职后半年内，不得转让其所持有的本公司股份。公司章程可以对公司董事、监事、高级管理人员转让其所持有的本公司股份作出其他限制性规定。

第一百四十三条 公司不得收购本公司股份。但是，有下列情形之一的除外：

（一）减少公司注册资本；

（二）与持有本公司股份的其他公司合并；

（三）将股份奖励给本公司职工；

（四）股东因对股东大会作出的公司合并、分立决议持异议，要求公司收购其股份的。

公司因前款第（一）项至第（三）项的原因收购本公司股份的，应当经股东大会决议。公司依照前款规定收购本公司股份后，属于第（一）项情形的，应当自收购之日起十日内注销；属于第（二）项、第（四）项情形的，应当在六个月内转让或者注销。

公司依照第一款第（三）项规定收购的本公司股份，不得超过本公司已发行股份总额的百分之五；用于收购的资金应当从公司的税后利润中支出；所收购的股份应当在一年内转让给职工。

公司不得接受本公司的股票作为质押权的标的。

第一百四十四条 记名股票被盗、遗失或者灭失，股东可以依照《中华人民共和国民事诉讼法》规定的公示催告程序，请求人民法院宣告该股票失效。人民法院宣告该股票失效后，股东可以向公司申请补发股票。

第一百四十五条 上市公司的股票，依照有关法律、行政法规及证券交易所交易规则上市交易。

第一百四十六条 上市公司必须依照法律、行政法规的规定，公开其财务状况、经营情况及重大诉讼，在每会计年度内半年公布一次财务会计报告。

第六章 公司董事、监事、高级管理人员的资格和义务

第一百四十七条 有下列情形之一的，不得担任公司的董事、监事、高级管理人员：

（一）无民事行为能力或者限制民事行为能力；

（二）因贪污、贿赂、侵占财产、挪用财产或者破坏社会主义市场经济秩序，被判处刑罚，执行期满未逾五年，或者因犯罪被剥夺政治权利，执行期满未逾五年；

（三）担任破产清算的公司、企业的董事或者厂长、经理，对该公司、企业的破产负有个人责任的，自该公司、企业破产清算完结之日起未逾三年；

（四）担任因违法被吊销营业执照、责令关闭的公司、企业的法定代表人，并负有个人责任的，自该公司、企业被吊销营业执照之日起未逾三年；

（五）个人所负数额较大的债务到期未清偿。

公司违反前款规定选举、委派董事、监事或者聘任高级管理人员的，该选举、委派或者聘任无效。

董事、监事、高级管理人员在任职期间出现本条第一款所列情形的，公司应当解除其职务。

第一百四十八条 董事、监事、高级管理人员应当遵守法律、行政法规和公司章程，对公司负有忠实义务和勤勉义务。

董事、监事、高级管理人员不得利用职权收受贿赂或者其他非法收入，不得侵占公司的财产。

第一百四十九条 董事、高级管理人员不得有下列行为：

（一）挪用公司资金；

（二）将公司资金以其个人名义或者以其他个人名义开立账户存储；

（三）违反公司章程的规定，未经股东会、股东大会或者董事会同意，将公司资金借贷给他人或者以公司财产为他人提供担保；

（四）违反公司章程的规定或者未经股东会、股东大会同意，与本公司订立合同或者进行交易；

（五）未经股东会或者股东大会同意，利用职务便利为自己或者他人谋取属于公司的商业机会，自营或者为他人经营与所任职公司同类的业务；

（六）接受他人与公司交易的佣金归为己有；

（七）擅自披露公司秘密；

（八）违反对公司忠实义务的其他行为。

董事、高级管理人员违反前款规定所得的收入应当归公司所有。

第一百五十条 董事、监事、高级管理人员执行公司职务时违反法律、行政法规或者公

司章程的规定，给公司造成损失的，应当承担赔偿责任。

第一百五十一条 股东会或者股东大会要求董事、监事、高级管理人员列席会议的，董事、监事、高级管理人员应当列席并接受股东的质询。

董事、高级管理人员应当如实向监事会或者不设监事会的有限责任公司的监事提供有关情况和资料，不得妨碍监事会或者监事行使职权。

第一百五十二条 董事、高级管理人员有本法第一百五十条规定的情形的，有限责任公司的股东、股份有限公司连续一百八十日以上单独或者合计持有公司百分之一以上股份的股东，可以书面请求监事会或者不设监事会的有限责任公司的监事向人民法院提起诉讼；监事有本法第一百五十条规定的情形的，前述股东可以书面请求董事会或者不设董事会的有限责任公司的执行董事向人民法院提起诉讼。

监事会、不设监事会的有限责任公司的监事，或者董事会、执行董事收到前款规定的股东书面请求后拒绝提起诉讼，或者自收到请求之日起三十日内未提起诉讼，或者情况紧急、不立即提起诉讼将会使公司利益受到难以弥补的损害的，前款规定的股东有权为了公司的利益以自己的名义直接向人民法院提起诉讼。

他人侵犯公司合法权益，给公司造成损失的，本条第一款规定的股东可以依照前两款的规定向人民法院提起诉讼。

第一百五十三条 董事、高级管理人员违反法律、行政法规或者公司章程的规定，损害股东利益的，股东可以向人民法院提起诉讼。

第七章 公司债券

第一百五十四条 本法所称公司债券，是指公司依照法定程序发行、约定在一定期限还本付息的有价证券。

公司发行公司债券应当符合《中华人民共和国证券法》规定的发行条件。

第一百五十五条 发行公司债券的申请经国务院授权的部门核准后，应当公告公司债券募集办法。

公司债券募集办法中应当载明下列主要事项：

（一）公司名称；

（二）债券募集资金的用途；

（三）债券总额和债券的票面金额；

（四）债券利率的确定方式；

（五）还本付息的期限和方式；

（六）债券担保情况；

（七）债券的发行价格、发行的起止日期；

（八）公司净资产额；

（九）已发行的尚未到期的公司债券总额；

（十）公司债券的承销机构。

第一百五十六条 公司以实物券方式发行公司债券的，必须在债券上载明公司名称、债券票面金额、利率、偿还期限等事项，并由法定代表人签名，公司盖章。

第一百五十七条 公司债券，可以为记名债券，也可以为无记名债券。

第一百五十八条 公司发行公司债券应当置备公司债券存根簿。

发行记名公司债券的，应当在公司债券存根簿上载明下列事项：

（一）债券持有人的姓名或者名称及住所；

（二）债券持有人取得债券的日期及债券的编号；

（三）债券总额，债券的票面金额、利率、还本付息的期限和方式；

（四）债券的发行日期。

发行无记名公司债券的，应当在公司债券存根簿上载明债券总额、利率、偿还期限和方式、发行日期及债券的编号。

第一百五十九条 记名公司债券的登记结算机构应当建立债券登记、存管、付息、兑付等相关制度。

第一百六十条 公司债券可以转让，转让价格由转让人与受让人约定。

公司债券在证券交易所上市交易的，按照证券交易所的交易规则转让。

第一百六十一条 记名公司债券，由债券持有人以背书方式或者法律、行政法规规定的其他方式转让；转让后由公司将受让人的姓名或者名称及住所记载于公司债券存根簿。

无记名公司债券的转让，由债券持有人将该债券交付给受让人后即发生转让的效力。

第一百六十二条 上市公司经股东大会决议可以发行可转换为股票的公司债券，并在公司债券募集办法中规定具体的转换办法。上市公司发行可转换为股票的公司债券，应当报国务院证券监督管理机构核准。

发行可转换为股票的公司债券，应当在债券上标明可转换公司债券字样，并在公司债券存根簿上载明可转换公司债券的数额。

第一百六十三条 发行可转换为股票的公司债券的，公司应当按照其转换办法向债券持有人换发股票，但债券持有人对转换股票或者不转换股票有选择权。

第八章 公司财务、会计

第一百六十四条 公司应当依照法律、行政法规和国务院财政部门的规定建立本公司的财务、会计制度。

第一百六十五条 公司应当在每一会计年度终了时编制财务会计报告，并依法经会计师事务所审计。

财务会计报告应当依照法律、行政法规和国务院财政部门的规定制作。

第一百六十六条 有限责任公司应当依照公司章程规定的期限将财务会计报告送交各股东。

股份有限公司的财务会计报告应当在召开股东大会年会的二十日前置备于本公司，供股东查阅；公开发行股票的股份有限公司必须公告其财务会计报告。

第一百六十七条 公司分配当年税后利润时，应当提取利润的百分之十列入公司法定公积金。公司法定公积金累计额为公司注册资本的百分之五十以上的，可以不再提取。

公司的法定公积金不足以弥补以前年度亏损的，在依照前款规定提取法定公积金之前，应当先用当年利润弥补亏损。

公司从税后利润中提取法定公积金后，经股东会或者股东大会决议，还可以从税后利润中提取任意公积金。

公司弥补亏损和提取公积金后所余税后利润，有限责任公司依照本法第三十五条的规定分配；股份有限公司按照股东持有的股份比例分配，但股份有限公司章程规定不按持股比例分配的除外。

股东会、股东大会或者董事会违反前款规定，在公司弥补亏损和提取法定公积金之前向股东分配利润的，股东必须将违反规定分配的利润退还公司。

公司持有的本公司股份不得分配利润。

第一百六十八条 股份有限公司以超过股票票面金额的发行价格发行股份所得的溢价款以及国务院财政部门规定列入资本公积金的其他收入，应当列为公司资本公积金。

第一百六十九条 公司的公积金用于弥补公司的亏损、扩大公司生产经营或者转为增加公司资本。但是，资本公积金不得用于弥补公司的亏损。

法定公积金转为资本时，所留存的该项公积金不得少于转增前公司注册资本的百分之二十五。

第一百七十条 公司聘用、解聘承办公司审计业务的会计师事务所，依照公司章程的规定，由股东会、股东大会或者董事会决定。

公司股东会、股东大会或者董事会就解聘会计师事务所进行表决时，应当允许会计师事务所陈述意见。

第一百七十一条 公司应当向聘用的会计师事务所提供真实、完整的会计凭证、会计账簿、财务会计报告及其他会计资料，不得拒绝、隐匿、谎报。

第一百七十二条 公司除法定的会计账簿外，不得另立会计账簿。

对公司资产，不得以任何个人名义开立账户存储。

第九章 公司合并、分立、增资、减资

第一百七十三条 公司合并可以采取吸收合并或者新设合并。

一个公司吸收其他公司为吸收合并，被吸收的公司解散。两个以上公司合并设立一个新的公司为新设合并，合并各方解散。

第一百七十四条 公司合并，应当由合并各方签订合并协议，并编制资产负债表及财产清单。公司应当自作出合并决议之日起十日内通知债权人，并于三十日内在报纸上公告。债权人自接到通知书之日起三十日内，未接到通知书的自公告之日起四十五日内，可以要求公司清偿债务或者提供相应的担保。

第一百七十五条 公司合并时，合并各方的债权、债务，应当由合并后存续的公司或者新设的公司承继。

第一百七十六条 公司分立，其财产作相应的分割。

公司分立，应当编制资产负债表及财产清单。公司应当自作出分立决议之日起十日内通知债权人，并于三十日内在报纸上公告。

第一百七十七条 公司分立前的债务由分立后的公司承担连带责任。但是，公司在分立前与债权人就债务清偿达成的书面协议另有约定的除外。

第一百七十八条 公司需要减少注册资本时，必须编制资产负债表及财产清单。

公司应当自作出减少注册资本决议之日起十日内通知债权人，并于三十日内在报纸上公告。债权人自接到通知书之日起三十日内，未接到通知书的自公告之日起四十五日内，有权要求公司清偿债务或者提供相应的担保。

公司减资后的注册资本不得低于法定的最低限额。

第一百七十九条 有限责任公司增加注册资本时，股东认缴新增资本的出资，依照本法

设立有限责任公司缴纳出资的有关规定执行。

股份有限公司为增加注册资本发行新股时，股东认购新股，依照本法设立股份有限公司缴纳股款的有关规定执行。

第一百八十条 公司合并或者分立，登记事项发生变更的，应当依法向公司登记机关办理变更登记；公司解散的，应当依法办理公司注销登记；设立新公司的，应当依法办理公司设立登记。

公司增加或者减少注册资本，应当依法向公司登记机关办理变更登记。

第十章 公司解散和清算

第一百八十一条 公司因下列原因解散：

（一）公司章程规定的营业期限届满或者公司章程规定的其他解散事由出现；

（二）股东会或者股东大会决议解散；

（三）因公司合并或者分立需要解散；

（四）依法被吊销营业执照、责令关闭或者被撤销；

（五）人民法院依照本法第一百八十三条的规定予以解散。

第一百八十二条 公司有本法第一百八十一条第（一）项情形的，可以通过修改公司章程而存续。

依照前款规定修改公司章程，有限责任公司须经持有三分之二以上表决权的股东通过，股份有限公司须经出席股东大会会议的股东所持表决权的三分之二以上通过。

第一百八十三条 公司经营管理发生严重困难，继续存续会使股东利益受到重大损失，通过其他途径不能解决的，持有公司全部股东表决权百分之十以上的股东，可以请求人民法院解散公司。

第一百八十四条 公司因本法第一百八十一条第（一）项、第（二）项、第（四）项、第（五）项规定而解散的，应当在解散事由出现之日起十五日内成立清算组，开始清算。有限责任公司的清算组由股东组成，股份有限公司的清算组由董事或者股东大会确定的人员组成。逾期不成立清算组进行清算的，债权人可以申请人民法院指定有关人员组成清算组进行清算。人民法院应当受理该申请，并及时组织清算组进行清算。

第一百八十五条 清算组在清算期间行使下列职权：

（一）清理公司财产，分别编制资产负债表和财产清单；

（二）通知、公告债权人；

（三）处理与清算有关的公司未了结的业务；

（四）清缴所欠税款以及清算过程中产生的税款；

（五）清理债权、债务；

（六）处理公司清偿债务后的剩余财产；

（七）代表公司参与民事诉讼活动。

第一百八十六条 清算组应当自成立之日起十日内通知债权人，并于六十日内在报纸上公告。债权人应当自接到通知书之日起三十日内，未接到通知书的自公告之日起四十五日内，向清算组申报其债权。

债权人申报债权，应当说明债权的有关事项，并提供证明材料。清算组应当对债权进行登记。

在申报债权期间，清算组不得对债权人进行清偿。

第一百八十七条 清算组在清理公司财产、编制资产负债表和财产清单后，应当制定清算方案，并报股东会、股东大会或者人民法院确认。

公司财产在分别支付清算费用、职工的工资、社会保险费用和法定补偿金，缴纳所欠税款，清偿公司债务后的剩余财产，有限责任公司按照股东的出资比例分配，股份有限公司按照股东持有的股份比例分配。

清算期间，公司存续，但不得开展与清算无关的经营活动。公司财产在未依照前款规定清偿前，不得分配给股东。

第一百八十八条 清算组在清理公司财产、编制资产负债表和财产清单后，发现公司财产不足清偿债务的，应当依法向人民法院申请宣告破产。

公司经人民法院裁定宣告破产后，清算组应当将清算事务移交给人民法院。

第一百八十九条 公司清算结束后，清算组应当制作清算报告，报股东会、股东大会或者人民法院确认，并报送公司登记机关，申请注销公司登记，公告公司终止。

第一百九十条 清算组成员应当忠于职守，依法履行清算义务。

清算组成员不得利用职权收受贿赂或者其他非法收入，不得侵占公司财产。

清算组成员因故意或者重大过失给公司或者债权人造成损失的，应当承担赔偿责任。

第一百九十一条 公司被依法宣告破产的，依照有关企业破产的法律实施破产清算。

第十一章 外国公司的分支机构

第一百九十二条 本法所称外国公司是指依照外国法律在中国境外设立的公司。

第一百九十三条 外国公司在中国境内设立分支机构，必须向中国主管机关提出申请，并提交其公司章程、所属国的公司登记证书等有关文件，经批准后，向公司登记机关依法办理登记，领取营业执照。

外国公司分支机构的审批办法由国务院另行规定。

第一百九十四条 外国公司在中国境内设立分支机构，必须在中国境内指定负责该分支机构的代表人或者代理人，并向该分支机构拨付与其所从事的经营活动相适应的资金。

对外国公司分支机构的经营资金需要规定最低限额的，由国务院另行规定。

第一百九十五条 外国公司的分支机构应当在其名称中标明该外国公司的国籍及责任形式。

外国公司的分支机构应当在本机构中置备该外国公司章程。

第一百九十六条 外国公司在中国境内设立的分支机构不具有中国法人资格。

外国公司对其分支机构在中国境内进行经营活动承担民事责任。

第一百九十七条 经批准设立的外国公司分支机构，在中国境内从事业务活动，必须遵守中国的法律，不得损害中国的社会公共利益，其合法权益受中国法律保护。

第一百九十八条 外国公司撤销其在中国境内的分支机构时，必须依法清偿债务，依照本法有关公司清算程序的规定进行清算。未清偿债务之前，不得将其分支机构的财产移至中国境外。

第十二章 法律责任

第一百九十九条 违反本法规定，虚报注册资本、提交虚假材料或者采取其他欺诈手段隐瞒重要事实取得公司登记的，由公司登记机关责令改正，对虚报注册资本的公司，处以虚报注册资本金额百分之五以上百分之十五以下的罚款；对提交虚假材料或者采取其他欺诈手段隐瞒重要事实的公司，处以五万元以上五十万元以下的罚款；情节严重的，撤销公司登记或者吊销营业执照。

第二百条 公司的发起人、股东虚假出资，未交付或者未按期交付作为出资的货币或者非货币财产的，由公司登记机关责令改正，处以虚假出资金额百分之五以上百分之十五以下的罚款。

第二百零一条 公司的发起人、股东在公司成立后，抽逃其出资的，由公司登记机关责令改正，处以所抽逃出资金额百分之五以上百分之十五以下的罚款。

第二百零二条 公司违反本法规定，在法定的会计账簿以外另立会计账簿的，由县级以上人民政府财政部门责令改正，处以五万元以上五十万元以下的罚款。

第二百零三条 公司在依法向有关主管部门提供的财务会计报告等材料上作虚假记载或者隐瞒重要事实的，由有关主管部门对直接负责的主管人员和其他直接责任人员处以三万元以上三十万元以下的罚款。

第二百零四条 公司不依照本法规定提取法定公积金的，由县级以上人民政府财政部门责令如数补足应当提取的金额，可以对公司处以二十万元以下的罚款。

第二百零五条 公司在合并、分立、减少注册资本或者进行清算时，不依照本法规定通知或者公告债权人的，由公司登记机关责令改正，对公司处以一万元以上十万元以下的罚款。

公司在进行清算时，隐匿财产，对资产负债表或者财产清单作虚假记载或者在未清偿债务前分配公司财产的，由公司登记机关责令改正，对公司处以隐匿财产或者未清偿债务前分配公司财产金额百分之五以上百分之十以下的罚款；对直接负责的主管人员和其他直接责任人员处以一万元以上十万元以下的罚款。

第二百零六条 公司在清算期间开展与清算无关的经营活动的，由公司登记机关予以警告，没收违法所得。

第二百零七条 清算组不依照本法规定向公司登记机关报送清算报告，或者报送清算报告隐瞒重要事实或者有重大遗漏的，由公司登记机关责令改正。

清算组成员利用职权徇私舞弊、谋取非法收入或者侵占公司财产的，由公司登记机关责令退还公司财产，没收违法所得，并可以处以违法所得一倍以上五倍以下的罚款。

第二百零八条 承担资产评估、验资或者验证的机构提供虚假材料的，由公司登记机关没收违法所得，处以违法所得一倍以上五倍以下的罚款，并可以由有关主管部门依法责令该机构停业、吊销直接责任人员的资格证书，吊销营业执照。

承担资产评估、验资或者验证的机构因过失提供有重大遗漏的报告的，由公司登记机关责令改正，情节较重的，处以所得收入一倍以上五倍以下的罚款，并可以由有关主管部门依法责令该机构停业、吊销直接责任人员的资格证书，吊销营业执照。

承担资产评估、验资或者验证的机构因其出具的评估结果、验资或者验证证明不实，给公司债权人造成损失的，除能够证明自己没有过错的外，在其评估或者证明不实的金额范围内承担赔偿责任。

第二百零九条 公司登记机关对不符合本法规定条件的登记申请予以登记，或者对符合本法规定条件的登记申请不予登记的，对直接负责的主管人员和其他直接责任人员，依法给予行政处分。

第二百一十条 公司登记机关的上级部门强令公司登记机关对不符合本法规定条件的登

记申请予以登记，或者对符合本法规定条件的登记申请不予登记的，或者对违法登记进行包庇的，对直接负责的主管人员和其他直接责任人员依法给予行政处分。

第二百一十一条 未依法登记为有限责任公司或者股份有限公司，而冒用有限责任公司或者股份有限公司名义的，或者未依法登记为有限责任公司或者股份有限公司的分公司，而冒用有限责任公司或者股份有限公司的分公司名义的，由公司登记机关责令改正或者予以取缔，可以并处十万元以下的罚款。

第二百一十二条 公司成立后无正当理由超过六个月未开业的，或者开业后自行停业连续六个月以上的，可以由公司登记机关吊销营业执照。

公司登记事项发生变更时，未依照本法规定办理有关变更登记的，由公司登记机关责令限期登记；逾期不登记的，处以一万元以上十万元以下的罚款。

第二百一十三条 外国公司违反本法规定，擅自在中国境内设立分支机构的，由公司登记机关责令改正或者关闭，可以并处五万元以上二十万元以下的罚款。

第二百一十四条 利用公司名义从事危害国家安全、社会公共利益的严重违法行为的，吊销营业执照。

第二百一十五条 公司违反本法规定，应当承担民事赔偿责任和缴纳罚款、罚金的，其财产不足以支付时，先承担民事赔偿责任。

第二百一十六条 违反本法规定，构成犯罪的，依法追究刑事责任。

第十三章 附 则

第二百一十七条 本法下列用语的含义：

（一）高级管理人员，是指公司的经理、副经理、财务负责人，上市公司董事会秘书和公司章程规定的其他人员。

（二）控股股东，是指其出资额占有限责任公司资本总额百分之五十以上或者其持有的股份占股份有限公司股本总额百分之五十以上的股东；出资额或者持有股份的比例虽然不足百分之五十，但依其出资额或者持有的股份所享有的表决权已足以对股东会、股东大会的决议产生重大影响的股东。

（三）实际控制人，是指虽不是公司的股东，但通过投资关系、协议或者其他安排，能够实际支配公司行为的人。

（四）关联关系，是指公司控股股东、实际控制人、董事、监事、高级管理人员与其直接或者间接控制的企业之间的关系，以及可能导致公司利益转移的其他关系。但是，国家控股的企业之间不仅因为同受国家控股而具有关联关系。

第二百一十八条 外商投资的有限责任公司和股份有限公司适用本法；有关外商投资的法律另有规定的，适用其规定。

第二百一十九条 本法自2006年1月1日起施行。

中华人民共和国证券法

（2005年10月27日 中华人民共和国主席令第43号，1998年12月29日第九届全国人民代表大会常务委员会第六次会议通过 根据2004年8月28日第十届全国人民代表大会常务委员会第十一次会议《关于修改〈中华人民共和国证券法〉的决定》修正 2005年10月27日第十届全国人民代表大会常务委员会第十八次会议修订 2006年1月1日实施）

第一章 总 则

第一条 为了规范证券发行和交易行为，保护投资者的合法权益，维护社会经济秩序和社会公共利益，促进社会主义市场经济的发展，制定本法。

第二条 在中华人民共和国境内，股票、公司债券和国务院依法认定的其他证券的发行和交易，适用本法；本法未规定的，适用《中华人民共和国公司法》和其他法律、行政法规的规定。

政府债券、证券投资基金份额的上市交易，适用本法；其他法律、行政法规另有规定的，适用其规定。证券衍生品种发行、交易的管理办法，由国务院依照本法的原则规定。

第三条 证券的发行、交易活动，必须实行公开、公平、公正的原则。

第四条 证券发行、交易活动的当事人具有平等的法律地位，应当遵守自愿、有偿、诚实信用的原则。

第五条 证券的发行、交易活动，必须遵守法律、行政法规；禁止欺诈、内幕交易和操纵证券市场的行为。

第六条 证券业和银行业、信托业、保险业实行分业经营、分业管理，证券公司与银行、信托、保险业务机构分别设立。国家另有规定的除外。

第七条 国务院证券监督管理机构依法对全国证券市场实行集中统一监督管理。

国务院证券监督管理机构根据需要可以设立派出机构，按照授权履行监督管理职责。

第八条 在国家对证券发行、交易活动实行集中统一监督管理的前提下，依法设立证券业协会，实行自律性管理。

第九条 国家审计机关依法对证券交易所、证券公司、证券登记结算机构、证券监督管理机构进行审计监督。

第二章 证券发行

第十条 公开发行证券，必须符合法律、行政法规规定的条件，并依法报经国务院证券监督管理机构或者国务院授权的部门核准；未经依法核准，任何单位和个人不得公开发行证券。

有下列情形之一的，为公开发行：

（一）向不特定对象发行证券的；

（二）向特定对象发行证券累计超过二百人的；

（三）法律、行政法规规定的其他发行行为。

非公开发行证券，不得采用广告、公开劝诱和变相公开方式。

第十一条 发行人申请公开发行股票、可转换为股票的公司债券，依法采取承销方式的，或者公开发行法律、行政法规规定实行保荐制度的其他证券的，应当聘请具有保荐资格的机构担任保荐人。

保荐人应当遵守业务规则和行业规范，诚实守信，勤勉尽责，对发行人的申请文件和信息披露资料进行审慎核查，督导发行人规范运作。

保荐人的资格及其管理办法由国务院证券监督管理机构规定。

第十二条 设立股份有限公司公开发行股票，应当符合《中华人民共和国公司法》规定的条件和经国务院批准的国务院证券监督管理机构规定的其他条件，向国务院证券监督管理机构报送募股申请和下列文件：

（一）公司章程；

（二）发起人协议；

（三）发起人姓名或者名称，发起人认购的股份数、出资种类及验资证明；

（四）招股说明书；

（五）代收股款银行的名称及地址；

（六）承销机构名称及有关的协议。

依照本法规定聘请保荐人的，还应当报送保荐人出具的发行保荐书。

法律、行政法规规定设立公司必须报经批准的，还应当提交相应的批准文件。

第十三条 公司公开发行新股，应当符合下列条件：

（一）具备健全且运行良好的组织机构；

（二）具有持续盈利能力，财务状况良好；

（三）最近三年财务会计文件无虚假记载，无其他重大违法行为；

（四）经国务院批准的国务院证券监督管理机构规定的其他条件。

上市公司非公开发行新股，应当符合经国务院批准的国务院证券监督管理机构规定的条件，并报国务院证券监督管理机构核准。

第十四条 公司公开发行新股，应当向国务院证券监督管理机构报送募股申请和下列文件：

（一）公司营业执照；

（二）公司章程；

（三）股东大会决议；

（四）招股说明书；

（五）财务会计报告；

（六）代收股款银行的名称及地址；

（七）承销机构名称及有关的协议。

依照本法规定聘请保荐人的，还应当报送保荐人出具的发行保荐书。

第十五条 公司对公开发行股票所募集资金，必须按照招股说明书所列资金用途使用。改变招股说明书所列资金用途，必须经股东大会作出决议。擅自改变用途而未作纠正的，或者未经股东大会认可的，不得公开发行新股。

第十六条 公开发行公司债券，应当符合下列条件：

（一）股份有限公司的净资产不低于人民币三千万元，有限责任公司的净资产不低于人民币六千万元；

（二）累计债券余额不超过公司净资产的百分之四十；

（三）最近三年平均可分配利润足以支付公司债券一年的利息；

（四）筹集的资金投向符合国家产业政策；

（五）债券的利率不超过国务院限定的利率水平；

（六）国务院规定的其他条件。

公开发行公司债券筹集的资金，必须用于核准的用途，不得用于弥补亏损和非生产性支出。

上市公司发行可转换为股票的公司债券，除应当符合第一款规定的条件外，还应当符合本法关于公开发行股票的条件，并报国务院证券监督管理机构核准。

第十七条　申请公开发行公司债券，应当向国务院授权的部门或者国务院证券监督管理机构报送下列文件：

（一）公司营业执照；

（二）公司章程；

（三）公司债券募集办法；

（四）资产评估报告和验资报告；

（五）国务院授权的部门或者国务院证券监督管理机构规定的其他文件。

依照本法规定聘请保荐人的，还应当报送保荐人出具的发行保荐书。

第十八条　有下列情形之一的，不得再次公开发行公司债券：

（一）前一次公开发行的公司债券尚未募足；

（二）对已公开发行的公司债券或者其他债务有违约或者延迟支付本息的事实，仍处于继续状态；

（三）违反本法规定，改变公开发行公司债券所募资金的用途。

第十九条　发行人依法申请核准发行证券所报送的申请文件的格式、报送方式，由依法负责核准的机构或者部门规定。

第二十条　发行人向国务院证券监督管理机构或者国务院授权的部门报送的证券发行申请文件，必须真实、准确、完整。

为证券发行出具有关文件的证券服务机构和人员，必须严格履行法定职责，保证其所出具文件的真实性、准确性和完整性。

第二十一条　发行人申请首次公开发行股票的，在提交申请文件后，应当按照国务院证券监督管理机构的规定预先披露有关申请文件。

第二十二条　国务院证券监督管理机构设发行审核委员会，依法审核股票发行申请。

发行审核委员会由国务院证券监督管理机构的专业人员和所聘请的该机构外的有关专家组成，以投票方式对股票发行申请进行表决，提出审核意见。

发行审核委员会的具体组成办法、组成人员任期、工作程序，由国务院证券监督管理机构规定。

第二十三条　国务院证券监督管理机构依照法定条件负责核准股票发行申请。核准程序应当公开，依法接受监督。

参与审核和核准股票发行申请的人员，不得与发行申请人有利害关系，不得直接或者间接接受发行申请人的馈赠，不得持有所核准的发行申请的股票，不得私下与发行申请人进行接触。

国务院授权的部门对公司债券发行申请的核准，参照前两款的规定执行。

第二十四条 国务院证券监督管理机构或者国务院授权的部门应当自受理证券发行申请文件之日起三个月内，依照法定条件和法定程序作出予以核准或者不予核准的决定，发行人根据要求补充、修改发行申请文件的时间不计算在内；不予核准的，应当说明理由。

第二十五条 证券发行申请经核准，发行人应当依照法律、行政法规的规定，在证券公开发行前，公告公开发行募集文件，并将该文件置备于指定场所供公众查阅。

发行证券的信息依法公开前，任何知情人不得公开或者泄露该信息。

发行人不得在公告公开发行募集文件前发行证券。

第二十六条 国务院证券监督管理机构或者国务院授权的部门对已作出的核准证券发行的决定，发现不符合法定条件或者法定程序，尚未发行证券的，应当予以撤销，停止发行。已经发行尚未上市的，撤销发行核准决定，发行人应当按照发行价并加算银行同期存款利息返还证券持有人；保荐人应当与发行人承担连带责任，但是能够证明自己没有过错的除外；发行人的控股股东、实际控制人有过错的，应当与发行人承担连带责任。

第二十七条 股票依法发行后，发行人经营与收益的变化，由发行人自行负责；由此变化引致的投资风险，由投资者自行负责。

第二十八条 发行人向不特定对象发行的证券，法律、行政法规规定应当由证券公司承销的，发行人应当同证券公司签订承销协议。证券承销业务采取代销或者包销方式。

证券代销是指证券公司代发行人发售证券，在承销期结束时，将未售出的证券全部退还给发行人的承销方式。

证券包销是指证券公司将发行人的证券按照协议全部购入或者在承销期结束时将售后剩余证券全部自行购入的承销方式。

第二十九条 公开发行证券的发行人有权依法自主选择承销的证券公司。证券公司不得以不正当竞争手段招揽证券承销业务。

第三十条 证券公司承销证券，应当同发行人签订代销或者包销协议，载明下列事项：

（一）当事人的名称、住所及法定代表人姓名；

（二）代销、包销证券的种类、数量、金额及发行价格；

（三）代销、包销的期限及起止日期；

（四）代销、包销的付款方式及日期；

（五）代销、包销的费用和结算办法；

（六）违约责任；

（七）国务院证券监督管理机构规定的其他事项。

第三十一条 证券公司承销证券，应当对公开发行募集文件的真实性、准确性、完整性进行核查；发现有虚假记载、误导性陈述或者重大遗漏的，不得进行销售活动；已经销售的，必须立即停止销售活动，并采取纠正措施。

第三十二条 向不特定对象发行的证券票面总值超过人民币五千万元的，应当由承销团承销。承销团应当由主承销和参与承销的证券公司组成。

第三十三条 证券的代销、包销期限最长不得超过九十日。

证券公司在代销、包销期内，对所代销、包销的证券应当保证先行出售给认购人，证券公司不得为本公司预留所代销的证券和预先购入并留存所包销的证券。

第三十四条 股票发行采取溢价发行的，其发行价格由发行人与承销的证券公司协商确定。

第三十五条 股票发行采用代销方式，代销期限届满，向投资者出售的股票数量未达到拟公开发行股票数量百分之七十的，为发行失败。发行人应当按照发行价并加算银行同期存款利息返还股票认购人。

第三十六条 公开发行股票，代销、包销期限届满，发行人应当在规定的期限内将股票发行情况报国务院证券监督管理机构备案。

第三章 证券交易

第一节 一般规定

第三十七条 证券交易当事人依法买卖的证券，必须是依法发行并交付的证券。

非依法发行的证券，不得买卖。

第三十八条 依法发行的股票、公司债券及其他证券，法律对其转让期限有限制性规定的，在限定的期限内不得买卖。

第三十九条 依法公开发行的股票、公司债券及其他证券，应当在依法设立的证券交易所上市交易或者在国务院批准的其他证券交易场所转让。

第四十条 证券在证券交易所上市交易，应当采用公开的集中交易方式或者国务院证券监督管理机构批准的其他方式。

第四十一条 证券交易当事人买卖的证券可以采用纸面形式或者国务院证券监督管理机构规定的其他形式。

第四十二条 证券交易以现货和国务院规定的其他方式进行交易。

第四十三条 证券交易所、证券公司和证券登记结算机构的从业人员、证券监督管理机构的工作人员以及法律、行政法规禁止参与股票交易的其他人员，在任期或者法定限期内，不得直接或者以化名、借他人名义持有、买卖股票，也不得收受他人赠送的股票。

任何人在成为前款所列人员时，其原已持有的股票，必须依法转让。

第四十四条 证券交易所、证券公司、证券登记结算机构必须依法为客户开立的账户保密。

第四十五条 为股票发行出具审计报告、资产评估报告或者法律意见书等文件的证券服务机构和人员，在该股票承销期内和期满后六个月内，不得买卖该种股票。

除前款规定外，为上市公司出具审计报告、资产评估报告或者法律意见书等文件的证券服务机构和人员，自接受上市公司委托之日起至上述文件公开后五日内，不得买卖该种股票。

第四十六条 证券交易的收费必须合理，并公开收费项目、收费标准和收费办法。

证券交易的收费项目、收费标准和管理办法由国务院有关主管部门统一规定。

第四十七条 上市公司董事、监事、高级管理人员、持有上市公司股份百分之五以上的股东，将其持有的该公司的股票在买入后六个月内卖出，或者在卖出后六个月内又买入，由此所得收益归该公司所有，公司董事会应当收回其所得收益。但是，证券公司因包销购入售后剩余股票而持有百分之五以上股份的，卖出该股票不受六个月时间限制。

公司董事会不按照前款规定执行的，股东有权要求董事会在三十日内执行。公司董事会未在上述期限内执行的，股东有权为了公司的利益以自己的名义直接向人民法院提起诉讼。

公司董事会不按照第一款的规定执行的，负有责任的董事依法承担连带责任。

第二节 证券上市

第四十八条 申请证券上市交易，应当向证券交易所提出申请，由证券交易所依法审核同意，并由双方签订上市协议。

证券交易所根据国务院授权的部门的决定安排政府债券上市交易。

第四十九条 申请股票、可转换为股票的公司债券或者法律、行政法规规定实行保荐制度的其他证券上市交易，应当聘请具有保荐资格的机构担任保荐人。

本法第十一条第二款、第三款的规定适用于上市保荐人。

第五十条 股份有限公司申请股票上市，应当符合下列条件：

（一）股票经国务院证券监督管理机构核准已公开发行；

（二）公司股本总额不少于人民币三千万元；

（三）公开发行的股份达到公司股份总数的百分之二十五以上；公司股本总额超过人民币四亿元的，公开发行股份的比例为百分之十以上；

（四）公司最近三年无重大违法行为，财务会计报告无虚假记载。

证券交易所可以规定高于前款规定的上市条件，并报国务院证券监督管理机构批准。

第五十一条 国家鼓励符合产业政策并符合上市条件的公司股票上市交易。

第五十二条 申请股票上市交易，应当向证券交易所报送下列文件：

（一）上市报告书；

（二）申请股票上市的股东大会决议；

（三）公司章程；

（四）公司营业执照；

（五）依法经会计师事务所审计的公司最近三年的财务会计报告；

（六）法律意见书和上市保荐书；

（七）最近一次的招股说明书；

（八）证券交易所上市规则规定的其他文件。

第五十三条 股票上市交易申请经证券交易所审核同意后，签订上市协议的公司应当在规定的期限内公告股票上市的有关文件，并将该文件置备于指定场所供公众查阅。

第五十四条 签订上市协议的公司除公告前条规定的文件外，还应当公告下列事项：

（一）股票获准在证券交易所交易的日期；

（二）持有公司股份最多的前十名股东的名单和持股数额；

（三）公司的实际控制人；

（四）董事、监事、高级管理人员的姓名及其持有本公司股票和债券的情况。

第五十五条 上市公司有下列情形之一的，由证券交易所决定暂停其股票上市交易：

（一）公司股本总额、股权分布等发生变化不再具备上市条件；

（二）公司不按照规定公开其财务状况，或者对财务会计报告作虚假记载，可能误导投资者；

（三）公司有重大违法行为；

（四）公司最近三年连续亏损；

（五）证券交易所上市规则规定的其他情形。

第五十六条 上市公司有下列情形之一的，由证券交易所决定终止其股票上市交易：

（一）公司股本总额、股权分布等发生变化不再具备上市条件，在证券交易所规定的期限内仍不能达到上市条件；

（二）公司不按照规定公开其财务状况，或者对财务会计报告作虚假记载，且拒绝纠正；

（三）公司最近三年连续亏损，在其后一个年度内未能恢复盈利；

（四）公司解散或者被宣告破产；

（五）证券交易所上市规则规定的其他情形。

第五十七条 公司申请公司债券上市交易，应当符合下列条件：

（一）公司债券的期限为一年以上；

（二）公司债券实际发行额不少于人民币五千万元；

（三）公司申请债券上市时仍符合法定的公司债券发行条件。

第五十八条 申请公司债券上市交易，应当向证券交易所报送下列文件：

（一）上市报告书；

（二）申请公司债券上市的董事会决议；

（三）公司章程；

（四）公司营业执照；

（五）公司债券募集办法；

（六）公司债券的实际发行数额；

（七）证券交易所上市规则规定的其他文件。

申请可转换为股票的公司债券上市交易，还应当报送保荐人出具的上市保荐书。

第五十九条 公司债券上市交易申请经证券交易所审核同意后，签订上市协议的公司应当在规定的期限内公告公司债券上市文件及有关文件，并将其申请文件置备于指定场所供公众查阅。

第六十条 公司债券上市交易后，公司有下列情形之一的，由证券交易所决定暂停其公司债券上市交易：

（一）公司有重大违法行为；

（二）公司情况发生重大变化不符合公司债券上市条件；

（三）发行公司债券所募集的资金不按照核准的用途使用；

（四）未按照公司债券募集办法履行义务；

（五）公司最近二年连续亏损。

第六十一条 公司有前条第（一）项、第（四）项所列情形之一经查实后果严重的，或者有前条第（二）项、第（三）项、第（五）项所列情形之一，在限期内未能消除的，由证券交易所决定终止其公司债券上市交易。

公司解散或者被宣告破产的，由证券交易所终止其公司债券上市交易。

第六十二条 对证券交易所作出的不予上市、暂停上市、终止上市决定不服的，可以向证券交易所设立的复核机构申请复核。

第三节 持续信息公开

第六十三条 发行人、上市公司依法披露的信息，必须真实、准确、完整，不得有虚假记载、误导性陈述或者重大遗漏。

第六十四条 经国务院证券监督管理机构核准依法公开发行股票，或者经国务院授权的部门核准依法公开发行公司债券，应当公告招股说明书、公司债券募集办法。依法公开发行新股或者公司债券的，还应当公告财务会计报告。

第六十五条 上市公司和公司债券上市交易的公司，应当在每一会计年度的上半年结束之日起二个月内，向国务院证券监督管理机构和证券交易所报送记载以下内容的中期报告，并予公告：

（一）公司财务会计报告和经营情况；

（二）涉及公司的重大诉讼事项；

（三）已发行的股票、公司债券变动情况；

（四）提交股东大会审议的重要事项；

（五）国务院证券监督管理机构规定的其他事项。

第六十六条 上市公司和公司债券上市交易的公司，应当在每一会计年度结束之日起四个月内，向国务院证券监督管理机构和证券交易所报送记载以下内容的年度报告，并予公告：

（一）公司概况；

（二）公司财务会计报告和经营情况；

（三）董事、监事、高级管理人员简介及其持股情况；

（四）已发行的股票、公司债券情况，包括持有公司股份最多的前十名股东的名单和持股数额；

（五）公司的实际控制人；

（六）国务院证券监督管理机构规定的其他事项。

第六十七条 发生可能对上市公司股票交易价格产生较大影响的重大事件，投资者尚未得知时，上市公司应当立即将有关该重大事件的情况向国务院证券监督管理机构和证券交易所报送临时报告，并予公告，说明事件的起因、目前的状态和可能产生的法律后果。

下列情况为前款所称重大事件：

（一）公司的经营方针和经营范围的重大变化；

（二）公司的重大投资行为和重大的购置财产的决定；

（三）公司订立重要合同，可能对公司的资产、负债、权益和经营成果产生重要影响；

（四）公司发生重大债务和未能清偿到期重大债务的违约情况；

（五）公司发生重大亏损或者重大损失；

（六）公司生产经营的外部条件发生的重大变化；

（七）公司的董事、三分之一以上监事或者经理发生变动；

（八）持有公司百分之五以上股份的股东或者实际控制人，其持有股份或者控制公司的情况发生较大变化；

（九）公司减资、合并、分立、解散及申请破产的决定；

（十）涉及公司的重大诉讼，股东大会、董事会决议被依法撤销或者宣告无效；

（十一）公司涉嫌犯罪被司法机关立案调查，公司董事、监事、高级管理人员涉嫌犯罪被司法机关采取强制措施；

（十二）国务院证券监督管理机构规定的其他事项。

第六十八条 上市公司董事、高级管理人员应当对公司定期报告签署书面确认意见。

上市公司监事会应当对董事会编制的公司定期报告进行审核并提出书面审核意见。

上市公司董事、监事、高级管理人员应当保证上市公司所披露的信息真实、准确、完整。

第六十九条 发行人、上市公司公告的招股说明书、公司债券募集办法、财务会计报告、上市报告文件、年度报告、中期报告、临时报告以及其他信息披露资料，有虚假记载、误导性陈述或者重大遗漏，致使投资者在证券交易中遭受损失的，发行人、上市公司应当承担赔偿责任；发行人、上市公司的董事、监事、高级管理人员和其他直接责任人员以及保荐人、承销的证券公司，应当与发行人、上市公司承担连带赔偿责任，但是能够证明自己没有过错的除外；发行人、上市公司的控股股东、实际控制人有过错的，应当与发行人、上市公司承担连带赔偿责任。

第七十条 依法必须披露的信息，应当在国务院证券监督管理机构指定的媒体发布，同时将其置备于公司住所、证券交易所，供社会公众查阅。

第七十一条 国务院证券监督管理机构对上市公司年度报告、中期报告、临时报告以及公告的情况进行监督，对上市公司分派或者配售新股的情况进行监督，对上市公司控股股东和信息披露义务人的行为进行监督。

证券监督管理机构、证券交易所、保荐人、承销的证券公司及有关人员，对公司依照法律、行政法规规定必须作出的公告，在公告前不得泄露其内容。

第七十二条 证券交易所决定暂停或者终止证券上市交易的，应当及时公告，并报国务院证券监督管理机构备案。

第四节 禁止的交易行为

第七十三条 禁止证券交易内幕信息的知情人和非法获取内幕信息的人利用内幕信息从事证券交易活动。

第七十四条 证券交易内幕信息的知情人包括：

（一）发行人的董事、监事、高级管理人员；

（二）持有公司百分之五以上股份的股东及其董事、监事、高级管理人员，公司的实际控制人及其董事、监事、高级管理人员；

（三）发行人控股的公司及其董事、监事、高级管理人员；

（四）由于所任公司职务可以获取公司有关内幕信息的人员；

（五）证券监督管理机构工作人员以及由于法定职责对证券的发行、交易进行管理的其他人员；

（六）保荐人、承销的证券公司、证券交易所、证券登记结算机构、证券服务机构的有关人员；

（七）国务院证券监督管理机构规定的其他人。

第七十五条 证券交易活动中，涉及公司的经营、财务或者对该公司证券的市场价格有重大影响的尚未公开的信息，为内幕信息。

下列信息皆属内幕信息：

（一）本法第六十七条第二款所列重大事件；

（二）公司分配股利或者增资的计划；

（三）公司股权结构的重大变化；

（四）公司债务担保的重大变更；

（五）公司营业用主要资产的抵押、出售或者报废一次超过该资产的百分之三十；

（六）公司的董事、监事、高级管理人员的行为可能依法承担重大损害赔偿责任；

（七）上市公司收购的有关方案；

（八）国务院证券监督管理机构认定的对证券交易价格有显著影响的其他重要信息。

第七十六条 证券交易内幕信息的知情人和非法获取内幕信息的人，在内幕信息公开前，不得买卖该公司的证券，或者泄露该信息，或者建议他人买卖该证券。

持有或者通过协议、其他安排与他人共同持有公司百分之五以上股份的自然人、法人、其他组织收购上市公司的股份，本法另有规定的，适用其规定。

内幕交易行为给投资者造成损失的，行为人应当依法承担赔偿责任。

第七十七条 禁止任何人以下列手段操纵证券市场：

（一）单独或者通过合谋，集中资金优势、持股优势或者利用信息优势联合或者连续买卖，操纵证券交易价格或者证券交易量；

（二）与他人串通，以事先约定的时间、价格和方式相互进行证券交易，影响证券交易价格或者证券交易量；

（三）在自己实际控制的账户之间进行证券交易，影响证券交易价格或者证券交易量；

（四）以其他手段操纵证券市场。

操纵证券市场行为给投资者造成损失的，行为人应当依法承担赔偿责任。

第七十八条 禁止国家工作人员、传播媒介从业人员和有关人员编造、传播虚假信息，扰乱证券市场。

禁止证券交易所、证券公司、证券登记结算机构、证券服务机构及其从业人员，证券业协会、证券监督管理机构及其工作人员，在证券交易活动中作出虚假陈述或者信息误导。

各种传播媒介传播证券市场信息必须真实、客观，禁止误导。

第七十九条 禁止证券公司及其从业人员从事下列损害客户利益的欺诈行为：

（一）违背客户的委托为其买卖证券；

（二）不在规定时间内向客户提供交易的书面确认文件；

（三）挪用客户所委托买卖的证券或者客户账户上的资金；

（四）未经客户的委托，擅自为客户买卖证券，或者假借客户的名义买卖证券；

（五）为牟取佣金收入，诱使客户进行不必要的证券买卖；

（六）利用传播媒介或者通过其他方式提供、传播虚假或者误导投资者的信息；

（七）其他违背客户真实意思表示，损害客户利益的行为。

欺诈客户行为给客户造成损失的，行为人应当依法承担赔偿责任。

第八十条 禁止法人非法利用他人账户从事证券交易；禁止法人出借自己或者他人的证券账户。

第八十一条 依法拓宽资金入市渠道，禁止资金违规流入股市。

第八十二条 禁止任何人挪用公款买卖证券。

第八十三条 国有企业和国有资产控股的企业买卖上市交易的股票，必须遵守国家有关规定。

第八十四条 证券交易所、证券公司、证券登记结算机构、证券服务机构及其从业人员对证券交易中发现的禁止的交易行为，应当及时向证券监督管理机构报告。

第四章 上市公司的收购

第八十五条 投资者可以采取要约收购、协议收购及其他合法方式收购上市公司。

第八十六条 通过证券交易所的证券交易，投资者持有或者通过协议、其他安排与他人共同持有一个上市公司已发行的股份达到百分之五时，应当在该事实发生之日起三日内，向国务院证券监督管理机构、证券交易所作出书面报告，通知该上市公司，并予公告；在上述期限内，不得再行买卖该上市公司的股票。

投资者持有或者通过协议、其他安排与他人共同持有一个上市公司已发行的股份达到百分之五后，其所持该上市公司已发行的股份比例每增加或者减少百分之五，应当依照前款规定进行报告和公告。在报告期限内和作出报告、公告后二日内，不得再行买卖该上市公司的股票。

第八十七条 依照前条规定所作的书面报告和公告，应当包括下列内容：

（一）持股人的名称、住所；

（二）持有的股票的名称、数额；

（三）持股达到法定比例或者持股增减变化达到法定比例的日期。

第八十八条 通过证券交易所的证券交易，投资者持有或者通过协议、其他安排与他人共同持有一个上市公司已发行的股份达到百分之三十时，继续进行收购的，应当依法向该上市公司所有股东发出收购上市公司全部或者部分股份的要约。

收购上市公司部分股份的收购要约应当约定，被收购公司股东承诺出售的股份数额超过预定收购的股份数额的，收购人按比例进行收购。

第八十九条 依照前条规定发出收购要约，收购人必须事先向国务院证券监督管理机构报送上市公司收购报告书，并载明下列事项：

（一）收购人的名称、住所；

（二）收购人关于收购的决定；

（三）被收购的上市公司名称；

（四）收购目的；

（五）收购股份的详细名称和预定收购的股份数额；

（六）收购期限、收购价格；

（七）收购所需资金额及资金保证；

（八）报送上市公司收购报告书时持有被收购公司股份数占该公司已发行的股份总数的比例。

收购人还应当将上市公司收购报告书同时提交证券交易所。

第九十条 收购人在依照前条规定报送上市公司收购报告书之日起十五日后，公告其收购要约。在上述期限内，国务院证券监督管理机构发现上市公司收购报告书不符合法律、行政法规规定的，应当及时告知收购人，收购人不得公告其收购要约。

收购要约约定的收购期限不得少于三十日，并不得超过六十日。

第九十一条 在收购要约确定的承诺期限内，收购人不得撤销其收购要约。收购人需要变更收购要约的，必须事先向国务院证券监督管理机构及证券交易所提出报告，经批准后，予以公告。

第九十二条 收购要约提出的各项收购条件，适用于被收购公司的所有股东。

第九十三条 采取要约收购方式的，收购人在收购期限内，不得卖出被收购公司的股票，也不得采取要约规定以外的形式和超出要约的条件买入被收购公司的股票。

第九十四条 采取协议收购方式的，收购人可以依照法律、行政法规的规定同被收购公司的股东以协议方式进行股份转让。

以协议方式收购上市公司时，达成协议后，收购人必须在三日内将该收购协议向国务院证券监督管理机构及证券交易所作出书面报告，并予公告。

在公告前不得履行收购协议。

第九十五条 采取协议收购方式的，协议双方可以临时委托证券登记结算机构保管协议转让的股票，并将资金存放于指定的银行。

第九十六条 采取协议收购方式的，收购人收购或者通过协议、其他安排与他人共同收购一个上市公司已发行的股份达到百分之三十时，继续进行收购的，应当向该上市公司所有股东发出收购上市公司全部或者部分股份的要约。但是，经国务院证券监督管理机构免除发出要约的除外。

收购人依照前款规定以要约方式收购上市公司股份，应当遵守本法第八十九条至第九十三条的规定。

第九十七条 收购期限届满，被收购公司股权分布不符合上市条件的，该上市公司的股票应当由证券交易所依法终止上市交易；其余仍持有被收购公司股票的股东，有权向收购人以收购要约的同等条件出售其股票，收购人应当收购。

收购行为完成后，被收购公司不再具备股份有限公司条件的，应当依法变更企业形式。

第九十八条 在上市公司收购中，收购人持有的被收购的上市公司的股票，在收购行为完成后的十二个月内不得转让。

第九十九条 收购行为完成后，收购人与被收购公司合并，并将该公司解散的，被解散公司的原有股票由收购人依法更换。

第一百条 收购行为完成后，收购人应当在十五日内将收购情况报告国务院证券监督管理机构和证券交易所，并予公告。

第一百零一条 收购上市公司中由国家授权投资的机构持有的股份，应当按照国务院的规定，经有关主管部门批准。

国务院证券监督管理机构应当依照本法的原则制定上市公司收购的具体办法。

第五章 证券交易所

第一百零二条 证券交易所是为证券集中交易提供场所和设施，组织和监督证券交易，实行自律管理的法人。

证券交易所的设立和解散，由国务院决定。

第一百零三条 设立证券交易所必须制定章程。

证券交易所章程的制定和修改，必须经国务院证券监督管理机构批准。

第一百零四条 证券交易所必须在其名称中标明证券交易所字样。其他任何单位或者个人不得使用证券交易所或者近似的名称。

第一百零五条 证券交易所可以自行支配的各项费用收入，应当首先用于保证其证券交易场所和设施的正常运行并逐步改善。

实行会员制的证券交易所的财产积累归会员所有，其权益由会员共同享有，在其存续期间，不得将其财产积累分配给会员。

第一百零六条 证券交易所设理事会。

第一百零七条 证券交易所设总经理一人，由国务院证券监督管理机构任免。

第一百零八条 有《中华人民共和国公司法》第一百四十七条规定的情形或者下列情形之一的，不得担任证券交易所的负责人：

（一）因违法行为或者违纪行为被解除职务的证券交易所、证券登记结算机构的负责人或者证券公司的董事、监事、高级管理人员，自被解除职务之日起未逾五年；

（二）因违法行为或者违纪行为被撤销资格的律师、注册会计师或者投资咨询机构、财务顾问机构、资信评级机构、资产评估机构、验证机构的专业人员，自被撤销资格之日起未逾五年。

第一百零九条 因违法行为或者违纪行为被开除的证券交易所、证券登记结算机构、证券服务机构、证券公司的从业人员和被开除的国家机关工作人员，不得招聘为证券交易所的从业人员。

第一百一十条 进入证券交易所参与集中交易的，必须是证券交易所的会员。

第一百一十一条 投资者应当与证券公司签订证券交易委托协议，并在证券公司开立证券交易账户，以书面、电话以及其他方式，委托该证券公司代其买卖证券。

第一百一十二条 证券公司根据投资者的委托，按照证券交易规则提出交易申报，参与证券交易所场内的集中交易，并根据成交结果承担相应的清算交收责任；证券登记结算机构根据成交结果，按照清算交收规则，与证券公司进行证券和资金的清算交收，并为证券公司客户办理证券的登记过户手续。

第一百一十三条 证券交易所应当为组织公平的集中交易提供保障，公布证券交易即时行情，并按交易日制作证券市场行情表，予以公布。

未经证券交易所许可，任何单位和个人不得发布证券交易即时行情。

第一百一十四条 因突发性事件而影响证券交易的正常进行时，证券交易所可以采取技术性停牌的措施；因不可抗力的突发性事件或者为维护证券交易的正常秩序，证券交易所可以决定临时停市。

证券交易所采取技术性停牌或者决定临时停市，必须及时报告国务院证券监督管理机构。

第一百一十五条 证券交易所对证券交易实行实时监控，并按照国务院证券监督管理机构的要求，对异常的交易情况提出报告。

证券交易所应当对上市公司及相关信息披露义务人披露信息进行监督，督促其依法及时、准确地披露信息。

证券交易所根据需要，可以对出现重大异常交易情况的证券账户限制交易，并报国务院证券监督管理机构备案。

第一百一十六条 证券交易所应当从其收取的交易费用和会员费、席位费中提取一定比例的金额设立风险基金。风险基金由证券交易所理事会管理。

风险基金提取的具体比例和使用办法，由国务院证券监督管理机构会同国务院财政部门规定。

第一百一十七条 证券交易所应当将收存的风险基金存入开户银行专门账户，不得擅自使用。

第一百一十八条 证券交易所依照证券法律、行政法规制定上市规则、交易规则、会员管理规则和其他有关规则，并报国务院证券监督管理机构批准。

第一百一十九条 证券交易所的负责人和其他从业人员在执行与证券交易有关的职务时，与其本人或者其亲属有利害关系的，应当回避。

第一百二十条 按照依法制定的交易规则进行的交易，不得改变其交易结果。对交易中违规交易者应负的民事责任不得免除；在违规交易中所获利益，依照有关规定处理。

第一百二十一条 在证券交易所内从事证券交易的人员，违反证券交易所有关交易规则的，由证券交易所给予纪律处分；对情节严重的，撤销其资格，禁止其入场进行证券交易。

第六章　证券公司

第一百二十二条　设立证券公司，必须经国务院证券监督管理机构审查批准。未经国务院证券监督管理机构批准，任何单位和个人不得经营证券业务。

第一百二十三条　本法所称证券公司是指依照《中华人民共和国公司法》和本法规定设立的经营证券业务的有限责任公司或者股份有限公司。

第一百二十四条　设立证券公司，应当具备下列条件：

（一）有符合法律、行政法规规定的公司章程；

（二）主要股东具有持续盈利能力，信誉良好，最近三年无重大违法违规记录，净资产不低于人民币二亿元；

（三）有符合本法规定的注册资本；

（四）董事、监事、高级管理人员具备任职资格，从业人员具有证券从业资格；

（五）有完善的风险管理与内部控制制度；

（六）有合格的经营场所和业务设施；

（七）法律、行政法规规定的和经国务院批准的国务院证券监督管理机构规定的其他条件。

第一百二十五条　经国务院证券监督管理机构批准，证券公司可以经营下列部分或者全部业务：

（一）证券经纪；

（二）证券投资咨询；

（三）与证券交易、证券投资活动有关的财务顾问；

（四）证券承销与保荐；

（五）证券自营；

（六）证券资产管理；

（七）其他证券业务。

第一百二十六条　证券公司必须在其名称中标明证券有限责任公司或者证券股份有限公司字样。

第一百二十七条　证券公司经营本法第一百二十五条第（一）项至第（三）项业务的，注册资本最低限额为人民币五千万元；经营第（四）项至第（七）项业务之一的，注册资本最低限额为人民币一亿元；经营第（四）项至第（七）项业务中两项以上的，注册资本最低限额为人民币五亿元。证券公司的注册资本应当是实缴资本。

国务院证券监督管理机构根据审慎监管原则和各项业务的风险程度，可以调整注册资本最低限额，但不得少于前款规定的限额。

第一百二十八条　国务院证券监督管理机构应当自受理证券公司设立申请之日起六个月内，依照法定条件和法定程序并根据审慎监管原则进行审查，作出批准或者不予批准的决定，并通知申请人；不予批准的，应当说明理由。

证券公司设立申请获得批准的，申请人应当在规定的期限内向公司登记机关申请设立登记，领取营业执照。

证券公司应当自领取营业执照之日起十五日内，向国务院证券监督管理机构申请经营证券业务许可证。未取得经营证券业务许可证，证券公司不得经营证券业务。

第一百二十九条 证券公司设立、收购或者撤销分支机构，变更业务范围或者注册资本，变更持有百分之五以上股权的股东、实际控制人，变更公司章程中的重要条款，合并、分立、变更公司形式、停业、解散、破产，必须经国务院证券监督管理机构批准。

证券公司在境外设立、收购或者参股证券经营机构，必须经国务院证券监督管理机构批准。

第一百三十条 国务院证券监督管理机构应当对证券公司的净资本，净资本与负债的比例，净资本与净资产的比例，净资本与自营、承销、资产管理等业务规模的比例，负债与净资产的比例，以及流动资产与流动负债的比例等风险控制指标作出规定。

证券公司不得为其股东或者股东的关联人提供融资或者担保。

第一百三十一条 证券公司的董事、监事、高级管理人员，应当正直诚实，品行良好，熟悉证券法律、行政法规，具有履行职责所需的经营管理能力，并在任职前取得国务院证券监督管理机构核准的任职资格。

有《中华人民共和国公司法》第一百四十七条规定的情形或者下列情形之一的，不得担任证券公司的董事、监事、高级管理人员：

（一）因违法行为或者违纪行为被解除职务的证券交易所、证券登记结算机构的负责人或者证券公司的董事、监事、高级管理人员，自被解除职务之日起未逾五年；

（二）因违法行为或者违纪行为被撤销资格的律师、注册会计师或者投资咨询机构、财务顾问机构、资信评级机构、资产评估机构、验证机构的专业人员，自被撤销资格之日起未逾五年。

第一百三十二条 因违法行为或者违纪行为被开除的证券交易所、证券登记结算机构、证券服务机构、证券公司的从业人员和被开除的国家机关工作人员，不得招聘为证券公司的从业人员。

第一百三十三条 国家机关工作人员和法律、行政法规规定的禁止在公司中兼职的其他人员，不得在证券公司中兼任职务。

第一百三十四条 国家设立证券投资者保护基金。证券投资者保护基金由证券公司缴纳的资金及其他依法筹集的资金组成，其筹集、管理和使用的具体办法由国务院规定。

第一百三十五条 证券公司从每年的税后利润中提取交易风险准备金，用于弥补证券交易的损失，其提取的具体比例由国务院证券监督管理机构规定。

第一百三十六条 证券公司应当建立健全内部控制制度，采取有效隔离措施，防范公司与客户之间、不同客户之间的利益冲突。

证券公司必须将其证券经纪业务、证券承销业务、证券自营业务和证券资产管理业务分开办理，不得混合操作。

第一百三十七条 证券公司的自营业务必须以自己的名义进行，不得假借他人名义或者以个人名义进行。

证券公司的自营业务必须使用自有资金和依法筹集的资金。

证券公司不得将其自营账户借给他人使用。

第一百三十八条 证券公司依法享有自主经营的权利，其合法经营不受干涉。

第一百三十九条 证券公司客户的交易结算资金应当存放在商业银行，以每个客户的名义单独立户管理。具体办法和实施步骤由国务院规定。

证券公司不得将客户的交易结算资金和证券归入其自有财产。禁止任何单位或者个人以任何形式挪用客户的交易结算资金和证券。证券公司破产或者清算时，客户的交易结算资金和证券不属于其破产财产或者清算财产。非因客户本身的债务或者法律规定的其他情形，不得查封、冻结、扣划或者强制执行客户的交易结算资金和证券。

第一百四十条 证券公司办理经纪业务，应当置备统一制定的证券买卖委托书，供委托人使用。采取其他委托方式的，必须作出委托记录。

客户的证券买卖委托，不论是否成交，其委托记录应当按照规定的期限，保存于证券公司。

第一百四十一条 证券公司接受证券买卖的委托，应当根据委托书载明的证券名称、买卖数量、出价方式、价格幅度等，按照交易规则代理买卖证券，如实进行交易记录；买卖成交后，应当按照规定制作买卖成交报告单交付客户。

证券交易中确认交易行为及其交易结果的对账单必须真实，并由交易经办人员以外的审核人员逐笔审核，保证账面证券余额与实际持有的证券相一致。

第一百四十二条 证券公司为客户买卖证券提供融资融券服务，应当按照国务院的规定并经国务院证券监督管理机构批准。

第一百四十三条 证券公司办理经纪业务，不得接受客户的全权委托而决定证券买卖、选择证券种类、决定买卖数量或者买卖价格。

第一百四十四条 证券公司不得以任何方式对客户证券买卖的收益或者赔偿证券买卖的损失作出承诺。

第一百四十五条 证券公司及其从业人员不得未经过其依法设立的营业场所私下接受客户委托买卖证券。

第一百四十六条 证券公司的从业人员在证券交易活动中，执行所属的证券公司的指令或者利用职务违反交易规则的，由所属的证券公司承担全部责任。

第一百四十七条 证券公司应当妥善保存客户开户资料、委托记录、交易记录和与内部管理、业务经营有关的各项资料，任何人不得隐匿、伪造、篡改或者毁损。上述资料的保存期限不得少于二十年。

第一百四十八条 证券公司应当按照规定向国务院证券监督管理机构报送业务、财务等经营管理信息和资料。国务院证券监督管理机构有权要求证券公司及其股东、实际控制人在指定的期限内提供有关信息、资料。

证券公司及其股东、实际控制人向国务院证券监督管理机构报送或者提供的信息、资料，必须真实、准确、完整。

第一百四十九条 国务院证券监督管理机构认为有必要时，可以委托会计师事务所、资产评估机构对证券公司的财务状况、内部控制状况、资产价值进行审计或者评估。具体办法由国务院证券监督管理机构会同有关主管部门制定。

第一百五十条 证券公司的净资本或者其他风险控制指标不符合规定的，国务院证券监督管理机构应当责令其限期改正；逾期未改正，或者其行为严重危及该证券公司的稳健运行、损害客户合法权益的，国务院证券监督管理机构可以区别情形，对其采取下列措施：

（一）限制业务活动，责令暂停部分业务，停止批准新业务；

（二）停止批准增设、收购营业性分支机构；

（三）限制分配红利，限制向董事、监事、高级管理人员支付报酬、提供福利；

（四）限制转让财产或者在财产上设定其他权利；

（五）责令更换董事、监事、高级管理人员或者限制其权利；

（六）责令控股股东转让股权或者限制有关股东行使股东权利；

（七）撤销有关业务许可。

证券公司整改后，应当向国务院证券监督管理机构提交报告。国务院证券监督管理机构经验收，符合有关风险控制指标的，应当自验收完毕之日起三日内解除对其采取的前款规定的有关措施。

第一百五十一条 证券公司的股东有虚假出资、抽逃出资行为的，国务院证券监督管理机构应当责令其限期改正，并可责令其转让所持证券公司的股权。

在前款规定的股东按照要求改正违法行为、转让所持证券公司的股权前，国务院证券监督管理机构可以限制其股东权利。

第一百五十二条 证券公司的董事、监事、高级管理人员未能勤勉尽责，致使证券公司存在重大违法违规行为或者重大风险的，国务院证券监督管理机构可以撤销其任职资格，并责令公司予以更换。

第一百五十三条 证券公司违法经营或者出现重大风险，严重危害证券市场秩序、损害投资者利益的，国务院证券监督管理机构可以对该证券公司采取责令停业整顿、指定其他机构托管、接管或者撤销等监管措施。

第一百五十四条 在证券公司被责令停业整顿、被依法指定托管、接管或者清算期间，或者出现重大风险时，经国务院证券监督管理机构批准，可以对该证券公司直接负责的董事、监事、高级管理人员和其他直接责任人员采取以下措施：

（一）通知出境管理机关依法阻止其出境；

（二）申请司法机关禁止其转移、转让或者以其他方式处分财产，或者在财产上设定其他权利。

第七章 证券登记结算机构

第一百五十五条 证券登记结算机构是为证券交易提供集中登记、存管与结算服务，不以营利为目的的法人。设立证券登记结算机构必须经国务院证券监督管理机构批准。

第一百五十六条 设立证券登记结算机构，应当具备下列条件：

（一）自有资金不少于人民币二亿元；

（二）具有证券登记、存管和结算服务所必须的场所和设施；

（三）主要管理人员和从业人员必须具有证券从业资格；

（四）国务院证券监督管理机构规定的其他条件。证券登记结算机构的名称中应当标明证券登记结算字样。

第一百五十七条 证券登记结算机构履行下列职能：

（一）证券账户、结算账户的设立；

（二）证券的存管和过户；

（三）证券持有人名册登记；

（四）证券交易所上市证券交易的清算和交收；

（五）受发行人的委托派发证券权益；

（六）办理与上述业务有关的查询；

（七）国务院证券监督管理机构批准的其他业务。

第一百五十八条 证券登记结算采取全国集中统一的运营方式。

证券登记结算机构章程、业务规则应当依法制定，并经国务院证券监督管理机构批准。

第一百五十九条 证券持有人持有的证券，在上市交易时，应当全部存管在证券登记结算机构。证券登记结算机构不得挪用客户的证券。

第一百六十条 证券登记结算机构应当向证券发行人提供证券持有人名册及其有关资料。

证券登记结算机构应当根据证券登记结算的结果，确认证券持有人持有证券的事实，提供证券持有人登记资料。证券登记结算机构应当保证证券持有人名册和登记过户记录真实、准确、完整，不得隐匿、伪造、篡改或者毁损。

第一百六十一条 证券登记结算机构应当采取下列措施保证业务的正常进行：

（一）具有必备的服务设备和完善的数据安全保护措施；

（二）建立完善的业务、财务和安全防范等管理制度；

（三）建立完善的风险管理系统。

第一百六十二条 证券登记结算机构应当妥善保存登记、存管和结算的原始凭证及有关文件和资料。其保存期限不得少于二十年。

第一百六十三条 证券登记结算机构应当设立证券结算风险基金，用于垫付或者弥补因违约交收、技术故障、操作失误、不可抗力造成的证券登记结算机构的损失。证券结算风险基金从证券登记结算机构的业务收入和收益中提取，并可以由结算参与人按照证券交易业务量的一定比例缴纳。

证券结算风险基金的筹集、管理办法，由国务院证券监督管理机构会同国务院财政部门规定。

第一百六十四条 证券结算风险基金应当存入指定银行的专门账户，实行专项管理。

证券登记结算机构以证券结算风险基金赔偿后，应当向有关责任人追偿。

第一百六十五条 证券登记结算机构申请解散，应当经国务院证券监督管理机构批准。

第一百六十六条 投资者委托证券公司进行证券交易，应当申请开立证券账户。证券登记结算机构应当按照规定以投资者本人的名义为投资者开立证券账户。投资者申请开立账户，必须持有证明中国公民身份或者中国法人资格的合法证件。国家另有规定的除外。

第一百六十七条 证券登记结算机构为证券交易提供净额结算服务时，应当要求结算参与人按照货银对付的原则，足额交付证券和资金，并提供交收担保。在交收完成之前，任何人不得动用用于交收的证券、资金和担保物。

结算参与人未按时履行交收义务的，证券登记结算机构有权按照业务规则处理前款所述财产。

第一百六十八条 证券登记结算机构按照业务规则收取的各类结算资金和证券，必须存放于专门的清算交收账户，只能按业务规则用于已成交的证券交易的清算交收，不得被强制执行。

第八章 证券服务机构

第一百六十九条 投资咨询机构、财务顾问机构、资信评级机构、资产评估机构、会计师事务所从事证券服务业务，必须经国务院证券监督管理机构和有关主管部门批准。

投资咨询机构、财务顾问机构、资信评级机构、资产评估机构、会计师事务所从事证券服务业务的审批管理办法，由国务院证券监督管理机构和有关主管部门制定。

第一百七十条 投资咨询机构、财务顾问机构、资信评级机构从事证券服务业务的人员，必须具备证券专业知识和从事证券业务或者证券服务业务二年以上经验。认定其证券从业资格的标准和管理办法，由国务院证券监督管理机构制定。

第一百七十一条 投资咨询机构及其从业人员从事证券服务业务不得有下列行为：

（一）代理委托人从事证券投资；

（二）与委托人约定分享证券投资收益或者分担证券投资损失；

（三）买卖本咨询机构提供服务的上市公司股票；

（四）利用传播媒介或者通过其他方式提供、传播虚假或者误导投资者的信息；

（五）法律、行政法规禁止的其他行为。有前款所列行为之一，给投资者造成损失的，依法承担赔偿责任。

第一百七十二条 从事证券服务业务的投资咨询机构和资信评级机构，应当按照国务院有关主管部门规定的标准或者收费办法收取服务费用。

第一百七十三条 证券服务机构为证券的发行、上市、交易等证券业务活动制作、出具审计报告、资产评估报告、财务顾问报告、资信评级报告或者法律意见书等文件，应当勤勉尽责，对所依据的文件资料内容的真实性、准确性、完整性进行核查和验证。其制作、出具的文件有虚假记载、误导性陈述或者重大遗漏，给他人造成损失的，应当与发行人、上市公司承担连带赔偿责任，但是能够证明自己没有过错的除外。

第九章 证券业协会

第一百七十四条 证券业协会是证券业的自律性组织，是社会团体法人。

证券公司应当加入证券业协会。

证券业协会的权力机构为全体会员组成的会员大会。

第一百七十五条 证券业协会章程由会员大会制定，并报国务院证券监督管理机构备案。

第一百七十六条 证券业协会履行下列职责：

（一）教育和组织会员遵守证券法律、行政法规；

（二）依法维护会员的合法权益，向证券监督管理机构反映会员的建议和要求；

（三）收集整理证券信息，为会员提供服务；

（四）制定会员应遵守的规则，组织会员单位的从业人员的业务培训，开展会员间的业务交流；

（五）对会员之间、会员与客户之间发生的证券业务纠纷进行调解；

（六）组织会员就证券业的发展、运作及有关内容进行研究；

（七）监督、检查会员行为，对违反法律、行政法规或者协会章程的，按照规定给予纪律处分；

（八）证券业协会章程规定的其他职责。

第一百七十七条 证券业协会设理事会。理事会成员依章程的规定由选举产生。

第十章 证券监督管理机构

第一百七十八条 国务院证券监督管理机构依法对证券市场实行监督管理，维护证券市场秩序，保障其合法运行。

第一百七十九条 国务院证券监督管理机构在对证券市场实施监督管理中履行下列职责：

（一）依法制定有关证券市场监督管理的规章、规则，并依法行使审批或者核准权；

（二）依法对证券的发行、上市、交易、登记、存管、结算，进行监督管理；

（三）依法对证券发行人、上市公司、证券公司、证券投资基金管理公司、证券服务机构、证券交易所、证券登记结算机构的证券业务活动，进行监督管理；

（四）依法制定从事证券业务人员的资格标准和行为准则，并监督实施；

（五）依法监督检查证券发行、上市和交易的信息公开情况；

（六）依法对证券业协会的活动进行指导和监督；

（七）依法对违反证券市场监督管理法律、行政法规的行为进行查处；

（八）法律、行政法规规定的其他职责。国务院证券监督管理机构可以和其他国家或者地区的证券监督管理机构建立监督管理合作机制，实施跨境监督管理。

第一百八十条 国务院证券监督管理机构依法履行职责，有权采取下列措施：

（一）对证券发行人、上市公司、证券公司、证券投资基金管理公司、证券服务机构、证券交易所、证券登记结算机构进行现场检查；

（二）进入涉嫌违法行为发生场所调查取证；

（三）询问当事人和与被调查事件有关的单位和个人，要求其对与被调查事件有关的事项作出说明；

（四）查阅、复制与被调查事件有关的财产权登记、通讯记录等资料；

（五）查阅、复制当事人和与被调查事件有关的单位和个人的证券交易记录、登记过户记录、财务会计资料及其他相关文件和资料；对可能被转移、隐匿或者毁损的文件和资料，可以予以封存；

（六）查询当事人和与被调查事件有关的单位和个人的资金账户、证券账户和银行账户；对有证据证明已经或者可能转移或者隐匿违法资金、证券等涉案财产或者隐匿、伪造、毁损重要证据的，经国务院证券监督管理机构主要负责人批准，可以冻结或者查封；

（七）在调查操纵证券市场、内幕交易等重大证券违法行为时，经国务院证券监督管理机构主要负责人批准，可以限制被调查事件当事人的证券买卖，但限制的期限不得超过十五个交易日；案情复杂的，可以延长十五个交易日。

第一百八十一条 国务院证券监督管理机构依法履行职责，进行监督检查或者调查，其监督检查、调查的人员不得少于二人，并应当出示合法证件和监督检查、调查通知书。监督检查、调查的人员少于二人或者未出示合法证件和监督检查、调查通知书的，被检查、调查的单位有权拒绝。

第一百八十二条 国务院证券监督管理机构工作人员必须忠于职守，依法办事，公正廉洁，不得利用职务便利牟取不正当利益，不得泄露所知悉的有关单位和个人的商业秘密。

第一百八十三条 国务院证券监督管理机构依法履行职责，被检查、调查的单位和个人应当配合，如实提供有关文件和资料，不得拒绝、阻碍和隐瞒。

第一百八十四条 国务院证券监督管理机构依法制定的规章、规则和监督管理工作制度应当公开。

国务院证券监督管理机构依据调查结果，对证券违法行为作出的处罚决定，应当公开。

第一百八十五条 国务院证券监督管理机构应当与国务院其他金融监督管理机构建立监督管理信息共享机制。

国务院证券监督管理机构依法履行职责，进行监督检查或者调查时，有关部门应当予以配合。

第一百八十六条 国务院证券监督管理机构依法履行职责，发现证券违法行为涉嫌犯罪的，应当将案件移送司法机关处理。

第一百八十七条 国务院证券监督管理机构的人员不得在被监管的机构中任职。

第十一章 法律责任

第一百八十八条 未经法定机关核准，擅自公开或者变相公开发行证券的，责令停止发行，退还所募资金并加算银行同期存款利息，处以非法所募资金金额百分之一以上百分之五以下的罚款；对擅自公开或者变相公开发行证券设立的公司，由依法履行监督管理职责的机构或者部门会同县级以上地方人民政府予以取缔。对直接负责的主管人员和其他直接责任人员给予警告，并处以三万元以上三十万元以下的罚款。

第一百八十九条 发行人不符合发行条件，以欺骗手段骗取发行核准，尚未发行证券的，处以三十万元以上六十万元以下的罚款；已经发行证券的，处以非法所募资金金额百分之一以上百分之五以下的罚款。对直接负责的主管人员和其他直接责任人员处以三万元以上三十万元以下的罚款。

发行人的控股股东、实际控制人指使从事前款违法行为的，依照前款的规定处罚。

第一百九十条 证券公司承销或者代理买卖未经核准擅自公开发行的证券的，责令停止承销或者代理买卖，没收违法所得，并处以违法所得一倍以上五倍以下的罚款；没有违法所得或者违法所得不足三十万元的，处以三十万元以上六十万元以下的罚款。给投资者造成损失的，应当与发行人承担连带赔偿责任。对直接负责的主管人员和其他直接责任人员给予警告，撤销任职资格或者证券从业资格，并处以三万元以上三十万元以下的罚款。

第一百九十一条 证券公司承销证券，有下列行为之一的，责令改正，给予警告，没收违法所得，可以并处三十万元以上六十万元以下的罚款；情节严重的，暂停或者撤销相关业务许可。给其他证券承销机构或者投资者造成损失的，依法承担赔偿责任。对直接负责的主管人员和其他直接责任人员给予警告，可以并处三万元以上三十万元以下的罚款；情节严重的，撤销任职资格或者证券从业资格：

（一）进行虚假的或者误导投资者的广告或者其他宣传推介活动；

（二）以不正当竞争手段招揽承销业务；

（三）其他违反证券承销业务规定的行为。

第一百九十二条 保荐人出具有虚假记载、误导性陈述或者重大遗漏的保荐书，或者不履行其他法定职责的，责令改正，给予警告，没收业务收入，并处以业务收入一倍以上五倍以下的罚款；情节严重的，暂停或者撤销相关业务许可。对直接负责的主管人员和其他直接责任人员给予警告，并处以三万元以上三十万元以下的罚款；情节严重的，撤销任职资格或者证券从业资格。

第一百九十三条 发行人、上市公司或者其他信息披露义务人未按照规定披露信息，或者所披露的信息有虚假记载、误导性陈述或者重大遗漏的，责令改正，给予警告，并处以三十万元以上六十万元以下的罚款。对直接负责的主管人员和其他直接责任人员给予警告，并处以三万元以上三十万元以下的罚款。

发行人、上市公司或者其他信息披露义务人未按照规定报送有关报告，或者报送的报告有虚假记载、误导性陈述或者重大遗漏的，责令改正，给予警告，并处以三十万元以上六十万元以下的罚款。对直接负责的主管人员和其他直接责任人员给予警告，并处以三万元以上三十万元以下的罚款。

发行人、上市公司或者其他信息披露义务人的控股股东、实际控制人指使从事前两款违法行为的，依照前两款的规定处罚。

第一百九十四条 发行人、上市公司擅自改变公开发行证券所募集资金的用途的，责令改正，对直接负责的主管人员和其他直接责任人员给予警告，并处以三万元以上三十万元以下的罚款。

发行人、上市公司的控股股东、实际控制人指使从事前款违法行为的，给予警告，并处以三十万元以上六十万元以下的罚款。对直接负责的主管人员和其他直接责任人员依照前款的规定处罚。

第一百九十五条 上市公司的董事、监事、高级管理人员、持有上市公司股份百分之五以上的股东，违反本法第四十七条的规定买卖本公司股票的，给予警告，可以并处三万元以上十万元以下的罚款。

第一百九十六条 非法开设证券交易场所的，由县级以上人民政府予以取缔，没收违法所得，并处以违法所得一倍以上五倍以下的罚款；没有违法所得或者违法所得不足十万元的，处以十万元以上五十万元以下的罚款。对直接负责的主管人员和其他直接责任人员给予警告，并处以三万元以上三十万元以下的罚款。

第一百九十七条 未经批准，擅自设立证券公司或者非法经营证券业务的，由证券监督管理机构予以取缔，没收违法所得，并处以违法所得一倍以上五倍以下的罚款；没有违法所得或者违法所得不足三十万元的，处以三十万元以上六十万元以下的罚款。对直接负责的主管人员和其他直接责任人员给予警告，并处以三万元以上三十万元以下的罚款。

第一百九十八条 违反本法规定，聘任不具有任职资格、证券从业资格的人员的，由证券监督管理机构责令改正，给予警告，可以并处十万元以上三十万元以下的罚款；对直接负责的主管人员给予警告，可以并处三万元以上十万元以下的罚款。

第一百九十九条 法律、行政法规规定禁止参与股票交易的人员，直接或者以化名、借他人名义持有、买卖股票的，责令依法处理非法持有的股票，没收违法所得，并处以买卖股票等值以下的罚款；属于国家工作人员的，还应当依法给予行政处分。

第二百条 证券交易所、证券公司、证券登记结算机构、证券服务机构的从业人员或者证券业协会的工作人员，故意提供虚假资料，隐匿、伪造、篡改或者毁损交易记录，诱骗投资者买卖证券的，撤销证券从业资格，并处以三万元以上十万元以下的罚款；属于国家工作人员的，还应当依法给予行政处分。

第二百零一条 为股票的发行、上市、交易出具审计报告、资产评估报告或者法律意见书等文件的证券服务机构和人员，违反本法第四十五条的规定买卖股票的，责令依法处理非法持有的股票，没收违法所得，并处以买卖股票等值以下的罚款。

第二百零二条 证券交易内幕信息的知情人或者非法获取内幕信息的人，在涉及证券的发行、交易或者其他对证券的价格有重大影响的信息公开前，买卖该证券，或者泄露该信息，或者建议他人买卖该证券的，责令依法处理非法持有的证券，没收违法所得，并处以违法所得一倍以上五倍以下的罚款；没有违法所得或者违法所得不足三万元的，处以三万元以上六十万元以下的罚款。单位从事内幕交易的，还应当对直接负责的主管人员和其他直接责任人员给予警告，并处以三万元以上三十万元以下的罚款。证券监督管理机构工作人员进行内幕交易的，从重处罚。

第二百零三条 违反本法规定，操纵证券市场的，责令依法处理非法持有的证券，没收违法所得，并处以违法所得一倍以上五倍以下的罚款；没有违法所得或者违法所得不足三十万元的，处以三十万元以上三百万元以下的罚款。单位操纵证券市场的，还应当对直接负责的主管人员和其他直接责任人员给予警告，并处以十万元以上六十万元以下的罚款。

第二百零四条 违反法律规定，在限制转让期限内买卖证券的，责令改正，给予警告，并处以买卖证券等值以下的罚款。对直接负责的主管人员和其他直接责任人员给予警告，并处以三万元以上三十万元以下的罚款。

第二百零五条 证券公司违反本法规定，为客户买卖证券提供融资融券的，没收违法所得，暂停或者撤销相关业务许可，并处以非法融资融券等值以下的罚款。对直接负责的主管人员和其他直接责任人员给予警告，撤销任职资格或者证券从业资格，并处以三万元以上三十万元以下的罚款。

第二百零六条 违反本法第七十八条第一款、第三款的规定，扰乱证券市场的，由证券监督管理机构责令改正，没收违法所得，并处以违法所得一倍以上五倍以下的罚款；没有违法所得或者违法所得不足三万元的，处以三万元以上二十万元以下的罚款。

第二百零七条 违反本法第七十八条第二款的规定，在证券交易活动中作出虚假陈述或者信息误导的，责令改正，处以三万元以上二十万元以下的罚款；属于国家工作人员的，还应当依法给予行政处分。

第二百零八条 违反本法规定，法人以他人名义设立账户或者利用他人账户买卖证券的，责令改正，没收违法所得，并处以违法所得一倍以上五倍以下的罚款；没有违法所得或者违法所得不足三万元的，处以三万元以上三十万元以下的罚款。对直接负责的主管人员和其他直接责任人员给予警告，并处以三万元以上十万元以下的罚款。

证券公司为前款规定的违法行为提供自己或者他人的证券交易账户的，除依照前款的规定处罚外，还应当撤销直接负责的主管人员和其他直接责任人员的任职资格或者证券从业资格。

第二百零九条 证券公司违反本法规定，假借他人名义或者以个人名义从事证券自营业务的，责令改正，没收违法所得，并处以违法所得一倍以上五倍以下的罚款；没有违法所得或者违法所得不足三十万元的，处以三十万元以上六十万元以下的罚款；情节严重的，暂停或者撤销证券自营业务许可。对直接负责的主管人员和其他直接责任人员给予警告，撤销任职资格或者证券从业资格，并处以三万元以上十万元以下的罚款。

第二百一十条 证券公司违背客户的委托买卖证券、办理交易事项，或者违背客户真实意思表示，办理交易以外的其他事项的，责令改正，处以一万元以上十万元以下的罚款。给客户造成损失的，依法承担赔偿责任。

第二百一十一条 证券公司、证券登记结算机构挪用客户的资金或者证券，或者未经客户的委托，擅自为客户买卖证券的，责令改正，没收违法所得，并处以违法所得一倍以上五倍以下的罚款；没有违法所得或者违法所得不足十万元的，处以十万元以上六十万元以下的罚款；情节严重的，责令关闭或者撤销相关业务许可。对直接负责的主管人员和其他直接责任人员给予警告，撤销任职资格或者证券从业资格，并处以三万元以上三十万元以下的罚款。

第二百一十二条 证券公司办理经纪业务，接受客户的全权委托买卖证券的，或者证券公司对客户买卖证券的收益或者赔偿证券买卖的损失作出承诺的，责令改正，没收违法所得，并处以五万元以上二十万元以下的罚款，可以暂停或者撤销相关业务许可。对直接负责的主管人员和其他直接责任人员给予警告，并处以三万元以上十万元以下的罚款，可以撤销任职资格或者证券从业资格。

第二百一十三条 收购人未按照本法规定履行上市公司收购的公告、发出收购要约、报送上市公司收购报告书等义务或者擅自变更收购要约的，责令改正，给予警告，并处以十万元以上三十万元以下的罚款；在改正前，收购人对其收购或者通过协议、其他安排与他人共同收购的股份不得行使表决权。对直接负责的主管人员和其他直接责任人员给予警告，并处以三万元以上三十万元以下的罚款。

第二百一十四条 收购人或者收购人的控股股东，利用上市公司收购，损害被收购公司及其股东的合法权益的，责令改正，给予警告；情节严重的，并处以十万元以上六十万元以下的罚款。给被收购公司及其股东造成损失的，依法承担赔偿责任。对直接负责的主管人员和其他直接责任人员给予警告，并处以三万元以上三十万元以下的罚款。

第二百一十五条 证券公司及其从业人员违反本法规定，私下接受客户委托买卖证券的，责令改正，给予警告，没收违法所得，并处以违法所得一倍以上五倍以下的罚款；没有违法所得或者违法所得不足十万元的，处以十万元以上三十万元以下的罚款。

第二百一十六条 证券公司违反规定，未经批准经营非上市证券的交易的，责令改正，没收违法所得，并处以违法所得一倍以上五倍以下的罚款。

第二百一十七条 证券公司成立后，无正当理由超过三个月未开始营业的，或者开业后自行停业连续三个月以上的，由公司登记机关吊销其公司营业执照。

第二百一十八条 证券公司违反本法第一百二十九条的规定，擅自设立、收购、撤销分支机构，或者合并、分立、停业、解散、破产，或者在境外设立、收购、参股证券经营机构的，责令改正，没收违法所得，并处以违法所得一倍以上五倍以下的罚款；没有违法所得或者违法所得不足十万元的，处以十万元以上六十万元以下的罚款。对直接负责的主管人员给予警告，并处以三万元以上十万元以下的罚款。

证券公司违反本法第一百二十九条的规定，擅自变更有关事项的，责令改正，并处以十万元以上三十万元以下的罚款。对直接负责的主管人员给予警告，并处以五万元以下的罚款。

第二百一十九条 证券公司违反本法规定，超出业务许可范围经营证券业务的，责令改正，没收违法所得，并处以违法所得一倍以上五倍以下的罚款；没有违法所得或者违法所得不足三十万元的，处以三十万元以上六十万元以下罚款；情节严重的，责令关闭。对直接负责的主管人员和其他直接责任人员给予警告，撤销任职资格或者证券从业资格，并处以三万元以上十万元以下的罚款。

第二百二十条 证券公司对其证券经纪业务、证券承销业务、证券自营业务、证券资产管理业务，不依法分开办理，混合操作的，责令改正，没收违法所得，并处以三十万元以上六十万元以下的罚款；情节严重的，撤销相关业务许可。对直接负责的主管人员和其他直接责任人员给予警告，并处以三万元以上十万元以下的罚款；情节严重的，撤销任职资格或者证券从业资格。

第二百二十一条 提交虚假证明文件或者采取其他欺诈手段隐瞒重要事实骗取证券业务许可的，或者证券公司在证券交易中有严重违法行为，不再具备经营资格的，由证券监督管理机构撤销证券业务许可。

第二百二十二条 证券公司或者其股东、实际控制人违反规定，拒不向证券监督管理机构报送或者提供经营管理信息和资料，或者报送、提供的经营管理信息和资料有虚假记载、误导性陈述或者重大遗漏的，责令改正，给予警告，并处以三万元以上三十万元以下的罚款，可以暂停或者撤销证券公司相关业务许可。对直接负责的主管人员和其他直接责任人员，给予警告，并处以三万元以下的罚款，可以撤销任职资格或者证券从业资格。

证券公司为其股东或者股东的关联人提供融资或者担保的，责令改正，给予警告，并处以十万元以上三十万元以下的罚款。对直接负责的主管人员和其他直接责任人员，处以三万元以上十万元以下的罚款。股东有过错的，在按照要求改正前，国务院证券监督管理机构可以限制其股东权利；拒不改正的，可以责令其转让所持证券公司股权。

第二百二十三条 证券服务机构未勤勉尽责，所制作、出具的文件有虚假记载、误导性陈述或者重大遗漏的，责令改正，没收业务收入，暂停或者撤销证券服务业务许可，并处以业务收入一倍以上五倍以下的罚款。对直接负责的主管人员和其他直接责任人员给予警告，撤销证券从业资格，并处以三万元以上十万元以下的罚款。

第二百二十四条 违反本法规定，发行、承销公司债券的，由国务院授权的部门依照本法有关规定予以处罚。

第二百二十五条 上市公司、证券公司、证券交易所、证券登记结算机构、证券服务机构，未按照有关规定保存有关文件和资料的，责令改正，给予警告，并处以三万元以上三十万元以下的罚款；隐匿、伪造、篡改或者毁损有关文件和资料的，给予警告，并处以三十万元以上六十万元以下的罚款。

第二百二十六条 未经国务院证券监督管理机构批准，擅自设立证券登记结算机构的，由证券监督管理机构予以取缔，没收违法所得，并处以违法所得一倍以上五倍以下的罚款。

投资咨询机构、财务顾问机构、资信评级机构、资产评估机构、会计师事务所未经批准，擅自从事证券服务业务的，责令改正，没收违法所得，并处以违法所得一倍以上五倍以下的罚款。

证券登记结算机构、证券服务机构违反本法规定或者依法制定的业务规则的，由证券监督管理机构责令改正，没收违法所得，并处以违法所得一倍以上五倍以下的罚款；没有违法所得或者违法所得不足十万元的，处以十万元以上三十万元以下的罚款；情节严重的，责令关闭或者撤销证券服务业务许可。

第二百二十七条 国务院证券监督管理机构或者国务院授权的部门有下列情形之一的，对直接负责的主管人员和其他直接责任人员，依法给予行政处分：

（一）对不符合本法规定的发行证券、设立证券公司等申请予以核准、批准的；

（二）违反规定采取本法第一百八十条规定的现场检查、调查取证、查询、冻结或者查封等措施的；

（三）违反规定对有关机构和人员实施行政处罚的；

（四）其他不依法履行职责的行为。

第二百二十八条 证券监督管理机构的工作人员和发行审核委员会的组成人员，不履行本法规定的职责，滥用职权、玩忽职守，利用职务便利牟取不正当利益，或者泄露所知悉的有关单位和个人的商业秘密的，依法追究法律责任。

第二百二十九条 证券交易所对不符合本法规定条件的证券上市申请予以审核同意的，给予警告，没收业务收入，并处以业务收入一倍以上五倍以下的罚款。对直接负责的主管人员和其他直接责任人员给予警告，并处以三万元以上三十万元以下的罚款。

第二百三十条 拒绝、阻碍证券监督管理机构及其工作人员依法行使监督检查、调查职权未使用暴力、威胁方法的，依法给予治安管理处罚。

第二百三十一条 违反本法规定，构成犯罪的，依法追究刑事责任。

第二百三十二条 违反本法规定，应当承担民事赔偿责任和缴纳罚款、罚金，其财产不足以同时支付时，先承担民事赔偿责任。

第二百三十三条 违反法律、行政法规或者国务院证券监督管理机构的有关规定，情节严重的，国务院证券监督管理机构可以对有关责任人员采取证券市场禁入的措施。

前款所称证券市场禁入，是指在一定期限内直至终身不得从事证券业务或者不得担任上市公司董事、监事、高级管理人员的制度。

第二百三十四条 依照本法收缴的罚款和没收的违法所得，全部上缴国库。

第二百三十五条 当事人对证券监督管理机构或者国务院授权的部门的处罚决定不服的，可以依法申请行政复议，或者依法直接向人民法院提起诉讼。

第十二章 附 则

第二百三十六条 本法施行前依照行政法规已批准在证券交易所上市交易的证券继续依法进行交易。

本法施行前依照行政法规和国务院金融行政管理部门的规定经批准设立的证券经营机构，不完全符合本法规定的，应当在规定的限期内达到本法规定的要求。具体实施办法，由国务院另行规定。

第二百三十七条 发行人申请核准公开发行股票、公司债券，应当按照规定缴纳审核费用。

第二百三十八条 境内企业直接或者间接到境外发行证券或者将其证券在境外上市交易，必须经国务院证券监督管理机构依照国务院的规定批准。

第二百三十九条 境内公司股票以外币认购和交易的，具体办法由国务院另行规定。

第二百四十条 本法自2006年1月1日起施行。

证券公司监督管理条例

（2008 年 4 月 23 日　国务院令第 522 号，2008 年 6 月 1 日实施）

第一章　总　　则

第一条　为了加强对证券公司的监督管理，规范证券公司的行为，防范证券公司的风险，保护客户的合法权益和社会公共利益，促进证券业健康发展，根据《中华人民共和国公司法》（以下简称《公司法》）、《中华人民共和国证券法》（以下简称《证券法》），制定本条例。

第二条　证券公司应当遵守法律、行政法规和国务院证券监督管理机构的规定，审慎经营，履行对客户的诚信义务。

第三条　证券公司的股东和实际控制人不得滥用权利，占用证券公司或者客户的资产，损害证券公司或者客户的合法权益。

第四条　国家鼓励证券公司在有效控制风险的前提下，依法开展经营方式创新、业务或者产品创新、组织创新和激励约束机制创新。

国务院证券监督管理机构、国务院有关部门应当采取有效措施，促进证券公司的创新活动规范、有序进行。

第五条　证券公司按照国家规定，可以发行、交易、销售证券类金融产品。

第六条　国务院证券监督管理机构依法履行对证券公司的监督管理职责。国务院证券监督管理机构的派出机构在国务院证券监督管理机构的授权范围内，履行对证券公司的监督管理职责。

第七条　国务院证券监督管理机构、中国人民银行、国务院其他金融监督管理机构应当建立证券公司监督管理的信息共享机制。

国务院证券监督管理机构和地方人民政府应当建立证券公司的有关情况通报机制。

第二章　设立与变更

第八条　设立证券公司，应当具备《公司法》、《证券法》和本条例规定的条件，并经国务院证券监督管理机构批准。

第九条　证券公司的股东应当用货币或者证券公司经营必需的非货币财产出资。证券公司股东的非货币财产出资总额不得超过证券公司注册资本的 30%。

证券公司股东的出资，应当经具有证券、期货相关业务资格的会计师事务所验资并出具证明；出资中的非货币财产，应当经具有证券相关业务资格的资产评估机构评估。

在证券公司经营过程中，证券公司的债权人将其债权转为证券公司股权的，不受本条第一款规定的限制。

第十条　有下列情形之一的单位或者个人，不得成为持有证券公司 5% 以上股权的股东、实际控制人：

（一）因故意犯罪被判处刑罚，刑罚执行完毕未逾3年；

（二）净资产低于实收资本的50%，或者或有负债达到净资产的50%；

（三）不能清偿到期债务；

（四）国务院证券监督管理机构认定的其他情形。

证券公司的其他股东应当符合国务院证券监督管理机构的相关要求。

第十一条 证券公司应当有3名以上在证券业担任高级管理人员满2年的高级管理人员。

第十二条 证券公司设立时，其业务范围应当与其财务状况、内部控制制度、合规制度和人力资源状况相适应；证券公司在经营过程中，经其申请，国务院证券监督管理机构可以根据其财务状况、内部控制水平、合规程度、高级管理人员业务管理能力、专业人员数量，对其业务范围进行调整。

第十三条 证券公司变更注册资本、业务范围、公司形式或者公司章程中的重要条款，合并、分立，设立、收购或者撤销境内分支机构，变更境内分支机构的营业场所，在境外设立、收购、参股证券经营机构，应当经国务院证券监督管理机构批准。

前款所称公司章程中的重要条款，是指规定下列事项的条款：

（一）证券公司的名称、住所；

（二）证券公司的组织机构及其产生办法、职权、议事规则；

（三）证券公司对外投资、对外提供担保的类型、金额和内部审批程序；

（四）证券公司的解散事由与清算办法；

（五）国务院证券监督管理机构要求证券公司章程规定的其他事项。

本条第一款所称证券公司分支机构，是指从事业务经营活动的分公司、证券营业部等证券公司下属的非法人单位。

第十四条 任何单位或者个人有下列情形之一的，应当事先告知证券公司，由证券公司报国务院证券监督管理机构批准：

（一）认购或者受让证券公司的股权后，其持股比例达到证券公司注册资本的5%；

（二）以持有证券公司股东的股权或者其他方式，实际控制证券公司5%以上的股权。

未经国务院证券监督管理机构批准，任何单位或者个人不得委托他人或者接受他人委托持有或者管理证券公司的股权。证券公司的股东不得违反国家规定，约定不按照出资比例行使表决权。

第十五条 证券公司合并、分立的，涉及客户权益的重大资产转让应当经具有证券相关业务资格的资产评估机构评估。

证券公司停业、解散或者破产的，应当经国务院证券监督管理机构批准，并按照有关规定安置客户、处理未了结的业务。

第十六条 国务院证券监督管理机构应当对下列申请进行审查，并在下列期限内，做出批准或者不予批准的书面决定：

（一）对在境内设立证券公司或者在境外设立、收购或者参股证券经营机构的申请，自受理之日起6个月；

（二）对变更注册资本、合并、分立或者要求审查股东、实际控制人资格的申请，自受理之日起3个月；

（三）对变更业务范围、公司形式、公司章程中的重要条款或者要求审查高级管理人员任职资格的申请，自受理之日起45个工作日；

（四）对设立、收购、撤销境内分支机构，变更境内分支机构的营业场所，或者停业、解散、破产的申请，自受理之日起30个工作日；

（五）对要求审查董事、监事、境内分支机构负责人任职资格的申请，自受理之日起20个工作日。

国务院证券监督管理机构审批证券公司及其分支机构的设立申请，应当考虑证券市场发展和公平竞争的需要。

第十七条 公司登记机关应当依照法律、行政法规的规定，凭国务院证券监督管理机构的批准文件，办理证券公司及其境内分支机构的设立、变更、注销登记。

证券公司在取得公司登记机关颁发或者换发的证券公司或者境内分支机构的营业执照后，应当向国务院证券监督管理机构申请颁发或者换发经营证券业务许可证。经营证券业务许可证应当载明证券公司或者境内分支机构的证券业务范围。

未取得经营证券业务许可证，证券公司及其境内分支机构不得经营证券业务。

证券公司停止全部证券业务、解散、破产或者撤销境内分支机构的，应当在国务院证券监督管理机构指定的报刊上公告，并按照规定将经营证券业务许可证交国务院证券监督管理机构注销。

第三章　组织机构

第十八条 证券公司应当依照《公司法》、《证券法》和本条例的规定，建立健全组织机构，明确决策、执行、监督机构的职权。

第十九条 证券公司可以设独立董事。证券公司的独立董事，不得在本证券公司担任董事会外的职务，不得与本证券公司存在可能妨碍其做出独立、客观判断的关系。

第二十条 证券公司经营证券经纪业务、证券资产管理业务、融资融券业务和证券承销与保荐业务中两种以上业务的，其董事会应当设薪酬与提名委员会、审计委员会和风险控制委员会，行使公司章程规定的职权。

证券公司董事会设薪酬与提名委员会、审计委员会的，委员会负责人由独立董事担任。

第二十一条 证券公司设董事会秘书，负责股东会和董事会会议的筹备、文件的保管以及股东资料的管理，按照规定或者根据国务院证券监督管理机构、股东等有关单位或者个人的要求，依法提供有关资料，办理信息报送或者信息披露事项。董事会秘书为证券公司高级管理人员。

第二十二条 证券公司设立行使证券公司经营管理职权的机构，应当在公司章程中明确其名称、组成、职责和议事规则，该机构的成员为证券公司高级管理人员。

第二十三条 证券公司设合规负责人，对证券公司经营管理行为的合法合规性进行审查、监督或者检查。合规负责人为证券公司高级管理人员，由董事会决定聘任，并应当经国务院证券监督管理机构认可。合规负责人不得在证券公司兼任负责经营管理的职务。

合规负责人发现违法违规行为，应当向公司章程规定的机构报告，同时按照规定向国务院证券监督管理机构或者有关自律组织报告。

证券公司解聘合规负责人，应当有正当理由，并自解聘之日起3个工作日内将解聘的事实和理由书面报告国务院证券监督管理机构。

第二十四条 证券公司的董事、监事、高级管理人员和境内分支机构负责人应当在任职前取得经国务院证券监督管理机构核准的任职资格。

证券公司不得聘任、选任未取得任职资格的人员担任前款规定的职务；已经聘任、选任的，有关聘任、选任的决议、决定无效。

第二十五条 证券公司的法定代表人或者高级管理人员离任的，证券公司应当对其进行审计，并自其离任之日起2个月内将审计报告报送国务院证券监督管理机构；证券公司的法定代表人或者经营管理的主要负责人离任的，应当聘请具有证券、期货相关业务资格的会计师事务所对其进行审计。

前款规定的审计报告未报送国务院证券监督管理机构的，离任人员不得在其他证券公司任职。

第四章　业务规则与风险控制

第一节　一般规定

第二十六条 证券公司及其境内分支机构从事《证券法》第一百二十五条规定的证券业务，应当遵守《证券法》和本条例的规定。

证券公司及其境内分支机构经营的业务应当经国务院证券监督管理机构批准，不得经营未经批准的业务。

2个以上的证券公司受同一单位、个人控制或者相互之间存在控制关系的，不得经营相同的证券业务，但国务院证券监督管理机构另有规定的除外。

第二十七条 证券公司应当按照审慎经营的原则，建立健全风险管理与内部控制制度，防范和控制风险。

证券公司应当对分支机构实行集中统一管理，不得与他人合资、合作经营管理分支机构，也不得将分支机构承包、租赁或者委托给他人经营管理。

第二十八条 证券公司受证券登记结算机构委托，为客户开立证券账户，应当按照证券账户管理规则，对客户申报的姓名或者名称、身份的真实性进行审查。同一客户开立的资金账户和证券账户的姓名或者名称应当一致。

证券公司为证券资产管理客户开立的证券账户，应当自开户之日起3个交易日内报证券交易所备案。

证券公司不得将客户的资金账户、证券账户提供给他人使用。

第二十九条 证券公司从事证券资产管理业务、融资融券业务，销售证券类金融产品，应当按照规定程序，了解客户的身份、财产与收入状况、证券投资经验和风险偏好，并以书面和电子方式予以记载、保存。证券公司应当根据所了解的客户情况推荐适当的产品或者服务。具体规则由中国证券业协会制定。

第三十条 证券公司与客户签订证券交易委托、证券资产管理、融资融券等业务合同，应当事先指定专人向客户讲解有关业务规则和合同内容，并将风险揭示书交由客户签字确认。业务合同的必备条款和风险揭示书的标准格式，由中国证券业协会制定，并报国务院证券监督管理机构备案。

第三十一条 证券公司从事证券资产管理业务、融资融券业务，应当按照规定编制对账单，按月寄送客户。证券公司与客户对对账单送交时间或者方式另有约定的，从其约定。

第三十二条 证券公司应当建立信息查询制度，保证客户在证券公司营业时间内能够随时查询其委托记录、交易记录、证券和资金余额，以及证券公司业务经办人员和证券经纪人的姓名、执业证书、证券经纪人证书编号等信息。

客户认为有关信息记录与实际情况不符的，可以向证券公司或者国务院证券监督管理机构投诉。证券公司应当指定专门部门负责处理客户投诉。国务院证券监督管理机构应当根据客户的投诉，采取相应措施。

第三十三条 证券公司不得违反规定委托其他单位或者个人进行客户招揽、客户服务、产品销售活动。

第三十四条 证券公司向客户提供投资建议，不得对证券价格的涨跌或者市场走势做出确定性的判断。

证券公司及其从业人员不得利用向客户提供投资建议而谋取不正当利益。

第三十五条 证券公司应当建立并实施有效的管理制度，防范其从业人员直接或者以化名、他人名义持有、买卖股票，收受他人赠送的股票。

第三十六条 证券公司应当按照规定提取一般风险准备金，用于弥补经营亏损。

第二节 证券经纪业务

第三十七条 证券公司从事证券经纪业务，应当对客户账户内的资金、证券是否充足进行审查。客户资金账户内的资金不足的，不得接受其买入委托；客户证券账户内的证券不足的，不得接受其卖出委托。

第三十八条 证券公司从事证券经纪业务，可以委托证券公司以外的人员作为证券经纪人，代理其进行客户招揽、客户服务等活动。证券经纪人应当具有证券从业资格。

证券公司应当与接受委托的证券经纪人签订委托合同，颁发证券经纪人证书，明确对证券经纪人的授权范围，并对证券经纪人的执业行为进行监督。

证券经纪人应当在证券公司的授权范围内从事业务，并应当向客户出示证券经纪人证书。

第三十九条 证券经纪人应当遵守证券公司从业人员的管理规定，其在证券公司授权范围内的行为，由证券公司依法承担相应的法律责任；超出授权范围的行为，证券经纪人应当依法承担相应的法律责任。

证券经纪人只能接受一家证券公司的委托，进行客户招揽、客户服务等活动。

证券经纪人不得为客户办理证券认购、交易等事项。

第四十条 证券公司向客户收取证券交易费用，应当符合国家有关规定，并将收费项目、收费标准在营业场所的显著位置予以公示。

第三节 证券自营业务

第四十一条 证券公司从事证券自营业务，限于买卖依法公开发行的股票、债券、权证、证券投资基金或者国务院证券监督管理机构认可的其他证券。

第四十二条 证券公司从事证券自营业务，应当使用实名证券自营账户。

证券公司的证券自营账户，应当自开户之日起3个交易日内报证券交易所备案。

第四十三条 证券公司从事证券自营业务，不得有下列行为：

（一）违反规定购买本证券公司控股股东或者与本证券公司有其他重大利害关系的发行人发行的证券；

（二）违反规定委托他人代为买卖证券；

（三）利用内幕信息买卖证券或者操纵证券市场；

（四）法律、行政法规或者国务院证券监督管理机构禁止的其他行为。

第四十四条 证券公司从事证券自营业务，自营证券总值与公司净资本的比例、持有一种证券的价值与公司净资本的比例、持有一种证券的数量与该证券发行总量的比例等风险控制指标，应当符合国务院证券监督管理机构的规定。

第四节　证券资产管理业务

第四十五条　证券公司可以依照《证券法》和本条例的规定，从事接受客户的委托、使用客户资产进行投资的证券资产管理业务。投资所产生的收益由客户享有，损失由客户承担，证券公司可以按照约定收取管理费用。

证券公司从事证券资产管理业务，应当与客户签订证券资产管理合同，约定投资范围、投资比例、管理期限及管理费用等事项。

第四十六条　证券公司从事证券资产管理业务，不得有下列行为：

（一）向客户做出保证其资产本金不受损失或者保证其取得最低收益的承诺；

（二）接受一个客户的单笔委托资产价值，低于国务院证券监督管理机构规定的最低限额；

（三）使用客户资产进行不必要的证券交易；

（四）在证券自营账户与证券资产管理账户之间或者不同的证券资产管理账户之间进行交易，且无充分证据证明已依法实现有效隔离；

（五）法律、行政法规或者国务院证券监督管理机构禁止的其他行为。

第四十七条　证券公司使用多个客户的资产进行集合投资，或者使用客户资产专项投资于特定目标产品的，应当符合国务院证券监督管理机构的有关规定，并报国务院证券监督管理机构批准。

国务院证券监督管理机构应当自受理申请之日起2个月内，对前款规定的事项做出批准或者不予批准的书面决定。

第五节　融资融券业务

第四十八条　本条例所称融资融券业务，是指在证券交易所或者国务院批准的其他证券交易场所进行的证券交易中，证券公司向客户出借资金供其买入证券或者出借证券供其卖出，并由客户交存相应担保物的经营活动。

第四十九条　证券公司经营融资融券业务，应当具备下列条件：

（一）证券公司治理结构健全，内部控制有效；

（二）风险控制指标符合规定，财务状况、合规状况良好；

（三）有经营融资融券业务所需的专业人员、技术条件、资金和证券；

（四）有完善的融资融券业务管理制度和实施方案；

（五）国务院证券监督管理机构规定的其他条件。

第五十条　证券公司从事融资融券业务，应当与客户签订融资融券合同，并按照国务院证券监督管理机构的规定，以证券公司的名义在证券登记结算机构开立客户证券担保账户，在指定商业银行开立客户资金担保账户。客户资金担保账户内的资金应当参照本条例第五十七条的规定进行管理。

在以证券公司名义开立的客户证券担保账户和客户资金担保账户内，应当为每一客户单独开立授信账户。

第五十一条　证券公司向客户融资，应当使用自有资金或者依法筹集的资金；向客户融券，应当使用自有证券或者依法取得处分权的证券。

第五十二条 证券公司向客户融资融券时，客户应当交存一定比例的保证金。保证金可以用证券充抵。

客户交存的保证金以及通过融资融券交易买入的全部证券和卖出证券所得的全部资金，均为对证券公司的担保物，应当存入证券公司客户证券担保账户或者客户资金担保账户并记入该客户授信账户。

第五十三条 客户证券担保账户内的证券和客户资金担保账户内的资金为信托财产。证券公司不得违背受托义务侵占客户担保账户内的证券或者资金。除本条例第五十四条规定的情形或者证券公司和客户依法另有约定的情形外，证券公司不得动用客户担保账户内的证券或者资金。

第五十四条 证券公司应当逐日计算客户担保物价值与其债务的比例。当该比例低于规定的最低维持担保比例时，证券公司应当通知客户在一定的期限内补交差额。客户未能按期交足差额，或者到期未偿还融资融券债务的，证券公司应当立即按照约定处分其担保物。

第五十五条 客户依照本条例第五十二条第一款规定交存保证金的比例，由国务院证券监督管理机构授权的单位规定。

证券公司可以向客户融出的证券和融出资金可以买入证券的种类，可充抵保证金的有价证券的种类和折算率，融资融券的期限，最低维持担保比例和补交差额的期限，由证券交易所规定。

本条第一款、第二款规定由被授权单位或者证券交易所做出的相关规定，应当向国务院证券监督管理机构备案，且不得违反国家货币政策。

第五十六条 证券公司从事融资融券业务，自有资金或者证券不足的，可以向证券金融公司借入。证券金融公司的设立和解散由国务院决定。

第五章　客户资产的保护

第五十七条 证券公司从事证券经纪业务，其客户的交易结算资金应当存放在指定商业银行，以每个客户的名义单独立户管理。

指定商业银行应当与证券公司及其客户签订客户的交易结算资金存管合同，约定客户的交易结算资金存取、划转、查询等事项，并按照证券交易净额结算、货银对付的要求，为证券公司开立客户的交易结算资金汇总账户。

客户的交易结算资金的存取，应当通过指定商业银行办理。指定商业银行应当保证客户能够随时查询客户的交易结算资金的余额及变动情况。

指定商业银行的名单，由国务院证券监督管理机构会同国务院银行业监督管理机构确定并公告。

第五十八条 证券公司从事证券资产管理业务，应当将客户的委托资产交由本条例第五十七条第四款规定的指定商业银行或者国务院证券监督管理机构认可的其他资产托管机构托管。

资产托管机构应当按照国务院证券监督管理机构的规定和证券资产管理合同的约定，履行安全保管客户的委托资产、办理资金收付事项、监督证券公司投资行为等职责。

第五十九条 客户的交易结算资金、证券资产管理客户的委托资产属于客户，应当与证券公司、指定商业银行、资产托管机构的自有资产相互独立、分别管理。非因客户本身的债务或者法律规定的其他情形，任何单位或者个人不得对客户的交易结算资金、委托资产申请查封、冻结或者强制执行。

第六十条 除下列情形外，不得动用客户的交易结算资金或者委托资金：

（一）客户进行证券的申购、证券交易的结算或者客户提款；

（二）客户支付与证券交易有关的佣金、费用或者税款；

（三）法律规定的其他情形。

第六十一条 证券公司不得以证券经纪客户或者证券资产管理客户的资产向他人提供融资或者担保。任何单位或者个人不得强令、指使、协助、接受证券公司以其证券经纪客户或者证券资产管理客户的资产提供融资或者担保。

第六十二条 指定商业银行、资产托管机构和证券登记结算机构应当对存放在本机构的客户的交易结算资金、委托资金和客户担保账户内的资金、证券的动用情况进行监督，并按照规定定期向国务院证券监督管理机构报送客户的交易结算资金、委托资金和客户担保账户内的资金、证券的存管或者动用情况的有关数据。

指定商业银行、资产托管机构和证券登记结算机构对超出本条例第五十三条、第五十四条、第六十条规定的范围，动用客户的交易结算资金、委托资金和客户担保账户内的资金、证券的申请、指令，应当拒绝；发现客户的交易结算资金、委托资金和客户担保账户内的资金、证券被违法动用或者有其他异常情况的，应当立即向国务院证券监督管理机构报告，并抄报有关监督管理机构。

第六章 监督管理措施

第六十三条 证券公司应当自每一会计年度结束之日起 4 个月内，向国务院证券监督管理机构报送年度报告；自每月结束之日起 7 个工作日内，报送月度报告。

发生影响或者可能影响证券公司经营管理、财务状况、风险控制指标或者客户资产安全的重大事件的，证券公司应当立即向国务院证券监督管理机构报送临时报告，说明事件的起因、目前的状态、可能产生的后果和拟采取的相应措施。

第六十四条 证券公司年度报告中的财务会计报告、风险控制指标报告以及国务院证券监督管理机构规定的其他专项报告，应当经具有证券、期货相关业务资格的会计师事务所审计。证券公司年度报告应当附有该会计师事务所出具的内部控制评审报告。

证券公司的董事、高级管理人员应当对证券公司年度报告签署确认意见；经营管理的主要负责人和财务负责人应当对月度报告签署确认意见。在证券公司年度报告、月度报告上签字的人员，应当保证报告的内容真实、准确、完整；对报告内容持有异议的，应当注明自己的意见和理由。

第六十五条 对证券公司报送的年度报告、月度报告，国务院证券监督管理机构应当指定专人进行审核，并制作审核报告。审核人员应当在审核报告上签字。审核中发现问题的，国务院证券监督管理机构应当及时采取相应措施。

国务院证券监督管理机构应当对有关机构报送的客户的交易结算资金、委托资金和客户担保账户内的资金、证券的有关数据进行比对、核查，及时发现资金或者证券被违法动用的情况。

第六十六条 证券公司应当依法向社会公开披露其基本情况、参股及控股情况、负债及或有负债情况、经营管理状况、财务收支状况、高级管理人员薪酬和其他有关信息。具体办法由国务院证券监督管理机构制定。

第六十七条 国务院证券监督管理机构可以要求下列单位或者个人，在指定的期限内提供与证券公司经营管理和财务状况有关的资料、信息：

（一）证券公司及其董事、监事、工作人员；

（二）证券公司的股东、实际控制人；

（三）证券公司控股或者实际控制的企业；

（四）证券公司的开户银行、指定商业银行、资产托管机构、证券交易所、证券登记结算机构；

（五）为证券公司提供服务的证券服务机构。

第六十八条 国务院证券监督管理机构有权采取下列措施，对证券公司的业务活动、财务状况、经营管理情况进行检查：

（一）询问证券公司的董事、监事、工作人员，要求其对有关检查事项做出说明；

（二）进入证券公司的办公场所或者营业场所进行检查；

（三）查阅、复制与检查事项有关的文件、资料，对可能被转移、隐匿或者毁损的文件、资料、电子设备予以封存；

（四）检查证券公司的计算机信息管理系统，复制有关数据资料。

国务院证券监督管理机构为查清证券公司的业务情况、财务状况，经国务院证券监督管理机构负责人批准，可以查询证券公司及与证券公司有控股或者实际控制关系企业的银行账户。

第六十九条 证券公司以及有关单位和个人披露、报送或者提供的资料、信息应当真实、准确、完整，不得有虚假记载、误导性陈述或者重大遗漏。

第七十条 国务院证券监督管理机构对治理结构不健全、内部控制不完善、经营管理混乱、设立账外账或者进行账外经营、拒不执行监督管理决定、违法违规的证券公司，应当责令其限期改正，并可以采取下列措施：

（一）责令增加内部合规检查的次数并提交合规检查报告；

（二）对证券公司及其有关董事、监事、高级管理人员、境内分支机构负责人给予谴责；

（三）责令处分有关责任人员，并报告结果；

（四）责令更换董事、监事、高级管理人员或者限制其权利；

（五）对证券公司进行临时接管，并进行全面核查；

（六）责令暂停证券公司或者其境内分支机构的部分或者全部业务、限期撤销境内分支机构。

证券公司被暂停业务、限期撤销境内分支机构的，应当按照有关规定安置客户、处理未了结的业务。

对证券公司的违法违规行为，合规负责人已经依法履行制止和报告职责的，免除责任。

第七十一条 任何单位或者个人未经批准，持有或者实际控制证券公司5%以上股权的，国务院证券监督管理机构应当责令其限期改正；改正前，相应股权不具有表决权。

第七十二条 任何人未取得任职资格，实际行使证券公司董事、监事、高级管理人员或者境内分支机构负责人职权的，国务院证券监督管理机构应当责令其停止行使职权，予以公告，并可以按照规定对其采取证券市场禁入的措施。

第七十三条 证券公司董事、监事、高级管理人员或者境内分支机构负责人不再具备任职资格条件的，证券公司应当解除其职务并向国务院证券监督管理机构报告；证券公司未解除其职务的，国务院证券监督管理机构应当责令其解除。

第七十四条 证券公司聘请或者解聘会计师事务所的，应当自做出决定之日起3个工作日内报国务院证券监督管理机构备案；解聘会计师事务所的，应当说明理由。

第七十五条 会计师事务所对证券公司或者其有关人员进行审计，可以查阅、复制与审计事项有关的客户信息或者证券公司的其他有关文件、资料，并可以调取证券公司计算机信息管理系统内的有关数据资料。

会计师事务所应当对所知悉的信息保密。法律、行政法规另有规定的除外。

第七十六条 证券交易所应当对证券公司证券自营账户和证券资产管理账户的交易行为进行实时监控；发现异常情况的，应当及时按照交易规则和会员管理规则处理，并向国务院证券监督管理机构报告。

第七章 法律责任

第七十七条 证券公司有下列情形之一的，依照《证券法》第一百九十八条的规定处罚：

（一）聘任不具有任职资格的人员担任境内分支机构的负责人；

（二）未按照国务院证券监督管理机构依法做出的决定，解除不再具备任职资格条件的董事、监事、高级管理人员、境内分支机构负责人的职务。

第七十八条 证券公司从事证券经纪业务，客户资金不足而接受其买入委托，或者客户证券不足而接受其卖出委托的，依照《证券法》第二百零五条的规定处罚。

第七十九条 证券公司将客户的资金账户、证券账户提供给他人使用的，依照《证券法》第二百零八条的规定处罚。

第八十条 证券公司诱使客户进行不必要的证券交易，或者从事证券资产管理业务时，使用客户资产进行不必要的证券交易的，依照《证券法》第二百一十条的规定处罚。

第八十一条 证券公司有下列情形之一的，依照《证券法》第二百一十九条的规定处罚：

（一）证券公司或者其境内分支机构超出国务院证券监督管理机构批准的范围经营业务；

（二）未经批准，用多个客户的资产进行集合投资，或者将客户资产专项投资于特定目标产品。

第八十二条 证券公司在证券自营账户与证券资产管理账户之间或者不同的证券资产管理账户之间进行交易，且无充分证据证明已依法实现有效隔离的，依照《证券法》第二百二十条的规定处罚。

第八十三条 证券公司违反本条例的规定，有下列情形之一的，责令改正，给予警告，没收违法所得，并处以违法所得1倍以上5倍以下的罚款；没有违法所得或者违法所得不足10万元的，处以10万元以上30万元以下的罚款；情节严重的，暂停或者撤销其相关证券业务许可。对直接负责的主管人员和其他直接责任人员，给予警告，并处以3万元以上10万元以下的罚款；情节严重的，撤销任职资格或者证券从业资格：

（一）违反规定委托其他单位或者个人进行客户招揽、客户服务或者产品销售活动；

（二）向客户提供投资建议，对证券价格的涨跌或者市场走势做出确定性的判断；

（三）违反规定委托他人代为买卖证券；

（四）从事证券自营业务、证券资产管理业务，投资范围或者投资比例违反规定；

（五）从事证券资产管理业务，接受一个客户的单笔委托资产价值低于规定的最低限额。

第八十四条 证券公司违反本条例的规定，有下列情形之一的，责令改正，给予警告，没收违法所得，并处以违法所得1倍以上5倍以下的罚款；没有违法所得或者违法所得不足3万元的，处以3万元以上30万元以下的罚款。对直接负责的主管人员和其他直接责任人员单处或者并处警告、3万元以上10万元以下的罚款；情节严重的，撤销任职资格或者证券从业资格：

（一）未按照规定对离任的法定代表人或者高级管理人员进行审计，并报送审计报告；

（二）与他人合资、合作经营管理分支机构，或者将分支机构承包、租赁或者委托给他人经营管理；

（三）未按照规定将证券自营账户或者证券资产管理客户的证券账户报证券交易所备案；

（四）未按照规定程序了解客户的身份、财产与收入状况、证券投资经验和风险偏好；

（五）推荐的产品或者服务与所了解的客户情况不相适应；

（六）未按照规定指定专人向客户讲解有关业务规则和合同内容，并以书面方式向其揭示投资风险；

（七）未按照规定与客户签订业务合同，或者未在与客户签订的业务合同中载入规定的必备条款；

（八）未按照规定编制并向客户送交对账单，或者未按照规定建立并有效执行信息查询制度；

（九）未按照规定指定专门部门处理客户投诉；

（十）未按照规定提取一般风险准备金；

（十一）未按照规定存放、管理客户的交易结算资金、委托资金和客户担保账户内的资金、证券；

（十二）聘请、解聘会计师事务所，未按照规定向国务院证券监督管理机构备案，解聘会计师事务所未说明理由。

第八十五条 证券公司未按照规定为客户开立账户的，责令改正；情节严重的，处以20万元以上50万元以下的罚款，并对直接负责的董事、高级管理人员和其他直接责任人员，处以1万元以上5万元以下的罚款。

第八十六条 违反本条例的规定，有下列情形之一的，责令改正，给予警告，没收违法所得，并处以违法所得1倍以上5倍以下的罚款；没有违法所得或者违法所得不足10万元的，处以10万元以上60万元以下的罚款；情节严重的，撤销相关业务许可。对直接负责的主管人员和其他直接责任人员给予警告，撤销任职资格或者证券从业资格，并处以3万元以上30万元以下的罚款：

（一）未经批准，委托他人或者接受他人委托持有或者管理证券公司的股权，或者认购、受让或者实际控制证券公司的股权；

（二）证券公司股东、实际控制人强令、指使、协助、接受证券公司以证券经纪客户或者证券资产管理客户的资产提供融资或者担保；

（三）证券公司、资产托管机构、证券登记结算机构违反规定动用客户的交易结算资金、委托资金和客户担保账户内的资金、证券；

（四）资产托管机构、证券登记结算机构对违反规定动用委托资金和客户担保账户内的资金、证券的申请、指令予以同意、执行；

（五）资产托管机构、证券登记结算机构发现委托资金和客户担保账户内的资金、证券被违法动用而未向国务院证券监督管理机构报告。

第八十七条 指定商业银行有下列情形之一的，由国务院证券监督管理机构责令改正，给予警告，没收违法所得，并处以违法所得1倍以上5倍以下的罚款；没有违法所得或者违法所得不足10万元的，处以10万元以上60万元以下的罚款。对直接负责的主管人员和其他直接责任人员给予警告，并处以3万元以上30万元以下的罚款：

（一）违反规定动用客户的交易结算资金；

（二）对违反规定动用客户的交易结算资金的申请、指令予以同意或者执行；

（三）发现客户的交易结算资金被违法动用而未向国务院证券监督管理机构报告。

指定商业银行有前款规定的行为，情节严重的，由国务院证券监督管理机构会同国务院银行业监督管理机构责令其暂停或者终止客户的交易结算资金存管业务；对直接负责的主管人员和其他直接责任人员，国务院证券监督管理机构可以建议国务院银行业监督管理机构依法处罚。

第八十八条 违反本条例的规定，有下列情形之一的，责令改正，给予警告，并处以3万元以上20万元以下的罚款；对直接负责的主管人员和其他直接责任人员，给予警告，可以处以3万元以下的罚款：

（一）证券公司未按照本条例第六十六条的规定公开披露信息，或者公开披露的信息中有虚假记载、误导性陈述或者重大遗漏；

（二）证券公司控股或者实际控制的企业、资产托管机构、证券服务机构未按照规定向国务院证券监督管理机构报送、提供有关信息、资料，或者报送、提供的信息、资料中有虚假记载、误导性陈述或者重大遗漏。

第八十九条 违反本条例的规定，有下列情形之一的，责令改正，给予警告，没收违法所得，并处以违法所得等值罚款；没有违法所得或者违法所得不足3万元的，处以3万元以下的罚款；情节严重的，撤销任职资格或者证券从业资格：

（一）合规负责人未按照规定向国务院证券监督管理机构或者有关自律组织报告违法违规行为；

（二）证券经纪人从事业务未向客户出示证券经纪人证书；

（三）证券经纪人同时接受多家证券公司的委托，进行客户招揽、客户服务等活动；

（四）证券经纪人接受客户的委托，为客户办理证券认购、交易等事项。

第九十条 证券公司违反规定收取费用的，由有关主管部门依法给予处罚。

第八章 附 则

第九十一条 证券公司经营证券业务不符合本条例第二十六条第三款规定的，应当在国务院证券监督管理机构规定的期限内达到规定要求。

第九十二条 证券公司客户的交易结算资金存管方式不符合本条例第五十七条规定的，国务院证券监督管理机构应当责令其限期调整。

证券公司客户的交易结算资金存管方式，应当自本条例实施之日起1年内达到规定要求。

第九十三条 经国务院证券监督管理机构批准，证券公司可以向股东或者其他单位借入偿还顺序在普通债务之后的债，具体管理办法由国务院证券监督管理机构制定。

第九十四条 外商投资证券公司的业务范围、境外股东的资格条件和出资比例，由国务院证券监督管理机构规定，报国务院批准。

第九十五条 境外证券经营机构在境内经营证券业务或者设立代表机构，应当经国务院证券监督管理机构批准。具体办法由国务院证券监督管理机构制定，报国务院批准。

第九十六条　本条例所称证券登记结算机构，是指《证券法》第一百五十五条规定的证券登记结算机构。

第九十七条　本条例自2008年6月1日起施行。

证券公司合规管理试行规定

（2008 年 7 月 14 日　证监会公告［2008］30 号，2008 年 8 月 1 日实施）

第一条　为了促进证券公司加强内部合规管理，增强自我约束能力，实现持续规范发展，根据《证券法》和《证券公司监督管理条例》，制定本规定。

第二条　在中华人民共和国境内设立的证券公司应当按照本规定实施合规管理。

本规定所称合规管理，是指证券公司制定和执行合规管理制度，建立合规管理机制，培育合规文化，防范合规风险的行为。

本规定所称合规，是指证券公司及其工作人员的经营管理和执业行为符合法律、法规、规章及其他规范性文件、行业规范和自律规则、公司内部规章制度，以及行业公认并普遍遵守的职业道德和行为准则（以下统称“法律、法规和准则”）。

本规定所称合规风险，是指因证券公司或其工作人员的经营管理或执业行为违反法律、法规或准则而使证券公司受到法律制裁、被采取监管措施、遭受财产损失或声誉损失的风险。

第三条　证券公司的合规管理应当覆盖公司所有业务、各个部门和分支机构、全体工作人员，贯穿决策、执行、监督、反馈等各个环节。

第四条　证券公司应当树立合规经营、全员合规、合规从高层做起的理念，倡导和推进合规文化建设，培育全体工作人员的合规意识。

第五条　证券公司应当制定合规管理的基本制度，经董事会审议通过后实施。合规管理的基本制度应当包括合规管理的目标、基本原则、机构设置及其职责，以及违规事项的报告、处理和责任追究办法等内容。

第六条　证券公司董事会、监事会和高级管理人员依照法律、法规和公司章程的规定，履行与合规管理有关的职责，对公司合规管理的有效性承担责任。

证券公司各部门和分支机构负责人应当加强对本部门和分支机构工作人员执业行为合规性的监督管理，对本部门和分支机构合规管理的有效性承担责任。

证券公司的全体工作人员都应当熟知与其执业行为有关的法律、法规和准则，主动识别、控制其执业行为的合规风险，并对其执业行为的合规性承担责任。

第七条　证券公司应当根据需要，组织内部有关机构和部门或者委托外部专业机构对公司合规管理的有效性进行评估，及时解决合规管理中存在的问题。对公司合规管理有效性的全面评估，每年不得少于一次。

第八条　证券公司设合规总监。合规总监是公司的合规负责人，对公司及其工作人员的经营管理和执业行为的合规性进行审查、监督和检查。合规总监不得兼任与合规管理职责相冲突的职务，不得分管与合规管理职责相冲突的部门。

证券公司的章程应当对合规总监的地位、职责、任免条件和程序等作出规定。

第九条　合规总监应当具备下列任职条件：

（一）取得证券公司高级管理人员任职资格；

（二）熟悉证券业务，通晓证券法律、法规和准则，具有胜任合规管理工作需要的专业知识和技能；

（三）从事证券工作5年以上，并且通过有关专业考试或具有8年以上法律工作经历；或在证券监管机构的专业监管岗位任职8年以上。

前款第（三）项所称专业考试，是指中国证券业协会组织的证券公司合规管理人员胜任能力考试、国家司法考试或律师资格考试。

第十条 证券公司聘任合规总监，应当向公司住所地证监局报送拟任人简历及有关证明材料。经公司住所地证监局认可后，合规总监方可任职。

证券公司解聘合规总监，应当有正当理由，并自解聘之日起3个工作日内，将解聘的事实和理由书面报告公司住所地证监局。

第十一条 合规总监不能履行职责或缺位时，证券公司应当指定一名高级管理人员代行其职责，并自指定之日起3个工作日内向公司住所地证监局作出书面报告。

代行合规总监职责的人员不得分管与合规管理职责相冲突的部门，代行职责的时间不得超过6个月。

合规总监缺位的，公司应当在6个月内聘请符合本规定第九条规定的人员担任合规总监。

第十二条 合规总监应当对公司内部管理制度、重大决策、新产品和新业务方案等进行合规审查，并出具书面的合规审查意见。

证券监管机构要求对公司报送的申请材料或报告进行合规审查的，合规总监应当审查，并在该申请材料或报告上签署明确意见。

第十三条 合规总监应当采取有效措施，对公司及其工作人员的经营管理和执业行为的合规性进行监督，并按照证券监管机构的要求和公司规定进行定期、不定期的检查。

合规总监应当组织实施公司反洗钱和信息隔离墙制度，按照公司规定为高级管理人员、各部门和分支机构提供合规咨询、组织合规培训，处理涉及公司和工作人员违法违规行为的投诉和举报。

第十四条 合规总监发现公司存在违法违规行为或合规风险隐患的，应当及时向公司章程规定的内部机构报告，同时向公司住所地证监局报告；有关行为违反行业规范和自律规则的，还应当向有关自律组织报告。

对违法违规行为和合规风险隐患，合规总监应当及时向公司有关机构或部门提出制止和处理意见，并督促整改。公司应当将整改结果报告住所地证监局；必要时，抄报有关自律组织。

第十五条 法律、法规和准则发生变动，合规总监应当及时建议公司董事会或高级管理人员并督导公司有关部门，评估其对公司合规管理的影响，修改、完善有关管理制度和业务流程。

第十六条 合规总监应当保持与证券监管机构和自律组织的联系沟通，主动配合证券监管机构和自律组织的工作。

合规总监应当及时处理证券监管机构和自律组织要求调查的事项，配合证券监管机构和自律组织对公司的检查和调查，跟踪和评估监管意见和监管要求的落实情况。

合规总监认为法律、法规和准则的规定不明确，难以对公司及其工作人员的经营管理和执业行为的合规性作出判断的，可以向证券监管机构或者自律组织咨询。接受咨询的证券监管机构和自律组织应当及时作出答复。

第十七条 合规总监应当将出具的合规审查意见、提供的合规咨询意见、签署的公司文件、合规检查工作底稿等与履行职责有关的文件、资料存档备查，并对履行职责的情况作出记录。

第十八条 证券公司应当保障合规总监的独立性，保障合规总监能够充分行使履行职责所必需的知情权和调查权。

合规总监有权参加或列席与其履行职责有关的会议，调阅有关文件、资料，要求公司有关人员对有关事项作出说明。

证券公司的股东、董事和高级管理人员不得违反规定的职责和程序，直接向合规总监下达指令或者干涉其工作；证券公司的董事、监事、高级管理人员和各部门、分支机构应当支持和配合合规总监的工作，不得以任何理由限制、阻挠合规总监履行职责。

第十九条 证券公司应当为合规总监履行职责提供必要的人力、物力、财力和技术支持。

证券公司应当根据本公司的经营范围、业务规模、组织结构等情况，设立合规部门或指定有关部门（以下统称“合规部门”）协助合规总监工作，并为合规部门配备足够的、具备与履行合规管理职责相适应的专业知识和技能的合规管理人员。

合规总监认为必要时，可以公司名义聘请外部专业机构或人员协助其工作。

第二十条 合规部门对合规总监负责，按照公司规定和合规总监的安排履行合规管理职责。合规部门承担的其他职责不得与合规管理职责相冲突。

证券公司应当明确合规部门与其他内部控制部门之间的职责分工，建立各内部控制部门协调互动的工作机制。

第二十一条 证券公司应当建立违规举报制度，保障每一位工作人员都能够正常行使举报违法违规行为的权利。

公司各部门、分支机构及其工作人员发现违法违规行为或合规风险隐患时，应当主动、及时地向合规总监报告。

第二十二条 证券公司应当将合规管理的有效性和执业行为的合规性，纳入高级管理人员、各部门和分支机构及其工作人员的绩效考核范围。

证券公司应当对合规总监和合规管理人员的履职情况进行考核，并根据考核结果决定其薪酬待遇。合规总监和合规管理人员工作称职的，其薪酬待遇应当不低于公司同级别管理人员的平均水平。

第二十三条 证券公司应当于每年 8 月 31 日前向住所地证监局报送中期合规报告；每年 4 月 30 日前报送上一年的年度合规报告。合规报告应当由公司董事会通过，包括以下内容：

（一）公司合规管理的基本情况；

（二）合规总监履行职责情况；

（三）公司违法违规行为、合规风险的发现及整改情况；

（四）公司合规管理有效性的评估及整改情况；

（五）证券监管机构要求或公司认为需要报告的其他内容。

证券公司的董事、高级管理人员应当对前款规定的合规报告签署确认意见，保证报告的内容真实、准确、完整；对报告内容持有异议的，应当注明自己的意见和理由。

第二十四条 中国证监会对证券公司合规管理的有效性进行评价，评价结果作为对证券公司实施分类监管的重要依据。

第二十五条 证券公司通过有效的合规管理，主动发现违法违规行为，积极妥善处理，落实责任追究，完善内部控制制度和业务流程并及时向住所地证监局报告的，依法免于追究责任或从轻、减轻处理。

对于证券公司的违法违规行为，合规总监已经按照规定履行制止和报告职责的，免除责任。

第二十六条 证券公司未能有效实施合规管理，内部控制不完善或出现违法违规行为的，依法对该公司及负有责任的董事、高级管理人员和其他人员采取监管措施或者追究法律责任。

合规总监支持、纵容公司的违法违规行为，或者无合理理由未能按照规定履行制止、报告职责的，依法对其采取监管措施或者追究法律责任。

第二十七条 本规定自2008年8月1日起施行。

证券公司风险控制指标管理办法

（2006年7月20日 证监会令第34号，根据2008年6月24日中国证券监督管理委员会《关于修改〈证券公司风险控制指标管理办法〉的决定》修订）

第一章 总 则

第一条 为了建立以净资本为核心的风险控制指标体系，加强证券公司风险监管，督促证券公司加强内部控制、防范风险，根据《证券法》等有关法律、行政法规，制定本办法。

第二条 证券公司应当按照本办法的规定计算净资本和风险资本准备，编制净资本计算表、风险资本准备计算表和风险控制指标监管报表。

第三条 中国证券监督管理委员会（以下简称中国证监会）可以根据市场发展情况和审慎监管原则，对净资本计算标准、风险资本准备计算标准、各项业务规模的计算口径进行调整；调整之前，应当公开征求行业意见，并为调整事项的实施作出过渡性安排。

对于未规定风险调整比例或者风险资本准备计算比例的新产品、新业务，证券公司在投资该产品或者开展该业务前，应当按照规定事先向中国证监会、公司注册地的中国证监会派出机构（以下简称派出机构）报告或者报批。中国证监会根据证券公司新产品、新业务的特点和风险状况，在征求行业意见基础上确定相应的风险调整比例和风险资本准备计算比例。

第四条 中国证监会可以按照分类监管原则，根据证券公司的治理结构、内控水平和风险控制情况，对不同类别公司的风险控制指标标准和某项业务的风险资本准备计算比例进行适当调整。

第五条 中国证监会及其派出机构应当对证券公司净资本等各项风险控制指标数据的生成过程及计算结果的真实性、准确性、完整性进行定期或者不定期检查。

中国证监会及其派出机构可以根据监管需要，要求证券公司聘请具有证券相关业务资格的会计师事务所对其月度净资本计算表、风险资本准备计算表和风险控制指标监管报表进行审计。

第六条 证券公司应当根据自身资产负债状况和业务发展情况，建立动态的风险控制指标监控和补足机制，确保净资本等各项风险控制指标在任一时点都符合规定标准。

证券公司应当在开展各项业务及分配利润前对风险控制指标进行敏感性分析，合理确定有关业务及分配利润的最大规模。

证券公司应当建立健全压力测试机制，及时根据市场变化情况对公司风险控制指标进行压力测试。

第七条 证券公司应当聘请具有证券相关业务资格的会计师事务所对其年度净资本计算表、风险资本准备计算表和风险控制指标监管报表进行审计。

第八条 会计师事务所及其注册会计师应当勤勉尽责，对证券公司净资本计算表、风险资本准备计算表和风险控制指标监管报表的真实性、准确性、完整性进行审计，并对审计报告的真实性、合法性负责。

第二章 净资本及其计算

第九条 净资本是指根据证券公司的业务范围和公司资产负债的流动性特点，在净资产的基础上对资产负债等项目和有关业务进行风险调整后得出的综合性风险控制指标。

净资本基本计算公式为：净资本＝净资产－金融资产的风险调整－其他资产的风险调整－或有负债的风险调整－/＋中国证监会认定或核准的其他调整项目。

第十条 证券公司应当按照中国证监会规定的证券公司净资本计算标准计算净资本。

第十一条 证券公司计算净资本时，应当按照规定对有关项目充分计提资产减值准备。

中国证监会及其派出机构可以要求公司专项说明资产减值准备提取的充足性和合理性。有证据表明公司未充分计提资产减值准备的，中国证监会及其派出机构可以要求公司补充提取资产减值准备并相应核减净资本金额。

第十二条 证券公司计算净资本时，应当将不同科目中核算的同类金融资产合并计算，按照金融资产的属性统一进行风险调整。

第十三条 证券公司的金融资产投资，按照金融资产的分类和流动性采取不同比例进行风险调整。金融资产的分类中同时符合两个或者两个以上标准的，应当采用最高的比例进行风险调整。

对于证券公司违反规定超比例持有的金融资产，中国证监会及其派出机构可以要求证券公司在计算净资本时提高风险调整比例。

第十四条 证券公司以自有资金参与本公司设立的集合资产管理计划的，应当在集合资产管理合同中对投入资金的数额、期限和承担责任等进行约定，并在计算净资本时根据承担的责任相应扣减公司投入的资金。

第十五条 应收款项按照账龄的长短和可收回情况采取不同比例进行风险调整，账龄应当从业务发生时点起算。应收款项的分类中同时符合两个或者两个以上标准的，应当采用最高的比例进行风险调整。有证据表明难以收回的存出保证金项目以及逾期的拆出资金和买入返售金融资产等项目，应当并入应收款项项目并按照应收款项的扣减原则进行风险调整。

第十六条 证券公司应当在净资本计算表的附注中，充分披露公司期末或有事项的性质（如未决诉讼、未决仲裁、对外提供担保等）、涉及金额、形成原因和进展情况、可能发生的损失和预计损失的会计处理情况。对于很可能导致经济利益流出公司的或有事项，应当确认预计负债；对于不是很可能导致经济利益流出公司的或有事项，在计算净资本时，应当按照一定比例扣减或有负债。

第十七条 证券公司对控股证券业务子公司出具承诺书提供担保承诺的，应当按照担保承诺金额的一定比例扣减净资本。从事证券承销与保荐、证券资产管理业务等中国证监会认可的子公司可以将母公司提供的担保承诺按照一定比例计入净资本。

第十八条 证券公司借入次级债务的，可以在计算净资本时将所借入的次级债务按照一定比例计入净资本。

证券公司向股东或其关联企业借入的期限在5年以上并具有次级债务性质的长期借款，可以在计算净资本时将所借入的长期借款按照一定比例计入净资本。

计入净资本的具体比例由中国证监会根据债务的到期期限和公司财务状况确定。

第三章　风险控制指标标准

第十九条　证券公司经营证券经纪业务的，其净资本不得低于人民币 2000 万元。

证券公司经营证券承销与保荐、证券自营、证券资产管理、其他证券业务等业务之一的，其净资本不得低于人民币 5000 万元。

证券公司经营证券经纪业务，同时经营证券承销与保荐、证券自营、证券资产管理、其他证券业务等业务之一的，其净资本不得低于人民币 1 亿元。

证券公司经营证券承销与保荐、证券自营、证券资产管理、其他证券业务中两项及两项以上的，其净资本不得低于人民币 2 亿元。

第二十条　证券公司必须持续符合下列风险控制指标标准：

（一）净资本与各项风险资本准备之和的比例不得低于 100%；

（二）净资本与净资产的比例不得低于 40%；

（三）净资本与负债的比例不得低于 8%；

（四）净资产与负债的比例不得低于 20%。

第二十一条　证券公司应当按照中国证监会规定的证券公司风险资本准备计算标准计算各项风险资本准备。

证券公司经营证券经纪业务的，应当按照托管的客户交易结算资金总额计算经纪业务风险资本准备；经营证券自营、证券承销、证券资产管理、融资融券业务的，应当按照有关业务规模计算各项业务风险资本准备；设立分公司、证券营业部等分支机构的，应当计算分支机构风险资本准备；应当按照上一年营业费用总额计算营运风险资本准备。证券公司还应当按照中国证监会规定的其他项目和比例计算相应的风险资本准备。

第二十二条　证券公司经营证券自营业务的，必须符合下列规定：

（一）自营权益类证券及证券衍生品的合计额不得超过净资本的 100%；

（二）自营固定收益类证券的合计额不得超过净资本的 500%；

（三）持有一种权益类证券的成本不得超过净资本的 30%；

（四）持有一种权益类证券的市值与其总市值的比例不得超过 5%，但因包销导致的情形和中国证监会另有规定的除外。

计算自营规模时，证券公司应当根据自营投资的类别按成本价与公允价值孰高原则计算。

第二十三条　证券公司为客户买卖证券提供融资融券服务的，必须符合下列规定：

（一）对单一客户融资业务规模不得超过净资本的 5%；

（二）对单一客户融券业务规模不得超过净资本的 5%；

（三）接受单只担保股票的市值不得超过该股票总市值的 20%。

前款所称融资业务规模，是指对客户融出资金的本金合计；融券业务规模，是指对客户融出证券在融出日的市值合计。

第二十四条　证券公司可以结合自身实际情况，在不低于中国证监会规定标准的基础上，确定相应的风险控制指标标准。

第二十五条　中国证监会对各项风险控制指标设置预警标准，对于规定“不得低于”一定标准的风险控制指标，其预警标准是规定标准的 120%；对于规定“不得超过”一定标准的风险控制指标，其预警标准是规定标准的 80%。

第四章 编制和披露

第二十六条 设有子公司的证券公司应当以母公司数据为基础，编制净资本计算表、风险资本准备计算表和风险控制指标监管报表。

中国证监会及其派出机构可以根据监管需要，要求证券公司以合并数据为基础编制净资本计算表、风险资本准备计算表和风险控制指标监管报表。

第二十七条 证券公司的董事、高级管理人员应当对公司半年度、年度净资本计算表、风险资本准备计算表和风险控制指标监管报表签署确认意见。

证券公司经营管理的主要负责人、财务负责人应当对公司月度净资本计算表、风险资本准备计算表和风险控制指标监管报表签署确认意见。

在证券公司净资本计算表、风险资本准备计算表和风险控制指标监管报表上签字的人员，应当保证净资本计算表、风险资本准备计算表和风险控制指标监管报表真实、准确、完整，不存在虚假记载、误导性陈述和重大遗漏；对净资本计算表、风险资本准备计算表和风险控制指标监管报表内容持有异议的，应当在报表上注明自己的意见和理由。

第二十八条 证券公司应当至少每半年经主要负责人签署确认后，向公司全体董事书面报告一次公司净资本等风险控制指标的具体情况和达标情况；证券公司应当至少每半年经董事会签署确认，向公司全体股东书面报告一次公司净资本等风险控制指标的具体情况和达标情况，并至少获得主要股东的签收确认证明文件。

净资本指标与上月相比发生30%以上变化或不符合规定标准时，证券公司应当在5个工作日内向公司全体董事书面报告，10个工作日内向公司全体股东书面报告。

第二十九条 证券公司应当在每月结束之日起7个工作日内，向中国证监会及其派出机构报送月度净资本计算表、风险资本准备计算表和风险控制指标监管报表。

派出机构可以根据监管需要，要求辖区内单个、部分或者全部证券公司在一定阶段内按周或者按日编制并报送净资本计算表、风险资本准备计算表和风险控制指标监管报表。

第三十条 证券公司的净资本等风险控制指标与上月相比变化超过20%的，应当在该情形发生之日起3个工作日内，向中国证监会及其派出机构书面报告，说明基本情况和变化原因。

第三十一条 证券公司的净资本等风险控制指标达到预警标准或者不符合规定标准的，应当分别在该情形发生之日起3个、1个工作日内，向中国证监会及其派出机构书面报告，说明基本情况、问题成因以及解决问题的具体措施和期限。

第五章 监管措施

第三十二条 证券公司的财务会计报告、净资本计算表、风险资本准备计算表、风险控制指标监管报表被注册会计师出具了保留意见或者带有说明段无保留意见的，证券公司应当就涉及事项进行专项说明。

涉及事项不属于明显违反会计准则、证券公司净资本计算规则等有关规定的，中国证监会及其派出机构可以要求证券公司说明该事项对公司净资本等风险控制指标的影响。

涉及事项属于明显违反会计准则、证券公司净资本计算规则等有关规定的，中国证监会及其派出机构可以要求证券公司限期纠正、重新编制净资本计算表、风险资本准备计算表和风险控制指标监管报表；证券公司未限期纠正的，中国证监会及其派出机构可以认定其净资本等风险控制指标低于规定标准。

第三十三条 证券公司的财务会计报告、净资本计算表、风险资本准备计算表、风险控制指标监管报表被注册会计师出具了无法表示意见或者否定意见的，中国证监会及其派出机构可以认定其净资本等风险控制指标低于规定标准。

第三十四条 证券公司净资本或者其他风险控制指标达到预警标准的，派出机构应当区别情形，对其采取下列措施：

（一）向其出具监管关注函并抄送公司主要股东，要求公司说明潜在风险和控制措施；

（二）要求公司采取措施调整业务规模和资产负债结构，提高净资本水平；

（三）要求公司进行重大业务决策时，至少提前5个工作日报送专门报告，说明有关业务对公司财务状况和净资本等风险控制指标的影响；

（四）要求公司合规部门增加对风险控制指标的检查频率，并提交有关风险控制指标水平的报告。

第三十五条 证券公司净资本或者其他风险控制指标不符合规定标准的，派出机构应当责令公司限期改正，在5个工作日制定并报送整改计划，整改期限最长不超过20个工作日；证券公司未按时报送整改计划的，派出机构应当立即限制其业务活动。

整改期内，中国证监会及其派出机构应当区别情形，对证券公司采取下列措施：

（一）停止批准新业务；

（二）停止批准增设、收购营业性分支机构；

（三）限制分配红利；

（四）限制转让财产或在财产上设定其他权利。

第三十六条 证券公司整改后，经派出机构验收符合有关风险控制指标的，中国证监会及其派出机构应当自验收完毕之日起3个工作日内解除对其采取的有关措施。

第三十七条 证券公司未按期完成整改的，自整改期限到期的次日起，派出机构应当区别情形，对其采取下列措施：

（一）限制业务活动；

（二）责令暂停部分业务；

（三）限制向董事、监事、高级管理人员支付报酬、提供福利；

（四）责令更换董事、监事、高级管理人员或者限制其权利；

（五）责令控股股东转让股权或者限制有关股东行使股东权利；

（六）认定董事、监事、高级管理人员为不适当人选。

第三十八条 证券公司未按期完成整改、风险控制指标情况继续恶化，严重危及该证券公司的稳健运行的，中国证监会可以撤销其有关业务许可。

第三十九条 证券公司风险控制指标无法达标，严重危害证券市场秩序、损害投资者利益的，中国证监会可以区别情形，对其采取下列措施：

（一）责令停业整顿；

（二）指定其他机构托管、接管；

（三）撤销经营证券业务许可；

（四）撤销。

第六章 附 则

第四十条 本办法下列用语的含义：

（一）风险资本准备：证券公司开展各项业务、设立分支机构等存在可能导致净资本损失的风险，应当按一定标准计算风险资本准备并与净资本建立对应关系，确保各项风险资本准备有对应的净资本支撑。

（二）敏感性分析：指在保持其他条件不变的前提下，研究单个或者多个因素的变化对净资本等风险控制指标可能产生的影响，并判断是否会导致净资本等风险控制指标不符合预警标准或规定标准。

（三）负债：指对外负债，不含代理买卖证券款。

（四）资产：指自有资产，不含客户资产。

（五）或有负债：指过去的交易或者事项形成的潜在义务，其存在须通过未来不确定事项的发生或者不发生予以证实；或过去的交易或者事项形成的现时义务，履行该义务不是很可能导致经济利益流出企业或该义务的金额不能可靠计量。

（六）权益类证券：指股票和主要以股票为投资对象的证券类金融产品，包括股票、股票基金以及中国证监会规定的其他证券。

（七）固定收益类证券：指债券和主要以债券为投资对象的证券类金融产品，包括债券、债券基金以及中国证监会规定的其他证券。

（八）存出保证金：指证券公司因办理业务需要存出或交纳的各种保证金款项。

（九）重大业务：指经过测算，可能导致净资本或其他风险控制指标发生10%以上变化的业务。

第四十一条 本办法自2006年11月1日起施行。

证券公司治理准则（试行）

（2003 年 12 月 15 日　证监机构字［2003］259 号，2004 年 1 月 15 日实施）

第一章　总　　则

第一条　为推动证券公司按照现代企业制度规范运作，保障证券公司股东、客户及其他利益相关者的合法权益，维护证券公司资产的独立和完整，根据《公司法》、《证券法》及其他法律、行政法规，制定本准则。

第二条　证券公司及其控股股东对客户负有诚信义务，不得侵犯客户的财产及其他合法权益。

第三条　证券公司应当按照《公司法》等法律、行政法规的规定，明确股东会、董事会、监事会、经理层之间的职责划分。

第四条　证券公司及其股东、高级管理人员应当遵守中国证券监督管理委员会（以下简称中国证监会）关于股东、高级管理人员等方面的监管规定。

第五条　证券公司应当按照法律、行政法规和中国证监会的规定建立完备的风险管理和内部控制体系。

第六条　本准则适用于中国境内设立的证券公司。

法律、行政法规或中国证监会对上市证券公司有特别规定的，从其规定。

第二章　股东和股东会

第一节　股　　东

第七条　证券公司股东及其实际控制人应当具备法律、行政法规和中国证监会规定的资格条件。

证券公司股东转让所持证券公司股权的，应当确认受让方及其实际控制人符合法律、行政法规和中国证监会规定的资格条件。

证券公司股东及其实际控制人不具备资格条件时，证券公司董事会应在十个工作日内向公司注册地及主要办事机构所在地中国证监会派出机构报告。

第八条　证券公司应当以中国证监会的核准文件或在中国证监会备案的文件为依据对股东进行登记、修改公司章程，并办理工商登记手续。

证券公司应当确保公司章程、股东名册及工商登记文件所记载的内容与股东的实际情况一致。

第九条　证券公司股东应当严格按照法律、行政法规和中国证监会的规定履行出资义务。证券公司不得直接或间接为股东出资提供融资或担保。

证券公司股东存在虚假出资、出资不实、抽逃出资或变相抽逃出资等违法违规行为的，证券公司董事会应在十个工作日内向公司注册地及主要办事机构所在地中国证监会派出机构报告，并要求有关股东在一个月内纠正。

第十条 证券公司股东在出现下列情况时，应当及时通知证券公司：

（一）所持证券公司股权被采取诉讼保全措施或被强制执行；

（二）质押所持有的证券公司股权；

（三）决定转让所持有的证券公司股权；

（四）委托他人行使证券公司的股东权利或与他人就行使证券公司的股东权利达成协议；

（五）变更名称；

（六）发生合并、分立；

（七）解散、破产、关闭、被接管；

（八）其他可能导致所持证券公司股权发生转移的情况。

证券公司董事会应当自知悉上述情况之日起十个工作日内向公司注册地及主要办事机构所在地中国证监会派出机构报告。

第十一条 证券公司应当建立和股东沟通的有效渠道，确保股东享有法律、行政法规、中国证监会和公司章程规定的知情权。

证券公司有下列情形之一的，董事会应当立即书面通知全体股东，并向公司注册地及主要办事机构所在地中国证监会派出机构报告：

（一）公司或高级管理人员涉嫌重大违法违规行为；

（二）公司财务状况持续恶化，不符合中国证监会规定的标准；

（三）公司发生重大亏损；

（四）拟更换董事长、监事长或总经理；

（五）发生突发事件，对公司和客户利益产生重大不利影响；

（六）其他可能影响公司持续经营的事项。

第二节 股东会

第十二条 证券公司章程应当明确股东会的职权范围。

证券公司股东会授权董事会行使股东会部分职权的，应当在公司章程中做出规定或经股东会决议批准。授权内容应当明确具体。

第十三条 证券公司应当自每一会计年度结束之日起六个月内召开股东会年度会议。因特殊情况需要延期召开的，应当及时向公司注册地及主要办事机构所在地中国证监会派出机构报告，并说明延期召开的理由。

第十四条 证券公司章程应当规定股东会会议的召集和表决程序。

董事会应当依照公司章程制定内容完备的股东会议事规则，由股东会审议通过后执行。

第十五条 董事会、监事会、单独或合并持有证券公司5%以上股权的股东，可以向股东会提出议案。

单独或合并持有证券公司5%以上股权的股东，可以向股东会提名董事（包括独立董事）、监事候选人。

第十六条 证券公司任一股东推选的董事占董事会成员1/2以上时，其推选的监事不得超过监事会成员的1/2。

第十七条 鼓励证券公司在董事（包括独立董事）、监事的选举中采用累积投票制度。

证券公司股东单独或与关联方合并持有公司50%以上股权的，董事（包括独立董事）、监事的选举应当采用累积投票制度。

采用累积投票制度的证券公司应在公司章程中规定该制度的实施细则。

第十八条 证券公司章程应当规定，董事会、董事长不履行职责致使股东会会议无法召集的，持有一定比例股权的股东和监事会可以按照公司章程规定的程序召集临时股东会会议，并应将有关情况向公司注册地及主要办事机构所在地中国证监会派出机构报告。

第十九条 证券公司股东会应当进行会议记录。会议记录应真实、完整，会议记录自做出之日起至少保存15年。

证券公司应当将股东会的决议及相关文件向公司注册地及主要办事机构所在地中国证监会派出机构备案。

第二十条 证券公司股东会在董事、监事任期届满前免除其职务的，应当说明理由；被免职的董事、监事有权向股东会、中国证监会或其派出机构陈述意见。

第三节 证券公司与股东之间关系的特别规定

第二十一条 证券公司的控股股东不得利用其控股地位损害证券公司、公司其他股东和公司客户的合法权益。

第二十二条 证券公司的控股股东不得超越股东会、董事会任免证券公司的董事、监事和高级管理人员。

证券公司的控股股东不得超越股东会、董事会干预证券公司的经营管理活动。

第二十三条 证券公司与其控股股东应在业务、人员、机构、资产、财务、办公场所等方面严格分开，各自独立经营、独立核算、独立承担责任和风险。

第二十四条 证券公司的控股股东及其关联方应当采取有效措施，防止与其所控股的证券公司发生业务竞争。

证券公司控股其他证券公司的，不得损害所控股的证券公司的利益。

第二十五条 证券公司的股东及其关联方与证券公司的关联交易不得损害证券公司及其客户的合法权益。

证券公司章程应当对重大关联交易及其披露和表决程序进行规定。

证券公司应当在重大关联交易发生之日起十个工作日内向公司注册地及主要办事机构所在地中国证监会派出机构报告有关情况。

第二十六条 证券公司与其股东（或股东的关联方，下同）之间不得有下列行为：

（一）向股东做出最低收益、分红承诺；

（二）持有股东的股权，但法律、行政法规或中国证监会另有规定的除外；

（三）向股东直接或间接提供融资或担保；

（四）股东占用公司资产或客户存放在公司的资产；

（五）证券公司通过购买股东大量持有的证券等方式向股东输送不当利益；

（六）法律、行政法规或中国证监会禁止的其他行为。

第三章 董事和董事会

第一节 董 事

第二十七条 证券公司董事应当符合《公司法》、《证券法》和中国证监会规定的条件，具备履行职责所必需的素质。

第二十八条 证券公司章程应明确规定董事的任职条件、任免程序、权利义务、任期等内容。

第二十九条 证券公司应当采取措施切实保障董事的知情权，为董事履行职责提供必要条件。

外部董事（包括独立董事）应确保有足够的时间和精力履行职责。

第二节 董 事 会

第三十条 证券公司章程应当确定董事人数。

内部董事不得超过董事人数的1/2。

鼓励证券公司聘请外部专业人士担任董事。

第三十一条 证券公司章程应当就董事长不能履行职责或缺位时董事长职责的行使做出明确规定。

第三十二条 证券公司章程应明确规定董事会职责。董事会授权董事长在董事会闭会期间行使董事会部分职权的，授权内容应当明确具体。

涉及公司重大利益的事项不得授权董事长决定，公司章程应当对涉及公司重大利益的事项进行规定。

第三十三条 董事会应当制定规范的董事会召集程序、议事表决规则，经股东会表决通过，并向公司注册地及主要办事机构所在地中国证监会派出机构备案。

第三十四条 董事会每年至少召开两次会议。董事会会议记录应真实、完整，并应自做出之日起至少保存15年。出席会议的董事和记录人应当在会议记录上签字。

第三十五条 证券公司董事会、董事长应当在法律、行政法规、中国证监会的规定和公司章程规定的范围内行使职权，不得越权干预经理层的经营管理活动。

董事会在审议有关关联交易时，关联方委派的董事在表决时应予以回避。

第三十六条 董事会决议违反法律、行政法规、中国证监会的规定或公司章程的，股东或监事会有权要求公司立即停止执行相关决议。

第三十七条 董事会应当就风险管理、审计等事项设立专门委员会。

审计委员会应当由独立董事担任召集人。

各专门委员会可以聘请外部专业人士提供服务，由此发生的合理费用由公司承担。

专门委员会应当向董事会提交工作报告。

第三十八条 证券公司应当设董事会秘书或专门机构，负责股东会、董事会、董事会专门委员会会议的筹备、会议记录和会议文件的保管、信息披露及其他日常事务，并负责将股东会、董事会、监事会会议文件报中国证监会派出机构备案等事宜。

第三节 独立董事

第三十九条 证券公司应当按照中国证监会的规定设置独立董事。

独立董事应掌握证券市场的基本知识及相关法律、行政法规，诚实信用，具有五年以上相关工作经验。

下列人员不得担任独立董事：

（一）在证券公司或其关联方任职的人员及其直系亲属、主要社会关系；

（二）在持有或控制证券公司5%以上股权的股东单位或在证券公司前五名股东单位任职的人员及其直系亲属和主要社会关系；

（三）持有或控制证券公司5%以上股权的自然人股东及其直系亲属和主要社会关系；

（四）为证券公司及其关联方提供财务、法律、咨询等服务的人员及其直系亲属和主要社会关系；

（五）最近一年内曾经具有前四项所列举情形的人员；

（六）在其他证券公司担任董事的；

（七）公司章程规定的其他人员；

（八）中国证监会认定的其他人员。

独立董事在任职期间出现上述情况的，证券公司应当及时解聘，并向公司注册地及主要办事机构所在地中国证监会派出机构报告。

第四十条 独立董事与公司其他董事任期相同，但是连任不得超过两届。证券公司应将独立董事的有关材料向中国证监会、公司注册地及主要办事机构所在地中国证监会派出机构备案。

第四十一条 独立董事在任期内辞职或被免职的，独立董事本人和证券公司应当分别向公司注册地及主要办事机构所在地中国证监会派出机构和股东会提供书面说明。

第四十二条 独立董事除具有《公司法》和其他法律、行政法规赋予董事的职权外，还具有以下职权：

（一）向董事会提议召开临时股东会。董事会拒绝召开的，可以向监事会提议召开临时股东会；

（二）提议召开董事会；

（三）基于履行职责的需要聘请审计机构或咨询机构；

（四）对公司董事、经理层人员的薪酬计划、激励计划等事项发表独立意见；

（五）对重大关联交易发表独立意见，必要时向公司注册地及主要办事机构所在地中国证监会派出机构报告。

证券公司董事会就关联交易或高级管理人员的薪酬事宜设立专门委员会的，应当由独立董事作为召集人。

独立董事应在股东会年度会议上提交工作报告。

独立董事未履行应尽职责的，应当承担相应的责任。

第四章 监事和监事会

第四十三条 证券公司监事应当符合法律、行政法规和中国证监会规定的条件，具备履行职责所必需的素质。

证券公司董事、经理层人员及其直系亲属和主要社会关系不得担任本公司监事。

鼓励证券公司聘请外部专业人士担任监事。

第四十四条 证券公司应当采取措施切实保障监事的知情权，为监事履行职责提供必要的条件。

第四十五条 证券公司应当设监事会。监事会对公司财务以及公司董事、经理层人员履行职责的合法合规性进行监督，并向股东会负责。

监事会应当制定规范的监事会议事规则，经股东会审议通过，并报公司注册地及主要办事机构所在地中国证监会派出机构备案。

第四十六条 证券公司监事会应当设监事长。监事长是监事会的召集人。监事人数为七人以上的，应当设副监事长。副监事长协助监事长开展工作。监事长或副监事长应当为专职人员。

监事会可下设专门机构，负责监事会会议的筹备、会议记录和会议文件的保管，并为监事履行职责提供服务。

第四十七条 监事会每年至少召开两次会议。监事会会议记录应当真实、完整，并应自做出之日起至少保存 15 年。出席会议的监事和记录人应当在会议记录上签字。

第四十八条 证券公司监事会行使下列职权：

（一）检查公司财务；

（二）监督董事会、经理层履行职责的情况；

（三）对董事、经理层人员的行为进行质询；

（四）要求董事、经理层人员纠正其损害公司和客户利益的行为；

（五）提议召开临时股东会；

（六）组织对高级管理人员进行离任审计；

（七）法律、行政法规和公司章程规定的其他职权。

第四十九条 监事有权了解公司经营情况，并承担相应的保密义务。

公司应将其内部稽核报告、合规检查报告、月度或季度财务会计报告、年度财务会计报告及其他重大事项及时报监事会。

监事会应当就公司的财务情况、合规情况向股东会年度会议做出专项说明。

第五十条 监事会可要求公司董事、经理层人员及其他相关人员出席监事会会议，回答监事会所关注的问题。

监事会可根据需要对公司财务情况、合规情况进行专项检查，必要时可聘请外部专业人士协助，其合理费用由公司承担。

监事会对公司董事、经理层人员执行公司职务的行为进行检查时，可以向董事、经理层人员及涉及的公司其他人员了解情况，董事、经理层人员及涉及的公司其他人员应当配合。

第五十一条 对董事、经理层人员违反法律、行政法规或公司章程，损害公司、股东或客户利益的行为，监事会应要求董事或经理层人员限期纠正；如损害严重或董事、经理层人员未在限期内纠正的，监事会应提议召开股东会，并向股东会提出专项提案。

对证券公司董事会、经理层的重大违法违规行为，监事会应当直接向中国证监会或其派出机构报告。

监事明知或应知董事、经理层人员有违反法律、行政法规或公司章程、损害公司利益的行为，未履行应尽职责的，应承担相应责任。

第五章 经理层人员

第五十二条 本准则所称经理层人员，是指除董事长、副董事长、监事长、副监事长之外的其他证券公司高级管理人员。

经理层人员应当取得证券公司高级管理人员任职资格，证券公司不得授权未取得任职资格的人员行使管理层人员的职权。

第五十三条 证券公司章程应当明确经理层人员的构成、职责范围。

第五十四条 证券公司应当采取公开、透明的方式，聘任专业人士为经理层人员。

第五十五条 经理层人员应当为专职人员，但法律、行政法规或中国证监会另有规定的除外。

第五十六条 经理层人员不得经营与所任职公司相竞争的业务，也不得直接或间接投资于与所任职公司竞争的企业。

除公司章程规定或股东会同意外，经理层人员不得同所任职公司进行关联交易。

第五十七条 证券公司应当设总经理，总经理依据《公司法》、公司章程的规定行使职权，并向董事会负责。

证券公司通过管理委员会、执行委员会等形式行使总经理职权的，其组成人员应当取得证券公司高级管理人员任职资格。

第五十八条 证券公司应当制定总经理工作细则，报董事会批准后实施。

总经理工作细则应当包括下列内容：

（一）总经理会议召开的条件、程序和参加人员；

（二）总经理、副总经理及其他经理层人员的职责及其分工；

（三）公司资产运用、签订合同的权限；

（四）向董事会、监事会的报告制度；

（五）董事会认为必要的其他事项。

第五十九条 总经理应当根据董事会或监事会的要求，向董事会或监事会报告公司重大合同的签订、执行情况，资金运用情况和盈亏情况。总经理必须保证该报告的真实性。

未担任董事职务的总经理可以列席董事会会议。

第六十条 证券公司经理层应当建立责任明确、程序清晰的组织结构，组织实施各类风险的识别与评估，并建立健全有效的内部控制制度和内部控制机制，及时处理或纠正内部控制中存在的缺陷或问题。

经理层人员应当对内部控制不力、不及时处理或纠正内部控制中存在的缺陷或问题承担相应的责任。

第六十一条 证券公司应按照中国证监会的有关规定，由专门的经理层人员负责监督检查部门的工作，并不得兼管其他业务部门。

经理层人员应当支持监督检查部门的工作。

第六章 激励与约束机制

第六十二条 证券公司应当建立有效的经理层人员激励与约束机制。

第六十三条 证券公司应当与经理层人员签订聘任协议，对经理层人员的任期、绩效考核、薪酬待遇、解聘事由、双方的权利义务及违约责任进行约定。

第六十四条 证券公司经理层人员的薪酬分配方案应获得董事会的批准。董事会应当向股东会就经理层人员履行职责的情况、绩效评价情况、薪酬情况做出专项说明。

第六十五条 证券公司经理层人员违反法律、行政法规或公司章程规定，损害公司或客户合法权益的，公司董事会、监事会应当追究其责任。

证券公司不得代董事、监事或经理层人员支付应由个人承担的罚款或赔偿金。

第六十六条 证券公司经理层人员、董事、监事或员工持有或控制本公司股权，应当事先取得中国证监会的批准，并向公司股东会报告。

第七章 证券公司与客户关系基本原则

第六十七条 证券公司对客户负有诚信义务，不得侵犯客户的财产权、选择权、公平交易权、知情权及其他合法权益。

第六十八条 证券公司不得挪用客户交易结算资金，不得挪用客户委托管理的资产，不得挪用客户托管在公司的证券。

第六十九条 证券公司对客户的资料负有保密义务。

对客户的资料，证券公司有权拒绝任何单位或个人的查询，但法律、行政法规或中国证监会另有规定的除外。

第七十条 证券公司在经营活动中应当履行法定的信息披露义务，保障客户在充分知情的基础上做出决定。

证券公司向客户提供产品或服务应当遵守法律、行政法规和中国证监会的规定，并对有关产品或服务的内容及风险予以充分披露，不得有虚假陈述、误导及其他欺诈客户的行为。

第七十一条 证券公司应当设专职部门或岗位负责与客户进行沟通，处理客户的投诉等事宜。

第七十二条 鼓励证券公司向社会公众披露本公司经审计的年度财务报告及其他信息，并保证披露内容的真实、准确。

第八章 附 则

第七十三条 证券公司应当按照《公司法》、《证券法》及其他法律、行政法规和本准则的要求，修改、完善公司章程及相关制度。

第七十四条 证券公司董事会应当按照法律、行政法规和本准则的规定向股东会、中国证监会及派出机构报告公司治理情况。

中国证监会以证券公司的治理状况作为其市场准入的基本条件和日常监管的评价依据。

第七十五条 中国证监会可以授权证券业自律组织或中介机构对证券公司治理状况进行评价，并以适当方式公布评价结果。

第七十六条 释义：

（一）股权，是指有限责任公司股东的出资或股份有限公司的股份。

（二）关联方、关联交易，是指财政部《企业会计准则——关联方关系及其交易的披露》中所指的关联方和关联交易。

（三）实际控制人，是指能够在法律上或事实上支配证券公司股东行使股东权利的法人、其他组织或个人。

（四）控股股东，是指具备下列条件之一的股东：

1. 持有和控制证券公司股权，成为最大股东；

2. 可以决定证券公司半数以上的董事人选；

3. 可以以其他方式控制证券公司。

（五）累积投票制度，是指股东会在选举董事（监事）时，公司股东所拥有的全部投票权为其所持有的股份数与应选董事（监事）人数之积；公司股东既可将其所拥有的全部投票权集中投票给一名候选董事（监事），也可以分散投票给若干名候选董事（监事）；按得票数多少确定获选的董事（监事）。

（六）内部董事、外部董事、独立董事。内部董事是指在证券公司同时担任其他职务的董事；外部董事是指不在证券公司同时担任其他职务的董事；独立董事是指与证券公司及其股东不存在可能妨碍其进行独立客观判断关系的外部董事。

第七十七条 本准则由中国证监会负责解释。

第七十八条 本准则自2004年1月15日起施行。

证券公司内部控制指引

（2003年12月15日　证监机构字［2003］260号）

第一章　总　　则

第一条　为引导证券公司规范经营，完善证券公司内部控制机制，增强证券公司自我约束能力，推动证券公司现代企业制度建设，防范和化解金融风险，依据《中华人民共和国证券法》、《证券公司管理办法》和中国证券监督管理委员会（以下简称中国证监会）审慎监管的要求，制定本指引。

第二条　本指引所指证券公司内部控制是指证券公司为实现经营目标，根据经营环境变化，对证券公司经营与管理过程中的风险进行识别、评价和管理的制度安排、组织体系和控制措施。

第三条　内部控制应充分考虑控制环境、风险识别与评估、控制活动与措施、信息沟通与反馈、监督与评价等要素。

（一）控制环境：主要包括证券公司所有权结构及实际控制人、法人治理结构、组织架构与决策程序、经理人员权力分配和承担责任的方式、经理人员的经营理念与风险意识、证券公司的经营战略与经营风格、员工的诚信和道德价值观、人力资源政策等。

（二）风险识别与评估：及时识别、确认证券公司在实现经营目标过程中的风险，并通过合理的制度安排和风险度量方法对经营环境持续变化所产生的风险及证券公司的承受能力进行适时评估。

（三）控制活动与措施：保证实现证券公司战略目标和经营目标的政策、程序，以及防范、化解风险的措施。主要包括证券公司经营与管理中的授权与审批、复核与查证、业务规程与操作程序、岗位权限与职责分工、相互独立与制衡、应急与预防等措施。

（四）信息沟通与反馈：及时对各类信息进行记录、汇总、分析和处理，并进行有效的内外沟通和反馈。

（五）监督与评价：对控制环境、风险识别与评估、控制活动与措施、信息沟通与反馈的有效性进行检查、评价，发现内部控制设计和运行的缺陷并及时改进。

第四条　有效的内部控制应为证券公司实现下述目标提供合理保证：

（一）保证经营的合法合规及证券公司内部规章制度的贯彻执行。

（二）防范经营风险和道德风险。

（三）保障客户及证券公司资产的安全、完整。

（四）保证证券公司业务记录、财务信息和其他信息的可靠、完整、及时。

（五）提高证券公司经营效率和效果。

第五条　证券公司应按照本指引的要求，根据证券公司经营目标和运营状况，结合证券公司自身的环境条件，建立有效的内部控制机制和内部控制制度。

第六条　证券公司应当定期评价内部控制的有效性，并根据市场、技术、法律环境的变化适时调整和完善。

第二章 基本要求

第七条 证券公司内部控制应当贯彻健全、合理、制衡、独立的原则，确保内部控制有效。

（一）健全性：内部控制应当做到事前、事中、事后控制相统一；覆盖证券公司的所有业务、部门和人员，渗透到决策、执行、监督、反馈等各个环节，确保不存在内部控制的空白或漏洞。

（二）合理性：内部控制应当符合国家有关法律法规和中国证监会的有关规定，与证券公司经营规模、业务范围、风险状况及证券公司所处的环境相适应，以合理的成本实现内部控制目标。

（三）制衡性：证券公司部门和岗位的设置应当权责分明、相互牵制；前台业务运作与后台管理支持适当分离。

（四）独立性：承担内部控制监督检查职能的部门应当独立于证券公司其他部门。

第八条 证券公司应当树立合法合规经营的理念和风险控制优先的意识，健全证券公司行为准则和员工道德规范，营造合规经营的制度文化环境。

第九条 证券公司应采取切实有效的措施杜绝挪用客户交易结算资金、客户委托管理的资产及客户托管的证券等行为，确保客户资产的安全完整。

第十条 证券公司应根据经营环境的变化，建立动态的净资本监控机制，确保净资本符合有关监管指标的要求。

第十一条 证券公司应建立健全证券公司治理结构。证券公司治理结构包括科学的决策程序与议事规则，高效、严谨的业务运作系统，健全、有效的内部监督和反馈系统，以及有效的激励约束机制。证券公司监事会和独立董事应充分发挥监督职能，防范大股东操纵和内部人控制的风险。

第十二条 证券公司应与其股东、实际控制人、关联方之间保持资产、财务、人事、业务、机构等方面的独立性，确保证券公司独立运作。

第十三条 证券公司应建立清晰合理的组织结构，依据所处环境和自身经营特点设立严密有效的三道业务监控防线：

（一）建立重要一线岗位双人、双职、双责为基础的第一道防线，并加强对单人单岗业务的监控。

与资金、有价证券、重要空白凭证、业务合同、印章等直接接触的岗位和涉及信息系统安全的岗位，应当实行双人负责制。

（二）建立相关部门、相关岗位之间相互制衡、监督的第二道防线。不同部门应有明确的职责分工，不相容职务应适当分离。

（三）建立独立的监督检查部门对各项业务、各部门、各分支机构、各岗位全面实施监控、检查和反馈的第三道防线。

第十四条 证券公司应加强法人统一管理，建立具体、明确、合理的授权、检查和逐级问责制度，明确界定部门、分支机构的目标、职责和权限，确保其在授权范围内行使经营管理职能。

证券公司业务授权应当采取书面形式。

第十五条 证券公司应当根据不同的工作岗位及其性质，赋予其相应的职责和权限，各个岗位应当有明确的岗位职责说明和清晰的报告关系。

第十六条 证券公司主要业务部门之间应当建立健全隔离墙制度，确保经纪、自营、受托投资管理、投资银行、研究咨询等业务相对独立；电脑部门、财务部门、监督检查部门与业务部门的人员不得相互兼任，资金清算人员不得由电脑部门人员和交易部门人员兼任。

第十七条 证券公司应不断完善业务、财务、人力资源等综合信息管理系统，根据自身实际加强业务运作的后台管理，完善集中清算、集中核算、客户资料集中管理等制度；提高实时预警、监控、防范风险的能力。

第十八条 证券公司应建立业务风险识别、评估和控制的完整体系，运用包括敏感性分析在内的多种手段，对信用风险、市场风险、流动性风险、操作风险、技术风险、政策法规风险和道德风险等进行持续监控，明确风险管理流程和风险化解方法。

第十九条 证券公司应建立健全包括授权管理、岗位职责、监督检查、考核奖惩等在内的各项内部管理制度；对经纪、自营、投资银行、受托投资管理、研究咨询以及创新业务等制订统一的业务流程和操作规范，针对业务的主要风险点和风险性质，制定明确的控制措施。

第二十条 证券公司应大力加强自有资金和客户资金的风险控制，建立自有资金运用的决策、审核、批准、监控相分离的管理体系，加强资金额度控制和资金使用的日常监控，对资金异常变动和大额资金存取等行为重点监控。

第二十一条 证券公司应建立畅通、高效的信息交流渠道和重大事项报告制度，以及内部员工和客户的信息反馈机制，确保信息准确传递，确保董事会、监事会、经理人员及监督检查部门及时了解证券公司的经营和风险状况，确保各类投诉、可疑事件和内控缺陷得到妥善处理。

第二十二条 证券公司应真实、全面、及时地记载各项业务，充分发挥会计的核算监督职能，确保信息资料的真实与完整；应当建立完备的业务台账系统，并通过业务台账系统和会计核算系统交叉印证，防止出现账外经营、账目不清等问题。

第二十三条 证券公司应按照专人管理、相互牵制、适当审批、严格登记的原则，加强对合同、票据、印章、密押等的管理。

重要合同和票据应有连号控制、作废控制、空白凭证控制以及领用登记控制等专门措施。

证券公司公章、合同专用章、业务专用章、财务专用章、电子印签等的保管、审批、使用等应适当分离、相互牵制。

第二十四条 证券公司应当加强对各类档案包括各种会议记录与决议、经营协议、客户资料、交易记录、凭证账表、投诉与纠纷处理记录以及各类法规、制度等档案的妥善保管和分类管理。

第二十五条 证券公司应建立危机处理机制和程序，制订切实有效的应急应变措施和预案。

第三章 主要控制内容

第一节 经纪业务内部控制

第二十六条 证券公司经纪业务内部控制应重点防范挪用客户交易结算资金及其他客户资产、非法融入融出资金以及结算风险等。

第二十七条 证券公司应加强经纪业务整体规划，加强营业网点布局、规模、选址以及软、硬件技术标准（含升级）等的统一规划和集中管理；应制定统一完善的经纪业务标准化服务规程、操作规范和相关管理制度。

第二十八条 证券公司应制定标准化的开户文本格式，制定统一的开户程序，要求所属证券营业部按照程序认真审核客户资料的真实性和完整性，关注客户资金来源的合法性。

第二十九条 证券公司应建立对录入证券交易系统的客户资料等内容的复核和保密机制；应妥善保管客户开户、交易及其他资料，杜绝非法修改客户资料；应完善客户查询、咨询和投诉处理等制度，确保客户能够及时获知其账户、资金、交易、清算等方面的完整信息。

第三十条 证券公司应当要求所属证券营业部与客户签订代理交易协议，协议中除载明双方权利义务和风险提示外，还应列示营业部可从事的合法业务范围及证券公司授权的业务内容，向客户明示证券公司禁止营业部从事的业务内容。

第三十一条 证券公司应针对账户管理、资金存取及划转、委托与撤单、清算交割、指定交易及转托管、查询及咨询等业务环节存在的风险，制定操作程序和具体控制措施。

第三十二条 证券公司对开户、资金存取及划转、接受委托、清算交割等重要岗位应适当分离，客户资金与自有资金严格分开运作、分开管理。

第三十三条 证券公司应在证券营业部采用统一的柜面交易系统，并加强对柜面交易系统的风险评估，严防通过修改柜面交易系统的功能及数据从事违法违规活动；证券公司应采取严密的系统安全措施，严格的授权进入及记录制度，并开启系统的审计留痕功能。

第三十四条 证券公司应当实行法人集中清算制度及客户交易结算资金集中管理制度，保证客户交易结算资金的安全，防范结算风险。

第三十五条 证券公司应建立对托管证券等的登记程序与独立监控机制，严防发生挪用客户托管的证券等进行抵押、回购或卖空交易及其他损害客户利益的行为。

第三十六条 证券公司应通过身份认证、证件审核、密码管理、指令记录等措施，加强对交易清算系统的管理，确保交易清算系统的安全。

第三十七条 证券公司应建立健全经纪业务的实时监控系统。证券公司的监督检查部门或其他独立部门负责对证券营业部资金划转、证券转移、交易活动进行实时监控，并对异常资金流转、异常证券转移、异常交易及违规行为实时预警。

第三十八条 证券公司应定期、不定期地对证券营业部交易系统、财务系统和清算系统进行检查，加强交易信息与财务信息、清算信息的核对，确保相关信息与证券交易所、登记结算证券公司、商业银行等提供的信息相符。

第三十九条 证券公司应建立交易数据安全备份制度，对交易数据采取多介质备份与异地备份相结合的数据备份方式，确保交易数据的安全完整。

第四十条 证券公司网上交易系统应采取有效的身份认证及访问控制措施，网上交易系统应详细记录客户的网上交易和查询过程。加强交易方身份识别，并对访问权限进行控制，确保交易的安全、可靠。

第四十一条 证券公司网上交易系统应采用防火墙、入侵检测等措施保障网络安全，采用高强加密等有效技术手段，防止客户数据被窃取、篡改。

第四十二条 证券公司对于网络中断、委托中断、客户数据丢失、银证转账故障、交易服务器故障以及出现供电中断、火灾、抢劫等紧急情况，应制定和定期修订灾难恢复和应急处理预案，建立应急演习机制，确保及时有效地处理各种故障和危机。

第四十三条 证券公司应建立投资者教育与信息沟通机制，向投资者充分揭示投资风险，加强与投资者信息沟通。

第四十四条 证券公司应建立交易清算差错的处理程序和审批制度，建立重大交易差错的报告制度，明确交易清算差错的纠纷处理，防止出现隐瞒不报、擅自处理差错等情况。差错处理应留审计痕迹。

第四十五条 证券公司应建立由相对独立人员对重点客户进行定期回访的制度。

第二节 自营业务内部控制

第四十六条 证券公司应加强自营业务投资决策、资金、账户、清算、交易和保密等的管理，重点防范规模失控、决策失误、超越授权、变相自营、账外自营、操纵市场、内幕交易等的风险。

第四十七条 证券公司应建立健全自营决策机构和决策程序，加强对自营业务的投资策略、规模、品种、结构、期限等的决策管理。

第四十八条 证券公司应通过合理的预警机制、严密的账户管理、严格的资金审批调度、规范的交易操作及完善的交易记录保存制度等，控制自营业务运作风险。

第四十九条 证券公司应建立健全自营业务的授权体系，确保自营部门及员工在授权范围内行使相应的职责。

第五十条 证券公司自营业务的研究策划、投资决策、交易执行、交易记录、资金清算和风险监控等职能应相对分离；重要投资要有详细研究报告、风险评估及决策记录。

第五十一条 证券公司应加强自营账户的集中管理和访问权限控制，自营账户应由独立于自营业务的部门统一管理，建立自营账户审批和稽核制度；采取措施防止变相自营、账外自营、出借账户等风险；防止自营业务与受托投资管理业务混合操作。

第五十二条 证券公司应建立完善的交易记录制度，加强电子交易数据的保存和备份管理，确保自营交易清算数据的安全、真实和完整，并确保自营部门和会计核算部门对自营浮动盈亏进行恰当的记录和报告。

第五十三条 证券公司应建立独立的实时监控系统，证券公司的监督检查部门或其他独立监控部门负责对证券持仓、盈亏状况、风险状况和交易活动进行有效监控并定期对自营业务进行压力测试，确保自营业务各项风险指标符合监管指标的要求并控制在证券公司承受范围内。

第五十四条 证券公司应加强对参与投资决策和交易活动人员的监察，通过定期述职和签订承诺书等方式提高其自律意识，防止利用内幕消息为自已及他人谋取不当利益。

第五十五条 证券公司应确保自营资金来源的合法性。

第三节 投资银行业务内部控制

第五十六条 证券公司应重点防范因管理不善、权责不明、未勤勉尽责等原因导致的法律风险、财务风险及道德风险。

第五十七条 证券公司应建立投资银行项目管理制度，完善各类投资银行项目的业务流程、作业标准和风险控制措施，加强项目的承揽立项、尽职调查、改制辅导、文件制作、内部审核、发行上市和保荐回访等环节的管理，加强项目核算和内部考核，完善项目工作底稿和档案管理制度。

第五十八条 证券公司应建立科学、规范、统一的发行人质量评价体系，应在尽职调查的基础上，在项目实施的不同阶段分别进行立项评价、过程评价和综合评价，提高投资银行项目的整体质量水平。

第五十九条 证券公司应建立尽职调查的工作流程，加强投资银行业务人员的尽职调查管理，贯彻勤勉尽责、诚实信用的原则，明确业务人员对尽职调查报告所承担的责任，并按照有关业务标准、道德规范要求，对业务人员尽职调查情况进行检查。

第六十条 证券公司应加强投资银行项目的内核工作和质量控制，证券公司投资银行业务风险（质量）控制与投资银行业务运作应适当分离，客户回访应主要由投资银行风险（质量）控制部门完成。

第六十一条 证券公司应加强证券发行中的定价和配售等关键环节的决策管理，建立完善的承销风险评估与处理机制，通过事先评估、制定风险处置预案、建立奖惩机制等措施，有效控制包销风险。

证券公司应建立对分销商分销能力的评估监测制度。

第六十二条 证券公司应加强投资银行项目协议的管理，明确不同类别协议的签署权限；在承接投资银行项目时，应与客户签订相关业务协议，对各自的权利、义务及其他相关事项作出约定。

第六十三条 证券公司应加强投资银行项目的集中管理和控制，对投资银行项目实施合理的项目进度跟踪、项目投入产出核算和项目利润分配等措施。

第六十四条 证券公司应建立与投资银行项目相关的中介机构评价机制，加强同律师事务所、会计师事务所、评估机构等中介机构的协调配合。

第六十五条 证券公司应当杜绝虚假承销行为。

第四节 受托投资管理业务内部控制

第六十六条 证券公司应重点防范规模失控、决策失误、越权操作、账外经营、挪用客户资产和其他损害客户利益的行为以及保本保底所导致的风险。

第六十七条 证券公司应由受托投资管理部门统一管理受托投资管理业务。受托投资管理业务应与自营业务严格分离，独立决策、独立运作。

第六十八条 证券公司应针对业务受理、投资运作、资金清算、财务核算等环节制定规范的业务流程、操作规范和控制措施，有效防范各类风险。

第六十九条 证券公司应对委托人的资信状况、收益预期、风险承受能力、投资偏好等进行了解，并关注委托人资金来源的合法性。

第七十条 证券公司应当根据法律、法规和中国证监会的规定，制定规范的受托投资管理合同，公平对待委托人。

受托投资管理合同中不得有承诺收益条款。

第七十一条 证券公司应与委托人签订受托投资管理合同，严格合同审批程序。证券公司应在合同约定的权限内管理受托资产，严格控制风险。

第七十二条 证券公司应封闭运作、专户管理受托资产，确保客户资金与自有资金的分户管理、独立运作，确保受托资产的安全、完整。

证券公司应创造条件积极引入有资质的银行作为托管人托管受托资产。

第七十三条 证券公司应建立规范的风险预警机制，由独立的监督检查部门或风险控制部门监控受托投资管理业务的运作状况，进行定期或不定期的检查、评价。

第七十四条 证券公司应加强受托投资管理业务的合同、交易、投诉处理等档案资料的集中管理，确保对浮动盈亏进行恰当的记录，并向委托人及时提供受托资产估值和风险状况的信息。

证券公司应当制定明确、详细的受托投资管理业务信息披露制度，保证委托人的知情权。合同到期后，编制的结算报告应由委托人进行确认，必要时由中介机构或托管人审核。

第七十五条 证券公司应当根据自身的管理能力及风险控制水平，合理控制受托投资管理业务规模。

第五节 研究咨询业务内部控制

第七十六条 证券公司应重点防范传播虚假信息、误导投资者、无资格执业、违规执业、以及利益冲突等的风险。

第七十七条 证券公司应加强研究咨询业务的统一管理，完善研究咨询业务规范和人员管理制度，制定适当的执业回避、信息披露和隔离墙等制度，防止利益冲突。

第七十八条 证券公司应加强对客户的了解，及时为客户提供有针对性的证券投资咨询服务，与客户保持畅通的沟通渠道，及时妥善处理客户咨询和投诉。

第七十九条 证券公司应通过部门设置、人员管理、信息管理等方面的隔离措施，建立健全研究咨询部门与投资银行、自营等部门之间的隔离墙制度；对跨隔离墙的人员、业务应有完整记录，并采取静默期等措施；对跨越隔离墙的业务、人员应实行重点监控。

第八十条 证券公司应加强对各营业场所“工作室”（包括网上工作室）和集会性投资咨询活动的集中管理和风险控制，确保向公众提供证券投资咨询服务人员具备证券投资咨询人员执业资格，确保相关活动已履行报备手续，确保证券公司所辖营业场所没有非法投资咨询活动。

第八十一条 证券公司应当加强证券投资咨询执业人员的管理和执业资格（证书）的管理，确保不存在人员兼职和挂靠，对执业人员发生变动的应及时办理变更（包括离开咨询岗位）手续。

第八十二条 证券公司应当建立健全研究咨询业务档案和客户服务档案，包括客户服务记录、对公众荐股记录、研究报告及公开发表的研究咨询文章等，履行相关资料的备案义务。

第六节 业务创新的内部控制

第八十三条 证券公司对业务创新应重点防范违法违规、规模失控、决策失误等风险。

第八十四条 证券公司业务创新应当坚持合法合规、审慎经营的原则，加强集中管理和风险控制。

第八十五条 证券公司应建立完整的业务创新工作程序，严格内部审批程序，对可行性研究、产品或业务设计、风险管理、运作与实施方案等作出明确的要求，并经董事会批准。

第八十六条 证券公司应在可行性研究的基础上，及时与中国证监会沟通，履行创新业务的报备（报批）程序。

第八十七条 证券公司应对创新业务设计科学合理的流程，制定风险控制措施及相应财务核算、资金管理办法。

第八十八条 证券公司应注重业务创新的过程控制，及时纠正偏离目标行为。

第七节 分支机构内部控制

第八十九条 证券公司应重点防范分支机构越权经营、预算失控以及道德风险。

第九十条 证券公司应建立切实可行的分支机构管理制度，加强对分支机构的印章、证照、合同、资金等的管理，及时掌握分支机构业务状况。

第九十一条 证券公司对分支机构的授权应当合理、明确，确保分支机构严格在授权范围内经营，并制定防止越权经营的措施。

第九十二条 证券公司应明确分支机构业务发展目标和管理目标，加强分支机构的资金、费用、利润的预算管理和考核；证券公司对分支机构业绩的考核标准应当全面。

第九十三条 证券公司应当通过现场检查和非现场检查等手段，加强对分支机构的监督检查。

第九十四条 证券公司应要求分支机构向客户公布自身及证券公司的投诉电话、传真、电子信箱和其他相关信息，确保投诉得到及时处理。

第九十五条 证券公司应要求分支机构建立重大事件报告制度以及突发事件应急机制。

第八节 财务管理内部控制

第九十六条 证券公司应建立健全财务管理制度和资金计划控制制度，明确界定预算编制与执行的责任，建立适当的资金管理绩效考核标准和评价制度。

第九十七条 证券公司客户资金与自有资金应严格分开，强化资金的集中管理。

证券公司应由专门部门统一进行证券公司自有资金的计划、筹集、分配、使用，加强对自有资金运用风险、效益的监控与考核。

证券公司应集中负债管理权限，强化负债风险、成本、规模的控制。

第九十八条 证券公司应将客户债券和自有债券分开管理，加强自有债券回购业务的集中化管理和回购资金的计划管理，严格控制自有债券回购业务规模，严防挪用客户债券从事回购业务。

第九十九条 证券公司应制定明确的财务制度及资金管理流程，严格执行资金调拨、资金运用的审批程序，加强资金筹集的规模、结构、方式的计划管理；禁止分支机构从事资金拆借、借贷、担保以及自营债券回购。

第一百条 证券公司应制定并严格执行费用管理办法，加强费用的预算控制，明确费用标准，严格备用金借款管理和费用报销审批程序。

第一百零一条 证券公司应有专门部门负责证券公司客户交易结算资金的结算和头寸管理工作，防范挪用客户交易结算资金等风险。

第一百零二条 证券公司应加强银行账户管理。分支机构除根据授权在经批准的当地银行账户保留必要的资金外，其余资金应当及时划转证券公司总部。

证券公司应严格控制业务部门、分支机构之间直接横向资金往来。

第一百零三条 证券公司应加强资金风险监测，严格控制流动性风险，特别防范营业部违规受托理财、证券回购和为客户融资所带来的风险。

第一百零四条 证券公司应建立大额资金筹集和使用的事前风险收益评估制度，重大资金的筹集、分配与运用以及对外担保、资产抵押、对外投资、重大资产购置等应进行集体决策。

第一百零五条 证券公司应定期对业务部门及分支机构的现金库存管理状况、资金结算情况、银行存款和内部往来、大额款项及资金使用效益进行跟踪检查或抽查。

第一百零六条 证券公司应实时监控资金余额及其变动情况，建立预警和异常情况的处理机制。

第一百零七条 证券公司应当合理分配利润，确保足额提取公积金和风险准备金，增强可持续发展能力。

第九节　会计系统内部控制

第一百零八条　证券公司应按照相关会计准则和会计制度的规定，结合实际情况，建立健全证券公司的会计核算办法，加强会计基础工作，提高会计信息质量。

证券公司应确保分支机构会计核算的一致性。

第一百零九条　证券公司会计核算应合规、及时、准确、完整，变更会计政策应经董事会批准，确保会计政策的一贯性。

第一百一十条　证券公司应强化会计监督职能，加强会计事前、事中和事后监督，加强对负债项目的管理、大额支出的跟踪考核、重大表外项目（如担保、抵押、托管证券、未决诉讼、赔偿事项等）的风险管理以及资产质量的监控。

第一百一十一条　证券公司应强化资产登记保管工作，采用实物盘点、账实核对、财产保险等措施，确保证券公司及客户资产的安全完整。

第一百一十二条　证券公司应完善会计信息报告体系，确保提供及时、可靠的财务信息。

第一百一十三条　证券公司应制定完善的会计档案管理和交接制度。

第十节　信息系统内部控制

第一百一十四条　证券公司应建立信息系统的管理制度、操作流程、岗位手册和风险控制制度，加强信息技术人员、设备、软件、数据、机房安全、病毒防范、防黑客攻击、技术资料、操作安全、事故防范与处理、系统网络等的管理。

第一百一十五条　证券公司应设立专门的信息技术部门，统一归口管理信息技术工作，加强对立项、设计、开发、测试、运行与维护等环节的管理，并定期对信息系统的可靠性和安全性进行检查。

证券公司信息系统的立项审批与开发、运行与维护、开发测试与日常运转之间应适当分离。

第一百一十六条　证券公司应严格系统进入控制以及信息系统的权限、密码管理，权限的审批、设置、变动以及密码的使用、修改应有严格的控制措施并保留完备的记录。

用户权限设置应当遵循权限最小化原则。

第一百一十七条　证券公司应保证信息系统日志的完备性，确保所有重大修改被完整地记录，确保开启审计留痕功能。

证券公司信息系统日志应至少保存15年。

第一百一十八条　证券公司应建立可靠完备的灾难备份计划和应急处理机制；数据和重要资料做到异地备份，条件允许应建设异地计算机灾难备份中心；制定详细的信息系统安全应急方案并定期修订、演练。

第一百一十九条　证券公司应建立系统安全和病毒防范制度，实时监控信息系统的安全，严防黑客或病毒入侵系统。

第一百二十条　证券公司与交易结算相关的技术系统应符合中国证监会、证券交易所及登记结算公司相关技术规范的要求。

第十一节　人力资源管理内部控制

第一百二十一条　证券公司应当高度重视聘用人员的诚信记录，确保其具有与业务岗位要求相适应的专业能力和道德水准。

证券公司应当要求聘用人员以恰当形式进行诚信承诺。

第一百二十二条 证券公司应建立职能管理部门和派出人员的工作联络机制，强化对分支机构负责人及电脑、财务等关键岗位人员的垂直管理。

第一百二十三条 证券公司关键岗位人员应当实行定期或不定期的轮换和强制休假制度。

第一百二十四条 证券公司关键岗位人员任期届满、工作调动或离职，应当进行任期经济责任审计及专项审计。证券公司对高级管理人员、分支机构负责人的相关稽核审计报告应当向中国证监会及派出机构备案。

第一百二十五条 证券公司应当培育良好的内部控制文化，建立健全员工持续教育制度，加强对员工的法规及业务培训，确保所有从业人员及时获得充分的法律法规、内部控制和行为规范的最新文件和资料，确保员工书面承诺收到相关资料并理解其内容。

第一百二十六条 证券公司应当加强业务人员的从业资格管理，上岗人员应当符合相关资格管理的规定。

第一百二十七条 证券公司应当建立合理有效的激励约束机制，建立严格的责任追究制度。

证券公司对员工的绩效考核、评价制度应当达到鼓励员工守法经营的目的。

第一百二十八条 证券公司应当制定严谨、公开、合理的人事选拔制度，任免程序中应明确规定任免决定权的归属。人事任免应有完备的决策记录。

第一百二十九条 证券公司应建立高级管理人员、分支机构负责人及其他关键岗位人员的年度述职报告及定期谈话制度。

第一百三十条 证券公司应加强对高级管理人员、分支机构负责人及其他关键岗位人员的档案（包括外事档案）管理。

第一百三十一条 证券公司高级管理人员离职，证券公司应当向中国证监会及注册地派出机构和主要办事机构在地派出机构及时报告，并对离职原因作出说明。

分支机构负责人及其他关键岗位人员离职，证券公司应当向主要办事机构所在地中国证监会派出机构及时报告，并对离职原因作出说明。

第四章 监督、检查与评价

第一百三十二条 证券公司业务部门和分支机构的负责人负责对其业务范围内的具体作业程序和风险控制措施进行自我检查和评价，并接受证券公司上级管理部门和监督检查部门的业务检查和指导。

直接从事业务经营活动的业务部门和分支机构的相关人员有义务向证券公司报告内部控制的缺陷并及时加以纠正；相关人员应对违反职责范围内的内部控制导致的风险和损失承担首要责任。

第一百三十三条 证券公司应设立监督检查部门或岗位，独立履行合规检查、财务稽核、业务稽核、风险控制等监督检查职能；负责提出内部控制缺陷的改进建议并敦促有关责任单位及时改进。

监督检查部门对证券公司董事会负责，并应同时向经理人员和监事会报告证券公司内部控制的建设与执行情况。

第一百三十四条 证券公司应有高级管理人员专门负责证券公司内部控制的监督、检查与评价工作。该高级管理人员和监督检查部门负责人可列席证券公司任何会议。

证券公司负责监督检查部门的高级管理人员不得兼管业务部门。

第一百三十五条 证券公司应当为监督检查部门配备足够的具有法律、财会、计算机以及相关业务技能、经验的专业人员，确保监督检查部门的人员具有专业胜任能力，并为监督检查部门及人员履行职责提供必要的条件。

证券公司监督检查部门人员名单应向证券公司注册地的中国证监会派出机构备案。

第一百三十六条 证券公司监督检查部门应加强对内部控制执行情况的现场检查、非现场检查和常规稽核、非常规稽核，并将检查结果报证券公司注册地中国证监会派出机构。

证券公司监督检查部门应当对监督检查不力、发现问题隐瞒不报等承担相应责任。

第一百三十七条 证券公司所有部门和人员应当积极配合监督检查部门的工作，对拒绝、阻挠监督检查部门工作和打击、报复、陷害监督检查人员的行为应严肃处理。

第一百三十八条 证券公司应积极配合中国证监会及外部审计机构对证券公司内部控制情况的检查和评价，不得以任何形式干预、阻挠。

第一百三十九条 证券公司应明确董事会、监事会、经理人员的内部控制职责。

（一）董事会负责督促、检查和评价证券公司各项内部控制制度的建立与执行情况，对内部控制的有效性负最终责任；每年至少进行一次全面的内部控制检查评价工作，并形成相应的专门报告。

董事会应对中国证监会、外部审计机构和证券公司监督检查部门等对证券公司内部控制提出的问题和建议认真研究并督促落实。

（二）监事会应对董事会、经理人员履行职责的情况进行监督，对证券公司财务情况和内部控制建设及执行情况实施必要的检查，督促董事会、经理人员及时纠正内部控制缺陷，并对督促检查不力等情况承担相应责任。

（三）证券公司经理人员负责建立健全责任明确、程序清晰的组织结构，组织实施各类风险的识别与评估，建立健全有效的内部控制机制和内部控制制度，及时纠正内部控制存在的缺陷和问题，并对内部控制不力及不及时纠正内部控制缺陷等承担相应责任。

第一百四十条 证券公司应当建立健全内部控制缺陷的纠正与处理机制，应根据内部控制的检查情况和评价结果，提出整改意见和纠正措施，督促业务主管部门和分支机构落实，并对落实情况进行跟踪检查。

第五章 附　　则

第一百四十一条 本指引适用于在中华人民共和国境内依法设立的证券公司。

第一百四十二条 本指引由中国证监会负责解释。

证券公司董事、监事和高级管理人员任职资格监管办法

（2006年11月30日 证监会令第39号，2006年12月1日实施）

第一章 总 则

第一条 为了规范证券公司董事、监事和高级管理人员任职资格监管，提高董事、监事和高级管理人员的专业素质，保障证券公司依法合规经营，根据《公司法》、《证券法》、《行政许可法》等法律、行政法规的有关规定，制定本办法。

第二条 证券公司董事、监事和高级管理人员的任职资格监管适用本办法。

本办法所称证券公司高级管理人员（以下简称高管人员），是指证券公司的总经理、副总经理、财务负责人、合规负责人、董事会秘书、境内分支机构负责人以及实际履行上述职务的人员。

证券公司行使经营管理职责的管理委员会、执行委员会以及类似机构的成员为高管人员。

第三条 证券公司董事、监事和高管人员应当在任职前取得中国证券监督管理委员会（以下简称中国证监会）核准的任职资格。

证券公司不得聘任未取得任职资格的人员担任董事、监事和高管人员，不得违反规定授权不具备任职资格的人员实际行使职责。

第四条 证券公司董事、监事和高管人员应当遵守法律、行政法规和中国证监会的规章、规范性文件，遵守公司章程和行业规范，恪守诚信，勤勉尽责。

第五条 中国证监会依法对证券公司董事、监事和高管人员进行监督管理。

证券公司董事、监事和高管人员的任职资格由中国证监会依法核准，经中国证监会授权，也可以由中国证监会派出机构（以下简称派出机构）依法核准。

第六条 中国证券业协会、证券交易所依法对证券公司董事、监事和高管人员进行自律管理。

第二章 任职资格条件

第一节 基本条件

第七条 有下列情形之一的，不得担任证券公司董事、监事和高管人员：

（一）《证券法》第一百三十一条第二款、第一百三十二条、第一百三十三条规定的情形；

（二）因重大违法违规行为受到金融监管部门的行政处罚，执行期满未逾3年；

（三）自被中国证监会撤销任职资格之日起未逾3年；

（四）自被中国证监会认定为不适当人选之日起未逾2年；

（五）中国证监会认定的其他情形。

第八条 取得证券公司董事、监事和高管人员任职资格，应当具备以下基本条件：

（一）正直诚实，品行良好；

（二）熟悉证券法律、行政法规、规章以及其他规范性文件，具备履行职责所必需的经营管理能力。

第二节　董事、监事的任职资格条件

第九条　取得董事、监事任职资格，除应当具备本办法第八条规定的基本条件外，还应当具备以下条件：

（一）从事证券、金融、法律、会计工作3年以上或者经济工作5年以上；

（二）具有大专以上学历。

第十条　取得独立董事任职资格，除应当具备本办法第八条规定的基本条件外，还应当具备以下条件：

（一）从事证券、金融、法律、会计工作5年以上；

（二）具有大学本科以上学历，并且具有学士以上学位；

（三）有履行职责所必需的时间和精力。

第十一条　独立董事不得与证券公司存在关联关系、利益冲突或者存在其他可能妨碍独立客观判断的情形。

下列人员不得担任证券公司独立董事：

（一）在证券公司或其关联方任职的人员及其近亲属和主要社会关系人员；

（二）在下列机构任职的人员及其近亲属和主要社会关系人员：持有或控制证券公司5%以上股权的单位、证券公司前5名股东单位、与证券公司存在业务联系或利益关系的机构；

（三）持有或控制上市证券公司1%以上股权的自然人，上市证券公司前10名股东中的自然人股东，或者控制证券公司5%以上股权的自然人，及其上述人员的近亲属；

（四）为证券公司及其关联方提供财务、法律、咨询等服务的人员及其近亲属；

（五）最近1年内曾经具有前四项所列举情形之一的人员；

（六）在其他证券公司担任除独立董事以外职务的人员；

（七）中国证监会认定的其他人员。

第十二条　取得董事长、副董事长和监事会主席任职资格，除应当具备本办法第八条规定的基本条件外，还应当具备以下条件：

（一）从事证券工作3年以上，或者金融、法律、会计工作5年以上，或者经济工作10年以上；

（二）具有大学本科以上学历或取得学士以上学位；

（三）通过中国证监会认可的资质测试。

第三节　高管人员的任职资格条件

第十三条　取得总经理、副总经理、财务负责人、合规负责人、董事会秘书，以及证券公司管理委员会、执行委员会和类似机构的成员（以下简称经理层人员）任职资格，除应当具备本办法第八条规定的基本条件外，还应当具备以下条件：

（一）从事证券工作3年以上，或者金融、法律、会计工作5年以上；

（二）具有证券从业资格；

（三）具有大学本科以上学历或取得学士以上学位；

（四）曾担任证券机构部门负责人以上职务不少于2年，或者曾担任金融机构部门负责人以上职务不少于4年，或者具有相当职位管理工作经历；

（五）通过中国证监会认可的资质测试。

第十四条 取得分支机构负责人任职资格，除应当具备本办法第八条规定的基本条件外，还应当具备以下条件：

（一）从事证券工作3年以上或经济工作5年以上；

（二）具有证券从业资格；

（三）具有大学本科以上学历或取得学士以上学位。

第四节 其他规定

第十五条 证券公司法定代表人应当具有证券从业资格。

第十六条 证券公司董事、监事以及其他人员行使高管人员职责的，应当取得高管人员的任职资格。

第十七条 从事证券工作10年以上或曾担任金融机构部门负责人以上职务8年以上的人员，申请证券公司董事长、副董事长、监事会主席和高管人员的任职资格，学历要求可以放宽至大专。

第十八条 具有证券、金融、经济管理、法律、会计、投资类专业硕士研究生以上学历的人员，申请证券公司董事、监事和高管人员任职资格的，从事证券、金融、经济、法律、会计工作的年限可以适当放宽。

第十九条 在证券监管机构、自律机构以及其他承担证券监管职能的专业监管岗位任职8年以上的人员，申请高管人员的任职资格，可以豁免证券从业资格的要求。

第三章 申请与核准

第一节 申请与受理

第二十条 申请董事长、副董事长、监事会主席任职资格应当由拟任职的证券公司，申请经理层人员任职资格应当由本人或拟任职的证券公司，向中国证监会提出申请，并提交以下材料：

（一）申请表；

（二）2名推荐人的书面推荐意见；

（三）身份、学历、学位证明文件；

（四）资质测试合格证明；

（五）最近3年曾任职单位鉴定意见；

（六）最近3年担任单位主要负责人的，应提交离任审计报告；

（七）最近3年内在金融机构任职且被纳入监管范围的，应提交监管部门的监管意见；

（八）中国证监会要求提交的其他材料。

申请经理层人员任职资格的，还应提交证券从业资格证书。

第二十一条 推荐人应当是任职1年以上的证券公司现任董事长、副董事长、监事会主席或经理层人员。

申请人或拟任人不具有证券行业工作经历的，其推荐人中可有1名是其原任职单位的负责人。申请人或拟任人为境外人士的，推荐人中至少有1名为符合本办法规定的人员，另1

名可以为申请人或拟任人曾任职的境外证券类机构的高管人员。

推荐人应当对申请人或拟任人是否存在本办法第七条所列举的情形作出说明，并对其个人品行、遵纪守法、从业经历、业务水平、管理能力等发表明确的推荐意见。

推荐人每个自然年度最多只能推荐3人申请证券公司董事长、副董事长、监事会主席或经理层人员的任职资格。

第二十二条 申请除董事长、副董事长、监事会主席以外董事、监事的任职资格，应当由拟任职的证券公司向公司注册地派出机构提出申请，并提交以下材料：

（一）申请表；

（二）证券公司或股东单位的推荐意见；

（三）身份、学历、学位证明文件；

（四）最近3年内曾任职单位的鉴定意见；

（五）中国证监会要求提交的其他材料。

第二十三条 股东单位推荐的前条所述董事、监事人选，由股东单位出具推荐意见；独立董事人选以及作为职工代表的董事、监事，应当由证券公司出具推荐意见。推荐意见至少包括以下内容：

（一）拟任人是否存在本办法第七条所列举的情形；

（二）拟任人遵守证券法律、行政法规、中国证监会有关规定以及自律组织规则的情况；

（三）拟任人的职业道德水准和诚信表现；

（四）拟任人的管理能力和业务能力；

（五）拟任人是否有足够的时间和精力履行职责。

第二十四条 申请独立董事任职资格，还应当提供拟任人具有5年以上证券、金融、法律或者会计工作经历的证明，以及拟任人关于独立性的声明。声明应重点说明其本人是否存在本办法第十一条所列举的情形。

第二十五条 已经取得董事长、副董事长、监事会主席任职资格的人员，自离开原任职公司之日起12个月内到其他证券公司担任董事长、副董事长、监事会主席，且未出现本办法第七条规定情形的，拟任职公司应当向中国证监会提交以下申请材料：

（一）申请表；

（二）原任职公司的离任审计报告；

（三）中国证监会要求的其他材料。

第二十六条 申请分支机构负责人任职资格，应当由拟任职的证券公司向分支机构所在地的派出机构提出申请，并提交以下材料：

（一）申请表；

（二）证券公司的推荐意见；

（三）身份、学历、学位、证券从业资格的证明文件；

（四）最近3年曾任职单位的鉴定意见；

（五）最近3年内曾担任证券公司分支机构负责人职务的，应提交离任审计报告及原分支机构所在地派出机构的监管意见；

（六）最近3年内曾在金融机构任职且被纳入监管范围的，应提交监管部门的监管意见；

（七）中国证监会要求提交的其他材料。

第二十七条 申请人提交学历、学位证明文件复印件的，应当加盖颁发单位或出具单位的公章，或出具公证机关的公证文书或律师的认证文件，以证明复印件与原件一致；提交国外和中国香港、澳门特别行政区及台湾地区大学或高等教育机构学位证书或高等教育文凭，或者非学历教育文凭的，应当同时提交国务院教育行政部门对其所获教育文凭的学历学位认证文件。

第二十八条 申请人提交的最近3年曾任职单位的鉴定意见，应当详细说明申请人或拟任人在曾任职单位的职责范围、履职情况以及是否受到纪律处分等情况。

第二十九条 中国证监会及相关派出机构根据《行政许可法》第三十二条和中国证监会行政许可实施程序的有关规定，对申请人提出的任职资格申请作出处理。

第三十条 申请人有下列情形之一的，中国证监会及相关派出机构作出不予受理的决定：

（一）通知申请人补正材料，申请人在15日内未能提交全部补正申请材料的；

（二）申请人在15日内提交的补正申请材料仍然不齐全或者仍然不符合法定形式的；

（三）法律、行政法规及中国证监会规定的其他不予受理的情形。

第二节 审查与核准

第三十一条 董事长、副董事长、监事会主席或经理层人员任职资格的申请材料应当自中国证监会受理申请之日起2日内报申请人注册地或住所地派出机构备案。派出机构对上述人员的任职资格申请持有异议的，应当自收到备案材料之日起5日内，将有关意见报送中国证监会。

第三十二条 中国证监会或相关派出机构认为有必要时，可以对申请人或拟任人进行考察、谈话。

第三十三条 申请人或拟任人有下列情形之一的，中国证监会可以作出终止审查的决定：

（一）申请人或拟任人死亡或者丧失行为能力的；

（二）申请人依法终止的；

（三）申请人主动要求撤回申请材料的；

（四）申请人未在规定期限内针对反馈意见作出进一步说明、解释的；

（五）申请人或拟任人因涉嫌违法违规行为被行政机关立案调查的；

（六）申请人被依法采取停业整顿、托管、接管、限制业务等监管措施的；

（七）申请人或拟任人因涉嫌犯罪被司法机关立案侦查的；

（八）中国证监会认定的其他情形。

第三十四条 中国证监会及相关派出机构应当在规定期限内对证券公司董事、监事和高管人员的任职资格申请作出是否核准的决定。不予核准的，应当说明理由。

第三节 任 职

第三十五条 证券公司应当自拟任董事、监事、分支机构负责人取得任职资格之日起30日内，按照公司章程等有关规定办理上述人员的任职手续。自取得任职资格之日起30日内，上述人员未在证券公司任职或履行相关职务的，除有正当理由并经相关派出机构认可的，其任职资格自动失效。

第三十六条 证券公司任免董事、监事和高管人员，应当自作出决定之日起5日内，将有关人员的变动情况以及高管人员的职责范围在公司公告，并向中国证监会及相关派出机构报告，提交以下材料：

（一）任职、免职决定文件；

（二）相关会议的决议；

（三）相关人员的任职资格核准文件；

（四）相关人员签署的诚信经营承诺书；

（五）高管人员职责范围的说明；

（六）中国证监会规定的其他材料。

证券公司未按要求履行公告、报告义务的，相关人员应当在2日内向中国证监会及相关派出机构报告。

第三十七条 证券公司任免董事、监事和高管人员的，中国证监会及相关派出机构可以对有关人员进行任职谈话。证券公司选任的董事、监事和高管人员不符合规定的条件的，中国证监会及相关派出机构应当责令证券公司限期更换人员。

第三十八条 内资证券公司境外人士担任经理层人员职务的比例最多可以达到公司该类人员总数的30%；外资参股证券公司境外人士担任经理层人员职务的比例最多可以达到公司该类人员总数的50%。

第三十九条 证券公司高管人员最多可以在证券公司参股的2家公司兼任董事、监事，但不得在上述公司兼任董事、监事之外的职务，不得在其他营利性机构兼职或者从事其他经营性活动。

证券公司分支机构负责人不得兼任其他同类分支机构负责人。

任何人员最多可以在2家证券公司担任独立董事。

证券公司董事、监事和高管人员兼职的，应自有关情况发生之日起5日内向中国证监会及相关派出机构报告。

第四十条 取得经理层人员任职资格的人员，担任除独立董事之外的其他职务，不需重新申请任职资格，由拟任职的证券公司按照规定依法办理其任职手续。

第四十一条 证券公司董事、监事和分支机构负责人离任的，其任职资格自离任之日起自动失效。

有以下情形的，不受前款规定所限：

（一）证券公司董事（不包括独立董事）、监事在同一公司相互改任；

（二）证券公司董事长、副董事长、监事会主席，在同一公司改任除独立董事之外的其他董事、监事；

（三）证券公司分支机构负责人改任同一公司其他分支机构负责人。

第四十二条 证券公司变更法定代表人、主要负责人及分支机构负责人的，应当自作出有关任职决定之日起20日内办理证券业务许可证的变更手续。

第四章　监督管理

第四十三条 证券公司董事、监事和高管人员应当按照法律、行政法规、中国证监会的规定和公司章程行使职权，不得授权未取得任职资格的人员代为行使职权。

第四十四条 高管人员职责分工发生调整的，证券公司应当在5日内在公司公告，并向中国证监会及相关派出机构报告。同时，证券公司应当将上述事项及时告知相关高管人员。证券公司未按要求履行公告、报告义务的，相关高管人员应当在2日内向中国证监会及相关派出机构报告。

第四十五条 证券公司董事、监事和高管人员应当拒绝执行任何机构、个人侵害公司利益或者客户合法权益等的指令或者授意，发现有侵害客户合法权益的违法违规行为的，应当及时向中国证监会及相关派出机构报告。

中国证监会及其派出机构依法保护因依法履行职责、切实维护客户利益而受到不公正待遇的董事、监事和高管人员的合法权益。

第四十六条 禁止证券公司董事、监事和高管人员从事下列行为：

（一）利用职权收受贿赂或者获取其他非法收入；

（二）挪用或侵占公司或者客户资产；

（三）违法将公司或者客户资金借贷给他人；

（四）以客户资产为本公司、公司股东或者其他机构、个人债务提供担保。

第四十七条 中国证监会对取得经理层人员任职资格但未在证券公司担任经理层人员职务的人员进行资格年检。

上述人员应当自取得任职资格的下一个年度起，在每年第一季度向住所地派出机构提交由单位负责人或推荐人签署意见的年检登记表。

第四十八条 取得经理层人员任职资格而不在证券公司担任经理层人员职务的人员，未按规定参加资格年检，或未通过资格年检，或自取得任职资格之日起连续5年未在证券公司任职的，应当在任职前重新申请取得经理层人员的任职资格。

第四十九条 中国证监会建立数据库，记录取得经理层人员任职资格的人员信息。证券公司选聘经理层人员，可以从中查询相关信息。

中国证监会将证券公司董事长、副董事长、监事会主席的有关信息录入数据库。

第五十条 取得董事、监事、经理层人员任职资格的人员应当至少每3年参加中国证监会认可的业务培训，取得培训合格证书。

取得分支机构负责人任职资格的人员应当至少每3年参加所在地派出机构认可的业务培训，取得培训合格证书。

第五十一条 证券公司董事长、总经理不能履行职务或者缺位时，公司可以按公司章程等规定临时决定符合第八条规定的人员代为履行职务，并在作出决定之日起3日内向中国证监会及注册地派出机构报告。

公司决定的人员不符合条件的，中国证监会及相关派出机构可以责令公司限期另行决定代为履行职务的人员，并责令原代为履行职务人员停止履行职务。

代为履行职务的时间不得超过6个月。公司应当在6个月内选聘具有任职资格的人员担任董事长、总经理。

第五十二条 证券公司董事、监事和高管人员涉嫌重大违法犯罪，被行政机关立案调查或司法机关立案侦查的，证券公司应当暂停相关人员的职务。

第五十三条 有下列情形之一的，相关派出机构应当对负有直接责任或领导责任的董事、监事和高管人员进行监管谈话：

（一）证券公司或本人涉嫌违反法律、行政法规或者中国证监会规定；

（二）证券公司法人治理结构、内部控制存在重大隐患；

（三）证券公司财务指标不符合中国证监会规定的风险控制指标；

（四）证券公司聘任不具有任职资格的人员担任董事、监事和高管人员或违反本办法规定授权不具备任职资格的人员实际履行上述职务；

（五）违反本办法第三十六条、第四十四条规定，未履行公告义务；

（六）董事、监事和高管人员不遵守承诺；

（七）违反本办法第四十三条、第四十五条、第五十条、第五十二条规定；

（八）自签署推荐意见之日起1年内所推荐的人员被认定为不适当人选或被撤销任职资格；

（九）所出具的推荐意见存在虚假内容；

（十）对公司及其股东、其他董事、监事和高管人员的违法违规行为隐瞒不报；

（十一）未按规定对离任人员进行离任审计；

（十二）中国证监会根据审慎监管原则认定的其他情形。

第五十四条 证券公司净资本或其他风险控制指标不符合规定，被中国证监会责令限期改正而逾期未改正的，或其行为严重危及证券公司的稳健运行、损害客户合法权益的，中国证监会可以限制公司向董事、监事和高管人员支付报酬、提供福利，或暂停相关人员职务，或责令更换董事、监事和高管人员。

董事、监事、高管人员被暂停职务期间，不得离职。

第五十五条 证券公司董事、监事和高管人员在任职期间出现下列情形之一的，中国证监会及相关派出机构可以将其认定为不适当人选：

（一）向证券监管机构提供虚假信息、隐瞒重大事项；

（二）拒绝配合证券监管机构依法履行监管职责；

（三）擅离职守；

（四）1年内累计3次被证券监管机构按照第五十三条的规定进行监管谈话；

（五）累计3次被自律组织纪律处分；

（六）累计3次对公司受到行政处罚负有领导责任；

（七）累计5次对公司受到纪律处分负有领导责任；

（八）中国证监会根据审慎监管原则认定的其他情形。

第五十六条 自被中国证监会及相关派出机构认定为不适当人选之日起2年内，任何证券公司不得聘用该人员担任董事、监事和高管人员。

第五十七条 证券公司董事、监事和高管人员未能勤勉尽责，致使证券公司存在重大违法违规行为或者重大风险的，中国证监会及相关派出机构可以撤销相关人员的任职资格，并责令公司限期更换董事、监事和高管人员。

第五十八条 自推荐人签署推荐意见之日起1年内，被推荐人被认定为不适当人选或被撤销任职资格的，自作出有关决定之日起2年内不受理该推荐人的推荐意见和签署意见的年检登记表。

第五十九条 董事长、副董事长、高管人员辞职，或被认定为不适当人选而被解除职务，或被撤销任职资格的，证券公司应当按照规定对其进行离任审计，并且自离任之日起3个月内将审计报告报中国证监会及相关派出机构备案。

第六十条 董事长、副董事长、高管人员离任审计期间，不得在其他证券公司担任董事、监事和高管人员。

第五章 法律责任

第六十一条 证券公司董事、监事和高管人员违反法律、行政法规和中国证监会的规定，依法应予以行政处罚的，依照有关规定进行处罚；涉嫌犯罪的，依法移送司法机关，追究刑事责任。

第六十二条 申请人或拟任人隐瞒有关情况或者提供虚假材料申请任职资格的，证券监管机构不予受理或者不予行政许可，并依法给予警告。

第六十三条 申请人或拟任人以欺骗、贿赂等不正当手段取得任职资格的，应当予以撤销，对公司和负有责任的人员予以警告，并处以罚款。

第六十四条 证券公司违反本办法规定，聘任不具有任职资格的人员担任相应职务的，中国证监会根据《证券法》第一百九十八条的规定给予行政处罚。

第六十五条 有下列情形之一的，责令改正，对公司和负有责任的人员予以警告，单处或者并处罚款：

（一）违反本办法第三十九条、第四十六条和第五十一条规定；

（二）对中国证监会依据第三十七条、第五十六条作出的监管要求，公司未按规定作出相应处理；

（三）公司及相关高管人员未按规定履行报告义务或者报送的材料存在虚假记载、误导性陈述或者重大遗漏的。

第六章 附 则

第六十六条 本办法所称分支机构负责人是指证券公司的分公司、证券营业部、证券服务部以及中国证监会规定可以从事业务经营活动的证券公司下属其他非法人机构的经理及实际履行经理职务的人员。

第六十七条 本办法所称金融工作是指除证券以外的其他金融工作。

在上市公司从事证券相关工作的，视为从事证券工作。

第六十八条 本办法规定的期限以工作日计算，不含法定节假日。

第六十九条 本办法自2006年12月1日起施行。中国证监会发布的《证券经营机构高级管理人员任职资格管理暂行办法》（证监机字［1998］46号）、《证券公司高级管理人员管理办法》（证监会令第24号）同时废止。

证券公司业务范围审批暂行规定

（2008 年 10 月 30 日　证监会公告［2008］42 号，2008 年 12 月 1 日实施）

第一条　为明确证券公司业务范围审批的有关事项，根据《证券法》和《证券公司监督管理条例》，制定本规定。

第二条　证券公司应当在证监会依法批准的范围内经营证券业务和其他业务，不得超范围经营。

第三条　证券公司对其证券经纪业务客户提供证券投资咨询服务，不就该项服务与客户单独签订合同、单独收取费用，且收取的证券经纪业务佣金不超过规定上限的，无须取得证券投资咨询业务资格，但应当比照执行证券投资咨询业务的规则。

第四条　证券公司进行现金管理，将自有资金投资于依法公开发行的国债、投资级公司债、货币市场基金、央行票据等证监会认可的风险较低、流动性较强的证券，以及证券公司经证监会批准设立的集合资产管理计划、专项资产管理计划，且投资规模不超过其净资本80%的，或者因依法履行承销义务而买卖证券的，无须取得证券自营业务资格，但应当比照执行证券自营业务的规则。

第五条　经证监会批准，证券公司可以经营《证券法》、《证券公司监督管理条例》和证监会的规章、规范性文件未明确规定的业务（以下称创新业务）。

证券公司经营的创新业务，应当不违反现行法律、行政法规和证监会的规定，风险可测、可控、可承受，且与现有证券业务相关性强，有利于充分利用公司现有营业网点、客户资源、业务专长或者管理经验，有利于优化对客户的服务和改善公司盈利模式。

证券公司经营创新业务，应当建立内部评估和审查机制，对创新业务的合规性、可行性和可能产生的风险进行充分的评估论证，并制定业务管理制度，明确操作流程、风险控制措施和保护客户合法权益的措施。

第六条　受同一单位、个人控制或者相互之间存在控制关系的证券公司，不得经营相同的业务。但相关公司采取有效措施，在经营区域或者目标客户群体上作明显区分，相互之间不存在竞争关系的除外。

第七条　证券公司设立时，证监会依照法定条件核准其业务范围。对新设公司核准的业务不超过 4 种，证监会另有规定的除外。

证券公司变更业务范围应当经证监会批准。变更业务范围分为增加业务种类和减少业务种类。证券公司一次申请增加的业务不得超过 2 种。

第八条　证券公司增加业务种类，应当符合下列审慎性要求：

（一）增加业务种类后，注册资本符合《证券法》第一百二十七条的规定；

（二）公司治理结构健全，内部管理有效，能有效控制现有及申请增加业务的风险；

（三）最近 1 年各项风险控制指标持续符合规定，增加业务种类后，净资本符合规定；

（四）最近 2 年未因重大违法违规行为而受到处罚，最近 1 年未被采取重大监管措施，无因涉嫌重大违法违规正受到有关机关或者行业自律组织调查的情形；

（五）有拟负责申请增加业务的高级管理人员和适当数量的拟从事申请增加业务的从业

人员；

（六）信息系统安全稳定运行，最近1年未发生重大事故；与申请增加业务有关的信息系统符合规定；

（七）取得经营证券业务许可证且持续经营已满1年；再次申请增加业务种类的，距前次申请获准超过6个月；

（八）现有业务经营管理状况良好；

（九）法律、行政法规和证监会的其他要求。

证券公司申请增加的业务属于创新业务的，还应当符合本规定第五条第二款的规定；证券公司经营证券业务的子公司申请增加业务种类，还应当符合《证券公司设立子公司试行规定》第七条的规定。

第九条 证券公司申请增加业务种类，应当向证监会提交下列材料：

（一）申请表；

（二）股东（大）会关于变更业务范围的决议；

（三）与申请增加业务有关的业务管理制度和风险控制制度文本；

（四）公司最近2年合规运行情况的说明；

（五）信息系统安全稳定运行情况的说明；

（六）公司现有业务经营管理情况的说明；

（七）证监会要求提交的其他材料。

证券公司申请增加的业务属于创新业务的，还应当提交业务实施方案、可行性研究报告、公司合规总监出具的业务实施方案合规审查报告、法律意见书；属于受同一单位、个人控制或者相互之间存在控制关系的证券公司已获准经营的业务的，还应当提交业务区分方案、相关公司关于实行业务区分的协议、相关公司股东（大）会关于实行业务区分的决议、法律意见书。

证券公司经营证券业务的子公司申请增加业务种类，还应当提交《证券公司设立子公司试行规定》第八条规定的其他材料。

第十条 证监会按照规定，根据审慎监管的原则，对证券公司增加业务种类的申请进行审查，并自受理申请之日起45个工作日内，作出是否批准的决定。

对创新业务，证监会可以组织有关专家进行评审，并可以批准若干证券公司先行试点；根据试点情况，或决定逐步扩大试点范围，在制定相关业务规则后正常推开，或停止批准新的申请。

第十一条 证券公司应当在增加业务种类的申请获得批准后，依法向公司登记机关申请变更登记，并自变更登记之日起15个工作日内，向证监会提交营业执照副本复印件和拟负责申请增加业务的高级管理人员与从业人员的名单、简历、资格证书复印件等材料，申请换发经营证券业务许可证。

证监会收到申请后，通知证券公司住所地派出机构进行现场核查。派出机构应当自收到通知之日起15个工作日内，对证券公司的有关业务设施、信息系统和经营场所等进行核查，并出具核查报告。

经审查和核查，证券公司全面具备规定条件的，证监会予以换发经营证券业务许可证。

第十二条 证券公司在取得换发的经营证券业务许可证前，不得经营申请增加的业务，也不得进行与申请增加的业务有关的宣传推介、联系客户等营销活动。

证券公司获准增加证券经纪、证券资产管理、融资融券等为客户提供服务的业务的，应当在取得换发的经营证券业务许可证后，采取有效措施，开展与该业务有关的法制宣传、知识普及和风险提示等投资者教育活动。

第十三条 证券公司申请减少业务种类，应当向证监会提交申请表、股东（大）会关于变更业务范围的决议、申请减少业务的了结计划；申请减少的业务涉及公众客户的，还应当提交平稳处理客户相关事项的方案及书面承诺。

证券公司应当在减少业务种类的申请获得批准后，按照规定了结业务，向公司登记机关申请变更登记，并自变更登记之日起15个工作日内，持营业执照副本复印件等材料，向证监会申请换发经营证券业务许可证。

第十四条 证券公司应当将按照本规定提交证监会的申请材料，自证监会受理之日起5个工作日，报住所地证监会派出机构备案。

证监会派出机构对证券公司的申请事项或者申请材料的内容有异议的，应当自收到证券公司报备的申请材料之日起10个工作日内，向证监会提出。

第十五条 上市公司并购重组财务顾问业务、证券保荐业务、证券投资基金代销业务和为期货公司提供中间介绍业务的审批，按照现行有关规定执行，不适用本规定。

证券公司获准增加或者减少上述业务种类后，应当依法办理工商变更登记手续，并向证监会申请换发经营证券业务许可证。

第十六条 证监会依照2005年修订前《证券法》向证券公司颁发的经营证券业务许可证（以下称原许可证）继续有效，证券公司可以按照原许可证载明的业务种类与《证券法》第一百二十五条规定业务的对应关系经营业务。原许可证载明的业务种类与《证券法》第一百二十五条规定业务的对应关系见《证券公司业务种类表述方式对照表》。

证券公司因原许可证到期或者载明的事项发生变更，申请换发经营证券业务许可证的，证监会按照前款所称对应关系，对原许可证关于业务种类的表述进行调整。

第十七条 证券公司应当自取得换发的经营证券业务许可证之日起10个工作日内，将经营证券业务许可证副本复印件报住所地证监会派出机构备案。

第十八条 证监会及其派出机构依法对证券公司的业务活动进行监督管理。证券公司违法违规经营业务、风险控制指标不符合规定或者出现其他法定情形的，证监会及其派出机构可以区别情形，依法对其采取限制业务活动、暂停部分业务或者全部业务、撤销业务许可等措施。

第十九条 本规定自2008年12月1日起施行。证监会1999年3月16日发布的《关于进一步加强证券公司监管的若干意见》（证监机构字［1999］14号）同时废止。

附件：证券公司业务种类表述方式对照表。

附件：

证券公司业务种类表述方式对照表

序号	原许可证载明的业务种类	《证券法》规定的业务种类	备注
1	证券的代理买卖；证券（含境内上市外资股）的代理买卖；代理证券的还本付息、分红派息；证券代保管、鉴证	证券经纪	
2	证券投资咨询（含财务顾问）	证券投资咨询 与证券交易、证券投资活动有关的财务顾问	
3	证券的承销	证券承销/证券承销与保荐	已注册登记为保荐机构的为证券承销与保荐，否则为证券承销。
4	证券（含境内上市外资股）的承销		
5	证券的承销（含主承销）		
6	证券（含境内上市外资股）的承销（含主承销）		
7	证券（含境内上市外资股）的承销（含主承销）和上市推荐		
8	证券的自营买卖	证券自营	
9	受托投资管理	证券资产管理	
10	客户资产管理		

证券公司分类监管规定

（2009 年 5 月 26 日　证监会公告［2009］12 号，2010 年 5 月 14 日修改）

第一章　总　　则

第一条　为有效实施证券公司常规监管，合理配置监管资源，提高监管效率，促进证券公司持续规范发展，根据《证券法》、《证券公司监督管理条例》等有关法律、行政法规的规定，制定本规定。

第二条　证券公司分类是指以证券公司风险管理能力为基础，结合公司市场竞争力和持续合规状况，按照本规定评价和确定证券公司的类别。

中国证监会根据市场发展情况和审慎监管原则，在征求行业意见的基础上，制定并适时调整证券公司分类的评价指标与标准。

第三条　中国证监会及其派出机构根据证券公司分类结果对不同类别的证券公司实施区别对待的监管政策。

第四条　证券公司的分类由中国证监会及其派出机构组织实施。

证券公司分类工作必须坚持依法合规、客观公正的原则。参与证券公司分类工作的人员应当具备相应的专业素质、业务能力和监管经验，在工作中坚持原则、廉洁奉公、勤勉尽责。

第二章　评价指标

第五条　证券公司风险管理能力主要根据资本充足、公司治理与合规管理、动态风险监控、信息系统安全、客户权益保护、信息披露等 6 类评价指标，按照《证券公司风险管理能力评价指标与标准》（见附件）进行评价，体现证券公司对流动性风险、合规风险、市场风险、信用风险、技术风险及操作风险等管理能力。

（一）资本充足。主要反映证券公司净资本以及以净资本为核心的风险控制指标情况，体现其资本实力及流动性状况。

（二）公司治理与合规管理。主要反映证券公司治理和规范运作情况，体现其合规风险管理能力。

（三）动态风险监控。主要反映证券公司风险控制指标及各项业务风险的动态识别、度量、监测、预警、报告及处理机制情况，体现其市场风险、信用风险的管理能力。

（四）信息系统安全。主要反映证券公司 IT 治理及信息技术系统运行情况，体现其技术风险管理能力。

（五）客户权益保护。主要反映证券公司客户资产安全性、客户服务及客户管理水平，体现其操作风险管理能力。

（六）信息披露。主要反映证券公司报送信息的真实性、准确性、完整性和及时性，体现其会计风险及诚信风险管理能力。

第六条　证券公司市场竞争力主要根据证券公司经纪业务、承销与保荐业务、资产管理业务、成本管理能力、创新能力等方面的情况进行评价。

第七条 证券公司持续合规状况主要根据司法机关采取的刑事处罚措施，中国证监会及其派出机构采取的行政处罚措施、监管措施及证券行业自律组织纪律处分的情况进行评价。

第三章 评价方法

第八条 设定正常经营的证券公司基准分为100分。在基准分的基础上，根据证券公司风险管理能力评价指标与标准、市场竞争力、持续合规状况等方面情况，进行相应加分或扣分以确定证券公司的评价计分。

第九条 评价期内证券公司因违法违规行为被中国证监会及其派出机构采取行政处罚措施、监管措施或者被司法机关刑事处罚的，按以下原则给予相应扣分：

（一）被采取出具警示函，责令公开说明，责令参加培训，责令定期报告，责令增加内部合规检查次数的，每次扣1分；

（二）被采取出具警示函并在辖区内通报，责令改正，责令处分有关人员，或者董事、监事、高级管理人员因对公司违法违规行为负有责任被监管谈话的，每次扣1.5分；

（三）被采取出具警示函并在全行业通报，责令停止职权或解除职务，责令更换董事、监事、高级管理人员或限制其权利，限制股东权利或责令转让股权的，每次扣2分；

（四）被采取公开谴责，限制业务活动，暂不受理与行政许可有关文件，暂停核准新业务或增设、收购营业性分支机构申请的，每次扣2.5分；

（五）董事、监事、高级管理人员因对公司违法违规行为负有责任被认定为不适当人选或被撤销任职资格的，每次扣3分；

（六）被采取警告行政处罚措施，或者董事、监事、高级管理人员因对公司违法违规行为负有责任被采取一定期限内市场禁入的，每次扣5分；

（七）被采取没收违法所得、罚款、暂停业务许可等行政处罚措施，或者董事、监事、高级管理人员因对公司违法违规行为负有责任被采取永久性市场禁入的，每次扣8分；

（八）被采取撤销部分业务许可行政处罚措施或被刑事处罚的，每次扣10分。

证券公司分公司、营业部等分支机构被直接采取上述措施的，按以上原则减半扣分，累计最高扣5分；证券公司控股子公司纳入母公司合并评价的，子公司被采取的监管措施，按以上原则减半扣分。

第十条 证券公司被证券行业自律组织纪律处分的，每次扣0.5分。

第十一条 就同一事项对证券公司采取多项行政处罚措施、监管措施、纪律处分的，按最高分值扣分，不重复扣分，但因限期整改不到位再次被采取行政处罚措施、监管措施、纪律处分的除外；就不同事项采取同一行政处罚措施、监管措施、纪律处分的，应当分别计算、合计扣分。

第十二条 证券公司资本充足、公司治理与合规管理、动态风险监控、信息系统安全、客户权益保护和信息披露等6类评价指标存在一定问题，按具体评价标准每项扣0.5分。如已被采取监管措施的，按本规定第九条执行，不重复扣分。

第十三条 证券公司市场竞争力符合以下条件的，按以下原则给予相应加分：

（一）证券公司上一年度代理买卖证券业务净收入或营业部平均代理买卖证券业务净收入位于行业前5名、前10名、前20名的，分别加2分、1分、0.5分；

（二）证券公司上一年度承销与保荐业务、并购重组等财务顾问业务净收入或股票主承销家数或债券主承销家数位于行业前5名、前10名的，分别加2分、1分；

（三）证券公司上一年度资产管理业务净收入位于行业前5名、前10名、前20名的，分别加2分、1分、0.5分；

（四）证券公司上一年度净利润为正且成本管理能力位于行业前5名、前10名、前20名的，分别加2分、1分、0.5分；

（五）证券公司创新成果评价期内在行业推广的，单项或累计最高可加5分。

证券公司在评价期内如因违法违规行为被采取本规定第九条第（六）至第（八）项措施的，不适用本条第（一）至第（三）项加分。

证券公司在评价期内发生未履行上市保荐和持续保荐法定职责与义务情形的，不适用本条第（二）项加分。

第十四条 证券公司符合以下条件的，按以下原则给予相应加分：

（一）公司最近2个、3个评价期内主要风险控制指标持续达标的，分别加2分、3分；

（二）公司最近2个、3个评价期内未被采取过本规定第九条第（六）至第（八）项措施的，分别加2分、3分；

（三）公司净资本达到规定标准5倍及以上的，每一倍数加0.1分，最高可加3分；

（四）公司净资本与负债的比例、净资本与各项风险资本准备之和的比例达到规定标准2倍及以上的，分别加0.5分；

（五）净资本收益率位于行业前5名、前10名、中位数以上的，分别加2分、1分、0.5分。

第十五条 中国证监会及其派出机构可以根据证券公司在评价期内落实专项监管工作情况，对证券公司的评价计分进行调整，每项最高可加或扣3分。

第十六条 证券公司可以申请中国证监会认可的机构（以下简称专业评价机构）组织专家对其专业管理能力、信息技术系统的稳定与安全、客户服务与管理水平、投资者教育等方面进行专业评价；专业评价机构可针对证券行业内发生的重大事故、技术故障、业务纠纷与客户投诉等情况，对涉及的证券公司进行专业评价。证券公司专业评价的标准和办法另行制定。

中国证监会及其派出机构可以根据证券公司专业评价结果，对证券公司评价计分进行调整，每项专业评价最高可加3分。

经专业评价机构评定，证券公司发生的重大事故、技术故障、业务纠纷、客户投诉是由于证券公司管理不善引起的，中国证监会及其派出机构应采取相应的监管措施，进行扣分。

第四章 类别划分

第十七条 中国证监会根据证券公司评价计分的高低，将证券公司分为A（AAA、AA、A）、B（BBB、BB、B）、C（CCC、CC、C）、D、E等5大类11个级别。

被依法采取责令停业整顿、指定其他机构托管、接管、行政重组等风险处置措施的证券公司，评价计分为0分，定为E类公司。评价计分低于60分的证券公司，定为D类公司。

中国证监会每年根据行业发展情况，结合以前年度分类结果，事先确定A、B、C三大类别公司的相对比例，并根据评价计分的分布情况，具体确定各类别、各级别公司的数量，其中B类BB级及以上公司的评价计分应高于基准分100分。

（一）A类公司风险管理能力在行业内最高，能较好地控制新业务、新产品方面的风险；

（二）B类公司风险管理能力在行业内较高，在市场变化中能较好地控制业务扩张的风险；

（三）C类公司风险管理能力与其现有业务相匹配；

（四）D类公司风险管理能力低，潜在风险可能超过公司可承受范围；

（五）E类公司潜在风险已经变为现实风险，已被采取风险处置措施。

第十八条 证券公司在评价期内存在挪用客户资产、违规委托理财、财务信息虚假或股东虚假出资、抽逃出资等违法违规行为的，将公司类别下调3个级别；情节严重的，将公司类别直接认定为D类。

第十九条 证券公司在自评时，若不如实标注存在问题，存在遗漏、隐瞒等情况，将在应扣分事项上加倍扣分；自评时存在隐瞒重大事项或者报送、提供的信息和资料有虚假记载、误导性陈述或重大遗漏的，将视情节轻重将公司类别下调1至3个级别。

证券公司未在规定日期之前上报自评结果的，将公司类别下调1个级别；未在确定分类结果期限之前上报自评结果的，将公司类别直接认定为D类。

第五章 组织实施

第二十条 证券公司分类评价每年进行一次，评价期为上一年度5月1日至本年度4月30日，涉及的财务数据、业务数据原则上以上一年度经审计报表及中国证券业协会公布的信息为准。

第二十一条 证券公司分类按照证券公司自评、派出机构初审、中国证监会复核的程序进行。

第二十二条 证券公司应当按照本规定的要求进行自评。证券公司应结合自身情况，对照评价指标与标准，如实反映存在的问题及被采取的监管措施，经公司主要负责人和合规负责人签署确认后，将自评结果上报公司住所地中国证监会派出机构。

第二十三条 中国证监会派出机构在证券公司自评的基础上，根据日常监管掌握的情况，对证券公司自评结果进行初审和评价计分，将初审结果上报中国证监会。

在初审过程中，中国证监会派出机构可以就有关问题进行核查，并与证券公司核对情况，确认事实。

第二十四条 中国证监会在派出机构初审的基础上进行复核并确定证券公司的类别，于每年7月15日之前将分类结果书面告知证券公司。

证券公司对其分类结果有异议的，在收到分类结果书面通知之日起1个月内可向中国证监会提出书面申述。中国证监会在收到申述后1个月内予以答复。

第二十五条 对于在自评时隐瞒事项或者报送、提供的信息和资料有虚假记载、误导性陈述或重大遗漏的证券公司，中国证监会派出机构应当对公司主要负责人视情节轻重采取监管谈话等措施，并记入诚信档案。

第二十六条 中国证监会派出机构在日常监管工作中，对证券公司发生的违规行为和异常情况应及时调查、迅速采取适当的监管措施并记入监管档案，在此基础上对证券公司进行客观、公正的初审和评价计分。中国证监会派出机构对证券公司的违法违规行为是否及时、充分采取相应监管措施，以及证券公司分类初审的质量，是落实辖区监管责任制，考评中国证监会派出机构证券公司监管工作绩效的重要依据。

第二十七条 证券公司状况发生重大变化或者出现异常且足以导致公司分类类别调整的，

中国证监会及其派出机构应当根据有关情况及时对相关证券公司的分类进行动态调整；证券公司也可以向派出机构提出调整分类的申请，经派出机构初审后报中国证监会复核确定。

上述分类调整属于调高证券公司类别的，证券公司评价指标应当持续6个月以上满足与调高类别相应的标准。

第六章　分类结果使用

第二十八条　中国证监会按照分类监管原则，对不同类别证券公司规定不同的风险控制指标标准和风险资本准备计算比例，并在监管资源分配、现场检查和非现场检查频率等方面区别对待。

第二十九条　证券公司分类结果将作为证券公司申请增加业务种类、新设营业网点、发行上市等事项的审慎性条件。

第三十条　证券公司分类结果将作为确定新业务、新产品试点范围和推广顺序的依据。

第三十一条　中国证券投资者保护基金公司根据证券公司分类结果，确定不同级别的证券公司缴纳证券投资者保护基金的具体比例。

第三十二条　证券公司分类结果主要供中国证监会及其派出机构使用，证券公司不得对外公布分类结果，不得将分类结果用于广告、宣传、营销等商业目的。

第七章　附　　则

第三十三条　证券公司控股的证券子公司，可以合并纳入母公司分类评价，母子公司合并评价的，母公司的分类结果适用于子公司。

第三十四条　本规定下列用语的含义：

（一）主要风险控制指标，是指净资本、净资本/各项风险资本准备之和、净资本/净资产、净资本/负债、净资产/负债等5项指标。

（二）成本管理能力，是指营业收入与营业支出的比例，用（营业收入－投资收益－公允价值变动收益）/营业支出进行衡量。

第三十五条　本规定自公布之日起施行。

附件：证券公司风险管理能力评价指标与标准

附件：

证券公司风险管理能力评价指标与标准

评价指标	序号	评价标准
1. 资本充足	1.01	净资本绝对数指标符合规定标准
	1.02	净资本相对数指标符合规定标准
	1.03	各项业务风控指标符合规定标准
2. 公司治理与合规管理	2.01	股东会、董事会、监事会有效运作，公司股东资格及行为、公司董事、监事、高管人员资质及任免变更符合监管要求
	2.02	内部组织架构和业务管控制度健全有效
	2.03	内部激励约束机制和责任追究制度科学合理并有效执行
	2.04	合规管理组织体系和保障措施健全有效
	2.05	合规管理制度有效执行，合规考核纳入员工绩效考核、合规文化建设融入经营管理全过程
	2.06	合规总监切实履行职责，并按要求及时向证券监管部门报告违法违规行为或合规风险隐患
3. 动态风险监控	3.01	风控组织体系独立有效运作
	3.02	风控指标动态监控系统及各项业务风险控制机制健全，能动态识别、度量、预警、报告及处理各类风险
	3.03	压力测试及敏感性分析机制健全有效并能按要求报送分析测试报告
	3.04	净资本补足机制和业务规模调整机制健全并能有效实施
4. 信息系统安全	4.01	IT 治理完善，信息系统管理机制独立有效
	4.02	信息系统功能齐备，有效满足客户委托、交易、清算、开户、查询等需求，客户电子资料等信息安全
	4.03	信息系统安全稳定运行，能够避免频繁信息安全事故或重大事故
	4.04	信息系统应急预案有效，能够及时应对信息安全事故
5. 客户权益保护	5.01	客户资产存放管理制度完善，能够有效保障客户资产安全
	5.02	客户服务和管理制度健全，能够了解客户并提供适当性产品和服务
	5.03	营销人员管理制度健全，有效防止营销人员损害客户权益
	5.04	客户投诉处理机制有效，能够稳妥处理各类上访、投诉、纠纷，防止群体性事件、恶性个案发生
	5.05	投资者教育融入各项业务流程和服务环节，在防范和打击非法证券活动中积极发挥作用
6. 信息披露	6.01	年度报告真实、准确、完整，不存在虚假记载、误导性陈述或重大遗漏，能按规定及时报告和披露
	6.02	综合监管报表真实、准确、完整，不存在虚假记载、误导性陈述或重大遗漏，能按规定及时报告
	6.03	公开披露的信息以及向股东和监管部门报告的信息真实、准确、完整、及时，不存在虚假记载、误导性陈述或重大遗漏
	6.04	重要事项报告和处理机制健全，发生信息安全事故、群体性事件、恶性个案、被其他政府部门采取行政处罚措施、涉及刑事民事诉讼等重大事项能按规定及时向监管部门报告并及时处理，能及时应对涉及公司的舆论报道
	6.05	按规定使用分类评价结果

证券发行上市保荐业务管理办法

（2009年5月13日　证监会令第63号，2008年8月14日中国证券监督管理委员会第235次主席办公会议审议通过　根据2009年5月13日中国证券监督管理委员会《关于修改〈证券发行上市保荐业务管理办法〉的决定》修订　2009年6月14日实施）

第一章　总　　则

第一条　为了规范证券发行上市保荐业务，提高上市公司质量和证券公司执业水平，保护投资者的合法权益，促进证券市场健康发展，根据《证券法》、《国务院对确需保留的行政审批项目设定行政许可的决定》（国务院令第412号）等有关法律、行政法规，制定本办法。

第二条　发行人应当就下列事项聘请具有保荐机构资格的证券公司履行保荐职责：

（一）首次公开发行股票并上市；

（二）上市公司发行新股、可转换公司债券；

（三）中国证券监督管理委员会（以下简称“中国证监会”）认定的其他情形。

第三条　证券公司从事证券发行上市保荐业务，应依照本办法规定向中国证监会申请保荐机构资格。

保荐机构履行保荐职责，应当指定依照本办法规定取得保荐代表人资格的个人具体负责保荐工作。

未经中国证监会核准，任何机构和个人不得从事保荐业务。

第四条　保荐机构及其保荐代表人应当遵守法律、行政法规和中国证监会的相关规定，恪守业务规则和行业规范，诚实守信，勤勉尽责，尽职推荐发行人证券发行上市，持续督导发行人履行规范运作、信守承诺、信息披露等义务。

保荐机构及其保荐代表人不得通过从事保荐业务谋取任何不正当利益。

第五条　保荐代表人应当遵守职业道德准则，珍视和维护保荐代表人职业声誉，保持应有的职业谨慎，保持和提高专业胜任能力。

保荐代表人应当维护发行人的合法利益，对从事保荐业务过程中获知的发行人信息保密。保荐代表人应当恪守独立履行职责的原则，不因迎合发行人或者满足发行人的不当要求而丧失客观、公正的立场，不得唆使、协助或者参与发行人及证券服务机构实施非法的或者具有欺诈性的行为。

保荐代表人及其配偶不得以任何名义或者方式持有发行人的股份。

第六条　同次发行的证券，其发行保荐和上市保荐应当由同一保荐机构承担。保荐机构依法对发行人申请文件、证券发行募集文件进行核查，向中国证监会、证券交易所出具保荐意见。保荐机构应当保证所出具的文件真实、准确、完整。

证券发行规模达到一定数量的，可以采用联合保荐，但参与联合保荐的保荐机构不得超过2家。

证券发行的主承销商可以由该保荐机构担任，也可以由其他具有保荐机构资格的证券公司与该保荐机构共同担任。

第七条 发行人及其董事、监事、高级管理人员，为证券发行上市制作、出具有关文件的律师事务所、会计师事务所、资产评估机构等证券服务机构及其签字人员，应当依照法律、行政法规和中国证监会的规定，配合保荐机构及其保荐代表人履行保荐职责，并承担相应的责任。

保荐机构及其保荐代表人履行保荐职责，不能减轻或者免除发行人及其董事、监事、高级管理人员、证券服务机构及其签字人员的责任。

第八条 中国证监会依法对保荐机构及其保荐代表人进行监督管理。

中国证券业协会对保荐机构及其保荐代表人进行自律管理。

第二章 保荐机构和保荐代表人的资格管理

第九条 证券公司申请保荐机构资格，应当具备下列条件：

（一）注册资本不低于人民币 1 亿元，净资本不低于人民币 5000 万元；

（二）具有完善的公司治理和内部控制制度，风险控制指标符合相关规定；

（三）保荐业务部门具有健全的业务规程、内部风险评估和控制系统，内部机构设置合理，具备相应的研究能力、销售能力等后台支持；

（四）具有良好的保荐业务团队且专业结构合理，从业人员不少于 35 人，其中最近 3 年从事保荐相关业务的人员不少于 20 人；

（五）符合保荐代表人资格条件的从业人员不少于 4 人；

（六）最近 3 年内未因重大违法违规行为受到行政处罚；

（七）中国证监会规定的其他条件。

第十条 证券公司申请保荐机构资格，应当向中国证监会提交下列材料：

（一）申请报告；

（二）股东（大）会和董事会关于申请保荐机构资格的决议；

（三）公司设立批准文件；

（四）营业执照复印件；

（五）公司治理和公司内部控制制度及执行情况的说明；

（六）董事、监事、高级管理人员和主要股东情况的说明；

（七）内部风险评估和控制系统及执行情况的说明；

（八）保荐业务尽职调查制度、辅导制度、内部核查制度、持续督导制度、持续培训制度和保荐工作底稿制度的建立情况；

（九）经具有证券期货相关业务资格的会计师事务所审计的最近 1 年度净资本计算表、风险资本准备计算表和风险控制指标监管报表；

（十）保荐业务部门机构设置、分工及人员配置情况的说明；

（十一）研究、销售等后台支持部门的情况说明；

（十二）保荐业务负责人、内核负责人、保荐业务部门负责人和内核小组成员名单及其简历；

（十三）证券公司指定联络人的说明；

（十四）证券公司对申请文件真实性、准确性、完整性承担责任的承诺函，并应由其全体董事签字；

（十五）中国证监会要求的其他材料。

第十一条 个人申请保荐代表人资格，应当具备下列条件：

（一）具备3年以上保荐相关业务经历；

（二）最近3年内在本办法第二条规定的境内证券发行项目中担任过项目协办人；

（三）参加中国证监会认可的保荐代表人胜任能力考试且成绩合格有效；

（四）诚实守信，品行良好，无不良诚信记录，最近3年未受到中国证监会的行政处罚；

（五）未负有数额较大到期未清偿的债务；

（六）中国证监会规定的其他条件。

第十二条 个人申请保荐代表人资格，应当通过所任职的保荐机构向中国证监会提交下列材料：

（一）申请报告；

（二）个人简历、身份证明文件和学历学位证书；

（三）证券业从业人员资格考试、保荐代表人胜任能力考试成绩合格的证明；

（四）证券业执业证书；

（五）从事保荐相关业务的详细情况说明，以及最近3年内担任本办法第二条规定的境内证券发行项目协办人的工作情况说明；

（六）保荐机构出具的推荐函，其中应当说明申请人遵纪守法、业务水平、组织能力等情况；

（七）保荐机构对申请文件真实性、准确性、完整性承担责任的承诺函，并应由其董事长或者总经理签字；

（八）中国证监会要求的其他材料。

第十三条 证券公司和个人应当保证申请文件真实、准确、完整。申请期间，申请文件内容发生重大变化的，应当自变化之日起2个工作日内向中国证监会提交更新资料。

第十四条 中国证监会依法受理、审查申请文件。对保荐机构资格的申请，自受理之日起45个工作日内做出核准或者不予核准的书面决定；对保荐代表人资格的申请，自受理之日起20个工作日内做出核准或者不予核准的书面决定。

第十五条 证券公司取得保荐机构资格后，应当持续符合本办法第九条规定的条件。保荐机构因重大违法违规行为受到行政处罚的，中国证监会撤销其保荐机构资格；不再具备第九条规定其他条件的，中国证监会可责令其限期整改，逾期仍然不符合要求的，中国证监会撤销其保荐机构资格。

第十六条 个人取得保荐代表人资格后，应当持续符合本办法第十一条第（四）项、第（五）项和第（六）项规定的条件。保荐代表人被吊销、注销证券业执业证书，或者受到中国证监会行政处罚的，中国证监会撤销其保荐代表人资格；不再符合其他条件的，中国证监会责令其限期整改，逾期仍然不符合要求的，中国证监会撤销其保荐代表人资格。

个人通过中国证监会认可的保荐代表人胜任能力考试或者取得保荐代表人资格后，应当定期参加中国证券业协会或者中国证监会认可的其他机构组织的保荐代表人年度业务培训。保荐代表人未按要求参加保荐代表人年度业务培训的，中国证监会撤销其保荐代表人资格；通过保荐代表人胜任能力考试而未取得保荐代表人资格的个人，未按要求参加保荐代表人年度业务培训的，其保荐代表人胜任能力考试成绩不再有效。

第十七条 中国证监会依法对保荐机构、保荐代表人进行注册登记管理。

第十八条 保荐机构的注册登记事项包括：

（一）保荐机构名称、成立时间、注册资本、注册地址、主要办公地址和法定代表人；
（二）保荐机构的主要股东情况；
（三）保荐机构的董事、监事和高级管理人员情况；
（四）保荐机构的保荐业务负责人、内核负责人情况；
（五）保荐机构的保荐业务部门负责人情况；
（六）保荐机构的保荐业务部门机构设置、分工及人员配置情况；
（七）保荐机构的执业情况；
（八）中国证监会要求的其他事项。

第十九条 保荐代表人的注册登记事项包括：
（一）保荐代表人的姓名、性别、出生日期、身份证号码；
（二）保荐代表人的联系电话、通讯地址；
（三）保荐代表人的任职机构、职务；
（四）保荐代表人的学习和工作经历；
（五）保荐代表人的执业情况；
（六）中国证监会要求的其他事项。

第二十条 保荐机构、保荐代表人注册登记事项发生变化的，保荐机构应当自变化之日起5个工作日内向中国证监会书面报告，由中国证监会予以变更登记。

第二十一条 保荐代表人从原保荐机构离职，调入其他保荐机构的，应通过新任职机构向中国证监会申请变更登记，并提交下列材料：
（一）变更登记申请报告；
（二）证券业执业证书；
（三）保荐代表人出具的其在原保荐机构保荐业务交接情况的说明；
（四）新任职机构出具的接收函；
（五）新任职机构对申请文件真实性、准确性、完整性承担责任的承诺函，并应由其董事长或者总经理签字；
（六）中国证监会要求的其他材料。

第二十二条 保荐机构应当于每年4月份向中国证监会报送年度执业报告。年度执业报告应当包括以下内容：
（一）保荐机构、保荐代表人年度执业情况的说明；
（二）保荐机构对保荐代表人尽职调查工作日志检查情况的说明；
（三）保荐机构对保荐代表人的年度考核、评定情况；
（四）保荐机构、保荐代表人其他重大事项的说明；
（五）保荐机构对年度执业报告真实性、准确性、完整性承担责任的承诺函，并应由其法定代表人签字；
（六）中国证监会要求的其他事项。

第三章 保荐职责

第二十三条 保荐机构应当尽职推荐发行人证券发行上市。

发行人证券上市后，保荐机构应当持续督导发行人履行规范运作、信守承诺、信息披露等义务。

第二十四条 保荐机构推荐发行人证券发行上市，应当遵循诚实守信、勤勉尽责的原则，按照中国证监会对保荐机构尽职调查工作的要求，对发行人进行全面调查，充分了解发行人的经营状况及其面临的风险和问题。

第二十五条 保荐机构在推荐发行人首次公开发行股票并上市前，应当对发行人进行辅导，对发行人的董事、监事和高级管理人员、持有5%以上股份的股东和实际控制人（或者其法定代表人）进行系统的法规知识、证券市场知识培训，使其全面掌握发行上市、规范运作等方面的有关法律法规和规则，知悉信息披露和履行承诺等方面的责任和义务，树立进入证券市场的诚信意识、自律意识和法制意识。

第二十六条 保荐机构辅导工作完成后，应由发行人所在地的中国证监会派出机构进行辅导验收。

第二十七条 保荐机构应当与发行人签订保荐协议，明确双方的权利和义务，按照行业规范协商确定履行保荐职责的相关费用。

保荐协议签订后，保荐机构应在5个工作日内报发行人所在地的中国证监会派出机构备案。

第二十八条 保荐机构应当确信发行人符合法律、行政法规和中国证监会的有关规定，方可推荐其证券发行上市。

保荐机构决定推荐发行人证券发行上市的，可以根据发行人的委托，组织编制申请文件并出具推荐文件。

第二十九条 对发行人申请文件、证券发行募集文件中有证券服务机构及其签字人员出具专业意见的内容，保荐机构应当结合尽职调查过程中获得的信息对其进行审慎核查，对发行人提供的资料和披露的内容进行独立判断。

保荐机构所作的判断与证券服务机构的专业意见存在重大差异的，应当对有关事项进行调查、复核，并可聘请其他证券服务机构提供专业服务。

第三十条 对发行人申请文件、证券发行募集文件中无证券服务机构及其签字人员专业意见支持的内容，保荐机构应当获得充分的尽职调查证据，在对各种证据进行综合分析的基础上对发行人提供的资料和披露的内容进行独立判断，并有充分理由确信所作的判断与发行人申请文件、证券发行募集文件的内容不存在实质性差异。

第三十一条 保荐机构推荐发行人发行证券，应当向中国证监会提交发行保荐书、保荐代表人专项授权书以及中国证监会要求的其他与保荐业务有关的文件。发行保荐书应当包括下列内容：

（一）逐项说明本次发行是否符合《公司法》、《证券法》规定的发行条件和程序；

（二）逐项说明本次发行是否符合中国证监会的有关规定，并载明得出每项结论的查证过程及事实依据；

（三）发行人存在的主要风险；

（四）对发行人发展前景的评价；

（五）保荐机构内部审核程序简介及内核意见；

（六）保荐机构与发行人的关联关系；

（七）相关承诺事项；

（八）中国证监会要求的其他事项。

第三十二条 保荐机构推荐发行人证券上市，应当向证券交易所提交上市保荐书以及证券交易所要求的其他与保荐业务有关的文件，并报中国证监会备案。上市保荐书应当包括下列内容：

（一）逐项说明本次证券上市是否符合《公司法》、《证券法》及证券交易所规定的上市条件；

（二）对发行人证券上市后持续督导工作的具体安排；

（三）保荐机构与发行人的关联关系；

（四）相关承诺事项；

（五）中国证监会或者证券交易所要求的其他事项。

第三十三条 在发行保荐书和上市保荐书中，保荐机构应当就下列事项做出承诺：

（一）有充分理由确信发行人符合法律法规及中国证监会有关证券发行上市的相关规定；

（二）有充分理由确信发行人申请文件和信息披露资料不存在虚假记载、误导性陈述或者重大遗漏；

（三）有充分理由确信发行人及其董事在申请文件和信息披露资料中表达意见的依据充分合理；

（四）有充分理由确信申请文件和信息披露资料与证券服务机构发表的意见不存在实质性差异；

（五）保证所指定的保荐代表人及本保荐机构的相关人员已勤勉尽责，对发行人申请文件和信息披露资料进行了尽职调查、审慎核查；

（六）保证保荐书、与履行保荐职责有关的其他文件不存在虚假记载、误导性陈述或者重大遗漏；

（七）保证对发行人提供的专业服务和出具的专业意见符合法律、行政法规、中国证监会的规定和行业规范；

（八）自愿接受中国证监会依照本办法采取的监管措施；

（九）中国证监会规定的其他事项。

第三十四条 保荐机构提交发行保荐书后，应当配合中国证监会的审核，并承担下列工作：

（一）组织发行人及证券服务机构对中国证监会的意见进行答复；

（二）按照中国证监会的要求对涉及本次证券发行上市的特定事项进行尽职调查或者核查；

（三）指定保荐代表人与中国证监会职能部门进行专业沟通，保荐代表人在发行审核委员会会议上接受委员质询；

（四）中国证监会规定的其他工作。

第三十五条 保荐机构应当针对发行人的具体情况，确定证券发行上市后持续督导的内容，督导发行人履行有关上市公司规范运作、信守承诺和信息披露等义务，审阅信息披露文件及向中国证监会、证券交易所提交的其他文件，并承担下列工作：

（一）督导发行人有效执行并完善防止控股股东、实际控制人、其他关联方违规占用发行人资源的制度；

（二）督导发行人有效执行并完善防止其董事、监事、高级管理人员利用职务之便损害发行人利益的内控制度；

（三）督导发行人有效执行并完善保障关联交易公允性和合规性的制度，并对关联交易发表意见；

（四）持续关注发行人募集资金的专户存储、投资项目的实施等承诺事项；

（五）持续关注发行人为他人提供担保等事项，并发表意见；

（六）中国证监会、证券交易所规定及保荐协议约定的其他工作。

第三十六条 首次公开发行股票并在主板上市的，持续督导的期间为证券上市当年剩余时间及其后2个完整会计年度；主板上市公司发行新股、可转换公司债券的，持续督导的期间为证券上市当年剩余时间及其后1个完整会计年度。

首次公开发行股票并在创业板上市的，持续督导的期间为证券上市当年剩余时间及其后3个完整会计年度；创业板上市公司发行新股、可转换公司债券的，持续督导的期间为证券上市当年剩余时间及其后2个完整会计年度。

首次公开发行股票并在创业板上市的，持续督导期内保荐机构应当自发行人披露年度报告、中期报告之日起15个工作日内在中国证监会指定网站披露跟踪报告，对本办法第三十五条所涉及的事项，进行分析并发表独立意见。发行人临时报告披露的信息涉及募集资金、关联交易、委托理财、为他人提供担保等重大事项的，保荐机构应当自临时报告披露之日起10个工作日内进行分析并在中国证监会指定网站发表独立意见。

持续督导的期间自证券上市之日起计算。

第三十七条 持续督导期届满，如有尚未完结的保荐工作，保荐机构应当继续完成。

保荐机构在履行保荐职责期间未勤勉尽责的，其责任不因持续督导期届满而免除或者终止。

第四章 保荐业务规程

第三十八条 保荐机构应当建立健全保荐工作的内部控制体系，切实保证保荐业务负责人、内核负责人、保荐业务部门负责人、保荐代表人、项目协办人及其他保荐业务相关人员勤勉尽责，严格控制风险，提高保荐业务整体质量。

第三十九条 保荐机构应当建立健全证券发行上市的尽职调查制度、辅导制度、对发行上市申请文件的内部核查制度、对发行人证券上市后的持续督导制度。

第四十条 保荐机构应当建立健全对保荐代表人及其他保荐业务相关人员的持续培训制度。

第四十一条 保荐机构应当建立健全工作底稿制度，为每一项目建立独立的保荐工作底稿。

保荐代表人必须为其具体负责的每一项目建立尽职调查工作日志，作为保荐工作底稿的一部分存档备查；保荐机构应当定期对尽职调查工作日志进行检查。

保荐工作底稿应当真实、准确、完整地反映整个保荐工作的全过程，保存期不少于10年。

第四十二条 保荐机构的保荐业务负责人、内核负责人负责监督、执行保荐业务各项制度并承担相应的责任。

第四十三条 保荐机构及其控股股东、实际控制人、重要关联方持有发行人的股份合计超过7%，或者发行人持有、控制保荐机构的股份超过7%的，保荐机构在推荐发行人证券发行上市时，应联合1家无关联保荐机构共同履行保荐职责，且该无关联保荐机构为第一保荐机构。

第四十四条 刊登证券发行募集文件前终止保荐协议的，保荐机构和发行人应当自终止之日起5个工作日内分别向中国证监会报告，说明原因。

第四十五条 刊登证券发行募集文件以后直至持续督导工作结束，保荐机构和发行人不得终止保荐协议，但存在合理理由的情形除外。发行人因再次申请发行证券另行聘请保荐机构、保荐机构被中国证监会撤销保荐机构资格的，应当终止保荐协议。

终止保荐协议的，保荐机构和发行人应当自终止之日起 5 个工作日内向中国证监会、证券交易所报告，说明原因。

第四十六条 持续督导期间，保荐机构被撤销保荐机构资格的，发行人应当在 1 个月内另行聘请保荐机构，未在规定期限内另行聘请的，中国证监会可以为其指定保荐机构。

第四十七条 另行聘请的保荐机构应当完成原保荐机构未完成的持续督导工作。

因原保荐机构被撤销保荐机构资格而另行聘请保荐机构的，另行聘请的保荐机构持续督导的时间不得少于 1 个完整的会计年度。

另行聘请的保荐机构应当自保荐协议签订之日起开展保荐工作并承担相应的责任。原保荐机构在履行保荐职责期间未勤勉尽责的，其责任不因保荐机构的更换而免除或者终止。

第四十八条 保荐机构应当指定 2 名保荐代表人具体负责 1 家发行人的保荐工作，出具由法定代表人签字的专项授权书，并确保保荐机构有关部门和人员有效分工协作。保荐机构可以指定 1 名项目协办人。

第四十九条 证券发行后，保荐机构不得更换保荐代表人，但因保荐代表人离职或者被撤销保荐代表人资格的，应当更换保荐代表人。

保荐机构更换保荐代表人的，应当通知发行人，并在 5 个工作日内向中国证监会、证券交易所报告，说明原因。原保荐代表人在具体负责保荐工作期间未勤勉尽责的，其责任不因保荐代表人的更换而免除或者终止。

第五十条 保荐机构法定代表人、保荐业务负责人、内核负责人、保荐代表人和项目协办人应当在发行保荐书上签字，保荐机构法定代表人、保荐代表人应同时在证券发行募集文件上签字。

第五十一条 保荐机构应将履行保荐职责时发表的意见及时告知发行人，同时在保荐工作底稿中保存，并可依照本办法规定公开发表声明、向中国证监会或者证券交易所报告。

第五十二条 持续督导工作结束后，保荐机构应当在发行人公告年度报告之日起的 10 个工作日内向中国证监会、证券交易所报送保荐总结报告书。保荐机构法定代表人和保荐代表人应当在保荐总结报告书上签字。保荐总结报告书应当包括下列内容：

（一）发行人的基本情况；

（二）保荐工作概述；

（三）履行保荐职责期间发生的重大事项及处理情况；

（四）对发行人配合保荐工作情况的说明及评价；

（五）对证券服务机构参与证券发行上市相关工作情况的说明及评价；

（六）中国证监会要求的其他事项。

第五十三条 保荐代表人及其他保荐业务相关人员属于内幕信息的知情人员，应当遵守法律、行政法规和中国证监会的规定，不得利用内幕信息直接或者间接为保荐机构、本人或者他人谋取不正当利益。

第五章 保荐业务协调

第五十四条 保荐机构及其保荐代表人履行保荐职责可对发行人行使下列权利：

（一）要求发行人按照本办法规定和保荐协议约定的方式，及时通报信息；

（二）定期或者不定期对发行人进行回访，查阅保荐工作需要的发行人材料；

（三）列席发行人的股东大会、董事会和监事会；

（四）对发行人的信息披露文件及向中国证监会、证券交易所提交的其他文件进行事前审阅；

（五）对有关部门关注的发行人相关事项进行核查，必要时可聘请相关证券服务机构配合；

（六）按照中国证监会、证券交易所信息披露规定，对发行人违法违规的事项发表公开声明；

（七）中国证监会规定或者保荐协议约定的其他权利。

第五十五条 发行人有下列情形之一的，应当及时通知或者咨询保荐机构，并将相关文件送交保荐机构：

（一）变更募集资金及投资项目等承诺事项；

（二）发生关联交易、为他人提供担保等事项；

（三）履行信息披露义务或者向中国证监会、证券交易所报告有关事项；

（四）发生违法违规行为或者其他重大事项；

（五）中国证监会规定或者保荐协议约定的其他事项。

第五十六条 证券发行前，发行人不配合保荐机构履行保荐职责的，保荐机构应当发表保留意见，并在发行保荐书中予以说明；情节严重的，应当不予保荐，已保荐的应当撤销保荐。

第五十七条 证券发行后，保荐机构有充分理由确信发行人可能存在违法违规行为以及其他不当行为的，应当督促发行人做出说明并限期纠正；情节严重的，应当向中国证监会、证券交易所报告。

第五十八条 保荐机构应当组织协调证券服务机构及其签字人员参与证券发行上市的相关工作。

发行人为证券发行上市聘用的会计师事务所、律师事务所、资产评估机构以及其他证券服务机构，保荐机构有充分理由认为其专业能力存在明显缺陷的，可以向发行人建议更换。

第五十九条 保荐机构对证券服务机构及其签字人员出具的专业意见存有疑义的，应当主动与证券服务机构进行协商，并可要求其做出解释或者出具依据。

第六十条 保荐机构有充分理由确信证券服务机构及其签字人员出具的专业意见可能存在虚假记载、误导性陈述或重大遗漏等违法违规情形或者其他不当情形的，应当及时发表意见；情节严重的，应当向中国证监会、证券交易所报告。

第六十一条 证券服务机构及其签字人员应当保持专业独立性，对保荐机构提出的疑义或者意见进行审慎的复核判断，并向保荐机构、发行人及时发表意见。

第六章 监管措施和法律责任

第六十二条 中国证监会可以对保荐机构及其保荐代表人从事保荐业务的情况进行定期或者不定期现场检查，保荐机构及其保荐代表人应当积极配合检查，如实提供有关资料，不得拒绝、阻挠、逃避检查，不得谎报、隐匿、销毁相关证据材料。

第六十三条 中国证监会建立保荐信用监管系统，对保荐机构和保荐代表人进行持续动态的注册登记管理，记录其执业情况、违法违规行为、其他不良行为以及对其采取的监管措施等，必要时可以将记录予以公布。

第六十四条 自保荐机构向中国证监会提交保荐文件之日起，保荐机构及其保荐代表人承担相应的责任。

第六十五条 保荐机构资格申请文件存在虚假记载、误导性陈述或者重大遗漏的，中国证监会不予核准；已核准的，撤销其保荐机构资格。

保荐代表人资格申请文件存在虚假记载、误导性陈述或者重大遗漏的，中国证监会不予核准；已核准的，撤销其保荐代表人资格。对提交该申请文件的保荐机构，中国证监会自撤销之日起6个月内不再受理该保荐机构推荐的保荐代表人资格申请。

第六十六条 保荐机构、保荐代表人、保荐业务负责人和内核负责人违反本办法，未诚实守信、勤勉尽责地履行相关义务的，中国证监会责令改正，并对其采取监管谈话、重点关注、责令进行业务学习、出具警示函、责令公开说明、认定为不适当人选等监管措施；依法应给予行政处罚的，依照有关规定进行处罚；情节严重涉嫌犯罪的，依法移送司法机关，追究其刑事责任。

第六十七条 保荐机构出现下列情形之一的，中国证监会自确认之日起暂停其保荐机构资格3个月；情节严重的，暂停其保荐机构资格6个月，并可以责令保荐机构更换保荐业务负责人、内核负责人；情节特别严重的，撤销其保荐机构资格：

（一）向中国证监会、证券交易所提交的与保荐工作相关的文件存在虚假记载、误导性陈述或者重大遗漏；

（二）内部控制制度未有效执行；

（三）尽职调查制度、内部核查制度、持续督导制度、保荐工作底稿制度未有效执行；

（四）保荐工作底稿存在虚假记载、误导性陈述或者重大遗漏；

（五）唆使、协助或者参与发行人及证券服务机构提供存在虚假记载、误导性陈述或者重大遗漏的文件；

（六）唆使、协助或者参与发行人干扰中国证监会及其发行审核委员会的审核工作；

（七）通过从事保荐业务谋取不正当利益；

（八）严重违反诚实守信、勤勉尽责义务的其他情形。

第六十八条 保荐代表人出现下列情形之一的，中国证监会可根据情节轻重，自确认之日起3个月到12个月内不受理相关保荐代表人具体负责的推荐；情节特别严重的，撤销其保荐代表人资格：

（一）尽职调查工作日志缺失或者遗漏、隐瞒重要问题；

（二）未完成或者未参加辅导工作；

（三）未参加持续督导工作，或者持续督导工作未勤勉尽责；

（四）因保荐业务或其具体负责保荐工作的发行人在保荐期间内受到证券交易所、中国证券业协会公开谴责；

（五）唆使、协助或者参与发行人干扰中国证监会及其发行审核委员会的审核工作；

（六）严重违反诚实守信、勤勉尽责义务的其他情形。

第六十九条 保荐代表人出现下列情形之一的，中国证监会撤销其保荐代表人资格；情节严重的，对其采取证券市场禁入的措施：

（一）在与保荐工作相关文件上签字推荐发行人证券发行上市，但未参加尽职调查工作，或者尽职调查工作不彻底、不充分，明显不符合业务规则和行业规范；

（二）通过从事保荐业务谋取不正当利益；

（三）本人及其配偶持有发行人的股份；

（四）唆使、协助或者参与发行人及证券服务机构提供存在虚假记载、误导性陈述或者重大遗漏的文件；

（五）参与组织编制的与保荐工作相关文件存在虚假记载、误导性陈述或者重大遗漏。

第七十条 保荐机构、保荐代表人因保荐业务涉嫌违法违规处于立案调查期间的，中国证监会暂不受理该保荐机构的推荐；暂不受理相关保荐代表人具体负责的推荐。

第七十一条 发行人出现下列情形之一的，中国证监会自确认之日起暂停保荐机构的保荐机构资格3个月，撤销相关人员的保荐代表人资格：

（一）证券发行募集文件等申请文件存在虚假记载、误导性陈述或者重大遗漏；

（二）公开发行证券上市当年即亏损；

（三）持续督导期间信息披露文件存在虚假记载、误导性陈述或者重大遗漏。

第七十二条 发行人在持续督导期间出现下列情形之一的，中国证监会可根据情节轻重，自确认之日起3个月到12个月内不受理相关保荐代表人具体负责的推荐；情节特别严重的，撤销相关人员的保荐代表人资格：

（一）证券上市当年累计50%以上募集资金的用途与承诺不符；

（二）公开发行证券并在主板上市当年营业利润比上年下滑50%以上；

（三）首次公开发行股票并上市之日起12个月内控股股东或者实际控制人发生变更；

（四）首次公开发行股票并上市之日起12个月内累计50%以上资产或者主营业务发生重组；

（五）上市公司公开发行新股、可转换公司债券之日起12个月内累计50%以上资产或者主营业务发生重组，且未在证券发行募集文件中披露；

（六）实际盈利低于盈利预测达20%以上；

（七）关联交易显失公允或者程序违规，涉及金额较大；

（八）控股股东、实际控制人或其他关联方违规占用发行人资源，涉及金额较大；

（九）违规为他人提供担保，涉及金额较大；

（十）违规购买或出售资产、借款、委托资产管理等，涉及金额较大；

（十一）董事、监事、高级管理人员侵占发行人利益受到行政处罚或者被追究刑事责任；

（十二）违反上市公司规范运作和信息披露等有关法律法规，情节严重的；

（十三）中国证监会规定的其他情形。

第七十三条 保荐代表人被暂不受理具体负责的推荐或者被撤销保荐代表人资格的，保荐业务负责人、内核负责人应承担相应的责任，对已受理的该保荐代表人具体负责推荐的项目，保荐机构应当撤回推荐；情节严重的，责令保荐机构就各项保荐业务制度限期整改，责令保荐机构更换保荐业务负责人、内核负责人，逾期仍然不符合要求的，撤销其保荐机构资格。

第七十四条 保荐机构、保荐业务负责人或者内核负责人在1个自然年度内被采取本办法第六十六条规定监管措施累计5次以上，中国证监会可暂停保荐机构的保荐机构资格3个月，责令保荐机构更换保荐业务负责人、内核负责人。

保荐代表人在2个自然年度内被采取本办法第六十六条规定监管措施累计2次以上，中国证监会可6个月内不受理相关保荐代表人具体负责的推荐。

第七十五条 对中国证监会采取的监管措施，保荐机构及其保荐代表人提出申辩的，如有充分证据证明下列事实且理由成立，中国证监会予以采纳：

（一）发行人或其董事、监事、高级管理人员故意隐瞒重大事实，保荐机构和保荐代表人已履行勤勉尽责义务；

（二）发行人已在证券发行募集文件中做出特别提示，保荐机构和保荐代表人已履行勤勉尽责义务；

（三）发行人因不可抗力致使业绩、募集资金运用等出现异常或者未能履行承诺；

（四）发行人及其董事、监事、高级管理人员在持续督导期间故意违法违规，保荐机构和保荐代表人主动予以揭示，已履行勤勉尽责义务；

（五）保荐机构、保荐代表人已履行勤勉尽责义务的其他情形。

第七十六条 发行人及其董事、监事、高级管理人员违反本办法规定，变更保荐机构后未另行聘请保荐机构，持续督导期间违法违规且拒不纠正，发生重大事项未及时通知保荐机构，或者发生其他严重不配合保荐工作情形的，中国证监会可以责令改正，予以公布并可根据情节轻重采取下列监管措施：

（一）要求发行人每月向中国证监会报告接受保荐机构督导的情况；

（二）要求发行人披露月度财务报告、相关资料；

（三）指定证券服务机构进行核查；

（四）要求证券交易所对发行人证券的交易实行特别提示；

（五）36个月内不受理其发行证券申请；

（六）将直接负责的主管人员和其他责任人员认定为不适当人选。

第七十七条 证券服务机构及其签字人员违反本办法规定的，中国证监会责令改正，并对相关机构和责任人员采取监管谈话、重点关注、出具警示函、责令公开说明、认定为不适当人选等监管措施。

第七十八条 证券服务机构及其签字人员出具的专业意见存在虚假记载、误导性陈述或重大遗漏，或者因不配合保荐工作而导致严重后果的，中国证监会自确认之日起6个月到36个月内不受理其文件，并将处理结果予以公布。

第七十九条 发行人及其董事、监事、高级管理人员、证券服务机构及其签字人员违反法律、行政法规，依法应予行政处罚的，依照有关规定进行处罚；涉嫌犯罪的，依法移送司法机关，追究其刑事责任。

第七章 附 则

第八十条 本办法所称“保荐机构”，是指《证券法》第十一条所指“保荐人”。

第八十一条 中国证券业协会或者经中国证监会认可的其他机构，可以组织保荐代表人胜任能力考试。

第八十二条 本办法实施前从事证券发行上市保荐业务的保荐机构，不完全符合本办法规定的，应当在本办法实施之日起3个月内达到本办法规定的要求，并由中国证监会组织验收。逾期仍然不符合要求的，中国证监会撤销其保荐机构资格。

第八十三条 本办法自2008年12月1日起施行，《证券发行上市保荐制度暂行办法》（证监会令第18号）、《首次公开发行股票辅导工作办法》（证监发［2001］125号）同时废止。

证券发行与承销管理办法

（2006年9月17日 证监会令第37号，2006年9月19日实施）

第一章 总 则

第一条 为了规范证券发行与承销行为，保护投资者的合法权益，根据《中华人民共和国证券法》、《中华人民共和国公司法》，制定本办法。

第二条 发行人在境内发行股票或者可转换公司债券（以下统称证券）、证券公司在境内承销证券，以及投资者认购境内发行的证券，适用本办法。

发行人、证券公司和投资者参与证券发行，还应当遵守中国证券监督管理委员会（以下简称中国证监会）有关证券发行的其他规定，以及证券交易所和证券登记结算机构的业务规则。证券公司承销证券，还应当遵守中国证监会有关保荐制度、风险控制制度和内部控制制度的相关规定。

第三条 为证券发行出具相关文件的证券服务机构和人员，应当按照本行业公认的业务标准和道德规范，严格履行法定职责，对其所出具文件的真实性、准确性和完整性承担责任。

第四条 中国证监会依法对证券发行和承销行为进行监督管理。

第二章 询价与定价

第五条 首次公开发行股票，应当通过向特定机构投资者（以下称询价对象）询价的方式确定股票发行价格。

询价对象是指符合本办法规定条件的证券投资基金管理公司、证券公司、信托投资公司、财务公司、保险机构投资者、合格境外机构投资者，以及经中国证监会认可的其他机构投资者。

第六条 询价对象及其管理的证券投资产品（以下称股票配售对象）应当在中国证券业协会登记备案，接受中国证券业协会的自律管理。

第七条 询价对象应当符合下列条件：

（一）依法设立，最近12个月未因重大违法违规行为被相关监管部门给予行政处罚、采取监管措施或者受到刑事处罚；

（二）依法可以进行股票投资；

（三）信用记录良好，具有独立从事证券投资所必需的机构和人员；

（四）具有健全的内部风险评估和控制系统并能够有效执行，风险控制指标符合有关规定；

（五）按照本办法的规定被中国证券业协会从询价对象名单中去除的，自去除之日起已满12个月。

第八条 下列机构投资者作为询价对象除应当符合第七条规定的条件外，还应当符合下列条件：

（一）证券公司经批准可以经营证券自营或者证券资产管理业务；

（二）信托投资公司经相关监管部门重新登记已满两年，注册资本不低于4亿元，最近12个月有活跃的证券市场投资记录；

（三）财务公司成立两年以上，注册资本不低于3亿元，最近12个月有活跃的证券市场投资记录。

第九条 主承销商应当在询价时向询价对象提供投资价值研究报告。发行人、主承销商和询价对象不得以任何形式公开披露投资价值研究报告的内容。

第十条 投资价值研究报告应当由承销商的研究人员独立撰写并署名，承销商不得提供承销团以外的机构撰写的投资价值研究报告。出具投资价值研究报告的承销商应当建立完善的投资价值研究报告质量控制制度，撰写投资价值研究报告的人员应当遵守证券公司内部控制制度。

第十一条 撰写投资价值研究报告应当遵守下列要求：

（一）独立、审慎、客观；

（二）引用的资料真实、准确、完整、权威并须注明来源；

（三）对发行人所在行业的评估具有一致性和连贯性；

（四）无虚假记载、误导性陈述或者重大遗漏。

第十二条 投资价值研究报告应当对影响发行人投资价值的因素进行全面分析，至少包括下列内容：

（一）发行人的行业分类、行业政策，发行人与主要竞争者的比较及其在行业中的地位；

（二）发行人经营状况和发展前景分析；

（三）发行人盈利能力和财务状况分析；

（四）发行人募集资金投资项目分析；

（五）发行人与同行业可比上市公司的投资价值比较；

（六）宏观经济走势、股票市场走势以及其他对发行人投资价值有重要影响的因素。

投资价值研究报告应当在上述分析的基础上，运用行业公认的估值方法对发行人股票的合理投资价值进行预测。

第十三条 发行人及其主承销商应当在刊登首次公开发行股票招股意向书和发行公告后向询价对象进行推介和询价，并通过互联网向公众投资者进行推介。

询价分为初步询价和累计投标询价。发行人及其主承销商应当通过初步询价确定发行价格区间，在发行价格区间内通过累计投标询价确定发行价格。

第十四条 首次发行的股票在中小企业板上市的，发行人及其主承销商可以根据初步询价结果确定发行价格，不再进行累计投标询价。

第十五条 询价对象可以自主决定是否参与初步询价，询价对象申请参与初步询价的，主承销商无正当理由不得拒绝。未参与初步询价或者参与初步询价但未有效报价的询价对象，不得参与累计投标询价和网下配售。

第十六条 初步询价结束后，公开发行股票数量在4亿股以下，提供有效报价的询价对象不足20家的，或者公开发行股票数量在4亿股以上，提供有效报价的询价对象不足50家的，发行人及其主承销商不得确定发行价格，并应当中止发行。

发行人及其主承销商中止发行后重新启动发行工作的，应当及时向中国证监会报告。

第十七条 询价对象应当遵循独立、客观、诚信的原则合理报价，不得协商报价或者故意压低或抬高价格。

第十八条 主承销商的证券自营账户不得参与本次发行股票的询价、网下配售和网上发行。

与发行人或其主承销商具有实际控制关系的询价对象，不得参与本次发行股票的询价、网下配售，可以参与网上发行。

第十九条 发行人及其主承销商在发行价格区间和发行价格确定后，应当分别报中国证监会备案，并予以公告。

第二十条 发行人及其主承销商在推介过程中不得误导投资者，不得干扰询价对象正常报价和申购，不得披露招股意向书等公开信息以外的发行人其他信息；推介资料不得有虚假记载、误导性陈述或者重大遗漏。

第二十一条 询价对象应当在年度结束后一个月内对上年度参与询价的情况进行总结，并就其是否持续符合本办法规定的条件以及是否遵守本办法对询价对象的监管要求进行说明。总结报告应当报中国证券业协会备案。

第二十二条 上市公司发行证券，可以通过询价的方式确定发行价格，也可以与主承销商协商确定发行价格。

上市公司发行证券的定价，应当符合中国证监会关于上市公司证券发行的有关规定。

第三章 证券发售

第二十三条 首次公开发行股票数量在4亿股以上的，可以向战略投资者配售股票。发行人应当与战略投资者事先签署配售协议，并报中国证监会备案。

发行人及其主承销商应当在发行公告中披露战略投资者的选择标准、向战略投资者配售的股票总量、占本次发行股票的比例，以及持有期限制等。

第二十四条 战略投资者不得参与首次公开发行股票的初步询价和累计投标询价，并应当承诺获得本次配售的股票持有期限不少于12个月，持有期自本次公开发行的股票上市之日起计算。

第二十五条 发行人及其主承销商应当向参与网下配售的询价对象配售股票。公开发行股票数量少于4亿股的，配售数量不超过本次发行总量的20%；公开发行股票数量在4亿股以上的，配售数量不超过向战略投资者配售后剩余发行数量的50%。询价对象应当承诺获得本次网下配售的股票持有期限不少于3个月，持有期自本次公开发行的股票上市之日起计算。

本次发行的股票向战略投资者配售的，发行完成后无持有期限制的股票数量不得低于本次发行股票数量的25%。

第二十六条 股票配售对象限于下列类别：

（一）经批准募集的证券投资基金；

（二）全国社会保障基金；

（三）证券公司证券自营账户；

（四）经批准设立的证券公司集合资产管理计划；

（五）信托投资公司证券自营账户；

（六）信托投资公司设立并已向相关监管部门履行报告程序的集合信托计划；

（七）财务公司证券自营账户；

（八）经批准的保险公司或者保险资产管理公司证券投资账户；

（九）合格境外机构投资者管理的证券投资账户；

（十）在相关监管部门备案的企业年金基金；

（十一）经中国证监会认可的其他证券投资产品。

第二十七条 询价对象应当为其管理的股票配售对象分别指定资金账户和证券账户，专门用于累计投标询价和网下配售。指定账户应当在中国证监会、中国证券业协会和证券登记结算机构登记备案。

第二十八条 股票配售对象参与累计投标询价和网下配售应当全额缴付申购资金，单一指定证券账户的累计申购数量不得超过本次向询价对象配售的股票总量。

第二十九条 发行人及其主承销商通过累计投标询价确定发行价格的，当发行价格以上的有效申购总量大于网下配售数量时，应当对发行价格以上的全部有效申购进行同比例配售。

初步询价后定价发行的，当网下有效申购总量大于网下配售数量时，应当对全部有效申购进行同比例配售。

第三十条 主承销商应当对询价对象和股票配售对象的登记备案情况进行核查。对有下列情形之一的询价对象不得配售股票：

（一）未参与初步询价；

（二）询价对象或者股票配售对象的名称、账户资料与中国证券业协会登记的不一致；

（三）未在规定时间内报价或者足额划拨申购资金；

（四）有证据表明在询价过程中有违法违规或者违反诚信原则的情形。

第三十一条 发行人及其主承销商网下配售股票，应当与网上发行同时进行。

网上发行时发行价格尚未确定的，参与网上发行的投资者应当按价格区间上限申购，如最终确定的发行价格低于价格区间上限，差价部分应当退还给投资者。

投资者参与网上发行应当遵守证券交易所和证券登记结算机构的相关规定。

第三十二条 首次公开发行股票达到一定规模的，发行人及其主承销商应当在网下配售和网上发行之间建立回拨机制，根据申购情况调整网下配售和网上发行的比例。

第三十三条 上市公司发行证券，存在利润分配方案、公积金转增股本方案尚未提交股东大会表决或者虽经股东大会表决通过但未实施的，应当在方案实施后发行。相关方案实施前，主承销商不得承销上市公司发行的证券。

第三十四条 上市公司向原股东配售股票（以下简称配股），应当向股权登记日登记在册的股东配售，且配售比例应当相同。

第三十五条 上市公司向不特定对象公开募集股份（以下简称增发）或者发行可转换公司债券，主承销商可以对参与网下配售的机构投资者进行分类，对不同类别的机构投资者设定不同的配售比例，对同一类别的机构投资者应当按相同的比例进行配售。主承销商应当在发行公告中明确机构投资者的分类标准。

主承销商未对机构投资者进行分类的，应当在网下配售和网上发行之间建立回拨机制，回拨后两者的获配比例应当一致。

第三十六条 上市公司增发股票或者发行可转换公司债券，可以全部或者部分向原股东优先配售，优先配售比例应当在发行公告中披露。

第三十七条 上市公司非公开发行证券的，发行对象及其数量的选择应当符合中国证监会关于上市公司证券发行的相关规定。

第四章　证券承销

第三十八条 证券公司实施证券承销前，应当向中国证监会报送发行与承销方案。

第三十九条 证券公司承销证券，应当依照《中华人民共和国证券法》第二十八条的规定采用包销或者代销方式。上市公司非公开发行股票未采用自行销售方式或者上市公司配股的，应当采用代销方式。

第四十条 股票发行采用代销方式的，应当在发行公告中披露发行失败后的处理措施。股票发行失败后，主承销商应当协助发行人按照发行价并加算银行同期存款利息返还股票认购人。

第四十一条 证券发行依照法律、行政法规的规定应当由承销团承销的，组成承销团的承销商应当签订承销团协议，由主承销商负责组织承销工作。

证券发行由两家以上证券公司联合主承销的，所有担任主承销商的证券公司应当共同承担主承销责任，履行相关义务。承销团由三家以上承销商组成的，可以设副主承销商，协助主承销商组织承销活动。

第四十二条 承销团成员应当按照承销团协议及承销协议的规定进行承销活动，不得进行虚假承销。

第四十三条 承销协议和承销团协议可以在发行价格确定后签订。

第四十四条 主承销商应当设立专门的部门或者机构，协调公司投资银行、研究、销售等部门共同完成信息披露、推介、簿记、定价、配售和资金清算等工作。

第四十五条 证券公司在承销过程中，不得以提供透支、回扣或者中国证监会认定的其他不正当手段诱使他人申购股票。

第四十六条 上市公司发行证券期间相关证券的停复牌安排，应当遵守证券交易所的相关规则。

主承销商应当按有关规定及时划付申购资金冻结利息。

第四十七条 投资者申购缴款结束后，主承销商应当聘请具有证券相关业务资格的会计师事务所（以下简称会计师事务所）对申购资金进行验证，并出具验资报告；首次公开发行股票的，还应当聘请律师事务所对向战略投资者、询价对象的询价和配售行为是否符合法律、行政法规及本办法的规定等进行见证，并出具专项法律意见书。

第四十八条 首次公开发行股票数量在4亿股以上的，发行人及其主承销商可以在发行方案中采用超额配售选择权。超额配售选择权的实施应当遵守中国证监会、证券交易所和证券登记结算机构的规定。

第四十九条 公开发行证券的，主承销商应当在证券上市后十日内向中国证监会报备承销总结报告，总结说明发行期间的基本情况及新股上市后的表现，并提供下列文件：

（一）募集说明书单行本；

（二）承销协议及承销团协议；

（三）律师见证意见（限于首次公开发行）；

（四）会计师事务所验资报告；

（五）中国证监会要求的其他文件。

第五十条 上市公司非公开发行股票的，发行人及其主承销商应当在发行完成后向中国证监会报送下列文件：

（一）发行情况报告书；

（二）主承销商关于本次发行过程和认购对象合规性的报告；

（三）发行人律师关于本次发行过程和认购对象合规性的见证意见；

（四）会计师事务所验资报告；

（五）中国证监会要求的其他文件。

第五章 信息披露

第五十一条 发行人和主承销商在发行过程中，应当按照中国证监会规定的程序、内容和格式，编制信息披露文件，履行信息披露义务。

第五十二条 发行人和主承销商在发行过程中披露的信息，应当真实、准确、完整，不得有虚假记载、误导性陈述或者重大遗漏。

第五十三条 发行人及其主承销商应当将发行过程中披露的信息刊登在至少一种中国证监会指定的报刊，同时将其刊登在中国证监会指定的互联网网站，并置备于中国证监会指定的场所，供公众查阅。

第五十四条 发行人披露的招股意向书除不含发行价格、筹资金额以外，其内容与格式应当与招股说明书一致，并与招股说明书具有同等法律效力。

第五十五条 发行人及其主承销商应当在刊登招股意向书或者招股说明书摘要的同时刊登发行公告，对发行方案进行详细说明。

第五十六条 发行人及其主承销商公告发行价格和发行市盈率时，每股收益应当按发行前一年经会计师事务所审计的、扣除非经常性损益前后孰低的净利润除以发行后总股本计算。

提供盈利预测的发行人还应当补充披露基于盈利预测的发行市盈率。每股收益按发行当年经会计师事务所审核的、扣除非经常性损益前后孰低的净利润预测数除以发行后总股本计算。

发行人还可以同时披露市净率等反映发行人所在行业特点的发行价格指标。

第五十七条 首次公开发行股票向战略投资者配售股票的，发行人及其主承销商应当在网下配售结果公告中披露战略投资者的名称、认购数量及承诺持有期等情况。

第五十八条 上市公司非公开发行新股后，应当按中国证监会的要求编制并披露发行情况报告书。

第五十九条 本次发行的证券上市前，发行人及其主承销商应当按证券交易所的要求编制信息披露文件并公告。

第六章 监管和处罚

第六十条 发行人、证券公司、证券服务机构及询价对象违反本办法规定的，中国证监会可以责令其整改；对其直接负责的主管人员和其他直接责任人员，可以采取监管谈话、认定为不适当人选等行政监管措施，记入诚信档案并公布。

第六十一条 发行人、证券公司、证券服务机构、询价对象及其直接负责的主管人员和其他直接责任人员违反法律、行政法规或者本办法规定，依法应予行政处罚的，依照有关规定进行处罚；涉嫌犯罪的，依法移送司法机关，追究其刑事责任。

第六十二条 证券公司有下列行为之一的，除承担《证券法》规定的法律责任外，自中国证监会确认之日起36个月内不得参与证券承销：

（一）承销未经核准的证券；

（二）在承销过程中，进行虚假或误导投资者的广告或者其他宣传推介活动，以不正当手段诱使他人申购股票；

（三）在承销过程中披露的信息有虚假记载、误导性陈述或者重大遗漏。

第六十三条 证券公司有下列行为之一的，除承担《证券法》规定的法律责任外，自中国证监会确认之日起12个月内不得参与证券承销：

（一）提前泄漏证券发行信息；

（二）以不正当竞争手段招揽承销业务；

（三）在承销过程中不按规定披露信息；

（四）在承销过程中的实际操作与报送中国证监会的发行方案不一致；

（五）违反相关规定撰写或者发布投资价值研究报告。

第六十四条 发行人及其承销商违反规定向参与认购的投资者提供财务资助或者补偿的，中国证监会可以责令改正；情节严重的，处以警告、罚款。

第六十五条 询价对象有下列情形之一的，中国证券业协会应当将其从询价对象名单中去除：

（一）不再符合本办法规定的条件；

（二）最近12个月内因违反相关监管要求被监管谈话三次以上；

（三）未按时提交年度总结报告。

第七章 附 则

第六十六条 本办法所称网上发行，是指通过证券交易所技术系统进行的证券发行。

本办法所称网下配售，是指不通过证券交易所技术系统、由主承销商组织实施的证券发行。

第六十七条 上市公司其他证券的发行和承销比照本办法执行。

第六十八条 本办法自2006年9月19日起施行。《证券经营机构股票承销业务管理办法》（证委发［1996］18号）、《关于禁止股票发行中不当行为的通知》（证监发字［1996］21号）、《关于坚决制止股票发行中透支等行为的通知》（证监发字［1996］169号）、《关于禁止证券经营机构申购自己承销股票的通知》（证监机字［1997］4号）、《关于加强证券经营机构股票承销业务监管工作的通知》（证监机构字［1999］54号）、《关于法人配售股票有关问题的通知》（证监发行字［1999］121号）、《关于股票上市安排有关问题的通知》（证监发行字［2000］86号）、《关于证券经营机构股票承销业务监管工作的补充通知》（证监机构字［2000］199号）、《关于新股发行公司通过互联网进行公司推介的通知》（证监发行字［2001］12号）及《关于首次公开发行股票试行询价制度若干问题的通知》（证监发行字［2004］162号）同时废止。

二、证券公司管理规则篇

（一）法 人 治 理

证券公司业务范围审批暂行规定（见常用篇）

（2008 年 10 月 30 日　证监会公告［2008］42 号，2008 年 12 月 1 日实施）

关于进一步规范证券营业网点的规定

（2008 年 5 月 16 日　证监会公告［2008］21 号，根据证监会公告［2009］27 号修改　2009 年 11 月 1 日实施）

为适应证券市场发展的需要，进一步加强证券营业网点监管，提升证券公司服务水平，增强证券行业竞争力，保护投资者合法权益，现就进一步规范证券营业网点作如下规定：

一、证券营业部设立

（一）证券公司申请在住所地证监局辖区内设立证券营业部（以下简称区域内设点），应当符合下列审慎性要求：

1. 客户交易结算资金已按规定实施第三方存管。

2. 账户开立、管理规范，客户资料完整、真实；账户规范工作按期完成，符合有关监管要求；最近两年无新开不合格账户等违规行为，或发生新开不合格账户等违规行为，但公司及时发现、及时自纠并已严肃追究有关人员责任，未造成重大后果，且主动向监管部门报告，自报告之日起已超过半年。

3. 具备健全的公司治理结构和内部控制机制，合规管理制度、风险控制指标监控体系符合监管要求。

4. 信息技术系统符合有关规范和监管要求；系统运行安全、稳定、可靠，最近两年未多次出现技术故障，未发生重大技术事故。

5. 具有完善的业务管理制度，制定了明确的业务规则和清晰的操作流程。

6. 建立了有效的投资者教育工作机制，并着手建立以“了解自己的客户”和“适当性服务”为核心的客户管理和服务体系。

7. 最近两年净资本及各项风险控制指标持续符合规定标准。

8. 最近三年公司未因重大违法违规行为受到行政或刑事处罚；公司不存在证券账户开户代理业务、增设和收购营业性分支机构、营业性分支机构的迁移和转让等受到限制且尚未解除或者重大重组整改事项尚未完成的情形；不存在因涉嫌违法违规事项正在受到立案调查。

9. 上一年度证券营业部平均代理买卖证券业务净收入不低于公司所在辖区内证券公司的平均水平。

10. 最近一次证券公司分类评价类别在 C 类以上（含 C 类）。

11. 中国证监会规定的其他要求。

（二）证券公司申请在全国范围内设立证券营业部（以下简称全国设点），除符合上述第一款第 1 至 8 项外，还应当符合下列要求：

1. 具备较强的经营管理能力，上一年度公司代理买卖证券业务净收入位于行业前 20 名，且证券营业部平均代理买卖证券业务净收入不低于行业平均水平；或者证券营业部平均代理买卖证券业务净收入位于行业前 3 名。

2. 实现了交易、清算、核算、监控等系统的集中管理，建立了电子化档案资料的集中管理制度。

3. 最近一次证券公司分类评价类别在 B 类以上（含 B 类）。

4. 中国证监会规定的其他要求。

（三）拟设证券营业部应当具备下列条件：

1. 具有必要的人员配置，聘任人员具备证券从业资格，拟任负责人已取得证券公司分支机构负责人任职资格；

2. 有固定的经营场所，并符合各项安全管理规定；

3. 有符合营业要求的技术设施，信息技术系统符合有关规范和监管要求；

4. 具有完善的业务规则和操作流程，确立了投资者教育、客户管理和服务的工作机制；

5. 中国证监会规定的其他条件。

（四）证券公司应当根据证券市场需求和公司经营发展战略，结合网点布局、人力资源、业务管理水平和风险控制能力，充分评估设立证券营业部的必要性和可行性，优先考虑在没有证券营业网点或证券营业网点相对不足的地区新设证券营业部。

（五）证券公司申请设立证券营业部，应当向中国证监会提交书面申请，并抄送公司住所地证监局。中国证监会对申请事项进行审查，并就证券公司是否符合申请设立证券营业部的条件征求公司住所地证监局的监管意见。

符合条件可在全国设点的证券公司，一次申请设立证券营业部不得超过5家；符合条件可在区域内设点的证券公司，一次申请设立证券营业部不得超过2家。证券公司不符合设立证券营业部条件的，不得提出设立证券营业部的申请。在证券公司已获准设立的证券营业部取得《证券经营机构营业许可证》前，不批准其设立新的证券营业部。

二、证券服务部规范

（一）证券公司应当按照“分期规范，分步实施”的原则，在2010年8月底前将符合条件的证券服务部规范为证券营业部。

（二）证券服务部规范为证券营业部，应当符合下列条件：

1. 符合本规定第一条第三款规定的条件；

2. 没有历史遗留问题或历史遗留问题已经清理完毕；

3. 最近一年未发生重大违法违规行为。

（三）证券公司应当向证券服务部所在地证监局提出证券服务部规范为证券营业部的书面申请，证监局审核申请材料，并对证券服务部进行现场检查验收，符合条件的，作出同意规范为证券营业部的书面决定，并连同现场检查验收报告报中国证监会备案，同时抄送证券公司住所地证监局。

（四）不符合规范为证券营业部条件或不能在规定的期限内规范的证券服务部，证券公司应当及时向证券服务部所在地证监局提交撤销方案；撤销方案的提交截至日期为2010年8月底。撤销方案中应当包括员工和客户安置计划，并承诺承担所有历史遗留问题或潜在风险，负责完成账户规范等工作。撤销方案经证券服务部所在地证监局认可后实施。

（五）证券公司申请将证券服务部规范为证券营业部，应当向证券服务部所在地证监局提交下列申请材料：

1. 申请报告。包括证券服务部的名称、具体地点、拟采用的证券营业部名称、符合规范为证券营业部条件的说明等。

2. 证券服务部基本情况。包括设立的批复文件、工商营业执照、营业场地的产权证明或租赁合同；人员名单、简历、资格证书、联系方式；上一年度的经营情况；证券服务部业务、内控制度，信息技术系统情况等。

3. 证券服务部合规经营情况。

4. 证券监管部门要求提交的其他材料。

（六）证券公司申请撤销证券服务部，应当向证券服务部所在地证监局提交下列材料：

1. 申请报告。包括拟撤销证券服务部的名称、具体地点、经营状况、客户和员工情况、撤销原因说明等；

2. 撤销方案。包括员工和客户安置、资产清理、债务清偿、历史遗留问题清理等；

3. 证券公司出具的妥善安置拟撤销证券服务部客户和员工、承担所有历史遗留问题或潜在风险、负责完成账户规范等工作的承诺函；

4. 证券服务部设立的有关批复文件；

5. 证券监管部门要求提交的其他材料。

三、违规营业网点处理

（一）对历史遗留的、未经批准擅自设立的证券营业网点（以下简称违规营业网点），相关证券公司应当在2010年8月底前予以清理并关闭。

当地已有合法营业网点的，相关证券公司要积极组织和配合客户向当地其他合法营业网点转移；当地没有合法营业网点的，符合条件的其他证券公司可在当地新设证券营业部，协助予以解决。

违规营业网点的账户规范工作、其他历史遗留问题和潜在风险等，由原证券公司负责承担解决。

（二）违规营业网点已经清理完毕，原有客户和员工已经妥善安置，内部责任追究到位，并经所在地证监局现场检查确认后，相关证券公司方可按规定申请设立证券营业部。

（三）违规营业网点是被处置高风险公司遗留的，由证券类资产受让公司负责清理。当地已有合法营业网点的，将客户平稳转移至其他网点，并妥善安置员工；当地没有合法营业网点、客户无法转移的，由受让公司通过新设证券营业部予以解决。

（四）违规营业网点所在地证监局负责监督违规营业网点的清理和关闭工作，并进行现场检查验收，现场检查验收报告报中国证监会备案并抄送证券公司住所地证监局。

四、证券公司根据业务发展和管理需要，收购、撤销证券营业部的，应当经中国证监会批准。

证券公司收购证券营业部的，应当具备设立证券营业部的条件；具备区域内设点条件的证券公司，只能收购所在区域内的证券营业部。相关转让方必须是基于调整发展战略、实行业务整合的需要，转让全部或者一定区域内证券经纪业务的证券公司。

证券公司申请撤销证券营业部，或者依法被责令撤销证券营业部的，应当制定撤销方案，报证券营业部所在地证监局认可后实施。

五、证券营业部不得异地迁址。2010年8月底以前，证券公司确有优化网点布局需要的，在符合由相对过剩地区迁往相对不足地区的原则下可按现有政策迁址。证券营业部因城市改造、终止物业租赁合同等原因须在同城变更营业场所的，应当经证券营业部所在地证监局批准。

六、未经批准擅自设立证券营业网点，或在证券营业网点规范中违反本规定，存在弄虚作假、隐瞒或遗漏重要事项及其他问题的，由中国证监会及其派出机构依法处理。

七、本规定自公布之日起施行。中国证监会《关于清理规范远程证券交易网点的通知》（证监机构字［1999］123号）、《关于加强证券服务部管理若干问题的通知》（证监机构字［2000］131号）、《关于证券公司申请设立证券服务部有关问题的通知》（证监机构字［2000］264号）同时废止。

中国证监会已公布的文件与本规定不一致的，以本规定为准。

证券公司分公司监管规定（试行）

（2008年5月13日　证监会公告［2008］20号）

第一条　为了适应证券公司自主经营和完善组织体系的需要，规范证券公司分公司的设立和运营，根据《公司法》、《证券法》和《证券公司监督管理条例》，制定本规定。

第二条　本规定所称分公司是指证券公司依照《公司法》、《证券法》和《证券公司监督管理条例》设立的除证券营业部以外从事经营活动的机构。

第三条　证券公司设立分公司，应当经中国证监会批准。分公司不具有企业法人资格，其法律责任由证券公司承担。

第四条　分公司应当在证券公司的授权范围内开展业务，不得超越授权范围经营。

证券公司可以授权其分公司经营下列业务：

（一）管理证券公司一定区域内的证券营业部；

（二）经营证券公司一定区域内的证券承销与保荐业务；

（三）作为证券公司专门的证券自营业务机构经营证券自营业务；

（四）作为证券公司专门的证券资产管理业务机构经营证券资产管理业务；

（五）中国证监会批准的证券公司其他业务。

第五条　分公司不得直接经营证券营业部的业务。分公司经授权经营证券自营业务或者证券资产管理业务的，不得经营其他业务。证券公司不得授权同一家分公司经营具有利益冲突的不同业务。证券公司授权分公司经营证券自营业务或者证券资产管理业务的，公司总部不得再经营或者再授权其他分公司经营该业务。

第六条　证券公司申请设立分公司，应当符合下列审慎性要求：

（一）具备健全的公司治理结构、完善的风险管理制度和内部控制机制；

（二）设立分公司应当与公司的业务规模、管理能力、资本实力和人力资源状况相适应，并具备充分的合理性和可行性；

（三）最近两年内无重大违法违规行为，不存在因涉嫌违法违规正在受到立案调查的情形；

（四）具备与拟设立分公司业务范围相适应的营运资金、办公场所、业务及管理人员、技术条件、安全保障措施及其他条件；

（五）拟任负责人取得证券公司分支机构负责人任职资格；

（六）中国证监会的其他要求。

第七条　证券公司设立分公司，应当向中国证监会提出申请，同时将申请材料报证券公司住所地和拟设立分公司所在地证监局备案。中国证监会依照《行政许可法》、《证券法》和《证券公司监督管理条例》等法律、行政法规和中国证监会的有关规定，受理申请，进行审查，并作出决定。

设立分公司申请获批后，证券公司应当在30日内向公司登记机关申请设立登记，6个月内完成筹建工作，并应当向分公司所在地证监局申请验收。逾期未申请验收或验收未通过的，原批准文件自动失效。通过验收的，应当向中国证监会申请颁发经营证券业务许可证，并自领取经营证券业务许可证之日起10个工作日内，将经营证券业务许可证和营业执照复印件报证券公司住所地和分公司所在地证监局备案。

第八条 证券公司根据业务发展和管理需要，收购、撤销分公司或者变更分公司业务范围，应当经中国证监会批准。

分公司跨所在地证监局辖区迁址，应当经中国证监会批准；在所在地证监局辖区内迁址，应当经所在地证监局批准。

证券公司收购分公司的，应当具备本规定第六条规定的设立分公司的条件。相关转让方必须是基于调整发展战略、实行业务整合的需要，转让与标的分公司相关的全部或者一定区域内业务的证券公司。

证券公司申请撤销分公司，或者依法被责令撤销分公司的，应当制定处置方案、员工和客户安置计划，并报中国证监会备案。

第九条 证券公司应当对分公司的业务活动、信息技术系统实行集中统一管理，建立对分公司具体、明确、合理的授权、检查、问责制度，以及符合证券公司实际情况的风险控制指标实时监控系统，加强对分公司的风险控制、稽核审计和合规管理。

分公司应当在营业场所显著位置悬挂其经营证券业务许可证和营业执照，公示证券公司及分公司的基本信息、投诉电话、传真、电子信箱和其他相关信息。

第十条 分公司的业务活动、负责人应当接受分公司所在地证监局的监管。分公司应当按照监管要求向其所在地证监局报送业务、财务、负责人等经营管理信息和资料。分公司所在地证监局负责将对分公司的监管信息录入机构监管综合信息系统。

证券公司对其分公司的风险控制、稽核审计和合规管理等应当接受证券公司住所地证监局的监管。

分公司所在地和证券公司住所地证监局之间建立有效的信息沟通和监管协作机制，有效防范、化解和处置分公司的经营风险、重大异常情况和突发事件，协调配合做好有关分公司的检查、调查和稽查事项。

第十一条 本规定发布前，证券公司在住所地外设立的从事经营活动的各类业务总部、管理总部、业务中心等机构及已获准设立的分公司，应当在本规定发布后按照本规定的要求进行规范；逾期达不到要求的，应当及时撤销。

第十二条 证券公司在住所地外设立代表处、办事处等从事联络、研究、市场调查或者信息技术管理等非经营性活动的机构，应当报住所地和该类机构所在地证监局备案。该类机构不得从事任何经营性活动。

第十三条 证券公司的主要办事机构应当依法设在经公司登记机关登记的公司住所，并至少符合以下监管要求：

（一）公司董事会、监事会日常办公场所，以及公司董事长、监事长和高级管理人员的办公地点应当在公司住所；

（二）公司的财务、稽核、审计、合规和风险控制部门应当在公司住所办公；

（三）公司账簿应当设置、生成和保存于公司住所；

（四）公司完整的业务、财务信息和资料应当汇总保存于公司住所。

第十四条 证券公司及其分公司不符合本规定第十一条、第十二条和第十三条规定的，应当及时进行整改，并应自本规定发布之日起一年内达到相关要求。

第十五条 证券公司违反本规定的，中国证监会及其住所地证监局将依法对其采取监管措施。

第十六条 分公司所在地证监局依法对分公司实施监管。

第十七条 本规定自公告之日起施行。中国证监会此前发布的有关分公司监管的规定与本规定不一致的，以本规定为准。

关于发布《证券公司变更持有5%以下股权股东报备工作指引》的通知

（2008年5月9日　机构部函［2008］232号）

各证监局：

为进一步规范证券公司变更持有5%以下股权股东的报备工作，切实加强对证券公司股东的监管，推动证券公司完善治理结构，根据《公司法》、《证券法》、《证券公司监督管理条例》、《关于证券公司变更持有5%以下股权的股东有关事项的通知》（证监机构字［2006］117号）等有关规定，我们制定了《证券公司变更持有5%以下股权股东报备工作指引》，请各局向辖区证券公司转发本指引，并在证券公司变更持有5%以下股权股东的报备工作中遵照执行。

附件：《证券公司变更持有5%以下股权股东报备工作指引》

二〇〇八年五月九日

附件：

证券公司变更持有5%以下股权股东报备工作指引

根据《公司法》、《证券法》、《证券公司监督管理条例》、《关于证券公司变更持有5%以下股权的股东有关事项的通知》（证监机构字［2006］117号）等有关规定，制定本指引。

一、证券公司变更持有5%以下股权股东，应当事先向注册地证监局报备下列文件：

（一）证券公司变更持有5%以下股权股东情况的报告（内容要求见附件一）。

（二）股权受让方背景资料。包括企业简介、营业执照副本复印件，股权结构图（逐层追溯至最终权益持有人），与证券公司现有股东的关联关系或者一致行动人关系的说明，最近一年经审计的本公司财务报表。会计师事务所及注册会计师的执业证书应当作为附件。

（三）变更股东的有关文件。包括股权转让协议或者其他关于股权转让的文件；股东会决议（有限责任公司提供）或者向其他老股东告知变更股东情况的有关文件（股份有限公司提供）；老股东放弃优先购买权的证明文件（有限责任公司提供）。

（四）股权受让方《关于入股证券公司有关情况的说明与承诺》（内容要求见附件二）。

（五）证券公司及主要负责人承诺书（内容要求见附件三）。

（六）法律意见书（内容要求见附件四）。律师事务所及律师的执业证书应当作为附件。

（七）股权出让方入股证券公司的批准文件或者无异议函的复印件。

（八）中国证监会要求的其他材料。

二、证监局应当对报备文件进行审阅，重点关注下列问题：

（一）关于股权受让方的入股行为

1. 出资意愿真实。股权受让方应当充分知悉证券公司财务状况、盈利能力、经营管理状况和潜在的风险等信息，投资预期合理，不存在被误导投资入股的情形。

2. 股权权属清晰。入股后股权权属应当清晰，不存在权属纠纷以及委托他人或者接受他人委托持有或者管理证券公司股权的情形。

3. 具备出资能力，出资真实合法。股权受让方应当具备按时足额缴纳出资的能力；出资款须为来源合法的自有资金，从以股东名义开立的银行账户划出，不存在可能抽逃出资的情形。股权受让方对其他企业的长期投资余额（包括本次对证券公司的投资额），不得超过股权受让方的净资产，国有投资公司和控股公司另有规定的从其规定。

4. 具备履行股东权利和义务的能力。股权受让方应当充分知悉并且能够履行股东权利和义务，不存在未实际开展业务、停业、破产清算等影响履行股东权利和义务的情形。

5. 信誉良好，无不良诚信记录。股权受让方最近 3 年在我会、银行、工商、税务、监管部门、主管部门等单位无不良诚信记录。

6. 程序合法。入股行为已履行法定程序（包括证券公司的内部决策程序，股权受让方、股权出让方的内部决策程序和应当由上级单位或者监管部门批准的批准程序等），不得损害老股东的合法权益，不存在潜在法律障碍或者纠纷。

7. 符合信息披露和审批监管要求。股权受让方的股权结构应当披露至最终权益持有人，与其他股东的关联关系或者一致行动人关系应当充分披露。不存在未经披露实际控制多个持股 5% 以下股东，规避对持股 5% 以上股东资格审核的情形；不存在境外机构未经批准间接持有证券公司股权的情形。

8. 符合我会相关政策。股权受让方参股证券公司的数量不超过 2 家，其中控制证券公司的数量不超过 1 家。保险公司、商业银行、信托投资公司等机构参股证券公司，应当符合金融机构参股证券公司的政策要求。

9. 有明确的持股期限。为避免短期投资套利、鼓励战略投资和长期投资，确保公司股权结构相对稳定，股权受让方应当有明确的持股期限。对于存在控股股东或者实际控制人的证券公司，如果其控股股东或者实际控制人为本次股权受让方的，应当承诺自持股日起 60 个月内不转让所持证券公司股权；不属于上述情形的，股权受让方应当承诺自持股日起 36 个月内不转让所持证券公司股权。对于不存在控股股东或者实际控制人的证券公司，股权受让方应当承诺自持股日起 48 个月内不转让所持证券公司股权。控股股东或者实际控制人的认定标准依照《关于证券公司控制关系的认定标准及相关指导意见》执行。持股日是指公司注册地证监局对证券公司变更持有 5% 以下股权的股东出具无异议函的日期。因证券公司发生合并、分立、重组、风险处置等特殊原因，股东所持股权经我会批准发生转让的，不受所承诺的持股期限的限制。

（二）关于证券公司的有关工作

1. 向股东真实、准确、完整披露信息。对现有股东和股权受让方，证券公司应当真实、准确、完整披露财务状况、盈利能力、经营管理状况和潜在的风险等信息。披露信息不得误导、不实或者重大遗漏。

2. 有切实可行的后续处理措施。对于可能出现的股东委托他人或者接受他人委托持有或者管理证券公司股权、抽逃出资等违规行为，或者在承诺期限内转让所持证券公司股权，或者未按承诺及时履行报告义务等情形，证券公司应当和股权受让方事先约定处理措施。例如，可以约定由其他股东优先受让股权，公司按原价回购股权并注销，限制股东权利，约定转让行为无效等。股东的上述行为侵害其他股东合法权益的，股东应当承诺依法对其他股东承担民事赔偿责任。对于公司未真实、准确、完整向股东披露信息或者存在其他违反承诺行为的，公司应当事先制定处理措施，明确对责任人的内部责任追究，并配合监管机构调查处理。

三、经审阅未发现证券公司变更持有5%以下股权的股东违反上述各项审慎性监管要求的，证监局应当在收到完整报备文件之日起5个工作日内向证券公司出具无异议函（范本见附件五），抄送当地工商部门及我部。证监局对证券公司变更持有5%以下股权的股东事项有异议的，应当在5个工作日内向证券公司反馈意见。

四、证券公司股东股权转让比例不到5%，但存在下列情形的，证监局应当督促公司按照行政许可程序报我会审批：

（一）变更股东事项导致股权受让方持股比例达到5%以上；

（二）变更股东事项导致他人以持有证券公司股东的股权或者其他方式，实际控制证券公司5%以上的股权；

（三）变更股东事项导致境外投资者直接或者间接持有证券公司股权。

五、上市证券公司因公开市场的证券交易导致变更持有5%以下股权股东的，免除向证监局的报备要求和持股期限要求。

六、证券公司变更持有5%以下股权的股东过程中存在违反规定或者违反承诺行为的，根据具体情况作出下列处理：

（一）督促证券公司按照约定措施内部处理

督促证券公司落实与股东约定的各项处理措施，对有关责任人进行处理。

（二）采取监管措施

对于股东存在委托他人或者接受他人委托持有证券公司股权或者管理证券公司股权、抽逃出资等违规情形，或者股东在承诺不予转让股权的期限内转让所持证券公司股权，或者未按承诺及时履行报告义务，应当将有关情况作为不良诚信记录，记入股东监管档案和我会诚信系统。对于股东抽逃出资的，还应当根据《证券法》第151条等的规定，采取责令改正、责令转让股权等监管措施；在股东完成整改前，限制其股东权利；并根据《公司法》的规定，移送工商登记机关进行处理。股东行为构成犯罪的，移送公安部门追究刑事责任。

对于证券公司未真实、准确、完整向股东披露信息或者存在其他违反承诺行为的，采取通报批评等监管措施；将有关情况作为不良诚信记录，记入公司法定代表人、董事长、负责变更持有5%以下股权的股东事项的公司主要负责人的监管档案和我会诚信系统；根据《证券法》第152条、《证券公司董事、监事和高级管理人员任职资格监管办法》等规定，采取监管谈话、认定为不适当人选、撤销任职资格、责令更换相关人员等监管措施。

（三）追究法律责任

股东未经批准委托他人或者接受他人委托持有或者管理证券公司股权的，根据《证券公司监督管理条例》第86条的规定追究股东的法律责任。对于报备文件存在虚假记载的，根据《证券法》第222条等的规定追究股东、证券公司和有关责任人的法律责任。

附件：

一、《证券公司变更持有5%以下股权股东情况的报告》的内容要求（略）

二、《关于入股证券公司有关情况的说明与承诺》的内容要求（略）

三、《证券公司及主要负责人承诺书》的内容要求（略）

四、《法律意见书》的内容要求（略）

五、无异议函（范本）（略）

证券公司设立子公司试行规定

（2007年12月28日　证监机构字［2007］345号，2008年1月1日实施）

第一条　为了适应证券公司集团化和专业化经营管理的需要，规范证券公司设立子公司的行为及其与子公司的关系，促进证券公司的创新发展和证券行业的对外开放，根据《公司法》、《证券法》和其他有关法律、行政法规，制定本规定。

第二条　本规定所称子公司是指依照《公司法》和《证券法》设立，由一家证券公司控股，经营经中国证券监督管理委员会（以下简称“中国证监会”）批准的单项或者多项证券业务的证券公司。

第三条　证券公司与其子公司、受同一证券公司控制的子公司之间不得经营存在利益冲突或者竞争关系的同类业务。

第四条　经中国证监会批准，证券公司可以设立全资子公司，也可以与符合《证券法》规定的证券公司股东条件的其他投资者共同出资设立子公司。

前款规定的其他投资者应当有益于子公司健全治理结构，提高竞争力，促进子公司持续规范发展。属于金融机构的，应当在技术合作、人员培训、管理服务或者营销渠道等方面具备一定优势。

第五条　证券公司设立子公司，应当符合下列审慎性要求：

（一）最近十二个月各项风险控制指标持续符合规定标准，最近一年净资本不低于12亿元人民币；

（二）具备较强的经营管理能力，设立子公司经营证券经纪、证券承销与保荐或者证券资产管理业务的，最近一年公司经营该业务的市场占有率不低于行业中等水平；

（三）具备健全的公司治理结构、完善的风险管理制度和内部控制机制，能够有效防范证券公司与其子公司之间出现风险传递和利益冲突；

（四）中国证监会的其他要求。

第六条　证券公司申请设立子公司，应当向中国证监会提交下列文件：

（一）子公司出资人的法定代表人或者授权代表签署的申请表；

（二）出资人关于设立子公司的合同或者单独出资设立子公司的股东会或者股东大会的决议；

（三）子公司章程草案；

（四）可行性研究报告，内容至少包括：出资人基本情况；申请人的公司治理结构、风险管理、内部控制和合规管理制度的说明，以及防范证券公司与其子公司之间出现风险传递和利益冲突的安排；子公司的组织管理架构、业务范围的说明和业务发展规划等；

（五）出资人名册及其出资额、出资方式和出资比例说明、作为出资的非货币财产的资产评估报告、出资人之间的关联关系说明、持有百分之五以上股权的出资人近三年的审计报告和子公司的股权结构图；

（六）子公司拟任董事长、监事会主席和高级管理人员的任职资格证明文件；

（七）申请人具有子公司拟经营相关证券业务资格和最近一年相应证券业务市场占有率

的说明；

（八）申请人出具的不经营与其子公司存在利益冲突或者竞争关系的同类业务的承诺，以及其他出资人对子公司的持续规范发展提供支持的安排；

（九）申请人最近一年的净资本、最近十二个月的风险控制指标符合规定要求的说明，以及设立子公司对风险控制指标影响情况的说明；

（十）由中国境内律师事务所出具的法律意见书；

（十一）中国证监会要求的其他文件。

第七条 经中国证监会批准，符合下列审慎性要求的子公司，可以申请扩大业务范围：

（一）持续经营五年以上，信誉良好，最近三年无重大违法违规记录；

（二）最近十二个月各项风险控制指标持续符合规定标准；

（三）具有持续盈利能力和较强的经营管理能力，最近一年主要业务的市场占有率不低于行业中等水平；

（四）具备健全的公司治理结构、完善的风险管理制度和内部控制机制；

（五）中国证监会的其他要求。

子公司符合本条规定要求的，也可以由其股东申请另设子公司经营增加的证券业务。

第八条 子公司申请扩大业务范围，应当向中国证监会提交下列文件：

（一）法定代表人或者授权代表签署的申请表；

（二）股东会或者股东大会关于扩大业务范围的决议；

（三）可行性研究报告，内容至少包括：子公司基本情况、新业务的组织管理架构和发展规划等；

（四）负责新业务的高级管理人员的任职资格证明文件；

（五）子公司的证券业务持续经营情况和最近一年市场占有率及盈利情况的说明；

（六）子公司最近十二个月的风险控制指标符合规定要求的说明；

（七）子公司的公司治理结构、风险管理、内部控制和合规管理制度的情况说明，以及业务范围扩大后防范证券公司与其子公司之间、受同一证券公司控制的子公司之间出现风险传递和利益冲突的安排；

（八）控股股东出具的不与其子公司经营存在利益冲突或者竞争关系的同类业务的承诺，以及其他股东对子公司新业务的发展提供支持的安排；

（九）中国证监会要求的其他文件。

第九条 除全资子公司外，子公司的股东会或者股东大会应当由各股东按照出资比例或者持有股份的比例行使表决权，各股东推荐并经选任的董事占董事会成员的比例应当与其出资比例或者持有股份的比例相对应。

子公司及其股东不得通过协议或者其他安排约定与前款规定相冲突的事项。

第十条 子公司不得直接或者间接持有其控股股东、受同一证券公司控股的其他子公司的股权或股份，或者以其他方式向其控股股东、受同一证券公司控股的其他子公司投资。

第十一条 证券公司可以依照有关规定或者合同的约定，为子公司的合规管理、风险控制、稽核审计、人力资源管理、信息技术和运营服务等方面提供支持和服务。

第十二条 证券公司不得利用其控股地位损害子公司、子公司其他股东和子公司客户的合法权益。

第十三条 子公司应当具备健全的公司治理结构，完善的风险管理制度、合规管理制度和内部控制机制。

证券公司与其子公司、受同一证券公司控制的子公司之间应当建立合理必要的隔离墙制度，防止可能出现的风险传递和利益冲突。

第十四条 证券公司及其子公司应当单独向中国证监会报送年度报告、监管报表和有关资料，证券公司还应当在合并计算其子公司的财务及业务数据的基础上向中国证监会报送前述资料。

证券公司及其子公司单独计算、以合并数据为基础计算的净资本和风险控制指标应当符合中国证监会的要求。

第十五条 子公司的设立、变更、终止、业务活动及监督管理等事项，应当遵守法律、行政法规和中国证监会的规定。

第十六条 证券公司通过受让、认购股权等方式控股其他证券公司的，适用本规定。

证券公司控股证券投资基金管理公司、期货公司、证券投资咨询机构、财务顾问机构、直接投资机构等公司的，法律、行政法规和规章有规定的，适用其规定，没有规定的参照本规定执行。

本规定施行之前，证券公司已经通过设立、受让、认购股权等方式控股其他证券公司的，应当在本规定施行之日起两年内达到第三条、第四条和第九条规定的要求。

第十七条 本规定所称市场占有率，依据中国证券业协会和证券交易所公布的数据计算。

本规定所称行业中等水平，是指从事某项证券业务的证券公司依据该项业务指标的排名居于中位数。

第十八条 本规定自2008年1月1日起施行。

外资参股证券公司设立规则

（2007年12月28日　证监会令第52号，2002年6月1日证监会令第8号公布　根据2007年12月28日中国证券监督管理委员会《关于修改〈外资参股证券公司设立规则〉的决定》修订）

第一条　为了适应证券市场对外开放的需要，加强和完善对外资参股证券公司的监督管理，明确外资参股证券公司的设立条件和程序，根据《公司法》和《证券法》的有关规定，制定本规则。

第二条　本规则所称外资参股证券公司是指：

（一）境外股东与境内股东依法共同出资设立的证券公司；

（二）境外投资者依法受让、认购内资证券公司股权，内资证券公司依法变更的证券公司。

第三条　中国证券监督管理委员会（以下简称“中国证监会”）负责对外资参股证券公司的审批和监督管理。

第四条　外资参股证券公司的名称、组织形式、注册资本、组织机构的设立及职责等，应当符合《公司法》、《证券法》等法律、法规和中国证监会的有关规定。

第五条　外资参股证券公司可以经营下列业务：

（一）股票（包括人民币普通股、外资股）和债券（包括政府债券、公司债券）的承销与保荐；

（二）外资股的经纪；

（三）债券（包括政府债券、公司债券）的经纪和自营；

（四）中国证监会批准的其他业务。

第六条　外资参股证券公司应当符合下列条件：

（一）注册资本符合《证券法》的规定；

（二）股东具备本规则规定的资格条件，其出资比例、出资方式符合本规则的规定；

（三）按照中国证监会的规定取得证券从业资格的人员不少于30人，并有必要的会计、法律和计算机专业人员；

（四）有健全的内部管理、风险控制和对承销、经纪、自营等业务在机构、人员、信息、业务执行等方面分开管理的制度，有适当的内部控制技术系统；

（五）有符合要求的营业场所和合格的业务设施；

（六）中国证监会规定的其他审慎性条件。

第七条　外资参股证券公司的境外股东，应当具备下列条件：

（一）所在国家或者地区具有完善的证券法律和监管制度，已与中国证监会或者中国证监会认可的机构签定证券监管合作谅解备忘录，并保持着有效的监管合作关系；

（二）在所在国家或者地区合法成立，至少有1名是具有合法的金融业务经营资格的机构；境外股东自参股之日起3年内不得转让所持有的外资参股证券公司股权；

（三）持续经营5年以上，近三年未受到所在国家或者地区监管机构或者行政、司法机关的重大处罚；

（四）近三年各项财务指标符合所在国家或者地区法律的规定和监管机构的要求；

（五）具有完善的内部控制制度；

（六）具有良好的声誉和经营业绩；

（七）中国证监会规定的其他审慎性条件。

第八条 外资参股证券公司的境内股东，应当具备中国证监会规定的证券公司股东资格条件。

外资参股证券公司的境内股东，应当有 1 名是内资证券公司。但内资证券公司变更为外资参股证券公司的，不在此限。

第九条 境内股东可以用现金、经营中必需的实物出资；境外股东应当以自由兑换货币出资。

第十条 境外股东持股比例或者在外资参股证券公司中拥有的权益比例，累计（包括直接持有和间接控制）不得超过 1/3。

境内股东中的内资证券公司，应当至少有 1 名的持股比例或者在外资参股证券公司中拥有的权益比例不低于 1/3。

内资证券公司变更为外资参股证券公司后，应当至少有 1 名内资股东的持股比例不低于 1/3。

第十一条 外资参股证券公司的董事、监事和高级管理人员应当具备中国证监会规定的任职资格条件。

第十二条 申请设立外资参股证券公司，应当由全体股东共同指定的代表或者委托的代理人，向中国证监会提交下列文件：

（一）境内外股东的法定代表人或者授权代表共同签署的申请表；

（二）关于设立外资参股证券公司的合同及章程草案；

（三）外资参股证券公司拟任主要高级管理人员符合任职条件的说明文件；

（四）股东的营业执照或者注册证书、证券业务资格证书复印件；

（五）申请前三年境内外股东经审计的财务报表；

（六）境外股东所在国家或者地区相关监管机构或者中国证监会认可的境外机构出具的关于该境外股东是否具备本规则第七条第（二）、（三）、（四）项规定的条件的说明函；

（七）由中国境内律师事务所出具的法律意见书；

（八）中国证监会要求的其他文件。

第十三条 中国证监会依照有关法律、行政法规和本规则对前条规定的申请文件进行审查，并在规定期限内作出是否批准的决定，书面通知申请人。不予批准的，书面说明理由。

第十四条 股东应自中国证监会的批准文件签发之日起 6 个月内足额缴付出资或者提供约定的合作条件，选举董事、监事，聘任高级管理人员，并向工商行政管理机关申请设立登记，领取营业执照。

第十五条 外资参股证券公司的董事长或者授权代表应自营业执照签发之日起 15 个工作日内，向中国证监会提交下列文件，申请《经营证券业务许可证》：

（一）营业执照副本复印件；

（二）公司章程；

（三）由中国境内具有证券相关业务资格的会计师事务所出具的验资报告；

（四）董事、监事、高级管理人员和主要业务人员的名单、任职资格证明文件和证券从业资格证明文件；

（五）内部控制制度文本；

（六）营业场所和业务设施情况说明书。

（七）中国证监会要求的其他文件。

第十六条 中国证监会依照有关法律、行政法规和本规则对前条规定的申请文件进行审查，并自接到符合要求的申请文件之日起15个工作日内作出决定。对符合规定条件的，颁发《经营证券业务许可证》；对不符合规定条件的，不予颁发，并书面说明理由。

第十七条 未取得中国证监会颁发的《经营证券业务许可证》，外资参股证券公司不得开业，不得经营证券业务。

第十八条 内资证券公司申请变更为外资参股证券公司的，应当具备本规则第六条规定的条件。

收购或者参股内资证券公司的境外股东应当具备本规则第七条规定的条件，其收购的股权比例或者出资比例应当符合本规则第十条的规定。

第十九条 内资证券公司申请变更为外资参股证券公司，应当向中国证监会提交下列文件：

（一）法定代表人签署的申请表；

（二）股东会关于变更为外资参股证券公司的决议；

（三）公司章程修改草案；

（四）股权转让协议或者出资协议（股份认购协议）；

（五）拟在该证券公司任职的外国投资者委派人员的名单、简历以及相应的从业资格证明文件、任职资格证明文件；

（六）境外股东的营业执照或者注册证书和相关业务资格证书复印件；

（七）申请前三年境外股东经审计的财务报表；

（八）境外股东所在国家或者地区相关监管机构或者中国证监会认可的境外机构出具的关于该境外股东是否具备本规则第七条第（二）、（三）、（四）项规定条件的说明函；

（九）依法不能由外资参股证券公司经营的业务的清理方案；

（十）由中国境内律师事务所出具的法律意见书；

（十一）中国证监会要求的其他文件。

第二十条 中国证监会依照有关法律、行政法规和本规则对前条规定的申请文件进行审查，并在规定期限内作出是否批准的决定，书面通知申请人。不予批准的，书面说明理由。

第二十一条 获准变更的证券公司，应自中国证监会的批准文件签发之日起6个月内，办理股权转让或者增资事宜，清理依法不能由外资参股证券公司经营的业务，并向工商行政管理机关申请变更登记，换领营业执照。

第二十二条 获准变更的证券公司应自变更登记之日起15个工作日内，向中国证监会提交下列文件，申请换发《经营证券业务许可证》：

（一）营业执照副本复印件；

（二）外资参股证券公司章程；

（三）公司原有经营证券业务许可证及其副本；

（四）由中国境内具有证券相关业务资格的会计师事务所出具的验资报告；

（五）依法不能由外资参股证券公司经营的业务的清理工作报告；

（六）中国境内律师事务所和具有证券相关业务资格的会计师事务所对前项清理工作出

具的法律意见书和验证报告。

（七）中国证监会要求的其他文件。

第二十三条 中国证监会依照有关法律、行政法规和本规则对前条规定的申请文件进行审查，并自接到符合要求的申请文件之日起15个工作日内作出决定。对符合规定条件的，换发《经营证券业务许可证》；对不符合规定条件的，不予换发，并书面说明理由。

第二十四条 外资参股证券公司合并或者外资参股证券公司与内资证券公司合并后新设或者存续的证券公司，应当具备本规则规定的外资参股证券公司的设立条件；其业务范围、境外股东所占的股权或者权益比例应当符合本规则的规定。

外资参股证券公司分立后设立的证券公司，股东中有境外股东的，其业务范围、境外股东所占的股权或者权益比例应当符合本规则的规定。

第二十五条 境外投资者可以依法通过证券交易所的证券交易持有上市内资证券公司股份，或者与上市内资证券公司建立战略合作关系并经中国证监会批准持有上市内资证券公司股份，上市内资证券公司经批准的业务范围不变；在控股股东为内资股东的前提下，上市内资证券公司不受至少有1名内资股东的持股比例不低于1/3的限制。

境外投资者依法通过证券交易所的证券交易持有或者通过协议、其他安排与他人共同持有上市内资证券公司5%以上股份的，应当符合本规则第七条规定的条件，并遵守《证券法》第一百二十九条的规定。

单个境外投资者持有（包括直接持有和间接控制）上市内资证券公司股份的比例不得超过20%；全部境外投资者持有（包括直接持有和间接控制）上市内资证券公司股份的比例不得超过25%。

第二十六条 按照本规则规定提交中国证监会的申请文件及报送中国证监会的资料，必须使用中文。境外股东及其所在国家或者地区相关监管机构或者中国证监会认可的境外机构出具的文件、资料使用外文的，应当附有与原文内容一致的中文译本。

申请人提交的文件及报送的材料，不能充分说明申请人的状况的，中国证监会可以要求申请人作出补充说明。

第二十七条 香港特别行政区、澳门特别行政区和台湾地区的投资者参股证券公司的，比照适用本规则。

第二十八条 外资参股证券公司的设立、变更、终止、业务活动及监督管理事项，本规则未作规定的，适用中国证监会的其他有关规定。

第二十九条 本规则自2002年7月1日起实施。

关于证券公司变更持有5%以下股权的股东有关事项的通知

（2006年6月22日　证监机构字［2006］117号）

各证券公司：

根据2006年1月1日起实施的《证券法》的有关规定，我会对证券公司股权变更行政许可事项作了相应的调整，现将有关事项通知如下：

一、证券公司变更持有5%以下股权的股东，不需报我会审批，但应当事先向注册地证监局报告，并说明以下事项：

（一）股权变更的情况；

（二）股权受让方的基本情况、工商营业执照、股权结构；股权受让方应逐层追溯披露股东的股权背景，直至最终权益持有人；

（三）股权受让方与证券公司其他股东是否存在关联关系；

（四）股权变更是否导致证券公司主要股东、实际控制人发生变化。

注册地证监局对上述事项有异议的，可以在5个工作日内要求证券公司补充有关材料或报送股权变更申请材料。注册地证监局在5个工作日内未提出异议的，证券公司可以办理股权变更的相关手续。证券公司在办理股权变更过程中，如当地工商部门需要我会出具相关文件的，注册地证监局可以出具无异议函。

二、证券公司股权变更比例不到5%，但属于以下情形的，应当按照现行规定和程序报我会审批：

（一）因股权变更导致股权受让方持股比例达到5%以上的；

（二）因股权变更导致公司主要股东、实际控制人发生变化的。

（二）人 员 管 理

证券发行上市保荐业务管理办法（见常用篇）

（2009年5月13日 证监会令第63号，2008年8月14日中国证券监督管理委员会第235次主席办公会议审议通过 根据2009年5月13日中国证券监督管理委员会《关于修改〈证券发行上市保荐业务管理办法〉的决定》修订 2009年6月14日实施）

证券经纪人管理暂行规定

（2009 年 4 月 13 日　证监会公告［2009］2 号）

第一条　为了加强对证券经纪人的监管，规范证券经纪人的执业行为，保护客户的合法权益，根据《证券法》和《证券公司监督管理条例》（以下简称《条例》），制定本规定。

第二条　证券公司可以通过公司员工或者委托公司以外的人员从事客户招揽和客户服务等活动。委托公司以外的人员的，应当按照《条例》规定的证券经纪人形式进行，不得采取其他形式。

前款所称证券经纪人，是指接受证券公司的委托，代理其从事客户招揽和客户服务等活动的证券公司以外的自然人。

第三条　证券公司应当建立健全证券经纪人管理制度，采取有效措施，对证券经纪人及其执业行为实施集中统一管理，保障证券经纪人具备基本的职业道德和业务素质，防止证券经纪人在执业过程中从事违法违规或者超越代理权限、损害客户合法权益的行为。

第四条　证券经纪人为证券从业人员，应当通过证券从业人员资格考试，并具备规定的证券从业人员执业条件。

证券经纪人只能接受一家证券公司的委托，并应当专门代理证券公司从事客户招揽和客户服务等活动。

第五条　证券公司应当在与证券经纪人签订委托合同前，对其资格条件进行严格审查。对不具备规定条件的人员，证券公司不得与其签订委托合同。

第六条　证券公司与证券经纪人签订委托合同，应当遵循平等、自愿、诚实信用的原则，公平地确定双方的权利和义务。

委托合同应当载明下列事项：

（一）证券公司的名称和证券经纪人的姓名；

（二）证券经纪人的代理权限；

（三）证券经纪人的代理期间；

（四）证券经纪人服务的证券营业部；

（五）证券经纪人的执业地域范围；

（六）证券经纪人的基本行为规范；

（七）证券经纪人的报酬计算与支付方式；

（八）双方权利义务；

（九）违约责任。

证券经纪人的执业地域范围，应当与其服务的证券公司的管理能力及证券营业部的客户管理水平和客户服务的合理区域相适应。

第七条　证券公司应当对证券经纪人进行不少于 60 个小时的执业前培训，其中法律法规和职业道德的培训时间不少于 20 个小时。证券公司应当对证券经纪人执业前培训的效果进行测试。

第八条　证券公司应当在与证券经纪人签订委托合同、对其进行执业前培训并经测试合格后，为其向中国证券业协会（以下简称协会）进行执业注册登记。执业注册登记事项包括证券经纪人的姓名、身份证号码、代理权限、代理期间、服务的证券营业部、执业地域范围和公司查询与投诉电话等。

证券公司应当在为证券经纪人进行执业注册登记后，按照协会的规定打印证券经纪人证书，并加盖公司公章，颁发给证券经纪人。证券经纪人证书由协会统一印制、编号。

第九条 证券经纪人证书载明事项发生变动的，证券公司应当将该证书收回，向协会变更该人员的执业注册登记，并按照本规定第八条第二款办理新证书的打印和颁发事宜。

证券公司终止与证券经纪人的委托关系的，应当收回其证券经纪人证书，并自委托关系终止之日起5个工作日内向协会注销该人员的执业注册登记。证券公司因故未能收回证券经纪人证书的，应当自委托关系终止之日起10个工作日内，通过证监会指定报纸和公司网站等媒体公告该证书作废。

第十条 取得证券经纪人证书后，证券经纪人方可执业。证券经纪人应当在执业过程中向客户出示证券经纪人证书，明示其与证券公司的委托代理关系，并在委托合同约定的代理权限、代理期间、执业地域范围内从事客户招揽和客户服务等活动。

第十一条 证券经纪人在执业过程中，可以根据证券公司的授权，从事下列部分或者全部活动：

（一）向客户介绍证券公司和证券市场的基本情况；

（二）向客户介绍证券投资的基本知识及开户、交易、资金存取等业务流程；

（三）向客户介绍与证券交易有关的法律、行政法规、证监会规定、自律规则和证券公司的有关规定；

（四）向客户传递由证券公司统一提供的研究报告及与证券投资有关的信息；

（五）向客户传递由证券公司统一提供的证券类金融产品宣传推介材料及有关信息；

（六）法律、行政法规和证监会规定证券经纪人可以从事的其他活动。

第十二条 证券经纪人从事客户招揽和客户服务等活动，应当遵守法律、行政法规、监管机构和行政管理部门的规定、自律规则以及职业道德，自觉接受所服务的证券公司的管理，履行委托合同约定的义务，向客户充分提示证券投资的风险。

第十三条 证券经纪人应当在本规定第十一条规定和证券公司授权的范围内执业，不得有下列行为：

（一）替客户办理账户开立、注销、转移，证券认购、交易或者资金存取、划转、查询等事宜；

（二）提供、传播虚假或者误导客户的信息，或者诱使客户进行不必要的证券买卖；

（三）与客户约定分享投资收益，对客户证券买卖的收益或者赔偿证券买卖的损失作出承诺；

（四）采取贬低竞争对手、进入竞争对手营业场所劝导客户等不正当手段招揽客户；

（五）泄漏客户的商业秘密或者个人隐私；

（六）为客户之间的融资提供中介、担保或者其他便利；

（七）为客户提供非法的服务场所或者交易设施，或者通过互联网络、新闻媒体从事客户招揽和客户服务等活动；

（八）委托他人代理其从事客户招揽和客户服务等活动；

（九）损害客户合法权益或者扰乱市场秩序的其他行为。

第十四条 证券公司应当按照协会的规定，组织对证券经纪人的后续职业培训。

第十五条 证券公司应当建立健全证券经纪人执业支持系统，向证券经纪人提供其执业所需的有关资料和信息。

第十六条 证券公司应当建立健全信息查询制度，保证客户能够通过现场、电话或者互联网络的方式随时查询证券经纪人的姓名、代理权限、代理期间、服务的证券营业部、执业地域范围及证券经纪人证书编号等信息，能够通过现场或者互联网络的方式查看证券经纪人的照片。

证券公司应当按月或者按季将证券经纪人所招揽和服务客户账户的交易情况及资产余额等信息，以信函、电子邮件、手机短信或者其他适当方式提供给客户。证券公司与客户另有约定的，从其约定。

第十七条 证券公司应当建立健全客户回访制度，指定人员定期通过面谈、电话、信函或者其他方式对证券经纪人招揽和服务的客户进行回访，了解证券经纪人的执业情况，并作出完整记录。负责客户回访的人员不得从事客户招揽和客户服务活动。

第十八条 证券公司应当建立健全异常交易和操作监控制度，采取技术手段，对证券经纪人所招揽和服务客户的账户进行有效监控，发现异常情况的，立即查明原因并按照规定处理。

第十九条 证券公司应当建立健全客户投诉和纠纷处理机制，明确处理流程，妥善处理客户投诉和与客户之间的纠纷，持续做好客户投诉和纠纷处理工作。证券公司应当保证在营业时间内，有专门人员受理客户投诉、接待客户来访。证券公司的客户投诉渠道和纠纷处理流程，应当在公司网站和证券营业部的营业场所公示。

证券经纪人被投诉情况以及证券公司对客户投诉、纠纷和不稳定事件的防范和处理效果，作为衡量证券公司内部管理能力和客户服务水平的重要指标，纳入其分类评价范围。

第二十条 证券公司应当将证券经纪人的执业行为纳入公司合规管理范围，并建立科学合理的证券经纪人绩效考核制度，将证券经纪人执业行为的合规性纳入其绩效考核范围。

证券公司应当将证券营业部对证券经纪人管理的有效性纳入其绩效考核范围。

第二十一条 证券经纪人在执业过程中发生违反证券公司内部管理制度、自律规则或者法律、行政法规、监管机构和行政管理部门规定行为的，证券公司应当按照有关规定和委托合同的约定，追究其责任，并及时向公司住所地和该证券经纪人服务的证券营业部所在地证监会派出机构报告。证券经纪人不再具备规定的执业条件的，证券公司应当解除委托合同。

证券经纪人的行为涉嫌违反法律、行政法规、监管机构和行政管理部门规定的，证券公司应当及时报告有关监管机构或者行政管理部门；涉嫌刑事犯罪的，证券公司应当及时向有关司法机关举报。

第二十二条 证券公司应当建立健全证券经纪人档案，实现证券经纪人执业过程留痕。证券经纪人档案应当记载证券经纪人的个人基本信息、证券从业资格状态、代理权限、代理期间、服务的证券营业部、执业地域范围、执业前及后续职业培训情况、执业活动情况、客户投诉及处理情况、违法违规及超越代理权限行为的处理情况和绩效考核情况等信息。

第二十三条 证券公司应当在每年1月31日之前，向住所地证监会派出机构报送证券经纪人管理年度报告。年度报告应当至少包括下列内容：

（一）本年度与证券经纪人有关的管理制度、内控机制和技术系统的运行和改进情况；

（二）本年度证券经纪人数量的变动情况，报告期末证券经纪人的数量及在证券营业部的分布情况；

（三）本年度证券经纪人委托合同执行情况、证券经纪人报酬支付和合法权益保障情况；

（四）本年度证券经纪人执业前培训和后续职业培训的内容、方式、时间和接受培训的人数以及下一年度的培训计划；

（五）本年度与证券经纪人有关的客户投诉和纠纷及其处理情况，当前可能出现集中投诉的事项、形成原因及拟采取的化解措施。

第二十四条 协会负责制定有关自律规则，组织或者办理证券经纪人的资格考试、注册登记、证书印制与后续职业培训，并可以对证券公司委托、管理证券经纪人的情况和证券经纪人的执业行为进行监督检查，对违反自律规则的证券公司和证券经纪人予以纪律处分。

协会建立证券经纪人数据库，向社会公众提供证券经纪人执业注册登记信息的查询服务。

第二十五条 证监会及其派出机构依法对证券经纪人进行监督管理。对违法违规的证券经纪人，依法采取监管措施或者予以行政处罚。对违反规定或者因管理不善导致证券经纪人违法违规、客户大量投诉、出现重大纠纷、不稳定事件的证券公司，可以要求其提高经纪业务风险资本准备计算比例和有关证券营业部的分支机构风险资本准备计算金额，并依法采取限制其证券经纪人规模等监管措施或者予以行政处罚。

证券公司和证券经纪人的失信行为信息，记入证券期货市场诚信信息数据库系统。

第二十六条 证券公司应当将与证券经纪人有关的管理制度、证券经纪人制度启动实施方案报公司住所地证监会派出机构备案。经住所地证监会派出机构现场核查，确认其相关管理制度、内控机制和技术系统已经建立并能有效运行，证券经纪人制度启动实施方案合理可行，证券经纪业务已经满足合规要求后，证券公司方可委托证券经纪人从事客户招揽和客户服务等活动。

证券营业部在启动实施证券经纪人制度前，应当将证券公司与证券经纪人有关的管理制度和证券经纪人制度启动实施方案报所在地证监会派出机构备案，并接受所在地证监会派出机构的监管。

与证券经纪人有关的管理制度，应当至少包括证券经纪人的资格管理、委托合同管理、执业前和后续职业培训、证书管理、行为规范、报酬计算与支付方式以及本规定第十五条至第二十二条规定的事项等内容；证券经纪人制度启动实施方案，应当至少包括实施该制度的证券营业部的选择标准和确定程序、实施该制度的基本步骤等内容。

第二十七条 证券公司的员工从事证券经纪业务营销活动，参照本规定执行。

证券公司的证券经纪业务营销人员数量应当与公司的管理能力相适应。

第二十八条 本规定自 2009 年 4 月 13 日起施行。

证券公司董事、监事和高级管理人员任职资格监管办法（见常用篇）

（2006 年 11 月 30 日　证监会令第 39 号，2006 年 12 月 1 日实施）

证券市场禁入规定

（2006年6月7日　证监会令第33号，2006年7月10日实施）

第一条　为了维护证券市场秩序，保护投资者合法权益和社会公众利益，促进证券市场健康稳定发展，根据《中华人民共和国证券法》等法律、行政法规，制定本规定。

第二条　中国证券监督管理委员会（以下简称“中国证监会”）对违反法律、行政法规或者中国证监会有关规定的有关责任人员采取证券市场禁入措施，以事实为依据，遵循公开、公平、公正的原则。

第三条　下列人员违反法律、行政法规或者中国证监会有关规定，情节严重的，中国证监会可以根据情节严重的程度，采取证券市场禁入措施：

（一）发行人、上市公司的董事、监事、高级管理人员，其他信息披露义务人或者其他信息披露义务人的董事、监事、高级管理人员；

（二）发行人、上市公司的控股股东、实际控制人或者发行人、上市公司控股股东、实际控制人的董事、监事、高级管理人员；

（三）证券公司的董事、监事、高级管理人员及其内设业务部门负责人、分支机构负责人或者其他证券从业人员；

（四）证券公司的控股股东、实际控制人或者证券公司控股股东、实际控制人的董事、监事、高级管理人员；

（五）证券服务机构的董事、监事、高级管理人员等从事证券服务业务的人员和证券服务机构的实际控制人或者证券服务机构实际控制人的董事、监事、高级管理人员；

（六）证券投资基金管理人、证券投资基金托管人的董事、监事、高级管理人员及其内设业务部门、分支机构负责人或者其他证券投资基金从业人员；

（七）中国证监会认定的其他违反法律、行政法规或者中国证监会有关规定的有关责任人员。

第四条　被中国证监会采取证券市场禁入措施的人员，在禁入期间内，除不得继续在原机构从事证券业务或者担任原上市公司董事、监事、高级管理人员职务外，也不得在其他任何机构中从事证券业务或者担任其他上市公司董事、监事、高级管理人员职务。

被采取证券市场禁入措施的人员，应当在收到中国证监会作出的证券市场禁入决定后立即停止从事证券业务或者停止履行上市公司董事、监事、高级管理人员职务，并由其所在机构按规定的程序解除其被禁止担任的职务。

第五条　违反法律、行政法规或者中国证监会有关规定，情节严重的，可以对有关责任人员采取3至5年的证券市场禁入措施；行为恶劣、严重扰乱证券市场秩序、严重损害投资者利益或者在重大违法活动中起主要作用等情节较为严重的，可以对有关责任人员采取5至10年的证券市场禁入措施；有下列情形之一的，可以对有关责任人员采取终身的证券市场禁入措施：

（一）严重违反法律、行政法规或者中国证监会有关规定，构成犯罪的；

（二）违反法律、行政法规或者中国证监会有关规定，行为特别恶劣，严重扰乱证券市场秩序并造成严重社会影响，或者致使投资者利益遭受特别严重损害的；

（三）组织、策划、领导或者实施重大违反法律、行政法规或者中国证监会有关规定的活动的；

（四）其他违反法律、行政法规或者中国证监会有关规定，情节特别严重的。

第六条 违反法律、行政法规或者中国证监会有关规定，情节严重的，可以单独对有关责任人员采取证券市场禁入措施，或者一并依法进行行政处罚；涉嫌犯罪的，依法移送公安机关、人民检察院，并可同时采取证券市场禁入措施。

第七条 有下列情形之一的，可以对有关责任人员从轻、减轻或者免予采取证券市场禁入措施：

（一）主动消除或者减轻违法行为危害后果的；

（二）配合查处违法行为有立功表现的；

（三）受他人指使、胁迫有违法行为，且能主动交待违法行为的；

（四）其他可以从轻、减轻或者免予采取证券市场禁入措施的。

第八条 共同违反法律、行政法规或者中国证监会有关规定，需要采取证券市场禁入措施的，对负次要责任的人员，可以比照应负主要责任的人员，适当从轻、减轻或者免予采取证券市场禁入措施。

第九条 中国证监会采取证券市场禁入措施前，应当告知当事人采取证券市场禁入措施的事实、理由及依据，并告知当事人有陈述、申辩和要求举行听证的权利。

第十条 被采取证券市场禁入措施者因同一违法行为同时被认定有罪或者进行行政处罚的，如果对其所作有罪认定或行政处罚决定被依法撤销或者变更，并因此影响证券市场禁入措施的事实基础或者合法性、适当性的，依法撤销或者变更证券市场禁入措施。

第十一条 被中国证监会采取证券市场禁入措施的人员，中国证监会将通过中国证监会网站或指定媒体向社会公布，并记入被认定为证券市场禁入者的诚信档案。

第十二条 中国证监会依法宣布个人或者单位的直接责任人员为期货市场禁止进入者的，可以参照本规定执行。

第十三条 本规定自2006年7月10日起施行。1997年3月3日中国证监会发布施行的《证券市场禁入暂行规定》（证监［1997］7号）同时废止。

证券业从业人员资格管理办法

（2002年12月16日　证监会令第14号，2003年2月1日实施）

第一章　总　　则

第一条　为了加强证券业从业人员资格管理，促进证券市场规范发展，保护投资者合法权益，根据《中华人民共和国证券法》，制定本办法。

第二条　在依法从事证券业务的机构（以下简称“机构”）中从事证券业务的专业人员，应当按照本办法规定，取得从业资格和执业证书。

第三条　本办法所称机构是指：

（一）证券公司；

（二）基金管理公司、基金托管机构、基金销售机构；

（三）证券投资咨询机构；

（四）证券资信评估机构；

（五）中国证券监督管理委员会（以下简称“中国证监会”）规定的其他从事证券业务的机构。

第四条　本办法所称从事证券业务的专业人员是指：

（一）证券公司中从事自营、经纪、承销、投资咨询、受托投资管理等业务的专业人员，包括相关业务部门的管理人员；

（二）基金管理公司、基金托管机构中从事基金销售、研究分析、投资管理、交易、监察稽核等业务的专业人员，包括相关业务部门的管理人员；基金销售机构中从事基金宣传、推销、咨询等业务的专业人员，包括相关业务部门的管理人员；

（三）证券投资咨询机构中从事证券投资咨询业务的专业人员及其管理人员；

（四）证券资信评估机构中从事证券资信评估业务的专业人员及其管理人员；

（五）中国证监会规定需要取得从业资格和执业证书的其他人员。

第五条　中国证券业协会（以下简称“协会”）依据本办法负责从业人员从业资格考试、执业证书发放以及执业注册登记等工作。

第六条　中国证监会对协会有关证券业从业人员资格管理的工作进行指导和监督。

第二章　从业资格取得和执业证书

第七条　参加资格考试的人员，应当年满18周岁，具有高中以上文化程度和完全民事行为能力。

第八条　资格考试由协会统一组织。参加考试的人员考试合格的，取得从业资格。

第九条　从业资格不实行专业分类考试。资格考试内容包括一门基础性科目和一门专业性科目。

根据证券市场发展的需要，协会可在资格考试之外另行组织各项专业的水平考试，但不作为法定考试内容，由从业人员自行选择，供机构用人时参考。

第十条 取得从业资格的人员，符合下列条件的，可以通过机构申请执业证书：

（一）已被机构聘用；

（二）最近三年未受过刑事处罚；

（三）不存在《中华人民共和国证券法》第一百三十二条规定的情形；

（四）未被中国证监会认定为证券市场禁入者，或者已过禁入期的；

（五）品行端正，具有良好的职业道德；

（六）法律、行政法规和中国证监会规定的其他条件。

申请执业证券投资咨询以及证券资信评估业务的，申请人应当同时符合《中华人民共和国证券法》第一百七十条，以及其他相关规定。

第十一条 申请人符合本办法规定条件的，协会应当自收到申请之日起三十日内，向中国证监会备案，颁发执业证书；不符合本办法规定条件的，不予颁发执业证书，并应当自收到申请之日起三十日内书面通知申请人或者机构，并书面说明理由。

第十二条 执业证书不实行分类。取得执业证书的人员，经机构委派，可以代表聘用机构对外开展本机构经营的证券业务。

第三章　监督管理

第十三条 取得执业证书的人员，连续三年不在机构从业的，由协会注销其执业证书；重新执业的，应当参加协会组织的执业培训，并重新申请执业证书。

第十四条 从业人员取得执业证书后，辞职或者不为原聘用机构所聘用的，或者其他原因与原聘用机构解除劳动合同的，原聘用机构应当在上述情形发生后十日内向协会报告，由协会变更该人员执业注册登记。

取得执业证书的从业人员变更聘用机构的，新聘用机构应当在上述情形发生后十日内向协会报告，由协会变更该人员执业注册登记。

第十五条 机构不得聘用未取得执业证书的人员对外开展证券业务。

第十六条 从业人员在执业过程中违反有关证券法律、行政法规以及中国证监会有关规定，受到聘用机构处分的，该机构应当在处分后十日内向协会报告。

第十七条 协会、机构应当定期组织取得执业证书的人员进行后续职业培训，提高从业人员的职业道德和专业素质。

第十八条 协会依据本办法及中国证监会有关规定制定的从业资格考试办法、考试大纲、执业证书管理办法以及执业行为准则等，应当报中国证监会核准。

第十九条 协会应当建立从业人员资格管理数据库，进行资格公示和执业注册登记管理。

第四章　罚　　则

第二十条 参加资格考试的人员，违反考场规则，扰乱考场秩序的，在两年内不得参加资格考试。

第二十一条 取得从业资格的人员提供虚假材料，申请执业证书的，不予颁发执业证书；已颁发执业证书的，由协会注销其执业证书。

第二十二条 机构办理执业证书申请过程中，弄虚作假、徇私舞弊、故意刁难有关当事人的，或者不按规定履行报告义务的，由协会责令改正；拒不改正的，由协会对机构及其直接责任人员给予纪律处分；情节严重的，由中国证监会单处或者并处警告、3 万元以下罚款。

第二十三条 机构聘用未取得执业证书的人员对外开展证券业务的，由协会责令改正；拒不改正的，给予纪律处分；情节严重的，由中国证监会单处或者并处警告、3 万元以下罚款。

第二十四条 从业人员拒绝协会调查或者检查的，或者所聘用机构拒绝配合调查的，由协会责令改正；拒不改正的，给予纪律处分；情节严重的，由中国证监会给予从业人员暂停执业 3 个月至 12 个月，或者吊销其执业证书的处罚；对机构单处或者并处警告、3 万元以下罚款。

第二十五条 被中国证监会依法吊销执业证书或者因违反本办法被协会注销执业证书的人员，协会可在 3 年内不受理其执业证书申请。

第二十六条 协会工作人员不按本办法规定履行职责，徇私舞弊、玩忽职守或者故意刁难有关当事人的，协会应当给予纪律处分。

第五章 附　　则

第二十七条 本办法实施前，持有协会颁发的证券经纪资格证书、证券代理发行资格证书、证券投资咨询资格证书和基金从业人员资格证书的，可以直接申请取得执业证书。

持有上述两个或者两个以上证书的，可以根据协会规定，取得专业水平级别认证。

第二十八条 机构高级管理人员的资格管理由中国证监会另行规定。

第二十九条 本办法自 2003 年 2 月 1 日起施行。1995 年发布的《证券业从业人员资格管理暂行规定》同时废止。

关于加强证券投资咨询机构变更与咨询人员流动管理的通知

（2000 年 5 月 8 日　证监机构字［2000］86 号）

各证券监管办公室、办事处、特派员办事处：

根据《证券、期货投资咨询管理暂行办法》和《证券、期货投资咨询管理暂行办法实施细则》，现就证券投资咨询机构变更与证券咨询人员流动管理的有关问题通知如下：

一、专业证券投资咨询机构跨省区迁址，需向原注册地派出机构报送迁出申请；经批准后，向拟迁入地派出机构报送迁入申请，附原注册地派出机构的审批意见；拟迁入地派出机构审核同意后，将审核意见及机构迁入申请、原注册地派出机构的审批意见，一并报我会审批。

迁出、迁入申请需详细说明机构搬迁原因、公司资产负债、已签合同履约状况、未决诉讼、善后处理等情况，并附财务审计报告。

二、专业证券投资咨询机构名称、注册资本、出资人、出资比例、业务范围、业务内容、业务方式、营业场所变更，需于变更前报注册地派出机构审批，由派出机构报我会备案。

证券咨询机构经批准变更名称、地址后，需在指定报刊公告。

专业证券投资咨询机构出资人变更，派出机构需对新出资人受让资格进行审查，重点是受让企业所有制形式、受让自然人国籍、有无违法违规情况、企业累计盈亏情况、有无未决诉讼、自然人股东有无到期未清偿债务。

三、专业证券投资咨询机构副经理以上高级管理人员和证券经营机构负责咨询业务的高级管理人员、部门主要负责人变更，需自变更之日起五个工作日内向注册地派出机构报告，并由派出机构及时报我会备案。

四、专业证券投资咨询机构在注册地之外设立办事处、理财顾问工作室，需报注册地、设立地派出机构及我会备案。设立地派出机构有权要求咨询机构报送详细的备案材料。

五、证券咨询人员调入、调出本机构，均需自变更之日起五个工作日内调出、调入机构报注册地派出机构备案。咨询人员不再从事证券咨询业务的，原所在机构应收回其执业证书并上交注册地派出机构，由派出机构上交我会；咨询人员调往其他有资格的机构继续执业的，由调入机构向注册地派出机构申请在咨询人员执业资格证书上签署变更证明。派出机构应将咨询人员变更情况及时报告我会。

六、证券投资咨询机构变更及人员流动中涉及需向工商、税务、劳动等部门报备的，应按有关规定办理。

七、各派出机构在审批辖区内证券投资咨询机构变更与咨询人员流动时，可根据有关法律法规和监管工作需要，在此通知基础上，要求证券咨询机构增加报备材料。

八、请各派出机构将此通知转发辖区内证券投资咨询机构。对因咨询机构变更与人员流动可能引发的咨询机构从业条件不符的情况要认真检查，并将有关情况及时报告我会。

关于证券投资咨询机构申请咨询从业资格及证券投资咨询人员申请咨询执业资格的通知

（1999 年 7 月 27 日　证监机构字［1999］68 号）

各证券监管办公室、办事处、特派员办事处：

根据《证券、期货投资咨询管理暂行办法》（以下简称《办法》）、《证券、期货投资咨询管理暂行办法实施细则》（以下简称《细则》）以及《证券法》、《公司法》的规定，现就证券投资咨询机构申请咨询从业资格及证券投资咨询人员申请咨询执业资格有关问题通知如下：

一、申请对象

（一）申请咨询从业资格的证券投资咨询机构，包括：

1. 已成立的和拟设立的专业证券投资咨询机构，含专营证券投资咨询机构和兼营证券投资咨询机构；

2. 证券经营机构。

（二）申请咨询执业资格的证券投资咨询人员，包括：

1. 专业证券投资咨询机构的咨询人员；

2. 证券经营机构研究部门的咨询人员。

二、申请条件

（一）申请从业资格的机构，应具备以下条件：

1. 符合《办法》第六条第（一）至（五）款规定；

2. 符合《细则》第四至七条规定；

3. 满足《公司法》对股东的有关要求，并符合以下条件：近三年，法人股东无重大违法、违规经营记录，累计亏损不得超过其注册资本百分之五十，未决诉讼标的不得超过其净资产百分之五十；自然人股东不存在到期末清偿的数额较大的债务。

（二）申请执业资格的人员，应取得证券投资咨询从业资格证书。

三、审批原则

证监会将依据《办法》、《细则》规定的条件以及证券市场对证券投资咨询业务的需求状况，审批新的证券投资咨询机构和执业人员。

对满足下列条件的证券公司和专营证券投资咨询机构，将优先考虑授予其从业资格：

1. 资本规模较大；

2. 咨询研究力量较强或拥有较多获得从业资格的人员；

3. 主要高级管理人员素质较好；

4. 服务质量及服务层次较高；

5. 内部管理制度健全；

6. 近一年未受过证监会及其派出机构的处罚。

对申请执业资格的人员，如果其所在机构获得了从业资格，证监会原则上将授予其执业资格；如果其所在机构未获得从业资格，该人员可以在受聘于一家有从业资格的机构后，另行申报执业资格。

四、申请与审批程序

（一）公司申请

1. 设立专业证券投资咨询机构及申请从业资格，需首先在拟注册地的工商行政管理部门依法办理“公司名称预先核准”，然后向拟注册地的证监会派出机构提出申请；

2. 已成立的证券投资咨询机构申请从业资格及为其咨询人员申请执业资格，可以向注册地的证监会派出机构提出申请。

（二）审核

1. 证监会派出机构对申报材料进行初审，并将审核通过的申报材料及初审意见报证监会；

2. 证监会对申报材料进行复审。

（三）批准、验收及证书发放

1. 符合设立条件的专业证券投资咨询机构，由证监会发给批准设立文件；该机构应当自批准设立之日起两个月内完成设立工作，并由所在辖区的证监会派出机构进行验收，逾期未完成设立工作或者验收不合格的，原批准文件自动失效；验收合格的机构，向证监会申领从业资格证书，并持批准设立文件和从业资格证书到拟注册地工商行政管理部门办理登记注册手续，之后，报证监会及其所在辖区的派出机构备案。

2. 符合从业资格审批条件的已成立的证券投资咨询机构，由证监会发给从业资格证书；该机构应持从业资格证书到注册地工商行政管理部门办理变更登记手续，并报证监会及其所在辖区的证监会派出机构备案。

3. 符合执业资格审批条件的人员，由证监会发给执业资格证书。

已取得执业资格的人员到另一家机构继续从事证券投资咨询业务，须由原任职机构及现任职机构向所在辖区的证监会派出机构及证监会报告备案；到新机构不再继续从事证券投资咨询业务的，其执业资格自离开原机构之日起自动失效，其资格证书应交回证监会。

（四）公告

审批通过的机构应获得从业资格的情况和获得执业资格的人员名单在证监会指定的报刊上进行公告，公告费用由该机构支付。

五、工作要求

（一）申请与审批工作自1999年8月1日开始。

（二）咨询人员申请执业资格，应由所在机构统一向辖区内证监会派出机构代办。

（三）新设机构在设立期间，不得以证券投资咨询机构的名义从事证券投资咨询业务。

（四）专业证券投资咨询机构须提供今年进行的验资报告，证券经营机构提供最新验资报告即可。

（五）各派出机构在对申报机构进行初审时，除审核其申报材料外，还应进行现场核查，同时对负责咨询业务的高级管理人员进行面试，并将有关情况写入初审意见。

（六）对于提供虚假材料的机构和个人，一经查实，证监会及其派出机构将在三年内不受理其业务资格的申请；已取得业务资格的，将撤销其资格；对为申请人员出具虚假证明的机构，证监会将保留追究的权力。

各派出机构要高度重视，切实加强领导，严格依照有关标准做好初审工作，对违规行为要严肃查处，同时要及时总结经验，并将有关情况及时通报证监会。

附件：一、申请材料的格式和内容（略）
二、证券投资咨询机构从业资格及其咨询人员执业资格申请表（略）
三、证券投资咨询机构新增咨询人员执业资格申请表（略）

（三）内部控制与风险管理

关于调整证券公司净资本计算标准的规定

（2008 年 6 月 24 日　证监会公告［2008］29 号，2008 年 12 月 1 日实施）

为充分反映和有效防范证券公司流动性风险，根据《证券公司风险控制指标管理办法》的规定，我会制定了《关于调整证券公司净资本计算标准的规定》，现予公告，自 2008 年 12 月 1 日起施行。

二〇〇八年六月二十四日

为充分反映和有效防范证券公司流动性风险，根据市场发展情况，我们调整了《证券公司净资本计算表》和《证券公司风险控制指标监管报表》。《关于调整证券公司净资本计算标准的通知》（证监机构字［2007］201 号）同时废止。

附件 1：

证券公司净资本计算表

编制单位：　　　　年　月　日　　　　单位：元

项目	行次	期初余额	期末余额	扣减比例	应计算的金额	
					期初余额	期末余额
净资产	1					
减：金融资产的风险调整合计	2					
1. 股票[1]	3					
其中：上海 180 指数、深圳 100 指数、沪深 300 指数成分股	4			10%		
一般上市股票	5			15%		
未上市流通的股票	6			20%		
限制流通的股票	7			20%		
持有一种股票的市值与该股票市值的比例超过 5% 的	8			40%		
ST 股票	9			50%		
*ST 股票	10			60%		
已退市且在代办股份转让系统挂牌的股票	11			80%		
已退市且未在代办股份转让系统挂牌的股票	12			100%		
2. 货币市场基金	13			1%		
3. 短期融资券	14					
其中：有担保	15			3%		

续表

项目	行次	期初余额	期末余额	扣减比例	应计算的金额	
					期初余额	期末余额
没有担保	16			6%		
4. 国债	17			1%		
5. 中央银行票据	18			1%		
6. 特种金融债券	19			1%		
7. 证券投资基金（不含货币市场基金）	20			2%		
8. 可转换债券	21			5%		
9. 企业债券（包括公司债券）	22					
其中：有担保	23			5%		
没有担保	24			10%		
10. 信托产品投资[2]	25			80%		
11. 集合理财计划投资	26			10%		
12. 其他金融产品投资[3]	27					
减：衍生金融资产的风险调整合计	28			╲		
1. 权证投资	29			20%		
2. 股指期货投资	30					
3. 其他衍生金融资产[4]	31					
减：其他资产项目的风险调整合计	32			╲		
1. 拆出资金（合同期以内）	33			0%		
2. 融出资金	34			5%		
3. 融出证券	35			5%		
4. 买入返售金融资产（未逾期）	36			0%		
5. 应收利息	37			0%		
6. 存出保证金	38			╲		
其中：交易保证金	39			0%		
履约保证金	40			10%		
期货保证金	41					
其他存出保证金	42					
7. 长期股权投资（不含对上市公司的股权投资）	43			╲		
其中：对控股证券业务子公司股权投资	44			100%		
对控股基金、期货等其他金融业务子公司股权投资	45			100%		
对其他业务子公司股权投资[5]	46			100%		
对境外子公司股权投资	47			100%		
策略性股权投资[6]	48			100%		
其他股权投资[7]	49			100%		
8. 投资性房地产	50			100%		
9. 固定资产	51			╲		
其中：所有权权属明确的房产	52			100%		
其他固定资产	53			100%		
10. 无形资产	54			╲		

续表

项目	行次	期初余额	期末余额	扣减比例	应计算的金额	
					期初余额	期末余额
其中：交易席位费	55			50%		
其他无形资产	56			100%		
11. 商誉	57			100%		
12. 递延所得税资产	58			100%		
13. 应收股利	59			0%		
14. 应收融资融券客户款	60			100%		
15. 应收款项	61					
其中：账龄一年以内（含一年）	62			10%		
账龄一年至二年（含二年）	63			50%		
账龄二年以上	64			100%		
应收股东及其关联公司款项	65			100%		
16. 代理承销证券	66			0%		
17. 代兑付债券	67			0%		
18. 待转承销费用	68			100%		
19. 抵债资产	69			100%		
20. 长期待摊费用	70			100%		
21. 其他	71			100%		
减：集合资产计划中投入自有资金享有份额的净额[8]	72			10%		
减：或有负债的风险调整合计	73					
1. 对外担保金额（公司为自身负债提供的反担保除外）	74			100%		
2. 对控股证券业务子公司提供的担保承诺	75			100%		
3. 其他或有负债[9]	76					
减：中国证监会认定的其他调整项目合计[10]	77					
1. 所有权受限等无法变现的资产（如被冻结）	78			100%		
2. 其他项目	79					
加：中国证监会核准的其他调整项目[10]	80					
1. 借入的次级债务[11]	81					
2. 母公司提供的担保承诺	82					
净资本金额	83					
附1：期末或有事项						
附2：其他需要特别说明的事项						

注：1. 股票的分类中同时符合两个或两个以上标准的，应采用最高的比例进行扣减。
2. 信托产品投资由中国证监会按其评级、期限以及担保等情况确定其风险调整扣减比例。目前按 80% 的比例进行风险调整。
3. 按证监会根据审慎监管原则和有关投资的风险情况确定的比例进行调整。
4. 按证监会根据审慎监管原则和有关投资的风险情况确定的比例进行调整。

5. 其他业务子公司目前是指经批准的从事直接投资业务子公司。
6. 策略性股权投资是指经批准和认可的对证券公司、基金公司、期货公司、商业银行等机构的参股性投资。
7. 其他股权投资是指未经核准或认可的股权投资。
8. 证券公司以自有资金参与本公司设立的集合资产管理计划、且未约定自有资金先行承担亏损等责任的，按公司投入资金所享有份额的净额的10%扣减净资本；约定自有资金先行承担亏损等责任的，集合资产管理计划未跌破面值时按公司投入资金所享有份额的净额的10%扣减净资本，集合资产管理计划跌破面值时按公司投入资金所享有份额的净额的50%扣减净资本。
9. 按或有事项涉及金额的20%或可能发生的损失孰高者扣除。
10. 指由中国证监会核准的其他允许计入净资本或从中扣除的项目。
11. 次级债计入净资本的具体比例在《关于证券公司借入次级债务有关问题的通知》中规定。
12. 计算净资本时，需要计提资产减值准备的项目，以扣减资产减值准备后的净额作为计算基础；无须计提资产减值准备的项目，以其账面余额作为计算基础。
13. 未上市流通或限制流通股票，指已发行尚未上市流通的新股、处于禁售期的法人股、以及在一定期限内被锁定的股票。
14. 第26行的"集合理财计划投资"指公司投资其他证券公司设立的集合理财计划。

法定代表人　　　　办公电话：
总经理：　　　　办公电话：
财务负责人：　　　　办公电话：　　　　移动电话：
制表人：　　　　办公电话：　　　　移动电话：

附件2：

证券公司风险控制指标监管报表

编制单位：　　　　年　月　日

项目	行次	期初	期末	预警标准	监管标准	备注
净资本	1					
净资产	2					
净资本/各项风险资本准备之和	3					
净资本/净资产	4					
净资本/负债	5					
净资产/负债	6					
自营权益类证券及证券衍生品/净资本	7					
自营固定收益类证券/净资本	8					
持有一种权益类证券的成本与净资本的比例前五名	9					
其中：	10					
	11					
	12					
	13					
	14					
持有一种权益类证券的市值与其总市值的比例前五名	15					
其中：	16					
	17					
	18					
	19					
	20					
对单一客户融资规模与净资本的比例前五名	21					
其中：	22					
	23					
	24					
	25					

续表

项目	行次	期初	期末	预警标准	监管标准	备注
	26					
对单一客户融券规模与净资本的比例前五名	27					
其中：	28					
	29					
	30					
	31					
	32					
接受单只担保股票市值与该股票总市值比例前五名	33					
其中：	34					
	35					
	36					
	37					
	38					

注：1. “证券衍生品”包括：权证、股指期货；权益类证券具体包括：股票、股票基金、混合基金、集合理财产品、信托产品；固定收益类证券具体包括：债券、债券基金、央行票据、货币市场基金、资产证券化产品。
2. 表中有关前五名的期初数据，是指期末前五名情形所对应的期初数。

法定代表人　　办公电话：
总经理：　　办公电话：
财务负责人：　　办公电话：　　移动电话：
制表人：　　办公电话：　　移动电话：

证券投资基金销售机构内部控制指导意见

（2007 年 10 月 12 日　证监基金字［2007］277 号，2008 年 1 月 1 日实施）

第一章　总　　则

第一条　为了加强证券投资基金销售机构（以下简称“基金销售机构”）内部控制，促进基金销售机构诚信、合法、有效开展基金销售业务，保障基金投资人利益，依据《中华人民共和国证券投资基金法》、《证券投资基金销售管理办法》等法律法规制定本指导意见。

第二条　基金销售机构内部控制是指基金销售机构在办理基金销售相关业务时为有效防范和化解风险，在充分考虑内外部环境的基础上，通过建立组织机制、运用管理方法、实施操作程序与监控措施而形成的系统。

本指导意见所称的基金销售机构，是指依法办理基金份额的发售、申购、赎回和转换等基金销售业务的基金管理人以及取得基金代销业务资格的其他机构。

为基金销售机构提供与基金销售业务相关服务的服务提供商就其参与基金销售业务的环节参照执行。

第三条　基金销售机构内部控制的目标。

（一）保证基金销售机构经营运作严格遵守国家有关法律法规和行业监管规则。

（二）防范和化解经营风险，提高经营管理效益，确保经营业务的稳健运行和投资人资金的安全。

（三）利于查错防弊，堵塞漏洞，消除隐患，保证业务稳健运行。

第四条　基金销售机构内部控制应当履行健全、有效、独立、审慎的原则：

（一）健全性原则。内部控制应当包括基金销售机构的基金销售部门、涉及基金销售的分支机构及网点、人员，并涵盖到基金销售的决策、执行、监督、反馈等各个环节，避免管理漏洞的存在。

（二）有效性原则。通过科学的内控制度与方法，建立合理的内控程序，确保内控制度的有效执行。

（三）独立性原则。基金销售机构内各分支机构、部门和岗位职责应当保持相对独立，权责分明，相互制衡。

（四）审慎性原则。制定内部控制应当以审慎经营、防范和化解风险为目标。

第五条　基金销售机构应当建立有效的内部控制制度，内容至少应包括内部环境控制、业务流程控制、会计系统内部控制、信息技术内部控制和监察稽核控制等。

第二章　内部环境控制

第六条　基金销售机构应当根据各自特点和业务需要建立科学、透明的决策程序和管理议事规则，高效、严谨的业务执行系统，以及健全、有效的内部监督和反馈系统。

第七条　基金销售机构应当建立包括基金产品、投资人风险承受能力、运营操作在内的科学严密的风险评估体系，对机构内外部风险进行识别、评估和分析，及时防范和化解风险，保证销售适用性原则的有效贯彻和投资人资金的安全。

第八条 基金销售机构应当根据各自特点建立健全相应的授权控制体系。

（一）健全内部逐级授权制度，确保各项规章制度的贯彻执行。

（二）基金销售机构各业务部门、各级分支机构在其规定的业务、财务、人事等授权范围内行使相应的职能。

（三）销售业务和管理程序必须遵从管理层制定的操作规程，经办人员的每一项工作必须在其业务授权范围内进行。

（四）对已获授权的部门和人员应建立有效的评价和反馈机制，对已不适用的授权应及时修改或取消授权。

（五）销售业务前台的宣传推介和柜面操作岗位应当相互分离，销售业务后台的信息处理和资金处理岗位应当相互分离、相互制约，各主要环节应当分别由不同的部门（或岗位）负责，负责风险监控和业务稽核的部门（或岗位）应当独立于其他部门（或岗位）。

第九条 基金销售机构应当加强对分支机构的管理，有效控制分支机构的业务风险。

（一）明确分支机构的业务范围和业务授权。

（二）统一制定分支机构的标准化服务规程，提高分支机构的服务质量，避免差错事故的发生。

（三）制定统一的交易账户和资金账户管理制度，确保客户信息的有效管理和客户资金的安全。

（四）统一分支机构的信息技术系统和平台，确保信息管理的安全有效。

（五）建立清晰的报告系统，维护信息沟通渠道的畅通。

（六）加强对分支机构的监督和管理，采取业务留痕、定期核对、现场检查、风险评估等方式有效控制分支机构的风险。

第十条 基金销售机构应当建立科学的聘用、培训、考评、晋升、淘汰等人力资源管理制度，确保基金销售人员具备与岗位要求相适应的职业操守和专业胜任能力。

（一）基金销售机构应当完善销售人员招聘程序，明确资格条件，审慎考察应聘人员。

（二）基金销售机构应当建立员工培训制度，通过培训、考试等方式，确保员工理解和掌握相关法律法规和规章制度。员工培训应当符合基金行业自律机构的相关要求，培训情况应当记录并存档。

（三）基金销售机构应当加强对销售人员的日常管理，建立管理档案，对销售人员行为、诚信、奖惩等方面进行记录。

（四）基金销售机构应当建立科学合理的销售绩效评价体系，健全激励约束机制。

第十一条 基金销售基金销售机构应建立有效的内部控制，防止商业贿赂和不正当交易行为的发生。

第十二条 基金销售机构应建立有效的内部控制，防止商业贿赂、不正当交易行为和洗钱行为的发生。

第十三条 基金销售机构应当制订切实有效的应急应变措施，建立危机处理机制和程序，制定应急计划，保障意外事件发生时公司业务的迅速恢复。

第十四条 公司应当定期评价内部控制的有效性，根据市场环境、新的技术应用和新的法律法规等情况，适时改进。

第三章 业务流程控制

第一节 销售决策流程控制

第十五条 基金销售机构应当自觉遵守国家有关法律法规和相关监管规则，建立科学的销售决策机制。

基金销售机构总部应在科学、客观研究评价基础上对本机构的总体销售策略、网点设置、基金产品、激励政策、合作的服务提供商做出决策，分支机构及销售人员应严格执行机构总部作出的销售决策。

第十六条 基金销售机构应当对其销售分支机构的整体布局、规模发展和技术更新等进行统一规划，对分支机构的选址、投入与产出进行严密的可行性论证。

第十七条 基金代销机构应当建立科学的基金产品评价体系，审慎选择所销售的基金产品，对基金产品的基本情况进行持续的跟踪和关注，并定期形成基金产品评价报告备查。

第十八条 基金销售机构选择的合作服务提供商应当符合监管部门的资质要求，并建立完善的合作服务提供商选择标准和业务流程，充分评估相关风险，明确双方权利义务。

合作的服务提供商主要包括基金销售支付结算机构和基金销售资金账户开立银行等。

第十九条 基金销售机构的重大决策过程应留有书面记录，供监察稽核部门及监管机关等单位核查。

第二节 销售业务执行流程控制

第二十条 基金销售机构应当按照国家有关法律法规及销售业务的性质和自身特点严格制定管理规章、操作流程和岗位手册，明确揭示不同业务环节可能存在的风险点并采取控制措施。

第二十一条 基金销售机构应制定完善的基金销售业务基本规程，对开户、销户、资料变更等账户类业务，认购、申购、赎回、转换等交易类业务及继承、捐赠、司法强制措施等被动接受类业务做出规定。

（一）业务基本规程应对重要业务环节实施有效复核，确保重要环节业务操作的准确性。

（二）按照法律法规和招募说明书规定的时间办理基金销售业务，对于投资人交易时间外的申请均作为下一交易日交易处理。

（三）建立完善的交易记录制度，保持申请资料原始记录和系统记录一致，保证客户信息准确性、完整性，每日交易情况应当及时核对并存档保管。

（四）开通自助式前台服务的基金销售机构应建立完善的营销管理和风险控制制度，确保投资人获得必要服务并保证销售资金的安全。

（五）基金销售机构应在交易被拒绝或确认失败时主动通知投资人。

第二十二条 基金销售机构应制定完善的基金销售业务账户管理制度，确保各类账户的开立和使用符合法律法规和相关监管规则，保证基金销售资金的安全和账户的有序管理。

第二十三条 基金销售机构应制定完善的资金清算流程，确保基金销售资金的清算与交收的安全性、及时性和高效性，保证销售资金的清算与交收工作顺利进行。

（一）严格管理资金的划付，将赎回、分红及认申购不成功的相应款项直接划入投资人开户时指定的银行账户。投资人申请赎回时要求变更指定银行账户的，销售机构应对申请变更人的有效身份进行核实，并记录申请变更人的基本信息及申请变更的时间、地点、账户信息，同时作为异常交易处理；

（二）明确基金销售机构总部与各分支机构、基金注册登记机构、托管银行以及相关合作服务提供商的资金清算流程；

（三）严格按照投资人与各基金销售机构及基金管理人之间约定的时间进行资金划付，超过约定时间的资金应当作为异常交易处理；

（四）销售机构的分支机构应当将当日的全部基金销售资金于同日划往总部统一的基金销售专户，实现日清日结。

第二十四条 基金销售机构应当制定客户服务标准，对服务对象、服务内容、服务程序等业务进行规范。

（一）宣传推介活动应当遵循诚实信用原则，不得有欺诈、误导投资人的行为；

（二）遵循销售适用性原则，关注投资人的风险承受能力和基金产品风险收益特征的匹配性；

（三）及时准确地为投资人办理各类基金销售业务手续，识别客户有效身份，严格管理投资人账户；

（四）在投资人开立基金交易账户时，向投资人提供《投资人权益须知》，保证投资人了解相关权益；

（五）为基金份额持有人提供良好的持续服务，保障基金份额持有人有效了解所投资基金的相关信息；

（六）基金代销机构同时销售多只基金时，不得有歧视性宣传推介活动和销售政策；

（七）明确投资人投诉的受理、调查、处理程序。

第二十五条 基金销售机构应当加强对宣传推介材料制作和发放的控制，宣传推介材料应当事先经基金管理人的督察长检查，并报中国证监会审核。宣传推介材料及《投资人权益须知》由总部统一制作，分支机构、合作的服务提供商不得自行制作宣传推介材料及《投资人权益须知》，未经授权不得发放宣传推介材料及《投资人权益须知》。

第二十六条 基金销售机构关于基金销售业务的信息揭示应由总部统一组织、审核和发布。基金销售机构分支机构、合作的服务提供商未经授权不得擅自进行信息披露。

第二十七条 基金销售机构制定《投资人权益须知》，内容至少应当包括：

（一）《证券投资基金法》规定的基金份额持有人的权利；

（二）基金销售机构提供的服务内容和收费方式；

（三）投资人办理基金业务流程；

（四）基金分类、评级等的基本知识以及投资风险提示；

（五）向基金销售机构、自律组织以及监管机构的投诉方式和程序；

（六）基金销售机构联络方式及其他需要向投资人说明的内容。

第二十八条 基金代销机构与基金管理人应在代销协议中对向基金持有人提供持续服务事宜作出明确约定，持有投资人联系方式等资料信息的一方应承担持续服务责任。但基金销售机构至少应向基金注册登记机构提供基金份额持有人姓名、身份证号码、基金账号等资料。

第二十九条 基金销售机构应当建立完备的客户投诉处理体系。

（一）设立独立的客户投诉受理和处理协调部门或者岗位；

（二）向社会公布受理客户投诉的电话、信箱地址及投诉处理规则；

（三）准确记录客户投诉的内容，所有客户投诉应当留痕并存档，投诉电话应当录音；

（四）评估客户投诉风险，采取适当措施，及时妥善处理客户投诉；

（五）根据客户投诉总结相关问题，及时发现业务风险，完善内控制度。

第三十条 基金销售机构应当建立严格的基金份额持有人信息管理制度和保密制度，及时维护更新基金份额持有人的信息，基金份额持有人的信息应当严格保密，防范投资人资料被不当运用。

基金份额持有人信息的维护和使用应当明确权限并留存相关记录。

第三十一条 基金销售机构应当建立异常交易的监控、记录和报告制度，重点关注基金销售业务中的异常交易行为。

（一）反洗钱相关法律法规规定的异常交易；

（二）投资人频繁开立、撤销账户的行为；

（三）投资人短期交易行为；

（四）基金份额持有人变更银行账户的行为；

（五）违反销售适用性原则的交易；

（六）超过约定时间进行资金划付的行为；

（七）其他应当关注的异常交易行为。

第三十二条 基金销售机构应建立完善的档案管理制度，妥善保管相关业务资料。账户类资料和特殊业务类资料在基金份额持有人账户无基金份额之日起保存期不少于十五年，交易类资料保存期不少于十五年。

第四章 会计系统内部控制

第三十三条 基金销售机构应当依据国家有关法律、法规制定相关财务制度和会计工作操作流程，并针对各个风险控制点建立严密的会计系统控制。

第三十四条 基金销售机构应将自有资产与投资人资产分别设账管理，建立完善的自有资产与投资人资产的管理办法，明确规定其各自的用途和资金划拨的严格控制程序。

第三十五条 基金销售机构应建立严格的制度，规范财务收支行为，确保各项费用报酬的收取符合法律法规的规定及销售合同、代销协议或合作协议的约定，并对收取的各项费用报酬开局相应的发票或支付确认。

第三十六条 基金销售机构应当采取适当的会计控制措施，规范基金清算交收工作，在授权范围内，及时准确的完成资金清算，确保投资人资产的安全。

第三十七条 基金销售机构内部每日完成各销售网点与基金销售总部的信息与资金的对账；外部定期完成与客户和基金注册登记机构的信息与资金的对账。

第五章 信息技术内部控制

第三十八条 基金销售机构应当严格按照中国证监会关于基金销售业务信息管理平台的技术指引建立信息技术内部控制制度，确保信息管理平台的安全高效运行。

第三十九条 基金销售机构应当在内部建立完整的信息管理体系，设置必要的信息管理岗位，信息技术负责人和信息安全负责人不能由同一人兼任，对重要业务环节应当实行双人双岗。

第四十条 基金销售机构应当通过严格的授权制度、岗位责任制度、门禁制度、内外网分离制度等管理措施，确保系统安全运行。

第四十一条 信息技术开发、运营维护、业务操作等人员必须相互分离，信息技术开发、运营维护等技术人员不得介入实际的业务操作。

第四十二条 基金销售机构应对信息数据实行严格的管理，保证信息数据的安全、真实和完整，并能及时、准确地传递；严格计算机交易数据的授权修改程序，并坚持电子信息数据的定期查验制度。

第四十三条 系统数据应当逐日备份并异地妥善存放，系统运行数据中涉及基金投资人信息和交易记录的备份应当在不可修改的介质上保存十五年。

第四十四条 基金销售机构应当制定业务连续性计划和灾难恢复计划并定期组织演练。

第六章 监察稽核控制

第四十五条 基金销售机构应设立专门的监察稽核部门或岗位，就基金销售业务内部控制制度的执行情况独立的履行监察、评价、报告、建议职能。

第四十六条 监察稽核人员应当忠于职守，廉洁自律，依法稽核，客观公正，对于发现违法违规行为、异常交易情况或者重大风险隐患应当向基金销售机构管理层报告。

第四十七条 遇有如下重大问题，基金销售机构的监察稽核负责人应及时向中国证监会或其派出机构报告：

（一）基金销售机构违规使用基金销售专户；

（二）基金销售机构挪用投资人资金或基金资产；

（三）基金销售中出现的其他重大违法违规行为。

第四十八条 基金销售机构应当将客户投诉及处理情况按照监管部门的要求进行报告。

第七章 附 则

第四十九条 中国证监会及授权机构有权对基金销售机构内部控制情况进行监督并依据相关法律法规进行处罚，基金销售机构应当将内部控制制度报中国证监会备案。

第五十条 中国证监会在对基金销售机构内部控制情况进行监督时，会充分考虑各基金销售机构内外环境的因素及其自身特点，对基金销售机构内部控制做出实事求是的评价。

第五十一条 本指导意见由中国证监会负责解释。

第五十二条 本指导意见自 2008 年 1 月 1 日起施行。

证券公司风险控制指标管理办法（见常用篇）

（2006年7月20日　证监会令第34号，根据2008年6月24日中国证券监督管理委员会《关于修改〈证券公司风险控制指标管理办法〉的决定》修订）

证券公司内部控制指引（见常用篇）

（2003年12月15日　证监机构字［2003］260号）

证券公司治理准则（试行）（见常用篇）

（2003 年 12 月 15 日　证监机构字［2003］259 号，2004 年 1 月 15 日实施）

（四）财 务 管 理

关于证券公司风险资本准备计算标准的规定

（2008 年 6 月 24 日　证监会公告［2008］28 号）

一、基准计算标准

（一）证券公司经营证券经纪业务的，应当按托管的客户交易结算资金总额的 3% 计算经纪业务风险资本准备。

（二）证券公司经营证券自营业务的，应当按固定收益类证券投资规模的 10% 计算风险资本准备；对未进行风险对冲的证券衍生品和权益类证券分别按投资规模的 30% 和 20% 计算风险资本准备，对已进行风险对冲的权益类证券和证券衍生品投资按投资规模的 5% 计算风险资本准备。

证券公司违反规定超比例自营的，在整改完成前应当将超比例部分按投资成本的 100% 计算风险资本准备。

（三）证券公司经营证券承销业务的，应当分别按包销再融资项目股票、IPO 项目股票、公司债券、政府债券金额的 30%、15%、8%、4% 计算承销业务风险资本准备。

计算承销金额时，承销团成员通过公司分销的金额和战略投资者通过公司签订书面协议认购的金额不包括在内。计算股票承销业务风险资本准备时，证券公司应当自发行项目确定询价区间后，按询价上限计算。

同时承销多家发行人公开发行的证券，发行期有交叉、且发行尚未结束的，应当分别计算各项承销业务风险资本准备。

在报送月报时，证券公司应当按照当月某一时点计算的风险资本准备最大额填报月末承销业务风险资本准备。证券公司由于时点差异导致净资本与各项风险资本准备之和的比例低于规定标准的，应当提供风险控制指标当月持续达标的专项说明。

（四）证券公司经营证券资产管理业务的，应当分别按专项、集合、定向资产管理业务规模的 8%、5%、5% 计算资产管理业务风险资本准备。

证券公司应当按集合计划面值与管理资产净值孰高原则计算集合资产管理业务规模，按管理本金计算专项、定向资产管理业务规模。

（五）证券公司经营融资融券业务的，应当分别按对客户融资业务规模、融券业务规模的 10% 计算融资融券业务风险资本准备。

（六）证券公司设立分公司、证券营业部等分支机构的，应当对分公司、证券营业部，分别按每家 2000 万元、500 万元计算风险资本准备。

（七）证券公司应按上一年营业费用总额的 10% 计算营运风险资本准备。

二、为与证券公司的风险管理能力相匹配，现阶段我会对不同类别证券公司实施不同的风险资本准备计算比例。

A、B、C、D类公司应分别按照上述第一条（一）至（五）项规定的基准计算标准的0.6倍、0.8倍、1倍、2倍计算有关风险资本准备。

各类证券公司应当统一按照上述第一条（六）、（七）项所规定的基准计算标准计算有关风险资本准备。

三、证券公司开展创新业务的，在创新业务试点阶段，应当按照我会规定的较高比例计算风险资本准备；在创新业务推广阶段，风险资本准备计算比例可适当降低。

附件：证券公司风险资本准备计算表（略）。

证券公司年度报告内容与格式准则

（2008 年 1 月 14 日　证监会公告［2008］1 号）

第一章　总　　则

第一条　为规范证券公司年度报告的编制及信息披露行为，提高证券公司财务信息的质量，根据《公司法》、《证券法》等法律、法规，《企业会计准则》、《企业会计准则——应用指南》及中国证券监督管理委员会（以下简称“中国证监会”）的有关规定，制订本准则。

第二条　凡根据《公司法》、《证券法》规定经批准设立的证券公司（以下简称公司）应当按照本准则的要求编制年度报告。

第三条　公司董事会、监事会及董事、监事、高级管理人员应当保证年度报告内容的真实性、准确性与完整性，承诺其中不存在虚假记载、误导性陈述或重大遗漏，并就其保证承担个别和连带责任。

第四条　本准则是对年度报告编制和披露的最低要求。不论本准则是否有明确要求，凡对报表使用者有重大影响的信息，公司均应予以充分披露。

在不影响披露内容完整性和不致引起阅读不便的前提下，公司可采用相互引征的方法，对各相关部分的内容进行适当的处理，以避免不必要的重复。

第五条　公司财务报告应当由具有证券期货相关业务资格的会计师事务所审计，审计报告须由上述会计师事务所盖章，并且由该所两名或两名以上注册会计师签字盖章。

编制合并财务报表的公司，纳入合并范围的子公司和特殊目的主体的年度财务报告，以及对公司财务报告有重大影响的联营公司、合营公司的年度财务报告，也应由具有证券期货相关业务资格的会计师事务所审计。

中国证监会要求的其他专项报告也应由具有证券期货相关业务资格的会计师事务所审计。

第六条　公司必须在年度报告正文中全文转载注册会计师的审计意见，不得随意修改或删节会计师事务所和注册会计师已签发意见的财务会计资料（包括财务报表和财务报表附注）。公司有责任将年度报告材料在正式报送中国证监会之前递交所聘任的会计师事务所。

第七条　担任公司年度财务报表审计的会计师事务所应对公司内部控制进行测试和评价，出具内部控制专项审核报告。

报告应对公司内部控制的有效性进行客观评价，并提出相应的改进建议，对公司内部控制是否存在重大缺陷应有明确的评价意见。

报告应概要介绍报告期内注册会计师对内部控制的评价意见。

第八条　公司在编制年度报告时还应遵循如下一般要求：

（一）年度报告中引用的数字应采用阿拉伯数字，有关货币金额除特别说明外，指人民币金额，并以元、千元或百万元为单位。

（二）公司可根据有关规定或其他要求，编制年度报告外文译本，但应努力保证中外文文本的一致性，并在外文文本上注明：“本报告分别以中、英（或其他语种）文编制，在对中外文本的理解上发生歧义时，以中文文本为准。”

（三）年度报告印刷文本应当采用质地良好的纸张印刷，幅面为209295毫米（相当于标准A4纸规格）。年度报告封面应载明公司名称、“年度报告”的字样、报告期年份，也可载有公司的外文名称、徽章或其他标记、图案等。年度报告的目录应编排在显著位置。年度报告目录应标明各章、节的标题及其对应的页码。

第九条 已公开发行股票的公司除遵从本准则外，还应遵从其他相关规定。

第十条 在没有特别说明的情况下，年度报告正文中披露的数据应以母公司数据为基础。

第二章 年度报告正文

第一节 重要提示

第十一条 公司应在年度报告显要位置作出如下（但不限于）重要提示：

“本公司董事会、董事及合规负责人保证本报告所载资料不存在任何虚假记载、误导性陈述或重大遗漏，并对其内容的真实性、准确性和完整性承担个别和连带责任”。

如个别董事对年度报告的真实性、准确性、完整性无法保证或存在异议，应当声明：XX董事无法保证本报告内容的真实性、准确性、完整性，并陈述理由。如有董事未出席董事会，应当单独列示其姓名。

公司负责人、主管会计工作的负责人及会计机构负责人（会计主管人员）应当声明：保证年度报告中财务报告的真实、准确、完整。

公司如果在报告期内变更会计师事务所的，应作出如下重要提示：

“公司经年月日董事会批准（或股东大会决议），聘任会计师事务所担任本公司年度财务报表审计机构，解聘原审计机构会计师事务所，有关的具体说明请见本报告‘其他重要事项’部分”。

如果执行审计的会计师事务所对公司出具了带强调事项段的无保留意见、保留意见、无法表示意见或否定意见的审计报告，提示中应增加以下陈述：

“会计师事务所为本公司出具了带强调事项段的无保留意见（或保留意见、无法表示意见、否定意见）的审计报告，本公司董事会对相关事项亦有详细说明，请注意阅读”。

第二节 公司概况

第十二条 公司应披露如下简介：

（一）公司的法定中、英文名称及缩写；

（二）法定代表人、总经理（或总裁）；

（三）注册资本、净资本和各单项业务资格；

（四）公司注册地址，公司办公地址及邮政编码，公司国际互联网网址、电子信箱；

（五）公司指定负责年度报告编制和报送工作的专门经办人员的姓名、职务、联系地址、电话、传真、电子信箱；

（六）合规总监姓名、联系地址、电话、传真、电子信箱。

第十三条 公司应简要介绍其历史沿革，主要包括以前年度经历的改制重组、增资扩股等情况。

第十四条 公司应简要介绍其员工的有关情况，主要包括：员工人数、专业结构（如研究人员、投行人员、经纪业务人员、资产管理业务人员、财务人员、行政人员等）、年龄分布、受教育程度等。

第十五条 公司应采用图表或其他有效形式，简要介绍其组织机构，包括公司总部的主要职能部门、境内外分公司、境内外子公司等。还应披露境内外分公司、子公司的地址、设立时间、注册资本（或营运资金）、负责人、联系电话等。

第十六条 公司应披露其证券营业部、证券服务部的数量和分布情况等。

第三节 财务数据及业务数据摘要

第十七条 公司应采用数据列表方式，披露合并财务报表和母公司财务报表主要项目的期末数（本年数）、期初数（上年数）和增减百分比。

数据和指标的排列应从左到右，左起为报告期的数据。

第十八条 公司应披露的主要财务数据包括：货币资金、结算备付金、交易性金融资产、衍生金融资产、可供出售金融资产、持有至到期投资、长期股权投资、资产总额、代理买卖证券款、交易性金融负债、衍生金融负债、负债总额、实收资本（股本）、未分配利润、手续费及佣金净收入、利息净收入、投资收益、公允价值变动收益、营业支出、利润总额、净利润等。

第十九条 公司应按照监管部门的有关要求计算净资本及相关风险控制指标，并列示期初数（年初数）和期末数。

第四节 股本（资本）变动及股东情况

第二十条 公司应详细披露其股本（或实收资本）在本报告期内的变动情况，包括增资扩股、重组合并、股权转让等，应披露相应的批准文号、投资者投入或重组置换资产的概要描述等。

第二十一条 公司应披露如下股东情况：

（一）报告期末股东总数

（二）期末持有本公司5%以上（含5%）股份（股权）的股东的名称、年度内股份（股权）增减变动的情况、年末持股数量（出资金额）及百分比、所持股份（股权）的质押或冻结情况及股东单位期末净资产。若持股5%（含5%）以上的股东少于10名，则应列出至少前10名股东的持股情况。如前10名股东之间存在关联关系，应予以说明。

（三）对期末持股10%以上的前五名法人股东，应详细介绍股东单位的法定代表人、总经理、主营业务、注册资本。若股东为自然人的，应介绍其姓名、国籍、是否取得其他国家或地区居留权、最近5年内的职业及职务。

第五节 董事、监事和高级管理人员

第二十二条 公司应披露现任董事、监事和高级管理人员的姓名、任期起始日期，独立董事应披露其在本公司以外所担任的职务。高级管理人员包括总经理、副总经理、财务负责人、合规负责人、董事会秘书、境内分支机构负责人及实际履行上述职务的人员，还包括行使经营管理职责的管理委员会、执行委员会及类似机构的成员。

第二十三条 公司应披露报告期内离任的董事、监事和高级管理人员的姓名和离任原因，新任的董事、监事和高级管理人员的姓名、简要工作经历。

第二十四条 公司董事会下设各类专门委员会的，应披露委员会的组成人员姓名和简要工作经历。

第二十五条 公司应分类披露董事（独立董事需单独列示）、监事和高级管理人员在公司领取的薪酬总额、持有公司股份数量及持有公司期权数量。上述人员在公司领取的薪酬总额包括工资（含各种津贴、补贴等）、奖金及其他报酬等。

第二十六条 公司应说明独立董事履行职责情况：如独立董事出席董事会情况、独立董事对公司有关事项曾提出异议的，需披露该事项的内容、独立董事的姓名及所提异议的内容等。

第六节 管理层报告

第二十七条 公司应对报告期内经济环境和市场状况对主要业务及其经营业绩的重要影响进行分析，为应对这些影响，公司对证券保荐、承销、经纪、自营、资产管理、融资融券等各项业务作出的重大战略性调整。

第二十八条 公司应披露报告期内各项业务（如证券承销、经纪、自营、资产管理、融资融券等业务）的经营概况、业内竞争状况、公司所处的市场地位和竞争优势等的分析，如各项业务的盈利情况、业务量、市场份额、业务地位和竞争优势等。

第二十九条 公司应披露分部报告信息，如报告期内公司营业收入、营业利润的构成、相对于上一报告期的变化情况及其变动原因等情况。公司可以根据本公司的具体情况制定适合本公司的业务和地区的分部原则。

第三十条 公司应披露报告期内营业部、服务部、分公司、专业子公司等新设和处置情况，重大的资产处置、置换、剥离情况，重组其他公司情况和托管其他公司营业部情况，以及这些活动对本期业绩的影响。

第三十一条 公司应披露在报告期内业务创新情况，分析其对公司经营业绩和未来发展的影响，以及如何进行风险控制。

第三十二条 公司应披露其主要的融资渠道、长短期负债结构以及为维持流动性水平所采取的措施和相关的管理政策，同时分析其融资能力、或有事项及其对财务状况的影响。

第三十三条 公司应分析报告期内现金流转情况，包括经营活动、投资活动和筹资活动产生的现金流量的主要影响因素。

第三十四条 公司应分析影响其业务经营活动的各项风险因素，如信用风险、流动性风险、市场风险和利率、汇率风险等，以及这些风险因素在本报告期内的具体表现情况。

第三十五条 公司应对其内部控制的有效性作出评价，并概要介绍报告期内注册会计师对内部控制的评价意见、公司对此所作的说明和相应的改进措施以及对前次内部控制报告提出问题的整改情况等。

第三十六条 公司应说明动态的风险控制指标监控和补足机制建立情况，报告期内风险控制指标触及预警标准、不符合规定标准的情况及采取的整改措施、整改效果。

第三十七条 证券公司应披露公司合规管理体系建设情况，合规、稽核部门报告期内完成的检查稽核情况。

第三十八条 公司应披露报告期内股东会或股东大会、董事会会议、监事会会议情况及决议内容。

第三十九条 公司财务报表被会计师事务所出具带强调事项段的无保留意见、保留意见、无法表示意见或否定意见的审计报告的，应就相关事项作出详细说明，独立董事、监事会对此说明有不同意见的，还应披露其不同意见。

第七节　其他重要事项

第四十条　公司应披露公司本年度被处罚或公开谴责的情况，包括公司及其董事、监事和高级管理人员被中国证监会、中国证券业协会、证券交易所、金融期货交易所处罚或公开谴责，以及被财税、外汇和审计等部门作出处罚的记录等。

第四十一条　公司应按如下要求披露诉讼和仲裁事项：

（一）报告期内发生诉讼、仲裁事项所涉及的总金额，如报告期内无诉讼、仲裁事项，公司应明确陈述“本年度公司无诉讼、仲裁事项”；

（二）对以前年度和本报告期内发生但尚未结案的重大诉讼、仲裁事项，应逐项披露其进展情况或审理结果及影响；

（三）已生效的判决或裁决，应披露其执行或中止执行的情况。

第四十二条　公司应披露报告期内收购、兼并或分立情况等。

第四十三条　公司应披露报告期内各单项业务资格的变化情况。

第四十四条　公司应披露可能影响其财务状况和经营成果的主要表外项目（如担保、抵押、质押、融资合约、重要的承销合同等）的总金额及有关情况。

第四十五条　公司应披露报告期内聘任、解聘会计师事务所情况。若有解聘会计师事务所的，应说明解聘的原因。

公司应分项披露报告年度各项审计费用。

第四十六条　公司应披露如下重大期后事项：

（一）公司股东、董事、监事及高级管理人员变动情况；

（二）年度分配预案或决议；

（三）重大投融资行为；

（四）涉及金额超过1000万元的重大诉讼、仲裁事项等；

（五）企业合并或处置子公司；

（六）其他可能对公司的财务状况、经营成果和现金流量发生重大影响的情况。

第三章　年度报告摘要

第四十七条　公司应在年度报告摘要显要位置作出如下（但不限于）重要提示：

“本公司董事会、董事及合规负责人保证本报告所载资料不存在任何虚假记载、误导性陈述或重大遗漏，并对其内容的真实性、准确性和完整性承担个别和连带责任”。

如个别董事对年度报告的真实性、准确性、完整性无法保证或存在异议，应当声明：XX董事无法保证本报告内容的真实性、准确性、完整性，并陈述理由。如有董事未出席董事会，应当单独列示其姓名。

公司负责人、主管会计工作负责人及会计机构负责人应当声明：保证年度报告中财务报告的真实、准确、完整。

公司在报告期内变更会计师事务所的，应作出如下重要提示：

“公司经年月日董事会批准（或股东大会决议），聘任会计师事务所担任本公司年度财务报表审计机构，解聘原审计机构会计师事务所，有关的具体说明请见本报告‘其他重要事项’部分”。

如果执行审计的会计师事务所对公司出具了带强调事项段的无保留意见、保留意见、无法表示意见或否定意见的审计报告，重要提示中应增加以下陈述：

“会计师事务所为本公司出具了带强调事项段的无保留意见（或保留意见、无法表示意见、否定意见）的审计报告，本公司董事会对相关事项亦有详细说明，请注意阅读”。

第四十八条 公司应披露如下简介：

（一）公司的法定中、英文名称及缩写；

（二）法定代表人、总经理（或总裁）；

（三）注册资本，公司注册地址，公司办公地址及其邮政编码，公司国际互联网网址、电子信箱。

第四十九条 公司应简介其历史沿革，主要包括以前年度经历的改制重组、增资扩股等情况。

第五十条 公司应简介其员工的有关情况，主要包括：员工人数、专业结构、年龄分布、受教育程度等。

第五十一条 公司应简要介绍其组织结构，包括公司总部的主要职能部门、境内外分公司、境内外专业子公司等。

第五十二条 公司应概要披露其证券营业部、证券服务部的数量和分布情况等。

第五十三条 公司应采用数据列表方式，披露资产负债表、利润表主要项目的期末数（本年数）、期初数（上年数）和增减百分比，包括：货币资金、结算备付金、交易性金融资产、衍生金融资产、可供出售金融资产、持有至到期投资、长期股权投资、资产总额、代理买卖证券款、交易性金融负债、衍生金融负债、负债总额、实收资本（股本）、未分配利润、手续费及佣金净收入、利息净收入、投资收益、公允价值变动收益、营业支出、利润总额、净利润等。

第五十四条 公司应按照监管部门的有关要求计算净资本及相关风险控制指标，并列示期初数（年初数）和期末数。

第五十五条 公司财务报表被会计师事务所出具带强调事项段的无保留意见、保留意见、无法表示意见或否定意见的审计报告的，应披露审计意见内容概要和本公司董事会对相关事项所作的概要说明。

第五十六条 公司应概要披露其股本（或实收资本）在本报告期内的变动情况，包括增资扩股、重组合并分立等。

第五十七条 公司应披露如下股东情况：

（一）报告期末股东总数；

（二）期末持股前五名的股东名称、持股比例、所持股份（股权）的质押或冻结情况；

（三）如期末前10名股东之间存在关联关系，应予以说明。

第五十八条 公司应对其资产质量、流动性情况、负债状况以及重要的融资活动进行分析，并作概要披露。

第五十九条 公司应概要披露报告期内各项业务（如证券承销、经纪、自营、资产管理和融资融券等业务）的经营概况、业内竞争状况、公司所处的市场地位和竞争优势等的分析，如各项业务的业务量、市场份额、业务地位和竞争优势等。

第六十条 公司应简要披露报告期内各主要业务活动发生的重大变化及对本期业绩的影响，如开展的新业务，营业部、服务部、分公司、专业子公司等的新设和处置情况，重大的资产处置、置换、剥离等情况。

第六十一条 公司应对其内部控制的有效性作出简要评价，并概要介绍报告期内注册会计师对内部控制的评价意见。

第六十二条 公司应简要说明如下重要事项：

（一）报告期内各单项业务资格发生的变化；

（二）报告期内发生诉讼、仲裁事项所涉及的总金额；

（三）重要的表外项目如担保、抵押等；

（四）公司本年度被处罚情况；

（五）聘任、解聘会计师事务所的情况；

（六）重大的期后事项等。

第四章 财务报告

第六十三条 公司应披露审计意见全文、经审计财务报表及附注。

第六十四条 公司财务报表的编制应遵守《企业会计准则》、《企业会计准则——应用指南》和其他法律法规的规定。

第六十五条 财务报表至少应当包括资产负债表、利润表、现金流量表、所有者权益（或股东权益，下同）变动表和附注。

第六十六条 财务报表包含合并财务报表和母公司财务报表。其中合并数据与母公司数据应在一份报告中并排列示。

第六十七条 公司编制的财务报表之间、财务报表各项目之间、财务报表中本期与上期的有关数字之间，应当相互勾稽。

第六十八条 公司提供的财务报表中会计数据的排列应自左至右，最左侧为最近一期数据。表内各主要报表项目应标有附注编号，并与财务报表附注编号相一致。财务报表的金额单位应为人民币元。

第六十九条 财务报表附注是财务报告中必不可少的组成部分，它包括所有与公司财务状况、经营成果和现金流量有关的，有助于报表使用者更好地了解财务报表的重要信息。公司应对比较式报表的两个日期或期间的数据异常变动作出说明。财务报表附注应当按照《企业会计准则》、《企业会计准则——应用指南》和本准则的附件——《证券公司财务报表附注编制的特别规定》等有关规定编制。

第五章 附 则

第七十条 本准则自发布之日起施行。原《证券公司年度报告内容与格式准则》（证监会计字［2002］16号）废止。

附件：证券公司财务报表附注编制的特别规定（略）

《证券公司综合监管报表》编报指引第5号

——部分报表项目调整

（2007年12月29日 机构部函［2007］633号）

1. 在资产负债监管报表中增加“交易风险准备”明细项目。“交易风险准备”反映公司提取的交易风险准备金，根据该科目期末余额填列。

2. 在利润监管报表中增加“证券投资者保护基金”明细项目。“证券投资者保护基金”反映公司缴纳的证券投资者保护基金，根据“业务及管理费”等科目所属明细科目的发生额分析填列。

3. 在利润监管报表补充资料中增加“资金三方存管”明细项目。“资金三方存管”反映支付给银行的资金三方存管费用，根据“手续费及佣金支出”等科目所属明细科目的发生额分析填列。

4. 在所有者权益变动监管报表中增加“提取交易风险准备”、“交易风险准备弥补亏损”明细项目。

5. 在创设权证监管报表中增加“其中：创设权证本年累计已实现收益”项目。该项目反映公司创设权证本年累计确认的收益金额。

《证券公司综合监管报表》编报指引第4号

——专项监管报表填表说明

（2007年9月 机构部函［2007］472号）

为便于各证券公司理解编报《证券公司综合监管报表》——专项监管报表，特制订本编报指引，对报表填报中易于混淆的主要项目予以说明。

专项监管报表反映证券公司监管阶段性任务要求报送的特定信息、派出机构辖区监管要求的专项信息及相关监管方要求的特定信息等，要求按相关规定的期限进行填报。

E1－1 承销项目明细专项监管报表

1. 本表主要反映证券公司年初至报告期末开展的主承销项目明细相关情况，包括项目类型、发行人、项目名称、保荐代表人、承销金额、承销方式、承销佣金收入等情况。

2. 填报注意事项：

（1）“项目类型”与C2－2中的项目类型一致，如填列“首次公开发行－A股”。

（2）“承销方式”填列全额包销、余额包销、代销等方式。

E1－2 证券投资业务持仓情况专项监管报表

1. 本表主要反映报告期证券投资业务主要持仓情况，包括股票、基金、债券、权证等相关投资情况。

2. 填报注意事项：

（1）“股票”填列月末持有比例前五名和其他股票的情况；其他股票指除前五名股票之外的所有股票的合计情况。其他基金、其他债券、其他权证的含义与其他股票的含义类似。

（2）“基金”、“债券”、“权证”填列投入成本前五名和其他投资品种的情况。

（3）“期末持有比例”＝期末持有市值/证券市场总市值，且填列百分比格式，如60%。

（3）期末持有比例填列百分比格式，如60%。

E1－3 资产管理业务主要持仓情况专项监管报表

1. 本表主要反映报告期资产管理业务主要持仓情况，包括股票、基金、债券、权证等相关投资情况。

2. 填报注意事项：

（1）定向资产管理业务所持主要证券按该类业务所持证券种类合并填列，集合资产管理业务所持主要证券按经批准的产品逐项列示。

（2）基金包括所有基金产品，如封闭式基金和开放式基金。

（3）债券包括国债、企业债、公司债、可转债、短期融资券、特种金融债券等。

E1－4 财务顾问项目专项监管报表

1. 本表主要反映证券公司年初至报告期末完成的为上市公司提供财务顾问业务明细相关情况，包括项目类型、客户名称、合同金额、财务顾问收入等情况。

2. 填报注意事项：

（1）“项目类型”与C5－1中的项目类型一致，包括收购兼并、资产重组、股份回购等。

（2）“财务顾问收入”填列财务顾问业务明细对应确认的收入金额。

E1－5 服务特定机构或产品的席位等相关信息专项监管报表

本表主要反映报告期末服务特定机构或产品的席位等相关信息，包括基金公司租用席位数量、信托产品或信托公司开立的证券账户数量及指定与托管的证券市值、通过公司席位进行交易的 QFII 数量等。

E1－6 证券公司信息系统专项监管报表

本表主要反映报告期使用的信息系统情况、机房硬件情况、交易事故报告和营业部的相关情况。

《证券公司综合监管报表》编报指引第3号

——管控信息报表填表说明

（2007年9月　机构部函［2007］472号）

为便于各证券公司理解编报《证券公司综合监管报表》——管控信息报表，特制订本编报指引，对报表填报中易于混淆的主要项目予以说明。

管控信息报表反映公司股东情况、治理结构、分支机构情况、内部稽核检查等管控信息，要求按季填报。

D1－1 股东情况表

1. 本表主要反映股东及实际控制人的出资情况，股东会运作情况。

2. 本表要求填列以下内容：

（1）公司股东名称、股东性质、出资（持股）金额及比例、股权被质押或冻结情况、是否与其他股东存在关联关系。

（2）实际控制人名称及性质、控制股权比例、派驻公司代表情况。

（3）股东会议召开情况。

3. 填报注意事项：

（1）“公司股东构成情况”中有限公司要求填列全部股东，股份公司要求填列持股比例5%（含）以上的股东。

（2）“股东名称”填列股东全称，不得使用简称。

（3）“股东性质”及“控制人性质”按国有、民营、外资及其他填列。

（4）“派驻公司代表”指派驻到公司的董事、监事及高管人员。

（5）控制比例合计＝直接持股比例＋间接持股比例＋协议持股比例＋其他方式持股比例。

（6）“股东会议情况”填列年初至报告期内召开的股东会议情况。

（7）“股东是否上市公司”、“是否与其他股东存在关联关系”、“是否通过表决”填列“是”或“否”。

（8）日期填列“年月日”。

（9）出资（持股）比例填列百分比格式，如60%。

（10）“上期出资金额（持股数量）”填列年初的出资金额（持股数量）。

D2－1 董事、监事及高管人员情况表

1. 本表主要反映董事、监事及高管人员任职情况，董事会及监事会运作情况。

2. 本表要求填列以下内容：

（1）董事会成员任职情况、董事会议召开情况、下设专业委员会情况。

（2）监事会成员任职情况、监事会议召开情况。

（3）高管人员任职情况。

3. 填报注意事项：

（1）“产生方式”填列股东派驻、内部产生、外部独立董事等，如由其他方式产生，请予以说明。

(2)“委员名单及所任职务”填列为：姓名1，职务1；姓名2，职务2。

(3)“董事会议情况、监事会议情况”填列年初至报告期内召开的董事会议、监事会议情况。

(4)“是否在公司领取薪酬”、“是否通过表决”填列“是”或“否”。

(5) 日期填列“年月日”。

D2－2 董事、监事及高管人员薪酬情况表

1. 本表主要反映董事、监事及高管人员领取薪酬及持有公司股票和期权情况。

2. 填报注意事项：

(1)“本期薪酬”填列本报告期（季度）的薪酬情况。

(2)“持有公司股份数量”、“持有公司期权数量”填列截至报告期末的股份或期权数量。

(3)“实际领取薪酬人数”填列本年度实际领取薪酬人数。

D3－1 总部机构设置情况表

1. 本表主要反映总部机构设置情况，包括总裁下设专业委员会、前中后台的部门设置、职责和人员等。

2. 填报注意事项：

(1)“委员名单及所任职务”填列委员姓名及其职务，如姓名1，合规总监；姓名2，财务部负责人。

(2)“直接主管部门”指董事会、监事会、总经理或者副总经理等。

(3) 联系电话填列“区号＋号码”。

D4－1 分公司及区域管理总部情况表

1. 本表主要反映分公司及区域管理总部名称、相关负责人、人员、办公地址、管辖范围等相关情况。

2. 填报注意事项：

(1)“管辖区域”填列所管辖的省、自治区、直辖市及计划单列市等。

(2)“是否兼任营业部或者业务部门职务”填列“是”或“否”，若填列是，在备注栏中说明兼任职务具体情况。

D5－1 子公司及关联公司情况表

1. 本表主要反映公司子公司及关联公司名称、注册地、投资金额、持股比例及派驻高管人员等相关情况。

2. 填报注意事项：

(1)“子公司、合营和联营公司”按照《企业会计准则第2号——长期股权投资》的定义执行。

(2)“其他关联方”按照《企业会计准则第36号——关联方披露》的定义执行。

(3)“本期关联交易情况”填列报告期发生的关联交易事项及金额。

(4)“姓名及在子公司所任职务”、“姓名及在合营和联营公司所任职务”填列姓名及其职务，如姓名1，职务1；姓名2，职务2。

(5) 公司名称填列公司全称。

(6) 持股（出资）比例填列百分比格式，如60%。

D6－1 内部稽核检查情况表

1. 本表主要反映公司报告期内部稽核和检查情况，包括检查对象、检查类型、检查方

式、检查次数等。

2. 填报注意事项：

（1）如被检查部门为专项业务，在“被检查对象名称”栏中填列业务类别，如国债回购、集合资产管理业务。对总部部门进行专项业务的稽核，在“专项业务”栏目中填列，无需在“总部部门”中重复填列。

（2）如被检查部门为关键岗位及管理人员部门，在“被检查对象名称”栏中填列岗位类别，如总经理、副总经理、部门总经理、分公司及区域管理总部总经理、营业部总经理等。

（3）如被检查部门为分公司及区域管理总部、证券营业部和服务部，“被检查对象名称”栏无须填列。

（4）“检查类型”填列常规审计、经营责任审计、离任审计、专项审计、合规检查等。

（5）“检查方式”填列非现场检查、现场检查等。

（6）本表填列报告期（季度）内完成的内部稽核检查情况。

D7－1 会计师事务所聘任与审计情况表

1. 本表主要反映近五年证券公司会计师事务所聘任和财务报表审计情况，包括审计意见类型、审计收费、签字注册会计师等。

2. 填报注意事项：

（1）审计意见类型填列标准无保留意见、带强调事项段的无保留意见、保留意见、否定意见、无法表示意见等。

（2）会计年度填列“年度”，首次填报2002年至2006年度会计事务所聘任与审计情况。

《证券公司综合监管报表》编报指引第1号、第2号

（2007年8月7日　机构部函［2007］313号）

《证券公司综合监管报表》编报指引第1号——首次填报常见问题解答

为便于各证券公司理解和编报《证券公司综合监管报表》，特制订本编报指引，对首次填报中常见问题予以说明。

一、证券公司报送时间有何规定？

答：证券公司应当严格按照《关于填报〈证券公司综合监管报表〉有关事项的通知》（机构部部函［2007］311号）的规定时限报送有关报表。首次报送时间截止到2007年8月20日。管控信息报表和专项报表9月份执行，10月开始报送。

二、相关人员在报表签字有何要求？

答：报表封面上列明的董事长、总经理、法定代表人、财务负责人、合规负责人必须亲笔签名。如确实无法由本人签字，可书面授权相关人员代签，书面授权文件同时报送证监局备案。尚未设立合规负责人的，可由负责稽核或风控的高管人员签字。具体业务报表只需如实填列相关人员姓名。

三、原证券公司统计月度报表是否还需要填报？

答：不需要继续报送。

四、证券营业部是否需要按照原来的程序和报表格式继续进行网上报送？

答：证券营业部须按现行规则及证监局的有关要求报送营业部相关数据，统一的营业部监管报表修订发布后，各证券营业部应当按新报表执行。

五、证券公司目前是否需要报送合并报表？

答：现行综合监管报表以母公司为报送主体，暂不要求按月报送合并报表。下一步将根据公司组织形式变化和证券公司业务特点等设计相应的合并监管报表。

六、各报表在系统中的填报顺序有无区别？

答：各公司在填报综合监管报表时，应首先填报基本信息表，包括封面、业务运作管理部门设置情况及有关问卷。在完成以上填报后，其他报表即可通过系统自行生成有关信息，减少填报工作量。

七、证券公司向其他单位报送财务报表，是否按照《证券公司综合监管报表》中的要求进行报送？

答：证券公司综合监管报表是供中国证监会及其授权进行证券公司监管的单位内部使用的报表。其中的财务监管报表，是以新会计准则为基础，根据监管要求和业务需要增加了明细项目等报送要求，对其他部门或单位要求报送的报表，根据法定财务报表要求进行报送即可。

八、证券公司是否需要填报所有报表？

答：证券公司应当根据取得业务许可和各类业务实际运营情况如实报送相关报表。例如，某公司未取得客户资产管理业务许可，也未实际运作此项业务，相关业务报表就不必填报；

某公司未取得客户资产管理业务许可，但实际从事了该项业务，需要报送相关业务报表。

九、报送系统能否提供报表打印功能？

答：为减轻公司报表报送工作量，报送系统支持自动打印功能（A4 纸张），可进行套表或单张报表打印。

十、报送系统是否提供报表导入功能？

答：不支持，公司可通过复制、粘贴进行填报，类似 excel 表格的相关操作。

十一、系统是否支持报表导出功能？

答：系统支持单张报表的导出，生成 EXCEL 表格，但不支持整套报表同时导出。

十二、系统是否支持公司内部多人同时在线共同完成报表填报？

答：支持。公司可根据内部控制需要，对不同人员分别设置不同的报表报送、浏览权限，由多个部门、多个工作人员共同参与报表报送工作，提高报送效率。用户名以公司机构编码登录系统的，拥有全部报表权限，可维护公司内部各报表用户有关信息，并分配权限。各公司应妥善保管系统用户密码，在首次登录系统后应及时修改初始密码，有效防止泄漏公司相关信息。

十三、系统是否提供报表审核功能？

答：系统提供部分校验功能和校验信息。

十四、报表报送截至期前和期后能否对已报送报表进行修改？未按期报送如何处理？

答：系统将自动记录公司报送完成时间。在报送截止日前，公司可对报送的报表进行调整和修改；报送截止期结束后，如需对已报送数据进行补正的，公司应当书面报请注册地证监局同意后，方可进行数据修改，重新报送。未按期报送的，按重新报送处理。系统将提供相应的技术支持。

十五、是否提供系统报送使用说明？

答：公司可通过登陆报送系统后下载使用说明。

十六、是否针对报表报送有关问题进行专门培训？

答：将开展多层次的培训活动，包括发布编报指引、发布系统使用说明、召开视频会议等形式。首次报表报送之后，将进一步汇集整理有关报表报送的问题，加大现场专题培训力度。

《证券公司综合监管报表》编报指引第 2 号

——核心监管报表、财务监管报表和业务监管报表填表说明

为便于各证券公司理解和编报《证券公司综合监管报表》，特制订本编报指引，对报表填报中易于混淆的主要项目予以说明。

一、核心监管报表

核心监管报表反映证券公司客户资金安全、资本充足和风险监控指标等核心监管信息，要求按月填报。包括净资本计算表、风险控制指标监管报表和客户资产安全性监管报表。其中净资本计算表和风险控制指标监管报表根据相关规定进行填报。

A3－1 客户交易结算资金安全性监管报表

1. 本表主要反映客户交易结算资金安全性问题。

2. 本表要求填列以下内容：

（1）经纪业务客户、融资融券客户、定向资产管理客户的柜台系统金额。

（2）经纪业务、融资融券、定向资产管理业务的客户交易结算资金安全性分析、计算。

（3）经纪业务客户透支金额。

（4）客户交易结算资金被质押、冻结金额。

3. 填报注意事项：

（1）对客户交易结算资金差额为正数，且超过该项客户交易结算资金总额2%的，要求在备注中说明该项差额的明细构成。

（2）第27行“已实现未结算损益”中，亏损填正数，盈利填负数。

（3）“经纪业务客户柜台交易系统资金余额”包含小额休眠账户资金余额，同时，要求在对应备注栏中填列小额休眠账户的资金余额。

（4）“折成人民币合计”＝“人民币＋美元×汇率＋港币×汇率”，其中，美元、港币填列原币金额，根据公司会计政策确定的汇率折算人民币合计金额。

（5）经纪业务的“代理买卖证券款——财务系统余额”要求填列报告期末清算和交收后数据。

二、财务监管报表

财务监管报表反映证券公司报告期间资产、负债、盈利及权益变动等日常监管需要的财务信息，在资产负债表、利润表等的基础上补充必要的明细科目和新业务科目而成，要求按月填报。

B1－1资产负债监管报表

1. 本表反映公司报告日的财务状况。与会计报表相比，结合证券行业特点，增加了证券公司融资融券业务的列报，增加了交易性金融资产、履约保证金、其他资产、其他负债等项目的明细列报。

2. 与会计报表相比，需要说明的项目：

（1）“客户信用资金存款”反映公司存入银行或其他金融机构的开展融资融券业务的客户资金款项和客户为融资融券存入的担保资金款项，根据“银行存款”等科目所属明细科目期末余额分析填列。

（2）“自有信用资金存款”反映公司存放在银行或其他金融机构的用于融资融券业务的自有信用资金款项，根据“银行存款”等科目所属明细科目期末余额分析填列。

（3）“信用备付金”反映公司为融资融券业务的资金清算与交收而存入证券登记结算公司的款项，根据“结算备付金”科目所属明细科目期末余额分析填列。

（4）“融出资金”反映公司融资融券业务为客户融出的资金，根据该科目期末余额填列。

（5）“融出证券”反映公司融资融券业务为客户融出的证券，根据该科目期末余额填列。

（6）“履约保证金”反映公司存放在证券登记结算公司用于认沽权证履约交收的款项，存放在期货公司用于股指期货和其他期货履约交收的款项等，根据“存出保证金”科目所属明细科目期末余额分析填列。

（7）“应收融资融券客户款”反映融资融券客户未按期补足担保品，被强制平仓后，证券公司应收客户的款项，根据该科目期末余额填列。

（8）“担保品”反映公司融资融券业务客户交来的用于融资融券担保的证券和其他产品，根据担保品的公允价值计算填列。

（9）“信用交易代理买卖证券款”反映公司接受融资融券业务客户委托，代理买卖股票、债券和基金等有价证券而收到的款项，根据该科目期末余额填列。

（10）“应收款项”根据“应收账款”、“其他应收款”等科目所属明细科目期末余额分析填列，“应付款项”根据“应付账款”、“其他应付款”等科目所属明细科目期末余额分析填列，补充资料中“应收款项”、“应付款项”填列与受托投资有关的应收及应付款项。

（11）受托投资中“已实现未结算损益”，亏损填列正数，盈利填列负数。

B2－1 利润监管报表

1. 本表反映公司报告期的经营成果，是在利润表的基础上，结合证券行业特点，将受托客户资产管理业务净收入及其明细情况单独列示，增加了手续费及佣金净收入、利息净收入、投资收益、公允价值变动净收益、业务及管理费等项目的明细列报。

2. 与会计报表相比，需要说明的项目：

（1）“手续费及佣金净收入”包括代理买卖证券业务净收入、证券承销业务净收入、保荐业务服务净收入、财务顾问服务净收入、投资咨询服务净收入等，不包括受托客户资产管理业务净收入，根据“手续费及佣金收入”、“手续费及佣金支出”等科目所属明细科目的发生额分析填列。各项净收入填列公司确认的业务收入减去与该项业务直接相关的费用及佣金支出后的净额。

（2）“受托客户资产管理业务净收入”中“定向资产管理业务净收入”、“集合资产管理业务净收入”、“专项资产管理业务净收入”项目，根据“手续费及佣金收入”、“手续费及佣金支出”等科目所属明细科目的发生额分析填列。

（3）“利息净收入”中“存放金融同业利息净收入”、“资金拆借净收入”、“融资融券利息净收入”、“债券回购利息净收入”项目，根据“利息收入”、“利息支出”等科目所属明细科目的发生额分析填列。

（4）“投资收益”中“对联营企业和合营企业的投资收益”、“交易性金融工具的投资收益”、“可供出售金融资产的投资收益”、“持有至到期金融资产的投资收益”、“衍生金融工具的投资收益”项目，根据“投资收益”等科目所属明细科目的发生额分析填列。

（5）“公允价值变动损益”中“交易性金融工具公允价值变动收益”、“衍生金融工具公允价值变动收益”、“融出证券公允价值变动收益”项目，根据“公允价值变动损益”等科目所属明细科目的发生额分析填列。

（6）“业务及管理费”中“折旧及摊销”、“场地设备租赁费”、“职工薪酬”项目，根据“业务及管理费”等科目所属明细科目的发生额分析填列，“职工薪酬”根据会计准则要求填列。

B3－1 所有者权益变动监管报表

本表反映公司年初至报告日期间所有者权益的累计变动情况。与会计报表相比，增加了外币报表折算差额的明细列报。

B4－1 资产减值准备监管报表

1. 本表反映公司年初至报告日期间资产减值准备的累计变动情况。与会计报表相比，增加了应收融资融券客户款坏账准备的明细列报。

2. 填报注意事项：

“资产减值准备－本期减少数－转回”项目填列中，由于长期股权投资减值准备、投资性房地产减值准备等项目，按照会计准则要求不能进行资产减值准备转回，无需填列。

三、业务监管报表业务监管报表反映证券公司经纪、承销、资产管理等各项业务运营情况的信息，要求公司根据业务实际运作情况，由公司财务、业务、风控等有关部门协同配合，按月填报。

C1－1 经纪业务监管报表—资金与开户

1. 本表主要反映证券公司报告期经纪业务客户交易结算资金变动情况，资金账户和证券账户的变动情况。

2. 本表要求填列以下内容：

（1）客户交易结算资金（涉及 A 股和 B 股）报告期金额变动情况，包括本期存入金额、取出金额以及本期证券交易及其他影响金额。

（2）资金账户和证券账户报告期数量变动情况，其中证券账户本期增加包括代理开户数、转入数，本期减少包括代理销户数、转出数。

（3）资金账户、证券账户报告期末机构和个人账户数量，证券账户报告期末深市和沪市的数量。

3. 填报注意事项：

（1）“客户交易结算资金”填列柜台交易系统的金额，其中“本期证券交易及其他影响金额”指本期除资金存取外，导致客户交易结算资金变化的金额（如证券交易、分红派息、对价补偿等事项），资金净增加额以正数填列。

（2）“资金账户情况”中若同一客户同时有人民币 A 股、深圳 B 股、上海 B 股的资金账户，要求分别填列。

（3）“证券账户情况”填列上海证券账户数和深圳证券账户数的总和，即指定或托管在公司席位上的客户证券账户数，其中“代理开户数”与“代理销户数”填列代理证券登记结算公司开设或注销的证券账户数，“转入数”与“转出数”填列由于投资者在不同的证券经营机构间流动引起的转入、转出证券账户数。

（4）“资金账户情况”、“证券账户情况”中包括小额休眠账户情况。

（5）本表不反映信用客户资金与开户情况。

C1－2 经纪业务监管报表—交易

1. 本表主要反映证券公司经纪业务客户在交易所市场报告期间的交易等情况。

2. 本表要求填列以下内容：

（1）按证券种类（A 股、B 股、基金、债券、权证、债券融资回购、债券融券回购及其他证券）分别列示报告期和年初至报告期末代理买卖证券的金额，报告期末指定与托管证券市值金额。

（2）各类证券报告期网上交易金额。

（3）报告期代理买卖证券业务总收入、总支出。

（4）报告期代办股份转让交易金额和年初至报告期末代办股份转让累计交易金额。

3. 填报注意事项：

（1）“债券”包括国债、企业债、公司债、可转债、短期融资券及特种金融债券等。

（2）“证券交易金额”为买入成交金额与卖出成交金额的合计。

（3）“指定与托管证券市值”中不包括限售证券的市值。

（4）“代理买卖证券业务总支出”主要填列代理买卖证券业务的手续费及佣金支出。

（5）本表不统计基金公司等单位在租用席位上的交易情况。

C1－3 经纪业务监管报表—其他代理业务

1. 本表主要反映证券公司柜台代理交易的规模及收益等情况。

2. 本表要求填列以下内容：

按代理销售基金产品、代理销售资产管理业务产品、代理销售债券、代理兑付债券等项目分别列示报告期和年初至报告期末代理销售（或兑付）金额和相应的佣金收入。

3. 填报注意事项：

（1）“代理销售基金”填列场外开放式基金的认购、申购和赎回等情况。

（2）“代理兑付债券”填列通过柜台代理兑付的债券情况。

（3）“代理销售（或兑付）佣金收入”根据会计准则确认的收入填列。

C2－1 承销与保荐业务监管报表—保荐业务

1. 本表主要反映证券公司报告期保荐人及保荐业务等情况。

2. 本表要求填列以下内容：

（1）保荐代表人报告期数量变动情况。

（2）年初至报告期末保荐业务合规情况，包括保荐代表人谈话提醒次数、保荐机构受处分次数、3 个月及 6 个月内不能进行受理项目的保荐代表人名单、被取消保荐代表人资格的人员名单等。

（3）各类保荐项目（首次发行、增发、配股、公司债等）中正在审核、累计已经通过、累计未通过等的保荐业务数量。

3. 填报注意事项：

（1）“保荐代表人”填列公司保荐代表人报告期数量变动情况，保荐代表人发生变更的确认时间以相关手续办理完毕为准。

（2）“保荐合规情况”填列年初至报告期末开展保荐业务合规情况。

（3）“保荐项目”填列年初至报告期末已上报证监会的保荐项目相关情况（数量），其中保荐项目通过或未通过以正式公告为准。

C2－2 承销与保荐业务监管报表—承销规模与收益

1. 本表主要反映证券公司在报告期承销业务规模及收益等情况。

2. 本表要求填列以下内容：

（1）按发行类别（首次发行、增发、配股、债券发行等）分别列示报告期和年初至报告期末担任主承销、副主承销和分销的次数、承销金额和相应的承销收入，担任主承销的承销项目总金额。

（2）承销期结束的包销余额及其按交易性金融资产、可供出售金融资产等的分类情况。

3. 填报注意事项：

（1）“本期完成”、“本年累计完成”中“完成”是指承销证券发行结束。

（2）“承销佣金收入”指承销项目所确认的佣金收入，不包括保荐收入。

（3）增发项目包括定向增发、公募增发等。

（4）承销项目涉及资产折价承购的，按约定的资产折价金额填列。

C3－1 证券投资业务监管报表—股票、基金及债券投资

1. 本表主要反映证券公司报告期股票、基金及债券投资等证券投资的规模及收益等情况。

2. 本表要求填列以下内容：

（1）按证券投资种类（股票、基金及债券等）分别列示报告期持有成本变动情况，报告期末公允价值、对应市值或期末摊余成本的情况。

（2）按证券投资种类（股票、基金及债券等）分别列示财务监管报表中交易性金融资产、可供出售金融资产和持有至到期投资等的期末余额明细构成。

3. 填报注意事项：

（1）公司接受委托采用全额承购包销、余额承购包销方式承销的证券投资产品，要求一并在本表中列示。

（2）划分为持有至到期投资的证券投资产品，只需列示报告期持有成本的变动情况及报告期末的摊余成本；其他证券投资产品，要求列示持有成本的变动情况，报告期末公允价值和对应市值。

（3）“重分类情况说明（如有）”中反映报告期间证券投资产品发生重分类的情况，如将持有至到期投资重分类为可供出售金融资产，可供出售金融资产重分类为持有至到期投资，要求说明重分类内容、原因及影响。

（4）“证券投资产品期末余额明细列示”中交易性金融资产等项目的明细合计应当与资产负债监管报表相关项目核对一致。

C3－2 证券投资业务监管报表—股指期货投资

1. 本表主要反映证券公司报告期股指期货投资的规模等情况。

2. 本表要求填列以下内容：

（1）按股指期货投资明细填列每一项未到期的投资的合约代码、合约份额、报告期末持有的名义头寸及对应市值等。

（2）报告期被强制平仓次数、被强制平仓的合约份额

C4－1 资产管理业务监管报表—集合资产管理业务

1. 本表主要反映证券公司报告期的集合资产管理业务规模等情况。

2. 本表要求填列以下内容：

（1）各项集合资产管理计划的基本情况，包括核准金额、业务主办人、计划期限、推广对象、最低参与金额等。

（2）各项集合资产管理计划的受托份额，包括期末户数，受托份额变动情况、受托份额中自有资金投入金额等。

（3）各项集合资产管理计划的投资情况，包括各类证券投资计划（股票、基金、债券等）的投资成本、期末市值，剩余可用资金等。

（4）各项集合资产管理计划的资产净值，包括期初单位净值、期末单位净值、累计单位派现额、累计单位净值等。

3. 填报注意事项：

（1）项目栏中“限定性理财计划1”、“限定性理财计划2”等根据实际批准的集合理财计划名称（全称）填列。

（2）“受托份额”中“户数”指计划对应的机构和个人投资者的数量合计。

（3）“累计单位派现额”反映集合资产管理计划成立以后的累计单位分红派现的合计数。

（4）“累计单位净值”反映集合管理资产计划期末单位净值与累计单位派现额的合计数。

C4－2 资产管理业务监管报表—专项资产管理业务

1. 本表主要反映证券公司报告期的专项资产管理计划的运作情况。

2. 本表要求填列以下内容：

（1）各项专项资产管理计划的基本情况，包括核准金额、项目主办人、联络人、计划期限、计划预期收益率等。

（2）各项专项资产管理计划的资信等级、担保情况。

（3）各项专项资产管理计划实际发行总规模，包括实际发行的份额、金额和自有资金投入金额等。

（4）各项专项资产管理计划的现金回收情况，包括本期实收金额，应收金额，累计实收金额和累计应收金额等。

（5）各项专项资产管理计划的产品现金支付情况。

3. 填报注意事项：

（1）项目栏中“资产证券化计划 1”、“资产证券化计划 2”等根据实际批准的资产证券化计划名称（全称）填列，并逐项填列分期产品名称。

（2）“产品资信等级”填列报告期末的最新资信等级结果。

（3）“产品现金回收情况（不含级次受益凭证对应的应收款）”中累计实收、累计应收反映专项资产管理计划成立以后的实际回收现金合计数和应当回收现金合计数。

C4 - 3 资产管理业务监管报表—定向资产管理业务

1. 本表主要反映证券公司报告期定向资产管理业务规模等情况。

2. 本表要求填列以下内容：

（1）按客户性质（机构和个人等）填列定向资产管理业务的受托资金情况，包括受托户数、受托资金变动情况等。

（2）按客户性质（机构和个人等）填列定向资产管理业务的投资分布情况，包括投资产品总市值、投资产品中有流动性限制的产品市值、剩余可用资金等。

（3）报告期末单个机构客户资产管理最大值、单个机构客户资产管理最小值、单个个人客户资产管理最大值、单个机构客户资产管理最小值等。

C5 - 1 财务顾问业务监管报表—财务顾问业务

1. 本表主要反映证券公司报告期各类财务顾问业务的规模及收益等情况。

2. 本表要求填列以下内容：

按服务对象（上市公司、非上市公司及其他单位）分别填列已完成的各类财务顾问业务（收购兼并、资产重组、企业改制、股权激励等）的签约客户数量、签约合同总份数及收入等情况。

3. 填报注意事项：

（1）财务顾问业务归属的项目类型根据公司实际分类、重要性程度和有关法规要求填列。

（2）“本期发生”以签约时间为准。

（3）“签约合同总金额”填列提供财务顾问服务的合同约定收入金额。

（4）“已实现的财务顾问收入”根据会计准则确认的收入填列。

C6 - 1 证券投资咨询业务监管报表—研究咨询业务

1. 本表主要反映证券公司研究咨询业务运作情况。

2. 本表要求填列以下内容：

（1）证券投资咨询执业人员报告期数量变动情况。

（2）报告期向公司内部相关部门提供的研究报告数量、向机构销售或提供的研究报告数量、在公开媒体（包括互联网等）上发表研究报告数量。

（3）报告期参与广播电视及网络通讯等公众传媒的证券节目数量、节目名称、节目时段、参与证券节目的执业人员数量及名单等。

C7 - 1 质押式债券回购

1. 本表主要反映证券公司报告期末质押式债券回购金额及年初至报告期末的业务规模情况。

2. 本表要求填列以下内容：

（1）按债券类别（国债、企业债、其他债券等）分别列示公司自营业务、资产管理业务、经纪业务客户在交易所市场和银行间市场参与的质押式融资回购业务的期末未到期金额和年初至报告期末的累计交易金额。

（2）按债券类别（国债、企业债、其他债券等）分别列示公司自营业务、资产管理业务、经纪业务客户在交易所市场和银行间市场参与的质押式融券回购业务的期末未到期金额和年初至报告期末的累计交易金额。

（3）按债券类别（国债、企业债等）分别列示公司自营业务、资产管理业务、经纪业务客户在交易所市场和银行间市场的托管面值、标准券金额等。

C7－2 买断式债券回购

1. 本表主要反映证券公司报告期末买断式债券回购金额及年初至报告期末的业务规模情况。

2. 本表要求填列以下内容：

（1）按债券类别（国债、企业债、其他债券等）分别列示公司自营业务、资产管理业务、经纪业务客户在交易所市场和银行间市场参与的买断式融资回购业务的期末未到期金额和年初至报告期末的累计交易金额。

（2）按债券类别（国债、企业债、其他债券等）分别列示公司自营业务、资产管理业务、经纪业务客户在交易所市场和银行间市场参与的买断式融券回购业务的期末未到期金额和年初至报告期末的累计交易金额。

C8－1 参与银行间市场运作监管报表

1. 本表主要反映证券公司报告期参与银行间市场的运作情况。

2. 本表要求填列以下内容：

分别列示银行间同业拆借、债券现券交易、债券回购、债券远期、短期融资券等业务在报告期的交易金额、年初至报告期末的累计交易金额。

3. 填报注意事项：

（1）“债券现券交易”项中按成本列示。

（2）“债券远期”是指交易双方约定在未来某一日期，以约定价格和数量买卖标的债券的行为。

（3）“短期融资券”按公司在银行间市场发行的短期融资券的品种填列。

（4）“本年累计发生数”为本年业务发生的净增加金额。

C9－1 权证创设监管报表

1. 本表主要反映证券公司报告期权证创设业务规模及盈利情况。

2. 本表要求填列以下内容：

（1）创设认购权证、认沽权证的累计权证创设总量、累计权证注销总量、本期权证注销量、累计权证到期总量、期末权证剩余量、期末剩余权证收盘市值、期末剩余权证创设收入（待实现）、权证的浮动盈亏等。

（2）创设认购权证的期末正股持有量、期末正股收盘总市值、期末正股总成本、期末正股浮动盈亏等。

（3）创设认沽权证的期末认沽权证占用资金。

（4）创设认购权证、认沽权证的总浮动盈亏和累计已实现收益。

3. 填报注意事项：

（1）“累计权证注销量”包括本期权证注销量。

（2）“累计权证到期总量”指到期行权和弃权的总量。

（3）“期末正股持有量”指与期末剩余权证量相对应的被质押标的证券数量。

（4）上年末已结束的权证，可不必在本表填列。

C10－1 融资融券业务监管报表本表主要反映证券公司报告期融资融券规模、盈利及风险等情况。

C11－1 为期货公司提供中间介绍业务监管报表本表主要反映证券公司报告期为期货公司提供中间介绍业务等情况。

关于证券公司执行《企业会计准则》有关新旧衔接事宜的通知

（2007年1月17日 证监会计字［2007］7号）

各证券公司、相关会计师事务所：

根据《关于证券公司执行〈企业会计准则〉的通知》（证监会计字［2006］22号，以下简称《通知》）的要求，证券公司将于2007年起全面执行财政部新颁布的《企业会计准则》（以下简称新会计准则）。为了使新会计准则施行工作稳妥、高效地进行，保证会计信息和监管信息的质量，现就过渡期间有关事宜通知如下：

一、非上市证券公司（被托管和行政清理的除外）应按照现行《金融企业会计制度》及相关规定编制2006年年报，同时按照《企业会计准则第38号——首次执行企业会计准则》及本通知附件要求，编制股东（所有者）权益调节表，反映重大差异的调节过程。调节表应当经会计师审阅并连同审阅意见报我会会计部、机构部或风险办及公司注册地证监局备案。

二、2007年6月30日以前，非上市证券公司仍按现行《金融企业会计制度》及相关规定进行账务处理，并按现行方式报送月度报表相关信息。同时，每月以书面和电子表格的形式向我会机构部或风险办及注册地证监局报送股东（所有者）权益调节表，并对重大差异加以解释。月度调节表不需审计。

三、非上市证券公司应于2007年6月30日之前完成财务系统调整，按照新会计准则及指南的要求，结合自身特点，设置会计核算科目。自2007年7月1日起，所有证券公司应按照新会计准则进行会计核算，编制和报送相关月度报表。

四、上市证券公司公开披露财务会计信息，执行《关于做好与新会计准则相关财务会计信息披露工作的通知》（证监发［2006］136号）；2007年6月30日之前向我会机构部和注册地证监局报送的月度资产负债表和利润表可按新会计准则编制，并以书面和电子表格的形式报送，其他月度报表报送要求不变，但月度报表中确有与新会计准则不相匹配不能按原有要求或格式填报的，暂以书面和电子表格的形式报送报表及详细说明。

五、所有证券公司应按照新会计准则及相关规定编制2007年年度报告。

关于证券公司执行《企业会计准则》的通知

（2006 年 11 月 27 日　证监会计字［2006］22 号）

各证券公司、相关会计师事务所：

2006 年 2 月，财政部颁布了新的《企业会计准则》（以下简称新会计准则），要求自 2007 年 1 月 1 日起在上市公司范围内施行，同时鼓励其他企业执行。为了提高证券行业的会计信息质量，强化证券公司风险管理意识，促进证券行业更好地发展，我会决定从 2007 年起在证券公司（以下简称公司）范围内执行新会计准则。现就有关事项通知如下：

一、关于公司 2006 年年度报告的编制事宜

（一）公司应按照现行《金融企业会计制度》和编制年度报告的相关规定要求编制 2006 年年度报告。已上市公司除遵循上述要求外，尚需执行上市公司相关规定。

（二）公司应按照《企业会计准则第 38 号——首次执行企业会计准则》及相关规定，编制新旧会计准则的差异调节表，以反映执行新会计准则对公司 2006 年度财务状况、经营成果及现金流量的影响。该调节表须由具有证券期货相关业务资格的会计师事务所审阅并发表审阅意见后，报证监会会计部、机构部、风险办备案。该调节表暂不列入公开披露范围。

（三）公司应根据新会计准则的规定并结合自身业务情况，在 2006 年年度报告的“管理层报告”部分，分析和披露执行新会计准则后可能发生的会计政策变更、会计估计变更及其对公司财务状况和经营成果的影响。

二、关于公司 2007 年执行新会计准则的安排

（一）为了使新会计准则施行工作高效、稳妥地进行，2007 年 6 月 30 日之前作为过渡期，其间公司仍按现行《金融企业会计制度》和相关规定报送有关报告，并报告新旧会计准则存在重大差异的事项及影响数。同时，公司应将会计核算系统等调整到位，做好新旧系统对接、协调工作。6 月 30 日之后同时按照新旧会计准则编制有关报告。

（二）公司应按照新会计准则和编制年报的相关规定要求编制 2007 年年报。

三、新会计准则施行工作中的几点注意事项

（一）公司应严格按照新会计准则的要求，稳健选用适当的公允价值计量模式，并建立、健全确定公允价值的内部控制制度。公司不得利用公允价值计量模式调节利润，也不得要求相关中介机构出具虚假鉴证报告。

（二）公司应全面执行新会计准则的各项规定，不得根据需要选择执行。公司应根据新会计准则的有关要求和公司实际情况，制定合理的会计政策，做出恰当的会计估计，明确区分会计政策变更、会计估计变更和会计准则变化造成的影响，不得相互混淆，也不得利用会计政策变更、会计估计变更和会计差错更正人为调节利润。

（三）公司应在金融工具初始确认时客观分析持有意图，合理划分各项金融工具，并形成明确的书面结论；在后续计量过程中如涉及采用估值模型确定公允价值，公司应谨慎选用相关计算参数。公司不得利用金融工具的重新分类人为调节利润。

（四）新会计准则的施行是证券行业的一件大事，各公司负责人应给予足够重视，全力支持，保证按照要求完成新会计准则施行工作，公司相关业务部门应围绕真实、公允、完整

反映公司经营与财务活动的目标，对公司核算和新旧会计准则接轨工作给予大力支持和配合，确保转轨工作如期、顺利完成。

（五）各公司应认真组织学习新会计准则，深入理解新旧会计准则、制度之间的差异，在施行阶段全面贯彻落实新会计准则精神，保证新旧会计准则、制度体系之间的顺利衔接，同时还要保证日常工作的完成，高标准满足各项业务及监管要求。

（六）各公司应配合新会计准则施行工作，完善公司管理制度，调整相关内控制度，保证新会计准则的长期有效执行。

（七）各公司应积极参加我会在下一阶段组织的新会计准则施行培训工作，做好内部学习、讨论、消化，提高会计核算和风险控制水平。

为保证新会计准则的顺利施行，我会成立了新会计准则施行工作领导小组和工作小组。各公司应加强与工作小组的沟通，新会计准则施行过程中的有关问题应及时向工作小组反映，工作小组将给予研究，提出解决方案。公司如有对新会计准则施行工作的建议，请一并向工作小组提出。领导小组成员包括：

组　长：

证监会副主席　庄心一

副组长：

证监会首席会计师、会计部主任　张为国

证监会机构部主任　黄红元

成　员：

证监会会计部　李树华

证监会机构部　李东平

证监会机构部　李宇白

证监会机构部　张凤文

证监会机构部　吴年文

证监会会计部　赵善学

证监会机构部　童卫华

证券公司代表

会计师事务所代表

关于证券公司借入次级债务有关问题的通知

（2005 年 12 月 13 日　证监机构字［2005］146 号）

各证券公司：

我会在《关于推动证券公司自查整改、合规经营和创新发展的通知》（证监机构字［2005］37 号）中规定，鼓励证券公司向股东借入或将现有机构债务转为清偿顺序在其他债务之后的次级债。为支持证券公司进行债务重组，调整资产负债结构，增强抗风险能力，现就证券公司借入次级债务有关问题进一步通知如下：

一、本通知所称次级债务，是指证券公司向股东或其他符合条件的次级债务机构投资者定向借入的、期限在3 年以上（含3 年）、清偿顺序列于证券公司一般负债之后，先于证券公司股权资本清算而受偿的定期债务。

符合条件的次级债务机构投资者是指依法设立的、经审计的净资产在2 000 万元以上（含2 000 万元）的法人或投资组织。除股东和符合条件的次级债务机构投资者之外，严禁证券公司向其他机构或个人借入次级债务。

二、证券公司借入次级债务应当由董事会制定方案，股东会对下列事项做出专项决议：

（一）次级债务的规模、期限、利率；

（二）借入资金的用途；

（三）决议有效期；

（四）与借入次级债务相关的其他重要事项。

三、证券公司借入次级债务应当与债权人签订次级债务合同。合同应当约定下列事项：

（一）次级债务列于证券公司一般负债之后清偿，先于证券公司股权资本清算而受偿；

（二）证券公司到期归还次级债务前，应当取得公司已到期一般负债债权人的同意；

（三）当净资本低于规定标准时，证券公司不得归还到期的次级债务；

（四）次级债务的金额、期限、利率；

（五）次级债务本息的偿付安排；

（六）借入资金的用途；

（七）证券公司应向债权人披露的信息内容和披露方式；

（八）违约责任。

四、为保障次级债务债权人的权益、降低证券公司偿付风险，证券公司应通过股东会形成决议，在次级债务存续期间，采取以下措施：

（一）未经次级债务债权人同意，不得向股东分配利润；

（二）不得为股东及其关联方提供融资或担保；

（三）不得与股东及其关联方进行损害公司利益的关联交易；

（四）提高任意盈余公积金和一般风险准备金的提取比例；

（五）未经次级债务债权人同意，不得实施重大对外投资、收购兼并等资本性支出项目；

（六）未经次级债务债权人同意，不得变更持有5% 以上股权的股东、实际控制人。

五、证券公司应为偿付次级债务的本金和利息设立专项偿债账户，明确账户资金来源、提取方式及对账户的管理等有关事宜。该账户资金可用于投资国债等低风险、高流动性的产品。

六、证券公司应将有关借入次级债务方案、次级债务合同等资料事前向公司注册地的证监局和我会机构监管部报告、事后备案。

七、经公司注册地证监局同意并报我会机构监管部核准后，证券公司可将借入的次级债务按一定比例计入净资本。

对于以现金方式借入的次级债务，到期期限在5、4、3、2、1年以上的，原则上分别按100%、90%、70%、50%、20%比例计入净资本。

对于委托理财机构债务转成的次级债务，应首先将受托资产并入自营资产，在全额扣除已亏损部分并足额提取跌价准备后的净值基础上，按照上述到期期限，原则上分别按90%、70%、50%、30%、15%比例计入净资本。

次级债计入净资本的具体比例还要根据公司整改落实情况、整改效果及其对公司财务状况的影响确定。

八、证券公司在归还到期的次级债务时，必须事先向注册地证监局和我会机构监管部报告；证券公司不得违反合同约定和股东会相关决议归还借入的次级债务。

九、证券公司在借入次级债务过程中如遇重大问题，应及时向注册地证监局和我会机构监管部报告。

证券公司股票质押贷款管理办法

（2004 年 11 月 2 日　人民银行　银监会　证监会　银发［2004］256 号）

第一章　总　　则

第一条　为规范股票质押贷款业务，维护借贷双方的合法权益，防范金融风险，促进我国资本市场的稳健发展，根据《中华人民共和国中国人民银行法》、《中华人民共和国银行业监督管理法》、《中华人民共和国商业银行法》、《中华人民共和国证券法》、《中华人民共和国担保法》的有关规定，特制定本办法。

第二条　本办法所称股票质押贷款，是指证券公司以自营的股票、证券投资基金券和上市公司可转换债券作质押，从商业银行获得资金的一种贷款方式。

第三条　本办法所称质物，是指在证券交易所上市流通的、证券公司自营的人民币普通股票（A 股）、证券投资基金券和上市公司可转换债券（以下统称股票）。

第四条　本办法所称借款人为依法设立并经中国证券监督管理委员会批准可经营证券自营业务的证券公司（指法人总部，下同），贷款人为依法设立并经中国银行业监督管理委员会批准可经营股票质押贷款业务的商业银行（以下统称商业银行）。证券登记结算机构为本办法所指质物的法定登记结算机构。

第五条　商业银行授权其分支机构办理股票质押贷款业务须报中国银行业监督管理委员会备案。

第六条　借款人通过股票质押贷款所得资金的用途，必须符合《中华人民共和国证券法》的有关规定，用于弥补流动资金的不足。

第七条　中国人民银行、中国银行业监督管理委员会依法对股票质押贷款业务实施监督管理。

第二章　贷款人、借款人

第八条　申请开办股票质押贷款业务的贷款人，应具备以下条件：

（一）资本充足率等监管指标符合中国银行业监督管理委员会的有关规定；

（二）内控机制健全，制定和实施了统一授信制度；

（三）制定了与办理股票质押贷款业务相关的风险控制措施和业务操作流程；

（四）有专职部门和人员负责经营和管理股票质押贷款业务；

（五）有专门的业务管理信息系统，能同步了解股票市场行情以及上市公司有关重要信息，具备对分类股票分析、研究和确定质押率的能力；

（六）中国银行业监督管理委员会认为应具备的其他条件。

第九条　借款人应具备以下条件：

（一）资产具有充足的流动性，且具备还本付息能力；

（二）其自营业务符合中国证券监督管理委员会规定的有关风险控制比率；

（三）已按中国证券监督管理委员会规定提取足额的交易风险准备金；

（四）已按中国证券监督管理委员会规定定期披露资产负债表、净资本计算表、利润表及利润分配表等信息；

（五）最近一年经营中未出现中国证券监督管理委员会认定的重大违规违纪行为或特别风险事项，现任高级管理人员和主要业务人员无中国证券监督管理委员会认定的重大不良记录；

（六）客户交易结算资金经中国证券监督管理委员会认定已实现有效独立存管，未挪用客户交易结算资金；

（七）贷款人要求的其他条件。

第三章　贷款的期限、利率、质押率

第十条　股票质押贷款期限由借贷双方协商确定，但最长为一年。借款合同到期后，不得展期，新发生的质押贷款按本办法规定重新审查办理。借款人提前还款，须经贷款人同意。

第十一条　股票质押贷款利率水平及计结息方式按照中国人民银行利率管理规定执行。

第十二条　用于质押贷款的股票应业绩优良、流通股本规模适度、流动性较好。贷款人不得接受以下几种股票作为质物：

（一）上一年度亏损的上市公司股票；

（二）前六个月内股票价格的波动幅度（最高价/最低价）超过200%的股票；

（三）可流通股股份过度集中的股票；

（四）证券交易所停牌或除牌的股票；

（五）证券交易所特别处理的股票；

（六）证券公司持有一家上市公司已发行股份的5%以上的，该证券公司不得以该种股票质押；但是，证券公司因包销购入售后剩余股票而持有5%以上股份的，不受此限。

第十三条　股票质押率由贷款人依据被质押的股票质量及借款人的财务和资信状况与借款人商定，但股票质押率最高不能超过60%。质押率上限的调整由中国人民银行和中国银行业监督管理委员会决定。

质押率的计算公式：

质押率＝（贷款本金/质押股票市值）×100%

质押股票市值＝质押股票数量前七个交易日股票平均收盘价。

第四章　贷款程序

第十四条　借款人申请质押贷款时，必须向贷款人提供以下材料：

（一）企业法人营业执照、法人代码证、法定代表人证明文件；

（二）中国人民银行颁发的贷款卡（证）；

（三）上月的资产负债表、损益表和净资本计算表及经会计（审计）师事务所审计的上一年度的财务报表（含附注）；

（四）由证券登记结算机构出具的质物的权利证明文件；

（五）用作质物的股票上市公司的基本情况；

（六）贷款人要求的其他材料。

第十五条 贷款人收到借款人的借款申请后，对借款人的借款用途、资信状况、偿还能力、资料的真实性，以及用作质物的股票的基本情况进行调查核实，并及时对借款人给予答复。

第十六条 贷款人在贷款前，应审慎分析借款人信贷风险和财务承担能力，根据统一授信管理办法，核定借款人的贷款限额。

第十七条 贷款人对借款人的借款申请审查同意后，根据有关法律、法规与借款人签订借款合同。

第十八条 借款人和贷款人签订借款合同后，双方应共同在证券登记结算机构办理出质登记。证券登记结算机构应向贷款人出具股票质押登记的证明文件。

第十九条 贷款人在发放股票质押贷款前，应在证券交易所开设股票质押贷款业务特别席位，专门保管和处分作为质物的股票。贷款人应在贷款发放后，将股票质押贷款的有关信息及时录入信贷登记咨询系统。

第二十条 借款人应按借款合同的约定偿还贷款本息。在借款人清偿贷款后，借款合同自行终止。贷款人应在借款合同终止的同时办理质押登记注销手续，并将股票质押登记的证明文件退还给借款人。

第五章　贷款风险控制

第二十一条 贷款人发放的股票质押贷款余额，不得超过其资本净额的15%；贷款人对一家证券公司发放的股票质押贷款余额，不得超过贷款人资本净额的5%。

第二十二条 借款人出现下列情形之一时，应当及时通知贷款人：

（一）预计到期难以偿付贷款利息或本金；

（二）减资、合并、分立、解散及申请破产；

（三）股权变更；

（四）借款合同中约定的其他情形。

第二十三条 一家商业银行及其分支机构接受的用于质押的一家上市公司股票，不得高于该上市公司全部流通股票的10%。一家证券公司用于质押的一家上市公司股票，不得高于该上市公司全部流通股票的10%，并且不得高于该上市公司已发行股份的5%。被质押的一家上市公司股票不得高于该上市公司全部流通股票的20%。上述比率由证券登记结算机构负责监控，对超过规定比率的股票，证券登记结算机构不得进行出质登记。中国人民银行和中国银行业监督管理委员会可根据需要适时调整上述比率。

第二十四条 贷款人有权向证券登记结算机构核实质物的真实性、合法性，证券登记结算机构应根据贷款人的要求，及时真实地提供有关情况。

第二十五条 贷款人应随时分析每只股票的风险和价值，选择适合本行质押贷款的股票，并根据其价格、盈利性、流动性和上市公司的经营情况、财务指标以及股票市场的总体情况等，制定本行可接受质押的股票及其质押率的清单。

第二十六条 贷款人应随时对持有的质押股票市值进行跟踪，并在每个交易日至少评估一次每个借款人出质股票的总市值。

第二十七条 为控制因股票价格波动带来的风险，特设立警戒线和平仓线。警戒线比例（质押股票市值/贷款本金×100%）最低为135%，平仓线比例（质押股票市值/贷款本金×100%）最低为120%。在质押股票市值与贷款本金之比降至警戒线时，贷款人应要求借款人即时补足因证券价格下跌造成的质押价值缺口。在质押股票市值与贷款本金之比降至平仓线时，贷款人应及时出售质押股票，所得款项用于还本付息，余款清退给借款人，不足部分由借款人清偿。

第六章 质物的保管和处分

第二十八条 贷款人应在证券交易所开设股票质押特别席位（以下简称特别席位），用于质物的存放和处分；在证券登记结算机构开设特别资金结算账户（以下简称资金账户），用于相关的资金结算。借款合同存续期间，存放在特别席位下的股票，借款人不得转让，但本办法第三十三条规定以及借款人和贷款人协商同意的情形除外。

第二十九条 证券登记结算机构应根据出质人及贷款人的申请将出质股票足额、及时转移至贷款人特别席位下存放。

第三十条 借款人可向贷款人提出申请，经贷款人同意后，双方重新签订合同，进行部分（或全部）质物的置换，经贷款人同意后，由双方共同向证券登记结算机构办理质押变更登记。质押变更后，证券登记结算机构应向贷款人重新出具股票质物登记证明。

第三十一条 在质押合同期内，借款人可向贷款人申请，贷款人同意后，按借款人的指令，由贷款人进行部分（或全部）质物的卖出，卖出资金必须进入贷款人资金账户存放，该资金用于全部（或部分）提前归还贷款，多余款项退借款人。

第三十二条 出现以下情况之一，贷款人应通知借款人，并要求借款人立即追加质物、置换质物或增加在贷款人资金账户存放资金：

（一）质物的市值处于本办法第二十七条规定的警戒线以下；

（二）质物出现本办法第十二条中的情形之一。

第三十三条 用于质押股票的市值处于本办法第二十七条规定的平仓线以下（含平仓线）的，贷款人有权无条件处分该质押股票，所得的价款直接用于清偿所担保的贷款人债权。

第三十四条 借款合同期满，借款人履行还款义务的，贷款人应将质物归还借款人；借款合同期满，借款人没有履行还款义务的，贷款人有权依照合同约定通过特别席位卖出质押股票，所得的价款直接用于清偿所担保的贷款人债权。

第三十五条 质物在质押期间所产生的孳息（包括送股、分红、派息等）随质物一起质押。

质物在质押期间发生配股时，出质人应当购买并随质物一起质押。出质人不购买而出现质物价值缺口的，出质人应当及时补足。

第七章 罚 则

第三十六条 贷款人有下列行为之一的，由中国银行业监督管理委员会依法给予警告。情节严重的，暂停或取消其办理股票质押贷款业务资格，并追究有关人员的责任：

（一）未经中国银行业监督管理委员会批准从事股票质押贷款业务；

（二）对不具备本办法规定资格的证券公司发放股票质押贷款；

（三）发放股票质押贷款的期限超过一年；

（四）接受本办法禁止质押的股票为质物；

（五）质押率和其他贷款额度控制比率超过本办法规定的比率；

（六）未按统一授信制度和审慎原则等规定发放股票质押贷款；

（七）泄露与股票质押贷款相关的重要信息和借款人商业秘密。

第三十七条 借款人有下列行为之一的，由中国证券监督管理委员会视情节轻重，给予警告、通报，并追究有关人员的责任：

（一）用非自营股票办理股票质押贷款；

（二）未按合同约定的用途使用贷款；

（三）拒绝或阻挠贷款人监督检查贷款使用情况；

（四）未按本办法第九条第（四）项之规定履行信息披露义务。

第三十八条 证券登记结算机构有下列行为之一的，由其主管机关视情节轻重，给予警告、通报，并追究有关人员的责任：

（一）未按贷款人要求核实股票的真实性与合法性；

（二）未按贷款人要求及时办理质押股票的冻结和解冻；

（三）为超过本办法第二十三条规定比率的股票办理质押登记；

（四）为借款人虚增质物数量或出具虚假质押证明。

第三十九条 中国人民银行及其分支机构可以建议中国银行业监督管理委员会、中国证券监督管理委员会及上述两个机构的派出机构对违反本办法规定的行为进行监督检查。监管机关对上述行为的查处结果应及时抄送中国人民银行或其分支机构。

第八章 附 则

第四十条 证券登记结算机构应按照本办法制定有关实施细则。

第四十一条 商业银行从事股票质押贷款业务，应根据本办法制定实施细则，以及相应的业务操作流程和管理制度，并报中国人民银行和中国银行业监督管理委员会备案。

第四十二条 贷款人办理股票质押业务中所发生的相关费用由借贷双方协商解决。

第四十三条 本办法由中国人民银行会同中国银行业监督管理委员会和中国证券监督管理委员会解释。

第四十四条 本办法自发布之日起执行，2000 年 2 月 2 日由中国人民银行和中国证券监督管理委员会颁布的《证券公司股票质押贷款管理办法》同时废止。

证券公司短期融资券管理办法

（2004 年 10 月 18 日　中国人民银行公告［2004］第 12 号，2004 年 11 月 1 日实施）

第一章　总　　则

第一条　为进一步发展货币市场，拓宽证券公司融资渠道，规范证券公司短期融资券的发行和交易，保护短期融资券投资人的合法权益，根据《中华人民共和国中国人民银行法》制定本办法。

第二条　本办法所称证券公司短期融资券（以下简称“短期融资券”）是指证券公司以短期融资为目的，在银行间债券市场发行的，约定在一定期限内还本付息的金融债券。

第三条　证券公司短期融资券的发行和交易接受中国人民银行的监管。

第四条　中国人民银行授权全国银行间同业拆借中心（以下简称“同业拆借中心”）通过同业拆借中心的电子信息系统每半年向银行间债券市场公示中国证券监督管理委员会（以下简称“证监会”）有关短期融资券发行人是否符合发行短期融资券基本条件的监管意见。

第五条　证券公司短期融资券只在银行间债券市场发行和交易。

第六条　证券公司短期融资券的发行和交易应遵循公平、诚信、自律的原则。

短期融资券的投资人应满足各自监管部门的审慎监管要求，并具备识别、判断、承担风险的能力。短期融资券的风险由投资人自行承担。

第七条　发行短期融资券的证券公司应当按期还本付息。

第八条　发行短期融资券的证券公司应按本办法的规定真实、准确、完整、及时地进行信息披露。

第二章　发　　行

第九条　申请发行短期融资券的证券公司，应当符合以下基本条件，并经证监会审查认可：

（一）取得全国银行间同业拆借市场成员资格一年以上；

（二）发行人至少已在全国银行间同业拆借市场上按统一的规范要求披露详细财务信息达一年，且近一年无信息披露违规记录；

（三）客户交易结算资金存管符合证监会的规定，最近一年未挪用客户交易结算资金；

（四）内控制度健全，受托业务和自营业务严格分离管理，有中台对业务的前后台进行监督和操作风险控制，近两年内未发生重大违法违规经营；

（五）采用市值法对资产负债进行估值，能用合理的方法对股票风险进行估价；

（六）中国人民银行和证监会规定的其他条件。

第十条　经证监会认可具有发行短期融资券资格的证券公司，拟在银行间债券市场发行短期融资券应向中国人民银行提交以下备案材料：

（一）取得全国银行间同业拆借市场成员资格的批准文件复印件；
（二）同业拆借中心发布的相关信息披露情况公告的复印件；
（三）证监会有关短期融资券发行资格的认可文件复印件；
（四）中国人民银行要求提交的其他材料。

中国人民银行自收到符合要求的备案材料之日起10个工作日内，以备案通知书的形式确认收到备案材料并核定证券公司发行短期融资券的最高余额。

第十一条 拟发行短期融资券的证券公司应当聘请资信评级机构进行信用评级。

第十二条 发行短期融资券的证券公司应当按照有关规定，制定相关的业务规则，建立、健全相应的风险管理和内部控制制度。

第十三条 证券公司发行短期融资券实行余额管理，待偿还短期融资券余额不超过净资本的60%。在此范围内，证券公司自主确定每期短期融资券的发行规模。

中国人民银行根据证监会提供的证券公司净资本情况，每半年调整一次发行人的待偿还短期融资券余额上限，并将该余额上限情况向全国银行间债券市场公示。

中国人民银行有权根据市场情况和发行人的情况，对证券公司待偿还短期融资券余额与该证券公司净资本的比例上限进行调整。

第十四条 短期融资券的期限最长不得超过91天。发行短期融资券的证券公司可在上述最长期限内自主确定短期融资券的期限。

中国人民银行有权根据市场发展情况对短期融资券的期限上限进行调整。

第十五条 短期融资券的发行期最长不超过三个工作日，即从短期融资券发行招标日到确立债权债务关系日，不超过三个工作日。

第十六条 短期融资券的发行应采取拍卖方式，发行利率或发行价格由供求双方自行确定。

第十七条 中国人民银行授权中央国债登记结算有限责任公司（以下简称“中央结算公司”）负责安排短期融资券的发行时间。证券公司发行每期短期融资券前应向中央结算公司申请安排发行时间，由中央结算公司根据各发行人申请的先后顺序排期发行。申请安排发行时间的材料至少应包括如下内容：

（一）中国人民银行的备案通知书；
（二）拟发行短期融资券的规模；
（三）拟发行短期融资券的期限；
（四）拟发行短期融资券的利率确定方式；
（五）待偿还短期融资券的余额和明细情况；
（六）中国人民银行规定的其他内容。

中央结算公司应在收到符合本条规定的申请材料后两个工作日内确定发行日期并通知发行人。

第十八条 发行人应在中央结算公司确定的发行日前三个工作日，通过中国债券信息网公布当期短期融资券的募集说明书。募集说明书必须由律师事务所出具法律意见书。募集说明书的内容应当具体明确，详细约定短期融资券当事人的权利和义务。募集说明书至少应包括以下内容：

（一）发行人的基本情况；
（二）拟发行短期融资券的规模、期限和利率确定方式；
（三）拟发行短期融资券的担保情况；

（四）发行期；

（五）本息偿还的时间、方式；

（六）发行人的违约责任；

（七）发行对象；

（八）投资风险提示；

（九）中国人民银行要求公布的其他事项。

第十九条 短期融资券发行完毕后，发行人应在完成债权债务登记日的次一工作日，通过中国债券信息网向市场公告当期短期融资券的实际发行规模、实际发行利率、期限等发行情况。中央结算公司应定期汇总发行公告，并向中国人民银行报告短期融资券的发行情况。

第二十条 证券公司不得将发行短期融资券募集资金用于以下用途：

（一）固定资产投资和营业网点建设；

（二）股票二级市场投资；

（三）为客户证券交易提供融资；

（四）长期股权投资；

（五）中国人民银行禁止的其他用途。

第三章 交易、托管、结算与兑付

第二十一条 短期融资券可以按照《全国银行间债券市场债券交易管理办法》的规定，在全国银行间债券市场进行交易。短期融资券于债权债务登记日的次一工作日即可流通转让。短期融资券的交易必须通过同业拆借中心的电子交易系统进行。

第二十二条 短期融资券采用簿记方式在中央结算公司进行登记、托管和结算。

第二十三条 发行人应依照发行公告的约定，按期兑付短期融资券本息，不得擅自变更兑付日期。

第二十四条 短期融资券到期日前三个工作日为截止过户日。发行人应于短期融资券到期日（遇节假日顺延）将待兑付短期融资券本息一次性全额划入中央结算公司指定的资金账户，由中央结算公司向短期融资券投资人支付本息。

第二十五条 如果发行人未能按期向中央结算公司指定账户全额划付短期融资券本息，中央结算公司应在短期融资券到期日日终，通过中国货币网和中国债券信息网及时向投资人公告发行人的违约事实。

第四章 信息披露

第二十六条 发行短期融资券的证券公司，有向银行间债券市场披露信息的义务。

第二十七条 发行短期融资券的证券公司的董事会或主要负责人应当保证所披露的信息真实、准确、完整，并承担相应的法律责任。

第二十八条 发行短期融资券的证券公司，必须通过同业拆借中心的电子信息系统定期披露以下信息：

（一）每年1月20日以前，披露上年末的资产负债表、净资本计算表、上年度的利润表及利润分配表；

（二）每年7月20日以前，披露当年6月30日的资产负债表、净资本计算表、当年1-6

月的利润表和利润分配表；

（三）每年4月30日前，披露经具有从事证券期货相关业务资格的会计师事务所及其会计师审计的年度财务报表和审计报告，包括审计意见全文、经审计的资产负债表、净资本计算表、利润表及利润分配表和会计报表附注。

第二十九条 发行人出现下列情形之一时，应当及时予以公告：

（一）预计到期难以偿付利息或本金；

（二）减资、合并、分立、解散及申请破产；

（三）股权变更；

（四）中国人民银行规定应该公告的其他情形。

第三十条 已经成为上市公司的证券公司可以豁免定期披露本办法第二十八条第（一）、（二）项内容。

第五章 监督管理

第三十一条 中国人民银行有权随时对证券公司短期融资券的发行、交易和募集资金的使用等情况进行动态检查。

第三十二条 发行人有下列行为之一的，中国人民银行可按照低于发行人原待偿还短期融资券余额上限50%的比例，重新核定该发行人的待偿还短期融资券余额上限：

（一）未按期全额兑付短期融资券本息的；

（二）3年内累计2次未按要求披露信息的。

第三十三条 发行人有下列行为之一的，中国人民银行可暂停该发行人在全国银行间债券市场发行短期融资券六个月：

（一）待偿还短期融资券余额超过中国人民银行核定的上限的；

（二）将短期融资券募集资金用于禁止性用途的；

（三）6个月内累计发生2次未按期全额兑付短期融资券本息的；

（四）3年内累计3次未按要求披露信息的。

第三十四条 发行人有下列行为之一的，中国人民银行可禁止该发行人在全国银行间债券市场发行短期融资券：

（一）被取消同业拆借市场成员资格的；

（二）披露虚假信息的；

（三）证监会认定该公司不符合本办法第九条第（三）、（四）、（五）、（六）项规定中任意一项的；

（四）因违法违规经营受到证监会及其他主管部门罚款以上（含罚款）行政处罚的；

（五）主要财务指标中有两项以上（含两项）未达到证监会监管要求的；

（六）1年内累计3次未按期全额兑付短期融资券本息的；

（七）3年内累计3次以上（不含3次）未按要求披露信息的。

第三十五条 中央结算公司应于每个交易日，及时向市场披露上一交易日日终持有短期融资券的数量超过该期短期融资券总托管量20%的投资人名单和持有比例。

第三十六条 同业拆借中心负责短期融资券交易的日常监测，中央结算公司负责短期融资券结算的日常监测。同业拆借中心和中央结算公司发现异常交易和结算情况应及时向中国人民银行报告。

第三十七条 同业拆借中心和中央结算公司应依据本办法制定相应的短期融资券交易、结算和信息披露规则。

第三十八条 短期融资券交易中的其他违反本办法规定的行为，按照《全国银行间债券市场债券交易管理办法》的有关规定处罚。

第三十九条 对发行人披露虚假信息负有直接责任的董事、高级管理人员和其他直接责任人员，按照《中国人民银行法》第四十六条处罚。

第六章 附 则

第四十条 本办法由中国人民银行负责解释。

第四十一条 本办法自2004年11月1日起实施。

证券公司债券管理暂行办法

（2004 年 10 月 15 日 中国证监会［2004］25 号，2003 年 8 月 29 日 中国证券监督管理委员会第 43 次主席办公会议审议通过 根据 2004 年 10 月 15 日中国证券监督管理委员会《关于修改〈证券公司债券管理暂行办法〉的决定》修订）

第一章 总 则

第一条 为规范证券公司债券的发行和转让行为，保护债券持有人的合法权益，根据《公司法》、《证券法》及有关法律、行政法规的规定，制定本办法。

第二条 本办法所称证券公司债券是指证券公司依法发行的、约定在一定期限内还本付息的有价证券。

证券公司发行债券适用本办法，但发行可转换公司债券的除外。

第三条 中国证券监督管理委员会（以下简称“中国证监会”）依法对证券公司债券的发行和转让行为进行监督管理。

第四条 证券公司发行债券必须符合本办法规定的条件，并报经中国证监会批准。未经批准不得擅自发行或变相发行债券。

第五条 证券公司债券经批准可以向社会公开发行，也可以向合格投资者定向发行。

定向发行的债券不得公开发行或者变相公开发行。

第六条 发行债券的证券公司（以下简称“发行人”）应当制定到期还本付息的有效措施，保护债券持有人的合法权益。

第二章 发行与承销

第七条 证券公司公开发行债券，除应当符合《公司法》规定的条件外，还应当符合下列要求：

（一）发行人为综合类证券公司；

（二）最近一期期末经审计的净资产不低于 10 亿元；

（三）各项风险监控指标符合中国证监会的有关规定；

（四）最近两年内未发生重大违法违规行为；

（五）具有健全的股东会、董事会运作机制及有效的内部管理制度，具备适当的业务隔离和内部控制技术支持系统；

（六）资产未被具有实际控制权的自然人、法人或其他组织及其关联人占用；

（七）中国证监会规定的其他条件。

第八条 证券公司定向发行债券，除应当符合《公司法》规定的条件外，还应当符合前条第（四）、（五）、（六）、（七）、（八）项规定的要求，且最近一期期末经审计的净资产不低于 5 亿元。

第九条 定向发行的债券只能向合格投资者发行。合格投资者是指自行判断具备投资债券的独立分析能力和风险承受能力，且符合下列条件的投资者：

（一）依法设立的法人或投资组织；

（二）按照规定和章程可从事债券投资；

（三）注册资本在1 000万元以上或者经审计的净资产在2 000万元以上。

第十条 发行债券募集的资金应当有确定的用途和相应的使用计划及管理制度。募集资金的使用应当符合法律法规和中国证监会的有关规定，不得用于禁止性的业务和行为。

第十一条 发行人应当聘请证券资信评级机构对本期债券进行信用评级并对跟踪评级做出安排。证券资信评级机构对评级结果的客观、公正和及时性承担责任。信用评级报告的内容和格式应当符合有关规定。

第十二条 发行人应当为债券的发行提供担保。为债券的发行提供保证的，保证人应当具有代为清偿债务的能力，保证应当是连带责任保证；为债券的发行提供抵押或质押的，抵押或质押的财产应当由具备资格的资产评估机构进行评估。

公开发行债券的担保金额应不少于债券本息的总额。定向发行债券的担保金额原则上不少于债券本息的百分之五十，担保金额不足百分之五十或者未提供担保定向发行债券的，应当在发行和转让时向投资者作特别风险提示，并由投资者签字。

第十三条 发行人应当为债券持有人聘请债权代理人。聘请债权代理人应当订立债权代理协议，明确发行人、债券持有人及债权代理人之间的权利义务及违约责任。

发行人应当在募集说明书中明确约定，投资者认购本期债券视作同意债权代理协议。

发行人可聘请信托投资公司、基金管理公司、证券公司、律师事务所、证券投资咨询机构等机构担任债权代理人。

第十四条 发行人应当聘请律师事务所参照中国证监会证券发行的有关规定出具法律意见书和律师工作报告。

律师应当针对债券的特点，重点对债券的发行条件、发行方案、发行条款、担保、信用评级、专项偿债账户、债权代理人、债券持有人会议等，明确发表法律意见。

第十五条 发行人应当聘请有主承销商资格的证券公司组织债券的承销。定向发行的债券，经中国证监会批准可以由发行人自行组织销售。

第十六条 证券公司发行债券应当由董事会制定方案，股东会对下列事项做出专项决议：

（一）发行规模、期限、利率；

（二）担保；

（三）募集资金的用途；

（四）发行方式；

（五）决议有效期；

（六）与本期债券相关的其他重要事项。

第十七条 证券公司申请发行债券，应当向中国证监会报送下列文件：

（一）发行人申请报告；

（二）董事会、股东会决议；

（三）主承销商推荐函（附尽职调查报告）；

（四）募集说明书（附发行方案）；

（五）法律意见书（附律师工作报告）；

（六）经审计的最近三年及最近一期的财务会计报告；

（七）信用评级报告及跟踪评级安排的说明；

（八）偿债计划及保障措施的专项报告；
（九）关于支付本期债券本息的现金流分析报告；
（十）担保协议及相关文件；
（十一）债权代理协议；
（十二）发行人章程和营业执照复印件；
（十三）与债券发行相关的其他重要合同；
（十四）中国证监会要求报送的其他文件。

第十八条 定向发行债券，拟认购人书面承诺认购全部债券且不在转让市场进行转让，经拟认购人书面同意，发行人可免于信用评级、提供担保、聘请债权代理人。

前款所述的债券只能通过协议转让的方式进行转让。转让双方应当在协议中就该债券的转让限制和风险分别作出明确的书面提示和认可。

第十九条 债券的承销可采取包销和代销方式。

承销或者自行组织的销售，销售期最长不得超过90日。

第二十条 公开发行的债券，在销售期内售出的债券面值总额占拟发行债券面值总额的比例不足50%的，或未能满足债券上市条件的，视为发行失败。发行失败，发行人应当按发行价并加算银行同期存款利息返还认购人。

债券发行结束之前，发行人不得动用所募集的资金，主承销商和债权代理人负有监督义务。

第二十一条 公开发行的债券应当向社会公开发行，每份面值为100元。定向发行的债券应当采用记账方式向合格投资者发行，每份面值为50万元，每一合格投资者认购的债券不得低于面值100万元。发行债券可按面值发行，也可采取其他方式发行，具体方式由发行人和主承销商协商确定。

第二十二条 债券的利率由发行人与其主承销商根据信用等级、风险程度、市场供求状况等因素协商确定，但必须符合企业债券利率管理的有关规定。

第二十三条 债券的期限最短为一年。

第三章 托管与转让

第二十四条 证券公司债券应当由中国证券登记结算有限责任公司负责登记、托管和结算。

经批准，中央国债登记结算有限责任公司也可以负责证券公司债券的登记、托管和结算。

第二十五条 公开发行的债券应当申请在证券交易所挂牌集中竞价交易。经中国证监会批准的，也可采取其他方式转让。申请债券上市的证券公司应当与证券交易所订立上市协议，遵守证券交易所债券上市规则，接受证券交易所的监管。

第二十六条 债券申请上市应当符合下列条件：
（一）债券发行申请已获批准并发行完毕；
（二）实际发行债券的面值不少于5千万元；
（三）申请上市时仍符合公开发行的条件；
（四）中国证监会规定的其他条件。

第二十七条 上市债券到期前一个月终止上市交易，由发行人办理兑付事宜。债券上市的证券公司出现《证券法》第五十五条、第五十六条规定情形的，由证券交易所做出暂停交易或终止上市的决定。

第二十八条 定向发行的债券可采取协议方式转让，也可经中国证监会批准采取其他方式转让，最小转让单位不得少于面值50万元。债券的转让应当在合格投资者之间进行，且应当符合转让场所的业务规则。

发行人、主承销商、提供转让服务的证券公司、转让人均应当对合格投资者身份进行必要的审查和确认，非合格投资者不得参与定向发行债券的认购、受让活动。

第二十九条 定向发行债券的发行人、主承销商、提供转让服务的证券公司应当将经审查确认的合格投资者的相关资料向登记结算公司申报，并办理证券账户的开立、注册手续。合格投资者只能使用在登记结算公司注册的证券账户进行债券的申购、受让等投资活动，并填制债券的认购表或受让表。

第四章 信息披露

第三十条 证券公司发行债券，应当按照中国证监会的有关规定制作募集说明书和其他信息披露文件，保证真实、准确、完整、及时地披露一切对投资者有实质性影响的信息。但定向发行债券的募集说明书及相关资料不得在媒体上公开刊登或变相公开刊登。

发行人及有关当事人不得以任何方式误导投资者购买债券。

第三十一条 发行人应当在募集说明书的显著位置提示投资者："投资者购买本期债券，应当认真阅读本募集说明书及有关的信息披露文件，进行独立的投资判断。中国证监会对本期债券发行的批准，并不表明其对本期债券的投资价值作出了任何评价，也不表明对本期债券的投资风险作出了任何判断"。

第三十二条 募集说明书、上市公告书、定期报告及重大事项公告等，应当符合中国证监会的有关规定和交易场所的业务规则。

第三十三条 募集说明书披露的发行条款应当具体明确，详细约定与债券当事人权利义务相关的条款。

募集说明书至少应当包括下列内容：

（一）债券的规模、期限、利率；

（二）发行的起止时间；

（三）本息偿付的时间、程序、方式；

（四）专项偿债账户及其他偿债措施；

（五）债券持有人会议的有关安排；

（六）债权代理人及债权代理协议；

（七）担保事项；

（八）评级报告及跟踪评级的安排；

（九）发行人的违约责任；

（十）承销机构及其责任。

第三十四条 发行人应当在债券存续期内向债券持有人披露经具有证券从业资格的会计师事务所审计的年度财务会计报告。

第三十五条 公开发行债券的发行人应当于本息支付日前10日内，就有关事宜在中国证监会指定的报刊上公告三次。

第三十六条 债券上市期间，发行人应当在每个会计年度结束之日后四个月内向中国证监会和证券交易所提交年度报告，在每个会计年度的上半年结束之日后两个月内向中国证监会和证券交易所提交中期报告，并在中国证监会指定报刊和互联网网站上披露。

第三十七条 定期报告应当详细披露报告期内与债券持有人利益相关的重要情况，至少应当包括下列内容：

（一）债券本息的支付情况；

（二）专项偿债账户的有关情况；

（三）担保人和担保物发生重大变化的情况；

（四）发行人的负债变化情况；

（五）现金流量状况综述；

（六）跟踪评级情况；

（七）债权代理人代理事务报告的主要内容；

（八）重大事项公告的主要情况；

（九）债券持有人会议的召开情况；

（十）其他对债券持有人有重大影响的信息。

第三十八条 发行人出现下列情形之一的，应当及时予以公告或以有效的方式告知债券持有人：

（一）预计到期难以偿付利息或本金；

（二）专项偿债账户出现异常；

（三）订立可能对还本付息产生重大影响的担保合同及其他重要合同；

（四）发生重大亏损或者遭受超过净资产百分之十以上的重大损失；

（五）发生重大仲裁、诉讼；

（六）减资、合并、分立、解散及申请破产；

（七）拟进行重大债务重组；

（八）未能履行募集说明书的约定；

（九）担保人或担保物发生重大变化；

（十）债券被证券交易所暂停交易、终止上市；

（十一）中国证监会规定的其他情形。

第三十九条 定向发行债券的，其持续信息披露的内容与方式，应当在募集说明书中约定，但应当符合中国证监会关于定向发行债券信息披露的有关规定。

第五章 偿债措施

第四十条 债券持有人根据法律、行政法规的规定和债券募集说明书的约定行使权利，监督发行人和债权代理人的有关行为。

第四十一条 发行人必须为支付债券的本金和利息设立专项偿债账户，明确账户资金的来源、提取方式及对账户的监督管理等有关事宜。该账户资金可用于投资国债等低风险、高流动性的产品，也可按约定用于债券的提前偿付。

第四十二条 发行人应当通过股东会形成决议，在债券存续期间提高任意盈余公积金的比例和一般风险准备金的比例，以降低偿付风险。

第四十三条 发行人应当通过股东会形成决议，在专项偿债账户资金未能按约定提取或者未能偿付债券本息期间，采取下列措施：

（一）不向股东分配利润；

（二）暂缓重大对外投资、收购兼并等资本性支出项目的实施；

（三）调减或停发董事和高级管理人员的工资和奖金；

（四）主要责任人不得调离。

第四十四条 发行人约定在债券到期之前购回或约定条件提前偿付的，不得损害债券持有人的利益，且须公平对待所有债券持有人。

第四十五条 发行人在债券存续期内，不得单方面变更募集说明书的约定。如因特殊情况需要变更的，应当及时通知债权代理人并取得债券持有人的同意。

第四十六条 债券持有人可单独行使权力，也可通过债券持有人会议行使权力。募集说明书应当约定债券持有人会议的权利、召开程序以及决议的生效条件。

第四十七条 出现下列情形之一的，应当召开债券持有人会议：

（一）发行人提出拟变更募集说明书的约定；

（二）发行人不能按期支付本息；

（三）发行人减资、合并、分立、解散及申请破产；

（四）担保人或担保物发生重大变化；

（五）持有10%以上面值的债券持有人提出拟更换债权代理人。

第四十八条 发行人、担保人、持有本期债券且持有发行人10%以上股权的股东及其他重要关联方，可参加债券持有人会议并提出议案，但没有表决权。

第四十九条 债权代理人应当恪尽职守，履行诚实、信用、谨慎、有效管理的义务，严格遵守代理协议的约定，并履行下列义务：

（一）当出现未能及时偿付本息及其他可能影响债券持有人重大利益的情形时，及时督促提醒发行人，并告知债券持有人；

（二）依照约定监督专项偿债账户、募集资金的使用以及担保事项；

（三）依照募集说明书的约定，代理债券持有人与发行人之间的谈判及诉讼事务；

（四）债券持有人会议授权的其他事项。

第五十条 债权代理人应当制定代理业务操作规则，采取有效措施保护债券持有人的合法权益，并定期出具债权代理事务报告。

第五十一条 发行人应当指定专人负责债券事务。在利息或本金偿付日之前十五个工作日内，发行人应当组成偿付工作小组，负责利息和本金的偿付及与之相关的其他事务。

第六章 法律责任

第五十二条 证券公司债券的发行、承销、转让以及信息披露行为，应当遵守《公司法》、《证券法》的有关规定。违反规定的，由中国证监会依法给予行政处罚。

第五十三条 定向发行债券，违反规定在媒体上公开刊登或者变相公开刊登募集说明书或发布相关信息的，由中国证监会责令改正，单处或并处警告、罚款；情节严重的撤销对其定向发行债券的批准，已发行的债券由发行人按照发行价加同期银行存款利息返还，三年内不再受理其发行申请。对直接负责的主管人员和其他直接责任人员，单处或并处警告、罚款、暂停或取消从事证券业务的资格。

第五十四条 定向发行债券的发行人或承销商，违反规定向合格投资者以外的投资者销售债券的，应当主动改正；拒不改正的，由中国证监会责令改正，单处或并处警告、罚款；

对发行人可撤销定向发行债券的批准，已发行的债券由发行人按照发行价加同期银行存款利息返还，三年内不再受理其发行申请，对承销商可暂停或取消其证券承销业务资格。对直接负责的主管人员和其他直接责任人员，单处或并处警告、罚款、暂停或取消从事证券业务的资格。

第五十五条 为定向发行债券提供服务的中介机构，出具的专业意见存在虚假记载、误导性陈述或者重大遗漏的，应当主动改正；拒不改正的，由中国证监会责令改正，并可视情节单处或并处警告、罚款，暂停或取消从事证券业务的资格。对直接负责的主管人员和其他直接责任人员，单处或并处警告、罚款、暂停或取消从事证券业务的资格。

第五十六条 债权代理人未按规定履行义务的，由中国证监会对有关责任人员依法给予行政处罚；给债券持有人造成损失的，应当依法承担民事责任。

第五十七条 发行人到期未能偿还本息的，债券持有人可依法提起诉讼。对有偿债能力而拒绝履行偿债义务及其他违规行为，中国证监会可视情况采取下列措施：

（一）责令履行相关义务；

（二）对单位单处或并处警告、罚款、暂停部分证券业务；

（三）对直接负责的主管人员和其他直接责任人员，单处或并处警告、罚款、暂停或取消从事证券业务的资格。

第七章 附 则

第五十八条 证券公司发行次级债券的管理办法另行制定。

第五十九条 本办法自2003年10月8日起施行。

关于证券公司担保问题的通知

（2001 年 4 月 24 日　证监发［2001］69 号）

为规范证券公司的担保行为，防范证券公司提供担保可能产生的风险，现就证券公司担保问题通知如下：

一、根据我会《关于调整证券公司净资本计算规则的通知》（证监机构字［2000］223 号），净资本额达不到我会规定的综合类证券公司净资本最低标准（人民币 2 亿元）的证券公司不得为他人提供担保。有条件提供担保的证券公司必须在会计报表附注和净资本情况的说明中详细披露其担保事项。

二、证券公司提供的担保额不得超过其净资产额的 20%。

三、各证券公司应严格遵守中国证券业协会《关于禁止股票承销业务中融资和变相融资行为的行业公约》（中证协字［2000］20 号），禁止在股票承销过程中为企业提供贷款担保。

四、不具备担保条件的证券公司原有的担保要在本通知下发之日起进行清理，并在净资本情况的说明中详细披露清理情况。

五、证券公司不得为以买卖股票为目的的客户贷款提供担保。

六、对违反上述规定进行担保和对担保事项披露不准确、不真实、不及时的证券公司及有关责任人予以单处或并处通报批评、警告、暂停直至取消业务资格、暂停直至取消从业资格的处罚。

（五）IT 治 理

证券公司网上证券信息系统技术指引

（2009 年 6 月 23 日 中国证券业协会）

第一章 总 则

第一条 为保障网上证券信息系统的安全、可靠、高效运行，促进证券公司在网上开展的证券业务健康有序发展，保护投资者的合法权益，依据《中华人民共和国电子签名法》、《中华人民共和国计算机信息系统安全保护条例》、《计算机信息网络国际联网安全保护管理办法》等相关法律法规制定本指引。

第二条 本指引适用于在中华人民共和国境内依法设立的证券公司。

第三条 网上证券信息系统是证券公司在网上开展证券业务活动中所采用的由相关网络设备、计算机设备、软件及专用通讯线路等构成的信息系统，包括网上证券服务端、客户端和门户网站。

第四条 证券公司利用网上证券信息系统开展证券业务应遵循如下基本原则：

（一）安全性原则：网上证券信息系统的建设应提高风险防范意识，保证在网上开展证券业务的安全性。通过技术措施和管理手段，实现信息的保密性、完整性和服务可用性。

（二）系统性原则：网上证券信息系统的安全建设应覆盖安全保障体系的各个方面，包括：安全体系建设、证券业务在网上的开展、网络和系统安全、应用系统安全、运维和安全保障、灾难恢复和应急措施等。

（三）可用性原则：网上证券信息系统的建设应在保障安全的原则下，确保在网上开展的证券业务的连续性和可靠性。

第五条 中国证券业协会对证券公司执行本指引的情况进行指导和督促。

第二章 基本要求

第六条 证券公司对网上证券信息系统应统一规划、集中管理，保证在网上开展证券业务安全、有序发展。

第七条 证券公司应制定在网上开展证券业务的各项安全管理制度，对安全管理目标、安全管理组织、安全人员配备、安全策略、安全措施、安全培训、安全检查、系统建设、运行管理、应急措施、风险控制、安全审计等方面作出规定。

第八条 证券公司应根据在网上开展证券业务特性，设立相应的管理职能岗位，明确在网上开展证券业务管理的责任，配备合格、足够的管理人员和技术人员，包括安全管理员、安全审计员等。

第九条 证券公司应将在网上开展证券业务的风险管理纳入证券公司风险控制工作范围，建立健全网上证券风险控制管理体系。

第十条 对在网上开展证券业务的审计应纳入证券公司的审计工作范围。

第十一条 证券公司网上证券信息系统应部署在中华人民共和国境内，满足技术审计、监管部门现场检查及中国司法机构调查取证等要求。部署网上证券信息系统的有形场所，应符合国家安全标准的有关要求。

第十二条 证券公司应当与投资者签订网上证券服务协议或合同，明确双方的权利、义务和相关风险的责任承担，向投资者充分揭示使用网上证券信息系统可能面临的风险、证券公司已采取的风险控制措施和客户应采取的风险防范措施。

第十三条 证券公司应通过多种方式揭示使用网上交易方式可能面临的风险和客户应采取的风险防范措施，提醒投资者加强账号、口令的保护工作，建议投资者定期修改口令、增强口令强度、防止口令泄露、防止用于网上交易的计算机或手机终端感染木马、病毒等，并根据投资者需要开启或关闭网上交易方式。

第十四条 证券公司应尽可能使用统一的网上证券服务电话、域名、短信号码等，并应在与投资者签订的协议或合同中明确告知客户使用网上证券信息系统的合法途径、意外事件的处理办法，以及证券公司联系方式等。

第十五条 证券公司的网上证券信息系统应自主运营、自主管理。如涉及第三方（指除证券公司及其客户以外的任何一方），应与第三方签订保密协议和服务级别协议，并明确责任，采取措施防止通过第三方泄露用户信息。

第十六条 证券公司通过网上证券信息系统向客户提供证券交易的行情信息，应提示行情源；如向客户提供证券信息，应说明信息来源，并提示投资者对行情信息及证券信息等进行核实。

第十七条 证券公司应对网上证券信息系统的各个子系统合理划分安全域，在不同安全域之间进行有效的隔离，保障网上证券信息系统的接入系统与其后台系统在技术上进行有效隔离，后台系统应与行情、资讯处理系统进行网络隔离，并应部署在证券公司可控的物理安全域内。

第十八条 证券公司应在两个以上的物理地点建立网上证券信息系统，互为备份，并应具备2个或2个以上不同运营商的互联网接入，避免在同一运营商的线路接入上出现单点故障和瓶颈，同时应充分考虑不同互联网运营商的互联瓶颈问题，确保局部故障或灾难发生时，系统能继续对用户提供服务。

第十九条 对于外包定制的网上证券信息系统，证券公司应与软件开发商签署服务协议和保密协议，明确客户端、服务端以及数据传输过程均无后门，明确软件开发商应用软件中使用的插件具备合法版权，以确保客户数据、交易资料不被泄漏，保障证券公司的权益。

第三章　门户网站

第二十条 证券公司门户网站指证券公司建立的实现信息发布、业务咨询、营销推广、客户服务和投资者教育等功能的网站。

第二十一条 证券公司门户网站应当按照国家主管部门的有关规定办理网站备案，并提供备案信息的链接。

第二十二条 证券公司应定期对网站程序代码进行全面检查和评估，并及时修补，避免各种漏洞的存在。

第二十三条 证券公司应在门户网站部署防篡改系统，当网站上的页面内容、提供给投资者下载的客户端软件及其他文件被异常修改时，能自动告警或自动恢复，防止被捆绑木马程序。

第二十四条 与核心交易业务有关的客户资料、交易数据等客户敏感数据不得存放在门户网站数据库中。网上客户业务处理的日志应单独存放。

第二十五条 在证券公司门户网站中客户账号及口令，应采用加密方式传输，并最低达到 SSL 协议 128 位的加密强度。

第二十六条 证券公司应该建立对门户网站内容发布的审核、管理和监控机制，对网页内容进行监控，对有害信息进行过滤，防止网站出现不良信息。

第四章 网上证券客户端

第二十七条 网上证券客户端是指证券公司通过互联网向本公司开户的客户提供的用于查看行情、检索资讯、交易委托等的应用程序，包括基于计算机和手机等终端的前端软件。

第二十八条 网上证券客户端应提供技术手段协助用户检查、清除木马等恶意程序，并提供验证码、强制口令图形键盘、安全的口令输入安全控件、客户端电脑或手机特征码绑定、软硬件证书、动态口令等多种用户认证方式，防范不法分子利用木马等黑客程序窃取客户账号和口令信息，进行证券盗买盗卖非法活动。

第二十九条 网上证券客户端应具备反调试能力。

第三十条 网上证券客户端的客户身份信息和交易数据等重要数据传输应采用国家信息安全机构认可的加密技术和加密强度，并最低达到 SSL 协议 128 位的加密强度。

第三十一条 网上证券客户端应能向客户提示最近一次登录的日期、时间、地址等信息。

第三十二条 网上证券客户端应能在指定的闲置时间间隔到期后，自动锁定客户端的使用。

第三十三条 网上证券客户端应具有唯一连接到本证券公司网上证券接入系统的保障机制。网上证券客户端应提供足够的识别信息，以保证网上证券服务端能够对发出连接请求的客户端与证券公司所提供下载的程序进行一致性验证。

第三十四条 当客户访问网上证券服务端时，未经客户许可，不得以任何方式在客户端系统中安装插件。

第三十五条 网上证券客户端在本地计算机储存客户账户、交易数据等重要信息，应提示客户，经客户确认后以加密方式存储。

第五章 网上证券服务端

第三十六条 网上证券服务端是指证券公司通过互联网向客户提供网上交易、网上行情、数据查询等服务的信息系统，包括互联网接入子系统、安全防护与监控子系统、应用服务子系统、身份认证子系统和后台隔离子系统。

第三十七条 证券公司应提供预留验证信息服务，在客户登录时向客户显示预留的验证信息，帮助客户识别仿冒的网上证券信息系统，防范不法分子利用仿冒的网上证券信息系统进行诈骗活动或盗取用户账号、口令等信息。

第三十八条 证券公司应提供可靠的用户身份认证机制，支持网上证券客户端采用多种认证方式与服务端进行身份认证。除输入账户名、口令、验证码的身份认证方式之外，还应向客户提供一种以上强度更高的身份认证方式，如，客户端电脑或手机特征码绑定、软硬件证书、动态口令等认证方式，确认网上交易客户的身份和登录的合法性，防止非法接入。用户身份认证信息应当在服务器上加密存放。

第三十九条 证券公司应提供可靠的访问控制和权限管理机制，防止客户的授权被恶意提升或转授，防止客户使用未经授权的功能，防止客户进行访问未经授权的数据等非法访问活动。

第四十条 网上证券信息系统采用的认证授权和加密体系应通过国家信息安全机构的安全性测评，具备足够的强度和抗攻击能力，并根据在网上开展证券业务的安全性需要和信息技术的发展，定期检查、评估和及时调整。

第四十一条 网上证券信息系统未经证券公司授权不得与第三方进行任何形式的数据交换，并具备经过认证后仅向授权的第三方指定地址发送信息的功能。

第四十二条 证券公司应保证网上证券数据传输的保密性、完整性、真实性和可稽核性，对网上交易委托的客户信息、交易指令及其他敏感信息进行可靠的加密，加解密应在投资者与证券公司实际控制的设备中进行，不得存在任何中间环节对数据进行加解密。

第四十三条 网上证券服务端应防止用户使用简单口令，应能够抵御连续猜测等对客户账户恶意攻击行为。

第四十四条 网上证券服务端应对不完整、被篡改、重发的数据包进行监控，对登录、委托方式、品种、价格、数量、操作频率、转账等异常行为进行跟踪、监控和限制，记录其账号、IP 地址等相关信息，并通过短信、电话等方式及时提示客户，必要时进行用户临时锁定。监控和处置情况应形成记录备查。

第四十五条 网上证券服务端应能监控并避免攻击者通过群体大规模对合法证券账户进行非法用户登陆的请求，导致大量用户账户被异常锁定，正常用户无法登陆。

第四十六条 网上证券服务端应能在指定的时间间隔到期后，自动中止用户对系统的访问权。

第四十七条 网上交易服务端应能产生、记录并集中存储必要的日志信息，其中应包含能识别服务请求方身份的内容、登录终端的 IP 地址、MAC 地址、手机号码和终端特征码等，并确保数据的可审计性，满足监管部门现场检查要求及司法机构调查取证的要求。

第四十八条 网上证券服务端应能向客户提供可证明服务端自身身份的信息，以确保客户能查验所使用服务的真实性。

第四十九条 网上证券服务端应能够有效屏蔽系统技术错误信息，不将系统产生的错误信息直接反馈给客户。

第五十条 网上证券服务端应能够提供系统运行健康状况信息（如活动状态、并发在线客户数目、并发会话数目、线程数目、队列长度等）、错误信息、安全警告等。

第五十一条 基于浏览器的网上证券下单网页应当使用 HTTPS 等加密方式与服务端交互，服务端应具备防范 SQL 注入式攻击、跨站脚本攻击等网页攻击的能力，同时关闭 HTTP 服务器的 Web 远程维护功能。

第六章　移动证券

第五十二条　移动证券指客户通过手机或其他具备无线数据通讯能力的移动设备，经无线公众网络获取证券公司提供的行情信息、资讯信息服务或进行交易、转账、查询等证券自助业务。

第五十三条　证券公司应使用安全、可靠的移动证券系统。移动证券系统宜自主运营，实现数据从用户终端到网上证券服务端之间的加密传送和控制，并随着技术的发展，不断提高加密强度，完善认证算法。

第五十四条　证券公司应建立确认机制以保证客户获得正确的移动证券客户端软件。

第五十五条　移动证券客户端应具备一定加密强度的用户认证功能，保护客户账号和口令信息。

第五十六条　证券公司应在门户网站或固定营业场所公告短信服务号码、移动证券门户网站地址等信息，提醒客户防范他人利用移动通讯设备进行欺诈。

第五十七条　证券公司应根据移动证券业务的网络延迟时间、链路稳定状况、信号衰减程度等风险因素，对行情或交易数据可能出现明显滞后或产生数据丢失的情况，事先对客户进行风险提示。

第七章　安全管理

第五十八条　证券公司网上证券信息系统的管理、开发、测试应与运营人员及生产环境分离。开发、测试和运营人员未经授权不得访问、修改非职责范围内的网上证券信息系统。

第五十九条　证券公司应制定在网上开展证券业务连续性计划，保证在网上开展证券业务的连续正常运营。在网上开展证券业务连续性计划应充分评估第三方服务供应商对业务连续性的影响，并应采取适当的预防措施。

第六十条　客户使用的网上证券委托软件应由证券公司管理和授权发布，证券公司应对其授权第三方发布的证券委托软件进行审核、监管。

第六十一条　证券公司应采取有效措施对门户网站上提供下载的网上证券客户端软件程序进行保护，客户端软件程序编译封装、形成下载文件后，应安排专人对其进行严格的病毒扫描和木马检查，并通过专用安全手段传输至网站文件下载服务器。

第六十二条　证券公司网上证券应用系统上线或重大版本升级，应进行安全测试和评估。

第六十三条　原则上不允许通过互联网对网上证券信息系统（如防火墙、网络设备、服务器等）进行远程管理和日常维护等操作，对网上证券信息系统的访问控制应做到：

（一）关闭网上证券信息系统所有与业务和维护无关的服务及端口，严格控制防火墙中的权限设置，确保按“最小权限原则”进行设置；

（二）对于网上证券信息系统的内部访问，应严格限制访问源。

（三）特殊紧急情况下需要通过互联网进行远程操作时，应通过限制登录 IP、使用数字证书或动态口令、全程监控等措施确保安全，并在操作完成后，及时关闭相关端口。

第六十四条　证券公司应部署有效的网上证券信息系统安全防护与监控子系统，包括防火墙，防病毒、防木马系统，入侵检测系统或入侵防护系统，并正确配置。应及时更新病毒库，定期对系统进行全面的病毒扫描，加强相关系统的日志审查工作，提高网上证券信息系统的防护能力。

第六十五条 证券公司制定的安全措施，应定期检查、测试，并根据实际情况及时调整，保证安全措施的持续有效。

第六十六条 证券公司应建立定期的网上证券信息系统安全风险评估机制和整改的工作制度，及时发现SQL注入漏洞、弱口令账户、绕过验证、目录遍历、文件上传、跨站脚本等系统存在的安全隐患和漏洞，并进行改进和完善。风险评估应通过内部评估与外部评估相结合的方式进行。

第六十七条 安全风险评估应包括漏洞扫描、攻击测试、病毒扫描、木马检测等，针对不同的威胁设置相应的检查频率。

第六十八条 证券公司应对网上证券信息系统进行实时监控，建立异常事件的甄别、报警、处理和报告机制。网上证券信息系统实时监控范围应包括各种安全设备、网络设备、服务器设备及操作系统、通讯线路状态及应用软件等。监控内容包括其运行状况、日志内容、安全警告等，并统一记录保存监控信息，保存期至少为6个月。

第六十九条 证券公司应通过多种技术手段加强对投资者账户异动情况的监控，如委托的方式、品种、价格、数量异常等，并及时提醒客户，以保护客户资产安全。

第七十条 证券公司应对网上证券信息系统中包括网络安全设备、服务器以及应用系统在内的账户进行严格管理，账户权限应按最小权限原则设置，清除所有冗余、与应用无关的账户，并严格限制各管理员账户的使用，禁止用最高权限账户执行一般操作，尽量避免以最高权限账户运行网上信息系统服务端应用软件。

第七十一条 管理员账户和口令应由专人负责，口令长度应在12位以上，且含有字符和数字，区分大小写，并定期更改。

第七十二条 证券公司应严格限制人工对数据库操作的账户权限，并应分别使用不同权限的账户执行查询、插入、更新、删除等操作。

第七十三条 网上证券信息系统各环节应有可靠的热备或冷备措施，保证整个系统的高可用性。

第七十四条 证券公司应根据自身实际情况制订网上证券信息系统的数据备份计划并落实执行。备份的数据应包括：系统程序、配置参数、系统日志、安全审计数据、门户网站信息、客户数据等。

第七十五条 证券公司应保证备份数据的准确性、完整性、可用性。备份数据的管理应符合相关技术管理规定，有严格的保管、使用、检查管理制度。

第七十六条 证券公司应当保障网上证券信息系统运营设施、设备以及安全控制设施、设备的安全。对重要设施、设备的接触、检查、维修和应急处理，应有明确的权限规定、责任划分和操作流程，并建立日志文件管理制度，如实记录并妥善保管相关记录。

第七十七条 证券公司应定期评估可供客户使用的网上证券信息系统的资源状况，并根据实时监控信息、可预见的业务发展需求进行容量的需求预测，确保有充足的处理能力、存储容量和通讯带宽，满足业务增长的需要，保证网上证券服务的可用性，并能抵御一定程度的拒绝服务攻击和缓冲区溢出攻击。

第七十八条 在网上开展证券业务的网络系统、安全系统、应用系统等重要环节应具备足够的冗余，以应对网站及网上交易可能出现的突发峰值；在网上开展证券业务的网络系统、安全系统、应用系统等重要环节应具备良好的可扩充性，以应对业务增长和市场的变化。

第七十九条 证券公司应建立严格的变更管理流程，对包括网络安全设备、服务器、应用系统等软硬件系统和配置变更实行规范化的变更管理，完整、真实地记录和反映系统所涉及的软硬件配置及相互影响关系，并保持与实际生产环境同步更新。

第八十条 证券公司应建立网上证券信息系统应急处理组织体系，并制定相应的应急预案，应急预案应纳入证券公司和行业的应急预案体系内，并按照有关规定进行演练。

第八十一条 证券公司应根据网上证券信息系统故障的影响和损失情况对应急组织体系和应急预案进行分级管理和执行，并遵循统一领导、快速响应、协调配合、最小损失的原则。

第八十二条 证券公司网上证券信息系统应急预案应针对电力、通信等基础设施故障、计算机硬件或网络设备故障、操作系统或应用系统故障、操作系统或应用系统漏洞、病毒入侵、恶意攻击、误操作、不可抗力等可能的故障原因制定对应的应急恢复操作流程或步骤。

第八十三条 证券公司在发现假冒本公司网上证券服务的非法活动或者网上证券信息系统出现重大安全事件后，应及时向监管部门、公安机关报告。在启动实施网上证券信息系统应急预案时应及时向投资者公告。对于假冒本公司的非法活动应及时通过证券公司网站、网上证券客户端、电话语音系统或短信平台等提醒投资者注意。

第八章 附 则

第八十四条 本指引由中国证券业协会负责解释。

第八十五条 本指引自发布之日起施行。

证券期货经营机构信息技术治理工作指引（试行）

（2008 年 9 月 3 日　中证协发［2008］113 号）

第一章　总　　则

第一条　为加强证券期货经营机构信息技术管理与规范，完善各机构的治理结构，提高证券期货经营机构信息技术治理水平，保障信息系统安全运行，特制定本指引。

第二条　信息技术治理（IT 治理）是指公司在运用信息技术（以下简称 IT）过程中，制定的有关 IT 决策权分配和责任承担的框架，主要包括在 IT 原则、IT 架构、IT 基础设施、IT 应用和 IT 投入 5 个方面制定相关制度并建立有效的工作机制，实现 IT 决策的责任和权力的有效分配与控制，提高 IT 资源的有效性、可用性和安全性。

第三条　IT 治理是公司治理的重要组成部分，IT 能力是证券期货经营机构的核心竞争力之一，有效的 IT 治理可以持续巩固和提升 IT 能力。各证券期货经营机构应建立有效的 IT 治理机制，保持 IT 与业务目标一致，合理利用 IT 资源，有效管理 IT 风险，确保信息系统的建设和运行安全、高效、稳定。

第四条　本指引适用于各证券期货经营机构，包括证券公司、基金管理公司和期货公司（以下简称公司）。全资子公司的 IT 治理工作可纳入母公司统筹实施。

第二章　IT 原则和治理目标

第五条　公司应制定明确的 IT 原则。IT 原则是指公司为实现经营目标而运用 IT 的基本思路，对 IT 在公司运营中所起的作用和 IT 投入等主要方面做出明确的规定。

第六条　公司应根据其经营规划制定 IT 治理目标，利用 IT 增强公司的核心竞争力，使公司从 IT 投入中获得更大收益。IT 治理目标应包括：

（一）明确 IT 决策的权力和责任；

（二）实现技术和业务的有效匹配；

（三）实现 IT 资源的最优配置；

（四）实现 IT 风险的可管可控。

第七条　公司应制定公开、可行的 IT 治理流程，建立公司业务与 IT 之间清晰的联系框架，采取有效措施，使公司管理层和各相关部门的人员了解并认同公司的 IT 原则和治理目标。

第八条　公司应根据其发展需要制定 IT 规划。IT 规划应与公司发展保持一致，符合公司经营对 IT 的要求，并使技术和业务部门能正确地理解和把握公司对 IT 的要求。

第九条　公司在制定 IT 规划时，应征求相关业务部门、财务管理部门和内部控制部门的意见，并报公司管理层批准实施。

第十条　IT 规划在有效性、可用性和安全性方面应满足行业和公司可预见的业务发展要求，在容量、性能和安全保障方面做出规定。

第三章 IT 治理组织和工作机制

第十一条 公司是 IT 系统建设、管理及安全运营的责任主体，公司应建立有效的 IT 治理组织和工作机制，实现 IT 决策的有效授权和控制，通过制定相关制度来建立 IT 的决策、执行和监督的责任机制。

第十二条 公司应在总公司、分支机构和全资子公司建立统一协调的 IT 治理机制，较低层级服从于较高层级。

第十三条 公司总经理对 IT 治理的有效性及 IT 安全负有最终责任，公司应指定具有 IT 专业工作经验的高级管理人员作为公司 IT 治理的直接责任人，并设立 IT 总监或其它类似职位的 IT 专职负责人。

第十四条 公司应设立 IT 治理委员会或类似机构，负责公司 IT 治理工作。IT 治理委员会向公司管理层负责，公司管理层应为 IT 治理委员会履行职责和行使职权提供必要的制度和机制保障。

第十五条 IT 治理委员会应由公司 IT 治理直接责任人、IT 总监、IT 部门负责人、相关业务负责人、财务负责人、内部控制负责人以及部分技术骨干等人员组成，其中 IT 人员的比例应在 30% 以上。公司可聘请外部专业人士担任委员或顾问。

第十六条 IT 治理委员会应建立明确的工作制度，应至少每季度召开一次例会或根据需要召开临时委员会会议。

第十七条 IT 治理委员会应履行以下职责：

（一）拟订公司 IT 治理目标和 IT 治理工作计划；

（二）审议公司 IT 发展规划；

（三）审议公司年度 IT 工作计划和 IT 预算；

（四）审议公司重大 IT 项目立项、投入和优先级；

（五）审议公司 IT 管理制度和重要流程；

（六）制订与 IT 治理相关的培训和教育工作计划；

（七）检查所拟订和审议事项的落实和执行情况；

（八）组织评估公司 IT 重大事项并提出处置意见；

（九）向公司管理层报告 IT 治理状况。

第十八条 IT 总监的职责包括但不限于：

（一）组织拟定公司中长期 IT 发展规划；

（二）组织拟定公司年度 IT 工作计划及预算；

（三）组织拟定公司信息系统安全目标、策略、方针及实施计划；

（四）组织对公司 IT 的风险进行评估及控制；

（五）组织并协调公司信息化建设工作；

（六）组织拟定 IT 管理制度、IT 建设标准；

（七）组织落实 IT 治理委员会所制定和审议的有关事项；

（八）向公司管理层和 IT 治理委员会报告 IT 重大事项，并对上报事项的真实性、准确性、完整性、及时性负责；

（九）对公司信息系统的安全管理体系的有效性负技术责任。

第十九条 公司应建立对 IT 管理和 IT 运行维护的考核机制。

第四章　IT 架构与 IT 基础设施

第二十条　公司应根据 IT 原则和治理目标制定相应的 IT 架构，确定 IT 基础设施、IT 应用系统的整体框架。

第二十一条　公司 IT 架构应包括业务应用架构、系统平台架构、数据信息架构等，不同架构的范围和边界应明确定义。

第二十二条　IT 架构应遵循全局、开放、共享的原则，通过数据、流程、技术的标准化和一体化工作，建立业务应用、系统平台、数据信息等完整、清晰的组织关系。

第二十三条　IT 架构在保证数据和基础设施相对稳定的前提下，应具备良好的可扩展性和灵活性以支持不断变化的业务需求和应用。

第二十四条　公司应定期或在有重大变化时对 IT 架构进行评估，保证 IT 架构的适应性和合理性。

第二十五条　IT 基础设施应包括技术标准、基础组织、基础数据、基础软件、技术设备、通信网络、安全系统、机房物理环境等，其中每一项都包含一系列整合的服务。

第二十六条　IT 基础设施建设应遵循可靠、安全、共享和可管理的原则，能为多种 IT 应用提供支持和服务，并根据成本效益与安全控制等要求确定 IT 资源的集中度。

第二十七条　IT 基础设施应具有统一、安全、可靠、灵活、可扩展的特点，应科学地设计和管理 IT 基础设施的容量，以适应业务增长和创新的需要，有利于业务扩展和创新应用的快速、高效的实施和部署。公司应定期评估 IT 基础设施的容量和适应能力。

第五章　IT 应用

第二十八条　公司应建立技术部门和业务部门之间有效的沟通协调机制，制定 IT 应用贯穿需求分析、立项决策、系统建设、系统验收和上线运行等阶段完整的工作制度与工作流程，通过 IT 应用实现公司的经营目标。

第二十九条　IT 应用需求应充分考虑业务与技术之间协同发展的互动关系。重大 IT 应用需求应由相应的使用部门或 IT 部门在需求调研的基础上提出，由内部控制部门、财务管理部门和 IT 部门会商后报公司 IT 治理委员会审议立项，由使用部门、运维部门和内部控制部门参与验收工作。

第三十条　IT 应用建设应在确保安全的前提下平衡技术创新和 IT 架构完整性；IT 应用应促进和改善 IT 架构，尽可能保证 IT 架构的完整性和稳定性。

第三十一条　公司应为 IT 应用实现提供必需的财力和人力资源，并在制定工作计划时充分考虑软件开发、测试及部署实施所需要的时间周期。

第三十二条　重要 IT 应用系统包括但不限于核心交易系统、结算系统、风险控制系统、财务系统、安全系统、灾难备份系统。

第三十三条　公司重要 IT 应用系统和基础设施的建设、管理和运行维护应满足行业的有关规范并达到安全技术标准要求，没有行业规范和标准的应尽可能参照已有的国家或国际相关技术规范和标准。

第六章　IT 投入

第三十四条　公司在制定 IT 年度预算时应保障公司业务正常运转所需 IT 投入，并确定 IT 项目投入的优先顺序以及投入的金额。

第三十五条　公司最近三个财政年度 IT 投入平均数额原则上应不少于最近三个财政年度平均净利润的 6% 或不少于最近三个财政年度平均营业收入的 3%。

第三十六条　IT 建设应有前瞻性，同时要避免盲目超前的 IT 规划带来过大的 IT 投入。公司应从财务风险、市场风险、组织风险和技术风险上对 IT 投入风险进行评估，并做出分析和权衡。

第三十七条　公司应建立可量化的指标体系对 IT 投入进行管理，加强 IT 项目的成本核算。

第三十八条　IT 投入应优先保证为投资者提供安全、可靠的交易服务。

第三十九条　公司应将 IT 基础设施作为一种重要资产进行管理，并逐年对各项基础设施进行审慎投入。

第七章　IT 人力资源

第四十条　公司应设立 IT 部门具体负责 IT 系统的开发、运维和管理工作，公司分支机构应当设立相应的 IT 部门或岗位负责分支机构的 IT 工作。

第四十一条　公司应根据实际情况配备足够的 IT 工作人员，并满足安全和岗位设置的有关要求。公司的 IT 工作人员总数原则上应不少于公司员工总人数的 6%，并且期货公司 IT 工作人员总数应不少于 3 人。

第四十二条　公司应为 IT 部门提供足够的资金支持，为 IT 人员提供履行其岗位职责所需要的岗位技能培训及业务培训，制定合理的激励机制和奖惩措施。

第四十三条　鼓励公司设立 IT 专业职级体系，建立公平、公开、公正的晋升机制，为 IT 人员提供相应的发展空间。

第四十四条　公司宜配备适当 IT 研发人员增强公司重要 IT 应用系统的自主研发能力。

第八章　IT 安全和风险控制

第四十五条　公司应通过管理机制和技术手段确保公司的 IT 系统安全与信息安全，保障业务活动的连续性，保证重要信息的保密、完整及可用，确保信息内容符合法律法规的要求。

第四十六条　公司的系统开发、系统运维管理、系统的合规检查原则上应实现相互分离。

第四十七条　公司应建立有效的灾难备份系统和应急预案，明确应急预案的激活条件、紧急事件处理流程、报告流程、撤销流程、恢复流程以及人员责任等。灾难备份系统的各项技术指标应符合监管机构的要求。

第四十八条　公司应充分重视客户资料等公司商业信息安全问题，制定相关制度、采取相应措施确保在开放的市场环境中公司的商业机密和投资者信息安全。

第四十九条　公司应对全体员工开展必要的信息安全培训、教育和考核，对合作方服务人员提出明确的信息安全要求。公司与合作方签订合同应包含保密和诚信协议，明确各自承担的安全义务和责任，并要求合作方在提供产品或服务的同时承诺产品不存在恶意代码或未授权的连接功能（软件后门），不提供违反法律法规的操作模块、功能和手段。

第五十条 公司应规范IT外包服务管理，对重要的外包服务要明确服务商资质要求、服务等级、服务流程、责任义务和服务质量标准。

第五十一条 公司应制定IT风险管理的策略和相关制度，对信息系统的合规性进行检查，对IT风险进行评估。

第五十二条 公司应建立内部IT审计制度，至少每两年进行一次IT审计。建议对重要IT项目的建设和运行进行专项审计，鼓励公司聘请外部有资质的机构对公司进行IT审计和IT风险评估。

第九章 附 则

第五十三条 本指引由中国证券业协会和中国期货业协会负责解释。

第五十四条 本指引自发布之日起实施。

证券公司客户交易结算资金商业银行第三方存管技术指引

（2007 年 11 月 15 日　证监信息字［2007］10 号）

第一章　总　　则

第一条　为推动证券公司客户交易结算资金商业银行第三方存管（以下简称为“第三方存管”）技术系统建设、管理、运行的规范化和标准化，依据《中华人民共和国证券法》、《中华人民共和国银行业监督管理法》、《中华人民共和国商业银行法》等法律和有关行政法规，制定本指引。

第二条　本指引所指的第三方存管，是指证券公司将客户交易结算资金存放在指定的商业银行，并以每个客户名义单独立户管理，商业银行负责资金存取，发挥第三方监督作用，以保障客户资金安全为目的的资金存管模式。

本指引所指第三方存管系统，是指支撑第三方存管业务运行的网络与信息系统。

第三条　本指引适用于第三方存管业务的各参与方，具体包括：参与第三方存管业务的证券公司、商业银行、以及提供数据交换服务的机构（以下简称为“中介服务机构”）。

第四条　本指引中所提出的各项要求，是第三方存管系统应达到的基本要求。

第五条　证券公司和商业银行第三方存管系统因不符合本指引规定要求，导致出现重大技术事故的，监管部门可以根据监管职责划分而采取相应的监管措施。

第二章　技术管理体系

第六条　各参与方应指定其总部主要负责人作为第三方存管系统安全稳定运行的第一责任人，负责本单位第三方存管系统的管理，对与第三方存管相关的业务需求分析、系统开发、运营管理、技术审计、安全保障等工作进行组织、协调。

第七条　各参与方应指定专门的技术联络员，具体负责与监管机构、技术协调小组、相关参与方之间的对口联络。

第八条　各参与方应积极参与探索建立证券业和银行业之间的第三方存管技术沟通协调机制。时机成熟时，成立由证券业和银行业共同组成的技术协调小组，负责对第三方存管系统的重大问题及安全情况进行沟通、协调和通报，建立健全联动机制及制度。

第三章　系统建设

第九条　证券公司与相关商业银行之间的第三方存管系统对接应遵循总对总的原则，连接线路既可以采用银证直联，也可以通过相关中介服务机构进行连接。

第十条　各参与方第三方存管系统的建设总体上应符合以下要求：

1. 系统功能应满足第三方存管的业务规则和各参与方的内控要求；
2. 系统日处理能力应达到最近一年内银证转账最大日处理量的 5 倍以上；

3. 相关的应用系统应实现系统的热备份，支持自动切换；

4. 应建立灾难备份系统，主用系统和灾难备份系统的设计恢复时间目标应少于60分钟，恢复点目标应少于10分钟，系统运行性能降低预期应少于50%，主用系统和灾难备份系统的通信线路应保持畅通。有条件时建议采用主用系统和灾难备份系统处理能力相同、轮换交替使用的双系统模式；

5. 应配备与主用系统技术架构相同的独立测试系统。

第十一条 第三方存管系统的运行机房应符合《电子计算机机房设计规范》（GB50174）B类以上（含B类）的要求。

第十二条 各参与方之间应至少建立两条不同运营商或不同类型的通信线路（如DDN、SDH、帧中继、卫星等）。各条通信线路之间互为备份，当主通信线路发生故障时，应能够及时切换到备用线路。

第十三条 主通信线路的带宽应考虑充分的冗余，本地局域网的网络时延应小于50ms。中介服务机构与其他参与方之间的通信线路，应根据承载的通信量保证足够的带宽。

第十四条 各参与方应建立完整、规范的第三方存管系统测试操作流程，包括系统备份、环境搭建、测试实施、系统恢复等内容。

第十五条 各参与方第三方存管系统应具备完善的自动和人工重发、超时冲正等机制，以减少转账差错率。

第十六条 证券公司第三方存管系统的单项压力测试处理性能应满足如下要求：转账类交易的处理能力应大于每百万客户50笔/秒，查询类交易的处理能力应大于每百万客户150笔/秒。单笔业务最长处理时间应小于30秒。

第十七条 商业银行第三方存管系统的单项压力测试处理性能应满足如下要求：转账类交易的处理能力应大于每百万客户50笔/秒，查询类交易的处理能力应大于每百万客户100笔/秒。单笔业务最长处理时间应小于30秒。

第十八条 各参与方应在其第三方存管系统内部实现有效隔离，以确保与不同业务对象之间的业务和数据不会发生相互影响。

第十九条 各参与方第三方存管系统应具备较强的稳定性，确保不会因对方第三方存管系统的阻塞或挂起而导致自身第三方存管系统失效，确保不会因对方第三方存管系统故障而导致与其他方之间的业务不能正常开展。

第四章 数据交换

第二十条 第三方存管系统所采用的数据交换协议应保证业务数据的可靠性和完整性，并具有良好的健壮性和可扩展性。

第二十一条 除银证转账业务外，数据交换协议还需支持如下业务：客户指定（及预指定）存管银行、存管银行确认、撤销存管银行、客户资料变更、业务信息查询、结息通知、总部级对账、总分平衡校验反馈等。

第二十二条 数据交换机制应支持报文校验、动态密钥交换、数字签名等安全措施。

第二十三条 在交换的数据中，客户资金密码、银行结算账户密码等重要信息应加密，不得以明文方式交换。

第二十四条 各参与方在进行日终清算文件交换时，应对日终清算文件的合法性和完整性进行校验。

第二十五条 为确保客户资金的安全，对转账交易类业务，第三方存管系统应具备“不可否认性”。

第二十六条 各证券公司与商业银行的第三方存管系统应具备转账类交易和账户类交易（账户类交易指存管银行的指定、确认、撤销，资料变更等）的对账与调账机制，以确保数据的一致性。

第二十七条 数据交换协议建议采用《证券期货业与银行间业务数据交换消息体结构和设计规则》。

第五章 运营保障

第二十八条 第三方存管系统全年实际可用性应达到99.9%，单次故障停机时间不超过60分钟。

第二十九条 各相关参与方之间应建立直接的沟通协调机制，协作完成第三方存管系统的联调、上线等工作，共同确保第三方存管系统的安全运行。

第三十条 各参与方应对第三方存管系统的软件升级、变更等操作建立规范的流程，确保变更的请求发起、开发测试、发布实施等工作规范开展。

第三十一条 各参与方需要进行第三方存管系统联调或升级时，应提前至少5个工作日通知相关参与方。

第三十二条 各参与方对第三方存管系统提出重大的新业务或管理需求时，应当为相关参与方留有充足的技术准备时间，原则上不少于30个工作日。

第三十三条 各参与方应对其网络设备及线路状态在生产时段作不间断的监控，发现问题时及时处理，并通知相关参与方。

第三十四条 各参与方在对相关网络及设备做重大变更时应提前告知相关参与方，以免对方运行监控人员采取不必要的操作。

第三十五条 各参与方出现日终处理异常和文件交换异常等事故时，应采取必要措施，不能影响投资者下一交易日的非转账类业务。

第三十六条 商业银行日终对账数据送达证券公司的截止时间为当日21:00。如需延迟，商业银行应提前至少一小时通知证券公司。

第三十七条 证券公司日终清算数据送达商业银行的时间要求为：非结息日的截止时间为次日凌晨2:00，结息日的截止时间为次日凌晨3:00。如需延迟，证券公司应提前至少一小时通知商业银行。

第三十八条 各参与方如果因网络故障等原因，无法通过第三方存管系统自动传送日终清算数据到相关参与方，应及时通知对方，并以其他方式将数据及时送达对方。

第三十九条 各参与方第三方存管系统的前置机、加密设备、网络设备等硬件设备应有冗余备份，当出现故障时，应能在30分钟内完成备用设备的切换。

第四十条 各相关参与方之间应相互提供与第三方存管系统相关的信息，包括但不限于：广域网接入设备及端口类型、相关网络拓扑结构及必要参数、主机类型与配置、相关系统参数、技术接口协议、系统运行性能测试报告、主要应急预案及相关联系人等。

第六章 应急恢复与事故处理

第四十一条 各参与方应制定完整的应急预案及应急协调预案，并定期组织演练及联合演练。

第四十二条 各参与方应建立并完善内部责任机制和协调机制，坚持信息安全事故问责制度，做好自动留痕和书面留痕工作，以便于责任事故的认定。

第四十三条 各参与方应妥善处置第三方存管发生的重大技术事故，任何一方出现预警信息或者发生重大技术事故时，应在30分钟内向相关参与方紧急通报，以便共同配合解决问题，并在2个工作日内向相关参与方提供有效的事故说明及处理文档，各参与方应共同做好技术事故发生后的投资者解释与安抚工作。

第四十四条 各参与方在第三方存管系统发生技术事故时应相应按照证券业、银行业的信息安全信息通报制度规定的程序及要求，及时上报。对重大技术事故，还应同时报送对业务造成的影响、投诉纠纷情况等内容。

第七章 附 则

第四十五条 本指引自发布之日起施行。

证券公司集中交易安全管理技术指引

（2006 年 8 月 1 日　中国证券业协会）

第一章　总　　则

第一条　为进一步指导证券公司集中交易系统的建设和管理，提高证券公司内控水平，有效控制风险，促进规范化与标准化建设，依据《中华人民共和国证券法》、《证券公司管理办法》、《证券公司内部控制指引》、《证券公司信息技术管理规范》（JR/T0023—2004）和《证券期货业信息安全保障管理暂行办法》制定本技术指引。

第二条　本技术指引所指证券公司集中交易是指以集中的网络与信息系统为技术支撑的、对证券公司各类需要通过委托、清算、交收才能完成的相关业务实行由证券公司总部直接管理的运营模式。

第三条　集中交易系统应具备如下技术特征：

1. 客户数据集中化：证券公司所有客户的客户资料数据及交易数据全部保存在集中交易系统中，分支机构可不再保留客户资料数据及实时的交易数据；

2. 委托处理集中化：客户委托过程中，合法性校验（身份认证、资金证券校验等）、资金证券变动、订单申报、成交回报处理均由集中交易系统集中完成；根据业务量的需要，可采用多节点分布计算；根据业务属性的不同，业务处理可以由不同的主机完成；

3. 清算、交收处理集中化：由证券公司集中统一实施盘后清算及交收的处理；

4. 权限管理集中化：集中交易系统中的所有权限（如经纪业务权限、清算权限、系统管理权限、日常操作权限和系统维护权限等）均实行集中管理、统一授权；

5. 运行管理集中化：对集中交易系统的运维工作实行集中统一管理，并配置相应的集中监控处理工具；

第四条　集中交易是一个完整的集中管理体系，应包含集中的授权管理、客户管理、业务管理、运营管理、技术管理以及风险管理等。

第五条　对集中交易安全管理的评价，将纳入证券公司内控能力的评估，并作为证券公司相关业务资格评定的前置条件。

第二章　管理组织体系

第六条　证券公司应建立健全对集中交易统一管理的组织体系和配套的业务体系，业务与技术有机结合，相互支持。

第七条　证券公司应设立总工程师岗位，总工程师负责集中交易系统建设项目的规划、论证、实施以及其他与集中交易相关的业务需求设计、系统开发、运营管理、技术审计、安全保障等工作的管理与组织协调。

第八条　证券公司应实现技术开发与运营管理之间的相互隔离。

第九条　技术开发部门负责集中交易技术系统的开发和维护，其职责包括集中交易系统的设计、开发、集成并根据业务需求进行系统变更和技术支持。

第十条 运营管理部门负责集中交易的具体操作，其职责包括：

1. 负责集中交易系统的测试、上线、操作、监控；

2. 负责操作岗位人员的操作权限的设定和变更；

3. 负责业务参数的设定和变更；

4. 负责对授权业务实施逐级审批；

5. 负责制定业务连续性计划（BCP，以下简称应急预案）和灾难恢复计划（DRP，以下简称应急计划）并组织演练，在发生突发事故时作为应急指挥中心实施应急预案和应急计划。

第十一条 证券公司内部稽核部门应对集中交易系统及其安全管理进行合规性审核、技术审计及定期风险评估。

第十二条 证券公司应实现集中交易业务运作与技术支持之间的相互隔离，电脑人员、会计人员之间及与其他业务人员之间职责不得相互交叉。

第十三条 开展集中交易的证券公司应实现前台业务操作、中台业务管理以及后台业务支持三者之间的隔离。

第十四条 对各重要岗位的人员上岗要有相应的资质要求和必要的上岗培训，对重要岗位人员建立轮岗制度和定期培训制度。

第三章 机房和运行环境

第十五条 实施集中交易的证券公司应建设相应的中心机房。对于将中心机房外包的证券公司，外包机房视为其中心机房。

第十六条 机房建设、机房环境、供电系统等应符合《证券公司信息技术管理规范》（JR/T0023—2004）第五章“机房与设备管理”的相关要求，机房等级应达到《电子计算机机房设计规范》（GB50174）B类以上（含B类）。

第十七条 中心机房监控应达到以下要求：

1. 机房进出口和重要通道应安装监视系统和门禁系统；监视资料应完备、清晰，妥善存放，便于检查且保存足够长的时间；

2. 安装环境监控系统和设备监控系统，对环境和设备的异常情况及时报警。

第十八条 中心机房管理应达到以下要求：

1. 建立人员和设备的进出管理制度；

2. 实施7×24小时安全保卫值班；

3. 建立机房设备管理制度，并根据设备的运行状况定期对其进行更新和保养，提高设备的可靠性，降低故障隐患；

4. 机房供电系统由专人负责管理，定期进行检修和维护；

5. 对机房的照明、空调、防火、门禁等机房环境系统进行定期检查，确保其处于正常工作状态；

6. 严禁易燃、易爆、强磁及其他与机房工作无关的物品进入机房。

第四章 网络和通信

第十九条 用于集中交易系统的核心网络是公司网络的重要组成部分，应做好统一规划。

对于核心网络的建设应遵循高可靠性、高安全性、高性能、可扩展性、可管理性、标准化等原则。

第二十条 核心网络的建设应达到以下要求：

1. 网络承建集成商应具有国家有关部门颁发的二级以上（含二级）计算机信息系统集成资质证书。

2. 网络设备的性能和通信带宽应保证满足业务需求；

3. 网络不应存在单点故障，其交换机、路由器和防火墙应有热备份；

4. 针对不同业务或应用应采取适当技术手段（如交易网段和非交易网段应实现物理隔离），以提高网络安全性；

5. 与互联网、外联单位的连接应采用可靠的技术隔离手段（如防火墙、安全网关等），以确保网络的安全。

第二十一条 核心网络的管理应达到以下要求：

1. 建立健全网络管理制度，采用统一的网络管理策略；

2. 设置专职、双岗网络管理员，实行网络分级管理；网络管理员应具备相应的素质和技能，持有相应的资格证书；

3. 配备网管系统，对网络进行监控、管理和维护，重要网络设备开启日志和审计功能；

4. 建立完整的网络技术文档，定期对网络设备和线路进行巡检和维护，详细记录网络故障处理过程。

第二十二条 核心网络的安全应达到以下要求：

1. 建立健全网络安全体系，统一制定网络安全策略，网络安全策略遵循技术保护和管理保护相结合的原则；

2. 应设置专门的安全管理岗位，配备专业的安全管理人员；

3. 利用成熟的网络安全技术，防止非法访问、攻击和破坏计算机网络等活动；

4. 所有可配置的网络设备按最小安全访问原则设置访问控制权限，关闭不必要的端口及服务，妥善保管和定期更换网络设备的远程访问口令；

5. 对于来自互联网的访问采用可靠的身份认证、访问控制和安全审计措施，防止非法接入和非法访问；

6. 建立完善的计算机病毒防范制度：

（1）设置专人负责计算机病毒防范工作，统一组织和实施网络的计算机病毒防范工作；

（2）建立计算机病毒预警机制，严格执行病毒检测及报告措施；

（3）应安装经国家安全部门认证的正版网络防病毒软件；

（4）应及时更新防病毒软件版本、杀毒引擎和病毒库；

（5）建立病毒监控中心，对网络内计算机感染病毒的情况进行监控。

7. 定期对网络进行安全检查，发现问题，及时解决，并记录存档。

第二十三条 集中交易通信系统应达到以下要求：

1. 中心机房与交易所的通信连接应做到地面线路和卫星通信相互备份，与中国证券登记结算公司的通信连接应有备份线路；

2. 公司中心机房和各分支机构之间应建立多条、不同运营商、不同介质的通信通道（如DDN、帧中继、卫星等），保证业务的连续性；

3. 网上委托系统应根据网上委托有关办法的规定接入互联网；

4. 公司应与电信运营商和设备供应商签订服务协议，做到定期检修、发现故障及时响应。

第五章 系统建设

第二十四条 集中交易系统建设总体上至少应达到如下要求：

1. 项目管理过程应符合国家有关法规规定；

2. 系统功能应符合国家颁布的法律法规、证券市场的业务规则和证券公司的内控要求；

3. 核心部分与外围系统之间的接口定义应清晰明确、整体技术架构及数据库结构设计应便于维护；

4. 应按照99.99%可用性和7×24小时连续性指标对集中交易系统进行整体设计；

5. 系统最大处理能力应达到日常实际处理量的5倍以上；

6. 应建立灾难备份系统，主备系统实际切换时间应少于60分钟，灾备系统处理能力应不低于主用系统处理能力的50%，通信线路应分别接入主备系统。有条件时可采用主、备系统处理能力相同、轮换交替使用的双系统模式；

7. 应配备独立的测试系统，并与交易所测试系统联网，实现完整的交易测试环境。测试系统应具有与主用系统相同的技术架构，物理上应具有与主用系统完全独立的通讯、主机及操控系统；

8. 安全等级应达到《计算机信息系统安全保护等级划分准则》（GB17859－1999）三级以上（含三级）。

第二十五条 集中交易系统系统软件的选用和管理应符合《证券公司信息技术管理规范》（JR/T0023—2004）第七章7.1的要求。

第二十六条 集中交易系统应用软件的开发应符合《证券公司信息技术管理规范》（JR/T0023—2004）第七章7.3的要求，并达到：

1. 在系统总体设计时同步进行安全保密设计，利用成熟的安全技术确保数据的保密性、完整性、可用性和可控性，对重要数据在采集、传输、使用和存储过程中进行加密，使用经国家密码管理机构认可的加密产品和加密算法；

2. 重要环节应采取冗余备份措施，如报盘系统、重要的数据库服务器和中间件服务器等。

第二十七条 集中交易系统的性能和功能应达到以下要求：

1. 在系统构架和功能上，保证客户端操作与数据库服务端的物理无关性；

2. 具有完备的操作日志和错误报告；

3. 业务数据在通信网络上以加密方式传输；

4. 客户口令等关键数据不得以明码存放；

5. 防止异常中断后非法进入系统；

6. 能防止强力试探口令，并具有超时自动锁定功能；

7. 具有防止数据的重发攻击、篡改和伪造等功能；

8. 建立工作站点与功能操作相关联的全面安全控制机制；

9. 保证系统的可扩展性与可维护性；

10. 具有动态加载、卸载功能，具有实现系统不停机维护的能力；

11. 提供系统运行状态监控模块；

12. 提供数据接口，满足稽核、审计及技术监控等的要求。

第二十八条 证券公司集中交易系统建设过程中，应实行第三方项目监理和项目审计。

在系统交付使用前，应组织公司相关部门进行项目验收。

第二十九条 集中交易系统的功能设计与技术实现要最大限度地符合规范化业务发展的实际需求，禁止对违规业务功能的设计与实现。对集中交易系统中的前瞻性功能，若确需做技术模拟和前期准备的，证券公司应建立和实施严格的内部审批程序，技术上须具备禁止启用手段，并由内部稽核部门实行严密监控。

第六章 运行管理

第三十条 应建立集中交易运营管理组织，负责集中交易系统的运行和管理。

第三十一条 设置专职的应用管理员、系统管理员、网络管理员、数据管理员和安全专员，分别负责集中交易系统的应用管理、系统管理、网络管理、数据管理和安全管理。

第三十二条 集中交易系统安全管理应达到以下要求：

1. 在系统构架上支持前台操作与后台数据的分离；

2. 在系统管理和业务操作的各层面建立相应的操作权限制约机制：

（1）实行权限集中管理，统一授权；

（2）在权限体系中支持前台业务操作、中台业务管理与后台业务支持的分离；

3. 账户和口令专人专用，加强对缺省账户和口令的管理；

4. 禁止为客户设置统一的、有规律的、易猜测的初始口令；

5. 所设置的管理员口令应具有足够的强度，由字母、数字、特殊字符等混合组成，并定期更换；

6. 数据安全管理应符合《证券公司信息技术管理规范》（JR/T0023—2004）第八章 8.1 的要求。

第三十三条 应建立集中交易系统运行管理考核体系，设立考核指标，完善奖惩制度。

第三十四条 应制定规范化的系统上线流程：

1. 未经严格、完备测试，系统不得上线运行；

2. 评估系统上线风险，做好相应的应急和备份计划；

3. 系统通过规定流程审批后，才能获准上线。

第三十五条 集中交易系统的软件升级和变更、系统设置变更等操作应建立规范的流程：

1. 变更请求应由业务或相关需求人员发起；

2. 经公司集中交易运行管理机构审批后，组织开发；

3. 变更请求由业务和技术人员成立联合测试小组进行系统测试；

4. 经公司集中交易运行管理机构审批同意后，提交给运行管理人员实施；

5. 实施完成后，建立相应的升级或变更文档。

第三十六条 集中交易系统在日常运行管理方面应达到以下要求：

1. 制定规范化的日常操作流程，关键操作应建立复核机制，建立详细的操作日志（包括重要的日常操作、运行维护记录、参数的设置和修改等内容），并及时备份参数文件；

2. 制定规范化的故障处理流程，建立详细的故障日志（包括故障发生的时间、范围、现象、处理结果和处理人员等内容）；

3. 制定完善的值班工作制度，实行 7×24 小时值班，建立详细的值班日志（包括时间、人员、值班任务等内容）；

4. 运维岗位的描述应明确清晰，应建立重要岗位的双人、双职、双责制，并加强对单人单岗的监控；

5. 建立完善的运行监控系统，对集中交易系统的运行环境、运行状况进行实时监控（包括服务器、报盘系统、数据库、存储系统、网络和通信线路等），并提供多种报警手段；定期分析监控系统的记录，做到防患于未然；

6. 严禁在生产环境进行未经批准的操作；

7. 对重要设备和系统建立运行档案和配置变更文档，确保重要参数、运行环境的可恢复性；

8. 应急预案和应急计划每年至少演练一次；

9. 集中交易系统全年实际可用性达到99.9%，单次故障停机时间不超过60分钟。

第三十七条 应建立完整、规范的系统测试操作流程，对测试工作的计划、实施及总结做出详细的规定。对于在生产系统上进行的测试工作，必须制定详细的系统及数据备份、测试环境搭建、测试后系统及数据恢复、生产系统审核等计划，确保生产系统的安全。

第三十八条 对集中交易系统提出新的业务或管理需求，应当留有充足的技术准备期。交易所、登记结算公司的创新业务以及其他重大技术变更，从业务规则和技术规范发布之日起，整个技术准备期原则上不少于30个工作日，交易所、登记结算公司并应就此提供足够的技术服务与支持。证券公司内部的业务或管理需求，技术准备期原则上不少于30个工作日。

第七章 灾难备份

第三十九条 实行集中交易的证券公司应建立灾难备份中心。

第四十条 灾难备份中心与中心机房应有足够的安全距离。

第四十一条 灾备机房的等级应达到《电子计算机机房设计规范》（GB50174－93）B类以上（含B类）；

第四十二条 灾难备份中心与交易所之间的通信连接必须符合交易所的接入管理要求与技术标准；灾难备份中心与中心机房之间的通信连接除主用线路外、应有备用线路；灾难备份中心与各分支机构之间应建立通信连接。

第四十三条 灾难备份中心的交易系统应有足够的处理能力，确保届时能完全承担交易、清算及交收业务。

第四十四条 灾难备份中心对中心机房的数据备份等级要求应达到《重要信息系统灾难恢复指南》（国信办［2005］8号）灾难恢复等级划分中的第5级（见附录A）。

第四十五条 灾难备份BCP（业务连续性计划）的三个具体指标RPO（恢复点目标）、RTO（恢复时间目标）、DOO（运行性能降低预期）是衡量灾难恢复性能好坏的关键指标，应分别达到：RPO＜16分钟，RTO＜1小时，DOO＜50%。

第四十六条 应制定完善的灾难备份中心管理制度、应急预案和应急计划。

第四十七条 应定期组织灾难备份应急预案和应急计划的演练，至少每年二次，并根据演练的结果和发现的问题进行总结，对系统和应急方案进行优化及完善。

第四十八条 灾难备份中心应配备足够的运行管理人员。

第八章 技术委托与外包

第四十九条 证券公司在保障安全的前提下，可以将系统集成、应用开发、运营维护、设备托管、网络通信、技术咨询等专业服务按市场公平竞争的原则外包给具有国家相应资质的专业服务商（产品提供商、系统开发商、运行服务商）。

第五十条 证券公司实施技术外包，其安全运营的最终管理责任依然由证券公司承担。证券公司与技术外包方应签订详细的商业契约或合同，明确约定相关责任。外包服务商根据合同约定承担相应的经济责任和法律责任。

第五十一条 证券公司应重视知识产权保护。

第五十二条 证券公司应重视持续的技术维护与服务，应与集中交易系统有关的产品提供、系统开发和运营服务厂商签订规范的售后服务合同。

第五十三条 证券公司应建立产品提供、系统开发和运营服务厂商的退出机制，以保障其退出之后集中交易系统的持续运行和系统重要数据的安全。由证券公司组织定制开发的核心业务系统，应要求开发商提供源代码或对源代码实行第三方托管。

第九章 应急恢复与事故处理

第五十四条 证券公司应根据应急计划和应急预案妥善处置集中交易系统发生的重大技术故障。应急预案中，应规定各业务部门（包括一线客户服务人员）的应急处置措施和相应职责分工，以及必要的业务规程和保障机制。在系统故障时做好投资者的安抚工作，保护投资者利益。

第五十五条 证券公司应建立内部的责任机制，坚持安全事故问责制度。

第五十六条 证券公司在与投资者、在与技术服务厂商签订的服务协议中应包含与技术故障相关的责任条款，在条款中应揭示风险，明确权责义务，确定补偿措施与限额，保障双方的合法权益。

第五十七条 技术故障影响交易 60 分钟以上构成重大安全事故，应按照《证券期货业网络与信息安全信息通报暂行办法》规定的程序及要求，及时上报证券业协会。

第十章 技术监管

第五十八条 证券公司集中交易系统与交易所、登记结算公司业务系统的互连和对接，应遵循交易所、登记结算公司制定的相应的接入管理规定和技术标准。开展集中交易的证券公司应向相关交易所提出专项接入申请，完成接入审核备案程序。

第五十九条 证券公司对集中交易系统实行年度例行安全评估，并将评估结果报备相关交易所。交易所对存在安全隐患、可能引发行业技术风险的证券公司可予以警告、限期整改以及取消其集中交易通道等处置，并报备中国证券业协会及中国证监会。

第六十条 证券公司实现集中交易的下属营业部等分支机构不再执行《证券经营机构营业部信息系统技术管理规范》，并报备辖区证监局。

第六十一条 证券业协会信息技术委员会负责组织对集中交易系统的各级事故的调查、鉴定。

第十一章 附 则

第六十二条 本指引适用于在中华人民共和国境内依法设立的证券公司。

第六十三条 本指引由中国证券业协会负责解释。

第六十四条 本指引自发布之日起施行。

证券期货业信息安全保障管理暂行办法

（2005年4月8日　证监信息字［2005］5号）

第一章　总　　则

第一条　为加强证券期货业信息安全保障工作的组织协调，建立、健全信息安全管理制度和运行机制，提高行业信息安全保障工作水平，切实保护投资者合法权益，根据国家有关法律、法规和相关规定，制定本办法。

第二条　本办法适用于证券期货市场的监管机构、行业自律组织及经营机构。监管机构为中国证券监督管理委员会（以下简称“中国证监会”）；行业自律组织包括证券、期货交易所及其通信公司，证券登记结算公司、中国证券业协会和中国期货业协会；经营机构包括证券、期货公司，基金管理公司及证券、期货投资咨询公司。

第二章　安全职责划分

第三条　中国证监会负责证券期货行业信息安全保障工作的监督管理及组织协调。

第四条　证券、期货交易所及其通信公司，登记结算公司，证券、期货公司，基金管理公司，证券、期货投资咨询公司等是各自信息系统安全运营管理的责任主体单位（以下简称“主体单位”）。

第五条　证券交易所负责证券交易、信息发布及市场监管信息系统的安全运营。证券通信公司受证券交易所及证券登记结算公司、经营机构的委托，负责通信系统的安全运营，保障交易、结算等业务数据的及时安全传送。期货交易所负责期货交易和结算处理、信息发布、市场监管信息系统及通信系统的安全运营。

第六条　证券登记结算公司负责证券登记、结算业务信息系统的安全运营。

第七条　中国证券业协会负责证券公司、基金管理公司、证券投资咨询公司等会员单位信息安全保障的组织、协调工作。

中国期货业协会负责期货公司、期货投资咨询公司等会员单位信息安全保障的组织、协调工作。

第八条　证券、期货公司，基金管理公司及证券、期货投资咨询公司负责总部及下属经营机构信息系统的安全运营。

第三章　安全目标与基本原则

第九条　信息安全保障工作的总体目标是确保信息和信息系统的完整性、保密性、可用性、时效性、可审查性和可控性，切实保护市场参与各方的合法权益，促进证券期货市场的持续、稳定、健康发展。

第十条　信息安全保障工作的具体目标是：

（一）保护证券期货业信息系统的物理环境、设备设施和运行环境，保证信息系统的环境安全；

（二）确保信息内容的合法性，保护信息在采集、传输、使用和存储过程中的保密性、完整性、可用性、时效性、可审查性和可控性，保证信息的安全；

（三）提高证券期货业人员的信息安全意识、安全专业素质以及安全管理与服务水平；

（四）提高信息系统的可用率和灾难恢复能力，为业务的可持续性运行提供保障。

第十一条 信息安全保障工作应遵循以下基本原则：

（一）责任制原则：安全管理应做到“谁主管，谁负责”、“谁运营，谁负责”，注重以法律手段明确与他方的责任关系，通过契约、协调等方式与他方进行责任划分，明确进行风险转移，通过责任主体制约他方。

（二）规范化原则：遵循国内、国际的信息安全标准及行业规范，对信息系统实行等级保护。

（三）全面统筹原则：信息安全保障工作应贯穿于信息化全过程，坚持统筹规划、突出重点，安全与发展并进，管理与技术并重，应急防御与长效机制相结合。

（四）实用性原则：在确保信息系统性能和安全的前提下，充分利用资源，讲究实效，避免重复和盲目投资，积极采用国家法律法规允许的、成熟的先进技术和专业安全服务，运用科学的经营管理方法，降低成本，保障安全运行。

第四章 安全保障要求

第十二条 主体单位应建立以安全组织体系为核心、安全管理体系为保障、安全技术体系为支撑的全面信息安全体系，保持三个体系稳定、均衡发展。

第十三条 主体单位应建立明确的信息安全组织体系：

（一）建立决策层、管理层和执行层三层工作关系，明确信息安全主管领导，落实信息安全管理部门，指定信息安全执行岗位；

（二）设立专职的安全管理员和安全审计员岗位，分别负责信息安全工作的实施和审计；

（三）通过多种安全培训方式加强信息安全人才队伍的建设，提高信息安全工作人员的技能水平，提高员工安全意识。

第十四条 主体单位应建立全面的信息安全管理体系：

（一）制定统一的信息安全策略和全面、可操作的信息安全管理制度，指导和规范信息系统的安全规划与建设，确保策略和制度得到恰当的理解并得到有效的遵循和执行；

（二）加强信息系统资产安全管理，保护信息系统设备、软件、数据和技术文档的安全，实行信息系统资产管理责任制，实现等级管理、密级管理，重点保护核心信息系统资产的安全；

（三）强化信息系统的物理安全保护，执行严格的机房安全管理、环境安全管理和有效的物理控制措施；

（四）建立信息系统网络、系统、应用等各层面的安全管理流程，实现对信息系统规划、建设、运行、维护各个阶段的安全管理，开发与运营独立管理，严格执行日常的实时管理和定期管理工作；

（五）实现对信息系统的安全风险管理，对信息资产、威胁和脆弱性的状况进行定期评估，及时发现安全隐患并进行预防性的保护，选择适用、有效的安全措施。

第十五条 主体单位应建立有效的信息安全技术体系：

（一）建立完善的安全预警体系，及时发现安全隐患；

（二）强化现有的安全防护体系，实现对核心业务系统的重点保护；

（三）建立有效的安全监控体系，监控核心业务系统，为进一步完善信息安全体系提供决策依据；

（四）建立全面的应急响应体系，制定规范、完整的应急处理和响应流程，定期进行应急恢复的演练和测试，完善信息安全通报机制；

（五）按照不同的安全保护等级建立相应的灾难恢复体系，定期进行灾难恢复的演练和测试，确保灾难发生后能够充分发挥备份的效能，降低造成的影响和损失。

第五章 附 则

第十六条 中国证监会对证券期货业信息系统安全保障情况组织安全检查，检查方式包括自检查、委托检查等方式。

第十七条 本办法由中国证监会负责解释。

第十八条 本办法自印发之日起执行。

关于发布《证券交易数据交换协议》等八项行业标准的通知

（2005 年 3 月 24 日　中国证监会）

各证券公司、基金管理公司、期货经纪公司，上海、深圳证券交易所，中国证券登记结算公司，上海期货交易所，大连、郑州商品交易所，中国证券业协会、中国期货业协会：

《证券交易数据交换协议》等八项行业标准，经全国金融标准化技术委员会审查通过，现予以发布，并就有关事项通知如下：

一、标准的编号和名称

JR/T0016 - 2004 期货交易数据交换协议

JR/T0017 - 2004 开放式基金业务数据交换协议

JR/T0018 - 2004 证券登记结算业务数据交换协议

JR/T0019 - 2004 银证业务数据交换消息体结构和设计规则

JR/T0020 - 2004 上市公司分类与代码

JR/T0021 - 2004 上市公司信息披露电子化规范

JR/T0022 - 2004 证券交易数据交换协议

JR/T0023 - 2004 证券公司信息技术管理规范

二、上述标准自发布之日生效。

三、上述标准由全国金融标准化技术委员会证券分技术委员会负责解释。

四、有关标准的技术文本，可从证监会网站（www. csrc. gov. cn）下载。

各标准的摘要见附件：

1. 《期货交易数据交换协议》摘要。
2. 《开放式基金业务数据交换协议》摘要。
3. 《证券登记结算业务数据交换协议》摘要。
4. 《银证业务数据交换消息体结构和设计规则》摘要。
5. 《上市公司分类与代码》摘要。
6. 《上市公司信息披露电子化规范》摘要。
7. 《证券交易数据交换协议》摘要。
8. 《证券公司信息技术管理规范》摘要。

附件：各标准的摘要。

附件：

《期货交易数据交换协议》摘要

如何确保交易业务安全、可靠和稳定运行已经成为期货市场技术系统建设和运维的关键，通过远程交易方式成交的份额也在逐年大幅上升，而远程交易是经纪公司进行网上交易等技术创新的基础。

目前各期货交易所的远程交易接口基本是场内交易大厅模式的远程翻版，虽然提供基本交易和市场信息发布功能，但是在功能的扩充、性能、可靠性、安全性等方面，都有着很大的不足，特别是在远程通讯和软件运行状态及故障的监测，故障后快速恢复存在明显的效率问题。这些问题阻碍了以远程交易为主的非现场交易方式的推广。随着计算机通讯网络的逐渐发展，业务层次和应用水平的逐步提高，这些技术上的矛盾将越来越突出。

《期货交易数据交换协议》（简称 FTD）作为交易所与经纪公司之间交易信息交换的基础协议，其研制目的是为了在远程交易重向会员和客户提供更好的服务，确保远程交易安全、可靠和稳定运行，提高生产效率，同时提升期货业技术系统和计算机应用的水平。

FTD 抓住期货市场远程交易中技术问题的核心——交易所和经纪公司之间的交易数据交换协议，主要研究期货的实时交易过程中的数据交换和通讯标准，包括相应的信息编码标准、信息传送标准和标准的业务处理流程。信息编码的标准负责将各种需要交换的信息编码成一个确定的格式，信息传送标准负责将这些信息通过网络进行传送，而标准业务处理流程将说明各个报文的标准的处理方法。通过规范交易所和会员之间的交易数据交换协议，并将解决上述问题的手段内置于协议中，一举解决这些矛盾，为我国期货市场的进一步发展和创新提供坚实的技术基础。

FTD 研制过程中主要借鉴了国内外交易所系统（包括 EUREX、LIFFECONNECT、OM-CLICK 和 EuronextNSC - VF 系统）和《金融信息交换协议》（Financial Information Exchange, FIX）在信息交换方面的成果，归纳了期货交易信息交换方面的需求，提出了远程交易信息交换方面的 6 个关键技术难点，并通过 FTD 协议及其体系架构给出了相应的解决方案。6 个关键技术难点如下：

1. 信息分类问题。在现有交易指令执行、查询和市场行情发送的基础上，对各类信息交换需求进行分类，抽象出了网络连接、通讯模式和数据流之间的关系，通过信息分流思想对信息交换需求进行分类。

2. 如何确保交易信息的可靠送达。数据流内的每个报文由序列类别号和序列号来标识，由于同一个数据流中序列类别号唯一，而序列号加一连续是保证交易信息可靠送达的基础。

3. 如何动态监测会员端或者通讯链路的故障，并且监测本身不会对网络和系统造成过大的负载。

4. 如何确保 FTD 新协议能够在现有远程交易网络的链路上高效运行。

5. 如何确保交易行情的可靠送达，并且在断线重连后会员能够快速恢复交易行情的快照，如果需要，会员在断线重连后也可以获得所有的交易行情。

6. 如何保证 FTD 能够支持新的业务。

FTD 标准文稿主要包括该数据交换协议的体系结构、报文格式、数据字典、运作机制和扩展方式等内容。

标准文稿中的第一、二章介绍了 FTD 的使用范围和相关术语解释。FTD 适用于期货交易所系统和会员系统之间进行交易所需的数据交换和通讯协议。FTD 经过兼容性扩展也可以适用于交易所内部、会员内部或者交易所之间的数据交换和通讯。

第三章介绍了 FTD 的体系结构。通过归纳信息交换的需求，抽象了通讯模式和数据流，将具体的网络连接与通讯模式相对隔离，引入了数据报文的序列类别和序列号概念，使用序列号的连续性确保信息的可靠送达。

第四章介绍了 FTD 的报文结构，包括报头、扩展报头和 FTDC 业务报文，并对期货交易中的主要业务运作机制和关键数据域和报文作了简要说明。

通过使用在空闲时段通信双方相互发送心跳信息，既保证了双方对对端故障的监测，对于网络资源和 CPU 资源的消耗又很少，解决方式妥善而实用。

由于报头结构紧凑，使用半结构化的数据域对业务数据进行编码，经过实证分析，结果表明 FTD 的效率与期货市场现有协议具有可比性、甚至是更优的。

按照综合分析交易行情的可靠送达和故障重连后快速恢复的需求，提出了交易行情的正常接收、快速恢复接收和完全恢复接收三种工作方式，保证了交易行情的快速和准确性。

第五章和第六章讲述了 FTD 提供的安全性和可靠性服务。

第七章主要介绍了 FTD 的两种扩张。由于 FTD 报头和 FTDC 报头设计合理，新业务的支持可以在兼容的扩展方式的基础上增加新的扩展报头标记、增加新报文和增加新数据域的方式完成。

FTD 的核心是确保高效、有序、可靠地保证交易信息送达，并提供故障的动态监测功能。FTD 的推广和应用将可能带来非常明显的效益，主要体现在：

1. 各个交易所采用统一的标准后，将会减少其新系统的开发成本，提高系统的可靠性；

2. 各个交易所采用统一的标准后，将会统一各个会员连接不同交易所时的软件，减少软件的复杂度，降低其开发成本；

3. 采用统一的标准，将减少由技术原因造成的市场风险因素。

为完成 FTD 的研究和编制工作，中国证监会信息中心联合上海期货交易所、大连商品交易所和郑州商品交易所成立“期货交易数据交换协议标准化工作小组”，从 2002 年 5 月开始，经过小组成员两年多的努力，FTD 标准得以发布。在此向小组成员的创造性的艰苦劳动表示敬意和感谢。

《开放式基金业务数据交换协议》摘要

开放式基金是中国证券市场从 2000 年出现的新的证券投资品种。开放式基金业务涉及的当事人包括基金管理人、注册登记人、基金销售机构、基金托管人、清算机构等，在各当事人之间存在较多的数据交换需求。为提高各基金从业机构之间业务往来中的数据处理和数据交换的效率，降低交易成本，切实控制技术风险，积极推动开放式基金的发展，制定本标准。

本标准由中国证券监督管理委员会信息中心提出，全国金融标准化技术委员会归口管理，起草单位为专门为开放式基金技术协调成立的开放式基金数据标准化工作小组。开放式基金数据标准化工作小组由基金管理公司、证券公司、托管银行、登记结算公司的技术和业务人员组成，具体负责本标准的编写和贯彻工作。同时，在标准的编写过程中，得到了协作单位的大力协助。

《开放式基金业务数据交换协议》涉及的业务参与方较多，在确定接口标准时，在充分征求各参与方的意见并进行分析和论证后，主要依据开放式基金的实际运行模式及各参与方的技术需求，并参考了 FIX 金融信息交换协议的语法结构。

《开放式基金业务数据交换协议》的主体部分构成如下：

第 4 章规定了数据接口中数据类型的定义、数据格式处理的要求及数据加密处理的原则。

第 5 章提出了数据交换时数据的组织结构。

第 6 章列出了开放式基金业务流程中涉及的所有业务类型。

第 7 章针对第 6 章中的每种业务列出了需要交换的数据内容。

第 8 章列出了所有业务环节中数据交换的数据字典。

本标准共有两个附录，分别为：

附录 A 提出了以文件方式进行数据交换时的文件结构。

附录 B 列出了各种交易处理的业务返回代码。

《证券登记结算业务数据交换协议》摘要

中国证券市场发展十余年以来，沪、深两个证券交易所以及专门为其服务的证券登记结算机构各自独立运作，分别形成了两套不同的证券登记结算模式，对外形成了两套不同的证券登记结算业务数据交换协议。

为了顺应证券登记结算模式统一发展的趋势，缩短市场接受新的消息类型的时间，提高实现直通处理的能力，同时考虑到中国证券市场的国际化，特制订《证券登记结算业务数据交换协议》。

本协议由中国证券监督管理委员会信息中心提出，全国金融标准化技术委员会归口管理，证券登记结算业务数据交换协议工作小组起草。证券登记结算业务数据交换协议工作小组由中国证券登记结算公司（包括沪、深分公司）和证券公司代表的技术人员组成，具体负责本协议的编写工作。

《证券登记结算业务数据交换协议》涉及的业务种类较多，并且沪、深证券登记结算机构有各自的登记结算模式。在确定数据交换协议时，充分征求沪、深证券登记结算机构及各证券公司的意见，并进行了深入的分析和论证，同时，参考了目前国际上证券数据交换业务应用较多的 ISO15022 和 FIX4.2 两套标准，在此基础上，形成此标准。

《证券登记结算业务数据交换协议》的主体部分构成如下：

第 4 章规定了数据接口中词法、语法，数据域及消息的结构合设计规则；

第 5 章说明了数据域字典的组成部分、数据域的状态规定；

第 6 章规定了消息的版本号、描述方法和状态；

第 7 章定义了登记结算各类业务数据交换的消息体；

第 8 章列出了证券登记结算业务数据交换协议中涉及的数据字典以及代码型数据与的取值描述；

本协议还带有一个附录：

附录举例说明了消息的构建原则。

《银证业务数据交换消息体结构和设计规则》摘要

为开展银证业务数据交换标准化工作，提高商业银行和证券公司之间业务往来中的数据处理和数据交换的效率，降低交易成本，切实控制技术风险，积极推动银证增值（中间）业务的发展，特制定本标准。目前，本标准主要涵盖银证转账业务。

本标准由中国证券监督管理委员会信息中心提出，全国金融标准化技术委员会归口管理，起草单位为专门为银证业务协调成立的银证业务数据交换标准化工作小组。银证业务数据交换标准化工作小组由证监会信息中心、证券公司、登记结算公司的技术和业务人员组成，具体负责本标准的编写和贯彻工作。同时，在标准的编写过程中，得到了人民银行等协作单位的大力协助。

《银证业务数据交换消息体结构和设计规则》涉及的业务参与方较多，在确定接口标准时，在充分征求各参与方的意见并进行分析和论证后，主要实际运行模式及各参与方的技术需求，并参考了参照 ISO15022 Modelling Guidelines2002 和 SWIFT Standards Release Guide2002：Category 5 Securities Markets 的内容编写。

《银证业务数据交换消息体结构和设计规则》的主体部分构成如下：

第 3 章规定了完整的消息体结构定义，包括消息块和数据域。

第 4 章规定各银证转账消息体的定义，包括认证、开户、账户管理、换卡管理、投资者资料修改、转账请求、转账回执、查询消息、查询回执。

本标准共有两个附录，分别为：

附录 A（资料性附录）数据源方案。

附录 B（规范性附录）返回码和返回消息。

《上市公司分类与代码》摘要

本标准制定时，主要参考了国家统计局的《国民经济行业分类（GB/T4754－2002)》。同时借鉴了联合国的《标准产业分类（SIC/Rev. 3)》和美国、加拿大、墨西哥共同编制的《北美产业分类体系 2002（NAICS)》。

本标准的分类基本单位是境内上市公司法人单位，其一般从事多种经济活动；本标准根据上市公司法人单位所从事各项经济活动的营业收入比重或投资收益占总资产的比重，来确定该上市公司的类别。这两点与 GB/T4754－2002 有差异。

本标准的附录 A 和附录 B 是资料性附录。

本标准由上市公司分类与代码标准化小组提出。

本标准由全国金融标准化技术委员会归口。

本标准起草单位：中国证券监督管理委员会、上海证券交易所、深圳证券交易所。

本标准以在中国境内证券交易场所挂牌交易的上市公司为基本分类单位。本标准规定了上市公司的分类原则、编码方法、分类结构和代码。本标准为指导性标准，适用于证券行业内的各有关单位、部门对上市公司分类信息进行统计、分析及其他相关工作。

《上市公司信息披露电子化规范》摘要

标准制定的目的和意义

上市公司信息披露电子化标准规范了上市公司信息公告的内容和组织形式，通过技术手段统一信息公告的披露文件格式，从而使上市公司、监管机构、交易所、会计师事务所、投资者、研究机构、证券信息服务商等上市公司信息的加工者与使用者能够以更低的成本、更高的效率实现信息的生成、提取、分析、交换和共享。

制定《上市公司信息披露电子化规范》标准的主要目的有以下几点：

规范上市公司的信息披露文件中使用的数据元。

规范上市公司的信息披露文件对应的公告分类。

规范披露文件的数据化过程，包括披露和采集合而为一的信息在编制、上报、审核以及公布流程中的规范。

标准将作为行业推荐标准发布。

制定《上市公司信息披露电子化规范》标准的意义在于为实现证券业内、业间的上市公司信息共享和互操作提供一个参照系；进一步推动我国上市公司信息披露和证券信息服务业的规范、有序发展；为上市公司信息披露网上实现提供一个技术支撑手段。

标准主要内容

本标准中包含了下列内容：

前言引言范围规范性引用文件术语及定义符号和缩略语

电子公告文档规范

说明了基于 XML 的电子公告文件，应该满足真实性、可靠性、完整性、可用性等要求。

上市公司公告

说明了电子公告文件的结构、组织模型、产生过程及上市公司信息公告分类规范。

数据元规范

定义了数据元的具体内容；说明了数据元分类原则；给出了数据元的详细分类和属性描述等；并据此对上市公司的各类信息进行了必要的提取，归纳出满足各类信息使用者需要的、通常的、最基本的数据科目（数据元）清单。

应用技术

上市公司信息披露电子化标准规范了上市公司信息公告的内容和组织形式，通过技术手段统一信息公告的披露文件格式，其目的在于使上市公司、监管机关、交易所、会计师事务所、投资者、研究机构、证券信息服务商等上市公司信息的使用者能够以更低的成本、更高的效率实现信息的生成、提取、分析、交换和共享。

标准应用范围

本标准适用于上市公司各类信息公告的对外公开发布过程，以及上市公司向证券监管机构上报待审查的各类信息公告及需提供的相关材料的传送过程。

本标准同样适用于信息咨询机构、证券投资机构或市场其他的上市公司信息的需求者使用上市公司信息并采集数据的过程。

《证券交易数据交换协议》摘要

本标准部分内容参照了金融信息交换协议（FIX4.4）。

本标准由证券交易标准化小组提出，本标准由全国金融标准化技术委员会归口。

本标准起草单位：中国证券监督管理委员会信息中心承担，上海证券交易所负责起草，深圳证券交易所、上海期货交易所、国信证券公司、泰阳证券公司、华夏证券公司参与制定。

本标准规定了证券交易所交易系统与市场参与者系统之间进行证券交易所需的数据交换协议（Securities Trading Exchange Protocol，简称 STEP），规定了应用环境、会话机制、消息格式、安全与加密、数据完整性、扩展方式、消息定义、数据字典等内容。

本标准适用于证券交易所与市场参与者和相关金融机构间的业务数据交换。

本标准提供了市场参与者内部系统与市场参与者协议转换接口的连接标准以及市场参与者内部系统通过开放接口与证券交易所间连接标准。本标准也可支持证券交易所与其他外部交易所间连接。

本标准的主要内容由以下章节构成：第五章、会话机制；第六章、消息格式；第七章、安全与加密；第八章、数据完整性；第九章、扩展方式；第十章、消息定义；第十一章、数据字典。此外，本标准包括五个附录，分别是应用环境参考实例；重复组实例；缺口填补方式；会话连接场景；应用消息场景；计算校验和。

《证券公司信息技术管理规范》摘要

一、标准制定的背景

随着我国加入 WTO，随着金融业的改革与开放，金融信息标准化工作显得愈来愈重要。本标准的制定对于规范证券公司信息技术管理行为，保证投资者的合法利益，维护证券公司的合法权益，促进证券市场的健康发展，将起到积极的促进作用。

《证券公司信息技术管理规范》是国家金融“十五”科技攻关标准化课题证券业信息化标准体系研究专题的子专题，其编号为 2001BA102A02－02－01，专题的承担单位是中国证券监督管理委员会信息中心，全国金融标准化技术委员会进行归口管理。本标准的起草单位为中国证券监督管理委员会信息中心、国泰君安证券公司、银河证券公司、申银万国证券公司、长江证券公司、海通证券公司、泰阳证券公司、闽发证券公司、兴业证券公司、国信证券公司。本标准的主要起草人是徐雅萍、陈煜涛、俞枫、金守罕、郭怡峰、陈静、沈云明、汤玉龙、彭湘林、王锦炎、刘斌、廖亚滨、万晓鹰、黄卉、徐颖。

二、主要内容摘要

本标准中包含了下列内容：

前言

引言

范围

规范性引用文件

原则

说明证券公司在信息技术管理工作中应遵循的基本原则。

管理体系

说明证券公司管理体系方面的组织结构与职能、人员管理、项目管理、安全管理和技术文档管理。

机房与设备管理

说明证券公司的机房建设和设备管理。

网络通信

说明证券公司网络通信方面的网络建设、网络管理和网络安全。

软件

说明证券公司软件方面的系统软件、应用软件和软件管理。

数据

说明证券公司数据方面的数据管理和数据安全。

运行管理

说明证券公司运行管理方面的日常运行、系统上线、技术事故防范与处理。

三、编制原则

本标准的编制原则为：

指导性和先进性原则，本标准应能给证券公司未来几年信息技术的发展起一个导向作用。

适宜性原则，本标准各项规定应是到位的，而不会越位，以给各证券公司一个能结合实际的发展空间。

最低门槛原则，本标准应根据目前的现状以及证券市场转型期间的需求，以发展的视角，明确发展中应坚持的核心环节和最低要求。

差异性原则，在具体技术的阐述方面，主要是设立基本要求或介绍技术方法，允许所采用技术手段的多样化。

（六）其他管理规则

关于查询、冻结、扣划证券和证券交易结算资金有关问题的通知

（2008 年 1 月 22 日　法发［2008］4 号，2008 年 3 月 1 日实施）

各省、自治区、直辖市高级人民法院、人民检察院、公安厅（局）、证监局，解放军军事法院、军事检察院，新疆维吾尔自治区高级人民法院生产建设兵团分院，新疆生产建设兵团人民检察院、公安局：

为维护正常的证券交易结算秩序，保护公民、法人和其他组织的合法权益，保障执法机关依法执行公务，根据《中华人民共和国刑事诉讼法》、《中华人民共和国民事诉讼法》、《中华人民共和国证券法》等法律以及司法解释的规定，现就人民法院、人民检察院、公安机关查询、冻结、扣划证券和证券交易结算资金的有关问题通知如下：

一、人民法院、人民检察院、公安机关在办理案件过程中，按照法定权限需要通过证券登记结算机构或者证券公司查询、冻结、扣划证券和证券交易结算资金的，证券登记结算机构或者证券公司应当依法予以协助。

二、人民法院要求证券登记结算机构或者证券公司协助查询、冻结、扣划证券和证券交易结算资金，人民检察院、公安机关要求证券登记结算机构或者证券公司协助查询、冻结证券和证券交易结算资金时，有关执法人员应当依法出具相关证件和有效法律文书。

执法人员证件齐全、手续完备的，证券登记结算机构或者证券公司应当签收有关法律文书并协助办理有关事项。

拒绝签收人民法院生效法律文书的，可以留置送达。

三、人民法院、人民检察院、公安机关可以依法向证券登记结算机构查询客户和证券公司的证券账户、证券交收账户和资金交收账户内已完成清算交收程序的余额、余额变动、开户资料等内容。

人民法院、人民检察院、公安机关可以依法向证券公司查询客户的证券账户和资金账户、证券交收账户和资金交收账户内的余额、余额变动、证券及资金流向、开户资料等内容。

查询自然人账户的，应当提供自然人姓名和身份证件号码；查询法人账户的，应当提供法人名称和营业执照或者法人注册登记证书号码。

证券登记结算机构或者证券公司应当出具书面查询结果并加盖业务专用章。查询机关对查询结果有疑问时，证券登记结算机构、证券公司在必要时应当进行书面解释并加盖业务专用章。

四、人民法院、人民检察院、公安机关按照法定权限冻结、扣划相关证券、资金时，应当明确拟冻结、扣划证券、资金所在的账户名称、账户号码、冻结期限，所冻结、扣划证券的名称、数量或者资金的数额。扣划时，还应当明确拟划入的账户名称、账号。

冻结证券和交易结算资金时，应当明确冻结的范围是否及于孳息。

本通知规定的以证券登记结算机构名义建立的各类专门清算交收账户不得整体冻结。

五、证券登记结算机构依法按照业务规则收取并存放于专门清算交收账户内的下列证券，不得冻结、扣划：

（一）证券登记结算机构设立的证券集中交收账户、专用清偿账户、专用处置账户内的证券；

（二）证券公司在证券登记结算机构开设的客户证券交收账户、自营证券交收账户和证券处置账户内的证券。

六、证券登记结算机构依法按照业务规则收取并存放于专门清算交收账户内的下列资金，不得冻结、扣划：

（一）证券登记结算机构设立的资金集中交收账户、专用清偿账户内的资金；

（二）证券登记结算机构依法收取的证券结算风险基金和结算互保金；

（三）证券登记结算机构在银行开设的结算备付金专用存款账户和新股发行验资专户内的资金，以及证券登记结算机构为新股发行网下申购配售对象开立的网下申购资金账户内的资金；

（四）证券公司在证券登记结算机构开设的客户资金交收账户内的资金；

（五）证券公司在证券登记结算机构开设的自营资金交收账户内最低限额自营结算备付金及根据成交结果确定的应付资金。

七、证券登记结算机构依法按照业务规则要求证券公司等结算参与人、投资者或者发行人提供的回购质押券、价差担保物、行权担保物、履约担保物等担保物，在交收完成之前，不得冻结、扣划。

八、证券公司在银行开立的自营资金账户内的资金可以冻结、扣划。

九、在证券公司托管的证券的冻结、扣划，既可以在托管的证券公司办理，也可以在证券登记结算机构办理。不同的执法机关同一交易日分别在证券公司、证券登记结算机构对同一笔证券办理冻结、扣划手续的，证券公司协助办理的为在先冻结、扣划。

冻结、扣划未在证券公司或者其他托管机构托管的证券或者证券公司自营证券的，由证券登记结算机构协助办理。

十、证券登记结算机构受理冻结、扣划要求后，应当在受理日对应的交收日交收程序完成后根据交收结果协助冻结、扣划。

证券公司受理冻结、扣划要求后，应当立即停止证券交易，冻结时已经下单但尚未撮合成功的应当采取撤单措施。冻结后，根据成交结果确定的用于交收的应付证券和应付资金可以进行正常交收。在交收程序完成后，对于剩余部分可以扣划。同时，证券公司应当根据成交结果计算出同等数额的应收资金或者应收证券交由执法机关冻结或者扣划。

十一、已被人民法院、人民检察院、公安机关冻结的证券或证券交易结算资金，其他人民法院、人民检察院、公安机关或者同一机关因不同案件可以进行轮候冻结。冻结解除的，登记在先的轮候冻结自动生效。

轮候冻结生效后，协助冻结的证券登记结算机构或者证券公司应当书面通知做出该轮候冻结的机关。

十二、冻结证券的期限不得超过二年，冻结交易结算资金的期限不得超过六个月。

需要延长冻结期限的，应当在冻结期限届满前办理续行冻结手续，每次续行冻结的期限不得超过前款规定的期限。

十三、不同的人民法院、人民检察院、公安机关对同一笔证券或者交易结算资金要求冻结、扣划或者轮候冻结时，证券登记结算机构或者证券公司应当按照送达协助冻结、扣划通知书的先后顺序办理协助事项。

十四、要求冻结、扣划的人民法院、人民检察院、公安机关之间，因冻结、扣划事项发生争议的，要求冻结、扣划的机关应当自行协商解决。协商不成的，由其共同上级机关决定；没有共同上级机关的，由其各自的上级机关协商解决。

在争议解决之前，协助冻结的证券登记结算机构或者证券公司应当按照争议机关所送达法律文书载明的最大标的范围对争议标的进行控制。

十五、依法应当予以协助而拒绝协助，或者向当事人通风报信，或者与当事人通谋转移、隐匿财产的，对有关的证券登记结算机构或者证券公司和直接责任人应当依法进行制裁。

十六、以前规定与本通知规定内容不一致的，以本通知为准。

十七、本通知中所规定的证券登记结算机构，是指中国证券登记结算有限责任公司及其分公司。

十八、本通知自2008年3月1日起实施。

金融机构客户身份识别资料及交易记录保存管理办法

（2007 年 8 月 1 日　中国人民银行　银监会　证监会　保监会令［2007］第 2 号）

第一章　总　　则

第一条　为了预防洗钱和恐怖融资活动，规范金融机构客户身份识别、客户身份资料和交易记录保存行为，维护金融秩序，根据《中华人民共和国反洗钱法》等法律、行政法规的规定，制定本办法。

第二条　本办法适用于在中华人民共和国境内依法设立的下列金融机构：

（一）政策性银行、商业银行、农村合作银行、城市信用合作社、农村信用合作社。

（二）证券公司、期货公司、基金管理公司。

（三）保险公司、保险资产管理公司。

（四）信托公司、金融资产管理公司、财务公司、金融租赁。

公司、汽车金融公司、货币经纪公司。

（五）中国人民银行确定并公布的其他金融机构。

从事汇兑业务、支付清算业务和基金销售业务的机构履行客户身份识别、客户身份资料和交易记录保存义务适用本办法。

第三条　金融机构应当勤勉尽责，建立健全和执行客户身份识别制度，遵循“了解你的客户”的原则，针对具有不同洗钱或者恐怖融资风险特征的客户、业务关系或者交易，采取相应的措施，了解客户及其交易目的和交易性质，了解实际控制客户的自然人和交易的实际受益人。

金融机构应当按照安全、准确、完整、保密的原则，妥善保存客户身份资料和交易记录，确保能足以重现每项交易，以提供识别客户身份、监测分析交易情况、调查可疑交易活动和查处洗钱案件所需的信息。

第四条　金融机构应当根据反洗钱和反恐怖融资方面的法律规定，建立和健全客户身份识别、客户身份资料和交易记录保存等方面的内部操作规程，指定专人负责反洗钱和反恐融资合规管理工作，合理设计业务流程和操作规范，并定期进行内部审计，评估内部操作规程是否健全、有效，及时修改和完善相关制度。

第五条　金融机构应当对其分支机构执行客户身份识别制度、客户身份资料和交易记录保存制度的情况进行监督管理。

金融机构总部、集团总部应对客户身份识别、客户身份资料和交易记录保存工作作出统一要求。

金融机构应要求其境外分支机构和附属机构在驻在国家（地区）法律规定允许的范围内，执行本办法的有关要求，驻在国家（地区）有更严格要求的，遵守其规定。如果本办法的要求比驻在国家（地区）的相关规定更为严格，但驻在国家（地区）法律禁止或者限制境外分支机构和附属机构实施本办法，金融机构应向中国人民银行报告。

第六条 金融机构与境外金融机构建立代理行或者类似业务关系时，应当充分收集有关境外金融机构业务、声誉、内部控制、接受监管等方面的信息，评估境外金融机构接受反洗钱监管的情况和反洗钱、反恐怖融资措施的健全性和有效性，以书面方式明确本金融机构与境外金融机构在客户身份识别、客户身份资料和交易记录保存方面的职责。

金融机构与境外金融机构建立代理行或者类似业务关系应当经董事会或者其他高级管理层的批准。

第二章 客户身份识别制度

第七条 政策性银行、商业银行、农村合作银行、城市信用合作社、农村信用合作社等金融机构和从事汇兑业务的机构，在以开立账户等方式与客户建立业务关系，为不在本机构开立账户的客户提供现金汇款、现钞兑换、票据兑付等一次性金融服务且交易金额单笔人民币1万元以上或者外币等值1000美元以上的，应当识别客户身份，了解实际控制客户的自然人和交易的实际受益人，核对客户的有效身份证件或者其他身份证明文件，登记客户身份基本信息，并留存有效身份证件或者其他身份证明文件的复印件或者影印件。

如客户为外国政要，金融机构为其开立账户应当经高级管理层的批准。

第八条 商业银行、农村合作银行、城市信用合作社、农村信用合作社等金融机构为自然人客户办理人民币单笔5万元以上或者外币等值1万美元以上现金存取业务的，应当核对客户的有效身份证件或者其他身份证明文件。

第九条 金融机构提供保管箱服务时，应了解保管箱的实际使用人。

第十条 政策性银行、商业银行、农村合作银行、城市信用。

合作社、农村信用合作社等金融机构和从事汇兑业务的机构为客户向境外汇出资金时，应当登记汇款人的姓名或者名称、账号、住所和收款人的姓名、住所等信息，在汇兑凭证或者相关信息系统中留存上述信息，并向接收汇款的境外机构提供汇款人的姓名或者名称、账号、住所等信息。汇款人没有在本金融机构开户，金融机构无法登记汇款人账号的，可登记并向接收汇款的境外机构提供其他相关信息，确保该笔交易的可跟踪稽核。境外收款人住所不明确的，金融机构可登记接收汇款的境外机构所在地名称。

接收境外汇入款的金融机构，发现汇款人姓名或者名称、汇款人账号和汇款人住所三项信息中任何一项缺失的，应要求境外机构补充。如汇款人没有在办理汇出业务的境外机构开立账户，接收汇款的境内金融机构无法登记汇款人账号的，可登记其他相关信息，确保该笔交易的可跟踪稽核。境外汇款人住所不明确的，境内金融机构可登记资金汇出地名称。

第十一条 证券公司、期货公司、基金管理公司以及其他从事基金销售业务的机构在办理以下业务时，应当识别客户身份，了解实际控制客户的自然人和交易的实际受益人，核对客户的有效身份证件或者其他身份证明文件，登记客户身份基本信息，并留存有效身份证件或者其他身份证明文件的复印件或者影印件：

（一）资金账户开户、销户、变更，资金存取等。

（二）开立基金账户。

（三）代办证券账户的开户、挂失、销户或者期货客户交易。

编码的申请、挂失、销户。

（四）与客户签订期货经纪合同。

（五）为客户办理代理授权或者取消代理授权。

（六）转托管，指定交易、撤销指定交易。

（七）代办股份确认。

（八）交易密码挂失。

（九）修改客户身份基本信息等资料。

（十）开通网上交易、电话交易等非柜面交易方式。

（十一）与客户签订融资融券等信用交易合同。

（十二）办理中国人民银行和中国证券监督管理委员会确定的其他业务。

第十二条 对于保险费金额人民币1万元以上或者外币等值1000美元以上且以现金形式缴纳的财产保险合同，单个被保险人保险费金额人民币2万元以上或者外币等值2000美元以上且以现金形式缴纳的人身保险合同，保险费金额人民币20万元以上或者外币等值2万美元以上且以转账形式缴纳的保险合同，保险公司在订立保险合同时，应确认投保人与被保险人的关系，核对投保人和人身保险被保险人、法定继承人以外的指定受益人的有效身份证件或者其他身份证明文件，登记投保人、被保险人、法定继承人以外的指定受益人的身份基本信息，并留存有效身份证件或者其他身份证明文件的复印件或者影印件。

第十三条 在客户申请解除保险合同时，如退还的保险费或者退还的保险单的现金价值金额为人民币1万元以上或者外币等值1000美元以上的，保险公司应当要求退保申请人出示保险合同原件或者保险凭证原件，核对退保申请人的有效身份证件或者其他身份证明文件，确认申请人的身份。

第十四条 在被保险人或者受益人请求保险公司赔偿或者给付保险金时，如金额为人民币1万元以上或者外币等值1000美元以上，保险公司应当核对被保险人或者受益人的有效身份证件或者其他身份证明文件，确认被保险人、受益人与投保人之间的关系，登记被保险人、受益人身份基本信息，并留存有效身份证件或者其他身份证明文件的复印件或者影印件。

第十五条 信托公司在设立信托时，应当核对委托人的有效身份证件或者其他身份证明文件，了解信托财产的来源，登记委托人、受益人的身份基本信息，并留存委托人的有效身份证件或者其他身份证明文件的复印件或者影印件。

第十六条 金融资产管理公司、财务公司、金融租赁公司、汽车金融公司、货币经纪公司、保险资产管理公司以及中国人民银行确定的其他金融机构在与客户签订金融业务合同时，应当核对客户的有效身份证件或者其他身份证明文件，登记客户身份基本信息，并留存有效身份证件或者其他身份证明文件的复印件或者影印件。

第十七条 金融机构利用电话、网络、自动柜员机以及其他方式为客户提供非柜台方式的服务时，应实行严格的身份认证措施，采取相应的技术保障手段，强化内部管理程序，识别客户身份。

第十八条 金融机构应按照客户的特点或者账户的属性，并考虑地域、业务、行业、客户是否为外国政要等因素，划分风险等级，并在持续关注的基础上，适时调整风险等级。在同等条件下，来自于反洗钱、反恐怖融资监管薄弱国家（地区）客户的风险等级应高于来自于其他国家（地区）的客户。

金融机构应当根据客户或者账户的风险等级，定期审核本金融机构保存的客户基本信息，对风险等级较高客户或者账户的审核应严于对风险等级较低客户或者账户的审核。对本金融机构风险等级最高的客户或者账户，至少每半年进行一次审核。

金融机构的风险划分标准应报送中国人民银行。

第十九条 在与客户的业务关系存续期间，金融机构应当采取持续的客户身份识别措施，关注客户及其日常经营活动、金融交易情况，及时提示客户更新资料信息。

对于高风险客户或者高风险账户持有人，金融机构应当了解其资金来源、资金用途、经济状况或者经营状况等信息，加强对其金融交易活动的监测分析。客户为外国政要的，金融机构应采取合理措施了解其资金来源和用途。

客户先前提交的身份证件或者身份证明文件已过有效期的，客户没有在合理期限内更新且没有提出合理理由的，金融机构应中止为客户办理业务。

第二十条 金融机构应采取合理方式确认代理关系的存在，在按照本办法的有关要求对被代理人采取客户身份识别措施时，应当核对代理人的有效身份证件或者身份证明文件，登记代理人的姓名或者名称、联系方式、身份证件或者身份证明文件的种类、号码。

第二十一条 除信托公司以外的金融机构了解或者应当了解客户的资金或者财产属于信托财产的，应当识别信托关系当事的身份，登记信托委托人、受益人的姓名或者名称、联系方式。

第二十二条 出现以下情况时，金融机构应当重新识别客户：

（一）客户要求变更姓名或者名称、身份证件或者身份证明文件种类、身份证件号码、注册资本、经营范围、法定代表人或者负责人的。

（二）客户行为或者交易情况出现异常的。

（三）客户姓名或者名称与国务院有关部门、机构和司法机关依法要求金融机构协查或者关注的犯罪嫌疑人、洗钱和恐怖融资分子的姓名或者名称相同的。

（四）客户有洗钱、恐怖融资活动嫌疑的。

（五）金融机构获得的客户信息与先前已经掌握的相关信息存在不一致或者相互矛盾的。

（六）先前获得的客户身份资料的真实性、有效性、完整性存在疑点的。

（七）金融机构认为应重新识别客户身份的其他情形。

第二十三条 金融机构除核对有效身份证件或者其他身份证明文件外，可以采取以下的一种或者几种措施，识别或者重新识别客户身份：

（一）要求客户补充其他身份资料或者身份证明文件。

（二）回访客户。

（三）实地查访。

（四）向公安、工商行政管理等部门核实。

（五）其他可依法采取的措施。

银行业金融机构履行客户身份识别义务时，按照法律、行政法规或部门规章的规定需核对相关自然人的居民身份证的，应通过中国人民银行建立的联网核查公民身份信息系统进行核查。其他金融机构核实自然人的公民身份信息时，可以通过中国人民银行建立的联网核查公民身份信息系统进行核查。

第二十四条 金融机构委托其他金融机构向客户销售金融产品时，应在委托协议中明确双方在识别客户身份方面的职责，相互间提供必要的协助，相应采取有效的客户身份识别措施。

符合下列条件时，金融机构可信赖销售金融产品的金融机构所提供的客户身份识别结果，不再重复进行已完成的客户身份识别程序，但仍应承担未履行客户身份识别义务的责任：

（一）销售金融产品的金融机构采取的客户身份识别措施符合反洗钱法律、行政法规和本办法的要求。

（二）金融机构能够有效获得并保存客户身份资料信息。

第二十五条 金融机构委托金融机构以外的第三方识别客户身份的，应当符合下列要求：

（一）能够证明第三方按反洗钱法律、行政法规和本办法的要求，采取了客户身份识别和身份资料保存的必要措施。

（二）第三方为本金融机构提供客户信息，不存在法律制度、技术等方面的障碍。

（三）本金融机构在办理业务时，能立即获得第三方提供的客户信息，还可在必要时从第三方获得客户的有效身份证件、身份证明文件的原件、复印件或者影印件。

委托第三方代为履行识别客户身份的，金融机构应当承担未履行客户身份识别义务的责任。

第二十六条 金融机构在履行客户身份识别义务时，应当向中国反洗钱监测分析中心和中国人民银行当地分支机构报告以下可疑行为：

（一）客户拒绝提供有效身份证件或者其他身份证明文件的。

（二）对向境内汇入资金的境外机构提出要求后，仍无法完整获得汇款人姓名或者名称、汇款人账号和汇款人住所及其他相关替代性信息的。

（三）客户无正当理由拒绝更新客户基本信息的。

（四）采取必要措施后，仍怀疑先前获得的客户身份资料的真实性、有效性、完整性的。

（五）履行客户身份识别义务时发现的其他可疑行为。

金融机构报告上述可疑行为参照《金融机构大额交易和可疑交易报告管理办法》（中国人民银行令［2006］第2号发布）及相关规定执行。

第三章　客户身份资料和交易记录保存

第二十七条 金融机构应当保存的客户身份资料包括记载客户身份信息、资料以及反映金融机构开展客户身份识别工作情况的各种记录和资料。

金融机构应当保存的交易记录包括关于每笔交易的数据信息、业务凭证、账簿以及有关规定要求的反映交易真实情况的合同、业务凭证、单据、业务函件和其他资料。

第二十八条 金融机构应采取必要管理措施和技术措施，防止客户身份资料和交易记录的缺失、损毁，防止泄漏客户身份信息和交易信息。

金融机构应采取切实可行的措施保存客户身份资料和交易记录，便于反洗钱调查和监督管理。

第二十九条 金融机构应当按照下列期限保存客户身份资料和交易记录：

（一）客户身份资料，自业务关系结束当年或者一次性交易记账当年计起至少保存5年。

（二）交易记录，自交易记账当年计起至少保存5年。

如客户身份资料和交易记录涉及正在被反洗钱调查的可疑交易活动，且反洗钱调查工作在前款规定的最低保存期届满时仍未结束的，金融机构应将其保存至反洗钱调查工作结束。

同一介质上存有不同保存期限客户身份资料或者交易记录的，应当按最长期限保存。同一客户身份资料或者交易记录采用不同介质保存的，至少应当按照上述期限要求保存一种介质的客户身份资料或者交易记录。

法律、行政法规和其他规章对客户身份资料和交易记录有更长保存期限要求的，遵守其规定。

第三十条 金融机构破产或者解散时，应当将客户身份资料和交易记录移交中国银行业监督管理委员会、中国证券监督管理委员会或者中国保险监督管理委员会指定的机构。

第四章　法律责任

第三十一条　金融机构违反本办法的，由中国人民银行按照《中华人民共和国反洗钱法》第三十一条、第三十二条的规定予以处罚；区别不同情形，向中国银行业监督管理委员会、中国证券监督管理委员会或者中国保险监督管理委员会建议采取下列措施：

（一）责令金融机构停业整顿或者吊销其经营许可证。

（二）取消金融机构直接负责的董事、高级管理人员和其他。

直接责任人员的任职资格、禁止其从事有关金融行业的工作。

（三）责令金融机构对直接负责的董事、高级管理人员和其他直接责任人员给予纪律处分。

中国人民银行县（市）支行发现金融机构违反本办法的，应当报告上一级中国人民银行分支机构，由上一级分支机构按照前款规定进行处罚或者提出建议。

第五章　附　　则

第三十二条　保险公司在办理再保险业务时，履行客户身份识别义务不适用本办法。

第三十三条　本办法下列用语的含义如下：

自然人客户的“身份基本信息”包括客户的姓名、性别、国籍、职业、住所地或者工作单位地址、联系方式，身份证件或者身份证明文件的种类、号码和有效期限。客户的住所地与经常居住地不一致的，登记客户的经常居住地。

法人、其他组织和个体工商户客户的“身份基本信息”包括客户的名称、住所、经营范围、组织机构代码、税务登记证号码；可证明该客户依法设立或者可依法开展经营、社会活动的执照、证件或者文件的名称、号码和有效期限；控股股东或者实际控制人、法定代表人、负责人和授权办理业务人员的姓名、身份证件或者身份证明文件的种类、号码、有效期限。

第三十四条　本办法由中国人民银行会同中国银行业监督管理委员会、中国证券监督管理委员会、中国保险监督管理委员会解释。

第三十五条　本办法自2007年8月1日起施行。

金融机构报告涉嫌恐怖融资的可疑交易管理办法

（2007 年 6 月 11 日　中国人民银行令［2007］第 1 号）

第一条　为监测恐怖融资行为，防止利用金融机构进行恐怖融资，规范金融机构报告涉嫌恐怖融资可疑交易的行为，根据《中华人民共和国反洗钱法》、《中华人民共和国中国人民银行法》等有关法律、行政法规，制定本办法。

第二条　本办法所称的恐怖融资是指下列行为：

（一）恐怖组织、恐怖分子募集、占有、使用资金或者其他形式财产。

（二）以资金或者其他形式财产协助恐怖组织、恐怖分子以及恐怖主义、恐怖活动犯罪。

（三）为恐怖主义和实施恐怖活动犯罪占有、使用以及募集资金或者其他形式财产。

（四）为恐怖组织、恐怖分子占有、使用以及募集资金或者其他形式财产。

第三条　本办法适用于在中华人民共和国境内依法设立的下列金融机构：

（一）政策性银行、商业银行、农村合作银行、城市信用合作社、农村信用合作社。

（二）证券公司、期货公司、基金管理公司。

（三）保险公司、保险资产管理公司。

（四）信托投资公司、金融资产管理公司、财务公司、金融租赁公司、汽车金融公司、货币经纪公司。

（五）中国人民银行确定并公布的其他金融机构。

从事汇兑业务、支付清算业务、基金销售业务和保险经纪业务的机构报告涉嫌恐怖融资的可疑交易适用本办法。

第四条　中国人民银行及其分支机构对金融机构报告涉嫌恐怖融资的可疑交易的情况进行监督、检查。

第五条　中国人民银行设立中国反洗钱监测分析中心负责接收、分析涉嫌恐怖融资的可疑交易报告。

中国反洗钱监测分析中心发现金融机构报送的涉嫌恐怖融资的可疑交易报告有要素不全或者存在错误的，可以向提交报告的金融机构发出补正通知，金融机构应当在接到补正通知的 5 个工作日内补正。

第六条　履行反恐怖融资义务的金融机构及其工作人员依法提交可疑交易报告受法律保护。

第七条　金融机构应当将涉嫌恐怖融资的可疑交易报告报其总部，由金融机构总部或者由总部指定的一个机构，在相关情况发生后的 10 个工作日内以电子方式报送中国反洗钱监测分析中心。没有总部或者无法通过总部及总部指定的机构向中国反洗钱监测分析中心报送可疑交易报告的，其报告方式由中国人民银行另行确定。

第八条　金融机构怀疑客户、资金、交易或者试图进行的交易与恐怖主义、恐怖活动犯罪以及恐怖组织、恐怖分子、从事恐怖融资活动的人相关联的，无论所涉及资金金额或者财产价值大小，都应当提交涉嫌恐怖融资的可疑交易报告。提交可疑交易报告的具体情形包括但不限于以下种类：

（一）怀疑客户为恐怖组织、恐怖分子以及恐怖活动犯罪募集或者企图募集资金或者其他形式财产的。

（二）怀疑客户为恐怖组织、恐怖分子、从事恐怖融资活动的人以及恐怖活动犯罪提供或者企图提供资金或者其他形式财产的。

（三）怀疑客户为恐怖组织、恐怖分子保存、管理、运作或者企图保存、管理、运作资金或者其他形式财产的。

（四）怀疑客户或者其交易对手是恐怖组织、恐怖分子以及从事恐怖融资活动人员的。

（五）怀疑资金或者其他形式财产来源于或者将来源于恐怖组织、恐怖分子、从事恐怖融资活动人员的。

（六）怀疑资金或者其他形式财产用于或者将用于恐怖融资、恐怖活动犯罪及其他恐怖主义目的，或者怀疑资金或者其他形式财产被恐怖组织、恐怖分子、从事恐怖融资活动人员使用的。

（七）金融机构及其工作人员有合理理由怀疑资金、其他形式财产、交易、客户与恐怖主义、恐怖活动犯罪、恐怖组织、恐怖分子、从事恐怖融资活动人员有关的其他情形。

第九条 金融机构发现或者有合理理由怀疑客户或者其交易对手与下列名单相关的，应当立即向中国反洗钱监测分析中心和中国人民银行当地分支机构提交可疑交易报告，并且按相关主管部门的要求依法采取措施。

（一）国务院有关部门、机构发布的恐怖组织、恐怖分子名单。

（二）司法机关发布的恐怖组织、恐怖分子名单。

（三）联合国安理会决议中所列的恐怖组织、恐怖分子名单。

（四）中国人民银行要求关注的其他恐怖组织、恐怖分子嫌疑人名单。

法律、行政法规对上述名单的监控另有规定的，遵守其规定。

第十条 金融机构按照本办法报告可疑交易，具体的报告要素及报告格式、填报要求参照《金融机构大额交易和可疑交易报告管理办法》（中国人民银行令［2006］第2号发布）及相关规定执行。

第十一条 金融机构违反本办法的，由中国人民银行按照《中华人民共和国反洗钱法》第三十一条、第三十二条的规定予以处罚；区别不同情形，向中国银行业监督管理委员会、中国证券监督管理委员会或者中国保险监督管理委员会建议采取下列措施：

（一）责令金融机构停业整顿或者吊销其经营许可证。

（二）取消金融机构直接负责的董事、高级管理人员和其他直接责任人员的任职资格、禁止其从事有关金融行业的工作。

（三）责令金融机构对直接负责的董事、高级管理人员和其他直接责任人员给予纪律处分。

中国人民银行县（市）支行发现金融机构违反本办法的，应当报告上一级中国人民银行分支机构，由上一级分支机构按照前款规定进行处罚或者提出建议。

第十二条 中国人民银行及其地市中心支行以上分支机构对金融机构违反本办法的行为给予行政处罚的，应当遵守《中国人民银行行政处罚程序规定》（中国人民银行令［2001］第3号发布）的有关规定。

第十三条 金融机构开展预防和打击恐怖融资工作时，履行建立健全内部控制制度、客户身份识别、保存客户身份资料和交易记录、保密以及其他相关义务，参照反洗钱相关规定执行。

第十四条 本办法自发布之日起施行。

证券公司缴纳证券投资者保护基金实施办法（试行）

（2007 年 3 月 28 日　证监发［2007］50 号）

第一章　总　　则

第一条　为规范证券公司缴纳证券投资者保护基金（以下简称保护基金）行为，保证及时、足额筹集保护基金，根据《中华人民共和国证券法》、《证券投资者保护基金管理办法》等有关规定，制定本办法。

第二条　本办法所称保护基金是指根据《证券投资者保护基金管理办法》规定，按照“取之于市场，用之于市场”原则筹集的，由证券公司按其营业收入的一定比例缴纳的资金。

第三条　所有在中国境内注册的证券公司，必须依照《证券投资者保护基金管理办法》及本办法缴纳保护基金。

第四条　保护基金收取机构为依法设立的中国证券投资者保护基金有限责任公司（以下简称保护基金公司）。

第五条　保护基金公司开立专用账户，负责收缴和管理证券公司缴纳的保护基金。

第二章　缴纳比例

第六条　依照《证券投资者保护基金管理办法》的规定，证券公司应当按其营业收入的0.5%～5%向保护基金公司缴纳保护基金。

营业收入是指在利润表中列报的营业收入。

第七条　证券公司缴纳保护基金实行差别缴纳比例。保护基金公司根据中国证监会对证券公司的监管分类，确定各证券公司缴纳保护基金的具体比例，报中国证监会批准，并按年进行调整。

第三章　缴纳方式

第八条　证券公司采用当年预缴、次年汇算清缴的方式缴纳保护基金。

第九条　证券公司全年分两次预缴保护基金，每年 7 月 15 日之前将上半年应缴纳的保护基金划入保护基金公司指定账户，次年 1 月 15 日之前补充缴纳全年度应缴纳的保护基金。

第十条　证券公司在预缴保护基金时，应当按照当年半年或全年营业收入及核定的缴纳比例计算应缴纳的保护基金金额，并向保护基金公司报送《保护基金预缴申报表》（附件 1）及中期财务报告或年度财务报告。

第十一条　证券公司应按照年度审计报告或营业收入专项审计报告审定的营业收入及核定缴纳比例确认年度应缴纳的保护基金金额，并于次年 4 月 30 日（汇算清缴申报截止日）前向保护基金公司申报汇算清缴，保护基金公司应于 5 月 31 日（汇算清缴核实工作结束日）前完成汇算清缴核实工作。

第十二条 证券公司在申报汇算清缴时，应当报送以下资料：

（一）《保护基金汇算清缴申报表》（附件2）；

（二）年度审计报告或会计师事务所出具的营业收入专项审计报告；

（三）年度净资本计算表和风险监控指标监管报表审计报告；

（四）保护基金公司要求提供的其他有关资料。

第十三条 证券公司报送的《保护基金预缴申报表》、《保护基金汇算清缴申报表》应当由法定代表人、主管会计工作负责人和经办人签字，并加盖公司公章。以上人员对所报送资料的真实性、完整性承担责任。

第十四条 证券公司申报汇算清缴时，对于少缴的部分应当同时补缴；对于多缴的部分，证券公司可申请退回或抵缴下一年度保护基金，未提出退回要求的视为同意抵缴。

对于申请退回的，保护基金公司应在收到《保护基金汇算清缴申报表》后，于汇算清缴核实工作结束日后10个工作日内将多缴资金退回证券公司。

第四章 监督管理

第十五条 证券公司应按时、足额缴纳保护基金。汇算清缴申报截止后，未足额缴纳保护基金的，保护基金公司对其欠缴金额从滞纳日（汇算清缴申报截止日后的第一个自然日）起按每日万分之三比例计收滞纳金。

第十六条 保护基金公司应当对证券公司保护基金预缴、汇算清缴和报送资料的情况进行核查。对报送资料不真实完整、不及时缴纳保护基金、预缴金额与汇算清缴金额差异较大的，保护基金公司应当及时通知证券公司予以纠正，并将有关情况报告中国证监会，同时通报证券公司注册地的中国证监会派出机构。

第十七条 保护基金公司对不及时缴纳保护基金、欠缴金额较大、报送资料不真实完整的证券公司，可报请中国证监会进行现场检查或接受中国证监会的委托进行审计检查，核实报表。

保护基金公司可在保护基金公司、中国证券业协会、证券交易所、结算公司网站公布拒不缴纳或长期欠缴保护基金的证券公司名单，并要求其按时、足额缴纳保护基金。

第十八条 证券公司注册地的中国证监会派出机构负责督促证券公司按时足额缴纳保护基金及向保护基金公司报送本办法第十二条规定的资料。中国证监会或证券公司注册地的中国证监会派出机构依据有关法律、法规和监管政策对违反本办法的证券公司采取监管措施。

第十九条 保护基金公司应当与中国证监会相关部门建立信息共享机制，中国证监会相关部门应当定期向保护基金公司通报证券公司的监管分类信息及相关资料。

中国证监会认定存在风险隐患的证券公司，应当按照规定直接向保护基金公司报送财务、业务等经营管理信息和资料。

保护基金公司可通过中国证监会证券机构监管信息系统获取证券公司向证券机构监管部门定期报送的有关信息。

保护基金公司可在其网站上披露证券公司法定应当披露的信息和证券公司缴纳保护基金的有关情况。

第二十条 保护基金公司应建立信息报告制度，编制保护基金筹集、管理、使用的月报、季报信息，报送中国证监会、财政部、中国人民银行。

第五章　附　　则

第二十一条　本办法由中国证监会负责解释和修订。

第二十二条　本办法自发布之日起施行。

附件：1. 保护基金预缴申报表（略）。

　　　2. 保护基金汇算清缴申报表（略）。

金融机构大额交易和可疑交易报告管理办法

（2006 年 11 月 14 日　中国人民银行令［2006］第 2 号，2007 年 3 月 1 日实施）

第一条　为防止利用金融机构进行洗钱活动，规范金融机构大额交易和可疑交易报告行为，根据《中华人民共和国反洗钱法》、《中华人民共和国中国人民银行法》等有关法律、行政法规，制定本办法。

第二条　本办法适用于在中华人民共和国境内依法设立的下列金融机构：

（一）商业银行、城市信用合作社、农村信用合作社、邮政储汇机构、政策性银行。

（二）证券公司、期货经纪公司、基金管理公司。

（三）保险公司、保险资产管理公司。

（四）信托投资公司、金融资产管理公司、财务公司、金融租赁公司、汽车金融公司、货币经纪公司。

（五）中国人民银行确定并公布的其他金融机构。

从事汇兑业务、支付清算业务和基金销售业务的机构报告大额交易和可疑交易适用本办法。

第三条　中国人民银行及其分支机构对金融机构履行大额交易和可疑交易报告的情况进行监督、检查。

第四条　中国人民银行设立中国反洗钱监测分析中心，负责接收人民币、外币大额交易和可疑交易报告。

中国反洗钱监测分析中心发现金融机构报送的大额交易报告或者可疑交易报告有要素不全或者存在错误的，可以向提交报告的金融机构发出补正通知，金融机构应在接到补正通知的 5 个工作日内补正。

第五条　金融机构应当设立专门的反洗钱岗位，明确专人负责大额交易和可疑交易报告工作。

金融机构应当根据本办法制定大额交易和可疑交易报告内部管理制度和操作规程，并向中国人民银行报备。

金融机构应当对下属分支机构大额交易和可疑交易报告制度的执行情况进行监督管理。

第六条　金融机构及其工作人员应当对报告可疑交易的情况予以保密，不得违反规定向任何单位和个人提供。

第七条　金融机构应当在大额交易发生后的 5 个工作日内，通过其总部或者由总部指定的一个机构，及时以电子方式向中国反洗钱监测分析中心报送大额交易报告。没有总部或者无法通过总部及总部指定的机构向中国反洗钱监测分析中心报送大额交易的，其报告方式由中国人民银行另行确定。

客户通过在境内金融机构开立的账户或者银行卡所发生的大额交易，由开立账户的金融机构或者发卡银行报告；客户通过境外银行卡所发生的大额交易，由收单行报告；客户不通过账户或者银行卡发生的大额交易，由办理业务的金融机构报告。

第八条　金融机构应当将可疑交易报其总部，由金融机构总部或者由总部指定的一个机构，在可疑交易发生后的10个工作日内以电子方式报送中国反洗钱监测分析中心。没有总部或者无法通过总部及总部指定的机构向中国反洗钱监测分析中心报送可疑交易的，其报告方式由中国人民银行另行确定。

第九条 金融机构应当向中国反洗钱监测分析中心报告下列大额交易：

（一）单笔或者当日累计人民币交易20万元以上或者外币交易等值1万美元以上的现金缴存、现金支取、现金结售汇、现钞兑换、现金汇款、现金票据解付及其他形式的现金收支。

（二）法人、其他组织和个体工商户银行账户之间单笔或者当日累计人民币200万元以上或者外币等值20万美元以上的款项划转。

（三）自然人银行账户之间，以及自然人与法人、其他组织和个体工商户银行账户之间单笔或者当日累计人民币50万元以上或者外币等值10万美元以上的款项划转。

（四）交易一方为自然人、单笔或者当日累计等值1万美元以上的跨境交易。

累计交易金额以单一客户为单位，按资金收入或者付出的情况，单边累计计算并报告，中国人民银行另有规定的除外。

客户与证券公司、期货经纪公司、基金管理公司、保险公司、保险资产管理公司、信托投资公司、金融资产管理公司、财务公司、金融租赁公司、汽车金融公司、货币经纪公司等进行金融交易，通过银行账户划转款项的，由商业银行、城市信用合作社、农村信用合作社、邮政储汇机构、政策性银行按照第一款第（二）、（三）、（四）项的规定向中国反洗钱监测分析中心提交大额交易报告。

中国人民银行根据需要可以调整第一款规定的大额交易标准。

第十条 对符合下列条件之一的大额交易，如未发现该交易可疑的，金融机构可以不报告：

（一）定期存款到期后，不直接提取或者划转，而是本金或者本金加全部或者部分利息续存入在同一金融机构开立的同一户名下的另一账户。

活期存款的本金或者本金加全部或者部分利息转为在同一金融机构开立的同一户名下的另一账户内的定期存款。

定期存款的本金或者本金加全部或者部分利息转为在同一金融机构开立的同一户名下的另一账户内的活期存款。

（二）自然人实盘外汇买卖交易过程中不同外币币种间的转换。

（三）交易一方为各级党的机关、国家权力机关、行政机关、司法机关、军事机关、人民政协机关和人民解放军、武警部队，但不含其下属的各类企事业单位。

（四）金融机构同业拆借、在银行间债券市场进行的债券交易。

（五）金融机构在黄金交易所进行的黄金交易。

（六）金融机构内部调拨资金。

（七）国际金融组织和外国政府贷款转贷业务项下的交易。

（八）国际金融组织和外国政府贷款项下的债务掉期交易。

（九）商业银行、城市信用合作社、农村信用合作社、邮政储汇机构、政策性银行发起的税收、错账冲正、利息支付。

（十）中国人民银行确定的其他情形。

第十一条 商业银行、城市信用合作社、农村信用合作社、邮政储汇机构、政策性银行、信托投资公司应当将下列交易或者行为，作为可疑交易进行报告：

（一）短期内资金分散转入、集中转出或者集中转入、分散转出，与客户身份、财务状况、经营业务明显不符。

（二）短期内相同收付款人之间频繁发生资金收付，且交易金额接近大额交易标准。

（三）法人、其他组织和个体工商户短期内频繁收取与其经营业务明显无关的汇款，或者自然人客户短期内频繁收取法人、其他组织的汇款。

（四）长期闲置的账户原因不明地突然启用或者平常资金流量小的账户突然有异常资金流入，且短期内出现大量资金收付。

（五）与来自于贩毒、走私、恐怖活动、赌博严重地区或者避税型离岸金融中心的客户之间的资金往来活动在短期内明显增多，或者频繁发生大量资金收付。

（六）没有正常原因的多头开户、销户，且销户前发生大量资金收付。

（七）提前偿还贷款，与其财务状况明显不符。

（八）客户用于境外投资的购汇人民币资金大部分为现金或者从非同名银行账户转入。

（九）客户要求进行本外币间的掉期业务，而其资金的来源和用途可疑。

（十）客户经常存入境外开立的旅行支票或者外币汇票存款，与其经营状况不符。

（十一）外商投资企业以外币现金方式进行投资或者在收到投资款后，在短期内将资金迅速转到境外，与其生产经营支付需求不符。

（十二）外商投资企业外方投入资本金数额超过批准金额或者借入的直接外债，从无关联企业的第三国汇入。

（十三）证券经营机构指令银行划出与证券交易、清算无关的资金，与其实际经营情况不符。

（十四）证券经营机构通过银行频繁大量拆借外汇资金。

（十五）保险机构通过银行频繁大量对同一家投保人发生赔付或者办理退保。

（十六）自然人银行账户频繁进行现金收付且情形可疑，或者一次性大额存取现金且情形可疑。

（十七）居民自然人频繁收到境外汇入的外汇后，要求银行开具旅行支票、汇票或者非居民自然人频繁存入外币现钞并要求银行开具旅行支票、汇票带出或者频繁订购、兑现大量旅行支票、汇票。

（十八）多个境内居民接受一个离岸账户汇款，其资金的划转和结汇均由一人或者少数人操作。

第十二条 证券公司、期货经纪公司、基金管理公司应当将下列交易或者行为，作为可疑交易进行报告：

（一）客户资金账户原因不明地频繁出现接近于大额现金交易标准的现金收付，明显逃避大额现金交易监测。

（二）没有交易或者交易量较小的客户，要求将大量资金划转到他人账户，且没有明显的交易目的或者用途。

（三）客户的证券账户长期闲置不用，而资金账户却频繁发生大额资金收付。

（四）长期闲置的账户原因不明地突然启用，并在短期内发生大量证券交易。

（五）与洗钱高风险国家和地区有业务联系。

（六）开户后短期内大量买卖证券，然后迅速销户。

（七）客户长期不进行或者少量进行期货交易，其资金账户却发生大量的资金收付。

（八）长期不进行期货交易的客户突然在短期内原因不明地频繁进行期货交易，而且资金量巨大。

（九）客户频繁地以同一种期货合约为标的，在以一价位开仓的同时在相同或者大致相同价位、等量或者接近等量反向开仓后平仓出局，支取资金。

（十）客户作为期货交易的卖方以进口货物进行交割时，不能提供完整的报关单证、完税凭证，或者提供伪造、变造的报关单证、完税凭证。

（十一）客户要求基金份额非交易过户且不能提供合法证明文件。

（十二）客户频繁办理基金份额的转托管且无合理理由。

（十三）客户要求变更其信息资料但提供的相关文件资料有伪造、变造嫌疑。

第十三条 保险公司应当将下列交易或者行为，作为可疑交易进行报告：

（一）短期内分散投保、集中退保或者集中投保、分散退保且不能合理解释。

（二）频繁投保、退保、变换险种或者保险金额。

（三）对保险公司的审计、核保、理赔、给付、退保规定异常关注，而不关注保险产品的保障功能和投资收益。

（四）犹豫期退保时称大额发票丢失的，或者同一投保人短期内多次退保遗失发票总额达到大额的。

（五）发现所获得的有关投保人、被保险人和受益人的姓名、名称、住所、联系方式或者财务状况等信息不真实的。

（六）购买的保险产品与其所表述的需求明显不符，经金融机构及其工作人员解释后，仍坚持购买的。

（七）以趸交方式购买大额保单，与其经济状况不符的。

（八）大额保费保单犹豫期退保、保险合同生效日后短期内退保或者提取现金价值，并要求退保金转入第三方账户或者非缴费账户的。

（九）不关注退保可能带来的较大金钱损失，而坚决要求退保，且不能合理解释退保原因的。

（十）明显超额支付当期应缴保险费并随即要求返还超出部分。

（十一）保险经纪人代付保费，但无法说明资金来源。

（十二）法人、其他组织坚持要求以现金或者转入非缴费账户方式退还保费，且不能合理解释原因的。

（十三）法人、其他组织首期保费或者趸交保费从非本单位账户支付或者从境外银行账户支付。

（十四）通过第三人支付自然人保险费，而不能合理解释第三人与投保人、被保险人和受益人关系的。

（十五）与洗钱高风险国家和地区有业务联系的。

（十六）没有合理的原因，投保人坚持要求用现金投保、赔偿、给付保险金、退还保险费和保单现金价值以及支付其他资金数额较大的。

（十七）保险公司支付赔偿金、给付保险金时，客户要求将资金汇往被保险人、受益人以外的第三人；或者客户要求将退还的保险费和保单现金价值汇往投保人以外的其他人。

第十四条 除本办法第十一、十二、十三条规定的情形外，金融机构及其工作人员发现其他交易的金额、频率、流向、性质等有异常情形，经分析认为涉嫌洗钱的，应当向中国反洗钱监测分析中心提交可疑交易报告。

第十五条 金融机构对按照本办法向中国反洗钱监测分析中心提交的所有可疑交易报告涉及的交易，应当进行分析、识别，有合理理由认为该交易或者客户与洗钱、恐怖主义活动及其他违法犯罪活动有关的，应当同时报告中国人民银行当地分支机构，并配合中国人民银行的反洗钱行政调查工作。

第十六条 对既属于大额交易又属于可疑交易的交易，金融机构应当分别提交大额交易报告和可疑交易报告。

交易同时符合两项以上大额交易标准的，金融机构应当分别提交大额交易报告。

第十七条 金融机构应当按照本办法所附的大额交易和可疑交易报告要素要求（要素内容见附表），提供真实、完整、准确的交易信息，制作大额交易报告和可疑交易报告的电子文件。具体的报告格式和填报要求由中国人民银行另行规定。

第十八条 金融机构违反本办法的，由中国人民银行按照《中华人民共和国反洗钱法》第三十一条、第三十二条的规定予以处罚；区别不同情形，建议中国银行业监督管理委员会、中国证券监督管理委员会或者中国保险监督管理委员会采取下列措施：

（一）责令金融机构停业整顿或者吊销其经营许可证。

（二）取消金融机构直接负责的董事、高级管理人员和其他直接责任人员的任职资格、禁止其从事有关金融行业工作。

（三）责令金融机构对直接负责的董事、高级管理人员和其他直接责任人员给予纪律处分。

中国人民银行县（市）支行发现金融机构违反本办法的，应报告其上一级分支机构，由该分支机构按照前款规定进行处罚或提出建议。

第十九条 中国人民银行和其地市中心支行以上分支机构对金融机构违反本办法的行为给予行政处罚的，应当遵守《中国人民银行行政处罚程序规定》的有关规定。

第二十条 本办法下列用语的含义如下：

“短期”系指10个工作日以内，含10个工作日。

“长期”系指1年以上。

“大量”系指交易金额单笔或者累计低于但接近大额交易标准的。

“频繁”系指交易行为营业日每天发生3次以上，或者营业日每天发生持续3天以上。

“以上”，包括本数。

第二十一条 本办法自2007年3月1日起施行。2003年1月3日中国人民银行发布的《人民币大额和可疑支付交易报告管理办法》（中国人民银行令［2003］第2号）和《金融机构大额和可疑外汇资金交易报告管理办法》（中国人民银行令［2003］第3号）同时废止。

金融机构反洗钱规定

（2006 年 11 月 14 日 中国人民银行令［2006］第 1 号，2007 年 1 月 1 日实施）

第一条 为了预防洗钱活动，规范反洗钱监督管理行为和金融机构的反洗钱工作，维护金融秩序，根据《中华人民共和国反洗钱法》、《中华人民共和国中国人民银行法》等有关法律、行政法规，制定本规定。

第二条 本规定适用于在中华人民共和国境内依法设立的下列金融机构：

（一）商业银行、城市信用合作社、农村信用合作社、邮政储汇机构、政策性银行；

（二）证券公司、期货经纪公司、基金管理公司；

（三）保险公司、保险资产管理公司；

（四）信托投资公司、金融资产管理公司、财务公司、金融租赁公司、汽车金融公司、货币经纪公司；

（五）中国人民银行确定并公布的其他金融机构。

从事汇兑业务、支付清算业务和基金销售业务的机构适用本规定对金融机构反洗钱监督管理的规定。

第三条 中国人民银行是国务院反洗钱行政主管部门，依法对金融机构的反洗钱工作进行监督管理。中国银行业监督管理委员会、中国证券监督管理委员会、中国保险监督管理委员会在各自的职责范围内履行反洗钱监督管理职责。

中国人民银行在履行反洗钱职责过程中，应当与国务院有关部门、机构和司法机关相互配合。

第四条 中国人民银行根据国务院授权代表中国政府开展反洗钱国际合作。中国人民银行可以和其他国家或者地区的反洗钱机构建立合作机制，实施跨境反洗钱监督管理。

第五条 中国人民银行依法履行下列反洗钱监督管理职责：

（一）制定或者会同中国银行业监督管理委员会、中国证券监督管理委员会和中国保险监督管理委员会制定金融机构反洗钱规章；

（二）负责人民币和外币反洗钱的资金监测；

（三）监督、检查金融机构履行反洗钱义务的情况；

（四）在职责范围内调查可疑交易活动；

（五）向侦查机关报告涉嫌洗钱犯罪的交易活动；

（六）按照有关法律、行政法规的规定，与境外反洗钱机构交换与反洗钱有关的信息和资料；

（七）国务院规定的其他有关职责。

第六条 中国人民银行设立中国反洗钱监测分析中心，依法履行下列职责：

（一）接收并分析人民币、外币大额交易和可疑交易报告；

（二）建立国家反洗钱数据库，妥善保存金融机构提交的大额交易和可疑交易报告信息；

（三）按照规定向中国人民银行报告分析结果；

（四）要求金融机构及时补正人民币、外币大额交易和可疑交易报告；

（五）经中国人民银行批准，与境外有关机构交换信息、资料；

（六）中国人民银行规定的其他职责。

第七条 中国人民银行及其工作人员应当对依法履行反洗钱职责获得的信息予以保密，不得违反规定对外提供。

中国反洗钱监测分析中心及其工作人员应当对依法履行反洗钱职责获得的客户身份资料、大额交易和可疑交易信息予以保密；非依法律规定，不得向任何单位和个人提供。

第八条 金融机构及其分支机构应当依法建立健全反洗钱内部控制制度，设立反洗钱专门机构或者指定内设机构负责反洗钱工作，制定反洗钱内部操作规程和控制措施，对工作人员进行反洗钱培训，增强反洗钱工作能力。

金融机构及其分支机构的负责人应当对反洗钱内部控制制度的有效实施负责。

第九条 金融机构应当按照规定建立和实施客户身份识别制度。

（一）对要求建立业务关系或者办理规定金额以上的一次性金融业务的客户身份进行识别，要求客户出示真实有效的身份证件或者其他身份证明文件，进行核对并登记，客户身份信息发生变化时，应当及时予以更新；

（二）按照规定了解客户的交易目的和交易性质，有效识别交易的受益人；

（三）在办理业务中发现异常迹象或者对先前获得的客户身份资料的真实性、有效性、完整性有疑问的，应当重新识别客户身份；

（四）保证与其有代理关系或者类似业务关系的境外金融机构进行有效的客户身份识别，并可从该境外金融机构获得所需的客户身份信息。

前款规定的具体实施办法由中国人民银行会同中国银行业监督管理委员会、中国证券监督管理委员会和中国保险监督管理委员会制定。

第十条 金融机构应当在规定的期限内，妥善保存客户身份资料和能够反映每笔交易的数据信息、业务凭证、账簿等相关资料。

前款规定的具体实施办法由中国人民银行会同中国银行业监督管理委员会、中国证券监督管理委员会、中国保险监督管理委员会制定。

第十一条 金融机构应当按照规定向中国反洗钱监测分析中心报告人民币、外币大额交易和可疑交易。

前款规定的具体实施办法由中国人民银行另行制定。

第十二条 中国人民银行会同中国银行业监督管理委员会、中国证券监督管理委员会、中国保险监督管理委员会指导金融行业自律组织制定本行业的反洗钱工作指引。

第十三条 金融机构在履行反洗钱义务过程中，发现涉嫌犯罪的，应当及时以书面形式向中国人民银行当地分支机构和当地公安机关报告。

第十四条 金融机构及其工作人员应当依法协助、配合司法机关和行政执法机关打击洗钱活动。

金融机构的境外分支机构应当遵循驻在国家或者地区反洗钱方面的法律规定，协助配合驻在国家或者地区反洗钱机构的工作。

第十五条 金融机构及其工作人员对依法履行反洗钱义务获得的客户身份资料和交易信息应当予以保密；非依法律规定，不得向任何单位和个人提供。

金融机构及其工作人员应当对报告可疑交易、配合中国人民银行调查可疑交易活动等有关反洗钱工作信息予以保密，不得违反规定向客户和其他人员提供。

第十六条 金融机构及其工作人员依法提交大额交易和可疑交易报告，受法律保护。

第十七条 金融机构应当按照中国人民银行的规定，报送反洗钱统计报表、信息资料以及稽核审计报告中与反洗钱工作有关的内容。

第十八条 中国人民银行及其分支机构根据履行反洗钱职责的需要，可以采取下列措施进行反洗钱现场检查：

（一）进入金融机构进行检查；

（二）询问金融机构的工作人员，要求其对有关检查事项作出说明；

（三）查阅、复制金融机构与检查事项有关的文件、资料，并对可能被转移、销毁、隐匿或者篡改的文件资料予以封存；

（四）检查金融机构运用电子计算机管理业务数据的系统。

中国人民银行或者其分支机构实施现场检查前，应填写现场检查立项审批表，列明检查对象、检查内容、时间安排等内容，经中国人民银行或者其分支机构负责人批准后实施。

现场检查时，检查人员不得少于2人，并应出示执法证和检查通知书；检查人员少于2人或者未出示执法证和检查通知书的，金融机构有权拒绝检查。

现场检查后，中国人民银行或者其分支机构应当制作现场检查意见书，加盖公章，送达被检查机构。现场检查意见书的内容包括检查情况、检查评价、改进意见与措施。

第十九条 中国人民银行及其分支机构根据履行反洗钱职责的需要，可以与金融机构董事、高级管理人员谈话，要求其就金融机构履行反洗钱义务的重大事项作出说明。

第二十条 中国人民银行对金融机构实施现场检查，必要时将检查情况通报中国银行业监督管理委员会、中国证券监督管理委员会或者中国保险监督管理委员会。

第二十一条 中国人民银行或者其省一级分支机构发现可疑交易活动需要调查核实的，可以向金融机构调查可疑交易活动涉及的客户账户信息、交易记录和其他有关资料，金融机构及其工作人员应当予以配合。

前款所称中国人民银行或者其省一级分支机构包括中国人民银行总行、上海总部、分行、营业管理部、省会（首府）城市中心支行、副省级城市中心支行。

第二十二条 中国人民银行或者其省一级分支机构调查可疑交易活动，可以询问金融机构的工作人员，要求其说明情况；查阅、复制被调查的金融机构客户的账户信息、交易记录和其他有关资料；对可能被转移、隐藏、篡改或者毁损的文件、资料，可以封存。

调查可疑交易活动时，调查人员不得少于2人，并出示执法证和中国人民银行或者其省一级分支机构出具的调查通知书。查阅、复制、封存被调查的金融机构客户的账户信息、交易记录和其他有关资料，应当经中国人民银行或者其省一级分支机构负责人批准。调查人员违反规定程序的，金融机构有权拒绝调查。

询问应当制作询问笔录。询问笔录应当交被询问人核对。记载有遗漏或者差错的，被询问人可以要求补充或者更正。被询问人确认笔录无误后，应当签名或者盖章；调查人员也应当在笔录上签名。

调查人员封存文件、资料，应当会同在场的金融机构工作人员查点清楚，当场开列清单一式二份，由调查人员和在场的金融机构工作人员签名或者盖章，一份交金融机构，一份附卷备查。

第二十三条 经调查仍不能排除洗钱嫌疑的，应当立即向有管辖权的侦查机关报案。对客户要求将调查所涉及的账户资金转往境外的，金融机构应当立即向中国人民银行当地分支机构报告。经中国人民银行负责人批准，中国人民银行可以采取临时冻结措施，并以书面形式通知金融机构，金融机构接到通知后应当立即予以执行。

侦查机关接到报案后，认为需要继续冻结的，金融机构在接到侦查机关继续冻结的通知后，应当予以配合。侦查机关认为不需要继续冻结的，中国人民银行在接到侦查机关不需要继续冻结的通知后，应当立即以书面形式通知金融机构解除临时冻结。

临时冻结不得超过48小时。金融机构在按照中国人民银行的要求采取临时冻结措施后48小时内，未接到侦查机关继续冻结通知的，应当立即解除临时冻结。

第二十四条 中国人民银行及其分支机构从事反洗钱工作的人员有下列行为之一的，依法给予行政处分：

（一）违反规定进行检查、调查或者采取临时冻结措施的；

（二）泄露因反洗钱知悉的国家秘密、商业秘密或者个人隐私的；

（三）违反规定对有关机构和人员实施行政处罚的；

（四）其他不依法履行职责的行为。

第二十五条 金融机构违反本规定的，由中国人民银行或者其地市中心支行以上分支机构按照《中华人民共和国反洗钱法》第三十一条、第三十二条的规定进行处罚；区别不同情形，建议中国银行业监督管理委员会、中国证券监督管理委员会或者中国保险监督管理委员会采取下列措施：

（一）责令金融机构停业整顿或者吊销其经营许可证；

（二）取消金融机构直接负责的董事、高级管理人员和其他直接责任人员的任职资格、禁止其从事有关金融行业工作；

（三）责令金融机构对直接负责的董事、高级管理人员和其他直接责任人员给予纪律处分。

中国人民银行县（市）支行发现金融机构违反本规定的，应报告其上一级分支机构，由该分支机构按照前款规定进行处罚或提出建议。

第二十六条 中国人民银行和其地市中心支行以上分支机构对金融机构违反本规定的行为给予行政处罚的，应当遵守《中国人民银行行政处罚程序规定》的有关规定。

第二十七条 本规定自2007年1月1日起施行。2003年1月3日中国人民银行发布的《金融机构反洗钱规定》同时废止。

中华人民共和国反洗钱法

（2006年10月31日　中华人民共和国主席令第56号，2007年1月1日实施）

第一章　总　　则

第一条　为了预防洗钱活动，维护金融秩序，遏制洗钱犯罪及相关犯罪，制定本法。

第二条　本法所称反洗钱，是指为了预防通过各种方式掩饰、隐瞒毒品犯罪、黑社会性质的组织犯罪、恐怖活动犯罪、走私犯罪、贪污贿赂犯罪、破坏金融管理秩序犯罪、金融诈骗犯罪等犯罪所得及其收益的来源和性质的洗钱活动，依照本法规定采取相关措施的行为。

第三条　在中华人民共和国境内设立的金融机构和按照规定应当履行反洗钱义务的特定非金融机构，应当依法采取预防、监控措施，建立健全客户身份识别制度、客户身份资料和交易记录保存制度、大额交易和可疑交易报告制度，履行反洗钱义务。

第四条　国务院反洗钱行政主管部门负责全国的反洗钱监督管理工作。国务院有关部门、机构在各自的职责范围内履行反洗钱监督管理职责。

国务院反洗钱行政主管部门、国务院有关部门、机构和司法机关在反洗钱工作中应当相互配合。

第五条　对依法履行反洗钱职责或者义务获得的客户身份资料和交易信息，应当予以保密；非依法律规定，不得向任何单位和个人提供。

反洗钱行政主管部门和其他依法负有反洗钱监督管理职责的部门、机构履行反洗钱职责获得的客户身份资料和交易信息，只能用于反洗钱行政调查。

司法机关依照本法获得的客户身份资料和交易信息，只能用于反洗钱刑事诉讼。

第六条　履行反洗钱义务的机构及其工作人员依法提交大额交易和可疑交易报告，受法律保护。

第七条　任何单位和个人发现洗钱活动，有权向反洗钱行政主管部门或者公安机关举报。接受举报的机关应当对举报人和举报内容保密。

第二章　反洗钱监督管理

第八条　国务院反洗钱行政主管部门组织、协调全国的反洗钱工作，负责反洗钱的资金监测，制定或者会同国务院有关金融监督管理机构制定金融机构反洗钱规章，监督、检查金融机构履行反洗钱义务的情况，在职责范围内调查可疑交易活动，履行法律和国务院规定的有关反洗钱的其他职责。

国务院反洗钱行政主管部门的派出机构在国务院反洗钱行政主管部门的授权范围内，对金融机构履行反洗钱义务的情况进行监督、检查。

第九条　国务院有关金融监督管理机构参与制定所监督管理的金融机构反洗钱规章，对所监督管理的金融机构提出按照规定建立健全反洗钱内部控制制度的要求，履行法律和国务院规定的有关反洗钱的其他职责。

第十条 国务院反洗钱行政主管部门设立反洗钱信息中心，负责大额交易和可疑交易报告的接收、分析，并按照规定向国务院反洗钱行政主管部门报告分析结果，履行国务院反洗钱行政主管部门规定的其他职责。

第十一条 国务院反洗钱行政主管部门为履行反洗钱资金监测职责，可以从国务院有关部门、机构获取所必需的信息，国务院有关部门、机构应当提供。

国务院反洗钱行政主管部门应当向国务院有关部门、机构定期通报反洗钱工作情况。

第十二条 海关发现个人出入境携带的现金、无记名有价证券超过规定金额的，应当及时向反洗钱行政主管部门通报。

前款应当通报的金额标准由国务院反洗钱行政主管部门会同海关总署规定。

第十三条 反洗钱行政主管部门和其他依法负有反洗钱监督管理职责的部门、机构发现涉嫌洗钱犯罪的交易活动，应当及时向侦查机关报告。

第十四条 国务院有关金融监督管理机构审批新设金融机构或者金融机构增设分支机构时，应当审查新机构反洗钱内部控制制度的方案；对于不符合本法规定的设立申请，不予批准。

第三章　金融机构反洗钱义务

第十五条 金融机构应当依照本法规定建立健全反洗钱内部控制制度，金融机构的负责人应当对反洗钱内部控制制度的有效实施负责。

金融机构应当设立反洗钱专门机构或者指定内设机构负责反洗钱工作。

第十六条 金融机构应当按照规定建立客户身份识别制度。

金融机构在与客户建立业务关系或者为客户提供规定金额以上的现金汇款、现钞兑换、票据兑付等一次性金融服务时，应当要求客户出示真实有效的身份证件或者其他身份证明文件，进行核对并登记。

客户由他人代理办理业务的，金融机构应当同时对代理人和被代理人的身份证件或者其他身份证明文件进行核对并登记。

与客户建立人身保险、信托等业务关系，合同的受益人不是客户本人的，金融机构还应当对受益人的身份证件或者其他身份证明文件进行核对并登记。

金融机构不得为身份不明的客户提供服务或者与其进行交易，不得为客户开立匿名账户或者假名账户。

金融机构对先前获得的客户身份资料的真实性、有效性或者完整性有疑问的，应当重新识别客户身份。

任何单位和个人在与金融机构建立业务关系或者要求金融机构为其提供一次性金融服务时，都应当提供真实有效的身份证件或者其他身份证明文件。

第十七条 金融机构通过第三方识别客户身份的，应当确保第三方已经采取符合本法要求的客户身份识别措施；第三方未采取符合本法要求的客户身份识别措施的，由该金融机构承担未履行客户身份识别义务的责任。

第十八条 金融机构进行客户身份识别，认为必要时，可以向公安、工商行政管理等部门核实客户的有关身份信息。

第十九条 金融机构应当按照规定建立客户身份资料和交易记录保存制度。

在业务关系存续期间，客户身份资料发生变更的，应当及时更新客户身份资料。

客户身份资料在业务关系结束后、客户交易信息在交易结束后，应当至少保存五年。

金融机构破产和解散时，应当将客户身份资料和客户交易信息移交国务院有关部门指定的机构。

第二十条 金融机构应当按照规定执行大额交易和可疑交易报告制度。

金融机构办理的单笔交易或者在规定期限内的累计交易超过规定金额或者发现可疑交易的，应当及时向反洗钱信息中心报告。

第二十一条 金融机构建立客户身份识别制度、客户身份资料和交易记录保存制度的具体办法，由国务院反洗钱行政主管部门会同国务院有关金融监督管理机构制定。金融机构大额交易和可疑交易报告的具体办法，由国务院反洗钱行政主管部门制定。

第二十二条 金融机构应当按照反洗钱预防、监控制度的要求，开展反洗钱培训和宣传工作。

第四章 反洗钱调查

第二十三条 国务院反洗钱行政主管部门或者其省一级派出机构发现可疑交易活动，需要调查核实的，可以向金融机构进行调查，金融机构应当予以配合，如实提供有关文件和资料。

调查可疑交易活动时，调查人员不得少于二人，并出示合法证件和国务院反洗钱行政主管部门或者其省一级派出机构出具的调查通知书。调查人员少于二人或者未出示合法证件和调查通知书的，金融机构有权拒绝调查。

第二十四条 调查可疑交易活动，可以询问金融机构有关人员，要求其说明情况。

询问应当制作询问笔录。询问笔录应当交被询问人核对。记载有遗漏或者差错的，被询问人可以要求补充或者更正。被询问人确认笔录无误后，应当签名或者盖章；调查人员也应当在笔录上签名。

第二十五条 调查中需要进一步核查的，经国务院反洗钱行政主管部门或者其省一级派出机构的负责人批准，可以查阅、复制被调查对象的账户信息、交易记录和其他有关资料；对可能被转移、隐藏、篡改或者毁损的文件、资料，可以予以封存。

调查人员封存文件、资料，应当会同在场的金融机构工作人员查点清楚，当场开列清单一式二份，由调查人员和在场的金融机构工作人员签名或者盖章，一份交金融机构，一份附卷备查。

第二十六条 经调查仍不能排除洗钱嫌疑的，应当立即向有管辖权的侦查机关报案。客户要求将调查所涉及的账户资金转往境外的，经国务院反洗钱行政主管部门负责人批准，可以采取临时冻结措施。

侦查机关接到报案后，对已依照前款规定临时冻结的资金，应当及时决定是否继续冻结。侦查机关认为需要继续冻结的，依照刑事诉讼法的规定采取冻结措施；认为不需要继续冻结的，应当立即通知国务院反洗钱行政主管部门，国务院反洗钱行政主管部门应当立即通知金融机构解除冻结。

临时冻结不得超过四十八小时。金融机构在按照国务院反洗钱行政主管部门的要求采取临时冻结措施后四十八小时内，未接到侦查机关继续冻结通知的，应当立即解除冻结。

第五章 反洗钱国际合作

第二十七条 中华人民共和国根据缔结或者参加的国际条约，或者按照平等互惠原则，开展反洗钱国际合作。

第二十八条 国务院反洗钱行政主管部门根据国务院授权，代表中国政府与外国政府和有关国际组织开展反洗钱合作，依法与境外反洗钱机构交换与反洗钱有关的信息和资料。

第二十九条 涉及追究洗钱犯罪的司法协助，由司法机关依照有关法律的规定办理。

第六章 法律责任

第三十条 反洗钱行政主管部门和其他依法负有反洗钱监督管理职责的部门、机构从事反洗钱工作的人员有下列行为之一的，依法给予行政处分：

（一）违反规定进行检查、调查或者采取临时冻结措施的；

（二）泄露因反洗钱知悉的国家秘密、商业秘密或者个人隐私的；

（三）违反规定对有关机构和人员实施行政处罚的；

（四）其他不依法履行职责的行为。

第三十一条 金融机构有下列行为之一的，由国务院反洗钱行政主管部门或者其授权的设区的市一级以上派出机构责令限期改正；情节严重的，建议有关金融监督管理机构依法责令金融机构对直接负责的董事、高级管理人员和其他直接责任人员给予纪律处分：

（一）未按照规定建立反洗钱内部控制制度的；

（二）未按照规定设立反洗钱专门机构或者指定内设机构负责反洗钱工作的；

（三）未按照规定对职工进行反洗钱培训的。

第三十二条 金融机构有下列行为之一的，由国务院反洗钱行政主管部门或者其授权的设区的市一级以上派出机构责令限期改正；情节严重的，处20万元以上50万元以下罚款，并对直接负责的董事、高级管理人员和其他直接责任人员，处1万元以上5万元以下罚款：

（一）未按照规定履行客户身份识别义务的；

（二）未按照规定保存客户身份资料和交易记录的；

（三）未按照规定报送大额交易报告或者可疑交易报告的；

（四）与身份不明的客户进行交易或者为客户开立匿名账户、假名账户的；

（五）违反保密规定，泄露有关信息的；

（六）拒绝、阻碍反洗钱检查、调查的；

（七）拒绝提供调查材料或者故意提供虚假材料的。

金融机构有前款行为，致使洗钱后果发生的，处50万元以上五百万元以下罚款，并对直接负责的董事、高级管理人员和其他直接责任人员处5万元以上50万元以下罚款；情节特别严重的，反洗钱行政主管部门可以建议有关金融监督管理机构责令停业整顿或者吊销其经营许可证。

对有前两款规定情形的金融机构直接负责的董事、高级管理人员和其他直接责任人员，反洗钱行政主管部门可以建议有关金融监督管理机构依法责令金融机构给予纪律处分，或者建议依法取消其任职资格、禁止其从事有关金融行业工作。

第三十三条 违反本法规定，构成犯罪的，依法追究刑事责任。

第七章　附　　则

第三十四条　本法所称金融机构，是指依法设立的从事金融业务的政策性银行、商业银行、信用合作社、邮政储汇机构、信托投资公司、证券公司、期货经纪公司、保险公司以及国务院反洗钱行政主管部门确定并公布的从事金融业务的其他机构。

第三十五条　应当履行反洗钱义务的特定非金融机构的范围、其履行反洗钱义务和对其监督管理的具体办法，由国务院反洗钱行政主管部门会同国务院有关部门制定。

第三十六条　对涉嫌恐怖活动资金的监控适用本法；其他法律另有规定的，适用其规定。

第三十七条　本法自2007年1月1日起施行。

中国证券监督管理委员会冻结、查封实施办法

（2005 年 12 月 30 日　证监会令第 28 号，2006 年 1 月 1 日实施）

第一条　为了保护投资者和当事人的合法权益，及时有效查处证券违法行为，规范冻结、查封工作，维护市场秩序，根据《中华人民共和国证券法》及相关法律法规，制定本办法。

第二条　中国证券监督管理委员会及其派出机构依法履行职责，有权冻结、查封涉案当事人的违法资金、证券等涉案财产或者重要证据。

第三条　冻结、查封违法资金、证券等涉案财产或者重要证据，必须依照本办法规定的程序提交申请，经法律部门审查，报中国证券监督管理委员会主要负责人批准，制作决定书、通知书，由执法人员实施。

第四条　中国证券监督管理委员会案件调查部门、案件审理部门及派出机构在对证券违法案件进行调查、审理或者执行时，发现存在下列情形之一的，可以申请冻结、查封：

（一）已经转移、隐匿违法资金、证券等涉案财产的；

（二）可能转移、隐匿违法资金、证券等涉案财产的；

（三）已经隐匿、伪造、毁损重要证据的；

（四）可能隐匿、伪造、毁损重要证据的；

（五）其他需要及时冻结、查封的情形。

第五条　有下列情形之一的，视为可能转移或者隐匿违法资金、证券等涉案财产：

（一）涉案当事人本人开立的资金账户、证券账户和银行账户或由其实际控制的资金账户、证券账户和银行账户，以及与其有关联的资金账户、证券账户和银行账户中存放的违法资金、证券，部分已经被转移或者隐匿的；

（二）被举报的违法资金、证券等涉案财产已经或者将要被转移、隐匿并提供具体的转移或者隐匿线索的；

（三）通过与他人签订合同等形式，拟将违法资金、证券等涉案财产作为合同标的物或者以偿还贷款、支付合同价款等名义转移占有的；

（四）其他有证据证明有转移或者隐匿违法资金、证券等涉案财产迹象的。

第六条　有下列特征之一的，视为重要证据：

（一）对案件调查有重大影响的；

（二）对案件定性有关键作用的；

（三）不可替代或者具有唯一性的；

（四）其他重要证据。

第七条　中国证券监督管理委员会案件调查部门、案件审理部门及派出机构需要实施冻结、查封时，应当提交申请，经部门或者派出机构主要负责人批准，交法律部门审查。业务监管部门在履行监管职责中发现需要采取冻结、查封措施的，应当及时通报案件调查部门实施冻结、查封。

第八条　冻结、查封申请书应当载明下列事项：

（一）被冻结、查封当事人姓名或者名称、地址等基本情况；

（二）申请冻结、查封的具体事项，包括涉案财产或者重要证据的名称、代码、数量、金额、地址等；

（三）主要违法事实与申请冻结、查封的理由；

（四）其他需要说明的事项。

第九条 负责审查的法律部门应当及时处理冻结、查封申请，出具审核意见，并制作冻结、查封决定书，报中国证券监督管理委员会主要负责人批准。

第十条 冻结、查封决定书应当载明下列事项：

（一）被冻结、查封当事人姓名或者名称、地址等基本情况；

（二）冻结、查封的理由和依据；

（三）冻结、查封财产或者证据的名称、数量和期限；

（四）申请行政复议的途径；

（五）中国证券监督管理委员会公章和日期。

第十一条 申请书、决定书经批准后，由申请部门负责实施。实施冻结、查封的部门应当制作冻结、查封通知书，通知书应当载明下列事项：

（一）协助冻结、查封的单位名称；

（二）冻结、查封的法律依据；

（三）冻结、查封的财产或者证据所在机构的名称或者地址；

（四）冻结、查封的财产或者证据的名称、数额等；

（五）冻结、查封的起止时间；

（六）其他需要说明的事项；

（七）中国证券监督管理委员会公章和日期。

第十二条 实施冻结、查封，应当依照有关规定，向协助执行部门和当事人送达决定书、通知书。

第十三条 实施冻结、查封时，执法人员应当遵守下列规定：

（一）由两名以上执法人员实施；

（二）出示有效证件；

（三）出示冻结、查封决定书和通知书；

（四）告知采取冻结、查封措施的理由、依据、救济途径及依法享有的权利；

（五）听取当事人陈述和申辩；

（六）制作现场笔录；

（七）查封财产或者重要证据时，还应当制作查封清单，一式两份，由当事人和实施部门分别保存。

第十四条 现场笔录应当载明下列事项：

（一）冻结、查封的时间、地点；

（二）实施冻结、查封的单位和个人；

（三）被冻结、查封的单位和个人；

（四）协助冻结、查封的单位和个人；

（五）冻结、查封的具体事项，包括涉案财产或者重要证据的名称、代码、数量、金额、地址等；

（六）当事人的陈述和申辩；

（七）其他应当载明的事项。

现场笔录和清单由当事人、见证人和调查人员签名或者盖章，当事人不在现场或者当事人、见证人拒绝签名或者盖章的，应当在笔录中予以注明。

第十五条 查封可以采取下列方式：

（一）查封动产的，应当在该动产上加贴封条或者采取其他足以公示查封的适当方式；

（二）查封已登记的不动产、特定动产及其他财产权的，应当张贴封条或者公告，并通知有关登记机关办理查封登记手续；

（三）查封未登记的不动产、特定动产及其他财产权的，应当张贴封条或者公告，并告知法定权属登记机关；

（四）查封重要证据的，应当加贴封条或者采取其他足以公示查封的适当方式；

（五）其他合法的方式。

第十六条 冻结、查封的期限为六个月。因特殊原因需要延长的，应当在冻结、查封期满前 10 日内办理继续冻结、查封手续。每次继续冻结、查封期限最长不超过六个月。

逾期未办理继续冻结、查封手续的，视为自动撤销冻结、查封。

第十七条 账户被冻结后，证券持有人提出出售部分或者全部被冻结证券的请求，经申请部门审查认为确有必要的，可以将该部分或者全部被冻结证券解冻，并监督证券持有人依法出售，同时将出售证券所得资金予以冻结。

第十八条 有下列情形之一的，经中国证券监督管理委员会主要负责人批准，应当及时解除冻结、查封措施：

（一）已经完成调查、处罚的；

（二）经查证，确实与案件无关的；

（三）当事人提供相应担保的；

（四）其他应当及时解除冻结、查封的情形。

第十九条 冻结、查封财产的数额应当与违法行为的情节或者行政处罚决定的金额相适应。

第二十条 案件调查结束后，当事人的违法行为涉嫌犯罪需要移送公安机关的，应当将冻结、查封的证据、材料一并移送。

第二十一条 经催告，当事人逾期仍不履行中国证券监督管理委员会处罚决定的，可依法对冻结、查封的涉案财产强制执行。

第二十二条 解除冻结、查封参照实施冻结、查封程序办理。

第二十三条 当事人对冻结、查封决定不服的，可依法向中国证券监督管理委员会申请行政复议。

行政复议期间，冻结、查封措施不停止执行，但是有下列情形之一的，可以停止执行：

（一）实施部门认为需要停止执行并批准的；

（二）当事人申请停止执行并批准的；

（三）法律、法规规定应当停止执行的。

第二十四条 未按规定程序实施冻结、查封，给当事人的合法财产造成重大损失的，依法给予赔偿；对直接负责的主管人员和直接责任人员给予行政处分。构成犯罪的，依法追究刑事责任。

第二十五条 当事人和协助执行单位拒绝、阻碍中国证券监督管理委员会执法人员实施冻结、查封措施，未使用暴力、威胁方法的，依法给予治安管理处罚。构成犯罪的，依法追究刑事责任。

第二十六条 本办法由中国证券监督管理委员会负责解释。

第二十七条 本办法自2006年1月1日起实施。

证券投资者保护基金管理办法

（2005年6月30日　证监会　财政部　人民银行令第27号，2005年7月1日实施）

第一章　总　　则

第一条　为建立防范和处置证券公司风险的长效机制，维护社会经济秩序和社会公共利益，保护证券投资者的合法权益，促进证券市场有序、健康发展，制定本办法。

第二条　证券投资者保护基金（以下简称“基金”）是指按照本办法筹集形成的、在防范和处置证券公司风险中用于保护证券投资者利益的资金。

设立国有独资的中国证券投资者保护基金有限责任公司（以下简称“基金公司”），负责基金的筹集、管理和使用。

第三条　基金主要用于按照国家有关政策规定对债权人予以偿付。

第四条　证券交易活动实行公开、公平、公正和投资者投资决策自主、投资风险自担的原则。

投资者在证券投资活动中因证券市场波动或投资产品价值本身发生变化所导致的损失，由投资者自行负担。

第五条　基金按照取之于市场、用之于市场的原则筹集。基金的筹集方式、标准，由中国证券监督管理委员会（以下简称“证监会”）商财政部、中国人民银行决定。

第六条　基金公司依据国家有关法律、法规及本办法独立运作，基金公司董事会对基金的合规使用及安全负责。

第二章　基金公司的职责和组织机构

第七条　基金公司的职责为：

（一）筹集、管理和运作基金；

（二）监测证券公司风险，参与证券公司风险处置工作；

（三）证券公司被撤销、关闭和破产或被证监会采取行政接管、托管经营等强制性监管措施时，按照国家有关政策规定对债权人予以偿付；

（四）组织、参与被撤销、关闭或破产证券公司的清算工作；

（五）管理和处分受偿资产，维护基金权益；

（六）发现证券公司经营管理中出现可能危及投资者利益和证券市场安全的重大风险时，向证监会提出监管、处置建议；对证券公司运营中存在的风险隐患会同有关部门建立纠正机制；

（七）国务院批准的其他职责。

第八条　基金公司应当与证监会建立证券公司信息共享机制，证监会定期向基金公司通报关于证券公司财务、业务等经营管理信息的统计资料。

证监会认定存在风险隐患的证券公司，应按照规定直接向基金公司报送财务、业务等经营管理信息和资料。

第九条 基金公司设立董事会。董事会由9名董事组成。董事长由证监会推荐，报国务院批准。

第十条 董事会为基金公司的决策机构，负责制定基本管理制度，决定内部管理机构设置，任免高级管理人员，对基金的筹集、管理和使用等重大事项做出决定，并行使基金公司章程规定的其他职权。

第十一条 基金公司董事会按季召开例会。董事长或三分之一以上的董事联名提议时，可以召开临时董事会会议。

董事会会议由全体董事2/3以上出席方可举行。董事会会议决议，由全体董事二分之一以上表决通过方为有效。

第三章 基金的筹集

第十二条 基金的来源：

（一）上海、深圳证券交易所在风险基金分别达到规定的上限后，交易经手费的20%纳入基金；

（二）所有在中国境内注册的证券公司，按其营业收入的0.5%～5%缴纳基金；

经营管理、运作水平较差、风险较高的证券公司，应当按较高比例缴纳基金。各证券公司的具体缴纳比例由基金公司根据证券公司风险状况确定后，报证监会批准，并按年进行调整。证券公司缴纳的基金在其营业成本中列支；

（三）发行股票、可转债等证券时，申购冻结资金的利息收入；

（四）依法向有关责任方追偿所得和从证券公司破产清算中受偿收入；

（五）国内外机构、组织及个人的捐赠；

（六）其他合法收入。

第十三条 基金公司设立时，财政部专户储存的历年认购新股冻结资金利差余额，一次性划入，作为基金公司的注册资本；中国人民银行安排发放专项再贷款，垫付基金的初始资金。专项再贷款余额的上限以国务院批准额度为准。

第十四条 根据防范和处置证券公司风险的需要，基金公司可以多种形式进行融资。必要时，经国务院批准，基金公司可以通过发行债券等方式获得特别融资。

第十五条 证券公司应当缴纳的基金，按照证券公司佣金收入的一定比例预先提取，并由中国证券登记结算有限责任公司（以下简称结算公司）代扣代收。证券公司应在年度审计结束后，根据其审计后的收入和事先核定的比例确定需要缴纳的基金金额，并及时向基金公司申报清缴。

不从事证券经纪业务的证券公司，应在每季后10个工作日内按该季营业收入和事先核定的比例预缴。每年度审计结束后，确定年度需要缴纳的基金金额并及时向基金公司申报清缴。

第十六条 结算公司、证券交易所应于每季后10个工作日内，将证券发行申购冻结资金利息收入及交易经手费中应纳入基金的部分划入基金公司指定的账户。

第四章 基金的使用

第十七条 基金的用途为：

（一）证券公司被撤销、关闭和破产或被证监会实施行政接管、托管经营等强制性监管措施时，按照国家有关政策规定对债权人予以偿付；

（二）国务院批准的其他用途。

第十八条 为处置证券公司风险需要动用基金的，证监会根据证券公司的风险状况制定风险处置方案，基金公司制定基金使用方案，报经国务院批准后，由基金公司办理发放基金的具体事宜。

第十九条 基金公司使用基金偿付证券公司债权人后，取得相应的受偿权，依法参与证券公司的清算。

第五章 管理和监督

第二十条 基金公司应依法合规运作，按照安全、稳健的原则履行对基金的管理职责，保证基金的安全。

基金的资金运用限于银行存款、购买国债、中央银行债券（包括中央银行票据）和中央级金融机构发行的金融债券以及国务院批准的其他资金运用形式。

第二十一条 基金公司日常运营费用按照国家有关规定列支，具体支取范围、标准及预决算等由基金公司董事会制定，报财政部审批。

第二十二条 证监会负责基金公司的业务监管，监督基金的筹集、管理与使用。

财政部负责基金公司的国有资产管理和财务监督。

中国人民银行负责对基金公司向其借用再贷款资金的合规使用情况进行检查监督。

第二十三条 基金公司应建立科学的业绩考评制度，并将考核结果定期报送证监会、财政部、中国人民银行。

第二十四条 基金公司应建立信息报告制度，编制基金筹集、管理、使用的月报、季报信息，报送证监会、财政部、中国人民银行。

基金公司每年应向财政部专题报告财务收支及预、决算执行情况，接受财政部的监督检查。

基金公司每年应向中国人民银行专题报告再贷款资金的使用情况，接受中国人民银行的监督检查。

第二十五条 证监会应按年度向国务院报告基金公司运作和证券公司风险处置情况，同时抄送财政部、中国人民银行。

第二十六条 证券公司、托管清算机构应按规定用途使用基金，不得将基金挪作他用。

基金公司对使用基金的情况进行检查，并可委托中介机构进行专项审计。接受检查的证券公司或托管清算机构及有关单位、个人应予以配合。

第二十七条 基金公司、证券公司及托管清算机构应妥善保管基金的收划款凭证、兑付清单及原始凭证，确保原始档案的完整性，并建立基金核算台账。

第二十八条 证监会负责监督证券公司按期足额缴纳基金及向基金公司报送财务、业务等经营管理信息和资料，对拒绝或故意拖延缴纳基金以及不按规定报送有关信息和资料的证券公司，证监会应按有关规定进行处理。

第二十九条 对挪用、侵占或骗取基金的违法行为，依法严厉打击；对有关人员的失职行为，依法追究其责任；涉嫌犯罪的，移送司法机关依法追究其刑事责任。

第六章　附　　则

第三十条　本办法所称托管清算机构，是指证券公司被行政接管、托管经营、关闭、撤销或破产时，对证券公司实施行政接管的接管组、实施托管经营的托管组或依法成立的清算组。

第三十一条　本办法自2005年7月1日起施行。

第三十二条　本办法由证监会会同财政部、中国人民银行负责解释。

证券公司检查办法

（2000 年 12 月 12 日　证监机构字［2000］281 号）

第一条　为加强对证券公司的监管，规范证券公司运作，维护投资者利益，防范金融风险，根据国家法律、法规，制定本办法。

第二条　本办法适用于经中国证券监督管理委员会（以下简称“中国证监会”）批准设立的证券公司及其证券营业部、证券服务部（以下简称“公司”）。

第三条　本办法由中国证监会负责组织实施。

第四条　对公司检查的主要内容包括：

（一）公司经营的合规性。主要检查公司贯彻执行国家金融证券法规、制度以及中国证监会各项规定的情况；重点是公司设立、撤销以及有关事项变更的合法性、合规性，各项业务操作的合法性、合规性和公司高级管理人员、从业人员从业资格及业务行为的合规性以及公司内部控制制度的健全性和有效性等。

（二）公司经营的正常性。主要对公司日常经营情况进行统计，了解公司业务开展情况和经营收支情况，分析其经营情况是否正常，针对公司的经营风险、资产负债、净资本情况和损失情况进行分析，对公司的内部风险控制能力进行评价，有针对性的采取措施，防范和化解风险。

（三）公司经营的安全性。主要是对公司的内控制度、信息系统进行考评，督促其加强安全管理，制定风险处置预案，防止安全事故的发生。

第五条　检查方式分为现场检查与非现场检查两种。

现场检查指检查人员亲临检查现场，通过听取汇报、查验有关资料等方式进行实地检查。

非现场检查主要是通过手工或计算机系统对公司上报的业务报表、财务报表等有关资料进行定期和不定期的统计分析，通过设置风险预警指标及时发现公司存在的问题。

第六条　中国证监会及其派出机构应当督促公司建立健全内部检查制度，设立内部检查机构，定期进行自查并向中国证监会及其派出机构、上海、深圳证券交易所报送内部风险自查情况。

第七条　中国证监会负责检查工作的总体部署和组织实施并根据工作需要随时进行检查，中国证监会派出机构负责辖区内的检查工作并根据中国证监会的部署和工作需要进行检查。

第八条　中国证监会根据需要委托具有从事证券业务资格的会计师事务所、律师事务所有关人员组成检查小组，对公司进行检查。

第九条　中国证监会及其派出机构进行检查时，可要求被检查的公司向检查人员提供以下文件：

（一）公司的会计报表、相关账簿和凭证以及其他涉及会计报表的资料。

（二）公司的自营、代理、资产管理等业务开展的交易记录、电脑数据、合同文本、公司有关管理制度文件等。

（三）公司的股东大会、董事会、监事会的会议记录，决议文本，公司经理办公会议文件等。

（四）现场检查操作规程中涉及的内容及其他应该查阅的文件。

检查中涉及被检查公司主审会计师事务所的，检查人员可要求会计师事务所提供对公司财务报告发表审计意见的工作底稿。

第十条 检查人员对被检查对象进行现场检查时，接受检查的人员不予以协助和配合，不如实反映情况，拒绝检查，隐瞒情况的，被检查对象的主审会计师事务所拒绝检查、隐瞒情况的，中国证监会根据法律、法规及有关规定予以处罚。

第十一条 检查人员进行检查时，可以对有关情况和资料进行记录、录音、录像、照相和复制。

第十二条 检查人员进行检查时，应出示工作证和中国证监会的有效证明。

第十三条 检查人员应遵守法律、法规及有关规定，认真履行职责。检查结果未公布前，检查人员及被检查公司不得透露与检查结果有关的任何信息。检查人员对检查过程中知悉的商业秘密负有保密责任。检查人员在检查过程中的违规违纪行为按照有关法律法规和纪律规定处理。

第十四条 中国证监会对检查中未发现问题、检查结果良好，运作规范的公司进行通报表扬。

对检查中发现问题的公司出具整改意见书，限期整改，对整改不力的公司通报批评，并将检查结果作为出具公司年度检查意见的依据之一。

对在检查过程中发现的违反法律、法规及有关规定的公司及有关责任人，中国证监会根据法律、法规及有关规定在职权范围内给予处罚。构成犯罪的，移送司法机关依法追究刑事责任。

第十五条 本办法由中国证监会负责解释。

第十六条 本办法自发布之日起执行。

三、证券公司业务规则篇

（一）经 纪 业 务

关于加强证券经纪业务管理的规定

（2010 年 4 月 1 日　证监会公告［2010］11 号，2010 年 5 月 1 日施行）

为了加强证券公司证券经纪业务的监管，规范证券经纪业务活动，保护投资者的合法权益，根据《证券法》、《证券公司监督管理条例》等法律法规，制定本规定：

一、证券公司应当建立健全证券经纪业务管理制度，对证券经纪业务实施集中统一管理，防范公司与客户之间的利益冲突，切实履行反洗钱义务，防止出现损害客户合法权益的行为。

二、证券公司从事证券经纪业务，应当客观说明公司业务资格、服务职责、范围等情况，不得提供虚假、误导性信息，不得采取不正当竞争手段开展业务，不得诱导无投资意愿或者无风险承受能力的投资者参与证券交易活动。

三、证券公司应当建立健全证券经纪业务客户管理与客户服务制度，加强投资者教育，保护客户合法权益。

（一）建立健全客户账户管理制度。证券公司与客户签订证券交易委托代理协议，应当为客户开立资金账户，代理证券登记结算机构为首次进入证券市场的客户开立证券账户，并按规定办理客户交易结算资金（以下简称客户资金）存管手续。客户的资金账户应当在证券营业部现场开立，证券账户应当在证券营业部或者证券登记结算机构现场开立，法律法规及中国证监会另有规定的从其规定。

证券公司应当充分了解客户情况，在客户开户时，对客户的姓名或者名称、身份的真实性进行审查，登记客户身份基本信息，并留存有效身份证件或者其他身份证明文件的复印件或者影印件。发现客户身份存疑的，应当要求客户补充提供居民户口簿或者有效期内的护照或者户籍所在地公安机关出具的身份证明文件原件等足以证实其身份的其他证明材料，无法证实的，应当拒绝为客户开立账户。

证券公司不得违反规定限制客户终止交易代理关系、转移资产。客户申请转托管、撤销指定交易和销户的，应当在接受客户申请并完成其账户交易结算（包括但不限于交易、基金代销、新股申购等业务）后的两个交易日内办理完毕，法律法规、中国证监会及证券交易所、证券登记结算机构另有规定的从其规定。

（二）建立健全客户适当性管理制度，为客户提供适当的产品和服务。证券公司应当根据客户财务与收入状况、证券专业知识、证券投资经验和风险偏好、年龄等情况，在与客户签订证券交易委托代理协议时，对客户进行初次风险承受能力评估，以后至少每两年根据客户证券投资情况等进行一次后续评估，并对客户进行分类管理，分类结果应当以书面或者电子方式记载、留存。

证券公司应当事先明确告知客户所提供服务或者销售产品的风险特征，按照规定程序，提供与客户风险承受能力相适应的服务或产品，服务或产品风险特征及告知情况应当以书面或者电子方式记载、留存。证券公司认为某一服务或产品不适合某一客户或者无法判断适当性的，应当将该情形提示客户，由客户选择是否接受该项服务或产品。证券公司的提示和客户的选择应当以书面或者电子方式记载、留存。

（三）建立健全客户交易安全监控制度，保护客户资产安全。证券公司应当配合监管部门、证券交易所对客户异常交易行为进行监督、控制、调查，根据监管部门及证券交易所要求，及时、真实、准确、完整地提供客户账户资料及相关交易情况说明。发现盗买盗卖等异常交易行为疑点时，应当及时通知客户并核实确认、留存证据；基本确认盗买盗卖等异常交易行为的，应当立即采取措施控制资产，并协助客户向公安机关报案。

证券公司应当要求客户在开立资金账户时自行设置密码，提醒客户适时修改密码和增强密码强度，并在证券营业部经营场所、公司网站、网上证券客户端及自助证券交易客户端提示客户加强身份证件、账号、密码的保护。

证券公司应当根据法律法规、证监会的规定及合同约定，以信函、电子邮件、手机短信、网上查询或者与客户约定的其他方式，保证客户至少在证券公司营业时间内能够查询其委托、交易记录、证券和资金余额等信息。

（四）建立健全客户回访制度，及时发现并纠正不规范行为。证券公司应当统一组织回访客户，对新开户客户应当在1个月内完成回访，对原有客户的回访比例应当不低于上年末客户总数（不含休眠账户及中止交易账户客户）的10%，回访内容应当包括但不限于客户身份核实、客户账户变动确认、证券营业部及证券从业人员是否违规代客户操作账户、是否向客户充分揭示风险、是否存在全权委托行为等情况。客户回访应当留痕，相关资料应当保存不少于3年。

（五）建立健全客户投诉处理制度，妥善处理客户投诉和与客户的纠纷。证券公司及证券营业部应当在公司网站及营业场所显著位置公示客户投诉电话、传真、电子信箱，保证投诉电话至少在营业时间内有人值守。证券公司及证券营业部应当建立客户投诉书面或者电子档案，保存时间不少于3年。每年4月底前，证券公司和证券营业部应当汇总上一年度证券经纪业务投诉及处理情况，分别报证券公司住所地及证券营业部所在地证监局备案。

（六）建立健全客户资料管理制度，保证客户资料安全完整。证券公司应当为每个客户单独建立纸质或者电子档案，客户档案应当包括客户及代理人名称、地址、通讯联系方式、客户和代理人的身份证明文件复印件、证券账户卡复印件、证券交易委托代理协议、客户资金存管协议、授权委托书、风险揭示书及中国证监会规定的其他信息。证券公司应当妥善保管客户档案和资料，为客户保密。

四、证券公司应当建立健全证券经纪业务人员管理和科学合理的绩效考核制度，规范证券经纪业务人员行为。

（一）从事技术、风险监控、合规管理的人员不得从事营销、客户账户及客户资金存管等业务活动；营销人员不得经办客户账户及客户资金存管业务；技术人员不得承担风险监控及合规管理职责。

（二）与客户权益变动相关业务的经办人员之间，应当建立制衡机制。涉及客户资金账户及证券账户的开立、信息修改、注销，建立及变更客户资金存管关系，客户证券账户转托管和撤销指定交易等与客户权益直接相关的业务应当一人操作、一人复核，复核应当留痕。涉及限制客户资产转移、改变客户证券账户和资金账户的对应关系、客户账户资产变动记录的差错确认与调整等非常规性业务操作，应当事先审批，事后复核，审批及复核均应留痕。

（三）证券公司应当以提供网上查询、书面查询或者在营业场所公示等方式，保证客户在证券公司营业时间内能够随时查询证券公司经纪业务经办人员和证券经纪人的姓名、执业证书、证券经纪人证书编号等信息。

（四）证券公司对证券经纪业务人员的绩效考核和激励，不应简单与客户开户数、客户交易量挂钩，应当将被考核人员行为的合规性、服务的适当性、客户投诉的情况等作为考核的重要内容，考核结果应当以书面或者电子方式记载、保存。

五、证券公司应当建立健全证券营业部管理制度，保障证券营业部规范、平稳、安全运营。

（一）证券营业部应当将《证券经营机构营业许可证》放置在营业场所显著位置，并在许可范围内从事经营活动。

（二）证券营业部应当建立健全印章管理制度，对各类印章登记造册，建立各类印章的使用、保管、交接等内控流程。

（三）证券营业部应当建立健全营业场所安全保障机制，保证与当地公安、消防等有关部门的联系畅通，维护交易秩序稳定；制定重大突发事件应急处理预案，定期组织自查，按规定进行演练，自查及演练情况应当以书面方式记载、留存，保存时间不少于3年。

（四）证券营业部负责人对证券营业部的业务规范、安全、稳定运营负直接责任。证券公司应当每年对证券营业部负责人进行年度考核，年度考核情况应当以书面方式记载、留存。

（五）证券营业部负责人应当每3年至少强制离岗一次，强制离岗时间应当连续不少于10个工作日。证券营业部负责人强制离岗期间，证券公司应当对证券营业部进行现场稽核，稽核报告应当以书面方式记载、留存。

（六）证券营业部负责人离任的，证券公司应当进行审计。离任审计结束前，被审计人员不得离职；发现违法违规经营问题的，证券公司应当进行内部责任追究，并报当地监管部门或者司法机关依法处理，且该违规人员至少2年内不得转任其他证券营业部负责人或者证券公司同等职务及以上管理人员。证券公司应当在审计结束后3个月内，将证券营业部负责人离任审计报告报证券营业部所在地及公司住所地证监局备案。

（七）本条（四）至（六）款所述年度考核、稽核、审计的内容包括证券营业部的下列事项：有无挪用客户资产、有无接受客户全权委托、有无向客户提供不适当的产品和服务、有无违规融资及担保、有无向客户承诺收益、有无超范围经营、有无违规为客户办理账户业务、有无重大信息安全事故、有无重大突发事件、有无未了结客户纠纷等，以及证券营业部负责人在上述事项中的责任情况等。

六、证券公司应当统一建立、管理证券经纪业务客户账户管理、客户资金存管、代理交易、代理清算交收、证券托管、交易风险监控等信息系统，各项业务数据应当集中存放。

证券公司应当统一分配和授予证券经纪业务信息系统权限及参数；证券公司不得向证券

营业部授予虚增虚减客户资金、证券及账户，客户间资金及证券转移，修改清算数据的系统权限；证券营业部新建信息系统，应当由证券公司统一组织实施。

七、证券营业部及证券从业人员发生违反法律、行政法规、监管机构和其他行政管理部门规定以及自律规则、证券公司证券经纪业务管理制度行为的，证券公司应当追究其责任。证券公司年度合规报告中，应当包括证券经纪业务合规情况、发现的主要问题及内部责任追究等有关内容。

八、证券公司及证券营业部违反本规定的，中国证监会及其派出机构将视情况依法采取责令改正、监管谈话、出具警示函、暂不受理与行政许可有关的文件、责令处分有关人员、暂停核准新业务、限制业务活动等监管措施。违反法律法规的，依法进行行政处罚。构成犯罪的，移送司法机关处理。

九、本规定自2010年5月1日起施行。《关于健全查验制度防范股票盗卖的通知》（证监发字［1994］78号）、《关于加强证券营业部风险防范工作的通知》（证监机构字［1999］56号）、《关于清理“存折炒股”业务有关问题的通知》（证监机构字［1999］142号）同时废止。

证券经纪人管理暂行规定（见人员管理）

（2009年4月13日　证监会公告［2009］2号）

中国证券监督管理委员会限制证券买卖实施办法

（2007年5月18日　证监会令第45号）

第一条　为维护证券市场正常秩序，保护投资者合法权益，有效打击证券违法行为，依据《中华人民共和国证券法》第一百八十条第七项，制订本办法。

第二条　限制证券买卖是指中国证券监督管理委员会（以下简称中国证监会）在调查操纵证券市场、内幕交易等重大证券违法行为时，对被调查事件当事人受限账户的证券买卖行为采取的限制措施。

限制证券买卖措施由中国证监会调查部门（以下简称调查部门）具体实施。

第三条　受限账户包括被调查事件当事人及其实际控制的资金账户、证券账户和与当事人有关的其他账户。

与当事人有关的其他账户包括：

（一）有资金往来的；

（二）资金存取人为相同人员或机构的；

（三）交易代理人为相同人员或机构的；

（四）有转托管或交叉指定关系的；

（五）有抵押关系的；

（六）受同一监管协议控制的；

（七）下挂同一个或多个股东账户的；

（八）属同一控制人控制的；

（九）调查部门通过调查认定的其他情况。

第四条　限制证券买卖措施包括：

（一）不得买入指定交易品种，但允许卖出；

（二）不得卖出指定交易品种，但允许买入；

（三）不得买入和卖出指定交易品种；

（四）不得办理转托管或撤销指定交易；

（五）调查部门认为应采取的其他限制措施。

第五条　调查部门限制证券买卖的时间不得超过15个交易日。案情复杂的，经批准可延长15个交易日。

第六条　调查部门实施本措施，应当制作《限制/解除限制证券买卖申请书》，经法律部门审核，报中国证监会主要负责人批准。

第七条　《限制/解除限制证券买卖申请书》应当载明以下事项：

（一）案由；

（二）受限账户的基本情况；

（三）采取限制/解除限制措施的原因；

（四）采取限制/解除限制措施的法律依据；

（五）限制措施的主要内容，包括受限账户名称、代码、限制品种、限制方式和限制期限。

同时，应当附带下列材料：

（一）证明调查部门正在对被调查事件当事人的证券违法行为进行调查的材料；

（二）证明受限账户基本情况的材料；

（三）证明受限账户符合本办法第三条规定的材料；

（四）调查部门认为受限账户符合采取限制/解除限制措施的原因的证据。

《限制/解除限制证券买卖申请书》应当经调查部门主要负责人签字批准、加盖公章。

第八条 实施限制证券买卖措施，调查部门应当向证券交易所、证券登记结算公司、证券经营机构等协助实施限制证券买卖的机构发出《限制/解除限制证券买卖通知书》。

第九条 《限制/解除限制证券买卖通知书》应当载明以下事项：

（一）实施依据；

（二）受限账户；

（三）限制方式；

（四）限制品种；

（五）限制期限；

（六）协助执行单位。

第十条 协助实施限制证券买卖的机构应当按要求及时、有效地执行限制措施。限制期满，应及时解除。

第十一条 调查部门应将实施限制证券买卖措施的情况通知当事人或托管受限账户的证券经营机构。

当事人有权申请复议。复议期间，限制证券买卖措施不停止执行。

第十二条 限制期限届满前，需解除限制证券买卖措施的，经中国证监会主要负责人批准，可予以解除。

第十三条 根据需要，有关部门可对限制证券买卖情况予以公告。

第十四条 协助实施限制证券买卖的机构未按要求及时、有效地执行限制措施，依有关法规追究责任。

第十五条 调查部门未按规定程序实施限制证券买卖措施的，将依法追究责任。

第十六条 本办法自公布之日起施行。

证券投资基金销售管理办法

（2004年6月25日　证监会令第20号，2004年7月1日实施）

第一章　总　　则

第一条　为了规范证券投资基金的销售活动，促进证券投资基金市场健康发展，根据《证券投资基金法》及其他有关法律、行政法规，制定本办法。

第二条　本办法所称证券投资基金（以下简称基金）销售，包括基金管理人或者基金管理人委托的其他机构（以下简称代销机构）宣传推介基金，发售基金份额，办理基金份额申购、赎回等活动。

第三条　基金管理人、代销机构从事基金销售活动，应当遵守法律、行政法规和中国证券监督管理委员会（以下简称中国证监会）的规定，不得损害国家利益、社会公共利益和投资人的合法权益。

第四条　基金管理人、代销机构从事基金销售活动，应当遵守基金合同、基金代销协议的约定，遵循公开、公平、公正的原则，诚实守信，勤勉尽责，恪守职业道德和行为规范。

第五条　中国证监会及其派出机构依照法律、行政法规和本办法的规定，对基金销售活动实施监督管理。

第六条　基金行业的协会依据法律、行政法规、中国证监会的规定和自律规则，对基金销售活动进行自律管理。

第二章　基金代销机构

第七条　基金销售由基金管理人负责办理；基金管理人可以委托取得基金代销业务资格的其他机构代为办理，未取得基金代销业务资格的机构，不得接受基金管理人委托，代为办理基金的销售。

第八条　商业银行、证券公司、证券投资咨询机构、专业基金销售机构，以及中国证监会规定的其他机构可以向中国证监会申请基金代销业务资格。

第九条　商业银行申请基金代销业务资格，应当具备下列条件：

（一）资本充足率符合国务院银行业监督管理机构的有关规定；

（二）有专门负责基金代销业务的部门；

（三）财务状况良好，运作规范稳定，最近三年内没有因违法违规行为受到行政处罚或者刑事处罚；

（四）具有健全的法人治理结构、完善的内部控制和风险管理制度，并得到有效执行；

（五）有与基金代销业务相适应的营业场所、安全防范设施和其他设施；

（六）有安全、高效的办理基金发售、申购和赎回业务的技术设施，基金代销业务的技术系统已与基金管理人、基金托管人、基金登记机构相应的技术系统进行了联机、联网测试，测试结果符合国家规定的标准；

（七）制定了完善的业务流程、销售人员执业操守、应急处理措施等基金代销业务管理制度；

（八）公司及其主要分支机构负责基金代销业务的部门取得基金从业资格的人员不低于该部门员工人数的二分之一，部门的管理人员已取得基金从业资格，熟悉基金代销业务，并具备从事两年以上基金业务或者五年以上证券、金融业务的工作经历；

（九）中国证监会规定的其他条件。

第十条 证券公司申请基金代销业务资格，除具备本办法第九条第（二）项至第（九）项规定的条件外，还应当具备下列条件：

（一）净资本等财务风险监控指标符合中国证监会的有关规定；

（二）最近两年没有挪用客户资产等损害客户利益的行为；

（三）没有因违法违规行为正在被监管机构调查，或者正处于整改期间；

（四）没有发生已经影响或可能影响公司正常运作的重大变更事项，或者诉讼、仲裁等其他重大事项。

第十一条 证券投资咨询机构申请基金代销业务资格，除具备本办法第九条第（二）项至第（九）项和第十条第（三）项、第（四）项规定的条件外，还应当具备下列条件：

（一）注册资本不低于两千万元人民币，且必须为实缴货币资本；

（二）高级管理人员已取得基金从业资格，熟悉基金代销业务，并具备从事两年以上基金业务或者五年以上证券、金融业务的工作经历；

（三）持续从事证券投资咨询业务三个以上完整会计年度；

（四）最近三年没有代理投资人从事证券买卖的行为。

第十二条 专业基金销售机构申请基金代销业务资格，除具备本办法第九条第（三）项至第（七）项、第十条第（三）项和第（四）项，以及第十一条第（一）项和第（二）项规定的条件外，还应当具备下列条件：

（一）有符合规定的组织名称、组织机构和经营范围；

（二）主要出资人是依法设立的持续经营三个以上完整会计年度的法人，注册资本不低于三千万元人民币，财务状况良好，运作规范稳定，最近三年没有因违法违规行为受到行政处罚或者刑事处罚；

（三）取得基金从业资格的人员不少于三十人，且不低于员工人数的二分之一；

（四）中国证监会规定的其他条件。

第十三条 申请基金代销业务资格的机构，应当按照中国证监会的规定提交申请材料。

申请期间申请材料涉及的事项发生重大变化的，申请人应当自变化发生之日起五个工作日内向中国证监会提交更新材料。

第十四条 中国证监会依照《行政许可法》的规定，受理基金代销业务资格的申请，并进行审查，做出决定。

第十五条 中国证监会根据审慎监管原则，可以组织专家评审会对基金代销业务资格的申请进行评审。

第十六条 依法须办理工商变更登记的，申请人应当在收到批准文件后按照有关规定向工商行政管理机关办理变更登记手续。

第三章　基金宣传推介材料

第十七条 本办法所称基金宣传推介材料，是指为推介基金向公众分发或者公布，使公众可以普遍获得的书面、电子或其他介质的信息，包括：

（一）公开出版资料；

（二）宣传单、手册、信函等面向公众的宣传资料；

（三）海报、户外广告；

（四）电视、电影、广播、互联网资料及其他音像、通讯资料；

（五）中国证监会规定的其他材料。

第十八条　基金管理人和基金代销机构的基金宣传推介材料，应当事先经基金管理人的督察长检查，出具合规意见书，并报中国证监会备案。

中国证监会自收到备案材料之日起二十个工作日内，依法进行审查，出具是否有异议的书面意见。

第十九条　基金宣传推介材料必须真实、准确，与基金合同、基金招募说明书相符，不得有下列情形：

（一）虚假记载、误导性陈述或者重大遗漏；

（二）预测该基金的证券投资业绩；

（三）违规承诺收益或者承担损失；

（四）诋毁其他基金管理人、基金托管人或基金代销机构，或者其他基金管理人募集或管理的基金；

（五）夸大或者片面宣传基金，违规使用安全、保证、承诺、保险、避险、有保障、高收益、无风险等可能使投资人认为没有风险的词语；

（六）登载单位或者个人的推荐性文字；

（七）中国证监会规定禁止的其他情形。

第二十条　基金宣传推介材料可以登载该基金、基金管理人管理的其他基金的过往业绩，但基金合同生效不足六个月的除外。

基金宣传推介材料登载过往业绩，基金合同生效六个月以上但不满一年的，应当登载从合同生效之日起计算的业绩；基金合同生效一年以上但不满十年的，应当登载自合同生效当年开始所有完整会计年度的业绩，宣传推介材料公布日在下半年的，还应登载当年上半年度的业绩；基金合同生效十年以上的，应当登载最近十个完整会计年度的业绩。

第二十一条　基金宣传推介材料登载该基金、基金管理人管理的其他基金的过往业绩，应当遵守下列规定：

（一）按照有关法律、行政法规的规定或者行业公认的准则计算基金的业绩表现数据；

（二）引用的统计数据和资料应当真实、准确，并注明出处，不得引用未经核实、尚未发生或者模拟的数据；

（三）真实、准确、合理地表述基金业绩和基金管理人的管理水平。

基金业绩表现数据应当经基金托管人复核。

第二十二条　基金宣传推介材料登载该基金、基金管理人管理的其他基金的过往业绩，基金管理人应当特别声明，基金的过往业绩并不预示其未来表现，基金管理人管理的其他基金的业绩并不构成新基金业绩表现的保证。

第二十三条　基金宣传推介材料对不同基金的业绩进行比较，应当使用可比的数据来源、统计方法和比较期间，并且有关数据来源、统计方法应当公平、准确，具有关联性。

第二十四条　基金宣传推介材料附有统计图表的，应当清晰、准确；提及第三方专业机构评价结果的，应当列明第三方专业机构的名称及评价日期。

第二十五条 基金宣传推介材料应当含有明确、醒目的风险提示和警示性文字，并使投资人在阅读过程中不易忽略，以提醒投资人注意投资风险，仔细阅读基金合同和基金招募说明书，了解基金的具体情况。

第二十六条 基金宣传推介材料含有基金获中国证监会核准内容的，应当特别声明中国证监会的核准并不代表中国证监会对该基金的风险和收益做出实质性判断、推荐或者保证。

第四章 基金销售费用

第二十七条 基金管理人应当在基金合同、招募说明书中载明收取销售费用的项目、条件和方式，在招募说明书中载明费率标准。

第二十八条 基金管理人发售基金份额、募集基金，可以收取认购费，但费率不得超过认购金额的百分之五。

基金管理人办理开放式基金份额的申购，可以收取申购费，但费率不得超过申购金额的百分之五。

认购费和申购费可以在基金份额发售或者申购时收取，也可以在赎回时从赎回金额中扣除。

第二十九条 基金管理人办理开放式基金份额的赎回，应当收取赎回费，但中国证监会另有规定的除外。

赎回费率不得超过基金份额赎回金额的百分之五，赎回费在扣除手续费后，余额不得低于赎回费总额的百分之二十五，并应当归入基金财产。

第三十条 基金管理人可以根据投资人的认购金额、申购金额的数量适用不同的认购、申购费率标准。

第三十一条 基金管理人可以对选择在赎回时缴纳认购费或者申购费的基金份额持有人，根据其持有基金份额的期限适用不同的认购、申购费率标准。

第三十二条 基金管理人可以根据基金份额持有人持有基金份额的期限适用不同的赎回费率标准。

第三十三条 基金管理人可以从开放式基金财产中计提销售服务费，用于基金的持续销售和服务基金份额持有人，具体管理办法由中国证监会另行规定。

第三十四条 基金行业的协会可以在自律规则中规定基金销售费用的最低标准。

第五章 销售业务规范

第三十五条 基金管理人、代销机构应当建立健全并有效执行基金销售业务制度和销售人员的持续培训制度，加强对基金销售业务合规运作和销售人员行为规范的检查和监督。

第三十六条 基金管理人、代销机构应当建立完善的基金份额持有人账户和资金账户管理制度，以及基金份额持有人资金的存取程序和授权审批制度。

第三十七条 基金管理人、代销机构应当建立健全档案管理制度，妥善保管基金份额持有人的开户资料和与销售业务有关的其他资料，保存期不少于十五年。

第三十八条 专业基金销售机构应当专营基金代销业务，但中国证监会另有规定的除外。

第三十九条 基金管理人委托其他机构办理基金销售业务的，被委托的机构应当取得基金代销业务资格。

未经基金管理人或者代销机构聘任，任何人员不得从事基金销售活动；从事宣传推介基金活动的人员还应当取得基金从业资格。

第四十条 基金管理人委托代销机构办理基金的销售，应当与其签订书面代销协议，约定支付报酬的比例和方式，明确双方的权利和义务；未经签订书面代销协议，代销机构不得办理基金的销售。

代销机构应当将基金代销业务资格的证明文件置备于基金销售网点的显著位置，不得委托其他机构代为办理基金的销售。

基金管理人对代销机构从事基金销售活动负有监督检查义务，发现代销机构违规销售基金的，应当予以制止；情节严重的，应当按约定解除代销协议。

第四十一条 基金募集申请获得中国证监会核准前，基金管理人、代销机构不得办理基金销售业务，不得向公众分发、公布基金宣传推介材料或者发售基金份额。

第四十二条 基金管理人应当对基金宣传推介材料的内容负责，确保向公众分发、公布的材料与备案的材料一致。

代销机构使用的基金宣传推介材料，应当与备案的材料一致，基金管理人应当审查、检查代销机构使用的材料。

第四十三条 基金管理人、代销机构应当在有证券投资基金托管业务资格的商业银行开立与基金销售有关的账户，并由该银行对账户内的资金进行监督。

基金管理人应当将基金募集期间募集的资金存入专门账户，在基金募集行为结束前，任何人不得动用。

第四十四条 开放式基金合同生效后，基金管理人、代销机构应当按照法律、行政法规、中国证监会的规定和基金合同、代销协议的约定，办理基金份额的申购、赎回，不得擅自停止办理基金份额的发售或者拒绝投资人的申购、赎回。

第四十五条 基金管理人、代销机构应当按照基金合同的约定和招募说明书的规定向投资人收取销售费用，并如实核算、记账；基金管理人、代销机构未经基金合同约定，不得向投资人收取额外费用；未经招募说明书载明并公告，不得对不同投资人适用不同费率。

基金管理人应当按照代销协议的约定向代销机构支付报酬，并如实核算、记账。

第四十六条 基金管理人、代销机构应当依法为投资人保守秘密，不得泄漏投资人买卖、持有基金份额的信息或者其他信息。

第四十七条 基金管理人、代销机构从事基金销售活动，不得有下列情形：

（一）以排挤竞争对手为目的，压低基金的收费水平；

（二）采取抽奖、回扣或者送实物、保险、基金份额等方式销售基金；

（三）以低于成本的销售费率销售基金；

（四）募集期间对认购费打折；

（五）承诺利用基金资产进行利益输送；

（六）挪用基金份额持有人的认购、申购、赎回资金；

（七）本办法第十九条规定的情形；

（八）中国证监会规定禁止的其他情形。

第六章 监督管理和法律责任

第四十八条 基金管理人应当自签订代销协议之日起七日内，将代销协议报送中国证监会。

第四十九条 基金管理人的督察长应当检查基金募集期间基金销售活动的合法合规情况，并自基金募集行为结束之日起十日内编制专项报告，予以存档备查。

第五十条 基金管理人的督察长应当定期检查基金销售活动的合法合规情况，在监察稽核季度报告中做专项说明，并报送中国证监会。

第五十一条 中国证监会及其派出机构对基金管理人、基金代销机构从事基金销售活动的情况进行定期或者不定期检查，基金管理人、基金代销机构应当予以配合。

第五十二条 基金管理人、代销机构违反本办法规定的，中国证监会及其派出机构可以责令整改，暂停办理相关业务；对直接负责的主管人员和其他直接责任人员，可以采取监管谈话、出具警示函、记入诚信档案、暂停履行职务、认定为不适宜担任相关职务者等行政监管措施。

第五十三条 基金管理人、代销机构及其直接负责的主管人员和其他直接责任人员违反本办法规定从事基金销售活动，中国证监会依照法律、行政法规的有关规定进行行政处罚；法律、行政法规未做规定的，依照本办法的规定进行行政处罚；涉嫌犯罪的，依法移送司法机关，追究其刑事责任。

第五十四条 商业银行、证券公司、证券投资咨询机构、专业基金销售机构，以及中国证监会规定的其他机构申请基金代销业务资格，隐瞒有关情况或者提供虚假材料的，中国证监会不予受理；已经受理的，不予批准，并处以警告。

第五十五条 未取得基金代销业务资格，擅自开办基金销售业务的，责令改正，并处以警告、罚款；对直接负责的主管人员和其他直接责任人员，处以警告、罚款。

第五十六条 专业基金销售机构未按照本办法第三十八条的规定专营基金代销业务，或者代销机构未按照本办法第四十条第二款的规定置备资格证明文件或违反规定，委托其他机构代为办理基金销售的，责令改正，并处以警告、罚款；情节严重的，责令暂停或者终止基金代销业务；对直接负责的主管人员和其他直接责任人员，处以警告、罚款。

第五十七条 基金管理人违反本办法第三十九条第一款的规定，委托未取得基金代销业务资格的机构代为办理基金销售的，责令改正，并处以警告、罚款；对直接负责的主管人员和其他直接责任人员，处以警告、罚款。

第五十八条 基金管理人、代销机构从事基金销售活动，有下列情形之一的，责令改正，单处或者并处警告、罚款；对直接负责的主管人员和其他直接责任人员，单处或者并处警告、罚款：

（一）违反本办法第三十九条第二款的规定，允许未经聘任的人员销售基金或者未取得基金从业资格的人员宣传推介基金；

（二）未按照本办法第四十条第一款的规定签订书面代销协议；

（三）违反本办法第四十一条的规定，擅自向公众分发、公布基金宣传推介材料；

（四）未按照本办法第四十二条的规定使用基金宣传推介材料；

（五）未按照本办法第四十三条的规定开立与基金销售有关的账户；

（六）违反本办法第四十四条的规定，擅自停止办理基金份额发售或者拒绝投资人的申购、赎回；

（七）未按照本办法第四十五条第一款的规定收取销售费用并核算、记账；

（八）未按照本办法第四十六条的规定为投资人保守秘密；

（九）从事本办法第四十七条规定禁止的行为；

（十）未按照本办法第五十一条的规定配合中国证监会及其派出机构进行监督检查。

代销机构违反前款规定，情节严重的，责令暂停或者终止基金代销业务。

第五十九条 基金管理人从事基金销售活动，有下列情形之一的，责令改正，单处或者并处警告、罚款；对直接负责的主管人员和其他直接责任人员，单处或者并处警告、罚款：

（一）未按照本办法第四十条第三款的规定履行监督检查义务；

（二）未按照本办法第四十五条第二款的规定向代销机构支付报酬并核算、记账；

（三）未按照本办法第四十八条的规定报送代销协议；

（四）未按照本办法第四十九条的规定进行自查，并编制专项监察稽核报告；

（五）未按照本办法第五十条的规定检查基金销售活动的合法合规情况，并做专项说明。

第六十条 代销机构被责令暂停基金代销业务的，暂停期间不得从事下列活动：

（一）签订新的代销协议；

（二）宣传推介基金；

（三）发售基金份额；

（四）办理基金份额申购。

代销机构被责令终止基金代销业务的，应当停止基金销售活动。

代销机构被责令暂停或者终止基金代销业务的，基金管理人应当妥善处理有关投资人的基金份额的申购、赎回，并可按照代销协议的约定，依法要求代销机构赔偿有关损失。

第七章 附 则

第六十一条 本办法自2004年7月1日起施行。中国证监会《关于代理证券投资基金销售业务的商业银行完善内部合规控制制度和员工行为规范的指导意见》（证监发［2001］150号）、《关于证券公司办理开放式基金代销业务有关问题的通知》（证监基金字［2002］33号）、《证券投资基金销售管理暂行规定》（证监基金字［2002］66号）同时废止。

关于对证券公司结算备付金账户进行分户管理的通知

（2004 年 8 月 30 日　证监机构字［2004］105 号）

各证券公司：

为落实《客户交易结算资金管理办法》（中国证监会第三号令）和《关于执行〈客户交易结算资金管理管理办法〉若干意见的通知》（证监机字［2001］121 号，以下简称三号令及其通知）要求，进一步加强客户交易结算资金的管理工作，现将证券公司结算备付金账户进行分户管理有关事项通知如下：

一、证券公司应在中国证券登记结算有限责任公司（以下简称结算公司）分别设立自营结算备付金账户和客户结算备付金账户，分别用于自营业务结算和代理业务结算。

二、证券公司应将其上海、深圳两个交易所的现有席位分别指定为自营业务席位或非自营业务席位，向结算公司报送席位指定情况和自营业务使用的账户，同时抄送证券交易所和中国证监会机构部。

三、证券公司应当将证券公司自营债券现货和回购业务与客户债券现货和回购业务分别安排在自营、客户两个主席位上分别进行结算。

四、席位和备付金账户分设完成后，证券公司的各类业务均需按自营和客户两类进行严格区分，按相应的席位和备付金账户分别进行交易和结算。

五、实行自营、客户分户结算之后，证券公司对全部交易承担最终交收责任。我会另有规定的除外。证券公司自营业务发生资金交收违约，结算公司可以扣留其自营席位上的证券以防范风险，但不得扣押该证券公司客户业务席位上的证券和备付金。对于客户资金交收违约，结算公司可先从该证券公司的自营备付金账户扣款以完成交收。无论是自营还是客户严重持续交收违约的证券公司，结算公司可商交易所限制或停止其自营席位交易。

六、证券公司应将佣金的收取比例向结算公司报备。对于佣金、利差及其他需要从客户结算备付金向自营结算备付金划转的结算调整，证券公司均需向结算公司提出申请，经结算公司审查通过后方可完成；对于违反三号令及其通知规定的划转，结算公司应当拒付。

七、自本通知下发之日起，各证券公司应当全力做好备付金分户准备工作，自二〇〇四年十月一日起向结算公司报送席位指定情况和自营业务使用的账户。

关于执行《客户交易结算资金管理办法》若干意见的通知

（2001 年 10 月 8 日 证监发［2001］121 号）

各证券监管办公室、办事处、特派员办事处，中国登记结算公司，上海、深圳证券交易所，各证券公司，各商业银行：

为切实执行《客户交易结算资金管理办法》（以下简称《管理办法》），现就有关问题通知如下，请遵照执行：

一、商业银行客户交易结算资金存管业务资格：

（一）客户交易结算资金存管银行类别《管理办法》中的“存管银行”按业务对象进一步分为证券公司营业部存管银行、证券公司法人存管银行、结算银行和证券公司主办存管银行。

证券公司营业部存管银行是指证券公司的营业分支机构存放其客户交易结算资金的存管银行。

证券公司法人存管银行是指证券公司法人可以在其存放客户交易结算资金的存管银行。

结算银行是指结算公司通过其办理证券交易资金结算划拨业务的存管银行。

证券公司主办存管银行是指证券公司在其开立自有资金专用存款账户的存管银行。

（二）各类存管银行的条件：

1. 证券公司营业部存管银行应符合《管理办法》第二十五条有关条款的要求。

2. 商业银行向证监会申请证券公司法人存管银行业务资格时，除符合《管理办法》第二十五条有关条款的要求，还应达到下列条件：

（1）净资产在 10 亿元人民币以上，总资产在 150 亿元人民币以上，分支机构个数在 50 以上；

（2）具有全国范围内实时汇划系统，或与具有全国范围内实时汇划系统的商业银行签订了代理资金汇划协议，能保证证券公司法人和其分支机构之间的资金划转达到《管理办法》第二十五条第二款的要求。证券公司法人存管银行当然获得营业部存管银行的业务资格。

3. 商业银行向证监会申请结算银行业务资格时，除符合《管理办法》第二十五条有关条款的要求，还应达到下列条件：

（1）净资产在 30 亿元人民币以上，总资产在 600 亿元人民币以上，分支机构个数在 100 以上；

（2）具有全国范围内实时汇划系统，或与具有全国范围内实时汇划系统的商业银行签订了代理资金汇划协议，能保证证券公司法人和其分支机构之间的资金划转达到《管理办法》第二十五条第二款的要求；

（3）在北京、上海、深圳三个城市中均各有一家可以办理资金结算业务的分支机构；

（4）能达到结算业务需要的其他条件。

结算银行当然获得法人存管银行的业务资格。

4. 取得结算银行资格的商业银行，可以向证监会申报证券公司主办存管银行资格。

（三）存管银行业务资格的申报和审批程序

1. 商业银行按照《管理办法》及本通知向证监会申请证券交易结算资金存管业务资格，应报送以下文件：

（1）商业银行客户交易结算资金存管业务资格申请表（申请表附后）。

（2）支持本业务的资金汇划系统和专户数据报备系统的基本情况，主要包括系统运行状况、时效性、集中度和安全性程度。

（3）与具有全国范围内实时汇划系统的商业银行签订的代理资金汇划协议（在申请银行无全国范围内资金实时汇划系统的情况下）。

（4）证券交易结算资金存管业务管理办法和操作规程。

（5）有关业务部门的设置和人员情况。

（6）上一年度经审计年报。

（7）证监会要求的其他文件。

2. 证监会收到商业银行申请文件后，对文件内容进行审核，并对专户数据报备系统进行验收。

证监会对商业银行的申请文件进行审核的工作时间原则上不超过20个工作日。作出批复后向社会公布获得各类存管业务资格的存管银行名单。

存管银行向中国人民银行备案后，即可开办相应的证券交易结算资金存管业务。

3. 存管银行因违反《管理办法》以及本通知的有关规定，或经中国人民银行认定不再具有足够的抗风险能力和良好的经营业绩，或不再符合营业部存管银行、法人存管银行、结算银行、主办存管银行的相应条件的，证监会可依法取消其相应的业务资格，并向社会公布；前述银行在被调查期间，不得再增加新的存管及结算业务。

二、专用存款账户的报备与管理

（一）证券公司法人应通过证券公司法人存管银行的营业分支机构，向证监会提出客户交易结算资金专用存款账户的报备申请；同时，通过证券公司主办存管银行的营业分支机构，向证监会提出自有资金专用存款账户的报备申请。

证券公司报备的客户交易结算资金专用存款账户和自有资金专用存款账户可以是现有银行账户，也可以是新开立的银行账户。

（二）证券公司营业分支机构开立客户交易结算资金专用存款账户，应在经证券公司法人同意后，通过存管银行的营业分支机构，向证监会提出客户交易结算资金专用存款账户的报备申请。

（三）存管银行总行汇总其分支机构受理的证券公司及其营业分支机构专用存款账户报备申请后，应及时向证监会报备，并将报备结果通知证券公司。在证监会未接受备案前，该账户不得启用。

通过存管银行向证监会报备后，证券公司无需按《管理办法》第九条的规定再向证监会报备。

（四）证券公司应在存管银行资格认定后一个月内将客户交易结算资金转入已报备的客户交易结算资金专用存款账户。转账完毕后，原有的非报备银行账户，不得再用于存放客户交易结算资金，但可用于存放公司的其他资金。

（五）证券公司变更或撤销报备专用账户，应向原开户的存管银行营业分支机构提出申请，存管银行应及时向证监会报备。

通过存管银行向证监会报备后，证券公司无需按《管理办法》第十一条第一款、第三款规定再向证监会报备。

（六）证券公司开立的客户交易结算资金专用存款账户、自有资金专用存款账户，如果作为法人结算指定收款账户，应依照结算公司的业务规定办理相关手续。

证券公司应将在证监会报备的自有资金专用存款账户作为预留在结算公司的自有资金指定收款账户。

（七）结算公司在结算银行开立、变更或注销自有资金专用存款账户、清算备付金专用存款账户和验资专户，应通过结算银行向证监会报备。在证监会未接受备案前，该账户不得启用或擅自注销。

通过结算银行向证监会报备后，结算公司无需按《管理办法》第十条第二款以及第十一条第二款、第三款规定再向证监会报备。

（八）证券公司、结算公司因业务需要在商业银行开立的非专用自有资金账户不需要报备。

（九）证券公司的自有资金与客户交易结算资金之间的往来结算事项，只能通过证券公司在结算公司开立的清算备付金账户进行中转和处理。

严禁证券公司在公司自有资金账户和客户交易结算资金专用存款账户之间直接划转资金。

（十）证券公司营业分支机构开立的客户交易结算资金专用存款账户可用于客户的转账和提现；证券公司法人开立的客户交易结算资金专用存款账户可用于客户的转账，但不可用于客户的提现。其转账和提现办法应遵守中国人民银行的有关规定。

证券公司的营业分支机构按客户要求向银行发出客户交易结算资金转账指令，应向银行提供该划款确为按客户要求办理的文件。

（十一）证券公司根据《管理办法》第六条和第八条规定确定主办存管银行并开立自有资金专用存款账户，并只能通过该账户完成与清算备付金账户之间的自有资金划拨事项。

（十二）证券公司可按照《管理办法》第六条规定的原则，选择多家证券公司法人存管银行用于存放证券公司法人的客户交易结算资金。

（十三）证券公司可依据结算公司的业务规定，选择结算银行完成与证券交易资金结算有关的资金划拨业务。

（十四）证券公司变更其主办存管银行，应提前一个月向证监会提出书面报告，说明变更原因。证监会表示无异议后，由其新选择的主办存管银行向证监会提出自有资金专用存款账户报备申请。经证监会确认后，原主办存管银行应配合证券公司将其自有资金转入新报备的自有资金专用存款账户。

（十五）存管银行和结算银行应于每月5日前（逢节假日顺延）向证监会报告专用存款账户的上月末资金余额，证券公司应在每月5日（逢节假日顺延）前报送上月末的代买卖证券款、受托资金、受托资产余额。

（十六）结算公司应将证券交易结算资金分别按证券公司自有资金和客户资金进行统计。

（十七）结算公司应统计每日各证券公司清算备付金中的证券公司自有资金和客户资金的账面余额、各证券公司清算备付金账面余额和结算公司验资专户账面余额，并在每月5日前（逢节假日顺延）向证监会报送上月末资金余额统计结果。

（十八）证监会可根据监管需要随时要求存管银行、结算银行、结算公司和证券公司报送上述有关数据。

（十九）证券公司、结算公司因业务需要在商业银行开立的非专用自有资金账户不需要报备。

（二十）证券公司办理证券经纪业务如果与银行合作，委托银行办理客户资金的冻结或转账，可以在存管银行开立过渡性账户，用于存放客户当日买卖证券的资金。该账户的资金限于在证券公司内部账户之间划拨或与结算公司直接划拨，不得用于客户提现，不必向证监会报备，但清算资金在资金交收日应清零。

三、结算公司、证券公司和结算银行的业务约定

（一）证券公司按本通知规定向结算公司划入清算备付金时，必须注明该笔资金性质，未注明的视为客户资金。若划入的是自营资金，汇款账户必须是其自有资金专用存款账户，结算银行必须将该信息报送结算公司用于统计。证券公司划出清算备付金时，结算公司根据证券公司在结算公司预留的银行收款账号性质进行统计。

（二）结算公司对于可统计到证券账户的清算资金，按照备案证券账户性质分别计入证券公司的自有资金和客户资金。

（三）结算公司依照备案证券账户性质分别统计证券公司自有资金和客户资金的业务包括：买卖差、经手费、证券监管费用、过户费、印花税、权证认购、派息、国债发行、新股发行、可转债回售赎回等。

（四）结算公司将以下资金往来全部作为证券公司自有资金统计：风险基金、开户费、席位年费、通讯费、证券监管费用、登记费、权证认购手续费、印花税返款（证券公司退税）、数据服务费、转托管费、买空罚款（交收透支罚款）、卖空冻结、卖空冻结利息、卖空罚款等。

（五）结算公司对于实物债券、国债回购业务的清算资金，按照成交记录中证券账户的性质分别计入证券公司的自有资金和客户资金，未列示证券账户的，计入客户资金。

（六）证券公司向客户收取佣金、受托投资管理收入等费用，或归还所挪用的客户交易结算资金、计付利息可以随时进行账务处理，但应于每月5日（逢节假日顺延）向结算公司报送上月此类业务的数额，结算公司按此数额调整证券公司清算备付金中的自有资金和客户资金。

证券公司应保证在前款规定的资金性质变更后，其清算备付金账户中的客户资金余额大于零。

（七）《管理办法》实施当日，结算公司将证券公司清算备付金中的自有资金视为零，并以此作为自有资金统计的期初余额。

四、证券公司挪用客户交易结算资金的判断公式

（一）证券公司挪用客户交易结算资金的判断公式是：

挪用金额 =（代买卖证券款 + 受托资金）－（客户资金银行存款 + 客户清算备付金存款 + 交易保证金 + 受托资产）

公式中所指客户包括经纪业务客户和受托投资管理客户。

当公式计算值≤0时，表明证券公司未挪用客户交易结算资金。

当公式计算值>0时，表明证券公司已挪用客户交易结算资金，其挪用金额为公式的计算值。

（二）证券公司所属分支机构挪用客户交易结算资金的判断公式是：

挪用金额 =（分支机构代买卖证券款 + 受托资金 + 公司其他部门存入的客户资金）－（客户资金银行存款 + 受托资产 + 上存公司总部的客户资金）

公式中所指客户包括经纪业务客户和受托投资管理客户。

当公司计算值≤0时，表明证券公司所属分支机构未挪用客户交易结算资金。

当公式计算值>0时，表明证券公司所属分支机构已挪用客户交易结算资金，其挪用金

额为公式的计算值。

五、其他事宜

（一）证券公司应在《管理办法》实施前一个月向证监会和结算公司备案用于自营业务的证券账户。

（二）证券公司新增、注销或变更用于自营业务的证券账户，应及时向证监会和结算公司备案。

（三）存管银行应在每年1月末前向证监会报送其上一年度的存管业务报告，在6月末前报送其上一年度经审计的年度报告。

（四）证券公司及其分支机构在存管银行存入客户交易结算资金前，可向该存管银行的当地人民银行监管行提出了解其抗风险能力和经营业绩的请求。

（五）证监会将逐步加大对客户交易结算资金账户的监管力度，适时推出更为严格的监管措施。

客户交易结算资金管理办法

（2001年5月16日　证监会令第3号，2002年1月1日实施）

第一章　总　　则

第一条　为规范证券交易结算资金的管理，保护投资者利益，根据《中华人民共和国证券法》（以下简称《证券法》），制定本办法。

第二条　客户交易结算资金必须全额存入具有从事证券交易结算资金存管业务资格的商业银行，单独立户管理。严禁挪用客户交易结算资金。

第三条　从事证券交易结算资金存管业务的商业银行、证券登记结算公司（以下简称结算公司）依照本办法对客户交易结算资金、清算备付金的定向划转实行监督。

第四条　中国证券监督管理委员会（以下简称证监会）依照本办法对证券公司、结算公司和商业银行的证券交易结算资金存管业务活动进行监督管理。

第二章　账户管理

第五条　证券公司及其证券营业部必须将客户交易结算资金全额存放于客户交易结算资金专用存款账户和清算备付金账户。

结算公司必须将证券公司存入的清算备付金全额存入清算备付金专用存款账户。

第六条　证券公司根据业务需要可在多家存管银行存放客户交易结算资金，但必须确定一家存管银行为主办存管银行。

第七条　证券公司应当在存管银行开立客户交易结算资金专用存款账户，在主办存管银行开立自有资金专用存款账户。

证券公司下属证券营业部应当在证券公司所确定的存管银行设在当地的分支机构开立客户交易结算资金专用存款账户。

结算公司应当在结算银行开立清算备付金专用存款账户、自有资金专用存款账户、验资专户。

第八条　证券公司在同一家存管银行只能开立一个客户交易结算资金专用存款账户，在主办存管银行只能开立一个自有资金专用存款账户。

一个证券营业部只能在同一家存管银行设在当地的分支机构开立一个客户交易结算资金专用存款账户。

结算公司在同一家结算银行只能开立一个清算备付金专用存款账户和一个自有资金专用存款账户，一个验资专户。

第九条　证券公司及其证券营业部开立的客户交易结算资金专用存款账户，证券公司开立的自有资金专用存款账户，结算公司开立的清算备付金专用存款账户、自有资金专用存款账户、验资专户，应在开立后三个工作日内向证监会报备，在获得账户备案回执之前，不得使用。

第十条 证券公司获得证监会的账户备案回执后，应当通知其存管银行及结算公司。

结算公司在获得证监会账户备案回执后，应当通知结算银行及证券公司。

第十一条 证券公司不再使用的客户交易结算资金专用存款账户，应当在向证监会报备后注销，并同时通知有关存管银行、结算公司。

结算公司不再使用的清算备付金专用存款账户、验资专户，应当在向证监会报备后注销，并同时通知有关证券公司、存管银行。

证券公司、结算公司不再使用的自有资金专用存款账户，应当在向证监会报备后注销。其中证券公司注销自有资金专用存款账户的，应通知结算公司；结算公司注销自有资金专用存款账户的，应通知结算银行。

第十二条 证券公司、证券营业部出现迁址、终止营业等情形，应当及时注销不再使用的客户交易结算资金专用存款账户、自有资金专用存款账户。

第十三条 客户交易结算资金专用存款账户、清算备付金专用存款账户、自有资金专用存款账户发生变更的，视同注销旧户，开设新户。

第三章 资金划拨与监督

第十四条 综合类证券公司必须将客户交易结算资金和其证券自营资金分开办理，其业务人员、财务账户均应分开，不得混合操作。

第十五条 存管银行、结算公司在确认证券公司申请划款的账户已经在证监会备案，自有资金专用存款账户的使用符合本办法要求后，方可将资金划入该账户。

结算银行在确认结算公司申请划款的账户已经在证监会备案、自有资金专用存款账户的使用符合本法规定后，方可将资金划入该账户。

第十六条 客户交易结算资金只能在客户交易结算资金专用存款账户和清算备付金账户之间划转，但客户提款、证券公司将收取客户的费用转入自有资金专用存款账户等业务除外。

第十七条 综合类证券公司向客户收取佣金等费用、以自有资金补充清算备付金，应当集中通过清算备付金账户和自有资金专用存款账户划拨。

经纪类证券公司向客户收取佣金等费用，应当从一个固定的客户交易结算资金专用存款账户集中向证券公司自有资金账户划拨。

结算公司向证券公司收取手续费等费用，应当从清算备付金专用存款账户向结算公司自有资金专用存款账户划拨。

第十八条 通过证券交易所发行有价证券时，验资专户里的申购资金必须通过清算备付金账户进行划拨。

证券公司承销非上市证券从客户处所筹集的资金，应当通过证券公司在主办存管银行的客户交易结算资金专用存款账户划拨给发行人。

第十九条 证券公司自营证券账户应当向证监会和结算公司备案，结算公司应当根据证券公司备案的自营证券账户、经纪证券账户的净交收额及资金存取变动情况，定期计算每个交易日清算备付金账户中每家证券公司自营资金、经纪资金的余额，并保留有关记录。

结算公司如果发现证券公司有大量挪用客户交易结算资金情况，要及时向证监会报告。

第二十条 证券公司应当按月向证监会报告客户交易结算资金账面余额。同时，抄送结算公司。

结算公司应当按月向证监会报告各证券公司清算备付金中的经纪资金、自营资金及所收到证券公司清算备付金以及验资专户申购资金的账面余额。

存管银行应当按月向证监会报告所辖客户交易结算资金专用存款账户余额。

结算银行应当按月向证监会报告所辖清算备付金专用存款账户、验资专户余额。

证监会根据监管需要，可以调整上述报告周期。

第二十一条 证券公司、结算公司、存管银行、结算银行根据证监会要求或遇到客户交易结算资金专用存款账户、清算备付金专用存款账户、验资专户出现重大异常情况时，应当及时向证监会报告。

第二十二条 证券公司应当对客户交易结算资金集中统一管理。

证券公司下属证券营业部收到的客户交易结算资金，除留足日常备付的部分外，应当交由证券公司管理。

第二十三条 客户交易结算资金只能用于客户的证券交易结算和客户提款。

证券公司和结算公司不得以客户交易结算资金、清算备付金为他人提供担保。

第二十四条 存管银行、结算银行、结算公司及其工作人员应当对证券交易结算资金的情况保密。

存管银行、结算银行和结算公司有权拒绝任何单位或个人的查询，但法律、法规另有规定以及证监会、开户证券公司和结算公司根据预定的程序所作的查询除外。

第四章 从事客户交易结算资金存管业务的商业银行

第二十五条 从事客户交易结算资金存管业务的商业银行应当符合下列条件：

（一）经中国人民银行认定具有足够的抗风险能力和良好的经营业绩的商业银行；

（二）具有及时、安全、高效的资金汇划系统，能够保证本行系统内证券交易结算资金汇划在两小时内到账；

（三）有健全的证券交易结算资金存管业务操作办法和规程，有相应的业务部门和人员；

（四）能够按证监会规定的格式和时间报送证券交易结算资金账户的有关资料；

（五）符合证监会认定的其他条件。

第二十六条 符合前款规定的商业银行，可以向证监会申请从事客户交易结算资金存管业务资格，经证监会核准后，领取《从事证券交易结算资金存管业务资格证书》，并报中国人民银行备案。

第二十七条 从事客户交易结算资金存管业务的商业银行，按业务对象分为存管银行和结算银行。

第二十八条 证券公司与其确定的存管银行、主办存管银行，结算公司与其确定的结算银行应当签定有关资金存管及代理结算业务的合同，明确双方的权利和义务，并报证监会备案。

第二十九条 存管银行、结算银行应当为证券交易结算资金清算提供快捷、安全、准确的结算服务。

第五章 罚 则

第三十条 证券公司、证券营业部有下列行为之一的，责令限期改正，给予通报批评、公开批评，单处或者并处警告、三万元以下罚款：

（一）未按本办法制定客户交易结算资金操作办法和规程；

（二）违规开立客户交易结算资金专用存款账户、自有资金专用存款账户；

（三）未在规定时间内向证监会报备存管银行、客户交易结算资金专用存款账户、自有资金专用存款账户；

（四）未及时注销不再使用的客户交易结算资金专用存款账户、自有资金专用存款账户；

（五）未按期向证监会报告客户交易结算资金账面余额；

（六）其他违反本办法的行为。

对有前款规定行为的有关责任人员，给予通报批评、公开批评，单处或者并处警告、三万元以下罚款。

第三十一条 证券公司、证券营业部有下列行为之一的，责令限期改正，给予通报批评、公开批评，单处或者并处警告、三万元以下罚款，情节严重的，按照《证券法》第一百九十三条处罚：

（一）以伪造、变造证监会账户备案回执等欺骗手段，取得存管银行或者结算公司资金划拨许可；

（二）违反本办法，在客户交易结算资金专用存款账户、清算备付金账户之外存放客户交易结算资金；

（三）以客户交易结算资金为他人提供担保；

（四）其他违反本办法的行为。

对有前款规定行为的有关责任人员，给予通报批评、公开批评，单处或者并处警告、三万元以下罚款，情节严重的，按照《证券法》第一百九十三条处罚。

第三十二条 结算公司有下列行为之一的，责令限期改正，给予通报批评、公开批评，单处或者并处警告、三万元以下罚款：

（一）违反本办法，未能对客户交易结算资金划拨进行有效监督；

（二）违规开立清算备付金专用存款账户或者自有资金专用存款账户；

（三）未在规定时间内向证监会报备结算银行、清算备付金专用存款账户、自有资金专用存款账户、验资专户；

（四）未及时注销不再使用的清算专户、自有资金专用存款账户；

（五）未按期向证监会报告有关清算备付金账户及验资专户的账面余额；

（六）其他违反本办法的行为。

对有前款规定行为的有关责任人员，给予通报批评、公开批评，单处或者并处警告、三万元以下罚款。

第三十三条 结算公司有下列行为之一的，责令限期改正，给予通报批评、公开批评，单处或者并处警告、三万元以下罚款，情节严重的，按照《证券法》第一百九十三条处罚：

（一）违反本办法，在清算备付金专用存款账户外存放清算备付金；

（二）以清算备付金为他人提供担保；

（三）违反本办法第十八条第一款的规定；

（四）其他违反本办法的行为。

对有前款规定行为的有关责任人员，给予通报批评、公开批评，单处或者并处警告、三万元以下罚款，情节严重的，按照《证券法》第一百九十三条处罚。

第三十四条 存管银行或其分支机构、结算银行有下列行为之一的，责令限期改正，给予通报批评、公开批评，单处或者并处警告、三万元以下罚款，情节严重的，取消从事证券交易结算资金存管业务资格。

（一）违反本办法，未能对客户交易结算资金划拨进行有效监督；

（二）未按照本办法规定，向证监会报送客户交易结算资金专用存款账户、清算备付金专用存款账户和验资专户的有关资料；

（三）其他违反本办法的行为。

对有前款规定行为的有关责任人员，给予通报批评、公开批评，单处或者并处警告、三万元以下罚款。

第三十五条 证券公司、结算公司、存管银行、结算银行违反本办法第二十一条规定，不向证监会及时报告的，予以通报批评、公开批评，单处或者并处警告、三万元以下罚款。

第三十六条 存管银行、结算公司工作人员泄露证券交易结算资金秘密的，按有关法律、法规、规章进行处罚。

第六章 附 则

第三十七条 释义：

（一）证券交易结算资金，是客户交易结算资金、证券公司自营资金、其他用于证券交易资金的统称。

（二）客户交易结算资金，包括客户为保证足额交收而存入的资金，出售有价证券所得到的所有款项（减去经纪佣金和其他正当费用），持有证券所获得的股息、现金股利、债券利息，上述资金获得的利息，以及证监会认定的其他资金。

（三）从事客户交易结算资金存管业务的商业银行，指符合本办法规定并经证监会批准，办理证券交易结算资金存取、划转并履行监督职能的商业银行。

（四）存管银行，指证券公司在具有证券交易结算资金存管业务资格的商业银行中确定的，存放其客户交易结算资金的商业银行。

（五）主办存管银行，指证券公司在存管银行范围内确定的，通过其办理证券交易法人结算业务的商业银行。

（六）结算银行，指结算公司在具有证券交易结算资金存管业务资格的商业银行中确定的，办理证券交易结算资金结算业务的商业银行。

（七）客户交易结算资金专用存款账户，指证券公司及其证券营业部在存管银行开立的，用于存放客户交易结算资金及办理结算划款的专用账户。

（八）清算备付金专用存款账户，指结算公司在结算银行开立的，用于存放证券公司清算备付金的账户。

（九）证券公司的自有资金专用存款账户，指证券公司开立的，按照本办法规定划拨其自有资金或者接受从客户交易结算资金专用存款账户所收取款项的账户。

（十）结算公司的自有资金专用存款账户，指结算公司开立的，按照本办法规定划拨其自有资金或者接受从清算备付金专用存款账户所收取款项的账户。

（十一）验资专户，指结算公司设立的用于新股发行时申购资金验资的专用存款账户。

第三十八条 证券公司应当按照本办法制定客户交易结算资金操作办法和规程，报证监会备案。

第三十九条 证券公司开展资产管理业务接受客户存入的委托资金，在本办法中视同客户交易结算资金进行管理。

第四十条 信托投资公司证券业务客户交易结算资金的管理参照本办法执行。

第四十一条 境内上市外资股客户交易结算资金管理办法，另行制定。

第四十二条 本办法自2002年1月1日起施行。

关于证券经营机构从事B股业务若干问题的补充通知

（2001年2月23日　证监发［2001］26号）

上海、深圳证券交易所，各有关证券公司、信托投资公司：

为贯彻执行《关于境内居民个人投资境内上市外资股若干问题的通知》（证监发［2001］22号，以下简称《通知》）精神，现就有关问题补充通知如下：

一、经营B股业务的证券公司和信托投资公司及其证券营业部办理B股保证金账证监发［2001］26号户，应当遵守以下规定：

（一）持有效《经营外汇业务许可证》和《经营外资股资格证书》的证券经营机构可以继续从事B股经纪业务（即代理买卖），其在各地所有的证券营业部也可以从事B股经纪业务，按照《通知》规定开立B股保证金账户。

（二）没有《经营外汇业务许可证》和《经营外资股资格证书》的证券经营机构，其下属的证券营业部，如果持有有效的《经营外汇业务许可证》和《经营外资股资格证书》，且已经开办B股经纪业务，该营业部可以继续经营B股经纪业务，按照《通知》规定开立B股保证金账户。

（三）已经取得上海、深圳证券交易所B股交易席位的证券经营机构及其证券营业部，《经营外汇业务许可证》和《经营外资股资格证书》尚未办理展期的，持上述证书和上海、深圳证券交易所出具的《B股经纪业务证书》，按《通知》规定开立B股保证金账户。

（四）重组或更名的证券经营机构，其已开办B股经纪业务的，凭重组或更名前的《经营外汇业务许可证》、《经营外资股资格证书》和有关部门关于公司重组或更名的批准文件，按《通知》规定开立B股保证金账户。

（五）持有人民银行核发的《金融机构法人许可证》的信托投资公司，其证券营业部按《通知》规定开立B股保证金账户时，可以用《金融机构法人许可证》代替《经营外汇业务许可证》，同时提供总公司的《金融机构法人许可证》和《经营外资股资格证书》。

以上证券经营机构及其证券营业部办理B股保证金账户，无需国家外汇管理局事先审批。其他没有经营外汇业务许可证的证券经营机构，均不得从事包括B股经纪业务在内的各项外汇业务。

二、证券经营机构在境内外资银行或境外银行开立B股保证金账户，应当由证券经营机构向其所在地国家外汇管理局的分局申请，由所在地分局初审后报国家外汇管理局批准。

三、《通知》第三条“证券经营机构在一个商业银行只能开立一个B股资金账户，不得在同一商业银行开立一个以上的B股资金账户”，是指同一家证券经营机构在同一商业银行的同城分支机构只能开立美元和港币B股保证金账户各一个。

四、证券经营机构在境内商业银行开立的B股保证金账户只能用于与B股交易有关的资金、股利红利收支和证券交易税费的支付。经批准有经营外汇业务资格的证券公司或信托投资公司，不得从事B股自营买卖，其B股保证金账户，不得与其经营性外汇账户串用，不得用于其他外汇业务。

五、证券经营机构应根据B股投资者的有效身份凭证，对居民B股资金账户和非居民B

股资金账户分账设立，并作显著标识，同时保留B股投资者的开户资料备查。

境内居民个人所持的有效身份凭证是指中国的居民身份证，非居民所持的有效身份证明文件是指有效的外国护照。

六、经批准有经营外汇业务资格的证券经营机构，其证券营业部只能从事B股经纪业务以及与B股相关的咨询、见证等业务，不得从事总公司其他外汇业务；上述证券营业部在境内商业银行开立外汇账户只能用于与B股交易有关的资金、股利红利收支和证券交易税费的支付。

七、各证券经营机构在合法开立B股保证金账户后，自行在当地新闻媒体公布开户情况（包括开户行名称、地址、账号等），并在开户后三日内到所在地国家外汇管理局分局备案。备案时，证券经营机构应当提供B股保证金账户的开户名称、开户行名称、开户账号清单及相应的加盖证券营业部公章的银行开户凭证复印件。

关于境内居民个人投资境内上市外资股若干问题的通知

（2001 年 2 月 21 日　证监发［2001］22 号）

通知内容如下：

一、根据 1995 年《国务院关于股份有限公司境内上市外资股的规定》（国务院第 189 号令）第四条的规定和中国证券监督管理委员会（以下简称“中国证监会”）2001 年 2 月 19 日发布的境内居民可投资 B 股市场的决定，境内居民个人可以按照本通知从事 B 股投资。

二、境内居民个人从事 B 股交易，在 2001 年 6 月 1 日前，只允许使用在 2001 年 2 月 19 日（含 2 月 19 日，下同）前已经存入境内商业银行的现汇存款和外币现钞存款，不得使用外币现钞和其他外汇资金；境内居民个人 2001 年 2 月 19 日前已经存入境内商业银行，2001 年 2 月 19 日后到期并转存的，可以作为从事 B 股交易的资金。2001 年 6 月 1 日后，允许境内居民个人使用 2001 年 2 月 19 日后存入境内商业银行的现汇存款和外币现钞存款以及从境外汇入的外汇资金从事 B 股交易，但仍不允许使用外币现钞。

三、经中国证监会批准经营 B 股业务和经国家外汇管理局批准经营外汇业务的证券公司和信托投资公司可以凭中国证监会核发的从事 B 股业务资格证书和国家外汇管理局核发的经营外汇业务许可证到所在地同一城市所有经批准经营外汇存款、汇款业务的境内商业银行或其分支机构开立 B 股保证金账户；上述公司的分支机构可以凭加盖分支机构印章的总公司资格证书复印件和许可证复印件办理开户手续。证券公司和信托投资公司或其分支机构（以下简称“证券经营机构”）在一个境内商业银行只能开立一个 B 股保证金账户，不得在同一境内商业银行开立一个以上的 B 股保证金账户。证券经营机构应当在开户后三个工作日内将开户银行名称报所在地国家外汇管理局或其分支局（以下简称“外汇局”）备案，并通过所在地新闻媒体对外公布其开户情况。

四、境内居民个人开立 B 股资金账户和股票账户，应当按照下列程序办理：

（一）凭本人有效的身份证明文件到其原外汇存款银行将其现汇存款和外币现钞存款划入证券经营机构在同城、同行的 B 股保证金账户，暂时不允许跨行或异地划转外汇资金。境内商业银行应当向境内居民个人出具进账凭证，并向证券经营机构出具对账单。

（二）凭本人有效身份证明和本人进账凭证到证券经营机构开立 B 股资金账户，开立 B 股资金账户的最低金额为等值 1000 美元。

（三）凭 B 股资金账户开户证明到该证券经营机构开立 B 股股票账户。

五、境内商业银行在为境内居民个人办理外汇划转手续时，必须严格按照本通知的规定审核存款日期和划转资金；2001 年 6 月 1 日前，从境内居民个人定期存款账户划转资金时，账户存款日期不得晚于 2001 年 2 月 19 日；从境内居民个人活期存款账户划转资金时，划转资金金额不得超过 2001 年 2 月 19 日前的账户存款余额；在办理外汇划转时，应当将划出资金币种转为与证券经营机构 B 股保证金账户相同的币种。

六、境内居民个人的 B 股资金账户的收入范围为从现汇存款账户或外币现钞存款账户划入的外汇以及从事 B 股交易所获得的外汇，支出范围为从事 B 股交易需支付的外汇以及划回境内商业银行存储，不得用于向境外支付。境内居民个人从 B 股资金账户划回境内商业银行存储的从事B股交易的所有外汇，按照《境内居民个人外汇管理暂行办法》中有关现钞管理的规定以及其他现钞管理规定进行管理。境内居民个人不得从B股资金账户提取外币现钞。

七、非居民的B股资金账户的收入范围为从境外汇入的外汇资金、境内商业银行的合法现汇存款以及从事B股交易所获得的外汇，支出范围为汇出境外、存入其在境内开立的合法外汇账户以及从事B股交易需支付的外汇。非居民不得从B股资金账户提取外币现钞。

八、境内居民个人与非居民之间不得进行B股协议转让。境内居民个人所购B股不得向境外转托管。

九、所有为证券经营机构开立B股保证金账户的境内商业银行，均可以办理B股交易项下证券经营机构与证券登记结算公司之间以及证券经营机构总分支机构之间外汇资金的收付业务。

十、证券经营机构、境内商业银行、境内居民个人、非居民应当严格按照本通知规定以及中国证监会和外汇局的其他相关规定办理B股交易项下的相关业务，防止逃汇、非法套汇等违法行为的发生，对违反规定的，由中国证监会或外汇局根据有关规定进行处罚。

十一、各地证管办、外汇局应当加强对B股交易及其涉及的相关业务的监督、检查，发现问题，及时向中国证监会和外汇局报告。

深圳证券交易所交易异常情况处理实施细则（试行）

（2009 年 11 月 2 日 深圳证券交易所）

第一条 为保障证券交易的正常秩序，及时防范、化解深圳证券交易所（以下简称“本所”）市场风险，妥善处置交易异常情况，维护市场稳定，依据《证券法》、《突发事件应对法》、《证券交易所管理办法》和《深圳证券交易所交易规则》等规定，制定本细则。

第二条 本细则所称交易异常情况是指导致或可能导致本所证券交易全部或者部分不能正常进行（以下简称“交易不能进行”）的情形。

第三条 引发交易异常情况的原因包括不可抗力、意外事件、技术故障等。

第四条 引发交易异常情况的不可抗力是指本所市场所在地或全国其他部分区域出现或据灾情预警可能出现严重自然灾害、出现重大公共卫生事件或社会安全事件等情形。

第五条 引发交易异常情况的意外事件是指本所市场交易地发生火灾或电力供应出现故障等情形。

第六条 引发交易异常情况的技术故障是指：

（一）本所交易、通信系统中的网络、硬件设备、应用软件等无法正常运行；

（二）本所交易、通信系统在运行、主备系统切换、软硬件系统及相关程序升级、上线时出现意外；

（三）本所交易、通信系统被非法侵入或遭受其他人为破坏等情形。

第七条 交易不能进行是指无法正常开始交易、无法连续交易、交易结果异常、交易无法正常结束等情形。

第八条 无法正常开始交易是指：

（一）本所交易、通信系统在开市前无法正常启动；

（二）证券交易停牌、复牌、除权除息等重要操作在开市前未及时、准确处理完毕；

（三）前一交易日的日终清算交收处理未按时完成或虽已完成但清算交收数据出现重大差错而导致无法正确交易；

（四）10% 以上的会员营业部因系统故障无法正常接入本所交易系统等情形。

第九条 无法连续交易是指：

（一）本所交易、通信系统出现 10 分钟以上中断；

（二）本所行情发布系统出现 10 分钟以上中断；

（三）10% 以上会员营业部无法正常发送交易申报、接收实时行情或成交回报；

（四）10% 以上的证券中断交易等情形。

第十条 交易结果异常是指交易结果出现严重错误、行情发布出现错误、深证成指或本所认定的其他指数计算出现重大偏差等可能严重影响整个市场正常交易的情形。

第十一条 交易无法正常结束是指集合竞价异常、可能导致无法正常完成，收市处理无法正常结束等可能对市场造成重大影响的情形。

第十二条 交易异常情况出现后，本所将及时向市场公告，并可视情况需要单独或者同时采取技术性停牌、临时停市、暂缓进入交收等措施。

本所采取前款规定措施的，及时报告中国证监会。对技术性停牌或临时停市的决定，本所通过网站及相关媒体及时予以公告。

第十三条 技术性停牌或临时停市原因消除后，本所可以决定恢复交易，并向市场公告。

第十四条 证券交易相关部门或机构在与证券交易相关的业务实施、流程衔接、操作运行等环节出现重大误差或失误等情形，导致或可能导致交易不能进行，需要采取技术性停牌、临时停市等措施的，参照本细则执行。

第十五条 国内外已经或可能出现对中国证券市场稳定及正常运行造成重大影响的事件或者出现其他全国性事件的，应国家有关部门要求临时停市的，参照本细则执行。

第十六条 本细则中相关用语的含义：

（一）本所市场所在地：是指本所市场交易、通信及清算交收系统所在地；

（二）自然灾害：包括但不限于台风、地震、海啸、暴雪、日凌、洪涝灾害；

（三）重大公共卫生事件：包括但不限于传染病疫情、群体性不明原因疾病、食品安全事件以及其他严重影响公众健康和生命安全的事件；

（四）社会安全事件：包括但不限于恐怖袭击事件、经济安全事件、涉外突发事件以及其他严重影响公共安全的事件。

第十七条 本细则经本所理事会通过，报证监会批准后生效。修改时亦同。

第十八条 本细则由本所负责解释。

第十九条 本细则自发布之日起施行。

上海证券交易所交易异常情况处理实施细则（试行）

（2009 年 11 月 2 日　上海证券交易所）

第一条　为保障证券交易的正常秩序，及时防范、化解上海证券交易所（以下简称“本所”）市场风险，妥善处置交易异常情况，维护市场稳定，依据《证券法》、《突发事件应对法》、《证券交易所管理办法》和《上海证券交易所交易规则》等规定，制定本细则。

第二条　本细则所称交易异常情况是指导致或可能导致本所证券交易全部或者部分不能正常进行（以下简称“交易不能进行”）的情形。

第三条　引发交易异常情况的原因包括不可抗力、意外事件、技术故障等。

第四条　引发交易异常情况的不可抗力是指本所市场所在地或全国其他部分区域出现或据灾情预警可能出现严重自然灾害、出现重大公共卫生事件或社会安全事件等情形。

第五条　引发交易异常情况的意外事件是指本所市场所在地发生火灾或电力供应出现故障等情形。

第六条　引发交易异常情况的技术故障是指：

（一）本所交易、通信系统中的网络、硬件设备、应用软件等无法正常运行；

（二）本所交易、通信系统在运行、主备系统切换、软硬件系统及相关程序升级、上线时出现意外；

（三）本所交易、通信系统被非法侵入或遭受其他人为破坏等情形。

第七条　交易不能进行是指无法正常开始交易、无法连续交易、交易结果异常、交易无法正常结束等情形。

第八条　无法正常开始交易是指：

（一）本所交易、通信系统在开市前无法正常启动；

（二）证券交易停牌、复牌、除权除息等重要操作在开市前未及时、准确处理完毕；

（三）前一交易日的日终清算交收处理未按时完成或虽已完成但清算交收数据出现重大差错而导致无法正确交易；

（四）10%以上的会员营业部因系统故障无法正常接入本所交易系统等情形。

第九条　无法连续交易是指：

（一）本所交易、通信系统出现 10 分钟以上中断；

（二）本所行情发布系统出现 10 分钟以上中断；

（三）10%以上会员营业部无法正常发送交易申报、接收实时行情或成交回报；

（四）10%以上的证券中断交易等情形。

第十条　交易结果异常是指交易结果出现严重错误、行情发布出现错误、上证指数或本所认定的其他指数计算出现重大偏差等可能严重影响整个市场正常交易的情形。

第十一条　交易无法正常结束是指集合竞价异常、可能导致无法正常完成，收市处理无法正常结束等可能对市场造成重大影响的情形。

第十二条　交易异常情况出现后，本所将及时向市场公告，并可视情况需要单独或者同时采取技术性停牌、临时停市、暂缓进入交收等措施。

本所采取前款规定措施的，及时报告中国证监会。对技术性停牌或临时停市的决定，本所通过网站及相关媒体及时予以公告。

第十三条 技术性停牌或临时停市原因消除后，本所可以决定恢复交易，并向市场公告。

第十四条 证券交易相关部门或机构在与证券交易相关的业务实施、流程衔接、操作运行等环节出现重大误差或失误等情形，导致或可能导致交易不能进行，需要采取技术性停牌、临时停市等措施的，参照本细则执行。

第十五条 国内外已经或可能出现对中国证券市场稳定及正常运行造成重大影响的事件或者出现其他全国性事件的，应国家有关部门要求临时停市的，参照本细则执行。

第十六条 本细则中相关术语的含义：

（一）本所市场所在地：是指本所市场交易、通信及清算交收系统所在地；

（二）自然灾害：包括但不限于台风、地震、海啸、暴雪、日凌、洪涝灾害；

（三）重大公共卫生事件：包括但不限于传染病疫情、群体性不明原因疾病、食品安全事件以及其他严重影响公众健康和生命安全的事件；

（四）社会安全事件：包括但不限于恐怖袭击事件、经济安全事件、涉外突发事件以及其他严重影响公共安全的事件。

第十七条 本细则经本所理事会通过，报证监会批准后生效。修改时亦同。

第十八条 本细则由本所负责解释。

第十九条 本细则自发布之日起施行。

上海证券交易所证券异常交易实时监控指引

（2008 年 5 月 14 日　上海证券交易所）

第一条　为维护证券交易秩序，维护投资者合法权益，防范交易风险，根据《上海证券交易所交易规则》、《上海证券交易所股票上市规则》、《上海证券交易所权证管理暂行办法》、《关于进一步加强股票交易异常波动及信息披露监管的通知》，以及中国证监会《上市公司解除限售存量股份转让指导意见》等规定，制定本指引。

第二条　本所在实时监控中，发现证券价格出现异常波动或者证券交易出现异常的，本所有权采取盘中临时停牌、书面警示、限制相关证券账户交易等措施。

第三条　证券竞价交易出现以下异常波动情形之一的，本所可以根据市场需要，实施盘中临时停牌：

（一）无价格涨跌幅限制的股票盘中交易价格较当日开盘价首次上涨或下跌超过 30%、累计上涨超过 100% 或累计下跌超过 50% 的；

（二）到期日前两个月内，市场价格明显高于理论价格且前收盘价格在 0.100 元以上（含 0.100 元）的价外权证，盘中交易价格较当日开盘价首次上涨超过 20%、累计上涨超过 50% 的；

（三）到期日前两个月内，市场价格明显高于理论价格且前收盘价格在 0.100 元以下（不含 0.100 元）的价外权证，盘中交易价格较当日开盘价首次上涨超过 50%、累计上涨超过 80% 的；

（四）在竞价交易中涉嫌存在违法违规行为，且可能对交易价格产生严重影响或者严重误导其他投资者的；

（五）中国证监会或者本所认为可以实施盘中临时停牌的其他情形。

本条所称权证理论价格是指根据 Black - Scholes 模型计算出的权证价格；价外权证是指认购（沽）权证标的股票的市场价格低（高）于该权证的行权价格。

第四条　盘中临时停牌时间按下列标准执行：

（一）权证首次盘中临时停牌持续时间为 60 分钟；

（二）其他证券首次盘中临时停牌持续时间为 30 分钟；

（三）首次停牌时间超过收盘时间的，在当日收盘前五分钟复牌；

（四）第二次盘中临时停牌时间持续至当日收盘前五分钟。

第五条　实施盘中临时停牌后，本所将通过本所网站（http：//www.sse.com.cn）和卫星传输系统对外发布公告。

具体停复牌时间，以本所公告为准。

第六条　投资者可以于盘中临时停牌期间撤销未成交的申报。

第七条　证券交易出现以下异常交易行为之一的，本所可以对相关账户持有人发出书面警示或者直接采取限制交易措施：

（一）持有解除限售存量股份的证券账户在一个月内通过竞价系统卖出解除限售存量股份数量超过该公司股份总数 1% 的；

（二）同一账户对单一证券在同一价位进行日内回转交易且累计数量较大的；
（三）同一账户进行日内回转交易次数超过5次且累计数量较大的；
（四）多次通过大笔、连续交易，严重影响证券交易价格的；
（五）不以成交为目的，通过连续大额申报严重影响交易价格或足以误导其他投资者的；
（六）中国证监会或者本所认为可以实施书面警示和限制交易的其他情形。

第八条 限制证券账户交易包括以下方式：
（一）限制买入指定证券或全部交易品种；
（二）限制卖出指定证券或全部交易品种；
（三）限制买入和卖出指定证券或全部交易品种。

第九条 限制账户证券交易单次持续时间不超过3个月，具体时间以本所书面决定为准。对于情节特别严重的，本所可以延长限制交易时间。

第十条 出现第七条第（一）款规定情况的，本所除限制相关证券账户交易外，还可以视情节轻重对相关当事人给予公开谴责，记入诚信档案，公开认定其不适合担任上市公司董事、监事、高级管理人员等处分。

情节特别严重的，本所将提请证监会采取以下处罚措施：
（一）冻结其资金账户；
（二）批准延长其存量股份锁定期限；
（三）责令其限期购回超限减持股票；
（四）责令其将违规收益上缴至上市公司；
（五）限制其参与新股首次公开发行、再融资发行等业务；
（六）提请立案稽查。

第十一条 本所对异常交易的当事人做出书面警示处理的，通过相关证券账户指定交易的会员或营业部向当事人发出，相关会员或营业部应当及时向其客户转告有关警示并保留相关证据。

机构投资者使用专用的参与者交易业务单元进行交易的，本所直接向相关当事人发出书面警示。

第十二条 本所做出限制交易决定的，通过相关证券账户指定交易的会员向当事人发出有关书面决定。该会员应当在收到本所限制交易决定的当天将其送达相关当事人；确实无法在当天送达的，应保留相关证据并及时向本所报告。

机构投资者使用专用的参与者交易业务单元进行交易的，本所直接向相关当事人发出有关书面决定。

第十三条 会员及其营业部未按《上海证券交易所会员客户证券交易行为管理实施细则》规定履行相关管理责任的，本所在对异常交易当事人做出处理同时，还可以对相关会员及其营业部采取相应的监管措施或者纪律处分。

第十四条 本指引自发布之日起实施。

上海证券交易所会员客户证券交易行为管理实施细则

（2008 年 5 月 9 日　上海证券交易所）

第一章　总　　则

第一条　为规范会员对客户交易行为的管理，维护证券市场秩序，根据《证券公司监督管理条例》、《证券公司风险处置条例》、《上海证券交易所会员管理规则》及《上海证券交易所交易规则》等相关规定，制定本实施细则。

第二条　会员应当切实履行客户交易行为管理职责，积极开展投资者教育活动，将证券知识宣传教育、证券市场风险揭示工作融入开户、交易、业务拓展等环节，持续对客户开展创新产品及业务的风险揭示工作，提高客户判断自身投资风险的能力，引导客户理性、规范地参与证券交易。

第三条　会员应当遵循“了解自己客户”原则，对客户的交易行为进行管理，引导客户树立法制观念和理性投资意识，规范、约束客户的异常交易行为，有效配合本所市场监管工作。

第四条　会员应当依法加强客户经纪业务管理，严格按照证券法律、法规和本所业务规则的规定，履行因客户交易而发生的相关法律责任。会员应当建立相应的工作制度，妥善处理客户因交易等业务所产生的信访、投诉，及时化解相关的矛盾纠纷。

第五条　会员应当按照本实施细则要求，提高客户服务与管理水平，提升执业质量，在市场自律管理中发挥积极作用。

第二章　规则介绍及风险提示

第六条　会员应当全面、及时地向客户详细介绍本所发布的与证券交易等业务相关的各项业务规则、细则、指引、通知及其他规范性文件（以下统称“规则”）。

第七条　会员应当及时在营业场所的显著位置张贴本所规则，并将之刊登于公司网站。会员对本所发布的紧急通知、风险提示、盘中临时停牌公告等重要文件，除按照前款规定张贴、刊登之外，还应当根据需要通过行情分析系统、网上交易系统、电话语音系统、现场广播、手机短信等有效方式及时予以发布、提示。

第八条　会员应当对其与客户交易相关的管理、业务及技术人员进行培训，确保其充分了解本所规则。

第九条　会员应当设置咨询电话，并在公司网站上开设专栏，及时答复客户有关证券交易的咨询。

第十条　会员在与客户签订证券交易委托代理协议时，应当当面向其解释协议条款、揭示证券交易风险，并要求客户签署证券交易风险揭示书等相关书面文件。

第十一条　客户委托他人代为从事证券交易及其他相关业务，会员应当要求客户本人及受托人到会员营业部当面签署书面授权委托书，并在授权委托书中载明有效期限和授权范围，但客户已提供经公证的书面授权委托书的除外。

第十二条 会员应当在证券交易委托代理协议中与客户约定，如果客户违法违规使用账户，或存在严重影响正常交易秩序的异常交易行为，会员可以拒绝客户委托，或终止与客户的证券交易委托代理关系。

第十三条 会员在提供权证、融资融券等高风险产品或业务的交易服务前，应当向相关客户详细讲解和揭示其中所包含的特殊风险，要求客户书面签署相关风险揭示文件，并持续做好风险提示工作。

第十四条 会员在向客户提供投资咨询时，提供的相关数据应当真实、准确和完整，相关分析和结论应当客观、公正，并充分揭示交易风险。

第三章 交易行为的监督

第十五条 会员应当督促客户遵守与证券交易相关的法律、法规、部门规章及本所规则。

第十六条 会员应当加强客户交易行为的合法合规管理，指定专门部门履行客户交易行为监督管理职责，并配合本所市场监察工作。

第十七条 会员应当了解客户的资信状况、交易习惯、证券投资经验、风险承受能力以及风险偏好等情况，

对从事权证交易、融资融券等高风险业务的客户风险承受能力进行评估，实行分类管理。

会员向客户提供的产品或服务，应当与客户的产品认知能力、风险承受能力相适应。

根据本所要求，会员应当定期向本所报告客户情况。

第十八条 会员不得为一个资金账户下挂多个证券账户、机构使用个人证券账户等违法违规行为提供便利。

会员发现客户存在以他人名义设立证券账户或者利用他人证券账户买卖证券等违法违规行为的，应当要求客户立即纠正，并及时向本所报告。

第十九条 会员应当在柜台交易系统中设置前端控制，对客户的每一笔委托申报所涉及的资金、证券、价格等内容进行核查，确保客户委托申报符合本所相关规则的规定。

会员应当留存客户电话委托号码、网上交易 IP 地址等信息。

第二十条 会员应当建立、完善有效的证券交易和资金监控系统，并制定相关的管理制度，结合公司客户具体情况，在监控系统中设置相关预警指标，关注下列情形，以及时发现、制止可能存在的异常交易行为。

（一）单一客户对单只证券进行大额申报、大额成交、大额撤单、频繁撤单的；

（二）客户在上市公司披露重大信息前大量或持续买入或卖出相关证券的；

（三）客户利用大额资金集中或持续买入单只证券的；

（四）客户转入证券账户且持有大量证券集中或持续卖出的；

（五）同一营业部客户之间或者不同营业部固定客户之间频繁出现互为对手方交易的；

（六）客户申报买入价格明显高于或卖出价格明显低于申报时点之前的行情揭示最新成交价且数量较大的；

（七）会员所属营业部根据本所交易规则和有关通知被列入证券交易公开信息名单的，该营业部客户集中且大量交易相关证券的；

（八）会员同一地区所属营业部或者同一营业部的客户集中买入单只证券且数量较大的；

（九）单一交易日内同一客户频繁进行回转交易且数量较大的；

（十）单一交易日内同一客户对单一证券在同一价位进行大量反向交易的；

（十一）持有解除限售存量股份的股东在一个月内通过集中竞价交易系统卖出解除限售存量股份数量接近上市公司总股本的1%的；

（十二）通过大宗交易系统卖出解除限售存量股份的客户与其交易对手方存在明显关联关系的；

（十三）本所认为需要关注的其他情形。

会员发现客户涉嫌违法违规交易且无法及时制止的，应当及时以书面形式报告本所。

第二十一条 会员应当重点监控下列证券账户的交易行为：

（一）被本所列为限制交易账户；

（二）在最近一季度被本所列为监管关注账户；

（三）其他需要重点监控的账户。

第二十二条 会员应当于每个交易日登录本所网站“会员公司专区”有关监管信息的栏目，查阅本所对其定向发送的限制交易账户及监管关注账户名单。

会员应当自得知上述账户名单之日起五个交易日内，就该等账户相关的证券交易委托代理协议签订、客户身份、授权委托手续、客户风险揭示、资金账户开设等情况进行自查，并通过本所网站“会员公司专区”提交自查报告。

上述账户涉嫌进行第二十条所列交易的，会员应当及时以书面形式报告本所。

第二十三条 对限制交易账户、监管关注账户，会员应当及时将相关情况通知该账户的开户人、实际控制人以及实际操作人，要求规范交易行为，并进行相应的合法合规交易教育。

第四章 自律监管协同与监督检查

第二十四条 会员应当协同本所对会员客户异常交易行为进行自律管理，并建立相应的协同制度和流程，明确合规负责人职责。

第二十五条 本所负责受理会员咨询，指导会员对客户异常交易行为的监督、规范、管理。

第二十六条 会员及其营业部因客户出现异常交易行为收到本所口头警告或书面警示函后，应当及时与客户取得联系，告知本所的相关监管信息，规范和约束客户交易行为。

第二十七条 会员及其营业部应当配合本所进行相关调查，及时、真实、准确、完整地提供客户开户资料、授权委托书、资金存取凭证、资金账户情况以及相关交易情况说明等资料。

本所要求会员及其营业部协助了解相关账户实际控制人情况、资金来源、交易动机以及相关账户实际控制人控制的其他账户等情况的，会员及其营业部应当及时进行调查，并按照本所要求的方式提供相关资料或情况说明。

第二十八条 本所要求有关客户提交合规交易承诺书的，会员及其营业部应当及时向客户告知本所的监管要求，并采取有效措施，督促客户提交合规交易承诺书。

合规交易承诺书包括但不限于下列内容：

（一）严格遵守证券法律法规和本所业务规则的规定，合法合规地参与证券交易；

（二）愿意配合本所及相关会员采取相应的措施；

（三）自行承担因其违法违规行为而产生的法律后果。

第二十九条 会员及其营业部收到本所有关调查函、监管函等监管文件时，应当注意保密，未经本所许可，不得将监管文件的内容以任何方式泄漏给任何与该监管文件无关的第三方。

第三十条 本所就客户异常交易行为相关事宜约见会员高管人员及相关人员的，会员应当积极配合。对本所在约见时提出的监管意见，会员应当按要求认真落实，采取有效措施督促客户消除异常交易行为的负面影响。

第三十一条 本所对会员遵守和执行本实施细则的情况进行专项检查。

第三十二条 会员违反本实施细则的，本所可按照《会员管理规则》等规定，采取相应的监管措施或纪律处分，并可视情节轻重，在一定时间内暂不受理和审核会员的交易权限申请、会员资格相关业务申请等业务。

对于在遵守和执行本实施细则过程中表现突出的会员，本所将对其合规负责人给予通报表扬，并向中国证监会提交增加会员分类评级分值的自律监管建议函。

第五章 附 则

第三十三条 本实施细则下列用语具有如下含义：

（一）异常交易行为：指本所《交易规则》第6.1条所列的异常交易行为。

（二）限制交易账户：指正在被本所限制交易或近三年内曾被本所限制交易的账户。

（三）监管关注账户：指本所在证券交易市场监察中发现的出现异常交易行为的证券账户。

第三十四条 本实施细则由本所负责解释。

第三十五条 本实施细则自发布之日起施行。

深圳证券交易所会员客户交易行为管理指引

（2007 年 9 月 3 日　深圳证券交易所）

第一章　总　　则

第一条　为规范会员对客户交易行为的管理，维护证券市场秩序，根据深圳证券交易所（以下简称“本所”）《会员管理规则》及《交易规则》等相关规定，制定本指引。

第二条　会员应当按照本指引要求，向客户宣传本所发布的与证券交易相关的各项业务规则、细则、指引、通知等规范性文件（以下简称“规则”），提示交易风险，监督客户交易行为，协助本所对客户异常交易行为进行自律监管。

第二章　规则宣传及风险提示

第三条　会员应当全面、及时地向客户宣传本所发布的各项规则。

第四条　会员对本所发布的规则及其相关材料，应当及时张贴在营业场所的显著位置，刊登于公司网站并长期留存。

对本所发布的紧急通知、风险提示、盘中临时停牌公告等重要文件，除及时张贴、刊登之外，会员还应当通过行情分析系统、网上交易系统、电话语音系统、现场广播、手机短信等有效方式发布提示信息。

第五条　会员应当对其与客户交易相关的管理、业务及技术人员进行培训，确保其充分了解本所规则。

第六条　会员应当设置咨询电话，并在公司网站上开设专栏，及时答复客户有关证券交易的咨询。

第七条　会员在与客户签订证券交易委托协议时，应当当面向客户解释协议条款、揭示证券交易风险，并要求客户签署证券交易风险揭示书等相关书面文件。

第八条　会员应当在证券交易委托代理协议中与客户约定，如果客户违法违规使用账户，或存在严重影响正常交易秩序的异常交易行为，会员可以拒绝客户委托，或终止与客户的证券交易委托代理关系。

第九条　会员在提供权证、融资融券等高风险产品或业务的交易服务之前，应当向相关客户详细讲解和揭示其中所包含的特殊风险，要求客户书面签署相关风险揭示文件，并持续做好风险提示工作。

第十条　会员在向客户提供投资咨询时，应当确保相关数据真实、准确和完整，相关分析和结论客观、公正，并充分揭示交易风险。

第三章　交易行为监督

第十一条　会员应当督促客户遵守与证券交易相关的法律、法规、部门规章及本所规则。

第十二条 会员应当加强客户交易行为的合法合规管理，指定专门部门负责客户交易行为监督和管理工作。

第十三条 会员应当了解客户的资信状况、交易习惯、证券投资经验以及风险偏好等情况，并对客户进行分类管理。

会员向客户提供产品或服务，应当与所了解的客户情况相适应。

第十四条 客户委托他人代为从事证券交易及其他相关业务，会员应当要求客户本人及受托人到会员营业部当面签署书面授权委托书，并在授权委托书中载明有效期限和授权范围，但客户已提供经公证的书面授权委托书的除外。

第十五条 会员不得为一个资金账户下挂多个证券账户、机构使用个人证券账户等违法违规行为提供便利。

会员如发现客户存在以他人名义设立证券账户或者利用他人证券账户买卖证券等违法违规行为的，应当要求客户立即纠正，并及时向本所报告。

第十六条 会员应当在柜台交易系统中设置前端控制，对客户的每一笔委托申报所涉及的交易资格、资金、证券、价格等内容进行核查，确保客户委托申报符合本所规则的规定。

会员还应当留存客户电话委托号码，网上交易 IP 等信息。

第十七条 会员应当于每个交易日登陆本所“会员业务专区”有关监管信息的栏目，查阅本所对其定向发送的限制交易账户及监管关注账户名单。

前款所述限制交易账户，指正在被本所限制交易或近三年内曾被本所限制交易的账户；前款所述监管关注账户，指本所在证券交易市场监察中发现的出现异常交易行为的证券账户。

第十八条 会员应当设置交易监控系统，对下列证券账户的交易行为进行重点监控：

（一）由证券监督管理部门提供的涉嫌违法违规交易的账户；

（二）被本所列为限制交易的账户或监管关注账户；

（三）不合格账户；

（四）其他需要重点监控的账户。

会员发现上述账户继续发生涉嫌违法违规交易行为的，应当及时提醒并要求其纠正，对拒不纠正的，可以拒绝接受委托，并及时向本所报告。

第十九条 会员应当对限制交易的账户、监管关注账户的下列信息进行自查：

（一）营业部是否与客户签订了规范的证券交易委托协议，是否了解客户的真实身份及资信状况，是否向客户充分揭示风险；

（二）客户是否委托他人代为进行证券交易，委托人和受托人之间是否已办理完备的授权委托手续，营业部是否了解该账户的开户人、实际控制人或者实际操作人的真实身份及资信状况；

（三）营业部是否保存客户及其代理人的有效联系地址、联系电话等详细信息；

（四）开户人、实际控制人或实际操作人是否开立了其他证券账户或资金账户，资金账户是否下挂了其他证券账户；

（五）本所要求自查的其他信息。

会员应当自得知上述账户名单之日起五个交易日内，向本所提交书面自查报告。

第二十条 对限制交易账户、监管关注账户，会员应当及时将相关情况通知该账户的开户人、实际控制人以及实际操作人，要求其规范交易行为，并对其进行合法合规交易教育。

第四章　自律监管协助

第二十一条　会员应当建立监管协助制度，制定监管协助流程，明确具体负责及联络人员，协助本所对客户异常交易行为进行自律监管。

第二十二条　会员及其营业部因客户出现异常交易行为收到本所口头警示或书面警示函后，应当及时与客户取得联系，传达本所的相关监管信息，规范和约束客户交易行为。

第二十三条　会员及其营业部应当配合本所进行相关调查，及时、真实、准确、完整地提供客户开户资料、授权委托书、资金存取凭证、资金账户情况以及相关交易情况说明等资料。

本所要求会员及其营业部协助了解相关账户实际控制人情况、资金背景、交易动机以及相关账户实际控制人控制的其他账户等情况的，会员及其营业部应当及时进行调查，并按照本所要求的方式提供相关资料或说明材料。

第二十四条　会员及其营业部收到本所有关清理不合格证券账户的监管文件或要求有关客户提交合规交易承诺书时，应当及时向客户传达本所的监管要求，并采取有效措施，督促客户清理不合格证券账户或提交合规交易承诺书。

合规交易承诺书包括但不限于下列内容：

（一）严格遵守证券法律法规和本所业务规则的规定，合法合规地参与证券交易；

（二）愿意配合本所及相关会员采取相应的措施；

（三）自行承担因其违法违规行为而产生的法律后果。

第二十五条　会员及其营业部收到本所有关调查函、监管函等监管文件时，应当注意保密，未经本所许可，不得将监管文件的内容以任何方式泄漏给任何与该监管文件无关的第三方。

第二十六条　会员应当积极配合本所就客户异常交易行为相关事宜约见会员高管人员及相关人员。对本所在约见时提出的监管意见，会员应当按要求认真落实，采取有效措施督促客户消除异常交易行为对市场交易秩序的影响。

第二十七条　本所对会员遵守和执行本指引的情况进行专项检查。

对违反本指引有关规定的会员，本所按照《会员管理规则》的规定，采取相应的监管措施或纪律处分。

第五章　附　　则

第二十八条　本指引下列用语具有如下含义：

（一）异常交易行为：指本所《交易规则》第 6.1 条所列的异常交易行为。

（二）不合格账户：指不符合合格账户要件的账户。合格账户是指开户资料真实、准确、完整，投资者身份真实，资产权属关系清晰，证券账户与资金账户实名对应，符合账户相关规定的账户。

（三）限制交易：指本所根据《深圳证券交易所限制交易实施细则》，对出现重大异常交易情况的证券账户采取限制买卖的措施。

第二十九条　本指引由本所负责解释。

第三十条　本指引自发布之日起施行。

上海证券交易所会员管理规则

（2007 年 2 月 26 日　上海证券交易所，2007 年 5 月 1 日实施）

第一章　总　　则

1.1　为规范上海证券交易所（以下简称“本所”）会员证券交易及其相关业务活动，保障交易安全，维护证券市场秩序，保护投资者合法权益，根据《中华人民共和国证券法》（以下简称“证券法”）、《证券交易所管理办法》等法律、行政法规、部门规章及《上海证券交易所章程》（以下简称“本所章程”），制定本规则。

1.2　本规则适用于本所普通会员（以下简称“会员”）。特别会员的管理规则，由本所另行制定。

1.3　会员从事本所证券交易及相关业务，应当遵守法律、行政法规、部门规章和本所章程、业务规则，诚实守信，规范运作，接受本所自律管理。

1.4　会员董事、监事和高级管理人员应当遵守法律、行政法规、部门规章和本所章程、业务规则，忠实、勤勉地履行职责，接受本所自律管理。

第二章　会员资格管理

2.1　具备本所章程规定条件的证券公司可申请成为本所会员。

2.2　证券公司向本所申请会员资格，应当提交下列文件：

（一）申请书；

（二）设立的批准文件；

（三）经营证券业务许可证；

（四）企业法人营业执照；

（五）章程及主要业务规章制度；

（六）董事、监事、高级管理人员的个人资料；

（七）持有百分之五以上股权的股东、实际控制人的名称、出资额、持股比例、业务范围、注册资本、注册地址、法定代表人等信息；

（八）境内外控股子公司及主要参股公司信息；

（九）本所要求提交的其他文件。

证券公司应当按照本所规定的方式和要求，提交上述文件。

2.3　证券公司申请文件齐备的，本所予以受理，并自受理之日起二十个工作日内作出是否同意接纳为会员的决定。

本所同意接纳的，向该机构颁发会员资格证书，并予以公告。

2.4　会员经营证券业务许可证发生变更的，应当自变更之日起五个工作日内报本所备案。

2.5　会员申请名称变更登记，应当向本所提交下列文件：

（一）申请书；
（二）机构变更的批准文件；
（三）变更后的经营证券业务许可证；
（四）变更后的企业法人营业执照；
（五）变更后的章程；
（六）会员资格证书；
（七）本所要求提交的其他文件。

2.6 会员名称变更申请文件齐备的，本所予以受理，自受理之日起十个工作日内换发会员资格证书，并予以公告。

2.7 会员不再具备本所章程规定的会员条件的，应当按照本所要求申请终止会员资格。

会员解散或者依法宣告破产时，应当于清算或者破产程序结束前向本所申请终止会员资格。

2.8 会员申请终止会员资格，应当向本所提交下列文件：
（一）申请书；
（二）有关批准文件或者决定书；
（三）会员资格证书；
（四）业务清理情况说明；
（五）本所要求提交的其他文件。

2.9 会员申请终止会员资格文件齐备的，本所予以受理，并自受理之日起二十个工作日内作出是否同意终止的决定。

2.10 会员未按本规则第2.7条规定申请终止会员资格的，本所可以决定取消其会员资格，并书面通知该会员。

会员对上述决定有异议的，可自收到通知之日起十五个工作日内向本所申请复核。

2.11 本所同意终止会员资格申请或者决定取消会员资格的，注销其会员资格，并予以公告。会员资格证书自注销之日起失效。

2.12 本所注销会员资格的，相关机构应当及时办理相关手续，交清费用。

2.13 会员被中国证监会依法指定托管、接管的，托管方或者其他相关机构对所托管的证券交易业务行使经营管理权时，应当确保会员遵守本所规定，承担相关义务。

第三章 席位与交易权限管理

3.1 会员应当至少持有一个本所席位。

会员取得席位后参与证券交易的，应当通过在本所设立的参与者交易业务单元进行。

3.2 本所对席位实行总量限制，不再新增席位。

会员可通过从其他会员受让的方式取得席位。

3.3 会员取得的席位不得退回本所。

3.4 本所根据会员下列情况，依据相关业务规则，对会员交易权限实施管理：
（一）业务范围；
（二）经营状况；
（三）市场风险承受程度；
（四）交易及相关系统状况；

（五）内部风险控制；

（六）专业人员配备；

（七）遵守本所业务规则等情况。

本所对会员实施交易权限管理时，可以设定、调整和限制会员参与本所交易的品种、方式及规模。

第四章 证券交易及相关业务管理

第一节 证券交易业务管理

4.1.1 会员开展证券交易业务，应当建立交易业务合规管理、内部风险控制与管理机制，并设立相应的监控系统，对自身及客户交易行为进行有效监督，防范违规交易行为。

4.1.2 会员开展证券经纪业务，应当与客户签订证券交易委托协议，并按照本所交易规则的要求接受客户的证券买卖委托。

4.1.3 会员与客户签订证券交易委托协议时，应当核对客户身份，了解客户资信状况，并留存身份证明、证券账户等证件的复印件及其他相关资料。

4.1.4 会员应当向客户介绍交易品种及相关业务规则，对于特定交易业务根据本所要求与客户签订风险揭示协议，揭示证券投资可能产生的风险。

4.1.5 会员接受客户证券买卖委托时，应当核对客户身份，并查验客户资金、证券是否足额，法律、行政法规、部门规章另有规定的除外。

4.1.6 会员对客户的资金、证券以及委托、成交数据应当有完整、准确、详实的记录或者凭证，按户分账管理，并向客户提供对账与查询服务。

4.1.7 会员应当采取有效措施，妥善保存本规则第4.1.3条、第4.1.6条所列文件资料，保存期限不得少于二十年。

4.1.8 会员应当对客户信息资料保密，法律、行政法规、部门规章另有规定的除外。

4.1.9 会员应当根据本所相关规定，为客户办理指定交易或者撤销指定交易业务，无正当理由的不得拖延或者拒绝。

4.1.10 会员接受客户委托时，发现其存在异常交易行为，应当告知、提醒客户，对可能严重影响正常交易秩序的异常交易行为，可以拒绝接受委托，并及时向本所报告。

4.1.11 会员开展证券自营业务应当通过证券自营账户进行，并自证券自营账户开立之日起三个工作日内报本所备案。

4.1.12 会员不得将证券自营账户借给他人使用，不得借用他人账户开展自营业务。

4.1.13 会员取得证券资产管理业务资格的，应当自取得之日起三个工作日内向本所报告。

会员开设资产管理账户的，应当自开户之日起三个工作日内向本所备案。

4.1.14 会员证券自营及资产管理等交易业务中出现异常交易行为的，应当及时向本所报告。

4.1.15 会员应当加强证券账户管理，不得为他人违法违规使用账户进行证券交易提供便利。

4.1.16 会员从事两种以上存在利益冲突的证券业务的，应当采取有效隔离措施。

4.1.17 会员应当根据本所要求，参与证券交易及相关业务、技术培训。

第二节 交易及相关系统管理

4.2.1 会员应当按照本所交易及相关业务规则要求，建立交易系统、行情系统和通信系统及其备份系统（以下统称“交易及相关系统”），并制定相应的安全运行管理制度。

会员与本所交易及相关系统接口部分的建设、运行、维护，应当符合本所或者本所授权机构的规定或者认可的技术管理规范。

4.2.2 会员使用本所或者本所授权机构提供的交易及相关系统服务，应当与本所或者本所授权机构签订协议。

4.2.3 会员应当按照本所或者本所授权机构技术规范和业务要求，对交易及相关系统的软件和硬件进行改造、测试，并及时向本所报告相关情况。

会员对其交易及相关系统进行改造、测试时，不得影响交易活动的正常进行。

4.2.4 会员应当定期检查交易及相关系统的安全性、稳定性，制定应急预案，并根据本所或者本所授权机构的要求，进行定期或者临时应急演练。

4.2.5 会员的交易及相关系统出现重大故障或者其他因素影响证券市场交易的，应当立即采取有效措施，并及时向本所报告。

4.2.6 会员应当在交易及相关系统与其他技术系统之间、交易通信网络与其他应用网络之间，采取技术隔离措施。

4.2.7 会员应当保障与本所交易及相关系统连接的安全，不得在交易时间内通过本所交易及相关系统从事与证券业务无关的活动。

4.2.8 会员应当对证券交易中产生的业务数据、系统数据等实行严格的安全保密管理，并作备份和异地保存。

第三节 证券交易信息管理

4.3.1 会员使用本所证券交易信息，应当与本所或者本所授权机构签订使用协议，并遵守本所有关证券交易信息管理的规定。

4.3.2 会员应当通过本所许可的通信系统传输证券交易信息。

4.3.3 会员应当在营业场所及时准确地公布证券交易信息，供从事证券交易的客户使用。

4.3.4 未经本所或者本所授权机构许可，会员不得以下列方式使用证券交易信息：

（一）有偿或者无偿提供给客户从事自身证券交易以外的其他活动；

（二）有偿或者无偿提供给客户以外的其他机构和个人；

（三）在营业场所外使用；

（四）本所禁止的其他使用方式。

4.3.5 会员应当告知客户不得将证券交易信息用于自身证券交易以外的其他活动，并对客户使用证券交易信息的行为进行有效管理。

会员发现客户使用证券交易信息时存在损害本所利益的行为，应当及时采取有效措施予以制止，并向本所报告。

第四节 其他证券业务管理

4.4.1 会员保荐的证券在本所上市的，应当向本所出具上市保荐相关文件，并严格依法履行保荐人职责。

4.4.2　会员通过本所交易及相关系统从事证券发行、基金销售等业务时，应当遵守本所相关规定。

4.4.3　会员从事融资融券业务，应当遵守本所相关规定。

第五章　日常管理

第一节　会员代表

5.1.1　会员应当设会员代表一名，组织、协调会员与本所的各项业务往来。

会员代表由会员高级管理人员担任。

会员应当为会员代表履行职责提供便利条件，会员董事、监事、高级管理人员及相关人员应当配合会员代表的工作。

5.1.2　会员应当设会员业务联络人一至四名，根据授权代行会员代表职责。

5.1.3　会员代表、会员业务联络人由会员向本所推荐产生。

会员推荐会员代表，应当向本所提交下列文件：

（一）会员推荐文件；

（二）高级管理人员任职证明文件；

（三）拟推荐人员的联络方式。

会员推荐会员业务联络人，应当提交前款第（一）、（三）项文件。

5.1.4　会员代表推荐文件齐备的，本所自收到之日起五个工作日内未提出异议，视为同意。

会员业务联络人推荐文件齐备的，本所予以确认，并根据需要安排培训。

5.1.5　会员代表应当履行下列职责：

（一）办理本所会员资格、席位、参与者交易业务单元、交易权限管理等相关业务；

（二）报送统计月报、年报及本所要求的其他文件；

（三）组织与本所证券业务相关的会员内部培训；

（四）组织会员相关业务人员参加本所举办的培训；

（五）协调会员与本所交易及相关系统的改造、测试等；

（六）每日浏览本所网站会员专区，及时接收本所发送的业务文件，并予以协调落实；

（七）及时更新会员专区中的会员总部、分支机构的相关资料及其他信息；

（八）督促会员及时履行报告与公告义务；

（九）督促会员及时交纳各项费用；

（十）本所要求履行的其他职责。

5.1.6　会员代表或者会员业务联络人出现下列情形之一的，会员应当立即予以更换：

（一）会员代表不再担任高级管理人员职务；

（二）连续三个月以上不能履行职责；

（三）在履行职责时出现重大错误，产生严重后果的；

（四）本所认为不适宜继续担任会员代表或者会员业务联络人的其他情形。

会员对存在前款规定情形的会员代表或者会员业务联络人不予更换的，本所可以要求更换。

5.1.7　会员向本所申请更换会员代表或者会员业务联络人，应当提交更换申请书及本规则第5.1.3条所列的文件。

5.1.8 会员代表空缺期间，会员法定代表人应当履行会员代表职责，直至会员推荐新的会员代表。

第二节 报告与公告

5.2.1 会员向本所报送的信息和资料应当真实、准确、完整。

5.2.2 会员应当向本所履行下列定期报告义务：

（一）每月前七个工作日内报送上月统计报表及风险控制指标监管报表；

（二）每年四月三十日前报送上年度经审计财务报表和本所要求的年度报告材料；

（三）每年四月三十日前报送上年度会员交易系统运行情况报告；

（四）本所规定的其他定期报告义务。

本所可根据需要调整上述报告的报送时间。

5.2.3 有下列情形之一的，会员应当自该情形发生之日起五个工作日内向本所报告：

（一）会员根据本规则第2.2条提交的文件发生变更的；

（二）会员总部、分支机构发生证券法第一百二十九条规定情形的；

（三）净资本等风险控制指标不符合中国证监会规定标准的；

（四）对外提供的担保单笔涉及金额或者十二个月内累计金额占公司最近经审计净资产值的百分之十以上；

（五）诉讼、仲裁事项涉及金额或者十二个月内累计金额占公司最近经审计净资产值的百分之十以上；

（六）会员或者会员董事、监事、高级管理人员因涉嫌违法违规被有权机关调查或者受到刑事、行政处罚的；

（七）会员改聘会计师事务所；

（八）股东会或者股东大会、董事会决议被依法撤销或者宣告无效；

（九）中国证监会和本所规定的其他事项。

5.2.4 会员发生下列情况的，应当立即向本所报告，并持续报告进展情况：

（一）重大业务风险；

（二）进入风险处置；

（三）重大技术故障；

（四）不可抗力或者意外事件可能影响客户正常交易的；

（五）其他影响公司正常经营的重大事件。

会员发生前款第（三）、（四）项异常情况的，应当立即在其营业场所予以公告。

5.2.5 会员出现证券法第一百五十条至第一百五十四条规定情形的，应当向本所报告事件产生的原因、中国证监会采取的措施、会员整改结果等情况。

5.2.6 本所可以根据审慎监管原则，要求会员对证券交易、业务经营、合规管理、风险控制和技术系统运行等情况进行自查，并提交专项自查报告。

5.2.7 会员被依法托管的，托管方应当自中国证监会批准托管方案之日起五个工作日内将托管方案等文件报本所备案。

第三节 会员收费

5.3.1 会员应当按照规定的收费项目、收费标准与收费方式，按时交纳相关费用。

5.3.2 会员拖欠本所相关费用的，本所可视情况暂停受理或者办理相关业务。

5.3.3 会员被中国证监会依法指定托管、接管的，应当按照本所要求交纳为保证证券交易正常进行发生的相关费用，如不能按时交纳的，本所可视情况采取相应措施。

第四节 纠纷解决

5.4.1 会员应当指定部门受理客户投诉，并按照本所要求将与交易相关的客户投诉及处理情况向本所报告。

5.4.2 会员之间发生的业务纠纷，会员应当记录有关情况，以备本所查阅。

5.4.3 会员之间、会员与客户之间发生的业务纠纷可能影响正常交易的，相关会员应当自该情形出现之日起二个工作日内向本所报告。

5.4.4 会员之间发生的业务纠纷，经双方协商同意，可以提请本所予以调解。

第六章 监督检查

6.1 本所对会员的证券交易行为实行实时监控，重点监控会员可能影响证券交易价格或者证券交易量的异常交易行为。

6.2 本所可根据监管需要，采用现场和非现场的方式对会员证券业务活动中的风险管理、交易及相关系统安全运行等情况进行监督检查。

6.3 本所在会员监管过程中，对存在或者可能存在问题的会员，可以根据需要采取下列措施：

（一）口头警示；

（二）书面警示；

（三）要求整改；

（四）约见谈话；

（五）专项调查；

（六）暂停受理或者办理相关业务；

（七）提请中国证监会处理。

本所采取前款第（一）项至第（六）项监管措施时，可视情况通报中国证监会或者其派出机构。

6.4 会员应当积极配合本所监管，按照本所要求及时说明情况，提供相关的业务报表、账册、原始凭证、开户资料及其他文件、资料，不得以任何理由拒绝或者拖延提供有关资料，不得提供虚假的、误导性的或者不完整的资料。

第七章 纪律处分

7.1 会员违反本所业务规则，本所责令改正，并视情节轻重单处或者并处下列纪律处分措施：

（一）在会员范围内通报批评；

（二）在中国证监会指定媒体上公开谴责；

（三）暂停或者限制交易；

（四）取消交易权限；

（五）取消会员资格。

本所采取上述纪律处分时，可视情况通报中国证监会或者其派出机构。

会员受到第一款第（三）、（四）、（五）项纪律处分的，应当自收到处分通知之日起五个工作日内在其营业场所予以公告。

7.2 会员董事、监事、高级管理人员对会员违规行为负有责任的，本所责令改正，并视情节轻重处以下列纪律处分措施：

（一）在会员范围内通报批评；

（二）在中国证监会指定媒体上公开谴责。

前款规定人员累计三次受到本所纪律处分的，可同时报请中国证监会认定其为不适当人选。

7.3 会员不服本规则第7.1条第一款第（二）、（三）、（四）、（五）项纪律处分决定，会员董事、监事、高级管理人员不服本规则第7.2条第一款第（二）项纪律处分决定的，可自收到处分通知之日起十五个工作日内向本所申请复核，复核期间该处分决定不停止执行。

复核的有关事项按照本所相关规定办理。

第八章 附 则

8.1 本规则下列用语具有如下含义：

（一）普通会员：指本所按照章程规定接纳的依法设立的具有法人资格的境内证券公司。

（二）特别会员：指本所按照章程规定接纳的符合中国证监会规定的境内其他金融机构和境外证券经营机构或者其驻华代表处。

（三）参与者交易业务单元：见《上海证券交易所交易规则》第2.2.2条规定。

（四）异常交易行为：指《上海证券交易所交易规则》第6.1条规定的异常交易行为。

（五）证券交易信息：指证券及其衍生产品依照一定规则在本所集中交易产生的，经本所加工形成的有关证券交易的即时行情、证券指数、交易数据和证券交易公开信息等信息。

8.2 本规则经本所理事会通过，报中国证监会批准后生效，修改时亦同。

8.3 本规则由本所负责解释。

8.4 本规则自2007年5月1日起实施。本所于1998年8月5日发布的《关于加强会员管理的暂行规定》和2003年5月21日发布的《关于加强会员业务代表工作的通知》同时废止。

深圳证券交易所会员管理规则

（2007 年 2 月 26 日　深圳证券交易所，2007 年 5 月 1 日实施）

第一章　总　　则

1.1　为规范深圳证券交易所（以下简称“本所”）会员证券交易及其相关业务活动，保障交易安全，维护证券市场秩序，保护投资者合法权益，根据《中华人民共和国证券法》（以下简称“证券法”）、《证券交易所管理办法》等法律、行政法规、部门规章及《深圳证券交易所章程》（以下简称“本所章程”），制定本规则。

1.2　本规则适用于本所普通会员（以下简称“会员”）。特别会员的管理规则，由本所另行制定。

1.3　会员从事本所证券交易及相关业务，应当遵守法律、行政法规、部门规章和本所章程、业务规则，诚实守信，规范运作，接受本所自律管理。

1.4　会员董事、监事和高级管理人员应当遵守法律、行政法规、部门规章和本所章程、业务规则，忠实、勤勉地履行职责，接受本所自律管理。

第二章　会员资格管理

2.1　具备本所章程规定条件的证券公司可申请成为本所会员。

2.2　证券公司向本所申请会员资格，应当提交下列文件：

（一）申请书；

（二）设立的批准文件；

（三）经营证券业务许可证；

（四）企业法人营业执照；

（五）章程及主要业务规章制度；

（六）董事、监事、高级管理人员的个人资料；

（七）持有百分之五以上股权的股东、实际控制人的名称、出资额、持股比例、业务范围、注册资本、注册地址、法定代表人等信息；

（八）境内外控股子公司及主要参股公司信息；

（九）本所要求提交的其他文件。

证券公司应当按照本所规定的方式和要求，提交上述文件。

2.3　证券公司申请文件齐备的，本所予以受理，并自受理之日起二十个工作日内作出是否同意接纳为会员的决定。

本所同意接纳的，向该机构颁发会员资格证书，并予以公告。

2.4　会员经营证券业务许可证发生变更的，应当自变更之日起五个工作日内报本所备案。

2.5　会员申请名称变更登记，应当向本所提交下列文件：

（一）申请书；
（二）机构变更的批准文件；
（三）变更后的经营证券业务许可证；
（四）变更后的企业法人营业执照；
（五）变更后的章程；
（六）会员资格证书；
（七）本所要求提交的其他文件。

2.6 会员名称变更申请文件齐备的，本所予以受理，自受理之日起十个工作日内换发会员资格证书，并予以公告。

2.7 会员不再具备本所章程规定的会员条件的，应当按照本所要求申请终止会员资格。

会员解散或者依法宣告破产时，应当于清算或者破产程序结束前向本所申请终止会员资格。

2.8 会员申请终止会员资格，应当向本所提交下列文件：
（一）申请书；
（二）有关批准文件或者决定书；
（三）会员资格证书；
（四）业务清理情况说明；
（五）本所要求提交的其他文件。

2.9 会员申请终止会员资格文件齐备的，本所予以受理，并自受理之日起二十个工作日内作出是否同意终止的决定。

2.10 会员未按本规则第2.7条规定申请终止会员资格的，本所可以决定取消其会员资格，并书面通知该会员。

会员对上述决定有异议的，可自收到通知之日起十五个工作日内向本所申请复核。

2.11 本所同意终止会员资格申请或者决定取消会员资格的，注销其会员资格，并予以公告。会员资格证书自注销之日起失效。

2.12 本所注销会员资格的，相关机构应当及时办理相关手续，交清费用。

2.13 会员被中国证监会依法指定托管、接管的，托管方或者其他相关机构对所托管的证券交易业务行使经营管理权时，应当确保会员遵守本所规定，承担相关义务。

第三章 席位、交易单元与交易权限管理

3.1 会员应当取得并至少持有一个本所席位。

会员取得席位后参与证券交易的，应当通过在本所设立的交易单元进行。

3.2 会员可通过向本所购买或从其他会员受让的方式取得席位。

会员取得的席位不得退回本所。

3.3 本所对席位实行总量限制。

3.4 席位与交易单元管理细则由本所另行制定。

3.5 本所根据会员下列情况，依据相关业务规则，对会员交易权限实施管理：
（一）业务范围；
（二）经营状况；
（三）市场风险承受程度；

（四）交易及相关系统状况；

（五）内部风险控制；

（六）专业人员配备；

（七）遵守本所业务规则等情况。

本所对会员实施交易权限管理时，可以设定、调整和限制会员参与本所交易的品种、方式及规模。

第四章 证券交易及相关业务管理

第一节 证券交易业务管理

4.1.1 会员开展证券交易业务，应当建立交易业务合规管理、内部风险控制与管理机制，并设立相应的监控系统，对自身及客户交易行为进行有效监督，防范违规交易行为。

4.1.2 会员开展证券经纪业务，应当与客户签订证券交易委托协议，并按照本所交易规则的要求接受客户的证券买卖委托。

4.1.3 会员与客户签订证券交易委托协议时，应当核对客户身份，了解客户资信状况，并留存身份证明、证券账户等证件的复印件及其他相关资料。

4.1.4 会员应当向客户介绍交易品种及相关业务规则，对于特定交易业务根据本所要求与客户签订风险揭示协议，揭示证券投资可能产生的风险。

4.1.5 会员接受客户证券买卖委托时，应当核对客户身份，并查验客户资金、证券是否足额，法律、行政法规、部门规章另有规定的除外。

4.1.6 会员对客户的资金、证券以及委托、成交数据应当有完整、准确、详实的记录或者凭证，按户分账管理，并向客户提供对账与查询服务。

4.1.7 会员应当采取有效措施，妥善保存本规则第4.1.3条、第4.1.6条所列文件资料，保存期限不得少于二十年。

4.1.8 会员应当对客户信息资料保密，法律、行政法规、部门规章另有规定的除外。

4.1.9 会员接受客户委托时，发现其存在异常交易行为，应当告知、提醒客户，对可能严重影响正常交易秩序的异常交易行为，可以拒绝接受委托，并及时向本所报告。

4.1.10 会员开展证券自营业务应当通过证券自营账户进行，并自证券自营账户开立之日起三个工作日内报本所备案。

4.1.11 会员不得将证券自营账户借给他人使用，不得借用他人账户开展自营业务。

4.1.12 会员取得证券资产管理业务资格的，应当自取得之日起三个工作日内向本所报告。

会员开设资产管理账户的，应当自开户之日起三个工作日内向本所备案。

4.1.13 会员证券自营及资产管理等交易业务中出现异常交易行为的，应当及时向本所报告。

4.1.14 会员应当加强证券账户管理，不得为他人违法违规使用账户进行证券交易提供便利。

4.1.15 会员从事两种以上存在利益冲突的证券业务的，应当采取有效隔离措施。

4.1.16 会员应当根据本所要求，参与证券交易及相关业务、技术培训。

第二节 交易及相关系统管理

4.2.1 会员应当按照本所交易及相关业务规则要求，建立交易系统、行情系统和通信系统及其备份系统（以下统称“交易及相关系统”），并制定相应的安全运行管理制度。

会员与本所交易及相关系统接口部分的建设、运行、维护，应当符合本所或者本所授权机构的规定或者认可的技术管理规范。

4.2.2 会员使用本所或者本所授权机构提供的交易及相关系统服务，应当与本所或者本所授权机构签订协议。

4.2.3 会员应当按照本所或者本所授权机构技术规范和业务要求，对交易及相关系统的软件和硬件进行改造、测试，并及时向本所报告相关情况。

会员对其交易及相关系统进行改造、测试时，不得影响交易活动的正常进行。

4.2.4 会员应当定期检查交易及相关系统的安全性、稳定性，制定应急预案，并根据本所或者本所授权机构的要求，进行定期或者临时应急演练。

4.2.5 会员的交易及相关系统出现重大故障或者其他因素影响证券市场交易的，应当立即采取有效措施，并及时向本所报告。

4.2.6 会员应当在交易及相关系统与其他技术系统之间、交易通信网络与其他应用网络之间，采取技术隔离措施。

4.2.7 会员应当保障与本所交易及相关系统连接的安全，不得在交易时间内通过本所交易及相关系统从事与证券业务无关的活动。

4.2.8 会员应当对证券交易中产生的业务数据、系统数据等实行严格的安全保密管理，并作备份和异地保存。

第三节 证券交易信息管理

4.3.1 会员使用本所证券交易信息，应当与本所或者本所授权机构签订使用协议，并遵守本所有关证券交易信息管理的规定。

4.3.2 会员应当通过本所许可的通信系统传输证券交易信息。

4.3.3 会员应当在营业场所及时准确地公布证券交易信息，供从事证券交易的客户使用。

4.3.4 未经本所或者本所授权机构许可，会员不得以下列方式使用证券交易信息：

（一）有偿或者无偿提供给客户从事自身证券交易以外的其他活动；

（二）有偿或者无偿提供给客户以外的其他机构和个人；

（三）在营业场所外使用；

（四）本所禁止的其他使用方式。

4.3.5 会员应当告知客户不得将证券交易信息用于自身证券交易以外的其他活动，并对客户使用证券交易信息的行为进行有效管理。

会员发现客户使用证券交易信息时存在损害本所利益的行为，应当及时采取有效措施予以制止，并向本所报告。

第四节 其他证券业务管理

4.4.1 会员保荐的证券在本所上市的，应当向本所出具上市保荐相关文件，并严格依法履行保荐人职责。

4.4.2　会员通过本所交易及相关系统从事证券发行、基金销售等业务时，应当遵守本所相关规定。

4.4.3　会员从事融资融券业务，应当遵守本所相关规定。

第五章　日常管理

第一节　会员代表

5.1.1　会员应当设会员代表一名，组织、协调会员与本所的各项业务往来。

会员代表由会员高级管理人员担任。

会员应当为会员代表履行职责提供便利条件，会员董事、监事、高级管理人员及相关人员应当配合会员代表的工作。

5.1.2　会员应当设会员业务联络人一至四名，根据授权代行会员代表职责。

5.1.3　会员代表、会员业务联络人由会员向本所推荐产生。

会员推荐会员代表，应当向本所提交下列文件：

（一）会员推荐文件；

（二）高级管理人员任职证明文件；

（三）拟推荐人员的联络方式。

会员推荐会员业务联络人，应当提交前款第（一）、（三）项文件。

5.1.4　会员代表推荐文件齐备的，本所自收到之日起五个工作日内未提出异议，视为同意。

会员业务联络人推荐文件齐备的，本所予以确认，并根据需要安排培训。

5.1.5　会员代表应当履行下列职责：

（一）办理本所会员资格、席位、交易单元、交易权限管理等相关业务；

（二）报送统计月报、年报及本所要求的其他文件；

（三）组织与本所证券业务相关的会员内部培训；

（四）组织会员相关业务人员参加本所举办的培训；

（五）协调会员与本所交易及相关系统的改造、测试等；

（六）每日浏览本所网站会员专区，及时接收本所发送的业务文件，并予以协调落实；

（七）及时更新会员专区中的会员总部、分支机构的相关资料及其他信息；

（八）督促会员及时履行报告与公告义务；

（九）督促会员及时交纳各项费用；

（十）本所要求履行的其他职责。

5.1.6　会员代表或者会员业务联络人出现下列情形之一的，会员应当立即予以更换：

（一）会员代表不再担任高级管理人员职务；

（二）连续三个月以上不能履行职责；

（三）在履行职责时出现重大错误，产生严重后果的；

（四）本所认为不适宜继续担任会员代表或者会员业务联络人的其他情形。

会员对存在前款规定情形的会员代表或者会员业务联络人不予更换的，本所可以要求更换。

5.1.7　会员向本所申请更换会员代表或者会员业务联络人，应当提交更换申请书及本规则第5.1.3条所列的文件。

5.1.8 会员代表空缺期间，会员法定代表人应当履行会员代表职责，直至会员推荐新的会员代表。

第二节 报告与公告

5.2.1 会员向本所报送的信息和资料应当真实、准确、完整。

5.2.2 会员应当向本所履行下列定期报告义务：

（一）每月前七个工作日内报送上月统计报表及风险控制指标监管报表；

（二）每年四月三十日前报送上年度经审计财务报表和本所要求的年度报告材料；

（三）每年四月三十日前报送上年度会员交易系统运行情况报告；

（四）本所规定的其他定期报告义务。

本所可根据需要调整上述报告的报送时间。

5.2.3 有下列情形之一的，会员应当自该情形发生之日起五个工作日内向本所报告：

（一）会员根据本规则第2.2条提交的文件发生变更的；

（二）会员总部、分支机构发生证券法第一百二十九条规定情形的；

（三）净资本等风险控制指标不符合中国证监会规定标准的；

（四）对外提供的担保单笔涉及金额或者十二个月内累计金额占公司最近经审计净资产值的百分之十以上；

（五）诉讼、仲裁事项涉及金额或者十二个月内累计金额占公司最近经审计净资产值的百分之十以上；

（六）会员或者会员董事、监事、高级管理人员因涉嫌违法违规被有权机关调查或者受到刑事、行政处罚的；

（七）会员改聘会计师事务所；

（八）股东会或者股东大会、董事会决议被依法撤销或者宣告无效；

（九）中国证监会和本所规定的其他事项。

5.2.4 会员发生下列情况的，应当立即向本所报告，并持续报告进展情况：

（一）重大业务风险；

（二）进入风险处置；

（三）重大技术故障；

（四）不可抗力或者意外事件可能影响客户正常交易的；

（五）其他影响公司正常经营的重大事件。

会员发生前款第（三）、（四）项异常情况的，应当立即在其营业场所予以公告。

5.2.5 会员出现证券法第一百五十条至第一百五十四条规定情形的，应当向本所报告事件产生的原因、中国证监会采取的措施、会员整改结果等情况。

5.2.6 本所可以根据审慎监管原则，要求会员对证券交易、业务经营、合规管理、风险控制和技术系统运行等情况进行自查，并提交专项自查报告。

5.2.7 会员被依法托管的，托管方应当自中国证监会批准托管方案之日起五个工作日内将托管方案等文件报本所备案。

第三节 会员收费

5.3.1 会员应当按照规定的收费项目、收费标准与收费方式，按时交纳相关费用。

5.3.2 会员拖欠本所相关费用的，本所可视情况暂停受理或者办理相关业务。

5.3.3 会员被中国证监会依法指定托管、接管的，应当按照本所要求交纳为保证证券交易正常进行发生的相关费用，如不能按时交纳的，本所可视情况采取相应措施。

第四节 纠纷解决

5.4.1 会员应当指定部门受理客户投诉，并按照本所要求将与交易相关的客户投诉及处理情况向本所报告。

5.4.2 会员之间发生的业务纠纷，会员应当记录有关情况，以备本所查阅。

5.4.3 会员之间、会员与客户之间发生的业务纠纷可能影响正常交易的，相关会员应当自该情形出现之日起二个工作日内向本所报告。

5.4.4 会员之间发生的业务纠纷，经双方协商同意，可以提请本所予以调解。

第六章 监督检查

6.1 本所对会员的证券交易行为实行实时监控，重点监控会员可能影响证券交易价格或者证券交易量的异常交易行为。

6.2 本所可根据监管需要，采用现场和非现场的方式对会员证券业务活动中的风险管理、交易及相关系统安全运行等情况进行监督检查。

6.3 本所在会员监管过程中，对存在或者可能存在问题的会员，可以根据需要采取下列措施：

（一）口头警示；

（二）书面警示；

（三）要求整改；

（四）约见谈话；

（五）专项调查；

（六）暂停受理或者办理相关业务；

（七）提请中国证监会处理。

本所采取前款第（一）项至第（六）项监管措施时，可视情况通报中国证监会或者其派出机构。

6.4 会员应当积极配合本所监管，按照本所要求及时说明情况，提供相关的业务报表、账册、原始凭证、开户资料及其他文件、资料，不得以任何理由拒绝或者拖延提供有关资料，不得提供虚假的、误导性的或者不完整的资料。

第七章 纪律处分

7.1 会员违反本所业务规则，本所责令改正，并视情节轻重单处或者并处下列纪律处分措施：

（一）在会员范围内通报批评；

（二）在中国证监会指定媒体上公开谴责；

（三）暂停或者限制交易；

（四）取消交易权限；

（五）取消会员资格。

本所采取上述纪律处分时，可视情况通报中国证监会或者其派出机构。

会员受到第一款第（三）、（四）、（五）项纪律处分的，应当自收到处分通知之日起五个工作日内在其营业场所予以公告。

7.2 会员董事、监事、高级管理人员对会员违规行为负有责任的，本所责令改正，并视情节轻重处以下列纪律处分措施：

（一）在会员范围内通报批评；

（二）在中国证监会指定媒体上公开谴责。

前款规定人员累计三次受到本所纪律处分的，可同时报请中国证监会认定其为不适当人选。

7.3 会员不服本规则第7.1条第一款第（二）、（三）、（四）、（五）项纪律处分决定，会员董事、监事、高级管理人员不服本规则第7.2条第一款第（二）项纪律处分决定的，可自收到处分通知之日起十五个工作日内向本所申请复核，复核期间该处分决定不停止执行。

复核的有关事项按照本所相关规定办理。

第八章 附 则

8.1 本规则下列用语具有如下含义：

（一）普通会员：指本所按照章程规定接纳的依法设立的具有法人资格的境内证券公司。

（二）特别会员：指本所按照章程规定接纳的符合中国证监会规定的境内其他金融机构和境外证券经营机构或者其驻华代表处。

（三）交易单元：指会员向本所申请设立的、参与本所证券交易与接受本所监管及服务的基本业务单位。

（四）异常交易行为：指《深圳证券交易所交易规则》第6.1条规定的异常交易行为。

（五）证券交易信息：指证券及其衍生产品依照一定规则在本所集中交易产生的，经本所加工形成的有关证券交易的即时行情、证券指数、交易数据和证券交易公开信息等信息。

8.2 本规则经本所理事会通过，报中国证监会批准后生效，修改时亦同。

8.3 本规则由本所负责解释。

8.4 本规则自2007年5月1日起实施。本所于1998年8月10日发布的《深圳证券交易所会员管理暂行办法》和2003年5月14日发布的《关于设立深圳证券交易所会员代表的通知》同时废止。

上海证券交易所交易规则

（2006年5月15日　上海证券交易所，2006年7月1日实施）

第一章　总　　则

1.1　为规范证券市场交易行为，维护证券市场秩序，保护投资者合法权益，根据《中华人民共和国证券法》等法律、行政法规、部门规章以及《上海证券交易所章程》，制定本规则。

1.2　在上海证券交易所（以下简称“本所”）上市的证券及其衍生品种（以下统称“证券”）的交易，适用本规则。本规则未作规定的，适用本所其他有关规定。

1.3　证券交易遵循公开、公平、公正的原则。

1.4　证券交易应当遵守法律、行政法规和部门规章及本所相关业务规则，遵循自愿、有偿、诚实信用原则。

1.5　证券交易采用无纸化的集中交易或经中国证券监督管理委员会（以下简称“证监会”）批准的其他方式。

第二章　交易市场

第一节　交易场所

2.1.1　本所为证券交易提供交易场所及设施。交易场所及设施由交易主机、交易大厅、参与者交易业务单元、报盘系统及相关的通信系统等组成。

2.1.2　本所设置交易大厅。本所会员（以下简称“会员”）可以通过其派驻交易大厅的交易员进行申报。

除经本所特许外，进入交易大厅的，仅限下列人员：

（一）登记在册交易员；

（二）场内监管人员。

第二节　交易参与人与交易权

2.2.1　会员及本所认可的机构进入本所市场进行证券交易的，须向本所申请取得相应席位和交易权，成为本所交易参与人。

交易参与人应当通过在本所申请开设的参与者交易业务单元进行证券交易。

2.2.2　参与者交易业务单元，是指交易参与人据此可以参与本所证券交易，享有及行使相关交易权利，并接受本所相关交易业务管理的基本单位。

2.2.3　参与者交易业务单元和交易权限等管理细则由本所另行规定，报证监会批准后生效。

第三节 交易品种

2.3.1 下列证券可以在本所市场挂牌交易：

（一）股票；

（二）基金；

（三）债券；

（四）债券回购；

（五）权证；

（六）经证监会批准的其他交易品种。

第四节 交易时间

2.4.1 本所交易日为每周一至周五。

国家法定假日和本所公告的休市日，本所市场休市。

2.4.2 采用竞价交易方式的，每个交易日的9:15至9:25为开盘集合竞价时间，9:30至11:30、13:00至15:00为连续竞价时间，开市期间停牌并复牌的证券除外。

根据市场发展需要，经证监会批准，本所可以调整交易时间。

2.4.3 交易时间内因故停市，交易时间不作顺延。

第三章 证券买卖

第一节 一般规定

3.1.1 会员接受投资者的买卖委托后，应当按照委托的内容向本所申报，并承担相应的交易、交收责任。

会员接受投资者买卖委托达成交易的，投资者应当向会员交付其委托会员卖出的证券或其委托会员买入证券的款项，会员应当向投资者交付卖出证券所得款项或买入的证券。

3.1.2 会员通过其拥有的参与者交易业务单元和相关的报送渠道向本所交易主机发送买卖申报指令，并按本规则达成交易，交易结果及其他交易记录由本所发送至会员。

3.1.3 会员应当按照有关规定妥善保管委托和申报记录。

3.1.4 投资者买入的证券，在交收前不得卖出，但实行回转交易的除外。

证券的回转交易是指投资者买入的证券，经确认成交后，在交收前全部或部分卖出。

3.1.5 债券和权证实行当日回转交易，B股实行次交易日起回转交易。

3.1.6 根据市场需要，本所可以实行一级交易商制度，具体办法由本所另行规定，报证监会批准后生效。

第二节 指定交易

3.2.1 本所市场证券交易实行全面指定交易制度，境外投资者从事B股交易除外。

3.2.2 全面指定交易是指参与本所市场证券买卖的投资者必须事先指定一家会员作为其买卖证券的受托人，通过该会员参与本所市场证券买卖。

3.2.3 投资者应当与指定交易的会员签订指定交易协议，明确双方的权利、义务和责任。指定交易协议一经签订，会员即可根据投资者的申请向本所交易主机申报办理指定交易手续。

3.2.4 本所在开市期间接受指定交易申报指令，该指令被交易主机接受后即刻生效。

3.2.5 投资者变更指定交易的，应当向已指定的会员提出撤销申请，由该会员申报撤销指令。对于符合撤销指定条件的，会员不得限制、阻挠或拖延其办理撤销指定手续。

3.2.6 指定交易撤销后即可重新申办指定交易。

3.2.7 指定交易的其他事项按照本所的有关规定执行。

第三节 委　托

3.3.1 投资者买卖证券，应当开立证券账户和资金账户，并与会员签订证券交易委托协议。协议生效后，投资者即成为该会员经纪业务的客户（以下简称客户）。

投资者开立证券账户，按本所指定登记结算机构的规定办理。

3.3.2 客户可以通过书面或电话、自助终端、互联网等自助委托方式委托会员买卖证券。电话、自助终端、互联网等自助委托应当按相关规定操作。

3.3.3 客户通过自助委托方式参与证券买卖的，会员应当与其签订自助委托协议。

3.3.4 除本所另有规定外，客户的委托指令应当包括下列内容：

（一）证券账户号码；

（二）证券代码；

（三）买卖方向；

（四）委托数量；

（五）委托价格；

（六）本所及会员要求的其他内容。

3.3.5 客户可以采用限价委托或市价委托的方式委托会员买卖证券。

限价委托是指客户委托会员按其限定的价格买卖证券，会员必须按限定的价格或低于限定的价格申报买入证券；按限定的价格或高于限定的价格申报卖出证券。

市价委托是指客户委托会员按市场价格买卖证券。

3.3.6 客户可以撤销委托的未成交部分。

3.3.7 被撤销和失效的委托，会员应当在确认后及时向客户返还相应的资金或证券。

3.3.8 会员向客户买卖证券提供融资融券服务的，应当按照有关规定办理。

第四节 申　报

3.4.1 本所接受会员竞价交易申报的时间为每个交易日9:15至9:25、9:30至11:30、13:00至15:00。

每个交易日9:20至9:25的开盘集合竞价阶段，本所交易主机不接受撤单申报；其他接受交易申报的时间内，未成交申报可以撤销。撤销指令经本所交易主机确认方为有效。

本所认为必要时，可以调整接受申报时间。

3.4.2 会员应当按照客户委托的时间先后顺序及时向本所申报。

3.4.3 本所接受会员的限价申报和市价申报。

3.4.4 根据市场需要，本所可以接受下列方式的市价申报：

（一）最优五档即时成交剩余撤销申报，即该申报在对手方实时最优五个价位内以对手方价格为成交价逐次成交，剩余未成交部分自动撤销。

（二）最优五档即时成交剩余转限价申报，即该申报在对手方实时五个最优价位内以对手方价格为成交价逐次成交，剩余未成交部分按本方申报最新成交价转为限价申报；如该申报无成交的，按本方最优报价转为限价申报；如无本方申报的，该申报撤销。

（三）本所规定的其他方式。

3.4.5 市价申报只适用于有价格涨跌幅限制证券连续竞价期间的交易，本所另有规定的除外。

3.4.6 限价申报指令应当包括证券账号、营业部代码、证券代码、买卖方向、数量、价格等内容。

市价申报指令应当包括申报类型、证券账号、营业部代码、证券代码、买卖方向、数量等内容。

申报指令按本所规定的格式传送。本所认为必要时，可以调整申报的内容及方式。

3.4.7 通过竞价交易买入股票、基金、权证的，申报数量应当为100股（份）或其整数倍。

卖出股票、基金、权证时，余额不足100股（份）的部分，应当一次性申报卖出。

3.4.8 竞价交易中，债券交易的申报数量应当为1手或其整数倍，债券质押式回购交易的申报数量应当为100手或其整数倍，债券买断式回购交易的申报数量应当为1 000手或其整数倍。

债券交易和债券买断式回购交易以人民币1 000元面值债券为1手，债券质押式回购交易以人民币1 000元标准券为1手。

3.4.9 股票、基金、权证交易单笔申报最大数量应当不超过100万股（份），债券交易和债券质押式回购交易单笔申报最大数量应当不超过1万手，债券买断式回购交易单笔申报最大数量应当不超过5万手。

根据市场需要，本所可以调整证券的单笔申报最大数量。

3.4.10 不同证券的交易采用不同的计价单位。股票为“每股价格”，基金为“每份基金价格”，权证为“每份权证价格”，债券为“每百元面值债券的价格”，债券质押式回购为“每百元资金到期年收益”，债券买断式回购为“每百元面值债券的到期购回价格”。

3.4.11 A股、债券交易和债券买断式回购交易的申报价格最小变动单位为0.01元人民币，基金、权证交易为0.001元人民币，B股交易为0.001美元，债券质押式回购交易为0.005元。

3.4.12 根据市场需要，本所可以调整各类证券单笔买卖申报数量和申报价格的最小变动单位。

3.4.13 本所对股票、基金交易实行价格涨跌幅限制，涨跌幅比例为10%，其中ST股票和*ST股票价格涨跌幅比例为5%。

股票、基金涨跌幅价格的计算公式为：涨跌幅价格＝前收盘价（1±涨跌幅比例）。

计算结果按照四舍五入原则取至价格最小变动单位。

属于下列情形之一的，首个交易日无价格涨跌幅限制：

（一）首次公开发行上市的股票和封闭式基金；

（二）增发上市的股票；

（三）暂停上市后恢复上市的股票；

（四）本所认定的其他情形。

经证监会批准，本所可以调整证券的涨跌幅比例。

3.4.14 买卖有价格涨跌幅限制的证券，在价格涨跌幅限制以内的申报为有效申报，超过价格涨跌幅限制的申报为无效申报。

3.4.15　买卖无价格涨跌幅限制的证券，集合竞价阶段的有效申报价格应符合下列规定：

（一）股票交易申报价格不高于前收盘价格的200%，并且不低于前收盘价格的50%；

（二）基金、债券交易申报价格最高不高于前收盘价格的150%，并且不低于前收盘价格的70%。

集合竞价阶段的债券回购交易申报无价格限制。

3.4.16　买卖无价格涨跌幅限制的证券，连续竞价阶段的有效申报价格应符合下列规定：

（一）申报价格不高于即时揭示的最低卖出价格的110%且不低于即时揭示的最高买入价格的90%；同时不高于上述最高申报价与最低申报价平均数的130%且不低于该平均数的70%；

（二）即时揭示中无买入申报价格的，即时揭示的最低卖出价格、最新成交价格中较低者视为前项最高买入价格；

（三）即时揭示中无卖出申报价格的，即时揭示的最高买入价格、最新成交价格中较高者视为前项最低卖出价格。

当日无交易的，前收盘价格视为最新成交价格。

根据市场需要，本所可以调整申报价格限制的规定。

3.4.17　申报当日有效。每笔参与竞价交易的申报不能一次全部成交时，未成交的部分继续参加当日竞价，本规则另有规定的除外。

第五节　竞　　价

3.5.1　证券竞价交易采用集合竞价和连续竞价两种方式。

集合竞价是指在规定时间内接受的买卖申报一次性集中撮合的竞价方式。

连续竞价是指对买卖申报逐笔连续撮合的竞价方式。

3.5.2　集合竞价期间未成交的买卖申报，自动进入连续竞价。

第六节　成　　交

3.6.1　证券竞价交易按价格优先、时间优先的原则撮合成交。

成交时价格优先的原则为：较高价格买入申报优先于较低价格买入申报，较低价格卖出申报优先于较高价格卖出申报。

成交时时间优先的原则为：买卖方向、价格相同的，先申报者优先于后申报者。先后顺序按交易主机接受申报的时间确定。

3.6.2　集合竞价时，成交价格的确定原则为：

（一）可实现最大成交量的价格；

（二）高于该价格的买入申报与低于该价格的卖出申报全部成交的价格；

（三）与该价格相同的买方或卖方至少有一方全部成交的价格。

两个以上申报价格符合上述条件的，使未成交量最小的申报价格为成交价格；仍有两个以上使未成交量最小的申报价格符合上述条件的，其中间价为成交价格。

集合竞价的所有交易以同一价格成交。

3.6.3　连续竞价时，成交价格的确定原则为：

（一）最高买入申报价格与最低卖出申报价格相同，以该价格为成交价格；

（二）买入申报价格高于即时揭示的最低卖出申报价格的，以即时揭示的最低卖出申报价格为成交价格；

（三）卖出申报价格低于即时揭示的最高买入申报价格的，以即时揭示的最高买入申报价格为成交价格。

3.6.4 按成交原则达成的价格不在最小价格变动单位范围内的，按照四舍五入原则取至相应的最小价格变动单位。

3.6.5 买卖申报经交易主机撮合成交后，交易即告成立。符合本规则各项规定达成的交易于成立时生效，买卖双方必须承认交易结果，履行清算交收义务。

因不可抗力、意外事件、交易系统被非法侵入等原因造成严重后果的交易，本所可以采取适当措施或认定无效。

对显失公平的交易，经本所认定并经理事会同意，可以采取适当措施，并向证监会报告。

违反本规则，严重破坏证券市场正常运行的交易，本所有权宣布取消，由此造成的损失由违规交易者承担。

3.6.6 依照本规则达成的交易，其成交结果以本所交易主机记录的成交数据为准。

3.6.7 证券交易的清算交收业务，应当按照本所指定的登记结算机构的规定办理。

第七节 大宗交易

3.7.1 在本所进行的证券买卖符合以下条件的，可以采用大宗交易方式：

（一）A股单笔买卖申报数量应当不低于50万股，或者交易金额不低于300万元人民币；

（二）B股单笔买卖申报数量应当不低于50万股，或者交易金额不低于30万元美元；

（三）基金大宗交易的单笔买卖申报数量应当不低于300万份，或者交易金额不低于300万元；

（四）国债及债券回购大宗交易的单笔买卖申报数量应当不低于1万手，或者交易金额不低于1 000万元；

（五）其他债券单笔买卖申报数量应当不低于1 000手，或者交易金额不低于100万元。

本所可以根据市场情况调整大宗交易的最低限额。

3.7.2 本所接受大宗交易申报的时间为每个交易日9:30至11:30、13:00至15:30。

3.7.3 大宗交易的申报包括意向申报和成交申报。

意向申报指令应包括证券账号、证券代码、买卖方向等。

成交申报指令应包括证券代码、证券账号、买卖方向、成交价格、成交数量等。

3.7.4 意向申报应当真实有效。申报方价格不明确的，视为至少愿以规定的最低价格买入或最高价格卖出；数量不明确的，视为至少愿以大宗交易单笔买卖最低申报数量成交。

3.7.5 当意向申报被会员接受（包括其他会员报出比意向申报更优的价格）时，申报方应当至少与一个接受意向申报的会员进行成交申报。

3.7.6 有涨跌幅限制证券的大宗交易成交价格，由买卖双方在当日涨跌幅价格限制范围内确定。

无涨跌幅限制证券的大宗交易成交价格，由买卖双方在前收盘价的上下30%或当日已成交的最高、最低价之间自行协商确定。

3.7.7 买卖双方达成协议后，向本所交易系统提出成交申报，申报的交易价格和数量必须一致。

成交申报一经本所确认，不得变更或撤销，买卖双方必须承认交易结果。

3.7.8 会员应保证大宗交易参与者实际拥有与意向申报和成交申报相对应的证券或

资金。

3.7.9 本所债券大宗交易实行一级交易商制度。

经本所认可的会员，可以担任一级交易商，通过本所大宗交易系统进行债券双边报价业务。

3.7.10 大宗交易不纳入本所即时行情和指数的计算，成交量在大宗交易结束后计入该证券成交总量。

3.7.11 每个交易日大宗交易结束后，属于股票和基金大宗交易的，本所公告证券名称、成交价、成交量及买卖双方所在会员营业部的名称等信息；属于债券和债券回购大宗交易的，本所公告证券名称、成交价和成交量等信息。

第八节 债券回购交易

3.8.1 债券回购交易包括债券买断式回购交易和债券质押式回购交易等。

3.8.2 债券买断式回购交易是指债券持有人将债券卖给购买方的同时，交易双方约定在未来某一日期，卖方再以约定价格从买方购回相等数量同种债券的交易。

债券质押式回购交易是指债券持有人在将债券质押的同时，将相应债券以标准券折算比率计算出的标准券数量为融资额度而进行的质押融资，交易双方约定在回购期满后返还资金和解除质押的交易。

3.8.3 债券回购交易的期限按日历时间计算。如到期日为非交易日，顺延至下一个交易日结算。

第四章 其他交易事项

第一节 开盘价与收盘价

4.1.1 证券的开盘价为当日该证券的第一笔成交价格。

4.1.2 证券的开盘价通过集合竞价方式产生，不能产生开盘价的，以连续竞价方式产生。

4.1.3 证券的收盘价为当日该证券最后一笔交易前一分钟所有交易的成交量加权平均价（含最后一笔交易）。当日无成交的，以前收盘价为当日收盘价。

第二节 挂牌、摘牌、停牌与复牌

4.2.1 本所对上市证券实行挂牌交易。

4.2.2 证券上市期届满或依法不再具备上市条件的，本所终止其上市交易，并予以摘牌。

4.2.3 股票、封闭式基金交易出现异常波动的，本所可以决定停牌，直至相关当事人作出公告当日的上午10:30予以复牌。

根据市场发展需要，本所可以调整停牌证券的复牌时间。

4.2.4 本所可以对涉嫌违法违规交易的证券实施特别停牌并予以公告，相关当事人应按照本所的要求提交书面报告。

特别停牌及复牌的时间和方式由本所决定。

4.2.5 证券停牌时，本所发布的行情中包括该证券的信息；证券摘牌后，行情中无该证券的信息。

4.2.6 证券开市期间停牌的，停牌前的申报参加当日该证券复牌后的交易；停牌期间，可以继续申报，也可以撤销申报；复牌时对已接受的申报实行集合竞价，集合竞价期间不揭示虚拟开盘参考价格、虚拟匹配量、虚拟未匹配量。

4.2.7 证券挂牌、摘牌、停牌与复牌的，本所予以公告。

4.2.8 证券挂牌、摘牌、停牌与复牌的其他规定，按照本所上市规则或其他有关规定执行。

第三节 除权与除息

4.3.1 上市证券发生权益分派、公积金转增股本、配股等情况，本所在权益登记日（B股为最后交易日）次一交易日对该证券作除权除息处理，本所另有规定的除外。

4.3.2 除权（息）参考价格的计算公式为：

除权（息）参考价格 = ［（前收盘价格 - 现金红利）+配（新）股价格流通股份变动比例］÷（1 + 流通股份变动比例）。

证券发行人认为有必要调整上述计算公式的，可向本所提出调整申请并说明理由。本所可以根据申请决定调整除权（息）参考价格计算公式，并予以公布。

除权（息）日即时行情中显示的该证券的前收盘价为除权（息）参考价。

4.3.3 除权（息）日证券买卖，按除权（息）参考价格作为计算涨跌幅度的基准，本所另有规定的除外。

第五章 交易信息

第一节 一般规定

5.1.1 本所每个交易日发布证券交易即时行情、证券指数、证券交易公开信息等交易信息。

5.1.2 本所及时编制反映市场成交情况的各类日报表、周报表、月报表和年报表，并予以发布。

5.1.3 本所市场产生的交易信息归本所所有。未经本所许可，任何机构和个人不得使用和传播。

经本所许可使用交易信息的机构和个人，未经本所同意，不得将本所交易信息提供给其他机构和个人使用或予以传播。

5.1.4 证券交易信息的管理办法由本所另行规定。

第二节 即时行情

5.2.1 每个交易日9:15至9:25开盘集合竞价期间，即时行情内容包括：证券代码、证券简称、前收盘价格、虚拟开盘参考价格、虚拟匹配量和虚拟未匹配量。

5.2.2 连续竞价期间，即时行情内容包括：证券代码、证券简称、前收盘价格、最新成交价格、当日最高成交价格、当日最低成交价格、当日累计成交数量、当日累计成交金额、实时最高五个买入申报价格和数量、实时最低五个卖出申报价格和数量。

5.2.3 首次上市证券上市首日，其即时行情显示的前收盘价格为其发行价，本所另有规定的除外。

5.2.4 即时行情通过通信系统传输至各会员，会员应在本所许可的范围内使用。

5.2.5 根据市场发展需要，本所可以调整即时行情发布的方式和内容。

第三节 证券指数

5.3.1 本所编制综合指数、成份指数、分类指数等证券指数，以反映证券交易总体价格或某类证券价格的变动和走势，随即时行情发布。

5.3.2 证券指数的编制遵循公开透明的原则。

5.3.3 证券指数设置和编制的具体方法由本所另行规定。

第四节 证券交易公开信息

5.4.1 有价格涨跌幅限制的股票、封闭式基金竞价交易出现下列情形之一的，本所公布当日买入、卖出金额最大的五家会员营业部的名称及其买入、卖出金额：

（一）日收盘价格涨跌幅偏离值达到±7%的各前三只股票（基金）；

收盘价格涨跌幅偏离值的计算公式为：收盘价格涨跌幅偏离值=单只股票（基金）涨跌幅－对应分类指数涨跌幅。

（二）日价格振幅达到15%的前三只股票（基金）；

价格振幅的计算公式为：价格振幅=（当日最高价格－当日最低价格）/当日最低价格×100%。

（三）日换手率达到20%的前三只股票（基金）；

换手率的计算公式为：换手率=成交股数（份额）/流通股数（份额）×100%。

收盘价格涨跌幅偏离值、价格振幅或换手率相同的，依次按成交金额和成交量选取。

对应分类指数包括本所编制的上证A股指数、上证B股指数和上证基金指数等。

对3.4.13规定的无价格涨跌幅限制的股票、封闭式基金，本所公布当日买入、卖出金额最大的五家会员营业部的名称及其买入、卖出金额。

5.4.2 股票、封闭式基金竞价交易出现下列情形之一的，属于异常波动，本所分别公告该股票、封闭式基金交易异常波动期间累计买入、卖出金额最大五家会员营业部的名称及其买入、卖出金额：

（一）连续三个交易日内日收盘价格涨跌幅偏离值累计达到±20%的；

（二）ST股票和*ST股票连续三个交易日内日收盘价格涨跌幅偏离值累计达到±15%的；

（三）连续三个交易日内日均换手率与前五个交易日的日均换手率的比值达到30倍，并且该股票、封闭式基金连续三个交易日内的累计换手率达到20%的；

（四）本所或证监会认定属于异常波动的其他情形。

异常波动指标自复牌之日起重新计算。

对3.4.13规定的无价格涨跌幅限制的股票、封闭式基金不纳入异常波动指标的计算。

5.4.3 本所根据第4.2.4条对证券实施特别停牌的，根据需要可以公布以下信息：

（一）成交金额最大的五家会员营业部的名称及其买入、卖出数量和买入、卖出金额；

（二）股份统计信息；

（三）本所认为应披露的其他信息。

5.4.4 证券交易公开信息涉及机构的，公布名称为“机构专用”。

5.4.5 根据市场发展需要，本所可以调整证券交易公开信息的内容。

第六章 交易行为监督

6.1 本所对下列可能影响证券交易价格或者证券交易量的异常交易行为，予以重点监控：

（一）可能对证券交易价格产生重大影响的信息披露前，大量买入或者卖出相关证券；

（二）以同一身份证明文件、营业执照或其他有效证明文件开立的证券账户之间，大量或者频繁进行互为对手方的交易；

（三）委托、授权给同一机构或者同一个人代为从事交易的证券账户之间，大量或者频繁进行互为对手方的交易；

（四）两个或两个以上固定的或涉嫌关联的证券账户之间，大量或者频繁进行互为对手方的交易；

（五）大笔申报、连续申报或者密集申报，以影响证券交易价格；

（六）频繁申报或频繁撤销申报，以影响证券交易价格或其他投资者的投资决定；

（七）巨额申报，且申报价格明显偏离申报时的证券市场成交价格；

（八）一段时期内进行大量且连续的交易；

（九）在同一价位或者相近价位大量或者频繁进行回转交易；

（十）大量或者频繁进行高买低卖交易；

（十一）进行与自身公开发布的投资分析、预测或建议相背离的证券交易；

（十二）在大宗交易中进行虚假或其他扰乱市场秩序的申报；

（十三）本所认为需要重点监控的其他异常交易。

6.2 会员及其营业部发现投资者的证券交易出现6.1条所列异常交易行为之一，且可能严重影响证券交易秩序的，应当予以提醒，并及时向本所报告。

6.3 出现6.1条所列异常交易行为之一，且对证券交易价格或者交易量产生重大影响的，本所可采取非现场调查和现场调查措施，要求相关会员及其营业部提供投资者开户资料、授权委托书、资金存取凭证、资金账户情况、相关交易情况等资料；如异常交易涉及投资者的，本所可以直接要求其提供有关材料。

6.4 会员及其营业部、投资者应当配合本所进行相关调查，及时、真实、准确、完整地提供有关文件和资料。

6.5 对情节严重的异常交易行为，本所可以视情况采取下列措施：

（一）口头或书面警示；

（二）约见谈话；

（三）要求相关投资者提交书面承诺；

（四）限制相关证券账户交易；

（五）报请证监会冻结相关证券账户或资金账户；

（六）上报证监会查处。

如对第（四）项措施有异议的，可以向本所提出复核申请。复核期间不停止相关措施的执行。

第七章　交易异常情况处理

7.1　发生下列交易异常情况之一，导致部分或全部交易不能进行的，本所可以决定技术性停牌或临时停市：

（一）不可抗力；

（二）意外事件；

（三）技术故障；

（四）本所认定的其他异常情况。

7.2　出现行情传输中断或无法申报的会员营业部数量超过营业部总数10%以上的交易异常情况，本所可以实行临时停市。

7.3　本所认为可能发生第7.1条、第7.2条规定的交易异常情况，并会严重影响交易正常进行的，可以决定技术性停牌或临时停市。

7.4　本所对技术性停牌或临时停市决定予以公告。

7.5　技术性停牌或临时停市原因消除后，本所可以决定恢复交易。

7.6　除本所认定的特殊情况外，技术性停牌或临时停市后当日恢复交易的，技术性停牌或临时停市前交易主机已经接受的申报有效。交易主机在技术性停牌或临时停市期间继续接受申报，在恢复交易时对已接受的申报实行集合竞价交易。

7.7　因交易异常情况及本所采取的相应措施造成的损失，本所不承担责任。

第八章　交易纠纷

8.1　会员之间、会员与客户之间发生交易纠纷，相关会员应当记录有关情况，以备本所查阅。交易纠纷影响正常交易的，会员应当及时向本所报告。

8.2　会员之间、会员与客户之间发生交易纠纷，本所可以按有关规定，提供必要的交易数据。

8.3　客户对交易有疑义的，会员应当协调处理。

第九章　交易费用

9.1　投资者买卖证券成交的，应当按规定向代其进行证券买卖的会员交纳佣金。

9.2　会员应当按规定向本所交纳会员费、交易经手费及其他费用。

9.3　证券交易的收费项目、收费标准和管理办法按照有关规定执行

第十章　纪律处分

10.1　会员违反本规则的，本所责令其改正，并视情节轻重单处或并处：

（一）在会员范围内通报批评；

（二）在证监会指定的媒体上公开谴责；

（三）暂停或者限制交易；

（四）取消交易资格；

（五）取消会员资格。

10.2　会员对前条（二）、（三）、（四）、（五）项处分有异议的，可以自接到处分通知之日起15日内向本所理事会申请复核。复核期间不停止相关处分的执行。

第十一章　附　　则

11.1　交易型开放式指数基金、债券、债券回购、权证等品种的其他交易事项，由本所另行规定。

11.2　本规则中所述时间，以本所交易主机的时间为准。

11.3　本所有关股票、基金交易异常波动的规定与本规则不一致的，按本规则执行。

11.4　本规则下列用语含义：

（一）市场：指本所设立的证券交易市场。

（二）上市交易：指证券在本所挂牌交易。

（三）委托：指投资者向会员进行具体授权买卖证券的行为。

（四）申报：指会员向本所交易主机发送证券买卖指令的行为。

（五）标准券：指由不同债券品按相应折算率折算形成的，用以确定可利用质押式回购交易进行融资的额度。

（六）最优价：指集中申报簿中买方的最高价或卖方的最低价。集中申报簿指交易主机中某一时点按买卖方向以及价格优先、时间优先顺序排列的所有未成交申报队列。

（七）虚拟开盘参考价格：指特定时点的所有有效申报按照集合竞价规则虚拟成交并予以即时揭示的价格。

（八）虚拟匹配量：指特定时点按照虚拟开盘参考价格虚拟成交并予以即时揭示的申报数量。

（九）虚拟未匹配量：指特定时点不能按照虚拟开盘参考价格虚拟成交并予以即时揭示的买方或卖方剩余申报数量。

11.5　本规则经本所理事会通过，报证监会批准后生效。修改时亦同。

11.6　本规则由本所负责解释。

11.7　本规则自2006年7月1日起施行。

深圳证券交易所交易规则

（2006年5月15日 深圳证券交易所，2006年7月1日实施）

第一章 总 则

1.1 为规范证券市场交易行为，维护证券市场秩序，保护投资者合法权益，根据《中华人民共和国证券法》等法律、行政法规、部门规章以及《深圳证券交易所章程》，制定本规则。

1.2 深圳证券交易所（以下简称“本所”）上市证券及其衍生品种（以下统称“证券”）的交易，适用本规则。

本规则未作规定的，适用本所其他有关规定。

1.3 证券交易遵循公开、公平、公正的原则。

1.4 投资者交易行为应当遵守法律、行政法规、部门规章以及本所有关业务规则，遵循自愿、有偿、诚实信用原则。

1.5 证券交易采用无纸化的集中交易或经中国证券监督管理委员会（以下简称“证监会”）批准的其他方式。

第二章 交易市场

第一节 交易场所

2.1.1 本所为证券交易提供交易场所及设施。交易场所及设施由交易主机、交易大厅、交易席位、报盘系统及相关的通信系统等组成。

2.1.2 经本所同意，会员可以通过其派驻交易大厅的交易员进行申报。

除经本所特许外，进入交易大厅的，仅限于下列人员：

（一）登记在册交易员；

（二）场内监管人员。

2.1.3 本所对会员实施交易权限管理，具体办法另行规定，报证监会批准后生效。

第二节 交易品种

2.2.1 下列证券可以在本所市场挂牌交易：

（一）股票；

（二）基金；

（三）债券；

（四）债券回购；

（五）权证；

（六）经证监会批准的其他交易品种。

第三节　交易时间

2.3.1　本所交易日为每周一至周五。

国家法定假日和本所公告的休市日，本所市场休市。

2.3.2　证券采用竞价交易方式的，每个交易日的9:15至9:25为开盘集合竞价时间，9:30至11:30、13:00至14:57为连续竞价时间，14:57至15:00为收盘集合竞价时间。

经证监会批准，本所可以调整交易时间。

2.3.3　交易时间内因故停市，交易时间不作顺延。

第三章　证券买卖

第一节　一般规定

3.1.1　会员接受投资者的买卖委托后，应当按照委托的内容向本所申报，并承担相应的交易、交收责任。

会员接受投资者买卖委托达成交易的，投资者应当向会员交付其委托会员卖出的证券或其委托会员买入证券的款项，会员应当向投资者交付卖出证券所得款项或买入的证券。

3.1.2　会员通过报盘系统向本所交易主机发送买卖申报指令，并按本规则达成交易，交易记录由本所发送至会员。

3.1.3　会员应当按有关规定妥善保管委托和申报记录。

3.1.4　投资者买入的证券，在交收前不得卖出，但实行回转交易的除外。

证券的回转交易是指投资者买入的证券，经确认成交后，在交收前全部或部分卖出。

3.1.5　债券、债券回购实行当日回转交易，B股实行次交易日起回转交易。

3.1.6　本所可以根据市场需要，实行主交易商制度，具体办法由本所另行规定，报证监会批准后生效。

第二节　委托

3.2.1　投资者买卖证券，应当开立证券账户和资金账户，并与会员签订证券交易委托协议。协议生效后，投资者为该会员经纪业务的客户。

投资者开立证券账户，按本所指定登记结算机构的规定办理。

3.2.2　客户可以通过书面或电话、自助终端、互联网等自助委托方式委托会员买卖证券。

电话、自助终端、互联网等自助委托应当按相关规定操作。

3.2.3　客户通过自助委托方式参与证券买卖的，会员应当与其签订自助委托协议。

3.2.4　除本所另有规定外，客户的委托指令应当包括下列内容：

（一）证券账户号码；

（二）证券代码；

（三）买卖方向；

（四）委托数量；

（五）委托价格；

（六）本所及会员要求的其他内容。

3.2.5 客户可以采用限价委托或市价委托的方式委托会员买卖证券。

限价委托是指客户委托会员按其限定的价格买卖证券，会员必须按限定的价格或低于限定的价格申报买入证券；按限定的价格或高于限定的价格申报卖出证券。

市价委托是指客户委托会员按市场价格买卖证券。

3.2.6 客户可以撤销委托的未成交部分。

3.2.7 被撤销和失效的委托，会员应当在确认后及时向客户返还相应的资金或证券。

3.2.8 会员向客户买卖证券提供融资融券服务的，应当按照有关规定办理。

第三节 申 报

3.3.1 本所接受会员竞价交易申报的时间为每个交易日9:15至11:30、13:00至15:00。

每个交易日9:20至9:25、14:57至15:00，本所交易主机不接受参与竞价交易的撤销申报，在其他接受申报的时间内，未成交申报可以撤销。撤销申报经本所交易主机确认方为有效。

每个交易日9:25至9:30，交易主机只接受申报，但不对买卖申报或撤销申报作处理。

本所可以调整接受会员申报的时间。

3.3.2 会员应当按照接受客户委托的时间先后顺序及时向本所申报。

3.3.3 本所接受会员的限价申报和市价申报。

3.3.4 本所可以根据市场需要，接受下列类型的市价申报：

（一）对手方最优价格申报；

（二）本方最优价格申报；

（三）最优五档即时成交剩余撤销申报；

（四）即时成交剩余撤销申报；

（五）全额成交或撤销申报；

（六）本所规定的其他类型。

对手方最优价格申报，以申报进入交易主机时集中申报簿中对手方队列的最优价格为其申报价格。

本方最优价格申报，以申报进入交易主机时集中申报簿中本方队列的最优价格为其申报价格。

最优五档即时成交剩余撤销申报，以对手方价格为成交价格，与申报进入交易主机时集中申报簿中对手方最优五个价位的申报队列依次成交，未成交部分自动撤销。

即时成交并撤销申报，以对手方价格为成交价格，与申报进入交易主机时集中申报簿中对手方所有申报队列依次成交，未成交部分自动撤销。

全额成交或撤销申报，以对手方价格为成交价格，如与申报进入交易主机时集中申报簿中对手方所有申报队列依次成交能够使其完全成交的，则依次成交，否则申报全部自动撤销。

3.3.5 市价申报只适用于有价格涨跌幅限制证券连续竞价期间的交易。其他交易时间，交易主机不接受市价申报。

3.3.6 本方最优价格申报进入交易主机时，集中申报簿中本方无申报的，申报自动撤销。

其他市价申报类型进入交易主机时，集中申报簿中对手方无申报的，申报自动撤销。

3.3.7 限价申报指令应当包括证券账号、证券代码、席位代码、买卖方向、数量、价格等内容。

市价申报指令应当包括申报类型、证券账号、证券代码、席位代码、买卖方向、数量等内容。

申报指令应当按本所规定的格式传送。

3.3.8 通过竞价交易买入股票或基金的，申报数量应当为100股（份）或其整数倍。

卖出股票或基金时，余额不足100股（份）部分，应当一次性申报卖出。

3.3.9 通过竞价交易买入债券以10张或其整数倍进行申报。买入、卖出债券质押式回购以10张或其整数倍进行申报。

卖出债券时，余额不足10张部分，应当一次性申报卖出。

债券以人民币100元面额为1张。债券质押式回购以100元标准券为1张。

3.3.10 股票（基金）竞价交易单笔申报最大数量应当不超过100万股（份），债券和债券质押式回购竞价交易单笔申报最大数量应当不超过10万张。

3.3.11 不同证券的交易采用不同的计价单位。股票为“每股价格”，基金为“每份基金价格”，债券为“每百元面值的价格”，债券质押式回购为“每百元资金到期年收益”。

3.3.12 A股、债券、债券质押式回购交易的申报价格最小变动单位为0.01元人民币；基金交易为0.001元人民币；B股交易为0.01港元。

3.3.13 本所可以根据市场需要，调整证券单笔买卖申报数量和申报价格的最小变动单位。

3.3.14 本所对股票、基金交易实行价格涨跌幅限制，涨跌幅比例为10%，其中ST和ST股票价格涨跌幅比例为5%。

涨跌幅价格的计算公式为：涨跌幅价格 = 前收盘价（1 ± 涨跌幅比例）。

计算结果按照四舍五入原则取至价格最小变动单位。

属于下列情形之一的，股票上市首日不实行价格涨跌幅限制：

（一）首次公开发行股票上市的；

（二）增发股票上市的；

（三）暂停上市后恢复上市的；

（四）本所或证监会认定的其他情形。

经证监会批准，本所可以调整证券的涨跌幅比例。

3.3.15 买卖有价格涨跌幅限制的证券，在价格涨跌幅限制以内的申报为有效申报。超过涨跌幅限制的申报为无效申报。

买卖有价格涨跌幅限制的中小企业板股票，连续竞价期间超过有效竞价范围的有效申报不能即时参加竞价，暂存于交易主机；当成交价格波动使其进入有效竞价范围时，交易主机自动取出申报，参加竞价。

3.3.16 买卖无价格涨跌幅限制的证券，超过有效竞价范围的申报不能即时参加竞价，暂存于交易主机；当成交价格波动使其进入有效竞价范围时，交易主机自动取出申报，参加竞价。

3.3.17 申报当日有效。每笔竞价交易的申报不能一次全部成交时，未成交部分继续参加当日竞价，但第3.3.4条第（三）、（四）、（五）项市价申报类型除外。

第四节　竞　　价

3.4.1 证券竞价交易采用集合竞价和连续竞价两种方式。

集合竞价是指对一段时间内接受的买卖申报一次性集中撮合的竞价方式。

连续竞价是指对买卖申报逐笔连续撮合的竞价方式。

3.4.2 开盘集合竞价期间未成交的买卖申报，自动进入连续竞价。

连续竞价期间未成交的买卖申报，自动进入收盘集合竞价。

3.4.3 有涨跌幅限制证券集合竞价期间有效竞价范围与涨跌幅限制范围一致。

中小企业板股票连续竞价期间有效竞价范围为最近成交价的上下3%。开盘集合竞价期间没有产生成交的，连续竞价开始时有效竞价范围调整为前收盘价的上下3%。其他有涨跌幅限制证券连续竞价期间有效竞价范围与涨跌幅限制范围一致。

有效竞价范围计算结果按照四舍五入原则取至价格最小变动单位。

3.4.4 无涨跌幅限制证券的交易按下列方法确定有效竞价范围：

（一）股票上市首日开盘集合竞价的有效竞价范围为发行价的900%以内，连续竞价、收盘集合竞价的有效竞价范围为最近成交价的上下10%；

（二）债券上市首日开盘集合竞价的有效竞价范围为发行价的上下30%，连续竞价、收盘集合竞价的有效竞价范围为最近成交价的上下10%；非上市首日开盘集合竞价的有效竞价范围为前收盘价的上下10%，连续竞价、收盘集合竞价的有效竞价范围为最近成交价的上下10%；

（三）债券质押式回购非上市首日开盘集合竞价的有效竞价范围为前收盘价的上下100%，连续竞价、收盘集合竞价的有效竞价范围为最近成交价的上下100%。

3.4.5 无价格涨跌幅限制的证券在开盘集合竞价期间没有产生成交的，连续竞价开始时，按下列方式调整有效竞价范围：

（一）有效竞价范围内的最高买入申报价高于发行价或前收盘价的，以最高买入申报价为基准调整有效竞价范围；

（二）有效竞价范围内的最低卖出申报价低于发行价或前收盘价的，以最低卖出申报价为基准调整有效竞价范围。

3.4.6 本所可以根据市场需要，调整证券的有效竞价范围。

第五节 成 交

3.5.1 证券竞价交易按价格优先、时间优先的原则撮合成交。

成交时价格优先的原则为：较高价格买入申报优先于较低价格买入申报，较低价格卖出申报优先于较高价格卖出申报。

成交时时间优先的原则为：买卖方向、价格相同的，先申报者优先于后申报者。先后顺序按交易主机接受申报的时间确定。

3.5.2 集合竞价时，成交价格的确定原则为：

（一）可实现最大成交量的价格；

（二）高于该价格的买入申报与低于该价格的卖出申报全部成交；

（三）与该价格相同的买方或卖方至少有一方全部成交。

两个以上价格符合上述条件的，取距前收盘价最近的价格为成交价。

集合竞价的所有交易以同一价格成交。

3.5.3 连续竞价时，成交价格的确定原则为：

（一）最高买入申报与最低卖出申报价格相同，以该价格为成交价；

（二）买入申报价格高于集中申报簿当时最低卖出申报价格时，以集中申报簿当时的最低卖出申报价格为成交价；

（三）卖出申报价格低于集中申报簿当时最高买入申报价格时，以集中申报簿当时的最高买入申报价格为成交价。

3.5.4 买卖申报经交易主机撮合成交后，交易即告成立。符合本规则各项规定达成的交易于成立时生效，买卖双方必须承认交易结果，履行清算交收义务。

因不可抗力、意外事件、交易系统被非法侵入等原因造成严重后果的交易，本所可以采取适当措施或认定无效。

对显失公平的交易，经本所认定，可以采取适当措施。

违反本规则，严重破坏证券市场正常运行的交易，本所有权宣布取消交易。由此造成的损失由违规交易者承担。

3.5.5 依照本规则达成的交易，其成交结果以本所交易主机记录的成交数据为准。

3.5.6 会员间的清算交收业务由本所指定的登记结算机构负责办理。

第六节 大宗交易

3.6.1 在本所进行的证券买卖符合以下条件的，可以采用大宗交易方式：

（一）A股单笔交易数量不低于50万股，或者交易金额不低于300万元人民币；

（二）B股单笔交易数量不低于5万股，或者交易金额不低于30万元港币；

（三）基金单笔交易数量不低于300万份，或者交易金额不低于300万元人民币；

（四）债券单笔交易数量不低于1万张（以人民币100元面额为1张），或者交易金额不低于100万元人民币；

（五）债券质押式回购单笔交易数量不低于1万张（以人民币100元面额为1张），或者交易金额不低于100万元人民币。

（六）多只A股合计单向买入或卖出的交易金额不低于500万元人民币，且其中单只A股的交易数量不低于20万股。

（七）多只基金合计单向买入或卖出的交易金额不低于500万元人民币，且其中单只基金的交易数量不低于100万份。

（八）多只债券合计单向买入或卖出的交易金额不低于500万元人民币，且其中单只债券的交易数量不低于1.5万张。

本所可以根据市场需要，调整大宗交易的最低限额。

3.6.2 本所接受大宗交易申报的时间为每个交易日9:15至11:30、13:00至15:30。

3.6.3 大宗交易的申报包括意向申报和成交申报。

意向申报指令应包括证券账号、证券代码、买卖方向、本方席位代码等内容。意向申报是否明确交易价格和交易数量由申报方自行决定。

成交申报指令应包括证券账号、证券代码、买卖方向、交易价格、交易数量、对手方席位代码等内容。

3.6.4 有价格涨跌幅限制证券的大宗交易成交价格，由买卖双方在该证券当日涨跌幅价格限制范围内确定。

无价格涨跌幅限制证券的大宗交易成交价格，由买卖双方在前收盘价的上下30%或当日已成交的最高、最低价之间自行协商确定。

3.6.5 买卖双方达成协议后，向本所交易主机提出成交申报，成交申报的交易价格和数量必须一致。

3.6.6 每个交易日15:00至15:30，交易主机对买卖双方的成交申报进行成交确认。

成交申报一经本所确认，不得变更或撤销，买卖双方必须承认交易结果。

3.6.7 会员应当保证大宗交易参与者实际拥有与意向申报和成交申报相对应的证券或资金。

3.6.8 大宗交易不纳入本所即时行情和指数的计算，成交量在大宗交易结束后计入当日该证券成交总量。

3.6.9 每个交易日大宗交易结束后，本所公布大宗交易的证券名称、成交量、成交价以及买卖双方所在会员营业部或席位的名称。

第七节 债券回购交易

3.7.1 债券回购交易可以采取质押式回购交易等方式。

3.7.2 债券质押式回购交易是指，债券持有人在将债券质押并将相应债券以标准券折算比率计算出的标准券数量为融资额度向交易对手方进行质押融资的同时，交易双方约定在回购期满后返还资金和解除质押的交易。

3.7.3 债券回购交易的期限按日历时间计算。如到期日为非交易日，顺延至下一个交易日结算。

第四章 其他交易事项

第一节 转托管

4.1.1 投资者可以以同一证券账户在多个证券营业部买入证券。

4.1.2 投资者买入的证券可通过原买入证券的席位委托卖出，也可以向原买入证券的席位发出转托管指令，转托管完成后，在转入的席位委托卖出。

转托管的具体规则，由本所指定登记结算机构制定。

第二节 开盘价与收盘价

4.2.1 证券的开盘价为当日该证券的第一笔成交价。

4.2.2 证券的开盘价通过集合竞价方式产生，不能产生开盘价的，以连续竞价方式产生。

4.2.3 证券的收盘价通过集合竞价的方式产生。收盘集合竞价不能产生收盘价的，以当日该证券最后一笔交易前一分钟所有交易的成交量加权平均价（含最后一笔交易）为收盘价。

当日无成交的，以前收盘价为当日收盘价。

第三节 挂牌、摘牌、停牌与复牌

4.3.1 本所对上市证券实施挂牌交易。

4.3.2 证券上市期届满或依法不再具备上市条件的，本所终止其上市交易，予以摘牌。

4.3.3 股票、封闭式基金交易出现第5.4.3条规定的异常波动的，本所对相关证券实施停牌，直至有披露义务的当事人作出公告的当日10:30复牌；公告日为非交易日的，在公告后首个交易日开市时复牌。

4.3.4 证券交易出现第6.1条规定的异常交易行为的，本所可以视情况对相关证券实施停牌，发布公告，并根据需要公布相关交易、股份统计信息。有披露义务的当事人应按照本所的要求及时公告。

停牌及复牌的时间，由本所决定。

4.3.5 证券停牌时，本所发布的行情中包括该证券的信息；证券摘牌后，行情信息中无该证券的信息。

4.3.6 证券开市期间停牌的，停牌前的申报参加当日该证券复牌后的交易；停牌期间，可以继续申报，也可以撤销申报；复牌时对已接受的申报实行集合竞价，但不揭示集合竞价参考价格、匹配量和未匹配量。集合竞价产生开盘价后，以连续竞价继续当日交易。

4.3.7 证券的挂牌、摘牌、停牌与复牌，本所予以公告。

4.3.8 证券挂牌、摘牌、停牌与复牌的其他规定，按照本所上市规则及其他有关规定执行。

第四节 除权与除息

4.4.1 上市证券发生权益分派、公积金转增股本、配股等情况，本所在权益登记日（B股为最后交易日）次一交易日对该证券作除权除息处理，本所另有规定的除外。

4.4.2 除权（息）参考价的计算公式为：

除权（息）参考价 = [（前收盘价 - 现金红利）+配（新）股价格流通股份变动比例] ÷（1 + 流通股份变动比例）

证券发行人认为有必要调整上述计算公式时，可向本所提出调整申请并说明理由。本所可以根据申请调整除权（息）参考价计算公式，并予以公布。

除权（息）日即时行情中显示的该证券的前收盘价为除权（息）参考价。

4.4.3 除权（息）日证券买卖，按除权（息）参考价作为计算涨跌幅度的基准，本所另有规定的除外。

第五章 交易信息

第一节 一般规定

5.1.1 本所每个交易日发布证券交易即时行情、证券指数、证券交易公开信息等交易信息。

5.1.2 本所及时编制反映市场成交情况的各类日报表、周报表、月报表和年报表，并通过本所网站或其他媒体予以公布。

5.1.3 本所交易信息归本所所有。未经许可，任何机构和个人不得使用和传播。

经本所许可使用交易信息的机构和个人，未经同意，不得将交易信息提供给其他机构和个人使用或予以传播。

证券交易信息的管理办法，本所另行制定。

第二节 即时行情

5.2.1 集合竞价期间，即时行情内容包括：证券代码、证券简称、集合竞价参考价格、匹配量和未匹配量等。

5.2.2 连续竞价期间，即时行情内容包括：证券代码、证券简称、前收盘价、最近成交价、当日最高价、当日最低价、当日累计成交数量、当日累计成交金额、实时最高五个价位买入申报价和数量、实时最低五个价位卖出申报价和数量等。

5.2.3 首次上市股票、债券上市首日，其即时行情显示的前收盘价为其发行价，基金为其前一日基金份额净值（四舍五入至0.001元）。

5.2.4 即时行情通过本所许可的通信系统传输，会员应在本所许可的范围内使用。

5.2.5 本所可以根据市场需要，调整即时行情发布的方式和内容。

第三节 证券指数

5.3.1 本所编制综合指数、成份指数、分类指数等证券指数，以反映证券交易总体价格或某类证券价格的变动和走势，随即时行情发布。

5.3.2 证券指数的设置和编制方法，本所另行制定。

第四节 证券交易公开信息

5.4.1 有价格涨跌幅限制的股票、封闭式基金竞价交易出现下列情形之一的，本所分别公布相关证券当日买入、卖出金额最大五家会员营业部或席位的名称及其各自的买入、卖出金额：

（一）日收盘价格涨跌幅偏离值达到±7%的各前三只证券；

收盘价格涨跌幅偏离值的计算公式为：

收盘价格涨跌幅偏离值＝单只证券涨跌幅－对应分类指数涨跌幅

（二）日价格振幅达到15%的前三只证券；

价格振幅的计算公式为：

价格振幅＝（当日最高价－当日最低价）/当日最低价×100%

（三）日换手率达到20%的前三只证券；

换手率的计算公式为：

换手率＝成交股数/流通股数×100%

收盘价格涨跌幅偏离值、价格振幅或换手率相同的，依次按成交金额和成交量选取。

A股股票（中小企业板股票除外）、中小企业板股票、B股股票、封闭式基金的对应分类指数是指本所编制的深证A股指数、中小企业板指数、深证B股指数和深证基金指数。

5.4.2 第3.3.14条规定的无价格涨跌幅限制股票，本所公布其当日买入、卖出金额最大的五家会员营业部或席位的名称及其买入、卖出金额。

5.4.3 股票、封闭式基金竞价交易出现下列情况之一的，属于异常波动，本所分别公布其在交易异常波动期间累计买入、卖出金额最大五家会员营业部或席位的名称及其各自累计买入、卖出金额：

（一）连续三个交易日内日收盘价格涨跌幅偏离值累计达到±20%的；

（二）ST和*ST股票连续三个交易日内日收盘价格涨跌幅偏离值累计达到±15%的；

（三）连续三个交易日内日均换手率与前五个交易日的日均换手率的比值达到30倍，并且该证券连续三个交易日内的累计换手率达到20%的；

（四）本所或证监会认为属于异常波动的其他情况。

异常波动指标自复牌之日起重新计算。

第3.3.14条规定的无价格涨跌幅限制股票不纳入异常波动指标的计算。

5.4.4 证券交易公开信息涉及机构专用席位的，公布名称为“机构专用”。

第六章　交易行为监督

6.1　本所对下列可能影响证券交易价格或者证券交易量的异常交易行为，予以重点监控：

（一）可能对证券交易价格产生重大影响的信息披露前，大量买入或者卖出相关证券；

（二）以同一身份证明文件、营业执照或其他有效证明文件开立的证券账户之间，大量或者频繁进行互为对手方的交易；

（三）委托、授权同一机构或者同一个人代为从事交易的证券账户之间，大量或者频繁进行互为对手方的交易；

（四）两个或两个以上固定的或涉嫌关联的证券账户之间，大量或者频繁进行互为对手方的交易；

（五）大笔申报、连续申报或者密集申报，以影响证券交易价格；

（六）频繁申报或撤销申报，以影响证券交易价格或其他投资者的投资决定；

（七）巨额申报，且申报价格明显偏离申报时的成交价格；

（八）一段时期内进行大量且连续的交易；

（九）在同一价位或者相近价位大量或者频繁进行回转交易；

（十）大量或者频繁进行高买低卖交易；

（十一）进行与自身公开发布的投资分析、预测或建议相背离的证券交易；

（十二）在大宗交易中进行虚假或其他扰乱市场秩序的申报；

（十三）本所认为需要重点监控的其他异常交易行为。

6.2　会员发现投资者的证券交易出现第6.1条所列异常交易行为之一，且可能严重影响证券交易秩序的，应当予以提醒，并及时向本所报告。

6.3　出现第6.1条所列异常交易行为之一，且对证券交易价格或者交易量产生影响的，本所可采取非现场调查和现场调查措施，要求相关会员及其营业部提供投资者开户资料、授权委托书、资金存取凭证、资金账户情况说明、相关交易情况说明等资料；本所也可以要求相关投资者提供资料。

6.4　会员及其营业部、投资者应当配合本所进行相关调查，及时、真实、准确、完整地提供有关文件和资料。

6.5　对情节严重的异常交易行为，本所可以视情况采取下列措施：

（一）口头或书面警示；

（二）约见谈话；

（三）要求提交书面承诺；

（四）限制相关证券账户交易；

（五）报请证监会冻结相关证券账户或资金账户；

（六）上报证监会查处。

对第（四）项措施有异议的，可以自接到相关措施执行通知之日起15日内，向本所申请复核。复核期间不停止该措施的执行。

第七章 交易异常情况处理

7.1 发生下列交易异常情况之一，导致部分或全部交易不能进行的，本所可以决定技术性停牌或临时停市：

（一）不可抗力；

（二）意外事件；

（三）技术故障；

（四）本所认定的其他异常情况。

7.2 出现无法申报的席位数量或行情传输中断的营业部数量超过本所已开通席位或营业部总数的10%以上的交易异常情况，本所可以实行临时停市。

7.3 本所认为可能发生第7.1条、第7.2条规定的交易异常情况，并严重影响交易正常进行的，可以决定技术性停牌或临时停市。

7.4 本所对技术性停牌或临时停市决定予以公告。

7.5 技术性停牌或临时停市原因消除后，本所可以决定恢复交易。

7.6 除本所认定的特殊情况之外，技术性停牌或临时停市前交易主机已经接受的申报在当日有效。交易主机在技术性停牌或临时停市期间继续接受申报，在恢复交易时对已接受的申报实行集合竞价。

7.7 因交易异常情况及本所采取的技术性停牌或临时停市措施造成的损失，本所不承担责任。

第八章 交易纠纷

8.1 会员之间、会员与客户之间发生交易纠纷，相关会员应当记录有关情况，以备本所查阅。交易纠纷影响正常交易的，会员应当及时向本所报告。

8.2 会员之间、会员与客户之间发生交易纠纷，本所可以按有关规定，提供必要的交易数据。

8.3 投资者对交易有疑义的，会员有义务协调处理。

第九章 交易费用

9.1 投资者买卖证券成交的，应当按规定向会员交纳佣金。

9.2 会员应当按规定向本所交纳席位费、会员费、交易经手费及其他费用。

9.3 证券交易的收费项目、收费标准和管理办法按照有关规定执行。

第十章 纪律处分

10.1 会员违反本规则的，本所责令其改正，并视情节轻重单处或并处：

（一）通报批评；

（二）公开谴责；

（三）暂停或限制交易；

（四）取消交易资格；

（五）取消会员资格。

10.2 会员对前条第（二）、（三）、（四）、（五）项处分有异议的，可以自接到处分通知之日起15日内向本所申请复核。复核期间不停止相关处分的执行。

第十一章 附 则

11.1 交易型开放式指数基金、债券回购、权证等品种的交易，本所相关规则另有规定的，从其规定。

11.2 本规则中所述时间，以本所交易主机的时间为准。

11.3 本规则下列用语具有如下含义：

（一）市场：指本所设立的证券交易市场。

（二）交易席位：指由本所提供并经会员申请获得的参与本所证券交易的专用设施。

（三）委托：指投资者向会员进行具体授权买卖证券的行为。

（四）申报：指会员向本所交易主机发送证券买卖指令的行为。

（五）标准券：指由不同债券品种按相应折算率折算形成的，用以确定可利用质押式回购交易进行融资的额度。

（六）集中申报簿：指交易主机某一时点有效竞价范围内按买卖方向以及价格优先、时间优先顺序排列的所有未成交申报队列。

对手方（本方）队列最优价格是指集中申报簿中买方的最高价或卖方的最低价。

（七）集合竞价参考价格：指截至揭示时集中申报簿中所有申报按照集合竞价规则形成的虚拟集合竞价成交价格。

（八）匹配量：指截至揭示时集中申报簿中所有申报按照集合竞价规则形成的虚拟成交数量。

（九）未匹配量：指截至揭示时集中申报簿中在集合竞价参考价位上的不能按照集合竞价参考价虚拟成交的买方或卖方申报剩余量。

11.4 本规则未定义的用语的含义，依照法律、行政法规、部门规章及本所有关业务规则确定。

11.5 本规则所称“超过”、“低于”、“不足”不含本数，“达到”含本数。

11.6 本规则经本所理事会通过，报证监会批准后生效。修改时亦同。

11.7 本规则由本所负责解释。

11.8 本规则自2006年7月1日起施行。

（二）投资银行业务

证券发行上市保荐业务管理办法（见常用篇）

（2009 年 5 月 13 日　证监会令第 63 号，2008 年 8 月 14 日中国证券监督管理委员会第 235 次主席办公会议审议通过　根据 2009 年 5 月 13 日中国证券监督管理委员会《关于修改〈证券发行上市保荐业务管理办法〉的决定》修订　2009 年 6 月 14 日实施）

证券发行上市保荐业务工作底稿指引

（2009年4月1日 证监会公告［2009］5号）

第一条 为了规范和指导保荐机构编制、管理证券发行上市保荐业务工作底稿（以下简称工作底稿），根据有关法律、法规以及中国证券监督管理委员会有关保荐业务管理的规定，制定本指引。

第二条 保荐机构应当按照本指引的要求编制工作底稿。

本指引所称工作底稿，是指保荐机构及其保荐代表人在从事保荐业务全部过程中获取和编写的、与保荐业务相关的各种重要资料和工作记录的总称。

第三条 工作底稿应当真实、准确、完整地反映保荐机构尽职推荐发行人证券发行上市、持续督导发行人履行相关义务所开展的主要工作，并应当成为保荐机构出具发行保荐书、发行保荐工作报告、上市保荐书、发表专项保荐意见以及验证招股说明书的基础。

工作底稿是评价保荐机构及其保荐代表人从事保荐业务是否诚实守信、勤勉尽责的重要依据。

第四条 本指引的规定，仅是对保荐机构从事证券发行上市保荐业务时编制工作底稿的一般要求。

无论本指引是否有明确规定，凡对保荐机构及其保荐代表人履行保荐职责有重大影响的文件资料及信息，均应当作为工作底稿予以留存。

第五条 本指引主要针对首次公开发行股票的工业企业的保荐工作基本特征制定。保荐机构应当在参照本指引的基础上，根据发行人的行业、业务、融资类型不同，在不影响保荐业务质量的前提下调整、补充、完善工作底稿。

第六条 工作底稿至少应当包括以下内容：

（一）保荐机构根据有关规定对项目进行立项、内核以及其他相关内部管理工作所形成的文件资料；

（二）保荐机构在尽职调查过程中获取和形成的文件资料；

（三）保荐机构对发行人相关人员进行辅导所形成的文件资料；

（四）保荐机构在协调发行人和证券服务机构时，以定期会议、专题会议以及重大事项临时会议的形式，为发行人分析和解决证券发行上市过程中的主要问题形成的会议资料、会议纪要；

（五）保荐机构、为证券发行上市制作、出具有关文件的律师事务所、会计师事务所、资产评估机构等证券服务机构及其签字人员，对发行人与发行上市相关的重大或专题事项出具的备忘录及专项意见等；

（六）保荐机构根据实际情况，对发行人及其子公司、发行人的控股股东或实际控制人及其子公司等的董事、监事、高级管理人员以及其他人员进行访谈的访谈记录；

（七）保荐机构根据实际情况，对发行人的客户、供应商、开户银行，工商、税务、土地、环保、海关等部门、行业主管部门或行业协会以及其他相关机构或部门的相关人员等进行访谈的访谈记录；

（八）发行申请文件、反馈意见的回复、询价与配售文件以及上市申请和登记的文件；

（九）在持续督导过程中获取的文件资料、出具的保荐意见书及保荐总结报告等相关文件；

（十）保荐代表人为其保荐项目建立的尽职调查工作日志；

（十一）其他对保荐机构及其保荐代表人履行保荐职责有重大影响的文件资料及信息。

第七条 发行人子公司对发行人业务经营或财务状况有重大影响的，保荐机构可参照本指引根据重要性和合理性原则对该子公司单独编制工作底稿。

第八条 工作底稿可以纸质文档、电子文档或者其他介质形式的文档留存，其中重要的工作底稿应当采用纸质文档的形式。以纸质以外的其他介质形式存在的工作底稿，应当以可独立保存的形式留存。

第九条 保荐机构应当按照本指引的要求，对工作底稿建立统一目录，该目录应当便于查阅与核对。对于本指引中确实不适用的部分，应当在工作底稿目录中注明“不适用”。

第十条 工作底稿应当内容完整、格式规范、标识统一、记录清晰。工作底稿各章节之间应当有明显的分隔标识，不同章节中存在重复的文件资料，可以采用相互引征的方法。

第十一条 保荐机构应当对招股说明书进行验证，并按照本指引的要求在验证文件与工作底稿之间建立起索引关系。

第十二条 保荐机构应当建立工作底稿管理制度，明确工作底稿收集整理的责任人员、归档保管流程、借阅程序与检查办法等。

工作底稿应当至少保存十年。

第十三条 在项目每一阶段工作完成后，保荐机构应当及时整理工作底稿并归档，并于项目结束时对工作底稿进行统一存放和管理。

第十四条 保荐机构及相关人员对工作底稿中的未公开披露的信息负有保密责任。

第十五条 本指引自2009年4月1日起施行。

附件1：证券发行上市保荐业务工作底稿目录（略）

附件2：招股说明书验证方法的说明及示例（略）

上市公司并购重组财务顾问业务管理办法

（2008年6月3日　证监会令第54号，2007年7月10日中国证券监督管理委员会第211次主席办公会议审议通过　2008年6月3日公布　2008年8月4日实施）

第一章　总　　则

第一条　为了规范证券公司、证券投资咨询机构及其他财务顾问机构从事上市公司并购重组财务顾问业务活动，保护投资者的合法权益，促进上市公司规范运作，维护证券市场秩序，根据《证券法》和其他相关法律、行政法规的规定，制定本办法。

第二条　上市公司并购重组财务顾问业务是指为上市公司的收购、重大资产重组、合并、分立、股份回购等对上市公司股权结构、资产和负债、收入和利润等具有重大影响的并购重组活动提供交易估值、方案设计、出具专业意见等专业服务。

经中国证券监督管理委员会（以下简称中国证监会）核准具有上市公司并购重组财务顾问业务资格的证券公司、证券投资咨询机构或者其他符合条件的财务顾问机构（以下简称财务顾问），可以依照本办法的规定从事上市公司并购重组财务顾问业务。

未经中国证监会核准，任何单位和个人不得从事上市公司并购重组财务顾问业务。

第三条　财务顾问应当遵守法律、行政法规、中国证监会的规定和行业规范，诚实守信，勤勉尽责，对上市公司并购重组活动进行尽职调查，对委托人的申报文件进行核查，出具专业意见，并保证其所出具的意见真实、准确、完整。

第四条　财务顾问的委托人应当依法承担相应的责任，配合财务顾问履行职责，并向财务顾问提供有关文件及其他必要的信息，不得拒绝、隐匿、谎报。

财务顾问履行职责，不能减轻或者免除委托人、其他专业机构及其签名人员的责任。

第五条　中国证监会依照法律、行政法规和本办法的规定，对财务顾问实行资格许可管理，对财务顾问及其负责并购重组项目的签名人员（以下简称财务顾问主办人）的执业情况进行监督管理。

中国证券业协会依法对财务顾问及其财务顾问主办人进行自律管理。

第二章　业务许可

第六条　证券公司从事上市公司并购重组财务顾问业务，应当具备下列条件：

（一）公司净资本符合中国证监会的规定；

（二）具有健全且运行良好的内部控制机制和管理制度，严格执行风险控制和内部隔离制度；

（三）建立健全的尽职调查制度，具备良好的项目风险评估和内核机制；

（四）公司财务会计信息真实、准确、完整；

（五）公司控股股东、实际控制人信誉良好且最近3年无重大违法违规记录；

（六）财务顾问主办人不少于5人；

（七）中国证监会规定的其他条件。

第七条 证券投资咨询机构从事上市公司并购重组财务顾问业务，应当具备下列条件：

（一）已经取得中国证监会核准的证券投资咨询业务资格；

（二）实缴注册资本和净资产不低于人民币500万元；

（三）具有健全且运行良好的内部控制机制和管理制度，严格执行风险控制和内部隔离制度；

（四）公司财务会计信息真实、准确、完整；

（五）控股股东、实际控制人在公司申请从事上市公司并购重组财务顾问业务资格前一年未发生变化，信誉良好且最近3年无重大违法违规记录；

（六）具有2年以上从事公司并购重组财务顾问业务活动的执业经历，且最近2年每年财务顾问业务收入不低于100万元；

（七）有证券从业资格的人员不少于20人，其中，具有从事证券业务经验3年以上的人员不少于10人，财务顾问主办人不少于5人；

（八）中国证监会规定的其他条件。

第八条 其他财务顾问机构从事上市公司并购重组财务顾问业务，除应当符合前条第（二）至（四）项及第（七）项的条件外，还应当具备下列条件：

（一）具有3年以上从事公司并购重组财务顾问业务活动的执业经历，且最近3年每年财务顾问业务收入不低于100万元；

（二）董事、高级管理人员应当正直诚实、品行良好，熟悉证券法律、行政法规，具有从事证券市场工作3年以上或者金融工作5年以上的经验，具备履行职责所需的经营管理能力；

（三）控股股东、实际控制人信誉良好且最近3年无重大违法违规记录；

（四）中国证监会规定的其他条件。

资产评估机构、会计师事务所、律师事务所或者相关人员从事上市公司并购重组财务顾问业务，应当另行成立专门机构。

第九条 证券公司、证券投资咨询机构和其他财务顾问机构有下列情形之一的，不得担任财务顾问：

（一）最近24个月内存在违反诚信的不良记录；

（二）最近24个月内因执业行为违反行业规范而受到行业自律组织的纪律处分；

（三）最近36个月内因违法违规经营受到处罚或者因涉嫌违法违规经营正在被调查。

第十条 财务顾问主办人应当具备下列条件：

（一）具有证券从业资格；

（二）具备中国证监会规定的投资银行业务经历；

（三）参加中国证监会认可的财务顾问主办人胜任能力考试且成绩合格；

（四）所任职机构同意推荐其担任本机构的财务顾问主办人；

（五）未负有数额较大到期未清偿的债务；

（六）最近24个月无违反诚信的不良记录；

（七）最近24个月未因执业行为违反行业规范而受到行业自律组织的纪律处分；

（八）最近36个月未因执业行为违法违规受到处罚；

（九）中国证监会规定的其他条件。

第十一条 证券公司、证券投资咨询机构和其他财务顾问机构申请从事上市公司并购重组财务顾问业务资格，应当提交下列文件：

（一）申请报告；

（二）营业执照复印件和公司章程；

（三）董事长、高级管理人员及并购重组业务负责人的简历；

（四）符合本办法规定条件的财务顾问主办人的证明材料；

（五）关于公司控股股东、实际控制人信誉良好和最近3年无重大违法违规记录的说明；

（六）公司治理结构和内部控制制度的说明，包括公司风险控制、内部隔离制度及内核部门人员名单和最近3年从业经历；

（七）经具有从事证券业务资格的会计师事务所审计的公司最近2年的财务会计报告；

（八）律师出具的法律意见书；

（九）中国证监会规定的其他文件。

第十二条 证券投资咨询机构申请从事上市公司并购重组财务顾问业务资格，除提交本办法第十一条规定的申报材料外，还应当提交下列文件：

（一）中国证监会核准的证券投资咨询业务许可证复印件；

（二）从事公司并购重组财务顾问业务2年以上执业经历的说明，以及最近2年每年财务顾问业务收入不低于100万元的证明文件，包括相关合同和纳税证明；

（三）申请资格前一年控股股东、实际控制人未发生变化的说明。

第十三条 其他财务顾问机构申请从事上市公司并购重组财务顾问业务资格，除提交本办法第十一条规定的申报材料外，还应当提交下列文件：

（一）从事公司并购重组财务顾问业务3年以上执业经历的说明，以及最近3年每年财务顾问业务收入不低于100万元的证明文件，包括相关合同和纳税证明；

（二）董事、高级管理人员符合本办法规定条件的说明；

（三）申请资格前一年控股股东、实际控制人未发生变化的说明。

第十四条 财务顾问申请人应当提交有关财务顾问主办人的下列证明文件：

（一）证券从业资格证书；

（二）中国证监会规定的投资银行业务经历的证明文件；

（三）中国证监会认可的财务顾问主办人胜任能力考试且成绩合格的证书；

（四）财务顾问申请人推荐其担任本机构的财务顾问主办人的推荐函；

（五）不存在数额较大到期未清偿的债务的说明；

（六）最近24个月无违反诚信的不良记录的说明；

（七）最近24个月未受到行业自律组织的纪律处分的说明；

（八）最近36个月未因执业行为违法违规受到处罚的说明；

（九）中国证监会规定的其他文件。

第十五条 财务顾问申请人应当保证申请文件真实、准确、完整。申请期间，文件内容发生重大变化的，财务顾问申请人应当自变化之日起5个工作日内向中国证监会提交更新资料。

第十六条 中国证监会对财务顾问申请人的上市公司并购重组财务顾问业务资格申请进行审查、做出决定。

中国证监会及时公布和更新财务顾问及其财务顾问主办人的名单。

第十七条 证券公司、证券投资咨询机构或者其他财务顾问机构受聘担任上市公司独立财务顾问的，应当保持独立性，不得与上市公司存在利害关系；存在下列情形之一的，不得担任独立财务顾问：

（一）持有或者通过协议、其他安排与他人共同持有上市公司股份达到或者超过5%，或者选派代表担任上市公司董事；

（二）上市公司持有或者通过协议、其他安排与他人共同持有财务顾问的股份达到或者超过5%，或者选派代表担任财务顾问的董事；

（三）最近2年财务顾问与上市公司存在资产委托管理关系、相互提供担保，或者最近一年财务顾问为上市公司提供融资服务；

（四）财务顾问的董事、监事、高级管理人员、财务顾问主办人或者其直系亲属有在上市公司任职等影响公正履行职责的情形；

（五）在并购重组中为上市公司的交易对方提供财务顾问服务；

（六）与上市公司存在利害关系、可能影响财务顾问及其财务顾问主办人独立性的其他情形。

第十八条 上市公司并购重组活动涉及公开发行股票的，应当按照有关规定聘请具有保荐资格的证券公司从事相关业务。

第三章 业务规则

第十九条 财务顾问从事上市公司并购重组财务顾问业务，应当履行以下职责：

（一）接受并购重组当事人的委托，对上市公司并购重组活动进行尽职调查，全面评估相关活动所涉及的风险；

（二）就上市公司并购重组活动向委托人提供专业服务，帮助委托人分析并购重组相关活动所涉及的法律、财务、经营风险，提出对策和建议，设计并购重组方案，并指导委托人按照上市公司并购重组的相关规定制作申报文件；

（三）对委托人进行证券市场规范化运作的辅导，使其熟悉有关法律、行政法规和中国证监会的规定，充分了解其应承担的义务和责任，督促其依法履行报告、公告和其他法定义务；

（四）在对上市公司并购重组活动及申报文件的真实性、准确性、完整性进行充分核查和验证的基础上，依据中国证监会的规定和监管要求，客观、公正地发表专业意见；

（五）接受委托人的委托，向中国证监会报送有关上市公司并购重组的申报材料，并根据中国证监会的审核意见，组织和协调委托人及其他专业机构进行答复；

（六）根据中国证监会的相关规定，持续督导委托人依法履行相关义务；

（七）中国证监会要求的其他事项。

第二十条 财务顾问应当与委托人签订委托协议，明确双方的权利和义务，就委托人配合财务顾问履行其职责的义务、应提供的材料和责任划分、双方的保密责任等事项做出约定。财务顾问接受上市公司并购重组多方当事人委托的，不得存在利益冲突或者潜在的利益冲突。

接受委托的，财务顾问应当指定2名财务顾问主办人负责，同时，可以安排一名项目协办人参与。

第二十一条 财务顾问应当建立尽职调查制度和具体工作规程，对上市公司并购重组活动进行充分、广泛、合理的调查，核查委托人提供的为出具专业意见所需的资料，对委托人披露的内容进行独立判断，并有充分理由确信所作的判断与委托人披露的内容不存在实质性差异。

委托人应当配合财务顾问进行尽职调查，提供相应的文件资料。委托人不能提供必要的材料、不配合进行尽职调查或者限制调查范围的，财务顾问应当终止委托关系或者相应修改其结论性意见。

第二十二条 财务顾问利用其他证券服务机构专业意见的，应当进行必要的审慎核查，对委托人提供的资料和披露的信息进行独立判断。

财务顾问对同一事项所作的判断与其他证券服务机构的专业意见存在重大差异的，应当进一步调查、复核，并可自行聘请相关专业机构提供专业服务。

第二十三条 财务顾问应当采取有效方式对新进入上市公司的董事、监事和高级管理人员、控股股东和实际控制人的主要负责人进行证券市场规范化运作的辅导，包括上述人员应履行的责任和义务、上市公司治理的基本原则、公司决策的法定程序和信息披露的基本要求，并对辅导结果进行验收，将验收结果存档。验收不合格的，财务顾问应当重新进行辅导和验收。

第二十四条 财务顾问对上市公司并购重组活动进行尽职调查应当重点关注以下问题，并在专业意见中对以下问题进行分析和说明：

（一）涉及上市公司收购的，担任收购人的财务顾问，应当关注收购人的收购目的、实力、收购人与其控股股东和实际控制人的控制关系结构、管理经验、资信情况、诚信记录、资金来源、履约能力、后续计划、对上市公司未来发展的影响、收购人的承诺及是否具备履行相关承诺的能力等事项；因国有股行政划转或者变更、在同一实际控制人控制的不同主体之间转让股份、继承取得上市公司股份超过30%的，收购人可免于聘请财务顾问；

（二）涉及对上市公司进行要约收购的，收购人的财务顾问除关注本条第（一）项所列事项外，还应当关注要约收购的目的、收购人的支付方式和支付条件、履约能力、是否将导致公司退市、对收购完成后剩余中小股东的保护机制是否适当等事项；

收购人公告要约收购报告书摘要后15日内未能发出要约的，财务顾问应当督促收购人立即公告未能如期发出要约的原因及中国证监会提出的反馈意见；

（三）涉及上市公司重大资产重组的，财务顾问应当关注重组目的、重组方案、交易定价的公允性、资产权属的清晰性、资产的完整性、重组后上市公司是否具备持续经营能力和持续盈利能力、盈利预测的可实现性、公司经营独立性、重组方是否存在利用资产重组侵害上市公司利益的问题等事项；

（四）涉及上市公司发行股份购买资产的，财务顾问应当关注本次发行的目的、发行方案、拟购买资产的估值分析及定价的公允性、拟购买资产的完整性、独立性、盈利能力、对上市公司影响的量化分析、拟发行股份的定价模式、中小股东合法权益是否受到侵害、上市公司股票交易是否存在异常等事项；涉及导致公司控制权发生变化的，还应当按照本条第（一）项有关收购人的关注要点对本次发行的特定对象进行核查；

（五）涉及上市公司合并的，财务顾问应当关注合并的目的、合并的可行性、合并方案、合并方与被合并方的估值分析、折股比例的确定原则和公允性、对上市公司的业务和财务结构的影响、对上市公司持续盈利能力的影响、合并后的整合安排等事项；

（六）涉及上市公司回购本公司股份的，财务顾问应当关注回购目的的适当性、回购必要性、回购方案、回购价格的定价模式和公允性、对上市公司现金流的影响、是否存在不利于上市公司持续发展的问题等事项；

（七）财务顾问应当关注上市公司并购重组活动中，相关各方是否存在利用并购重组信息进行内幕交易、市场操纵和证券欺诈等事项；

（八）中国证监会要求的其他事项。

第二十五条 财务顾问应当设立由专业人员组成的内部核查机构，内部核查机构应当恪尽职守，保持独立判断，对相关业务活动进行充分论证与复核，并就所出具的财务顾问专业意见提出内部核查意见。

第二十六条 财务顾问应当在充分尽职调查和内部核查的基础上，按照中国证监会的相关规定，对并购重组事项出具财务顾问专业意见，并作出以下承诺：

（一）已按照规定履行尽职调查义务，有充分理由确信所发表的专业意见与委托人披露的文件内容不存在实质性差异；

（二）已对委托人披露的文件进行核查，确信披露文件的内容与格式符合要求；

（三）有充分理由确信委托人委托财务顾问出具意见的并购重组方案符合法律、法规和中国证监会及证券交易所的相关规定，所披露的信息真实、准确、完整，不存在虚假记载、误导性陈述或者重大遗漏；

（四）有关本次并购重组事项的财务顾问专业意见已提交内部核查机构审查，并同意出具此专业意见；

（五）在与委托人接触后到担任财务顾问期间，已采取严格的保密措施，严格执行风险控制和内部隔离制度，不存在内幕交易、操纵市场和证券欺诈问题。

第二十七条 财务顾问的法定代表人或者其授权代表人、部门负责人、内部核查机构负责人、财务顾问主办人和项目协办人应当在财务顾问专业意见上签名，并加盖财务顾问单位公章。

第二十八条 财务顾问代表委托人向中国证监会提交申请文件后，应当配合中国证监会的审核，并承担以下工作：

（一）指定财务顾问主办人与中国证监会进行专业沟通，并按照中国证监会提出的反馈意见作出回复；

（二）按照中国证监会的要求对涉及本次并购重组活动的特定事项进行尽职调查或者核查；

（三）组织委托人及其他专业机构对中国证监会的意见进行答复；

（四）委托人未能在行政许可的期限内公告相关并购重组报告全文的，财务顾问应当督促委托人及时公开披露中国证监会提出的问题及委托人未能如期公告的原因；

（五）自申报至并购重组事项完成前，对于上市公司和其他并购重组当事人发生较大变化对本次并购重组构成较大影响的情况予以高度关注，并及时向中国证监会报告；

（六）申报本次担任并购重组财务顾问的收费情况；

（七）中国证监会要求的其他事项。

第二十九条 财务顾问应当建立健全内部报告制度，财务顾问主办人应当就中国证监会在反馈意见中提出的问题按照内部程序向部门负责人、内部核查机构负责人等相关负责人报告，并对中国证监会提出的问题进行充分的研究、论证，审慎回复。回复意见应当由财务顾问的法定代表人或者其授权代表人、财务顾问主办人和项目协办人签名，并加盖财务顾问单位公章。

第三十条 财务顾问将申报文件报中国证监会审核期间，委托人和财务顾问终止委托协议的，财务顾问和委托人应当自终止之日起5个工作日内向中国证监会报告，申请撤回申报文件，并说明原因。委托人重新聘请财务顾问就同一并购重组事项进行申报的，应当在报送中国证监会的申报文件中予以说明。

第三十一条 根据中国证监会有关并购重组的规定，自上市公司收购、重大资产重组、发行股份购买资产、合并等事项完成后的规定期限内，财务顾问承担持续督导责任。

财务顾问应当通过日常沟通、定期回访等方式，结合上市公司定期报告的披露，做好以下持续督导工作：

（一）督促并购重组当事人按照相关程序规范实施并购重组方案，及时办理产权过户手续，并依法履行报告和信息披露的义务；

（二）督促上市公司按照《上市公司治理准则》的要求规范运作；

（三）督促和检查申报人履行对市场公开作出的相关承诺的情况；

（四）督促和检查申报人落实后续计划及并购重组方案中约定的其他相关义务的情况；

（五）结合上市公司定期报告，核查并购重组是否按计划实施、是否达到预期目标；其实施效果是否与此前公告的专业意见存在较大差异，是否实现相关盈利预测或者管理层预计达到的业绩目标；

（六）中国证监会要求的其他事项。

在持续督导期间，财务顾问应当结合上市公司披露的定期报告出具持续督导意见，并在前述定期报告披露后的15日内向上市公司所在地的中国证监会派出机构报告。

第三十二条 财务顾问应当建立健全内部检查制度，确保财务顾问主办人切实履行持续督导责任，按时向中国证监会派出机构提交持续督导工作的情况报告。

在持续督导期间，财务顾问解除委托协议的，应当及时向中国证监会派出机构作出书面报告，说明无法继续履行持续督导职责的理由，并予以公告。委托人应当在一个月内另行聘请财务顾问对其进行持续督导。

第三十三条 财务顾问应当建立并购重组工作档案和工作底稿制度，为每一项目建立独立的工作档案。

财务顾问的工作档案和工作底稿应当真实、准确、完整，保存期不少于10年。

第三十四条 财务顾问及其财务顾问主办人应当严格履行保密责任，不得利用职务之便买卖相关上市公司的证券或者牟取其他不当利益，并应当督促委托人、委托人的董事、监事和高级管理人员及其他内幕信息知情人严格保密，不得进行内幕交易。

财务顾问应当按照中国证监会的要求，配合提供上市公司并购重组相关内幕信息知情人买卖、持有相关上市公司证券的文件，并向中国证监会报告内幕信息知情人的违法违规行为，配合中国证监会依法进行的调查。

第三十五条 财务顾问从事上市公司并购重组财务顾问业务，应当公平竞争，按照业务复杂程度及所承担的责任和风险与委托人商议财务顾问报酬，不得以明显低于行业水平等不正当竞争手段招揽业务。

第三十六条 中国证券业协会可以根据本办法的规定，制定财务顾问执业规范，组织财务顾问主办人进行持续培训。

财务顾问可以申请加入中国证券业协会。财务顾问主办人应当参加中国证券业协会组织的相关培训，接受后续教育。

第四章 监督管理与法律责任

第三十七条 中国证监会及其派出机构可以根据审慎监管原则，要求财务顾问提供已按照本办法的规定履行尽职调查义务的证明材料、工作档案和工作底稿，并对财务顾问的公司治理、内部控制、经营运作、风险状况、从业活动等方面进行非现场检查或者现场检查。

财务顾问及其有关人员应当配合中国证监会及其派出机构的检查工作，提交的材料应当真实、准确、完整，不得以任何理由拒绝、拖延提供有关材料，或者提供不真实、不准确、不完整的材料。

第三十八条 中国证监会建立监管信息系统，对财务顾问及其财务顾问主办人进行持续动态监管，并将以下事项记入其诚信档案：

（一）财务顾问及其财务顾问主办人被中国证监会采取监管措施的；

（二）在持续督导期间，上市公司或者其他委托人违反公司治理有关规定、相关资产状况及上市公司经营成果等与财务顾问的专业意见出现较大差异的；

（三）中国证监会认定的其他事项。

第三十九条 财务顾问及其财务顾问主办人出现下列情形之一的，中国证监会对其采取监管谈话、出具警示函、责令改正等监管措施：

（一）内部控制机制和管理制度、尽职调查制度以及相关业务规则存在重大缺陷或者未得到有效执行的；

（二）未按照本办法规定发表专业意见的；

（三）在受托报送申报材料过程中，未切实履行组织、协调义务、申报文件制作质量低下的；

（四）未依法履行持续督导义务的；

（五）未按照本办法的规定向中国证监会报告或者公告的；

（六）违反其就上市公司并购重组相关业务活动所作承诺的；

（七）违反保密制度或者未履行保密责任的；

（八）采取不正当竞争手段进行恶性竞争的；

（九）唆使、协助或者伙同委托人干扰中国证监会审核工作的；

（十）中国证监会认定的其他情形。

责令改正的，财务顾问及其财务顾问主办人在改正期间，或者按照要求完成整改并经中国证监会验收合格之前，不得接受新的上市公司并购重组财务顾问业务。

第四十条 上市公司就并购重组事项出具盈利预测报告的，在相关并购重组活动完成后，凡不属于上市公司管理层事前无法获知且事后无法控制的原因，上市公司或者购买资产实现的利润未达到盈利预测报告或者资产评估报告预测金额80%的，中国证监会责令财务顾问及其财务顾问主办人在股东大会及中国证监会指定报刊上公开说明未实现盈利预测的原因并向股东和社会公众投资者道歉；利润实现数未达到盈利预测50%的，中国证监会可以同时对财务顾问及其财务顾问主办人采取监管谈话、出具警示函、责令定期报告等监管措施。

第四十一条 财务顾问不再符合本办法规定条件的，应当在5个工作日内向中国证监会报告并依法进行公告，由中国证监会责令改正。责令改正期满后，仍不符合本办法规定条件的，中国证监会撤销其从事上市公司并购重组财务顾问业务资格。

财务顾问主办人发生变化的，财务顾问应当在5个工作日内向中国证监会报告。财务顾问主办人不再符合本办法规定条件的，中国证监会将其从财务顾问主办人名单中去除，财务顾问不得聘请其作为财务顾问主办人从事相关业务。

第四十二条 财务顾问及其财务顾问主办人或者其他责任人员所发表的专业意见存在虚假记载、误导性陈述或者重大遗漏的，中国证监会责令改正并依据《证券法》第二百二十三条的规定予以处罚。

第四十三条 财务顾问及其财务顾问主办人在相关并购重组信息未依法公开前，泄漏该信息、买卖或者建议他人买卖该公司证券，利用相关并购重组信息散布虚假信息、操纵证券市场或者进行证券欺诈活动的，中国证监会依据《证券法》第二百零二条、第二百零三条、第二百零七条等相关规定予以处罚；涉嫌犯罪的，依法移送司法机关追究刑事责任。

第四十四条 中国证券业协会对财务顾问及其财务顾问主办人违反自律规范的行为，依法进行调查，给予纪律处分。

第五章 附 则

第四十五条 本办法自2008年8月4日起施行。

首次公开发行股票并在创业板上市管理暂行办法

（2009年3月31日 证监会令第61号，2009年1月21日中国证券监督管理委员会第249次主席办公会议审议通过 2009年5月1日实施）

第一章 总 则

第一条 为了规范首次公开发行股票并在创业板上市的行为，促进自主创新企业及其他成长型创业企业的发展，保护投资者的合法权益，维护社会公共利益，根据《证券法》、《公司法》，制定本办法。

第二条 在中华人民共和国境内首次公开发行股票并在创业板上市，适用本办法。

第三条 发行人申请首次公开发行股票并在创业板上市，应当符合《证券法》、《公司法》和本办法规定的发行条件。

第四条 发行人依法披露的信息，必须真实、准确、完整，不得有虚假记载、误导性陈述或者重大遗漏。

第五条 保荐人及其保荐代表人应当勤勉尽责，诚实守信，认真履行审慎核查和辅导义务，并对其所出具文件的真实性、准确性和完整性负责。

第六条 为证券发行出具文件的证券服务机构和人员，应当按照本行业公认的业务标准和道德规范，严格履行法定职责，并对其所出具文件的真实性、准确性和完整性负责。

第七条 创业板市场应当建立与投资者风险承受能力相适应的投资者准入制度，向投资者充分提示投资风险。

第八条 中国证券监督管理委员会（以下简称“中国证监会”）依法核准发行人的首次公开发行股票申请，对发行人股票发行进行监督管理。

证券交易所依法制定业务规则，创造公开、公平、公正的市场环境，保障创业板市场的正常运行。

第九条 中国证监会依据发行人提供的申请文件对发行人首次公开发行股票的核准，不表明其对该股票的投资价值或者对投资者的收益作出实质性判断或者保证。股票依法发行后，因发行人经营与收益的变化引致的投资风险，由投资者自行负责。

第二章 发行条件

第十条 发行人申请首次公开发行股票应当符合下列条件：

（一）发行人是依法设立且持续经营三年以上的股份有限公司。

有限责任公司按原账面净资产值折股整体变更为股份有限公司的，持续经营时间可以从有限责任公司成立之日起计算。

（二）最近两年连续盈利，最近两年净利润累计不少于一千万元，且持续增长；或者最近一年盈利，且净利润不少于五百万元，最近一年营业收入不少于五千万元，最近两年营业收入增长率均不低于百分之三十。净利润以扣除非经常性损益前后孰低者为计算依据。

（三）最近一期末净资产不少于两千万元，且不存在未弥补亏损。

（四）发行后股本总额不少于三千万元。

第十一条 发行人的注册资本已足额缴纳，发起人或者股东用作出资的资产的财产权转移手续已办理完毕。发行人的主要资产不存在重大权属纠纷。

第十二条 发行人应当主要经营一种业务，其生产经营活动符合法律、行政法规和公司章程的规定，符合国家产业政策及环境保护政策。

第十三条 发行人最近两年内主营业务和董事、高级管理人员均没有发生重大变化，实际控制人没有发生变更。

第十四条 发行人应当具有持续盈利能力，不存在下列情形：

（一）发行人的经营模式、产品或服务的品种结构已经或者将发生重大变化，并对发行人的持续盈利能力构成重大不利影响；

（二）发行人的行业地位或发行人所处行业的经营环境已经或者将发生重大变化，并对发行人的持续盈利能力构成重大不利影响；

（三）发行人在用的商标、专利、专有技术、特许经营权等重要资产或者技术的取得或者使用存在重大不利变化的风险；

（四）发行人最近一年的营业收入或净利润对关联方或者有重大不确定性的客户存在重大依赖；

（五）发行人最近一年的净利润主要来自合并财务报表范围以外的投资收益；

（六）其他可能对发行人持续盈利能力构成重大不利影响的情形。

第十五条 发行人依法纳税，享受的各项税收优惠符合相关法律法规的规定。发行人的经营成果对税收优惠不存在严重依赖。

第十六条 发行人不存在重大偿债风险，不存在影响持续经营的担保、诉讼以及仲裁等重大或有事项。

第十七条 发行人的股权清晰，控股股东和受控股股东、实际控制人支配的股东所持发行人的股份不存在重大权属纠纷。

第十八条 发行人资产完整，业务及人员、财务、机构独立，具有完整的业务体系和直接面向市场独立经营的能力。与控股股东、实际控制人及其控制的其他企业间不存在同业竞争，以及严重影响公司独立性或者显失公允的关联交易。

第十九条 发行人具有完善的公司治理结构，依法建立健全股东大会、董事会、监事会以及独立董事、董事会秘书、审计委员会制度，相关机构和人员能够依法履行职责。

第二十条 发行人会计基础工作规范，财务报表的编制符合企业会计准则和相关会计制度的规定，在所有重大方面公允地反映了发行人的财务状况、经营成果和现金流量，并由注册会计师出具无保留意见的审计报告。

第二十一条 发行人内部控制制度健全且被有效执行，能够合理保证公司财务报告的可靠性、生产经营的合法性、营运的效率与效果，并由注册会计师出具无保留结论的内部控制鉴证报告。

第二十二条 发行人具有严格的资金管理制度，不存在资金被控股股东、实际控制人及其控制的其他企业以借款、代偿债务、代垫款项或者其他方式占用的情形。

第二十三条 发行人的公司章程已明确对外担保的审批权限和审议程序，不存在为控股股东、实际控制人及其控制的其他企业进行违规担保的情形。

第二十四条 发行人的董事、监事和高级管理人员了解股票发行上市相关法律法规，知悉上市公司及其董事、监事和高级管理人员的法定义务和责任。

第二十五条 发行人的董事、监事和高级管理人员应当忠实、勤勉，具备法律、行政法规和规章规定的资格，且不存在下列情形：

（一）被中国证监会采取证券市场禁入措施尚在禁入期的；

（二）最近三年内受到中国证监会行政处罚，或者最近一年内受到证券交易所公开谴责的；

（三）因涉嫌犯罪被司法机关立案侦查或者涉嫌违法违规被中国证监会立案调查，尚未有明确结论意见的。

第二十六条 发行人及其控股股东、实际控制人最近三年内不存在损害投资者合法权益和社会公共利益的重大违法行为。

发行人及其控股股东、实际控制人最近三年内不存在未经法定机关核准，擅自公开或者变相公开发行证券，或者有关违法行为虽然发生在三年前，但目前仍处于持续状态的情形。

第二十七条 发行人募集资金应当用于主营业务，并有明确的用途。募集资金数额和投资项目应当与发行人现有生产经营规模、财务状况、技术水平和管理能力等相适应。

第二十八条 发行人应当建立募集资金专项存储制度，募集资金应当存放于董事会决定的专项账户。

第三章 发行程序

第二十九条 发行人董事会应当依法就本次股票发行的具体方案、本次募集资金使用的可行性及其他必须明确的事项作出决议，并提请股东大会批准。

第三十条 发行人股东大会应当就本次发行股票作出决议，决议至少应当包括下列事项：

（一）股票的种类和数量；

（二）发行对象；

（三）价格区间或者定价方式；

（四）募集资金用途；

（五）发行前滚存利润的分配方案；

（六）决议的有效期；

（七）对董事会办理本次发行具体事宜的授权；

（八）其他必须明确的事项。

第三十一条 发行人应当按照中国证监会有关规定制作申请文件，由保荐人保荐并向中国证监会申报。

第三十二条 保荐人保荐发行人发行股票并在创业板上市，应当对发行人的成长性进行尽职调查和审慎判断并出具专项意见。发行人为自主创新企业的，还应当在专项意见中说明发行人的自主创新能力。

第三十三条 中国证监会收到申请文件后，在五个工作日内作出是否受理的决定。

第三十四条 中国证监会受理申请文件后，由相关职能部门对发行人的申请文件进行初审，并由创业板发行审核委员会审核。

第三十五条 中国证监会依法对发行人的发行申请作出予以核准或者不予核准的决定，并出具相关文件。

发行人应当自中国证监会核准之日起六个月内发行股票；超过六个月未发行的，核准文件失效，须重新经中国证监会核准后方可发行。

第三十六条 发行申请核准后至股票发行结束前发生重大事项的，发行人应当暂缓或者暂停发行，并及时报告中国证监会，同时履行信息披露义务。出现不符合发行条件事项的，中国证监会撤回核准决定。

第三十七条 股票发行申请未获核准的，发行人可自中国证监会作出不予核准决定之日起六个月后再次提出股票发行申请。

第四章 信息披露

第三十八条 发行人应当按照中国证监会的有关规定编制和披露招股说明书。

第三十九条 中国证监会制定的创业板招股说明书内容与格式准则是信息披露的最低要求。不论准则是否有明确规定，凡是对投资者作出投资决策有重大影响的信息，均应当予以披露。

第四十条 发行人应当在招股说明书显要位置作如下提示：“本次股票发行后拟在创业板市场上市，该市场具有较高的投资风险。创业板公司具有业绩不稳定、经营风险高、退市风险大等特点，投资者面临较大的市场风险。投资者应充分了解创业板市场的投资风险及本公司所披露的风险因素，审慎作出投资决定。”

第四十一条 发行人及其全体董事、监事和高级管理人员应当在招股说明书上签名、盖章，保证招股说明书内容真实、准确、完整。保荐人及其保荐代表人应当对招股说明书的真实性、准确性、完整性进行核查，并在核查意见上签名、盖章。

发行人的控股股东、实际控制人应当对招股说明书出具确认意见，并签名、盖章。

第四十二条 招股说明书引用的财务报表在其最近一期截止日后六个月内有效。特别情况下发行人可申请适当延长，但至多不超过一个月。财务报表应当以年度末、半年度末或者季度末为截止日。

第四十三条 招股说明书的有效期为六个月，自中国证监会核准前招股说明书最后一次签署之日起计算。

第四十四条 申请文件受理后、发行审核委员会审核前，发行人应当在中国证监会网站预先披露招股说明书（申报稿）。发行人可在公司网站刊登招股说明书（申报稿），所披露的内容应当一致，且不得早于在中国证监会网站披露的时间。

第四十五条 预先披露的招股说明书（申报稿）不能含有股票发行价格信息。

发行人应当在预先披露的招股说明书（申报稿）的显要位置声明：“本公司的发行申请尚未得到中国证监会核准。本招股说明书（申报稿）不具有据以发行股票的法律效力，仅供预先披露之用。投资者应当以正式公告的招股说明书作为投资决定的依据。”

第四十六条 发行人及其全体董事、监事和高级管理人员应当保证预先披露的招股说明书（申报稿）的内容真实、准确、完整。

第四十七条 发行人股票发行前应当在中国证监会指定网站全文刊登招股说明书，同时在中国证监会指定报刊刊登提示性公告，告知投资者网上刊登的地址及获取文件的途径。

发行人应当将招股说明书披露于公司网站，时间不得早于前款规定的刊登时间。

第四十八条 保荐人出具的发行保荐书、证券服务机构出具的文件及其他与发行有关的重要文件应当作为招股说明书备查文件，在中国证监会指定网站和公司网站披露。

第四十九条 发行人应当将招股说明书及备查文件置备于发行人、拟上市证券交易所、保荐人、主承销商和其他承销机构的住所，以备公众查阅。

第五十条 申请文件受理后至发行人发行申请经中国证监会核准、依法刊登招股说明书前，发行人及与本次发行有关的当事人不得以广告、说明会等方式为公开发行股票进行宣传。

第五章 监督管理和法律责任

第五十一条 证券交易所应当建立适合创业板特点的上市、交易、退市等制度，督促保荐人履行持续督导义务，对违反有关法律、法规以及交易所业务规则的行为，采取相应的监管措施。

第五十二条 证券交易所应当建立适合创业板特点的市场风险警示及投资者持续教育的制度，督促发行人建立健全维护投资者权益的制度以及防范和纠正违法违规行为的内部控制体系。

第五十三条 发行人向中国证监会报送的发行申请文件有虚假记载、误导性陈述或者重大遗漏的，发行人不符合发行条件以欺骗手段骗取发行核准的，发行人以不正当手段干扰中国证监会及其发行审核委员会审核工作的，发行人或其董事、监事、高级管理人员、控股股东、实际控制人的签名、盖章系伪造或者变造的，发行人及与本次发行有关的当事人违反本办法规定为公开发行股票进行宣传的，中国证监会将采取终止审核并在三十六个月内不受理发行人的股票发行申请的监管措施，并依照《证券法》的有关规定进行处罚。

第五十四条 保荐人出具有虚假记载、误导性陈述或者重大遗漏的发行保荐书的，保荐人以不正当手段干扰中国证监会及其发行审核委员会审核工作的，保荐人或其相关签名人员的签名、盖章系伪造或变造的，或者不履行其他法定职责的，依照《证券法》和保荐制度的有关规定处理。

第五十五条 证券服务机构未勤勉尽责，所制作、出具的文件有虚假记载、误导性陈述或者重大遗漏的，中国证监会将采取十二个月内不接受相关机构出具的证券发行专项文件，三十六个月内不接受相关签名人员出具的证券发行专项文件的监管措施，并依照《证券法》及其他相关法律、行政法规和规章的规定进行处罚。

第五十六条 发行人、保荐人或证券服务机构制作或者出具文件不符合要求，擅自改动已提交文件的，或者拒绝答复中国证监会审核提出的相关问题的，中国证监会将视情节轻重，对相关机构和责任人员采取监管谈话、责令改正等监管措施，记入诚信档案并公布；情节特别严重的，给予警告。

第五十七条 发行人披露盈利预测的，利润实现数如未达到盈利预测的百分之八十，除因不可抗力外，其法定代表人、盈利预测审核报告签名注册会计师应当在股东大会及中国证监会指定网站、报刊上公开作出解释并道歉；中国证监会可以对法定代表人处以警告。

利润实现数未达到盈利预测的50%的，除因不可抗力外，中国证监会在三十六个月内不受理该公司的公开发行证券申请。

第六章 附 则

第五十八条 本办法自2009年5月1日起施行。

上市公司重大资产重组管理办法

（2008 年 4 月 16 日　证监会令第 53 号，2008 年 3 月 24 日中国证券监督管理委员会第 224 次主席办公会议审议通过　2008 年 4 月 16 日公布　2008 年 5 月 18 日实施）

第一章　总　　则

第一条　为了规范上市公司重大资产重组行为，保护上市公司和投资者的合法权益，促进上市公司质量不断提高，维护证券市场秩序和社会公共利益，根据《公司法》、《证券法》等法律、行政法规的规定，制定本办法。

第二条　本办法适用于上市公司及其控股或者控制的公司在日常经营活动之外购买、出售资产或者通过其他方式进行资产交易达到规定的比例，导致上市公司的主营业务、资产、收入发生重大变化的资产交易行为（以下简称重大资产重组）。

上市公司发行股份购买资产应当符合本办法的规定。

上市公司按照经中国证券监督管理委员会（以下简称中国证监会）核准的发行证券文件披露的募集资金用途，使用募集资金购买资产、对外投资的行为，不适用本办法。

第三条　任何单位和个人不得利用重大资产重组损害上市公司及其股东的合法权益。

第四条　上市公司实施重大资产重组，有关各方必须及时、公平地披露或者提供信息，保证所披露或者提供信息的真实、准确、完整，不得有虚假记载、误导性陈述或者重大遗漏。

第五条　上市公司的董事、监事和高级管理人员在重大资产重组活动中，应当诚实守信、勤勉尽责，维护公司资产的安全，保护公司和全体股东的合法权益。

第六条　为重大资产重组提供服务的证券服务机构和人员，应当遵守法律、行政法规和中国证监会的有关规定，遵循本行业公认的业务标准和道德规范，严格履行职责，不得谋取不正当利益，并应当对其所制作、出具文件的真实性、准确性和完整性承担责任。

第七条　任何单位和个人对所知悉的重大资产重组信息在依法披露前负有保密义务。

禁止任何单位和个人利用重大资产重组信息从事内幕交易、操纵证券市场等违法活动。

第八条　中国证监会依法对上市公司重大资产重组行为进行监管。

第九条　中国证监会在发行审核委员会中设立上市公司并购重组审核委员会（以下简称并购重组委），以投票方式对提交其审议的重大资产重组申请进行表决，提出审核意见。

第二章　重大资产重组的原则和标准

第十条　上市公司实施重大资产重组，应当符合下列要求：

（一）符合国家产业政策和有关环境保护、土地管理、反垄断等法律和行政法规的规定；

（二）不会导致上市公司不符合股票上市条件；

（三）重大资产重组所涉及的资产定价公允，不存在损害上市公司和股东合法权益的情形；

（四）重大资产重组所涉及的资产权属清晰，资产过户或者转移不存在法律障碍，相关债权债务处理合法；

（五）有利于上市公司增强持续经营能力，不存在可能导致上市公司重组后主要资产为现金或者无具体经营业务的情形；

（六）有利于上市公司在业务、资产、财务、人员、机构等方面与实际控制人及其关联人保持独立，符合中国证监会关于上市公司独立性的相关规定；

（七）有利于上市公司形成或者保持健全有效的法人治理结构。

第十一条 上市公司及其控股或者控制的公司购买、出售资产，达到下列标准之一的，构成重大资产重组：

（一）购买、出售的资产总额占上市公司最近一个会计年度经审计的合并财务会计报告期末资产总额的比例达到50%以上；

（二）购买、出售的资产在最近一个会计年度所产生的营业收入占上市公司同期经审计的合并财务会计报告营业收入的比例达到50%以上；

（三）购买、出售的资产净额占上市公司最近一个会计年度经审计的合并财务会计报告期末净资产额的比例达到50%以上，且超过5 000万元人民币。

购买、出售资产未达到前款规定标准，但中国证监会发现存在可能损害上市公司或者投资者合法权益的重大问题的，可以根据审慎监管原则责令上市公司按照本办法的规定补充披露相关信息、暂停交易并报送申请文件。

第十二条 计算前条规定的比例时，应当遵守下列规定：

（一）购买的资产为股权的，其资产总额以被投资企业的资产总额与该项投资所占股权比例的乘积和成交金额二者中的较高者为准，营业收入以被投资企业的营业收入与该项投资所占股权比例的乘积为准，资产净额以被投资企业的净资产额与该项投资所占股权比例的乘积和成交金额二者中的较高者为准；出售的资产为股权的，其资产总额、营业收入以及资产净额分别以被投资企业的资产总额、营业收入以及净资产额与该项投资所占股权比例的乘积为准。

购买股权导致上市公司取得被投资企业控股权的，其资产总额以被投资企业的资产总额和成交金额二者中的较高者为准，营业收入以被投资企业的营业收入为准，资产净额以被投资企业的净资产额和成交金额二者中的较高者为准；出售股权导致上市公司丧失被投资企业控股权的，其资产总额、营业收入以及资产净额分别以被投资企业的资产总额、营业收入以及净资产额为准。

（二）购买的资产为非股权资产的，其资产总额以该资产的账面值和成交金额二者中的较高者为准，资产净额以相关资产与负债的账面值差额和成交金额二者中的较高者为准；出售的资产为非股权资产的，其资产总额、资产净额分别以该资产的账面值、相关资产与负债账面值的差额为准；该非股权资产不涉及负债的，不适用前条第一款第（三）项规定的资产净额标准。

（三）上市公司同时购买、出售资产的，应当分别计算购买、出售资产的相关比例，并以二者中比例较高者为准。

（四）上市公司在12个月内连续对同一或者相关资产进行购买、出售的，以其累计数分别计算相应数额，但已按照本办法的规定报经中国证监会核准的资产交易行为，无须纳入累计计算的范围。

交易标的资产属于同一交易方所有或者控制，或者属于相同或者相近的业务范围，或者中国证监会认定的其他情形下，可以认定为同一或者相关资产。

第十三条 本办法第二条所称通过其他方式进行资产交易，包括：

（一）与他人新设企业、对已设立的企业增资或者减资；

（二）受托经营、租赁其他企业资产或者将经营性资产委托他人经营、租赁；

（三）接受附义务的资产赠与或者对外捐赠资产；

（四）中国证监会根据审慎监管原则认定的其他情形。

上述资产交易实质上构成购买、出售资产，且按照本办法规定的标准计算的相关比例达到50%以上的，应当按照本办法的规定履行信息披露等相关义务并报送申请文件。

第三章 重大资产重组的程序

第十四条 上市公司与交易对方就重大资产重组事宜进行初步磋商时，应当立即采取必要且充分的保密措施，制定严格有效的保密制度，限定相关敏感信息的知悉范围。上市公司及交易对方聘请证券服务机构的，应当立即与所聘请的证券服务机构签署保密协议。

上市公司关于重大资产重组的董事会决议公告前，相关信息已在媒体上传播或者公司股票交易出现异常波动的，上市公司应当立即将有关计划、方案或者相关事项的现状以及相关进展情况和风险因素等予以公告，并按照有关信息披露规则办理其他相关事宜。

第十五条 上市公司应当聘请独立财务顾问、律师事务所以及具有相关证券业务资格的会计师事务所等证券服务机构就重大资产重组出具意见。

独立财务顾问和律师事务所应当审慎核查重大资产重组是否构成关联交易，并依据核查确认的相关事实发表明确意见。重大资产重组涉及关联交易的，独立财务顾问应当就本次重组对上市公司非关联股东的影响发表明确意见。

资产交易定价以资产评估结果为依据的，上市公司应当聘请具有相关证券业务资格的资产评估机构出具资产评估报告。

证券服务机构在其出具的意见中采用其他证券服务机构或者人员的专业意见的，仍然应当进行尽职调查，审慎核查其采用的专业意见的内容，并对利用其他证券服务机构或者人员的专业意见所形成的结论负责。

第十六条 上市公司及交易对方与证券服务机构签订聘用合同后，非因正当事由不得更换证券服务机构。确有正当事由需要更换证券服务机构的，应当在申请材料中披露更换的具体原因以及证券服务机构的陈述意见。

第十七条 上市公司购买资产的，应当提供拟购买资产的盈利预测报告。上市公司拟进行本办法第二十七条第一款第（一）、（二）项规定的重大资产重组以及发行股份购买资产的，还应当提供上市公司的盈利预测报告。盈利预测报告应当经具有相关证券业务资格的会计师事务所审核。

上市公司确有充分理由无法提供上述盈利预测报告的，应当说明原因，在上市公司重大资产重组报告书（或者发行股份购买资产报告书，下同）中作出特别风险提示，并在管理层讨论与分析部分就本次重组对上市公司持续经营能力和未来发展前景的影响进行详细分析。

第十八条 重大资产重组中相关资产以资产评估结果作为定价依据的，资产评估机构原则上应当采取两种以上评估方法进行评估。

上市公司董事会应当对评估机构的独立性、评估假设前提的合理性、评估方法与评估目的的相关性以及评估定价的公允性发表明确意见。上市公司独立董事应当对评估机构的独立性、评估假设前提的合理性和评估定价的公允性发表独立意见。

第十九条 上市公司进行重大资产重组，应当由董事会依法作出决议，并提交股东大会批准。

上市公司董事会应当就重大资产重组是否构成关联交易作出明确判断，并作为董事会决议事项予以披露。

上市公司独立董事应当在充分了解相关信息的基础上，就重大资产重组发表独立意见。重大资产重组构成关联交易的，独立董事可以另行聘请独立财务顾问就本次交易对上市公司非关联股东的影响发表意见。上市公司应当积极配合独立董事调阅相关材料，并通过安排实地调查、组织证券服务机构汇报等方式，为独立董事履行职责提供必要的支持和便利。

第二十条 上市公司应当在董事会作出重大资产重组决议后的次一工作日至少披露下列文件，同时抄报上市公司所在地的中国证监会派出机构（以下简称派出机构）：

（一）董事会决议及独立董事的意见；

（二）上市公司重大资产重组预案。

本次重组的重大资产重组报告书、独立财务顾问报告、法律意见书以及重组涉及的审计报告、资产评估报告和经审核的盈利预测报告至迟应当与召开股东大会的通知同时公告。

本条第一款第（二）项及第二款规定的信息披露文件的内容与格式另行规定。

上市公司应当在至少一种中国证监会指定的报刊公告董事会决议、独立董事的意见和重大资产重组报告书摘要，并应当在证券交易所网站全文披露重大资产重组报告书及相关证券服务机构的报告或者意见。

第二十一条 上市公司股东大会就重大资产重组作出的决议，至少应当包括下列事项：

（一）本次重大资产重组的方式、交易标的和交易对方；

（二）交易价格或者价格区间；

（三）定价方式或者定价依据；

（四）相关资产自定价基准日至交割日期间损益的归属；

（五）相关资产办理权属转移的合同义务和违约责任；

（六）决议的有效期；

（七）对董事会办理本次重大资产重组事宜的具体授权；

（八）其他需要明确的事项。

第二十二条 上市公司股东大会就重大资产重组事项作出决议，必须经出席会议的股东所持表决权的2/3以上通过。

上市公司重大资产重组事宜与本公司股东或者其关联人存在关联关系的，股东大会就重大资产重组事项进行表决时，关联股东应当回避表决。

交易对方已经与上市公司控股股东就受让上市公司股权或者向上市公司推荐董事达成协议或者默契，可能导致上市公司的实际控制权发生变化的，上市公司控股股东及其关联人应当回避表决。

上市公司就重大资产重组事宜召开股东大会，应当以现场会议形式召开，并应当提供网络投票或者其他合法方式为股东参加股东大会提供便利。

第二十三条 上市公司应当在股东大会作出重大资产重组决议后的次一工作日公告该决议，并按照中国证监会的有关规定编制申请文件，委托独立财务顾问在3个工作日内向中国证监会申报，同时抄报派出机构。

第二十四条 上市公司全体董事、监事、高级管理人员应当出具承诺，保证重大资产重组申请文件不存在虚假记载、误导性陈述或者重大遗漏。

第二十五条 中国证监会依照法定条件和法定程序对重大资产重组申请作出予以核准或者不予核准的决定。

中国证监会在审核期间提出反馈意见要求上市公司作出书面解释、说明的，上市公司应当自收到反馈意见之日起30日内提供书面回复意见，独立财务顾问应当配合上市公司提供书面回复意见。逾期未提供的，上市公司应当在到期日的次日就本次重大资产重组的进展情况及未能及时提供回复意见的具体原因等予以公告。

第二十六条 中国证监会审核期间，上市公司拟对交易对象、交易标的、交易价格等作出变更，构成对重组方案重大调整的，应当在董事会表决通过后重新提交股东大会审议，并按照本办法的规定向中国证监会重新报送重大资产重组申请文件，同时作出公告。

在中国证监会审核期间，上市公司董事会决议终止或者撤回本次重大资产重组申请的，应当说明原因，予以公告，并按照公司章程的规定提交股东大会审议。

第二十七条 上市公司重大资产重组存在下列情形之一的，应当提交并购重组委审核：

（一）上市公司出售资产的总额和购买资产的总额占其最近一个会计年度经审计的合并财务会计报告期末资产总额的比例均达到70%以上；

（二）上市公司出售全部经营性资产，同时购买其他资产；

（三）中国证监会在审核中认为需要提交并购重组委审核的其他情形。

重大资产重组不存在前款规定情形，但存在下列情形之一的，上市公司可以向中国证监会申请将本次重组方案提交并购重组委审核：

（一）上市公司购买的资产为符合本办法第四十八条规定的完整经营实体且业绩需要模拟计算的；

（二）上市公司对中国证监会有关职能部门提出的反馈意见表示异议的。

第二十八条 上市公司在收到中国证监会关于召开并购重组委工作会议审核其重大资产重组申请的通知后，应当立即予以公告，并申请办理并购重组委工作会议期间直至其表决结果披露前的停牌事宜。

上市公司在收到并购重组委关于其重大资产重组申请的表决结果后，应当在次一工作日公告表决结果并申请复牌。公告应当说明，公司在收到中国证监会作出的予以核准或者不予核准的决定后将再行公告。

第二十九条 上市公司收到中国证监会就其重大资产重组申请作出的予以核准或者不予核准的决定后，应当在次一工作日予以公告。

中国证监会予以核准的，上市公司应当在公告核准决定的同时，按照相关信息披露准则的规定补充披露相关文件。

第三十条 中国证监会核准上市公司重大资产重组申请的，上市公司应当及时实施重组方案，并于实施完毕之日起3个工作日内编制实施情况报告书，向中国证监会及其派出机构、证券交易所提交书面报告，并予以公告。

上市公司聘请的独立财务顾问和律师事务所应当对重大资产重组的实施过程、资产过户事宜和相关后续事项的合规性及风险进行核查，发表明确的结论性意见。独立财务顾问和律师事务所出具的意见应当与实施情况报告书同时报告、公告。

第三十一条 自收到中国证监会核准文件之日起60日内，本次重大资产重组未实施完毕的，上市公司应当于期满后次一工作日将实施进展情况报告中国证监会及其派出机构，并予以公告；此后每30日应当公告一次，直至实施完毕。超过12个月未实施完毕的，核准文件失效。

第三十二条 上市公司在实施重大资产重组的过程中，发生法律、法规要求披露的重大事项的，应当及时向中国证监会及其派出机构报告。该事项导致本次重组发生实质性变动的，须重新报经中国证监会核准。

第三十三条 根据本办法第十七条规定提供盈利预测报告的，上市公司应当在重大资产重组实施完毕后的有关年度报告中单独披露上市公司及相关资产的实际盈利数与利润预测数的差异情况，并由会计师事务所对此出具专项审核意见。

资产评估机构采取收益现值法、假设开发法等基于未来收益预期的估值方法对拟购买资产进行评估并作为定价参考依据的，上市公司应当在重大资产重组实施完毕后3年内的年度报告中单独披露相关资产的实际盈利数与评估报告中利润预测数的差异情况，并由会计师事务所对此出具专项审核意见；交易对方应当与上市公司就相关资产实际盈利数不足利润预测数的情况签订明确可行的补偿协议。

第三十四条 上市公司重大资产重组发生下列情形的，独立财务顾问应当及时出具核查意见，向中国证监会及其派出机构报告，并予以公告：

（一）中国证监会作出核准决定前，上市公司对交易对象、交易标的、交易价格等作出变更，构成对原重组方案重大调整的；

（二）中国证监会作出核准决定后，上市公司在实施重组过程中发生重大事项，导致原重组方案发生实质性变动的。

第三十五条 独立财务顾问应当按照中国证监会的相关规定，对实施重大资产重组的上市公司履行持续督导职责。持续督导的期限自中国证监会核准本次重大资产重组之日起，应当不少于一个会计年度。

第三十六条 独立财务顾问应当结合上市公司重大资产重组当年和实施完毕后的第一个会计年度的年报，自年报披露之日起15日内，对重大资产重组实施的下列事项出具持续督导意见，向派出机构报告，并予以公告：

（一）交易资产的交付或者过户情况；

（二）交易各方当事人承诺的履行情况；

（三）盈利预测的实现情况；

（四）管理层讨论与分析部分提及的各项业务的发展现状；

（五）公司治理结构与运行情况；

（六）与已公布的重组方案存在差异的其他事项。

第四章 重大资产重组的信息管理

第三十七条 上市公司筹划、实施重大资产重组，相关信息披露义务人应当公平地向所有投资者披露可能对上市公司股票交易价格产生较大影响的相关信息（以下简称股价敏感信息），不得有选择性地向特定对象提前泄露。

第三十八条 上市公司的股东、实际控制人以及参与重大资产重组筹划、论证、决策等环节的其他相关机构和人员，应当及时、准确地向上市公司通报有关信息，并配合上市公司及时、准确、完整地进行披露。上市公司获悉股价敏感信息的，应当及时向证券交易所申请停牌并披露。

第三十九条 上市公司及其董事、监事、高级管理人员，重大资产重组的交易对方及其关联方，交易对方及其关联方的董事、监事、高级管理人员或者主要负责人，交易各方聘请的证券服务机构及其从业人员，参与重大资产重组筹划、论证、决策、审批等环节的相关机构和人员，以及因直系亲属关系、提供服务和业务往来等知悉或者可能知悉股价敏感信息的其他相关机构和人员，在重大资产重组的股价敏感信息依法披露前负有保密义务，禁止利用该信息进行内幕交易。

第四十条 上市公司筹划重大资产重组事项，应当详细记载筹划过程中每一具体环节的进展情况，包括商议相关方案、形成相关意向、签署相关协议或者意向书的具体时间、地点、参与机构和人员、商议和决议内容等，制作书面的交易进程备忘录并予以妥当保存。参与每一具体环节的所有人员应当即时在备忘录上签名确认。

上市公司预计筹划中的重大资产重组事项难以保密或者已经泄露的，应当及时向证券交易所申请停牌，直至真实、准确、完整地披露相关信息。停牌期间，上市公司应当至少每周发布一次事件进展情况公告。

上市公司股票交易价格因重大资产重组的市场传闻发生异常波动时，上市公司应当及时向证券交易所申请停牌，核实有无影响上市公司股票交易价格的重组事项并予以澄清，不得以相关事项存在不确定性为由不履行信息披露义务。

第五章　发行股份购买资产的特别规定

第四十一条 上市公司发行股份购买资产，应当符合下列规定：

（一）有利于提高上市公司资产质量、改善公司财务状况和增强持续盈利能力；有利于上市公司减少关联交易和避免同业竞争，增强独立性；

（二）上市公司最近一年及一期财务会计报告被注册会计师出具无保留意见审计报告；被出具保留意见、否定意见或者无法表示意见的审计报告的，须经注册会计师专项核查确认，该保留意见、否定意见或者无法表示意见所涉及事项的重大影响已经消除或者将通过本次交易予以消除；

（三）上市公司发行股份所购买的资产，应当为权属清晰的经营性资产，并能在约定期限内办理完毕权属转移手续；

（四）中国证监会规定的其他条件。

特定对象以现金或者资产认购上市公司非公开发行的股份后，上市公司用同一次非公开发行所募集的资金向该特定对象购买资产的，视同上市公司发行股份购买资产。

第四十二条 上市公司发行股份的价格不得低于本次发行股份购买资产的董事会决议公告日前20个交易日公司股票交易均价。

前款所称交易均价的计算公式为：董事会决议公告日前20个交易日公司股票交易均价＝决议公告日前20个交易日公司股票交易总额/决议公告日前20个交易日公司股票交易总量。

第四十三条 特定对象以资产认购而取得的上市公司股份，自股份发行结束之日起12个月内不得转让；属于下列情形之一的，36个月内不得转让：

（一）特定对象为上市公司控股股东、实际控制人或者其控制的关联人；

（二）特定对象通过认购本次发行的股份取得上市公司的实际控制权；

（三）特定对象取得本次发行的股份时，对其用于认购股份的资产持续拥有权益的时间不足12个月。

第四十四条 上市公司申请发行股份购买资产，应当提交并购重组委审核。

第四十五条 上市公司发行股份购买资产导致特定对象持有或者控制的股份达到法定比例的，应当按照《上市公司收购管理办法》（证监会令第35号）的规定履行相关义务。

特定对象因认购上市公司发行股份导致其持有或者控制的股份比例超过30%或者在30%以上继续增加，且上市公司股东大会同意其免于发出要约的，可以在上市公司向中国证监会报送发行股份申请的同时，提出豁免要约义务的申请。

第四十六条 中国证监会核准上市公司发行股份购买资产的申请后，上市公司应当及时实施。向特定对象购买的相关资产过户至上市公司后，上市公司聘请的独立财务顾问和律师事务所应当对资产过户事宜和相关后续事项的合规性及风险进行核查，并发表明确意见。上市公司应当在相关资产过户完成后3个工作日内就过户情况作出公告，并向中国证监会及其派出机构提交书面报告，公告和报告中应当包括独立财务顾问和律师事务所的结论性意见。

上市公司完成前款规定的公告、报告后，可以到证券交易所、证券登记结算公司为认购股份的特定对象申请办理证券登记手续。

第六章 重大资产重组后申请发行新股或者公司债券

第四十七条 经并购重组委审核后获得核准的重大资产重组实施完毕后，上市公司申请公开发行新股或者公司债券，同时符合下列条件的，本次重大资产重组前的业绩在审核时可以模拟计算：

（一）进入上市公司的资产是完整经营实体；

（二）本次重大资产重组实施完毕后，重组方的承诺事项已经如期履行，上市公司经营稳定、运行良好；

（三）本次重大资产重组实施完毕后，上市公司和相关资产实现的利润达到盈利预测水平。

上市公司在本次重大资产重组前不符合中国证监会规定的公开发行证券条件，或者本次重组导致上市公司实际控制人发生变化的，上市公司申请公开发行新股或者公司债券，距本次重组交易完成的时间应当不少于一个完整会计年度。

第四十八条 本办法所称完整经营实体，应当符合下列条件：

（一）经营业务和经营资产独立、完整，且在最近两年未发生重大变化；

（二）在进入上市公司前已在同一实际控制人之下持续经营两年以上；

（三）在进入上市公司之前实行独立核算，或者虽未独立核算，但与其经营业务相关的收入、费用在会计核算上能够清晰划分；

（四）上市公司与该经营实体的主要高级管理人员签订聘用合同或者采取其他方式，就该经营实体在交易完成后的持续经营和管理作出恰当安排。

第七章 监督管理和法律责任

第四十九条 未经核准擅自实施重大资产重组的，责令改正，可以采取监管谈话、出具警示函等监管措施；情节严重的，处以警告、罚款，并可以对有关责任人员采取市场禁入的措施。

第五十条 上市公司或者其他信息披露义务人未按照本办法规定报送重大资产重组有关报告，或者报送的报告有虚假记载、误导性陈述或者重大遗漏的，责令改正，依照《证券法》第一百九十三条予以处罚；情节严重的，责令停止重组活动，并可以对有关责任人员采取市场禁入的措施。

第五十一条 上市公司或者其他信息披露义务人未按照规定披露重大资产重组信息，或者所披露的信息存在虚假记载、误导性陈述或者重大遗漏的，责令改正，依照《证券法》第一百九十三条规定予以处罚；情节严重的，责令停止重组活动，并可以对有关责任人员采取市场禁入的措施；涉嫌犯罪的，依法移送司法机关追究刑事责任。

第五十二条 上市公司董事、监事和高级管理人员在重大资产重组中，未履行诚实守信、勤勉尽责义务，导致重组方案损害上市公司利益的，责令改正，采取监管谈话、出具警示函等监管措施；情节严重的，处以警告、罚款，并可以采取市场禁入的措施；涉嫌犯罪的，依法移送司法机关追究刑事责任。

第五十三条 为重大资产重组出具财务顾问报告、审计报告、法律意见、资产评估报告及其他专业文件的证券服务机构及其从业人员未履行诚实守信、勤勉尽责义务，违反行业规范、业务规则，或者未依法履行报告和公告义务、持续督导义务的，责令改正，采取监管谈话、出具警示函等监管措施；情节严重的，依照《证券法》第二百二十六条予以处罚。

前款规定的证券服务机构及其从业人员所制作、出具的文件存在虚假记载、误导性陈述或者重大遗漏的，责令改正，依照《证券法》第二百二十三条予以处罚；情节严重的，可以采取市场禁入的措施；涉嫌犯罪的，依法移送司法机关追究刑事责任。

第五十四条 重大资产重组实施完毕后，凡不属于上市公司管理层事前无法获知且事后无法控制的原因，上市公司或者购买资产实现的利润未达到盈利预测报告或者资产评估报告预测金额的80%，或者实际运营情况与重大资产重组报告书中管理层讨论与分析部分存在较大差距的，上市公司的董事长、总经理以及对此承担相应责任的会计师事务所、财务顾问、资产评估机构及其从业人员应当在上市公司披露年度报告的同时，在同一报刊上作出解释，并向投资者公开道歉；实现利润未达到预测金额50%的，可以对上市公司、相关机构及其责任人员采取监管谈话、出具警示函、责令定期报告等监管措施。

第五十五条 任何知悉重大资产重组信息的人员在相关信息依法公开前，泄露该信息、买卖或者建议他人买卖相关上市公司证券、利用重大资产重组散布虚假信息、操纵证券市场或者进行欺诈活动的，依照《证券法》第二百零二条、第二百零三条、第二百零七条予以处罚；涉嫌犯罪的，依法移送司法机关追究刑事责任。

第八章 附 则

第五十六条 本办法自2008年5月18日起施行。中国证监会发布的《关于上市公司重大购买、出售、置换资产若干问题的通知》（证监公司字［2001］105号）同时废止。

关于规范上市公司重大资产重组若干问题的规定

（2008 年 4 月 16 日 证监会公告［2008］14 号）

第一条 上市公司拟实施重大资产重组的，全体董事应当严格履行诚信义务，切实做好信息保密及停复牌工作。

重大资产重组的首次董事会决议经表决通过后，上市公司应当在决议当日或者次一工作日的非交易时间向证券交易所申请公告。董事会应当按照《上市公司重大资产重组管理办法》（证监会令第 53 号）及相关的信息披露准则编制重大资产重组预案或者报告书，并将该预案或者报告书作为董事会决议的附件，与董事会决议同时公告。

重大资产重组的交易对方应当承诺，保证其所提供信息的真实性、准确性和完整性，保证不存在虚假记载、误导性陈述或者重大遗漏，并声明承担个别和连带的法律责任。该等承诺和声明应当与上市公司董事会决议同时公告。

第二条 上市公司首次召开董事会审议重大资产重组事项的，应当在召开董事会的当日或者前一日与相应的交易对方签订附条件生效的交易合同。交易合同应当载明本次重大资产重组事项一经上市公司董事会、股东大会批准并经中国证监会核准，交易合同即应生效。

重大资产重组涉及发行股份购买资产的，交易合同应当载明特定对象拟认购股份的数量或者数量区间、认购价格或者定价原则、限售期，以及目标资产的基本情况、交易价格或者定价原则、资产过户或交付的时间安排和违约责任等条款。

第三条 发行股份购买资产的首次董事会决议公告后，董事会在 6 个月内未发布召开股东大会通知的，上市公司应当重新召开董事会审议发行股份购买资产事项，并以该次董事会决议公告日作为发行股份的定价基准日。

发行股份购买资产事项提交股东大会审议未获批准的，上市公司董事会如再次作出发行股份购买资产的决议，应当以该次董事会决议公告日作为发行股份的定价基准日。

第四条 上市公司拟实施重大资产重组的，董事会应当就本次交易是否符合下列规定作出审慎判断，并记载于董事会决议记录中：

（一）交易标的资产涉及立项、环保、行业准入、用地、规划、建设施工等有关报批事项的，在本次交易的首次董事会决议公告前应当取得相应的许可证书或者有关主管部门的批复文件；本次交易行为涉及有关报批事项的，应当在重大资产重组预案和报告书中详细披露已向有关主管部门报批的进展情况和尚需呈报批准的程序，并对可能无法获得批准的风险作出特别提示。

（二）上市公司拟购买资产的，在本次交易的首次董事会决议公告前，资产出售方必须已经合法拥有标的资产的完整权利，不存在限制或者禁止转让的情形。

上市公司拟购买的资产为企业股权的，该企业应当不存在出资不实或者影响其合法存续的情况；上市公司在交易完成后成为持股型公司的，作为主要标的资产的企业股权应当为控股权。

上市公司拟购买的资产为土地使用权、矿业权等资源类权利的，应当已取得相应的权属证书，并具备相应的开发或者开采条件。

（三）上市公司购买资产应当有利于提高上市公司资产的完整性（包括取得生产经营所需要的商标权、专利权、非专利技术、采矿权、特许经营权等无形资产），有利于上市公司在人员、采购、生产、销售、知识产权等方面保持独立。

（四）本次交易应当有利于上市公司改善财务状况、增强持续盈利能力，有利于上市公司突出主业、增强抗风险能力，有利于上市公司增强独立性、减少关联交易、避免同业竞争。

第五条 上市公司拟实施重大资产重组的，董事会、交易对方、证券服务机构及相关人员应当严格遵守《关于规范上市公司信息披露及相关各方行为的通知》（证监公司字［2007］128 号）的相关规定，切实履行信息披露等义务和程序。

重大资产重组的首次董事会决议公告后，上市公司董事会和交易对方非因充分正当事由，撤销、中止重组方案或者对重组方案作出实质性变更（包括但不限于变更主要交易对象、变更主要标的资产等）的，中国证监会将依据有关规定对上市公司、交易对方、证券服务机构等单位和相关人员采取监管措施，并依法追究法律责任。

上市公司非公开发行股票实施细则

（2007年9月17日 证监发行字［2007］302号）

第一章 总 则

第一条 为规范上市公司非公开发行股票行为，根据《上市公司证券发行管理办法》（证监会令第30号，以下简称《管理办法》）的有关规定，制定本细则。

第二条 上市公司非公开发行股票，应当有利于减少关联交易、避免同业竞争、增强独立性；应当有利于提高资产质量、改善财务状况、增强持续盈利能力。

第三条 上市公司董事、监事、高级管理人员、保荐人和承销商、为本次发行出具专项文件的专业人员及其所在机构，以及上市公司控股股东、实际控制人及其知情人员，应当遵守有关法律法规和规章，勤勉尽责，不得利用上市公司非公开发行股票谋取不正当利益，禁止泄露内幕信息和利用内幕信息进行证券交易或者操纵证券交易价格。

第四条 上市公司的控股股东、实际控制人和本次发行对象，应当按照有关规定及时向上市公司提供信息，配合上市公司真实、准确、完整地履行信息披露义务。

第五条 保荐人、上市公司选择非公开发行股票的发行对象和确定发行价格，应当遵循公平、公正原则，体现上市公司和全体股东的最大利益。

第六条 发行方案涉及中国证监会规定的重大资产重组的，重大资产重组应当与发行股票筹集资金分开办理。

第二章 发行对象与认购条件

第七条 《管理办法》所称"定价基准日"，是指计算发行底价的基准日。定价基准日可以为关于本次非公开发行股票的董事会决议公告日、股东大会决议公告日，也可以为发行期的首日。上市公司应按不低于该发行底价的价格发行股票。

《管理办法》所称"定价基准日前20个交易日股票交易均价"的计算公式为：定价基准日前20个交易日股票交易均价＝定价基准日前20个交易日股票交易总额/定价基准日前20个交易日股票交易总量。

第八条 《管理办法》所称"发行对象不超过10名"，是指认购并获得本次非公开发行股票的法人、自然人或者其他合法投资组织不超过10名。

证券投资基金管理公司以其管理的2只以上基金认购的，视为一个发行对象。

信托公司作为发行对象，只能以自有资金认购。

第九条 发行对象属于下列情形之一的，具体发行对象及其认购价格或者定价原则应当由上市公司董事会的非公开发行股票决议确定，并经股东大会批准；认购的股份自发行结束之日起36个月内不得转让：

（一）上市公司的控股股东、实际控制人或其控制的关联人；

（二）通过认购本次发行的股份取得上市公司实际控制权的投资者；

（三）董事会拟引入的境内外战略投资者。

第十条 发行对象属于本细则第九条规定以外的情形的，上市公司应当在取得发行核准批文后，按照本细则的规定以竞价方式确定发行价格和发行对象。发行对象认购的股份自发行结束之日起12个月内不得转让。

第三章 董事会与股东大会决议

第十一条 上市公司申请非公开发行股票，应当按照《管理办法》的相关规定召开董事会、股东大会，并按规定及时披露信息。

第十二条 董事会决议确定具体发行对象的，上市公司应当在召开董事会的当日或者前1日与相应发行对象签订附条件生效的股份认购合同。

前款所述认购合同应载明该发行对象拟认购股份的数量或数量区间、认购价格或定价原则、限售期，同时约定本次发行一经上市公司董事会、股东大会批准并经中国证监会核准，该合同即应生效。

第十三条 上市公司董事会作出非公开发行股票决议，应当符合下列规定：

（一）应当按照《管理办法》的规定选择确定本次发行的定价基准日，并提请股东大会批准。

（二）董事会决议确定具体发行对象的，董事会决议应当确定具体的发行对象名称及其认购价格或定价原则、认购数量或者数量区间、限售期；发行对象与公司签订的附条件生效的股份认购合同应当经董事会批准。

（三）董事会决议未确定具体发行对象的，董事会决议应当明确发行对象的范围和资格，定价原则、限售期。

（四）本次非公开发行股票的数量不确定的，董事会决议应当明确数量区间（含上限和下限）。董事会决议还应当明确，上市公司的股票在定价基准日至发行日期间除权、除息的，发行数量和发行底价是否相应调整。

（五）董事会决议应当明确本次募集资金数量的上限、拟投入项目的资金需要总数量、本次募集资金投入数量、其余资金的筹措渠道。募集资金用于补充流动资金或者偿还银行贷款的，应当说明补充流动资金或者偿还银行贷款的具体数额；募集资金用于收购资产的，应当明确交易对方、标的资产、作价原则等事项。

第十四条 董事会决议经表决通过后，上市公司应当在2个交易日内披露。

董事会应当按照《公开发行证券的公司信息披露内容与格式准则第25号——上市公司非公开发行股票预案和发行情况报告书》的要求编制非公开发行股票预案，作为董事会决议的附件，与董事会决议同时刊登。

第十五条 本次发行涉及资产审计、评估或者上市公司盈利预测的，资产审计结果、评估结果和经审核的盈利预测报告至迟应随召开股东大会的通知同时公告。

第十六条 非公开发行股票的董事会决议公告后，出现以下情况需要重新召开董事会的，应当由董事会重新确定本次发行的定价基准日：

（一）本次非公开发行股票股东大会决议的有效期已过；

（二）本次发行方案发生变化；

（三）其他对本次发行定价具有重大影响的事项。

第十七条 上市公司股东大会就非公开发行股票作出的决定，至少应当包括《管理办法》和本细则规定须提交股东大会批准的事项。

《管理办法》所称应当回避表决的“特定的股东及其关联人”，是指董事会决议已确定为本次发行对象的股东及其关联人。

第四章 核准与发行

第十八条 股东大会批准本次发行后，上市公司可向中国证监会提交发行申请文件。

申请文件应当按照本细则附件1《上市公司非公开发行股票申请文件目录》的有关规定编制。

第十九条 保荐人和发行人律师应当各司其职，勤勉尽责，对本次非公开发行股票申请的合规性审慎地履行尽职调查职责。

保荐人出具的发行保荐书和发行人律师出具的法律意见书，应当对照中国证监会的各项规定逐项发表明确的结论性意见，并载明得出每项结论的查证过程及事实依据。

第二十条 中国证监会按照《管理办法》规定的程序审核非公开发行股票申请。

上市公司收到中国证监会发行审核委员会关于本次发行申请获得通过或者未获通过的结果后，应当在次一交易日予以公告，并在公告中说明，公司收到中国证监会作出的予以核准或者不予核准的决定后，将另行公告。

第二十一条 上市公司取得核准批文后，应当在批文的有效期内，按照《证券发行与承销管理办法》（证监会令第37号）的有关规定发行股票。

上市公司收到中国证监会予以核准决定后作出的公告中，应当公告本次发行的保荐人，并公开上市公司和保荐人指定办理本次发行的负责人及其有效联系方式。

上市公司、保荐人对非公开发行股票进行推介或者向特定对象提供投资价值研究报告的，不得采用任何公开方式，且不得早于上市公司董事会关于非公开发行股票的决议公告之日。

第二十二条 董事会决议确定具体发行对象的，上市公司在取得核准批文后，应当按照本细则第九条的规定和认购合同的约定发行股票。

第二十三条 董事会决议未确定具体发行对象的，在取得中国证监会的核准批文后，由上市公司及保荐人在批文的有效期内选择发行时间；在发行期起始的前1日，保荐人应当向符合条件的特定对象提供认购邀请书。

第二十四条 认购邀请书发送对象的名单由上市公司及保荐人共同确定。

认购邀请书发送对象的名单除应当包含董事会决议公告后已经提交认购意向书的投资者、公司前20名股东外，还应当包含符合《证券发行与承销管理办法》规定条件的下列询价对象：

（一）不少于20家证券投资基金管理公司；

（二）不少于10家证券公司；

（三）不少于5家保险机构投资者。

第二十五条 认购邀请书应当按照公正、透明的原则，事先约定选择发行对象、确定认购价格、分配认购数量等事项的操作规则。

认购邀请书及其申购报价表参照本细则附件2的范本制作，发送时由上市公司加盖公章，由保荐代表人签署。

第二十六条 认购邀请书发出后，上市公司及保荐人应当在认购邀请书约定的时间内收集特定投资者签署的申购报价表。

在申购报价期间，上市公司、保荐人应当确保任何工作人员不泄露发行对象的申购报价情况，申购报价过程应当由发行人律师现场见证。

第二十七条 申购报价结束后，上市公司及保荐人应当对有效申购按照报价高低进行累计统计，按照价格优先的原则合理确定发行对象、发行价格和发行股数。

第二十八条 发行结果确定后，上市公司应当与发行对象签订正式认购合同，发行对象应当按照合同约定缴款。

发行对象的认购资金应先划入保荐人为本次发行专门开立的账户，验资完毕后，扣除相关费用再划入发行人募集资金专项存储账户。

第二十九条 验资完成后的次一交易日，上市公司和保荐人应当向中国证监会提交《证券发行与承销管理办法》第五十条规定的备案材料。

发行情况报告书应当按照《公开发行证券的公司信息披露内容与格式准则第 25 号——上市公司非公开发行股票预案和发行情况报告书》的要求编制。

第三十条 保荐人关于本次发行过程和认购对象合规性的报告应当详细记载本次发行的全部过程，列示发行对象的申购报价情况及其获得配售的情况，并对发行结果是否公平、公正，是否符合非公开发行股票的有关规定发表意见。

报价在发行价格之上的特定对象未获得配售或者被调减配售数量的，保荐人应当向该特定对象说明理由，并在报告书中说明情况。

第三十一条 发行人律师关于本次发行过程和认购对象合规性的报告应当详细认证本次发行的全部过程，并对发行过程的合规性、发行结果是否公平、公正，是否符合非公开发行股票的有关规定发表明确意见。

发行人律师应当对认购邀请书、申购报价表、正式签署的股份认购合同及其他有关法律文书进行见证，并在报告书中确认有关法律文书合法有效。

第五章　附　　则

第三十二条 本细则自发布之日起实施。

第三十三条 本细则的附件包括《上市公司非公开发行股票申请文件目录》、《〈认购邀请书〉和〈申购报价单〉范本》。

附件：

1. 上市公司非公开发行股票申请文件目录（略）。
2. 《认购邀请书》和《申购报价单》范本（略）。

公司债券发行试点办法

（2007年8月14日　证监会令第49号）

第一章　总　　则

第一条　为规范公司债券的发行行为，保护投资者的合法权益和社会公共利益，根据《证券法》、《公司法》，制定本办法。

第二条　在中华人民共和国境内发行公司债券，适用本办法。

本办法所称公司债券，是指公司依照法定程序发行、约定在一年以上期限内还本付息的有价证券。

第三条　申请发行公司债券，应当符合《证券法》、《公司法》和本办法规定的条件，经中国证券监督管理委员会（以下简称“中国证监会”）核准。

第四条　申请发行公司债券，必须真实、准确、完整、及时、公平地披露或者提供信息，不得有虚假记载、误导性陈述或者重大遗漏。

第五条　公司应当诚实信用，维护债券持有人享有的法定权利和债券募集说明书约定的权利。

第六条　中国证监会对公司债券发行的核准，不表明其对该债券的投资价值或者投资者的收益作出实质性判断或者保证。公司债券的投资风险，由认购债券的投资者自行负责。

第二章　发行条件

第七条　发行公司债券，应当符合下列规定：

（一）公司的生产经营符合法律、行政法规和公司章程的规定，符合国家产业政策；

（二）公司内部控制制度健全，内部控制制度的完整性、合理性、有效性不存在重大缺陷；

（三）经资信评级机构评级，债券信用级别良好；

（四）公司最近一期末经审计的净资产额应符合法律、行政法规和中国证监会的有关规定；

（五）最近三个会计年度实现的年均可分配利润不少于公司债券一年的利息；

（六）本次发行后累计公司债券余额不超过最近一期末净资产额的百分之四十；金融类公司的累计公司债券余额按金融企业的有关规定计算。

第八条　存在下列情形之一的，不得发行公司债券：

（一）最近三十六月内公司财务会计文件存在虚假记载，或公司存在其他重大违法行为；

（二）本次发行申请文件存在虚假记载、误导性陈述或者重大遗漏；

（三）对已发行的公司债券或者其他债务有违约或者迟延支付本息的事实，仍处于继续状态；

（四）严重损害投资者合法权益和社会公共利益的其他情形。

第九条 公司债券每张面值一百元，发行价格由发行人与保荐人通过市场询价确定。

第十条 公司债券的信用评级，应当委托经中国证监会认定、具有从事证券服务业务资格的资信评级机构进行。

公司与资信评级机构应当约定，在债券有效存续期间，资信评级机构每年至少公告一次跟踪评级报告。

第十一条 为公司债券提供担保的，应当符合下列规定：

（一）担保范围包括债券的本金及利息、违约金、损害赔偿金和实现债权的费用；

（二）以保证方式提供担保的，应当为连带责任保证，且保证人资产质量良好；

（三）设定担保的，担保财产权属应当清晰，尚未被设定担保或者采取保全措施，且担保财产的价值经有资格的资产评估机构评估不低于担保金额；

（四）符合《物权法》、《担保法》和其他有关法律、法规的规定。

第三章 发行程序

第十二条 申请发行公司债券，应当由公司董事会制定方案，由股东会或股东大会对下列事项做出决议：

（一）发行债券的数量；

（二）向公司股东配售的安排；

（三）债券期限；

（四）募集资金的用途；

（五）决议的有效期；

（六）对董事会的授权事项；

（七）其他需要明确的事项。

第十三条 发行公司债券募集的资金，必须符合股东会或股东大会核准的用途，且符合国家产业政策。

第十四条 发行公司债券，应当由保荐人保荐，并向中国证监会申报。

保荐人应当按照中国证监会的有关规定编制和报送募集说明书和发行申请文件。

第十五条 公司全体董事、监事、高级管理人员应当在债券募集说明书上签字，保证不存在虚假记载、误导性陈述或者重大遗漏，并声明承担个别和连带的法律责任。

第十六条 保荐人应当对债券募集说明书的内容进行尽职调查，并由相关责任人签字，确认不存在虚假记载、误导性陈述或者重大遗漏，并声明承担相应的法律责任。

第十七条 为债券发行出具专项文件的注册会计师、资产评估人员、资信评级人员、律师及其所在机构，应当按照依法制定的业务规则、行业公认的业务标准和道德规范出具文件，并声明对所出具文件的真实性、准确性和完整性承担责任。

第十八条 债券募集说明书所引用的审计报告、资产评估报告、资信评级报告，应当由有资格的证券服务机构出具，并由至少二名有从业资格的人员签署。

债券募集说明书所引用的法律意见书，应当由律师事务所出具，并由至少二名经办律师签署。

第十九条 债券募集说明书自最后签署之日起六个月内有效。

债券募集说明书不得使用超过有效期的资产评估报告或者资信评级报告。

第二十条 中国证监会依照下列程序审核发行公司债券的申请：

（一）收到申请文件后，五个工作日内决定是否受理；

（二）中国证监会受理后，对申请文件进行初审；

（三）发行审核委员会按照《中国证券监督管理委员会发行审核委员会办法》规定的特别程序审核申请文件；

（四）中国证监会作出核准或者不予核准的决定。

第二十一条 发行公司债券，可以申请一次核准，分期发行。自中国证监会核准发行之日起，公司应在六个月内首期发行，剩余数量应当在二十四个月内发行完毕。超过核准文件限定的时效未发行的，须重新经中国证监会核准后方可发行。

首期发行数量应当不少于总发行数量的50%，剩余各期发行的数量由公司自行确定，每期发行完毕后五个工作日内报中国证监会备案。

第二十二条 公司应当在发行公司债券前的二至五个工作日内，将经中国证监会核准的债券募集说明书摘要刊登在至少一种中国证监会指定的报刊，同时将其全文刊登在中国证监会指定的互联网网站。

第四章 债券持有人权益保护

第二十三条 公司应当为债券持有人聘请债券受托管理人，并订立债券受托管理协议；在债券存续期限内，由债券受托管理人依照协议的约定维护债券持有人的利益。

公司应当在债券募集说明书中约定，投资者认购本期债券视作同意债券受托管理协议。

第二十四条 债券受托管理人由本次发行的保荐人或者其他经中国证监会认可的机构担任。为本次发行提供担保的机构不得担任本次债券发行的受托管理人。

债券受托管理人应当为债券持有人的最大利益行事，不得与债券持有人存在利益冲突。

第二十五条 债券受托管理人应当履行下列职责：

（一）持续关注公司和保证人的资信状况，出现可能影响债券持有人重大权益的事项时，召集债券持有人会议；

（二）公司为债券设定担保的，债券受托管理协议应当约定担保财产为信托财产，债券受托管理人应在债券发行前取得担保的权利证明或其他有关文件，并在担保期间妥善保管；

（三）在债券持续期内勤勉处理债券持有人与公司之间的谈判或者诉讼事务；

（四）预计公司不能偿还债务时，要求公司追加担保，或者依法申请法定机关采取财产保全措施；

（五）公司不能偿还债务时，受托参与整顿、和解、重组或者破产的法律程序；

（六）债券受托管理协议约定的其他重要义务。

第二十六条 公司应当与债券受托管理人制定债券持有人会议规则，约定债券持有人通过债券持有人会议行使权利的范围、程序和其他重要事项。

公司应当在债券募集说明书中约定，投资者认购本期债券视作同意债券持有人会议规则。

第二十七条 存在下列情况的，应当召开债券持有人会议：

（一）拟变更债券募集说明书的约定；

（二）拟变更债券受托管理人；

（三）公司不能按期支付本息；

（四）公司减资、合并、分立、解散或者申请破产；

（五）保证人或者担保物发生重大变化；

（六）发生对债券持有人权益有重大影响的事项。

第五章　监督管理

第二十八条　公司违反本办法规定，存在不履行信息披露义务，或者不按照约定召集债券持有人会议，损害债券持有人权益等行为的，中国证监会可以责令整改；对其直接负责的主管人员和其他直接责任人员，可以采取监管谈话、认定为不适当人选等行政监管措施，记入诚信档案并公布。

第二十九条　保荐人出具有虚假记载、误导性陈述或者重大遗漏的发行保荐书，保荐人或其相关人员伪造或变造签字、盖章，或者不履行其他法定职责的，依照《证券法》和保荐制度的有关规定处理。

第三十条　为公司债券发行出具审计报告、法律意见、资产评估报告、资信评级报告及其他专项文件的证券服务机构和人员，在其出具的专项文件中存在虚假记载、误导性陈述或者重大遗漏的，依照《证券法》和中国证监会的有关规定处理。

第三十一条　债券受托管理人违反本办法规定，未能履行债券受托管理协议约定的职责，损害债券持有人权益的，中国证监会可以责令整改；对其直接负责的主管人员和其他直接责任人员，可以采取监管谈话、认定为不适当人选等行政监管措施，记入诚信档案并公布。

第六章　附　　则

第三十二条　公司债券的上市交易、登记结算等事项应当遵守所在证券交易场所及相应证券登记结算机构的有关规定。

上市公司收购管理办法

（2008年8月27日 证监会令第56号，2008年4月29日中国证券监督管理委员会第229次主席办公会议审议通过《关于修改〈上市公司收购管理办法〉第六十三条的决定》 2006年9月1日实施）

第一章 总 则

第一条 为了规范上市公司的收购及相关股份权益变动活动，保护上市公司和投资者的合法权益，维护证券市场秩序和社会公共利益，促进证券市场资源的优化配置，根据《证券法》、《公司法》及其他相关法律、行政法规，制定本办法。

第二条 上市公司的收购及相关股份权益变动活动，必须遵守法律、行政法规及中国证券监督管理委员会（以下简称中国证监会）的规定。当事人应当诚实守信，遵守社会公德、商业道德，自觉维护证券市场秩序，接受政府、社会公众的监督。

第三条 上市公司的收购及相关股份权益变动活动，必须遵循公开、公平、公正的原则。

上市公司的收购及相关股份权益变动活动中的信息披露义务人，应当充分披露其在上市公司中的权益及变动情况，依法严格履行报告、公告和其他法定义务。在相关信息披露前，负有保密义务。

信息披露义务人报告、公告的信息必须真实、准确、完整，不得有虚假记载、误导性陈述或者重大遗漏。

第四条 上市公司的收购及相关股份权益变动活动不得危害国家安全和社会公共利益。

上市公司的收购及相关股份权益变动活动涉及国家产业政策、行业准入、国有股份转让等事项，需要取得国家相关部门批准的，应当在取得批准后进行。

外国投资者进行上市公司的收购及相关股份权益变动活动的，应当取得国家相关部门的批准，适用中国法律，服从中国的司法、仲裁管辖。

第五条 收购人可以通过取得股份的方式成为一个上市公司的控股股东，可以通过投资关系、协议、其他安排的途径成为一个上市公司的实际控制人，也可以同时采取上述方式和途径取得上市公司控制权。

收购人包括投资者及与其一致行动的他人。

第六条 任何人不得利用上市公司的收购损害被收购公司及其股东的合法权益。

有下列情形之一的，不得收购上市公司：

（一）收购人负有数额较大债务，到期未清偿，且处于持续状态；

（二）收购人最近3年有重大违法行为或者涉嫌有重大违法行为；

（三）收购人最近3年有严重的证券市场失信行为；

（四）收购人为自然人的，存在《公司法》第一百四十七条规定情形；

（五）法律、行政法规规定以及中国证监会认定的不得收购上市公司的其他情形。

第七条 被收购公司的控股股东或者实际控制人不得滥用股东权利损害被收购公司或者其他股东的合法权益。

被收购公司的控股股东、实际控制人及其关联方有损害被收购公司及其他股东合法权益的，上述控股股东、实际控制人在转让被收购公司控制权之前，应当主动消除损害；未能消除损害的，应当就其出让相关股份所得收入用于消除全部损害做出安排，对不足以消除损害的部分应当提供充分有效的履约担保或安排，并依照公司章程取得被收购公司股东大会的批准。

第八条 被收购公司的董事、监事、高级管理人员对公司负有忠实义务和勤勉义务，应当公平对待收购本公司的所有收购人。

被收购公司董事会针对收购所做出的决策及采取的措施，应当有利于维护公司及其股东的利益，不得滥用职权对收购设置不适当的障碍，不得利用公司资源向收购人提供任何形式的财务资助，不得损害公司及其股东的合法权益。

第九条 收购人进行上市公司的收购，应当聘请在中国注册的具有从事财务顾问业务资格的专业机构担任财务顾问。收购人未按照本办法规定聘请财务顾问的，不得收购上市公司。

财务顾问应当勤勉尽责，遵守行业规范和职业道德，保持独立性，保证其所制作、出具文件的真实性、准确性和完整性。

财务顾问认为收购人利用上市公司的收购损害被收购公司及其股东合法权益的，应当拒绝为收购人提供财务顾问服务。

第十条 中国证监会依法对上市公司的收购及相关股份权益变动活动进行监督管理。

中国证监会设立由专业人员和有关专家组成的专门委员会。专门委员会可以根据中国证监会职能部门的请求，就是否构成上市公司的收购、是否有不得收购上市公司的情形以及其他相关事宜提供咨询意见。中国证监会依法做出决定。

第十一条 证券交易所依法制定业务规则，为上市公司的收购及相关股份权益变动活动组织交易和提供服务，对相关证券交易活动进行实时监控，监督上市公司的收购及相关股份权益变动活动的信息披露义务人切实履行信息披露义务。

证券登记结算机构依法制定业务规则，为上市公司的收购及相关股份权益变动活动所涉及的证券登记、存管、结算等事宜提供服务。

第二章 权益披露

第十二条 投资者在一个上市公司中拥有的权益，包括登记在其名下的股份和虽未登记在其名下但该投资者可以实际支配表决权的股份。投资者及其一致行动人在一个上市公司中拥有的权益应当合并计算。

第十三条 通过证券交易所的证券交易，投资者及其一致行动人拥有权益的股份达到一个上市公司已发行股份的5%时，应当在该事实发生之日起3日内编制权益变动报告书，向中国证监会、证券交易所提交书面报告，抄报该上市公司所在地的中国证监会派出机构（以下简称派出机构），通知该上市公司，并予公告；在上述期限内，不得再行买卖该上市公司的股票。前述投资者及其一致行动人拥有权益的股份达到一个上市公司已发行股份的5%后，通过证券交易所的证券交易，其拥有权益的股份占该上市公司已发行股份的比例每增加或者减少5%，应当依照前款规定进行报告和公告。在报告期限内和作出报告、公告后2日内，不得再行买卖该上市公司的股票。

第十四条 通过协议转让方式，投资者及其一致行动人在一个上市公司中拥有权益的股份拟达到或者超过一个上市公司已发行股份的5%时，应当在该事实发生之日起3日内编制权益变动报告书，向中国证监会、证券交易所提交书面报告，抄报派出机构，通知该上市公司，并予公告。

投资者及其一致行动人拥有权益的股份达到一个上市公司已发行股份的5%后，其拥有权益的股份占该上市公司已发行股份的比例每增加或者减少达到或者超过5%的，应当依照前款规定履行报告、公告义务。

前两款规定的投资者及其一致行动人在作出报告、公告前，不得再行买卖该上市公司的股票。相关股份转让及过户登记手续按照本办法第四章及证券交易所、证券登记结算机构的规定办理。

第十五条 投资者及其一致行动人通过行政划转或者变更、执行法院裁定、继承、赠与等方式拥有权益的股份变动达到前条规定比例的，应当按照前条规定履行报告、公告义务，并参照前条规定办理股份过户登记手续。

第十六条 投资者及其一致行动人不是上市公司的第一大股东或者实际控制人，其拥有权益的股份达到或者超过该公司已发行股份的5%，但未达到20%的，应当编制包括下列内容的简式权益变动报告书：

（一）投资者及其一致行动人的姓名、住所；投资者及其一致行动人为法人的，其名称、注册地及法定代表人；

（二）持股目的，是否有意在未来12个月内继续增加其在上市公司中拥有的权益；

（三）上市公司的名称、股票的种类、数量、比例；

（四）在上市公司中拥有权益的股份达到或者超过上市公司已发行股份的5%或者拥有权益的股份增减变化达到5%的时间及方式；

（五）权益变动事实发生之日前6个月内通过证券交易所的证券交易买卖该公司股票的简要情况；

（六）中国证监会、证券交易所要求披露的其他内容。

前述投资者及其一致行动人为上市公司第一大股东或者实际控制人，其拥有权益的股份达到或者超过一个上市公司已发行股份的5%，但未达到20%的，还应当披露本办法第十七条第一款规定的内容。

第十七条 投资者及其一致行动人拥有权益的股份达到或者超过一个上市公司已发行股份的20%但未超过30%的，应当编制详式权益变动报告书，除须披露前条规定的信息外，还应当披露以下内容：

（一）投资者及其一致行动人的控股股东、实际控制人及其股权控制关系结构图；

（二）取得相关股份的价格、所需资金总额、资金来源，或者其他支付安排；

（三）投资者、一致行动人及其控股股东、实际控制人所从事的业务与上市公司的业务是否存在同业竞争或者潜在的同业竞争，是否存在持续关联交易；存在同业竞争或者持续关联交易的，是否已做出相应的安排，确保投资者、一致行动人及其关联方与上市公司之间避免同业竞争以及保持上市公司的独立性；

（四）未来12个月内对上市公司资产、业务、人员、组织结构、公司章程等进行调整的后续计划；

（五）前24个月内投资者及其一致行动人与上市公司之间的重大交易；

（六）不存在本办法第六条规定的情形；

（七）能够按照本办法第五十条的规定提供相关文件。

前述投资者及其一致行动人为上市公司第一大股东或者实际控制人的，还应当聘请财务顾问对上述权益变动报告书所披露的内容出具核查意见，但国有股行政划转或者变更、股份转让在同一实际控制人控制的不同主体之间进行、因继承取得股份的除外。投资者及其一致行动人承诺至少3年放弃行使相关股份表决权的，可免于聘请财务顾问和提供前款第（七）项规定的文件。

第十八条 已披露权益变动报告书的投资者及其一致行动人在披露之日起6个月内，因拥有权益的股份变动需要再次报告、公告权益变动报告书的，可以仅就与前次报告书不同的部分作出报告、公告；自前次披露之日起超过6个月的，投资者及其一致行动人应当按照本章的规定编制权益变动报告书，履行报告、公告义务。

第十九条 因上市公司减少股本导致投资者及其一致行动人拥有权益的股份变动出现本办法第十四条规定情形的，投资者及其一致行动人免于履行报告和公告义务。上市公司应当自完成减少股本的变更登记之日起2个工作日内，就因此导致的公司股东拥有权益的股份变动情况作出公告；因公司减少股本可能导致投资者及其一致行动人成为公司第一大股东或者实际控制人的，该投资者及其一致行动人应当自公司董事会公告有关减少公司股本决议之日起3个工作日内，按照本办法第十七条第一款的规定履行报告、公告义务。

第二十条 上市公司的收购及相关股份权益变动活动中的信息披露义务人依法披露前，相关信息已在媒体上传播或者公司股票交易出现异常的，上市公司应当立即向当事人进行查询，当事人应当及时予以书面答复，上市公司应当及时作出公告。

第二十一条 上市公司的收购及相关股份权益变动活动中的信息披露义务人应当在至少一家中国证监会指定媒体上依法披露信息；在其他媒体上进行披露的，披露内容应当一致，披露时间不得早于指定媒体的披露时间。

第二十二条 上市公司的收购及相关股份权益变动活动中的信息披露义务人采取一致行动的，可以以书面形式约定由其中一人作为指定代表负责统一编制信息披露文件，并同意授权指定代表在信息披露文件上签字、盖章。

各信息披露义务人应当对信息披露文件中涉及其自身的信息承担责任；对信息披露文件中涉及的与多个信息披露义务人相关的信息，各信息披露义务人对相关部分承担连带责任。

第三章 要约收购

第二十三条 投资者自愿选择以要约方式收购上市公司股份的，可以向被收购公司所有股东发出收购其所持有的全部股份的要约（以下简称全面要约），也可以向被收购公司所有股东发出收购其所持有的部分股份的要约（以下简称部分要约）。

第二十四条 通过证券交易所的证券交易，收购人持有一个上市公司的股份达到该公司已发行股份的30%时，继续增持股份的，应当采取要约方式进行，发出全面要约或者部分要约。

第二十五条 收购人依照本办法第二十三条、第二十四条、第四十七条、第五十六条的规定，以要约方式收购一个上市公司股份的，其预定收购的股份比例均不得低于该上市公司已发行股份的5%。

第二十六条 以要约方式进行上市公司收购的，收购人应当公平对待被收购公司的所有股东。持有同一种类股份的股东应当得到同等对待。

第二十七条 收购人为终止上市公司的上市地位而发出全面要约的，或者向中国证监会提出申请但未取得豁免而发出全面要约的，应当以现金支付收购价款；以依法可以转让的证券（以下简称证券）支付收购价款的，应当同时提供现金方式供被收购公司股东选择。

第二十八条 以要约方式收购上市公司股份的，收购人应当编制要约收购报告书，并应当聘请财务顾问向中国证监会、证券交易所提交书面报告，抄报派出机构，通知被收购公司，同时对要约收购报告书摘要作出提示性公告。

收购人依照前款规定报送符合中国证监会规定的要约收购报告书及本办法第五十条规定的相关文件之日起15日后，公告其要约收购报告书、财务顾问专业意见和律师出具的法律意见书。在15日内，中国证监会对要约收购报告书披露的内容表示无异议的，收购人可以进行公告；中国证监会发现要约收购报告书不符合法律、行政法规及相关规定的，及时告知收购人，收购人不得公告其收购要约。

第二十九条 前条规定的要约收购报告书，应当载明下列事项：

（一）收购人的姓名、住所；收购人为法人的，其名称、注册地及法定代表人，与其控股股东、实际控制人之间的股权控制关系结构图；

（二）收购人关于收购的决定及收购目的，是否拟在未来12个月内继续增持；

（三）上市公司的名称、收购股份的种类；

（四）预定收购股份的数量和比例；

（五）收购价格；

（六）收购所需资金额、资金来源及资金保证，或者其他支付安排；

（七）收购要约约定的条件；

（八）收购期限；

（九）报送收购报告书时持有被收购公司的股份数量、比例；

（十）本次收购对上市公司的影响分析，包括收购人及其关联方所从事的业务与上市公司的业务是否存在同业竞争或者潜在的同业竞争，是否存在持续关联交易；存在同业竞争或者持续关联交易的，收购人是否已作出相应的安排，确保收购人及其关联方与上市公司之间避免同业竞争以及保持上市公司的独立性；

（十一）未来12个月内对上市公司资产、业务、人员、组织结构、公司章程等进行调整的后续计划；

（十二）前24个月内收购人及其关联方与上市公司之间的重大交易；

（十三）前6个月内通过证券交易所的证券交易买卖被收购公司股票的情况；

（十四）中国证监会要求披露的其他内容。

收购人发出全面要约的，应当在要约收购报告书中充分披露终止上市的风险、终止上市后收购行为完成的时间及仍持有上市公司股份的剩余股东出售其股票的其他后续安排；收购人发出以终止公司上市地位为目的的全面要约，无须披露前款第（十）项规定的内容。

第三十条 收购人按照本办法第四十七条拟收购上市公司股份超过30%，须改以要约方式进行收购的，收购人应当在达成收购协议或者做出类似安排后的3日内对要约收购报告书摘要作出提示性公告，并按照本办法第二十八条、第二十九条的规定履行报告和公告义务，同时免于编制、报告和公告上市公司收购报告书；依法应当取得批准的，应当在公告中特别提示本次要约须取得相关批准方可进行。

未取得批准的，收购人应当在收到通知之日起2个工作日内，向中国证监会提交取消收购计划的报告，同时抄报派出机构，抄送证券交易所，通知被收购公司，并予公告。

第三十一条 收购人向中国证监会报送要约收购报告书后，在公告要约收购报告书之前，拟自行取消收购计划的，应当向中国证监会提出取消收购计划的申请及原因说明，并予公告；

自公告之日起12个月内，该收购人不得再次对同一上市公司进行收购。

第三十二条 被收购公司董事会应当对收购人的主体资格、资信情况及收购意图进行调查，对要约条件进行分析，对股东是否接受要约提出建议，并聘请独立财务顾问提出专业意见。在收购人公告要约收购报告书后20日内，被收购公司董事会应当将被收购公司董事会报告书与独立财务顾问的专业意见报送中国证监会，同时抄报派出机构，抄送证券交易所，并予公告。

收购人对收购要约条件做出重大变更的，被收购公司董事会应当在3个工作日内提交董事会及独立财务顾问就要约条件的变更情况所出具的补充意见，并予以报告、公告。

第三十三条 收购人作出提示性公告后至要约收购完成前，被收购公司除继续从事正常的经营活动或者执行股东大会已经作出的决议外，未经股东大会批准，被收购公司董事会不得通过处置公司资产、对外投资、调整公司主要业务、担保、贷款等方式，对公司的资产、负债、权益或者经营成果造成重大影响。

第三十四条 在要约收购期间，被收购公司董事不得辞职。

第三十五条 收购人按照本办法规定进行要约收购的，对同一种类股票的要约价格，不得低于要约收购提示性公告日前6个月内收购人取得该种股票所支付的最高价格。

要约价格低于提示性公告日前30个交易日该种股票的每日加权平均价格的算术平均值的，收购人聘请的财务顾问应当就该种股票前6个月的交易情况进行分析，说明是否存在股价被操纵、收购人是否有未披露的一致行动人、收购人前6个月取得公司股份是否存在其他支付安排、要约价格的合理性等。

第三十六条 收购人可以采用现金、证券、现金与证券相结合等合法方式支付收购上市公司的价款。收购人聘请的财务顾问应当说明收购人具备要约收购的能力。

以现金支付收购价款的，应当在作出要约收购提示性公告的同时，将不少于收购价款总额的20%作为履约保证金存入证券登记结算机构指定的银行。

收购人以证券支付收购价款的，应当提供该证券的发行人最近3年经审计的财务会计报告、证券估值报告，并配合被收购公司聘请的独立财务顾问的尽职调查工作。

收购人以在证券交易所上市交易的证券支付收购价款的，应当在作出要约收购提示性公告的同时，将用于支付的全部证券交由证券登记结算机构保管，但上市公司发行新股的除外；收购人以在证券交易所上市的债券支付收购价款的，该债券的可上市交易时间应当不少于一个月；收购人以未在证券交易所上市交易的证券支付收购价款的，必须同时提供现金方式供被收购公司的股东选择，并详细披露相关证券的保管、送达被收购公司股东的方式和程序安排。

第三十七条 收购要约约定的收购期限不得少于30日，并不得超过60日；但是出现竞争要约的除外。

在收购要约约定的承诺期限内，收购人不得撤销其收购要约。

第三十八条 采取要约收购方式的，收购人作出公告后至收购期限届满前，不得卖出被收购公司的股票，也不得采取要约规定以外的形式和超出要约的条件买入被收购公司的股票。

第三十九条 收购要约提出的各项收购条件，适用于被收购公司的所有股东。收购人需要变更收购要约的，必须事先向中国证监会提出书面报告，同时抄报派出机构，抄送证券交易所和证券登记结算机构，通知被收购公司；经中国证监会批准后，予以公告。

第四十条 收购要约期限届满前15日内，收购人不得变更收购要约；但是出现竞争要约的除外。

出现竞争要约时，发出初始要约的收购人变更收购要约距初始要约收购期限届满不足15日的，应当延长收购期限，延长后的要约期应当不少于15日，不得超过最后一个竞争要约的期满日，并按规定比例追加履约保证金；以证券支付收购价款的，应当追加相应数量的证券，交由证券登记结算机构保管。

发出竞争要约的收购人最迟不得晚于初始要约收购期限届满前15日发出要约收购的提示性公告，并应当根据本办法第二十八条和第二十九条的规定履行报告、公告义务。

第四十一条　要约收购报告书所披露的基本事实发生重大变化的，收购人应当在该重大变化发生之日起2个工作日内，向中国证监会作出书面报告，同时抄报派出机构，抄送证券交易所，通知被收购公司，并予公告。

第四十二条　同意接受收购要约的股东（以下简称预受股东），应当委托证券公司办理预受要约的相关手续。收购人应当委托证券公司向证券登记结算机构申请办理预受要约股票的临时保管。证券登记结算机构临时保管的预受要约的股票，在要约收购期间不得转让。

前款所称预受，是指被收购公司股东同意接受要约的初步意思表示，在要约收购期限内不可撤回之前不构成承诺。在要约收购期限届满3个交易日前，预受股东可以委托证券公司办理撤回预受要约的手续，证券登记结算机构根据预受要约股东的撤回申请解除对预受要约股票的临时保管。在要约收购期限届满前3个交易日内，预受股东不得撤回其对要约的接受。在要约收购期限内，收购人应当每日在证券交易所网站上公告已预受收购要约的股份数量。

出现竞争要约时，接受初始要约的预受股东撤回全部或者部分预受的股份，并将撤回的股份售予竞争要约人的，应当委托证券公司办理撤回预受初始要约的手续和预受竞争要约的相关手续。

第四十三条　收购期限届满，发出部分要约的收购人应当按照收购要约约定的条件购买被收购公司股东预受的股份，预受要约股份的数量超过预定收购数量时，收购人应当按照同等比例收购预受要约的股份；以终止被收购公司上市地位为目的的，收购人应当按照收购要约约定的条件购买被收购公司股东预受的全部股份；未取得中国证监会豁免而发出全面要约的收购人应当购买被收购公司股东预受的全部股份。

收购期限届满后3个交易日内，接受委托的证券公司应当向证券登记结算机构申请办理股份转让结算、过户登记手续，解除对超过预定收购比例的股票的临时保管；收购人应当公告本次要约收购的结果。

第四十四条　收购期限届满，被收购公司股权分布不符合上市条件，该上市公司的股票由证券交易所依法终止上市交易。在收购行为完成前，其余仍持有被收购公司股票的股东，有权在收购报告书规定的合理期限内向收购人以收购要约的同等条件出售其股票，收购人应当收购。

第四十五条　收购期限届满后15日内，收购人应当向中国证监会报送关于收购情况的书面报告，同时抄报派出机构，抄送证券交易所，通知被收购公司。

第四十六条　除要约方式外，投资者不得在证券交易所外公开求购上市公司的股份。

第四章　协议收购

第四十七条　收购人通过协议方式在一个上市公司中拥有权益的股份达到或者超过该公司已发行股份的5%，但未超过30%的，按照本办法第二章的规定办理。

收购人拥有权益的股份达到该公司已发行股份的30%时，继续进行收购的，应当依法向该上市公司的股东发出全面要约或者部分要约。符合本办法第六章规定情形的，收购人可以向中国证监会申请免除发出要约。

收购人拟通过协议方式收购一个上市公司的股份超过30%的，超过30%的部分，应当改以要约方式进行；但符合本办法第六章规定情形的，收购人可以向中国证监会申请免除发出要约。收购人在取得中国证监会豁免后，履行其收购协议；未取得中国证监会豁免且拟继续履行其收购协议的，或者不申请豁免的，在履行其收购协议前，应当发出全面要约。

第四十八条 以协议方式收购上市公司股份超过30%，收购人拟依据本办法第六章的规定申请豁免的，应当在与上市公司股东达成收购协议之日起3日内编制上市公司收购报告书，提交豁免申请及本办法第五十条规定的相关文件，委托财务顾问向中国证监会、证券交易所提交书面报告，同时抄报派出机构，通知被收购公司，并公告上市公司收购报告书摘要。派出机构收到书面报告后通报上市公司所在地省级人民政府。

收购人自取得中国证监会的豁免之日起3日内公告其收购报告书、财务顾问专业意见和律师出具的法律意见书；收购人未取得豁免的，应当自收到中国证监会的决定之日起3日内予以公告，并按照本办法第六十一条第二款的规定办理。

中国证监会发现收购报告书不符合法律、行政法规及相关规定的，应当及时告知收购人，收购人未纠正的，不得公告收购报告书，在公告前不得履行收购协议。

第四十九条 依据前条规定所作的上市公司收购报告书，须披露本办法第二十九条第（一）项至第（六）项和第（九）项至第（十四）项规定的内容及收购协议的生效条件和付款安排。

已披露收购报告书的收购人在披露之日起6个月内，因权益变动需要再次报告、公告的，可以仅就与前次报告书不同的部分作出报告、公告；超过6个月的，应当按照本办法第二章的规定履行报告、公告义务。

第五十条 收购人进行上市公司的收购，应当向中国证监会提交以下文件：

（一）中国公民的身份证明，或者在中国境内登记注册的法人、其他组织的证明文件；

（二）基于收购人的实力和从业经验对上市公司后续发展计划可行性的说明，收购人拟修改公司章程、改选公司董事会、改变或者调整公司主营业务的，还应当补充其具备规范运作上市公司的管理能力的说明；

（三）收购人及其关联方与被收购公司存在同业竞争、关联交易的，应提供避免同业竞争等利益冲突、保持被收购公司经营独立性的说明；

（四）收购人为法人或者其他组织的，其控股股东、实际控制人最近2年未变更的说明；

（五）收购人及其控股股东或实际控制人的核心企业和核心业务、关联企业及主营业务的说明；收购人或其实际控制人为两个或两个以上的上市公司控股股东或实际控制人的，还应当提供其持股5%以上的上市公司以及银行、信托公司、证券公司、保险公司等其他金融机构的情况说明；

（六）财务顾问关于收购人最近3年的诚信记录、收购资金来源合法性、收购人具备履行相关承诺的能力以及相关信息披露内容真实性、准确性、完整性的核查意见；收购人成立未满3年的，财务顾问还应当提供其控股股东或者实际控制人最近3年诚信记录的核查意见。

境外法人或者境外其他组织进行上市公司收购的，除应当提交第一款第（二）项至第（六）项规定的文件外，还应当提交以下文件：

（一）财务顾问出具的收购人符合对上市公司进行战略投资的条件、具有收购上市公司的能力的核查意见；

（二）收购人接受中国司法、仲裁管辖的声明。

第五十一条 上市公司董事、监事、高级管理人员、员工或者其所控制或者委托的法人或者其他组织，拟对本公司进行收购或者通过本办法第五章规定的方式取得本公司控制权（以下简称管理层收购）的，该上市公司应当具备健全且运行良好的组织机构以及有效的内部控制制度，公司董事会成员中独立董事的比例应当达到或者超过1/2。公司应当聘请具有证券、期货从业资格的资产评估机构提供公司资产评估报告，本次收购应当经董事会非关联董事作出决议，且取得2/3以上的独立董事同意后，提交公司股东大会审议，经出席股东大会的非关联股东所持表决权过半数通过。独立董事发表意见前，应当聘请独立财务顾问就本次收购出具专业意见，独立董事及独立财务顾问的意见应当一并予以公告。

上市公司董事、监事、高级管理人员存在《公司法》第一百四十九条规定情形，或者最近3年有证券市场不良诚信记录的，不得收购本公司。

第五十二条 以协议方式进行上市公司收购的，自签订收购协议起至相关股份完成过户的期间为上市公司收购过渡期（以下简称过渡期）。在过渡期内，收购人不得通过控股股东提议改选上市公司董事会，确有充分理由改选董事会的，来自收购人的董事不得超过董事会成员的1/3；被收购公司不得为收购人及其关联方提供担保；被收购公司不得公开发行股份募集资金，不得进行重大购买、出售资产及重大投资行为或者与收购人及其关联方进行其他关联交易，但收购人为挽救陷入危机或者面临严重财务困难的上市公司的情形除外。

第五十三条 上市公司控股股东向收购人协议转让其所持有的上市公司股份的，应当对收购人的主体资格、诚信情况及收购意图进行调查，并在其权益变动报告书中披露有关调查情况。

控股股东及其关联方未清偿其对公司的负债，未解除公司为其负债提供的担保，或者存在损害公司利益的其他情形的，被收购公司董事会应当对前述情形及时予以披露，并采取有效措施维护公司利益。

第五十四条 协议收购的相关当事人应当向证券登记结算机构申请办理拟转让股份的临时保管手续，并可以将用于支付的现金存放于证券登记结算机构指定的银行。

第五十五条 收购报告书公告后，相关当事人应当按照证券交易所和证券登记结算机构的业务规则，在证券交易所就本次股份转让予以确认后，凭全部转让款项存放于双方认可的银行账户的证明，向证券登记结算机构申请解除拟协议转让股票的临时保管，并办理过户登记手续。

收购人未按规定履行报告、公告义务，或者未按规定提出申请的，证券交易所和证券登记结算机构不予办理股份转让和过户登记手续。

收购人在收购报告书公告后30日内仍未完成相关股份过户手续的，应当立即作出公告，说明理由；在未完成相关股份过户期间，应当每隔30日公告相关股份过户办理进展情况。

第五章 间接收购

第五十六条 收购人虽不是上市公司的股东，但通过投资关系、协议、其他安排导致其拥有权益的股份达到或者超过一个上市公司已发行股份的5%未超过30%的，应当按照本办法第二章的规定办理。

收购人拥有权益的股份超过该公司已发行股份的30%的，应当向该公司所有股东发出全面要约；收购人预计无法在事实发生之日起30日内发出全面要约的，应当在前述30日内促使其控制的股东将所持有的上市公司股份减持至30%或者30%以下，并自减持之日起2个工作日内予以公告；其后收购人或者其控制的股东拟继续增持的，应当采取要约方式；拟依据本办法第六章的规定申请豁免的，应当按照本办法第四十八条的规定办理。

第五十七条 投资者虽不是上市公司的股东，但通过投资关系取得对上市公司股东的控制权，而受其支配的上市公司股东所持股份达到前条规定比例、且对该股东的资产和利润构成重大影响的，应当按照前条规定履行报告、公告义务。

第五十八条 上市公司实际控制人及受其支配的股东，负有配合上市公司真实、准确、完整披露有关实际控制人发生变化的信息的义务；实际控制人及受其支配的股东拒不履行上述配合义务，导致上市公司无法履行法定信息披露义务而承担民事、行政责任的，上市公司有权对其提起诉讼。实际控制人、控股股东指使上市公司及其有关人员不依法履行信息披露义务的，中国证监会依法进行查处。

第五十九条 上市公司实际控制人及受其支配的股东未履行报告、公告义务的，上市公司应当自知悉之日起立即作出报告和公告。上市公司就实际控制人发生变化的情况予以公告后，实际控制人仍未披露的，上市公司董事会应当向实际控制人和受其支配的股东查询，必要时可以聘请财务顾问进行查询，并将查询情况向中国证监会、派出机构和证券交易所报告；中国证监会依法对拒不履行报告、公告义务的实际控制人进行查处。

上市公司知悉实际控制人发生较大变化而未能将有关实际控制人的变化情况及时予以报告和公告的，中国证监会责令改正，情节严重的，认定上市公司负有责任的董事为不适当人选。

第六十条 上市公司实际控制人及受其支配的股东未履行报告、公告义务，拒不履行第五十八条规定的配合义务，或者实际控制人存在不得收购上市公司情形的，上市公司董事会应当拒绝接受受实际控制人支配的股东向董事会提交的提案或者临时议案，并向中国证监会、派出机构和证券交易所报告。中国证监会责令实际控制人改正，可以认定实际控制人通过受其支配的股东所提名的董事为不适当人选；改正前，受实际控制人支配的股东不得行使其持有股份的表决权。上市公司董事会未拒绝接受实际控制人及受其支配的股东所提出的提案的，中国证监会可以认定负有责任的董事为不适当人选。

第六章 豁免申请

第六十一条 符合本办法第六十二条、第六十三条规定情形的，投资者及其一致行动人可以向中国证监会申请下列豁免事项：

（一）免于以要约收购方式增持股份；

（二）存在主体资格、股份种类限制或者法律、行政法规、中国证监会规定的特殊情形的，可以申请免于向被收购公司的所有股东发出收购要约。

未取得豁免的，投资者及其一致行动人应当在收到中国证监会通知之日起30日内将其或者其控制的股东所持有的被收购公司股份减持到30%或者30%以下；拟以要约以外的方式继续增持股份的，应当发出全面要约。

第六十二条 有下列情形之一的，收购人可以向中国证监会提出免于以要约方式增持股份的申请：

（一）收购人与出让人能够证明本次转让未导致上市公司的实际控制人发生变化；

（二）上市公司面临严重财务困难，收购人提出的挽救公司的重组方案取得该公司股东大会批准，且收购人承诺3年内不转让其在该公司中所拥有的权益；

（三）经上市公司股东大会非关联股东批准，收购人取得上市公司向其发行的新股，导致其在该公司拥有权益的股份超过该公司已发行股份的30%，收购人承诺3年内不转让其拥有权益的股份，且公司股东大会同意收购人免于发出要约；

（四）中国证监会为适应证券市场发展变化和保护投资者合法权益的需要而认定的其他情形。

收购人报送的豁免申请文件符合规定，并且已经按照本办法的规定履行报告、公告义务的，中国证监会予以受理；不符合规定或者未履行报告、公告义务的，中国证监会不予受理。中国证监会在受理豁免申请后20个工作日内，就收购人所申请的具体事项做出是否予以豁免的决定；取得豁免的，收购人可以继续增持股份。

第六十三条 有下列情形之一的，当事人可以向中国证监会申请以简易程序免除发出要约：

（一）经政府或者国有资产管理部门批准进行国有资产无偿划转、变更、合并，导致投资者在一个上市公司中拥有权益的股份占该公司已发行股份的比例超过30%；

（二）在一个上市公司中拥有权益的股份达到或者超过该公司已发行股份的30%的，自上述事实发生之日起一年后，每12个月内增加其在该公司中拥有权益的股份不超过该公司已发行股份的2%；

（三）在一个上市公司中拥有权益的股份达到或者超过该公司已发行股份的50%的，继续增加其在该公司拥有的权益不影响该公司的上市地位；

（四）因上市公司按照股东大会批准的确定价格向特定股东回购股份而减少股本，导致当事人在该公司中拥有权益的股份超过该公司已发行股份的30%；

（五）证券公司、银行等金融机构在其经营范围内依法从事承销、贷款等业务导致其持有一个上市公司已发行股份超过30%，没有实际控制该公司的行为或者意图，并且提出在合理期限内向非关联方转让相关股份的解决方案；

（六）因继承导致在一个上市公司中拥有权益的股份超过该公司已发行股份的30%；

（七）中国证监会为适应证券市场发展变化和保护投资者合法权益的需要而认定的其他情形。

根据前款第（一）项和第（三）项至第（七）项规定提出豁免申请的，中国证监会自收到符合规定的申请文件之日起10个工作日内未提出异议的，相关投资者可以向证券交易所和证券登记结算机构申请办理股份转让和过户登记手续；根据前款第（二）项规定，相关投资者在增持行为完成后3日内应当就股份增持情况做出公告，并向中国证监会提出豁免申请，中国证监会自收到符合规定的申请文件之日起10个工作日内做出是否予以豁免的决定。中国证监会不同意其以简易程序申请的，相关投资者应当按照本办法第六十二条的规定提出申请。

第六十四条 收购人提出豁免申请的，应当聘请律师事务所等专业机构出具专业意见。

第七章 财务顾问

第六十五条 收购人聘请的财务顾问应当履行以下职责：

（一）对收购人的相关情况进行尽职调查；

（二）应收购人的要求向收购人提供专业化服务，全面评估被收购公司的财务和经营状况，帮助收购人分析收购所涉及的法律、财务、经营风险，就收购方案所涉及的收购价格、收购方式、支付安排等事项提出对策建议，并指导收购人按照规定的内容与格式制作申报文件；

（三）对收购人进行证券市场规范化运作的辅导，使收购人的董事、监事和高级管理人员熟悉有关法律、行政法规和中国证监会的规定，充分了解其应当承担的义务和责任，督促其依法履行报告、公告和其他法定义务；

（四）对收购人是否符合本办法的规定及申报文件内容的真实性、准确性、完整性进行充分核查和验证，对收购事项客观、公正地发表专业意见；

（五）接受收购人委托，向中国证监会报送申报材料，根据中国证监会的审核意见，组织、协调收购人及其他专业机构予以答复；

（六）与收购人签订协议，在收购完成后12个月内，持续督导收购人遵守法律、行政法规、中国证监会的规定、证券交易所规则、上市公司章程，依法行使股东权利，切实履行承诺或者相关约定。

第六十六条 收购人聘请的财务顾问就本次收购出具的财务顾问报告，应当对以下事项进行说明和分析，并逐项发表明确意见：

（一）收购人编制的上市公司收购报告书或者要约收购报告书所披露的内容是否真实、准确、完整；

（二）本次收购的目的；

（三）收购人是否提供所有必备证明文件，根据对收购人及其控股股东、实际控制人的实力、从事的主要业务、持续经营状况、财务状况和诚信情况的核查，说明收购人是否具备主体资格，是否具备收购的经济实力，是否具备规范运作上市公司的管理能力，是否需要承担其他附加义务及是否具备履行相关义务的能力，是否存在不良诚信记录；

（四）对收购人进行证券市场规范化运作辅导的情况，其董事、监事和高级管理人员是否已经熟悉有关法律、行政法规和中国证监会的规定，充分了解应承担的义务和责任，督促其依法履行报告、公告和其他法定义务的情况；

（五）收购人的股权控制结构及其控股股东、实际控制人支配收购人的方式；

（六）收购人的收购资金来源及其合法性，是否存在利用本次收购的股份向银行等金融机构质押取得融资的情形；

（七）涉及收购人以证券支付收购价款的，应当说明有关该证券发行人的信息披露是否真实、准确、完整以及该证券交易的便捷性等情况；

（八）收购人是否已经履行了必要的授权和批准程序；

（九）是否已对收购过渡期间保持上市公司稳定经营作出安排，该安排是否符合有关规定；

（十）对收购人提出的后续计划进行分析，收购人所从事的业务与上市公司从事的业务存在同业竞争、关联交易的，对收购人解决与上市公司同业竞争等利益冲突及保持上市公司经营独立性的方案进行分析，说明本次收购对上市公司经营独立性和持续发展可能产生的影响；

（十一）在收购标的上是否设定其他权利，是否在收购价款之外还作出其他补偿安排；

（十二）收购人及其关联方与被收购公司之间是否存在业务往来，收购人与被收购公司的董事、监事、高级管理人员是否就其未来任职安排达成某种协议或者默契；

（十三）上市公司原控股股东、实际控制人及其关联方是否存在未清偿对公司的负债、未解除公司为其负债提供的担保或者损害公司利益的其他情形；存在该等情形的，是否已提出切实可行的解决方案；

（十四）涉及收购人拟提出豁免申请的，应当说明本次收购是否属于可以得到豁免的情形，收购人是否作出承诺及是否具备履行相关承诺的实力。

第六十七条 上市公司董事会或者独立董事聘请的独立财务顾问，不得同时担任收购人的财务顾问或者与收购人的财务顾问存在关联关系。独立财务顾问应当根据委托进行尽职调查，对本次收购的公正性和合法性发表专业意见。独立财务顾问报告应当对以下问题进行说明和分析，发表明确意见：

（一）收购人是否具备主体资格；

（二）收购人的实力及本次收购对被收购公司经营独立性和持续发展可能产生的影响分析；

（三）收购人是否存在利用被收购公司的资产或者由被收购公司为本次收购提供财务资助的情形；

（四）涉及要约收购的，分析被收购公司的财务状况，说明收购价格是否充分反映被收购公司价值，收购要约是否公平、合理，对被收购公司社会公众股股东接受要约提出的建议；

（五）涉及收购人以证券支付收购价款的，还应当根据该证券发行人的资产、业务和盈利预测，对相关证券进行估值分析，就收购条件对被收购公司的社会公众股股东是否公平合理、是否接受收购人提出的收购条件提出专业意见；

（六）涉及管理层收购的，应当对上市公司进行估值分析，就本次收购的定价依据、支付方式、收购资金来源、融资安排、还款计划及其可行性、上市公司内部控制制度的执行情况及其有效性、上述人员及其直系亲属在最近24个月内与上市公司业务往来情况以及收购报告书披露的其他内容等进行全面核查，发表明确意见。

第六十八条 财务顾问受托向中国证监会报送申报文件，应当在财务顾问报告中作出以下承诺：

（一）已按照规定履行尽职调查义务，有充分理由确信所发表的专业意见与收购人申报文件的内容不存在实质性差异；

（二）已对收购人申报文件进行核查，确信申报文件的内容与格式符合规定；

（三）有充分理由确信本次收购符合法律、行政法规和中国证监会的规定，有充分理由确信收购人披露的信息真实、准确、完整，不存在虚假记载、误导性陈述和重大遗漏；

（四）就本次收购所出具的专业意见已提交其内核机构审查，并获得通过；

（五）在担任财务顾问期间，已采取严格的保密措施，严格执行内部防火墙制度；

（六）与收购人已订立持续督导协议。

第六十九条 财务顾问在收购过程中和持续督导期间，应当关注被收购公司是否存在为收购人及其关联方提供担保或者借款等损害上市公司利益的情形，发现有违法或者不当行为的，应当及时向中国证监会、派出机构和证券交易所报告。

第七十条 财务顾问为履行职责，可以聘请其他专业机构协助其对收购人进行核查，但应当对收购人提供的资料和披露的信息进行独立判断。

第七十一条 自收购人公告上市公司收购报告书至收购完成后12个月内，财务顾问应当通过日常沟通、定期回访等方式，关注上市公司的经营情况，结合被收购公司定期报告和临时公告的披露事宜，对收购人及被收购公司履行持续督导职责：

（一）督促收购人及时办理股权过户手续，并依法履行报告和公告义务；

（二）督促和检查收购人及被收购公司依法规范运作；

（三）督促和检查收购人履行公开承诺的情况；

（四）结合被收购公司定期报告，核查收购人落实后续计划的情况，是否达到预期目标，实施效果是否与此前的披露内容存在较大差异，是否实现相关盈利预测或者管理层预计达到的目标；

（五）涉及管理层收购的，核查被收购公司定期报告中披露的相关还款计划的落实情况与事实是否一致；

（六）督促和检查履行收购中约定的其他义务的情况。

在持续督导期间，财务顾问应当结合上市公司披露的季度报告、半年度报告和年度报告出具持续督导意见，并在前述定期报告披露后的15日内向派出机构报告。

在此期间，财务顾问发现收购人在上市公司收购报告书中披露的信息与事实不符的，应当督促收购人如实披露相关信息，并及时向中国证监会、派出机构、证券交易所报告。财务顾问解除委托合同的，应当及时向中国证监会、派出机构作出书面报告，说明无法继续履行持续督导职责的理由，并予公告。

第八章　持续监管

第七十二条　在上市公司收购行为完成后12个月内，收购人聘请的财务顾问应当在每季度前3日内就上一季度对上市公司影响较大的投资、购买或者出售资产、关联交易、主营业务调整以及董事、监事、高级管理人员的更换、职工安置、收购人履行承诺等情况向派出机构报告。

收购人注册地与上市公司注册地不同的，还应当将前述情况的报告同时抄报收购人所在地的派出机构。

第七十三条　派出机构根据审慎监管原则，通过与承办上市公司审计业务的会计师事务所谈话、检查财务顾问持续督导责任的落实、定期或者不定期的现场检查等方式，在收购完成后对收购人和上市公司进行监督检查。

派出机构发现实际情况与收购人披露的内容存在重大差异的，对收购人及上市公司予以重点关注，可以责令收购人延长财务顾问的持续督导期，并依法进行查处。

在持续督导期间，财务顾问与收购人解除合同的，收购人应当另行聘请其他财务顾问机构履行持续督导职责。

第七十四条　在上市公司收购中，收购人持有的被收购公司的股份，在收购完成后12个月内不得转让。

收购人在被收购公司中拥有权益的股份在同一实际控制人控制的不同主体之间进行转让不受前述12个月的限制，但应当遵守本办法第六章的规定。

第九章　监管措施与法律责任

第七十五条　上市公司的收购及相关股份权益变动活动中的信息披露义务人，未按照本办法的规定履行报告、公告以及其他相关义务的，中国证监会责令改正，采取监管谈话、出具警示函、责令暂停或者停止收购等监管措施。在改正前，相关信息披露义务人不得对其持有或者实际支配的股份行使表决权。

第七十六条　上市公司的收购及相关股份权益变动活动中的信息披露义务人在报告、公告等文件中有虚假记载、误导性陈述或者重大遗漏的，中国证监会责令改正，采取监管谈话、出具警示函、责令暂停或者停止收购等监管措施。在改正前，收购人对其持有或者实际支配的股份不得行使表决权。

第七十七条 投资者及其一致行动人取得上市公司控制权而未按照本办法的规定聘请财务顾问，规避法定程序和义务，变相进行上市公司的收购，或者外国投资者规避管辖的，中国证监会责令改正，采取出具警示函、责令暂停或者停止收购等监管措施。在改正前，收购人不得对其持有或者实际支配的股份行使表决权。

第七十八条 发出收购要约的收购人在收购要约期限届满，不按照约定支付收购价款或者购买预受股份的，自该事实发生之日起3年内不得收购上市公司，中国证监会不受理收购人及其关联方提交的申报文件；涉嫌虚假信息披露、操纵证券市场的，中国证监会对收购人进行立案稽查，依法追究其法律责任。

前款规定的收购人聘请的财务顾问没有充分证据表明其勤勉尽责的，中国证监会依法追究法律责任。

第七十九条 上市公司控股股东和实际控制人在转让其对公司的控制权时，未清偿其对公司的负债，未解除公司为其提供的担保，或者未对其损害公司利益的其他情形作出纠正的，中国证监会责令改正、责令暂停或者停止收购活动。

被收购公司董事会未能依法采取有效措施促使公司控股股东、实际控制人予以纠正，或者在收购完成后未能促使收购人履行承诺、安排或者保证的，中国证监会可以认定相关董事为不适当人选。

第八十条 上市公司董事未履行忠实义务和勤勉义务，利用收购谋取不当利益的，中国证监会采取监管谈话、出具警示函等监管措施，可以认定为不适当人选。

上市公司章程中涉及公司控制权的条款违反法律、行政法规和本办法规定的，中国证监会责令改正。

第八十一条 为上市公司收购出具资产评估报告、审计报告、法律意见书和财务顾问报告的证券服务机构或者证券公司及其专业人员，未依法履行职责的，中国证监会责令改正，采取监管谈话、出具警示函等监管措施。

第八十二条 中国证监会将上市公司的收购及相关股份权益变动活动中的当事人的违法行为和整改情况记入诚信档案。

违反本办法的规定构成证券违法行为的，依法追究法律责任。

第十章 附　　则

第八十三条 本办法所称一致行动，是指投资者通过协议、其他安排，与其他投资者共同扩大其所能够支配的一个上市公司股份表决权数量的行为或者事实。

在上市公司的收购及相关股份权益变动活动中有一致行动情形的投资者，互为一致行动人。如无相反证据，投资者有下列情形之一的，为一致行动人：

（一）投资者之间有股权控制关系；

（二）投资者受同一主体控制；

（三）投资者的董事、监事或者高级管理人员中的主要成员，同时在另一个投资者担任董事、监事或者高级管理人员；

（四）投资者参股另一投资者，可以对参股公司的重大决策产生重大影响；

（五）银行以外的其他法人、其他组织和自然人为投资者取得相关股份提供融资安排；

（六）投资者之间存在合伙、合作、联营等其他经济利益关系；

（七）持有投资者30%以上股份的自然人，与投资者持有同一上市公司股份；

（八）在投资者任职的董事、监事及高级管理人员，与投资者持有同一上市公司股份；

（九）持有投资者30%以上股份的自然人和在投资者任职的董事、监事及高级管理人员，其父母、配偶、子女及其配偶、配偶的父母、兄弟姐妹及其配偶、配偶的兄弟姐妹及其配偶等亲属，与投资者持有同一上市公司股份；

（十）在上市公司任职的董事、监事、高级管理人员及其前项所述亲属同时持有本公司股份的，或者与其自己或者其前项所述亲属直接或者间接控制的企业同时持有本公司股份；

（十一）上市公司董事、监事、高级管理人员和员工与其所控制或者委托的法人或者其他组织持有本公司股份；

（十二）投资者之间具有其他关联关系。

一致行动人应当合并计算其所持有的股份。投资者计算其所持有的股份，应当包括登记在其名下的股份，也包括登记在其一致行动人名下的股份。

投资者认为其与他人不应被视为一致行动人的，可以向中国证监会提供相反证据。

第八十四条 有下列情形之一的，为拥有上市公司控制权：

（一）投资者为上市公司持股50%以上的控股股东；

（二）投资者可以实际支配上市公司股份表决权超过30%；

（三）投资者通过实际支配上市公司股份表决权能够决定公司董事会半数以上成员选任；

（四）投资者依其可实际支配的上市公司股份表决权足以对公司股东大会的决议产生重大影响；

（五）中国证监会认定的其他情形。

第八十五条 信息披露义务人涉及计算其持股比例的，应当将其所持有的上市公司已发行的可转换为公司股票的证券中有权转换部分与其所持有的同一上市公司的股份合并计算，并将其持股比例与合并计算非股权类证券转为股份后的比例相比，以二者中的较高者为准；行权期限届满未行权的，或者行权条件不再具备的，无需合并计算。

前款所述二者中的较高者，应当按下列公式计算：

（一）投资者持有的股份数量/上市公司已发行股份总数

（二）（投资者持有的股份数量+投资者持有的可转换为公司股票的非股权类证券所对应的股份数量）/（上市公司已发行股份总数+上市公司发行的可转换为公司股票的非股权类证券所对应的股份总数）

第八十六条 投资者因行政划转、执行法院裁决、继承、赠与等方式取得上市公司控制权的，应当按照本办法第四章的规定履行报告、公告义务。

第八十七条 权益变动报告书、收购报告书、要约收购报告书、被收购公司董事会报告书、要约收购豁免申请文件等文件的内容与格式，由中国证监会另行制定。

第八十八条 被收购公司在境内、境外同时上市的，收购人除应当遵守本办法及中国证监会的相关规定外，还应当遵守境外上市地的相关规定。

第八十九条 外国投资者收购上市公司及在上市公司中拥有的权益发生变动的，除应当遵守本办法的规定外，还应当遵守外国投资者投资上市公司的相关规定。

第九十条 本办法自2006年9月1日起施行。中国证监会发布的《上市公司收购管理办法》（证监会令第10号）、《上市公司股东持股变动信息披露管理办法》（证监会令第11号）、《关于要约收购涉及的被收购公司股票上市交易条件有关问题的通知》（证监公司字［2003］16号）和《关于规范上市公司实际控制权转移行为有关问题的通知》（证监公司字［2004］1号）同时废止。

保荐人尽职调查工作准则

（2006年5月29日 证监发行字［2006］15号）

第一章 总 则

第一条 为了规范和指导保荐人尽职调查工作，提高尽职调查工作质量，根据有关法律、行政法规及中国证券监督管理委员会（以下简称“中国证监会”）关于保荐业务管理的有关规定，制定本准则。

第二条 本准则所称尽职调查是指保荐人对拟推荐公开发行证券的公司（以下简称“发行人”）进行全面调查，充分了解发行人的经营情况及其面临的风险和问题，并有充分理由确信发行人符合《证券法》等法律法规及中国证监会规定的发行条件以及确信发行人申请文件和公开发行募集文件真实、准确、完整的过程。

第三条 本准则主要针对首次公开发行股票的工业企业的基本特征制定。保荐人应当在参照本准则基础上，根据发行人的行业、业务、融资类型不同，在不影响尽职调查质量前提下调整、补充、完善尽职调查工作的相关内容。

第四条 本准则是对保荐人尽职调查工作的一般要求。不论本准则是否有明确规定，凡涉及发行条件或对投资者做出投资决策有重大影响的信息，保荐人均应当勤勉尽责地进行尽职调查。

第五条 保荐人尽职调查时，应当考虑其自身专业胜任能力和专业独立性，并确保参与尽职调查工作的相关人员能够恪守独立、客观、公正的原则，具备良好的职业道德和专业胜任能力。

第六条 对发行人公开发行募集文件中无中介机构及其签名人员专业意见支持的内容，保荐人应当在获得充分的尽职调查证据并对各种证据进行综合分析的基础上进行独立判断。

对发行人公开发行募集文件中有中介机构及其签名人员出具专业意见的内容，保荐人应当结合尽职调查过程中获得的信息对专业意见的内容进行审慎核查。对专业意见存有异议的，应当主动与中介机构进行协商，并可要求其做出解释或出具依据；发现专业意见与尽职调查过程中获得的信息存在重大差异的，应当对有关事项进行调查、复核，并可聘请其他中介机构提供专业服务。

第七条 保荐人应在尽职调查基础上形成发行保荐书，同时，应当建立尽职调查工作底稿制度。工作底稿应当真实、准确、完整地反映尽职调查工作。

第八条 中国证监会依照法律、法规、规章和本准则的规定，对保荐人的尽职调查工作进行监管。

第二章 发行人基本情况调查

第九条 改制与设立情况

取得发行人改制的相关资料，包括改制前原企业（或主要发起人）的相关财务资料及审计报告、资产和业务构成情况、上级主管部门同意改制的批复文件等，以及发行人的改制方案、人员安置方案、审计报告、评估报告等，并通过与发行人董事、监事、高级管理人员（以下简称“高管人员”）及其员工谈话，咨询中介机构等方法，核查发行人在改制时业务、资产、债务、人员等重组情况，分析判断是否符合法律、法规，是否符合证券监管、国有资产管理、税收管理、劳动保障等相关规定。调查改制完成后原企业或主要发起人的资产构成和业务构成情况，改制前原企业的业务流程、改制后发行人的业务流程，以及原企业和发行人业务流程间的联系；调查发行人成立以来，在生产经营方面与主要发起人的关联关系及演变情况，分析判断发行人改制是否清晰、彻底，是否已将与发行人业务有关的生产经营性资产及辅助设施全部投入股份公司，是否保证了发行人供应系统、生产系统、销售系统等方面的独立性和完整性，以及与原企业或主要发起人在法律关系、产权关系、业务关系（如现实的或潜在的关联交易和同业竞争等）、管理关系（如托管等）等方面是否存在重大瑕疵。

取得发行人设立时的政府批准文件、营业执照、公司章程、发起人协议、创立大会文件、评估报告、审计报告、验资报告、工商登记文件等资料，核查发行人的设立程序、工商注册登记的合法性、真实性；必要时走访相关政府部门和中介机构。

第十条 历史沿革情况

查阅发行人历年营业执照、公司章程、工商登记等文件，以及历年业务经营情况记录、年度检验、年度财务报告等资料，调查发行人的历史沿革情况；必要时走访相关政府部门和中介机构。

第十一条 发起人、股东的出资情况

取得发行人设立时各发起人的营业执照（或身份证明文件）、财务报告等有关资料，核查发起人人数、住所、出资比例等是否符合法律、法规和其他有关规定；核查自然人发起人直接持股和间接持股的有关情况，关注其在发行人的任职情况，并关注其亲属在发行人的投资、任职情况；核查发起人是否合法拥有出资资产的产权，资产权属是否存在纠纷或潜在纠纷，以及有关发起人投入资产的计量属性；核查发起人股份转让情况。

通过咨询中介机构、询问发行人高管人员及其财务人员、前往工商管理部门调阅发行人注册登记资料、查阅股东出资时验资资料以及出资后发行人与股东之间的交易记录等方法，调查发行人股东的出资是否及时到位、出资方式是否合法，是否存在出资不实、虚假出资、抽逃资金等情况；核查股东出资资产（包括房屋、土地、车辆、商标、专利等）的产权过户情况。对以实物、知识产权、土地使用权等非现金资产出资的，应查阅资产评估报告，分析资产评估结果的合理性；对以高新技术成果出资入股的，应查阅相关管理部门出具的高新技术成果认定书。

第十二条 重大股权变动情况

查阅与发行人重大股权变动相关的股东大会、董事会、监事会（以下简称“三会”）有关文件以及政府批准文件、评估报告、审计报告、验资报告、股权转让协议、工商变更登记文件等，核查发行人历次增资、减资、股东变动的合法、合规性，核查发行人股本总额、股东结构和实际控制人是否发生重大变动。

第十三条 重大重组情况

若发行人设立后发生过合并、分立、收购或出售资产、资产置换、重大增资或减资、债务重组等重大重组事项的，应取得相关三会决议文件、重组协议文件、政府批准文件、审计报告、评估报告、中介机构专业意见、债权人同意债务转移的相关文件、重组相关的对价支付凭证和资产过户文件等资料，并通过与重组相关各方和经办人员进行谈话，调查发行人重

组动机、内容、程序和完成情况，分析重组行为对发行人业务、控制权、高管人员、财务状况和经营业绩等方面的影响，判断重组行为是否导致发行人主营业务和经营性资产发生实质变更。

第十四条 主要股东情况

通过现场调查、咨询中介机构、走访工商管理部门，以及查阅发行人主要股东（应追溯至发行人实际控制人）的营业执照、公司章程、财务报告及审计报告（如有）等方式，调查或了解以下事项：主要股东的主营业务、股权结构、生产经营等情况；主要股东之间关联关系或一致行动情况及相关协议；主要股东所持发行人股份的质押、冻结和其它限制权利的情况；控股股东和受控股股东、实际控制人支配的股东持有的发行人股份重大权属纠纷情况；主要股东和实际控制人最近三年内变化情况或未来潜在变动情况。

通过走访主管机构、咨询中介机构、查阅相应的监管记录、与发行人及其主要股东的高管人员及员工谈话等方法，调查主要股东是否存在影响发行人正常经营管理、侵害发行人及其他股东的利益、违反相关法律法规等情形。

第十五条 员工情况

通过查阅发行人员工名册、劳务合同、工资表和社会保障费用明细表等资料，实地走访发行人员工的工作生活场所，与发行人员工谈话，实地察看发行人员工工作情况等方法，调查发行人员工的年龄、教育、专业等结构分布情况及近年来的变化情况，分析其变化的趋势；了解发行人员工的工作面貌、工作热情和工作的满意程度；调查发行人在执行国家用工制度、劳动保护制度、社会保障制度、住房制度和医疗保障制度等方面是否存在违法、违规情况。

第十六条 独立情况

通过查阅发行人控股股东或实际控制人的组织结构资料、发行人组织结构资料、下属公司工商登记和财务资料等方法，结合发行人的生产、采购和销售记录实地考察其产、供、销系统，调查分析发行人是否具有完整的业务流程、独立的生产经营场所以及独立的采购、销售系统，调查分析其对产供销系统和下属公司的控制情况；计算发行人关联采购额和关联销售额分别占其同期采购总额和销售总额的比例，分析是否存在影响发行人独立性的重大或频繁的关联交易，判断其业务独立性。

查阅商标、专利、版权、特许经营权等无形资产以及房产、土地使用权、主要生产经营设备等主要财产的权属凭证、相关合同等资料，并通过咨询中介机构意见，走访房产管理、土地管理、知识产权管理等部门，必要时进行实物资产监盘等方法，调查发行人是否具备完整、合法的财产权属凭证以及是否实际占有；调查商标权、专利权、版权、特许经营权等的权利期限情况，核查这些资产是否存在法律纠纷或潜在纠纷；调查金额较大、期限较长的其他应收款、其他应付款、预收及预付账款产生的原因及交易记录、资金流向等，调查发行人是否存在资产被控股股东或实际控制人及其关联方控制和占用的情况，判断其资产独立性。

通过查阅发行人及股东单位员工名册及劳务合同、发行人工资明细表、与高管人员及员工谈话等方法，调查发行人高管人员是否在控股股东、实际控制人及其控制的其他企业中担任除董事、监事以外的其他职务，发行人财务人员是否在控股股东、实际控制人及其控制的其他企业中兼职，高管人员是否在发行人领取薪酬，是否在控股股东、实际控制人及其控制的其他企业领取薪酬；调查发行人员工的劳动、人事、工资报酬以及相应的社会保障是否独立管理，判断其人员独立性。

通过与高管人员和相关业务人员谈话，查阅发行人财务会计制度、银行开户资料、纳税资料，到相关单位进行核实等方法，调查发行人是否设立独立的财务会计部门、建立独立的会计核算体系，具有规范的财务会计制度和对分公司、子公司的财务管理制度，是否独立进行财务决策、独立在银行开户、独立纳税等，判断其财务独立性。

通过实地调查、与高管人员和员工谈话、查阅股东大会和董事会相关决议、查阅各机构内部规章制度等方法，调查发行人的机构是否与控股股东或实际控制人完全分开且独立运作，是否存在混合经营、合署办公的情形，是否完全拥有机构设置自主权等，判断其机构独立性。

第十七条 内部职工股等情况

如果发行人发行过内部职工股，应取得其内部职工股的审批文件、募股文件、缴款证明文件及验资报告等，必要时走访审批机构、收款银行、验资机构等，调查发行的合法性、真实性；取得内部职工股历年托管证明文件，必要时走访托管机构，调查内部职工股的托管、转让情况；调查内部职工股发行过程中的违法违规情况，包括超范围、超比例发行，通过增发、配股、国家股和法人股转配等形式变相增加内部职工股，内部职工股转让和交易中的违法违规，法人股个人化等情况；调查内部职工股是否存在潜在问题和风险隐患，发行人或相关主体是否采取解决措施或明确责任主体。

调档查阅工商登记资料、发行人三会文件，并与发行人员工和高管人员谈话，调查发行人是否存在工会持股、职工持股会持股、信托持股或股东数量超过二百人的情况，取得相关股份形成及演变的法律文件；上述股份进行过清理的，取得相关的协议文件、决策文件、价款支付凭证等，调查是否存在潜在问题和风险隐患，是否已明确有关责任承担主体。

第十八条 商业信用情况

通过走访当地工商、税务、海关、土地管理、环保、银行、保险、电力、供水等机构和发行人主要供应商、销售商、客户，与发行人高管人员和员工谈话，咨询中介机构，查阅发行人完税凭证、工商登记及相关资料、银行单据、保险凭证、贷款合同及供销合同和客户服务合同、监管机构的监管记录和处罚文件等方法，调查发行人是否按期缴纳相关税、费及合同履约情况，关注发行人是否存在重大违法、违规或不诚信行为，评价发行人的商业信用。

第三章 业务与技术调查

第十九条 行业情况及竞争状况

根据发行人的主营业务，确定发行人所属行业。通过收集行业主管部门制定的发展规划、行业管理方面的法律法规及规范性文件，了解行业监管体制和政策趋势。

通过收集行业杂志、行业分析报告、主要竞争对手意见、行业专家意见、行业协会意见等方法，了解发行人所属行业的市场环境、市场容量、市场细分、市场化程度、进入壁垒、供求状况、竞争状况、行业利润水平和未来变动情况，判断行业的发展前景及行业发展的有利和不利因素，了解行业内主要企业及其市场份额情况，调查竞争对手情况，分析发行人在行业中所处的竞争地位及变动情况。

查阅行业研究资料、咨询行业分析师，调查发行人所处行业的技术水平及技术特点，分析行业的周期性、区域性或季节性特征。了解发行人所属行业特有的经营模式，调查行业企业采用的主要商业模式、销售模式、盈利模式；对照发行人所采用的模式，判断其主要风险及对未来的影响；对报告期内已经或未来将发生经营模式转型的，应予以重点核查。

查阅相关研究报告，分析该行业在产品价值链的作用，通过对该行业与其上下游行业的关联度、上下游行业的发展前景、产品用途的广度、产品替代趋势等进行分析论证，分析上下游行业变动及变动趋势对发行人所处行业的有利和不利影响。根据财务资料，分析发行人出口业务情况，如果出口比例较大，调查相关产品进口国的有关进口政策、贸易磨擦对产品进口的影响、以及进口国同类产品的竞争格局等情况，分析出口市场变动对发行人的影响。

第二十条 采购情况

通过与采购部门人员、主要供应商沟通，查阅相关研究报告和统计资料等方法，调查发行人主要原材料、重要辅助材料、所需能源动力的市场供求状况。

调查发行人的采购模式，查阅发行人产品成本计算单，定量分析主要原材料、所需能源动力价格变动、可替代性、供应渠道变化等因素对发行人生产成本的影响，调查其采购是否受到资源或其他因素的限制。

取得发行人主要供应商（至少前10名）的相关资料，计算最近三个会计年度发行人向主要供应商的采购金额、占发行人同类原材料采购金额和总采购金额比例（属于同一实际控制人的供应商，应合并计算采购额），判断是否存在严重依赖个别供应商的情况，如果存在，是否对重要原材料的供应做出备选安排；取得发行人同前述供应商的长期供货合同，分析交易条款，判断发行人原材料供应及价格的稳定性。

与采购部门、生产计划部门人员沟通，调查发行人采购部门与生产计划部门的衔接情况、原材料的安全储备量情况，关注是否存在严重的原材料缺货风险。计算最近几期原材料类存货的周转天数，判断是否存在原材料积压风险，实地调查是否存在残次、冷背、呆滞的原材料。

通过查阅制度文件、现场实地考察等方法，调查发行人的存货管理制度及其实施情况，包括但不限于存货入库前是否经过验收、存货的保存是否安全以及是否建立存货短缺、毁损的处罚或追索等制度。

与主要供应商、发行人律师沟通，调查发行人高管人员、核心技术人员、主要关联方或持有发行人5%以上股份的股东在主要供应商中所占的权益情况，是否发生关联采购。如果存在影响成本的重大关联采购，抽查不同时点的关联交易合同，分析不同时点的关联采购价格与当时同类原材料市场公允价格是否存在异常，判断关联采购的定价是否合理，是否存在大股东与发行人之间的利润输送或资金转移情况。

第二十一条 生产情况

取得发行人生产流程资料，结合生产核心技术或关键生产环节，分析评价发行人生产工艺、技术在行业中的领先程度。

取得发行人主要产品的设计生产能力和历年产量有关资料并进行比较，与生产部门人员沟通，分析发行人各生产环节是否存在瓶颈制约。

通过现场观察、查阅财务资料等方法，核查发行人主要设备、房产等资产的成新率和剩余使用年限，在发行人及其下属公司的分布情况；关注是否存在闲置，是否对闲置资产做出安排；涉及租赁的，应取得租赁合同，分析相关条款和实际执行情况；涉及关联方租赁的，应分析租赁的必要性、合理性和租赁价格的公允性。调查发行人是否存在设备抵押贷款的情形，如有，查阅借款合同的条款及还款情况，分析预期债务是否会对发行人的生产保障构成影响。取得发行人关键设备、厂房等重要资产的保险合同或其它保障协定，判断发行人对重要财产是否实施了必要的保障措施。

取得发行人专利、非专利技术、土地使用权、水面养殖权、探矿权、采矿权等主要无形资产的明细资料，分析其剩余使用期限或保护期情况，关注其对发行人生产经营的重大影响。取得发行人许可或被许可使用资产的合同文件，关注许可使用的具体资产内容、许可方式、许可年限、许可使用费，分析未来对发行人生产经营可能造成的影响；调查上述许可合同中，发行人所有或使用的资产存在纠纷或潜在纠纷的情况。取得发行人拥有的特许经营权的法律文件，分析特许经营权的取得、期限、费用标准等，关注对发行人持续生产经营的影响。

调查发行人是否在境外进行生产经营，取得其境外拥有资产的详细资料，并分析其境外的生产规模、盈利状况、主要风险等。

查阅发行人历年产品（服务）成本计算单，计算主要产品（服务）的毛利率、贡献毛利占当期主营业务利润的比重指标，与同类公司数据比较，分析发行人较同行业公司在成本方面的竞争优势或劣势；根据发行人报告期上述数据，分析发行人主要产品的盈利能力，分析单位成本中直接材料、直接人工、燃料及动力、制造费用等成本要素的变动情况，计算发行人产品的主要原材料、动力、燃料的比重，存在单一原材料所占比重较大的，分析其价格的变动趋势，并分析评价可能给发行人销售和利润所带来的重要影响。

与发行人质量管理部门人员沟通、取得质量控制制度文件、现场实地考察，了解发行人质量管理的组织设置、质量控制制度及实施情况。获取质量技术监督部门文件，调查发行人产品（服务）是否符合行业标准，报告期是否因产品质量问题受过质量技术监督部门的处罚。

取得发行人安全生产及以往安全事故处理等方面的资料，调查发行人是否存在重大安全隐患、是否采取保障安全生产的措施，调查发行人成立以来是否发生过重大的安全事故以及受到处罚的情况，分析评价安全事故对发行人生产经营、经营业绩可能产生的影响。

调查发行人的生产工艺是否符合环境保护相关法规，调查发行人历年来在环境保护方面的投入及未来可能的投入情况。现场观察三废的排放情况，核查有无污染处理设施及其实际运行情况。走访周围居民，并征求环境保护管理部门的意见，调查是否存在受到处罚的情况。

第二十二条 销售情况

结合发行人的行业属性和企业规模等情况，了解发行人的销售模式，分析其采用该种模式的原因和可能引致的风险；查阅发行人产品的注册商标，了解其市场认知度和信誉度，评价产品的品牌优势。了解市场上是否存在假冒伪劣产品，如有，调查发行人的打假力度和维权措施实施情况。

通过与发行人销售部门负责人沟通、获取权威市场调研机构的报告等方法，调查发行人产品（服务）的市场定位、客户的市场需求状况，是否有稳定的客户基础等。搜集发行人主要产品市场的地域分布和市场占有率资料，结合行业排名、竞争对手等情况，对发行人主要产品的行业地位进行分析。搜集行业产品定价普遍策略和行业龙头企业的产品定价策略，了解发行人主要产品的定价策略，评价其产品定价策略合理性；调查报告期发行人产品销售价格的变动情况。获取或编制发行人报告期按区域分布的销售记录，调查发行人产品（服务）的销售区域，分析发行人销售区域局限化现象是否明显，产品的销售是否受到地方保护主义的影响。

获取或编制发行人报告期对主要客户（至少前10名）的销售额占年度销售总额的比例及回款情况，是否过分依赖某一客户（属于同一实际控制人的销售客户，应合并计算销售额）；分析其主要客户的回款情况，是否存在以实物抵债的现象。对大客户，需追查销货合同、销货发票、产品出库单、银行进账单，或用函证的方法确定销售业务发生的真实性；与前述客户存在长期合同的，应取得相关合同，分析长期合同的交易条款及对发行人销售的影响。如果存在会计期末销售收入异常增长的情况，需追查相关收入确认凭证，判断是否属于虚开发票、虚增收入的情形。

获取发行人最近几年产品返修率、客户诉讼和产品质量纠纷等方面的资料，调查发行人销售维护和售后服务体系的建立及其实际运行情况，分析客户诉讼和产品质量纠纷对未来销售的影响及销售方面可能存在的或有负债。查阅销售合同、销售部门对销售退回的处理意见等资料，核查是否存在大额异常的销售退回，判断销售退回的真实性。对产品大量出口的，应函证或走访海关等相关机构，调查其销售方式、销售途径和客户回款情况，确认销售的真实性，判断收入确认标准的合理性。

调查主营业务收入、其他业务收入中是否存在重大的关联销售，关注高管人员和核心技术人员、主要关联方或持有发行人5%以上股份的股东在主要客户中所占的权益；抽查不同时点的关联销售合同，分析不同时点销售价格的变动，并与同类产品当时市场公允价格比较；调查上述关联销售合同中，产品最终实现销售的情况。如果存在异常，分析其对收入的影响，分析关联销售定价是否合理，是否存在大股东与发行人之间的利润输送或资金转移现象。

第二十三条 核心技术人员、技术与研发情况

取得发行人研发体制、研发机构设置、激励制度、研发人员资历等资料，调查发行人的研发模式和研发系统的设置和运行情况，分析是否存在良好的技术创新机制，是否能够满足发行人未来发展的需要。

调查发行人拥有的专利、非专利技术、技术许可协议、技术合作协议等，分析发行人主要产品的核心技术，考察其技术水平、技术成熟程度、同行业技术发展水平及技术进步情况；分析发行人主要产品生产技术所处的阶段（如基础研究、中试、小批量生产或大批量生产阶段）；核查核心技术的取得方式及使用情况，判断是否存在纠纷或潜在纠纷及侵犯他人知识产权的情形。调查专利技术和非专利技术许可方式、允许使用期限及到期的处理方法，考察主要产品的技术含量和可替代性；对于专利技术，应关注专利的有效期及到期后对发行人的影响，并核查侵权情况及发行人具体的保护措施与效果；对于非专利技术，应取得发行人相关保密制度及其与核心技术人员签订的保密协议等，调查发行人具体的技术保护措施和实际的保护状况；对发行人未来经营存在重大影响的关键技术，应当予以特别关注和专项调查。

取得发行人核心技术人员的奖励制度、股权激励计划等资料，调查发行人对关键技术人员是否实施了有效约束和激励，是否有效避免了关键技术人才的流失和技术秘密的外泄。取得发行人主要研发成果、在研项目、研发目标等资料，调查发行人历年研发费用占发行人主营业务收入的比重、自主知识产权的数量与质量、技术储备等情况，对发行人的研发能力进行分析。与其他单位合作研发的，取得合作协议等相关资料，分析合作研发的成果分配、保密措施等问题。

第四章 同业竞争与关联交易调查

第二十四条 同业竞争情况

取得发行人改制方案，分析发行人、控股股东或实际控制人及其控制的企业的财务报告及主营业务构成等相关数据，必要时取得上述单位相关生产、库存、销售等资料，并通过询问发行人及其控股股东或实际控制人、实地走访生产或销售部门等方法，调查发行人控股股东或实际控制人及其控制的企业实际业务范围、业务性质、客户对象、与发行人产品的可替代性等情况，判断是否构成同业竞争，并核查发行人控股股东或实际控制人是否对避免同业竞争做出承诺以及承诺的履行情况。

第二十五条 关联方及关联交易情况

通过与发行人高管人员谈话、咨询中介机构、查阅发行人及其控股股东或实际控制人的

股权结构和组织结构、查阅发行人重要会议记录和重要合同等方法，按照《公司法》和企业会计准则的规定，确认发行人的关联方及关联方关系，调档查阅关联方的工商登记资料。

调查发行人高管人员及核心技术人员是否在关联方单位任职、领取薪酬，是否存在由关联方单位直接或间接委派等情况。

通过与发行人高管人员、财务部门和主要业务部门负责人交谈，查阅账簿、相关合同、会议记录、独立董事意见，发函询证，咨询律师及注册会计师意见，查阅同类交易的市场价格数据等方法，调查发行人关联交易的以下内容（包括但不限于）：

1. 是否符合相关法律法规的规定。

2. 取得与关联交易相关的会议资料，判断是否按照公司章程或其他规定履行了必要的批准程序。

3. 定价依据是否充分，定价是否公允，与市场交易价格或独立第三方价格是否有较大差异及其原因，是否存在明显属于单方获利性交易。

4. 向关联方销售产生的收入占发行人主营业务收入的比例、向关联方采购额占发行人采购总额的比例，分析是否达到了影响发行人经营独立性的程度。

5. 计算关联方的应收、应付款项余额分别占发行人应收、应付款项余额的比例，关注关联交易的真实性和关联方应收款项的可收回性。

6. 关联交易产生的利润占发行人利润总额的比例是否较高，是否对发行人业绩的稳定性产生影响。

7. 调查关联交易合同条款的履行情况，以及有无大额销售退回情况及其对发行人财务状况的影响。

8. 是否存在关联交易非关联化的情况。对于缺乏明显商业理由的交易，实质与形式明显不符的交易，交易价格、条件、形式等明显异常或显失公允的交易，与曾经的关联方持续发生的交易，与非正常业务关系单位或个人发生的偶发性或重大交易等，应当予以重点关注，分析是否为虚构的交易、是否实质上是关联交易，调查交易背后是否还有其他安排。

9. 分析关联交易的偶发性和经常性。对于购销商品、提供劳务等经常性关联交易，分析增减变化的原因及是否仍将持续进行，关注关联交易合同重要条款是否明确且具有可操作性以及是否切实得到履行；对于偶发性关联交易，分析对当期经营成果和主营业务的影响，关注交易价格、交易目的和实质，评价交易对发行人独立经营能力的影响。

10. 参照财政部关于关联交易会计处理的相关规定，核查发行人主要关联交易的会计处理是否符合规定。

第五章　高管人员调查

第二十六条　高管人员任职情况及任职资格

通过查阅有关三会文件、公司章程等方法，了解高管人员任职情况，核查相关高管人员的任职是否符合法律、法规规定的任职资格，聘任是否符合公司章程规定的任免程序和内部人事聘用制度；调查高管人员相互之间是否存在亲属关系。对于高管人员任职资格需经监管部门核准或备案的，应获得相关批准或备案文件。

第二十七条　高管人员的经历及行为操守

通过与高管人员分别谈话、查阅有关高管人员个人履历资料、查询高管人员曾担任高管人员的其他上市公司的财务及监管记录、咨询主管机构、与中介机构和发行人员工谈话等方法，调查了解高管人员的教育经历、专业资历以及是否存在违法、违规行为或不诚信行为，是否存在受到处罚和对曾任职的破产企业负个人责任的情况。

取得发行人与高管人员所签订的协议或承诺文件，关注高管人员作出的重要承诺，以及有关协议或承诺的履行情况。

第二十八条 高管人员胜任能力和勤勉尽责

通过查询有关资料，与高管人员、中介机构、发行人员工、主要供应商、主要销售商谈话等方法，了解发行人高管人员曾担任高管人员的其他公司的规范运作情况以及该公司经营情况，分析高管人员管理公司的能力。

通过与高管人员分别谈话、与发行人员工谈话等方法，了解发行人员工对高管人员的评价，发行人高管人员是否团结，关键管理人员之间是否存在重大分歧和矛盾，是否会对发行人经营产生现实或潜在的重大影响。

通过与高管人员分别谈话、与发行人员工谈话、查阅三会及总经理办公会纪要等方法，了解每名高管人员尤其是每名董事投入发行人业务的时间，分析高管人员是否有足够时间和精力勤勉尽责地管理公司。

分别与董事长、总经理、财务负责人和董事会秘书（包括但不限于上述人员）就公司现状、发展前景等方面问题进行交谈，了解高管人员的胜任能力和勤勉尽责情况。这些问题包括但不限于：

1. 发行人所处行业的基本情况及发展趋势；

2. 发行人的发展战略、经营理念和经营模式、业务发展目标以及历年发展计划的执行和实现情况；

3. 与竞争对手比较，发行人的竞争优势和劣势；

4. 发行人经营中存在的主要问题和风险，有何解决措施；

5. 对公司治理结构及内部控制情况的评价；

6. 在扩大市场份额、开拓客户方面有何措施；

7. 如何保证经营计划及财务计划的有效实施；

8. 如何使用募集资金；

9. 发行人上市的主要目的。

第二十九条 高管人员薪酬及兼职情况

通过查阅三会文件、与高管人员交谈、与发行人员工交谈等方法，调查发行人为高管人员制定的薪酬方案、股权激励方案。

通过与高管人员交谈、咨询发行人律师、查阅有关资料等方法，调查高管人员在发行人内部或外部的兼职情况，分析高管人员兼职情况是否会对其工作效率、质量产生影响。关注高管人员最近一年从发行人及其关联企业领取收入的情况，以及所享受的其他待遇、退休金计划等。

第三十条 报告期内高管人员变动

通过查阅有关三会文件、与高管人员交谈、与发行人员工交谈等方法，了解报告期高管人员的变动情况，内容包括但不限于变动经过、变动原因、是否符合公司章程规定的任免程序和内部人事聘用制度、程序，控股股东或实际控制人推荐高管人选是否通过合法程序，是否存在控股股东或实际控制人干预发行人董事会和股东大会已经作出的人事任免决定的情况等。

第三十一条 高管人员是否具备上市公司高管人员的资格

通过与高管人员谈话、组织高管人员考试等方法，调查高管人员是否已掌握进入证券市场应具备的法律、行政法规和相关知识，是否已知悉上市公司及其高管人员的法定义务和责任，是否具备足够的诚信水准和管理上市公司的能力及经验。

第三十二条 高管人员持股及其它对外投资情况

取得高管人员的声明文件，调查高管人员及其近亲属以任何方式直接或间接持有发行人股份的情况，近三年所持股份的增减变动以及所持股份的质押或冻结情况。

调查高管人员的其它对外投资情况，包括持股对象、持股数量、持股比例以及有关承诺和协议；核查高管人员及其直系亲属是否存在自营或为他人经营与发行人同类业务的情况，是否存在与公司利益发生冲突的对外投资，是否存在重大债务负担。

第六章 组织结构与内部控制调查

第三十三条 公司章程及其规范运行情况

通过查阅发行人公司章程、咨询发行人律师等方法，调查公司章程是否符合《公司法》、《证券法》及中国证监会和交易所的有关规定。关注董事会授权情况是否符合规定。

通过查阅三会文件、咨询发行人律师等方法，调查公司章程历次修改情况、修改原因、每次修改是否经过法定程序、是否进行了工商变更登记。

了解发行人三年内是否存在违法违规行为，若存在违法违规行为，应详细核查违规事实及受到处罚的情况；若不存在违法违规行为，应取得发行人明确的书面声明。

第三十四条 组织结构和“三会”运作情况

了解发行人的内部组织结构，考察总部与分（子）公司、董事会、专门委员会、总部职能部门与分（子）公司内部控制决策的形式、层次、实施和反馈的情况，分析评价发行人组织运作的有效性；调查各机构之间的管理、分工、协作和信息沟通关系，分析其设计的必要性、合理性和运行的有效性。根据公司章程，结合发行人组织结构，核查发行人组织机构是否健全、清晰，其设置是否体现分工明确、相互制约的治理原则。

取得发行人公司治理制度规定，包括三会议事规则、董事会专门委员会议事规则、总经理工作制度、内部审计制度等文件资料，核查发行人是否依法建立了健全的股东大会、董事会、监事会、独立董事、董事会秘书制度，了解发行人董事会、监事会，以及战略、审计、提名、薪酬与考核等专门委员会的设置情况，及公司章程中规定的上述机构和人员依法履行的职责是否完备、明确。

通过与主要股东、董事、监事、独立董事、董事会秘书谈话、讨论和查阅有关三会文件等方法，核查发行人三会和高管人员的职责及制衡机制是否有效运作，发行人建立的决策程序和议事规则是否民主、透明，内部监督和反馈系统是否健全、有效。

取得发行人历次三会的会议文件，包括书面通知副本、会议记录、会议决议等，并结合尽职调查的其他信息，核查发行人：

1. 是否依据有关法律法规和公司章程发布通知并按期召开三会；
2. 董事会和监事会是否按照有关法律法规和公司章程及时进行换届选举；
3. 会议文件是否完整，会议记录中时间、地点、出席人数等要件是否齐备，会议文件是否归档保存；
4. 会议记录是否正常签署；
5. 对重大投资、融资、经营决策、对外担保、关联交易等事项的决策过程中，是否履行了公司章程和相关议事规则规定的程序；

6. 涉及关联董事、关联股东或其他利益相关者应当回避的，该等人员是否回避了表决；

7. 监事会是否正常发挥作用，是否具备切实的监督手段；

8. 董事会下设的专门委员会是否正常发挥作用，是否形成相关决策记录；

9. 三会决议的实际执行情况，未能执行的会议决议，相关执行者是否向决议机构汇报并说明原因。

第三十五条 独立董事制度及其执行情况

取得发行人独立董事方面的资料，核查发行人是否已经建立了独立董事制度，根据有关制度规定，判断发行人独立董事制度是否合规。核查发行人独立董事的任职资格、职权范围等是否符合中国证监会的有关规定。

通过与独立董事谈话，调阅董事会会议纪要、独立董事所发表的意见等方法，核查独立董事是否知悉发行人的生产经营情况、财务情况，是否在董事会决策和发行人经营管理中实际发挥独立作用。

第三十六条 内部控制环境

通过与发行人高管人员及员工交谈，查阅董事会、总经理办公会等会议记录、发行人各项业务及管理规章制度等方法，分析评价发行人是否有积极的控制环境，包括考察董事会及相关的专门委员会是否负责批准并定期审查发行人的经营战略和重大决策、确定经营风险的可接受水平；考察高管人员是否执行董事会批准的战略和政策，以及高管人员和董事会、专门委员会之间的责任、授权和报告关系是否明确；考察高管人员是否促使发行人员工了解公司的内部控制制度并在其中发挥作用。

第三十七条 业务控制

与发行人相关业务管理及运作部门进行沟通，查阅发行人关于各类业务管理的相关制度规定，了解各类业务循环过程和其中的控制标准、控制措施，包括授权与审批、复核与查证、业务规程与操作程序、岗位权限与职责分工、相互独立与制衡、应急与预防等措施。应选择一定数量的控制活动样本，采取验证、观察、询问、重新操作等测试方法，评价发行人的内部控制措施是否有效实施。

调查发行人是否接受过政府审计及其他外部审计，如有，核查该审计报告所提问题是否已得到有效解决。调查发行人报告期及最近一期的业务经营操作是否符合监管部门的有关规定，是否存在因违反工商、税务、审计、环保、劳动保护等部门的相关规定而受到处罚的情形及对发行人业务经营、财务状况等的影响，并调查该事件是否已改正，不良后果是否已消除。

对发行人已发现的由于风险控制不力所导致的损失事件进行调查，了解事件发生过程及对发行人财务状况、经营业绩的影响，了解该业务环节内部控制制度的相关规定及有效性，事件发生后发行人所采取的紧急补救措施及效果，追踪发行人针对内部控制的薄弱环节所采取的改进措施及效果。

第三十八条 信息系统控制

了解发行人信息系统建设情况、管理制度、操作流程和风险防范制度。通过与发行人高管人员和员工交谈，查阅发行人相关业务规章制度等方法，评价信息沟通与反馈是否有效，包括是否建立了能够涵盖发行人的全部重要活动，并对内部和外部的信息进行搜集和整理的有效信息系统，是否建立了有效的信息沟通和反馈渠道，确保员工能充分理解和执行发行人政策和程序，并保证相关信息能够传达到应被传达到的人员。在此基础上，评价发行人信息系统内部控制的完整性、合理性及有效性。

第三十九条 会计管理控制

收集发行人会计管理的相关资料，核查发行人的会计管理是否涵盖所有业务环节，是否制订了专门的、操作性强的会计制度，各级会计人员是否具备了专业素质，是否建立了持续的人员培训制度，有无控制风险的相关规定，会计岗位设置是否贯彻“责任分离、相互制约”原则，是否执行重要会计业务和电算化操作授权规定，是否按规定组织对账等，分析评价发行人会计管理内部控制的完整性、合理性及有效性。

第四十条 内部控制的监督

了解发行人的内部审计队伍建设情况，核查其人数是否符合相关规定，是否配备了专业的中坚力量，核查内部审计是否涵盖了各项业务、分支机构、财务会计、数据系统等各类别，调查了解近年来发行人通过内部审计避免或减少损失的情况，并综合分析发行人内部审计及监督体系的有效性。

与发行人高管人员、内部审计、注册会计师等部门和人员交谈，了解发行人内部控制的监督和评价制度。采用询问、验证、查阅内部审计报告、查阅监事会报告和对发行人已出现的风险事项进行实证分析等方法，考察发行人内部控制的监督和评价制度的有效性。

取得发行人管理层对内部控制完整性、合理性及有效性的自我评价书面意见。内部控制存在缺陷的，重点核查发行人拟采取的改进措施是否可行、有效。

第七章 财务与会计调查

第四十一条 财务报告及相关财务资料

对经注册会计师审计或发表专业意见的财务报告及相关财务资料的内容进行审慎核查。审慎核查时，不仅需关注会计信息各构成要素之间是否相匹配，还需关注会计信息与相关非会计信息之间是否相匹配，特别是应将财务分析与发行人实际业务情况相结合，关注发行人的业务发展、业务管理状况，了解发行人业务的实际操作程序、相关经营部门的经营业绩，对发行人财务资料做出总体评价。在此基础上，对重要的财务事项进行重点核查。

发现异常财务事项或财务报表被出具非标准审计报告时，应采取现场察看，核查相关会计记录和业务文件，向董事会、监事会、业务人员和经办人员询问等多种形式进行专项核查。必要时，就会计师的审计或审核意见、会计报表附注中重要或异常内容与会计师进行沟通，或请会计师作出书面解释，但应对会计师所作解释的合理性、准确性、完整性进行核查，并做出独立判断；对于重大财务异常事项，应当对有关事项进行调查、复核，必要时可聘请其他中介机构提供专业服务。

对于发行人财务报表中包含的分部信息，应获取相关分部资料，进行必要的核查。

对纳入合并范围的重要控股子公司的财务状况应同样履行充分的审慎核查程序。

对发行人披露的参股子公司，应获取最近一年及一期的财务报告及审计报告（如有）。

对发行人运行不足三年的，应核查发行人设立前利润表编制的会计主体及确定方法。财务报表存在剥离调整的，还应核查剥离调整的原则、方法和具体剥离情况。

如发行人最近一年及一期内收购兼并其他企业资产（或股权），且被收购企业资产总额或营业收入或净利润超过收购前发行人相应项目20%（含20%）的，应获得被收购企业收购前一年的利润表，并核查其财务情况。

第四十二条 会计政策和会计估计

通过查阅发行人财务资料，并与相关财务人员和会计师沟通，核查发行人的会计政策和会计估计的合规性和稳健性。

如发行人报告期内存在会计政策或会计估计变更，重点核查变更内容、理由及对发行人财务状况、经营成果的影响。

第四十三条 评估报告

通过询问评估师，查阅评估报告和相关的财务资料以及评估机构的资质材料等方法，结合行业发展和物价变动等情况，核查评估机构是否履行了必要的评估程序、评估假设是否合理、评估方法是否恰当、评估依据是否充分、评估结果是否合理、评估值大幅增减变化原因是否合理，关注评估中的特殊说明事项及评估资产的产权是否明确。

第四十四条 内控鉴证报告

取得注册会计师关于发行人内部控制的鉴证报告，与发行人聘请的注册会计师进行沟通，了解发行人内部控制制度是否完整、合理和有效。如会计师提出了改进建议，应对不足的方面进行特别关注，跟踪发行人改进的措施及效果。

第四十五条 财务比率分析

计算发行人各年度毛利率、资产收益率、净资产收益率、每股收益等，分析发行人各年度盈利能力及其变动情况，分析母公司报表和合并报表的利润结构和利润来源，判断发行人盈利能力的持续性。

计算发行人各年度资产负债率、流动比率、速动比率、利息保障倍数等，结合发行人的现金流量状况、在银行的资信状况、可利用的融资渠道及授信额度、表内负债、表外融资及或有负债等情况，分析发行人各年度偿债能力及其变动情况，判断发行人的偿债能力和偿债风险。

计算发行人各年度资产周转率、存货周转率和应收账款周转率等，结合市场发展、行业竞争状况、发行人生产模式及物流管理、销售模式及赊销政策等情况，分析发行人各年度营运能力及其变动情况，判断发行人经营风险和持续经营能力。

通过上述比率分析，与同行业可比公司的财务指标比较，综合分析发行人的财务风险和经营风险，判断发行人财务状况是否良好，是否存在持续经营问题。

第四十六条 销售收入

通过询问会计师，查阅银行存款、应收账款、销售收入等相关科目等方法，了解实际会计核算中该行业收入确认的一般原则以及发行人确认收入的具体标准，判断收入确认具体标准是否符合会计准则的要求，是否存在提前或延迟确认收入或虚计收入的情况。核查发行人在会计期末是否存在突击确认销售的情况，期末收到销售款项是否存在期后不正常流出的情况；分析发行人经营现金净流量的增减变化情况是否与发行人销售收入变化情况相符，关注交易产生的经济利益是否真正流入企业。

取得发行人收入的产品构成、地域构成及其变动情况的详细资料，分析收入及其构成变动情况是否符合行业和市场同期的变化情况。如发行人收入存在季节性波动，应分析季节性因素对各季度经营成果的影响，参照同行业其他公司的情况，分析发行人收入的变动情况及其与成本、费用等财务数据之间的配比关系是否合理。

取得发行人主要产品报告期价格变动的资料，了解报告期内的价格变动情况，分析发行人主要产品价格变动的基本规律及其对发行人收入变动的影响；搜集市场上相同或相近产品的价格信息和近年的走势情况，与发行人产品价格的变动情况进行比较，分析是否存在异常；取得发行人报告期主要产品的销量变化资料，了解报告期内主要产品销售数量的变化情况，分析发行人主要产品销量变动的基本规律及其对发行人收入变动的影响。存在异常变动或重大变动的，应分析并追查原因。

关注发行人销售模式对其收入核算的影响及是否存在异常，了解主要经销商的资金实力、销售网络、所经销产品对外销售和回款等情况，核查发行人的产品销售核算与经销商的核算是否存在重大不符。

第四十七条 销售成本与销售毛利

根据发行人的生产流程，搜集相应的业务管理文件，了解发行人生产经营各环节成本核算方法和步骤，确认发行人报告期成本核算的方法是否保持一致。

获取报告期主要产品的成本明细表，了解产品单位成本及构成情况，包括直接材料、直接人工、燃料和动力、制造费用等。报告期内主要产品单位成本大幅变动的，应进行因素分析并结合市场和同行业企业情况判断其合理性。

对照发行人的工艺流程、生产周期和在产品历史数据，分析期末在产品余额的合理性，关注期末存货中在产品是否存在余额巨大等异常情况，判断是否存在应转未转成本的情况。

计算发行人报告期的利润率指标，分析其报告期内的变化情况并判断其未来变动趋势，与同行业企业进行比较分析，判断发行人产品毛利率、营业利润率等是否正常，存在重大异常的应进行多因素分析并进行重点核查。

第四十八条 期间费用

取得营业费用明细表，结合行业销售特点、发行人销售方式、销售操作流程、销售网络、回款要求、售后承诺（如无条件退货）等事项，分析发行人营业费用的完整性、合理性；对照各年营业收入的环比分析，核对与营业收入直接相关的营业费用变动趋势是否与前者一致。两者变动趋势存在重大不一致的，应进行重点核查。

取得发行人管理费用明细表，分析是否存在异常的管理费用项目，如存在，应通过核查相关凭证、对比历史数据等方式予以重点核查。关注控股股东、实际控制人或关联方占用资金的相关费用情况。

取得财务费用明细表，对发行人存在较大银行借款或付息债务的，应对其利息支出情况进行测算，结合对固定资产的调查，确认大额利息资本化的合理性。

第四十九条 非经常性损益

取得经注册会计师验证的发行人报告期加权平均净资产收益率和非经常性损益明细表，逐项核查是否符合相关规定，调查非经常性损益的来源、取得依据和相关凭证以及相关款项是否真实收到、会计处理是否正确，并分析其对发行人财务状况和经营业绩的影响；结合业务背景和业务资料，判断重大非经常性损益项目发生的合理性和计价的公允性；计算非经常性损益占当期利润比重，分析由此产生的风险。

第五十条 货币资金

通过取得发行人银行账户资料、向银行函证等方式，核查定期存款账户、保证金账户、非银行金融机构账户等非日常结算账户形成原因及目前状况。对于在证券营业部开立的证券投资账户，还应核查发行人是否及时完整地核算了证券投资及其损益。

抽查货币资金明细账，重点核查大额货币资金的流出和流入，分析是否存在合理的业务背景，判断其存在的风险；核查大额银行存款账户，判断其真实性；分析金额重大的未达账项形成的原因及其影响；关注报告期货币资金的期初余额、本期发生额和期末余额。

第五十一条 应收款项

取得应收款项明细表和账龄分析表、主要债务人及主要逾期债务人名单等资料，并进行分析核查。了解大额应收款形成原因、债务人状况、催款情况和还款计划。

抽查相应的单证和合同，对账龄较长的大额应收账款，分析其他应收款发生的业务背景，核查其核算依据的充分性，判断其收回风险；取得相关采购合同，核查大额预付账款产生的原因、时间和相关采购业务的执行情况。调查应收票据取得、背书、抵押和贴现等情况，关注由此产生的风险。

判断坏账准备计提是否充分、是否存在操纵经营业绩的情形。

重点核查报告期内是否存在资金被控股股东、实际控制人及其控制的其他企业占用情况。

结合发行人收款政策、应收账款周转情况、现金流量情况，对发行人销售收入的回款情况进行分析，关注报告期应收账款增幅明显高于主营业务收入增幅的情况，判断由此引致的经营风险和对持续经营能力的影响。

第五十二条 存货

取得存货明细表，核查存货余额较大、周转率较低的情况。结合生产情况、存货结构及其变动情况，核查存货报告期内大幅变动的原因。

结合原材料及产品特性、生产需求、存货库存时间长短，实地抽盘大额存货，确认存货计价的准确性，核查是否存在大量积压或冷备情况，分析提取存货跌价准备的计提方法是否合理、提取数额是否充分；测算发出存货成本的计量方法是否合理。

第五十三条 对外投资

查阅发行人股权投资的相关资料，了解其报告期的变化情况；取得被投资公司的营业执照、报告期的财务报告、投资协议等文件，了解被投资公司经营状况，判断投资减值准备计提方法是否合理、提取数额是否充分，投资收益核算是否准确。对于依照法定要求需要进行审计的被投资公司，应该取得相应的审计报告。

取得报告期发行人购买或出售被投资公司股权时的财务报告、审计报告及评估报告（如有），分析交易的公允性和会计处理的合理性。

查阅发行人交易性投资相关资料，了解重大交易性投资会计处理的合理性；取得重大委托理财的相关合同及发行人内部的批准文件，分析该委托理财是否存在违法违规行为。

取得重大项目的投资合同及发行人内部的批准文件，核查其合法性、有效性，结合项目进度情况，分析其影响及会计处理的合理性。

第五十四条 固定资产、无形资产

取得固定资产的折旧明细表和减值准备明细表，通过询问生产部门、设备管理部门和基建部门以及实地观察等方法，核查固定资产的使用状况、在建工程的施工进度，确认固定资产的使用状态是否良好，在建工程是否达到结转固定资产的条件，了解是否存在已长期停工的在建工程、长期未使用的固定资产等情况。分析固定资产折旧政策的稳健性以及在建工程和固定资产减值准备计提是否充分，根据固定资产的会计政策对报告期内固定资产折旧计提进行测算。

对照无形资产的有关协议、资料，了解重要无形资产的取得方式、入账依据、初始金额、摊销年限及确定依据、摊余价值及剩余摊销年限。无形资产的原始价值是以评估值作为入账依据的，应该重点关注评估结果及会计处理是否合理。

第五十五条 投资性房地产

核查重要投资性房地产的种类和计量模式，采用成本模式的，核查其折旧或摊销方法以及减值准备计提依据；采用公允价值模式的，核查其公允价值的确定依据和方法。了解重要投资性房地产的转换及处置的确认和计量方法，判断上述会计处理方法是否合理，分析其对发行人的经营状况的影响程度。

第五十六条 主要债务

查阅发行人主要银行借款资料，了解银行借款状况，发行人在主要借款银行的资信评级情况，是否存在逾期借款，有逾期未偿还债项的，应了解其未按期偿还的原因、预计还款期等；取得应付款项明细表，了解应付票据是否真实支付、大额应付账款的账龄和逾期未付款原因、大额其他应付款及长期应付款的具体内容和业务背景、大额应交税金欠缴情况等；了解对内部人员和关联方的负债，主要合同承诺的债务金额、期限、成本。

第五十七条 现金流量

取得发行人报告期现金流量的财务资料，综合考虑发行人的行业特点、规模特征、销售模式等，结合资产负债表和损益表相关数据勾稽关系，对发行人经营活动、投资活动和筹资活动产生的现金流量进行全面分析；核查发行人经营活动产生的现金流量及其变动情况，判断发行人资产流动性、盈利能力、偿债能力及风险等。如果发行人经营活动产生的现金流量净额持续为负或远低于同期净利润的，应进行专项核查，并判断其真实盈利能力和持续经营能力。对最近三个会计年度经营活动产生的现金流量净额的编制进行必要的复核和测算。

第五十八条 或有负债

取得发行人对外担保的相关资料，计算担保金额占发行人净资产、总资产的比重，调查担保决策过程是否符合有关法律法规和公司章程等的规定，分析一旦发生损失，对发行人正常生产经营和盈利状况的影响程度，调查被担保方是否具备履行义务的能力、是否提供了必要的反担保。

调查发行人是否存在重大仲裁、诉讼和其他重大或有事项，并分析该等已决和未决仲裁、诉讼与其他重大或有事项对发行人的重大影响。

第五十九条 合并报表的范围

根据对发行人组织结构等情况的尽职调查，分析合并范围是否合规。对于报告期内合并报表范围发生重大变化的，应了解其变化原因，分析该变化对发行人经营状况和财务状况的影响。

第六十条 纳税情况

查阅发行人报告期的纳税资料，调查发行人及其控股子公司所执行的税种、税基、税率是否符合现行法律、法规的要求及报告期是否依法纳税。

取得发行人税收优惠或财政补贴资料，核查发行人享有的税收优惠或财政补贴是否符合财政管理部门和税收管理部门的有关规定，调查税收优惠或财政补贴的来源、归属、用途及会计处理等情况，关注税收优惠期或补贴期及其未来影响，分析发行人对税收政策的依赖程度和对未来经营业绩、财务状况的影响。

第六十一条 盈利预测

根据发行人编制盈利预测所依据的资料和盈利预测假设，结合境内外经济形势、行业发展趋势、市场竞争状况，判断发行人盈利预测假设的合理性

对比以前年度计划与实际完成情况，参照发行人发展趋势、市场情况及发行人的促销措施，评价发行人预测期间经营计划、投资计划和融资计划安排是否得当。根据了解的发行人生产规模和现有的生产能力，分析评价预测计划执行的可行性。

发行人本次募集资金拟用于重大资产购买的，核查是否编制了假设按预计购买基准日完成购买的盈利预测报告及假设发行当年1月1日完成购买的盈利预测报告。需要编制合并财务报表的，发行人是否分别编制了母公司盈利预测表和合并盈利预测表，盈利预测报告的编

制是否符合相关要求。

第八章 业务发展目标调查

第六十二条 发展战略

取得发行人中长期发展战略的相关文件，包括战略策划资料、董事会会议纪要、战略委员会会议纪要、独立董事意见等相关文件，分析发行人是否已经建立清晰、明确、具体的发展战略，包括战略目标、实现战略目标的依据、步骤、方式、手段及各方面的行动计划。

通过各种渠道了解竞争对手（包括但不限于上市公司）的发展战略，将发行人与竞争对手的发展战略进行比较，并对发行人所处行业、市场、竞争等情况进行深入分析，调查发行人的发展战略是否合理、可行。

第六十三条 经营理念和经营模式

取得发行人经营理念、经营模式的相关资料，通过与发起人、高管人员及员工、主要供应商、主要销售客户谈话等方法，了解发行人的经营理念和经营模式，分析发行人经营理念、经营模式对发行人经营管理和发展的影响。

第六十四条 历年发展计划的执行和实现情况

取得发行人历年发展计划、年度报告等资料，调查各年计划的执行和实现情况，分析发行人高管人员制定经营计划的可行性和实施计划的能力。

第六十五条 业务发展目标

取得发行人未来二至三年的发展计划和业务发展目标及其依据等资料，调查未来行业的发展趋势和市场竞争状况，并通过与高管人员及员工、主要供应商、主要销售客户谈话等方法，调查发行人未来发展目标是否与发行人发展战略一致；分析发行人在管理、产品、人员、技术、市场、投融资、购并、国际化等方面是否制定了具体的计划，这些计划是否与发行人未来发展目标相匹配，是否具备良好的可实现性，是否会对投资者的投资决策造成重大误导；分析未来发展目标实施过程中存在的风险，如是否存在不当的市场扩张、过度的投资等；分析发行人未来发展目标和具体计划与发行人现有业务的关系。分析发行人业务发展计划与现有业务之间的关系。如果发行人实现上述计划涉及与他人合作的，核查发行人的合作方及相关合作条件。

核查发行人对其产品（服务）或者业务所做出的发展趋势预测是否采取了审慎态度，以及有关的假设是否合理。

第六十六条 募集资金投向与未来发展目标的关系

取得发行人募集资金投资项目的可行性研究报告、三会讨论和决策的会议纪要文件，并通过与发行人高管人员谈话、咨询行业专家等方法，调查募集资金投向与发行人发展战略、未来发展目标是否一致，分析其对发行人未来的经营的影响。

第九章 募集资金运用调查

第六十七条 历次募集资金使用情况

取得发行人历次募集资金验资、使用情况的相关资料，调查发行人募集资金是否真实投入股东大会决议的项目，并通过现场观察、取得产权证书资料等，核查募集资金投资项目所形成的资产情况。取得募集资金项目的核算资料，比较历次募集资金实际效益和预期的使用效益是否存在差异，并分析差异原因。

核查历次募集资金剩余情况。未全部使用的，需核查其未使用的资金数额、占所募集资金总额的比例、未全部使用的原因以及发行人是否已作出相关的安排。

取得发行人历次募集资金投向变更的相关决策文件、变更后项目的审批或备案文件，核查募集资金投向变更的原因及其是否符合国家法律法规和产业政策、是否经发行人股东大会审议通过，变更后的项目效益是否良好。

第六十八条 本次募集资金使用情况

通过查阅发行人关于本次募集资金项目的决策文件、项目可行性研究报告、政府部门有关产业目录等方法，根据项目的环保、土地等方面的安排情况，结合目前其他同类企业对同类项目的投资情况、产品市场容量及其变化情况，对发行人本次募集资金项目是否符合国家产业政策和环保要求、技术和市场的可行性以及项目实施的确定性等进行分析；分析募集资金数量是否与发行人规模、主营业务、实际资金需求、资金运用能力及发行人业务发展目标相匹配；取得发行人关于募集资金运用对财务状况及经营成果影响的详细分析，分析本次募集资金对发行人财务状况和经营业绩的影响，项目能独立核算的，核查发行人是否审慎预测项目效益，是否已分别说明达产前后的效益情况，以及预计达产时间，预测基础、依据是否合理；项目不能独立核算的，核查发行人对募集资金投入后对发行人财务状况及经营成果所产生影响的分析是否合理。

调查发行人募集资金是否用于主营业务，是否存在盲目扩张，是否存在导致发行人未来经营模式发生重大变化的风险。在募集资金投资项目实施后，是否与发行人的控股股东或实质控制人产生同业竞争或者对发行人的独立性产生不利影响。跨行业投资的，应调查发行人在人员、技术和管理等方面所具备的条件及项目实施面临的风险和问题。

募集资金用于扩大现有产品产能的，结合对发行人现有各类产品在报告期内的产能、产量、销量、产销率、销售区域，项目达产后各类产品年新增的产能、产量、销售区域，以及行业的发展趋势，有关产品的市场容量，主要竞争对手等情况的调查结果，对发行人投资项目的市场前景作出独立判断。

募集资金用于新产品开发生产的，结合对发行人新产品的市场容量、主要竞争对手、行业发展趋势、技术保障、项目投产后新增产能等情况的调查结果，对发行人投资项目的市场前景作出独立判断。

发行人原固定资产投资和研发支出很少、本次募集资金将大规模增加固定资产投资或研发支出的，调查发行人固定资产变化与产能变动的匹配关系，并分析新增固定资产折旧、研发支出对发行人未来经营成果的影响。

募集资金拟用于向其他企业增资或收购其他企业股份的，应取得拟增资或收购的企业最近一年及一期经具有证券业务资格的会计师事务所审计的资产负债表和利润表，调查增资资金折合股份或收购股份的评估、定价情况，增资或收购前后持股比例及控制情况，增资或收购行为与发行人业务发展规划的关系。实地考察相关企业，调查被收购对象资产质量和效益水平情况，分析相关业务是否与发行人业务发展目标相一致，发行人是否有能力管理、控制收购对象。

募集资金拟用于合资经营或合作经营的，应了解合资或合作方的基本情况，包括名称、法定代表人、住所、注册资本、主要股东、主要业务，与发行人是否存在关联关系，投资规模及各方投资比例，合资或合作方的出资方式，合资或合作协议的主要条款以及可能对发行人不利的条款。拟组建的企业法人的基本情况，包括设立、注册资本、主要业务，组织管理和控制情况。不组建企业法人的，应了解合作模式。

募集资金拟用于收购资产的，应获得拟收购资产的财务报告、审计报告、资产评估报告及相关资料，调查拟收购资产的评估、定价情况，拟收购资产与发行人主营业务的关系。

若收购的资产为在建工程的，还应取得工程资料，了解已投资情况、还需投资的金额、负债情况、建设进度、计划完成时间等。

取得发行人董事会关于建立募集资金专项存储制度的文件，核查发行人是否已在银行开立了募集资金专项账户。

第六十九条 募集资金投向产生的关联交易

发行人募集资金投向涉及与关联方合资或与关联方发生交易的，应取得相关项目或交易对象的详细资料，并判断其对发行人的影响。涉及评估、审计的，应取得相关资料并予以核查；涉及项目合作或设立合资公司的，应取得公司设立或批准文件等，调查发行人对该项目或公司是否具备控制能力和经营能力以及有关协议、合同的订立情况及已履约情况和审批手续；涉及收购资产或购买股权的，应调查交易的定价依据是否充分、公允，判断收购资产是否为发行人必须的经营性资产。

第十章 风险因素及其他重要事项调查

第七十条 风险因素

通过网站、政府文件、专业报刊、专业机构报告等多渠道了解发行人所在行业的产业政策、未来发展方向，与发行人高管人员、财务人员、技术人员等进行谈话，取得发行人既往经营业绩发生重大变动或历次重大事件的相关资料，并参考同行业企业发生的重大变动事件，结合对发行人公司治理、研发、采购、生产、销售、投资、融资、募集资金项目、行业等的调查，分析对发行人业绩和持续经营可能产生不利影响的主要因素以及这些因素可能带来的主要影响。对发行人影响重大的风险，应进行专项核查。

通过与发行人高管人员、采购部门、生产部门和销售部门等负责人谈话，以及查阅账簿、发函询证等方法，评估发行人采购、生产和销售等环节存在的经营风险，分析发行人获取经常性收益的能力。

调查发行人产品（服务）的市场前景、行业经营环境的变化、商业周期或产品生命周期、市场饱和或市场分割、过度依赖单一市场、市场占有率下降等情况，评价其对发行人经营是否产生重大影响。

调查发行人经营模式是否发生变化、经营业绩不稳定、主要产品或主要原材料价格波动、过度依赖某一重要原材料或产品、经营场所过度集中或分散等情况，评价其对发行人经营是否产生重大影响。

调查发行人是否存在因内部控制有效性不足导致的风险、资产周转能力较差导致的流动性风险、现金流状况不佳或债务结构不合理导致的偿债风险、主要资产减值准备计提不足的风险、主要资产价值大幅波动的风险、非经常性损益或合并财务报表范围以外的投资收益金额较大导致净利润大幅波动的风险、重大担保或诉讼等或有事项导致的风险情况，评价其对发行人经营是否产生重大影响。

调查发行人是否存在因技术不成熟、技术尚未产业化、技术缺乏有效保护或保护期限短、缺乏核心技术或核心技术依赖他人、产品或技术面临被淘汰等的情况，评价其对发行人经营是否产生重大影响。

调查并核实发行人投资项目在市场前景、技术保障、产业政策、环境保护、土地使用、融资安排、与他人合作等方面存在的问题，是否存在因营业规模、营业范围扩大或者业务转型而导致的管理风险、业务转型风险，因固定资产折旧大量增加而导致的利润下滑风险，以及因产能扩大而导致的产品销售风险等情况，评价其对发行人经营是否产生重大影响。

调查发行人是否存在由于财政、金融、税收、土地使用、产业政策、行业管理、环境保护等方面法律、法规、政策变化引致的风险，评价其对发行人经营是否产生重大影响。

调查发行人是否存在可能严重影响发行人持续经营的其他因素，如自然灾害、安全生产、汇率变化、外贸环境、担保、诉讼和仲裁等情况，评价其对发行人经营是否产生重大影响。

了解以往发行人针对相关风险的主要应对措施以及这些措施实际发挥作用情况，核查发行人是否针对曾经发生和可能发生的主要风险制定了相关制度或规程，是否已经形成了重大风险防范机制。

第七十一条 重大合同

通过发行人高管人员出具书面声明、向合同对方函证、与相关人员谈话、咨询中介机构等方法，核查有关发行人的重大合同是否真实、是否均已提供，并核查合同条款是否合法、是否存在潜在风险。对照发行人有关内部订立合同的权限规定，核查合同的订立是否履行了内部审批程序、是否超越权限决策，分析重大合同履行的可能性，关注因不能履约、违约等事项对发行人产生或可能产生的影响。

第七十二条 诉讼和担保情况

通过高管人员出具书面声明、查阅合同、走访有关监管机构、与高管人员或财务人员谈话、咨询中介机构等方法，核查发行人所有对外担保（包括抵押、质押、保证等）合同，调查发行人及其控股股东或实际控制人、控股子公司、发行人高管人员和核心技术人员是否存在作为一方当事人的重大诉讼或仲裁事项以及发行人高管人员和核心技术人员是否存在涉及刑事诉讼的情况，评价其对发行人经营是否产生重大影响。

第七十三条 信息披露制度的建设和执行情况

通过与董事会秘书、证券部门人员、股东或股东单位人员谈话等方法，调查相关人员是否了解监管部门制定的信息披露制度，公司是否具备认真履行信息披露义务的条件。核查发行人是否已建立起有关信息披露和投资者关系的负责部门，并委任了相关负责人，向投资者提供了沟通渠道。

第七十四条 中介机构执业情况

调查与本次发行有关中介机构是否具有相应的执业资格、是否有被监管机构处罚的记录，通过查看行业排名、与项目签名人员沟通等方法，了解中介机构及其经办人员的诚信状况、执业水平。

第十一章　附　　则

第七十五条 尽职推荐受理后、证券发行上市前，保荐人应当参照本准则的规定，持续履行尽职调查义务。

如果发生对投资者做出投资决策有重大影响的信息，保荐人应当及时履行相关的尽职调查义务，并在此基础上对发行人公开发行募集文件做相应修改。

第七十六条 非公开发行证券的，保荐人尽职调查工作参照本准则的有关规定进行。

第七十七条 本准则自发布之日起施行。

首次公开发行股票并上市管理办法

（2006年5月17日　证监会令第32号，2006年5月18日实施）

第一章　总　　则

第一条　为了规范首次公开发行股票并上市的行为，保护投资者的合法权益和社会公共利益，根据《证券法》、《公司法》，制定本办法。

第二条　在中华人民共和国境内首次公开发行股票并上市，适用本办法。

境内公司股票以外币认购和交易的，不适用本办法。

第三条　首次公开发行股票并上市，应当符合《证券法》、《公司法》和本办法规定的发行条件。

第四条　发行人依法披露的信息，必须真实、准确、完整，不得有虚假记载、误导性陈述或者重大遗漏。

第五条　保荐人及其保荐代表人应当遵循勤勉尽责、诚实守信的原则，认真履行审慎核查和辅导义务，并对其所出具的发行保荐书的真实性、准确性、完整性负责。

第六条　为证券发行出具有关文件的证券服务机构和人员，应当按照本行业公认的业务标准和道德规范，严格履行法定职责，并对其所出具文件的真实性、准确性和完整性负责。

第七条　中国证券监督管理委员会（以下简称“中国证监会”）对发行人首次公开发行股票的核准，不表明其对该股票的投资价值或者投资者的收益作出实质性判断或者保证。股票依法发行后，因发行人经营与收益的变化引致的投资风险，由投资者自行负责。

第二章　发行条件

第一节　主体资格

第八条　发行人应当是依法设立且合法存续的股份有限公司。

经国务院批准，有限责任公司在依法变更为股份有限公司时，可以采取募集设立方式公开发行股票。

第九条　发行人自股份有限公司成立后，持续经营时间应当在3年以上，但经国务院批准的除外。

有限责任公司按原账面净资产值折股整体变更为股份有限公司的，持续经营时间可以从有限责任公司成立之日起计算。

第十条　发行人的注册资本已足额缴纳，发起人或者股东用作出资的资产的财产权转移手续已办理完毕，发行人的主要资产不存在重大权属纠纷。

第十一条　发行人的生产经营符合法律、行政法规和公司章程的规定，符合国家产业政策。

第十二条　发行人最近3年内主营业务和董事、高级管理人员没有发生重大变化，实际控制人没有发生变更。

第十三条 发行人的股权清晰，控股股东和受控股股东、实际控制人支配的股东持有的发行人股份不存在重大权属纠纷。

第二节 独立性

第十四条 发行人应当具有完整的业务体系和直接面向市场独立经营的能力。

第十五条 发行人的资产完整。生产型企业应当具备与生产经营有关的生产系统、辅助生产系统和配套设施，合法拥有与生产经营有关的土地、厂房、机器设备以及商标、专利、非专利技术的所有权或者使用权，具有独立的原料采购和产品销售系统；非生产型企业应当具备与经营有关的业务体系及相关资产。

第十六条 发行人的人员独立。发行人的总经理、副总经理、财务负责人和董事会秘书等高级管理人员不得在控股股东、实际控制人及其控制的其他企业中担任除董事、监事以外的其他职务，不得在控股股东、实际控制人及其控制的其他企业领薪；发行人的财务人员不得在控股股东、实际控制人及其控制的其他企业中兼职。

第十七条 发行人的财务独立。发行人应当建立独立的财务核算体系，能够独立作出财务决策，具有规范的财务会计制度和对分公司、子公司的财务管理制度；发行人不得与控股股东、实际控制人及其控制的其他企业共用银行账户。

第十八条 发行人的机构独立。发行人应当建立健全内部经营管理机构，独立行使经营管理职权，与控股股东、实际控制人及其控制的其他企业间不得有机构混同的情形。

第十九条 发行人的业务独立。发行人的业务应当独立于控股股东、实际控制人及其控制的其他企业，与控股股东、实际控制人及其控制的其他企业间不得有同业竞争或者显失公平的关联交易。

第二十条 发行人在独立性方面不得有其他严重缺陷。

第三节 规范运行

第二十一条 发行人已经依法建立健全股东大会、董事会、监事会、独立董事、董事会秘书制度，相关机构和人员能够依法履行职责。

第二十二条 发行人的董事、监事和高级管理人员已经了解与股票发行上市有关的法律法规，知悉上市公司及其董事、监事和高级管理人员的法定义务和责任。

第二十三条 发行人的董事、监事和高级管理人员符合法律、行政法规和规章规定的任职资格，且不得有下列情形：

（一）被中国证监会采取证券市场禁入措施尚在禁入期的；

（二）最近36个月内受到中国证监会行政处罚，或者最近12个月内受到证券交易所公开谴责；

（三）因涉嫌犯罪被司法机关立案侦查或者涉嫌违法违规被中国证监会立案调查，尚未有明确结论意见。

第二十四条 发行人的内部控制制度健全且被有效执行，能够合理保证财务报告的可靠性、生产经营的合法性、营运的效率与效果。

第二十五条 发行人不得有下列情形：

（一）最近36个月内未经法定机关核准，擅自公开或者变相公开发行过证券；或者有关违法行为虽然发生在36个月前，但目前仍处于持续状态；

（二）最近36个月内违反工商、税收、土地、环保、海关以及其他法律、行政法规，受到行政处罚，且情节严重；

（三）最近36个月内曾向中国证监会提出发行申请，但报送的发行申请文件有虚假记载、误导性陈述或重大遗漏；或者不符合发行条件以欺骗手段骗取发行核准；或者以不正当手段干扰中国证监会及其发行审核委员会审核工作；或者伪造、变造发行人或其董事、监事、高级管理人员的签字、盖章；

（四）本次报送的发行申请文件有虚假记载、误导性陈述或者重大遗漏；

（五）涉嫌犯罪被司法机关立案侦查，尚未有明确结论意见；

（六）严重损害投资者合法权益和社会公共利益的其他情形。

第二十六条 发行人的公司章程中已明确对外担保的审批权限和审议程序，不存在为控股股东、实际控制人及其控制的其他企业进行违规担保的情形。

第二十七条 发行人有严格的资金管理制度，不得有资金被控股股东、实际控制人及其控制的其他企业以借款、代偿债务、代垫款项或者其他方式占用的情形。

第四节 财务与会计

第二十八条 发行人资产质量良好，资产负债结构合理，盈利能力较强，现金流量正常。

第二十九条 发行人的内部控制在所有重大方面是有效的，并由注册会计师出具了无保留结论的内部控制鉴证报告。

第三十条 发行人会计基础工作规范，财务报表的编制符合企业会计准则和相关会计制度的规定，在所有重大方面公允地反映了发行人的财务状况、经营成果和现金流量，并由注册会计师出具了无保留意见的审计报告。

第三十一条 发行人编制财务报表应以实际发生的交易或者事项为依据；在进行会计确认、计量和报告时应当保持应有的谨慎；对相同或者相似的经济业务，应选用一致的会计政策，不得随意变更。

第三十二条 发行人应完整披露关联方关系并按重要性原则恰当披露关联交易。关联交易价格公允，不存在通过关联交易操纵利润的情形。

第三十三条 发行人应当符合下列条件：

（一）最近3个会计年度净利润均为正数且累计超过人民币3 000万元，净利润以扣除非经常性损益前后较低者为计算依据；

（二）最近3个会计年度经营活动产生的现金流量净额累计超过人民币5 000万元；或者最近3个会计年度营业收入累计超过人民币3亿元；

（三）发行前股本总额不少于人民币3 000万元；

（四）最近一期末无形资产（扣除土地使用权、水面养殖权和采矿权等后）占净资产的比例不高于20%；

（五）最近一期末不存在未弥补亏损。

第三十四条 发行人依法纳税，各项税收优惠符合相关法律法规的规定。发行人的经营成果对税收优惠不存在严重依赖。

第三十五条 发行人不存在重大偿债风险，不存在影响持续经营的担保、诉讼以及仲裁等重大或有事项。

第三十六条 发行人申报文件中不得有下列情形：

（一）故意遗漏或虚构交易、事项或者其他重要信息；

（二）滥用会计政策或者会计估计；

（三）操纵、伪造或篡改编制财务报表所依据的会计记录或者相关凭证。

第三十七条 发行人不得有下列影响持续盈利能力的情形：

（一）发行人的经营模式、产品或服务的品种结构已经或者将发生重大变化，并对发行人的持续盈利能力构成重大不利影响；

（二）发行人的行业地位或发行人所处行业的经营环境已经或者将发生重大变化，并对发行人的持续盈利能力构成重大不利影响；

（三）发行人最近1个会计年度的营业收入或净利润对关联方或者存在重大不确定性的客户存在重大依赖；

（四）发行人最近1个会计年度的净利润主要来自合并财务报表范围以外的投资收益；

（五）发行人在用的商标、专利、专有技术以及特许经营权等重要资产或技术的取得或者使用存在重大不利变化的风险；

（六）其他可能对发行人持续盈利能力构成重大不利影响的情形。

第五节 募集资金运用

第三十八条 募集资金应当有明确的使用方向，原则上应当用于主营业务。

除金融类企业外，募集资金使用项目不得为持有交易性金融资产和可供出售的金融资产、借予他人、委托理财等财务性投资，不得直接或者间接投资于以买卖有价证券为主要业务的公司。

第三十九条 募集资金数额和投资项目应当与发行人现有生产经营规模、财务状况、技术水平和管理能力等相适应。

第四十条 募集资金投资项目应当符合国家产业政策、投资管理、环境保护、土地管理以及其他法律、法规和规章的规定。

第四十一条 发行人董事会应当对募集资金投资项目的可行性进行认真分析，确信投资项目具有较好的市场前景和盈利能力，有效防范投资风险，提高募集资金使用效益。

第四十二条 募集资金投资项目实施后，不会产生同业竞争或者对发行人的独立性产生不利影响。

第四十三条 发行人应当建立募集资金专项存储制度，募集资金应当存放于董事会决定的专项账户。

第三章 发行程序

第四十四条 发行人董事会应当依法就本次股票发行的具体方案、本次募集资金使用的可行性及其他必须明确的事项作出决议，并提请股东大会批准。

第四十五条 发行人股东大会就本次发行股票作出的决议，至少应当包括下列事项：

（一）本次发行股票的种类和数量；

（二）发行对象；

（三）价格区间或者定价方式；

（四）募集资金用途；

（五）发行前滚存利润的分配方案；

（六）决议的有效期；

（七）对董事会办理本次发行具体事宜的授权；

（八）其他必须明确的事项。

第四十六条 发行人应当按照中国证监会的有关规定制作申请文件，由保荐人保荐并向中国证监会申报。

特定行业的发行人应当提供管理部门的相关意见。

第四十七条 中国证监会收到申请文件后，在5个工作日内作出是否受理的决定。

第四十八条 中国证监会受理申请文件后，由相关职能部门对发行人的申请文件进行初审，并由发行审核委员会审核。

第四十九条 中国证监会在初审过程中，将征求发行人注册地省级人民政府是否同意发行人发行股票的意见，并就发行人的募集资金投资项目是否符合国家产业政策和投资管理的规定征求国家发展和改革委员会的意见。

第五十条 中国证监会依照法定条件对发行人的发行申请作出予以核准或者不予核准的决定，并出具相关文件。

自中国证监会核准发行之日起，发行人应在6个月内发行股票；超过6个月未发行的，核准文件失效，须重新经中国证监会核准后方可发行。

第五十一条 发行申请核准后、股票发行结束前，发行人发生重大事项的，应当暂缓或者暂停发行，并及时报告中国证监会，同时履行信息披露义务。影响发行条件的，应当重新履行核准程序。

第五十二条 股票发行申请未获核准的，自中国证监会作出不予核准决定之日起6个月后，发行人可再次提出股票发行申请。

第四章 信息披露

第五十三条 发行人应当按照中国证监会的有关规定编制和披露招股说明书。

第五十四条 招股说明书内容与格式准则是信息披露的最低要求。不论准则是否有明确规定，凡是对投资者作出投资决策有重大影响的信息，均应当予以披露。

第五十五条 发行人及其全体董事、监事和高级管理人员应当在招股说明书上签字、盖章，保证招股说明书的内容真实、准确、完整。保荐人及其保荐代表人应当对招股说明书的真实性、准确性、完整性进行核查，并在核查意见上签字、盖章。

第五十六条 招股说明书中引用的财务报表在其最近一期截止日后6个月内有效。特别情况下发行人可申请适当延长，但至多不超过1个月。财务报表应当以年度末、半年度末或者季度末为截止日。

第五十七条 招股说明书的有效期为6个月，自中国证监会核准发行申请前招股说明书最后一次签署之日起计算。

第五十八条 申请文件受理后、发行审核委员会审核前，发行人应当将招股说明书（申报稿）在中国证监会网站（www. csrc. gov. cn）预先披露。发行人可以将招股说明书（申报稿）刊登于其企业网站，但披露内容应当完全一致，且不得早于在中国证监会网站的披露时间。

第五十九条 发行人及其全体董事、监事和高级管理人员应当保证预先披露的招股说明书（申报稿）的内容真实、准确、完整。

第六十条 预先披露的招股说明书（申报稿）不是发行人发行股票的正式文件，不能含有价格信息，发行人不得据此发行股票。

发行人应当在预先披露的招股说明书（申报稿）的显要位置声明："本公司的发行申请尚未得到中国证监会核准。本招股说明书（申报稿）不具有据以发行股票的法律效力，仅供预先披露之用。投资者应当以正式公告的招股说明书全文作为作出投资决定的依据。"

第六十一条 发行人应当在发行前将招股说明书摘要刊登于至少一种中国证监会指定的报刊，同时将招股说明书全文刊登于中国证监会指定的网站，并将招股说明书全文置备于发行人住所、拟上市证券交易所、保荐人、主承销商和其他承销机构的住所，以备公众查阅。

第六十二条 保荐人出具的发行保荐书、证券服务机构出具的有关文件应当作为招股说明书的备查文件，在中国证监会指定的网站上披露，并置备于发行人住所、拟上市证券交易所、保荐人、主承销商和其他承销机构的住所，以备公众查阅。

第六十三条 发行人可以将招股说明书摘要、招股说明书全文、有关备查文件刊登于其他报刊和网站，但披露内容应当完全一致，且不得早于在中国证监会指定报刊和网站的披露时间。

第五章 监管和处罚

第六十四条 发行人向中国证监会报送的发行申请文件有虚假记载、误导性陈述或者重大遗漏的，发行人不符合发行条件以欺骗手段骗取发行核准的，发行人以不正当手段干扰中国证监会及其发行审核委员会审核工作的，发行人或其董事、监事、高级管理人员的签字、盖章系伪造或者变造的，除依照《证券法》的有关规定处罚外，中国证监会将采取终止审核并在36个月内不受理发行人的股票发行申请的监管措施。

第六十五条 保荐人出具有虚假记载、误导性陈述或者重大遗漏的发行保荐书，保荐人以不正当手段干扰中国证监会及其发行审核委员会审核工作的，保荐人或其相关签字人员的签字、盖章系伪造或变造的，或者不履行其他法定职责的，依照《证券法》和保荐制度的有关规定处理。

第六十六条 证券服务机构未勤勉尽责，所制作、出具的文件有虚假记载、误导性陈述或者重大遗漏的，除依照《证券法》及其他相关法律、行政法规和规章的规定处罚外，中国证监会将采取12个月内不接受相关机构出具的证券发行专项文件，36个月内不接受相关签字人员出具的证券发行专项文件的监管措施。

第六十七条 发行人、保荐人或证券服务机构制作或者出具的文件不符合要求，擅自改动已提交的文件，或者拒绝答复中国证监会审核中提出的相关问题的，中国证监会将视情节轻重，对相关机构和责任人员采取监管谈话、责令改正等监管措施，记入诚信档案并公布；情节特别严重的，给予警告。

第六十八条 发行人披露盈利预测的，利润实现数如未达到盈利预测的80%，除因不可抗力外，其法定代表人、盈利预测审核报告签字注册会计师应当在股东大会及中国证监会指定报刊上公开作出解释并道歉；中国证监会可以对法定代表人处以警告。

利润实现数未达到盈利预测的50%的，除因不可抗力外，中国证监会在36个月内不受理该公司的公开发行证券申请。

第六章 附 则

第六十九条 在中华人民共和国境内，首次公开发行股票且不上市的管理办法，由中国证监会另行规定。

第七十条 本办法自2006年5月18日起施行。《关于股票发行工作若干规定的通知》（证监［1996］12号）、《关于做好1997年股票发行工作的通知》（证监［1997］13号）、《关于股票发行工作若干问题的补充通知》（证监［1998］8号）、《关于对拟发行上市企业改制情况进行调查的通知》（证监发字［1998］259号）、《关于对拟公开发行股票公司改制运行情况进行调查的通知》（证监发［1999］4号）、《关于拟发行股票公司聘请审计机构等问题的通知》（证监发行字［2000］131号）和《关于进一步规范股票首次发行上市有关工作的通知》（证监发行字［2003］116号）同时废止。

上市公司证券发行管理办法

（2006年5月6日　证监会令第30号，2006年5月8日实施）

第一章　总　　则

第一条　为了规范上市公司证券发行行为，保护投资者的合法权益和社会公共利益，根据《证券法》、《公司法》制定本办法。

第二条　上市公司申请在境内发行证券，适用本办法。

本办法所称证券，指下列证券品种：

（一）股票；

（二）可转换公司债券；

（三）中国证券监督管理委员会（以下简称“中国证监会”）认可的其他品种。

第三条　上市公司发行证券，可以向不特定对象公开发行，也可以向特定对象非公开发行。

第四条　上市公司发行证券，必须真实、准确、完整、及时、公平地披露或者提供信息，不得有虚假记载、误导性陈述或者重大遗漏。

第五条　中国证监会对上市公司证券发行的核准，不表明其对该证券的投资价值或者投资者的收益作出实质性判断或者保证。因上市公司经营与收益的变化引致的投资风险，由认购证券的投资者自行负责。

第二章　公开发行证券的条件

第一节　一般规定

第六条　上市公司的组织机构健全、运行良好，符合下列规定：

（一）公司章程合法有效，股东大会、董事会、监事会和独立董事制度健全，能够依法有效履行职责；

（二）公司内部控制制度健全，能够有效保证公司运行的效率、合法合规性和财务报告的可靠性；内部控制制度的完整性、合理性、有效性不存在重大缺陷；

（三）现任董事、监事和高级管理人员具备任职资格，能够忠实和勤勉地履行职务，不存在违反公司法第一百四十八条、第一百四十九条规定的行为，且最近三十六个月内未受到过中国证监会的行政处罚、最近十二个月内未受到过证券交易所的公开谴责；

（四）上市公司与控股股东或实际控制人的人员、资产、财务分开，机构、业务独立，能够自主经营管理；

（五）最近十二个月内不存在违规对外提供担保的行为。

第七条　上市公司的盈利能力具有可持续性，符合下列规定：

（一）最近三个会计年度连续盈利。扣除非经常性损益后的净利润与扣除前的净利润相比，以低者作为计算依据；

（二）业务和盈利来源相对稳定，不存在严重依赖于控股股东、实际控制人的情形；

（三）现有主营业务或投资方向能够可持续发展，经营模式和投资计划稳健，主要产品或服务的市场前景良好，行业经营环境和市场需求不存在现实或可预见的重大不利变化；

（四）高级管理人员和核心技术人员稳定，最近十二个月内未发生重大不利变化；

（五）公司重要资产、核心技术或其他重大权益的取得合法，能够持续使用，不存在现实或可预见的重大不利变化；

（六）不存在可能严重影响公司持续经营的担保、诉讼、仲裁或其他重大事项；

（七）最近二十四个月内曾公开发行证券的，不存在发行当年营业利润比上年下降百分之五十以上的情形。

第八条 上市公司的财务状况良好，符合下列规定：

（一）会计基础工作规范，严格遵循国家统一会计制度的规定；

（二）最近三年及一期财务报表未被注册会计师出具保留意见、否定意见或无法表示意见的审计报告；被注册会计师出具带强调事项段的无保留意见审计报告的，所涉及的事项对发行人无重大不利影响或者在发行前重大不利影响已经消除；

（三）资产质量良好。不良资产不足以对公司财务状况造成重大不利影响；

（四）经营成果真实，现金流量正常。营业收入和成本费用的确认严格遵循国家有关企业会计准则的规定，最近三年资产减值准备计提充分合理，不存在操纵经营业绩的情形；

（五）最近三年以现金或股票方式累计分配的利润不少于最近三年实现的年均可分配利润的百分之二十。

第九条 上市公司最近三十六个月内财务会计文件无虚假记载，且不存在下列重大违法行为：

（一）违反证券法律、行政法规或规章，受到中国证监会的行政处罚，或者受到刑事处罚；

（二）违反工商、税收、土地、环保、海关法律、行政法规或规章，受到行政处罚且情节严重，或者受到刑事处罚；

（三）违反国家其他法律、行政法规且情节严重的行为。

第十条 上市公司募集资金的数额和使用应当符合下列规定：

（一）募集资金数额不超过项目需要量；

（二）募集资金用途符合国家产业政策和有关环境保护、土地管理等法律和行政法规的规定；

（三）除金融类企业外，本次募集资金使用项目不得为持有交易性金融资产和可供出售的金融资产、借予他人、委托理财等财务性投资，不得直接或间接投资于以买卖有价证券为主要业务的公司。

（四）投资项目实施后，不会与控股股东或实际控制人产生同业竞争或影响公司生产经营的独立性；

（五）建立募集资金专项存储制度，募集资金必须存放于公司董事会决定的专项账户。

第十一条 上市公司存在下列情形之一的，不得公开发行证券：

（一）本次发行申请文件有虚假记载、误导性陈述或重大遗漏；

（二）擅自改变前次公开发行证券募集资金的用途而未作纠正；

（三）上市公司最近十二个月内受到过证券交易所的公开谴责；

（四）上市公司及其控股股东或实际控制人最近十二个月内存在未履行向投资者作出的公开承诺的行为；

（五）上市公司或其现任董事、高级管理人员因涉嫌犯罪被司法机关立案侦查或涉嫌违法违规被中国证监会立案调查；

（六）严重损害投资者的合法权益和社会公共利益的其他情形。

第二节　发行股票

第十二条　向原股东配售股份（简称“配股”），除符合本章第一节规定外，还应当符合下列规定：

（一）拟配售股份数量不超过本次配售股份前股本总额的百分之三十；

（二）控股股东应当在股东大会召开前公开承诺认配股份的数量；

（三）采用证券法规定的代销方式发行。

控股股东不履行认配股份的承诺，或者代销期限届满，原股东认购股票的数量未达到拟配售数量百分之七十的，发行人应当按照发行价并加算银行同期存款利息返还已经认购的股东。

第十三条　向不特定对象公开募集股份（简称“增发”），除符合本章第一节规定外，还应当符合下列规定：

（一）最近三个会计年度加权平均净资产收益率平均不低于百分之六。扣除非经常性损益后的净利润与扣除前的净利润相比，以低者作为加权平均净资产收益率的计算依据；

（二）除金融类企业外，最近一期末不存在持有金额较大的交易性金融资产和可供出售的金融资产、借予他人款项、委托理财等财务性投资的情形；

（三）发行价格应不低于公告招股意向书前二十个交易日公司股票均价或前一个交易日的均价。

第三节　发行可转换公司债券

第十四条　公开发行可转换公司债券的公司，除应当符合本章第一节规定外，还应当符合下列规定：

（一）最近三个会计年度加权平均净资产收益率平均不低于百分之六。扣除非经常性损益后的净利润与扣除前的净利润相比，以低者作为加权平均净资产收益率的计算依据；

（二）本次发行后累计公司债券余额不超过最近一期末净资产额的百分之四十；

（三）最近三个会计年度实现的年均可分配利润不少于公司债券一年的利息。

前款所称可转换公司债券，是指发行公司依法发行、在一定期间内依据约定的条件可以转换成股份的公司债券。

第十五条　可转换公司债券的期限最短为一年，最长为六年。

第十六条　可转换公司债券每张面值一百元。

可转换公司债券的利率由发行公司与主承销商协商确定，但必须符合国家的有关规定。

第十七条　公开发行可转换公司债券，应当委托具有资格的资信评级机构进行信用评级和跟踪评级。

资信评级机构每年至少公告一次跟踪评级报告。

第十八条　上市公司应当在可转换公司债券期满后五个工作日内办理完毕偿还债券余额本息的事项。

第十九条 公开发行可转换公司债券，应当约定保护债券持有人权利的办法，以及债券持有人会议的权利、程序和决议生效条件。

存在下列事项之一的，应当召开债券持有人会议：

（一）拟变更募集说明书的约定；

（二）发行人不能按期支付本息；

（三）发行人减资、合并、分立、解散或者申请破产；

（四）保证人或者担保物发生重大变化；

（五）其他影响债券持有人重大权益的事项。

第二十条 公开发行可转换公司债券，应当提供担保，但最近一期末经审计的净资产不低于人民币十五亿元的公司除外。

提供担保的，应当为全额担保，担保范围包括债券的本金及利息、违约金、损害赔偿金和实现债权的费用。

以保证方式提供担保的，应当为连带责任担保，且保证人最近一期经审计的净资产额应不低于其累计对外担保的金额。证券公司或上市公司不得作为发行可转债的担保人，但上市商业银行除外。

设定抵押或质押的，抵押或质押财产的估值应不低于担保金额。估值应经有资格的资产评估机构评估。

第二十一条 可转换公司债券自发行结束之日起六个月后方可转换为公司股票，转股期限由公司根据可转换公司债券的存续期限及公司财务状况确定。

债券持有人对转换股票或者不转换股票有选择权，并于转股的次日成为发行公司的股东。

第二十二条 转股价格应不低于募集说明书公告日前二十个交易日该公司股票交易均价和前一交易日的均价。

前款所称转股价格，是指募集说明书事先约定的可转换公司债券转换为每股股份所支付的价格。

第二十三条 募集说明书可以约定赎回条款，规定上市公司可按事先约定的条件和价格赎回尚未转股的可转换公司债券。

第二十四条 募集说明书可以约定回售条款，规定债券持有人可按事先约定的条件和价格将所持债券回售给上市公司。

募集说明书应当约定，上市公司改变公告的募集资金用途的，赋予债券持有人一次回售的权利。

第二十五条 募集说明书应当约定转股价格调整的原则及方式。发行可转换公司债券后，因配股、增发、送股、派息、分立及其他原因引起上市公司股份变动的，应当同时调整转股价格。

第二十六条 募集说明书约定转股价格向下修正条款的，应当同时约定：

（一）转股价格修正方案须提交公司股东大会表决，且须经出席会议的股东所持表决权的三分之二以上同意。股东大会进行表决时，持有公司可转换债券的股东应当回避；

（二）修正后的转股价格不低于前项规定的股东大会召开日前二十个交易日该公司股票交易均价和前一交易日的均价。

第二十七条 上市公司可以公开发行认股权和债券分离交易的可转换公司债券（简称“分离交易的可转换公司债券”）。

发行分离交易的可转换公司债券，除符合本章第一节规定外，还应当符合下列规定：

（一）公司最近一期末经审计的净资产不低于人民币十五亿元；

（二）最近三个会计年度实现的年均可分配利润不少于公司债券一年的利息；

（三）最近三个会计年度经营活动产生的现金流量净额平均不少于公司债券一年的利息，符合本办法第十四条第（一）项规定的公司除外；

（四）本次发行后累计公司债券余额不超过最近一期末净资产额的百分之四十，预计所附认股权全部行权后募集的资金总量不超过拟发行公司债券金额。

第二十八条 分离交易的可转换公司债券应当申请在上市公司股票上市的证券交易所上市交易。

分离交易的可转换公司债券中的公司债券和认股权分别符合证券交易所上市条件的，应当分别上市交易。

第二十九条 分离交易的可转换公司债券的期限最短为一年。

债券的面值、利率、信用评级、偿还本息、债权保护适用本办法第十六条至第十九条的规定。

第三十条 发行分离交易的可转换公司债券，发行人提供担保的，适用本办法第二十条第二款至第四款的规定。

第三十一条 认股权证上市交易的，认股权证约定的要素应当包括行权价格、存续期间、行权期间或行权日、行权比例。

第三十二条 认股权证的行权价格应不低于公告募集说明书日前二十个交易日公司股票均价和前一个交易日的均价。

第三十三条 认股权证的存续期间不超过公司债券的期限，自发行结束之日起不少于六个月。

募集说明书公告的权证存续期限不得调整。

第三十四条 认股权证自发行结束至少已满六个月起方可行权，行权期间为存续期限届满前的一段期间，或者是存续期限内的特定交易日。

第三十五条 分离交易的可转换公司债券募集说明书应当约定，上市公司改变公告的募集资金用途的，赋予债券持有人一次回售的权利。

第三章 非公开发行股票的条件

第三十六条 本办法规定的非公开发行股票，是指上市公司采用非公开方式，向特定对象发行股票的行为。

第三十七条 非公开发行股票的特定对象应当符合下列规定：

（一）特定对象符合股东大会决议规定的条件；

（二）发行对象不超过十名。

发行对象为境外战略投资者的，应当经国务院相关部门事先批准。

第三十八条 上市公司非公开发行股票，应当符合下列规定：

（一）发行价格不低于定价基准日前二十个交易日公司股票均价的百分之九十；

（二）本次发行的股份自发行结束之日起，十二个月内不得转让；控股股东、实际控制人及其控制的企业认购的股份，三十六个月内不得转让；

（三）募集资金使用符合本办法第十条的规定；

（四）本次发行将导致上市公司控制权发生变化的，还应当符合中国证监会的其他规定。

第三十九条 上市公司存在下列情形之一的，不得非公开发行股票：

（一）本次发行申请文件有虚假记载、误导性陈述或重大遗漏；

（二）上市公司的权益被控股股东或实际控制人严重损害且尚未消除；

（三）上市公司及其附属公司违规对外提供担保且尚未解除；

（四）现任董事、高级管理人员最近三十六个月内受到过中国证监会的行政处罚，或者最近十二个月内受到过证券交易所公开谴责；

（五）上市公司或其现任董事、高级管理人员因涉嫌犯罪正被司法机关立案侦查或涉嫌违法违规正被中国证监会立案调查；

（六）最近一年及一期财务报表被注册会计师出具保留意见、否定意见或无法表示意见的审计报告。保留意见、否定意见或无法表示意见所涉及事项的重大影响已经消除或者本次发行涉及重大重组的除外；

（七）严重损害投资者合法权益和社会公共利益的其他情形。

第四章 发行程序

第四十条 上市公司申请发行证券，董事会应当依法就下列事项作出决议，并提请股东大会批准：

（一）本次证券发行的方案；

（二）本次募集资金使用的可行性报告；

（三）前次募集资金使用的报告；

（四）其他必须明确的事项。

第四十一条 股东大会就发行股票作出的决定，至少应当包括下列事项：

（一）本次发行证券的种类和数量；

（二）发行方式、发行对象及向原股东配售的安排；

（三）定价方式或价格区间；

（四）募集资金用途；

（五）决议的有效期；

（六）对董事会办理本次发行具体事宜的授权；

（七）其他必须明确的事项。

第四十二条 股东大会就发行可转换公司债券作出的决定，至少应当包括下列事项：

（一）本办法第四十一条规定的事项；

（二）债券利率；

（三）债券期限；

（四）担保事项；

（五）回售条款；

（六）还本付息的期限和方式；

（七）转股期；

（八）转股价格的确定和修正。

第四十三条 股东大会就发行分离交易的可转换公司债券作出的决定，至少应当包括下列事项：

（一）本办法第四十一条、第四十二条第（二）项至第（六）项规定的事项；

（二）认股权证的行权价格；

（三）认股权证的存续期限；

（四）认股权证的行权期间或行权日。

第四十四条 股东大会就发行证券事项作出决议，必须经出席会议的股东所持表决权的三分之二以上通过。向本公司特定的股东及其关联人发行证券的，股东大会就发行方案进行表决时，关联股东应当回避。

上市公司就发行证券事项召开股东大会，应当提供网络或者其他方式为股东参加股东大会提供便利。

第四十五条 上市公司申请公开发行证券或者非公开发行新股，应当由保荐人保荐，并向中国证监会申报。

保荐人应当按照中国证监会的有关规定编制和报送发行申请文件。

第四十六条 中国证监会依照下列程序审核发行证券的申请：

（一）收到申请文件后，五个工作日内决定是否受理；

（二）中国证监会受理后，对申请文件进行初审；

（三）发行审核委员会审核申请文件；

（四）中国证监会作出核准或者不予核准的决定。

第四十七条 自中国证监会核准发行之日起，上市公司应在六个月内发行证券；超过六个月未发行的，核准文件失效，须重新经中国证监会核准后方可发行。

第四十八条 上市公司发行证券前发生重大事项的，应暂缓发行，并及时报告中国证监会。该事项对本次发行条件构成重大影响的，发行证券的申请应重新经过中国证监会核准。

第四十九条 上市公司发行证券，应当由证券公司承销；非公开发行股票，发行对象均属于原前十名股东的，可以由上市公司自行销售。

第五十条 证券发行申请未获核准的上市公司，自中国证监会作出不予核准的决定之日起六个月后，可再次提出证券发行申请。

第五章 信息披露

第五十一条 上市公司发行证券，应当按照中国证监会规定的程序、内容和格式，编制公开募集证券说明书或者其他信息披露文件，依法履行信息披露义务。

第五十二条 上市公司应当保证投资者及时、充分、公平地获得法定披露的信息，信息披露文件使用的文字应当简洁、平实、易懂。

中国证监会规定的内容是信息披露的最低要求，凡对投资者投资决策有重大影响的信息，上市公司均应充分披露。

第五十三条 证券发行议案经董事会表决通过后，应当在二个工作日内报告证券交易所，公告召开股东大会的通知。

使用募集资金收购资产或者股权的，应当在公告召开股东大会通知的同时，披露该资产或者股权的基本情况、交易价格、定价依据以及是否与公司股东或其他关联人存在利害关系。

第五十四条 股东大会通过本次发行议案之日起两个工作日内，上市公司应当公布股东大会决议。

第五十五条 上市公司收到中国证监会关于本次发行申请的下列决定后，应当在次一工作日予以公告：

（一）不予受理或者终止审查；

（二）不予核准或者予以核准。

上市公司决定撤回证券发行申请的，应当在撤回申请文件的次一工作日予以公告。

第五十六条 上市公司全体董事、监事、高级管理人员应当在公开募集证券说明书上签字，保证不存在虚假记载、误导性陈述或者重大遗漏，并声明承担个别和连带的法律责任。

第五十七条 保荐机构及保荐代表人应当对公开募集证券说明书的内容进行尽职调查并签字，确认不存在虚假记载、误导性陈述或者重大遗漏，并声明承担相应的法律责任。

第五十八条 为证券发行出具专项文件的注册会计师、资产评估人员、资信评级人员、律师及其所在机构，应当按照本行业公认的业务标准和道德规范出具文件，并声明对所出具文件的真实性、准确性和完整性承担责任。

第五十九条 公开募集证券说明书所引用的审计报告、盈利预测审核报告、资产评估报告、资信评级报告，应当由有资格的证券服务机构出具，并由至少二名有从业资格的人员签署。

公开募集证券说明书所引用的法律意见书，应当由律师事务所出具，并由至少二名经办律师签署。

第六十条 公开募集证券说明书自最后签署之日起六个月内有效。

公开募集证券说明书不得使用超过有效期的资产评估报告或者资信评级报告。

第六十一条 上市公司在公开发行证券前的二至五个工作日内，应当将经中国证监会核准的募集说明书摘要或者募集意向书摘要刊登在至少一种中国证监会指定的报刊，同时将其全文刊登在中国证监会指定的互联网网站，置备于中国证监会指定的场所，供公众查阅。

第六十二条 上市公司在非公开发行新股后，应当将发行情况报告书刊登在至少一种中国证监会指定的报刊，同时将其刊登在中国证监会指定的互联网网站，置备于中国证监会指定的场所，供公众查阅。

第六十三条 上市公司可以将公开募集证券说明书全文或摘要、发行情况公告书刊登于其他网站和报刊，但不得早于按照第六十一条、第六十二条规定披露信息的时间。

第六章 监管和处罚

第六十四条 上市公司违反本办法规定，中国证监会可以责令整改；对其直接负责的主管人员和其他直接责任人员，可以采取监管谈话、认定为不适当人选等行政监管措施，记入诚信档案并公布。

第六十五条 上市公司及其直接负责的主管人员和其他直接责任人员违反法律、行政法规或本办法规定，依法应予行政处罚的，依照有关规定进行处罚；涉嫌犯罪的，依法移送司法机关，追究其刑事责任。

第六十六条 上市公司提供的申请文件中有虚假记载、误导性陈述或重大遗漏的，中国证监会可作出终止审查决定，并在三十六个月内不再受理该公司的公开发行证券申请。

第六十七条 上市公司披露盈利预测的，利润实现数如未达到盈利预测的百分之八十，除因不可抗力外，其法定代表人、盈利预测审核报告签字注册会计师应当在股东大会及中国证监会指定报刊上公开作出解释并道歉；中国证监会可以对法定代表人处以警告。

利润实现数未达到盈利预测的百分之五十的，除因不可抗力外，中国证监会在三十六个月内不受理该公司的公开发行证券申请。

第六十八条 上市公司违反本办法第十条第（三）项和第（四）项规定的，中国证监会可以责令改正，并在三十六个月内不受理该公司的公开发行证券申请。

第六十九条 为证券发行出具审计报告、法律意见、资产评估报告、资信评级报告及其他专项文件的证券服务机构和人员，在其出具的专项文件中存在虚假记载、误导性陈述或重大遗漏的，除承担证券法规定的法律责任外，中国证监会十二个月内不接受相关机构出具的证券发行专项文件，三十六个月内不接受相关人员出具的证券发行专项文件。

第七十条 承销机构在承销非公开发行的新股时，将新股配售给不符合本办法第三十七条规定的对象的，中国证监会可以责令改正，并在三十六个月内不接受其参与证券承销。

第七十一条 上市公司在非公开发行新股时，违反本办法第四十九条规定的，中国证监会可以责令改正，并在三十六个月内不受理该公司的公开发行证券申请。

第七十二条 本办法规定的特定对象违反规定，擅自转让限售期限未满的股票的，中国证监会可以责令改正，情节严重的，十二个月内不得作为特定对象认购证券。

第七十三条 上市公司和保荐机构、承销商向参与认购的投资者提供财务资助或补偿的，中国证监会可以责令改正；情节严重的，处以警告、罚款。

第七章 附 则

第七十四条 上市公司发行以外币认购的证券的办法、上市公司向员工发行证券用于激励的办法，由中国证监会另行规定。

第七十五条 本办法自2006年5月8日起施行。《上市公司新股发行管理办法》（证监会令第1号）、《关于做好上市公司新股发行工作的通知》（证监发［2001］43号）、《关于上市公司增发新股有关条件的通知》（证监发［2002］55号）、《上市公司发行可转换公司债券实施办法》（证监会令第2号）和《关于做好上市公司可转换公司债券发行工作的通知》（证监发行字［2001］115号）同时废止。

外国投资者对上市公司战略投资管理办法

（2005 年 12 月 31 日 商务部 中国证券监督管理委员会 国家税务总局 国家工商行政管理总局 国家外汇管理局［2005］第 28 号令，2006 年 1 月 30 日实施）

第一条 为了规范股权分置改革后外国投资者对 A 股上市公司（以下简称上市公司）进行战略投资，维护证券市场秩序，引进境外先进管理经验、技术和资金，改善上市公司治理结构，保护上市公司和股东的合法权益，按照《关于上市公司股权分置改革的指导意见》的要求，根据国家有关外商投资、上市公司监管的法律法规以及《外国投资者并购境内企业暂行规定》，制定本办法。

第二条 本办法适用于外国投资者（以下简称投资者）对已完成股权分置改革的上市公司和股权分置改革后新上市公司通过具有一定规模的中长期战略性并购投资（以下简称战略投资），取得该公司 A 股股份的行为。

第三条 经商务部批准，投资者可以根据本办法对上市公司进行战略投资。

第四条 战略投资应遵循以下原则：

（一）遵守国家法律、法规及相关产业政策，不得危害国家经济安全和社会公共利益；

（二）坚持公开、公正、公平的原则，维护上市公司及其股东的合法权益，接受政府、社会公众的监督及中国的司法和仲裁管辖；

（三）鼓励中长期投资，维护证券市场的正常秩序，不得炒作；

（四）不得妨碍公平竞争，不得造成中国境内相关产品市场过度集中、排除或限制竞争。

第五条 投资者进行战略投资应符合以下要求：

（一）以协议转让、上市公司定向发行新股方式以及国家法律法规规定的其他方式取得上市公司 A 股股份；

（二）投资可分期进行，首次投资完成后取得的股份比例不低于该公司已发行股份的百分之十，但特殊行业有特别规定或经相关主管部门批准的除外；

（三）取得的上市公司 A 股股份三年内不得转让；

（四）法律法规对外商投资持股比例有明确规定的行业，投资者持有上述行业股份比例应符合相关规定；属法律法规禁止外商投资的领域，投资者不得对上述领域的上市公司进行投资；

（五）涉及上市公司国有股股东的，应符合国有资产管理的相关规定。

第六条 投资者应符合以下要求：

（一）依法设立、经营的外国法人或其他组织，财务稳健、资信良好且具有成熟的管理经验；

（二）境外实有资产总额不低于 1 亿美元或管理的境外实有资产总额不低于 5 亿美元；或其母公司境外实有资产总额不低于 1 亿美元或管理的境外实有资产总额不低于 5 亿美元；

（三）有健全的治理结构和良好的内控制度，经营行为规范；

（四）近三年内未受到境内外监管机构的重大处罚（包括其母公司）。

第七条 通过上市公司定向发行方式进行战略投资的，按以下程序办理：

（一）上市公司董事会通过向投资者定向发行新股及公司章程修改草案的决议；

（二）上市公司股东大会通过向投资者定向发行新股及修改公司章程的决议；

（三）上市公司与投资者签订定向发行的合同；

（四）上市公司根据本办法第十二条向商务部报送相关申请文件，有特殊规定的从其规定；

（五）在取得商务部就投资者对上市公司进行战略投资的原则批复函后，上市公司向中国证监会报送定向发行申请文件，中国证监会依法予以核准；

（六）定向发行完成后，上市公司到商务部领取外商投资企业批准证书，并凭该批准证书到工商行政管理部门办理变更登记。

第八条 通过协议转让方式进行战略投资的，按以下程序办理：

（一）上市公司董事会通过投资者以协议转让方式进行战略投资的决议；

（二）上市公司股东大会通过投资者以协议转让方式进行战略投资的决议；

（三）转让方与投资者签订股份转让协议；

（四）投资者根据本办法第十二条向商务部报送相关申请文件，有特殊规定的从其规定；

（五）投资者参股上市公司的，获得前述批准后向证券交易所办理股份转让确认手续、向证券登记结算机构申请办理登记过户手续，并报中国证监会备案；

（六）协议转让完成后，上市公司到商务部领取外商投资企业批准证书，并凭该批准证书到工商行政管理部门办理变更登记。

第九条 投资者拟通过协议转让方式构成对上市公司的实际控制，按照第八条第（一）、（二）、（三）、（四）项的程序获得批准后，向中国证监会报送上市公司收购报告书及相关文件，经中国证监会审核无异议后向证券交易所办理股份转让确认手续、向证券登记结算机构申请办理登记过户手续。完成上述手续后，按照第八条第（六）项办理。

第十条 投资者对上市公司进行战略投资，应按《证券法》和中国证监会的相关规定履行报告、公告及其他法定义务。

第十一条 投资者对其已持有股份的上市公司继续进行战略投资的，需按本办法规定的方式和程序办理。

第十二条 上市公司或投资者应向商务部报送以下文件：

（一）战略投资申请书（格式见附件1）；

（二）战略投资方案（格式见附件2）；

（三）定向发行合同或股份转让协议；

（四）保荐机构意见书（涉及定向发行）或法律意见书；

（五）投资者持续持股的承诺函；

（六）投资者三年内未受到境内外监管机构重大处罚的声明，以及是否受到其他非重大处罚的说明；

（七）经依法公证、认证的投资者的注册登记证明、法定代表人（或授权代表）身份证明；

（八）经注册会计师审计的该投资者近三年来的资产负债表；

（九）上述（一）、（二）、（三）、（五）、（六）项中规定提交的文件均需经投资者法定代表人或其授权代表签署，由授权代表签署的还应提交经法定代表人签署的授权书及相应的公证、认证文件；

（十）商务部规定的其他文件。

前款所列文件，除第七项、第八项所列文件外，必须报送中文本原件，第七项、第八项所列文件应报送原件及中文译件。

商务部收到上述全部文件后应在30日内作出原则批复，原则批复有效期180日。

第十三条 符合本办法第六条规定的外国公司（“母公司”）可以通过其全资拥有的境外子公司（“投资者”）进行战略投资，投资者除提交本办法第十二条所列文件外，还应向商务部提交其母公司对投资者投资行为承担连带责任的不可撤销的承诺函。

第十四条 投资者应在商务部原则批复之日起15日内根据外商投资并购的相关规定开立外汇账户。投资者从境外汇入的用于战略投资的外汇资金，应当根据外汇管理的有关规定，到上市公司注册所在地外汇局申请开立外国投资者专用外汇账户（收购类），账户内资金的结汇及账户注销手续参照相关外汇管理规定办理。

第十五条 投资者可以持商务部对该投资者对上市公司进行战略投资的批准文件和有效身份证明，向证券登记结算机构办理相关手续。

对于投资者在上市公司股权分置改革前持有的非流通股份或在上市公司首次公开发行前持有的股份，证券登记结算机构可以根据投资者申请为其开立证券账户。

证券登记结算机构应根据本管理办法制定相应规定。

第十六条 投资者应在资金结汇之日起15日内启动战略投资行为，并在原则批复之日起180日内完成战略投资。

投资者未能在规定时间内按战略投资方案完成战略投资的，审批机关的原则批复自动失效。投资者应在原则批复失效之日起45日内，经外汇局核准后将结汇所得人民币资金购汇并汇出境外。

第十七条 战略投资完成后，上市公司应于10日内凭以下文件到商务部领取外商投资企业批准证书：

（一）申请书；

（二）商务部原则批复函；

（三）证券登记结算机构出具的股份持有证明；

（四）上市公司营业执照和法定代表人身份证明；

（五）上市公司章程。

商务部在收到上述全部文件之日起5日内颁发外商投资企业批准证书，加注“外商投资股份公司（A股并购）”。

如投资者取得单一上市公司25%或以上股份并承诺在10年内持续持股不低于25%，商务部在颁发的外商投资企业批准证书上加注“外商投资股份公司（A股并购25%或以上）”。

第十八条 上市公司应自外商投资企业批准证书签发之日起30日内，向工商行政管理机关申请办理公司类型变更登记，并提交下列文件：

（一）公司法定代表人签署的申请变更申请书；

（二）外商投资企业批准证书；

（三）证券登记结算机构出具的股份持有证明；

（四）经公证、认证的投资者的合法开业证明；

（五）国家工商行政管理总局规定应提交的其他文件。

经核准变更的，工商行政管理机关在营业执照企业类型栏目中加注“外商投资股份公司（A股并购）”字样，其中，投资者进行战略投资取得单一上市公司25%或以上股份并承诺在10年内持续持股不低于25%的，加注“外商投资股份公司（A股并购25%或以上）”。

第十九条 上市公司应自外商投资企业营业执照签发之日起30日内，到税务、海关、外汇管理等有关部门办理相关手续。外汇管理部门在所颁发的外汇登记证上加注“外商投资股份公司（A股并购）”。如投资者进行战略投资取得单一上市公司25%或以上股份并承诺在10年内持续持股不低于25%的，外汇管理部门在外汇登记证上加注“外商投资股份公司（A股并购25%或以上）”。

第二十条 除以下情形外，投资者不得进行证券买卖（B股除外）：

（一）投资者进行战略投资所持上市公司A股股份，在其承诺的持股期限届满后可以出售；

（二）投资者根据《证券法》相关规定须以要约方式进行收购的，在要约期间可以收购上市公司A股股东出售的股份；

（三）投资者在上市公司股权分置改革前持有的非流通股份，在股权分置改革完成且限售期满后可以出售；

（四）投资者在上市公司首次公开发行前持有的股份，在限售期满后可以出售；

（五）投资者承诺的持股期限届满前，因其破产、清算、抵押等特殊原因需转让其股份的，经商务部批准可以转让。

第二十一条 投资者减持股份使上市公司外资股比低于25%，上市公司应在10日内向商务部备案并办理变更外商投资企业批准证书的相关手续。投资者减持股份使上市公司外资股比低于10%，且该投资者非为单一最大股东，上市公司应在10日内向审批机关备案并办理注销外商投资企业批准证书的相关手续。

第二十二条 投资者减持股份使上市公司外资股比低于25%，上市公司应自外商投资企业批准证书变更之日起30日内到工商行政管理机关办理变更登记，工商行政管理机关在营业执照上企业类型调整为“外商投资股份公司（A股并购）”。上市公司应自营业执照变更之日起30日内到外汇管理部门办理变更外汇登记，外汇管理部门在外汇登记证上加注“外商投资股份公司（A股并购）”。

投资者减持股份使上市公司外资股比低于10%，且投资者非为单一最大股东，上市公司自外商投资企业批准证书注销之日起30日内到工商行政管理机关办理变更登记，企业类型变更为股份有限公司。上市公司应自营业执照变更之日起30日内到外汇管理部门办理外汇登记注销手续。

第二十三条 母公司通过其全资拥有的境外子公司进行战略投资并已按期完成的，母公司转让上述境外子公司前应向商务部报告，并根据本办法所列程序提出申请。新的受让方仍应符合本办法所规定的条件，承担母公司及其子公司在上市公司中的全部权利和义务，并依法履行向中国证监会报告、公告及其他法定义务。

第二十四条 投资者通过A股市场将所持上市公司股份出让的，可凭以下文件向上市公司注册所在地外汇局申请购汇汇出：

（一）书面申请；

（二）为战略投资目的所开立的外国投资者专用外汇账户（收购类）内资金经外汇局核准结汇的核准件；

（三）证券经纪机构出具的有关证券交易证明文件。

第二十五条 投资者持股比例低于25%的上市公司，其举借外债按照境内中资企业举借外债的有关规定办理。

第二十六条 相关政府机构工作人员必须忠于职守、依法履行职责，不得利用职务便利牟取不正当利益，并对知悉的商业秘密负有保密义务。

第二十七条 香港特别行政区、澳门特别行政区、台湾地区的投资者进行战略投资，参照本办法办理。

第二十八条 本办法自发布之日起30日后施行。

深圳证券交易所中小企业板保荐工作指引

（2008年12月8日　深圳证券交易所，2004年8月9日发布　2008年12月第一次修订）

第一章　总　　则

第一条　为了加强中小企业板上市公司保荐机构和保荐代表人作用，提高中小企业板上市公司规范运作水平，促进中小企业板健康发展，根据《证券发行上市保荐业务管理办法》（以下简称“《保荐办法》”）、《深圳证券交易所股票上市规则》（以下简称“《上市规则》”）等有关法律、法规、规章和本所相关业务规则，制定本指引。

第二条　本指引适用于深圳证券交易所（以下简称“本所”）中小企业板上市公司（以下简称“发行人”或“上市公司”）的上市推荐和持续督导工作。

第三条　保荐机构和保荐代表人应当遵守法律、行政法规、中国证监会的规定以及本所发布的业务规则、规定和通知等，诚实守信，公正独立，勤勉尽责，尽职推荐发行人证券上市，持续督导上市公司履行规范运作、信守承诺、信息披露等义务。

保荐机构和保荐代表人不得通过保荐业务谋取任何不正当利益。

第四条　保荐机构和保荐代表人应当保证向本所出具的文件真实、准确、完整，不存在任何虚假记载、误导性陈述或重大遗漏。

第二章　保荐协议

第五条　保荐机构在推荐发行人证券上市之前，应当与发行人签订保荐协议，明确双方在发行人申请上市期间和持续督导期间的权利和义务。保荐协议应在提交上市申请文件时同时报送本所。

发行人证券上市后，保荐机构与发行人对保荐协议内容作出修改的，应当于修改后五个工作日内报本所备案。

终止保荐协议的，保荐机构和发行人应当自终止之日起五个工作日内向本所报告，并说明原因。

第六条　保荐机构与发行人应当在保荐协议中约定以下内容：

（一）保荐机构及其保荐代表人有权列席发行人的董事会、监事会和股东大会；

（二）保荐机构及其保荐代表人有权随时查询发行人募集资金专用账户资料；

（三）发行人应及时提供保荐机构发表独立意见事项所必需的资料，确保保荐机构及时发表意见；

（四）发行人应积极配合保荐机构的现场检查工作以及参加保荐机构组织的培训等，不得无故阻挠保荐机构正常的持续督导工作；

（五）发行人有下列情形之一的，应及时通知保荐机构并按约定方式及时提交相关文件：

1. 变更募集资金及投资项目等承诺事项；

2. 发生关联交易、为他人提供担保等事项；

3. 履行信息披露义务或应向中国证监会、本所报告的有关事项；

4. 发行人或其董事、监事、高级管理人员、控股股东、实际控制人等发生违法违规行为；

5. 《证券法》第六十七条、七十五条规定的重大事件或其他对发行人规范运作、持续经营、履行承诺和义务具有影响的重大事项；

6. 中国证监会、本所规定或者保荐协议约定的其他事项。

第三章 保荐期间

第七条 保荐期间包括上市推荐期间和持续督导期间。

第八条 首次公开发行股票的，持续督导期间为股票上市当年剩余时间及其后两个完整会计年度；上市后发行新股、可转换公司债券和分离交易的可转换公司债券的，持续督导期间为股票、可转换公司债券或者分离交易的可转换公司债券上市当年剩余时间及其后一个完整会计年度；申请恢复上市的，持续督导期间为股票恢复上市当年剩余时间及其后一个完整会计年度。

持续督导期间自股票、可转换公司债券或者分离交易的可转换公司债券上市之日起计算。

第九条 在持续督导期间，保荐机构发生变更，新聘请的保荐机构应当完成原保荐机构未完成的持续督导工作，且持续督导的时间不得少于一个完整的会计年度。

第十条 持续督导期届满，存在以下尚未完结的保荐工作的，保荐机构应当继续完成：

（一）募集资金使用；

（二）可转换公司债券、分离交易的可转换公司债券的转股、行权；

（三）股东承诺事项；

（四）其他尚未完结的事项。

保荐机构在保荐期间未勤勉尽责的，其责任不因持续督导期届满而免除或者终止。

第十一条 出现以下情形之一的，本所鼓励上市公司及时重新聘请保荐机构进行持续督导：

（一）上市公司或其控股股东、实际控制人受到证监会行政处罚或者本所公开谴责的；

（二）上市公司连续二年信息披露考核结果为不合格的；

（三）本所认定的其他情形。

持续督导时间直至相关违规行为已经得到纠正、重大风险已经消除，且不少于上述情形发生当年剩余时间及其后一个完整的会计年度；

若上市公司出现上述情形时仍处于持续督导期，但持续督导剩余时间少于前款所要求时间的，本所鼓励上市公司和保荐机构顺延现有持续督导期。

上市公司重新聘请保荐机构的，应当及时披露保荐协议的主要内容。

第四章 保荐机构、保荐代表人变更

第十二条 保荐工作期间，保荐对象不得更换保荐机构，但因再次申请发行证券、保荐机构被中国证监会撤销保荐机构资格的除外。

在保荐工作期间内，保荐机构发生变更的，原保荐机构应配合做好交接工作，并在发生变更的五个工作日内向新保荐机构提交以下文件：

（一）原保荐机构关于上市公司存在的问题、风险以及需重点关注事项的书面说明文件；

（二）原保荐机构在持续督导期间向本所、证监局等监管部门报送的函件、提交的现场检查报告、保荐工作报告书等材料；

（三）原保荐机构认为需要移交的其他文件。

新聘请的保荐机构应当自保荐协议签署之日起开展保荐工作并承担相应的责任。原保荐机构在履行保荐职责期间未勤勉尽责的，其责任不因保荐机构的更换而免除或者终止。

第十三条 保荐工作期间，保荐机构不得更换保荐代表人，但因保荐代表人离职或者被撤销保荐代表人资格的除外。

保荐机构更换保荐代表人的，应当通知上市公司，并在五个工作日内向中国证监会、本所报告，说明原因，并及时公告。

在保荐工作期间内，保荐代表人发生变更的，保荐机构应合理安排过渡期间的保荐工作，原保荐代表人应做好保荐工作的交接工作，及时移交工作底稿等相关资料，提供关于上市公司存在的问题、风险以及需重点关注事项的书面说明文件，协助新保荐代表人履行保荐工作职责。

保荐代表人在保荐期间未勤勉尽责的，其责任不因保荐代表人更换而免除或终止。

第五章　上市推荐

第十四条 保荐机构在推荐发行人证券上市过程中，应当履行尽职调查和审慎核查的义务，并有充分理由确信发行人向本所提交的上市公告文件等相关文件不存在虚假记载、误导性陈述或重大遗漏。

第十五条 保荐机构推荐发行人证券在本所中小企业板上市，应当向本所提交以下文件：

（一）上市保荐书；

（二）保荐协议；

（三）保荐机构对保荐代表人的专项授权书；

（四）保荐代表人声明与承诺；

（五）与上市推荐工作有关的其他文件。

第十六条 上市保荐书应当包括以下内容：

（一）发行股票、可转换公司债券或者分离交易的可转换公司债券的公司概况；

（二）申请上市的股票、可转换公司债券或者分离交易的可转换公司债券的发行情况；

（三）保荐机构是否存在可能影响公正履行保荐职责情形的说明；

（四）保荐机构按照有关规定应当承诺的事项；

（五）对公司持续督导期间的工作安排；

（六）保荐机构和相关保荐代表人的联系地址、电话和其他通讯方式；

（七）保荐机构认为应当说明的其他事项；

（八）本所要求的其他事项。

上市保荐书应当由保荐机构的法定代表人（或者授权代表）和相关保荐代表人签字，注明日期并加盖保荐机构公章。

第十七条 保荐机构和保荐代表人应当关注在发行人证券核准发行至上市期间发生的可能对投资者投资决策产生重大影响的事项，并及时向本所报告。

第六章 督导内部制度建立和执行

第十八条 保荐机构和保荐代表人应当督导上市公司及其董事、监事和高级管理人员遵守法律、行政法规、部门规章、规范性文件和本所发布的其他业务规则，并履行向本所做出的承诺。

第十九条 保荐机构和保荐代表人应当督导上市公司建立健全并有效执行公司治理制度，包括但不限于股东大会、董事会、监事会议事规则以及董事、监事和高级管理人员的行为规范等。

第二十条 保荐机构和保荐代表人应当督导上市公司建立健全并有效执行内控制度，包括但不限于财务管理制度、会计核算制度和内部审计制度，以及募集资金使用、关联交易、对外担保、对外投资等重大经营决策的程序与规则等。

第二十一条 保荐机构和保荐代表人应当督导上市公司建立健全并有效执行信息披露制度，审阅信息披露文件及其他相关文件，并有充分理由确信上市公司向本所提交的文件不存在虚假记载、误导性陈述或重大遗漏。

保荐机构和保荐代表人可以对上市公司的信息披露文件及向中国证监会、本所提交的其他文件进行事前审阅，对存在问题的信息披露文件应当及时督促上市公司更正或补充，发行人不予更正或补充的，应及时向本所报告。

保荐机构和保荐代表人对上市公司的信息披露文件未进行事前审阅的，应当在上市公司履行信息披露义务后五个交易日内，完成对有关文件的审阅工作，对存在问题的信息披露文件应当及时督促上市公司更正或补充，上市公司不予更正或补充的，应及时向本所报告。

第七章 关注与报告事项

第二十二条 保荐机构和保荐代表人应当主动持续关注上市公司以下事项：

（一）经营环境和业务情况，包括行业发展前景、国家产业政策的变化、主营业务的变更、产品结构变化、重大客户和重要资产的情况等；

（二）股权变动情况，包括股本结构的变动、控股股东的变更、有限售条件股份的变动等；

（三）管理层重大变化情况，包括重要管理人员的变化、管理结构的变化等；

（四）市场营销情况，包括市场开发情况、销售和采购渠道、销售模式的变化、市场占有率的变化等；

（五）核心技术情况，包括技术的先进性和成熟性、新产品开发和试制等；

（六）财务状况，包括会计政策的稳健性、债务结构的合理性、经营业绩的稳定性等；

（七）保荐机构和保荐代表人认为需要关注的其他事项。

上述事项发生重大变化时，保荐机构和保荐代表人应及时向本所报告，如达到信息披露标准，保荐机构和保荐代表人应督促上市公司及时履行信息披露义务。

第二十三条 上市公司或其控股股东、实际控制人、董事、监事、高级管理人员受到中国证监会行政处罚或者本所通报批评、公开谴责处分的，保荐机构和保荐代表人应当重点关注违规事项相关的内部控制制度、违规事项持续状况及解决措施。

第二十四条 保荐机构和保荐代表人应持续关注上市公司及控股股东、实际控制人等履行承诺的情况，对上市公司及控股股东、实际控制人等未履行承诺事项的，保荐机构和保荐代表人应当及时向本所报告。

第二十五条 保荐机构和保荐代表人应当关注公共传媒关于上市公司的报道，及时针对市场传闻进行核查。如果经核查发现上市公司存在应披露未披露的事项或者与披露不符的事实，保荐机构和保荐代表人应当及时督促上市公司如实披露或澄清；情节严重的，应当向本所报告。

第二十六条 在持续督导期间出现以下情形之一的，保荐机构和保荐代表人应当督促上市公司做出说明并限期改正，并及时向本所报告：

（一）上市公司可能存在违反《上市规则》等本所相关业务规则的行为；

（二）证券服务机构及其签名人员出具的专业意见可能存在虚假记载、误导性陈述或重大遗漏等违法违规情形或者其他不当情形；

（三）持续督导期间上市公司发生《保荐办法》第七十二条规定的情形；

（四）对上市公司信息披露文件审阅中，保荐机构和保荐代表人发现上市公司存在违法违规行为或者上市公司存在重大风险；

（五）保荐代表人在履行持续督导职责过程中受到非正当因素干扰或上市公司不予以配合等情况；

（六）本所或保荐机构认为需要报告的其他情形。

第八章 独立意见发表

第二十七条 保荐机构应当对上市公司应披露的下列事项发表独立意见：

（一）募集资金使用情况；

（二）关联交易；

（三）对外担保（不含对合并范围内的子公司的担保）；

（四）委托理财、委托贷款；

（五）证券投资、套期保值业务；

（六）本所或保荐机构认为需要发表意见的其他事项。

第二十八条 保荐机构发表独立意见应至少包括以下内容：

（一）上市公司应披露事项的基本情况；

（二）保荐机构发表意见的依据，包括所履行的程序、核查的文件、现场检查的内容等；

（三）对上市公司的影响、可能存在的风险以及上市公司采取的措施是否有效；

（四）保荐机构发表的结论性意见，包括无异议、保留意见及其理由、反对意见及其理由、无法发表意见及其理由。

保荐机构应当将上述意见及时告知上市公司，并与上市公司相关公告同时披露。

第九章 现场检查

第二十九条 保荐代表人每季度应至少对上市公司进行一次定期现场检查。

上市公司出现以下情形之一的，保荐代表人应在知道或应当知道之日起十五日内或本所规定的期限内就相关事项进行专项现场检查：

（一）控股股东、实际控制人或其他关联方非经营性占用上市公司资金；

（二）违规为他人提供担保；

（三）违规使用募集资金；

（四）违规进行证券投资、套期保值业务等；

（五）关联交易显失公允或未履行审批程序和信息披露义务；

（六）业绩出现亏损或者营业利润比上年同期下降50%以上；

（七）应本所要求的其他情形。

保荐机构应当明确现场检查工作要求，确保现场检查工作质量。

第三十条 保荐代表人定期现场检查内容至少包括：

（一）公司治理和内部控制情况、三会运作情况；

（二）信息披露情况；

（三）独立性以及与控股股东、实际控制人及其他关联方资金往来情况；

（四）募集资金使用情况；

（五）关联交易、对外担保、重大对外投资情况；

（六）经营状况；

（七）保荐机构认为应予以现场检查的其他事项。

第三十一条 现场检查工作应至少有一名保荐代表人参加，保荐代表人在实施现场检查前应制定现场检查工作计划，现场检查工作计划至少应包括现场检查的工作进度、时间安排、人员安排和具体事项的现场检查方案。

第三十二条 现场检查开始后，保荐代表人应根据计划确定的现场检查事项、重点和方法，实施现场检查方案，获取现场检查资料和证据，并形成现场检查工作底稿和初步现场检查意见。

第三十三条 保荐代表人可以采取以下现场检查手段，以获取充分和恰当的现场检查资料和证据：

（一）与上市公司董事、监事、高级管理人员及有关人员沟通；

（二）察看上市公司生产经营场所；

（三）查阅和复印上市公司账簿和原始凭证以及其他资料；

（四）检查或走访对上市公司损益影响重大的控股或参股公司；

（六）走访或函证上市公司重要的供应商或客户；

（七）要求会计师事务所、律师事务所、资产评估机构以及其他证券服务机构提供专业意见；

（八）保荐机构、保荐代表人认为的其他必要手段。

第三十四条 在现场检查过程中，保荐代表人应及时记录和整理现场检查资料和证据，对资料是否详实和可靠、证据是否充分和恰当进行评估，并对照现场检查工作计划，检查现场检查方案是否已全面实施。

第三十五条 保荐机构应及时完成对保荐代表人现场检查工作底稿的复核工作，复核人员应重点关注保荐代表人现场检查程序、内容是否符合规定以及基于现场检查资料和现场检查证据形成的判断是否恰当。

第三十六条 保荐机构应在现场检查结束后的五个工作日内以书面方式告知上市公司现场检查结果及提请公司注意的事项，并对存在的问题提出整改建议。

第三十七条 保荐机构应在现场检查结束后的五个工作日内完成《现场检查报告》并报送本所备案。现场检查报告至少包括以下内容：

（一）本次现场检查的基本情况；

（二）对现场检查事项逐项发表的意见；

（三）提请上市公司注意的事项及建议；

（四）是否存在《保荐办法》及本所相关规定应当向中国证监会和本所报告的事项；

（五）上市公司及其他中介机构的配合情况；

（六）本次现场检查的结论。

第三十八条 对公司治理情况进行现场检查时，保荐代表人应关注公司章程是否有效执行，股东大会、董事会和监事会的议事规则是否得到执行，董事、监事和高级管理人员是否按照有关法律、法规和本所相关业务规则的要求履行职责，以及公司激励制度履行程序是否合规，公司治理机制能否有效发挥作用。

第三十九条 对内部控制制度建立和执行情况进行现场检查时，保荐代表人应重点关注内部机构设置和权责分配是否科学合理，对部门或岗位业务的权限范围、审批程序和相应责任等规定是否明确合规，内部审计部门和审计委员会构成、履行职责是否合规，内部审计部门和审计委员会对公司内部控制有效性的评估是否与事实相符，风险评估和控制措施是否有效执行等。

第四十条 对股东大会、董事会和监事会的运作情况进行现场检查时，保荐代表人应关注股东大会、董事会和监事会的召集、召开及表决是否合规，会议记录是否完整，会议资料是否保存完整，会议决议是否有出席会议董事或监事的签名确认等。

第四十一条 对独立性进行现场检查时，保荐代表人应重点关注控股股东、实际控制人及其关联方是否占用上市公司资金及其他资源，上市公司资产是否完整，人员、财务、机构和业务是否独立等。

第四十二条 对信息披露情况进行现场检查时，保荐代表人应重点关注上市公司已披露的公告与实际情况是否一致、披露内容是否完整，以及是否存在应予披露而未披露的事项，信息披露档案资料是否完整。

第四十三条 对募集资金使用情况进行现场检查时，保荐代表人应重点关注以下情况：

（一）募集资金是否存放在募集资金专户，募集资金专户存储制度有没有严格执行，三方监管协议是否有效执行，募集资金是否存在被控股股东和实际控制人占用、委托理财等情形；

（二）是否存在未经履行审议程序擅自变更募集资金用途、暂时补充流动资金、置换预先投入、改变实施地点等情形；

（三）募集资金使用与已披露情况是否一致，募集资金投资项目的投资进度、投资效益是否与招股说明书相符，募集资金项目是否存在重大风险等；

（四）是否存在其他违反《中小企业板上市公司募集资金管理细则》的情况。

第四十四条 对关联交易进行现场检查时，保荐代表人应重点关注关联交易的必要性、是否履行了信息披露义务和审议程序、定价是否公允，关联方应收款项的可回收性，关联交易产生的收入或利润占上市公司营业收入或利润总额的比例及对上市公司经营独立性的影响，是否存在关联交易非关联化的情况，以及关联交易的实际执行情况等。

第四十五条 对对外担保进行现场检查时，保荐代表人应重点关注上市公司是否履行了信息披露义务和审议程序、对外担保风险控制制度是否有效执行、是否采取了反担保措施、反担保措施是否有效以及被担保方是否出现财务状况恶化、到期不清偿被担保债务等可能引发担保风险事项等。

第四十六条 对重大对外投资进行现场检查时，保荐代表人应重点关注上市公司是否履行了审议程序、投资项目实施情况是否与计划一致、是否存在与披露不一致的投资风险及上市公司相关措施是否能够有效避免风险。

第四十七条 对证券投资、套期保值业务进行现场检查时，保荐代表人应重点关注证券投资、套期保值的决策程序是否合规、是否建立并有效执行专门内控制度，投资资金是否为自有资金，上市公司证券投资、套期保值业务是否存在重大风险以及采取的风险控制措施是否有效等。

第四十八条 对经营情况进行现场检查时，保荐代表人应重点关注上市公司下列情况是否发生重大变化或存在重大风险，上市公司对上述变化或风险是否予以充分披露：

（一）已订立的重大采购和销售合同对公司生产经营的影响以及重要原材料和主导产品销售价格的变化情况；

（二）经营模式是否发生变化以及重要经营场所的运转情况；

（三）产品的市场前景、行业经营环境的变化、商业周期或产品生命周期情况、市场占有率变化情况；

（四）核心竞争力是否发生重大变化、上市公司核心技术是否存在依赖他人或面临被淘汰等情况；

（五）宏观经济政策和法律法规是否发生重大变化以及对上市公司的影响；

（六）是否存在影响上市公司经营的其他因素。

第十章 工作底稿

第四十九条 保荐机构应该建立健全上市推荐和持续督导业务工作底稿制度。保荐机构应针对每一项目建立独立的工作底稿，保荐工作底稿的保存期应不少于 10 年。

第五十条 保荐工作底稿应内容完整、记录清晰、结论明确，真实、准确、完整地反映整个保荐工作的全过程，应包括与形成相关报告和独立意见有关的所有重要事项。

第五十一条 工作底稿应载明下列事项：

（一）工作底稿编制的时间；

（二）保荐工作履行的程序、核查的文件以及现场检查的资料等；

（三）发表的结论性意见；

（四）执行人员姓名和执行日期；

（五）复核人员姓名、复核日期和复核意见；

（六）其他需要记载的事项等。

第五十二条 保荐机构应当建立保荐工作底稿的复核制度，明确规定复核的要求和责任。复核人员应做出必要的复核记录，明确表示复核意见并签名。

如果发现保荐工作底稿存在问题，复核人员应在复核意见中加以说明，并要求相关人员补充或重编工作底稿。

第五十三条 保荐机构应建立保荐工作底稿的保密制度。如果保荐机构以外的组织或个人要求查阅工作底稿，必须由保荐业务负责人批准，但司法机关、证券监管部门和其他有权部门依法进行查阅的除外。

第十一章　保荐机构其他义务

第五十四条　保荐机构应建立对上市公司持续培训制度，定期或不定期对上市公司董事、监事、高级管理人员、中层以上管理人员、上市公司控股股东相关人员进行培训。保荐机构应在每次培训结束后五个工作日内将培训情况以书面形式报送本所。

第五十五条　保荐机构每半年应至少对上市公司董事、监事、高级管理人员、中层以上管理人员及上市公司控股股东相关人员进行一次培训，培训内容包括但不限于股票上市规则，本所发布的细则、指引、通知、办法、备忘录等相关规定以及上市公司违规案例等。

第五十六条　上市公司出现以下情形之一的，保荐机构应在十个工作日内对上市公司董事、监事、高级管理人员、中层以上管理人员及上市公司控股股东相关人员进行专门培训：

（一）实际控制人发生变更的；

（二）受到中国证监会行政处罚或者本所通报批评、公开谴责处分的；

（三）信息披露考核结果为不合格的；

（四）本所要求培训的其他情形。

第五十七条　上市公司最近二年信息披露考核结果为合格或不合格的，保荐机构应当加强督导上市公司全体董事、监事、高级管理人员学习并遵守信息披露规则，及时审阅上市公司对外披露的公告及附件，督促上市公司提高信息披露质量。

第五十八条　保荐机构按照有关规定对上市公司违法违规事项公开发表声明的，应当于披露前向本所报告，经本所审核后在指定媒体上公告。本所对上述公告进行形式审核，对其内容的真实性不承担责任。

第五十九条　保荐机构应当在每年1月31日前和7月15日前分别向本所报送年度保荐工作报告书和半年度保荐工作报告书。

第六十条　持续督导工作结束后，保荐机构应当在上市公司公告年度报告之日起的10个工作日内向本所报送保荐总结报告书。保荐机构法定代表人和保荐代表人应当在保荐总结报告书上签字。

保荐总结报告书应当包括下列内容：

（一）上市公司的基本情况；

（二）保荐工作概述；

（三）履行保荐职责期间发生的重大事项及处理情况；

（四）对上市公司配合保荐工作情况的说明及评价；

（五）对证券服务机构参与证券发行上市、持续督导相关工作情况的说明及评价；

（六）中国证监会、本所要求的其他事项。

第十二章　保荐工作内部管理

第六十一条　保荐机构的保荐业务负责人、内核负责人负责监督、执行保荐业务各项制度并承担相应的责任。

保荐机构应当指定2名保荐代表人具体负责1家上市公司的保荐工作，并确保保荐机构有关部门和人员有效分工协作。保荐机构可以指定1名项目协办人。

第六十二条　保荐机构应建立并有效执行保荐工作的内控制度，包括持续督导的业务流程、监督和复核机制等。

第六十三条 承担持续督导职责的保荐代表人应针对上市公司的具体情况，制定持续督导工作计划和实施方案，就持续督导工作的主要内容、重点、实施方式、步骤等做出完整、有效的安排。

保荐代表人应根据上市公司具体情况、结合上市公司重要风险点以及影响上市公司规范运作、信守承诺、履行信息披露义务的关键因素，明确持续督导工作重点。

第六十四条 保荐机构应指定专人进行持续督导的复核工作，复核人员应重点关注保荐代表人发表独立意见、现场检查以及培训工作的履行情况等。

第六十五条 保荐机构应建立健全保荐代表人及从事保荐业务其他相关人员的保荐业务持续培训制度。

保荐机构每半年至少组织一次对保荐代表人及其他保荐业务相关人员上市推荐和持续督导业务培训，强化保荐代表人对上市推荐和持续督导相关业务规则的学习，并将培训情况在五个工作日内报送本所备案。

第六十六条 保荐机构应建立执业质量考核机制，在每年5月31日前对保荐代表人上一年度的保荐工作进行考核，并在考核结束后五个工作日内将考核结果报本所备案。

第六十七条 保荐机构应建立持续督导工作与自营、资产管理等部门业务之间的信息隔离制度，不得向其透露上市公司未公开的重大信息，不得进行内幕交易。

第六十八条 保荐机构和保荐代表人应当配合本所做好以下工作：

（一）在规定期限内回复本所问询；

（二）按时出席本所约见；

（三）对公司特定事项进行核查；

（四）按规定报送相关文件资料；

（五）按本所要求提供保荐工作档案；

（六）参加本所组织的培训和会议；

（七）本所要求的其他工作。

第十三章 保荐工作日常管理与监督

第六十九条 本所对保荐机构、保荐代表人的保荐工作实施日常监管，具体措施包括：

（一）约见保荐业务负责人、保荐代表人；

（二）要求保荐机构组织相关培训；

（三）向保荐机构、保荐代表人发出各项通知和函件；

（四）调阅保荐工作档案；

（五）要求保荐机构、保荐代表人对有关事项做出解释和说明；

（六）对保荐工作进行评价；

（七）向中国证监会报告；

（八）其他监管措施。

第七十条 本所不定期举办保荐机构联席会议，交流保荐经验，研讨保荐工作中遇到的问题及解决措施，并向中国证监会及其他有关部门报告。

第七十一条 本所通过组织保荐机构论坛、保荐机构座谈会、保荐机构与企业见面会、联合走访等形式，为保荐机构和保荐代表人提供服务平台。

第七十二条 本所建立保荐工作评价制度，每年对中小企业板上市公司保荐工作进行评价，并将评价结果反馈给保荐机构和保荐代表人，记入中小企业板诚信档案，向中国证监会报告，并视情况对外发布。

第七十三条 保荐机构和保荐代表人违反有关规定的，本所视情节严重给予以下处分：

（一）通报批评；

（二）公开谴责。

情节严重的，本所依法报中国证监会查处。

第十四章 附 则

第七十四条 本指引由本所负责解释。

第七十五条 本指引自发布之日起施行。

上海证券交易所股票上市规则（2008年修订）

（2008年9月4日　上海证券交易所，1998年1月实施　2000年5月第一次修订　2001年6月第二次修订　2002年2月第三次修订　2004年12月第四次修订　2006年5月第五次修订　2008年9月第六次修订）

目　录

第一章　总　　则

1.1　为规范股票、可转换为股票的公司债券（以下简称“可转换公司债券”）和其他衍生品种（以下统称“股票及其衍生品种”）的上市行为，以及上市公司和相关信息披露义务人的信息披露行为，维护证券市场秩序，保护投资者的合法权益，根据（《中华人民共和国公司法》（以下简称“《公司法》”）、《中华人民共和国证券法》（以下简称“《证券法》”）和《证券交易所管理办法》等相关法律、行政法规、部门规章以及《上海证券交易所章程》，制定本规则。

1.2　在上海证券交易所（以下简称“本所”）上市的股票及其衍生品种，适用本规则。

中国证券监督管理委员会（以下简称“中国证监会”）和本所对权证等衍生品种、境外公司的股票及其衍生品种在本所的上市、信息披露、停牌等事宜另有规定的，从其规定。

1.3　申请股票及其衍生品种在本所上市，应当经本所审核同意，并在上市前与本所签订上市协议，明确双方的权利、义务和有关事项。

1.4　上市公司及其董事、监事、高级管理人员、股东、实际控制人、收购人等机构及其相关人员，以及保荐人及其保荐代表人、证券服务机构及其相关人员应当遵守法律、行政法规、部门规章、其他规范性文件、本规则及本所其他规定。

1.5　本所依据法律、行政法规、部门规章、其他规范性文件、本规则及本所其他规定和中国证监会的授权，对上市公司及其董事、监事、高级管理人员、股东、实际控制人、收购人等机构及其相关人员，以及保荐人及其保荐代表人、证券服务机构及其相关人员进行监管。

第二章 信息披露的基本原则和一般规定

2.1 上市公司和相关信息披露义务人应当根据法律、行政法规、部门规章、其他规范性文件、本规则以及本所其他规定，及时、公平地披露信息，并保证所披露信息的真实、准确、完整。

2.2 上市公司董事、监事、高级管理人员应当保证公司及时、公平地披露信息，以及信息披露内容的真实、准确、完整，没有虚假记载、误导性陈述或者重大遗漏。不能保证公告内容真实、准确、完整的，应当在公告中作出相应声明并说明理由。

2.3 上市公司和相关信息披露义务人应当在本规则规定的期限内披露所有对上市公司股票及其衍生品种交易价格可能产生较大影响的重大事件（以下简称“重大信息”或“重大事项”）。

2.4 上市公司和相关信息披露义务人应当同时向所有投资者公开披露重大信息，确保所有投资者可以平等地获取同一信息，不得向单个或部分投资者透露或泄漏。

公司向股东、实际控制人及其他第三方报送文件涉及未公开重大信息，应当及时向本所报告，并依照本所相关规定披露。

2.5 上市公司和相关信息披露义务人披露信息，应当以客观事实或具有事实基础的判断和意见为依据，如实反映实际情况，不得有虚假记载。

2.6 上市公司和相关信息披露义务人披露信息，应当客观，不得夸大其辞，不得有误导性陈述。

披露预测性信息及其他涉及公司未来经营和财务状况等信息，应当合理、谨慎、客观。

2.7 上市公司和相关信息披露义务人披露信息，应当内容完整、文件齐备，格式符合规定要求，不得有重大遗漏。

2.8 上市公司和相关信息披露义务人应当关注公共媒体（包括主要网站）关于本公司的报道，以及本公司股票及其衍生品种的交易情况，及时向有关方面核实相关情况，在规定期限内如实回复本所就上述事项提出的问询，并按照本规则规定和本所要求及时就相关情况作出公告，不得以相关事项存在不确定性或需要保密为由不履行报告和公告义务。

2.9 上市公司和相关信息披露义务人及其董事、监事、高级管理人员和其他内幕信息知情人在信息披露前，应当将该信息的知情者控制在最小范围内，不得泄漏公司内幕信息，不得进行内幕交易或者配合他人操纵公司股票及其衍生品种交易价格。

2.10 上市公司应当按照有关规定，制定和执行信息披露事务管理制度。信息披露事务管理制度经公司董事会审议通过后，应当及时报本所备案并在本所网站披露。

2.11 上市公司应披露的信息包括定期报告和临时报告。

公司在披露信息前，应当按照本规则或者本所要求，在第一时间向本所报送定期报告或者临时报告文稿和相关备查文件。

公告文稿应当使用事实描述性的语言，简明扼要、通俗易懂地说明应披露事件，不得含有宣传、广告、恭维、诋毁等性质的词句。

公告文稿和相关备查文件应当采用中文文本，同时采用外文文本的，应当保证两种文本内容的一致。两种文本发生歧义时，以中文文本为准。

2.12 本所根据有关法律、行政法规、部门规章、其他规范性文件、本规则及本所其他规定，对上市公司和相关信息披露义务人的信息披露文件进行形式审核，对其内容的真实性不承担责任。

本所对定期报告实行事前登记、事后审核；对临时报告依不同情况实行事前审核或者事前登记、事后审核。

定期报告和临时报告出现任何错误、遗漏或者误导的，本所可以要求公司作出说明并公告，公司应当按照本所的要求办理。

2.13 上市公司的定期报告和临时报告以及相关信息披露义务人的公告经本所登记后，应当在中国证监会指定的媒体上披露。

公司和相关信息披露义务人应当保证在指定媒体上披露的文件与本所登记的内容完全一致，未能按照既定日期或已登记内容披露的，应当立即向本所报告。

2.14 上市公司和相关信息披露义务人在其他公共媒体发布的重大信息不得先于指定媒体，不得以新闻发布或者答记者问等其他形式代替信息披露或泄漏未公开重大信息。

公司董事、监事和高级管理人员应当遵守并促使公司遵守前款规定。

2.15 上市公司应当将定期报告和临时报告等信息披露文件和相关备查文件在公告的同时备置于公司住所，供公众查阅。

2.16 上市公司应当配备信息披露所必需的通讯设备，保证对外咨询电话的畅通。

2.17 上市公司拟披露的信息存在不确定性、属于临时性商业秘密或者本所认可的其他情形，及时披露可能损害公司利益或者误导投资者，并且符合以下条件的，上市公司可以向本所申请暂缓披露，说明暂缓披露的理由和期限：

（一）拟披露的信息尚未泄漏；

（二）有关内幕人士已书面承诺保密；

（三）公司股票及其衍生品种的交易未发生异常波动。

经本所同意，公司可以暂缓披露相关信息。暂缓披露的期限一般不超过两个月。

暂缓披露申请未获本所同意，暂缓披露的原因已经消除或者暂缓披露的期限届满的，公司应当及时披露。

2.18 上市公司拟披露的信息属于国家秘密、商业秘密或者本所认可的其他情形，按本规则披露或者履行相关义务可能导致其违反国家有关保密的法律法规或损害公司利益的，可以向本所申请豁免按本规则披露或者履行相关义务。

2.19 上市公司和相关信息披露义务人未在规定期限内回复本所问询、未按照本规则规定和本所要求进行公告的，或者本所认为必要时，本所可以交易所公告的形式向市场说明有关情况。

2.20 上市公司发生的或与之有关的事件没有达到本规则规定的披露标准，或者本规则没有具体规定，但本所或公司董事会认为该事件可能对公司股票及其衍生品种交易价格产生较大影响的，公司应当比照本规则及时披露，且在发生类似事件时，按照同一标准予以披露。

2.21 上市公司对本规则的具体要求有疑问的，可以向本所咨询。

2.22 上市公司股东、实际控制人、收购人等相关信息披露义务人，应当按照有关规定履行信息披露义务，积极配合公司做好信息披露工作，及时告知公司已发生或者拟发生的重大事件，并严格履行所作出的承诺。

2.23 保荐人和证券服务机构为上市公司和相关信息披露义务人的证券业务活动制作、出具保荐书、审计报告、资产评估报告、财务顾问报告、资信评级报告、法律意见书等文件，应当勤勉尽责，对所依据文件资料内容的真实性、准确性、完整性进行核查和验证，所制作、出具的文件不得有虚假记载、误导性陈述或者重大遗漏。

第三章 董事、监事和高级管理人员

第一节 董事、监事和高级管理人员声明与承诺

3.1.1 董事、监事和高级管理人员应当在公司股票首次上市前，新任董事和监事应当在股东大会或者职工代表大会通过相关决议后一个月内，新任高级管理人员应当在董事会通过相关决议后一个月内，签署一式三份《董事（监事、高级管理人员）声明及承诺书》，并向本所和公司董事会备案。

董事、监事和高级管理人员签署《董事（监事、高级管理人员）声明及承诺书》时，应当由律师解释该文件的内容，董事、监事和高级管理人员在充分理解后签字并经律师见证。

董事会秘书应当督促董事、监事和高级管理人员及时签署《董事（监事、高级管理人员）声明及承诺书》，并按照本所规定的途径和方式提交《董事（监事、高级管理人员）声明及承诺书》的书面文件和电子文件。

3.1.2 董事、监事和高级管理人员应当在《董事（监事、高级管理人员）声明及承诺书》中声明：

（一）持有本公司股票的情况；

（二）有无因违反法律、行政法规、部门规章、其他规范性文件、本规则受查处的情况；

（三）参加证券业务培训的情况；

（四）其他任职情况和最近五年的工作经历；

（五）拥有其他国家或者地区的国籍、长期居留权的情况；

（六）本所认为应当声明的其他事项。

3.1.3 董事、监事和高级管理人员应当保证《董事（监事、高级管理人员）声明及承诺书》中声明事项的真实、准确、完整，不存在任何虚假记载、误导性陈述或者重大遗漏。

声明事项发生变化时（持有本公司股票的情况除外），董事、监事和高级管理人员应当自该等事项发生变化之日起五个交易日内，向本所和公司董事会提交有关最新资料。

3.1.4 董事、监事和高级管理人员应当履行以下职责，并在《董事（监事、高级管理人员）声明及承诺书》中作出承诺：

（一）遵守并促使本公司遵守法律、行政法规、部门规章等，履行忠实义务和勤勉义务；

（二）遵守并促使本公司遵守本规则及本所其他规定，接受本所监管；

（三）遵守并促使本公司遵守《公司章程》；

（四）本所认为应当履行的其他职责和应当作出的其他承诺。

监事还应当承诺监督董事和高级管理人员遵守其承诺。

高级管理人员还应当承诺，及时向董事会报告公司经营或者财务等方面出现的可能对公司股票及其衍生品种交易价格产生较大影响的事项。

3.1.5 董事应当履行的忠实义务和勤勉义务包括以下内容：

（一）原则上应当亲自出席董事会会议，以合理的谨慎态度勤勉行事，并对所议事项发表明确意见；因故不能亲自出席董事会会议的，应当审慎地选择受托人：

（二）认真阅读公司各项商务、财务报告和公共传媒有关公司的重大报道，及时了解并持续关注公司业务经营管理状况和公司已经发生的或者可能发生的重大事项及其影响，及时向董事会报告公司经营活动中存在的问题，不得以不直接从事经营管理或者不知悉有关问题

和情况为由推卸责任；

（三）《证券法》、《公司法》有关规定和社会公认的其他忠实义务和勤勉义务。

3.1.6 董事、监事、高级管理人员和上市公司股东买卖公司股票应当遵守《公司法》、《证券法》、中国证监会和本所相关规定及公司章程。

董事、监事和高级管理人员自公司股票上市之日起一年内和离职后半年内，不得转让其所持本公司股份；任职期间拟买卖本公司股票应当根据相关规定提前报本所备案；所持本公司股份发生变动的，应当及时向公司报告并由公司在本所网站公告。

3.1.7 董事、监事、高级管理人员、持有上市公司5%以上股份的股东，将其持有的公司股票在买入后六个月内卖出，或者在卖出后六个月内买入，由此所得收益归公司所有，公司董事会应当收回其所得收益，并及时披露相关情况。

3.1.8 上市公司在发布召开关于选举独立董事的股东大会通知时，应当在公告中表明有关独立董事的议案以本所审核无异议为前提，并将独立董事候选人的有关材料（包括但不限于提名人声明、候选人声明、独立董事履历表）报送本所。

公司董事会对独立董事候选人的有关情况有异议的，应当同时向本所报送董事会的书面意见。

3.1.9 本所在收到前条所述材料后五个交易日内，对独立董事候选人的任职资格和独立性进行审核。对于本所提出异议的独立董事候选人，董事会应当在股东大会上对该独立董事候选人被本所提出异议的情况作出说明，并表明不将其作为独立董事候选人提交股东大会表决。

第二节 董事会秘书

3.2.1 上市公司应当设立董事会秘书，作为公司与本所之间的指定联络人。公司应当设立由董事会秘书负责管理的信息披露事务部门。

3.2.2 董事会秘书应当对上市公司和董事会负责，履行如下职责：

（一）负责公司信息对外公布，协调公司信息披露事务，组织制定公司信息披露事务管理制度，督促公司和相关信息披露义务人遵守信息披露相关规定；

（二）负责投资者关系管理，协调公司与证券监管机构、投资者、证券服务机构、媒体等之间的信息沟通；

（三）组织筹备董事会会议和股东大会会议，参加股东大会会议、董事会会议、监事会会议及高级管理人员相关会议，负责董事会会议记录工作并签字；

（四）负责公司信息披露的保密工作，在未公开重大信息泄露时，及时向本所报告并披露；

（五）关注媒体报道并主动求证报道的真实性，督促公司董事会及时回复本所问询；

（六）组织公司董事、监事和高级管理人员进行相关法律、行政法规、本规则及相关规定的培训，协助前述人员了解各自在信息披露中的职责；

（七）知悉公司董事、监事和高级管理人员违反法律、行政法规、部门规章、其他规范性文件、本规则、本所其他规定和公司章程时，或者公司作出或可能作出违反相关规定的决策时，应当提醒相关人员，并立即向本所报告；

（八）负责公司股权管理事务，保管公司董事、监事、高级管理人员、控股股东及其董事、监事、高级管理人员持有本公司股份的资料，并负责披露公司董事、监事、高级管理人员持股变动情况；

（九）《公司法》、中国证监会和本所要求履行的其他职责。

3.2.3 上市公司应当为董事会秘书履行职责提供便利条件，董事、监事、财务负责人及其他高级管理人员和相关工作人员应当支持、配合董事会秘书的工作。

董事会秘书为履行职责，有权了解公司的财务和经营情况，参加涉及信息披露的有关会议，查阅涉及信息披露的所有文件，并要求公司有关部门和人员及时提供相关资料和信息。

董事会秘书在履行职责的过程中受到不当妨碍或者严重阻挠时，可以直接向本所报告。

3.2.4 董事会秘书应当具备履行职责所必需的财务、管理、法律等专业知识，具有良好的职业道德和个人品质，并取得本所颁发的董事会秘书培训合格证书。具有下列情形之一的人士不得担任董事会秘书：

（一）《公司法》第一百四十七条规定的任何一种情形；

（二）最近三年受到过中国证监会的行政处罚；

（三）最近三年受到过证券交易所公开谴责或者三次以上通报批评；

（四）本公司现任监事；

（五）本所认定不适合担任董事会秘书的其他情形。

3.2.5 上市公司应当在首次公开发行的股票上市后三个月内，或者原任董事会秘书离职后三个月内聘任董事会秘书。

3.2.6 上市公司应当在聘任董事会秘书的董事会会议召开五个交易日之前，向本所报送下述资料：

（一）董事会推荐书，包括被推荐人（候选人）符合本规则规定的董事会秘书任职资格的说明、现任职务和工作表现等内容；

（二）候选人的个人简历和学历证明复印件；

（三）候选人取得的本所颁发的董事会秘书培训合格证书复印件。

本所对董事会秘书候选人任职资格未提出异议的，公司可以召开董事会会议，聘任董事会秘书。

3.2.7 上市公司董事会应当聘任证券事务代表协助董事会秘书履行职责。董事会秘书不能履行职责或董事会秘书授权时，证券事务代表应当代为履行职责。在此期间，并不当然免除董事会秘书对公司信息披露事务所负有的责任。

证券事务代表应当取得本所颁发的董事会秘书培训合格证书。

3.2.8 上市公司董事会聘任董事会秘书和证券事务代表后，应当及时公告并向本所提交下述资料：

（一）董事会秘书、证券事务代表聘任书或者相关董事会决议；

（二）董事会秘书、证券事务代表的通讯方式，包括办公电话、住宅电话、移动电话、传真、通信地址及专用电子邮箱地址等；

（三）公司法定代表人的通讯方式，包括办公电话、移动电话、传真、通信地址及专用电子邮箱地址等。

上述通讯方式发生变更时，公司应当及时向本所提交变更后的资料。

3.2.9 上市公司解聘董事会秘书应当有充分的理由，不得无故将其解聘。

董事会秘书被解聘或者辞职时，公司应当及时向本所报告，说明原因并公告。

董事会秘书有权就被公司不当解聘或者与辞职有关的情况，向本所提交个人陈述报告。

3.2.10 董事会秘书具有下列情形之一的，上市公司应当自相关事实发生之日起一个月内将其解聘：

（一）第3.2.4条规定的任何一种情形；

（二）连续三个月以上不能履行职责；

（三）在履行职责时出现重大错误或者疏漏，给投资者造成重大损失；

（四）违反法律、行政法规、部门规章、其他规范性文件、本规则、本所其他规定和公司章程等，给投资者造成重大损失。

3.2.11　上市公司在聘任董事会秘书时，应当与其签订保密协议，要求董事会秘书承诺在任职期间以及离任后，持续履行保密义务直至有关信息披露为止，但涉及公司违法违规行为的信息不属于前述应当予以保密的范围。

董事会秘书离任前，应当接受董事会和监事会的离任审查，在监事会的监督下移交有关档案文件、正在办理的事项以及其他待办理事项。

3.2.12　董事会秘书被解聘或者辞职后，在未履行报告和公告义务，或者未完成离任审查、档案移交等手续前，仍应承担董事会秘书的责任。

3.2.13　董事会秘书空缺期间，上市公司应当及时指定一名董事或者高级管理人员代行董事会秘书的职责，并报本所备案，同时尽快确定董事会秘书的人选。公司指定代行董事会秘书职责的人员之前，由公司法定代表人代行董事会秘书职责。

董事会秘书空缺时间超过三个月的，公司法定代表人应当代行董事会秘书职责，直至公司聘任新的董事会秘书。

3.2.14　上市公司应当保证董事会秘书在任职期间按要求参加本所组织的董事会秘书后续培训。

3.2.15　本所接受董事会秘书、第3.2.13条规定的代行董事会秘书职责的人员或者证券事务代表以上市公司名义办理的信息披露与股权管理事务。

第四章　保　荐　人

4.1　本所实行股票和可转换公司债券（含分离交易的可转换公司债券）的上市保荐制度。发行人（上市公司）向本所申请其首次公开发行的股票、上市后发行的新股和可转换公司债券在本所上市，以及公司股票被暂停上市后申请恢复上市的，应当由保荐人保荐。

保荐人应当为经中国证监会注册登记并列入保荐人名单，同时具有本所会员资格的证券经营机构；恢复上市保荐人还应当具有中国证券业协会《证券公司从事代办股份转让主办券商业务资格管理办法（试行）》中规定的从事代办股份转让主办券商业务资格。

4.2　保荐人应当与发行人签订保荐协议，明确双方在发行人申请上市期间、申请恢复上市期间和持续督导期间的权利和义务。保荐协议应当约定保荐人审阅发行人信息披露文件的时点。

首次公开发行股票的，持续督导的期间为股票上市当年剩余时间及其后两个完整会计年度；发行新股、可转换公司债券的，持续督导的期间为股票或者可转换公司债券上市当年剩余时间及其后一个完整会计年度；申请恢复上市的，持续督导期间为股票恢复上市当年剩余时间及其后一个完整会计年度。持续督导的期间自股票或者可转换公司债券上市之日起计算。

4.3　保荐人应当在签订保荐协议时指定两名保荐代表人具体负责保荐工作，并作为保荐人与本所之间的指定联络人。

保荐代表人应当为经中国证监会注册登记并列入保荐代表人名单的自然人。

4.4　保荐人保荐股票或者可转换公司债券上市（股票恢复上市除外）时，应当向本所提交上市保荐书、保荐协议、保荐人和相关保荐代表人已经中国证监会注册登记并列入保荐人和保荐代表人名单的证明文件、保荐人向保荐代表人出具的由保荐人法定代表人签名的授权书，以及与上市保荐工作有关的其他文件。

保荐人保荐股票恢复上市时应当提交的文件及其内容，按照本规则第十四章第二节的有关规定执行。

4.5　前条所述上市保荐书应当包括以下内容：

（一）发行股票、可转换公司债券的公司概况；

（二）申请上市的股票、可转换公司债券的发行情况；

（三）保荐人是否存在可能影响其公正履行保荐职责的情形的说明；

（四）保荐人按照有关规定应当承诺的事项；

（五）对公司持续督导工作的安排；

（六）保荐人和相关保荐代表人的联系地址、电话和其他通讯方式；

（七）保荐人认为应当说明的其他事项；

（八）本所要求的其他内容。

上市保荐书应当由保荐人的法定代表人（或者授权代表）和相关保荐代表人签字，注明日期并加盖保荐人公章。

4.6　保荐人应当督导发行人按照本规则的规定履行信息披露及其他相关义务，督导发行人及其董事、监事和高级管理人员遵守本规则并履行向本所作出的承诺，审阅发行人信息披露文件和向本所提交的其他文件，并保证向本所提交的与保荐工作相关的文件的真实、准确、完整。

4.7　保荐人应当在发行人向本所报送信息披露文件及其他文件之前，或者履行信息披露义务后五个交易日内，完成对有关文件的审阅工作，督促发行人及时更正审阅中发现的问题，并向本所报告。

4.8　保荐人履行保荐职责发表的意见应当及时告知发行人，记录于保荐工作档案。

发行人应当配合保荐人和保荐代表人的工作。

4.9　保荐人在履行保荐职责期间有充分理由确信发行人可能存在违反本规则规定的行为的，应当督促发行人作出说明并限期纠正；情节严重的，应当向本所报告。

保荐人按照有关规定对发行人违法违规事项公开发表声明的，应当于披露前向本所报告，经本所审核后在指定媒体上公告。本所对上述公告进行形式审核，对其内容的真实性不承担责任。

4.10　保荐人有充分理由确信证券服务机构及其签名人员按本规则规定出具的专业意见可能存在虚假记载、误导性陈述或重大遗漏等违法违规情形或者其他不当情形的，应当及时发表意见；情节严重的，应当向本所报告。

4.11　保荐人更换保荐代表人的，应当通知发行人，并及时向本所报告，说明原因并提供新更换的保荐代表人的相关资料。发行人应当在收到通知后及时披露保荐代表人变更事宜。

4.12　保荐人和发行人终止保荐协议的，应当及时向本所报告，说明原因并由发行人发布公告。

发行人另行聘请保荐人的，应当及时向本所报告并公告。新聘请的保荐人应当及时向本所提交第4.4条规定的有关文件。

4.13　保荐人应当自持续督导工作结束后十个交易日内向本所报送保荐总结报告书。

4.14　保荐人、相关保荐代表人和保荐工作其他参与人员不得利用从事保荐工作期间获得的发行人尚未披露的信息进行内幕交易，为自己或者他人谋取利益。

第五章　股票和可转换公司债券上市

第一节　首次公开发行股票并上市

5.1.1　发行人首次公开发行股票后申请其股票在本所上市，应当符合下列条件：

（一）股票经中国证监会核准已公开发行；

（二）公司股本总额不少于人民币五千万元；

（三）公开发行的股份达到公司股份总数的25%以上；公司股本总额超过人民币四亿元的，公开发行股份的比例为10%以上；

（四）公司最近三年无重大违法行为，财务会计报告无虚假记载；

（五）本所要求的其他条件。

5.1.2　发行人首次公开发行股票的申请获得中国证监会核准发行后，应当及时向本所提出股票上市申请，并提交下列文件：

（一）上市申请书；

（二）中国证监会核准其股票首次公开发行的文件；

（三）有关本次发行上市事宜的董事会和股东大会决议；

（四）营业执照复印件；

（五）公司章程；

（六）经具有执行证券、期货相关业务资格的会计师事务所审计的发行人最近三年的财务会计报告；

（七）首次公开发行结束后发行人全部股票已经中国证券登记结算有限责任公司上海分公司（以下简称“登记公司”）托管的证明文件；

（八）首次公开发行结束后，具有执行证券、期货相关业务资格的会计师事务所出具的验资报告；

（九）关于董事、监事和高级管理人员持有本公司股份的情况说明和《董事（监事、高级管理人员）声明及承诺书》；

（十）发行人拟聘任或者已聘任的董事会秘书的有关资料；

（十一）首次公开发行后至上市前，按规定新增的财务资料和有关重大事项的说明（如适用）；

（十二）首次公开发行前已发行股份持有人，自发行人股票上市之日起一年内持股锁定证明；

（十三）第5.1.5条所述承诺函；

（十四）最近一次的招股说明书和经中国证监会审核的全套发行申报材料；

（十五）按照有关规定编制的上市公告书；

（十六）保荐协议和保荐人出具的上市保荐书；

（十七）律师事务所出具的法律意见书；

（十八）本所要求的其他文件。

5.1.3　发行人及其董事、监事、高级管理人员应当保证向本所提交的上市申请文件真实、准确、完整，不存在虚假记载、误导性陈述或者重大遗漏。

5.1.4 发行人首次公开发行股票前已发行的股份，自发行人股票上市之日起一年内不得转让。

5.1.5 发行人向本所申请其首次公开发行股票上市时，控股股东和实际控制人应当承诺：自发行人股票上市之日起三十六个月内，不转让或者委托他人管理其直接和间接持有的发行人首次公开发行股票前已发行股份，也不由发行人回购该部分股份。

但转让双方存在控制关系，或者均受同一实际控制人控制的，自发行人股票上市之日起一年后，经控股股东和实际控制人申请并经本所同意，可豁免遵守前款承诺。

发行人应当在上市公告书中披露上述承诺。

5.1.6 本所在收到发行人提交的第5.1.2条所列全部上市申请文件后七个交易日内，作出是否同意上市的决定并通知发行人。出现特殊情况时，本所可以暂缓作出是否同意上市的决定。

5.1.7 本所设立上市委员会对上市申请进行审议，作出独立的专业判断并形成审核意见。本所根据上市审核委员会的审核意见，作出是否同意上市的决定。

第5.1.1条所列第（一）至第（四）项条件为在本所上市的必备条件，本所并不保证发行人符合上述条件时，其上市申请一定能够获得本所同意。

5.1.8 发行人应当于其股票上市前五个交易日内，在指定媒体或者本所网站上披露下列文件：

（一）上市公告书；

（二）公司章程；

（三）上市保荐书；

（四）法律意见书；

（五）本所要求的其他文件。

上述文件应当备置于公司住所，供公众查阅。

发行人在提出上市申请期间，未经本所同意，不得擅自披露与上市有关的信息。

第二节 上市公司发行股票和可转换公司债券的上市

5.2.1 上市公司向本所申请办理公开发行股票或可转换公司债券发行事宜时，应当提交下列文件：

（一）中国证监会的核准文件；

（二）经中国证监会审核的全部发行申报材料；

（三）发行的预计时间安排；

（四）发行具体实施方案和发行公告；

（五）相关招股意向书或者募集说明书；

（六）本所要求的其他文件。

5.2.2 上市公司应当按照中国证监会有关规定，编制并披露涉及公开发行股票或可转换公司债券的相关公告。

5.2.3 发行结束后，上市公司可以向本所申请公开发行股票或可转换公司债券上市。

5.2.4 上市公司申请可转换公司债券在本所上市，应当符合下列条件：

（一）可转换公司债券的期限为一年以上；

（二）可转换公司债券实际发行额不少于人民币五千万元；

（三）申请上市时仍符合法定的可转换公司债券发行条件。

5.2.5 上市公司向本所申请公开发行股票或可转换公司债券的上市，应当在股票或可转换公司债券上市前五个交易日向本所提交下列文件：

（一）上市申请书；

（二）有关本次发行上市事宜的董事会和股东大会决议；

（三）按照有关规定编制的上市公告书；

（四）保荐协议和保荐人出具的上市保荐书；

（五）发行结束后经具有执行证券、期货相关业务资格的会计师事务所出具的验资报告；

（六）登记公司对新增股份或可转换公司债券登记托管的书面确认文件；

（七）董事、监事和高级管理人员持股情况变动的报告（适用于新股上市）；

（八）本所要求的其他文件。

5.2.6 上市公司应当在公开发行股票或可转换公司债券上市前五个交易日内，在指定媒体上披露下列文件和事项：

（一）上市公告书；

（二）本所要求的其他文件和事项。

5.2.7 上市公司非公开发行股票的限售期届满，申请非公开发行股票上市时，应当在上市前五个交易日向本所提交下列文件：

（一）上市申请书；

（二）发行结果的公告；

（三）发行股份的托管证明；

（四）关于向特定对象发行股份的说明；

（五）上市提示性公告；

（六）本所要求的其他文件。

5.2.8 上市公司非公开发行股票上市申请获得本所同意后，应当在上市前三个交易日内披露上市提示性公告。上市提示性公告应当包括非公开发行股票的上市时间、上市数量、发行价格、发行对象等内容。

第三节　有限售条件的股份上市

5.3.1 上市公司有限售条件的股份上市，应当在上市前五个交易日以书面形式向本所提出上市申请。

5.3.2 上市公司申请公开发行前已发行股份的上市，应当向本所提交下列文件：

（一）上市申请书；

（二）有关股东的持股情况说明及托管情况；

（三）有关股东作出的限售承诺及其履行情况的说明（如有）；

（四）上市提示性公告；

（五）本所要求的其他文件。

5.3.3 经本所同意后，上市公司应当在有关股份上市前三个交易日披露上市提示性公告。上市提示性公告应当包括以下内容：

（一）上市时间和数量；

（二）有关股东所作出的限售承诺及其履行情况；

（三）本所要求的其他内容。

5.3.4 上市公司申请股权分置改革后有限售条件的股份上市，应当参照第5.3.2条、第

5.3.3 条规定执行，本所另有规定的，从其规定。

5.3.5 上市公司申请向证券投资基金、法人、战略投资者配售的股份上市，应当向本所提交下列文件：

（一）上市申请书；

（二）配售结果的公告；

（三）配售股份的托管证明；

（四）关于向证券投资基金、法人、战略投资者配售股份的说明；

（五）上市提示性公告；

（六）本所要求的其他文件。

5.3.6 经本所同意后，上市公司应当在配售的股份上市前三个交易日内披露上市提示性公告。上市提示性公告应当包括以下内容：

（一）配售股份的上市时间；

（二）配售股份的上市数量；

（三）配售股份的发行价格；

（四）公司历次股份变动情况。

5.3.7 上市公司申请对其有关股东以及（原）董事、监事和高级管理人员所持本公司股份解除锁定时，应当向本所提交下列文件：

（一）持股解锁申请；

（二）全部或者部分解除锁定的理由和相关证明文件（如适用）；

（三）上市提示性公告；

（四）本所要求的其他文件。

5.3.8 上市公司申请其内部职工股上市时，应当向本所提交下列文件：

（一）上市申请书；

（二）中国证监会关于内部职工股上市时间的批文；

（三）有关内部职工股持股情况的说明及其托管证明；

（四）董事、监事和高级管理人员持有内部职工股有关情况的说明；

（五）内部职工股上市提示性公告；

（六）本所要求的其他文件。

5.3.9 经本所同意后，上市公司应当在内部职工股上市前三个交易日内披露上市提示性公告。上市提示性公告应当包括以下内容：

（一）上市日期；

（二）本次上市的股份数量以及董事、监事和高级管理人员持有的数量；

（三）发行价格；

（四）历次股份变动情况；

（五）持有内部职工股的人数。

5.3.10 上市公司向本所申请其他有限售条件的股份上市流通，参照本章相关规定执行。

第六章 定期报告

6.1 上市公司定期报告包括年度报告、中期报告和季度报告。

公司应当在法律、行政法规、部门规章、其他规范性文件以及本规则规定的期限内完成编制并披露定期报告。其中，年度报告应当在每个会计年度结束之日起四个月内，中期报告应当在每个会计年度的上半年结束之日起两个月内，季度报告应当在每个会计年度前三个月、九个月结束后的一个月内编制完成并披露。第一季度季度报告的披露时间不得早于上一年度年度报告的披露时间。

公司预计不能在规定期限内披露定期报告的，应当及时向本所报告，并公告不能按期披露的原因、解决方案以及延期披露的最后期限。

6.2 上市公司应当向本所预约定期报告的披露时间，本所根据均衡披露原则统筹安排各公司定期报告的披露顺序。

公司应当按照本所安排的时间办理定期报告披露事宜。因故需要变更披露时间的，应当提前五个交易日向本所提出书面申请，说明变更的理由和变更后的披露时间，本所视情形决定是否予以调整。本所原则上只接受一次变更申请。

6.3 上市公司董事会应当确保公司按时披露定期报告。因故无法形成董事会审议定期报告的决议的，公司应当以董事会公告的形式对外披露相关情况，说明无法形成董事会决议的原因和存在的风险。

公司不得披露未经董事会审议通过的定期报告。

6.4 上市公司董事会应当按照中国证监会和本所关于定期报告的有关规定，组织有关人员安排落实定期报告的编制和披露工作。

公司经理、财务负责人、董事会秘书等高级管理人员应当及时编制定期报告草案；董事会秘书负责送达董事、监事、高级管理人员审阅；董事长负责召集和主持董事会会议审议定期报告。

公司董事、高级管理人员应当对定期报告签署书面确认意见，明确表示是否同意定期报告的内容；监事会应当对董事会编制的定期报告进行审核，以监事会决议的形式说明定期报告编制和审核程序是否符合相关规定，内容是否真实、准确、完整。董事、高级管理人员不得以任何理由拒绝对定期报告签署书面意见。

为公司定期报告出具审计意见的会计师事务所，应当严格按照注册会计师执业准则及相关规定，及时恰当发表审计意见，不得无故拖延审计工作而影响定期报告的按时披露。

6.5 上市公司年度报告中的财务会计报告应当经具有执行证券、期货相关业务资格的会计师事务所审计。中期报告中的财务会计报告可以不经审计，但公司有下列情形之一的，应当审计：

（一）拟在下半年进行利润分配、以公积金转增股本、弥补亏损；

（二）根据中国证监会或者本所有关规定应当进行审计的其他情形。

季度报告中的财务资料无须审计，但中国证监会和本所另有规定的除外。

6.6 上市公司应当在董事会审议通过定期报告后，及时向本所报送并提交下列文件：

（一）定期报告全文及摘要（或正文）；

（二）审计报告原件（如适用）；

（三）董事会和监事会决议及其公告文稿；

（四）按本所要求制作的载有定期报告和财务数据的电子文件；

（五）本所要求的其他文件。

6.7 定期报告披露前出现业绩提前泄漏，或者因业绩传闻导致公司股票及其衍生品种交易异常波动的，上市公司应当及时披露本报告期相关财务数据（无论是否已经审计），包括营业收入、营业利润、利润总额、净利润、总资产、净资产、每股收益、每股净资产和净资产收益率等主要财务数据和指标。

6.8 按照《公开发行证券的公司信息披露编报规则第14号——非标准无保留审计意见及其涉及事项的处理》的规定，上市公司财务会计报告被会计师事务所出具非标准无保留审计意见的，公司在报送定期报告的同时，应当向本所提交下列文件：

（一）董事会针对该审计意见涉及事项所做的专项说明，审议此专项说明的董事会决议和决议所依据的材料；

（二）独立董事对审计意见涉及事项所发表的意见；

（三）监事会对董事会专项说明的意见和相关决议；

（四）负责审计的会计师事务所和注册会计师出具的专项说明；

（五）中国证监会和本所要求的其他文件。

6.9 负责审计的会计师事务所和注册会计师按照前条规定出具的专项说明应当至少包括以下内容：

（一）出具非标准无保留审计意见的理由和依据；

（二）非标准无保留审计意见涉及事项对报告期内公司财务状况和经营成果的具体影响，若扣除受影响的金额后导致公司盈亏性质发生变化的，应当明确说明；

（三）非标准无保留审计意见涉及事项是否属于明显违反会计准则、制度及相关信息披露规范规定的情形。

6.10 第6.8条所述非标准无保留审计意见涉及事项不属于明显违反会计准则、制度及相关信息披露规范规定的，上市公司董事会应当根据《公开发行证券的公司信息披露编报规则第14号——非标准无保留审计意见及其涉及事项的处理》的规定，在相关定期报告中对该审计意见涉及事项作出详细说明。

6.11 第6.8条所述非标准无保留审计意见涉及事项属于明显违反会计准则、制度及相关信息披露规范规定的，上市公司应当对该事项进行纠正和重新审计，并在本所规定的期限内披露经纠正的财务会计报告和有关审计报告。

公司未在本所规定的期限内披露经纠正的财务会计报告和有关审计报告的，本所将报中国证监会调查处理。

公司对上述事项进行纠正期间不计入本所作出有关决定的期限之内。

6.12 上市公司应当认真对待本所对其定期报告的事后审核意见，及时回复本所的问询，并按要求对定期报告有关内容作出解释和说明。如需披露更正或者补充公告并修改定期报告的，公司应当在履行相应程序后公告，并在本所网站披露修改后的定期报告全文。

6.13 上市公司因已披露的定期报告存在差错或者虚假记载，被有关机关责令改正或者经董事会决定进行更正的，应当立即向本所报告，并在被责令改正或者董事会作出相应决定后，按照中国证监会《公开发行证券的公司信息披露编报规则第19号——财务信息的更正及相关披露》等有关规定，及时予以披露。

6.14 发行可转换公司债券的上市公司，其年度报告和中期报告还应当包括以下内容：

（一）转股价格历次调整的情况，经调整后的最新转股价格；

（二）可转换公司债券发行后累计转股的情况；

（三）前十名可转换公司债券持有人的名单和持有量；

（四）担保人盈利能力、资产状况和信用状况发生重大变化的情况；

（五）公司的负债情况、资信变化情况以及在未来年度偿债的现金安排；

（六）中国证监会和本所规定的其他内容。

第七章　临时报告的一般规定

7.1　上市公司披露的除定期报告之外的其他公告为临时报告。

临时报告的内容涉及本规则第八章、第九章、第十章和第十一章所述重大事项的，其披露要求和相关审议程序在满足本章规定的同时，还应当符合以上各章的规定。

临时报告应当由董事会发布并加盖公司或者董事会公章（监事会决议公告可以加盖监事会公章）。

7.2　上市公司应当及时向本所报送并披露临时报告。临时报告涉及的相关备查文件应当同时在本所网站披露。

7.3　上市公司应当在以下任一时点最先发生时，及时披露相关重大事项：

（一）董事会或者监事会就该重大事项形成决议时；

（二）有关各方就该重大事项签署意向书或者协议（无论是否附加条件或期限）时；

（三）任何董事、监事或者高级管理人员知道或应当知道该重大事项时。

7.4　重大事项尚处于筹划阶段，但在前条所述有关时点发生之前出现下列情形之一的，上市公司应当及时披露相关筹划情况和既有事实：

（一）该重大事项难以保密；

（二）该重大事项已经泄露或者市场出现传闻；

（三）公司股票及其衍生品种的交易发生异常波动。

7.5　上市公司根据第7.3条、第7.4条的规定披露临时报告后，还应当按照下述规定持续披露重大事项的进展情况：

（一）董事会、监事会或者股东大会就该重大事项形成决议的，及时披露决议情况；

（二）公司就该重大事项与有关当事人签署意向书或者协议的，及时披露意向书或者协议的主要内容；上述意向书或者协议的内容或履行情况发生重大变化或者被解除、终止的，及时披露发生重大变化或者被解除、终止的情况和原因；

（三）该重大事项获得有关部门批准或者被否决的，及时披露批准或者否决的情况；

（四）该重大事项出现逾期付款情形的，及时披露逾期付款的原因和付款安排；

（五）该重大事项涉及的主要标的物尚未交付或者过户的，及时披露交付或者过户情况；超过约定交付或者过户期限三个月仍未完成交付或者过户的，及时披露未如期完成的原因、进展情况和预计完成的时间，并每隔三十日公告一次进展情况，直至完成交付或者过户；

（六）该重大事项发生可能对公司股票及其衍生品种交易价格产生较大影响的其他进展或者变化的，及时披露进展或者变化情况。

7.6　上市公司根据第7.3条或者第7.4条在规定时间内报送的临时报告不符合本规则有关要求的，可以先披露提示性公告，解释未能按要求披露的原因，并承诺在两个交易日内披露符合要求的公告。

7.7　上市公司控股子公司发生的本规则第九章、第十章和第十一章所述重大事项，视同上市公司发生的重大事项，适用前述各章的规定。

上市公司参股公司发生本规则第九章和第十一章所述重大事项，或者与上市公司的关联人进行第10.1.1条提及的各类交易，可能对上市公司股票及其衍生品种交易价格产生较大影响的，上市公司应当参照上述各章的规定，履行信息披露义务。

第八章 董事会、监事会和股东大会决议

第一节 董事会和监事会决议

8.1.1 上市公司召开董事会会议，应当在会议结束后及时将董事会决议（包括所有提案均被否决的董事会决议）报送本所。董事会决议应当经与会董事签字确认。

本所要求提供董事会会议记录的，公司应当按要求提供。

8.1.2 董事会决议涉及须经股东大会表决的事项，或者本规则第六章、第九章、第十章和第十一章所述重大事项的，上市公司应当及时披露；涉及其他事项的董事会决议，本所认为有必要的，公司也应当及时披露。

8.1.3 董事会决议涉及的本规则第六章、第九章、第十章和第十一章所述重大事项，需要按照中国证监会有关规定或者本所制定的公告格式指引进行公告的，上市公司应当分别披露董事会决议公告和相关重大事项公告。

8.1.4 董事会决议公告应当包括以下内容：

（一）会议通知发出的时间和方式；

（二）会议召开的时间、地点、方式，以及是否符合有关法律、行政法规、部门规章、其他规范性文件和公司章程的说明；

（三）委托他人出席和缺席的董事人数、姓名、缺席理由和受托董事姓名；

（四）每项提案获得的同意、反对和弃权的票数，以及有关董事反对或者弃权的理由；

（五）涉及关联交易的，说明应当回避表决的董事姓名、理由和回避情况；

（六）需要独立董事事前认可或者独立发表意见的，说明事前认可情况或者所发表的意见；

（七）审议事项的具体内容和会议形成的决议。

8.1.5 上市公司召开监事会会议，应当在会议结束后及时将监事会决议报送本所，经本所登记后披露监事会决议公告。

监事会决议应当经与会监事签字确认。监事应当保证监事会决议公告内容的真实、准确、完整，没有虚假记载、误导性陈述或重大遗漏。

8.1.6 监事会决议公告应当包括以下内容：

（一）会议召开的时间、地点、方式，以及是否符合有关法律、行政法规、部门规章、其他规范性文件和公司章程的说明；

（二）委托他人出席和缺席的监事人数、姓名、缺席的理由和受托监事姓名；

（三）每项提案获得的同意、反对和弃权的票数，以及有关监事反对或者弃权的理由；

（四）审议事项的具体内容和会议形成的决议。

第二节 股东大会决议

8.2.1 召集人应当在年度股东大会召开二十日之前，或者临时股东大会召开十五日之前，以公告方式向股东发出股东大会通知。

股东大会通知中应当列明会议召开的时间、地点、方式，以及会议召集人和股权登记日等事项，并充分、完整地披露所有提案的具体内容。召集人还应当同时在本所网站上披露有助于股东对拟讨论的事项作出合理判断所必需的其他资料。

8.2.2 召集人应当在股东大会结束后，及时将股东大会决议公告文稿、股东大会决议和法律意见书报送本所，经本所同意后披露股东大会决议公告。

本所要求提供股东大会会议记录的，召集人应当按要求提供。

8.2.3 发出股东大会通知后，无正当理由，股东大会不得延期或者取消，股东大会通知中列明的提案不得取消。一旦出现延期或者取消的情形，召集人应当在原定召开日前至少两个交易日发布通知，说明延期或者取消的具体原因。延期召开股东大会的，还应当在通知中说明延期后的召开日期。

8.2.4 股东大会召开前股东提出临时提案的，召集人应当在规定时间内发布股东大会补充通知，披露提出临时提案的股东姓名或名称、持股比例和临时提案的内容。

8.2.5 股东自行召集股东大会的，应当书面通知董事会并向本所备案。

在股东大会决议公告前，召集股东持股比例不得低于10%，召集股东应当在发布股东大会通知前向本所申请在上述期间锁定其持有的全部或者部分股份。

8.2.6 股东大会会议期间发生突发事件导致会议不能正常召开的，召集人应当立即向本所报告，说明原因并披露相关情况，以及律师出具的专项法律意见书。

8.2.7 股东大会决议公告应当包括以下内容：

（一）会议召开的时间、地点、方式、召集人和主持人，以及是否符合有关法律、行政法规、部门规章、其他规范性文件和公司章程的说明；

（二）出席会议的股东（代理人）人数、所持（代理）股份及其占上市公司有表决权股份总数的比例；未完成股权分置改革的上市公司还应当披露流通股股东和非流通股股东出席会议的情况；

（三）每项提案的表决方式、表决结果；未完成股权分置改革的上市公司还应当披露分别统计的流通股股东及非流通股股东表决情况；涉及股东提案的，应当列明提案股东的姓名或者名称、持股比例和提案内容；涉及关联交易事项的，应当说明关联股东回避表决的情况；未完成股权分置改革的上市公司涉及需要流通股股东单独表决的提案，应当专门作出说明；

发行境内上市外资股或同时有证券在境外证券交易所上市的上市公司，还应当说明发出股东大会通知的情况、内资股股东和外资股股东分别出席会议及表决情况；

（四）法律意见书的结论性意见。若股东大会出现否决提案的，应当披露法律意见书全文。

8.2.8 股东大会上不得向股东通报、泄漏未曾披露的重大事项。

第九章　应当披露的交易

9.1 本章所称“交易”包括下列事项：

（一）购买或者出售资产；

（二）对外投资（含委托理财、委托贷款等）；

（三）提供财务资助；

（四）提供担保；

（五）租入或者租出资产；

（六）委托或者受托管理资产和业务；

（七）赠与或者受赠资产；

（八）债权、债务重组；

（九）签订许可使用协议；

（十）转让或者受让研究与开发项目；

（十一）本所认定的其他交易。

上述购买或者出售资产，不包括购买原材料、燃料和动力，以及出售产品、商品等与日常经营相关的资产购买或者出售行为，但资产置换中涉及到的此类资产购买或者出售行为，仍包括在内。

9.2 上市公司发生的交易（提供担保除外）达到下列标准之一的，应当及时披露：

（一）交易涉及的资产总额（同时存在账面值和评估值的，以高者为准）占上市公司最近一期经审计总资产的10%以上；

（二）交易的成交金额（包括承担的债务和费用）占上市公司最近一期经审计净资产的10%以上，且绝对金额超过1 000万元；

（三）交易产生的利润占上市公司最近一个会计年度经审计净利润的10%以上，且绝对金额超过100万元；

（四）交易标的（如股权）在最近一个会计年度相关的营业收入占上市公司最近一个会计年度经审计营业收入的10%以上，且绝对金额超过1 000万元；

（五）交易标的（如股权）在最近一个会计年度相关的净利润占上市公司最近一个会计年度经审计净利润的10%以上，且绝对金额超过100万元。

上述指标涉及的数据如为负值，取其绝对值计算。

9.3 上市公司发生的交易（提供担保、受赠现金资产、单纯减免上市公司义务的债务除外）达到下列标准之一的，除应当及时披露外，还应当提交股东大会审议：

（一）交易涉及的资产总额（同时存在账面值和评估值的，以高者为准）占上市公司最近一期经审计总资产的50%以上；

（二）交易的成交金额（包括承担的债务和费用）占上市公司最近一期经审计净资产的50%以上，且绝对金额超过5 000万元；

（三）交易产生的利润占上市公司最近一个会计年度经审计净利润的50%以上，且绝对金额超过500万元；

（四）交易标的（如股权）在最近一个会计年度相关的营业收入占上市公司最近一个会计年度经审计营业收入的50%以上，且绝对金额超过5 000万元；

（五）交易标的（如股权）在最近一个会计年度相关的净利润占上市公司最近一个会计年度经审计净利润的50%以上，且绝对金额超过500万元。

上述指标涉及的数据如为负值，取绝对值计算。

9.4 上市公司与同一交易方同时发生第9.1条第（二）项至第（四）项以外各项中方向相反的两个相关交易时，应当按照其中单个方向的交易涉及指标中较高者计算披露标准。

9.5 交易标的为公司股权，且购买或者出售该股权将导致上市公司合并报表范围发生变更的，该股权所对应的公司的全部资产总额和营业收入，视为第9.2条和第9.3条所述交易涉及的资产总额和与交易标的相关的营业收入。

9.6 交易仅达到第9.3条第（三）项或者第（五）项标准，且上市公司最近一个会计年度每股收益的绝对值低于0.05元的，公司可以向本所申请豁免适用第9.3条将交易提交股东大会审议的规定。

9.7 交易达到第9.3条规定标准的，若交易标的为公司股权，上市公司应当提供具有执行证券、期货相关业务资格的会计师事务所，按照企业会计准则对交易标的最近一年又一期的财务会计报告出具审计报告，审计截止日距审议该交易事项的股东大会召开日不得超过六个月；若交易标的为股权以外的其他非现金资产，公司应当提供具有执行证券、期货相关业务资格的资产评估事务所出具的评估报告，评估基准日距审议该交易事项的股东大会召开日不得超过一年。

交易虽未达到第9.3条规定的标准，但本所认为有必要的，公司也应当按照前款规定，提供有关会计师事务所或者资产评估事务所的审计或者评估报告。

9.8　上市公司投资设立公司，根据《公司法》第二十六条或者第八十一条可以分期缴足出资额的，应当以协议约定的全部出资额为标准适用第9.2条或者第9.3条的规定。

9.9　上市公司进行“提供财务资助”、“委托理财”等交易时，应当以发生额作为计算标准，并按照交易类别在连续十二个月内累计计算。经累计计算的发生额达到第9.2条或者第9.3条规定标准的，分别适用第9.2条或者第9.3条的规定。

已经按照第9.2条或者第9.3条履行相关义务的，不再纳入相关的累计计算范围。

9.10　上市公司进行“提供担保”、“提供财务资助”、“委托理财”等之外的其他交易时，应当对相同交易类别下标的相关的各项交易，按照连续十二个月内累计计算的原则，分别适用第9.2条或者第9.3条的规定。已经按照第9.2条或者第9.3条履行相关义务的，不再纳入相关的累计计算范围。

除前款规定外，公司发生“购买或者出售资产”交易，不论交易标的是否相关，若所涉及的资产总额或者成交金额在连续十二个月内经累计计算超过公司最近一期经审计总资产30%的，除应当披露并参照第9.7条进行审计或者评估外，还应当提交股东大会审议，并经出席会议的股东所持表决权的三分之二以上通过。

9.11　上市公司发生“提供担保”交易事项，应当提交董事会或者股东大会进行审议，并及时披露。

下述担保事项应当在董事会审议通过后提交股东大会审议：

（一）单笔担保额超过公司最近一期经审计净资产10%的担保；

（二）公司及其控股子公司的对外担保总额，超过公司最近一期经审计净资产50%以后提供的任何担保；

（三）为资产负债率超过70%的担保对象提供的担保；

（四）按照担保金额连续十二个月内累计计算原则，超过公司最近一期经审计总资产30%的担保；

（五）按照担保金额连续十二个月内累计计算原则，超过公司最近一期经审计净资产的50%，且绝对金额超过5 000万元以上；

（六）本所或者公司章程规定的其他担保。

对于董事会权限范围内的担保事项，除应当经全体董事的过半数通过外，还应当经出席董事会会议的三分之二以上董事同意；前款第（四）项担保，应当经出席会议的股东所持表决权的三分之二以上通过。

9.12　上市公司披露交易事项，应当向本所提交下列文件：

（一）公告文稿；

（二）与交易有关的协议或者意向书；

（三）董事会决议、决议公告文稿和独立董事的意见（如适用）；

（四）交易涉及的有权机关的批文（如适用）；

（五）证券服务机构出具的专业报告（如适用）；

（六）本所要求的其他文件。

9.13 上市公司应当根据交易类型，披露下述所有适用其交易的有关内容：

（一）交易概述和交易各方是否存在关联关系的说明；对于按照累计计算原则达到披露标准的交易，还应当简单介绍各单项交易和累计情况；

（二）交易对方的基本情况；

（三）交易标的的基本情况，包括标的的名称、账面值、评估值、运营情况、有关资产上是否存在抵押、质押或者其他第三人权利、是否存在涉及有关资产的重大争议、诉讼或仲裁事项或者查封、冻结等司法措施；

交易标的为股权的，还应当说明该股权对应的公司的基本情况和最近一年又一期的资产总额、负债总额、净资产、营业收入和净利润等财务数据；

出售控股子公司股权导致上市公司合并报表范围变更的，还应当说明上市公司是否存在为该子公司提供担保、委托该子公司理财，以及该子公司占用上市公司资金等方面的情况；如存在，应当披露前述事项涉及的金额、对上市公司的影响和解决措施；

（四）交易标的的交付状态、交付和过户时间；

（五）交易协议其他方面的主要内容，包括成交金额、支付方式（现金、股权、资产置换等）、支付期限或者分期付款的安排、协议生效条件和生效时间以及有效期间等；交易协议有任何形式的附加或者保留条款的，应当予以特别说明；

交易需经股东大会或者有权机关批准的，还应当说明需履行的法定程序和进展情况；

（六）交易定价依据，公司支出款项的资金来源；

（七）公司预计从交易中获得的利益（包括潜在利益），交易对公司本期和未来财务状况及经营成果的影响；

（八）关于交易对方履约能力的分析；

（九）交易涉及的人员安置、土地租赁、债务重组等情况；

（十）关于交易完成后可能产生关联交易的情况的说明；

（十一）关于交易完成后可能产生同业竞争的情况及相关应对措施的说明；

（十二）证券服务机构及其意见；

（十三）本所要求的有助于说明该交易真实情况的其他内容。

9.14 对于担保事项的披露内容，除前条规定外，还应当包括截止披露日上市公司及其控股子公司对外担保总额、上市公司对控股子公司提供担保的总额、上述数额分别占上市公司最近一期经审计净资产的比例。

9.15 对于达到披露标准的担保，如果被担保人于债务到期后十五个交易日内未履行还款义务，或者被担保人出现破产、清算或其他严重影响其还款能力的情形，上市公司应当及时披露。

9.16 上市公司与其合并报表范围内的控股子公司发生的或者上述控股子公司之间发生的交易，除中国证监会和本所另有规定外，免于按照本章规定披露和履行相应程序。

第十章　关联交易

第一节　关联交易和关联人

10.1.1 上市公司的关联交易，是指上市公司或者其控股子公司与上市公司关联人之间发生的转移资源或者义务的事项，包括以下交易：

（一）第9.1条规定的交易事项；

（二）购买原材料、燃料、动力；

（三）销售产品、商品；

（四）提供或者接受劳务；

（五）委托或者受托销售；

（六）在关联人财务公司存贷款；

（七）与关联人共同投资；

（八）其他通过约定可能引致资源或者义务转移的事项。

10.1.2 上市公司的关联人包括关联法人和关联自然人。

10.1.3 具有以下情形之一的法人或其他组织，为上市公司的关联法人：

（一）直接或者间接控制上市公司的法人或其他组织；

（二）由上述第（一）项直接或者间接控制的除上市公司及其控股子公司以外的法人或其他组织；

（三）由第10.1.5条所列上市公司的关联自然人直接或者间接控制的，或者由关联自然人担任董事、高级管理人员的除上市公司及其控股子公司以外的法人或其他组织；

（四）持有上市公司5%以上股份的法人或其他组织；

（五）中国证监会、本所或者上市公司根据实质重于形式原则认定的其他与上市公司有特殊关系，可能导致上市公司利益对其倾斜的法人或其他组织。

10.1.4 上市公司与前条第（二）项所列法人受同一国有资产管理机构控制的，不因此而形成关联关系，但该法人的法定代表人、总经理或者半数以上的董事兼任上市公司董事、监事或者高级管理人员的除外。

10.1.5 具有以下情形之一的自然人，为上市公司的关联自然人：

（一）直接或间接持有上市公司5%以上股份的自然人；

（二）上市公司董事、监事和高级管理人员；

（三）第10.1.3条第（一）项所列关联法人的董事、监事和高级管理人员；

（四）本条第（一）项和第（二）项所述人士的关系密切的家庭成员，包括配偶、年满18周岁的子女及其配偶、父母及配偶的父母、兄弟姐妹及其配偶、配偶的兄弟姐妹、子女配偶的父母；

（五）中国证监会、本所或者上市公司根据实质重于形式原则认定的其他与上市公司有特殊关系，可能导致上市公司利益对其倾斜的自然人。

10.1.6 具有以下情形之一的法人或其他组织或者自然人，视同上市公司的关联人：

（一）根据与上市公司或者其关联人签署的协议或者作出的安排，在协议或者安排生效后，或在未来十二个月内，将具有第10.1.3条或者第10.1.5条规定的情形之一；

（二）过去十二个月内，曾经具有第10.1.3条或者第10.1.5条规定的情形之一。

10.1.7 上市公司董事、监事、高级管理人员、持股5%以上的股东及其一致行动人、实际控制人，应当将其与上市公司存在的关联关系及时告知公司，并由公司报本所备案。

第二节 关联交易的审议程序和披露

10.2.1 上市公司董事会审议关联交易事项时，关联董事应当回避表决，也不得代理其他董事行使表决权。该董事会会议由过半数的非关联董事出席即可举行，董事会会议所作决议须经非关联董事过半数通过。出席董事会会议的非关联董事人数不足三人的，公司应当将交易提交股东大会审议。

前款所称关联董事包括下列董事或者具有下列情形之一的董事：

（一）为交易对方；

（二）为交易对方的直接或者间接控制人；

（三）在交易对方任职，或者在能直接或间接控制该交易对方的法人或其他组织、该交易对方直接或者间接控制的法人或其他组织任职；

（四）为交易对方或者其直接或者间接控制人的关系密切的家庭成员（具体范围参见第10.1.5条第（四）项的规定）；

（五）为交易对方或者其直接或者间接控制人的董事、监事或高级管理人员的关系密切的家庭成员（具体范围参见第10.1.5条第（四）项的规定）；

（六）中国证监会、本所或者上市公司基于实质重于形式原则认定的其独立商业判断可能受到影响的董事。

10.2.2 上市公司股东大会审议关联交易事项时，关联股东应当回避表决。

前款所称关联股东包括下列股东或者具有下列情形之一的股东：

（一）为交易对方；

（二）为交易对方的直接或者间接控制人；

（三）被交易对方直接或者间接控制；

（四）与交易对方受同一法人或其他组织或者自然人直接或间接控制；

（五）因与交易对方或者其关联人存在尚未履行完毕的股权转让协议或者其他协议而使其表决权受到限制和影响的股东；

（六）中国证监会或者本所认定的可能造成上市公司利益对其倾斜的股东。

10.2.3 上市公司与关联自然人发生的交易金额在30万元以上的关联交易（上市公司提供担保除外），应当及时披露。

公司不得直接或者间接向董事、监事、高级管理人员提供借款。

10.2.4 上市公司与关联法人发生的交易金额在300万元以上，且占公司最近一期经审计净资产绝对值0.5%以上的关联交易（上市公司提供担保除外），应当及时披露。

10.2.5 上市公司与关联人发生的交易（上市公司提供担保、受赠现金资产、单纯减免上市公司义务的债务除外）金额在3 000万元以上，且占上市公司最近一期经审计净资产绝对值5%以上的关联交易，除应当及时披露外，还应当比照第9.7条的规定，提供具有执行证券、期货相关业务资格的证券服务机构，对交易标的出具的审计或者评估报告，并将该交易提交股东大会审议。

第10.2.12条所述与日常经营相关的关联交易所涉及的交易标的，可以不进行审计或者评估。

10.2.6 上市公司为关联人提供担保的，不论数额大小，均应当在董事会审议通过后及时披露，并提交股东大会审议。

公司为持股5%以下的股东提供担保的，参照前款规定执行，有关股东应当在股东大会上回避表决。

10.2.7 上市公司与关联人共同出资设立公司，应当以上市公司的出资额作为交易金额，适用第10.2.3条、第10.2.4条或第10.2.5条的规定。

上市公司出资额达到第10.2.5条规定标准，如果所有出资方均全部以现金出资，且按照出资额比例确定各方在所设立公司的股权比例的，可以向本所申请豁免适用提交股东大会审议的规定。

10.2.8 上市公司披露关联交易事项时，应当向本所提交下列文件：

（一）公告文稿；

（二）第9.12条第（二）项至第（五）项所列文件；

（三）独立董事事前认可该交易的书面文件；

（四）独立董事的意见；

（五）本所要求的其他文件。

10.2.9 上市公司披露的关联交易公告应当包括以下内容：

（一）交易概述及交易标的的基本情况；

（二）独立董事的事前认可情况和发表的独立意见；

（三）董事会表决情况（如适用）；

（四）交易各方的关联关系和关联人基本情况；

（五）交易的定价政策及定价依据，成交价格与交易标的账面值或者评估值以及明确、公允的市场价格之间的关系，以及因交易标的的特殊性而需要说明的与定价有关的其他事项；

若成交价格与账面值、评估值或者市场价格差异较大的，应当说明原因；交易有失公允的，还应当披露本次关联交易所产生的利益的转移方向；

（六）交易协议其他方面的主要内容，包括交易成交价格及结算方式，关联人在交易中所占权益的性质和比重，协议生效条件、生效时间和履行期限等；

（七）交易目的及交易对上市公司的影响，包括进行此次关联交易的真实意图和必要性，对公司本期和未来财务状况及经营成果的影响等；

（八）从当年年初至披露日与该关联人累计已发生的各类关联交易的总金额；

（九）第9.13条规定的其他内容；

（十）中国证监会和本所要求的有助于说明交易真实情况的其他内容。

上市公司为关联人和持股5%以下的股东提供担保的，还应当披露第9.14条规定的内容。

10.2.10 上市公司进行“提供财务资助”、“委托理财”等关联交易时，应当以发生额作为披露的计算标准，并按交易类别在连续十二个月内累计计算，经累计计算的发生额达到第10.2.3条、第10.2.4条或者第10.2.5条规定标准的，分别适用以上各条的规定。

已经按照第10.2.3条、第10.2.4条或者第10.2.5条履行相关义务的，不再纳入相关的累计计算范围。

10.2.11 上市公司进行前条之外的其他关联交易时，应当按照以下标准，并按照连续十二个月内累计计算的原则，分别适用第10.2.3条、第10.2.4条或者第10.2.5条的规定：

（一）与同一关联人进行的交易；

（二）与不同关联人进行的交易标的类别相关的交易。

上述同一关联人，包括与该关联人受同一法人或其他组织或者自然人直接或间接控制的，或相互存在股权控制关系；以及由同一关联自然人担任董事或高级管理人员的法人或其他组织。

已经按照第10.2.3条、第10.2.4条或者第10.2.5条履行相关义务的，不再纳入相关的累计计算范围。

10.2.12 上市公司与关联人进行第10.1.1条第（二）项至第（七）项所列日常关联交

易时，按照下述规定进行披露和履行相应审议程序：

（一）已经股东大会或者董事会审议通过且正在执行的日常关联交易协议，如果执行过程中主要条款未发生重大变化的，公司应当在年度报告和中期报告中按要求披露各协议的实际履行情况，并说明是否符合协议的规定；如果协议在执行过程中主要条款发生重大变化或者协议期满需要续签的，公司应当将新修订或者续签的日常关联交易协议，根据协议涉及的总交易金额提交董事会或者股东大会审议，协议没有具体总交易金额的，应当提交股东大会审议；

（二）首次发生的日常关联交易，公司应当与关联人订立书面协议并及时披露，根据协议涉及的总交易金额提交董事会或者股东大会审议，协议没有具体总交易金额的，应当提交股东大会审议；该协议经审议通过并披露后，根据其进行的日常关联交易按照前款规定办理；

（三）每年新发生的各类日常关联交易数量较多，需要经常订立新的日常关联交易协议等，难以按照前项规定将每份协议提交董事会或者股东大会审议的，公司可以在披露上一年度报告之前，按类别对本公司当年度将发生的日常关联交易总金额进行合理预计，根据预计结果提交董事会或者股东大会审议并披露；对于预计范围内的日常关联交易，公司应当在年度报告和中期报告中予以分类汇总披露。公司实际执行中超出预计总金额的，应当根据超出量重新提请董事会或者股东大会审议并披露。

10.2.13　日常关联交易协议的内容应当至少包括定价原则和依据、交易价格、交易总量或者明确具体的总量确定方法、付款时间和方式等主要条款。

协议未确定具体交易价格而仅说明参考市场价格的，公司在按照前条规定履行披露义务时，应当同时披露实际交易价格、市场价格及其确定方法、两种价格存在差异的原因。

10.2.14　上市公司与关联人签订的日常关联交易协议期限超过三年的，应当每三年根据本章的规定重新履行相关审议程序和披露义务。

10.2.15　上市公司与关联人因一方参与公开招标、公开拍卖等行为所导致的关联交易，公司可以向本所申请豁免按照关联交易的方式进行审议和披露。

10.2.16 上市公司与关联人进行的下述交易，可以免予按照关联交易的方式进行审议和披露：

（一）一方以现金方式认购另一方公开发行的股票、公司债券或企业债券、可转换公司债券或者其他衍生品种；

（二）一方作为承销团成员承销另一方公开发行的股票、公司债券或企业债券、可转换公司债券或者其他衍生品种；

（三）一方依据另一方股东大会决议领取股息、红利或者报酬；

（四）本所认定的其他交易。

10.2.17　上市公司与关联人进行交易时涉及的披露和审议程序，本章没有规定的，适用本规则第九章的规定。

第十一章　其他重大事项

第一节　重大诉讼和仲裁

11.1.1　上市公司应当及时披露涉案金额超过 1 000 万元，并且占公司最近一期经审计净资产绝对值 10% 以上的重大诉讼、仲裁事项。

未达到前款标准或者没有具体涉案金额的诉讼、仲裁事项，董事会基于案件特殊性认为可能对公司股票及其衍生品种交易价格产生较大影响，或者本所认为有必要的，以及涉及股东大会、董事会决议被申请撤销或者宣告无效的诉讼，公司也应当及时披露。

11.1.2 上市公司连续十二个月内发生的诉讼和仲裁事项涉案金额累计达到第11.1.1条所述标准的，适用该条规定。

已经按照第11.1.1条规定履行披露义务的，不再纳入累计计算范围。

11.1.3 上市公司披露重大诉讼、仲裁事项时，应当向本所提交下列文件：

（一）公告文稿；

（二）诉状或者仲裁申请书、受理（应诉）通知书；

（三）判决或者裁决书；

（四）本所要求的其他材料。

11.1.4 上市公司关于重大诉讼、仲裁事项的公告应当包括以下内容：

（一）案件受理情况和基本案情；

（二）案件对公司本期利润或者期后利润的影响；

（三）公司及控股子公司是否还存在尚未披露的其他诉讼、仲裁事项；

（四）本所要求的其他内容。

11.1.5 上市公司应当及时披露重大诉讼、仲裁事项的重大进展情况及其对公司的影响，包括但不限于诉讼案件的初审和终审判决结果、仲裁裁决结果以及判决、裁决执行情况等。

第二节 变更募集资金投资项目

11.2.1 上市公司拟变更募集资金投资项目的，应当在董事会形成相关决议后及时披露，并将该事项提交股东大会审议。

11.2.2 上市公司办理变更募集资金投资项目披露事宜，应当向本所提交下列文件：

（一）公告文稿；

（二）董事会决议和决议公告文稿；

（三）独立董事对变更募集资金投资项目的意见；

（四）监事会对变更募集资金投资项目的意见；

（五）保荐人对变更募集资金投资项目的意见（如适用）；

（六）关于变更募集资金投资项目的说明；

（七）新项目的合作意向书或者协议；

（八）新项目立项机关的批文；

（九）新项目的可行性研究报告；

（十）相关证券服务机构的报告；

（十一）终止原项目的协议；

（十二）本所要求的其他文件。

公司应当根据新项目的具体情况，向本所提供上述第（七）项至第（十一）项所述全部或者部分文件。

11.2.3 上市公司变更募集资金投资项目的公告应当包括以下内容：

（一）原项目基本情况及变更的具体原因；

（二）新项目的基本情况、市场前景和风险提示；

（三）新项目已经取得或者尚待取得有权机关审批的说明（如适用）；

（四）有关募集资金投资项目变更尚需提交股东大会审议的相关说明；

（五）本所要求的其他内容。

新项目涉及购买资产或者对外投资等事项的，还应当比照本规则的相关规定进行披露。

第三节 业绩预告、业绩快报和盈利预测

11.3.1 上市公司预计年度经营业绩将出现下列情形之一的，应当在会计年度结束后一个月内进行业绩预告，预计中期和第三季度业绩将出现下列情形之一的，可以进行业绩预告：

（一）净利润为负值；

（二）净利润与上年同期相比上升或者下降50%以上；

（三）实现扭亏为盈。

11.3.2 上市公司出现第11.3.1条第（二）项情形，且以每股收益作为比较基数较小的，经本所同意可以豁免进行业绩预告：

（一）上一期年度报告每股收益绝对值低于或等于0.05元；

（二）上一期中期报告每股收益绝对值低于或等于0.03元；

（三）上一期年初至第三季度报告期末每股收益绝对值低于或等于0.04元。

11.3.3 上市公司披露业绩预告后，又预计本期业绩与已披露的业绩预告情况差异较大的，应当及时刊登业绩预告更正公告。业绩预告更正公告应当包括以下内容：

（一）预计的本期业绩情况；

（二）预计的本期业绩与已披露的业绩预告存在的差异及造成差异的原因；

（三）董事会的致歉说明和对公司内部责任人的认定情况；

（四）关于公司股票可能被实施或者撤销特别处理、暂停上市、恢复上市或者终止上市的说明（如适用）。

根据注册会计师预审计结果进行业绩预告更正的，还应当说明公司与注册会计师是否存在分歧及分歧所在。

11.3.4 上市公司披露业绩预告或者业绩预告更正公告，应当向本所提交下列文件：

（一）公告文稿；

（二）董事会的有关说明；

（三）注册会计师对公司作出业绩预告或者更正其业绩预告的依据及过程是否适当和审慎的意见（如适用）；

（四）本所要求的其他文件。

11.3.5 上市公司可以在年度报告和中期报告披露前发布业绩快报，披露本期及上年同期营业收入、营业利润、利润总额、净利润、总资产、净资产、每股收益、每股净资产和净资产收益率等主要财务数据和指标。

公司披露业绩快报时，应当向本所提交下列文件：

（一）公告文稿；

（二）经法定代表人、主管会计工作的负责人、总会计师（如有）、会计机构负责人（会计主管人员）签字并盖章的比较式资产负债表和利润表；

（三）本所要求的其他文件。

11.3.6 上市公司应当保证业绩快报中的财务数据和指标与相关定期报告披露的实际数据和指标不存在重大差异。

在披露定期报告之前，公司若发现有关财务数据和指标的差异幅度将达到10%的，应当

及时披露业绩快报更正公告，说明具体差异及造成差异的原因；差异幅度达到20%的，公司还应当在披露相关定期报告的同时，以董事会公告的形式进行致歉，说明对公司内部责任人的认定情况等。

11.3.7 上市公司预计本期业绩与已披露的盈利预测有重大差异的，应当及时披露盈利预测更正公告，并向本所提交下列文件：

（一）公告文稿；

（二）董事会的有关说明；

（三）董事会关于确认更正盈利预测的依据及过程是否适当和审慎的说明；

（四）注册会计师关于盈利预测与实际情况存在重大差异的专项说明；

（五）本所要求的其他文件。

11.3.8 上市公司盈利预测更正公告应当包括以下内容：

（一）预计的本期业绩；

（二）预计本期业绩与已披露的盈利预测存在的差异及造成差异的原因；

（三）董事会的致歉说明和对公司内部责任人的认定情况；

（四）关于公司股票可能被实施或者撤销特别处理、暂停上市、恢复上市或者终止上市的说明（如适用）。

第四节 利润分配和资本公积金转增股本

11.4.1 上市公司应当在董事会审议通过利润分配或资本公积金转增股本方案（以下简称“方案”）后，及时披露方案的具体内容。

11.4.2 上市公司在实施方案前，应当向本所提交下列文件：

（一）方案实施公告；

（二）股东大会决议；

（三）登记公司确认方案具体实施时间的文件；

（四）本所要求的其他文件。

11.4.3 上市公司应当于实施方案的股权登记日前三至五个交易日内披露方案实施公告。

11.4.4 方案实施公告应当包括以下内容：

（一）通过方案的股东大会届次和日期；

（二）派发现金股利、股份股利、资本公积金转增股本的比例（以每10股表述）、股本基数（按实施前实际股本计算），以及是否含税和扣税情况等；

（三）股权登记日、除权（息）日、新增股份（未完成股权分置改革的上市公司为“新增可流通股份”）上市日；

（四）方案实施办法；

（五）股本结构变动表（按变动前总股本、本次派发红股数、本次转增股本数、变动后总股本、占总股本比例等项目列示）；

（六）派发股份股利、资本公积金转增股本后，按新股本摊薄计算的上年度每股收益或者本年半年度每股收益；

（七）有关咨询办法。

11.4.5 上市公司应当在股东大会审议通过方案后两个月内，完成利润分配及转增股本事宜。

第五节 股票交易异常波动和传闻澄清

11.5.1 股票交易被本所根据有关规定或业务规则认定为异常波动的，上市公司应当于下一交易日披露股票交易异常波动公告。

根据市场发展的需要，本所可以安排公司在非交易日公告。

股票交易异常波动的计算从公告之日起重新开始，公告日为非交易日，从下一交易日起重新开始。

11.5.2 上市公司披露股票交易异常波动公告时，应当向本所提交下列文件：

（一）公告文稿；

（二）董事会的分析说明；

（三）公司问询控股股东及其实际控制人的函件，以及控股股东及其实际控制人的回函；

（四）有助于说明问题真实情况的其他文件。

11.5.3 上市公司股票交易异常波动公告应当包括以下内容：

（一）股票交易异常波动的具体情况；

（二）董事会核实股票交易异常波动的对象、方式和结果，包括公司内外部环境是否发生变化，公司或者控股股东及其实际控制人是否发生或拟发生资产重组、股权转让等重大事项的情况说明；

（三）是否存在应当披露而未披露重大信息的声明；

（四）本所要求的其他内容。

11.5.4 上市公司股价持续异常，可以向本所申请通过公开方式主动与投资者或媒体进行沟通，并于下一交易日披露沟通情况。

11.5.5 公共传媒传播的消息（以下简称“传闻”）可能或者已经对公司股票及其衍生品种交易价格产生较大影响的，上市公司应当及时向本所提供传闻传播的证据，控股股东及其实际控制人确认是否存在影响上市公司股票交易价格的重大事项的回函，并发布澄清公告。

11.5.6 上市公司关于传闻的澄清公告应当包括以下内容：

（一）传闻内容及其来源；

（二）传闻所涉事项的真实情况；

（三）本所要求的其他内容。

第六节 回购股份

11.6.1 上市公司为减少注册资本而进行的回购适用本节规定，其他目的的回购应当遵守中国证监会和本所相关规定。

11.6.2 上市公司应当在董事会审议通过回购股份相关事项后，及时披露董事会决议、回购股份预案，并发布召开股东大会的通知。公司披露的回购股份预案应当至少包括以下事项：

（一）回购股份的目的；

（二）回购股份的方式；

（三）回购股份的价格或价格区间、定价原则；

（四）拟回购股份的种类、数量及其占公司总股本的比例；

（五）拟用于回购股份的资金总额及资金来源；

（六）回购股份的期限；

（七）预计回购股份后公司股权结构的变动情况；

（八）管理层对回购股份对公司经营、财务及未来发展的影响的分析报告。

11.6.3 上市公司应当聘请独立财务顾问就回购股份事宜进行尽职调查，出具独立财务顾问报告，并在股东大会召开五日前公告。

11.6.4 上市公司应当在股东大会召开的三日之前，于本所网站披露：刊登回购股份的董事会决议公告的前一个交易日和股东大会股权登记日登记在册的前十名股东（未完成股权分置改革的上市公司为“前十名流通股股东”）的名称或姓名及持股数量、比例。

11.6.5 上市公司股东大会对回购股份作出决议，应当经出席会议的股东所持表决权的三分之二以上通过。

股东大会作出回购股份决议后，公司应当及时公告并在十日内通知债权人。

11.6.6 上市公司采用竞价方式回购股份的，应当按照下述要求履行信息披露义务：

（一）公司向中国证监会申请撤回以竞价方式回购股份的方案或者收到中国证监会异议函后，应当及时披露相关情况；

（二）在收到中国证监会无异议函后五个交易日内，公告《回购报告书》和法律意见书；

（三）在回购期间，于每个月的前三个交易日内刊登回购进展公告，披露截止上月末的回购进展情况，包括已回购股份总额、购买的最高价和最低价、支付的总金额；

通过竞价方式回购股份占上市公司总股本的比例每增加1%的，应当自该事实发生之日起两个交易日内进行公告，公告内容比照前款要求；

（四）距回购期届满三个月仍未实施回购方案的，董事会应当公告未能实施回购的原因。

11.6.7 前条所述《回购报告书》，应当包括以下内容：

（一）第11.6.1条所列事项；

（二）董事、监事和高级管理人员在股东大会决议公告前六个月内是否存在买卖本公司股票的行为，是否存在单独或者与他人联合进行内幕交易或者市场操纵的说明；

（三）独立财务顾问就本次回购股份出具的结论性意见；

（四）律师事务所就本次回购股份出具的结论性意见；

（五）其他应当说明的事项。

11.6.8 上市公司采用要约方式回购股份的，应当按照下述要求履行信息披露义务：

（一）公司向中国证监会申请撤回以要约方式回购股份的回购方案或收到中国证监会异议函后，应当及时披露相关情况；

（二）在收到中国证监会无异议函后二个交易日内刊登提示性公告，并在实施回购方案前披露《回购报告书》和法律意见书；《回购报告书》的内容，除第11.6.7条的规定外，还应当包括公司对股东预受及撤回要约的方式和程序等事项作出的特别说明；

（三）要约回购有效期内，公司应当委托本所每日在本所网站公告预受和撤回预受要约股份的数量。

11.6.9 上市公司应当通过回购专用账户进行回购。回购期届满或者回购方案已实施完毕的，上市公司应当立即停止回购行为，注销回购专用账户，在两个交易日内刊登回购结果公告。

第七节 吸收合并

11.7.1 上市公司拟与其他公司吸收合并，应当在董事会审议通过合并相关事项后，及时披露董事会决议和有关合并方案的提示性公告。提示性公告应当包括以下内容：

（一）合并方案内容；
（二）合并生效条件；
（三）合并双方的基本情况；
（四）投资者保护措施；
（五）本所要求的其他内容。

11.7.2 上市公司发布召开股东大会通知时，应当披露董事会关于合并预案的说明书，并在召开股东大会前至少发布二次风险提示性公告。合并预案说明书应当包括以下内容：

（一）双方当事人基本情况；
（二）合并方案；
（三）合并动因和董事会同意合并理由；
（四）合并双方技术和财务的分析；
（五）独立财务顾问、律师事务所等证券服务机构的意见；
（六）本所要求的其他内容。

合并预案说明书应当充分揭示合并方案存在的风险因素。

11.7.3 上市公司应当聘请独立财务顾问就合并事宜进行尽职调查，出具独立财务顾问报告，聘请律师事务所就合并方案提出法律意见，并在股东大会召开前五个交易日公告。

11.7.4 上市公司股东大会对合并方案作出决议，应当经出席会议的股东所持表决权的三分之二以上通过。

股东大会作出合并方案决议后，公司应当及时公告并在十日内通知债权人。

11.7.5 上市公司合并方案，经中国证监会核准后，应当及时披露合并报告书摘要、实施合并的提示性公告和实施结果公告。合并完成后，公司应当办理股份变更登记，按本规则第五章规定向本所申请合并后公司股份的上市交易。被合并上市公司按照本规则第十四章规定终止上市。

11.7.6 上市公司分立参照本节的审议程序和信息披露规定执行。

第八节 可转换公司债券涉及的重大事项

11.8.1 发行可转换公司债券的上市公司出现以下情况之一时，应当及时向本所报告并披露：

（一）因发行新股、送股、分立及其他原因引起股份变动，需要调整转股价格，或者依据募集说明书约定的转股价格向下修正条款修正转股价格的；

（二）可转换公司债券转换为股票的数额累计达到可转换公司债券开始转股前公司已发行股份总额10%的；

（三）公司信用状况发生重大变化，可能影响如期偿还债券本息的；

（四）可转换公司债券担保人发生重大资产变动、重大诉讼，或者涉及合并、分立等情况的；

（五）未转换的可转换公司债券面值总额少于3 000万元的；

（六）有资格的信用评级机构对可转换公司债券的信用或公司的信用进行评级，并已出具信用评级结果的；

（七）可能对可转换公司债券交易价格产生较大影响的其他重大事项；

（八）中国证监会和本所规定的其他情形。

11.8.2 投资者持有上市公司已发行的可转换公司债券达到可转换公司债券发行总量

20%时，应当在该事实发生之日起三日内，以书面形式向本所报告，通知上市公司并予以公告；在上述规定的期限内，不得再行买卖该公司可转换公司债券和股票。

投资者持有上市公司已发行的可转换公司债券达到可转换公司债券发行总量20%后，每增加或者减少10%时，应当依照前款规定履行报告和公告义务。在报告期内和公告后二日内，不得再行买卖该公司的可转换公司债券和股票。

11.8.3　上市公司应当在可转换公司债券约定的付息日前三至五个交易日内披露付息公告；在可转换公司债券期满后两个交易日内披露本息兑付公告。

11.8.4　上市公司应当在可转换公司债券开始转股前三个交易日内披露实施转股的公告。

11.8.5　上市公司应当在满足可转换公司债券赎回条件的下一交易日发布公告，明确披露是否行使赎回权。如决定行使赎回权的，公司还应当在赎回期结束前至少发布三次赎回提示性公告，公告应当载明赎回程序、赎回价格、付款方法、付款时间等内容。

赎回期结束后，公司应当公告赎回结果及其影响。

11.8.6　上市公司应当在满足可转换公司债券回售条件的下一交易日发布回售公告，并在回售期结束前至少发布三次回售提示性公告，公告应当载明回售程序、回售价格、付款方法、付款时间等内容。

回售期结束后，公司应当公告回售结果及其影响。

11.8.7　变更可转换公司债券募集资金投资项目的，上市公司应当在股东大会通过决议后二十个交易日内赋予可转换公司债券持有人一次回售的权利，有关回售公告至少发布三次。其中，在回售实施前、股东大会决议公告后五个交易日内至少发布一次，在回售实施期间至少发布一次，余下一次回售公告的发布时间视需要而定。

11.8.8　上市公司在可转换公司债券转换期结束的二十个交易日前，应当至少发布三次提示性公告，提醒投资者有关在可转换公司债券转换期结束前的十个交易日停止交易的事项。

公司出现可转换公司债券按规定须停止交易的其他情形时，应当在获悉有关情形后及时披露其可转换公司债券将停止交易的公告。

11.8.9　上市公司应当在每一季度结束后及时披露因可转换公司债券转换为股份所引起的股份变动情况。

第九节　权益变动和收购

11.9.1　持有上市公司5%以上股份的股东或实际控制人涉及该上市公司的权益变动或收购的，相关股东、收购人、实际控制人按照《上市公司收购管理办法》履行报告和公告义务的，应当及时通知上市公司。上市公司应当在知悉前述权益变动或收购后，及时发布提示性公告。

11.9.2　因上市公司减少股本导致股东及其一致行动人拥有权益的股份变动达到披露要求的，上市公司应当自完成减少股本变更登记之日起两个交易日内，就因此导致的公司股东权益变动情况作出公告。

11.9.3　上市公司接受股东委托办理股份过户手续的，应当在获悉相关事实后及时公告。

11.9.4　上市公司涉及被要约收购的，应当在收购人公告《要约收购报告书》后二十日内，披露《被收购公司董事会报告书》和独立财务顾问的专业意见。

收购人对收购要约条件作出重大修改的，被收购公司董事会应当在三个交易日内披露董事会和独立财务顾问的补充意见。

11.9.5　上市公司董事、监事、高级管理人员、员工或者其所控制或委托的法人、其他组织、自然人拟对公司进行收购或取得控制权的，公司应当披露非关联董事参与表决的董事会决议、非关联股东参与表决的股东大会决议，以及独立董事和独立财务顾问的意见。

11.9.6 上市公司控股股东向收购人协议转让其所持股份时，控股股东及其关联方未清偿对公司的负债、或未解除公司为其负债提供的担保、或存在损害公司利益的其他情形的，公司董事会应当及时予以披露并提出解决措施。

11.9.7 上市公司实际控制人以及受其控制的股东未履行报告、公告义务的，公司董事会应当自知悉之日起履行报告和公告义务，并督促实际控制人以及受其控制的股东履行报告、公告义务。

11.9.8 上市公司实际控制人及受其控制的股东未履行报告、公告义务，拒不履行相关配合义务，或者实际控制人存在不得收购上市公司的情形的，公司董事会应当拒绝接受实际控制人及受其控制的股东向董事会提交的提案或者临时议案，并向中国证监会和本所报告。

11.9.9 上市公司的收购及相关股份权益变动活动中的信息披露义务人依法披露前，相关信息已在媒体上传播或公司股票交易出现异常的，公司董事会应当立即书面询问有关当事人并及时公告。

11.9.10 上市公司涉及其他上市公司的权益变动或收购的，应当按照《上市公司收购管理办法》履行相关报告、公告义务。

第十节 股权激励

11.10.1 上市公司拟实施股权激励计划，应当严格遵守中国证监会和本所有关股权激励的规定，履行必要的审议程序和报告、公告义务。

11.10.2 上市公司拟实施股权激励计划，应当及时披露董事会审议股权激励计划的决议，中国证监会、国有资产管理机构等对股权激励计划的备案异议、批复情况，股东大会对股权激励计划的决议情况，以及股权激励计划的实施过程，并按本所规定提交相关文件。

11.10.3 上市公司刊登股权激励计划公告时，应当同时在本所网站详细披露各激励对象姓名、职务（岗位）和拟授予限制性股票或股票期权的数量、占股权激励计划拟授予总量的百分比等情况。

11.10.4 上市公司采用限制性股票或股票期权实施股权激励计划的，应当在股东大会审议通过股权激励计划后，及时召开董事会审议并披露股权激励计划是否满足授予条件的结论性意见、授予日、激励对象、激励数量、激励价格、以及对公司当年相关财务状况和经营成果的影响等情况。股票期权存续期间，股票期权的行权比例、行权价格按照股权激励计划中约定的调整公式进行调整的，公司应当及时披露调整情况。

11.10.5 上市公司拟授予激励对象激励股份的，应向本所提出申请。本所根据公司提交的申请文件，对激励股份授予申请予以确认。公司据此向登记公司提交有关文件，办理激励股份的授予登记，并在授予登记手续完成后及时披露激励股份授予完成公告。

11.10.6 限制性股票满足解除限售条件的，上市公司董事会应当及时审议，并向本所申请解除限售。本所根据公司提交的申请文件，对限制性股票解除限售申请予以确认。公司应当及时披露限制性股票解除限售的情况。

11.10.7 股票期权满足行权条件的，上市公司董事会应当及时审议并披露股票期权是否满足行权条件的结论性意见，以及股票期权行权起止日期、行权股票的来源和预计数量、每一个激励对象持有的本期可行权和拟行权股票期权的数量、尚未符合行权条件的股票期权数量等情况。

股票期权未满足行权条件的，公司应当及时披露未满足行权条件的原因；未满足本期行权条件的，公司董事会应当明确对已授予股票期权的处理措施和相关后续安排。

11.10.8　本所根据上市公司提交的申请文件，对公司股票期权的行权申请予以确认，公司据此向登记公司提交有关文件，办理股票期权行权登记手续，并披露行权结果公告。

11.10.9　股票期权行权所得股份有限售期的，限售期届满，上市公司董事会应当及时审议，并申请限售股份上市、披露解除限售股份的情况。

11.10.10　上市公司实施股权激励计划后，出现激励对象不符合授予条件、离职、继承、死亡等事项，公司应当及时披露对已授予激励对象的限制性股票、股票期权的处理措施、相关后续安排。

第十一节　破　　产

11.11.1　上市公司被法院裁定进入破产程序后，公司股票及其衍生品种应当按照本规则第十三章有关规定予以停牌、复牌和特别处理，公司应当每月披露一次破产程序的进展情况。

11.11.2　上市公司应当在董事会作出向法院申请重整、和解或破产清算的决定时，或者知悉债权人向法院申请公司重整、破产清算时，及时向本所报告并披露以下信息：

（一）公司作出申请决定的具体原因、正式递交申请的时间（公司主动申请）；

（二）申请人的基本情况、申请目的、申请的事实和理由（债权人申请）；

（三）申请重整、和解或破产清算对公司的影响；

（四）其他需要说明的事项。

公司应当在公告中充分揭示其股票及其衍生品种可能存在被终止上市的风险。

11.11.3　上市公司应当及时披露法院受理重整、和解或破产清算申请的进展情况，包括以下内容：

（一）法院受理重整、和解或者破产清算申请前，申请人请求撤回申请；

（二）法院作出不予受理重整、和解或者破产清算申请的裁定时间和主要内容；

（三）本所要求披露的其他内容。

11.11.4　法院受理重整、和解或者破产清算申请的，上市公司应当及时向本所报告并披露以下内容：

（一）申请人名称（债权人申请）；

（二）法院作出受理重整、和解或者破产清算裁定的时间和主要内容；

（三）法院指定管理人的基本情况（包括但不限于管理人名称或成员姓名、负责人、职责、履行职责的联系地址和联系方式等）；

（四）公司进入破产程序后信息披露责任人的确定模式和负责人的基本情况（包括但不限于姓名、联系地址、联系方式等）；

（五）本所要求披露的其他内容。

公司应当在公告中充分揭示其股票及其衍生品种可能存在被终止上市的风险。

11.11.5　法院受理破产清算申请后、宣告上市公司破产前，上市公司应当就以下所涉事项及时披露相关情况：

（一）公司或者出资额占公司注册资本10%以上的出资人向法院申请重整的时间和理由等；

（二）公司向法院申请和解的时间和理由等；

（三）法院作出同意或者不同意公司重整或和解申请裁定的时间和主要内容；

（四）债权人会议召开计划和召开情况；

（五）法院经审查发现公司不符合《中华人民共和国企业破产法》（以下简称“《企业破产法》”）规定的情形，作出驳回公司破产申请裁定的时间和主要内容，以及相关申请人是否上诉的情况说明；

（六）本所要求披露的其他事项。

11.11.6 法院裁定重整后，上市公司应当就以下所涉事项及时向本所报告并披露相关情况：

（一）债权申报情况；

（二）向法院和债权人会议提交重整计划草案的时间和草案内容等；

（三）重整计划草案的表决通过和法院批准情况；

（四）法院强制批准重整计划草案情况；

（五）与重整有关的行政许可批准情况；

（六）法院裁定终止重整程序的时间和裁定书内容；

（七）法院裁定宣告公司破产的时间和裁定书内容；

（八）本所要求披露的其他事项。

11.11.7 法院裁定和解后，上市公司应当就以下所涉事项及时向本所报告并披露相关情况：

（一）债权申报情况；

（二）向法院提交和解协议草案的时间和草案内容等；

（三）和解协议草案的表决通过和法院认可情况；

（四）与和解有关的行政许可批准情况；

（五）法院裁定终止和解程序的时间和裁定书内容；

（六）法院裁定宣告公司破产的时间和裁定书内容；

（七）本所要求披露的其他事项。

11.11.8 重整计划、和解协议执行期间，上市公司应当及时披露以下情况：

（一）重整计划、和解协议的执行进展情况；

（二）因公司不能执行或者不执行重整计划或和解协议，法院经管理人或利害关系人请求，裁定宣告公司破产的有关情况；

（三）本所要求披露的其他情况。

11.11.9 上市公司披露上述重整、和解或破产清算情况时，应当按照披露事项所涉情形向本所提交下列文件：

（一）公告文稿；

（二）管理人说明文件；

（三）法院出具的法律文书；

（四）重整计划、和解协议草案；

（五）重整计划、和解协议草案涉及的有权机关的审批文件；

（六）重整计划、和解协议草案涉及的协议书或意向书；

（七）董事会决议；

（八）股东大会决议；

（九）债权人会议决议；

（十）职代会决议；

（十一）律师事务所出具的法律意见书；

（十二）会计师事务所、资产评估机构等证券服务机构出具的专业报告；

（十三）本所要求的其他文件。

11.11.10　进入破产程序的上市公司，除应当及时披露上述信息外，还应当按照本规则和本所其他规定，及时披露定期报告和临时报告。

11.11.11　上市公司采取管理人管理运作模式的，管理人及其成员应当按照《证券法》、最高人民法院、中国证监会和本所有关规定，及时、公平地向所有债权人和股东披露信息，并保证信息披露内容的真实、准确、完整。

公司披露的定期报告应当由管理人成员签署书面意见，披露的临时报告应当由管理人发布并加盖管理人公章。

11.11.12　上市公司采取管理人监督运作模式的，公司董事、监事和高级管理人员应当按照本规则和本所有关规定履行信息披露义务。

管理人应当及时告知公司董事会本节所涉应披露事项和其他应披露的重大事项，并监督公司董事、监事和高级管理人员勤勉尽责地履行信息披露义务。

11.11.13　上市公司进入重整、和解程序后，其重整计划、和解协议涉及增加或减少公司注册资本、发行公司债券、公司合并、公司分立、回购本公司股份、豁免要约收购等事项，应当按照最高人民法院和中国证监会的相关规定履行相应审议程序，并按照本规则和本所有关规定履行信息披露义务。

第十二节　其　　他

11.12.1　上市公司和相关信息披露义务人应当严格遵守承诺事项。公司应当及时将公司承诺事项和相关信息披露义务人承诺事项单独摘出报送本所备案，同时在本所网站披露，并在定期报告中专项披露上述承诺事项的履行情况。公司未履行承诺的，应当及时披露未履行承诺的原因以及相关董事可能承担的法律责任；相关信息披露义务人未履行承诺的，公司应当主动询问相关信息披露义务人，并及时披露相关信息披露义务人未履行承诺的原因，以及董事会拟采取的措施。

11.12.2　上市公司出现下列使公司面临重大风险的情形之一时，应当及时向本所报告并披露：

（一）发生重大亏损或者遭受重大损失；

（二）发生重大债务或者重大债权到期未获清偿；

（三）可能依法承担重大违约责任或者大额赔偿责任；

（四）计提大额资产减值准备；

（五）公司决定解散或者被有权机关依法责令关闭；

（六）公司预计出现股东权益为负值；

（七）主要债务人出现资不抵债或者进入破产程序，公司对相应债权未提取足额坏账准备；

（八）主要资产被查封、扣押、冻结或者被抵押、质押；

（九）主要或者全部业务陷入停顿；

（十）公司因涉嫌违法违规被有权机关调查，或者受到重大行政、刑事处罚；

（十一）公司法定代表人或者经理无法履行职责，董事、监事、高级管理人员因涉嫌违法违纪被有权机关调查或采取强制措施，或者受到重大行政、刑事处罚；

（十二）本所或者公司认定的其他重大风险情况。

上述事项涉及具体金额的，比照适用第 9. 2 条的规定。

11. 12. 3 上市公司出现下列情形之一的，应当及时向本所报告并披露：

（一）变更公司名称、股票简称、公司章程、注册资本、注册地址、主要办公地址和联系电话等，其中公司章程发生变更的，还应当将新的公司章程在本所网站上披露；

（二）经营方针和经营范围发生重大变化；

（三）变更会计政策或者会计估计；

（四）董事会就公司发行新股、可转换公司债券或者其他再融资方案形成相关决议；

（五）中国证监会股票发行审核委员会、并购重组委员会，对公司新股、可转换公司债券等再融资方案、重大资产重组方案提出审核意见；

（六）公司法定代表人、经理、董事（含独立董事）或者三分之一以上的监事提出辞职或者发生变动；

（七）生产经营情况、外部条件或者生产环境发生重大变化（包括产品价格、原材料采购价格和方式发生重大变化等）；

（八）订立重要合同，可能对公司的资产、负债、权益和经营成果产生重大影响；

（九）新颁布的法律、行政法规、部门规章、政策可能对公司经营产生重大影响；

（十）聘任或者解聘为公司审计的会计师事务所；

（十一）法院裁定禁止公司控股股东转让其所持本公司股份；

（十二）任一股东所持公司5%以上的股份被质押、冻结、司法拍卖、托管或者设定信托或被依法限制表决权；

（十三）获得大额政府补贴等额外收益，或者发生可能对公司资产、负债、权益或经营成果产生重大影响的其他事项；

（十四）本所或者公司认定的其他情形。

上述事项涉及具体金额的，比照适用第 9. 2 条的规定或本所其他规定。

第十二章 停牌和复牌

12. 1 为保证信息披露的及时、公平和对称，本所可以根据实际情况、中国证监会的要求、上市公司申请，决定上市公司股票及其衍生品种的停牌与复牌事宜。

12. 2 上市公司发生本章规定的停牌事项，应当向本所申请对其股票及其衍生品种停牌与复牌。

本章未有明确规定的，公司可以本所认为合理的理由，申请对其股票及其衍生品种的停牌与复牌。

12. 3 上市公司发行股票及其衍生品种涉及的停牌和复牌事宜，应当遵守本所相关规定。

12. 4 上市公司于本所交易时间召开股东大会，公司股票及其衍生品种应当在股东大会召开当日停牌，直至披露股东大会决议公告的当日上午开市时复牌；股东大会决议公告披露日为非交易日的，则在公告披露后的第一个交易日开市时复牌。

公司于本所交易时间之外召开股东大会，但在此后的第一个交易日或者之前未披露股东大会决议公告的，公司股票及其衍生品种应当自第一个交易日起停牌，直至披露股东大会决议公告的当日上午开市时复牌；股东大会决议公告披露日为非交易日的，则在公告披露后的第一个交易日开市时复牌。

12.5 上市公司预计应披露的重大信息在披露前已难以保密或者已经泄露，可能或者已经对公司股票及其衍生品种的交易价格产生较大影响的，应当立即向本所申请对其股票及其衍生品种停牌。

12.6 上市公司进行重大资产重组，根据中国证监会和本所相关规定向本所申请停牌的，公司股票及其衍生品种应当按照相关规定停牌与复牌。

12.7 公共传媒中出现上市公司尚未披露的重大信息，可能或者已经对公司股票及其衍生品种的交易价格产生较大影响的，本所可以在交易时间对公司股票及其衍生品种实施停牌，直至公司披露相关公告的当日开市时复牌。公告披露日为非交易日的，则在公告披露后的第一个交易日开市时复牌。

12.8 上市公司股票交易被认定为异常波动的，本所可以决定公司股票及其衍生品种停牌，直至公司披露相关公告的当日上午十点三十分复牌；公告披露日为非交易日，公司股票及其衍生品种在公告披露后的第一个交易日开市时复牌。

公司因股价持续异常，需要向本所申请通过公开方式与投资者或媒体进行沟通的，沟通日公司股票及其衍生品种应当停牌。

12.9 上市公司财务会计报告被出具非标准无保留审计意见，且意见所涉及的事项属于明显违反会计准则、制度及相关信息披露规范规定的，本所自公司披露定期报告之日起，对公司股票及其衍生品种实施停牌，直至公司按规定作出纠正后复牌。

12.10 上市公司未在中国证监会和本规则规定的期限内披露季度报告，公司股票及其衍生品种应当于报告披露期限届满的下一交易日停牌一天。

公司未在法定期限和本规则规定的期限内披露年度报告或者中期报告，公司股票及其衍生品种应当停牌，直至公司披露相关定期报告的当日开市时复牌。公告披露日为非交易日的，则在公告披露后的第一个交易日开市时复牌。公司因未披露年度报告或者中期报告的停牌期限不超过两个月。停牌期间，公司应当至少发布三次风险提示公告。

公司未披露季度报告的同时存在未披露年度报告或者中期报告情形的，公司股票及其衍生品种应当按照前款和第十三章的有关规定停牌与复牌。

12.11 上市公司财务会计报告因存在重大会计差错或者虚假记载，被中国证监会责令改正但未在规定期限内改正的，公司股票及其衍生品种应当停牌，直至公司披露改正后的财务会计报告当日开市时复牌。公告披露日为非交易日的，则在公告披露后的第一个交易日开市时复牌。

公司因未按要求改正财务会计报告的停牌期限不超过两个月。停牌期间，公司应当至少发布三次风险提示公告。

12.12 上市公司的定期报告或者临时报告披露不够充分、完整或者可能误导投资者，但拒不按要求就有关内容进行解释或者补充披露的，本所可以对公司股票及其衍生品种实施停牌，直至公司披露相关公告的当日开市时复牌。公告披露日为非交易日的，则在公告披露后的第一个交易日开市时复牌。

12.13 上市公司在公司运作和信息披露方面涉嫌违反法律、行政法规、部门规章、其他规范性文件、本规则或本所其他有关规定，情节严重而被有关部门调查的，本所在调查期间视情况决定公司股票及其衍生品种的停牌和复牌。

12.14 上市公司严重违反本规则且在规定期限内拒不按要求改正的，本所对公司股票及其衍生品种实施停牌，并视情况决定复牌。

12.15 上市公司因某种原因使本所失去关于公司的有效信息来源，本所可以对公司股票及其衍生品种实施停牌，直至上述情况消除后复牌。

12.16 上市公司因股权分布发生变化导致连续二十个交易日不具备上市条件的，本所将于前述交易日届满的下一交易日起对公司股票及其衍生品种实施停牌。公司在停牌后一个月内向本所提交解决股权分布问题的方案。本所同意其实施解决股权分布问题的方案的，公司应当公告本所决定并提示相关风险。自公告披露日的下一交易日起，公司股票及其衍生品种复牌并被本所实施退市风险警示。

12.17 上市公司因收购人履行要约收购义务，或收购人以终止上市公司上市地位为目的而发出全面要约的，要约收购期满至要约收购结果公告前，公司股票及其衍生品种应当停牌。

根据收购结果，被收购上市公司股权分布具备上市条件的，公司股票及其衍生品种应当于要约结果公告日开市时复牌；股权分布不具备上市条件的，且收购人以终止上市公司上市地位为目的的，公司股票及其衍生品种应当于要约结果公告日继续停牌，直至本所终止其股票及其衍生品种上市；股权分布不具备上市条件，但收购人不以终止上市公司上市地位为目的的，可以在五个交易日内向本所提交解决股权分布问题的方案，并参照12.16条规定处理。

12.18 上市公司在股票及其衍生品种被实施停牌期间，应当每五个交易日披露一次未能复牌的原因（本规则另有规定的除外）。

12.19 上市公司股票交易被本所实行特别处理的，公司股票及其衍生品种还应当按照本规则第十三章的有关规定停牌和复牌。

12.20 上市公司出现第14.1.1、14.1.13条规定的情形之一，或者发生重大事项而影响其上市资格的，公司股票及其衍生品种还应当按照本规则第十四章的有关规定停牌和复牌。

12.21 发行可转换公司债券的上市公司涉及下列事项时，应当向本所申请暂停可转换公司债券的转股：

（一）主动向下修正转股价格；

（二）实施利润分配或者资本公积金转增股本方案；

（三）中国证监会和本所认为应当停牌或者暂停转股的其他事项。

12.22 可转换公司债券出现下列情形之一的，本所按照下列规定停止可转换公司债券的交易：

（一）可转换公司债券流通面值总额少于3 000万元，且上市公司发布相关公告三个交易日后；公司行使赎回权期间发生前述情形的，可转换公司债券不停止交易。

（二）可转换公司债券自转换期结束之前的第十个交易日起。

（三）中国证监会和本所认为必须停止交易的其他情况。

第十三章 特别处理

第一节 一般规定

13.1.1 上市公司出现财务状况异常或者其他异常情况，导致其股票存在被终止上市的风险，或者投资者难以判断公司前景，投资者权益可能受到损害的，本所对该公司股票交易实行特别处理。

13.1.2 本章所称特别处理分为警示存在终止上市风险的特别处理（以下简称“退市风险警示”）和其他特别处理。

13.1.3 退市风险警示的处理措施包括：

（一）在公司股票简称前冠以“＊ST”字样，以区别于其他股票；

（二）股票价格的日涨跌幅限制为5%。

13.1.4 其他特别处理的处理措施包括：

（一）在公司股票简称前冠以“ST”字样，以区别于其他股票；

（二）股票价格的日涨跌幅限制为5%。

第二节 退市风险警示

13.2.1 上市公司出现以下情形之一的，本所对其股票交易实行退市风险警示：

（一）最近两年连续亏损（以最近两年年度报告披露的当年经审计净利润为依据）；

（二）因财务会计报告存在重大会计差错或者虚假记载，公司主动改正或者被中国证监会责令改正后，对以前年度财务会计报告进行追溯调整，导致最近两年连续亏损；

（三）因财务会计报告存在重大会计差错或者虚假记载，被中国证监会责令改正但未在规定期限内改正，且公司股票已停牌两个月；

（四）未在法定期限内披露年度报告或者中期报告，且公司股票已停牌两个月；

（五）公司可能被解散；

（六）法院依法受理公司重整、和解或者破产清算申请；

（七）因第12.16条股权分布不具备上市条件，公司在规定期限内向本所提交解决股权分布问题的方案，并获得本所同意；

（八）本所认定的其他情形。

13.2.2 上市公司应当在股票交易实行退市风险警示之前一个交易日发布公告。公告应当包括以下内容：

（一）股票的种类、简称、证券代码以及实行退市风险警示的起始日；

（二）实行退市风险警示的原因；

（三）公司董事会关于争取撤销退市风险警示的意见及具体措施；

（四）股票可能被暂停或者终止上市的风险提示；

（五）实行退市风险警示期间公司接受投资者咨询的主要方式；

（六）中国证监会和本所要求的其他内容。

13.2.3 上市公司出现第13.2.1条第（一）项、第（二）项情形的，应当在董事会审议通过年度报告或者财务报告更正事项后及时向本所报告，并提交董事会的书面意见。公司股票及其衍生品种于年度报告或者财务报告更正公告披露当日停牌一天。披露日为非交易日的，于下一交易日停牌一天。自复牌之日起，本所对公司股票交易实行退市风险警示。

13.2.4 上市公司出现第13.2.1条第（三）项、第（四）项情形的，公司股票及其衍生品种自停牌两个月届满的下一交易日起复牌。自复牌之日起，本所对公司股票交易实行退市风险警示。

在股票交易被实行退市风险警示期间，公司应当每五个交易日发布一次风险提示公告。

13.2.5 上市公司出现第13.2.1条第（五）项情形的，应当于知悉当日立即向本所报告，公司股票及其衍生品种于本所知悉该事项后停牌，直至公司披露相关公告后的下一交易日开市时复牌。自复牌之日起，本所对公司股票交易实行退市风险警示。

13.2.6 上市公司出现第13.2.1条第（六）项情形的，应当在收到法院受理公司重整、和解或者破产清算申请裁定的当日向本所报告并于下一交易日公告，公告披露日公司股票及其衍生品种停牌一天。自复牌之日起，本所对公司股票交易实行退市风险警示。

13.2.7 上市公司因13.2.1条第（六）项情形被实行退市风险警示的，本所自实行退市风险警示二十个交易日届满的下一交易日起，对公司股票及其衍生品种实施停牌。

13.2.8 上市公司股票及其衍生品种因第13.2.7条被停牌的，公司应当自法院裁定批准公司重整计划、和解协议，或终止重整、和解程序时，向本所申请复牌，并于交易日披露法院裁定书的内容，公司股票及其衍生品种于公告披露日的下一交易日复牌。

13.2.9 上市公司出现第13.2.1条第（七）项情形的，公司应当于交易日披露本所同意其解决股权分布问题的方案并提示相关风险。公告披露当日继续停牌一天。自复牌之日起，本所对公司股票交易实行退市风险警示。

13.2.10 上市公司最近一个会计年度审计结果表明第13.2.1条第（一）项、第（二）项情形已经消除的，公司应当在董事会审议通过年度报告后及时向本所报告并披露年度报告，同时可以向本所申请撤销对其股票交易实行的退市风险警示。

13.2.11 上市公司股票交易因第13.2.1条第（三）项、第（四）项情形被实行退市风险警示后两个月内上述情形消除的，公司可以向本所申请撤销对其股票交易实行的退市风险警示。

13.2.12 上市公司股票交易因第13.2.1条第（六）项情形被实行退市风险警示后，出现以下情形之一的，公司可以向本所申请撤销对其股票交易实行的退市风险警示：

（一）重整计划执行完毕；

（二）和解协议执行完毕；

（三）法院受理破产申请后至破产宣告前，依据《企业破产法》作出驳回破产申请的裁定，且申请人在法定期限内未提起上诉；

（四）法院受理破产申请后至破产宣告前，依据《企业破产法》作出终结破产程序的裁定。

公司因上述第（一）、（二）项情形向本所申请撤销对其股票交易实行的退市风险警示，应当提交法院指定管理人出具的监督报告、律师事务所出具的对公司重整计划或和解协议执行情况的法律意见书，以及本所要求的其他说明文件。

13.2.13 上市公司股票交易因第13.2.1条第（七）项被本所实行退市风险警示的，在六个月内完成解决股权分布问题的方案且其股权分布具备上市条件的，可以向本所申请撤销对其股票交易实行的退市风险警示。

13.2.14 上市公司股票交易因第13.2.1条第（五）项、第（八）项被本所实行退市风险警示的情形已消除，可以向本所申请撤销对其股票交易实行的退市风险警示。

13.2.15 上市公司向本所提交撤销对其股票交易实行的退市风险警示申请后，应当在下一交易日作出公告。

本所根据公司实际情况，决定是否撤销对其股票交易实行的退市风险警示。

13.2.16 本所决定撤销退市风险警示的，上市公司应当按照本所要求在撤销退市风险警示之前一个交易日作出公告。

公司股票及其衍生品种在公告披露日停牌一天，本所自复牌之日起撤销对公司股票交易实行的退市风险警示。

13.2.17 本所决定不予撤销退市风险警示的，上市公司应当在收到本所有关书面通知的下一交易日作出公告。公司不公告的，本所可以交易所公告的形式予以公告。

第三节 其他特别处理

13.3.1 上市公司出现以下情形之一的，本所对其股票交易实行其他特别处理：

（一）最近一个会计年度的审计结果表明股东权益为负值；

（二）最近一个会计年度的财务会计报告被会计师事务所出具无法表示意见或者否定意见的审计报告；

（三）按照第13.2.10条向本所提出申请并获准撤销对其股票交易实行的退市风险警示后，最近一个会计年度的审计结果表明公司主营业务未正常运营，或者扣除非经常性损益后的净利润为负值；

（四）生产经营活动受到严重影响且预计在三个月内不能恢复正常；

（五）主要银行账号被冻结；

（六）董事会会议无法正常召开并形成决议；

（七）公司被控股股东及其关联方非经营性占用资金或违反规定决策程序对外提供担保，情形严重的；

（八）中国证监会和本所认定的其他情形。

13.3.2 上市公司出现前条情形应当在触及以下时点及时向本所报告，并提交董事会决议或公司报告、会计师事务所出具的专项审核报告（如适用）：

（一）第13.3.1条第（一）项至第（三）项情形的，应当自董事会审议年度报告后；

（二）第13.3.1条第（四）至（八）项情形的，应当自事实发生之日起。本所在收到相关报告或说明后，决定是否对公司股票交易实行其他特别处理。

13.3.3 上市公司应当按照本所要求，在其股票交易被实行其他特别处理之前一个交易日作出公告，公告内容参照第13.2.2条的规定。

公司股票及其衍生品种在公告披露日停牌一天。自复牌之日起，本所对公司股票交易实行其他特别处理。

13.3.4 上市公司股票交易因第13.3.1条第（七）项被实行其他特别处理的，在被实行特别处理期间，公司应当至少每月发布一次提示性公告，披露资金占用或违规对外担保的解决进展情况。

13.3.5 上市公司最近一个会计年度财务状况恢复正常，审计结果表明第13.3.1条第（一）项、第（二）项情形已经消除，并且同时满足以下条件的，公司在披露年度报告时，可以向本所申请撤销对其股票交易实行的其他特别处理：

（一）主营业务正常运营；

（二）扣除非经常性损益后的净利润为正值。

13.3.6 上市公司最近一个会计年度审计结果表明第13.3.1条第（三）项情形已经消除的，应当在董事会审议通过年度报告后及时向本所报告并披露年度报告，同时可以向本所申请撤销对其股票交易实行的其他特别处理。

13.3.7 上市公司认为第13.3.1条第（四）项至第（六）项情形已经消除的，可以向本所申请撤销对其股票交易实行的其他特别处理。

13.3.8 上市公司股票交易因第13.3.1条第（七）项被实行其他特别处理的，会计师事务所出具的专项审核报告和独立董事发表的独立意见显示资金占用事项已消除；公司董事会决议说明违规担保事项已解除或相应审议程序已追认的，公司可以向本所申请撤销对其股票交易实行的其他特别处理。

13.3.9 上市公司因第13.2.1条或者第13.3.1条情形股票交易被实行退市风险警示或者其他特别处理的，在特别处理期间，公司根据中国证监会相关规定进行重大资产重组且满足以下条件的，可以向本所申请撤销对其股票交易实行的退市风险警示或者其他特别处理：

（一）根据中国证监会有关上市公司重大资产重组规定，出售全部经营性资产和负债，同时购买其他资产且已实施完毕；

（二）通过购买进入公司的资产是一个完整经营主体，该经营主体在进入公司前已在同一管理层之下持续经营三年以上；

（三）本次购入的资产最近一个会计年度经审计净利润为正值；

（四）经会计师事务所审核的盈利预测显示，公司完成本次重组后盈利能力增强，经营业绩明显改善；

（五）本所规定的其他条件。

13.3.10　上市公司向本所提交撤销对其股票交易实行的其他特别处理的申请后，应当在下一交易日作出公告。

本所在收到公司申请后，决定是否撤销对其股票交易实行的其他特别处理。

13.3.11　本所决定撤销其他特别处理的，上市公司应当按照本所要求在撤销其他特别处理之前一个交易日作出公告。

公司股票及其衍生品种在公告披露日停牌一天。本所自复牌之日起撤销对公司股票交易实行的其他特别处理。

13.3.12　本所决定不予撤销其他特别处理的，上市公司应当在收到本所有关书面通知后的下一交易日作出公告。公司未按规定公告的，本所可以交易所公告的形式予以公告。

13.3.13　本所就第13.3.1条第（一）项至第（三）项情形决定不予撤销其他特别处理的，上市公司在报送下一年度报告时，方可根据第13.3.5条和第13.3.6条的规定，向本所再次申请撤销对其股票交易实行的其他特别处理。

第十四章　暂停、恢复和终止上市

第一节　暂停上市

14.1.1　上市公司出现下列情形之一的，由本所决定暂停其股票上市：

（一）因第13.2.1条第（一）项、第（二）项情形其股票交易被实行退市风险警示后，最近一个会计年度审计结果表明公司继续亏损；

（二）因第13.2.1条第（三）项情形其股票交易被实行退市风险警示后，在两个月内仍未按要求改正财务会计报告；

（三）因第13.2.1条第（四）项情形其股票交易被实行退市风险警示后，在两个月内仍未披露应披露的年度报告或者中期报告；

（四）股本总额发生变化不具备上市条件；

（五）因第12.16条股权分布发生变化不具备上市条件，未在停牌后一个月内向本所提交解决股权分布问题的方案，或者提交了方案但未获本所同意，或者因第13.2.1条第（七）项被本所实行退市风险警示后，在六个月内其股权分布仍不具备上市条件；

（六）公司有重大违法行为；

（七）本所认定的其他情形。

14.1.2　因第13.2.1条第（一）项至第（四）项情形股票交易被实行退市风险警示的上市公司，应当在该会计年度结束后一个月内发布股票可能被暂停上市的风险提示公告，并在披露年度报告前至少再发布两次风险提示公告。

14.1.3　因第13.2.1条第（一）项、第（二）项情形其股票交易被实行退市风险警示的上市公司，实行退市风险警示后最近一个会计年度财务会计报告显示公司继续亏损，或者虽然显示盈利但被会计师事务所出具非标准无保留审计意见的，董事会在审议年度财务会计报告时，应当就以下事项作出决议，并提交最近一次股东大会审议：

（一）如果公司股票被暂停上市，将与一家具有第4.1条规定的恢复上市保荐人资格的证券公司（以下简称“代办机构”）签订协议，约定由公司聘请该代办机构作为股票恢复上市的保荐人；如果公司股票被终止上市，则委托该代办机构提供代办股份转让服务，并授权其办理证券交易所市场登记结算系统股份退出登记、股份重新确认以及代办股份转让系统股份登记结算等事宜；

（二）如果公司股票被暂停上市，将与登记公司签订协议，约定在公司股票被终止上市后，将委托登记公司作为全部股份的托管、登记和结算机构；

（三）如果公司股票被终止上市，将申请其股份进入代办股份转让系统进行转让，股东大会授权董事会办理公司股票终止上市以及进入代办股份转让系统的有关事宜。

14.1.4　上市公司应当在股东大会审议通过前条所述事项后五个交易日内，完成与代办机构和登记公司的协议签订工作，并在协议签订后及时报送本所，披露其主要内容。

14.1.5　上市公司出现第14.1.1条第（一）项情形的，应当在董事会审议通过年度报告后及时向本所报告并披露年度报告。公司在披露年度报告的同时，应当再次发布股票将被暂停上市的风险提示公告。

本所自年度报告披露之日起对公司股票及其衍生品种实施停牌，并在停牌后十五个交易日内作出是否暂停其股票上市的决定。

14.1.6　上市公司出现第14.1.1条第（二）项、第（三）项情形的，本所自两个月届满的下一交易日起对公司股票及其衍生品种实施停牌，并在停牌后十五个交易日内作出是否暂停其股票上市的决定。

14.1.7　上市公司出现第14.1.1条第（四）项、第（五）项情形的，本所自规定限期届满的下一交易日起对公司股票及其衍生品种实施停牌，并在停牌后十五个交易日内作出是否暂停其股票上市的决定。

14.1.8　上市公司在其股票被暂停上市后至终止上市前，应当参照第14.1.3条和第14.1.4条的规定，完成与代办机构和登记公司的协议签订工作，并及时报送本所，披露协议的主要内容。

14.1.9　本所上市委员会对股票暂停上市事宜进行审议，作出独立的专业判断并形成审核意见。

本所根据上市委员会的审核意见，作出是否暂停股票上市的决定。

14.1.10　本所在作出暂停其股票上市的决定后两个交易日内通知上市公司并发布公告，同时报中国证监会备案。

14.1.11　上市公司应当在收到本所暂停其股票上市的决定后及时披露股票暂停上市公告。股票暂停上市公告应当包括以下内容：

（一）暂停上市的股票种类、简称、证券代码以及暂停上市起始日；

（二）股票暂停上市决定的主要内容；

（三）董事会关于争取恢复股票上市的意见及具体措施；

（四）股票可能被终止上市的风险提示；

（五）暂停上市期间公司接受投资者咨询的主要方式；

（六）中国证监会和本所要求的其他内容。

14.1.12 股票暂停上市期间，公司应当继续履行上市公司的有关义务，并及时披露为恢复其股票上市所采取的措施及有关工作的进展情况。

14.1.13 上市公司出现下列情形之一的，由本所决定暂停其可转换公司债券上市：

（一）公司有重大违法行为；

（二）公司情况发生重大变化不符合可转换公司债券上市条件；

（三）发行可转换公司债券所募集的资金不按照核准的用途使用；

（四）未按照可转换公司债券募集办法履行义务；

（五）公司最近两年连续亏损；

（六）因公司存在14.1.1条情形其股票被本所暂停上市；

（七）本所认为应当暂停其可转换公司债券上市的其他情形。

14.1.14 可转换公司债券暂停上市事宜，参照本节股票暂停上市的有关规定执行。

第二节 恢复上市

14.2.1 上市公司因第14.1.1条第（一）项情形股票被暂停上市的，在暂停上市期间，公司于法定期限内披露了最近一期年度报告，经审计的年度财务会计报告显示公司盈利，公司可以在最近一期年度报告披露后五个交易日内，以书面形式向本所提出恢复其股票上市的申请。

14.2.2 暂停上市后最近一期年度报告中的财务会计报告被会计师事务所出具非标准无保留审计意见的，上市公司在披露年度报告的同时，应当发布其股票可能被终止上市的风险提示公告。

14.2.3 上市公司因第14.1.1条第（二）项、第（三）项情形股票被暂停上市的，在暂停上市后两个月内披露了按照有关规定改正的财务会计报告或相关定期报告，可以在披露后五个交易日内，以书面形式向本所提出恢复上市的申请。

14.2.4 上市公司因14.1.1条第（五）项情形其股票被暂停上市的，在暂停上市后六个月内，其股权分布重新具备上市条件的，可以在事实发生后五个交易日内，以书面形式向本所提出恢复上市的申请。

14.2.5 上市公司因14.1.1条第（四）项、第（六）项情形股票被暂停上市的，在本所规定的期限内上述情形已消除的，可以在事实发生后五个交易日内，以书面形式向本所提出恢复上市的申请。

14.2.6 上市公司申请恢复上市，应当聘请具有主办券商业务资格的保荐人保荐。

保荐人应当对公司恢复上市申请材料的真实性、准确性和完整性进行核查，在确信公司具备恢复上市条件后出具恢复上市保荐书，并保证承担连带责任。保荐人应当在规定期限内如实回复本所就公司恢复上市事项提出的问询，并提供相应补充文件。

14.2.7 保荐人在核查过程中，应当至少从以下三个方面对上市公司的有关情况予以充分关注和尽职核查，并出具核查报告：

（一）规范运作：包括但不限于人员、资产、财务的独立性，关联交易是否公允，重大出售或者收购资产的行为是否规范，重组后的业务方向以及经营状况是否发生实质性变化，与实际控制人之间是否存在同业竞争等；

（二）财务会计：包括但不限于公司的收入确认、非经常性损益的确认是否合规，会计师事务所出具的非标准无保留审计意见所涉及事项对公司是否构成重大影响，公司对明显违反会计准则、制度及相关信息披露规范规定的事项进行纠正和调整的情况等；

（三）或有风险：包括但不限于资产出售、抵押、置换、委托经营、重大对外担保、重大诉讼和仲裁事项（适用本规则有关累计计算的规定），以及上述事项对公司生产经营所产生的影响等。

对于公司存在的各种不规范行为，保荐人应当要求公司改正。公司未按要求改正的，保荐人应当拒绝为其出具恢复上市保荐书。

14.2.8 保荐人对因第14.2.3条情形申请恢复上市的公司进行尽职核查时，除前条要求外，还应当对上市公司内部控制制度是否建立健全有效，是否存在重大缺陷予以关注，并在核查报告中作出说明。

14.2.9 保荐人对因第14.2.4条情形申请恢复上市的公司进行尽职核查时，应当对公司提出的股权分布问题解决方案是否可行、导致公司被暂停上市的情形是否已完全消除等情况予以充分关注，并在核查报告中作出说明。

14.2.10 保荐人出具的恢复上市保荐书应当包括以下内容：

（一）公司的基本情况；

（二）公司存在的主要风险以及原有风险是否已经消除的说明；

（三）对公司发展前景的评价；

（四）核查报告的主要内容；

（五）公司是否完全符合恢复上市条件及其依据的说明；

（六）无保留且表述明确的保荐意见及其理由；

（七）保荐人和相关保荐代表人具备相应保荐资格以及保荐人内部审核程序的说明；

（八）保荐人是否存在可能影响其公正履行保荐职责的情形的说明；

（九）保荐人比照有关规定作出的承诺；

（十）对公司持续督导期间的工作安排；

（十一）保荐人和相关保荐代表人的联系地址、电话和其他通讯方式；

（十二）保荐人认为应当说明的其他事项；

（十三）中国证监会和本所要求的其他内容。

恢复上市保荐书应当由保荐人的法定代表人（或者授权代表）和相关保荐代表人签字，注明日期并加盖保荐人公章。

14.2.11 上市公司申请其股票恢复上市的，应当聘请律师对恢复上市申请的合法、合规性以及相关申请材料的真实性、准确性和完整性进行核查验证，就公司是否具备恢复上市条件出具法律意见书，并承担相应的法律责任。

14.2.12 前条所述法律意见书应当包括以下内容及相关结论性意见：

（一）公司的主体资格；

（二）公司是否符合恢复上市的实质条件；

（三）公司的业务及发展目标；

（四）公司治理结构和规范运作情况；

（五）关联交易和同业竞争；

（六）公司的主要财产；

（七）重大债权、债务；

（八）重大资产变化及收购兼并情况；

（九）公司纳税情况；

（十）重大诉讼、仲裁；

（十一）公司受到的行政处罚；

（十二）律师认为需要说明的其他问题。

律师就上述事项发表的有关结论性意见，应当包括是否合法合规、是否真实有效、是否存在纠纷或者潜在风险等。

14.2.13 上市公司提出恢复上市申请时，应当向本所提交下列文件：

（一）恢复上市申请书；

（二）董事会关于公司符合恢复上市条件，同意申请恢复上市的决议；

（三）董事会关于公司在暂停上市期间为恢复上市所做主要工作的报告；

（四）管理层从公司主营业务、经营活动、财务状况、或有事项、期后事项和其他重大事项等角度，对公司所实现的盈利情况、公司经营能力和盈利能力的持续性、稳定性作出的分析报告；

（五）关于公司重大资产重组方案的说明，包括重大资产重组的内部决策程序、资产交接、相关收益的确认、实施结果及相关证明文件等；

（六）关于公司最近一期年度报告期间的重大关联交易事项的说明，包括相关内部决策程序、协议主要内容、履行情况和实施结果以及相关证明文件等；

（七）关于公司最近一期年度报告期间纳税情况的说明；

（八）年度报告和审计报告原件；

（九）保荐人出具的恢复上市保荐书和保荐协议；

（十）法律意见书；

（十一）董事会对非标准无保留审计意见涉及事项的说明（如适用）；

（十二）会计师事务所和注册会计师关于出具非标准无保留审计意见的说明（如适用）；

（十三）按照第14.1.4条的规定与代办机构和登记公司签订的相关协议；

（十四）本所要求的其他文件。

公司应当在向本所提出恢复上市申请后下一交易日发布相关公告。

14.2.14 本所在收到上市公司提交的恢复上市申请文件后五个交易日内，作出是否受理的决定并通知公司。

公司未能按照前条要求提供申请文件的，本所不受理其股票恢复上市的申请。

公司应当在收到本所是否受理其申请的决定后及时披露决定的有关内容，并发布可能被终止上市的风险提示公告。

14.2.15 本所在受理上市公司恢复上市申请后的三十个交易日内，作出是否同意其股票恢复上市的决定。

在此期间，本所要求公司提供补充材料的，公司应当在本所规定的期限内提供有关材料。公司提供补充材料期间不计入上述本所作出有关决定的期限。

14.2.16 本所受理上市公司恢复上市申请后，可以聘请具有执行证券、期货相关业务资格的会计师事务所对公司盈利的真实性进行调查核实。调查核实期间不计入前条所述本所作出有关决定的期限。

14.2.17 本所上市委员会对上市公司恢复上市申请进行审议，作出独立的专业判断并形成审核意见。

本所根据上市委员会的审核意见，作出是否同意公司股票恢复上市的决定。

14.2.18 本所在作出同意其股票恢复上市的决定后两个交易日内通知上市公司，并报中国证监会备案。

14.2.19 经本所同意恢复上市的，上市公司应当在收到有关决定后及时披露股票恢复上市公告。股票恢复上市公告应当包括以下内容：

（一）恢复上市的股票种类、简称、证券代码；

（二）股票恢复上市决定的主要内容；

（三）董事会关于恢复上市措施的具体说明；

（四）相关风险因素分析；

（五）中国证监会和本所要求的其他内容。

14.2.20 上市公司披露股票恢复上市公告后五个交易日内，其股票恢复上市。公司股票在恢复上市的首日不设涨跌幅限制。

14.2.21 在可转换公司债券暂停上市期间，上市公司符合下列条件的，可以书面形式向本所提出恢复其可转换公司债券上市的申请：

（一）因第14.1.13条第（一）项、第（四）项所列情形之一可转换公司债券被暂停上市，经查实上述情形造成的后果不严重；

（二）因第14.1.13条第（二）项所列情形可转换公司债券被暂停上市，该情形在六个月内消除；

（三）因第14.1.13条第（三）项所列情形可转换公司债券被暂停上市，该情形在两个月内消除；

（四）因第14.1.13条第（五）项所列情形可转换公司债券被暂停上市，公司在法定披露期限内披露了经审计的最近一期年度报告，且年度财务会计报告显示公司实现盈利。

14.2.22 可转换公司债券恢复上市事宜，参照本节股票恢复上市的有关规定执行。

第三节 终止上市

14.3.1 上市公司出现下列情形之一的，由本所决定终止其股票上市：

（一）因第14.1.1条第（一）项情形股票被暂停上市后，未能在法定期限内披露最近一期年度报告；

（二）因第14.1.1条第（一）项情形股票被暂停上市后，在法定期限内披露的最近一期年度报告显示公司亏损；

（三）因第14.1.1条第（一）项情形股票被暂停上市后，在法定期限内披露了最近一期年度报告，但未在其后五个交易日内提出恢复上市申请；

（四）因第14.1.1条第（二）项、第（三）项情形股票被暂停上市后，在两个月内仍未按要求改正财务会计报告或披露相关定期报告；

（五）因第14.1.1条第（二）项、第（三）项情形股票被暂停上市后，在两个月内披露了按要求改正的财务会计报告或相关定期报告，但未在其后的五个交易日内提出恢复上市申请；

（六）恢复上市申请未被受理；

（七）恢复上市申请未获同意；

（八）公司股本总额发生变化不再具备上市条件，在本所规定的期限内仍不能达到上市条件；

（九）因第14.1.1条（五）项股票被暂停上市后，在暂停上市六个月内股权分布仍不具备上市条件；

（十）上市公司或者收购人以终止股票上市为目的回购股份或者要约收购，在方案实施后，公司股本总额、股权分布等发生变化不再具备上市条件；

（十一）上市公司被吸收合并；

（十二）股东大会在公司股票暂停上市期间作出终止上市的决议；

（十三）公司解散；

（十四）公司被法院宣告破产；

（十五）本所认定的其他情形。

14.3.2 上市公司出现第14.3.1条第（一）项、第（四）项情形的，本所在法定披露期限或本所规定的披露期限届满后十五个交易日内，作出是否终止其股票上市的决定。

14.3.3 上市公司股票被暂停上市后，预计可能出现第14.3.1条第（二）项情形的，董事会应当在最近一个年度结束后十个交易日内，发布公司股票可能被终止上市的风险提示公告。

14.3.4 上市公司出现第14.3.1条第（二）项情形的，应当自董事会审议通过年度报告后及时向本所报告并披露年度报告，同时发布公司股票可能被终止上市的风险提示公告。

本所在公司披露年度报告后十五个交易日内，作出是否终止其股票上市的决定。

14.3.5 上市公司出现第14.3.1条第（三）项、第（五）项情形的，本所在规定的恢复上市申请期限届满后十五个交易日内，作出是否终止其股票上市的决定。

14.3.6 上市公司出现第14.3.1条第（六）项、第（七）项情形的，本所自决定不受理其股票恢复上市申请之日起十五个交易日内、在决定不同意其股票恢复上市申请的同时，作出终止其股票上市的决定。

14.3.7 上市公司出现第14.3.1条第（八）项情形的，本所在规定期限届满后十五个交易日内，作出是否终止其股票上市的决定。

14.3.8 上市公司出现14.3.1条第（九）项情形的，本所在六个月期限届满后十五个交易日内，作出是否终止其股票上市的决定。

14.3.9 上市公司出现第14.3.1条第（十）项情形的，公司股票及其衍生品种自公司披露收购结果公告或其他相关权益变动公告之日起停牌。本所在公司公告后的十五个交易日内，作出是否终止其股票上市的决定。

14.3.10 上市公司出现第14.3.1条（十一）项情形的，本所在吸收合并方提出上市申请的同时，对被吸收合并方作出终止其股票上市的决定。

14.3.11 上市公司出现第14.3.1条第（十二）项情形的，应当在股东大会会议结束后及时通知本所并公告。

本所在公司披露股东大会决议公告后十五个交易日内，作出是否终止其股票上市的决定。

14.3.12 上市公司出现14.3.1条第（十三）项情形的，应当于知悉公司依法被吊销营业执照、责令关闭或者被撤销等解散条件成就时，或者在股东大会作出解散的决议后，立即向本所报告并于次日公告，公司股票及其衍生品种于本所知悉该情形之日起停牌。

本所在公司披露上述公告后十五个交易日内，作出是否终止其股票上市的决定。

14.3.13 上市公司出现14.3.1条第（十四）项情形的，应当在收到法院宣告公司破产裁定书的当日向本所报告并于下一交易日公告。本所在公司披露上述公告后十五个交易日内，作出是否终止其股票上市的决定。

14.3.14 本所上市委员会对股票终止上市事宜进行审议，作出独立的专业判断并形成审核意见。

本所根据上市委员会的审核意见，作出是否终止股票上市的决定。

14.3.15 本所在作出是否终止股票上市的决定前，可以聘请具有执行证券、期货相关业务资格的会计师事务所对上市公司盈利的真实性等情况进行调查核实，并将结果提交上市委员会审议。调查核实期间不计入本所作出有关决定的期限。

本所为作出是否终止公司股票上市的决定，可以要求公司提供补充材料，公司应当在本所规定的期限内提供有关材料。公司提供补充材料期间不计入上述本所作出有关决定的期限。

14.3.16 本所在作出终止股票上市的决定后两个交易日内，通知公司并发布相关公告，同时报中国证监会备案。

公司在此之前未按规定聘请代办机构并与其签订相关协议的，本所在作出终止其股票上市的决定后，可以为其指定临时代办机构，通知公司和代办机构，并于两个交易日内就上述事项发布相关公告（公司不再具备法人资格的情形除外）。

14.3.17 公司应当自收到本所关于终止其股票上市的决定后及时披露股票终止上市公告。股票终止上市公告应当包括以下内容：

（一）终止上市的股票种类、简称、证券代码以及终止上市的日期；

（二）终止上市决定的主要内容；

（三）终止上市后公司股票登记、转让和管理事宜；

（四）终止上市后公司的联系人、联系地址、电话和其他通讯方式；

（五）中国证监会和本所要求的其他内容。

14.3.18 公司应当在股票终止上市后立即安排进入代办股份转让系统的相关事宜，保证公司股份在本所发布终止上市的公告后四十五个交易日内可以进入代办股份转让系统进行转让。

14.3.19 上市公司出现下列情形之一的，本所终止其可转换公司债券上市：

（一）因第14.1.13条第（一）项、第（四）项所列情形之一可转换公司债券被暂停上市，经查实上述情形后果严重；

（二）因第14.1.13条第（二）项所列情形可转换公司债券被暂停上市，该情形在六个月内未能消除；

（三）因第14.1.13条第（三）项所列情形可转换公司债券被暂停上市，该情形在两个月内未能消除；

（四）因第14.1.13条第（五）项所列情形可转换公司债券被暂停上市，公司未在法定披露期限内披露经审计的最近一期年度报告，或者披露的年度报告显示公司亏损，或者未在披露年度报告后五个交易日内提出恢复上市申请；

（五）公司股票被本所终止上市。

14.3.20 可转换公司债券终止上市事宜，参照本节股票终止上市的有关规定执行。

第十五章　申请复核

15.1 发行人或者上市公司（以下简称“申请人”）对本所作出的不予上市、暂停上市、终止上市决定不服的，可以在收到本所有关决定或本所公告有关决定之日起七个交易日内，向本所申请复核。

上市公司应当在向本所提出复核申请后下一交易日发布相关公告。

15.2 申请人根据前条规定向本所申请复核，应当提交下列文件：

（一）复核申请书；

（二）保荐人就申请复核事项出具的意见书；

（三）律师事务所就申请复核事项出具的法律意见书；

（四）本所要求的其他文件。

15.3 本所在收到申请人提交的复核申请文件后五个交易日内，作出是否受理的决定并通知申请人。

未能按照前条规定提交复核申请文件的，本所不受理其复核申请。申请人应当在收到本所是否受理其复核申请的决定后，及时披露决定的有关内容并提示相关风险。

15.4 本所设立复核委员会，对申请人的复核申请进行审议。

15.5 本所在受理复核申请后三十个交易日内，依据复核委员会的审核意见作出是否维持不予上市、暂停上市、终止上市的决定。该决定为终局决定。

在此期间，本所要求申请人提供补充材料的，申请人应当按要求予以提供。

申请人提供补充材料期间不计入本所作出有关决定的期限内。

申请人应当在收到本所的复核决定后，及时披露决定的有关内容。

第十六章 境内外上市事务的协调

16.1 在本所上市的公司同时有证券在境外证券交易所上市的，应当保证将境外证券交易所要求披露的信息，及时向本所报告，并同时在指定媒体上按照本规则规定披露。

16.2 上市公司就同一事件向境外证券交易所提供的报告和公告应当与向本所提供的内容一致。出现重大差异时，公司应当向本所作出专项说明，并按照本所要求披露更正或补充公告。

16.3 上市公司股票及其衍生品种被境外证券交易所停牌的，应当及时向本所报告停牌的事项和原因，并提交是否需要向本所申请停牌的书面说明。

16.4 本章未尽事宜，适用有关法律、行政法规、部门规章、其他规范性文件和本所与其他证券交易所签署的监管合作备忘录以及其他相关规定。

第十七章 日常监管和违反本规则的处理

17.1 本所对本规则第1.5条监管对象实施日常监管，具体措施包括：

（一）要求公司及相关信息披露义务人或者其董事（会）、监事（会）、高级管理人员对有关问题作出解释和说明；

（二）要求公司聘请相关证券服务机构对所存在的问题进行核查并发表意见；

（三）发出各种通知和函件等；

（四）约见有关人员；

（五）暂不受理保荐人、证券服务机构及相关人员出具的文件；

（六）向中国证监会报告有关违法违规行为；

（七）其他监管措施。

公司、相关信息披露义务人等机构及其相关人员应当接受并积极配合本所的日常监管，在规定期限内如实回答本所问询，并按要求提交说明，或者披露相应的更正或补充公告。

17.2 上市公司、相关信息披露义务人和其他责任人违反本规则或者向本所作出的承诺，本所可以视情节轻重给予以下惩戒：

（一）通报批评；

（二）公开谴责。

17.3 上市公司董事、监事、高级管理人员违反本规则或者向本所作出的承诺，本所可以视情节轻重给予以下惩戒：

（一）通报批评；

（二）公开谴责；

（三）公开认定其三年以上不适合担任上市公司董事、监事、高级管理人员。

以上第（二）项、第（三）项惩戒可以一并实施。

17.4 上市公司董事会秘书违反本规则，本所可以视情节轻重给予以下惩戒：

（一）通报批评；

（二）公开谴责；

（三）公开认定其不适合担任上市公司董事会秘书。

以上第（二）项、第（三）项惩戒可以一并实施。

17.5 保荐人和保荐代表人、证券服务机构及相关人员违反本规则，本所可以视情节轻重给予以下惩戒：

（一）通报批评；

（二）公开谴责。

情节严重的，本所依法报中国证监会查处。

17.6 管理人和管理人成员违反本规则规定，本所可以视情节轻重给予以下惩戒：

（一）通报批评；

（二）公开谴责；

（三）建议法院更换管理人或管理人成员。

以上第（二）、（三）项惩戒可以一并实施。

17.7 本所设立纪律处分委员会对违反本规则的纪律处分事项进行审核，作出独立的专业判断并形成审核意见。本所根据纪律处分委员会的审核意见，作出是否给予纪律处分的决定。

第十八章 释　　义

18.1 本规则下列用语含义如下：

（一）上市公司：指其股票及其衍生品种在本所上市的股份有限公司。

（二）相关信息披露义务人：指上市公司股东、实际控制人、收购人等。

（三）及时：指自起算日起或触及本规则披露时点的两个交易日内。

（四）披露：指上市公司或相关信息披露义务人按法律、行政法规、部门规章、其他规范性文件、本规则及本所其他规定在指定媒体上公告信息。

（五）高级管理人员：指公司经理、副经理、董事会秘书、财务负责人及公司章程规定的其他人员。

（六）控股股东：指其持有的股份占公司股本总额50%以上的股东；或者持有股份的比例虽然不足50%，但依其持有的股份所享有的表决权已足以对股东大会的决议产生重大影响的股东。

（七）实际控制人：指虽不是公司的股东，但通过投资关系、协议或者其他安排，能够实际支配公司行为的人。

（八）控制：指能够决定一个企业的财务和经营政策，并可据以从该企业的经营活动中获取利益的状态。具有下列情形之一的，构成控制：

（1）股东名册中显示持有公司股份数量最多，但是有相反证据的除外；

（2）能够直接或者间接行使一个公司的表决权多于该公司股东名册中持股数量最多的股东能够行使的表决权；

（3）通过行使表决权能够决定一个公司董事会半数以上成员当选；

（4）中国证监会和本所认定的其他情形。

（九）上市公司控股子公司：指上市公司持有其50%以上的股份，或者能够决定其董事会半数以上成员的当选，或者通过协议或其他安排能够实际控制的公司。

（十）内部职工股：指原定向募集股份有限公司的内部职工认购的股票。

（十一）股权分布不具备上市条件：指社会公众股东持有的股份连续二十个交易日低于公司总股本的25%，公司股本总额超过人民币四亿元的，低于公司总股本的10%。

上述社会公众股股东指不包括下列股东的上市公司其他股东：

（1）持有上市公司10%以上股份的股东及其一致行动人；

（2）上市公司的董事、监事、高级管理人员及其关联人。

（十二）证券服务机构：指为证券发行、上市、交易等证券业务活动制作、出具审计报告、资产评估报告、法律意见书、财务顾问报告、资信评级报告等文件的会计师事务所、资产评估机构、律师事务所、财务顾问机构、资信评级机构。

（十三）净资产：指归属于公司普通股股东的期末净资产，不包括少数股东权益金额。

（十四）净利润：指归属于公司普通股股东的净利润，不包括少数股东损益金额。

（十五）每股收益：指根据中国证监会有关规定计算的基本每股收益。

（十六）净资产收益率：指根据中国证监会有关规定计算的全面摊薄净资产收益率。

（十七）回购股份：指上市公司收购本公司发行的流通股股份，并在收购后予以注销的行为。

（十八）破产程序：指《企业破产法》所规范的重整、和解或破产清算程序。

（十九）管理人管理模式：指根据《企业破产法》，经法院裁定由管理人负责管理上市公司财产和营业事务的运作模式。

（二十）管理人监督模式：指根据《企业破产法》，经法院裁定由公司在管理人的监督下自行管理公司财产和营业事务的运作模式。

18.2　本规则未定义的用语的含义，依照有关法律、行政法规、部门规章、其他规范性文件和本所有关业务规则确定。

18.3　本规则所称“以上”、“以内”含本数，“超过”、“少于”“低于”、“以下”不含本数。

第十九章　附　　则

19.1　本规则经本所理事会会议审议通过并报中国证监会批准后生效，修订时亦同。

19.2　本规则由本所负责解释。

19.3　本规则自2008年10月1日起施行。

上市公司在此之前发生的按照原《股票上市规则》应当披露而未披露的重大事项，根据本规则也应当披露的，在本规则发布施行后，应当按照本规则的规定及时披露。

附件：

1. 董事声明及承诺书（略）。
2. 监事声明及承诺书（略）。
3. 高级管理人员声明及承诺书（略）。

深圳证券交易所股票上市规则（2008年修订）

（2008年9月4日　深圳证券交易所，1998年1月实施　2000年5月第一次修订　2001年6月第二次修订　2002年2月第三次修订　2004年12月第四次修订　2006年5月第五次修订　2008年9月第六次修订　2008年10月1日实施）

目　录

第一章　总　　则

1.1　为规范股票、可转换为股票的公司债券（以下简称“可转换公司债券”）及其他衍生品种（以下统称“股票及其衍生品种”）上市行为，以及发行人、上市公司及相关信息披露义务人的信息披露行为，维护证券市场秩序，保护投资者的合法权益，根据《中华人民共和国公司法》（以下简称“《公司法》”）、《中华人民共和国证券法》（以下简称“《证券法》”）等法律、行政法规、部门规章、规范性文件及《深圳证券交易所章程》，制定本规则。

1.2　在深圳证券交易所（以下简称“本所”）上市的股票及其衍生品种，适用本规则；中国证券监督管理委员会（以下简称“中国证监会”）和本所对权证等衍生品种、境外公司的股票及其衍生品种的上市、信息披露、停牌等事宜另有规定的，从其规定。

本所对在中小企业板块上市的股票及其衍生品种有特别规定的，从其规定。

1.3　申请股票及其衍生品种在本所上市，应当经本所审核同意，并在上市前与本所签订上市协议，明确双方的权利、义务和有关事项。

1.4　上市公司及其董事、监事、高级管理人员、股东、实际控制人、收购人等自然人、机构及其相关人员，以及保荐人及其保荐代表人、证券服务机构及其相关人员应当遵守法律、行政法规、部门规章、规范性文件、本规则和本所发布的细则、指引、通知、办法、备忘录等相关规定（以下简称“本所其他相关规定”）。

1.5　本所依据法律、行政法规、部门规章、规范性文件、本规则、本所其他相关规定和中国证监会的授权，对上市公司及其董事、监事、高级管理人员、股东、实际控制人、收购人等自然人、机构及其相关人员，以及保荐人及其保荐代表人、证券服务机构及其相关人员进行监管。

第二章 信息披露的基本原则及一般规定

2.1 上市公司及相关信息披露义务人应当根据法律、行政法规、部门规章、规范性文件、本规则以及本所发布的细则、指引和通知等相关规定，及时、公平地披露信息，并保证所披露的信息真实、准确、完整，不得有虚假记载、误导性陈述或重大遗漏。

2.2 上市公司董事、监事、高级管理人员应当保证公司所披露的信息真实、准确、完整，不能保证披露的信息内容真实、准确、完整的，应当在公告中作出相应声明并说明理由。

2.3 上市公司股东、实际控制人、收购人等相关信息披露义务人，应当按照有关规定履行信息披露义务，积极配合上市公司做好信息披露工作，及时告知上市公司已发生或拟发生的重大事件，并严格履行其所作出的承诺。

2.4 本规则所称真实，是指上市公司及相关信息披露义务人披露的信息应当以客观事实或具有事实基础的判断和意见为依据，如实反映客观情况，不得有虚假记载和不实陈述。

2.5 本规则所称准确，是指上市公司及相关信息披露义务人披露的信息应当使用明确、贴切的语言和简明扼要、通俗易懂的文字，不得含有任何宣传、广告、恭维或者夸大等性质的词句，不得有误导性陈述。

公司披露预测性信息及其他涉及公司未来经营和财务状况等信息时，应当合理、谨慎、客观。

2.6 本规则所称完整，是指上市公司及相关信息披露义务人披露的信息应当内容完整、文件齐备，格式符合规定要求，不得有重大遗漏。

2.7 本规则所称及时，是指上市公司及相关信息披露义务人应当在本规则规定的期限内披露所有对公司股票及其衍生品种交易价格可能产生较大影响的信息（以下简称“重大信息”）。

2.8 本规则所称公平，是指上市公司及相关信息披露义务人应当同时向所有投资者公开披露重大信息，确保所有投资者可以平等地获取同一信息，不得私下提前向特定对象单独披露、透露或泄露。

公司向公司股东、实际控制人或其他第三方报送文件和传递信息涉及未公开重大信息的，应当及时向本所报告，并依据本所相关规定履行信息披露义务。

2.9 上市公司及其董事、监事、高级管理人员、相关信息披露义务人和其他知情人在信息披露前，应当将该信息的知情者控制在最小范围内，不得泄漏未公开重大信息，不得进行内幕交易或配合他人操纵股票及其衍生品种交易价格。

2.10 上市公司应当按照有关规定制定并严格执行信息披露事务管理制度。

公司应当将经董事会审议的信息披露事务管理制度及时报送本所备案并在本所指定网站披露。

2.11 上市公司应当披露的信息包括定期报告和临时报告。

公司及相关信息披露义务人应当将公告文稿和相关备查文件在第一时间报送本所，报送的公告文稿和相关备查文件应当符合本所的要求。

公司及相关信息披露义务人报送的公告文稿和相关备查文件应当采用中文文本。同时采用外文文本的，信息披露义务人应当保证两种文本的内容一致。两种文本发生歧义时，以中文文本为准。

2.12 本所根据有关法律、行政法规、部门规章、规范性文件、本规则以及本所发布的细则、指引和通知等相关规定，对上市公司及相关信息披露义务人披露的信息进行形式审核，对其内容的真实性不承担责任。

本所对定期报告实行事前登记、事后审核；对临时报告依不同情况实行事前审核或者事前登记、事后审核。

定期报告或临时报告出现任何错误、遗漏或误导，本所可以要求公司作出说明并公告，公司应当按照本所要求办理。

2.13 上市公司定期报告和临时报告经本所登记后应当在中国证监会指定媒体上披露。公司未能按照既定时间披露，或在指定媒体上披露的文件内容与报送本所登记的文件内容不一致的，应当立即向本所报告。

2.14 上市公司及相关信息披露义务人在其他公共媒体发布重大信息的时间不得先于指定媒体，在指定媒体上公告之前不得以新闻发布或答记者问等任何其他方式透露、泄漏未公开重大信息。

公司董事、监事及高级管理人员应当遵守并促使公司遵守前述规定。

2.15 上市公司及相关信息披露义务人应当关注公共媒体关于本公司的报道以及本公司股票及其衍生品种的交易情况，及时向有关方面了解真实情况。

公司应当在规定期限内如实回复本所就相关事项提出的问询，并按照本规则的规定和本所要求及时、真实、准确、完整地就相关情况作出公告，不得以有关事项存在不确定性或需要保密等为由不履行报告、公告和回复本所问询的义务。

2.16 上市公司及相关信息披露义务人未在规定期限内回复本所问询，或者未按照本规则的规定和本所的要求进行公告，或者本所认为必要的，本所可以交易所公告等形式，向市场说明有关情况。

2.17 上市公司应当将定期报告、临时报告和相关备查文件等信息披露文件在公告的同时置备于公司住所，供公众查阅。

2.18 上市公司应当配备信息披露所必要的通讯设备，并保证对外咨询电话畅通。

2.19 上市公司拟披露的信息存在不确定性、属于临时性商业秘密或者本所认可的其他情形，及时披露可能会损害公司利益或误导投资者，且符合以下条件的，公司可以向本所提出暂缓披露申请，说明暂缓披露的理由和期限：

（一）拟披露的信息未泄漏；

（二）有关内幕人士已书面承诺保密；

（三）公司股票及其衍生品种交易未发生异常波动。

经本所同意，公司可以暂缓披露相关信息。暂缓披露的期限一般不超过两个月。

暂缓披露申请未获本所同意、暂缓披露的原因已经消除或暂缓披露的期限届满的，公司应当及时披露。

2.20 上市公司拟披露的信息属于国家机密、商业秘密或者本所认可的其他情况，按本规则披露或履行相关义务可能会导致其违反国家有关保密法律、行政法规规定或损害公司利益的，公司可以向本所申请豁免按本规则披露或履行相关义务。

2.21 上市公司发生的或与之有关的事件没有达到本规则规定的披露标准，或者本规则没有具体规定，但本所或公司董事会认为该事件对公司股票及其衍生品种交易价格可能产生较大影响的，公司应当比照本规则及时披露。

2.22 上市公司及相关信息披露义务人对本规则的具体规定有疑问的，应当向本所咨询。

2.23 保荐人及其保荐代表人、证券服务机构及其相关人员为发行人、上市公司及相关信息披露义务人的证券业务活动制作、出具上市保荐书、审计报告、资产评估报告、财务顾问报告、资信评级报告或者法律意见书等文件，应当勤勉尽责，对所制作、出具的文件内容的真实性、准确性、完整性进行核查和验证。其制作、出具的文件不得有虚假记载、误导性陈述或者重大遗漏。

第三章　董事、监事和高级管理人员

第一节　董事、监事和高级管理人员声明与承诺

3.1.1　上市公司的董事、监事和高级管理人员应当在公司股票首次上市前，新任董事、监事应当在股东大会或职工代表大会通过其任命后一个月内，新任高级管理人员应当在董事会通过其任命后一个月内，签署一式三份《董事（监事、高级管理人员）声明及承诺书》，并报本所和公司董事会备案。

董事、监事和高级管理人员签署《董事（监事、高级管理人员）声明及承诺书》时，应当由律师见证，并由律师解释该文件的内容，董事、监事和高级管理人员在充分理解后签字。

董事会秘书应当督促董事、监事和高级管理人员及时签署《董事（监事、高级管理人员）声明及承诺书》，并按本所规定的途径和方式提交《董事（监事、高级管理人员）声明及承诺书》的书面文件和电子文件。

3.1.2　上市公司董事、监事和高级管理人员应当在《董事（监事、高级管理人员）声明及承诺书》中声明：

（一）持有本公司股票的情况；

（二）有无因违反法律、行政法规、部门规章、规范性文件、本规则或本所其他相关规定受查处的情况；

（三）参加证券业务培训的情况；

（四）其他任职情况和最近五年的工作经历；

（五）拥有其他国家或地区的国籍、长期居留权的情况；

（六）本所认为应当说明的其他情况。

3.1.3　上市公司董事、监事和高级管理人员应当保证《董事（监事、高级管理人员）声明及承诺书》中声明事项的真实、准确、完整，不存在虚假记载、误导性陈述或重大遗漏。

3.1.4　上市公司董事、监事和高级管理人员在任职（含续任）期间出现声明事项发生变化的，董事、监事和高级管理人员应当自该等事项发生变化之日起五个交易日内向本所和公司董事会提交有关该等事项的最新资料。

3.1.5　上市公司董事、监事和高级管理人员应当履行以下职责并在《董事（监事、高级管理人员）声明及承诺书》中作出承诺：

（一）遵守并促使上市公司遵守国家法律、行政法规、部门规章、规范性文件，履行忠实义务和勤勉义务；

（二）遵守并促使上市公司遵守本规则和本所其他相关规定，接受本所监管；

（三）遵守并促使上市公司遵守《公司章程》；

（四）本所认为应当履行的其他职责和应当作出的其他承诺。

监事还应当承诺监督董事和高级管理人员遵守其承诺。

高级管理人员还应当承诺及时向董事会报告有关公司经营或者财务方面出现的可能对公司股票及其衍生品种交易价格产生较大影响的事项。

3.1.6 上市公司董事应当履行的忠实义务和勤勉义务包括：

（一）原则上应当亲自出席董事会，以正常合理的谨慎态度勤勉行事并对所议事项表达明确意见；因故不能亲自出席董事会的，应当审慎地选择受托人；

（二）认真阅读上市公司的各项商务、财务报告和公共媒体有关公司的报道，及时了解并持续关注公司业务经营管理状况和公司已发生或可能发生的重大事件及其影响，及时向董事会报告公司经营活动中存在的问题，不得以不直接从事经营管理或者不知悉为由推卸责任；

（三）《证券法》、《公司法》规定的及社会公认的其他忠实和勤勉义务。

3.1.7 上市公司董事、监事和高级管理人员应当在公司股票上市前、任命生效时及新增持有公司股份时，按照本所的有关规定申报并申请锁定其所持的本公司股份。

公司董事、监事、高级管理人员和证券事务代表所持本公司股份发生变动的（因公司派发股票股利和资本公积转增股本导致的变动除外），应当及时向公司报告并由公司在本所指定网站公告。

3.1.8 上市公司董事、监事、高级管理人员和公司股东买卖本公司股份应当遵守《公司法》、《证券法》、中国证监会和本所相关规定及公司章程。

上市公司董事、监事、高级管理人员自公司股票上市之日起一年内和离职后半年内，不得转让其所持本公司股份，拟在任职期间买卖本公司股份的，应当按有关规定提前报本所备案。

3.1.9 上市公司董事、监事、高级管理人员、持有公司股份5%以上的股东，将其持有的该公司的股票在买入后六个月内卖出，或者在卖出后六个月内又买入，由此所得收益归该公司所有，公司董事会应当收回其所得收益，并及时披露相关情况。

3.1.10 上市公司在发布召开关于选举独立董事的股东大会通知时，应当将所有独立董事候选人的有关材料（包括但不限于提名人声明、候选人声明、独立董事履历表）报送本所备案。

公司董事会对独立董事候选人的有关情况有异议的，应当同时报送董事会的书面意见。

3.1.11 本所在收到前条所述材料的五个交易日内，对独立董事候选人的任职资格和独立性进行审核。对于本所提出异议的独立董事候选人，上市公司不得将其提交股东大会选举为独立董事。

在召开股东大会选举独立董事时，公司董事会应当对独立董事候选人是否被本所提出异议的情况进行说明。

第二节 董事会秘书

3.2.1 上市公司应当设立董事会秘书，作为公司与本所之间的指定联络人。

公司应当设立由董事会秘书负责管理的信息披露事务部门。

3.2.2 董事会秘书对上市公司和董事会负责，履行如下职责：

（一）负责公司信息披露事务，协调公司信息披露工作，组织制订公司信息披露事务管理制度，督促公司及相关信息披露义务人遵守信息披露相关规定；

（二）负责公司投资者关系管理和股东资料管理工作，协调公司与证券监管机构、股东及实际控制人、保荐人、证券服务机构、媒体等之间的信息沟通；

（三）组织筹备董事会会议和股东大会，参加股东大会、董事会会议、监事会会议及高级管理人员相关会议，负责董事会会议记录工作并签字；

（四）负责公司信息披露的保密工作，在未公开重大信息出现泄露时，及时向本所报告并公告；

（五）关注媒体报道并主动求证真实情况，督促董事会及时回复本所所有问询；

（六）组织董事、监事和高级管理人员进行证券法律法规、本规则及相关规定的培训，协助前述人员了解各自在信息披露中的权利和义务；

（七）督促董事、监事和高级管理人员遵守法律、法规、规章、规范性文件、本规则、本所其他相关规定及公司章程，切实履行其所作出的承诺；在知悉公司作出或可能作出违反有关规定的决议时，应予以提醒并立即如实地向本所报告；

（八）《公司法》、《证券法》、中国证监会和本所要求履行的其他职责。

3.2.3 上市公司应当为董事会秘书履行职责提供便利条件，董事、监事、财务负责人及其他高级管理人员和公司相关人员应当支持、配合董事会秘书在信息披露方面的工作。

董事会秘书为履行职责有权了解公司的财务和经营情况，参加涉及信息披露的有关会议，查阅涉及信息披露的所有文件，并要求公司有关部门和人员及时提供相关资料和信息。

董事会秘书在履行职责过程中受到不当妨碍和严重阻挠时，可以直接向本所报告。

3.2.4 董事会秘书应当具备履行职责所必需的财务、管理、法律专业知识，具有良好的职业道德和个人品德，并取得本所颁发的董事会秘书资格证书。有下列情形之一的人士不得担任上市公司董事会秘书：

（一）有《公司法》第一百四十七条规定情形之一的；

（二）自受到中国证监会最近一次行政处罚未满三年的；

（三）最近三年受到证券交易所公开谴责或三次以上通报批评的；

（四）本公司现任监事；

（五）本所认定不适合担任董事会秘书的其他情形。

3.2.5 上市公司应当在首次公开发行股票上市后三个月内或原任董事会秘书离职后三个月内聘任董事会秘书。

3.2.6 上市公司应当在有关拟聘任董事会秘书的会议召开五个交易日之前将该董事会秘书的有关材料报送本所，本所自收到有关材料之日起五个交易日内未提出异议的，董事会可以聘任。

3.2.7 上市公司聘任董事会秘书之前应当向本所报送下列资料：

（一）董事会推荐书，包括被推荐人符合本规则任职资格的说明、职务、工作表现及个人品德等内容；

（二）被推荐人的个人简历、学历证明（复印件）；

（三）被推荐人取得的董事会秘书资格证书（复印件）。

3.2.8 上市公司在聘任董事会秘书的同时，还应当聘任证券事务代表，协助董事会秘书履行职责。在董事会秘书不能履行职责时，由证券事务代表行使其权利并履行其职责，在此期间，并不当然免除董事会秘书对公司信息披露事务所负有的责任。

证券事务代表应当参加本所组织的董事会秘书资格培训并取得董事会秘书资格证书。

3.2.9 上市公司董事会正式聘任董事会秘书、证券事务代表后应当及时公告并向本所提交下列资料：

（一）董事会秘书、证券事务代表聘任书或者相关董事会决议；

（二）董事会秘书、证券事务代表的通讯方式，包括办公电话、住宅电话、移动电话、传真、通信地址及专用电子邮件信箱地址等；

（三）公司董事长的通讯方式，包括办公电话、移动电话、传真、通信地址及专用电子邮件信箱地址等。

上述有关通讯方式的资料发生变更时，公司应当及时向本所提交变更后的资料。

3.2.10 上市公司解聘董事会秘书应当具有充分理由，不得无故将其解聘。

董事会秘书被解聘或者辞职时，公司应当及时向本所报告，说明原因并公告。

董事会秘书有权就被公司不当解聘或者与辞职有关的情况，向本所提交个人陈述报告。

3.2.11 董事会秘书有下列情形之一的，上市公司应当自事实发生之日起一个月内解聘董事会秘书：

（一）出现本规则3.2.4条所规定情形之一的；

（二）连续三个月以上不能履行职责的；

（三）在履行职责时出现重大错误或疏漏，给投资者造成重大损失的；

（四）违反法律、行政法规、部门规章、规范性文件、本规则、本所其他相关规定或公司章程，给投资者造成重大损失的。

3.2.12 上市公司应当在聘任董事会秘书时与其签订保密协议，要求其承诺在任职期间以及在离任后持续履行保密义务直至有关信息披露为止，但涉及公司违法违规的信息除外。

董事会秘书离任前，应当接受董事会、监事会的离任审查，在公司监事会的监督下移交有关档案文件、正在办理或待办理事项。

3.2.13 上市公司董事会秘书空缺期间，董事会应当指定一名董事或高级管理人员代行董事会秘书的职责，并报本所备案，同时尽快确定董事会秘书人选。公司指定代行董事会秘书职责的人员之前，由董事长代行董事会秘书职责。

董事会秘书空缺期间超过三个月之后，董事长应当代行董事会秘书职责，直至公司正式聘任董事会秘书。

3.2.14 上市公司应当保证董事会秘书在任职期间按要求参加本所组织的董事会秘书后续培训。

3.2.15 上市公司在履行信息披露义务时，应当指派董事会秘书、证券事务代表或者3.2.13条规定代行董事会秘书职责的人员负责与本所联系，办理信息披露与股权管理事务。

第四章 保荐人

4.1 本所实行股票、可转换公司债券、分离交易的可转换公司债券上市保荐制度。发行人向本所申请其首次公开发行的股票和上市后发行的新股、可转换公司债券和分离交易的可转换公司债券在本所上市，以及股票被暂停上市后公司申请其股票恢复上市的，应当由保荐人保荐。

保荐人应当为经中国证监会注册登记并列入保荐人名单，同时具有本所会员资格的证券经营机构；推荐股票恢复上市的保荐人还应当具有中国证券业协会《证券公司从事代办股份转让主办券商业务资格管理办法（试行）》中规定的从事代办股份转让主办券商业务资格。

4.2 保荐人应当与发行人签订保荐协议，明确双方在公司申请上市期间、申请恢复上市期间和持续督导期间的权利和义务。保荐协议应当约定保荐人审阅发行人信息披露文件的时点。

首次公开发行股票的，持续督导期间为股票上市当年剩余时间及其后两个完整会计年度；

上市后发行新股、可转换公司债券和分离交易的可转换公司债券的，持续督导期间为股票、可转换公司债券或者分离交易的可转换公司债券上市当年剩余时间及其后一个完整会计年度；申请恢复上市的，持续督导期间为股票恢复上市当年剩余时间及其后一个完整会计年度。持续督导期间自股票、可转换公司债券或者分离交易的可转换公司债券上市之日起计算。

4.3 保荐人应当在签订保荐协议时指定两名保荐代表人具体负责保荐工作，作为保荐人与本所之间的指定联络人。

保荐代表人应当为经中国证监会注册登记并列入保荐代表人名单的自然人。

4.4 保荐人保荐股票、可转换公司债券或分离交易的可转换公司债券上市（恢复上市除外）时，应当向本所提交上市保荐书、保荐协议、保荐人和相关保荐代表人已经中国证监会注册登记并列入保荐人和保荐代表人名单的证明文件和授权委托书，以及与上市保荐工作有关的其他文件。

保荐人推荐股票恢复上市时应当提交的文件及其内容应当符合本规则第十四章第二节的有关规定。

4.5 上市保荐书应当包括以下内容：

（一）发行股票、可转换公司债券或者分离交易的可转换公司债券的公司概况；

（二）申请上市的股票、可转换公司债券或者分离交易的可转换公司债券的发行情况；

（三）保荐人是否存在可能影响公正履行保荐职责情形的说明；

（四）保荐人按照有关规定应当承诺的事项；

（五）对公司持续督导期间的工作安排；

（六）保荐人和相关保荐代表人的联系地址、电话和其他通讯方式；

（七）保荐人认为应当说明的其他事项；

（八）本所要求的其他内容。

上市保荐书应当由保荐人的法定代表人（或者授权代表）和相关保荐代表人签字，注明日期并加盖保荐人公章。

4.6 保荐人应当督导发行人按照本规则的规定履行信息披露及其他相关义务，审阅信息披露文件及其他相关文件，并保证向本所提交的与保荐工作相关的文件真实、准确、完整，没有虚假记载、误导性陈述或重大遗漏。

保荐人和保荐代表人应当同时督导发行人的董事、监事、高级管理人员、控股股东和实际控制人遵守本规则的规定，并履行向本所作出的承诺。

4.7 保荐人应当在发行人向本所报送信息披露文件及其他文件之前，或者履行信息披露义务后五个交易日内，完成对有关文件的审阅工作，对存在问题的信息披露文件应当及时督促发行人更正或补充，并同时向本所报告。

4.8 保荐人履行保荐职责发表的意见应当及时告知发行人，记录于保荐工作档案。

发行人应当配合保荐人和保荐代表人的工作。

4.9 保荐人在履行保荐职责期间有充分理由确信发行人可能存在违反本规则规定的行为的，应当督促发行人作出说明并限期纠正；情节严重的，应当向本所报告。

保荐人按照有关规定对发行人违法违规事项公开发表声明的，应当于披露前向本所报告，经本所审核后在指定媒体上公告。本所对上述公告进行形式审核，对其内容的真实性不承担责任。

4.10 保荐人有充分理由确信中介机构及其签名人员按本规则规定出具的专业意见可能存在虚假记载、误导性陈述或重大遗漏等违法违规情形或者其他不当情形的，应当及时发表意见；情节严重的，应当向本所报告。

4.11　保荐人和发行人终止保荐协议的，应当自终止之日起五个交易日内向本所报告，说明原因并由发行人发布公告。

发行人另行聘请保荐人的，应当及时向本所报告并公告。新聘请的保荐人应当及时向本所提交4.4条规定的有关文件。

4.12　保荐人更换保荐代表人的，应当通知发行人，并在五个交易日内向本所报告，说明原因并提供更换后的保荐代表人的相关资料。发行人应当在收到通知后及时披露保荐代表人变更事宜。

4.13　保荐人应当自持续督导工作结束后十个交易日内向本所报送保荐总结报告书。

4.14　保荐人、相关保荐代表人和保荐工作其他参与人员不得利用从事保荐工作期间获得的发行人尚未披露的信息进行内幕交易，为自己或者他人谋取利益。

第五章　股票和可转换公司债券上市

第一节　首次公开发行的股票上市

5.1.1　发行人首次公开发行股票后申请其股票在本所上市，应当符合下列条件：

（一）股票已公开发行；

（二）公司股本总额不少于人民币5 000万元；

（三）公开发行的股份达到公司股份总数的25%以上；公司股本总额超过人民币四亿元的，公开发行股份的比例为10%以上；

（四）公司最近三年无重大违法行为，财务会计报告无虚假记载；

（五）本所要求的其他条件。

5.1.2　发行人向本所申请其首次公开发行的股票上市时，应当按照有关规定编制上市公告书。

5.1.3　发行人向本所申请其首次公开发行的股票上市，应当提交下列文件：

（一）上市报告书（申请书）；

（二）申请股票上市的董事会和股东大会决议；

（三）公司营业执照复印件；

（四）公司章程；

（五）依法经具有执行证券、期货相关业务资格的会计师事务所审计的发行人最近三年的财务会计报告；

（六）保荐协议和保荐人出具的上市保荐书；

（七）律师事务所出具的法律意见书；

（八）具有执行证券、期货相关业务资格的会计师事务所出具的验资报告；

（九）发行人全部股票已经中国证券登记结算有限责任公司深圳分公司（以下简称“结算公司”）托管的证明文件；

（十）董事、监事和高级管理人员持有本公司股份情况报告和《董事（监事、高级管理人员）声明及承诺书》；

（十一）发行人拟聘任或者已聘任的董事会秘书的有关资料；

（十二）控股股东和实际控制人承诺函；

（十三）公开发行前已发行股份持有人所持股份已在结算公司锁定的证明文件；

（十四）发行后至上市前按规定新增的财务资料和有关重大事件的说明文件（如适用）；

（十五）最近一次的招股说明书；

（十六）上市公告书；

（十七）第5.1.6条所述承诺函；

（十八）本所要求的其他文件。

5.1.4 发行人及其董事、监事、高级管理人员应当保证向本所提交的上市申请文件内容真实、准确、完整，不存在虚假记载、误导性陈述或者重大遗漏。

5.1.5 发行人公开发行股票前已发行的股份，自发行人股票上市之日起一年内不得转让。

5.1.6 发行人向本所提出其首次公开发行的股票上市申请时，控股股东和实际控制人应当承诺：自发行人股票上市之日起三十六个月内，不转让或者委托他人管理其直接或间接持有的发行人公开发行股票前已发行的股份，也不由发行人回购其直接或间接持有的发行人公开发行股票前已发行的股份。

发行人应当在上市公告书中公告上述承诺。

自发行人股票上市之日起一年后，出现下列情形之一的，经控股股东或实际控制人申请并经本所同意，可豁免遵守上述承诺：

（一）转让双方存在实际控制关系，或均受同一控制人所控制；

（二）因上市公司陷入危机或者面临严重财务困难，受让人提出的挽救公司的重组方案获得该公司股东大会审议通过和有关部门批准，且受让人承诺继续遵守上述承诺；

（三）本所认定的其他情形。

5.1.7 本所在收到全套上市申请文件后七个交易日内，作出是否同意上市的决定。出现特殊情况时，本所可以暂缓作出决定。

5.1.8 本所设立上市委员会对上市申请进行审议，作出独立的专业判断并形成审核意见，本所根据上市委员会意见作出是否同意上市的决定。

本章5.1.1条所列第（一）至第（四）项条件为在本所上市的必备条件，本所并不保证发行人符合上述条件时，其上市申请一定能够获得本所同意。

5.1.9 首次公开发行的股票上市申请获得本所审核同意后，发行人应当于其股票上市前五个交易日内，在指定媒体上披露下列文件：

（一）上市公告书；

（二）公司章程；

（三）申请股票上市的股东大会决议；

（四）法律意见书；

（五）上市保荐书。

上述文件应当置备于公司住所，供公众查阅。

发行人在提出上市申请期间，未经本所同意，不得擅自披露与上市有关的信息。

第二节　上市公司新股和可转换公司债券的发行与上市

5.2.1 上市公司向本所申请办理新股、可转换公司债券或者分离交易的可转换公司债券发行事宜时，应当提交下列文件：

（一）中国证监会的核准文件；

（二）经中国证监会审核的全部发行申报材料；
（三）发行的预计时间安排；
（四）发行具体实施方案和发行公告；
（五）相关招股意向书或募集说明书；
（六）本所要求的其他文件。

5.2.2 上市公司应当按照中国证监会有关规定，编制并及时披露涉及新股、可转换公司债券或者分离交易的可转换公司债券发行的相关公告。

5.2.3 发行完成后，上市公司可以向本所申请新股、可转换公司债券或者分离交易的可转换公司债券上市。

5.2.4 上市公司申请可转换公司债券在本所上市，应当符合下列条件：
（一）可转换公司债券的期限为一年以上；
（二）可转换公司债券实际发行额不少于人民币 5 000 万元；
（三）申请可转换公司债券上市时仍符合法定的公司债券发行条件。

5.2.5 上市公司申请分离交易的可转换公司债券中公司债券和认股权证在本所上市，应当符合下列条件：
（一）公司最近一期末经审计的净资产不低于人民币十五亿元；
（二）分离交易的可转换公司债券中公司债券的期限为一年以上；
（三）分离交易的可转换公司债券中公司债券的实际发行额不少于人民币 5 000 万元；
（四）分离交易的可转换公司债券中的认股权证自上市之日起存续时间不少于六个月；
（五）申请分离交易的可转换公司债券中公司债券和认股权证上市时公司仍符合法定的分离交易的可转换公司债券发行条件。

5.2.6 上市公司申请新股、可转换公司债券或者分离交易的可转换公司债券上市，应当按照有关规定编制上市公告书；申请新股上市的，还应当编制股份变动报告书。

5.2.7 上市公司向本所申请新股上市时，应当提交下列文件：
（一）上市报告书（申请书）；
（二）保荐协议或财务顾问协议；
（三）保荐人出具的上市保荐书或财务顾问报告；
（四）发行完成后经具有执行证券、期货相关业务资格的会计师事务所出具的验资报告；
（五）结算公司对新增股份已登记托管的书面确认文件；
（六）董事、监事和高级管理人员持股情况变动的报告（如适用）；
（七）股份变动报告及上市公告书；
（八）本所要求的其他文件。

5.2.8 上市公司向本所申请可转换公司债券上市时，应当提交下列文件：
（一）上市报告书（申请书）；
（二）申请可转换公司债券上市的董事会决议；
（三）保荐协议和保荐人出具的上市保荐书；
（四）法律意见书；
（五）发行完成后经具有执行证券、期货相关业务资格的会计师事务所出具的验资报告；
（六）结算公司对可转换公司债券已登记托管的书面确认文件；
（七）可转换公司债券募集办法（募集说明书）；
（八）公司关于可转换公司债券的实际发行数额的说明；

（九）本所要求的其他文件。

5.2.9 上市公司向本所申请分离交易的可转换公司债券中公司债券和认股权证上市时，应当提交下列文件：

（一）分离交易的可转换公司债券中公司债券和认股权证上市申请书；

（二）申请分离交易的可转换公司债券中公司债券和认股权证上市的董事会决议；

（三）保荐协议和保荐人出具的上市保荐书；

（四）法律意见书；

（五）发行完成后经具有执行证券、期货相关业务资格的会计师事务所出具的验资报告；

（六）结算公司对分离交易的可转换公司债券中公司债券和认股权证已登记托管的书面确认文件；

（七）分离交易的可转换公司债券中公司债券和认股权证上市公告书；

（八）董事、监事和高级管理人员持有标的证券和权证的情况报告、禁售申请；

（九）分离交易的可转换公司债券募集办法（募集说明书）；

（十）公司关于分离交易的可转换公司债券的实际发行情况说明；

（十一）本所要求的其他文件。

5.2.10 上市公司在本所同意其新股、可转换公司债券或分离交易的可转换公司债券上市的申请后，应当在新股、可转换公司债券或分离交易的可转换公司债券上市前五个交易日内，在指定媒体上披露下列文件：

（一）上市公告书；

（二）股份变动报告书（适用于新股上市）；

（三）本所要求的其他文件和事项。

第三节 有限售条件的股份上市流通

5.3.1 上市公司向本所申请内部职工股上市时，应当提交下列文件：

（一）上市申请书；

（二）中国证监会关于内部职工股上市时间的批文；

（三）有关内部职工股的持股情况说明及托管证明；

（四）有关公司董事、监事和高级管理人员持股情况说明；

（五）内部职工股上市提示公告；

（六）本所要求的其他文件。

5.3.2 经本所同意后，上市公司应当在内部职工股上市前三个交易日内披露上市提示公告。上市提示公告应当包括以下内容：

（一）上市日期、本次上市股份数量、董事、监事和高级管理人员持股数；

（二）发行价格；

（三）历次股份变动情况；

（四）持有内部职工股人数。

5.3.3 上市公司向本所申请证券投资基金、法人、战略投资者配售的股份上市流通时，应当向本所提交下列文件：

（一）上市流通申请书；

（二）有关向证券投资基金、法人、战略投资者配售的股份说明；

（三）上市流通提示性公告；

（四）本所要求的其他文件。

5.3.4 经本所同意后，上市公司应当在配售的股份上市流通前三个交易日内披露流通提示性公告。上市流通提示性公告应当包括以下内容：

（一）配售股份的上市流通时间；

（二）配售股份的上市流通数量；

（三）配售股份的发行价格；

（四）公司的历次股份变动情况。

5.3.5 上市公司向本所申请股权分置改革后有限售条件的股份上市流通时，应当向本所提交下列文件：

（一）上市流通申请书；

（二）有限售条件股份的持有人的持股情况说明及托管情况；

（三）有限售条件股份的持有人的有关限售承诺；

（四）限售条件已解除的证明文件；

（五）有限售条件股份上市流通的提示性公告；

（六）本所要求的其他文件。

5.3.6 经本所同意后，上市公司应当在有限售条件的股份上市流通前三个交易日内披露提示性公告，上市流通提示性公告包括以下内容：

（一）限售股份的上市流通时间和数量；

（二）有关股东所作出的限售承诺及其履行情况；

（三）本所要求的其他内容。

5.3.7 上市公司向本所申请其他有限售条件的股份上市流通的，参照本章相关规定办理。

第六章 定期报告

6.1 上市公司应当披露的定期报告包括年度报告、中期报告和季度报告。

上市公司应当在法律、行政法规、部门规章、规范性文件以及本规则规定的期限内，按照中国证监会及本所的有关规定编制并披露定期报告。

6.2 上市公司应当在每个会计年度结束之日起四个月内披露年度报告，应当在每个会计年度的上半年结束之日起两个月内披露中期报告，应当在每个会计年度前三个月、九个月结束后的一个月内披露季度报告。

公司第一季度季度报告的披露时间不得早于公司上一年度的年度报告披露时间。

公司预计不能在规定期限内披露定期报告的，应当及时向本所报告，并公告不能按期披露的原因、解决方案及延期披露的最后期限。

6.3 上市公司应当与本所约定定期报告的披露时间，本所根据均衡披露原则统筹安排各公司定期报告披露顺序。

公司应当按照本所安排的时间办理定期报告披露事宜。因故需变更披露时间的，应当提前五个交易日向本所提出书面申请，陈述变更理由，并明确变更后的披露时间，本所视情形决定是否予以调整。本所原则上只接受一次变更申请。

6.4 上市公司董事会应当确保公司定期报告的按时披露，因故无法形成有关定期报告的董事会决议的，应当以董事会公告的方式对外披露相关事项，说明无法形成董事会决议的具体原因和存在的风险。

公司不得披露未经董事会审议通过的定期报告。

6.5 上市公司董事会应当按照中国证监会和本所关于定期报告的有关规定，组织有关人员安排落实定期报告的编制和披露工作。

公司经理、财务负责人、董事会秘书等高级管理人员应当及时编制定期报告提交董事会审议；公司董事、高级管理人员应当依法对公司定期报告是否真实、准确、完整签署书面确认意见；公司监事会应当依法对董事会编制的公司定期报告进行审核并提出书面审核意见。

6.6 上市公司的董事、监事、高级管理人员不得以任何理由拒绝对公司定期报告签署书面意见影响定期报告的按时披露。

公司董事会不得以任何理由影响公司定期报告的按时披露。

负责公司定期报告审计工作的会计师事务所，不得无故拖延审计工作影响公司定期报告的按时披露。

6.7 上市公司年度报告中的财务会计报告必须经具有执行证券、期货相关业务资格的会计师事务所审计。

公司中期报告中的财务会计报告可以不经审计，但有下列情形之一的，公司应当审计：

（一）拟在下半年进行利润分配、公积金转增股本或弥补亏损的；

（二）中国证监会或本所认为应当进行审计的其他情形。

公司季度报告中的财务资料无须审计，但中国证监会或本所另有规定的除外。

6.8 上市公司应当在定期报告经董事会审议后及时向本所报送，并提交下列文件：

（一）年度报告全文及其摘要、中期报告全文及其摘要或季度报告全文及正文；

（二）审计报告原件（如适用）；

（三）董事会和监事会决议及其公告文稿；

（四）按本所要求制作的载有定期报告和财务数据的电子文件；

（五）本所要求的其他文件。

6.9 在公司定期报告披露前出现业绩泄漏，或者因业绩传闻导致公司股票及其衍生品种交易异常波动的，上市公司应当及时披露本报告期相关财务数据（无论是否已经审计），包括营业收入、营业利润、利润总额、净利润、总资产和净资产等。

6.10 按照中国证监会《公开发行证券的公司信息披露编报规则第14号－非标准无保留审计意见及其涉及事项的处理》的规定，上市公司的财务会计报告被注册会计师出具非标准无保留审计意见的，公司在报送定期报告的同时应当向本所提交下列文件：

（一）董事会针对该审计意见涉及事项所做的专项说明，审议此专项说明的董事会决议以及决议所依据的材料；

（二）独立董事对审计意见涉及事项的意见；

（三）监事会对董事会有关说明的意见和相关的决议；

（四）负责审计的会计师事务所及注册会计师出具的专项说明；

（五）中国证监会和本所要求的其他文件。

6.11 负责审计的会计师事务所和注册会计师按6.10条出具的专项说明应当至少包括以下内容：

（一）出具非标准无保留审计意见的依据和理由；

（二）非标准无保留审计意见涉及事项对报告期公司财务状况和经营成果影响的具体金额，若影响的金额导致公司盈亏性质发生变化的，应当明确说明；

（三）非标准无保留意见涉及事项是否明显违反会计准则及相关信息披露规范性规定。

6.12 前述6.10条所述非标准无保留审计意见涉及事项不属于明显违反会计准则及相关信息披露规范性规定的，上市公司董事会应当按照《公开发行证券的公司信息披露编报规则第14号——非标准无保留审计意见及其涉及事项的处理》的规定，在相应定期报告中对该审计意见涉及事项作出详细说明。

6.13 前述6.10条所述非标准无保留审计意见涉及事项属于明显违反会计准则及相关信息披露规范性规定的，上市公司应当对有关事项进行纠正，重新审计，并在本所规定的期限内披露纠正后的财务会计报告和有关审计报告。

公司未在本所规定的期限内披露经纠正和调整的财务会计报告和有关审计报告的，本所报中国证监会调查处理。

公司对上述事项进行纠正和调整期间不计入本所作出有关决定的期限之内。

6.14 上市公司应当认真对待本所对其定期报告的事后审核意见，及时回复本所的问询，并按要求对定期报告有关内容作出解释和说明。如需披露更正或补充公告并修改定期报告的，公司应当在履行相应程序后公告，并在指定网站上披露修改后的定期报告全文。

6.15 发行可转换公司债券的上市公司按照本章规定所编制的年度报告和中期报告还应当包括以下内容：

（一）转股价格历次调整的情况，经调整后的最新转股价格；

（二）可转换公司债券发行后累计转股的情况；

（三）前十名可转换公司债券持有人的名单和持有量；

（四）担保人盈利能力、资产状况和信用状况发生重大变化的情况；

（五）公司的负债情况、资信变化情况以及在未来年度还债的现金安排；

（六）中国证监会和本所规定的其他内容。

第七章 临时报告的一般规定

7.1 临时报告是指上市公司按照法律、行政法规、部门规章、规范性文件、本规则和本所的其他相关规定发布的除定期报告以外的公告。

临时报告披露内容同时涉及本规则第八章、第九章、第十章和第十一章所述重大事件的，其披露要求和相关审议程序应当同时符合前述各章的相关规定。

临时报告（监事会公告除外）应当加盖董事会公章并由公司董事会发布。

7.2 上市公司应当及时向本所报送并披露临时报告，临时报告涉及的相关备查文件应当同时在本所指定网站上披露（如中介机构报告等文件）。

7.3 上市公司应当在临时报告所涉及的重大事件最先触及下列任一时点后及时履行首次披露义务：

（一）董事会或监事会作出决议时；

（二）签署意向书或协议（无论是否附加条件或期限）时；

（三）公司（含任一董事、监事或高级管理人员）知悉或理应知悉重大事件发生时。

7.4 对上市公司股票及其衍生品种交易价格可能产生较大影响的重大事件正处于筹划阶段，虽然尚未触及7.3条规定的时点，但出现下列情形之一的，公司应当及时披露相关筹划情况和既有事实：

（一）该事件难以保密；

（二）该事件已经泄漏或市场出现有关该事件的传闻；

（三）公司股票及其衍生品种交易已发生异常波动。

7.5 上市公司按照7.3条规定首次披露临时报告时，应当按照本规则规定的披露要求和本所制定的相关格式指引予以公告。在编制公告时若相关事实尚未发生的，公司应当严格按要求公告既有事实，待相关事实发生后，再按照本规则和相关格式指引的要求披露完整的公告。

7.6 上市公司按照7.3条或7.4条规定履行首次披露义务后，还应当按照以下规定持续披露有关重大事件的进展情况：

（一）董事会、监事会或股东大会就已披露的重大事件作出决议的，应当及时披露决议情况；

（二）公司就已披露的重大事件与有关当事人签署意向书或协议的，应当及时披露意向书或协议的主要内容；

上述意向书或协议的内容或履行情况发生重大变更，或者被解除、终止的，公司应当及时披露变更、解除或者终止的情况和原因；

（三）已披露的重大事件获得有关部门批准或被否决的，应当及时披露批准或否决情况；

（四）已披露的重大事件出现逾期付款情形的，应当及时披露逾期付款的原因和相关付款安排；

（五）已披露的重大事件涉及主要标的尚待交付或过户的，应当及时披露有关交付或过户事宜；

超过约定交付或者过户期限三个月仍未完成交付或者过户的，应当及时披露未如期完成的原因、进展情况和预计完成的时间，并在此后每隔三十日公告一次进展情况，直至完成交付或过户；

（六）已披露的重大事件出现可能对上市公司股票及其衍生品种交易价格产生较大影响的其他进展或变化的，应当及时披露事件的进展或变化情况。

7.7 上市公司按照7.3条或7.4条规定报送的临时报告不符合本规则要求的，公司应当先披露提示性公告，解释未能按照要求披露的原因，并承诺在两个交易日内披露符合要求的公告。

7.8 上市公司控股子公司发生的本规则第九章、第十章和第十一章所述重大事件，视同上市公司发生的重大事件，适用前述各章的规定。

上市公司参股公司发生本规则第九章、第十一章所述重大事件，或与上市公司的关联人发生第十章所述的有关交易，可能对上市公司股票及其衍生品种交易价格产生较大影响的，公司应当参照前述各章的规定，履行信息披露义务。

第八章　董事会、监事会和股东大会决议

第一节　董事会和监事会决议

8.1.1 上市公司召开董事会会议，应当在会议结束后及时将董事会决议（包括所有提案均被否决的董事会决议）报送本所备案。董事会决议应当经与会董事签字确认。

本所要求提供董事会会议记录的，公司应当按本所要求提供。

8.1.2 董事会决议涉及须经股东大会表决的事项或者本规则第六章、第九章、第十章和

第十一章所述重大事件的，上市公司应当及时披露；董事会决议涉及本所认为有必要披露的其他事项的，上市公司也应当及时披露。

8.1.3 董事会决议涉及的本规则第六章、第九章、第十章和第十一章所述重大事件，需要按照中国证监会有关规定或者本所制定的公告格式指引进行公告的，上市公司应当分别披露董事会决议公告和相关重大事件公告。

8.1.4 董事会决议公告应当包括以下内容：

（一）会议通知发出的时间和方式；

（二）会议召开的时间、地点、方式，以及是否符合有关法律、行政法规、部门规章、规范性文件和公司章程规定的说明；

（三）委托他人出席和缺席的董事人数和姓名、缺席的理由和受托董事姓名；

（四）每项议案获得的同意、反对和弃权的票数以及有关董事反对或弃权的理由；

（五）涉及关联交易的，说明应当回避表决的董事姓名、理由和回避情况；

（六）需要独立董事事前认可或独立发表意见的，说明事前认可情况或所发表的意见；

（七）审议事项的具体内容和会议形成的决议。

8.1.5 上市公司召开监事会会议，应当在会议结束后及时将监事会决议报送本所备案，经本所登记后公告。

监事会决议应当经过与会监事签字确认。监事应当保证监事会决议公告的内容真实、准确、完整，没有虚假记载、误导性陈述或重大遗漏。

8.1.6 监事会决议公告应当包括以下内容：

（一）会议召开的时间、地点、方式，以及是否符合有关法律、行政法规、部门规章、规范性文件和公司章程规定的说明；

（二）委托他人出席和缺席的监事人数、姓名、缺席的理由和受托监事姓名；

（三）每项议案获得的同意、反对、弃权票数，以及有关监事反对或弃权的理由；

（四）审议事项的具体内容和会议形成的决议。

第二节 股东大会决议

8.2.1 上市公司应当在年度股东大会召开二十日前或者临时股东大会召开十五日前，以公告方式向股东发出股东大会通知。股东大会通知中应当列明会议召开的时间、地点、方式以及会议召集人和股权登记日等事项，并充分、完整地披露所有提案的具体内容。公司还应当同时在本所指定网站上披露有助于股东对拟讨论的事项作出合理判断所必需的其他资料。

8.2.2 上市公司应当在股东大会结束当日，将股东大会决议公告文稿、股东大会决议和法律意见书报送本所，经本所登记后披露股东大会决议公告。

本所要求提供股东大会会议记录的，上市公司应当按本所要求提供。

8.2.3 上市公司发出股东大会通知后，无正当理由不得延期或取消股东大会，通知中列明的提案不得取消。一旦出现延期或取消的情形，上市公司应当在原定召开日期的至少二个交易日之前发布通知，说明延期或取消的具体原因。延期召开股东大会的，上市公司应当在通知中公布延期后的召开日期。

8.2.4 股东大会召开前股东提出临时提案的，上市公司应当在规定时间内发出股东大会补充通知，披露提出临时提案的股东姓名或名称、持股比例和新增提案的内容。

8.2.5 股东自行召集股东大会的，应当在发出股东大会通知前书面通知上市公司董事会并将有关文件报送本所备案。

在公告股东大会决议前，召集股东持股比例不得低于公司总股份的10%，召集股东应当在发出股东大会通知前申请在上述期间锁定其持有的公司股份。

股东大会会议期间发生突发事件导致会议不能正常召开的，上市公司应当立即向本所报告，说明原因并披露相关情况以及律师出具的专项法律意见书。

8.2.6 股东大会决议公告应当包括以下内容：

（一）会议召开的时间、地点、方式、召集人和主持人，以及是否符合有关法律、行政法规、部门规章、规范性文件和公司章程的说明；

（二）出席会议的股东（代理人）人数、所持（代理）股份及占上市公司有表决权总股份的比例。未完成股权分置改革的上市公司还应披露流通股股东和非流通股股东分别出席会议情况；

（三）每项提案的表决方式；

（四）每项提案的表决结果。对股东提案作出决议的，应当列明提案股东的名称或姓名、持股比例和提案内容；涉及关联交易事项的，应当说明关联股东回避表决情况；未完成股权分置改革的上市公司还应披露流通股股东和非流通股股东分别对每项提案同意、反对、弃权的股份数，涉及需要流通股股东单独表决的提案，应当专门作出说明；

发行境内上市外资股或者同时有证券在境外证券交易所上市的公司，还应当说明股东大会通知情况、内资股股东和外资股股东分别出席会议及表决情况；

（五）法律意见书的结论性意见，若股东大会出现否决提案的，应当披露法律意见书全文。

8.2.7 上市公司在股东大会上不得披露、泄漏未公开重大信息。

第九章 应披露的交易

9.1 本章所称“交易”包括下列事项：

（一）购买或出售资产；

（二）对外投资（含委托理财、委托贷款、对子公司投资等）；

（三）提供财务资助；

（四）提供担保；

（五）租入或租出资产；

（六）签订管理方面的合同（含委托经营、受托经营等）；

（七）赠与或受赠资产；

（八）债权或债务重组；

（九）研究与开发项目的转移；

（十）签订许可协议；

（十一）本所认定的其他交易。

上述购买、出售的资产不含购买原材料、燃料和动力，以及出售产品、商品等与日常经营相关的资产，但资产置换中涉及购买、出售此类资产的，仍包含在内。

9.2 上市公司发生的交易达到下列标准之一的，应当及时披露：

（一）交易涉及的资产总额占上市公司最近一期经审计总资产的10%以上，该交易涉及的资产总额同时存在账面值和评估值的，以较高者作为计算数据；

（二）交易标的（如股权）在最近一个会计年度相关的营业收入占上市公司最近一个会

计年度经审计营业收入的10%以上，且绝对金额超过1 000万元人民币；

（三）交易标的（如股权）在最近一个会计年度相关的净利润占上市公司最近一个会计年度经审计净利润的10%以上，且绝对金额超过100万元人民币；

（四）交易的成交金额（含承担债务和费用）占上市公司最近一期经审计净资产的10%以上，且绝对金额超过1 000万元人民币；

（五）交易产生的利润占上市公司最近一个会计年度经审计净利润的10%以上，且绝对金额超过100万元人民币。

上述指标计算中涉及的数据如为负值，取其绝对值计算。

9.3 上市公司发生的交易（上市公司受赠现金资产除外）达到下列标准之一的，上市公司除应当及时披露外，还应当提交股东大会审议：

（一）交易涉及的资产总额占上市公司最近一期经审计总资产的50%以上，该交易涉及的资产总额同时存在账面值和评估值的，以较高者作为计算数据；

（二）交易标的（如股权）在最近一个会计年度相关的营业收入占上市公司最近一个会计年度经审计营业收入的50%以上，且绝对金额超过5 000万元人民币；

（三）交易标的（如股权）在最近一个会计年度相关的净利润占上市公司最近一个会计年度经审计净利润的50%以上，且绝对金额超过500万元人民币；

（四）交易的成交金额（含承担债务和费用）占上市公司最近一期经审计净资产的50%以上，且绝对金额超过5 000万元人民币；

（五）交易产生的利润占上市公司最近一个会计年度经审计净利润的50%以上，且绝对金额超过500万元人民币。

上述指标计算中涉及的数据如为负值，取其绝对值计算。

9.4 上市公司与同一交易方同时发生9.1条第（二）项至第（四）项以外各项中方向相反的两个交易时，应当按照其中单个方向的交易涉及指标中较高者计算披露标准。

9.5 交易标的为股权，且购买或出售该股权将导致上市公司合并报表范围发生变更的，该股权对应公司的全部资产和营业收入视为9.2条和9.3条所述交易涉及的资产总额和与交易标的相关的营业收入。

9.6 上市公司发生的交易仅达到9.3条第（三）项或第（五）项标准，且上市公司最近一个会计年度每股收益的绝对值低于0.05元的，上市公司可以向本所申请豁免适用9.3条提交股东大会审议的规定。

9.7 对于达到9.3条规定标准的交易，若交易标的为公司股权，上市公司应当聘请具有执行证券、期货相关业务资格会计师事务所对交易标的最近一年又一期财务会计报告进行审计，审计截止日距协议签署日不得超过六个月；若交易标的为股权以外的其他资产，公司应当聘请具有执行证券、期货相关业务资格资产评估机构进行评估，评估基准日距协议签署日不得超过一年。

对于未达到9.3条规定标准的交易，若本所认为有必要的，公司也应当按照前款规定，聘请相关会计师事务所或资产评估机构进行审计或评估。

9.8 上市公司发生9.1条规定的“购买或出售资产”交易时，应当以资产总额和成交金额中的较高者作为计算标准，并按交易事项的类型在连续十二个月内累计计算，经累计计算达到最近一期经审计总资产30%的，除应当披露并参照9.7条进行审计或者评估外，还应当提交股东大会审议，并经出席会议的股东所持表决权的三分之二以上通过。

已按照前款规定履行相关义务的，不再纳入相关的累计计算范围。

9.9 上市公司对外投资设立有限责任公司或者股份有限公司，按照《公司法》第二十六条或者第八十一条规定可以分期缴足出资额的，应当以协议约定的全部出资额为标准适用9.2条和9.3条的规定。

9.10 上市公司发生9.1条规定的“提供财务资助”和“委托理财”等事项时，应当以发生额作为计算标准，并按交易事项的类型在连续十二个月内累计计算，经累计计算达到9.2条或9.3条标准的，适用9.2条或9.3条的规定。

已按照9.2条或9.3条规定履行相关义务的，不再纳入相关的累计计算范围。

9.11 上市公司发生9.1条规定的“提供担保”事项时，应当经董事会审议后及时对外披露。

“提供担保”事项属于下列情形之一的，还应当在董事会审议通过后提交股东大会审议：

（一）单笔担保额超过上市公司最近一期经审计净资产10%的担保；

（二）上市公司及其控股子公司的对外担保总额，超过上市公司最近一期经审计净资产50%以后提供的任何担保；

（三）为资产负债率超过70%的担保对象提供的担保；

（四）连续十二个月内担保金额超过公司最近一期经审计总资产的30%；

（五）连续十二个月内担保金额超过公司最近一期经审计净资产的50%且绝对金额超过5 000万元人民币；

（六）对股东、实际控制人及其关联人提供的担保；

（七）本所或公司章程规定的其他担保情形。

董事会审议担保事项时，应经出席董事会会议的三分之二以上董事审议同意。股东大会审议前款第（四）项担保事项时，应经出席会议的股东所持表决权的三分之二以上通过。

股东大会在审议为股东、实际控制人及其关联人提供的担保议案时，该股东或受该实际控制人支配的股东，不得参与该项表决，该项表决须经出席股东大会的其他股东所持表决权的半数以上通过。

9.12 上市公司在十二个月内发生的交易标的相关的同类交易，应当按照累计计算的原则适用9.2条或9.3条规定。

已按照9.2条或9.3条规定履行相关义务的，不再纳入相关的累计计算范围。

9.13 对于已披露的担保事项，上市公司还应当在出现以下情形之一时及时披露：

（一）被担保人于债务到期后十五个交易日内未履行还款义务的；

（二）被担保人出现破产、清算及其他严重影响还款能力情形的。

9.14 上市公司披露交易事项时，应当向本所提交下列文件：

（一）公告文稿；

（二）与交易有关的协议书或意向书；

（三）董事会决议、独立董事意见及董事会决议公告文稿（如适用）；

（四）交易涉及的政府批文（如适用）；

（五）中介机构出具的专业报告（如适用）；

（六）本所要求的其他文件。

9.15 上市公司应当根据交易事项的类型，披露下述所有适用其交易的有关内容：

（一）交易概述和交易各方是否存在关联关系的说明；对于按照累计计算原则达到标准的交易，还应当简要介绍各单项交易情况和累计情况；

（二）交易对方的基本情况；

（三）交易标的的基本情况，包括标的的名称、账面值、评估值、运营情况、有关资产是否存在抵押、质押或者其他第三人权利、是否存在涉及有关资产的重大争议、诉讼或仲裁事项、是否存在查封、冻结等司法措施；

交易标的为股权的，还应当说明该股权对应的公司的基本情况和最近一年又一期经审计的资产总额、负债总额、净资产、营业收入和净利润等财务数据；

出售控股子公司股权导致上市公司合并报表范围变更的，还应当说明上市公司是否存在为该子公司提供担保、委托该子公司理财，以及该子公司占用上市公司资金等方面的情况；如存在，应当披露前述事项涉及的金额、对上市公司的影响和解决措施；

（四）交易协议的主要内容，包括成交金额、支付方式（如现金、股权、资产置换等）、支付期限或分期付款的安排、协议的生效条件、生效时间以及有效期限等；交易协议有任何形式的附加或保留条款，应当予以特别说明；

交易需经股东大会或有权部门批准的，还应当说明需履行的合法程序及其进展情况；

（五）交易定价依据、支出款项的资金来源；

（六）交易标的的交付状态、交付和过户时间；

（七）公司预计从交易中获得的利益（包括潜在利益），以及交易对公司本期和未来财务状况和经营成果的影响；

（八）关于交易对方履约能力的分析；

（九）交易涉及的人员安置、土地租赁、债务重组等情况；

（十）关于交易完成后可能产生关联交易情况的说明；

（十一）关于交易完成后可能产生同业竞争及相关应对措施的说明；

（十二）中介机构及其意见；

（十三）本所要求的有助于说明交易实质的其他内容。

9.16 上市公司披露提供担保事项，除适用9.15条的规定外，还应当披露截止披露日上市公司及其控股子公司对外担保总额、上市公司对控股子公司提供担保的总额、上述数额分别占上市公司最近一期经审计净资产的比例。

9.17 上市公司与其合并范围内的控股子公司发生的或者上述控股子公司之间发生的交易，除中国证监会或本所另有规定外，免于按照本章规定披露和履行相应程序。

第十章　关联交易

第一节　关联交易及关联人

10.1.1 上市公司的关联交易，是指上市公司或其控股子公司与上市公司关联人之间发生的转移资源或义务的事项，包括：

（一）9.1条规定的交易事项；

（二）购买原材料、燃料、动力；

（三）销售产品、商品；

（四）提供或接受劳务；

（五）委托或受托销售；

（六）关联双方共同投资；

（七）其他通过约定可能造成资源或义务转移的事项。

10.1.2　上市公司的关联人包括关联法人和关联自然人。

10.1.3　具有下列情形之一的法人或其他组织，为上市公司的关联法人：

（一）直接或间接地控制上市公司的法人或其他组织；

（二）由前项所述法人直接或间接控制的除上市公司及其控股子公司以外的法人或其他组织；

（三）由10.1.5条所列上市公司的关联自然人直接或间接控制的，或担任董事、高级管理人员的，除上市公司及其控股子公司以外的法人或其他组织；

（四）持有上市公司5%以上股份的法人或其他组织及其一致行动人；

（五）中国证监会、本所或上市公司根据实质重于形式的原则认定的其他与上市公司有特殊关系，可能或者已经造成上市公司对其利益倾斜的法人或其他组织。

10.1.4　上市公司与10.1.3条第（二）项所列法人受同一国有资产管理机构控制而形成10.1.3条第（二）项所述情形的，不因此构成关联关系，但该法人的董事长、总经理或者半数以上的董事属于10.1.5条第（二）项所列情形者除外。

10.1.5　具有下列情形之一的自然人，为上市公司的关联自然人：

（一）直接或间接持有上市公司5%以上股份的自然人；

（二）上市公司董事、监事及高级管理人员；

（三）10.1.3条第（一）项所列法人的董事、监事及高级管理人员；

（四）本条第（一）、（二）项所述人士的关系密切的家庭成员，包括配偶、父母及配偶的父母、兄弟姐妹及其配偶、年满18周岁的子女及其配偶、配偶的兄弟姐妹和子女配偶的父母；

（五）中国证监会、本所或上市公司根据实质重于形式的原则认定的其他与上市公司有特殊关系，可能造成上市公司对其利益倾斜的自然人。

10.1.6　具有以下情形之一的法人或自然人，视同为上市公司的关联人：

（一）因与上市公司或其关联人签署协议或作出安排，在协议或安排生效后，或在未来十二个月内，具有10.1.3条或10.1.5条规定情形之一的；

（二）过去十二个月内，曾经具有10.1.3条或10.1.5条规定情形之一的。

10.1.7　上市公司董事、监事、高级管理人员、持股5%以上的股东及其一致行动人、实际控制人，应当将与其存在关联关系的关联人情况及时告知上市公司。

公司应当及时将上述关联人情况报本所备案。

第二节　关联交易的程序与披露

10.2.1　上市公司董事会审议关联交易事项时，关联董事应当回避表决，也不得代理其他董事行使表决权。该董事会会议由过半数的非关联董事出席即可举行，董事会会议所做决议须经非关联董事过半数通过。出席董事会的非关联董事人数不足三人的，上市公司应当将该交易提交股东大会审议。

前款所称关联董事包括下列董事或者具有下列情形之一的董事：

（一）交易对方；

（二）在交易对方任职，或在能直接或间接控制该交易对方的法人或其他组织、该交易对方直接或间接控制的法人或其他组织任职；

（三）拥有交易对方的直接或间接控制权的；

（四）交易对方或者其直接或间接控制人的关系密切的家庭成员（具体范围参见本规则10.1.5条第（四）项的规定）；

（五）交易对方或者其直接或间接控制人的董事、监事和高级管理人员的关系密切的家庭成员（具体范围参见本规则10.1.5条第（四）项的规定）；

（六）中国证监会、本所或上市公司认定的因其他原因使其独立的商业判断可能受到影响的人士。

10.2.2 股东大会审议关联交易事项时，下列股东应当回避表决：

（一）交易对方；

（二）拥有交易对方直接或间接控制权的；

（三）被交易对方直接或间接控制的；

（四）与交易对方受同一法人或自然人直接或间接控制的；

（五）在交易对方任职，或在能直接或间接控制该交易对方的法人单位或者该交易对方直接或间接控制的法人单位任职的（适用于股东为自然人的）；

（六）因与交易对方或者其关联人存在尚未履行完毕的股权转让协议或者其他协议而使其表决权受到限制或影响的；

（七）中国证监会或本所认定的可能造成上市公司对其利益倾斜的法人或自然人。

10.2.3 上市公司与关联自然人发生的交易金额在30万元人民币以上的关联交易，应当及时披露。

公司不得直接或者通过子公司向董事、监事、高级管理人员提供借款。

10.2.4 上市公司与关联法人发生的交易金额在300万元人民币以上，且占上市公司最近一期经审计净资产绝对值0.5%以上的关联交易，应当及时披露。

10.2.5 上市公司与关联人发生的交易（上市公司获赠现金资产和提供担保除外）金额在3 000万元人民币以上，且占上市公司最近一期经审计净资产绝对值5%以上的关联交易，除应当及时披露外，还应当比照9.7条的规定聘请具有执行证券、期货相关业务资格的中介机构，对交易标的进行评估或审计，并将该交易提交股东大会审议。

本规则10.2.11条所述与日常经营相关的关联交易所涉及的交易标的，可以不进行审计或评估。

10.2.6 上市公司为关联人提供担保的，不论数额大小，均应当在董事会审议通过后提交股东大会审议。

10.2.7 上市公司披露关联交易事项时，应当向本所提交下列文件：

（一）公告文稿；

（二）本规则9.14条第（二）项至第（五）项所列文件；

（三）独立董事事前认可该交易的书面文件；

（四）独立董事意见；

（五）本所要求提供的其他文件。

10.2.8 上市公司披露的关联交易公告应当包括以下内容：

（一）交易概述及交易标的的基本情况；

（二）独立董事的事前认可情况和发表的独立意见；

（三）董事会表决情况（如适用）；

（四）交易各方的关联关系说明和关联人基本情况；

（五）交易的定价政策及定价依据，包括成交价格与交易标的账面值、评估值以及明确、公允的市场价格之间的关系以及因交易标的特殊而需要说明的与定价有关的其他特定事项；

若成交价格与账面值、评估值或市场价格差异较大的，应当说明原因。如交易有失公允的，还应当披露本次关联交易所产生的利益转移方向；

（六）交易协议的主要内容，包括交易价格、交易结算方式、关联人在交易中所占权益的性质和比重，协议生效条件、生效时间、履行期限等；

（七）交易目的及对上市公司的影响，包括进行此次关联交易的必要性和真实意图，对本期和未来财务状况和经营成果的影响等；

（八）当年年初至披露日与该关联人累计已发生的各类关联交易的总金额；

（九）本规则9.15条规定的其他内容；

（十）中国证监会和本所要求的有助于说明交易实质的其他内容。

10.2.9　上市公司发生的关联交易涉及9.1条规定的“提供财务资助”、“委托理财”等事项时，应当以发生额作为计算标准，并按交易事项的类型在连续十二个月内累计计算，经累计计算达到10.2.3条、10.2.4条和10.2.5条标准的，适用10.2.3条、10.2.4条和10.2.5条的规定。

已按照10.2.3条、10.2.4条或10.2.5条规定履行相关义务的，不再纳入相关的累计计算范围。

10.2.10　上市公司在连续十二个月内发生的以下关联交易，应当按照累计计算的原则适用10.2.3条、10.2.4条和10.2.5条规定：

（一）与同一关联人进行的交易；

（二）与不同关联人进行的与同一交易标的相关的交易。

上述同一关联人包括与该关联人同受一主体控制或相互存在股权控制关系的其他关联人。

已按照10.2.3条、10.2.4条或10.2.5条规定履行相关义务的，不再纳入相关的累计计算范围。

10.2.11　上市公司与关联人进行10.1.1条第（二）至第（五）项所列的与日常经营相关的关联交易事项，应当按照下述规定进行披露并履行相应审议程序：

（一）对于首次发生的日常关联交易，公司应当与关联人订立书面协议并及时披露，根据协议涉及的交易金额分别适用10.2.3条、10.2.4条或10.2.5条的规定提交董事会或者股东大会审议；协议没有具体交易金额的，应当提交股东大会审议。

（二）已经公司董事会或者股东大会审议通过且正在执行的日常关联交易协议，如果执行过程中主要条款未发生重大变化的，公司应当在定期报告中按要求披露相关协议的实际履行情况，并说明是否符合协议的规定；如果协议在执行过程中主要条款发生重大变化或者协议期满需要续签的，公司应当将新修订或者续签的日常关联交易协议，根据协议涉及的交易金额分别适用10.2.3条、10.2.4条或10.2.5条的规定提交董事会或者股东大会审议；协议没有具体交易金额的，应当提交股东大会审议。

（三）对于每年发生的数量众多的日常关联交易，因需要经常订立新的日常关联交易协议而难以按照本条第（一）项规定将每份协议提交董事会或者股东大会审议的，公司可以在披露上一年度报告之前，对本公司当年度将发生的日常关联交易总金额进行合理预计，根据预计金额分别适用10.2.3条、10.2.4条或10.2.5条的规定提交董事会或者股东大会审议并披露；对于预计范围内的日常关联交易，公司应当在年度报告和中期报告中予以披露。如果在实际执行中日常关联交易金额超过预计总金额的，公司应当根据超出金额分别适用10.2.3条、10.2.4条或10.2.5条的规定重新提交董事会或者股东大会审议并披露。

10.2.12　日常关联交易协议至少应包括交易价格、定价原则和依据、交易总量或其确定方法、付款方式等主要条款。

协议未确定具体交易价格而仅说明参考市场价格的，公司在按照10.2.11条规定履行披露义务时，应当同时披露实际交易价格、市场价格及其确定方法、两种价格存在差异的原因。

10.2.13 上市公司与关联人签订日常关联交易协议的期限超过三年的，应当每三年根据本节规定重新履行审议程序及披露义务。

10.2.14 上市公司因公开招标、公开拍卖等行为导致公司与关联人的关联交易时，公司可以向本所申请豁免按照本章规定履行相关义务。

10.2.15 上市公司与关联人达成以下关联交易时，可以免予按照本章规定履行相关义务：

（一）一方以现金方式认购另一方公开发行的股票、公司债券或企业债券、可转换公司债券或者其他衍生品种；

（二）一方作为承销团成员承销另一方公开发行的股票、公司债券或企业债券、可转换公司债券或者其他衍生品种；

（三）一方依据另一方股东大会决议领取股息、红利或报酬；

（四）本所认定的其他情况。

第十一章 其他重大事件

第一节 重大诉讼和仲裁

11.1.1 上市公司发生的重大诉讼、仲裁事项涉及金额占公司最近一期经审计净资产绝对值10%以上，且绝对金额超过1 000万元人民币的，应当及时披露。

未达到前款标准或者没有具体涉案金额的诉讼、仲裁事项，董事会基于案件特殊性认为可能对公司股票及其衍生品种交易价格产生较大影响，或者本所认为有必要的，以及涉及公司股东大会、董事会决议被申请撤销或者宣告无效的诉讼的，公司也应当及时披露。

11.1.2 上市公司发生的重大诉讼、仲裁事项应当采取连续十二个月累计计算的原则，经累计计算达到11.1.1条标准的，适用11.1.1条规定。

已按照11.1.1条规定履行相关义务的，不再纳入累计计算范围。

11.1.3 上市公司披露重大诉讼、仲裁事项时应当向本所提交下列文件：

（一）公告文稿；

（二）起诉书或仲裁申请书、受理（应诉）通知书；

（三）裁定书、判决书或裁决书；

（四）本所要求的其他材料。

11.1.4 上市公司关于重大诉讼、仲裁事项的公告应当包括以下内容：

（一）案件受理情况和基本案情；

（二）案件对公司本期利润或者期后利润的影响；

（三）公司及控股子公司是否还存在尚未披露的其他诉讼、仲裁事项；

（四）本所要求的其他内容。

11.1.5 上市公司应当及时披露重大诉讼、仲裁事项的重大进展情况及其对公司的影响，包括但不限于诉讼案件的一审和二审判决结果、仲裁裁决结果以及判决、裁决执行情况等。

第二节 变更募集资金投资项目

11.2.1 上市公司拟变更募集资金投资项目的，应当自董事会审议后及时披露，并提交股东大会审议。

11.2.2 上市公司变更募集资金投资项目，应当向本所提交下列文件：

（一）公告文稿；

（二）董事会决议和决议公告文稿；

（三）独立董事对变更募集资金投资项目的意见；

（四）监事会对变更募集资金投资项目的意见；

（五）保荐人对变更募集资金投资项目的意见（如适用）；

（六）关于变更募集资金投资项目的说明；

（七）新项目的合作意向书或协议；

（八）新项目立项机关的批文；

（九）新项目的可行性研究报告；

（十）相关中介机构报告；

（十一）终止原项目的协议；

（十二）本所要求的其他文件。

公司应当根据新项目的具体情况，向本所提供上述第（六）项至第（十一）项所述全部或部分文件。

11.2.3 上市公司变更募集资金投资项目，应当披露以下内容：

（一）原项目基本情况及变更的具体原因；

（二）新项目的基本情况、市场前景和风险提示；

（三）新项目已经取得或尚待有关部门审批的说明（如适用）；

（四）有关变更募集资金投资项目尚需提交股东大会审议的说明；

（五）本所要求的其他内容。

新项目涉及购买资产、对外投资的，还应当比照本规则的相关规定进行披露。

第三节 业绩预告、业绩快报和盈利预测

11.3.1 上市公司预计全年度、半年度、前三季度经营业绩将出现下列情形之一的，应当及时进行业绩预告：

（一）净利润为负值；

（二）净利润与上年同期相比上升或者下降50%以上；

（三）实现扭亏为盈。

11.3.2 以下比较基数较小的上市公司出现11.3.1条第（二）项情形的，经本所同意可以豁免进行业绩预告：

（一）上一年年度每股收益绝对值低于或等于0.05元人民币；

（二）上一年半年度每股收益绝对值低于或等于0.03元人民币；

（三）上一年前三季度每股收益绝对值低于或等于0.04元人民币。

11.3.3 上市公司披露业绩预告后，又预计本期业绩与已披露的业绩预告差异较大的，应当按本所的相关规定及时披露业绩预告修正公告。

11.3.4 上市公司披露业绩预告或业绩预告修正公告时，应当向本所提交下列文件：

（一）公告文稿；

（二）董事会的有关说明；

（三）注册会计师对公司作出业绩预告或者修正其业绩预告的依据及过程是否适当和审

慎的意见（如适用）；

（四）本所要求的其他文件。

11.3.5 上市公司披露的业绩预告修正公告应当包括以下内容：

（一）预计的本期业绩；

（二）预计的本期业绩与已披露的业绩预告存在的差异及造成差异的原因；

（三）董事会的致歉说明；

（四）董事会对公司内部责任人的认定情况（如适用）；

（五）关于公司股票可能被实施或撤销特别处理、暂停上市、恢复上市或终止上市的说明（如适用）。

若业绩预告修正经过注册会计师预审计的，还应当说明公司与注册会计师在业绩预告方面是否存在分歧及分歧所在。

11.3.6 上市公司可以在定期报告披露前发布业绩快报，业绩快报应当披露上市公司本期及上年同期营业收入、营业利润、利润总额、净利润、总资产、净资产、每股收益、每股净资产和净资产收益率等数据和指标。上市公司披露业绩快报时，应当向本所提交下列文件：

（一）公告文稿；

（二）经公司现任法定代表人、主管会计工作的负责人、总会计师（如有）、会计机构负责人（会计主管人员）签字并盖章的比较式资产负债表和利润表；

（三）本所要求的其他文件。

11.3.7 上市公司应当确保业绩快报中的财务数据和指标与相关定期报告的实际数据和指标不存在重大差异。若有关财务数据和指标的差异幅度达到20%以上的，上市公司应当在披露相关定期报告的同时，以董事会公告的形式进行致歉，并说明差异内容及其原因、对公司内部责任人的认定情况等。

11.3.8 上市公司预计本期业绩与已披露的盈利预测有重大差异的，应当及时披露盈利预测修正公告，并向本所提交下列文件：

（一）公告文稿；

（二）董事会的有关说明；

（三）董事会关于确认修正盈利预测的依据及过程是否适当和审慎的函件；

（四）注册会计师关于实际情况与盈利预测存在差异的专项说明；

（五）本所要求的其他文件。

11.3.9 上市公司披露的盈利预测修正公告应当包括以下内容：

（一）预计的本期业绩；

（二）预计的本期业绩与已披露的盈利预测存在的差异及造成差异的原因；

（三）关于公司股票可能被实施或撤销特别处理、暂停上市、恢复上市或终止上市的说明（如适用）。

第四节 利润分配和资本公积金转增股本

11.4.1 上市公司应当在董事会审议通过利润分配或资本公积金转增股本方案（以下简称“方案”）后，及时披露方案的具体内容。

11.4.2 上市公司在实施方案前，应当向本所提交下列文件：

（一）方案实施公告；

（二）相关股东大会决议；

（三）结算公司有关确认方案具体实施时间的文件；

（四）本所要求的其他文件。

11.4.3 上市公司应当于实施方案的股权登记日前三至五个交易日内披露方案实施公告。

11.4.4 方案实施公告应当包括以下内容：

（一）通过方案的股东大会届次和日期；

（二）派发现金股利、股份股利、资本公积金转增股本的比例（以每十股表述）、股本基数（按实施前实际股本计算）以及是否含税和扣税情况等；

（三）股权登记日、除权日、新增股份（未完成股权分置改革的公司为“新增可流通股份”）上市日；

（四）方案实施办法；

（五）股本变动结构表（按变动前总股本、本次派发红股数、本次转增股本数、变动后总股本、占总股本比例等项目列示）；

（六）派发股利、资本公积金转增股本后，需要调整的衍生品种行权（转股）价、行权（转股）比例、承诺的最低减持价情况等（如适用）；

（七）派发股份股利、资本公积金转增股本后，按新股本摊薄计算的上年度每股收益或本年度半年每股收益；

（八）有关咨询办法。

11.4.5 上市公司应当在股东大会审议通过方案后两个月内，完成利润分配及公积金转增股本事宜。

第五节 股票交易异常波动和澄清

11.5.1 股票交易被中国证监会或者本所根据有关规定认定为异常波动的，上市公司应当于次一交易日披露股票交易异常波动公告。在特殊情况下，本所可以安排公司在非交易日公告。

股票交易异常波动的计算从公告之日起重新开始。公告日为非交易日的，从下一交易日起重新开始计算。

11.5.2 上市公司披露股票交易异常波动公告时，应当向本所提交下列文件：

（一）公告文稿；

（二）董事会的分析说明；

（三）函询控股股东及其实际控制人的相关文件（如有）；

（四）有助于说明问题实质的其他文件。

11.5.3 上市公司披露的股票交易异常波动公告应当包括以下内容：

（一）股票交易异常波动情况的说明；

（二）对重要问题的关注、核实情况说明；

（三）是否存在应披露而未披露信息的声明；

（四）是否存在违反公平信息披露情形的说明；

（五）本所要求的其他内容。

11.5.4 公共媒体传播的消息（以下简称“传闻”）可能或已经对公司股票及其衍生品种交易价格产生较大影响的，上市公司应当及时向本所提供传闻传播的证据，并发布澄清公告。

11.5.5 上市公司披露的澄清公告应当包括以下内容：

（一）传闻内容及其来源；
（二）传闻所涉及事项的真实情况；
（三）有助于说明问题实质的其他内容。

第六节　回购股份

11.6.1　本节适用于上市公司为减少注册资本而进行的回购，因实施股权激励方案等而进行的回购，依据中国证监会和本所的其他相关规定执行。

11.6.2　上市公司应当在董事会审议通过回购股份相关事项后，及时披露董事会决议、回购股份预案，并发布召开股东大会的通知。

回购股份预案至少应当包括以下内容：
（一）回购股份的目的；
（二）回购股份的方式；
（三）回购股份的价格或价格区间、定价原则；
（四）拟回购股份的种类、数量及占总股本的比例；
（五）拟用于回购的资金总额及资金来源；
（六）回购股份的期限；
（七）预计回购后公司股权结构的变动情况；
（八）管理层关于本次回购股份对公司经营、财务及未来发展影响的分析。

11.6.3　上市公司应当聘请独立财务顾问就回购股份事宜进行尽职调查，出具独立财务顾问报告，并在股东大会召开五日前予以公告。

11.6.4　上市公司应当在回购股份股东大会召开三日前，公告回购股份董事会决议的前一个交易日及股东大会的股权登记日登记在册的前十名股东（未完成股权分置改革的上市公司为前十名社会公众股股东）的名称及持股数量、比例数据等。

11.6.5　上市公司股东大会对回购股份作出决议，须经出席会议的股东所持表决权的三分之二以上通过。

公司在股东大会作出回购股份决议后，应当在十日内通知债权人，并于三十日内在报纸上公告。

11.6.6　采用集中竞价方式回购股份的，上市公司应当在收到中国证监会无异议函后的五个交易日内公告回购报告书和法律意见书；采用要约方式回购股份的，上市公司应当在收到无异议函后的两个交易日内予以公告，并在实施回购方案前公告回购报告书和法律意见书。回购报告书应包括如下内容：
（一）11.6.2 条规定的回购股份预案应当包括的内容；
（二）公司董事、监事、高级管理人员在股东大会回购决议公告前六个月是否存在买卖公司股票的行为，是否存在单独或者与他人联合进行内幕交易及市场操纵的说明；
（三）独立财务顾问就本次回购股份出具的结论性意见；
（四）律师事务所就本次回购股份出具的结论性意见；
（五）其他应说明的事项。以要约方式回购股份的，还应当对股东预受及撤回预受要约的方式和程序、股东委托办理要约回购中相关股份预受、撤回、结算、过户登记等事宜的证券公司名称及其通讯方式等事项作出说明。

11.6.7　上市公司距回购期届满三个月时仍未实施回购方案的，董事会应当就未能实施回购的原因予以公告。

11.6.8　以集中竞价交易方式回购股份的，在回购股份期间，上市公司应当在每个月的前三个交易日内，公告截止上月末的回购进展情况，包括已回购股份总额、购买的最高价和最低价、支付的总金额；上市公司通过集中竞价交易方式回购股份占上市公司总股本的比例每增加1%的，应当自该事实发生之日起两个交易日内予以公告；回购期届满或者回购方案已实施完毕的，上市公司应当在股份变动报告中披露已回购股份总额、购买的最高价和最低价、支付的总金额。

11.6.9　回购期届满或者回购方案已实施完毕的，上市公司应当停止回购行为，撤销回购专用账户，在两日内公告公司股份变动报告。

第七节　可转换公司债券涉及的重大事项

11.7.1　发行可转换公司债券的上市公司出现以下情形之一时，应当及时向本所报告并披露：

因发行新股、送股、分立及其他原因引起股份变动，需要调整转股价格，或者依据募集说明书约定的转股价格向下修正条款修正转股价格的；

可转换公司债券转换为股票的数额累计达到可转换公司债券开始转股前公司已发行股份总额的10%的；

公司信用状况发生重大变化，可能影响如期偿还债券本息的；

可转换公司债券担保人发生重大资产变动、重大诉讼，或者涉及合并、分立等情况的；

未转换的可转换公司债券数量少于3 000万元人民币的；

有资格的信用评级机构对可转换公司债券的信用或公司的信用进行评级，并已出具信用评级结果的；

可能对可转换公司债券交易价格产生较大影响的其他重大事件；

中国证监会和本所规定的其他情形。

11.7.2　投资者持有上市公司已发行的可转换公司债券达到发行总量的20%时，应当在事实发生之日起两个交易日内向本所报告，并通知上市公司予以公告。

持有上市公司已发行的可转换公司债券20%及以上的投资者，其所持上市公司已发行的可转换公司债券比例每增加或减少10%时，应当在事实发生之日两个交易日依照前款规定履行报告和公告义务。

11.7.3　上市公司应当在可转换公司债券约定的付息日前三至五个交易日内披露付息公告，在可转换公司债券期满前三至五个交易日内披露本息兑付公告。

11.7.4　上市公司应当在可转换公司债券开始转股前三个交易日内披露实施转股的公告。

11.7.5　上市公司行使赎回权时，应当在每年首次满足赎回条件后的五个交易日内至少发布三次赎回公告。赎回公告应当载明赎回的程序、价格、付款方法、时间等内容。

赎回期结束，公司应当公告赎回结果及影响。

11.7.6　在可以行使回售权的年份内，上市公司应当在每年首次满足回售条件后的五个交易日内至少发布三次回售公告。回售公告应当载明回售的程序、价格、付款方法、时间等内容。

回售期结束后，公司应当公告回售结果及影响。

11.7.7　经股东大会批准变更募集资金投资项目的，上市公司应当在股东大会通过后二十个交易日内赋予可转换公司债券持有人一次回售的权利，有关回售公告至少发布三次，其中，在回售实施前、股东大会决议公告后五个交易日内至少发布一次，在回售实施期间至少发布一次，余下一次回售公告发布的时间视需要而定。

11.7.8 上市公司在可转换公司债券转换期结束的二十个交易日前应当至少发布三次提示公告，提醒投资者有关在可转换公司债券转换期结束前的十个交易日停止交易的事项。

公司出现可转换公司债券按规定须停止交易的其他情形时，应当在获悉有关情形后及时披露其可转换公司债券将停止交易的公告。

11.7.9 上市公司应当在每一季度结束后及时披露因可转换公司债券转换为股份所引起的股份变动情况。

第八节 收购及相关股份权益变动

11.8.1 在一个上市公司中拥有权益的股份达到该公司已发行股份的5%以上的股东及其实际控制人，其拥有权益的股份变动涉及《证券法》、《上市公司收购管理办法》规定的收购或股份权益变动情形的，该股东、实际控制人及其他相关信息披露义务人应当按照《证券法》、《上市公司收购管理办法》等的规定履行报告和公告义务，并及时通知公司发布提示性公告。

公司应当在知悉上述收购或股份权益变动时，及时对外发布公告。

11.8.2 上市公司控股股东以协议方式向收购人转让其所持股份时，控股股东及其关联方如存在未清偿对公司的负债、未解除公司为其提供的担保及其他损害公司利益情形的，公司董事会应当如实对外披露相关情况并提出解决措施。

11.8.3 上市公司涉及被要约收购的，应当在收购人公告《要约收购报告书》后的二十日内披露《被收购公司董事会报告书》和独立财务顾问出具的专业意见。

收购人对要约收购条件作出重大修改的，被收购上市公司董事会应在三个交易日内披露董事会和独立财务顾问的补充意见。

11.8.4 上市公司董事、监事、高级管理人员、员工或者其所控制或委托的法人、其他组织拟对上市公司进行收购或取得控制权的，上市公司应披露由非关联董事表决作出的董事会决议、非关联股东表决作出的股东大会决议以及独立董事和独立财务顾问的意见。

11.8.5 因上市公司减少股本，导致投资者及其一致行动人在该公司中拥有权益的股份达到该公司已发行股份的5%或者变动幅度达到该公司已发行股份的5%的，公司应当自完成减少股本的变更登记之日起两个交易日内就因此导致的公司股东权益的股份变动情况作出公告。

11.8.6 上市公司受股东委托代为披露相关股份变动过户手续事宜的，应当在获悉相关股份变动过户手续完成后及时对外公告。

11.8.7 上市公司收购及相关股份权益变动活动中的信息披露义务人在依法披露前，如相关信息已在媒体上传播或公司股票及其衍生品种交易出现异常的，公司董事会应当立即问询有关当事人并对外公告。

11.8.8 上市公司股东、实际控制人未履行报告和公告义务的，公司董事会应当自知悉之日起作出报告和公告，并督促相关股东、实际控制人履行报告和公告义务。

11.8.9 上市公司股东、实际控制人未履行报告和公告义务，拒不履行相关配合义务，或者实际控制人存在不得收购上市公司的情形的，公司董事会应当拒绝接受被实际控制人支配的股东向董事会提交的提案或者临时提案，并及时报告本所及有关监管部门。

11.8.10 上市公司涉及其他上市公司的收购或股份权益变动活动的，应当按照《证券法》、《上市公司收购管理办法》等的规定履行报告、公告义务。

第九节 股权激励

11.9.1 实行股权激励计划的上市公司，应当严格遵守中国证监会和本所关于股权激励的相关规定，履行必要的审议程序和报告、公告义务。

11.9.2 上市公司应当在董事会审议通过股权激励计划后，及时按本所的要求提交材料，并对外发布股权激励计划公告。

董事会审议股权激励计划时，本次激励计划中成为激励对象的关联董事应当回避表决。

11.9.3 上市公司应当在刊登股权激励计划公告的同时，在本所指定网站详细披露激励对象姓名、拟授予限制性股票或股票期权的数量、占股权激励计划拟授予总量的比例等情况。

激励对象或拟授予的权益数量发生变化的，公司应当自董事会审议通过相关议案后两个交易日内在本所指定网站更新相应资料。

11.9.4 上市公司在披露股权激励计划方案后，应当按照有关规定及时报中国证监会备案，并同时抄报公司所在地证监局。

中国证监会对上市公司股权激励计划备案无异议后，公司应当及时对外公告，发布召开股东大会的通知。

11.9.5 上市公司召开股东大会审议股权激励计划的，除现场会议外，还应当向股东提供网络形式的投票平台。

公司应当在股东大会审议股权激励计划后，及时向本所报送相关材料并对外公告。

11.9.6 上市公司应当在股权激励计划授予条件成就后，及时召开董事会审议相关授予事项，并按本规则和本所关于股权激励的相关规定披露董事会对授予条件是否成就等事项的审议结果及授予安排情况。

11.9.7 上市公司应当按规定及时办理限制性股票或股票期权的授予登记。

公司应当在完成限制性股票或股票期权的授予登记后，及时披露限制性股票或股票期权授予完成情况。

因上市公司权益分派等原因导致限制性股票、股票期权相关参数发生变化的，公司应按照权益分配或股权激励计划中约定的调整公式对相关数据进行调整，并及时披露调整情况。

11.9.8 上市公司应当在股权激励计划设定的限制性股票解除限售、股票期权行权条件得到满足后，及时召开董事会审议相关实施方案，并按本规则和本所关于股权激励的相关规定，披露董事会对限制性股票解除限售或股票期权行权条件是否成就等事项的审议结果及具体实施安排。

11.9.9 上市公司应当按规定及时办理股权激励获授股份解除限售、股票期权行权的相关登记手续，并及时披露获授股份解除限售公告或股票期权行权公告。

第十节 破 产

11.10.1 上市公司应当在董事会作出向法院申请重整、和解或破产清算的决定时，或者知悉债权人向法院申请公司重整或破产清算时，及时向本所报告并披露下列事项：

（一）公司作出申请决定的具体原因、正式递交申请的时间（适用于公司主动申请情形）；

（二）申请人的基本情况、申请目的、申请的事实和理由（适用于债权人申请情形）；

（三）申请重整、和解或破产清算对公司的影响说明及风险提示；

（四）其他需要说明的情况。

11.10.2　上市公司应当及时向本所报告并披露法院受理重整、和解或破产清算申请的相关进展情况，包括：

（一）法院受理重整、和解或者破产清算申请前，申请人请求撤回申请；

（二）法院作出受理或者不予受理重整、和解或者破产清算申请的裁定；

（三）本所要求披露的其他事项。

11.10.3　法院受理重整、和解或者破产清算申请的，上市公司应当及时向本所报告并披露下列内容：

（一）申请人名称（适用于债权人申请情形）；

（二）法院作出受理重整、和解或者破产清算申请裁定的时间及裁定的主要内容；

（三）法院指定的管理人的基本情况（包括管理人名称、负责人、成员、职责、处理事务的地址和联系方式等）；

（四）负责公司进入破产程序后信息披露事务的责任人情况（包括责任主体名称、成员、联系方式等）；

（五）本所要求披露的其他事项。

公司应当同时在公告中充分揭示其股票及其衍生品种可能被终止上市的风险。

公司股票及其衍生品种应当按照本规则第十三章的有关规定停牌、复牌和特别处理。

11.10.4　在法院受理破产清算申请后、宣告上市公司破产前，上市公司应当就所涉事项及时披露以下情况：

（一）公司或者出资额占公司注册资本十分之一以上的出资人向法院提出重整申请及申请时间、申请理由等情况；

（二）公司向法院提出和解申请及申请时间、申请理由等情况；

（三）法院作出同意或者不同意公司重整或和解申请的裁定、裁定时间及裁定的主要内容；

（四）债权人会议计划召开情况；

（五）法院经审查发现公司不符合《企业破产法》规定情形而作出驳回公司破产申请裁定、裁定时间、裁定的主要内容以及相关申请人是否上诉的情况说明；

（六）本所要求披露的其他事项。

11.10.5　在重整期间，上市公司应当就所涉事项及时披露如下内容：

（一）债权申报情况（至少在法定申报债权期限内每月末披露一次）；

（二）重整计划草案的制定情况（包括向法院和债权人会议提交重整计划草案的时间、重整计划草案的主要内容等）；

（三）重整计划草案的表决通过和法院批准情况；

（四）法院强制批准重整计划草案情况；

（五）与重整有关的行政许可批准情况；

（六）法院裁定终止重整程序的原因及时间；

（七）法院裁定宣告公司破产的原因及时间；

（八）本所要求披露的其他事项。

重整期间公司股票及其衍生品种应当按照本规则第十三章的有关规定停牌、复牌和特别处理。

11.10.6　被法院裁定和解的上市公司，应当及时就所涉事项披露如下内容：

（一）债权申报情况（至少在法定申报债权期限内每月末披露一次）；

（二）公司向法院提交和解协议草案的时间及草案主要内容；
（三）和解协议草案的表决通过和法院认可情况；
（四）与和解有关的行政许可批准情况；
（五）法院裁定终止和解程序的原因及时间；
（六）法院裁定宣告公司破产的原因及时间；
（七）本所要求披露的其他事项。

11.10.7 在重整计划、和解协议执行期间，上市公司应当及时就所涉事项披露以下情况：

（一）重整计划、和解协议执行的重大进展情况；
（二）因公司不能执行或者不执行重整计划或者和解协议，法院经管理人、利害关系人或者债权人请求，裁定宣告公司破产的有关情况；
（三）本所要求披露的其他事项。

11.10.8 上市公司披露上述重整、和解或破产清算事项时，应当按照披露事项所涉情形向本所提交下列文件：

（一）公告文稿；
（二）管理人说明文件；
（三）法院出具的法律文书；
（三）重整计划、和解协议草案；
（四）重整计划、和解协议草案涉及的有关部门审批文件；
（五）重整计划、和解协议草案涉及的协议书或意向书；
（六）董事会决议；
（七）股东大会决议；
（八）债权人会议决议；
（九）职代会决议；
（十）律师事务所出具的专门意见；
（十一）会计师事务所、资产评估机构等中介机构出具的文件；
（十二）本所要求的其他文件。

11.10.9 进入破产程序的上市公司，除应及时披露上述信息外，还应当按照本规则和本所的其他有关规定，及时向本所报送并对外披露定期报告和临时报告。

11.10.10 上市公司采取管理人管理运作模式的，管理人及其成员应当按照《证券法》以及最高人民法院、中国证监会和本所的相关规定，真实、准确、完整、及时地履行信息披露义务，并确保对公司所有债权人和股东公平地披露信息。

公司披露的定期报告应当由管理人的成员签署书面确认意见，公司披露的临时报告应当由管理人发布并加盖管理人公章。

11.10.11 上市公司采取管理人监督运作模式的，公司董事会、监事会和高级管理人员应当继续按照本规则和本所其他有关规定履行信息披露义务。

管理人应当及时将涉及信息披露的所有事项告知公司董事会，并督促公司董事、监事和高级管理人员勤勉尽责地履行信息披露义务。

11.10.12 进入重整、和解程序的上市公司，其重整计划、和解协议涉及增加或减少公司注册资本、发行公司债券、公司合并、公司分立、收购本公司股份等事项的，应当按相关规定履行必要的表决和审批程序，并按照本规则和本所其他有关规定履行信息披露义务。

第十一节 其 他

11.11.1 上市公司和相关信息披露义务人应当严格遵守承诺事项。公司应当及时将公司承诺事项和相关信息披露义务人承诺事项单独摘出报送本所备案，同时在本所指定网站上单独披露。

公司应当在定期报告中专项披露上述承诺事项的履行情况。如出现公司或相关信息披露义务人不能履行承诺的情形，公司应当及时披露具体原因和董事会拟采取的措施。

11.11.2 上市公司出现下列使公司面临重大风险情形之一的，应当及时向本所报告并披露：

（一）发生重大亏损或者遭受重大损失；

（二）发生重大债务、未清偿到期重大债务或重大债权到期未获清偿；

（三）可能依法承担的重大违约责任或大额赔偿责任；

（四）计提大额资产减值准备；

（五）公司决定解散或者被有权机关依法责令关闭；

（六）公司预计出现资不抵债（一般指净资产为负值）；

（七）主要债务人出现资不抵债或进入破产程序，公司对相应债权未提取足额坏账准备；

（八）主要资产被查封、扣押、冻结或被抵押、质押；

（九）主要或全部业务陷入停顿；

（十）公司因涉嫌违法违规被有权机关调查或受到重大行政、刑事处罚；

（十一）公司董事、监事、高级管理人员因涉嫌违法违规被有权机关调查或采取强制措施而无法履行职责，或者因身体、工作安排等其他原因无法正常履行职责达到或预计达到三个月以上；

（十二）本所或公司认定的其他重大风险情况。

上述事项涉及具体金额的，应当比照适用本规则9.2条的规定。

11.11.3 上市公司出现下列情形之一的，应当及时向本所报告并披露：

（一）变更公司名称、股票简称、公司章程、注册资本、注册地址、办公地址和联系电话等，其中公司章程发生变更的，还应当将新的公司章程在本所指定网站上披露；

（二）经营方针和经营范围发生重大变化；

（三）变更会计政策、会计估计；

（四）董事会通过发行新股或其他再融资方案；

（五）中国证监会发行审核委员会（含上市公司并购重组审核委员会）对公司发行新股或其他再融资申请、重大资产重组事项提出相应的审核意见；

（六）持有公司5%以上股份的股东或实际控制人持股情况或控制公司的情况发生或拟发生较大变化；

（七）公司董事长、经理、董事（含独立董事），或三分之一以上的监事提出辞职或发生变动；

（八）生产经营情况、外部条件或生产环境发生重大变化（包括产品价格、原材料采购、销售方式等发生重大变化）；

（九）订立重要合同，可能对公司的资产、负债、权益和经营成果产生重大影响；

（十）新颁布的法律、行政法规、部门规章、规范性文件、政策可能对公司经营产生重大影响；

（十一）聘任、解聘为公司审计的会计师事务所；

（十二）法院裁定禁止控股股东转让其所持股份；

（十三）任一股东所持公司5%以上股份被质押、冻结、司法拍卖、托管、设定信托或者被依法限制表决权；

（十四）获得大额政府补贴等额外收益或者发生可能对上市公司的资产、负债、权益或经营成果产生重大影响的其他事项；

（十五）本所或者公司认定的其他情形。

11.11.4　上市公司因前期已公开披露的财务会计报告存在差错或虚假记载被责令改正，或经董事会决定改正的，应当在被责令改正或者董事会作出相应决定时，及时予以披露，并按照中国证监会《公开发行证券的公司信息披露编报规则第19号——财务信息的更正及相关披露》等有关规定的要求，办理财务信息的更正及相关披露事宜。

11.11.5　上市公司涉及股份变动的减资（回购除外）、合并、分立方案，应当在获得中国证监会批准后，及时报告本所并公告。

11.11.6　上市公司减资、合并、分立方案实施过程中涉及信息披露和股份变更登记等事项的，应当按中国证监会和本所的有关规定办理。

第十二章　停牌和复牌

12.1　上市公司发生本章规定的停牌事项，应当向本所申请对其股票及其衍生品种停牌与复牌。

本章未有明确规定的，公司可以以本所认为合理的理由向本所申请对其股票及其衍生品种停牌与复牌，本所视情况决定公司股票及其衍生品种的停牌与复牌事宜。

12.2　上市公司应当披露的重大信息如存在不确定性因素且预计难以保密的，或者在按规定披露前已经泄漏的，公司应当第一时间向本所申请停牌，直至按规定披露。

12.3　上市公司在本所交易时间召开股东大会的，公司股票及其衍生品种应当自股东大会召开当日起停牌，直至公告股东大会决议当日上午开市时复牌；公告日为非交易日的，则在公告后首个交易日开市时复牌。

公司在本所非交易时间召开股东大会，且在此后的首个交易日或之前未公告股东大会决议的，公司股票及其衍生品种应当自该首个交易日起停牌，直至披露股东大会决议公告的当日上午开市时复牌。

12.4　公共媒体中出现上市公司尚未披露的信息，可能或已经对公司股票及其衍生品种交易价格产生较大影响的，本所可以在交易时间对公司股票及其衍生品种实施停牌，直至公司披露相关公告的当日复牌。

公司披露日为非交易日的，则在公告披露后的首个交易日开市时复牌。

12.5　上市公司股票及其衍生品种交易被中国证监会、本所认定为异常波动的，公司股票及其衍生品种应当停牌，直至公司披露相关公告的当日上午十点三十分复牌；公告日为非交易日的，则在公告后首个交易日开市时复牌。

12.6　上市公司财务会计报告被出具非标准无保留意见，且该意见所涉及事项属于明显违反会计准则及相关信息披露规范性规定的，自公司公布相关定期报告起，本所对公司股票及其衍生品种实施停牌，直至公司按规定作出纠正后复牌。

12.7　上市公司未在法定期限内公布年度报告、中期报告或未在本规则规定的期限内公布季度报告的，本所于相关定期报告披露期限届满后次一交易日，对该公司股票及其衍生品种实施停牌，直至其定期报告披露当日开市时复牌。公告日为非交易日的，则在公告后首个交易日开市时复牌。

公司因未披露年度报告和中期报告的停牌期限不超过两个月。在停牌期间，公司应当至少发布三次风险提示公告。

未披露季度报告的公司还存在未披露年度报告或中期报告情形的，公司股票及其衍生品种应当按照本条第二款和第十三章的规定停牌与复牌。

12.8 上市公司财务会计报告因存在重大会计差错或虚假记载，中国证监会责令其改正但未在规定期限内改正的，本所自限期改正期满后次一个交易日起对公司股票及其衍生品种实施停牌，直至其改正的财务会计报告披露当日复牌。公告日为非交易日的，则在公告后首个交易日开市时复牌。

上述停牌期限不超过两个月。在停牌期间，公司应当至少发布三次风险提示公告。

12.9 上市公司在公司运作和信息披露方面涉嫌违反法律、行政法规、部门规章、规范性文件及本所发布的业务规则、细则、指引和通知等相关规定，情节严重的，在被有关部门调查期间，本所视情况决定该公司股票及其衍生品种停牌和复牌时间。

12.10 上市公司定期报告或临时报告披露不符合本规则或本所其他相关规定，且拒不按要求进行更正、解释或补充披露的，本所可以对该公司股票及其衍生品种实施停牌，直至公司披露相关公告的当日复牌。公告日为非交易日的，则在公告后首个交易日开市时复牌。

12.11 上市公司严重违反本规则或本所其他相关规定且在规定期限内拒不按要求改正的，本所可以对其股票及其衍生品种实施停牌，并视情况决定其复牌时间。

12.12 上市公司因某种原因使本所失去关于公司的有效信息来源时，本所可以对该公司股票及其衍生品种实施停牌，直至上述情况消除后复牌。

12.13 上市公司因股权分布发生变化导致连续二十个交易日不具备上市条件的，本所将于上述期限届满后次一交易日对该公司股票及其衍生品种实施停牌。公司可以在停牌后一个月内，向本所提出解决股权分布问题的具体方案及书面申请，经本所同意后，公司股票及其衍生品种可以复牌，但本所对其股票交易实行退市风险警示。

公司应当在因股权分布发生变化导致连续十个交易日不具备上市条件时，及时对外发布风险提示公告。

12.14 上市公司因收购人履行要约收购义务，或收购人以终止上市公司上市地位为目的而发出全面要约的，要约收购期满至要约收购结果公告前，公司股票及其衍生品种应当停牌。

根据收购结果，被收购上市公司股权分布具备上市条件的，公司股票及其衍生品种应当于要约结果公告日开市时复牌；股权分布不具备上市条件，且收购人以终止公司上市地位为收购目的的，公司股票及其衍生品种应当于要约结果公告日继续停牌，直至本所终止其股票及其衍生品种上市；股权分布不具备上市条件，但收购人不以终止公司上市地位为收购目的的，可以在五个交易日内向本所提交解决股权分布问题的方案，并参照12.13条规定处理。

12.15 上市公司在其股票及其衍生品种被实施停牌期间，应当至少每五个交易日披露一次未能复牌的原因（本规则另有规定的除外）和相关事件进展情况。

12.16 上市公司出现异常状况，本所对其股票交易实行特别处理的，该公司股票及其衍生品种按本规则第十三章的有关规定停牌和复牌。

12.17 上市公司出现14.1.1、14.1.13条规定的情况之一，或者发生重大事件而影响公司股票及其衍生品种上市资格的，该公司股票及其衍生品种按本规则第十四章的有关规定停牌和复牌。

12.18 可转换公司债券上市交易期间出现下列情况之一时，可转换公司债券停止交易：

（一）可转换公司债券流通面值少于人民币3 000万元时，在公司发布相关公告三个交易日后停止其可转换公司债券的交易；

（二）可转换公司债券转换期结束前的十个交易日停止其交易；

（三）可转换公司债券在赎回期间停止交易；

（四）中国证监会和本所认为应当停止交易的其他情况。

12.19 除上述规定外，本所还可以根据实际情况或中国证监会的要求，决定上市公司股票及其衍生品种的停牌与复牌。

第十三章 特别处理

第一节 一般规定

13.1.1 上市公司出现财务状况或其他状况异常，导致其股票存在终止上市风险，或者投资者难以判断公司前景，其投资权益可能受到损害的，本所有权对该公司股票交易实行特别处理。

13.1.2 本章所称特别处理分为警示存在终止上市风险的特别处理（以下简称“退市风险警示”）和其他特别处理。

13.1.3 退市风险警示的处理措施包括：

（一）在公司股票简称前冠以“*ST”字样，以区别于其他股票；

（二）股票价格的日涨跌幅限制为5%。

恢复上市首日股票价格的日涨跌幅不受前款有关5%的限制。

13.1.4 其他特别处理的处理措施包括：

（一）在公司股票简称前冠以“ST”字样，以区别于其他股票；

（二）股票价格的日涨跌幅限制为5%。

恢复上市首日股票价格的日涨跌幅不受前款有关5%的限制。

第二节 退市风险警示

13.2.1 上市公司出现下列情形之一的，本所有权对其股票交易实行退市风险警示：

（一）最近两年连续亏损（以最近两年年度报告披露的当年经审计净利润为依据）；

（二）因财务会计报告存在重大会计差错或虚假记载，公司主动改正或被中国证监会责令改正，对以前年度财务会计报告进行追溯调整，导致最近两年连续亏损；

（三）因财务会计报告存在重大会计差错或虚假记载，被中国证监会责令改正但未在规定期限内改正，且公司股票已停牌两个月；

（四）未在法定期限内披露年度报告或者中期报告，且公司股票已停牌两个月；

（五）因出现12.13条规定的股权分布不具备上市条件的情形，公司在规定期限内提出股权分布问题解决方案，经本所同意其实施；

（六）法院依法受理公司重整、和解或者破产清算申请；

（七）出现可能导致公司解散的情形；

（八）本所认定的其他存在退市风险的情形。

13.2.2 上市公司应当在股票交易实行退市风险警示之前一个交易日发布公告。公告应当包括以下内容：

（一）股票的种类、简称、证券代码以及实行退市风险警示的起始日；

（二）实行退市风险警示的主要原因；

（三）董事会关于争取撤销退市风险警示的意见及具体措施；

（四）股票可能被暂停或终止上市的风险提示；

（五）实行退市风险警示期间公司接受投资者咨询的主要方式；

（六）中国证监会和本所要求的其他内容。

13.2.3 上市公司出现13.2.1条第（一）、（二）项情形的，应当自董事会审议年度报告或者财务报告更正公告后及时向本所报告，并提交董事会的书面意见。公司股票及其衍生品种于年度报告或财务报告更正公告披露当日停牌一天。披露日为非交易日的，于下一交易日停牌一天。自复牌之日起，本所对公司股票交易实行退市风险警示。

13.2.4 上市公司出现13.2.1条第（三）、（四）项情形的，本所自公司股票及其衍生品种停牌两个月期满的次一交易日起对其股票及其衍生品种复牌，同时对其股票交易实行退市风险警示。

在实行退市风险警示期间，公司应当至少发布三次风险提示公告。

13.2.5 上市公司出现13.2.1条第（五）项情形的，本所同意其提出的解决股权分布问题的方案后，公司股票及其衍生品种复牌。自复牌之日起，本所对公司股票交易实行退市风险警示。

公司应当在其股票恢复交易当日同时发布可能被终止上市的风险提示公告。

13.2.6 上市公司出现13.2.1条第（六）项情形的，应当在收到法院受理公司重整、和解或者破产清算申请的裁定文件的当日立即向本所报告并于次一交易日公告，公司股票及其衍生品种于公告之日起停牌。

本所自公司披露相关破产受理公告及实施退市风险警示公告的次一交易日起对其股票及其衍生品种复牌，同时对其股票交易实行退市风险警示。

公司在其股票被实行退市风险警示期间，除应按照本规则第十一章第十节的规定履行信息披露义务外，还应至少每五个交易日披露一次公司破产程序的进展情况，提示退市风险。

13.2.7 上市公司因出现13.2.1条第（六）项情形其股票交易被实施退市风险警示的，本所将自其股票交易被实施退市风险警示起二十个交易日届满后次一交易日对该公司股票及其衍生品种实施停牌。

公司可以在法院作出批准公司重整计划、和解协议，或者终止重整、和解程序的裁定时向本所提出复牌申请。

本所可视情况调整该公司股票及其衍生品种的停牌和复牌时间。

13.2.8 上市公司出现13.2.1条第（七）项情形的，应当于知悉当日立即向本所报告，公司股票及其衍生品种于本所知悉该情形之日起停牌，直至公司披露可能被解散及实施退市风险警示公告的次一交易日开市时复牌。自复牌之日起，本所对公司股票交易实行退市风险警示。

在其股票被实行退市风险警示期间，公司应当至少每月披露一次解散事宜的进展情况，提示解散风险。

13.2.9 上市公司最近一个会计年度审计结果表明13.2.1条第（一）、（二）项情形已消除的，公司可以向本所申请对其股票交易撤销退市风险警示。

13.2.10 上市公司股票因13.2.1条第（一）、（二）项情形被本所实行退市风险警示的，在退市风险警示期间，公司进行重大资产重组且满足以下全部条件的，可以向本所申请对其股票交易撤销退市风险警示：

（一）根据中国证监会有关重大资产重组规定出售全部经营性资产和负债，同时购买其他资产且已实施完毕；

（二）通过购买进入公司的资产是一个完整经营主体，该经营主体在进入公司前已在同一管理层之下持续经营三年以上；

（三）公司本次购买进入的资产最近一个会计年度经审计净利润值为正值；

（四）经注册会计师审核的盈利预测显示，公司完成本次重组后盈利能力增强，经营业绩明显改善；

（五）本所要求的其他条件。

13.2.11 上市公司股票因13.2.1条第（三）、（四）项情形被本所实行退市风险警示，在实行退市风险警示后两个月内上述情形消除的，公司可以向本所申请对其股票交易撤销退市风险警示。

13.2.12 上市公司股票因13.2.1条第（五）项情形被本所实行退市风险警示，在本所规定期限内其股权分布重新具备上市条件的，公司可以向本所申请对其股票交易撤销退市风险警示。

13.2.13 上市公司股票交易因13.2.1条第（六）项情形被本所实行退市风险警示后，出现以下情形之一的，公司可以向本所申请对其股票交易撤销退市风险警示：

（一）重整计划执行完毕；

（二）和解协议执行完毕；

（三）法院受理破产申请后至破产宣告前，依据《企业破产法》规定情形作出驳回破产申请的裁定，且申请人在法定期限内未上诉的；

（四）法院受理破产申请后至破产宣告前，依据《企业破产法》第一百零八条规定情形，作出终结破产程序的裁定。

公司因上述第（一）、（二）项情形向本所申请撤销对其股票交易退市风险警示的，应当聘请律师事务所对公司重整计划或和解协议执行情况出具法律意见书，并向本所提交该法律意见书及其他执行情况说明文件。

13.2.14 上市公司股票因13.2.1条第（七）项情形被本所实行退市风险警示，公司认为13.2.1条第（七）项情形已消除的，可以向本所申请对其股票交易撤销退市风险警示。

13.2.15 上市公司向本所申请对其股票交易撤销退市风险警示后，应当于次一交易日披露相关公告。

本所收到公司提交的撤销退市风险警示申请后，视情况决定是否撤销退市风险警示。

13.2.16 本所决定撤销退市风险警示的，上市公司应当按照本所要求在撤销退市风险警示之前一个交易日作出公告。

公告日公司股票及其衍生品种停牌一天，自复牌之日起本所对公司股票交易撤销退市风险警示。

13.2.17 本所决定不予撤销退市风险警示的，上市公司应当在收到本所有关书面通知的次一交易日作出公告。

第三节 其他特别处理

13.3.1 上市公司出现下列情形之一的，本所有权对其股票交易实行其他特别处理：

（一）最近一个会计年度的审计结果显示其股东权益为负值；

（二）最近一个会计年度的财务会计报告被注册会计师出具无法表示意见或否定意见的审计报告；

（三）按照本规则第十三章第二节的有关规定申请并获准撤销退市风险警示的公司或者按照14.2.1条申请并获准恢复上市的公司，其最近一个会计年度的审计结果显示其主营业务未正常运营或扣除非经常性损益后的净利润为负值；

（四）公司生产经营活动受到严重影响且预计在三个月以内不能恢复正常；

（五）公司主要银行账号被冻结；

（六）公司董事会无法正常召开会议并形成董事会决议；

（七）公司向控股股东或其关联方提供资金或违反规定程序对外提供担保且情形严重的；

（八）中国证监会或本所认定的其他情形。

13.3.2 上市公司应当按以下要求及时向本所报告并提交相关材料：

（一）属于13.3.1条第（一）、（二）项情形的，应当在公司董事会审议年度报告后及时向本所报告并提交董事会决议；

（二）属于13.3.1条第（三）、（四）、（五）、（七）项情形的，应当在事实发生后及时向本所报告并提交董事会意见；

（三）属于13.3.1条第（六）项情形的，应当在事实发生后及时向本所报告并提交公司报告。

本所在收到相关材料后决定是否对该公司股票交易实行其他特别处理。

13.3.3 上市公司应当按照本所的要求在其股票交易被实行其他特别处理之前一交易日作出公告，公告内容参照13.2.2条的规定。

公司股票及其衍生品种于公告日停牌一天，自复牌之日起本所对该公司股票交易实行其他特别处理。

13.3.4 上市公司因13.3.1条第（七）项情形其股票交易被实行其他特别处理的，在特别处理期间，公司应当至少每月发布一次提示性公告，披露资金占用或违规对外担保的解决进展情况。

13.3.5 上市公司最近一个会计年度财务状况恢复正常，审计结果表明13.3.1条第（一）、（二）项情形已消除，并且满足下列条件的，公司应当自董事会审议年度报告后及时向本所报告并披露，同时可以向本所申请对其股票交易撤销其他特别处理：

（一）主营业务正常运营；

（二）扣除非经常性损益后的净利润为正值。

13.3.6 上市公司最近一个会计年度审计结果表明13.3.1条第（三）项情形已消除的，公司应当自董事会审议年度报告后及时向本所报告并披露，同时可以向本所申请对其股票交易撤销其他特别处理。

13.3.7 上市公司认为13.3.1条第（四）至（六）项情形已消除，可以向本所申请对其股票交易撤销其他特别处理。

13.3.8 注册会计师出具的专项审核报告及独立董事发表的独立意见显示，上市公司已消除13.3.1条第（七）项所述情形的，可以向本所申请对其股票交易撤销其他特别处理。

13.3.9 上市公司因13.3.1条情形其股票交易被实行其他特别处理的，在特别处理期间，公司进行重大资产重组且满足以下全部条件的，可以向本所申请对其股票交易撤销其他特别处理：

（一）根据中国证监会有关重大资产重组规定出售全部经营性资产和负债，同时购买其他资产且已实施完毕；

（二）通过购买置入公司的资产是一个完整经营主体，该经营主体在进入上市公司前已在同一管理层之下持续经营三年以上；

（三）公司本次购买置入的资产最近一个会计年度经审计净利润值为正值；

（四）经注册会计师审核的盈利预测显示，上市公司完成本次重组后盈利能力增强，经营业绩明显改善；

（五）不存在13.3.1条所述情形；

（六）本所要求的其他条件。

13.3.10 上市公司向本所申请对其股票交易撤销其他特别处理后，应当于次一交易日披露相关公告。

本所在收到上市公司提交的撤销其他特别处理申请后，视情况决定是否撤销其他特别处理。

13.3.11 本所决定撤销其他特别处理的，上市公司应当按照本所要求在撤销其他特别处理之前一个交易日作出公告。

公告日公司股票及其衍生品种停牌一天，自复牌之日起本所对公司股票交易撤销其他特别处理。

13.3.12 本所决定不予撤销其他特别处理的，上市公司应当收到本所书面通知的次一交易日作出公告。

本所就13.3.1条第（一）至（三）项情形作出不予撤销特别处理的，上市公司在报送下一个年度报告时方可按照13.3.5条和13.3.6条的规定向本所再次申请对其股票交易撤销其他特别处理。

第十四章 暂停、恢复、终止上市

第一节 暂停上市

14.1.1 上市公司出现下列情形之一的，本所有权决定暂停其股票上市交易：

（一）因13.2.1条第（一）、（二）项情形股票交易被实行退市风险警示后，首个会计年度审计结果表明公司继续亏损；

（二）因13.2.1条第（三）项情形其股票交易被实行退市风险警示后，在两个月内仍未按要求改正其财务会计报告；

（三）因13.2.1条第（四）项情形其股票交易被实行退市风险警示后，在两个月内仍未披露年度报告或中期报告；

（四）因13.2.1条第（五）项情形其股票交易被实行退市风险警示后，在六个月内其股权分布仍不能符合上市条件；

（五）公司股本总额发生变化不再具备上市条件；

（六）公司有重大违法行为；

（七）本所规定的其他情形。

14.1.2 因13.2.1条第（一）、（二）项情形股票交易被实行退市风险警示的上市公司，预计实行退市风险警示后首个会计年度将继续亏损的，公司董事会应当在该会计年度结束后的二十个交易日内发布股票可能被暂停上市的风险提示公告，并在披露年度报告前至少再发布两次风险提示公告。

14.1.3　上市公司出现14.1.1条第（一）项情形的，本所自公司披露年度报告之日起，对公司股票及其衍生品种实施停牌，并在停牌后十五个交易日内作出是否暂停其股票上市的决定。

公司在披露年度报告的同时应当披露股票将被暂停上市的风险提示公告。

14.1.4　上市公司出现14.1.1条第（二）、（三）项情形的，本所自两个月期满后次一交易日对公司股票及其衍生品种实施停牌，并在停牌后十五个交易日内作出是否暂停其股票上市的决定。

暂停上市期间，公司应当至少发布三次风险提示公告。

14.1.5　上市公司出现14.1.1条第（四）项情形的，本所自规定期限届满后次一交易日对公司股票及其衍生品种实施停牌，并在停牌后十五个交易日内作出是否暂停其股票上市的决定。

14.1.6　上市公司出现14.1.1条第（五）、（六）项情形的，本所自规定期限届满后次一交易日对公司股票及其衍生品种实施停牌，并在停牌后十五个交易日内作出是否暂停其股票上市的决定。

14.1.7　因13.2.1条第（一）、（二）项情形股票被实行退市风险警示的上市公司，实行退市风险警示后首个会计年度财务会计报告显示继续亏损，或者虽然显示盈利但被出具非标准无保留意见审计报告的，公司董事会在审议年度财务会计报告时，应当就以下事项作出决议，并提交最近一次股东大会审议：

（一）如果公司股票被暂停上市，公司将与一家具有4.1条规定的恢复上市保荐人资格的证券公司（以下简称“代办机构”）签订协议，协议约定由公司聘请该代办机构作为股票恢复上市的保荐人；如果公司股票终止上市，则委托该代办机构提供代办股份转让服务，并授权其办理证券交易所市场登记结算系统股份退出登记，办理股份重新确认及代办股份转让系统股份登记结算等事宜；

（二）如果公司股票被暂停上市，公司将与结算公司签订协议。协议约定（包括但不限于）：如果股票被终止上市，公司将委托结算公司作为全部股份的托管、登记和结算机构；

（三）如果公司股票被终止上市，公司将申请其股份进入代办股份转让系统转让，股东大会授权董事会办理公司股票终止上市以及进入代办股份转让系统的有关事宜。

14.1.8　上市公司应当在股东大会通过14.1.7条所述提案后五个交易日内完成与代办机构和结算公司的协议签订工作，并在相关协议签订后及时报送本所，披露其主要内容。

14.1.9　因13.2.1条第（三）至（七）项情形其股票被实行退市风险警示的上市公司，预计将出现或已经出现14.1.1条被暂停上市情形的，公司董事会应当参照14.1.7条、14.1.8条的规定对其股份进入代办股份转让系统转让相关事宜作出必要的安排，完成有关事项的审议、协议签订等工作，并在暂停上市风险提示公告中说明情况。

14.1.10　本所在作出暂停股票上市决定后的两个交易日内通知上市公司并公告，同时报中国证监会备案。

14.1.11　上市公司应当在收到本所暂停其股票上市的决定之日起及时披露股票暂停上市公告。股票暂停上市公告应当包括以下内容：

（一）暂停上市股票的种类、简称、证券代码以及暂停上市起始日；

（二）有关股票暂停上市决定的主要内容；

（三）董事会关于争取恢复股票上市的意见及具体措施；

（四）股票可能被终止上市的风险提示；

（五）暂停上市期间公司接受投资者咨询的主要方式；

（六）中国证监会和本所要求的其他内容。

14.1.12　股票暂停上市期间，公司应当继续履行上市公司的有关义务，并至少在每月前五个交易日内披露一次为恢复上市所采取的措施及有关工作进展情况。公司没有采取重大措施或者恢复计划没有相应进展的，也应当披露并说明具体原因。

14.1.13　上市公司出现下列情形之一的，本所有权决定暂停其可转换公司债券上市：

（一）公司有重大违法行为；

（二）公司情况发生重大变化不符合可转换公司债券上市条件；

（三）发行可转换公司债券所募集的资金不按照核准的用途使用；

（四）未按照公司可转换公司债券募集办法履行义务；

（五）公司最近两年连续亏损；

（六）因公司存在14.1.1条情形其股票被本所暂停上市。

14.1.14　可转换公司债券暂停上市事宜参照本节股票暂停上市有关规定办理。

第二节　恢复上市

14.2.1　上市公司因14.1.1条第（一）项情形其股票被暂停上市的，在股票暂停上市期间，符合下列条件的，可以在公司披露首个年度报告后五个交易日内向本所提出恢复股票上市的书面申请：

（一）在法定披露期限内披露经审计的暂停上市后首个年度报告；

（二）经审计的年度财务会计报告显示公司实现盈利。

暂停上市后的首个年度财务会计报告被注册会计师出具非标准无保留意见的，上市公司在披露上述年度报告的同时应当披露可能终止上市的风险提示公告。

14.2.2　上市公司因14.1.1条第（二）、（三）项情形其股票被暂停上市的，在暂停上市后两个月内披露了经改正的财务会计报告、相关年度报告或中期报告的，可以在公司披露相关报告后五个交易日内向本所提出恢复上市的书面申请。

14.2.3　上市公司因14.1.1条第（四）项情形股票被暂停上市的，在暂停上市之日后的六个月内其股权分布重新符合上市条件的，可以在股权分布重新符合上市条件后五个交易日内向本所提出恢复上市的书面申请。

14.2.4　上市公司因14.1.1条第（五）、（六）项情形股票被暂停上市的，在本所规定的期限内上述情形已消除的，可以在事实发生后五个交易日内向本所提出恢复上市的书面申请。

14.2.5　上市公司应当聘请代办机构担任其恢复上市的保荐人。

保荐人应当对公司恢复上市申请材料的真实性、准确性、完整性进行核查，就公司是否具备恢复上市条件出具恢复上市保荐书，并保证承担连带责任。

14.2.6　保荐人在核查过程中，至少应当对下列情况予以充分关注和尽职核查，并出具核查报告：

（一）公司规范运作的情况：包括人员、资产、财务的独立性，关联交易情况，重大出售或购买资产行为的规范性，重组后的业务方向，经营状况是否发生实质性好转，以及与控股股东、实际控制人之间的同业竞争关系等；

（二）公司财务风险的情况：包括公司的收入确认、非经常性损益的确认是否合规，会计师事务所出具的非标准无保留审计意见所涉及事项对公司是否存在重大影响，公司对涉及明显违反会计准则及相关信息披露规范性规定的事项进行纠正和调整的情况等；

（三）公司或有风险的情况：包括资产出售、抵押、置换、委托经营、重大对外担保、重大诉讼、仲裁情况（适用本规则有关累计计算规定），以及上述事项对公司经营产生的不确定性影响等。

对于公司存在的各种不规范行为，恢复上市的保荐人应当要求公司改正。公司未按要求改正的，保荐人应当拒绝为其出具恢复上市保荐书。

14.2.9 保荐人在对因14.2.2条情形申请恢复上市的公司进行尽职核查时，除前条要求外，还应当关注下列情况，在核查报告中作出说明：

（一）公司财务会计政策是否稳健，公司内部控制制度是否建立健全和有效；

（二）注册会计师是否认为公司内部控制制度存在较大缺陷，公司是否已根据注册会计师的意见进行了整改（如适用）；

（三）公司是否已按有关规定改正其财务会计报告（如适用）。

14.2.10 保荐人在对因14.2.3条情形申请恢复上市的公司进行尽职核查时，应当对导致公司被暂停上市的情形是否已完全消除等情况予以充分关注，并在核查报告中作出说明。

14.2.11 保荐人出具的恢复上市保荐书应当包括以下内容：

（一）公司的基本情况；

（二）公司存在的主要风险，以及原有风险是否已经消除的说明；

（三）对公司前景的评价；

（四）核查报告的具体内容；

（五）公司是否完全符合恢复上市条件及其依据的说明；

（六）无保留且表述明确的保荐意见及其理由；

（七）关于保荐人和相关保荐代表人具备相应保荐资格以及保荐人内部审核程序的说明；

（八）保荐人是否存在可能影响其公正履行保荐职责情形的说明；

（九）保荐人比照有关规定所作出的承诺事项；

（十）对公司持续督导期间的工作安排；

（十一）保荐人和相关保荐代表人的联系地址、电话和其他通讯方式；

（十二）保荐人认为应当说明的其他事项；

（十三）中国证监会和本所要求的其他内容。

恢复上市保荐书应当由保荐人法定代表人（或授权代表）和相关保荐代表人签字，注明签署日期并加盖保荐人公章。

14.2.12 申请股票恢复上市的公司应当聘请律师对其恢复上市申请的合法、合规性进行充分的核查验证，对有关申请材料进行审慎审阅，并出具法律意见书。律师及其所在的律师事务所应当对恢复上市申请材料的真实性、准确性、完整性承担相应的法律责任。

14.2.13 前条所述法律意见书应当对下列事项明确发表结论性意见：

（一）公司的主体资格；

（二）公司是否完全符合恢复上市的实质条件；

（三）公司的业务及发展目标；

（四）公司治理和规范运作情况；

（五）关联交易和同业竞争；

（六）公司的主要财产；
（七）重大债权、债务；
（八）重大资产变化及收购兼并情况；
（九）公司纳税情况；
（十）重大诉讼、仲裁；
（十一）公司受到的行政处罚；
（十二）律师认为需要说明的其他问题。

律师就上述事项所发表的结论性意见应当包括是否合法合规、是否真实有效，是否存在纠纷或潜在风险等。

14.2.14 上市公司提出恢复上市申请时，应当向本所提交下列文件：
（一）恢复上市申请书；
（二）董事会关于符合恢复上市条件，同意申请恢复上市的决议；
（三）董事会关于暂停上市期间公司为恢复上市所做主要工作的报告；
（四）管理层从公司主营业务、经营活动、财务状况、或有事项、期后事项和其他重大事项等角度对公司实现盈利的情况、经营能力和盈利能力的持续性和稳定性作出的分析报告；
（五）关于公司重大资产重组方案的说明，包括重大资产重组的内部决策程序、资产交接、相关收益的确认、实施结果及相关证明文件等（如适用）；
（六）关于公司最近一个年度的重大关联交易说明，包括关联交易的内部决策程序、合同及有关记录、实施结果及相关证明文件等；
（七）关于公司最近一个年度的纳税情况说明；
（八）年度报告或中期报告及其审计报告原件；
（九）保荐人出具的恢复上市保荐书以及保荐协议；
（十）法律意见书；
（十一）董事会对非标准无保留审计意见的说明（如适用）；
（十二）会计师事务所和注册会计师对非标准无保留审计意见的说明（如适用）；
（十三）按照14.1.8条规定与代办机构和结算公司签订的相关协议；
（十四）本所要求的其他有关材料。

公司应当在向本所提出恢复上市申请后次一交易日发布相关公告。

14.2.15 本所在收到上市公司提交的恢复上市申请文件后五个交易日内作出是否受理的决定并通知公司。

公司未能按照14.2.14条的要求提供申请文件的，本所不受理其股票恢复上市申请。

公司应当在收到本所是否受理其申请的决定后及时披露决定的有关情况，并披露可能终止上市的风险提示公告。

14.2.16 本所上市委员会对公司恢复上市的申请进行审议，作出独立的专业判断并形成审核意见，本所依据上市委员会意见作出是否核准公司股票恢复上市申请的决定。

14.2.17 本所将在受理公司恢复上市申请后的三十个交易日内，作出是否核准其股票恢复上市申请的决定。

本所要求公司提供补充材料的，公司应当在本所规定期限内提供有关材料。公司补充材料期间不计入本所作出有关决定的期限内。

14.2.18 本所受理上市公司恢复上市申请后，可以聘请具有执行证券、期货相关业务资格的会计师事务所就公司财务会计报告盈利的真实性进行调查核实。

本所聘请会计师事务所进行调查核实期间不计入 14.2.17 条所述本所作出有关决定的期限内。

14.2.19　本所在作出核准公司股票恢复上市决定后两个交易日内通知公司，并报告中国证监会。

14.2.20　经本所核准恢复上市的，上市公司应当在收到有关决定后及时披露股票恢复上市公告。股票恢复上市公告应当包括以下内容：

（一）恢复上市股票的种类、简称、证券代码；

（二）有关股票恢复上市决定的主要内容；

（三）董事会关于恢复上市措施的具体说明；

（四）相关风险因素分析；

（五）中国证监会和本所要求的其他内容。

14.2.21　上市公司披露股票恢复上市公告五个交易日后，其股票恢复上市。

14.2.22　因 14.1.13 条各项情形可转换公司债券被暂停上市的，在暂停上市期间，上市公司符合下列条件的，可以向本所提出恢复其可转换公司债券上市的书面申请：

（一）因 14.1.13 条第（一）项、第（四）项所列情形之一可转换公司债券被暂停上市，经查实后果不严重的；

（二）因 14.1.13 条第（二）项所列情形可转换公司债券被暂停上市，在六个月内该情形消除的；

（三）因 14.1.13 条第（三）项的情形可转换公司债券被暂停上市，在两个月内该情形消除的；

（四）因 14.1.13 条第（五）项所列情形可转换公司债券被暂停上市，在法定披露期限内披露经审计的暂停上市后首个年度报告，且经审计的年度财务会计报告显示公司实现盈利的。

14.2.23　可转换公司债券恢复上市事宜参照本节股票恢复上市有关规定办理。

第三节　终止上市

14.3.1　上市公司出现下列情形之一的，本所有权决定终止其股票上市交易：

（一）因 14.1.1 条第（一）项情形股票被暂停上市后，未能在法定期限内披露暂停上市后首个年度报告；

（二）因 14.1.1 条第（一）项情形股票被暂停上市后，在法定期限内披露的暂停上市后首个年度报告显示公司出现亏损；

（三）因 14.1.1 条第（一）项情形股票被暂停上市后，在法定期限内披露了暂停上市后首个年度报告，但未能在其后五个交易日内提出恢复上市申请；

（四）因 14.1.1 条第（二）、（三）项情形股票被暂停上市后，在两个月内仍未能披露经改正的财务会计报告、相关年度报告或中期报告；

（五）因 14.1.1 条第（二）、（三）项情形股票被暂停上市后，在两个月内披露了经改正的财务会计报告、相关年度报告或中期报告，但未能在其后的五个交易日内提出恢复上市申请；

（六）因 14.1.1 条第（四）项情形股票被暂停上市后，在其后的六个月内其股权分布仍未能达到上市条件；

（七）因 12.13 条所述情形公司股票被停牌，在其后的一个月内未能向本所提交股权分布问题解决方案及申请，或者申请未获本所同意；

（八）因12.14条所述情形其股权分布不符合上市条件，在要约结果公告后的五个交易日内未能向本所提交股权分布问题解决方案及申请或申请未获本所同意，或者虽经本所同意但在规定的期限内其股权分布仍不能符合上市条件；

（九）公司股本总额发生变化不再具备上市条件，在本所规定的期限内仍不能符合上市条件；

（十）上市公司或收购人以终止公司股票上市为目的进行回购或要约收购，回购或要约收购实施完毕后，公司股本总额、股权分布不符合上市条件，公司董事会向本所提出终止上市申情；

（十一）在股票暂停上市期间，股东大会作出终止上市决议；

（十二）公司被法院宣告破产；

（十三）公司因故解散；

（十四）恢复上市申请未被受理；

（十五）恢复上市申请未被核准；

（十六）本所规定的其他情形。

14.3.2 上市公司出现14.3.1条第（十四）、（十五）项情形的，本所在不予受理或不予核准恢复上市的同时作出终止上市决定。

出现该条其他情形的，由本所上市委员会对公司股票终止上市事宜进行审议，作出独立的专业判断并形成审核意见。本所依据上市委员会的审核意见，作出公司股票是否终止上市的决定。

14.3.3 上市公司出现14.3.1条第（一）项情形的，本所自法定披露期限结束之日起十五个交易日内作出公司股票是否终止上市的决定。

14.3.4 上市公司出现14.3.1条第（二）项情形的，应当自董事会审议年度报告后及时向本所报告并披露，同时发布可能被终止上市的风险提示公告。本所自公司年度报告披露后十五个交易日内作出公司股票是否终止上市的决定。

公司预计可能出现14.3.1条第（二）项情形的，公司董事会应当在会计年度结束后的十个交易日内发布可能终止上市的风险提示公告。

14.3.5 上市公司出现14.3.1条第（三）、（五）项情形的，本所在限定的恢复上市申请期限届满后十五个交易日内作出公司股票是否终止上市的决定。

14.3.6 上市公司出现14.3.1条第（四）项情形的，本所自两个月期限届满后十五个交易日内作出公司股票是否终止上市的决定。

14.3.7 上市公司出现14.3.1条第（六）项情形的，本所在六个月期限届满后十五个交易日内作出公司股票是否终止上市的决定。

14.3.8 上市公司出现14.3.1条第（七）项情形的，本所在一个月期限届满后十五个交易日内作出公司股票是否终止上市的决定。

14.3.9 上市公司出现14.3.1条第（八）项情形的，本所在限定的期限届满后或本所不予同意其股权分布问题解决方案后十五个交易日内作出公司股票是否终止上市的决定。

14.3.10 上市公司出现14.3.1条第（九）项情形的，本所在规定期限届满后十五个交易日内作出公司股票是否终止上市的决定。

14.3.11 上市公司出现14.3.1条第（十）项情形的，公司股票及其衍生品种自公司披露收购结果公告或其他相关股权变动公告之日起停牌。公司董事会应当及时向本所提交终止上市的申请，本所在收到该申请后十五个交易日内作出是否终止上市的决定。

14.3.12 上市公司出现14.3.1条第（十一）项情形的，应当在股东大会会议结束后及时通知本所并公告。

本所在公司发布公告后十五个交易日内作出公司股票是否终止上市的决定。

14.3.13 上市公司出现14.3.1条第（十二）项情形的，应当在收到法院宣告公司破产的裁定文件的当日向本所报告并于次日公告。本所在公司发布公告后十五个交易日内作出公司股票是否终止上市的决定。

14.3.14 上市公司出现14.3.1条第（十三）项情形的，应当于公司股东大会作出解散决议、知悉依法被吊销营业执照、责令关闭或者被撤销等解散条件成立时，立即向本所报告并于次日公告，公司股票及其衍生品种于本所知悉该情形之日起停牌。

本所在公司发布公告后十五个交易日内作出公司股票是否终止上市的决定。

14.3.15 本所在作出是否终止股票上市决定前，可以聘请具有执行证券、期货相关业务资格的会计师事务所等证券服务机构就公司盈利的真实性等情况进行调查核实，并将核查结果提交上市委员会审议。调查核实期间不计入本所作出有关终止上市决定的期限之内。

本所为作出是否终止公司股票上市的决定，可以要求公司提供补充材料，公司应当在本所规定期限内提供有关材料。公司补充材料期间不计入本所作出有关决定的期限内。

14.3.16 本所在作出公司股票终止上市决定后两个交易日内通知公司，并于两个交易日内发布相关公告，同时报中国证监会备案。

14.3.17 截至本所作出终止上市决定时，上市公司仍未聘请代办机构的，本所在作出公司股票终止上市决定的同时为其指定临时代办机构，通知公司和代办机构，公司应当在两个交易日内就上述事项发布相关公告（公司破产、解散或者被依法责令关闭的除外）。

14.3.18 上市公司应当在收到本所关于终止其股票上市决定后及时披露股票终止上市公告。

股票终止上市公告应当包括以下内容：

终止上市股票的种类、简称、证券代码以及终止上市的日期；

终止上市决定的主要内容；

终止上市后其股票登记、转让、管理事宜；

终止上市后公司的联系人、联系地址、电话和其他通讯方式；

中国证监会和本所要求的其他内容。

14.3.19 上市公司应当在股票终止上市后立即安排进入代办股份转让系统的相关事宜，保证公司股份在本所发布有关终止上市公告后四十五个交易日内可以进入代办股份系统转让。

14.3.20 上市公司出现下列情形之一的，本所有权决定终止其可转换公司债券上市：

（一）因14.1.13条第（一）、（四）项所列情形之一可转换公司债券被暂停上市后，经查实后果严重的；

（二）因14.1.13条第（二）项所列情形可转换公司债券被暂停上市后，在六个月内该情形未能消除的；

（三）因14.1.13条第（三）项所列情形可转换公司债券被暂停上市后，在两个月内该情形未能消除的；

（四）因14.1.13条第（五）项情形，公司未能在法定期限内披露暂停上市后首个年度报告，或在法定期限内披露暂停上市后首个年度报告显示公司出现亏损，或未能在披露暂停上市后首个年度报告后五个交易日内提出恢复上市申请的；

（五）因14.3.1条规定公司股票被本所终止上市的。

14.3.20 可转换公司债券终止上市事宜参照本节股票上市有关规定办理。

第十五章 申请复核

15.1 发行人或上市公司（以下统称“申请人”）对本所作出的不予上市、暂停上市、终止上市决定不服的，可以在收到本所相关决定后的七个交易日内向本所申请复核，并提交下列文件：

（一）复核申请书；

（二）律师就申请复核事项出具的法律意见书；

（三）保荐人就申请复核事项出具的保荐意见书；

（四）本所要求的其他文件。

申请人应当在向本所提出复核申请后次一交易日发布相关公告。

15.2 本所在收到申请人提交的复核申请后五个交易日内作出是否受理的决定并通知申请人。

申请人未能按照15.1条的要求提供申请文件的，本所不受理其复核申请。

申请人应当在收到本所是否受理其申请的决定后及时披露决定的有关情况，并提示相关风险。

15.3 本所设立上诉复核委员会，对申请人的复核申请进行审议，作出独立的专业判断并形成审核意见。

15.4 本所在受理复核申请后三十个交易日内，依据上诉复核委员会的审核意见作出维持或撤销不予上市、暂停上市、终止上市的决定。该决定为终局决定。

在此期间，本所要求申请人提供补充材料的，申请人应当在本所规定期限内提供有关材料。申请人提供补充材料期间不计入本所作出有关决定的期限内。

第十六章 境内外上市事务

16.1 在本所上市的公司同时有证券在境外证券交易所上市的，应当保证境外证券交易所要求其披露的信息，同时在中国证监会指定媒体上按照本规则和本所其他有关规定的要求对外披露。

16.2 上市公司就同一事件履行报告和公告义务时，应当保证同时向本所和境外证券交易所报告，公告的内容一致。出现重大差异时，公司应当向本所说明，并按照本所要求披露更正或补充公告。

16.3 本章未尽事宜，适用法律、行政法规、部门规章、规范性文件、本所其他有关规定以及本所与其他证券交易所签署的监管合作备忘录的规定。

第十七章 监管措施和违规处分

17.1 本所对本规则1.5条规定的监管对象实施监管，具体监管措施包括：

（一）要求上市公司及相关信息披露义务人或者其董事（会）、监事（会）和高级管理人员、保荐人及其保荐代表人、证券服务机构及其相关人员对有关问题作出解释和说明；

（二）要求公司聘请相关中介机构对公司存在的问题进行核查并发表意见；

（三）向公司发出各种通知和函件等；

（四）约见相关人员；

（五）对相关当事人证券账户采取限制交易措施；

（六）暂不受理保荐人或其保荐代表人、证券服务机构或其相关人员出具的文件；

（七）向中国证监会报告有关违法违规行为；

（八）其他监管措施。

本规则1.5条规定的监管对象应当积极配合本所的日常监管，在规定限期内回答本所问询，并按本所要求提交说明，或者披露相应的更正或补充公告。

17.2　上市公司、相关信息披露义务人及其相关人员违反本规则、本所其他相关规定或者其所作出的承诺的，本所视情节轻重给予以下处分：

（一）通报批评；

（二）公开谴责。

17.3　上市公司董事、监事、高级管理人员违反本规则、本所其他相关规定或者其所作出的承诺的，本所视情节轻重给予以下处分：

（一）通报批评；

（二）公开谴责；

（三）公开认定其不适合担任上市公司董事、监事、高级管理人员。

以上（二）、（三）项处分可以并处。

17.4　上市公司董事会秘书违反本规则、本所其他相关规定或者其所作出的承诺的，本所视情节轻重给予以下处分：

（一）通报批评；

（二）公开谴责；

（三）公开认定其不适合担任上市公司董事会秘书。

以上（二）、（三）项处分可以并处。

17.5　保荐人及其保荐代表人、证券服务机构及其相关人员违反本规则或者本所其他相关规定的，本所视情节轻重给予以下处分：

（一）通报批评；

（二）公开谴责；

情节严重的，本所依法报中国证监会查处。

17.6　破产管理人和管理人成员违反本规则或者本所其他相关规定的，本所视情节轻重给予以下处分：

（一）通报批评；

（三）公开谴责。

（三）建议法院更换管理人或管理人成员。

17.7　本所设立纪律处分委员会对涉及本规则1.5条规定的监管对象的纪律处分事项进行审核，作出独立的专业判断并形成审核意见。

本所根据纪律处分委员会的审核意见，作出是否给予纪律处分的决定。

第十八章 释 义

18.1 本规则下列用语具有如下含义：

（一）披露：指上市公司或相关信息披露义务人按法律、行政法规、部门规章、规范性文件、本规则和本所其他有关规定在指定媒体上公告信息。

（二）重大事件：指对上市公司股票及其衍生品种交易价格可能产生较大影响的事项。

（三）及时：指自起算日起或触及本规则披露时点的两个交易日内。

（四）高级管理人员：指公司经理、副经理、董事会秘书、财务负责人及公司章程规定的其他人员。

（五）控股股东：指其持有的股份占公司股本总额50%以上的股东；或者持有股份的比例虽然不足50%，但依其持有的股份所享有的表决权已足以对股东大会的决议产生重大影响的股东。

（六）实际控制人：指虽不是公司的股东，但通过投资关系、协议或者其他安排，能够实际支配公司行为的人。

（七）控制：指有权决定一个企业的财务和经营政策，并能据以从该企业的经营活动中获取利益。有下列情形之一的，为拥有上市公司控制权：

1. 为上市公司持股50%以上的控股股东；
2. 可以实际支配上市公司股份表决权超过30%；
3. 通过实际支配上市公司股份表决权能够决定公司董事会半数以上成员选任；
4. 依其可实际支配的上市公司股份表决权足以对公司股东大会的决议产生重大影响；
5. 中国证监会或者本所认定的其他情形。

（八）内部职工股：指原定向募集股份有限公司的内部职工认购的股票。

（九）上市公司控股子公司：指上市公司持有其50%以上股份，或者能够决定其董事会半数以上成员组成，或者通过协议或其他安排能够实际控制的公司。

（十）股权分布发生变化不具备上市条件：指社会公众持有的股份连续二十个交易日低于公司股份总数的25%，公司股本总额超过人民币四亿元的，社会公众持有的股份连续二十个交易日低于公司股份总数的10%。

上述社会公众是指除了以下股东之外的上市公司其他股东：

1. 持有上市公司10%以上股份的股东及其一致行动人；
2. 上市公司的董事、监事、高级管理人员及其关联人。

（十一）公司承诺：指上市公司及其董事会在招股说明书、配股说明书、募集说明书、定期报告、临时报告、整改报告或者承诺函等文件中就重要事项向公众或者监管部门所作的保证和相关解决措施。

（十二）股东承诺：是指上市公司股东在招股说明书、配股说明书、募集说明书、定期报告、临时报告、整改报告或者承诺函等文件中就重要事项向上市公司、公众或者监管部门所作出的保证和相关解决措施。

（十三）净资产：指归属于公司普通股股东的期末净资产，不包括少数股东权益金额。

（十四）净利润：指归属于公司普通股股东的净利润，不包括少数股东损益金额。

（十五）每股收益：指根据中国证监会有关规定计算的基本每股收益。

（十六）净资产收益率：指根据中国证监会有关规定计算的净资产收益率。

（十七）证券服务机构：指为证券发行、上市、交易等证券业务活动制作、出具审计报告、资产评估报告、法律意见书、财务顾问报告、资信评级报告等文件的会计师事务所、资产评估机构、律师事务所、财务顾问机构、资信评级机构、投资咨询机构。

（十八）破产程序：指《企业破产法》所规范的重整、和解或破产清算程序。

（十九）管理人管理模式：指经法院裁定由管理人负责管理上市公司财产和营业事务的运作模式。

（二十）管理人监督模式：指经法院裁定由公司在管理人的监督下自行管理财产和营业事务的运作模式。

（二十一）重整期间：指自法院裁定上市公司重整之日起至重整程序终止期间。

18.2　本规则未定义的用语的含义，依照国家有关法律、行政法规、部门规章、规范性文件及本所其他有关业务规则、细则、指引和通知确定。

18.3　本规则所称“以上”、“以下”、“以内”均含本数，“超过”、“少于”、“低于”不含本数。

第十九章　附　　则

19.1　本规则经本所理事会会议审议通过并报中国证监会批准后生效，修改时亦同。

19.2　本规则由本所负责解释。

19.3　本规则自2008年10月1日起施行。

上市公司在此之前发生的按照原上市规则应当披露而未披露的重大事项，且根据本规则也应当披露的，在本规则发布施行后，应当按照本规则规定的内容及时披露。

附件：

1. 董事声明及承诺书（略）。
2. 监事声明及承诺书（略）。
3. 高级管理人员声明及承诺书（略）。

证券公司从事代办股份转让主办券商业务资格管理办法（试行）

（2002年12月31日　中证协发［2002］194号）

第一章　总　　则

第一条　为规范证券公司从事代办非上市股份有限公司（以下简称“股份转让公司”）股份转让主办券商业务，促进代办股份转让业务发展，根据有关法律、法规，制定本办法。

第二条　证券公司从事代办股份转让主办券商业务，应当依据本办法，向中国证券业协会（以下简称“协会”）申请证券公司从事代办股份转让主办券商业务资格（以下简称“业务资格”）。未取得业务资格的证券公司不得从事代办股份转让业务。

第三条　本办法所称代办股份转让业务主办券商（以下简称“主办券商”），是指取得从事代办股份转让主办券商业务资格的证券公司。

第二章　业务范围

第四条　主办券商业务分为主办业务和代办业务。

第五条　主办业务包括：

（一）对拟推荐在代办股份转让系统挂牌的公司全体董事、监事及高级管理人员进行辅导，使其了解相关法律、法规和协议所规定的责任和义务。股份转让公司挂牌前，主办券商应完成初次辅导；

（二）办理所推荐的股份转让公司挂牌事宜，包括向协会提交推荐文件，办理所推荐公司股权确认，确定及调整所推荐公司的股份转让方式等；

（三）发布关于所推荐股份转让公司的分析报告，包括在挂牌前发布推荐报告，在公司披露定期报告后的10个工作日内发布对定期报告的分析报告，以及在董事会就公司股本结构变动、资产重组等重大事项作出决议后的5个工作日内发布分析报告，客观地向投资者揭示公司存在的风险；

（四）指导和督促股份转让公司依照相关法律、法规和协议，真实、准确、完整、及时地披露信息；

（五）对股份转让业务中出现的问题，依据有关规则和协议及时处理并报协会备案，重大事项应立即报告协会；

（六）根据协会要求，调查或协助调查指定事项；

（七）协会许可的其他业务。

第六条　代办业务包括：

（一）开立非上市股份有限公司股份转让账户；

（二）受托办理股份转让公司股权确认事宜；

（三）向投资者提示股份转让风险，与投资者签订股份转让委托协议书，接受投资者委托办理股份转让业务；

（四）根据协会或相关主办券商的要求，协助调查指定事项；
（五）协会许可的其他业务。

第三章 业务资格申请条件

第七条 证券公司申请业务资格，应当同时具备下列条件：
（一）具备协会会员资格，遵守协会自律规则，按时缴纳会费，履行会员义务；
（二）经中国证券监督管理委员会（以下简称“中国证监会”）批准为综合类证券公司或比照综合类证券公司后运营一年以上；
（三）同时具备承销业务、外资股业务和网上证券委托业务资格；
（四）最近年度净资产不低于人民币8亿元，净资本不低于人民币5亿元；
（五）经营稳健，财务状况正常，不存在重大风险隐患；
（六）最近两年内不存在重大违法、违规行为；
（七）最近年度财务报告未被注册会计师出具否定意见或拒绝发表意见；
（八）设置代办股份转让业务管理部门，由公司副总经理以上的高级管理人员负责该项业务的日常管理，至少配备两名有资格从事证券承销业务和证券交易业务的人员，专门负责信息披露业务，其他业务人员须有证券从业资格；
（九）具有20家以上的营业部，且布局合理；
（十）具有健全的内部控制制度和风险防范机制；
（十一）具备符合代办股份转让系统技术规范和标准的技术系统；
（十二）协会要求的其他条件。

第四章 业务资格申请程序

第八条 申请业务资格的证券公司（以下简称“申请人”）应向协会提交下列文件：
（一）代办股份转让主办券商业务资格申请；
（二）证券公司申请从事代办股份转让主办券商业务资格基本情况申报表；
（三）证券公司从事代办股份转让业务自律承诺书；
（四）《经营证券业务许可证》复印件；
（五）《经营股票承销业务资格证书》复印件、《经营外资股业务资格证书》复印件、中国证监会关于网上证券委托业务资格的批文复印件；
（六）协会会员证书复印件；
（七）最近年度经审计的财务报告原件；
（八）公司章程；
（九）公司前十名股东情况说明；
（十）内部控制和风险控制制度说明；
（十一）营业部家数和布局的说明；
（十二）公司网上证券交易的情况说明；
（十三）公司代办股份转让业务管理部门设置及人员配备方案；
（十四）具备符合代办股份转让业务系统技术规范和标准的公司级计算机网络系统的说明；

（十五）协会要求的其他文件。上述所提交材料中的有关复印件应加盖公司公章。

第九条 协会自受理申请文件之日起，根据本办法对申请文件进行复核。如协会在20个工作日内未提出异议，则申请人自动取得从事代办股份转让主办券商业务预备资格（以下简称“预备资格”）。如协会认为申请文件内容不完整，申请人应提交补充材料，受理文件时间自协会收到补充材料的下一个工作日起重新计算。

第十条 取得预备资格的申请人，应根据要求做好机构设置、人员配备、业务培训、代办股份转让专用席位申请、股份登记结算安排以及技术系统测试等准备工作。

第十一条 申请人应逐项落实前条所列事项，完成准备工作后，向协会提交报告。协会对申请人的准备工作进行验收，验收合格的，授予业务资格，向其颁发证券公司从事代办股份转让主办券商业务资格证书（以下简称“资格证书”）。

第十二条 协会对获得业务资格的申请人在协会网站进行公告。公告后，申请人方可开展代办股份转让业务。

第五章　业务资格管理

第十三条 资格证书有效期为两年。主办券商需要维持其从事代办股份转让业务资格的，应当在资格证书失效前三个月内，向协会提出申请并报送最近会计年度的审计报告、代办股份转让业务开展情况和协会要求的其他文件，经协会复核通过后换发资格证书。

第十四条 主办券商由于公司经营状况变化不再具备从事代办股份转让业务资格条件，但不影响正常经营的，协会给予六个月的宽限期，宽限期内主办券商应不再推荐公司挂牌、不再为投资者开立非上市股份有限公司股份转让账户。主办券商在宽限期内如重新具备从事代办股份转让业务资格条件的，可向协会提出申请，核准后可恢复全部业务。

第十五条 协会建立对主办券商的考核制度，对主办券商代办股份转让业务进行连续记录、定期和不定期检查，依据记录和检查结果评定主办券商信誉等级，评级结果报中国证监会备案并公告。

第十六条 主办券商存在下列情形之一的，协会终止其业务资格：

（一）申请文件存在虚假内容；

（二）依法被停业整顿、撤销、解散或宣告破产；

（三）丧失本办法第七条规定的条件，但本办法第十四条规定情形除外；

（四）宽限期内未能具备业务资格条件；

（五）存在重大违法、违规或违反自律规则且情节严重的行为；

（六）协会认定的其他情形。主办券商因存在上述第（一）项、第（五）项所列情形而被取消业务资格的，协会将在其被取消业务资格之日起的12个月内不再受理其申请。

第十七条 为保证代办股份转让业务正常进行，主办券商应与另一家具备业务资格的证券公司签订协议，约定其为副主办券商。当出现前条规定的情形时，主办券商代办股份转让业务转移至副主办券商。

第十八条 主办券商向副主办券商转移代办股份转让业务，应在出现本办法第十六条规定的情形后三个月内完成，特殊情况应在协会指定的时间内完成。

第十九条 主办券商存在下列情形之一的，不得从事该股份转让公司的主办业务：

（一）主办券商持有股份转让公司百分之七以上的股份，或者是其前五名股东之一；

（二）股份转让公司持有主办券商百分之七以上的股份，或是其前五名股东之一；

（三）主办券商前十名股东中任何一名股东为股份转让公司前三名股东之一；
（四）主办券商与股份转让公司之间存在其他有重大影响的关联关系。

第六章 附 则

第二十条 本办法由协会负责解释。
第二十一条 本办法报中国证监会备案。
第二十二条 本办法自发布之日起实施。

（三）自营业务

证券公司参与股指期货交易指引

（2010年4月21日　证监会公告［2010］14号）

第一条　为规范证券公司参与股指期货交易行为，防范风险，根据《证券法》、《证券公司监督管理条例》、《证券公司风险控制指标管理办法》等法律法规，制定本指引。

第二条　证券公司证券自营业务以套期保值为目的参与股指期货交易，证券公司证券资产管理业务（包括集合、定向、限额特定资产管理业务）参与股指期货交易，适用本指引。

证券公司证券自营业务不以套期保值为目的参与股指期货交易的，应当经中国证监会批准，有关规定另行制定。

证券公司专项资产管理业务不得参与股指期货交易，中国证监会另有规定的除外。

证券公司限额特定资产管理业务是指募集资金规模在10亿元以下、客户人数在200人以下、单个客户参与金额不低于100万元的集合资产管理业务。

第三条　证券公司证券自营业务、证券资产管理业务参与股指期货交易（以下简称证券公司参与股指期货交易），应当制定参与股指期货交易的相关制度，包括投资决策流程、投资目的、投资规模及风险控制等事项，并经董事会审议通过后实施。有关董事会决议应当向公司住所地证监局报备。

第四条　证券公司参与股指期货交易，应当具备熟悉股指期货的专业人员、健全的风险管理及内部控制制度、有效的动态风险监控系统，确保参与股指期货交易的风险可测、可控、可承受。

第五条　证券公司应当采用有效的风险管理工具，对参与股指期货交易的风险进行识别、计量、预警，并将股指期货交易纳入风险控制指标动态监控系统进行实时监控，确保各项风险控制指标在任一时点都符合规定标准。有关动态监控系统数据接口应当向公司住所地证监局开放。

第六条　证券公司参与股指期货交易时，应当制定详细的投资策略或套期保值方案。证券公司以套期保值为目的参与股指期货交易的，应当在套期保值方案中明确套期保值工具、对象、规模、期限以及有效性等内容。

证券公司负责风险管理的部门应当对投资策略或套期保值的可行性、有效性进行充分验证、及时评估、实时监控并督促证券自营、证券资产管理部门及时调整风险敞口确保投资策略或套期保值的可行性、有效性。

第七条　证券公司证券自营业务参与股指期货交易的，应当遵守中国金融期货交易所（以下简称中金所）有关套期保值交易的规则，并符合以下要求：

（一）证券公司申请用于套期保值的股指期货交易编码时，应当提交证券自营业务资格文件及中金所要求的其他材料。

（二）证券公司应当根据《证券公司风险控制指标管理办法》等规定，对已被股指期货合约占用的交易保证金按 100% 比例扣减净资本。

（三）证券公司通过卖出股指期货对冲持有的权益类证券风险时，应当对已有效对冲风险的权益类证券和卖出股指期货分别按权益类证券投资规模和卖出股指期货合约价值总额的 5% 计算风险资本准备（5% 为基准标准，不同类别公司按规定实施不同的风险资本准备计算比例，下同）；对未有效对冲风险的权益类证券和卖出股指期货分别按权益类证券投资规模和卖出股指期货合约价值总额的 20% 和 30% 计算风险资本准备。

其中股指期货套期保值满足《企业会计准则第 24 号——套期保值》有关套期保值高度有效要求的，可认为已有效对冲风险。

（四）证券公司应当按买入股指期货合约价值总额的 30% 计算风险资本准备。

（五）证券公司自营权益类证券及证券衍生品（包括股指期货）的合计额不得超过净资本的 100%，其中股指期货以股指期货合约价值总额计算。

第八条 证券公司集合资产管理业务（不含限额特定资产管理业务）参与股指期货交易，应当以套期保值为目的，遵守中金所有关套期保值交易的规则，并符合以下要求：

（一）证券公司应当为集合资产管理计划申请用于套期保值的股指期货交易编码。申请时，证券公司应当提交集合资产管理合同、计划成立批准文件及中金所要求的其他材料。

（二）集合资产管理业务参与股指期货交易的，应当在资产管理合同中明确约定参与股指期货交易的目的、比例限制、估值方法、信息披露、风险控制、责任承担等事项，并向客户充分揭示投资股指期货风险。

（三）本指引实施前，证券公司已设立的集合资产管理计划未明确约定可参与股指期货交易的，原则上不得投资股指期货。若拟变更合同投资股指期货的，应当至少在投资股指期货 2 个月前将股指期货投资目的、比例限制、估值方法、信息披露等事项告知客户，并按照合同约定的方式取得客户和资产托管机构同意，保障客户选择退出集合计划的权利，同时对相关后续事项作出合理安排。有关合同变更事项应当经中国证监会同意。

（四）证券公司集合资产管理计划在任一时点，持有的卖出股指期货合约价值总额不超过集合资产管理计划持有的权益类证券总市值的 20%，持有的买入股指期货合约价值总额不超过集合资产管理计划资产净值的 10%。

（五）证券公司集合资产管理计划在任一时点持有的权益类证券市值和买入股指期货合约价值总额的合计应当符合集合资产管理合同关于权益类证券投资比例的有关约定。

（六）证券公司集合资产管理计划在任何交易日日终在扣除股指期货合约占用的交易保证金后，应当根据资产管理合同的约定保持不低于集合资产管理计划资产净值 5% 的现金及到期日在一年以内的政府债券。

（七）证券公司应当在资产管理报告中充分披露集合资产管理计划参与股指期货交易的有关情况，包括投资目的、持仓情况、损益情况等，并充分说明投资股指期货对集合资产管理计划总体风险的影响以及是否符合既定的投资目的。

第九条 证券公司定向资产管理业务、限额特定资产管理业务参与股指期货交易的，应当遵守中金所有关股指期货交易的规则，并符合以下要求：

（一）证券公司应当按照中金所有关规定申请相关股指期货交易编码。申请时，证券公司应当提交资产管理合同及中金所要求的其他材料。限额特定资产管理计划还应当提交计划成立批准文件。

（二）证券公司应当选择适当的客户开展参与股指期货交易的资产管理业务，审慎进行股指期货投资。在与客户签订资产管理合同前，证券公司应当按照规定程序了解客户的情况，审慎评估客户的诚信状况、客户对产品的认知水平和风险承受能力，测试客户的股指期货基础知识，向客户进行充分的风险揭示，并将风险揭示书交客户签字确认。

（三）证券公司应当在资产管理合同中明确约定参与股指期货交易的目的、比例限制、估值方法、信息披露、风险控制及责任承担等事项。

（四）本指引实施前，证券公司已签署的资产管理合同未明确约定可参与股指期货交易的，原则上不得投资股指期货。若拟变更合同投资股指期货的，应当按照资产管理合同约定的方式及有关规定取得客户、资产托管机构的同意并履行有关报批或报备手续。

（五）证券公司定向资产管理业务、限额特定资产管理业务参与股指期货交易的，在任一时点，单一客户或单一计划持有股指期货的风险敞口不得超过客户委托资产净值或计划净值的80%，并保持不低于交易保证金1倍的现金及到期日在一年以内的政府债券。

（六）证券公司定向资产管理业务参与股指期货交易的，应当按合同约定的方式向客户充分披露资产管理业务参与股指期货交易的有关情况，包括投资目的、持仓情况、损益情况等，并在定向资产管理业务年度报告中披露相应内容。

（七）证券公司限额特定资产管理业务参与股指期货交易的，除应当符合本条以上有关要求外，还应当符合本指引第八条第五项、第六项、第七项的要求。

第十条 证券公司、资产托管机构应当根据中金所的相关规定，确定资产管理业务参与股指期货交易的交易结算模式，明确交易执行、资金划拨、资金清算、会计核算、保证金存管等业务中的权利和义务，建立资金安全保障机制。

第十一条 证券公司证券自营和证券资产管理业务用于股指期货交易的交易编码须在申请后3个工作日内向公司住所地证监局备案。

证券公司集合资产管理计划、限额特定资产管理计划、定向资产管理合同终止的，应当在清算结束后3个交易日内申请注销股指期货交易编码，并在5个工作日内向公司住所地证监局报告。

第十二条 因证券期货市场波动、资产管理计划规模变动等证券公司之外的原因致使股指期货投资比例不符合规定的，证券公司应当在10个交易日内调整完毕，同时在该情形发生之日起2个工作日内向公司住所地证监局报告。

第十三条 证券公司参与股指期货交易不符合以上规定或者导致风险控制指标不符合规定标准的，中国证监会或公司住所地证监局将依法采取相应监管措施。

第十四条 本指引自公布之日起施行。

中国证券监督管理委员会关于转发《证券公司证券自营业务指引》，加强证券公司自营业务监管的通知

（2005 年 11 月 11 日　证监机构字［2005］126 号）

各证券公司：

近几年，证券公司自营业务存在使用不规范账户进行自营、超比例持仓、持股集中或涉嫌操纵市场等问题，并成为公司风险的主要爆发点。结合证券公司综合治理工作，我会全面展开了证券公司自查摸底工作，并在《关于推动证券公司自查整改、合规经营和创新发展的通知》（证监机构字［2005］37 号）等文件中针对自营业务的监管提出了更为具体的要求。目前，大部分证券公司正在自查摸底的基础上按照我会要求进行整改，部分公司还在积极探索改革完善证券自营业务机制，但也有少数公司仍然存在不按要求报备账户、整改不力、继续违规增大持仓规模等问题。为推动证券公司改革证券自营机制、防范自营业务风险，中国证券业协会在充分征求行业意见的基础上，制定了《证券公司证券自营业务指引》，现予以转发，并就有关事项通知如下，请各证券公司遵照执行：

一、各证券公司应按照《证券公司证券自营业务指引》的要求，建立并完善公司自营业务内部管理制度与机制，规范自营业务，进一步端正投资理念，增强守法意识，严格控制投资风险。不得将自营业务与资产管理业务、经纪业务混合操作；不得以他人名义开立自营账户；不得使用非自营席位从事证券自营业务；不得超比例持仓或操纵市场。

二、各证券公司应按要求将全部自营账户明细（含不规范账户）报送公司注册地证监局，由证监局转报上海、深圳证券交易所以及中国证券登记结算有限公司备案。各证券公司对不规范账户要制定有明确时限和具体责任人、按月份细化落实的清理计划。清理期间，不规范账户只能卖出证券，不能买进，并要逐步注销。

三、存在超比例持仓、持股集中或涉嫌操纵市场、将证券资产托管在其他证券公司等问题的证券公司，要向公司注册地证监局书面报告整改计划，在合规的前提下压缩自营规模，并在每月 10 日前向公司注册地证监局报告整改进展情况。

四、我会将会同中国证券业协会，对证券公司改进与完善证券自营业务情况及自营业务的运作情况进行定期或不定期的检查。对于未严格执行本通知及《证券公司证券自营业务指引》各项要求的证券公司，我会将依法予以严肃查处，并追究有关人员的责任。

附件：证券公司证券自营业务指引

附件：

证券公司证券自营业务指引

第一章 总 则

第一条 为规范证券公司自营业务，有效控制风险，依据有关法律法规的规定和自律规范的要求，制定本指引。

第二条 证券公司应当按照本指引的要求，根据公司经营管理特点和业务运作状况，建立完备的自营业务管理制度、投资决策机制、操作流程和风险监控体系，在风险可测、可控、可承受的前提下从事自营业务。

第三条 证券公司应当建立健全自营业务责任追究制度。自营业务出现违法违规行为时，要严肃追究有关人员的责任。

第二章 决策与授权

第四条 建立健全相对集中、权责统一的投资决策与授权机制。自营业务决策机构原则上应当按照董事会——投资决策机构——自营业务部门的三级体制设立。

第五条 董事会是自营业务的最高决策机构，在严格遵守监管法规中关于自营业务规模等风险控制指标规定基础上，根据公司资产、负债、损益和资本充足等情况确定自营业务规模、可承受的风险限额等，并以董事会决议的形式进行落实，自营业务具体投资运作管理由董事会授权公司投资决策机构决定。

投资决策机构是自营业务投资运作的最高管理机构，负责确定具体的资产配置策略、投资事项和投资品种等。

自营业务部门为自营业务的执行机构，应在投资决策机构做出的决策范围内，根据授权负责具体投资项目的决策和执行工作。

第六条 建立健全自营业务授权制度，明确授权权限、时效和责任，对授权过程作书面记录，保证授权制度的有效执行。

建立层次分明、职责明确的业务管理体系，制定标准的业务操作流程，明确自营业务相关部门、相关岗位的职责。

第七条 自营业务的管理和操作由证券公司自营业务部门专职负责，非自营业务部门和分支机构不得以任何形式开展自营业务。

第八条 自营业务中涉及自营规模、风险限额、资产配置、业务授权等方面的重大决策应当经过集体决策并采取书面形式，由相关人员签字确认后存档。

第三章 自营业务的操作

第九条 自营业务必须以证券公司自身名义、通过专用自营席位进行，并由非自营业务部门负责自营账户的管理，包括开户、销户、使用登记等。

建立健全自营账户的审核和稽核制度，严禁出借自营账户、使用非自营席位变相自营、账外自营。

第十条 加强自营业务资金的调度管理和自营业务的会计核算，由非自营业务部门负责自营业务所需资金的调度。

自营业务资金的出入必须以公司名义进行，禁止以个人名义从自营账户中调入调出资金，禁止从自营账户中提取现金。

第十一条 完善可投资证券品种的投资论证机制，建立证券池制度，自营业务部门只能在确定的自营规模和可承受风险限额内，从证券池内选择证券进行投资。

第十二条 建立健全自营业务运作止盈止损机制，止盈止损的决策、执行与实效评估应当符合规定的程序并进行书面记录。

第十三条 建立严密的自营业务操作流程，投资品种的研究、投资组合的制订和决策以及交易指令的执行应当相互分离并由不同人员负责；交易指令执行前应当经过审核，并强制留痕。同时，应建立健全自营业务数据资料备份制度，并由专人负责管理。

第十四条 自营业务的清算、统计应由专门人员执行，并与财务部门资金清算人员及时对账，对账情况要有相应记录及相关人员签字。

对自营资金执行独立清算制度，自营清算岗位应当与经纪业务、资产管理业务及其他业务的清算岗位分离。

第四章 风险监控

第十五条 建立防火墙制度，确保自营业务与经纪、资产管理、投资银行等业务在人员、信息、账户、资金、会计核算上严格分离。

第十六条 自营业务的投资决策、投资操作、风险监控的机构和职能应当相互独立；自营业务的账户管理、资金清算、会计核算等后台职能应当由独立的部门或岗位负责，以形成有效的自营业务前、中、后相互制衡的监督机制。

第十七条 风险监控部门应能够正常履行职责，并能从前、中、后台获取自营业务运作信息与数据，通过建立实时监控系统全方位监控自营业务的风险，建立有效的风险监控报告机制，定期向董事会和投资决策机构提供风险监控报告，并将有关情况通报自营业务部门、合规部门等相关部门，发现业务运作或风险监控指标值存在风险隐患或不合规时，要立即向董事会和投资决策机构报告并提出处理建议。董事会和投资决策机构及自营业务相关部门应对风险监控部门的监控报告和处理建议及时予以反馈，报告与反馈过程要进行书面记录。

第十八条 根据自身实际情况，积极借鉴国际先进的风险管理经验，引进和开发有效的风险管理工具，逐步建立完善的风险识别、测量和监控程序，使风险监控走向科学化。

第十九条 建立自营业务的逐日盯市制度，健全自营业务风险敞口和公司整体损益情况的联动分析与监控机制，完善风险监控量化指标体系，并定期对自营业务投资组合的市值变化及其对公司以净资本为核心的风险监控指标的潜在影响进行敏感性分析和压力测试。

第二十条 建立健全自营业务风险监控系统的功能，根据法律法规和监管要求，在监控系统中设置相应的风险监控阀值，通过系统的预警触发装置自动显示自营业务风险的动态变化，提高动态监控效率。

第二十一条 提高自营业务运作的透明度。证券自营交易系统、监控系统应当设置必要的开放功能或数据接口，以便监管部门能够及时了解和检查证券公司自营业务情况。

第二十二条 建立健全自营业务风险监控缺陷的纠正与处理机制，由风险监控部门根据自营业务风险监控的检查情况和评估结果，提出整改意见和纠正措施，并对落实情况进行跟踪检查。

第二十三条 建立完善的投资决策和投资操作档案管理制度，确保投资过程事后可查证。

第二十四条 建立完备的业绩考核和激励制度，完善风险调整基础上的绩效考核机制，遵循客观、公正、可量化原则，对自营业务人员的投资能力、业绩水平等情况进行评价。

第二十五条 稽核部门定期对自营业务的合规运作、盈亏、风险监控等情况进行全面稽核，出具稽核报告。

第二十六条 加强自营业务人员的职业道德和诚信教育，强化自营业务人员的保密意识、合规操作意识和风险控制意识。自营业务关键岗位人员离任前，应当由稽核部门进行审计。

第五章 信息报告

第二十七条 建立健全自营业务内部报告制度，报告内容包括但不限于：投资决策执行情况、自营资产质量、自营盈亏情况、风险监控情况和其他重大事项等。

董事和有关高级管理人员应当对自营业务内部报告进行阅签和反馈。

第二十八条 建立健全自营业务信息报告制度，自觉接受外部监督。证券公司应当按照监管部门和证券交易所的要求报送自营业务信息。

报告的内容包括：

（一）自营业务账户、席位情况；

（二）涉及自营业务规模、风险限额、资产配置、业务授权等方面的重大决策；

（三）自营风险监控报告；

（四）其他需要报告的事项。

第二十九条 明确自营业务信息报告的负责部门、报告流程和责任人，对报告信息存在虚假记载、误导性陈述或重大遗漏负有直接责任和领导责任的人员要给予相应的处理，并及时向监管部门报告。

第六章 附 则

第三十条 本指引由中国证券业协会负责解释。

第三十一条 本指引有关用语定义如下：

（一）风险敞口：是指在某一时段内，证券公司持有某一证券品种的多头头寸与空头头寸不一致时，所产生的差额形成的证券敞口（净头寸）。

（二）风险监控阀值：是设置在风险监控系统中用于控制某种风险的指标。风险监控阀值通常包括交易限额、风险限额及止盈止损限额等。

（三）敏感性分析：是指在保持其他条件不变的前提下，研究单个或多个市场风险因素（利率、汇率和股票价格等）的变化对金融产品及其组合的市场价值可能产生的影响。

（四）压力测试：度量公司在非正常的市场状态下承受的市场风险的大小，是对极端市场情景下，如利率、汇率、股票价格等市场风险因素发生剧烈变动或发生意外的政治和经济事件等，对金融产品及其组合损失的评估。

第三十二条 本指引自发布之日起实施。

证券公司进入银行间同业市场管理规定

（1999年8月19日　银发［1999］288号）

第一条　为进一步发展货币市场，适当拓宽证券公司的融资渠道，促进货币市场与资本市场的协调发展，根据《中国人民银行法》、《中华人民共和国证券法》，特制定本规定。

第二条　本规定适用对象是指经中国人民银行批准成为全国银行间同业市场成员的证券公司。

第三条　证券公司在全国银行间同业市场的交易、结算活动接受中国人民银行的监管和动态检查。

第四条　证券公司以法人为单位申请成为全国银行间同业市场成员，其分支机构不得进行交易。

第五条　根据中国人民银行对全国银行间同业市场管理的有关规定，凡申请进入全国银行间同业市场的证券公司，须经中国证券监督管理委员会（以下简称证监会）推荐。

第六条　凡申请进入全国银行间同业市场的证券公司须符合以下基本标准；

1. 资本充足率达到法定标准；
2. 符合《证券法》要求，达到证监会提出的不挪用客户保证金标准；
3. 业务经营规范、正常，按会计准则核算，实际资产大于实际债务；
4. 内部管理制度完善，未出现严重违规行为。

第七条　凡已被证监会推荐成为全国银行间同业市场成员的证券公司，须向中国人民银行提交以下申请材料：

1. 进入全国银行间同业市场的申请；
2. 《经营证券业务法人许可证》（副本复印件）；
3. 《法人营业执照》（副本复印件）；
4. 公司章程；
5. 经具有从事证券相关业务资格的会计师事务所及其会计师审计的最近三年的财务报表、审计报告和验资报告；
6. 以法人为单位持有的全部债券的明细情况；
7. 以法人为单位的同业拆借未到期余额、明细情况、逾期情况；
8. 公司的资金、债券管理内控制度；
9. 公司负责资金和债券运作的部门和人员情况；
10. 中国人民银行要求提供的其他材料。

第八条　中国人民银行根据有关标准和规定，对证券公司的申请材料进行审查，对其中符合条件的证券公司发文批准入市并公告。

第九条　凡经批准成为全国银行间同业市场成员的证券公司，必须通过全国银行间同业拆借中心由提供的交易系统进行同业拆借、债券交易业务。

第十条　成为全国银行间同业市场成员的证券公司的拆入资金最长期限为7天，拆出资金期限不得超过对手方的由人民银行规定的拆入资金最长期限；债券回购的最长期限为1年。同业拆借和债券回购到期后不得展期。

第十一条 成为全国银行间同业市场成员的证券公司拆入、拆出资金余额均不得超过实收资本金的80%，债券回购资金余额不得超过实收资本金的80%。

第十二条 成为全国银行间同业市场成员并进行拆借业务的证券公司必须达到以下要求：

1. 在任何时点上其流动比率不得低于5%。

流动比率＝流动资本/公司总负债×100%

流动资本包括国债、可在全国银行间同业市场流通的其他债券、自营股票、银行存款和现金（含交易清算资金）；已被用于回购融资的国债和其他债券不得计入流动资本。

公司总负债取其前12个月末的负债额的平均值。

2. 公司净资本不得低于2亿元。

净资本＝净资产－（固定资产净值＋长期投资）×30%－无形及递延资产－提取的损失准备金－证监会认定的其他长期性或高风险资产

3. 负债总额（不包括客户存放的交易结算金）不得超过净资产的8倍；

4. 达到证监会关于证券经营机构自营业务风险管理规定的其他有关标准。

第十三条 未成为全国银行间同业市场成员的证券公司，仍按原规定，由其总部进行一天的同业拆借业务，在双方交易前须报所在地人民银行分支行备案，否则按违规处理。

第十四条 对经批准入市的证券公司，由全国银行间同业拆借中心根据中国人民银行的通知负责其与交易系统联网，并根据中国人民银行的规定在交易系统设定每家证券公司的最高拆借和债券回购限额。

第十五条 对经批准入市的证券公司，中央国债登记结算有限责任公司（以下简称中央结算公司）负责其与结算系统的联网，为证券公司开立债券托管账户。

第十六条 证券公司在全国银行间同业市场交易的债券必须在中央结算公司托管和结算，不得转托管到证券交易所。

第十七条 证券公司在全国银行间同业市场进行交易的资金清算方式由双方自行商定，但本金和利息的支付都必须以转账方式进行，不得收付现金。

第十八条 经批准进入全国银行间同业市场的证券公司应向市场披露必要的信息，包括公司的基本情况、财务状况、股东情况和投资参股情况。证券公司应披露真实信息。

第十九条 证券公司在全国银行间同业市场的交易、结算活动除遵守本规定外，还必须按照中国人民银行制定的同业拆借有关规定和中国人民银行公布的《银行间债券回购业务暂行规定》、《银行间债券交易规则》、《银行间债券交易结算规则》等债券交易有关规定进行，签署债券回购主协议等协议文件。

第二十条 进入全国银行间同业市场的证券公司如违反本规定和全国银行间同业市场的其他管理规定，中国人民银行将视情况给予警告、通报、暂停其在银行间同业市场的业务、取消其全国银行间同业市场成员资格等处罚，同时通报证监会。

第二十一条 本规定由中国人民银行制定并解释。

第二十二条 本规定自发布之日起执行。

（四）资 产 管 理

证券公司参与股指期货交易指引（见自营业务）

（2010 年 4 月 21 日 证监会公告［2010］14 号）

证券公司定向资产管理业务实施细则（试行）

（2008 年 5 月 31 日　证监会公告［2008］25 号，2008 年 7 月 1 日实施）

第一章　总　　则

第一条　为了规范证券公司定向资产管理业务活动，根据《中华人民共和国证券法》、《证券公司监督管理条例》、《证券公司客户资产管理业务试行办法》（证监会令第 17 号，以下简称《试行办法》），制定本细则。

第二条　证券公司接受单一客户委托，与客户签订合同，根据合同约定的方式、条件、要求及限制，通过客户的账户管理客户委托资产的活动，适用本细则。

第三条　证券公司从事定向资产管理业务，应当具有证券资产管理业务资格，遵守法律、行政法规和中国证券监督管理委员会（以下简称中国证监会）的规定。

第四条　证券公司从事定向资产管理业务，应当遵循公平、公正原则；诚实守信，审慎尽责；坚持公平交易，避免利益冲突，禁止利益输送，保护客户合法权益。

第五条　证券公司从事定向资产管理业务，应当建立健全风险管理与内部控制制度，规范业务活动，防范和控制风险。

第六条　定向资产管理业务的投资风险由客户自行承担，证券公司不得以任何方式对客户资产本金不受损失或者取得最低收益作出承诺。

第七条　中国证监会依据法律、行政法规、《试行办法》和本细则的规定，监督管理证券公司定向资产管理业务活动。

第八条　证券交易所、证券登记结算机构、中国证券业协会依据法律、行政法规、《试行办法》、本细则及相关规则，对证券公司定向资产管理业务活动进行自律管理和行业指导。

第二章　业务规则

第九条　定向资产管理业务客户应当是符合法律、行政法规和中国证监会规定的自然人、法人或者依法成立的其他组织。

证券公司董事、监事、从业人员及其配偶不得作为本公司定向资产管理业务的客户。

第十条　证券公司从事定向资产管理业务，接受单一客户委托资产净值的最低限额，应当符合中国证监会的规定。证券公司可以在规定的最低限额的基础上，提高本公司客户委托资产净值的最低限额。

第十一条　证券公司从事定向资产管理业务，应当依据法律、行政法规和中国证监会的规定，与客户、资产托管机构签订定向资产管理合同，约定客户、证券公司、资产托管机构的权利义务。

定向资产管理合同应当包括中国证券业协会制定的合同必备条款。

第十二条　证券公司应当按照有关规则，了解客户身份、财产与收入状况、证券投资经验、风险认知与承受能力和投资偏好等，并以书面和电子方式予以详细记载、妥善保存。

客户应当如实披露或者提供相关信息和资料，并在定向资产管理合同中承诺信息和资料的真实性。

第十三条 证券公司应当指定专人向客户如实披露其业务资格，讲解有关业务规则和定向资产管理合同的内容。

证券公司应当制作风险揭示书，充分揭示客户参与定向资产管理业务的市场风险、管理风险、流动性风险及其他风险，以及上述风险的含义、特征、可能引起的后果。风险揭示书的内容应当具有针对性，表述应当清晰、明确、易懂，符合中国证券业协会制定的标准格式。证券公司应当将风险揭示书交客户签字确认。客户签署风险揭示书，即表明已经理解并愿意自行承担参与定向资产管理业务的风险。

第十四条 客户委托资产应当是客户合法持有的现金、股票、债券、证券投资基金份额、集合资产管理计划份额、央行票据、短期融资券、资产支持证券、金融衍生品或者中国证监会允许的其他金融资产。

第十五条 客户应当以真实身份参与定向资产管理业务，委托资产的来源、用途应当符合法律法规的规定，客户应当在定向资产管理合同中对此作出明确承诺。客户未作承诺，或者证券公司明知客户身份不真实、委托资产来源或者用途不合法，证券公司不得为其办理定向资产管理业务。

自然人不得用筹集的他人资金参与定向资产管理业务。法人或者依法成立的其他组织用筹集的资金参与定向资产管理业务的，应当向证券公司提供合法筹集资金证明文件；未提供证明文件的，证券公司不得为其办理定向资产管理业务。

证券公司发现客户委托资产涉嫌洗钱的，应当按照《中华人民共和国反洗钱法》和相关规定履行报告义务。

第十六条 客户委托资产应当交由依法可以从事客户交易结算资金存管业务的商业银行或者中国证监会认可的其他资产托管机构托管。

资产托管机构应当按照中国证监会的规定和定向资产管理合同的约定，履行安全保管客户委托资产、办理资金收付事项、监督证券公司投资行为等职责。

第十七条 资产托管机构发现证券公司违反法律、行政法规和其他有关规定，或者违反定向资产管理合同的，应当立即要求证券公司改正；未能改正或者造成客户委托资产损失的，资产托管机构应当及时通知客户，并报告证券公司住所地中国证监会派出机构。

第十八条 证券公司、资产托管机构应当保证客户委托资产与证券公司、资产托管机构自有资产相互独立，不同客户的委托资产相互独立，对不同客户的委托资产独立建账、独立核算、分账管理。

证券公司、资产托管机构破产或者清算时，客户委托资产不属于其破产财产或者清算财产。

第十九条 证券公司从事定向资产管理业务，买卖证券交易所的交易品种，应当使用客户的定向资产管理专用证券账户（以下简称专用证券账户）；买卖证券交易所以外的交易品种，应当按照有关规定开立相应账户。专用证券账户和相应账户内的资产归客户所有。

专用证券账户名称为“客户名称”。证券登记结算机构应当对专用证券账户进行标识，表明该账户为客户委托证券公司办理定向资产管理业务的专用证券账户。

第二十条 专用证券账户应当以客户名义开立，客户也可以申请将其普通证券账户转换为专用证券账户。

客户开立专用证券账户，或者将客户普通证券账户转换为专用证券账户的，应当委托证券公司向证券登记结算机构申请办理。证券公司代理客户办理专用证券账户，应当提交证券资产管理业务许可证明、与客户签订的定向资产管理合同以及证券登记结算机构规定的其他文件。

同一客户只能办理一个上海证券交易所专用证券账户和一个深圳证券交易所专用证券账户。

证券公司应当自专用证券账户办理之日起3个交易日内，将专用证券账户报证券交易所备案。备案前，不得使用该账户进行交易。

第二十一条 专用证券账户仅供定向资产管理业务使用，并且只能由代理办理专用证券账户的证券公司使用，不得转托管或者转指定，中国证监会另有规定的除外。

证券公司、客户不得将专用证券账户以出租、出借、转让或者其他方式提供给他人使用。

第二十二条 定向资产管理合同无效、被撤销、解除或者终止后15日内，证券公司应当代理客户向证券登记结算机构申请注销专用证券账户；或者根据客户要求，代理客户向证券登记结算机构申请将专用证券账户转换为客户普通证券账户。

客户已经开立普通证券账户的，专用证券账户不得转换为客户普通证券账户，专用证券账户应当注销。

专用证券账户注销或者转换为客户普通证券账户后，证券公司应当在3个交易日内报证券交易所备案。

第二十三条 专用证券账户开立时，客户将委托的证券从客户原有证券账户划转至该客户专用证券账户，或者专用证券账户注销时，客户将专用证券账户内的证券划转至该客户其他证券账户的，应当由证券公司根据定向资产管理合同的约定，代理客户向证券登记结算机构申请办理。

前款所称的证券划转行为不属于所有权转移的过户行为。

第二十四条 定向资产管理合同应当对客户授权证券公司开立、使用、注销、转换专用证券账户以及客户提供必要协助等事宜作出明确约定。

第二十五条 定向资产管理业务的投资范围包括股票、债券、证券投资基金、集合资产管理计划、央行票据、短期融资券、资产支持证券、金融衍生品以及中国证监会认可的其他投资品种。

定向资产管理合同约定的投资范围，不得超出法律、行政法规和中国证监会的规定允许客户投资的范围，并且应当与客户的风险认知与承受能力，以及证券公司的投资经验、管理能力和风险控制水平相匹配。

第二十六条 证券公司将客户委托资产投资于本公司、资产托管机构以及与本公司、资产托管机构有关联方关系的公司发行的证券，应当事先将相关信息以书面形式通知客户和资产托管机构，并要求客户按照定向资产管理合同约定在指定期限内答复。客户未同意的，证券公司不得进行此项投资。客户同意的，证券公司应当及时将交易结果告知客户和资产托管机构，并向证券交易所报告。

定向资产管理合同应当对前款所述投资的通知和答复程序作出明确约定。

第二十七条 证券公司将其管理的客户资产投资于一家公司发行的证券，不得超过该证券发行总量的10%。

第二十八条 定向资产管理合同应当对管理费、业绩报酬等费用的支付标准、计算方法、支付方式和支付时间等作出明确约定。

第二十九条 证券公司从事定向资产管理业务，应当由客户自行行使其所持证券的权利，履行相应的义务，客户书面委托证券公司行使权利的除外。

第三十条 证券公司、资产托管机构应当保证客户能够按照定向资产管理合同约定的时间和方式，查询客户定向资产管理账户内资产的配置状况、净值变动、交易记录等相关信息。

证券公司应当按照合同约定的时间和方式，向客户提供对账单，说明报告期内客户委托资产的配置状况、净值变动、交易记录等情况。

第三十一条 客户通过专用证券账户持有上市公司股份，或者通过专用证券账户和其他证券账户合并持有上市公司股份，发生应当履行公告、报告、要约收购等法律、行政法规和中国证监会规定义务情形的，应当由客户履行相应的义务，证券公司、资产托管机构应当予以配合。

客户拒不履行或者怠于履行义务的，证券公司、资产托管机构应当及时向证券交易所、证券公司住所地中国证监会派出机构报告。

第三十二条 证券登记结算机构应当对定向资产管理业务客户持有上市公司股份情况进行监控，保障客户可以查询其专用证券账户和其他证券账户合并持有的上市公司股份数额。客户可以授权证券公司或者资产托管机构查询。

客户通过专用证券账户和其他证券账户合并持有上市公司股份发生本细则第三十一条第一款规定的情形，客户授权证券公司或者资产托管机构查询的，证券公司或者资产托管机构应当及时通知客户；未授权证券公司或者资产托管机构查询的，客户应当及时通知证券公司和资产托管机构。

证券公司管理的专用证券账户内单家上市公司股份不得超过该公司股份总数的5%，但客户明确授权的除外；在客户授权范围内发生本细则第三十一条第一款规定情形的，证券公司、资产托管机构应当及时通知客户，并督促客户履行相关义务。

第三十三条 客户持有上市公司股份达到5%以后，证券公司通过专用证券账户为客户再行买卖该上市公司股票的，应当在每次买卖前取得客户同意；客户未同意的，证券公司不得买卖该上市公司股票。

第三十四条 证券公司从事定向资产管理业务，发生变更投资主办人等可能影响客户利益的重大事项的，证券公司应当提前或者在合理时间内告知客户。

第三十五条 定向资产管理合同终止的，证券公司应当按照合同约定将客户资产交还客户。

第三十六条 证券公司应当妥善保管定向资产管理合同、客户资料、交易记录等文件、资料和数据，任何人不得隐匿、伪造、篡改或者销毁。上述文件、资料和数据保存期限不得少于20年。

第三章 风险管理与内部控制

第三十七条 证券公司从事定向资产管理业务，应当建立健全投资决策、公平交易、会计核算、风险控制、合规管理等制度，规范业务运作，控制业务风险，保护客户合法权益。

证券公司应当将前款所述管理制度报住所地中国证监会派出机构备案。住所地中国证监会派出机构应当对公司制度及其执行情况进行核查。

第三十八条 证券公司应当实现定向资产管理业务与证券自营业务、证券承销业务、证券经纪业务及其他证券业务之间的有效隔离，防范内幕交易，避免利益冲突。

同一高级管理人员不得同时分管资产管理业务和自营业务；同一人不得兼任上述两类业

务的部门负责人；同一投资主办人不得同时办理资产管理业务和自营业务。

定向资产管理业务的投资主办人不得兼任其他资产管理业务的投资主办人。

第三十九条 证券公司应当完善投资决策体系，加强对交易执行环节的控制，保证资产管理业务的不同客户在投资研究、投资决策、交易执行等各环节得到公平对待。

证券公司应当对资产管理业务的投资交易行为进行监控、分析、评估和核查，监督投资交易的过程和结果，保证公平交易原则的实现。

第四十条 证券公司从事定向资产管理业务，应当遵循公平、诚信的原则，禁止任何形式的利益输送。

证券公司的定向资产管理账户与证券自营账户之间或者不同的证券资产管理账户之间不得发生交易，有充分证据证明已依法实现有效隔离的除外。

第四十一条 证券公司应当依据中国证监会有关证券公司风险控制指标管理的规定，根据自身管理能力及风险控制水平，合理控制定向资产管理业务规模。

第四十二条 证券公司应当为每个客户建立业务台账，按照企业会计准则的相关规定进行会计核算，与资产托管机构定期对账。

第四十三条 证券公司应当对定向资产管理业务和制度执行情况进行合规检查，发现违反法律、行政法规、中国证监会规定或者公司制度行为的，应当及时纠正处理，并向住所地中国证监会派出机构报告。

第四十四条 证券公司接受本公司股东，以及其他与本公司具有关联方关系的自然人、法人或者组织为定向资产管理业务客户的，证券公司应当按照公司有关制度规定，对上述客户的账户进行监控，并对客户身份、合同编号、专用证券账户、委托资产净值、委托期限、累计收益率等信息进行集中保管。

定向资产管理业务专项审计意见应当对上述客户账户的资料完整性、交易公允性作出说明。

上市证券公司接受持有本公司5%以下股份的股东为定向资产管理业务客户的，不受本条第一、二款的限制。

第四十五条 证券公司从事定向资产管理业务，不得有下列行为：

（一）挪用客户资产；

（二）以欺诈、商业贿赂、不正当竞争行为等方式误导、诱导客户；

（三）通过电视、报刊、广播及其他公共媒体公开推介具体的定向资产管理业务方案；

（四）接受单一客户委托资产净值低于中国证监会规定的最低限额；

（五）以自有资金参与本公司的定向资产管理业务；

（六）以签订补充协议等方式，掩盖非法目的或者规避监管要求；

（七）使用客户委托资产进行不必要的证券交易；

（八）内幕交易、操纵证券价格、不正当关联交易及其他违反公平交易规定的行为；

（九）超出公司经营范围从事定向资产管理业务；

（十）法律、行政法规和中国证监会禁止的其他行为。

第四章 监督管理

第四十六条 证券公司应当在5日内将签订的定向资产管理合同报住所地中国证监会派出机构备案。

定向资产管理合同发生任何形式的变更或者补充的，证券公司应当在5日内报住所地中国证监会派出机构备案。

第四十七条 证券公司应当在每年度结束之日起60日内，完成资产管理业务合规检查年度报告和定向资产管理业务年度报告，并报住所地中国证监会派出机构备案。

第四十八条 会计师事务所对证券公司进行年度审计时，应当对定向资产管理业务出具专项审计意见。证券公司应当将审计结果报住所地中国证监会派出机构备案。

第四十九条 中国证监会及其派出机构依法履行对定向资产管理业务的监管职责，证券公司和资产托管机构应当予以配合。

第五十条 证券公司定向资产管理业务制度不健全，净资本或其他风险控制指标不符合规定，或者违规从事定向资产管理业务的，中国证监会及其派出机构应当依法责令其限期改正，并可以采取下列监管措施：

（一）责令增加内部合规检查次数并提交合规检查报告；

（二）对公司高级管理人员、直接负责的主管人员和其他直接责任人员进行监管谈话，记入监管档案；

（三）责令处分或者更换有关责任人员，并报告结果；

（四）责令暂停证券公司定向资产管理业务；

（五）法律、行政法规和中国证监会规定的其他监管措施。

证券公司被中国证监会暂停定向资产管理业务的，暂停期间不得签订新的定向资产管理合同。

第五十一条 证券公司违反法律、行政法规的规定，被中国证监会依法撤销证券资产管理业务许可、责令停业整顿，或者因停业、解散、撤销、破产等原因不能履行职责的，证券公司应当按照有关监管要求妥善处理有关事宜。定向资产管理合同应当对此作出相应约定。

第五十二条 证券交易所应当实时监控专用证券账户的交易行为，发现异常情况的，应当及时处理，并报告中国证监会。

第五十三条 证券公司、资产托管机构、证券登记结算机构及其相关人员从事定向资产管理业务违反本细则规定的，中国证监会依据法律、行政法规和中国证监会的有关规定作出行政处罚；涉嫌犯罪的，依法移送司法机关，追究其刑事责任。

第五章 附 则

第五十四条 本细则规定的日以工作日计算，不含法定节假日。

第五十五条 本细则自2008年7月1日起施行。

证券公司集合资产管理业务实施细则（试行）

（2008 年 5 月 31 日 证监会公告［2008］26 号，2008 年 7 月 1 日实施）

第一章 总 则

第一条 为了规范证券公司集合资产管理业务活动，根据《中华人民共和国证券法》、《证券公司监督管理条例》、《证券公司客户资产管理业务试行办法》（证监会令第 17 号，以下简称《试行办法》），制定本细则。

第二条 证券公司从事集合资产管理业务，应当遵守法律、行政法规和中国证券监督管理委员会（以下简称中国证监会）的规定。

第三条 证券公司从事集合资产管理业务，应当遵循公平、公正原则；诚实守信，审慎尽责；坚持公平交易，避免利益冲突，禁止利益输送，保护客户合法权益。

第四条 证券公司从事集合资产管理业务，应当建立健全风险管理与内部控制制度，规范业务活动，防范和控制风险。

第五条 未经中国证监会批准，证券公司不得从事集合资产管理业务，或者以任何形式变相从事集合资产管理业务。

第六条 证券公司从事集合资产管理业务，应当为特定客户提供服务，设立集合资产管理计划（以下简称集合计划或计划），并担任计划管理人。

特定客户应当是证券公司自身的客户，或者是代理推广机构的客户，并且参与资金最低限额符合中国证监会的规定。

第七条 集合计划资产独立于证券公司和资产托管机构的自有资产。证券公司、资产托管机构不得将集合计划资产归入其自有资产。

证券公司、资产托管机构破产或者清算时，集合计划资产不属于其破产财产或者清算财产。

第八条 中国证监会依据法律、行政法规、《试行办法》和本细则的规定，监督管理证券公司集合资产管理业务活动。

第九条 证券交易所、证券登记结算机构、中国证券业协会依据法律、行政法规、《试行办法》、本细则及相关规则，对证券公司集合资产管理业务活动进行自律管理和行业指导。

第二章 申请与核准

第十条 证券公司申请设立集合计划，应当向中国证监会提交下列材料：

（一）申请书；

（二）计划说明书；

（三）集合资产管理合同文本；

（四）资产托管协议及与资产托管机构的联机联网测试报告；

（五）推广方案、推广代理协议；

（六）证券公司、代理推广机构与证券登记结算机构的联机联网测试报告及服务协议；

（七）证券公司负责集合资产管理业务的高级管理人员、资产管理部门负责人、投资主办人签署的承诺书；

（八）法律意见书；

（九）中国证监会要求的其他材料。

计划说明书是集合资产管理合同的组成部分，与集合资产管理合同具有同等法律效力。

法律意见书应当对集合计划申请材料是否真实、准确、完整、合法，是否存在其他应当说明的法律问题，发表明确的法律意见。

第十一条　证券公司从事集合资产管理业务，应当依据法律、行政法规和中国证监会的规定，与客户、资产托管机构签订集合资产管理合同，约定客户、证券公司、资产托管机构的权利义务。

集合资产管理合同应当包括中国证券业协会制定的合同必备条款。

第十二条　计划说明书、集合资产管理合同应当包括风险揭示条款，详细说明下列风险的含义、特征和可能引起的后果：

（一）市场风险；

（二）管理风险；

（三）流动性风险；

（四）证券公司因停业、解散、撤销、破产，或者被中国证监会撤销相关业务许可等原因不能履行职责的风险；

（五）其他风险。

证券公司应当制作风险揭示书，充分揭示上述风险的含义、特征、可能引起的后果。风险揭示书的内容应当具有针对性，表述应当清晰、明确、易懂，符合中国证券业协会制定的标准格式。证券公司、代理推广机构应当将风险揭示书交客户签字确认。客户签署风险揭示书，即表明已经理解并愿意自行承担参与集合计划的风险。

第十三条　中国证监会依照法律、行政法规、《试行办法》、本细则和行政许可实施程序的规定，在规定期限内对证券公司设立集合计划的申请进行审核。经审核符合条件的，作出批准决定；经审核不符合条件的，作出不予批准决定并说明理由。

第三章　业务规则

第十四条　集合计划募集的资金应当用于投资中国境内依法发行的股票、债券、证券投资基金、央行票据、短期融资券、资产支持证券、金融衍生品以及中国证监会认可的其他投资品种。

经中国证监会及有关部门批准，证券公司可以设立集合计划在境内募集资金，投资于中国证监会认可的境外金融产品。

第十五条　证券公司应当指定投资主办人，负责集合计划的投资管理事宜。

投资主办人发生变更的，证券公司应当提前或者在合理时间内按照集合资产管理合同约定的方式披露，并向住所地中国证监会派出机构报告。

第十六条　证券公司应当自行推广集合计划，或者委托证券公司的客户资金存管银行代理推广集合计划。

第十七条　证券公司、代理推广机构应当按照有关规则，了解客户身份、财产与收入状况、证券投资经验、风险承受能力和投资偏好等，并以书面和电子方式予以详细记载、妥善保存。代理推广机构应当将其保存的客户信息和资料向证券公司提供。

客户应当如实披露或者提供相关信息和资料，并在集合资产管理合同中承诺信息和资料的真实性。

第十八条 证券公司、代理推广机构应当按照经核准的集合资产管理合同和推广代理协议的约定推广集合计划，指定专人向客户如实披露证券公司的业务资格，全面、准确地介绍集合计划的产品特点、投资方向、风险收益特征，讲解有关业务规则、计划说明书和集合资产管理合同内容以及客户投资集合计划的操作方法，并充分揭示投资风险。

第十九条 集合计划推广期间，证券公司、代理推广机构应当将计划说明书、集合资产管理合同文本和推广材料置备于营业场所。

计划说明书、集合资产管理合同文本应当与中国证监会核准的文本内容一致。推广材料应当简明、易懂。

第二十条 证券公司、代理推广机构应当根据了解的客户情况，推荐与客户风险承受能力相匹配的集合计划，引导客户审慎作出投资决定。

第二十一条 禁止通过电视、报刊、广播及其他公共媒体推广集合计划。禁止通过签订保本保底补充协议等方式，或者采用虚假宣传、夸大预期收益和商业贿赂等不正当手段推广集合计划。

第二十二条 客户应当以真实身份参与集合计划，委托资金的来源、用途应当符合法律法规的规定，客户应当在集合资产管理合同中对此作出明确承诺。客户未作承诺，或者证券公司、代理推广机构明知客户身份不真实、委托资金来源或者用途不合法的，证券公司、代理推广机构不得接受其参与集合计划。

自然人不得用筹集的他人资金参与集合计划。法人或者依法成立的其他组织用筹集的资金参与集合计划的，应当向证券公司、代理推广机构提供合法筹集资金的证明文件；未提供证明文件的，证券公司、代理推广机构不得接受其参与集合计划。

证券公司、代理推广机构发现客户委托资金涉嫌洗钱的，应当按照《中华人民共和国反洗钱法》和相关规定履行报告义务。

第二十三条 证券公司以自有资金参与集合计划，应当符合法律、行政法规和中国证监会的规定，并按照《公司法》和公司章程的规定，获得公司股东会、董事会或者其他授权程序的批准。集合计划存续期间，证券公司不得收回参与的自有资金。

证券公司参与一个集合计划的自有资金，不得超过计划成立规模的5%，并且不得超过2亿元；参与多个集合计划的自有资金总额，不得超过证券公司净资本的15%。

证券公司以自有资金参与集合计划的，在计算净资本时，应当根据承担的责任相应扣减公司投入的资金。扣减后的净资本等各项风险控制指标，应当符合中国证监会的规定。

第二十四条 集合计划推广期间，证券公司、代理推广机构应当在规定期限内，将客户参与资金存入集合计划份额登记机构指定的专门账户。集合计划设立完成、开始投资运营之前，不得动用客户参与资金。

第二十五条 证券公司应当在计划说明书约定期限内，完成集合计划的推广和设立。

第二十六条 集合计划推广结束后，证券公司应当聘请具有证券相关业务资格的会计师事务所，对集合计划募集的资金进行验资，出具验资报告。

第二十七条 集合计划成立应当具备下列条件：

（一）推广过程符合法律、行政法规和中国证监会的规定；

（二）募集金额不低于1亿元人民币；

（三）客户不少于2人；

（四）符合集合资产管理合同及计划说明书的约定；

（五）中国证监会规定的其他条件。

第二十八条 证券公司应当将集合计划资产交由依法可以从事客户交易结算资金存管业务的商业银行或者中国证监会认可的其他资产托管机构托管。

资产托管机构应当按照中国证监会的规定和集合资产管理合同的约定，履行安全保管集合计划资产、办理资金收付事项、监督证券公司投资行为等职责。

第二十九条 资产托管机构应当依据中国证监会的批准文件，按照规定为每个集合计划开立专门的资金账户，在证券登记结算机构开立专门的证券账户。

资金账户名称应当是“集合资产管理计划名称”，证券账户名称应当是“证券公司名称——资产托管机构名称——集合资产管理计划名称”。

第三十条 证券公司应当与证券登记结算机构签订协议，委托其担任集合计划的份额登记机构，并约定份额登记相关事项。

证券公司、资产托管机构、证券登记结算机构、代理推广机构应当按照相关协议，办理参与、转换、退出集合计划的份额登记、资金结算等事宜。

第三十一条 集合计划在证券交易所的证券交易，应当通过专用交易单元进行。集合计划账户、专用交易单元应当报证券交易所、证券登记结算机构以及证券公司住所地中国证监会派出机构备案。

第三十二条 集合计划资产估值等会计核算业务，应当由证券公司办理，资产托管机构复核。

证券交易所、证券登记结算机构应当每日将集合计划的交易、清算、交收等数据，同时发送证券公司和资产托管机构。

第三十三条 集合计划的规模、投资范围、投资比例，应当符合《试行办法》及本细则的规定，以及集合资产管理合同、计划说明书的约定。

第三十四条 单个集合计划持有一家公司发行的证券，不得超过集合计划资产净值的10%。证券公司将其管理的客户资产投资于一家公司发行的证券，不得超过该证券发行总量的10%。

集合计划申购新股，可以不设申购上限，但是申报的金额不得超过集合计划的现金总额，申报的数量不得超过拟发行股票公司本次发行股票的总量。

第三十五条 集合计划应当对流动性作出安排，在开放期保持适当比例的现金、到期日在一年以内的政府债券或者其他高流动性短期金融工具。

第三十六条 集合计划存续期间，客户不得少于2人；计划资产净值不得连续20个交易日低于1亿元人民币。

第三十七条 集合计划存续期间，证券公司、证券登记结算机构、代理推广机构不得为客户办理集合计划份额转让事宜，法律、行政法规和中国证监会另有规定的除外。

第三十八条 集合计划发生的费用，可以按照集合资产管理合同的约定，在计划资产中列支。集合计划成立前发生的费用，以及存续期间发生的与推广有关的费用，不得在计划资产中列支。

第三十九条 证券公司可以设立存续期间不办理计划份额参与和退出的集合计划。

根据集合计划的类型、特点和客户需求，集合计划需要设立开放期的，集合资产管理合同应当对客户参与、退出集合计划的时间、次数、程序及其限制等事项作出明确约定。

第四十条　证券公司、资产托管机构应当按照集合资产管理合同约定的时间和方式，至少每周披露一次集合计划份额净值。

第四十一条　集合计划存续期间，证券公司应当按照集合资产管理合同约定的时间和方式向客户寄送对账单，说明客户持有计划份额的数量及净值，参与、退出明细，以及收益分配等情况。

第四十二条　证券公司、资产托管机构应当在每季度结束之日起15日内，按照集合资产管理合同约定的方式向客户提供季度资产管理报告、资产托管报告，并报证券公司住所地中国证监会派出机构备案。

证券公司、资产托管机构应当在每年度结束之日起60日内，按照集合资产管理合同约定的方式向客户提供年度资产管理报告、资产托管报告，并报证券公司住所地中国证监会派出机构备案。

第四十三条　证券公司应当聘请具有证券相关业务资格的会计师事务所，对每个集合计划的运营情况进行年度审计。集合计划审计报告应当在每年度结束之日起60日内，按照集合资产管理合同约定的方式向客户和资产托管机构提供，并报证券公司住所地中国证监会派出机构备案。

第四十四条　集合资产管理合同需要变更的，证券公司应当按照集合资产管理合同约定的方式取得客户和资产托管机构同意，保障客户选择退出集合计划的权利，并对相关后续事项作出合理安排。

集合资产管理合同变更下列事项，应当经中国证监会同意，变更其他事项，应当报证券公司住所地中国证监会派出机构备案：

（一）集合计划管理期限；

（二）集合计划规模上限、投资范围、投资比例；

（三）计划管理人、资产托管机构的报酬标准；

（四）计划管理人、资产托管机构；

（五）中国证监会规定的其他事项。

第四十五条　集合计划展期应当符合下列条件：

（一）集合计划运营规范，证券公司、资产托管机构未违反集合资产管理合同、计划说明书的约定；

（二）集合计划展期没有损害客户利益的情形；

（三）资产托管机构同意继续托管展期后的集合计划资产；

（四）证券公司以自有资金参与集合计划的，承诺展期期间不收回参与的自有资金；

（五）中国证监会规定的其他条件。

证券公司应当在计划存续期届满3个月前，向中国证监会提出计划展期申请。展期申请材料包括展期申请报告、集合资产管理合同、计划说明书、计划运作情况说明和中国证监会要求的其他材料。

第四十六条　中国证监会同意展期的，证券公司应当按照集合资产管理合同约定通知客户。集合资产管理合同应当对通知客户的时间、方式以及客户答复等事项作出明确约定。

客户选择不参与集合计划展期的，证券公司应当对客户的退出事宜作出公平、合理的安排。

第四十七条　集合计划存续期届满，不符合本细则规定的成立条件和展期条件的，不得展期。

集合计划展期后5日内，证券公司应当将展期情况报住所地中国证监会派出机构备案。

第四十八条 集合资产管理合同应当按照公平、合理、公开的原则，对巨额退出和连续巨额退出的认定标准、退出顺序、退出价格确定、退出款项支付、告知客户方式，以及单个客户大额退出的预约申请等事宜作出明确约定。

第四十九条 有下列情形之一的，集合计划应当终止：

（一）计划存续期间，客户少于2人，或者连续20个交易日计划资产净值低于1亿元人民币；

（二）计划存续期满且不展期；

（三）计划说明书约定的终止情形；

（四）法律、行政法规及中国证监会规定的其他终止情形。

第五十条 集合计划终止的，证券公司应当在发生终止情形之日起5日内开始清算集合计划资产。清算后的剩余资产，应当按照客户持有计划份额占计划总份额的比例或者集合资产管理合同的约定，以货币资金的形式全部分配给客户。

证券公司应当在清算结束后15日内，将清算结果报住所地中国证监会派出机构备案。

第五十一条 证券公司、资产托管机构和代理推广机构应当妥善保管集合资产管理合同、客户资料、交易记录、业务档案等文件、资料和数据，任何人不得隐匿、伪造、篡改或者销毁。上述文件、资料和数据保存期限不得少于20年。

第四章 风险管理与内部控制

第五十二条 证券公司从事集合资产管理业务，应当建立健全投资决策、公平交易、会计核算、风险控制、合规管理等制度，制定业务操作流程和岗位手册，覆盖集合资产管理业务的产品设计、推广、研究、投资、交易、清算、会计核算、信息披露、客户服务等环节。

证券公司应当将前款所述管理制度报公司住所地中国证监会派出机构备案。住所地中国证监会派出机构应当对公司制度及其执行情况进行核查。

第五十三条 证券公司应当实现集合资产管理业务与证券自营业务、证券承销业务、证券经纪业务及其他证券业务之间的有效隔离，防范内幕交易，避免利益冲突。

同一高级管理人员不得同时分管资产管理业务和自营业务；同一人不得兼任上述两类业务的部门负责人；同一投资主办人不得同时办理资产管理业务和自营业务。

集合资产管理业务的投资主办人不得兼任其他资产管理业务的投资主办人。

第五十四条 证券公司应当完善投资决策体系，加强对交易执行环节的控制，保证资产管理业务的不同客户在投资研究、投资决策、交易执行等各环节得到公平对待。

证券公司应当对资产管理业务的投资交易行为进行监控、分析、评估和核查，监督投资交易的过程和结果，保证公平交易原则的实现。

第五十五条 证券公司从事集合资产管理业务，应当遵循公平、诚信的原则，禁止任何形式的利益输送。

证券公司的集合资产管理账户与证券自营账户之间或者不同的证券资产管理账户之间不得发生交易，有充分证据证明已依法实现有效隔离的除外。

第五十六条 证券公司应当为集合计划建立独立完整的账户、核算、报告、审计和档案管理制度，设定清晰的清算流程和资金划转路径，公司风控、稽核等部门应当对集合资产管理业务的运营和管理实施监控和核查。

第五十七条 证券公司合规部门应当对集合资产管理业务和制度执行情况进行检查，发现违反法律、行政法规、中国证监会规定或者公司制度行为的，应当及时纠正处理，并向住所地中国证监会派出机构报告。

证券公司应当在每年度结束之日起60日内，将资产管理业务合规检查年度报告报证券公司住所地中国证监会派出机构备案。

第五十八条 证券公司从事集合资产管理业务，不得有下列行为：

（一）向客户作出保证其资产本金不受损失或者保证其取得最低收益的承诺；

（二）挪用集合计划资产；

（三）募集资金不入账或者其他任何形式的账外经营；

（四）募集资金超过计划说明书约定的规模；

（五）接受单一客户参与资金低于中国证监会规定的最低限额；

（六）使用集合计划资产进行不必要的交易；

（七）内幕交易、操纵证券价格、不正当关联交易及其他违反公平交易规定的行为；

（八）超出公司经营范围从事集合资产管理业务；

（九）法律、行政法规及中国证监会禁止的其他行为。

第五十九条 资产托管机构应当指定专门部门办理集合计划资产托管业务。

资产托管机构应当对集合计划资产独立核算、分账管理，保证集合计划资产与资产托管机构自有资产相互独立，集合计划资产与其他客户资产相互独立，不同集合计划资产相互独立。

第六十条 证券公司、资产托管机构、代理推广机构应当建立必要的信息技术支持系统，为集合资产管理业务的风险管理和内部控制提供技术保障。

第五章 监督管理

第六十一条 集合计划成立之日起5日内，证券公司应当将集合计划的推广、合同签订、验资和计划设立情况报住所地中国证监会派出机构备案。

第六十二条 集合计划存续期间，发生对集合计划持续运营、客户利益、资产净值产生重大影响的事件，证券公司应当按照集合资产管理合同约定的方式及时向客户披露，并向住所地中国证监会派出机构报告。

第六十三条 证券公司发现资产托管机构、代理推广机构违反法律、行政法规和中国证监会的规定，或者违反推广代理协议、托管协议的，应当予以制止，并及时报告证券公司住所地中国证监会派出机构。

第六十四条 资产托管机构、证券交易所、证券登记结算机构、代理推广机构应当认真履行职责，发现证券公司违反法律、行政法规和中国证监会的规定，或者违反有关协议、合同约定的，应当予以制止，并及时报告证券公司住所地中国证监会派出机构。

第六十五条 中国证监会及其派出机构依法履行对集合资产管理业务的监管职责，证券公司、资产托管机构和代理推广机构应当予以配合。

第六十六条 证券公司集合资产管理业务制度不健全，净资本或其他风险控制指标不符合规定，或者违规从事集合资产管理业务的，中国证监会及其派出机构应当依法责令其限期改正，并可以采取下列监管措施：

（一）责令增加内部合规检查次数并提交合规检查报告；

（二）对公司高级管理人员、直接负责的主管人员和其他直接责任人员进行监管谈话，记入监管档案；

（三）责令处分或者更换有关责任人员，并报告结果；

（四）责令暂停证券公司集合资产管理业务；

（五）法律、行政法规和中国证监会规定的其他监管措施。

证券公司被中国证监会暂停集合资产管理业务的，暂停期间不得签订新的集合资产管理合同。

第六十七条 证券公司违反法律、行政法规的规定，被中国证监会依法撤销证券资产管理业务许可、责令停业整顿，或者因停业、解散、撤销、破产等原因不能履行职责的，证券公司应当按照有关监管要求妥善处理有关事宜。集合资产管理合同应当对此作出相应约定。

第六十八条 证券公司、资产托管机构、证券登记结算机构、代理推广机构及其相关人员从事集合资产管理业务违反本细则规定的，中国证监会依照法律、行政法规和中国证监会的有关规定作出行政处罚；涉嫌犯罪的，依法移送司法机关，追究其刑事责任。

第六章　附　　则

第六十九条 本细则规定的日以工作日计算，不含法定节假日。

第七十条 本细则自2008年7月1日起施行。

关于规范会员集合资产管理业务的通知

（2005 年 2 月 17 日　深证会［2005］12 号）

各会员单位：

为了规范会员在深圳证券交易所（以下简称本所）从事的与集合资产管理业务有关的证券交易活动，维护证券市场秩序，根据中国证监会《证券公司客户资产管理业务试行办法》（证监会令第 17 号，以下简称《试行办法》）和《关于证券公司开展集合资产管理业务有关问题的通知》（证监机构字［2004］140 号，以下简称《通知》）的有关规定，现就本所会员开展集合资产管理业务的有关事项通知如下：

一、集合资产管理计划专用席位的指定与开通

（一）会员集合资产管理计划的证券交易活动应当通过自有专用席位进行，一个集合资产管理计划应当使用一个专用席位，单个会员管理的由同一托管机构托管的所有集合资产管理计划应当使用同一个专用席位。

（二）在每次开立集合资产管理计划专用证券账户（以下简称专用证券账户）之前，会员应当指定集合资产管理计划专用席位（以下简称专用席位），并凭本所出具的专用席位备案证明到中国证券登记结算有限责任公司深圳分公司开立专用证券账户。专用席位的首次指定可通过席位新增、席位更名、席位转让等方式进行（具体指定流程参见附件一《会员指定集合资产管理计划专用席位操作指引》或登录本所网站（www. szse. cn）“规则/指南—交易所业务指南—会员业务指引”栏目下查询）。

（三）会员变更专用席位须经本所批准并办理相应更名手续，同时在本所网站（www. szse. cn）“会员之家”网页的“业务在线－资产管理”栏目下更新相关资料。

（四）在专用证券账户开立后，会员应当在本所网站（www. szse. cn）“会员之家”网页的“业务在线—资产管理”栏目下报备以下信息（具体报备流程参见附件二《会员集合资产管理计划网上报备操作指南》）：

1. 集合资产管理计划名称、设立日期、存续期、类别（限定性或非限定性）、组合投资比例；

2. 中国证监会批准文号；

3. 专用证券账户代码和名称、专用席位编号；

4. 托管机构名称和联系人；

5. 资产管理业务分管领导及集合资产管理计划投资主办人员信息；

6. 经办人信息。

本所对上述信息进行审核，确认无误后为会员开通首次指定的专用席位，并通知会员。

二、集合资产管理计划的信息披露

（一）会员应当在集合资产管理计划成立后五个工作日内向本所提交以下书面材料：

1. 中国证监会出具的集合资产管理计划批准文件或无异议函；

2. 集合资产管理计划说明书；

3. 集合资产管理合同范本；

4. 集合资产管理计划托管协议；

5. 集合资产管理计划推广、设立情况；

6. 集合资产管理计划验资报告（复印件加盖会员公章）。

（二）会员应当在集合资产管理计划运作期间向本所履行以下持续报告义务：

1. 每个交易日上午9:00之前在本所网站（www. szse. cn）“会员之家”网页的“业务在线—资产管理”栏目下报备经托管机构复核的前一交易日的集合资产管理计划资产净值。

2. 专用证券账户发生变更的，应于变更当日在本所网站（www. szse. cn）“会员之家”网页的“业务在线—资产管理”栏目下更新相关资料。

3. 托管机构、资产管理业务分管领导、集合资产管理计划投资主办人员变更的，应于变更当日在本所网站（www. szse. cn）“会员之家”网页的“业务在线—资产管理”栏目下更新相关资料。

4. 自集合资产管理计划开始投资运作之日起六个月内投资组合比例达到集合资产管理合同约定的，应于次日以书面形式向本所报告达到的日期及投资组合情况；因证券市场波动等外部因素致使组合投资比例不符合集合资产管理合同约定的，应在十个工作日内进行调整并于调整次日以书面形式将调整情况报告本所。

5. 集合资产管理计划投资于会员自身、托管机构及与该会员、托管机构有关联方关系的公司发行的证券，应于有关事实发生之日起二个工作日内以书面形式将有关情况报告本所。

6. 发生投资者巨额退出或出现其他可能对集合资产管理计划的持续运作产生重大影响的情形，应于有关事实发生之日起二个工作日内以书面形式将有关情况报告本所。

7. 每季度结束后的十五个工作日内以书面形式向本所报送集合资产管理计划的管理报告和托管报告、集合资产管理计划的交易监控报告（如有）。

8. 每个会计年度结束后四个月内以书面形式向本所报送集合资产管理计划的单项审计意见。

9. 集合资产管理计划展期、解散或终止的，应于展期申请获中国证监会批准后或解散、终止后的五个工作日内以书面形式向本所报告，并在本所网站（www. szse. cn）“会员之家”网页的“业务在线—资产管理”栏目下更新相关资料。

三、集合资产管理计划的投资运作管理

（一）会员应当代表客户行使集合资产管理计划所拥有证券的权利，履行相应的义务。

（二）一个集合资产管理计划持有在本所上市的某只股票达到该上市公司已发行股份的5%时，会员应当在该事实发生之日起三日内，向本所做出书面报告，并通知该上市公司予以公告。在上述规定的期限内，不得再行买卖该股票。其后，其所持股份比例每增加或者减少5%，会员应当继续履行报告、通知上市公司予以公告的义务，在报告期限内和做出报告、公告后二个工作日内，不得再行买卖该上市公司的股票。

一个集合资产管理计划持有在本所上市的一家上市公司证券市价总值不得超过该计划资产净值的10%，单个会员管理的所有客户资产持有在本所上市的同一上市公司证券比例不得超过该证券发行总量的10%

（三）一个集合资产管理计划投资于会员自身、托管机构及与该会员、托管机构有关联方关系的公司发行证券的资金，不得超过该计划资产净值的3%。

（四）集合资产管理计划申购新股，所申报的金额不得超过该计划的总资产，所申报的数量不得超过拟发行股票公司本次发行股票的总量。

（五）会员应当保证客户能够按照集合资产管理合同约定的时间和方式查询客户资产状

况、交易记录等信息。

（六）会员应当妥善保存集合资产管理计划的交易记录、账户资料等文件，自集合资产管理合同终止之日起至少保存15年。

（七）本所对会员集合资产管理计划的证券交易活动进行实时监控，会员对本所的有关调查应当予以配合。

（八）会员在集合资产管理计划的投资运作过程中不得有以下行为：

1. 在非专用席位上进行交易；

2. 将集合资产管理计划中的证券用于回购；

3. 申报新股的金额超过集合资产管理计划的总资产，或者所申报的数量超过拟发行股票公司本次发行股票的总量；

4. 投资范围、投资组合比例、投资额度超出集合资产管理计划说明书、集合资产管理合同的约定或者《试行办法》的规定；

5.《试行办法》规定的其他禁止行为；

6. 其他有违公平交易或者损害其他投资者利益的行为。

四、会员应当在首次指定集合资产管理计划专用席位的同时，向本所书面报送现有资产管理业务所使用的证券账户、席位。

五、会员违反本通知规定的，本所可以采取以下监管措施：

1. 电话询问有关负责人；

2. 电话提醒有关负责人；

3. 依情形发出监管函件；

4. 约见有关负责人；

5. 现场检查；

6. 报告中国证监会。

除采取上述监管措施外，本所可以按照会员管理有关规则进行处罚。

五、本通知自发布之日起施行。

附件：1. 会员指定集合资产管理计划专用席位操作指引（略）。

2. 会员集合资产管理计划网上报备操作指南（略）。

（五）融资融券业务

深圳证券交易所融资融券交易试点会员业务指南（2010年修订）

（2010年3月22日 深圳证券交易所）

目 录

为了保障融资融券业务顺利开展，指导证券公司融资融券业务试点工作，根据中国证券监督管理委员会（以下简称“证监会”）《证券公司融资融券业务试点管理办法》（以下简称“《管理办法》”）和《深圳证券交易所融资融券交易试点实施细则》（以下简称“《细则》”）等有关规定，制定本指南。

第一章 概 述

融资融券交易是指投资者（以下简称“客户”）向具有深圳证券交易所（以下简称“本所”）会员资格的证券公司（以下简称“会员”）提供担保物，借入资金买入本所上市证券或借入本所上市证券并卖出的行为。

会员开展融资融券业务试点，必须经证监会批准。未经批准，任何会员不得向其客户融资、融券，也不得为其客户与客户、客户与他人之间的融资融券活动提供任何便利和服务。

会员开展融资融券业务试点，应当严格遵守相关法律、法规、证监会、本所、中国证券登记结算有限责任公司（以下简称“中国结算公司”）和中国证券业协会的有关规定，切实执行会员融资融券内部管理制度，认真履行与客户之间的融资融券合同，自觉接受证监会和本所、中国结算公司、中国证券业协会的监督管理。

会员办理与本所相关的融资融券业务，适用本指南。

融资融券业务的登记结算，适用中国结算公司的相关规定。

第二章　融资融券交易权限申请

会员在本所从事融资融券业务，应当首先取得证监会对开展融资融券的业务许可，并向本所申请融资融券交易权限。会员通过向本所申请设立融资融券专用交易单元来取得融资融券交易权限。

一、融资融券专用交易单元申请方式及提交的材料

会员可通过申请新增融资融券专用交易单元或将现有处于中止状态的交易单元变更为融资融券专用交易单元两种方式设立融资融券专用交易单元。

会员通过本所“会员网上业务专区”申请新增融资融券专用交易单元或将现有处于中止状态的交易单元变更为融资融券专用交易单元的，应同时在线提交以下材料：

（一）证监会批准开展融资融券业务的《经营证券业务许可证》或其他有关批准文件；

（二）融资融券业务试点实施方案、内部管理制度等相关文件（此文件还应当同时以书面方式提交）；

（三）负责融资融券业务的高级管理人员、融资融券业务部门负责人、技术部门负责人以及指定的数据报送人员名单及其联络方式；

（四）本所及结算公司、通信公司要求提交的其他材料。

其中，融资融券业务试点实施方案应至少包含以下内容：

1. 融资融券业务开展的模式、规模控制、组织机构及分工；

2. 客户选择标准和授信制度，包括融资融券合同标准文本，融资融券交易风险揭示书标准文本；

3. 融资融券账户、标的证券、可充抵保证金证券和折算率的管理，包括标的证券选择标准及名单、可充抵保证金证券范围及其折算率，融资保证金比例、融券保证金比例及维持担保比例的最低标准，强制平仓的业务规则和程序等；

4. 权益处理；

5. 所需资金和证券的安排；

6. 融资融券业务技术系统准备就绪情况；

7. 客户交易结算资金第三方存管方案实施情况说明；

8. 融资融券业务突发或异常情况应急预案；

9. 利益冲突防范、客户纠纷处理机制、投资者教育和风险控制的说明。

内部管理制度应至少包含以下内容：

1. 融资融券业务规则与操作流程；

2. 融资融券业务风险控制制度、业务隔离制度、交易实时监控制度及操作流程；

3. 融资融券业务数据和信息报送制度、异常数据核查制度及操作流程，数据及信息报送的技术准备，数据及信息报送的应急机制；

4. 投资者教育工作制度、客户档案管理制度、合规稽核制度和突发事件应急处置制度等融资融券业务内部控制制度。

二、融资融券交易账户报备

在融资融券专用交易单元开通之前，会员应先向本所报备融券专用证券账户、客户信用交易担保证券账户、融资专用资金账户及客户信用交易担保资金账户。

报备具体流程如下：

（一）会员登录本所“会员网上业务专区”，通过“业务办理—会籍业务—会员证券账户报备”菜单进入账户报备页面；

（二）在线填写账户编码、账户名称、账户类别等内容并提交。

第三章 融资融券交易业务管理

一、申报指令要求

会员融资融券专用交易单元可以接受客户信用证券账户的融资融券交易委托和普通交易委托。会员接受客户的融资融券交易委托后，应当按照本所规定的格式申报，申报指令应包括融资或融券标识等内容；会员接受客户信用证券账户的普通交易委托的，其申报指令内容与现有普通交易申报指令内容一致；会员根据与客户的约定采取强制平仓措施的，强制平仓指令还应当包括融资强制平仓或融券强制平仓标识等内容。

（一）融资买入申报

会员接受客户融资买入委托，向本所发送融资买入申报指令，其申报指令应当包括以下内容：

1. 客户信用证券账号；
2. 融资融券专用交易单元代码；
3. 标的证券代码；
4. 买入数量；
5. 买入价格（市价申报除外）；
6. “融资”标识；
7. 本所要求的其他内容。

会员可以接受客户通过直接还款或卖券还款的方式偿还融入资金。以直接还款方式偿还融入资金的，具体操作按照会员与客户之间的约定办理；以卖券还款方式偿还融入资金的，其卖券还款申报指令内容与现有普通卖出申报指令内容一致，不需加“融资”或“融券”标识。

（二）融券卖出申报

会员接受客户融券卖出委托，向本所发送融券卖出申报指令，其申报指令应当包括以下内容：

1. 客户信用证券账号；
2. 融资融券专用交易单元代码；
3. 标的证券代码；
4. 卖出数量；
5. 卖出价格；
6. “融券”标识；
7. 本所要求的其他内容。

本所不接受融券卖出的市价申报。

会员可以接受客户通过直接还券或买券还券的方式偿还融入证券。以直接还券方式偿还融入证券的，具体操作按照会员与客户之间约定，以及本所指定登记结算机构的有关规定办理。

以买券还券方式偿还融入证券的，买券还券申报指令应当包括以下内容：

1. 客户信用证券账号；
2. 融资融券专用交易单元代码；
3. 融出证券代码；
4. 买入数量；
5. 买入价格（市价申报除外）；
6. “融券”标识；
7. 本所要求的其他内容。

证券被调出标的证券范围的，在买券还券时仍需加“融券”标识。

（三）强制平仓申报

客户未能按期交足担保物或者到期未偿还融资融券债务的，会员应当根据约定采取强制平仓措施，处分客户担保物，不足部分可以向客户追索。当会员强制卖出时，申报指令中必须包含“强制平仓”标识；当会员强制买入时，申报指令中必须包含“融券”和“强制平仓”标识。

强制平仓指令按照本所规定的格式申报，融资买入的强制平仓指令应当包括以下内容：

1. 客户信用证券账号；
2. 融资融券专用交易单元代码；
3. 证券代码；
4. 卖出数量；
5. 卖出价格（市价申报除外）；
6. “融资”标识；
7. “强制平仓”标识；
8. 本所要求的其他内容。

融券卖出的强制平仓指令应当包括以下内容：

1. 客户信用证券账号；
2. 融资融券专用交易单元代码；
3. 融出证券代码；
4. 买入数量；
5. 买入价格（市价申报除外）；
6. “融券”标识；
7. “强制平仓”标识；
8. 本所要求的其他内容。

证券被调出标的证券范围的，在强制平仓时仍需加“融券”及“强制平仓”标识。

（四）信用证券账户买卖指令中营业部识别码的申报

信用证券账户的买卖指令申报，应按本所对集中交易买卖指令申报要求，申报营业部识别码，即在委托流水号的前两位填报同一会员属下的证券营业部识别码。

二、交易前端控制

会员应当建立由总部集中管理的融资融券业务技术系统，对融资融券业务的交易主要流程进行自动化管理，并在现有普通交易前端检查的基础上，增加对包括但不限于下列有关事项进行前端控制：

（一）客户信用证券账户只能在融资融券专用交易单元上进行交易，普通证券账户只能在普通交易单元（非融资融券专用交易单元）上进行交易，通过普通证券账户进行的交易不能申报带“融资”、“融券”或“强制平仓”等标识；

（二）客户信用证券账户不得买入除本所公布的担保物、融资买入标的证券范围以外的证券，不得融券卖出除本所公布的融券卖出标的证券范围以外的证券；

（三）客户融资买入、融券卖出的数量应当为100股（份）或其整数倍；

（四）客户不得卖出超过其信用证券账户证券数量的证券；

（五）客户买券还券的数量不得高于其融券余量+100股（份）；

（六）客户信用证券账户不得用于从事新股申购、定向增发、债券回购、预受要约、LOF申购及赎回、现金选择权申报、LOF和债券的跨市场转出以及证券质押；

（七）会员融券专用证券账户不得用于证券买卖；

（八）会员不得融出超过融券专用证券账户证券数量的证券，不得融出超过融资专用资金账户资金余额的资金。

三、业务管理制度

会员应当根据证监会及本所相关要求，建立健全融资融券业务试点的内部控制制度、操作流程、风险识别及评估与控制体系，防范融资融券业务有关风险，同时还应当建立包含以下内容的业务管理制度：

（一）客户卖出信用证券账户内已开仓证券所得价款，应当优先偿还其融资欠款；

（二）未了结相关融券交易前，客户融券卖出所得价款除买券还券外不得另作他用；

（三）与客户约定的融资、融券期限最长不得超过6个月；

（四）发生标的证券暂停交易，未确定恢复交易日或恢复交易日在融资融券债务到期日之后的，会员可以与客户约定顺延融资融券期限，也可以约定了结融资融券关系；

（五）发生证券被调整出标的证券范围的，在调整实施前未了结的融资融券关系仍然有效，会员也可以与客户约定提前了结相关融资融券关系；

（六）客户未能按期交足担保物或者到期未偿还融资融券债务的，会员应当根据约定采取强制平仓措施；

（七）会员不得接受其客户将已设定担保或其他第三方权利及被采取查封、冻结等司法措施的证券提交为担保物，同时也不得向其客户借出该类证券。

第四章　融资融券标的证券、可充抵保证金证券及其折算率

一、融资融券标的证券范围

本所将按照“从严到宽、从少到多、逐步扩大”的原则，审核、选取并确定试点初期可作为标的证券的名单，并在每个交易日开市前通过本所网站及交易系统向市场公布。同时，本所可根据市场情况对标的证券的选择标准和名单进行调整并公布。

会员可以根据自身业务经营情况、市场状况以及客户资信等因素，自行确定融资标的和融券标的证券范围，但会员向其客户公布的标的证券名单，不得超出本所公布的标的证券范围。

二、可充抵保证金证券范围及其折算率

会员向客户融资、融券，应当向客户收取一定比例的保证金。保证金可以标的证券及本所认可的其他证券充抵。本所可充抵保证金的证券种类包括在本所上市的A股、证券投资基金和债券等，但B股、协议平台单边挂牌债券、专项资产管理计划及一级托管债券除外。本

所在每个交易日开市前通过本所网站及交易系统向市场公布可充抵保证金证券的范围及其折算率。

会员在计算保证金金额时，股票、交易所交易型开放式指数基金（ETF）、封闭式基金以及其他上市债券以证券市值为基准计算，上市开放式基金（LOF）等其他证券投资基金可以以证券市值或净值为基准计算。

会员可以根据流动性、波动性等指标对可充抵保证金的证券确定不同的折算率，但会员公布的可充抵保证金证券的折算率不得高于本所规定的标准。

可充抵保证金证券及折算率详见下表：

可充抵保证金证券品种		折算率
A股	深证100指数成份股	不超过70%
	非深证100指数成份股	不超过65%
	被实行特别处理和暂停上市的A股	0%
基金	交易所交易型开放式指数基金（ETF）	不超过90%
	其他上市基金	不超过80%
债券	国债	不超过95%
	其他上市债券	不超过80%
权证	权证	0%

第五章　融资融券保证金比例、维持担保比例、保证金可用余额

一、融资融券保证金比例

融资融券保证金比例用于控制每笔融资融券交易中融资金额或融券数量与客户所交付保证金的放大倍数，其中：

（一）会员向客户融资供其买入证券时，融资保证金比例不得低于50%。本所认为必要时，可以调整融资保证金比例标准，并向市场公布。会员向其客户公布的融资保证金比例，不得低于本所规定的标准。

（二）会员向客户融券供其卖出时，融券保证金比例不得低于50%。本所认为必要时，可以调整融券保证金比例标准，并向市场公布。会员向其客户公布的融券保证金比例，不得低于本所规定的标准。

二、维持担保比例

会员向客户收取的保证金以及客户融资买入的全部证券和融券卖出所得的全部价款，全部作为客户对会员融资融券所生债务的担保物。会员应当对客户提交的担保物进行整体实时监控，计算其维持担保比例。

客户维持担保比例不得低于130%。当客户维持担保比例低于130%时，会员应当通知客户在2个交易日的期限内追加担保物，且客户追加担保物后的维持担保比例不得低于150%。

维持担保比例超过300%时，会员可以允许客户提取保证金可用余额中的现金或充抵保证金的证券。除本所另有规定以外，客户提取保证金可用余额部分后，其维持担保比例不得低于300%。客户已了结全部融资融券关系的，会员应当允许客户提取其信用账户中的所有资金和证券。

本所认为必要时，可以调整维持担保比例的最低标准。会员可以根据自身业务经营情况、市场状况以及客户资信等因素，针对不同客户自行确定不同的维持担保比例最低标准，但会员向其客户公布的维持担保比例最低标准，不得低于本所规定的标准。

三、保证金可用余额

会员向客户融资、融券时，其客户所使用的保证金不得超过其保证金可用余额。根据《细则》，保证金可用余额是指投资者用于充抵保证金的现金、证券市值及融资融券交易产生的浮盈经折算后形成的保证金总额，减去投资者未了结融资融券交易已用保证金及相关利息、费用的余额。因此，会员在计算客户的保证金可用余额时，除需要考虑客户信用账户中初始提交作为保证金的资金和证券以外，还应当考虑融资买入证券市值与融资买入金额之间以及融券卖出所得资金与融券卖出证券市值之间的盈亏部分。

在计算保证金可用余额时，客户已了结融资融券关系的，涉及的融资买入证券或融券卖出所得资金记入可充抵保证金部分，对于部分了结融资融券关系的，会员可以按比例将涉及的融资买入证券或融券卖出所得资金记入可充抵保证金部分。

第六章　融资融券业务数据申报

一、申报内容

会员应当建立融资融券业务数据和信息报送制度，指定专人负责有关数据、信息的统计与复核，应当确保向本所报送的数据、信息真实、准确、完整、及时。会员应当于每个交易日 22:00 前通过交易通信系统向本所报送当日各标的证券融资融券业务数据。

会员报送的融资融券业务数据应当包括以下内容：

（一）证券代码；

（二）前一交易日融资余额；

（三）当日融资买入金额；

（四）当日融资偿还金额；

（五）前一交易日融券余量；

（六）当日融券卖出数量；

（七）当日买券还券数量；

（八）当日现券偿还数量；

（九）当日融资强制平仓金额；

（十）当日融券强制平仓数量；

（十一）当日融资余额；

（十二）当日融券余量对应金额；

（十三）本所要求报送的其他数据。

二、计算公式说明

当日融资余额 = 前一交易日融资余额 + 当日融资买入金额 − 当日融资偿还金额。当日融资买入金额 = 当日融资买入成交数量 × 成交价格；当日融资偿还金额应为扣除交纳交易印花税和佣金及融资费用后实际了结的融资合约数量。

当日融券余量对应金额 = 当日融券余量 × 相关证券当日收盘价；当日融券余量 = 前一交易日融券余量 + 当日融券卖出数量 − 当日融券买入数量（包括买券还券数量和融券强制平仓数量）− 当日现券偿还数量。

申报数据中的“前一交易日融券余量”应与前一交易日申报的“当日融券余量对应金额”还原后的当日融券余量相等，但在当日发生因送红股而除权的情形下，两者不相等，其计算方法如下：

对于未实行T+1日DVP交收的证券，结算公司于股权登记日（R日）下午收市后进行权益分派到账处理：证券公司于R+1日除权：证券公司在R日完成融资融券余额数据申报后，应对融券余量大于0的客户进行记借红股处理（例如，某客户融券100股，送股比例为每10股送1股，则将该客户记借100股调整为记借110股，计算结果精确至股或份），于R+1日申报的“前一交易日融券余量”=所有融券客户记借红股处理后的融券数量总计=R日的融券余量+记借红股总量。

对于实行T+1日DVP交收的证券，证券于R日除权，结算公司于R日下午收市后进行权益分派到账处理：证券公司在R-1日完成融资融券余额数据申报后，应对融券余量大于0的客户进行记借红股处理（例如，某客户融券100股，送股比例为每10股送1股，则将该客户记借100股调整为记借110股，计算结果精确至股或份），于R日申报的“前一交易日融券余量”=所有融券客户记借红股处理后的融券数量总计=R-1日的融券余量+记借红股总量。

三、余券处理

由于本所《交易规则》对买入数量单位的限制，在融券合约数量有零股的情况下，可能造成融券买入（包括买券还券和融券强制平仓）的数量超过融券余量的情况，此时需进行退券（余券返还）处理。为真实反映市场融券业务的实际情况，并统一申报数据口径，对融资融券余额申报数据中融券相关字段增加以下要求：

如当日买券还券、融券强制平仓发生数量分别或累计超过其应了结的融券合约数量，融券余量应申报实际了结掉的融券合约数量。超出融券合约数量部分的退券视为修正处理，不纳入申报数据。

四、数据处理

融资强制平仓中，允许会员处置客户信用交易担保证券账户中的任何担保物，并用所得资金了结深市融资合约。对于会员用处置A证券所得资金了结深市B证券融资合约的，该合约了结金额纳入融资强制平仓偿还金额，但与强制卖出B证券直接了结合约不同，属于以现金方式了结。

会员在报送本章第一条规定的申报内容第（三）、（六）项数据时，应当与当天交易数据一致，其他项目应当为实际发生的数量，不应包含佣金、交易经手费等费用或退款、退券的部分。在报送金额类数据时，计算过程中应精确至0.001元，最终计算结果精确至1元。

如某标的证券前日融资余额、融券余量都为零，且当日无融资融券业务发生，则无须申报该标的证券。但会员报送的汇总记录（证券代码为“999999”）中应当包含所有标的证券，报送记录按证券代码由小到大排序。

当某证券被调出标的证券范围时，会员仍需继续申报该证券的业务数据，直至该证券相关业务全部了结。

五、数据未申报或申报错误

会员当日在规定时间有多次申报的，本所以其最后一次报送的数据为准。会员当日未在规定时间申报数据的，本所按其当日无融资融券交易进行数据统计和对外披露。

（一）应急申报

应急申报仅在以下三种情况使用，启动后应当于次一交易日7:00前通过“会员网上业务专区”中的“公文及报表上传”栏目下的“融资融券数据报送”子栏目，将正确的数据（全量数据）以DBF文件格式上传，上传时应完整填写各项内容：

1. 因技术系统、通信系统故障等特殊原因，导致当日无法在规定时间申报数据；

2. 申报数据存在重大错误的；

3. 本所稽核发现会员当日申报数据发生错误，并且当日发生标的证券融资余额（融券余量）达到该证券上市可流通市值（可流通量）的25%（或降低至20%）时。

对于上述情况，本所将通过短信通知会员融资融券业务联系人。该联系人应当立即核实是否确实存在上述问题。

（二）非应急申报

非应急情况下的未按时申报数据或者申报数据存在错误的，应当于次一交易日15:00前以书面形式向本所报告，并应通过“会员网上业务专区”中的“公文及报表上传”栏目下的“公文上传”子栏目，将正确的数据（全量数据）以DBF文件格式上传。上传文件以“××证券×年×月×日融资融券正确数据”作为标题。该数据仅供监管使用，不影响已经披露的数据。

各会员应仔细区分不同情况下的数据申报途径，对数据严重错报、漏报的会员，本所将采取相应的监管措施或者纪律处分措施。

第七章　融资融券业务信息报告

一、每月融资融券业务信息报告

会员应当在每一月份结束后10个工作日内通过本所“会员网上业务专区”，以“公文上传”的方式，向本所报告以下融资融券业务情况：

（一）向客户公布的标的证券名单、可充抵保证金证券名单及其折算率；

（二）已开通融资融券业务客户的数量；

（三）对全体客户和前十名客户的融资和融券信息；

（四）强制平仓的客户数量、强制平仓的标的证券及交易金额；

（五）有关风险控制指标值，根据《证券公司风险控制指标管理办法》，包括但不限于以下指标值：

1. 会员对单一客户融资规模与净资本的比例前五名的客户；

2. 会员对单一客户融券规模与净资本的比例前五名的客户；

3. 会员对单一客户融资业务规模超过净资本5%的情况；

4. 会员对单一客户融券业务规模超过净资本5%的情况；

5. 会员接受单只担保证券的市值超过该股票总市值20%的情况。

（六）融资融券业务盈亏状况；

（七）本所要求的其他信息。

具体文件格式由本所另行通知。

二、客户特定证券卖出情况月报

根据《管理办法》第十八条的规定，客户融券期间，其本人或关联人卖出与所融入证券相同的证券的，客户应当自该事实发生之日起3个交易日内向证券公司申报。会员应当将客户申报的情况以书面报告形式在每一月份结束后10个工作日内通过本所“会员网上业务专区”，以“公文上传”的方式报送本所。

第八章　融资融券违约记录申报

会员应当建立客户档案管理制度，对资信不良、有违约记录的融资融券客户，会员应当记录在案，并应在每个交易日22:00前通过交易通信系统向本所报送有关融资融券违约记录数据。

会员报送的融资融券违约记录数据包括以下内容：

（一）会员名称；

（二）违约客户证券账户；

（三）违约客户姓名；

（四）违约客户身份证明文件号码；

（五）违约金额；

（六）违约类别；

（七）违约记录申报类别；

（八）本所要求报送的其他数据。

上述报送数据中，违约类别包括四类：一是客户未按规定补足担保物；二是合约期满客户未清偿债务；三是客户提供虚假信息；四是会员与客户发生司法纠纷。违约记录申报类别包括：新增、撤销和结案。

例如，客户当日出现合约期满未清偿债务，则当日应将该条记录按照新增类别进行申报。三日后该客户清偿债务，则应按照结案类别进行申报。客户违约持续期间可以不用每日申报该条记录。一月后该客户又出现合约期满未清偿债务，则应再次按照新增类别进行申报。以此类推。

会员当日无违约记录的，应申报零记录文件。会员当日在规定时间（每个交易日22:00）前有多次申报的，本所以会员最后一次报送的数据为准。会员当日遗漏部分记录的，应当将其与次日申报的违约记录一并补报。本所对各会员申报的融资融券违约记录数据进行汇总，并通过交易通信系统将汇总数据自动定向发送至相关会员。

第九章　其他事项

一、客户信用证券账户开通创业板交易权限

会员应客户要求为客户的信用证券账户开通创业板交易权限的，应当遵守本所创业板适当性管理的相关要求：

（一）如果客户开立的普通证券账户已经开通创业板交易权限的，则可以直接为该信用证券账户开通创业板交易权限，不需要再次签署风险揭示书，但应当于次日将该信用证券账户的创业板交易权限开通信息向中国结算公司深圳分公司报送。该信用证券账户报送信息中有关创业板风险揭示书的签署日期和签署类别应分别与其普通证券账户的签署日期和签署类别一致；

（二）如果客户开立的普通证券账户已办理创业板交易权限开通手续，但尚未达开通时限的，不需要再次签署风险揭示书，除了应当于次日将该信用证券账户的创业板交易权限开通信息向中国结算公司深圳分公司报送外，会员还应当确保该信用证券账户的创业板交易权限与其普通证券账户的创业板交易权限同日开通。该信用证券账户报送信息中有关创业板风险揭示书的签署日期和签署类别应分别与其普通证券账户的签署日期和签署类别一致；

（三）如果客户开立的普通证券账户未办理创业板交易权限开通手续，会员应当与客户签订创业板风险揭示书，次日将该信用证券账户创业板交易权限开通信息及时向中国结算公司深圳分公司报送，并在2日或5日后为其开通创业板交易权限。

二、专用EKey申请

（一）网络投票专用EKey

根据《管理办法》的规定，会员客户信用交易担保证券账户内证券的投票权由会员行使，但会员应当在投票前采取有效措施征求客户的投票意见。为保证会员能够在本所的网络投票系统中实现根据投资者“赞成”、“反对”、“弃权”的实际情况进行分类投票的功能，会员可以在申请设立融资融券专用交易单元的同时向本所CA中心申请网络投票专用EKey，联系电话：0755－25918485。

（二）会员网上业务专区EKey

会员根据本所相关规定需通过“会员网上业务专区”报送融资融券相关数据和信息的，可以使用会员已申请的EKey登录，确有必要的也可向本所CA中心申请新的专用EKey。

关于开展证券公司融资融券业务试点工作的指导意见

（2010 年 1 月 22 日　证监会公告［2010］3 号）

为做好证券公司融资融券业务试点工作，根据《证券公司监督管理条例》（以下简称《监管条例》）、《证券公司融资融券业务试点管理办法》（证监发［2006］69 号，以下简称《试点办法》）及相关规定，结合当前试点需要，现将有关事项公告如下：

一、证券公司开展融资融券业务，按照“试点先行、逐步推开”的步骤有序进行。符合《试点办法》和本文规定条件的证券公司可以根据自身业务能力和准备情况提出试点申请，我会将根据证券公司净资本规模、合规经营情况、风险控制指标以及中国证券业协会组织的试点实施方案专业评价结果和上海、深圳证券交易所、中国证券登记结算公司组织的技术系统全网测试结果，择优确定首批试点证券公司。我会将根据市场情况和试点效果，审慎稳妥地扩大试点范围，有序推开，使之逐步成为证券公司的常规业务。

二、首批申请试点的证券公司，应当符合《试点办法》的规定和以下条件：

1. 最近 6 个月净资本均在 50 亿元以上。

2. 最近一次证券公司分类评价为 A 类。

3. 具备开展融资融券业务所需的自有资金和自有证券，自有资金占净资本的比例相对较高。

4. 已开发完成融资融券业务交易结算系统，并通过了证券交易所、证券登记结算公司组织的全网测试。

5. 融资融券业务试点实施方案通过了中国证券业协会组织的专业评价。

6. 客户交易结算资金第三方存管有效实施，账户开立、管理规范，客户资料完整真实，建立了以“了解自己的客户”和“适当性服务”为核心的客户分类管理和服务体系。未出现客户资产被挪用等侵害客户权益的情形，未因公司原因出现群体性事件、恶性个案或导致客户频繁上访、群访，以及频繁发生信息安全事故或发生信息安全重大事故。

7. 我会规定的其他条件。

我会将严格按照《监管条例》、《试点办法》及上述条件，对首批证券公司申请开展融资融券业务进行审批。成熟一家，批准一家。

三、根据《行政许可法》和我会有关行政许可实施程序规定，我会制定并公示《证券公司融资融券业务试点行政许可申报材料目录及内容要求》。符合条件的证券公司可按规定向我会提交申报材料，同时抄报证券公司住所地证监局。

四、各证监局应当根据现场检查、非现场检查及其他日常监管工作，对辖区内申请融资融券业务试点证券公司的客户资产安全、技术系统建设、账户规范、内部管理、风险控制制度以及合规情况出具监管意见，说明其是否符合审慎监管要求。

试点工作启动实施后，有关证监局还应跟踪试点公司业务动态，及时发现新情况、新问题，密切监测试点公司净资本等各项风控指标，督促试点公司切实做好投资者教育、客户管理和风险防范工作。

五、实行证券公司融资融券业务试点实施方案的专业评价制度。我会委托中国证券业协会组织专家对证券公司融资融券业务试点实施方案进行专业评价。证券公司在提出试点申请前，应按照相关规定向中国证券业协会提交融资融券业务试点实施方案，评价专家小组由中国证券业协会聘请证券交易所、证券登记结算公司和部分熟悉融资融券业务流程、技术系统和风险控制要求的专业人士组成。

专业评价主要针对试点实施方案的科学性、合理性、完整性和可操作性进行评价，主要内容包括业务决策与授权体系、业务开展计划与主要业务环节、业务隔离与风险监控、业务技术系统、业务合同和风险揭示书、客户管理和投资者教育等。专业评价的标准、程序和形式都应遵循客观公正的原则制定和实施。

六、证券交易所、证券登记结算公司和证券业协会要认真做好证券公司融资融券业务试点的相关工作，加强对融资融券试点的业务指导和自律管理。

证券交易所应当按照有关实施细则，科学分析筛选融资融券业务标的证券，合理确定标的证券和可充抵保证金证券的范围和名单并适时公布；要进一步做好融资融券交易结算系统的测试工作，维护试点启动后融资融券交易安全可靠运行；重视融资融券交易风险监控和预警工作，加强前端监控，认真做好盘中实时监控和盘后分析，及时监测和提示风险。

证券登记结算公司要做好证券公司融资融券业务试点信用证券账户体系建设的各项工作，维护融资融券业务试点开户、结算及其相关的监测过程及时、准确、顺畅。

证券业协会要加强对试点证券公司融资融券业务的自律管理，督促试点证券公司做好融资融券业务风险揭示和投资者教育工作，组织做好证券公司融资融券业务试点实施方案的专业评价。

七、首批证券公司融资融券业务试点取得成效后，我会将适时逐步放宽试点的条件，兼顾不同类型和不同地区的证券公司，分期分批地扩大试点范围。最近一次证券公司分类评价为 B 类以上、净资本充足的证券公司可以根据自身实际情况，按照《试点办法》的要求进行相应准备。在扩大试点范围前，我会另行公告相关的条件和标准。

八、试点证券公司应加强客户的准入管理，审慎设定申请融资融券业务客户的资质条件和资产“门槛”，对金融资产达到一定数额，具备一定的证券投资经验和相应风险承担能力，了解熟悉相关业务规则的客户提供融资融券业务服务；明确对申请融资融券业务客户在本公司开户时间的具体规定，只对符合开户时间要求的现有客户提供融资融券业务服务；可根据市场和客户情况，适当提高融资融券业务初始保证金比例，降低可充抵保证金证券的折算率。试点初期，相关风险控制措施应从严掌握。

试点证券公司应当按照《试点办法》及内部控制指引的要求，制定本公司的各项业务管理规定，审慎确定本公司融资融券业务试点的各项风险控制指标和业务指标，审慎开展融资融券业务，遵守交易规则，符合监管要求，防范业务风险。试点期间，开展融资融券业务的证券公司在按规定扣减净资本的同时，还应按照不低于融资融券业务规模 50% 的比例计算业务风险资本准备；应当严格遵守使用自有资金和自有证券从事融资融券业务的要求，用于融券业务的自有证券必须是金融资产科目内“可供出售金融资产”项目下的标的证券；应当在证券交易所规定的范围内，审慎确定本公司的标的证券和可充抵保证金证券名单；应当维护行业有序竞争，合理规定本公司融资融券业务客户授信额度、期限、融资利率和融券费率；应当建立完备的融资融券业务风险识别、评估与控制体系，设置好各项风险控制预警指标，明确规定与平仓相关的各项风险控制措施，确保风险可测、可控、可承受；应当严格履行信息报告制度和信息披露制度，保证各项业务信息的公开、透明、及时。

九、试点证券公司应当高度重视、认真做好融资融券业务客户适当性管理、投资者教育和维护稳定工作。要了解客户的身份、财产与收入状况、证券投资经验和风险偏好，进行客户筛选，防止风险承担能力和投资经验不足的客户介入融资融券业务。要与客户签订真实有效的融资融券合同及融资融券交易风险揭示书，明确、客观地向客户告知参与融资融券业务的权利、义务和责任，向客户说明交存的保证金、融资买入的全部证券和融券卖出的全部资金，均为对证券公司的担保物。要严格执行信用证券账户和信用资金账户的开户管理规定，持续管理客户资信记录，对融资融券业务客户资信状况和风险承担能力及时进行监测。要组织以风险揭示和业务操作为主的投资者教育宣传活动，分层次、多渠道对客户普及业务知识，宣传相关政策法规，提示业务风险。要建立有效的客户纠纷处理机制，完善突发事件应急处置工作制度。

十、我会将会同有关部门加大对非法融资活动的打击力度。禁止任何机构和个人未经批准开展融资融券业务，严肃查处证券市场各类非法融资融券活动，保护投资者合法权益，保障融资融券业务规范有序发展。

中国证券业协会关于发布《融资融券合同必备条款》和《融资融券交易风险揭示书必备条款》的通知

（2006年9月5日　中证协发［2006］289号）

各证券公司：

为适应开展融资融券业务试点的需要，规范融资融券合同内容，保护证券公司与客户双方的合法权益，根据《证券公司融资融券业务试点管理办法》、《证券公司融资融券业务试点内部控制指引》等规定，我会组织业内制订了《融资融券合同必备条款》和《融资融券交易风险揭示书必备条款》（以下统称《必备条款》），经中国证监会核准，现予发布。现将有关事项通知如下：

一、融资融券合同是证券公司与客户据以建立法律关系，约定权利义务，开展融资融券业务活动，明确争议解决方式的法律文件。开展融资融券业务试点的证券公司（以下简称试点证券公司），应当严格按照《必备条款》的规定，制订本公司融资融券合同的标准文本，对在融资融券过程中可能发生的事项加以明确约定；标准文本可以按融资合同、融券合同分别制订，也可以按融资融券合同统一制订。

二、试点证券公司可以根据中国证监会、证券交易所、证券登记结算机构的有关规定和融资融券业务试点内部管理的实际需要，在制订本公司融资融券合同标准文本时，对《必备条款》的内容做必要增加和补充，也可做文字和条文的变动。但增补、变动内容不得与《必备条款》的规定相抵触。

三、试点证券公司制订的融资融券合同标准文本应当详细、具体，不得再采取签署补充协议等方式对有关事项加以约定。融资融券合同标准文本在使用前应报我会备案。

四、试点证券公司应按照我会规定的式样，制作融资融券交易所需的客户信用证券账户卡，并交付客户。

附件：1. 融资融券合同必备条款。

　　　2. 融资融券交易风险揭示书必备条款。

　　　3. 客户信用证券账户卡式样（略）。

附件1：

融资融券合同必备条款

第一条 证券公司开展融资融券业务，应当与投资者签订融资融券合同（以下简称合同）。合同应载明当事人姓名、住所等相关信息，包括但不限于：

甲方（指投资者，下同）：姓名（或名称）、住所、法定代表人姓名、公司营业执照/个人身份证件号码、联系方式等。

乙方（指证券公司，下同）：名称、住所、法定代表人、联系方式等。

第二条 合同应载明订立合同的目的和依据。

第三条 合同应对融资融券交易所涉及的信用账户、融资与融券交易、担保物、保证金比例、维持担保比例、强制平仓等专业术语进行解释或定义。

第四条 合同应载明甲乙双方的声明与保证，包括但不限于：

（一）甲方具有合法的融资融券交易主体资格，不存在法律、行政法规、规章及其他规范性文件等禁止或限制从事融资融券交易的情形。乙方是依法设立的证券经营机构，并经中国证监会批准（载明批准文件名称及文号），具有从事融资融券业务的资格。

（二）甲乙双方均自愿遵守有关法律、行政法规、规章及其他规范性文件的规定。

（三）甲乙双方用于融资融券交易的资产（包括资金和证券，下同）来源合法。甲方向乙方提供担保的资产未设定其他担保，不存在任何权利瑕疵。

（四）甲方承诺如实向乙方提供身份证明材料、资信证明文件及其他相关材料，并对所提交的各类文件、资料、信息的真实性、准确性、完整性和合法性负责。甲方同意乙方以合法方式对甲方的资信状况、履约能力进行必要的了解，并同意乙方按照有关规定，向监管部门、中国证券业协会、证券交易所、证券登记结算机构等单位报送甲方的融资融券交易数据、信用证券账户注册资料及其他相关信息。

（五）甲方自行承担融资融券交易的风险和损失，乙方不以任何方式保证甲方获得投资收益或承担甲方投资损失。

（六）甲方承诺未经乙方书面同意，不以任何方式转让本合同项下的各项权利与义务。

第五条 合同应载明开立信用账户的有关内容，包括但不限于：

（一）甲方向乙方申请开立实名信用证券账户，作为乙方“证券公司客户信用交易担保证券账户”的二级账户，用于记载甲方委托乙方持有的担保证券的明细数据。甲方用于一家证券交易所上市证券交易的信用证券账户只能有一个。甲方信用证券账户与其普通证券账户的姓名或名称应当一致。

（二）甲方按照有关规定在商业银行开立实名信用资金账户，作为乙方“证券公司客户信用交易担保资金账户”的二级账户，用于记载甲方交存的担保资金的明细数据。甲方只能开立一个信用资金账户。

第六条 合同应约定融资融券特定的财产信托关系，具体如下：

（一）信托目的。甲方自愿将保证金（含充抵保证金的有价证券，下同）、融资买入的全部证券和融券卖出所得全部资金以及上述资金、证券所生孳息等转移给乙方，设立以乙方为受托人、甲方与乙方为共同受益人、以担保乙方对甲方的融资融券债权为目的的信托。

（二）信托财产范围。上述信托财产的范围是甲方存放于乙方“证券公司客户信用交易担保证券账户”和“证券公司客户信用交易担保资金账户”内相应的证券和资金，具体金额和数量以乙方“证券公司客户信用交易担保证券账户”和“证券公司客户信用交易担保资金账户”实际记录的数据为准。

（三）信托的成立和生效。自甲乙双方签订合同之日起，甲方对乙方“证券公司客户信用交易担保证券账户”和“证券公司客户信用交易担保资金账户”内相应证券和资金设定的信托成立。信托成立日为信托生效日。

（四）信托财产的管理。上述信托财产由乙方作为受托人以自己的名义持有，与甲、乙双方的其他资产相互独立，不受甲方或乙方其他债权、债务的影响。

（五）信托财产的处分。乙方享有信托财产的担保权益，甲方享有信托财产的收益权，甲方在清偿融资融券债务后，可请求乙方交付剩余信托财产。甲方未按期交足担保物或到期未偿还融资融券债务时，乙方有权采取强制平仓措施，对上述信托财产予以处分，处分所得优先用于偿还甲方对乙方所负债务。

（六）信托的终止。自甲方了结融资融券交易，清偿完所负融资融券债务并终止合同后，甲方以乙方“证券公司客户信用交易担保证券账户”和“证券公司客户信用交易担保资金账户”内相应的证券和资金作为对乙方所负债务的担保自行解除，同时甲乙双方之间信托关系自行终止。

第七条 合同应约定甲方从事融资融券交易的保证金比例及计算公式、保证金可用余额计算公式、可充抵保证金的有价证券范围和折算率、标的证券范围，并载入以下内容：

（一）甲方从事融资融券交易前，应按照乙方的要求提交足额保证金；保证金提交后，乙方向甲方提供融资融券服务。甲方提交的用于充抵保证金的有价证券应符合证券交易所和乙方的规定。

（二）甲方提交的保证金、融资买入的全部证券和融券卖出所得的全部资金及上述资金、证券所产生的孳息等，整体作为担保物，担保乙方对甲方的融资融券债权。

（三）乙方有权根据证券交易所的规定，确定、调整本公司标的证券范围、可充抵保证金有价证券范围及折算率。

（四）当甲方提交的担保物价值与其融资融券债务之间的比例超过证券交易所规定比例时，甲方可以按照证券交易所规定和合同约定，转出超出规定比例部分的担保物。

（五）甲方按照前款规定提取担保物的，应提前两个交易日向乙方提出申请。

第八条 合同应约定甲方从事融资融券交易的信用额度、融资融券期限、融资利率和融券费用及相应的计算公式等事项，并载入以下内容：

（一）融资融券最长期限不超过六个月。期限顺延的，应符合《证券公司融资融券业务试点管理办法》和证券交易所规定的情形；融资融券期限从甲方实际使用资金和证券之日起计算。

（二）融资利率不低于中国人民银行规定的同期金融机构贷款基准利率。融资利息和融券费用按照甲方实际使用资金和证券的天数计算。

第九条 合同应对融资融券交易的主要业务操作环节加以约定，并载入以下内容：

（一）乙方根据甲方的资信状况、担保物价值、履约情况、市场变化、乙方财务安排等因素，综合确定或调整对甲方的授信额度，并向甲方提供融资融券交易所需资金和证券。

（二）甲方应在证券交易所及乙方规定的标的证券范围内进行融资融券交易；甲方发出

的超出乙方规定的标的证券范围的交易指令，乙方有权拒绝执行。

（三）甲方应妥善保管信用账户卡、身份证件和交易密码等资料，不得将信用账户、身份证件、交易密码等出借给他人使用。

（四）乙方为甲方建立融资融券交易明细账，如实记载甲方融资融券交易的情况，供甲方查询。

（五）乙方应对甲方的异常交易行为进行监控并向监管部门、证券交易所报告，按照其要求采取限制甲方相关证券账户交易等措施。

第十条 合同应约定甲方从事融资融券交易的维持担保比例和计算公式、补仓时间、补仓期限、补仓后应达到的维持担保比例以及乙方要求甲方补仓的通知方式。约定内容应当符合证券交易所的有关规定。

第十一条 合同应约定乙方强制平仓的各类情形、平仓开始与停止条件、平仓顺序等事项。合同还可以约定，如甲方逾期偿还债务的，乙方将收取违约金，并明确违约金的计算方式。

合同还应载明，若甲方担保物被全部平仓后，仍不足以偿还甲方对乙方所负债务的，乙方有权向甲方继续追索。

第十二条 合同应约定甲方清偿债务的范围、方式、期限以及债务清偿后信用账户的处理方式等有关事项，并载入以下内容：

（一）甲方应当清偿债务的范围，包括：向乙方借入的资金和证券、融资利息和融券费用、证券交易手续费、违约金及其他相关费用。

（二）甲方可以在约定的融资融券期限届满时偿还对乙方所负债务，也可以在与乙方协商后，提前偿还对乙方所负债务。

（三）甲方从事融资交易的，可以选择卖券还款或直接还款方式偿还对乙方所负债务；甲方卖出证券所得资金，应当首先用于偿还甲方对乙方所负债务。甲方从事融券交易的，可以选择买券还券或直接还券的方式，偿还向乙方融入的证券。

第十三条 合同应约定在融资融券交易期间，当出现可充抵保证金的有价证券范围和折算率调整；保证金比例与维持担保比例调整；标的证券范围调整；标的证券暂停交易或终止上市；乙方被取消或限制融资融券交易权限；司法机关对甲方信用证券账户记载的权益采取财产保全或强制执行措施；甲方信用证券账户记载的权益被继承、财产细分或无偿转让等特殊情况时，对尚未了结的融资融券交易的处理方式。

第十四条 合同应约定融资融券交易所涉及的权益处理事项，包括但不限于：

（一）合同应约定：由乙方以自己的名义，为甲方的利益，按“证券公司客户信用交易担保证券账户”记录的证券，行使对证券发行人的权利。乙方行使对证券发行人的权利，应当事先征求甲方的意见，并按照甲方意见办理。合同还应明确约定乙方征求意见的具体方式。

对证券发行人的权利，是指请求召开证券持有人会议的权利；参加证券持有人会议、提案、表决的权利；配售股份的认购权利；请求分配投资收益的权利等。

（二）合同应约定：以证券形式分配投资收益的，由证券登记结算机构将分派的证券记录在“证券公司客户信用交易担保证券账户”内，并相应变更甲方信用证券账户的明细数据；以现金形式分配投资收益的，由证券登记结算机构将分派的资金划入“证券公司信用交易资金交收账户”；乙方在以现金形式分派的投资收益到账后，通知商业银行对甲方信用资金账户的明细数据进行变更。

（三）合同应约定：甲方融入证券后、归还证券前，证券发行人分配投资收益、向证券持有人配售或者无偿派发证券、发行证券持有人有优先认购权的证券的，甲方在偿还债务时，应当按照合同约定，向乙方支付与所融入证券可得利益相等的证券或资金。合同还应明确约定甲方对乙方进行补偿的具体方式、数量、金额。约定的补偿方式、数量、金额应公平合理。

（四）合同应约定：甲方及其一致行动人通过普通证券账户和信用证券账户持有一家上市公司股票或其权益的数量合计达到规定的比例时，应当依法履行相应的报告、信息披露或者要约收购义务。上述事务由甲方承担办理责任。

第十五条 合同应载明通知与送达的有关事项，包括但不限于：

（一）甲方详细联络方式，例如：通信地址、邮政编码、指定联络人（应当为甲方本人或通过书面授权指定的联络人）、固定电话号码、传真号码、移动电话号码、电子信箱等。合同还应约定，甲方联络方式变更时，通知乙方的方式和时间。

（二）乙方履行各项通知义务的方式，如自行签领书面通知、电子邮件通知、邮寄书面通知、电话通知、公告通知等。合同还应约定，乙方以上述方式发出通知后，间隔多长时间，视为该通知已经送达甲方。

（三）乙方向甲方提供对账服务的方式，如网站或电话交易系统查询、发送电子邮件查询、邮寄对账单查询等。乙方向甲方提供的对账单，应载明如下事项：

1. 甲方授信额度与剩余可用授信额度；

2. 甲方信用账户资产总值、负债总额、保证金比例、保证金可用余额与可提取金额、担保证券市值、维持担保比例；

3. 每笔融资利息与融券费用、偿还期限，融资买入和融券卖出的委托价格、数量、金额。

第十六条 合同应明确载入因火灾、地震等不可抗力；非因乙方自身原因导致的技术系统异常事故；政策法规修改；法律法规规定的其他情形等因素，导致合同任何一方不能及时或完全履行合同，免除其相应责任的条款。

第十七条 合同应约定导致合同终止的各种具体情形，包括但不限于：

（一）甲方死亡或丧失民事行为能力；

（二）甲方被人民法院宣告进入破产程序或解散；

（三）乙方被证券监管机关取消业务资格、停业整顿、责令关闭、撤销；

（四）乙方被人民法院宣告进入破产程序或解散；

（五）其他法定或者约定的合同终止情形。

合同还应约定，出现以上情形时尚未了结的融资融券交易的处理方式。

第十八条 合同应约定适用的法律和争议处理方式（仲裁或诉讼方式选择一种）。

第十九条 合同应明确约定合同成立与生效条件、合同期限、合同份数等事项。

第二十条 合同应明确载明“乙方确认已向甲方说明融资融券交易的风险，不保证甲方获得投资收益或承担甲方投资损失；甲方确认，已充分理解本合同内容，自行承担风险和损失。”

合同还应规定，合同应由甲方本人签署，当甲方为机构投资者时，应由法定代表人或其授权代表人签署。

附件2：

融资融券交易风险揭示书必备条款

各证券公司：

为了使投资者充分了解融资融券交易风险，开展融资融券业务试点的证券公司（以下简称试点证券公司）应制订《融资融券交易风险揭示书》，向投资者充分揭示融资融券交易存在的风险以及因不能及时补交担保物而被强制平仓带来的损失。《融资融券交易风险揭示书》至少应包括下列内容：

一、提示投资者注意融资融券交易具有普通证券交易所具有的政策风险、市场风险、违约风险、系统风险等各种风险，以及其特有的投资风险放大等风险。

二、提示投资者在开户从事融资融券交易前，必须了解所在的证券公司是否具有开展融资融券业务的资格。

三、提示投资者在从事融资融券交易期间，如果不能按照约定的期限清偿债务，或上市证券价格波动导致担保物价值与其融资融券债务之间的比例低于维持担保比例，且不能按照约定的时间、数量追加担保物时，将面临担保物被证券公司强制平仓的风险。

四、提示投资者在从事融资融券交易期间，如果其信用资质状况降低，证券公司会相应降低对其的授信额度，或者证券公司提高相关警戒指标、平仓指标所产生的风险，可能会给投资者造成经济损失。

五、提示投资者在从事融资融券交易期间，如果中国人民银行规定的同期金融机构贷款基准利率调高，证券公司将相应调高融资利率或融券费率，投资者将面临融资融券成本增加的风险。

六、提示投资者在从事融资融券交易期间，如果因自身原因导致其资产被司法机关采取财产保全或强制执行措施，或者出现丧失民事行为能力、破产、解散等情况时，投资者将面临被证券公司提前了结融资融券交易的风险，可能会给投资者造成经济损失。

七、提示投资者在从事融资融券交易期间，如果发生融资融券标的证券范围调整、标的证券暂停交易或终止上市等情况，投资者将可能面临被证券公司提前了结融资融券交易的风险，可能会给投资者造成经济损失。

八、提示投资者在从事融资融券交易期间，证券公司将以《融资融券合同》约定的通知与送达方式及通讯地址，向投资者发送通知。通知发出并经过约定的时间后，将视作证券公司已经履行对投资者的通知义务。投资者无论因何种原因没有及时收到有关通知，都会面临担保物被证券公司强制平仓的风险，可能会给投资者造成经济损失。

九、提示投资者应妥善保管信用账户卡、身份证件和交易密码等资料，如投资者将信用账户、身份证件、交易密码等出借给他人使用，由此造成的后果由投资者承担。

十、除上述九项风险提示外，各试点证券公司还可以根据具体情况在本公司制订的《融资融券交易风险揭示书》中对融资融券交易存在的风险做进一步列举。

风险揭示书应以醒目的文字载明：

本风险揭示书的揭示事项仅为列举性质，未能详尽列明融资融券交易的所有风险和可能影响上市证券价格的所有因素。投资者在参与融资融券交易前，应认真阅读相关业务规则及《融资融券合同》条款，并对融资融券交易所特有的规则必须有所了解和掌握，并确信自己已做好足够的风险评估与财务安排，避免因参与融资融券交易而遭受难以承受的损失。

各试点证券公司还应要求每个投资者在《融资融券交易风险揭示书》上签字，确认已知晓并理解《融资融券交易风险揭示书》的全部内容，愿意承担融资融券交易的风险和损失。

上海证券交易所融资融券交易试点实施细则

（2006年8月21日 上海证券交易所）

第一章 总 则

第一条 为规范融资融券交易行为，维护证券市场秩序，保护投资者合法权益，根据《证券公司融资融券业务试点管理办法》和本所相关业务规则，制定本细则。

第二条 本细则所称融资融券交易，是指投资者向具有上海证券交易所（以下简称“本所”）会员资格的证券公司（以下简称“会员”）提供担保物，借入资金买入本所上市证券或借入本所上市证券并卖出的行为。

第三条 在本所进行融资融券交易，适用本细则。本细则未作规定的，适用《上海证券交易所交易规则》和本所其他相关规定。

第二章 业务流程

第四条 会员申请本所融资融券交易权限的，需向本所提交书面申请报告及以下材料：

（一）中国证券监督管理委员会（以下简称“证监会”）颁发的批准从事融资融券业务的《经营证券业务许可证》或其他有关批准文件；

（二）融资融券业务试点实施方案、内部管理制度的相关文件；

（三）负责融资融券业务的高级管理人员与业务人员名单及其联系方式；

（四）本所要求提交的其他材料。

第五条 会员参与本所融资融券交易，应按照有关规定开立融券专用证券账户、客户信用交易担保证券账户、融资专用资金账户及客户信用交易担保资金账户，并在开户后3个交易日内报本所备案。

第六条 会员在向客户融资、融券前，应当按照有关规定与客户签订融资融券合同及风险揭示书，并为其开立信用证券账户和信用资金账户。

第七条 投资者在本所进行融资融券交易，应当按照有关规定选定一家会员为其开立一个信用证券账户。

信用证券账户的开立和注销，根据会员和本所指定登记结算机构的有关规定办理。

第八条 会员被取消融资融券交易权限的，应当根据约定与其客户了结有关融资融券关系，并不得发生新的融资融券业务。

第九条 会员接受客户融资融券交易委托，应当按照本所规定的格式申报，申报指令应包括客户的信用证券账户号码、席位代码、标的证券代码、买卖方向、价格、数量、融资融券标识等内容。

第十条 融资买入、融券卖出的申报数量应当为100股（份）或其整数倍。

第十一条 融券卖出的申报价格不得低于该证券的最新成交价；当天没有产生成交的，申报价格不得低于其前收盘价。低于上述价格的申报为无效申报。

融券期间，投资者通过其所有或控制的证券账户持有与融券卖出标的相同证券的，卖出该证券的价格应遵守前款规定，但超出融券数量的部分除外。

第十二条 投资者融资买入证券后，可通过卖券还款或直接还款的方式向会员偿还融入资金。

卖券还款是指投资者通过其信用证券账户申报卖券，结算时卖出证券所得资金直接划转至会员融资专用账户的一种还款方式。

以直接还款方式偿还融入资金的，具体操作按照会员与客户之间的约定办理。

第十三条 投资者融券卖出后，可通过买券还券或直接还券的方式向会员偿还融入证券。

买券还券是指投资者通过其信用证券账户申报买券，结算时买入证券直接划转至会员融券专用证券账户的一种还券方式。

以直接还券方式偿还融入证券的，按照会员与客户之间约定以及本所指定登记结算机构的有关规定办理。

第十四条 投资者卖出信用证券账户内证券所得价款，须先偿还其融资欠款。

第十五条 未了结相关融券交易前，投资者融券卖出所得价款除买券还券外不得他用。

第十六条 投资者在本所从事融资融券交易，融资融券期限不得超过6个月。

第十七条 会员融券专用证券账户不得用于证券买卖。

第十八条 投资者信用证券账户不得买入或转入除担保物和本细则所述标的证券范围以外的证券，不得用于从事本所债券回购交易。

第十九条 融资融券暂不采用大宗交易方式。

第二十条 投资者未能按期交足担保物或者到期未偿还融资融券债务的，会员应当根据约定采取强制平仓措施，处分客户担保物，不足部分可以向客户追索。

第二十一条 会员根据与客户的约定采取强制平仓措施的，应按照本所规定的格式申报强制平仓指令，申报指令应包括客户的信用证券账户号码、席位代码、标的证券代码、买卖方向、价格、数量、平仓标识等内容。

第三章 标的证券

第二十二条 在本所上市交易的下列证券，经本所认可，可作为融资买入或融券卖出的标的证券（以下简称“标的证券”）：

（一）符合本细则第二十三条规定的股票；

（二）证券投资基金；

（三）债券；

（四）其他证券。

第二十三条 标的证券为股票的，应当符合下列条件：

（一）在本所上市交易满三个月；

（二）融资买入标的股票的流通股本不少于1亿股或流通市值不低于5亿元，融券卖出标的股票的流通股本不少于2亿股或流通市值不低于8亿元；

（三）股东人数不少于4 000人；

（四）近三个月内日均换手率不低于基准指数日均换手率的20%，日均涨跌幅的平均值与基准指数涨跌幅的平均值的偏离值不超过4个百分点，且波动幅度不超过基准指数波动幅度的500%以上；

（五）股票发行公司已完成股权分置改革；

（六）股票交易未被本所实行特别处理；

（七）本所规定的其他条件。

第二十四条 本所按照从严到宽、从少到多、逐步扩大的原则，根据融资融券业务试点的进展情况，从满足前条规定的证券范围内审核、选取并确定试点初期标的证券的名单，并向市场公布。

本所可根据市场情况调整标的证券的选择标准和名单。

第二十五条 会员向其客户公布的标的证券名单，不得超出本所规定的范围。

第二十六条 标的证券暂停交易，融资融券债务到期日仍未确定恢复交易日或恢复交易日在融资融券债务到期日之后的，融资融券的期限顺延。会员与其客户可以根据双方约定了结相关融资融券交易。

第二十七条 标的股票交易被实施特别处理的，本所自该股票被实施特别处理当日起将其调整出标的证券范围。

第二十八条 标的证券进入终止上市程序的，本所自发行人作出相关公告当日起将其调整出标的证券范围。

第二十九条 证券被调整出标的证券范围的，在调整实施前未了结的融资融券合同仍然有效。会员与其客户可以根据双方约定提前了结相关融资融券交易。

第四章 保证金和担保物

第三十条 会员向客户融资、融券，应当向客户收取一定比例的保证金。保证金可以标的证券以及本所认可的其他证券充抵。

第三十一条 充抵保证金的有价证券，在计算保证金金额时应当以证券市值按下列折算率进行折算：

（一）上证 180 指数成份股股票折算率最高不超过 70%，其他股票折算率最高不超过 65%；

（二）交易所交易型开放式指数基金折算率最高不超过 90%；

（三）国债折算率最高不超过 95%；

（四）其他上市证券投资基金和债券折算率最高不超过 80%。

第三十二条 本所遵循审慎原则，审核、选取并确定试点初期可充抵保证金证券的名单，并向市场公布。

本所可以根据市场情况调整可充抵保证金证券的名单和折算率。

第三十三条 会员公布的可充抵保证金证券的名单，不得超出本所规定的范围。

会员可以根据流动性、波动性等指标对充抵保证金的各类证券确定不同的折算率。

会员公布的可充抵保证金证券的折算率，不得高于本所规定的标准。

第三十四条 投资者融资买入证券时，融资保证金比例不得低于 50%。

融资保证金比例是指投资者融资买入时交付的保证金与融资交易金额的比例，计算公式为：

融资保证金比例 = 保证金/（融资买入证券数量买入价格）×100%

第三十五条 投资者融券卖出时，融券保证金比例不得低于 50%。

融券保证金比例是指投资者融券卖出时交付的保证金与融券交易金额的比例，计算公式为：

融券保证金比例 = 保证金/（融券卖出证券数量卖出价格） ×100%

第三十六条 投资者融资买入或融券卖出时所使用的保证金不得超过其保证金可用余额。

保证金可用余额是指投资者用于充抵保证金的现金、证券市值及融资融券交易产生的浮盈经折算后形成的保证金总额，减去投资者未了结融资融券交易已占用保证金和相关利息、费用的余额。其计算公式为：

保证金可用余额 = 现金 + ∑（充抵保证金的证券市值 × 折算率）+ ∑［（融资买入证券市值 - 融资买入金额）× 折算率］+ ∑［（融券卖出金额 - 融券卖出证券市值）× 折算率］- ∑融券卖出金额 - ∑融资买入证券金额 × 融资保证金比例 - ∑融券卖出证券市值 × 融券保证金比例 - 利息及费用

公式中，融券卖出金额 = 融券卖出证券的数量 × 卖出价格，融券卖出证券市值 = 融券卖出证券数量 × 市价，融券卖出证券数量指融券卖出后尚未偿还的证券数量；∑［（融资买入证券市值 - 融资买入金额）× 折算率］、∑［（融券卖出金额 - 融券卖出证券市值）× 折算率］中的折算率是指融资买入、融券卖出证券对应的折算率，当融资买入证券市值低于融资买入金额或融券卖出证券市值高于融券卖出金额时，折算率按 100% 计算。

第三十七条 会员向客户收取的保证金以及客户融资买入的全部证券和融券卖出所得全部资金，整体作为客户对会员融资融券债务的担保物。

第三十八条 会员应当对客户提交的担保物进行整体监控，并计算其维持担保比例。维持担保比例是指客户担保物价值与其融资融券债务之间的比例，计算公式为：

维持担保比例 = （现金 + 信用证券账户内证券市值）/（融资买入金额 + 融券卖出证券数量 × 市价 + 利息及费用）

第三十九条 客户维持担保比例不得低于 130%。

当客户维持担保比例低于 130% 时，会员应当通知客户在约定的期限内追加担保物。前述期限不得超过 2 个交易日。

客户追加担保物后的维持担保比例不得低于 150%。

第四十条 维持担保比例超过 300% 时，客户可以提取保证金可用余额中的现金或充抵保证金的有价证券，但提取后维持担保比例不得低于 300%。本所另有规定的除外。

第四十一条 本所认为必要时，可以调整融资、融券保证金比例及维持担保比例，并向市场公布。

第四十二条 会员公布的融资保证金比例、融券保证金比例及维持担保比例，不得超出本所规定的标准。会员应按照不同标的证券的折算率相应地确定其保证金比例。

第四十三条 投资者不得将已设定担保或其他第三方权利及被采取查封、冻结等司法措施的证券提交为担保物，会员不得向客户借出此类证券。

第五章 信息披露和报告

第四十四条 会员应当于每个交易日 22:00 前向本所报送当日各标的证券融资买入额、融资还款额、融资余额以及融券卖出量、融券偿还量和融券余量等数据。

会员应当保证所报送数据的真实、准确、完整。

第四十五条 本所在每个交易日开市前，根据会员报送数据，向市场公布以下信息：

（一）前一交易日单只标的证券融资融券交易信息，包括融资买入额、融资余额、融券卖出量、融券余量等信息；

（二）前一交易日市场融资融券交易总量信息。

第四十六条 会员应当在每一月份结束后10个工作日内向本所报告该月的下列情况：

（一）融资融券业务客户的开户数量；

（二）对全体客户和前十名客户的融资和融券信息；

（三）客户交存的担保物种类和数量；

（四）强制平仓的客户数量、强制平仓的标的证券及交易金额；

（五）有关风险控制指标值；

（六）融资融券业务盈亏状况；

（七）本所要求的其他信息。

第六章 风险控制

第四十七条 单只标的证券的融资余额达到该证券上市可流通市值的25%时，本所可以在次一交易日暂停其融资买入，并向市场公布。

该标的证券的融资余额降低至20%以下时，本所可以在次一交易日恢复其融资买入，并向市场公布。

第四十八条 单只标的证券的融券余量达到该证券上市可流通量的25%时，本所可以在次一交易日暂停其融券卖出，并向市场公布。

该标的证券的融券余量降低至20%以下时，本所可以在次一交易日恢复其融券卖出，并向市场公布。

第四十九条 本所对市场融资融券交易进行监控。融资融券交易出现异常时，本所可视情况采取以下措施并向市场公布：

（一）调整标的证券标准或范围；

（二）调整可充抵保证金有价证券的折算率；

（三）调整融资、融券保证金比例；

（四）调整维持担保比例；

（五）暂停特定标的证券的融资买入或融券卖出交易；

（六）暂停整个市场的融资买入或融券卖出交易；

（七）本所认为必要的其他措施。

第五十条 融资融券交易存在异常交易行为的，本所可以视情况采取限制相关账户交易等措施。

第五十一条 会员应当按照本所的要求，对融资融券交易进行监控，并主动、及时地向本所报告其客户的异常融资融券交易行为。

第五十二条 本所可根据需要，对会员与融资融券业务相关的内部控制制度、业务操作规范、风险管理措施、交易技术系统的安全运行状况及对本所相关业务规则的执行情况等进行检查。

第五十三条 会员违反本细则的，本所可依据有关规定采取相关监管措施，并可视情况暂停或取消其在本所进行融资或融券交易的权限。

第七章 其他事项

第五十四条 会员通过客户信用交易担保证券账户持有的股票不计入其自有股票，会员无须因该账户内股票数量的变动而履行相应的信息报告、披露或者要约收购义务。

投资者及其一致行动人通过普通证券账户和信用证券账户持有一家上市公司股票或其权益的数量，合计达到规定的比例时，应当依法履行相应的信息报告、披露或者要约收购义务。

第五十五条 客户信用交易担保证券账户记录的证券，由会员以自己的名义，为客户的利益，行使对发行人的权利。会员行使对发行人的权利，应当事先征求客户的意见，并按照其意见办理。

前款所称对发行人的权利，是指请求召开证券持有人会议、参加证券持有人会议、提案、表决、配售股份的认购、请求分配投资收益等因持有证券而产生的权利。

第五十六条 会员客户信用交易担保证券账户内证券的分红、派息、配股等权益处理，按照《证券公司融资融券业务试点管理办法》和本所指定登记结算机构有关规定办理。

第八章 附 则

第五十七条 本细则下列用语具有以下含义：

（一）日均换手率，指过去三个月内标的证券或基准指数每日换手率的平均值；

（二）日均涨跌幅，指过去三个月内标的证券或基准指数每日涨跌幅绝对值的平均值；

（三）波动幅度，指过去三个月内标的证券或基准指数最高价与最低价之差对最高价和最低价的平均值之比；

（四）基准指数，指上证综合指数。

第五十八条 投资者通过上海普通证券账户持有的深圳市场发行上海市场配售股份划转到深圳普通证券账户后，方可作为融资融券交易的担保物。

投资者通过深圳普通证券账户持有的上海市场发行深圳市场配售股份划转到上海普通证券账户后，方可作为融资融券交易的担保物。

第五十九条 依照本细则达成的融资融券交易，其清算交收的具体规则，依照本所指定登记结算机构的规定执行。

第六十条 本细则所称“超过”、“低于”不含本数，“以上”、“以下”、“达到”含本数。

第六十一条 本细则由本所负责解释。

第六十二条 本细则自发布之日起实施。

深圳证券交易所融资融券交易试点实施细则

（2006年8月21日 深圳证券交易所）

第一章 总 则

1.1 为规范融资融券交易行为，维护证券市场秩序，保护投资者的合法权益，根据《证券公司融资融券业务试点管理办法》、《深圳证券交易所交易规则》及其他有关规定，制定本细则。

1.2 本细则所称融资融券交易，是指投资者向具有深圳证券交易所（以下简称“本所”）会员资格的证券公司（以下简称“会员”）提供担保物，借入资金买入本所上市证券或借入本所上市证券并卖出的行为。

1.3 在本所进行的融资融券交易，适用本细则。本细则未做规定的，适用《深圳证券交易所交易规则》和本所其他有关规定。

第二章 业务流程

2.1 会员申请本所融资融券交易权限的，应当向本所提交下列书面文件：

（一）中国证券监督管理委员会（以下简称“证监会”）颁发的获准开展融资融券业务试点的《经营证券业务许可证》及其他有关批准文件；

（二）融资融券业务试点实施方案、内部管理制度的相关文件；

（三）负责融资融券业务的高级管理人员与业务人员名单及其联络方式；

（四）本所要求提交的其他文件。

2.2 会员在本所从事融资融券业务，应当通过融资融券交易专用席位进行。

2.3 会员按照有关规定开立融券专用证券账户、客户信用交易担保证券账户、融资专用资金账户及客户信用交易担保资金账户后，应当在3个工作日内报本所备案。

2.4 会员在向客户融资、融券前，应当按照有关规定与客户签订融资融券合同及融资融券交易风险揭示书，并为其开立信用证券账户和信用资金账户。

2.5 投资者应当按照有关规定选定一家会员为其开立一个信用证券账户，用于在本所进行的融资融券交易。

信用证券账户的开立和注销，根据会员和本所指定登记结算机构有关规定办理。

2.6 会员接受客户的融资融券交易委托后，应当按照本所规定的格式申报，申报指令应包括客户的信用证券账户号码、融资融券交易专用席位代码、证券代码、买卖方向、价格、数量、融资融券相关标识等内容。

2.7 融资买入、融券卖出的申报数量应当为100股（份）或其整数倍。

2.8 融券卖出的申报价格不得低于该证券的最近成交价；当天还没有产生成交的，其申报价格不得低于前收盘价。低于上述价格的申报为无效申报。

投资者在融券期间卖出通过其所有或控制的证券账户所持有与其融入证券相同证券的，

其卖出该证券的价格应当满足前款要求，但超出融券数量的部分除外。

2.9 投资者融资买入证券后，可以通过直接还款或卖券还款的方式向会员偿还融入资金。

以直接还款方式偿还融入资金的，按照会员与客户之间的约定办理。

2.10 投资者融券卖出后，可以通过直接还券或买券还券的方式向会员偿还融入证券。

以直接还券方式偿还融入证券的，按照会员与客户之间约定，以及本所指定登记结算机构的有关规定办理。

2.11 投资者卖出信用证券账户内证券所得价款，须先偿还其融资欠款。

2.12 未了结相关融券交易前，投资者融券卖出所得价款除买券还券外不得另作他用。

2.13 会员与客户约定的融资、融券期限最长不得超过6个月。

2.14 会员融券专用证券账户不得用于证券买卖。

2.15 投资者信用证券账户不得用于买入或转入除担保物及本细则所述标的证券范围以外的证券，不得用于从事本所债券回购交易。

2.16 融资融券交易暂不采用大宗交易方式。

2.17 投资者未能按期交足担保物或者到期未偿还融资融券债务的，会员应当根据约定采取强制平仓措施，处分客户担保物，不足部分可以向客户追索。

2.18 会员根据与客户的约定采取强制平仓措施的，应按照本所规定的格式申报强制平仓指令，申报指令应包括客户的信用证券账户号码、融资融券交易专用席位代码、证券代码、买卖方向、价格、数量、融资强制平仓或融券强制平仓标识等内容。

第三章 标的证券

3.1 在本所上市交易的下列证券，经本所认可，可作为融资买入标的证券和融券卖出标的证券（以下简称“标的证券”）：

（一）符合本细则第3.2条规定的股票；

（二）证券投资基金；

（三）债券；

（四）其他证券。

3.2 标的证券为股票的，应当符合下列条件：

（一）在本所上市交易满三个月；

（二）融资买入标的股票的流通股本不少于1亿股或流通市值不低于5亿元，融券卖出标的股票的流通股本不少于2亿股或流通市值不低于8亿元；

（三）股东人数不少于4 000人；

（四）在过去三个月内没有出现下列情形之一：

1. 日均换手率低于基准指数日均换手率的20%；

2. 日均涨跌幅平均值与基准指数涨跌幅平均值的偏离值超过4%；

3. 波动幅度达到基准指数波动幅度的5倍以上。

（五）股票发行公司已完成股权分置改革；

（六）股票交易未被本所实行特别处理；

（七）本所规定的其他条件。

3.3 本所按照从严到宽、从少到多、逐步扩大的原则，从满足本细则规定的证券范围内，审核、选取并确定试点初期可作为标的证券的名单，并向市场公布。

本所可根据市场情况调整标的证券的选择标准和名单。

3.4 会员向其客户公布的标的证券名单，不得超出本所公布的标的证券范围。

3.5 标的证券暂停交易，未确定恢复交易日或恢复交易日在融资融券债务到期日之后的，融资融券的期限顺延。会员与其客户可以根据双方约定了结相关融资融券关系。

3.6 标的股票交易被实行特别处理的，本所自该股票被实行特别处理当日起将其调整出标的证券范围。

3.7 标的证券进入终止上市程序的，本所自发行人作出相关公告当日起将其调整出标的证券范围。

3.8 证券被调整出标的证券范围的，在调整实施前未了结的融资融券关系仍然有效。会员与其客户可以根据双方约定提前了结相关融资融券关系。

第四章 保证金和担保物

4.1 会员向客户融资、融券，应当向客户收取一定比例的保证金。保证金可以标的证券及本所认可的其他证券充抵。

4.2 充抵保证金的证券，在计算保证金金额时应当以证券市值或净值按下列折算率进行折算：

（一）深证100指数成份股股票的折算率最高不超过70%，非深证100指数成份股股票的折算率最高不超过65%；

（二）交易所交易型开放式指数基金折算率最高不超过90%；

（三）国债折算率最高不超过95%；

（四）其他上市证券投资基金和债券折算率最高不超过80%。

4.3 本所遵循审慎原则，审核、选取并确定试点初期可充抵保证金证券的名单，并向市场公布。

本所可根据市场情况调整可充抵保证金证券的名单和折算率。

4.4 会员公布的可充抵保证金证券的名单，不得超出本所公布的可充抵保证金证券范围。

会员可以根据流动性、波动性等指标对可充抵保证金的各类证券确定不同的折算率，但会员公布的折算率不得高于本所规定的标准。

4.5 投资者融资买入证券时，融资保证金比例不得低于50%。

融资保证金比例是指投资者融资买入证券时交付的保证金与融资交易金额的比例。其计算公式为：

融资保证金比例＝保证金/（融资买入证券数量×买入价格）×100%

4.6 投资者融券卖出时，融券保证金比例不得低于50%。

融券保证金比例是指投资者融券卖出时交付的保证金与融券交易金额的比例。其计算公式为：

融券保证金比例＝保证金/（融券卖出证券数量×卖出价格）×100%

4.7 投资者融资买入或融券卖出时所使用的保证金不得超过其保证金可用余额。

保证金可用余额是指投资者用于充抵保证金的现金、证券市值及融资融券交易产生的浮盈经折算后形成的保证金总额，减去投资者未了结融资融券交易已用保证金及相关利息、费用的余额。其计算公式为：

保证金可用余额 = 现金 + Σ（充抵保证金的证券市值 × 折算率）+ Σ［（融资买入证券市值 − 融资买入金额）× 折算率］+ Σ［（融券卖出金额 − 融券卖出证券市值）× 折算率］− Σ融券卖出金额 − Σ融资买入证券金额 × 融资保证金比例 − Σ融券卖出证券市值 × 融券保证金比例 − 利息及费用

公式中，融券卖出金额 = 融券卖出证券的数量 × 卖出价格，融券卖出证券市值 = 融券卖出证券数量 × 市价，融券卖出证券数量指融券卖出后尚未偿还的证券数量；Σ［（融资买入证券市值 − 融资买入金额）× 折算率］、Σ［（融券卖出金额 − 融券卖出证券市值）折算率］中的折算率是指融资买入、融券卖出证券对应的折算率，当融资买入证券市值低于融资买入金额或融券卖出证券市值高于融券卖出金额时，折算率按 100% 计算。

4.8　会员向客户收取的保证金以及客户融资买入的全部证券和融券卖出所得的全部价款，整体作为客户对会员融资融券所生债务的担保物。

4.9　会员应当对客户提交的担保物进行整体监控，并计算其维持担保比例。维持担保比例是指客户担保物价值与其融资融券债务之间的比例。其计算公式为：

维持担保比例 =（现金 + 信用证券账户内证券市值总和）/（融资买入金额 + 融券卖出证券数量 × 当前市价 + 利息及费用总和）

4.10　客户维持担保比例不得低于 130%。

当客户维持担保比例低于 130% 时，会员应当通知客户在约定的期限内追加担保物。前述期限不得超过 2 个交易日。

客户追加担保物后的维持担保比例不得低于 150%。

4.11　维持担保比例超过 300% 时，客户可以提取保证金可用余额中的现金或充抵保证金的证券，但提取后维持担保比例不得低于 300%。本所另有规定的除外。

4.12　本所认为必要时，可以调整融资、融券保证金比例及维持担保比例的最低标准，并向市场公布。

4.13　会员公布的融资、融券保证金比例及维持担保比例的最低标准，不得低于本所规定的标准。会员公布的标的证券的保证金比例应与其折算率相匹配。

4.14　投资者不得将已设定担保或其他第三方权利及被采取查封、冻结等司法措施的证券提交为担保物，会员不得向客户借出此类证券。

第五章　信息披露和报告

5.1　本所在每个交易日开市前，根据会员报送数据，向市场公布下列信息：

（一）前一交易日单只标的证券融资融券交易信息，包括融资买入额、融资余额、融券卖出量、融券余量等信息。

（二）前一交易日市场融资融券交易总量信息。

5.2　会员应当于每个交易日 22:00 前向本所报送当日各标的证券融资买入额、融资还款额、融资余额、融券卖出量、融券偿还量以及融券余量等数据。

会员应当保证所报送数据的真实、准确、完整。

5.3　会员应当在每一月份结束后 10 个工作日内向本所报告当月的下列情况：

（一）融资融券业务客户的开户数量；

（二）对全体客户和前十名客户的融资和融券信息；

（三）客户交存的担保物种类和数量；

（四）强制平仓的客户数量、强制平仓的标的证券及交易金额；

（五）有关风险控制指标值；

（六）融资融券业务盈亏状况；

（七）本所要求的其他信息。

第六章 风险控制

6.1 单只标的证券的融资余额达到该证券上市可流通市值的25%时，本所可以在次一交易日暂停其融资买入，并向市场公布。

该标的证券的融资余额降低至20%以下时，本所可以在次一交易日恢复其融资买入，并向市场公布。

6.2 单只标的证券的融券余量达到该证券上市可流通量的25%时，本所可以在次一交易日暂停其融券卖出，并向市场公布。

该标的证券的融券余量降低至20%以下时，本所可以在次一交易日恢复其融券卖出，并向市场公布。

6.3 本所对市场融资融券交易进行监控。融资融券交易出现异常时，本所可视情况采取以下措施并向市场公布：

（一）调整标的证券标准或范围；

（二）调整可充抵保证金有价证券的折算率；

（三）调整融资、融券保证金比例；

（四）调整维持担保比例；

（五）暂停特定标的证券的融资买入或融券卖出交易；

（六）暂停整个市场的融资买入或融券卖出交易；

（七）本所认为必要的其他措施。

6.4 融资融券交易存在异常交易行为的，本所可以视情形采取限制相关证券账户交易等措施。

6.5 会员应当按照本所的要求，对客户的融资融券交易进行监控，并主动、及时地向本所报告其客户的异常融资融券交易行为。

6.6 本所可根据需要，对会员与融资融券业务相关的内部控制制度、业务操作规范、风险管理措施、交易技术系统的安全运行状况及对本所相关业务规则的执行情况等进行检查。

6.7 会员违反本细则的，本所可依据《深圳证券交易所交易规则》的相关规定采取监管措施及给予处分，并可视情形暂停或取消其在本所的融资或融券交易权限。

第七章 其他事项

7.1 会员通过客户信用交易担保证券账户持有的股票不计入其自有股票，会员无须因该账户内股票数量的变动而履行相应的信息报告、披露或者要约收购义务。

投资者及其一致行动人通过普通证券账户和信用证券账户持有一家上市公司股票或其权益的数量，合计达到规定的比例时，应当依法履行相应的信息报告、披露或者要约收购义务。

7.2 对客户信用交易担保证券账户记录的证券，由会员以自己的名义，为客户的利益，行使对发行人的权利。会员行使对发行人的权利，应当事先征求客户的意见，并按照其意见办理。

前款所称对发行人的权利，是指请求召开证券持有人会议、参加证券持有人会议、提案、表决、配售股份的认购、请求分配投资收益等因持有证券而产生的权利。

7.3 会员客户信用交易担保证券账户内证券的分红、派息、配股等权益处理，按照《证券公司融资融券业务试点管理办法》和本所指定登记结算机构有关规定办理。

第八章 附 则

8.1 本细则下列用语具有如下含义：

（1）买券还券，是指客户通过其信用证券账户委托会员买券，在结算时由登记结算机构直接将买入的证券划转至会员融券专用证券账户内的一种还券方式。

（2）卖券还款，是指客户通过其信用证券账户委托会员卖券，在结算时卖出证券所得资金直接划转至会员融资专用账户内的一种还款方式。

（3）日均换手率，是指过去三个月内标的证券或基准指数每日换手率的平均值。

（4）日均涨跌幅，是指过去三个月内标的证券或基准指数每日涨跌幅绝对值的平均值。

（5）波动幅度，是指过去三个月内标的证券或基准指数最高价与最低价之差对最高价和最低价的平均值之比。

（6）基准指数为深证综合指数和中小板指数。

（7）异常交易行为，是指《深圳证券交易所交易规则》第6.1条规定的异常交易行为。

8.2 投资者通过上海普通证券账户持有的深圳市场发行上海市场配售股份划转到深圳普通证券账户后，方可提交作为融资融券交易的担保物。

投资者通过深圳普通证券账户持有的上海市场发行深圳市场配售股份划转到上海普通证券账户后，方可提交作为融资融券交易的担保物。

8.3 依照本细则达成的融资融券交易，其清算交收的具体规则，依照本所指定登记结算机构的规定执行。

8.4 本细则所称“超过”、“低于”、“少于”不含本数，“以上”、“以下”、“达到”含本数。

8.5 本细则由本所负责解释。

8.6 本细则自发布之日起施行。

证券公司融资融券业务试点内部控制指引

（2006 年 6 月 30 日 证监机构字［2006］124 号，2006 年 8 月 1 日实施）

第一条 为指导证券公司建立健全融资融券业务试点的内部控制机制，防范与融资融券业务有关的各类风险，制定本指引。

第二条 证券公司开展融资融券业务试点，应当按照《证券公司内部控制指引》和本指引的规定，建立健全内部控制机制。

第三条 证券公司开展融资融券业务试点，应当建立完备的管理制度、操作流程和风险识别、评估与控制体系，确保风险可测、可控、可承受。

第四条 证券公司应当健全业务隔离制度，确保融资融券业务与证券资产管理、证券自营、投资银行等业务在机构、人员、信息、账户等方面相互分离。

第五条 证券公司应当对融资融券业务实行集中统一管理。融资融券业务的决策和主要管理职责应当由证券公司总部承担。

第六条 证券公司应当建立融资融券业务的决策与授权体系。融资融券业务的决策与授权体系原则上按照董事会——业务决策机构——业务执行部门——分支机构的架构设立和运行。

董事会负责制定融资融券业务的基本管理制度，决定与融资融券业务有关的部门设置及各部门职责，确定融资融券业务的总规模。

业务决策机构由有关高级管理人员及部门负责人组成，负责制定融资融券业务操作流程，选择可从事融资融券业务的分支机构，确定对单一客户和单一证券的授信额度、融资融券的期限和利率（费率）、保证金比例和最低维持担保比例、可充抵保证金的证券种类及折算率、客户可融资买入和融券卖出的证券种类。

业务执行部门负责融资融券业务的具体管理和运作，制订融资融券合同的标准文本，确定对具体客户的授信额度，对分支机构的业务操作进行审批、复核和监督。

分支机构在公司总部的集中监控下，按照公司的统一规定和决定，具体负责客户征信、签约、开户、保证金收取和交易执行等业务操作。

第七条 证券公司融资融券业务的前、中、后台应当相互分离、相互制约，各主要环节应当分别由不同的部门和岗位负责，负责风险监控和业务稽核的部门和岗位应当独立于其他部门和岗位，分管融资融券业务的高级管理人员不得兼管风险监控部门和业务稽核部门。

第八条 证券公司应当加强对分支机构融资融券业务活动的控制，禁止分支机构未经总部批准向客户融资、融券，禁止分支机构自行决定签约、开户、授信、保证金收取等应当由总部决定的事项。

第九条 证券公司应当建立客户选择与授信制度，明确规定客户选择与授信的程序和权限：

（一）制定本公司融资融券业务客户选择标准和开户审查制度，明确客户从事融资融券交易应当具备的条件和开户申请材料的审查要点与程序。

（二）建立客户信用评估制度，根据客户身份、财产与收入状况、证券投资经验、风险偏好等因素，将客户划分为不同类别和层次，确定每一类别和层次客户获得授信的额度、利率或费率。

（三）明确客户征信的内容、程序和方式，验证客户资料的真实性、准确性，了解客户的资信状况，评估客户的风险承担能力和违约的可能性。

（四）记录和分析客户持仓品种及其交易情况，根据客户的操作情况与资信变化等因素，适时调整其授信等级。

第十条 证券公司应当印制并使用融资融券合同标准文本。融资融券合同标准文本的内容应当符合《证券公司融资融券业务试点管理办法》和《融资融券合同必备条款》的规定。

第十一条 证券公司应当在与客户签订融资融券业务合同前，向客户履行以下告知义务：

（一）以书面方式向其提示投资规模放大、对市场走势判断错误、因不能及时补交担保物而被强制平仓等可能导致的投资损失风险。

（二）指定专人向客户讲解融资融券的业务规则、业务流程和合同条款。

（三）告知客户将信用账户出借给他人使用，可能带来法律诉讼风险，提示客户妥善保管信用账户卡、身份证件和交易密码。

第十二条 证券公司应当在与客户签署融资融券业务合同后，按照《证券公司融资融券业务试点管理办法》及证券登记结算机构有关规定，为客户开立实名信用证券账户。

证券公司应当委托第三方存管银行为客户开立实名信用资金账户。

第十三条 证券公司应当在符合有关规定的基础上，根据自身营运成本、市场状况以及客户资信等因素确定融资融券的利率与费率，并在营业场所内公示。

第十四条 证券公司应当在符合有关规定的基础上，确定可充抵保证金的证券的种类及折算率、客户可融资买入和融券卖出的证券的种类、保证金比例和最低维持担保比例，并在营业场所内公示。

第十五条 证券公司应当指定专人实时监控客户担保物价值与客户债务价值及其比例的变动情况，当该比例低于合同约定的最低维持担保比例时，应当按照约定方式及时通知客户补足担保物，并采取必要的措施对通知时间、通知内容等予以留痕。

第十六条 证券公司应当制定强制平仓的业务规则和程序，当客户未按规定补足担保物或到期未偿还债务时，立即强制平仓。平仓所得资金优先用于清偿客户所欠债务，剩余资金记入客户信用资金账户。

强制平仓指令应当由证券公司总部发出，发出平仓指令的岗位和执行平仓指令的岗位不得由同一人兼任，强制平仓的操作应当留痕。

第十七条 证券公司应当建立由总部集中管理的融资融券业务技术系统，对融资融券业务的主要流程实行自动化管理。

证券公司应当建立融资融券业务的集中风险监控系统，系统应当具备业务数据集中管理、融资融券业务总量监控、信用账户分类监控、自动预警等功能，并应当设置必要的开放功能或数据接口，以便监管部门能够及时了解和检查证券公司融资融券业务情况。

第十八条 证券公司应当采取有效措施，保障客户资产的安全：

（一）加强对业务流程、技术系统的管理，防止出现技术故障、操作失误、制度与流程漏洞、员工道德风险等可能影响客户资产安全的问题。

（二）建立健全信用账户的管理和稽核制度，防止资产混用、账户混用、出借账户、虚假账户等问题。

（三）按照约定方式为客户提供对账单，如实向证券登记结算机构、第三方存管银行提供证券、资金明细数据，供客户查询。

（四）客户因自身债权债务原因，导致其资产被冻结、查封、划扣等重大事项时，证券公司应当及时通知客户。

第十九条 证券公司应当加强对融资融券业务的风险监控和业务稽核。风险监控和业务稽核应当覆盖事前、事中、事后的各个环节。

风险监控部门应当对融资融券业务进行实时监控和风险量化分析，对高风险账户比例情况、坏账情况、集中度、账户限额等进行分析评估，提出相应的控制措施，并对与客户签订融资融券合同、审批客户信用额度、强制平仓等重大事项出具意见。

第二十条 证券公司应当建立以净资本为核心的融资融券业务规模监控和调整机制：

（一）根据监管要求和自身财务状况，合理确定向全体客户、单一客户和单一证券的融资、融券的金额占净资本的比例等风险控制指标。

（二）对净资本、流动性、资产负债等主要财务指标进行监测，并根据指标变化情况，及时调整融资融券业务规模。

（三）通过集中风险监控系统实时监控客户融资融券未补仓规模，并通过调整融资融券业务规模使公司净资本等主要财务指标符合监管要求。

第二十一条 证券公司应当按照国家有关规定和监管要求，制定融资融券业务会计处理制度，审慎评估融资融券业务可能带来的坏账风险，在当期足额计提有关损失准备，并在会计报表中充分披露。

第二十二条 证券公司应当建立融资融券业务内部报告制度，明确业务运作、风险监控、业务稽核及其他有关信息的报告路径和反馈机制。

证券公司应当建立融资融券业务的信息报送制度，指定专人负责有关信息的统计与复核，保证向证监会及自律组织报送的信息真实、准确、完整。

第二十三条 证券公司应当建立客户档案管理制度，加强对融资融券业务客户资料的管理。对资信不良、有违约记录的融资融券业务客户，证券公司应当记录在案，并及时向中国证券业协会报告。

第二十四条 本指引自2006年8月1日起施行。

证券公司融资融券业务试点管理办法

（2006 年 6 月 30 日　证监发［2006］69 号，2006 年 8 月 1 日实施）

第一章　总　　则

第一条　为了规范证券公司融资融券业务试点，防范证券公司的风险，保护证券投资者的合法权益和社会公共利益，促进证券交易机制的完善和证券市场平稳健康发展，制定本办法。

第二条　证券公司开展融资融券业务试点，应当遵守法律、行政法规和本办法的规定，加强内部控制，严格防范和控制风险，切实维护客户资产的安全。

本办法所称融资融券业务，是指向客户出借资金供其买入上市证券或者出借上市证券供其卖出，并收取担保物的经营活动。

第三条　证券公司开展融资融券业务试点，必须经中国证券监督管理委员会（以下简称证监会）批准。未经证监会批准，任何证券公司不得向客户融资、融券，也不得为客户与客户、客户与他人之间的融资融券活动提供任何便利和服务。

第四条　证监会根据审慎监管的原则，批准符合本办法规定条件的证券公司开展融资融券业务试点；根据试点情况和证券市场发展需要，逐步批准符合规定条件的其他证券公司开展融资融券业务。

第五条　证监会及其派出机构依照法律、行政法规和本办法的规定，对证券公司融资融券业务的试点活动进行监督管理。

中国证券业协会、证券交易所、证券登记结算机构按照本机构的章程和规则，对证券公司融资融券业务试点活动进行自律管理。

第二章　业务许可

第六条　证券公司申请融资融券业务试点，应当具备下列条件：

（一）经营证券经纪业务已满 3 年，且已被中国证券业协会评审为创新试点类证券公司；

（二）公司治理健全，内部控制有效，能有效识别、控制和防范业务经营风险和内部管理风险；

（三）公司及其董事、监事、高级管理人员最近 2 年内未因违法违规经营受到行政处罚和刑事处罚，且不存在因涉嫌违法违规正被证监会立案调查或者正处于整改期间的情形；

（四）财务状况良好，最近两年各项风险控制指标持续符合规定，最近 6 个月净资本均在 12 亿元以上；

（五）客户资产安全、完整，客户交易结算资金第三方存管方案已经证监会认可，且已对实施进度作出明确安排；

（六）已完成交易、清算、客户账户和风险监控的集中管理，对历史遗留的不规范账户已设定标识并集中监控；

（七）已制定切实可行的融资融券业务试点实施方案和内部管理制度，具备开展融资融券业务试点所需的专业人员、技术系统、资金和证券。

第七条 证券公司申请融资融券业务试点，应当向证监会提交下列材料，同时抄报注册地证监会派出机构：

（一）融资融券业务试点申请书；

（二）股东会（股东大会）关于经营融资融券业务的决议；

（三）融资融券业务试点实施方案、内部管理制度文本和按照本办法第十二条制定的选择客户的标准；

（四）客户交易结算资金第三方存管方案实施情况说明；

（五）负责融资融券业务的高级管理人员与业务人员的名册及资格证明文件；

（六）证监会要求提交的其他文件。

证券公司的法定代表人和经营管理的主要负责人应当在融资融券业务试点申请书上签字，承诺申请材料的内容真实、准确、完整，并对申请材料中存在的虚假记载、误导性陈述和重大遗漏承担相应的法律责任。

第八条 证监会派出机构应当自收到前条规定的申请材料之日起10个工作日内，向证监会出具是否同意申请人开展融资融券业务试点的书面意见。

证监会依照法定程序和本办法规定的条件，对申请材料进行审查，组织专家对申请人的融资融券业务试点实施方案进行评审，作出批准或者不予批准的决定，并书面通知申请人。

在同等条件下，优先批准净资本水平居于前列的证券公司开展融资融券业务试点。

第九条 获得批准的证券公司应当按照规定，向公司登记机关申请业务范围的变更登记，向证监会申请换发《经营证券业务许可证》。

取得证监会换发的《经营证券业务许可证》后，证券公司方可开展融资融券业务试点。

第三章 业务规则

第十条 证券公司经营融资融券业务，应当以自己的名义，在证券登记结算机构分别开立融券专用证券账户、客户信用交易担保证券账户、信用交易证券交收账户和信用交易资金交收账户。

融券专用证券账户用于记录证券公司持有的拟向客户融出的证券和客户归还的证券，不得用于证券买卖；客户信用交易担保证券账户用于记录客户委托证券公司持有、担保证券公司因向客户融资融券所生债权的证券；信用交易证券交收账户用于客户融资融券交易的证券结算；信用交易资金交收账户用于客户融资融券交易的资金结算。

第十一条 证券公司经营融资融券业务，应当以自己的名义，在商业银行分别开立融资专用资金账户和客户信用交易担保资金账户。

融资专用资金账户用于存放证券公司拟向客户融出的资金及客户归还的资金；客户信用交易担保资金账户用于存放客户交存的、担保证券公司因向客户融资融券所生债权的资金。

第十二条 证券公司在向客户融资、融券前，应当办理客户征信，了解客户的身份、财产与收入状况、证券投资经验和风险偏好，并以书面和电子方式予以记载、保存。对未按照要求提供有关情况、在本公司从事证券交易不足半年、交易结算资金未纳入第三方存管、证券投资经验不足、缺乏风险承担能力或者有重大违约记录的客户，以及本公司的股东、关联人，证券公司不得向其融资、融券。证券公司应当制定符合前款规定的选择客户的具体标准。

第十三条 证券公司在向客户融资、融券前，应当与其签订载入中国证券业协会规定的必备条款的融资融券合同，明确约定下列事项：

（一）融资、融券的额度、期限、利率（费率）、利息（费用）的计算方式；

（二）保证金比例、维持担保比例、可充抵保证金的证券的种类及折算率、担保债权范围；

（三）追加保证金的通知方式、追加保证金的期限；

（四）客户清偿债务的方式及证券公司对担保物的处分权利；

（五）融资买入证券和融券卖出证券的权益处理；

（六）其他有关事项。

客户只能与一家证券公司签订融资融券合同，向一家证券公司融入资金和证券。

第十四条 融资融券合同应当约定，证券公司客户信用交易担保证券账户内的证券和客户信用交易担保资金账户内的资金，为担保证券公司因融资融券所生对客户债权的信托财产。

证券公司与客户约定的融资、融券期限不得超过证券交易所规定的最长期限，且不得展期；融资利率不得低于中国人民银行规定的同期金融机构贷款基准利率。

第十五条 证券公司与客户签订融资融券合同前，应当指定专人向客户讲解业务规则和合同内容，并将融资融券交易风险揭示书交由客户签字确认。

第十六条 证券公司与客户签订融资融券合同后，应当根据客户的申请，按照证券登记结算机构的规定，为其开立实名信用证券账户。客户用于一家证券交易所上市证券交易的信用证券账户只能有一个。客户信用证券账户与其普通证券账户的开户人的姓名或者名称应当一致。客户信用证券账户是证券公司客户信用交易担保证券账户的二级账户，用于记载客户委托证券公司持有的担保证券的明细数据。

证券公司应当委托证券登记结算机构根据清算、交收结果等，对客户信用证券账户内的数据进行变更。

第十七条 证券公司应当参照客户交易结算资金第三方存管的方式，与其客户及商业银行签订客户信用资金存管协议。证券公司在与客户签订融资融券合同后，应当通知商业银行根据客户的申请，为其开立实名信用资金账户。客户只能开立一个信用资金账户。客户信用资金账户是证券公司客户信用交易担保资金账户的二级账户，用于记载客户交存的担保资金的明细数据。

商业银行根据证券公司提供的清算、交收结果等，对客户信用资金账户内的数据进行变更。

第十八条 证券公司向客户融资，只能使用融资专用资金账户内的资金；向客户融券，只能使用融券专用证券账户内的证券。

客户融资买入、融券卖出的证券，不得超出证券交易所规定的范围。

客户应当在与证券公司签订融资融券合同时，向证券公司申报其本人及关联人持有的全部证券账户。客户融券期间，其本人或关联人卖出与所融入证券相同的证券的，客户应当自该事实发生之日起 3 个交易日内向证券公司申报。证券公司应当将客户申报的情况按月报送相关证券交易所。客户在融券期间卖出其持有的、与所融入证券相同的证券的，应当符合证券交易所的规定，不得以违反规定卖出该证券的方式操纵市场。

第十九条 证券公司经营融资融券业务，按照客户委托发出证券交易、证券划转指令的，应当保证指令真实、准确。因证券公司的过错导致指令错误，造成客户损失的，客户可以依法要求证券公司赔偿，但不影响证券交易所、证券登记结算机构正在执行或者已经完成的业务操作。

第二十条 证券公司向全体客户、单一客户和单一证券的融资、融券的金额占其净资本的比例等风险控制指标，应当符合证监会的规定。

第二十一条 客户融资买入证券的，应当以卖券还款或者直接还款的方式偿还向证券公司融入的资金。

客户融券卖出的，应当以买券还券或者直接还券的方式偿还向证券公司融入的证券。

第二十二条 客户融资买入或者融券卖出的证券暂停交易，且交易恢复日在融资融券债务到期日之后的，融资融券的期限顺延。融资融券合同另有约定的，从其约定。

第二十三条 客户融资买入或者融券卖出的证券预定终止交易，且最后交易日在融资融券债务到期日之前的，融资融券的期限缩短至最后交易日的前一交易日。融资融券合同另有约定的，从其约定。

第四章 债权担保

第二十四条 证券公司向客户融资、融券，应当向客户收取一定比例的保证金。保证金可以证券充抵。

第二十五条 证券公司应当将收取的保证金以及客户融资买入的全部证券和融券卖出所得全部价款，分别存放在客户信用交易担保证券账户和客户信用交易担保资金账户，作为对该客户融资融券所生债权的担保物。

第二十六条 证券公司应当逐日计算客户交存的担保物价值与其所欠债务的比例。当该比例低于最低维持担保比例时，应当通知客户在一定的期限内补交差额。

客户未能按期交足差额或者到期未偿还债务的，证券公司应当立即按照约定处分其担保物。

第二十七条 本办法第二十四条规定的保证金比例和可充抵保证金的证券的种类、折算率，第二十六条规定的最低维持担保比例和客户补交差额的期限，由证券交易所规定。

证券公司可以在符合证券交易所规定的前提下，对前款所列事项作出具体规定。

第二十八条 除下列情形外，任何人不得动用证券公司客户信用交易担保证券账户内的证券和客户信用交易担保资金账户内的资金：

（一）为客户进行融资融券交易的结算；

（二）收取客户应当归还的资金、证券；

（三）收取客户应当支付的利息、费用、税款；

（四）按照本办法的规定以及与客户的约定处分担保物；

（五）收取客户应当支付的违约金；

（六）客户提取还本付息、支付税费及违约金后的剩余证券和资金；

（七）法律、行政法规和本办法规定的其他情形。

第二十九条 客户交存的担保物价值与其债务的比例，超过证券交易所规定水平的，客户可以按照证券交易所的规定和融资融券合同的约定，提取担保物。

第三十条 司法机关依法对客户信用证券账户或者信用资金账户记载的权益采取财产保全或者强制执行措施的，证券公司应当处分担保物，实现因向客户融资融券所生债权，并协助司法机关执行。

第五章 权益处理

第三十一条 证券登记结算机构依据证券公司客户信用交易担保证券账户内的记录，确认证券公司受托持有证券的事实，并以证券公司为名义持有人，登记于证券持有人名册。

第三十二条 对客户信用交易担保证券账户记录的证券，由证券公司以自己的名义，为客户的利益，行使对证券发行人的权利。证券公司行使对证券发行人的权利，应当事先征求客户的意见，并按照其意见办理。

前款所称对证券发行人的权利，是指请求召开证券持有人会议、参加证券持有人会议、提案、表决、配售股份的认购、请求分配投资收益等因持有证券而产生的权利。

第三十三条 证券登记结算机构受证券发行人委托以证券形式分派投资收益的，应当将分派的证券记录在证券公司客户信用交易担保证券账户内，并相应变更客户信用证券账户的明细数据。

证券登记结算机构受证券发行人委托以现金形式分派投资收益的，应当将分派的资金划入证券公司信用交易资金交收账户。证券公司应当在资金到账后，通知商业银行对客户信用资金账户的明细数据进行变更。

第三十四条 客户融入证券后、归还证券前，证券发行人分配投资收益、向证券持有人配售或者无偿派发证券、发行证券持有人有优先认购权的证券的，客户应当按照融资融券合同的约定，在偿还债务时，向证券公司支付与所融入证券可得利益相等的证券或者资金。

第三十五条 证券公司通过客户信用交易担保证券账户持有的股票不计入其自有股票，证券公司无须因该账户内股票数量的变动而履行相应的信息报告、披露或者要约收购义务。

客户及其一致行动人通过普通证券账户和信用证券账户持有一家上市公司股票或其权益的数量，合计达到规定的比例时，应当依法履行相应的信息报告、披露或者要约收购义务。

第六章 监督管理

第三十六条 证券交易所可以对每一证券的市场融资买入量和融券卖出量占其市场流通量的比例、融券卖出的价格作出限制性规定。

第三十七条 证券交易所应当按照业务规则，采取措施，对融资融券交易的指令进行前端检查，对买卖证券的种类、融券卖出的价格等违反规定的交易指令，予以拒绝。单一证券的市场融资买入量或者融券卖出量占其市场流通量的比例达到规定的最高限额的，证券交易所可以暂停接受该种证券的融资买入指令或者融券卖出指令。

第三十八条 融资融券交易活动出现异常，已经或者可能危及市场稳定，有必要暂停交易的，证券交易所应当按照业务规则的规定，暂停全部或者部分证券的融资融券交易并公告。

第三十九条 证券登记结算机构应当按照业务规则，对与融资融券交易有关的证券划转和证券公司信用交易资金交收账户内的资金划转情况进行监督。对违反规定的证券和资金划转指令，予以拒绝；发现异常情况的，应当要求证券公司作出说明，并向证监会及该公司注册地证监会派出机构报告。

第四十条 负责客户信用资金存管的商业银行应当按照客户信用资金存管协议的约定，对证券公司违反规定的资金划拨指令予以拒绝；发现异常情况的，应当要求证券公司作出说明，并向证监会及该公司注册地证监会派出机构报告。

第四十一条 证券公司应当按照融资融券合同约定的方式，向客户送交对账单，并为其提供信用证券账户和信用资金账户内数据的查询服务。

证券登记结算机构应当为客户提供其信用证券账户内数据的查询服务。负责客户信用资金存管的商业银行应当按照客户信用资金存管协议的约定，为客户提供其信用资金账户内数据的查询服务。

第四十二条 证券公司应当按照证券交易所的规定，在每日收市后向其报告当日客户融资融券交易的有关信息。证券交易所应当对证券公司报送的信息进行汇总、统计，并在次一交易日开市前予以公告。

第四十三条 证券公司应当在每一月份结束后10日内，向证监会、注册地证监会派出机构和证券交易所书面报告当月的下列情况：

（一）融资融券业务客户的开户数量；

（二）对全体客户和前10名客户的融资、融券余额；

（三）客户交存的担保物种类和数量；

（四）强制平仓的客户数量、强制平仓的交易金额；

（五）有关风险控制指标值；

（六）融资融券业务盈亏状况。

第四十四条 证监会及其派出机构、中国证券业协会、证券交易所、证券登记结算机构依照规定履行证券公司融资融券业务监管或者自律管理职责，可以要求证券公司提供与融资融券业务有关的信息、资料。

第四十五条 证监会派出机构按照辖区监管责任制的要求，依法对证券公司及其分支机构的融资融券业务活动中涉及的客户选择、合同签订、授信额度的确定、担保物的收取和管理、补交担保物的通知，以及处分担保物等事项进行非现场检查和现场检查。

第四十六条 证券公司或其分支机构在融资融券业务试点中违反规定的，由证监会派出机构予以制止，责令限期改正；拒不改正或者情节严重的，由证监会视具体情形，依法采取警示、公开警示、责令处分有关责任人员、责令停止有关分支机构的融资融券业务活动、撤销融资融券业务许可等监管措施。

证券公司或其分支机构未经批准擅自经营融资融券业务的，依照证券法第二百零五条的规定处罚。

第七章 附　　则

第四十七条 证券交易所、证券登记结算机构和中国证券业协会依照本办法的规定，制定融资融券的业务规则和自律规则，报证监会批准后实施。

第四十八条 本办法自2006年8月1日起施行。

（六）研究咨询业务

关于规范证券投资咨询机构和广播电视证券节目的通知

（2006年9月15日　证监发［2006］104号）

各省、自治区、直辖市、计划单列市证监局、广播影视局，新疆建设兵团广播影视局，中央人民广播电台、中央电视台：

近年来，部分证券投资咨询机构（以下简称“咨询机构”）在借助国内媒体开展证券投资咨询业务时，出现明示或暗示投资收益，传播虚假信息、误导甚至欺诈投资者等违背证券法规的现象，损害了投资者利益。为进一步规范和加强对证券投资咨询业务和广播电视播出证券节目的管理工作，维护投资者的合法权益，根据《证券法》、《广播电视管理条例》、《关于加强证券期货信息传播管理的若干规定》和《会员制证券投资咨询业务管理暂行规定》（以下简称《暂行规定》），现就有关事宜通知如下：

一、中国证监会及其派出机构、各级广播电视行政部门和播出机构必须高度重视证券信息传播监管和广播电视播出证券节目管理工作，牢固树立政治意识、大局意识和责任意识，切实增强社会责任感，坚决服从和服务于我国资本市场改革开放和稳定发展的大局，切实督促咨询机构严格遵守客观、公正、诚信、专业的原则，为我国证券市场的健康发展提供积极的舆论支持。

二、广播电台、电视台开办证券节目的，应符合其国家广电总局批准的节目设置范围。开办证券节目时需调整节目设置范围，应按照《广播电视管理条例》及相关规定报经广播电视行政部门批准。同时，证券监管部门应就咨询机构参与广播电视证券节目开展证券咨询业务提出具体的管理要求和标准。杜绝传播虚假、片面和误导性信息。

咨询机构只能参与经国家有关部门批准的广播电视播出机构开办的证券节目。咨询机构参与广播电台、电视台相关证券节目之前，应向广播电台、电视台提供中国证监会颁发的证券投资咨询相关资格证书和注册地证监局就该机构合规经营、业务投诉等情况出具的书面意见。广播电台、电视台应就咨询机构所提供资料向当地证监局核实。广播电台、电视台不得准许材料不实、证监局提出异议的咨询机构和任何个人参与证券节目。广播电台、电视台与咨询机构续签协议时，也应严格遵守上述规定。

三、广播电台、电视台不得准许咨询机构工作人员以广播电视从业者身份从事采访活动。参与广播电视证券节目的咨询机构和节目分析师必须具备证券投资咨询相关资格，证券节目编辑、记者、主持人、播音员应具有广播电视相关从业资格。

四、广播电台、电视台应加强对证券节目的审查与管理，节目内容必须符合广播电视节目管理规定、证券投资咨询相关法律法规、行业自律规范以及证券监管部门的管理要求和标准，提高资讯含量，不得宣传过往荐股业绩、产品、咨询机构和人员的能力，不得传播虚假、片面和误导性信息。不得在证券节目中播出客户招揽内容。未按《暂行规定》的要求履行报备程序并取得当地证监局同意，咨询机构不得在证券节目中播出电话、传真、短信及网址等联络方式。

证券节目须按《暂行规定》要求，以显著、清晰的方式进行风险提示，公示（公告）相关机构全称及业务资格证书号码、参与节目的执业人员姓名及执业证书号码。

五、各证监局、广播影视局应加强沟通协作，及时通报有关信息，按照本通知要求，加强对咨询机构及其人员、证券节目播出（包括以广告等形式推销证券咨询类软件、杂志等产品和服务的节目）的管理。

六、广播电台、电视台违反本通知要求的，依据《广播电视管理条例》及国家广电总局的规定予以处罚。

咨询机构和执业人员违反本通知规定或提供虚假材料的，由中国证监会责令改正、没收违法所得、罚款、暂停或者撤消证券投资咨询相关资格。咨询机构及其执业人员利用广播电台、电视台，提供、传播虚假或者误导投资者的信息的，依法承担相应责任。

七、本通知下发后，各级广播电台、电视台已经开办的证券节目，必须严格遵照执行上述要求，并在30日内重新办理相关手续。

八、本通知自发布之日起施行。

特此通知。

中国证券业协会证券投资咨询媒体节目听证试行办法

（2006 年 8 月 3 日　中国证券业协会）

第一章　总　　则

第一条　为贯彻落实中国证监会（以下称证监会）《会员制证券投资咨询业务管理暂行规定》（证监机构字［2005］143 号文通知发布），加强证券投资咨询业务媒体节目的自律管理，特制订本办法。

第二条　证券投资咨询媒体节目是指证券投资咨询机构在从事证券投资咨询业务时参与的广播、电视、网络等媒体证券节目以及营销证券研究报告、杂志、软件等的媒体节目。

第三条　中国证券业协会（以下称协会）依据本办法组织证券投资咨询媒体节目听证，对节目内容的合规性进行论证。

第四条　证券投资咨询媒体节目听证工作遵循公平、公正、客观的原则，采取听证会的形式进行。

第五条　协会在下列情况下可召开听证会：

（一）不定期对证券投资咨询媒体节目进行抽查时；

（二）证券投资咨询媒体节目涉及多起投诉时；

（三）证券投资咨询媒体节目产生不良社会影响时；

（四）协会认为必要时。

第二章　听证的组织

第六条　协会设立听证委员会，负责证券投资咨询媒体节目的听证工作。

第七条　听证委员会由 10 至 15 名听证委员组成，听证委员由证监会、协会、业内机构以及中介机构的有关专家担任。

第八条　听证委员会委员由协会聘任，聘期 2 年，可连聘连任。听证委员会设主任委员 1 名，负责召集并主持听证会。主任委员因故无法出席听证会时，可以委托副主任委员召集并主持听证会。

第九条　每次参加听证会的听证委员应不少于 5 人，与开办媒体节目的证券投资咨询机构或节目内容有关联的听证委员应主动履行回避义务。

第十条　听证委员应按时参加听证会，独立、客观、公正地对证券投资咨询媒体节目的合规性发表意见。

第十一条　听证委员未经协会同意不可披露听证会议的内容以及非公开的听证意见。

第十二条　协会在听证会召开的 10 个工作日前，将听证会有关事项通知听证当事人。必要时，可邀请监管机构代表、投资者代表等参加听证会。

第十三条　在听证过程中，听证委员应遵守以下听证纪律：

（一）独立发表个人意见，客观、公正地对媒体节目的合规性进行论证；

（二）不得泄漏未公开的听证会议内容及听证意见；

（三）与参与媒体节目的机构或个人存在利益关系的，应提出回避申请，主动履行回避义务；

第十四条 在听证过程中，听证当事人以及其他参加听证会议的人员应当遵守以下听证纪律：

（一）向听证会提供的资料以及陈述的内容应真实、准确、完整，无虚假、误导性或重大遗漏的内容；

（二）维护听证秩序，未经听证召集人允许，不得发言、提问或议论；

（三）未经听证召集人允许，不得录音、录像、摄影；

（四）未经听证召集人允许，不得提前退席。

听证当事人及其他参会人员无故不参加听证会，视同放弃听证权利；违反听证纪律，情节严重被召集人责令退场的，视同放弃听证权利。

第三章 听证程序

第十五条 与听证内容有关的证券投资咨询机构应按协会要求在听证会召开的5个工作日前，提交相关媒体节目的全部资料复制件。

第十六条 听证会基本程序如下：

（一）召集人宣布听证事项；

（二）展示有关媒体节目；

（三）听证当事人陈述；

（四）听证委员对听证当事人进行询问；

（五）当事人及其它相关人士退场；

（六）听证委员就有关内容进行讨论并协商形成听证意见或初步意见；

（七）与当事人沟通听证意见；

（八）召集人宣布听证会结束。

第十七条 听证会结束后，召集人主持起草听证意见书，由协会报证监会机构监管部备案。听证意见可根据需要在业内通报或公开披露。

第十八条 听证会须有专人进行记录，会议记录及听证意见书应一并归档保存。

第四章 附 则

第十九条 听证意见仅作为证券投资咨询机构进行合规性管理、规范执业行为的参考，不作为任何司法及行政处罚的依据。

第二十条 对非证券投资咨询机构参与的同本办法第二条所述内容相仿的媒体节目，协会可根据行业意见比照此办法对其进行听证。

第二十一条 本办法由协会负责解释，自发布之日起施行。

会员制证券投资咨询业务管理暂行规定

（2005 年 12 月 12 日　证监机构字［2005］143 号）

为保护投资者的合法权益，规范会员制证券投资咨询业务（以下简称“会员制业务”），根据《中华人民共和国证券法》、《证券、期货投资咨询管理暂行办法》及《关于加强证券期货信息传播管理的若干规定》等有关规定，现就有关事宜规定如下：

一、会员制业务，是指证券投资咨询机构，通过电视、电台、网站等媒体或利用传真、短信、电子信箱、电话、软件等工具及营销手段，面向不特定投资者招揽会员或成员，提供证券投资信息、分析、预测或者咨询意见等专业服务，并取得咨询服务收入的证券投资咨询业务运作方式。

二、开展会员制业务的机构（以下简称“会员制机构”），必须具备证券投资咨询业务资格。

三、会员制机构必须具备中国证券业协会（以下简称“协会”）会员资格，按照协会制定的自律规则开展业务，接受协会的自律监管。

四、会员制机构实收资本不得低于 500 万元；每设立 1 家分支机构，应追加不低于 250 万元的实收资本。

五、拟开展会员制业务的机构，应在开展业务 15 个工作日前向注册地证监局、分支机构所在地证监局报备。在履行完报备程序之前，会员制机构及其分支机构不得开展会员制业务。

报备材料包括但不限于：公司实收资本情况、业务模式及规划、人员情况、业务操作流程、合同范本、与媒体签订的合作协议、专用银行存款账户及开户相关协议、风险控制措施、客户投诉处理方案以及提供投资咨询服务的电话、邮箱、传真、短信平台及网址等。

六、会员制机构只能在注册地及分支机构所在的省、自治区、直辖市招收会员（超出此范围的会员为“异地会员”），不得招收异地会员。

七、会员制机构应当具有清晰的股权结构和最终控制关系，禁止通过控制或共同控制多家机构开展会员制业务；5% 以上股权发生变更及实际控制人发生变更的，会员制机构应自变更之日起 5 个工作日内向注册地证监局书面报告。

八、会员制机构的管理和业务人员须具备相应的资格：

（一）媒体栏目策划人员、媒体分析师、指导投资者操作的人员，必须具备证券投资咨询执业资格；

（二）董事长、高管人员、部门负责人以及从事营销推广、客户服务的人员，必须通过证券从业资格考试，并由所在机构向协会备案。

九、会员制机构应强化法人责任，以公司法人名义统一对外签订合作协议、参与媒体栏目、开立收费专用银行账户、印制合同、招揽会员、签署会员服务合同、收取服务费用等，不得以分支机构名义对外开展业务。分支机构只能根据公司统一安排，从事客户服务、投诉处理、信息收集及联络等活动，并应留存所在地会员与公司签订的合同及其他业务资料备查。

会员制机构设立的分支机构，应具备固定的场所，必要的服务设施，足够的执业人员、客户服务人员和投诉处理人员以及相应的管理控制机制，并应按第五条要求向注册地证监局及该分支机构所在地证监局履行报备程序。分支机构应接受注册地证监局和所在地证监局的监管。

十、会员制机构应在注册地以法人名义开立或指定唯一的专门用于收取咨询服务费用的银行存款账户（以下简称“收费专用银行账户”）和唯一的专门用于存储风险准备金的银行存款账户（以下简称“风险准备金专用银行账户”）。

（一）会员制机构取得的咨询服务费用必须全额汇（存）入已报备的收费专用银行账户；该账户的资金只能用于提取风险准备金、支付客户理赔、经营管理开支、股东分红以及其他合理支付；

（二）会员制机构应对每笔咨询服务收入按10%的比例计提风险准备金，按月归集并存入风险准备金专用银行账户。合同到期6个月后，方可在逐笔确认合同到期、有关投诉妥善处理的基础上按月转回收费专用银行账户，除此方式外，不得以其他任何方式从风险准备金专用银行账户转出资金或进行支付，也不得以质押、担保等方式变相转出资金；

（三）收费专用银行账户和风险准备金专用银行账户应在开展客户交易结算资金存管业务的商业银行开立，开户相关协议须载明上述账户性质及对账户使用的要求。

十一、会员制机构通过电视、广播等媒体，或以网络、软件等方式开展会员制业务时，应在相关栏目及业务发生场所，以醒目方式公示（公告）机构全称及业务资格证书号码、参与栏目的执业人员姓名及其执业资格证书号码。媒体分析师变更所在机构时，自变更之日起3个月内，不得代表变更后所在的机构在相关媒体栏目上从事业务。

通过媒体发表投资意见或建议，必须依据本公司最近1个月内的书面研究报告，并能将相关研究报告及时提供给有需求的客户。

十二、会员制机构应在相关媒体栏目、业务发生场所、证券投资咨询服务合同及研究推介报告的首页，以醒目的方式进行风险提示（电视栏目中应不超过3分钟提示1次）：“本公司承诺提供专业服务，不承诺投资者获取投资收益，也不与投资者约定分享投资收益或分担投资损失”及“市场有风险，投资需谨慎”。

十三、会员制机构应统一印制格式合同，并编号管理，合同首页应载明投诉电话、收费专用银行账户账号、户名及开户行。会员制机构应确保投资者在签字时已阅知相关风险提示，未签书面合同不得收取咨询服务费用。

十四、会员制机构应建立起有效的客户营销及咨询服务的录音确认制度，在每个客户的服务开通时，以录音的方式进行风险提示（提示内容与第十二条规定的提示内容一致），并留存营销过程的录音及客户认可“盈亏责任自负”的录音或其他有效确认文件，供发生纠纷时备查。

十五、会员制机构应设立专门部门和人员独立处理客户投诉。对于收到的投诉，相关机构应于次月月底前处理完毕。对于投诉率高、投诉量大或未对客户投诉及时处理的机构，监管部门将予以重点关注，采取相应的监管措施，并记入监管档案。

十六、会员制机构必须于会计年度结束之日起3个月内向注册地证监局提交由具有从事证券、期货相关业务资格的会计师事务所出具的审计报告，审计报告需对咨询服务收入是否全部存入专用银行存款账户以及风险准备金计提基础与比例是否达标等情况进行专项说明。

十七、会员制机构的法定代表人及主要负责人应向注册地证监局及分支机构所在地证监局出具诚信承诺书，明确承诺业务经营诚信、合规及报备资料真实、准确、完整，并承诺为违规经营行为及提供的不实资料和虚假信息承担相应责任。

十八、会员制机构应按规定向注册地证监局报送相关备案材料，并建立完整的业务资料档案。设有分支机构的，也应按规定向分支机构所在地证监局报送分支机构相关备案材料，并建立相应的业务资料档案：

（一）具有控股、参股或共同控制关系的机构情况及其变化，公司股东有效身份证明文件、联系方式及其变化；

（二）主要合作机构清单，与媒体、通讯服务提供商等合作单位签订的所有合作协议（复印件），合作媒体的联系方式及其变化，专用银行账户开户银行、开户相关协议及其变化；

（三）执业人员与从业人员的名单、证书号码、有效身份证件号码、部门岗位情况，执业人员所服务的会员名单及参与媒体栏目情况，履行监督检查职能或投诉处理职能的部门、人员名单及其变动情况；

（四）以列表方式按类别和推荐日期顺序统计的、上个月公开推荐以及向不同级别（类型）会员推荐的证券品种及其变动情况；

（五）证券投资咨询服务合同范本，报告期所有客户清单、服务合同期限及会员数量变动；

（六）咨询服务合同收入金额、实际取得服务收入金额及资金支出（提取）流水，赔付额及理赔清单，报告期风险准备金提取、转出及结余情况；

（七）参与的相关媒体栏目的完整记录（以光盘、磁带等介质存储），业务宣传材料；

（八）对客户营销过程的录音记录及投诉电话录音记录；

（九）公司受到客户投诉的记录、核查、处理结果等情况；

（十）中国证监会及有关证监局要求的其他材料。

以上第（一）、（二）项材料发生变化的，应及时向注册地证监局报备；第（三）至（六）项材料应于每月结束后5个工作日内按规定格式向相关证监局报备；第（七）至（九）项材料应建立业务资料档案，备相关证监局查询，并至少保存3年以上。

十九、严禁会员制机构及人员在开展会员制业务时有下列行为：

（一）通过参与卫星电视等公共媒体栏目，在注册地及分支机构所在地之外招收异地会员；

（二）出租、出借公司及执业人员的资格证书，或以租赁、承包方式开展会员制业务；

（三）以“黑马推荐”等方式明示或暗示投资者一定获得投资收益，或以“免费赠股”等营销方式招揽业务；

（四）以夸大、虚报荐股业绩等方式（包括以推荐的个股市场表现代替推荐的证券组合的市场表现），进行不实、诱导性的广告宣传及营销活动，或传播其他虚假、片面和误导性的信息；

（五）直接代客操作，或与客户约定分享投资收益或者分担投资损失；

（六）买卖本机构提供服务的上市公司股票；

（七）与关联机构及其人员、有关利害关系人达成一致行动，操纵证券价格；

（八）在做出评价、预测和推荐之前，为自己或关联方进行交易提供相关信息；

（九）为自己、关联方及特定客户的利益，做出有损其他客户和投资者利益的推荐；

（十）与相关媒体、通讯服务机构及其他合作方进行咨询服务收入分成；

（十一）通过未报备的电话、邮箱、传真、短信平台及网址提供咨询服务；

（十二）通过未报备的银行存款账户向客户收取、存放咨询服务收入；

（十三）其他违反相关法规要求、有损客户合法利益的行为。

二十、对违反有关法规和本《规定》要求的执业和从业人员，责令公司采取记过、降薪、降职、开除等内部责任追究措施，并及时报告协会，由协会根据自律规则采取记入诚信记录、注销执业资格等措施；情节严重的，采取取消执业或从业资格、市场禁入等处罚措施；涉嫌构成犯罪的，移送司法机关。

对违反有关法规和本《规定》要求的会员制机构，将视情况采取谈话提醒、责令改正、公开批评、责令停止分支机构业务、责令停止在媒体栏目上播出招揽电话、责令停止参与卫星电视栏目等部分或全部媒体栏目、责令停止招收新会员、暂缓通过年检、不予通过年检等监管措施；采取没收违法所得、罚款、暂停或撤销业务资格等处罚措施；涉嫌构成犯罪的，移送司法机关。

二十一、未取得证券投资咨询相关资格的机构和人员，非法从事会员制业务及其他证券投资咨询业务的，将会同工商、公安等部门予以严肃查处。

二十二、证券公司从事会员制业务的，依照本《规定》执行。

关于规范面向公众开展的证券投资咨询业务行为若干问题的通知

（2001 年 10 月 11 日　证监机构字［2001］207 号）

为了防止证券投资咨询机构及其执业人员在业务活动中因利益冲突而可能导致的欺诈客户、操纵市场、误导投资者等违法行为的发生，更好地保护投资者的合法权益，根据《中华人民共和国证券法》和《证券、期货投资咨询管理暂行办法》的有关规定，现就面向社会公众开展的证券投资咨询业务活动通知如下：

一、任何机构或个人从事就证券市场、证券品种的走势，投资证券的可行性，以口头、书面、电脑网络或者中国证券监督管理委员会（以下简称中国证监会）认定的其他形式向公众提供分析、预测或建议的业务，必须先行取得中国证监会授予的证券投资咨询业务资格证书或者证券投资咨询人员执业证书。

二、证券投资咨询机构及其执业人员从事证券投资咨询活动必须客观公正、诚实信用，不得以虚假信息、内幕信息或者市场传言为依据向客户或投资者提供分析、预测或建议；预测证券市场、证券品种的走势或者就投资证券的可行性进行建议时需有充分的理由和依据，不得主观臆断；证券投资分析报告、投资分析文章等形式的咨询服务产品不得有建议投资者在具体证券品种上进行具体价位买卖等方面的内容。

证券投资咨询机构及其执业人员不得参加媒体等机构举办的荐股“擂台赛”、模拟证券投资大赛或类似的栏目或节目；证券投资咨询机构及其执业人员有权拒绝媒体对其所提供的稿件进行断章取义、做有损原意的删节和修改，并自提供之日起将其稿件以书面形式保存三年。

证券投资咨询执业人员向公众提供证券投资分析报告、投资分析文章等形式的咨询服务时，须先行取得所在机构的同意或认可。

三、证券投资咨询机构及其执业人员在与自身有利害冲突的下列情况下应当进行执业回避：

（一）经中国证监会核准的公开发行证券的企业的承销商或上市推荐人及其所属的证券投资咨询机构和证券投资咨询执业人员（包括自有关证券公开发行之日起十八个月内调离的证券投资咨询执业人员），不得在公众传播媒体上刊登或发布其为客户撰写的投资价值分析报告，也不得以假借其他机构和个人名义等方式变相从事前述业务；

（二）证券公司的自营、受托投资管理、财务顾问和投资银行等业务部门的专业人员在离开原岗位后的六个月内不得从事面向社会公众开展的证券投资咨询业务；

（三）证券投资咨询机构或其执业人员在知悉本机构、本人以及财产上的利害关系人与有关证券有利害关系时，不得就该证券的走势或投资的可行性提出评价或建议；

（四）中国证监会根据合理理由认定的其他可能存在利益冲突的情形。

四、证券投资咨询机构或其执业人员在预测证券品种的走势或对投资证券的可行性提出建议时应当按以下要求进行相应的信息披露：

（一）证券投资咨询机构或其执业人员在预测证券品种的走势或对投资证券的可行性提出建议时，应明确表示在自己所知情的范围内本机构、本人以及财产上的利害关系人与所评价或推荐的证券是否有利害关系。

（二）证券投资咨询机构需在每逢单月的前三个工作日内，将本机构及其执业人员前两个月所推荐的证券在推荐时和推荐后一个月所涉及的下列各项情况，向注册地的中国证监会派出机构提供书面备案材料：

1. 证券投资咨询机构前五名股东或实际控制证券投资咨询机构的机构及个人、前五名股东所绝对控股和相对控股的企业持有相关证券的情况；

2. 证券投资咨询机构在所知悉的范围内其“理财工作室”客户和其他主要客户持有相关证券的情况；

3. 证券投资咨询执业人员在财产上有利害关系的企业或自然人持有相关证券的情况；

4. 证券投资咨询机构或其执业人员是否与持有相关证券流通部分的前五位股东有财产上的利害关系；

5. 证券投资咨询执业人员所在的机构，在过去 18 个月内从事涉及其推荐证券所属企业的财务顾问、投资银行业务等可能产生利益冲突的业务的情况；

6. 证券投资咨询机构及其同一执业人员是否就同一证券在同一时间，向不同类型的客户做方向不一致的投资分析、预测或建议；

7. 证券投资咨询机构及其执业人员在从事面向社会公众开展的证券投资咨询业务活动时是否向所依托的媒体支付任何形式的费用或其他利益；

8. 中国证监会根据合理理由认定的其他可能存在利益冲突的情形。

（三）证券投资咨询机构需在每逢单月的前三个工作日内，将本机构及其执业人员前两个月向其特定客户提供的买卖具体证券建议的情况和向公众提供的买卖具体证券建议的情况向注册地的中国证监会派出机构提供书面备案材料。

五、证券公司应当建立起研究咨询业务与自营、受托投资管理、财务顾问和投资银行等业务之间的“防火墙”和相应的管理制度，从事面向社会公众开展的证券投资咨询业务的人员必须专职在研究咨询部门工作，并由所在机构将其名单向中国证监会和机构注册地的中国证监会派出机构备案。

专业证券投资咨询机构应当建立起研究咨询业务与财务顾问等证券类业务之间的“防火墙”和相应的管理制度，应当在业务、财务、人员、营业场所等方面与其关联企业分离。从事面向社会公众开展的证券投资咨询业务的人员必须专职在研究咨询部门工作，并由所在机构将其名单向中国证监会和机构注册地的中国证监会派出机构备案。

六、各类传播证券信息的媒体应当遵守《关于加强证券期货信息传播管理的若干规定》，不得刊发或播发未取得中国证监会授予证券投资咨询业务资格证书或者证券投资咨询人员执业证书的机构或个人的关于证券市场、证券品种的走势，投资证券的可行性的任何形式的分析、预测或建议类的信息。

七、中国证监会将通过其国际互联网站对违反本通知的任何机构和个人予以曝光或谴责，并根据违规事实依法暂停或撤销相关机构和个人的证券投资咨询业务资格；还将证券投资咨询机构及其执业人员遵守本《通知》的情况作为年度检查的依据之一。

对于违反本通知规定的媒体、机构或组织，中国证监会除视情况予以谴责或曝光外，还将视情节轻重移送其主管部门直至司法机关处理。

投资者或者客户因证券投资咨询机构、证券投资咨询执业人员的执业活动违法或者犯罪而遭受损失的，可依法提起民事诉讼，请求损害赔偿。

八、任何机构和个人有权对违反有关证券投资咨询的法律、法规、规章和本通知的行为进行监督，并可向中国证监会或其派出机构投诉或举报。

九、本通知自发布之日起实施。

关于对证券经营机构及其营业部从事证券咨询及证券信息传播业务加强管理的通知

（1999年9月21日　证监机构字［1999］105号）

近一时期，一些证券经营机构及其营业部通过股评报告会、内部刊物、内部信息网等方式传播虚假信息，甚至传播政治谣言，有的通过与他人合办“理财工作室”从事代客理财等非法业务，严重违反了《证券法》、《证券、期货投资咨询管理暂行办法》和《关于加强证券期货信息传播管理的若干规定》（证监［1997］17号），扰乱了正常的市场秩序。为维护证券市场的稳定，保护投资者利益，现就证券经营机构及其营业部从事证券咨询及证券信息传播业务的有关事宜规定如下：

一、集会性证券投资咨询活动的管理

（一）集会性证券投资咨询活动主要指股评报告会、讲评会、沙龙、研讨会等涉及证券投资咨询业务的集会活动。

（二）在公众场所举办此类活动、在媒体上刊登此类活动广告均须经拟办活动所在地的中国证监会派出机构审批。主办者必须是有证券投资咨询业务资格的机构，演讲人须为有证券投资咨询执业资格的人员，广告中须注明“本次活动经证券监管办公室（办事处、特派员办事处）批准”字样。如依据有关规定需报当地公安部门批准的，应履行相应报批手续。

（三）证券营业部在营业时间、营业场所内由本公司总部或营业部咨询人员为本营业部客户进行内部咨询服务，不需报批，但不得以任何形式对外做广告宣传，不得引用、传播虚假信息、内幕信息、市场传言。如聘请本公司以外咨询人员在本营业部举办此类活动，需按规定程序报批。

二、证券经营机构与咨询机构合办“理财顾问工作室”的管理

（一）证券经营机构及其营业部与证券咨询机构合办的“理财顾问工作室”属经营机构及其营业部聘请咨询机构为其特定客户提供特别证券咨询服务的一种形式，不是独立的经济实体。“理财顾问工作室”须设在证券营业部内。

（二）证券经营机构及其营业部与咨询机构需按有关规定签订合办“理财顾问工作室”合同，并报证券咨询机构所在地与“理财顾问工作室”所在地的中国证监会派出机构备案。证券经营机构不能与咨询人员单独签订开办“理财顾问工作室”的协议。

（三）证券咨询机构及人员受证券经营机构及其营业部聘请为投资者提供咨询服务，由证券经营机构对投资者负责。咨询机构及人员只须对经营机构负责，并不得从投资者处直接或间接收取任何费用，也不得通过手续费分成、客户利润分成方式从证券经营机构及营业部获取咨询业务收入。

（四）受聘的咨询机构及人员在服务时，不得对投资者做任何收益承诺，不得为投资者代理操作，不得强行要求投资者买卖股票，不得向投资者散布虚假信息、内幕信息、市场传言。如在该类工作室工作的咨询机构及人员违规从业损害投资者利益，除咨询机构、咨询人员负直接责任外，证券经营机构应承担相应责任。

三、证券经营机构及营业部信息资料的管理

（一）证券公司及其营业部必须加强对内部信息资料的管理，内部刊物、信息简报、动态、快报、内部信息网络等内部信息资料不得刊载虚假信息、内幕信息、市场传言，不得变相传播谣言，不得在调研报告中传播上市公司未披露的业绩、发展计划、资本运作方案等内幕信息。

（二）证券经营机构及其营业部需加强对外来信息、资料的审查，对本机构订购及通过其他方式得到的刊载有虚假信息、内幕信息、市场传言的报刊、证券分析软件、股评传真件等须妥善管理，不得以任何形式对投资者传播这些信息。张贴的证券投资咨询报告须由具有证券投资咨询业务资格的机构撰写。

请各派出机构将本通知转发辖区内证券经营机构、咨询机构，并督促证券经营机构、咨询机构加强内部管理，严格按《证券法》、《证券、期货投资咨询管理暂行办法》和《关于加强证券期货信息传播管理的若干规定》规范证券咨询和证券信息传播活动。对证券经营机构及其营业部制造、传播虚假信息、内幕信息的行为，我会将按有关法规进行查处，并按法人负责制的原则，追究法人单位及领导人责任。对情节严重的，我会将在三年内不受理该机构证券投资咨询业务资格的申请；已取得资格的予以撤销。

证券投资咨询机构检查制度

（1999 年 7 月 21 日　证监机构字［1999］65 号）

第一条　为加强对证券投资咨询机构的监督管理，督促其按照法律、法规和中国证券监督管理委员会（以下简称“证监会”）发布的规范性文件的规定规范运作，根据有关法律、法规制定本检查制度。

第二条　本检查制度适用于所有取得证监会授予业务资格的证券投资咨询机构。

第三条　本检查制度由证监会及其派出机构实施。

第四条　对证券投资咨询机构的检查分为现场检查和非现场检查。

第五条　证监会及其派出机构对证券投资咨询机构的现场检查可采取以下方式：

（一）检查人员到证券投资咨询机构或者其工作现场进行检查；

（二）检查人员通知证券投资咨询机构的高级管理人员、咨询人员或者其他相关人员到指定地点说明事实真相及有关情况；

（三）证监会认可的其他方式。

第六条　证券投资咨询机构现场检查的内容有：

（一）证券投资咨询机构提供咨询服务时，是否签订了符合规定的投资咨询服务合同；

（二）证券投资咨询机构开办“工作室”的，其与他人的合作方式、收费办法是否合法；

（三）证券投资咨询机构举办集会性投资咨询活动时，是否办理报批手续；

（四）证券投资咨询机构的业务内容、业务方式、业务场所、高级管理人员、有业务资格的投资咨询人员发生变化时，是否按时提出变更报告并依法办理变更手续；有业务资格的投资咨询人员低于法定人数时，是否报告并及时补足；

（五）证券投资咨询机构与媒体合办栏目或者与电信服务机构合作的，备案手续是否齐备；

（六）有业务资格的证券公司的研究咨询部门的管理是否符合要求；

（七）证券投资咨询机构及其咨询人员是否将其从事证券投资咨询业务的证书放置于营业场所的明显处，以供投资者或客户查验；

（八）证券投资咨询机构是否将其向他人提供的咨询服务的资料按规定妥善保存；

（九）证券投资咨询机构的公司章程的合法性及其执行情况；

（十）证券投资咨询机构的各项管理制度的合法性及其执行情况；

（十一）证券投资咨询机构及其投资咨询人员是否有下列行为：

1. 代理他人从事证券买卖；

2. 向投资人承诺证券投资收益；

3. 与投资人约定分享投资收益或者分担投资损失；

4. 为自己买卖股票及具有股票性质、功能的证券；

5. 利用咨询服务与他人合谋操纵市场、欺诈投资人或者进行内幕交易。

（十二）证券投资咨询机构报送的各种材料的真实性；

（十三）证监会及其派出机构认为需要检查的其他事项。

第七条 证监会派出机构每六个月对辖区内的证券投资咨询机构进行一次现场检查。

第八条 检查人员对证券投资咨询机构和投资咨询人员进行检查时，被检查的单位和个人应当予以配合，如实反映事实真相，不得隐瞒情况、拒绝和阻碍检查。

第九条 检查人员进行检查时，应当制作检查工作记录。检查人员可对检查中的有关情况进行录音、录像、照相和复制。

第十条 检查人员进行检查时，应当向被检查人出示工作证或证监会及其派出机构开具的证明。

第十一条 检查人员对检查过程中知悉的商业秘密负有保密义务。检查结果未公开前，检查人员及被检查的机构和人员不得透露与检查结果有关的信息。

第十二条 检查人员不得从事下列行为：

（一）接受被检查机构或个人的任何方式的宴请；

（二）接受被检查机构或个人提供的免费住宿安排；

（三）接受被检查机构或个人的任何方式的娱乐安排；

（四）接受被检查机构或个人的任何礼品、纪念品；

（五）无偿使用被检查机构或个人的交通、通讯等工具。

第十三条 证券投资咨询机构非现场检查的方式有：

（一）要求证券投资咨询机构定期报送相关报表；

（二）证券投资咨询机构就证券的发行交易和上市公司的兼并重组等资本运营活动提供咨询服务时，对其所出具的财务顾问报告等工作成果进行检查；

（三）对证券投资咨询机构及其人员在各类媒体（报刊、电视台、广播电台、电话台、声讯台、传真系统、电脑网络、内部资料等）上传播的证券投资咨询信息进行检查；

（四）针对特定问题要求证券投资咨询机构及其人员出具书面材料；

（五）证监会认可的其他方式。

第十四条 证券投资咨询机构非现场检查的内容有：

（一）证券投资咨询机构的报表是否真实、有无遗漏；

（二）证券投资咨询机构是否客观、真实、准确、完整地提供咨询服务，是否有利用内幕信息、市场传言、虚假信息作为依据向他人提供咨询服务的行为；

（三）证券投资咨询机构就证券的发行交易和上市公司的兼并重组等资本运营活动提供咨询服务时，是否按照咨询服务合同的约定，尽到必要的审慎勤勉义务；是否有内幕交易、传播虚假信息等行为；

（四）证券投资咨询机构及其咨询人员通过传媒从事咨询服务时，是否对其名称、姓名、联系地址、联系电话、联系人等自身信息进行披露；

（五）引用资料时是否有断章取义、篡改内容等行为；

（六）证券投资咨询机构及其咨询人员就同一问题向不同客户提供的分析、预测或建议是否一致；

（七）公开发行股票的承销商或上市推荐人及所属的咨询机构是否在媒体上刊发其为客户撰写的投资价值分析报告；

（八）证监会及其派出机构认为需要检查的其他事项。

第十五条 证券投资咨询机构每月向注册地的证监会派出机构报送《证券投资咨询机构月报表》（见附件1［略］）；每季度向证监会和注册地的证监会派出机构报送《证券投资咨询机构季报表》（见附件2［略］），在报送《证券投资咨询机构季报表》的月份不必报送

《证券投资咨询机构月报表》；证监会派出机构按季度向证监会报送《证券投资咨询机构监管季报表》（见附件3［略］）。

第十六条 对检查中发现的违反法律、法规及有关规定的行为，证监会及其派出机构应当根据职权范围做出处理或者移送有关部门处理；触犯刑律的，移交司法机关追究刑事责任。

第十七条 证券投资咨询机构及其人员的年检办法依有关规定办理。

第十八条 本检查制度由证监会解释。

第十九条 本检查制度自发布之日起实施。

证券、期货投资咨询管理暂行办法实施细则

（1998 年 4 月 23 日　证监［1998］14 号）

第一条　根据《证券、期货投资咨询管理暂行办法》（以下简称《办法》），制定本实施细则。

第二条　《办法》第二条第二款所称“证券、期货投资分析、预测或者建议”包括直接或者间接影响证券、期货市场行情的分析、预测和投资建议；直接有偿投资咨询业务是指从事证券、期货投资咨询业务的机构及人员从业务对象直接获取收益的活动；间接有偿投资咨询业务是指从事证券、期货投资咨询业务的机构及人员没有从业务对象直接获取收益，但是为其营利创造条件的活动。

第三条　《办法》第二条第二款第一项所称“接受投资人或者客户委托，提供证券、期货投资咨询业务”包括除证券经营机构外的从事证券、期货投资咨询业务的机构提供涉及证券发行、交易以及与之相关的企业财务顾问等方面的有偿咨询业务。

第四条　《办法》第六条“申请证券、期货投资咨询从业资格的机构”是指依照《中华人民共和国公司法》设立的从事证券、期货投资咨询业务的有限责任公司或者股份有限公司。包括：证券、期货投资咨询公司，从事证券、期货投资咨询业务的证券经营机构、期货经纪机构、信息服务公司、信息网络公司、财务顾问公司、资产管理公司、投资公司以及中国证券监督管理委员会（以下简称中国证监会）认定的其他从事证券、期货投资咨询业务的公司。

第五条　同时从事证券和期货投资咨询业务的机构中，具有从事证券投资咨询或者期货投资咨询从业资格的专职人员各不得少于三名。

第六条　《办法》第六条第三项所称“场所”与“设施”应当专门用于证券、期货投资咨询业务。

第七条　《办法》第七条第一款规定证券经营机构、期货经纪机构从事证券、期货投资咨询业务，除符合《办法》第六条规定的条件外，还应当设立独立的从事证券、期货投资咨询业务的部门，其业务、人员、场所、设施应当与证券经营机构、期货经纪机构的其他部门分开，咨询人员不得在机构其他部门兼职。

证券经营机构只能申请证券投资咨询业务资格，从事证券投资咨询业务；期货经纪机构只能申请期货投资咨询业务资格，从事期货投资咨询业务。其业务资格由所属的具有法人资格的机构申报。

第八条　从事证券、期货投资咨询业务的机构在其具有证券、期货投资咨询从业资格的专职人员数低于《办法》规定的最低要求数额时，应当在五个工作日内向地方证管办（证监会）报告，并应当在二个月内提交拟增补的具有证券、期货投资咨询从业资格的专职人员名单，地方证管办（证监会）审核同意后，报中国证监会审批，经批准后，该咨询机构应当在一个月内补足人数并报地方证管办（证监会）备案；逾期未补足的，由地方证管办（证监会）报中国证监会注销该咨询机构的证券、期货投资咨询从业资格。

第九条　从事证券、期货投资咨询业务的机构和人员不得出租、出借、转让、涂改业务

资格证书。

违反前款规定的，由中国证监会暂停或者撤销其从业资格。

第十条 对于不具有从事证券、期货投资咨询业务资格，擅自从事证券、期货投资咨询业务的机构或者人员，证券监管部门除依《办法》规定处罚外，在三年内不受理该机构或者人员从事证券、期货投资咨询业务资格的申请。

第十一条 从事证券、期货投资咨询业务的人员包括在证券、期货投资咨询机构中专职从事证券或者期货投资咨询业务的高级管理人员和业务人员。

“高级管理人员”是指从事证券或者期货投资咨询业务的机构的正、副经理及相当职务者；“业务人员”是指在机构中从事证券或者期货投资咨询业务的分析、研究人员。

第十二条 《办法》第十三条第（六）项所述证券、期货从业经历，是指专职从事证券、期货业务的连续从业经历。

第十三条 证券、期货投资咨询机构及其咨询人员应当将其从事证券、期货投资咨询业务的资格证明文件原件放置于营业场所明显处，便于投资者或客户查验。

第十四条 从事证券、期货投资咨询业务的机构在异地开办的分支机构，应当向其机构注册地证管办（证监会）提出申请，并向其营业场所所在地证管办（证监会）备案。对其日常业务的监管，由营业场所所在地证管办（证监会）及中国证监会负责。对案件管辖有争议的，应当报请中国证监会指定管辖；对超出地方证管办（证监会）管辖范围的案件，应当报中国证监会查处。

第十五条 面向社会公众举办的证券、期货研讨会、演讲会、股市及期市沙龙等咨询活动，主办人应当至少提前五个工作日，向举办地证管办（证监会）提出书面申请，申请内容包括：主办人（含协办人）、演讲人、研讨或演讲题目、举办的具体场所、举办时间、参加人数、收费标准等。需要中国证监会参加的，必须报中国证监会核准。

地方证管办（证监会）对前款规定的申请应当在三个工作日内作出答复。

第十六条 超过半数以上表决权资本由证券、期货投资咨询机构直接或者间接持有的公司，以及超过半数以上表决权资本虽未由证券、期货投资咨询机构直接或者间接持有但财务和经营决策受其控制的公司，适用于《办法》第二十四条的规定。

第十七条 《办法》第二十六条第二款规定的“承销商或者上市推荐人及其所属证券投资咨询机构”，包括超过半数以上表决权资本由这些机构直接或者间接持有的公司，以及超过半数以上表决权资本虽未由这些机构直接或者间接持有但财务和经营决策受这些机构控制的公司。

第十八条 从事证券或者期货资格咨询业务的机构接受投资人或者客户委托，提供证券、期货投资咨询业务时，应当与投资人或者客户签订投资咨询业务合同。投资咨询业务合同的订立应当遵循自愿、平等和诚实信用原则，不得违反国家的法律、法规和中国证监会的有关规定。

投资咨询业务合同应当载明下列事项：

1. 从事证券或者期货投资咨询业务的机构的名称、地址及法定代表人的姓名；
2. 从事证券或者期货投资咨询业务的人员的姓名以及执业资格证书的编号；
3. 咨询内容与方式；
4. 当事人双方的权利与义务；
5. 业务费或者费用金额、计算方法、支付方式及支付期限等；
6. 合同解除；

7. 违约责任；
8. 合同签订日期；
9. 中国证监会规定的其他事项。

第十九条 从事证券或者期货投资咨询业务的机构及人员不得直接或者间接从事证券、期货经纪业务，不得以自己和他人的名义向证券经营机构、期货经纪机构介绍客户、收取佣金或介绍费，也不得以证券经营机构、期货经纪机构的名义与自己的客户订立代理合同、收取佣金或介绍费。

违反前款规定的，由中国证监会暂停或者撤销其从业资格。

第二十条 本细则自发布之日起施行。

证券、期货投资咨询管理暂行办法

（1997 年 12 月 25 日　证委发［1997］96 号，1998 年 4 月 1 日实施）

目　　录

第一章　总　　则

第一条　为了加强对证券、期货投资咨询活动的管理，保障投资者的合法权益和社会公共利益，制定本办法。

第二条　在中华人民共和国境内从事证券、期货投资咨询业务，必须遵守本办法。本办法所称证券、期货投资咨询，是指从事证券、期货投资咨询业务的机构及其投资咨询人员以下列形式为证券、期货投资人或者客户提供证券、期货投资分析、预测或者建议等直接或者间接有偿咨询服务的活动：

（一）接受投资人或者客户委托，提供证券、期货投资咨询服务；

（二）举办有关证券、期货投资咨询的讲座、报告会、分析会等；

（三）在报刊上发表证券、期货投资咨询的文章、评论、报告，以及通过电台、电视台等公众传播媒体提供证券、期货投资咨询服务；

（四）通过电话、传真、电脑网络等电信设备系统，提供证券、期货投资咨询服务；

（五）中国证券监督管理委员会（以下简称中国证监会）认定的其他形式。

第三条　从事证券、期货投资咨询业务，必须依照本办法的规定，取得中国证监会的业务许可。未经中国证监会许可，任何机构和个人均不得从事本办法第二条所列各种形式证券、期货投资咨询业务。

证券经营机构、期货经纪机构及其工作人员从事超出本机构范围的证券、期货投资咨询业务，应当遵守本办法的规定。

第四条　从事证券、期货投资咨询业务，必须遵守有关法律、法规、规章和中国证监会的有关规定，遵循客观、公正和诚实信用的原则。

第五条　中国证监会及其授权的地方证券、期货监管部门（以下简称地方证管办（证监会））负责对证券、期货投资咨询业务的负责本办法的实施。

第二章 证券、期货投资咨询机构

第六条 申请证券、期货投资咨询从业资格的机构，应当具备下列条件：

（一）分别从事证券或者期货投资咨询业务的机构，有五名以上取得证券、期货投资咨询从业资格的专职人员；同时从事证券和期货投资咨询业务的机构，有十名以上取得证券、期货投资咨询从业资格的专职人员；其高级管理人员中，至少有一名取得证券或者期货投资咨询从业资格；

（二）有100万元人民币以上的注册资本；

（三）有固定的业务场所和与业务相适应的通讯及其他信息传递设施；

（四）有公司章程；

（五）有健全的内部管理制度；

（六）具备中国证监会要求的其他条件。

第七条 证券经营机构、期货经纪机构应当符合本办法第六条规定的条件，方可申请从事超出本机构范围的证券、期货投资咨询业务。

其他从事咨询业务的机构，符合本办法第六条规定的条件的，可以申请兼营证券、期货投资咨询业务。

第八条 申请证券、期货投资咨询从业资格的机构，按照下列程序审批：

（一）申请人向经中国证监会授权的所在地地方证管办（证监会）提出申请（所在地地方证管办（证监会）未经中国证监会授权的，申请人向中国证监会直接提出申请，下同），地方证管办（证监会）经审核同意后，提出初审意见；

（二）地方证管办（证监会）将审核同意的申请文件报送中国证监会，经中国证监会审批后，向申请人颁发业务许可证，并将批准文件抄送地方证管办（证监会）；

（三）中国证监会将以公告形式向社会公布获得业务许可的申请人的情况。

第九条 申请证券、期货投资咨询从业资格的机构，应当提交下列文件：

（一）中国证监会统一印制的申请表；

（二）公司章程；

（三）企业法人营业执照；

（四）机构高级管理人员和从事证券、期货投资咨询业务人员名单及其学历、工作经历和从业资格证书；

（五）开展投资咨询业务的方式和内部管理规章制度；

（六）业务场所使用证明文件、机构通讯地址、电话和传真机号码；

（七）由注册会计师提供的验资报告；

（八）中国证监会要求提供的其他文件。

第十条 证券、期货投资咨询机构的业务方式、业务场所、主要负责人以及具有证券、期货投资咨询从业资格的业务人员发生变化的，应当自发生变化之日起五个工作日内，向地方证管办（证监会）提出变更报告，办理变更手续。

第十一条 证券、期货投资咨询机构应当于每年1月1日至4月30日期间向地方证管办（证监会）申请办理年检。办理年检时，应当提交下列文件：

（一）年检申请报告；

（二）年度业务报告；

（三）经注册会计师审计的财务会计报表。

地方证管办（证监会）应当自收到前款所列文件之日起 20 个工作日内对年检申请提出审核意见；审核同意的，上报中国证监会审批。证券、期货投资咨询机构逾期未提交年检报告或者经审核未通过年检的，不得继续从事证券、期货投资咨询业务。

第三章 证券、期货投资咨询人员

第十二条 从事证券、期货投资咨询业务的人员，必须取得证券、期货投资咨询从业资格并加入一家有从业资格的证券、期货投资咨询机构后，方可从事证券、期货投资咨询业务。

任何人未取得证券、期货投资咨询从业资格的，或者取得证券、期货投资咨询从业资格，但是未在证券、期货投资咨询机构工作的，不得从事证券、期货投资咨询业务。

第十三条 证券、期货投资咨询人员申请取得证券、期货投资咨询从业资格，必须具备下列条件：

（一）具有中华人民共和国国籍；

（二）具有完全民事行为能力；

（三）品行良好、正直诚实，具有良好的职业道德；

（四）未受过刑事处罚或者与证券、期货业务有关的严重行政处罚；

（五）具有大学本科以上学历；

（六）证券投资咨询人员具有从事证券业务两年以上的经历，期货投资咨询人员具有从事期货业务两年以上的经历；

（七）通过中国证监会统一组织的证券、期货从业人员资格考试；

（八）中国证监会规定的其他条件。

第十四条 证券、期货投资咨询人员申请取得证券、期货投资咨询从业资格，按照下列程序审批：

（一）申请人向经中国证监会授权的所在地地方证管办（证监会）提出申请（所在地地方证管办（证监会）未经中国证监会授权的，申请人向中国证监会直接提出申请，下同），地方证管办（证监会）经提出初审意见；

（二）地方证管办（证监会）将审核同意的申请文件报送中国证监会，经中国证监会审批后，向申请人颁发资格证书，并将批准文件抄送地方证管办（证监会）。

第十五条 证券、期货投资咨询人员申请取得证券、期货投资咨询从业资格，应当提交下列文件：

（一）中国证监会统一印制的申请表；

（二）身份证；

（三）学历证书；

（四）参加证券、期货从业人员资格考试的成绩单；

（五）所在单位或者户口所在地街道办事处开具的以往行为说明材料；

（六）中国证监会要求报送的其他材料。

第十六条 取得证券、期货投资咨询从业资格的人员申请执业的，由所参加的证券、期货投资咨询机构向所在地地方证管办（证监会）提出申请，地方证管办（证监会）审核同意后，报中国证监会审批；准予执业的，由中国证监会颁发执业证书。

第十七条 取得证券、期货投资咨询执业资格的人员，应当在所参加的证券、期货投资咨询机构年检时间同时办理执业年检。取得证券、期货投资咨询从业资格，但是未在证券、期货投资咨询机构执业的，其从业资格自取得之日起满18个月后自动失效。

第十八条 证券、期货投资咨询人员不得同时在两个或者两个以上的证券、期货投资咨询机构执业。

第四章 证券、期货投资咨询业务管理

第十九条 证券、期货投资咨询机构及其投资咨询人员，应当以行业公认的谨慎、诚实和勤勉尽责的态度，为投资人或者客户提供证券、期货投资咨询服务。

第二十条 证券、期货投资咨询机构及其投资咨询人员，应当完整、客观、准确地运用有关信息、资料向投资人或者客户提供投资分析、预测和建议，不得断章取义地引用或者篡改有关信息、资料；引用有关信息、资料时，应当注明出处和著作权人。

第二十一条 证券、期货投资咨询机构及其投资咨询人员，不得以虚假信息、市场传言或者内幕信息为依据向投资人或者客户提供投资分析、预测或建议。

第二十二条 证券、期货投资咨询人员在报刊、电台、电视台或者其他传播媒体上发表投资咨询文章、报告或者意见时，必须注明所在证券、期货投资咨询机构的名称和个人真实姓名，并对投资风险作充分说明。证券、期货投资咨询机构向投资人或者客户提供的证券、期货投资咨询传真件必须注明机构名称、地址、联系电话和联系人姓名。

第二十三条 证券、期货投资咨询机构与报刊、电台、电视台合办或者协办证券、期货投资咨询版面、节目或者与电信服务部门进行业务合作时，应当向地方证管办（证监会）备案，备案材料包括：合作内容、起止时间、版面安排或者节目时间段、项目负责人等，并加盖双方单位的印鉴。

第二十四条 证券、期货投资咨询机构及其投资咨询人员，不得从事下列活动：

（一）代理投资人从事证券、期货买卖；

（二）向投资人承诺证券、期货投资收益；

（三）与投资人约定分享投资收益或者分担投资损失；

（四）为自己买卖股票及具有股票性质、功能的证券以及期货；

（五）利用咨询服务与他人合谋操纵市场或者进行内幕交易；

（六）法律、法规、规章所禁止的其他证券、期货欺诈行为。

第二十五条 证券、期货投资咨询机构就同一问题向不同客户提供的投资分析、预测或者建议应当一致。具有自营业务的证券经营机构在从事超出本机构范围的证券投资咨询业务时，就同一问题向社会公众和其自营部门提供的咨询意见应当一致，不得为自营业务获利的需要误导社会公众。

第二十六条 证券经营机构、期货经纪机构编发的供本机构内部使用的证券、期货信息简报、快讯、动态以及信息系统等，只能限于本机构范围内使用，不得通过任何途径向社会公众提供。

经中国证监会批准的公开发行股票的公司的承销商或者上市推荐人及其所属证券投资咨询机构，不得在公众传播媒体上刊登其为客户撰写的投资价值分析报告。

第二十七条 中国证监会和地方证管办（证监会）有权对证券、期货投资咨询机构和投资咨询人员的业务活动进行检查，被检查的证券、期货投资咨询机构及其投资咨询人员应当予以配合，不得干扰和阻碍。

中国证监会和地方证管办（证监会）及其工作人员在业务检查过程中，对所涉及的商业秘密应当注意保护。

第二十八条 证券、期货投资咨询机构应当将其向投资人或社会公众提供的投资咨询资料，自提供之日起保存二年。

第二十九条 地方证管办（证监会）根据投资人或者社会公众的投诉或者举报，有权要求证券、期货投资咨询机构及其投资咨询人员说明情况并提供相关资料。

第三十条 任何单位和个人发现证券、期货投资咨询机构、投资咨询人员或其他机构和个人有违反本办法规定的行为时，可以向地方证管办（证监会）投诉和举报。

第三十一条 地方证管办（证监会）对违反本办法的行为，应当进行立案调查并将调查结果报中国证监会备案。

第五章 罚　　则

第三十二条 未经中国证监会许可，擅自从事本办法第二条规定的证券、期货投资咨询业务的，由地方证管办（证监会）责令停止，并处没收违法所得和违法所得等值以下的罚款。

第三十三条 证券、期货投资咨询机构有下列行为之一的，由地方证管办（证监会）处1万元以上，5万元以下的罚款；情节严重的，地方证管办（证监会）应当向中国证监会报告，由中国证监会作出暂停或者撤销其业务资格的处罚；

（一）向证券监管部门报送的文件、资料有虚假陈述或者重大遗漏的；

（二）未按照本办法规定履行报告和年检义务的；

（三）未按照本办法规定履行对本机构有关情况发生变化的变更手续的；

（四）本机构证券、期货投资咨询人员违反本办法规定，受到证券监管部门行政处罚的；

（五）干扰、阻碍地方证管办（证监会）检查、调查，或者隐瞒、销毁证据的。

第三十四条 证券、期货投资咨询机构违反本办法第十八条、第十九条、第二十条、第二十一条、第二十二条、第二十三条、第二十四条、第二十五条、第二十八条规定的，由地方证管办（证监会）单处或者并处警告、没收违法所得、1万元以上10万元以下罚款；情节严重的，地方证管办（证监会）应当向中国证监会报告，由中国证监会作出暂停或者撤销业务资格的处罚；构成犯罪的，依法追究刑事责任。

第三十五条 证券经营机构、期货经纪机构违反本办法第二十六条规定的，由地方证管办（证监会）责令改正，并处以警告或者1万元以上5万元以下罚款。

第三十六条 证券、期货投资咨询人员违反本办法第十八条、第十九条、第二十条、第二十一条、第二十二条、第二十四条的规定或者未按本办法规定向证券主管部门履行报告、年检义务的，由地方证管办（证监会）单处或者并处警告、没收违法所得、1万元以上3万元以下罚款；情节严重的，地方证管办（证监会）应当向中国证监会报告，由中国证监会作出暂停或者撤销其业务资格的处罚；构成犯罪的，依法追究刑事责任。

第三十七条 中国证监会和地方证管办（证监会）的工作人员玩忽职守、滥用职权、徇私舞弊，构成犯罪的，依法追究刑事责任；尚不构成犯罪的，依法给予行政处分。

第六章 附　　则

第三十八条 本办法自1998年4月1日起施行。

关于加强证券期货信息传播管理的若干规定

（1997年12月12日　证监会　新闻出版署　邮电部　广电部　工商局　公安部　证监［1997］17号，1998年4月1日实施）

第一条　为了加强对证券期货信息传播的管理，规范证券期货信息传播行为，保护投资者和社会公众的利益，维护社会秩序，制定本规定。

第二条　下列传播媒体依照本规定可以刊发和传播证券期货信息：

（一）经新闻出版署批准公开发行的证券期货专业报刊；

（二）经新闻出版署批准公开发行的综合类、经济类报刊；

（三）各类通讯社；

（四）经广播电影电视部批准设立的广播电台、电视台、有线台；

（五）经邮电部门批准设立的电话信息服务台、寻呼台；

（六）依法登记注册的计算机信息服务公司；

（七）中国证券监督管理委员会（以下简称中国证监会）会同有关部门认定的其他传播媒体。

第三条　本规定所称证券期货信息是指与证券期货市场相关，可能会对市场产生影响的信息，包括：

（一）国家颁布的法律、法规及政策性信息；

（二）证券期货主管部门发布的规章、规范性文件，发言人谈话，以及其他政策性信息；

（三）交易所、上市公司等按照法定程序发布的信息；

（四）有关证券期货市场的研究、报道等信息；

（五）分析并预测证券、期货市场及个股、期货品种或合约的行情走势，提供具体投资建议的分析文章、评论、报告等信息；

（六）中国证监会会同有关部门认定的其他信息。

第四条　传播证券期货信息，必须遵守国家法律、法规、规章，坚持客观、准确、完整和公正的原则。禁止任何单位和个人制造和传播证券期货市场虚假信息。

第五条　任何单位和个人未经新闻出版署批准，不得印刷、出版、销售载有证券期货信息的各类出版物；未经邮电部门批准不得开办以传播证券期货信息为内容的电话信息服务台和寻呼台；未经广播电视行政部门批准，不得开办以证券期货信息为内容的广播电视服务；未经工商行政管理部门核准不得从事证券期货计算机信息服务。内部报刊所载的证券期货信息只能限于内部使用，不得向社会公众提供。

省内发行报刊刊载证券期货信息的，应严格限定在本省范围内发行。

第六条　证券期货专业报刊不得向任何机构和个人出租版面，不得与个人合办栏目。与机构合办栏目，稿件的终审权在报刊社，报刊社不得准许合作方工作人员以本报刊社记者的身份从事采访活动。

第七条　证券期货专业报刊、经济类报刊刊发本规定第三条所述第（五）项信息时，必须对撰稿人是否具有经中国证监会批准的从事证券期货投资咨询业务的执业资格进行审查，撰稿人不能提供证明文件时，其稿件不得刊发。

证券期货专业报刊、经济类报刊刊发第三条所述第（五）项信息时，必须署明作者的真实单位和真实姓名。

第八条 综合类报刊开设证券期货专刊、专版或刊发第三条所述第（五）项信息，需经新闻出版署审批。

第九条 电台、电视台不得向任何机构和个人出租节目时间开办证券期货节目；不得与个人合办证券期货节目；聘请个人做证券期货节目主持人播发第三条所述第（五）项信息时，必须对被聘人员是否具备经中国证监会批准的从事证券期货投资咨询业务的执业资格进行审查，被聘人员不能提供证明文件时，电台、电视台不能聘其主持该类节目。与机构合办证券期货节目，节目的终审权在电台、电视台。电台、电视台不得准许合作方的工作人员以本电台、电视台记者身份从事采访活动。

第十条 电台、电视台播发第三条所述第（五）项信息时，必须对撰稿人是否具备经中国证监会批准的从事证券期货投资咨询业务的执业资格进行审查。撰稿人不能提供证明文件时，其稿件不得播发。

电台、电视台播发第三条所述第（五）项信息时，必须说明作者的真实单位和真实姓名。

第十一条 寻呼台不得发布第三条所述第（四）、（五）项信息。

第十二条 电话信息服务台、计算机信息服务公司聘请人员主持或传播第三条所述第（五）项信息时，被聘者或撰稿人必须是经中国证监会批准的具有从事证券期货投资咨询业务执业资格的咨询人员。

在其产品（软件）中刊载第三条所述第（五）项咨询报告时，报告撰稿人必须署名真实姓名，并且是经中国证监会批准的具有从事证券期货投资咨询业务执业资格的咨询人员。

第十三条 传播媒体有违反本规定的行为，由有关主管部门会同证券期货监督管理部门，根据各自的职能，视情节轻重，依法分别给予警告、罚款、责令暂停其传播第三条所述第（五）项信息，直至吊销其营业执照或刊号，并对直接责任人员和有关领导人员依法给予处罚；构成犯罪的，由司法机关依法追究刑事责任。

第十四条 各省、自治区、直辖市有关主管部门可以依据本规定制定具体实施办法。

第十五条 本规定由中国证监会会同有关部门负责解释。

第十六条 本规定自 1998 年 4 月 1 日起执行。

（七）其他业务规则

证券市场资信评级业务管理暂行办法

（2007年8月24日 证监会主席令第50号，2007年9月1日实施）

目 录

第一章 总 则

第一条 为了促进证券市场资信评级业务规范发展，提高证券市场的效率和透明度，保护投资者的合法权益和社会公共利益，依据《证券法》，制定本办法。

第二条 资信评级机构从事证券市场资信评级业务（以下简称证券评级业务），应当依照本办法的规定，向中国证券监督管理委员会（以下简称中国证监会）申请取得证券评级业务许可。未取得中国证监会的证券评级业务许可，任何单位和个人不得从事证券评级业务。

本办法所称证券评级业务，是指对下列评级对象开展资信评级服务：

（一）中国证监会依法核准发行的债券、资产支持证券以及其他固定收益或者债务型结构性融资证券；

（二）在证券交易所上市交易的债券、资产支持证券以及其他固定收益或者债务型结构性融资证券，国债除外；

（三）本款第（一）项和第（二）项规定的证券的发行人、上市公司、非上市公众公司、证券公司、证券投资基金管理公司；

（四）中国证监会规定的其他评级对象。

第三条 取得中国证监会证券评级业务许可的资信评级机构（以下简称证券评级机构），从事证券评级业务，应当遵循独立、客观、公正的原则。

第四条 证券评级机构从事证券评级业务，应当遵循一致性原则，对同一类评级对象评级，或者对同一评级对象跟踪评级，应当采用一致的评级标准和工作程序。评级标准有调整的，应当充分披露。

第五条 证券评级机构从事证券评级业务，应当制定科学的评级方法和完善的质量控制制度，遵守行业规范、职业道德和业务规则，勤勉尽责，审慎分析。

第六条 中国证监会及其派出机构依法对证券评级业务活动进行监督管理。

中国证券业协会依法对证券评级业务活动进行自律管理。

第二章 业务许可

第七条 申请证券评级业务许可的资信评级机构，应当具备下列条件：

（一）具有中国法人资格，实收资本与净资产均不少于人民币2000万元；

（二）具有符合本办法规定的高级管理人员不少于3人；具有证券从业资格的评级从业人员不少于20人，其中包括具有3年以上资信评级业务经验的评级从业人员不少于10人，具有中国注册会计师资格的评级从业人员不少于3人；

（三）具有健全且运行良好的内部控制机制和管理制度；

（四）具有完善的业务制度，包括信用等级划分及定义、评级标准、评级程序、评级委员会制度、评级结果公布制度、跟踪评级制度、信息保密制度、证券评级业务档案管理制度等；

（五）最近5年未受到刑事处罚，最近3年未因违法经营受到行政处罚，不存在因涉嫌违法经营、犯罪正在被调查的情形；

（六）最近3年在税务、工商、金融等行政管理机关，以及自律组织、商业银行等机构无不良诚信记录；

（七）中国证监会基于保护投资者、维护社会公共利益规定的其他条件。

第八条 资信评级机构负责证券评级业务的高级管理人员，应当具备下列条件：

（一）取得证券从业资格；

（二）熟悉资信评级业务有关的专业知识、法律知识，具备履行职责所需要的经营管理能力和组织协调能力，且通过证券评级业务高级管理人员资质测试；

（三）无《公司法》、《证券法》规定的禁止任职情形；

（四）未被金融监管机构采取市场禁入措施，或者禁入期已满；

（五）最近3年未因违法经营受到行政处罚，不存在因涉嫌违法经营、犯罪正在被调查的情形；

（六）正直诚实，品行良好，最近3年在税务、工商、金融等行政管理机关，以及自律组织、商业银行等机构无不良诚信记录。

境外人士担任前款规定职务的，还应当在中国境内或者香港、澳门等地区工作不少于3年。

第九条 申请证券评级业务许可的资信评级机构，应当向中国证监会提交下列材料：

（一）申请报告；

（二）企业法人营业执照复印件；

（三）公司章程；

（四）股东名册及其出资额、出资方式、出资比例、背景材料，股东之间是否存在关联关系的说明；

（五）经具有证券、期货相关业务资格的会计师事务所审计的财务报告；

（六）高级管理人员和评级从业人员情况的说明及其证明文件；

（七）内部控制机制、管理制度及其实施情况的说明；

（八）业务制度及其实施情况的说明；

（九）中国证监会规定的其他材料。

第十条 中国证监会依照法定条件和程序，根据审慎监管的原则，并充分考虑市场发展和行业公平竞争的需要，对资信评级机构的证券评级业务许可申请进行审查、作出决定。

第三章 业务规则

第十一条 证券评级机构应当自取得证券评级业务许可之日起20日内，将其信用等级划分及定义、评级方法、评级程序报中国证券业协会备案，并通过中国证券业协会网站、本机构网站及其他公众媒体向社会公告。

信用等级划分及定义、评级方法和评级程序有调整的，应当及时备案、公告。

第十二条 证券评级机构与评级对象存在下列利害关系的，不得受托开展证券评级业务：

（一）证券评级机构与受评级机构或者受评级证券发行人为同一实际控制人所控制；

（二）同一股东持有证券评级机构、受评级机构或者受评级证券发行人的股份均达到5%以上；

（三）受评级机构或者受评级证券发行人及其实际控制人直接或者间接持有证券评级机构股份达到5%以上；

（四）证券评级机构及其实际控制人直接或者间接持有受评级证券发行人或者受评级机构股份达到5%以上；

（五）证券评级机构及其实际控制人在开展证券评级业务之前6个月内买卖受评级证券；

（六）中国证监会基于保护投资者、维护社会公共利益认定的其他情形。

第十三条 证券评级机构应当建立回避制度。证券评级机构评级委员会委员及评级从业人员在开展证券评级业务期间有下列情形之一的，应当回避：

（一）本人、直系亲属持有受评级机构或者受评级证券发行人的股份达到5%以上，或者是受评级机构、受评级证券发行人的实际控制人；

（二）本人、直系亲属担任受评级机构或者受评级证券发行人的董事、监事和高级管理人员；

（三）本人、直系亲属担任受评级机构或者受评级证券发行人聘任的会计师事务所、律师事务所、财务顾问等证券服务机构的负责人或者项目签字人；

（四）本人、直系亲属持有受评级证券或者受评级机构发行的证券金额超过50万元，或者与受评级机构、受评级证券发行人发生累计超过50万元的交易；

（五）中国证监会认定的足以影响独立、客观、公正原则的其他情形。

第十四条 证券评级机构应当建立清晰合理的组织结构，合理划分内部机构职能，建立健全防火墙制度，从事证券评级业务的业务部门应当与其他业务部门保持独立。

证券评级机构的人员考核和薪酬制度，不得影响评级从业人员依据独立、客观、公正、一致性的原则开展业务。

证券评级机构应当指定专人对证券评级业务的合法合规性进行检查，并向注册地中国证监会派出机构报告。

第十五条 证券评级机构开展证券评级业务，应当成立项目组，项目组组长应当具有证券从业资格且从事资信评级业务3年以上。

项目组对评级对象进行考察、分析，形成初评报告，并对所依据的文件资料内容的真实性、准确性、完整性进行核查和验证。

第十六条 证券评级机构应当建立评级委员会制度，评级委员会是确定评级对象信用等级的最高机构。

评级委员会对项目组提交的初评报告进行审查，作出决议，确定信用等级。

第十七条 证券评级机构应当建立复评制度。证券评级机构接受委托开展证券评级业务，在确定信用等级后，应当将信用等级告知受评级机构或者受评级证券发行人。受评级机构或者受评级证券发行人对信用等级有异议的，可以申请复评一次。

证券评级机构受理复评申请的，应当召开评级委员会会议重新进行审查，作出决议，确定最终信用等级。

第十八条 证券评级机构应当建立评级结果公布制度。

评级结果应当包括评级对象的信用等级和评级报告。评级报告应当采用简洁、明了的语言，对评级对象的信用等级做出明确解释，并由符合本办法规定的高级管理人员签字。

第十九条 证券评级机构应当建立跟踪评级制度。证券评级机构应当在对评级对象出具的首次评级报告中，明确规定跟踪评级事项。在评级对象有效存续期间，证券评级机构应当持续跟踪评级对象的政策环境、行业风险、经营策略、财务状况等因素的重大变化，及时分析该变化对评级对象信用等级的影响，出具定期或者不定期跟踪评级报告。

第二十条 受评级机构或者受评级证券发行人对其委托的证券评级机构出具的评级报告有异议，另行委托其他证券评级机构出具评级报告的，原受托证券评级机构与现受托证券评级机构应当同时公布评级结果。

第二十一条 证券评级机构应当采用有效的统计方法，对评级结果的准确性和稳定性进行验证，并将统计结果通过中国证券业协会网站和本机构网站向社会公告。

第二十二条 证券评级机构应当建立证券评级业务信息保密制度。对于在开展证券评级业务活动中知悉的国家秘密、商业秘密和个人隐私，证券评级机构及其从业人员应当依法履行保密义务。

第二十三条 证券评级机构应当建立证券评级业务档案管理制度。业务档案应当包括受托开展证券评级业务的委托书、出具评级报告所依据的原始资料、工作底稿、初评报告、评级报告、评级委员会表决意见及会议记录、跟踪评级资料、跟踪评级报告等。

业务档案应当保存到评级合同期满后5年，或者评级对象存续期满后5年。业务档案的保存期限不得少于10年。

第二十四条 证券评级机构应当建立证券评级从业人员和管理人员的培训制度，开展培训活动，采取有效措施提高人员的职业道德和业务水平。

第四章 监督管理

第二十五条 证券评级机构的董事、监事和高级管理人员以及评级从业人员不得以任何方式在受评级机构或者受评级证券发行人兼职。

第二十六条 证券评级机构的董事、监事和高级管理人员不得投资其他证券评级机构。

第二十七条 证券评级机构应当在下列事项发生变更之日起5个工作日内，报注册地中国证监会派出机构备案：

（一）机构名称、住所；

（二）董事、监事、高级管理人员；

（三）实际控制人、持股5%以上股权的股东；

（四）内部控制机制与管理制度、业务制度；

（五）中国证监会规定的其他事项。

第二十八条 证券评级机构不得涂改、倒卖、出租、出借证券评级业务许可证，或者以其他形式非法转让证券评级业务许可证。

第二十九条 证券评级机构不得为他人提供融资或者担保。

证券评级机构的实际控制人、股东、董事、监事、高级管理人员应当遵纪守法，不得从事损害证券评级机构及其评级对象合法权益的活动。

第三十条 证券评级机构应当在每一会计年度结束之日起4个月内，向注册地中国证监会派出机构报送年度报告。年度报告应当包括本机构的基本情况、经营情况、经具有证券期货相关业务资格的会计师事务所审计的财务会计报告、重大诉讼事项、评级结果的准确性和稳定性统计情况等内容。证券评级机构的董事和高级管理人员应当对年度报告签署书面确认意见；对报告内容持有异议的，应当注明意见和理由。

证券评级机构应当在每个季度结束之日起10个工作日内，向注册地中国证监会派出机构报送包含经营情况、财务数据等内容的季度报告。

发生影响或者可能影响本机构经营管理的重大事件时，证券评级机构应当立即向注册地中国证监会派出机构报送临时报告，说明事件的起因、目前的状态和可能产生的后果。

第三十一条 中国证监会派出机构应当对证券评级机构内部控制、管理制度、经营运作、风险状况、从业活动、财务状况等进行非现场检查或者现场检查。

证券评级机构及其有关人员应当配合检查，提供的信息、资料应当真实、准确、完整。

第三十二条 证券评级机构及从业人员违反本办法规定的，中国证监会派出机构应当向证券评级机构发出警示函，对责任人或者高级管理人员进行监管谈话，责令限期整改。

证券评级机构逾期未改正的，中国证监会可以不受理由其出具的评级报告。

第三十三条 证券评级机构不再符合证券评级业务许可条件的，应当立即向注册地中国证监会派出机构书面报告并依法进行公告。中国证监会派出机构应当责令限期整改，整改期间不得从事证券评级业务。期限届满仍不符合条件的，中国证监会依法撤销证券评级业务许可。

证券评级机构的高级管理人员不符合规定条件的，应当限期更换。逾期未更换的，中国证监会派出机构应当责令证券评级机构整改，整改期间不得从事证券评级业务。

第三十四条 证券评级机构应当加入中国证券业协会。

中国证券业协会应当制定证券评级机构的自律准则和执业规范，对违反自律准则和执业规范的行为给予纪律处分。

中国证券业协会应当建立证券评级机构及其从业人员从事证券评级业务的资料库和诚信档案。

第五章 法律责任

第三十五条 未取得中国证监会的证券评级业务许可，擅自从事证券评级业务的，依照《证券法》第二百二十六条第二款的规定处理。

第三十六条 证券评级机构及其从业人员未勤勉尽责，出具的文件有虚假记载、误导性陈述或者重大遗漏的，依照《证券法》第二百二十三条的规定处理。

第三十七条 证券评级机构的从业人员，故意提供虚假资料，诱骗投资者买卖证券的，依照《证券法》第二百条的规定处理。

第三十八条 违反本办法规定，聘任不具备任职条件、证券从业资格的人员的，依照《证券法》第一百九十八条的规定处理。

第三十九条 证券评级机构未按照本办法规定保存有关文件和资料的，依照《证券法》第二百二十五条的规定处理。

第四十条 利用证券评级业务进行内幕交易的，依照《证券法》第二百零二条的规定处理。

第四十一条 证券评级机构有下列行为之一的，责令改正，给予警告，并处以1万元以上3万元以下的罚款；对直接负责的主管人员和其他直接责任人员给予警告，并处以1万元以上3万元以下的罚款；情节严重或者拒不改正的，依照《证券法》第二百二十六条第三款的规定处理：

（一）违反回避制度或者利益冲突防范制度；

（二）违反信息保密制度；

（三）未按照本办法规定进行跟踪评级；

（四）未按照本办法规定披露信息，或者未对其所依据的文件资料内容的真实性、准确性、完整性进行核查和验证；

（五）涂改、倒卖、出租、出借证券评级业务许可证，或者以其他形式非法转让证券评级业务许可证；

（六）违反本办法规定，拒不报送、提供经营管理信息和资料，或者报送、提供的经营管理信息和资料有虚假记载、误导性陈述或者重大遗漏；

（七）承诺给予高等级信用级别，贬低、诋毁其他证券评级机构、评级从业人员等不正当竞争行为；

（八）内部控制机制、管理制度与业务制度不健全、执行不规范，拒不改正；

（九）为他人提供融资或者担保；

（十）董事、监事和高级管理人员投资其他证券评级机构。

第六章 附 则

第四十二条 资信评级机构从事期货相关资信评级活动，参照本办法执行。

第四十三条 本办法自2007年9月1日起施行。

合格境内机构投资者境外证券投资管理试行办法

（2007 年 6 月 18 日　中国证券监督管理委员会令第 46 号，2007 年 4 月 30 日中国证券监督管理委员会第 27 次主席办公会议审议通过　2007 年 7 月 5 日实施）

第一章　总　　则

第一条　为了规范合格境内机构投资者境外证券投资行为，保护投资人合法权益，根据《证券投资基金法》、《证券法》和其他有关法律、行政法规，制定本办法。

第二条　本办法所称合格境内机构投资者（以下简称境内机构投资者），是指符合本办法规定的条件，经中国证券监督管理委员会（以下简称中国证监会）批准在中华人民共和国境内募集资金，运用所募集的部分或者全部资金以资产组合方式进行境外证券投资管理的境内基金管理公司和证券公司等证券经营机构。

第三条　境内机构投资者开展境外证券投资业务，应当由境内商业银行负责资产托管业务，可以委托境外证券服务机构代理买卖证券。

第四条　中国证监会和国家外汇管理局（以下简称国家外汇局）依法按照各自职能对境内机构投资者境外证券投资实施监督管理。

第二章　境内机构投资者资格条件和审批程序

第五条　申请境内机构投资者资格，应当具备下列条件：

（一）申请人的财务稳健，资信良好，资产管理规模、经营年限等符合中国证监会的规定；

（二）拥有符合规定的具有境外投资管理相关经验的人员；

（三）具有健全的治理结构和完善的内控制度，经营行为规范；

（四）最近 3 年没有受到监管机构的重大处罚，没有重大事项正在接受司法部门、监管机构的立案调查；

（五）中国证监会根据审慎监管原则规定的其他条件。

第六条　第五条第（一）项所指的条件是：

（一）基金管理公司：净资产不少于 2 亿元人民币；经营证券投资基金（以下简称基金）管理业务达 2 年以上；在最近一个季度末资产管理规模不少于 200 亿元人民币或等值外汇资产；

（二）证券公司：各项风险控制指标符合规定标准；净资本不低于 8 亿元人民币；净资本与净资产比例不低于 70%；经营集合资产管理计划（以下简称集合计划）业务达 1 年以上；在最近一个季度末资产管理规模不少于 20 亿元人民币或等值外汇资产。

第七条　第五条第（二）项所指的条件是：具有 5 年以上境外证券市场投资管理经验和相关专业资质的中级以上管理人员不少于 1 名，具有 3 年以上境外证券市场投资管理相关经验的人员不少于 3 名。

第八条 申请境内机构投资者资格的，应当向中国证监会报送下列文件（一份正本、一份副本）：

（一）申请表；

（二）符合本办法第五条规定的证明文件；

（三）中国证监会要求的其他文件。

第九条 中国证监会收到完整的资格申请文件后对申请材料进行审核，做出批准或者不批准的决定。决定批准的，颁发境外证券投资业务许可文件；决定不批准的，书面通知申请人。

第十条 申请人可在取得境内机构投资者资格后，向中国证监会报送产品募集申请文件。

第十一条 中国证监会自收到完整的产品募集申请文件后对申请材料进行审核，做出批准或者不批准的决定，并书面通知申请人。

第十二条 境内机构投资者应当依照有关规定向国家外汇局申请经营外汇业务资格。

第三章 境外投资顾问

第十三条 本办法所称境外投资顾问（以下简称投资顾问）是指符合本办法规定的条件，根据合同为境内机构投资者境外证券投资提供证券买卖建议或投资组合管理等服务并取得收入的境外金融机构。

第十四条 境内机构投资者可以委托符合下列条件的投资顾问进行境外证券投资：

（一）在境外设立，经所在国家或地区监管机构批准从事投资管理业务；

（二）所在国家或地区证券监管机构已与中国证监会签订双边监管合作谅解备忘录，并保持着有效的监管合作关系；

（三）经营投资管理业务达5年以上，最近一个会计年度管理的证券资产不少于100亿美元或等值货币；

（四）有健全的治理结构和完善的内控制度，经营行为规范，最近5年没有受到所在国家或地区监管机构的重大处罚，没有重大事项正在接受司法部门、监管机构的立案调查。

境内证券公司在境外设立的分支机构担任投资顾问的，可以不受前款第（三）项规定的限制。

第十五条 境内机构投资者应当承担受信责任，在挑选、委托投资顾问过程中，履行尽职调查义务。

第十六条 投资顾问应当严格遵守境内有关法律法规、基金合同和集合资产管理合同的规定，始终将基金、集合计划持有人的利益置于首位，以合理的依据提出投资建议，寻求基金、集合计划的最佳交易执行，公平客观对待所有客户，始终按照基金、集合计划的投资目标、策略、政策、指引和限制实施投资决定，充分披露一切涉及利益冲突的重要事实，尊重客户信息的机密性。

第十七条 境内机构投资者授权投资顾问负责投资决策的，应当在协议中明确投资顾问由于本身差错、疏忽、未履行职责等原因而导致财产受损时应当承担相应责任。

第四章 资产托管

第十八条 境内机构投资者开展境外证券投资业务时，应当由具有证券投资基金托管资格的银行（以下简称托管人）负责资产托管业务。

第十九条 托管人可以委托符合下列条件的境外资产托管人负责境外资产托管业务：

（一）在中国大陆以外的国家或地区设立，受当地政府、金融或证券监管机构的监管；

（二）最近一个会计年度实收资本不少于10亿美元或等值货币或托管资产规模不少于1 000亿美元或等值货币；

（三）有足够的熟悉境外托管业务的专职人员；

（四）具备安全保管资产的条件；

（五）具备安全、高效的清算、交割能力；

（六）最近3年没有受到监管机构的重大处罚，没有重大事项正在接受司法部门、监管机构的立案调查。

第二十条 托管人应当按照有关法律法规履行下列受托人职责：

（一）保护持有人利益，按照规定对基金、集合计划日常投资行为和资金汇出入情况实施监督，如发现投资指令或资金汇出入违法、违规，应当及时向中国证监会、国家外汇局报告；

（二）安全保护基金、集合计划财产，准时将公司行为信息通知境内机构投资者，确保基金、集合计划及时收取所有应得收入；

（三）确保基金、集合计划按照有关法律法规、基金合同和集合资产管理合同约定的投资目标和限制进行管理；

（四）按照有关法律法规、基金合同和集合资产管理合同的约定执行境内机构投资者、投资顾问的指令，及时办理清算、交割事宜；

（五）确保基金、集合计划的份额净值按照有关法律法规、基金合同和集合资产管理合同规定的方法进行计算；

（六）确保基金、集合计划按照有关法律法规、基金合同和集合资产管理合同的规定进行申购、认购、赎回等日常交易；

（七）确保基金、集合计划根据有关法律法规、基金合同和集合资产管理合同确定并实施收益分配方案；

（八）按照有关法律法规、基金合同和集合资产管理合同的规定以受托人名义或其指定的代理人名义登记资产；

（九）每月结束后7个工作日内，向中国证监会和国家外汇局报告境内机构投资者境外投资情况，并按相关规定进行国际收支申报；

（十）中国证监会和国家外汇局根据审慎监管原则规定的其他职责。

第二十一条 对基金、集合计划的境外财产，托管人可授权境外托管人代为履行其承担的受托人职责。境外托管人在履行职责过程中，因本身过错、疏忽等原因而导致基金、集合计划财产受损的，托管人应当承担相应责任。

第二十二条 托管人应当按照有关法律法规履行下列托管职责：

（一）安全保管基金、集合计划资产，开设资金账户和证券账户；

（二）办理境内机构投资者的有关结汇、售汇、收汇、付汇和人民币资金结算业务；

（三）保存境内机构投资者的资金汇出、汇入、兑换、收汇、付汇、资金往来、委托及成交记录等相关资料，其保存的时间应当不少于20年；

（四）中国证监会和国家外汇局根据审慎监管原则规定的其他职责。

第二十三条 托管人、境外托管人应当将其自有资产和境内机构投资者管理的财产严格分开。

第五章 资金募集、投资运作、信息披露

第二十四条 取得境内机构投资者资格的基金管理公司可以根据有关法律法规通过公开发售基金份额募集基金，运用基金财产投资于境外证券市场。基金管理公司申请募集基金，应当根据有关法律法规规定提交申请材料。

第二十五条 取得境内机构投资者资格的证券公司可以通过设立集合计划等方式募集资金，运用所募集的资金投资于境外证券市场。设立集合计划的，应当按照有关规定提交申请材料，进行资金募集和投资运作。

第二十六条 申请募集的基金应当根据有关规定选择投资业绩比较基准。

第二十七条 基金、集合计划应当投资于中国证监会规定的金融产品或工具。

第二十八条 基金、集合计划应当遵守有关投资比例限制的规定。

第二十九条 境内机构投资者、投资顾问挑选、委托境外证券服务机构代理买卖证券的，应当严格履行受信责任，并按照有关规定对投资交易的流程、信息披露、记录保存进行管理。

第三十条 境内机构投资者、投资顾问与境外证券服务机构之间的证券交易和研究服务安排，应当按照以下原则进行：

（一）交易佣金属于基金、集合计划持有人的财产；

（二）境内机构投资者、投资顾问有责任代表持有人确保交易质量，包括但不限于：

1. 寻求最佳交易执行；

2. 力求交易成本最小化；

3. 使用持有人的交易佣金使持有人受益。

第三十一条 境内机构投资者的境外证券投资，应当遵守当地监管机构、交易所的有关法律法规规定。

第三十二条 境内机构投资者、托管人等信息披露义务人应当严格按照有关法律法规规定的要求进行信息披露。

第六章 额度和资金管理

第三十三条 境内机构投资者应当根据市场情况、产品特性等在募集方案中设定合理的额度规模上限，向国家外汇局备案，并按照有关规定到国家外汇局办理相关手续。基金、集合计划存续期内的额度规模管理应当按照有关规定进行。

第三十四条 境内机构投资者应当在托管人处开立托管账户，托管基金、集合计划的全部资产。

第三十五条 托管人应当为基金、集合计划开立结算账户和证券托管账户，用于与证券登记结算等机构之间的资金结算业务和证券托管业务。

第三十六条 托管账户、结算账户和证券托管账户的收入、支出范围应当符合有关规定，账户内的资金不得向他人贷款或提供担保。

第三十七条 境内机构投资者应当定期向国家外汇局报告其额度使用及资金汇出入情况。

第七章 监督管理

第三十八条 中国证监会和国家外汇局可以要求境内机构投资者、托管人提供境内机构投资者境外投资活动有关资料；必要时，可以进行现场检查。

第三十九条 境内机构投资者有下列情形之一的，应当在其发生后5个工作日内报中国证监会备案并公告：

（一）变更托管人或境外托管人；

（二）变更投资顾问；

（三）境外涉及诉讼及其他重大事件；

（四）中国证监会规定的其他情形。

托管人或境外托管人发生变更的，境内机构投资者应当同时报国家外汇局备案。

第四十条 境内机构投资者有下列情形之一的，应当在其发生后60个工作日内重新申请境外证券投资业务资格，并向国家外汇局重新办理经营外汇业务资格申请、投资额度备案手续：

（一）变更机构名称；

（二）被其他机构吸收合并；

（三）中国证监会、国家外汇局规定的其他情形。

第四十一条 境内机构投资者运用基金、集合计划财产进行证券投资，发生重大违法、违规行为的，中国证监会可以依法采取限制交易行为等措施，国家外汇局可以依法采取限制其资金汇出入等措施。

第四十二条 托管人违法、违规严重的，中国证监会可以依法做出限制其托管业务的决定。

第四十三条 境内机构投资者、托管人等违反本办法的，由中国证监会、国家外汇局依法进行相应的行政处罚。

第八章 附 则

第四十四条 境内机构投资者投资于香港特别行政区、澳门特别行政区的金融产品或工具，参照本办法执行。

第四十五条 取得境内机构投资者资格的基金管理公司向特定对象募集资金或者接受特定对象财产委托投资于境外证券市场的，参照本办法执行。

第四十六条 取得境内机构投资者资格的证券公司办理定向资产管理、专项资产管理业务，运用所管理的资金投资于境外证券市场的，参照本办法执行。

第四十七条 本办法自2007年7月5日起施行。

证券公司为期货公司提供中间介绍业务试行办法

（2007 年 4 月 20 日　证监发［2007］56 号）

第一章　总　　则

第一条　为了规范证券公司为期货公司提供中间介绍业务活动，防范和隔离风险，促进期货市场积极稳妥发展，根据《期货交易管理条例》，制定本办法。

第二条　本办法所称证券公司为期货公司提供中间介绍业务（以下简称介绍业务），是指证券公司接受期货公司委托，为期货公司介绍客户参与期货交易并提供其他相关服务的业务活动。

第三条　证券公司从事介绍业务，应当依照本办法的规定取得介绍业务资格，审慎经营，并对通过其营业部开展的介绍业务实行统一管理。

第四条　中国证券监督管理委员会（以下简称中国证监会）及其派出机构依法对证券公司的介绍业务活动实行监督管理。

相关自律性组织依法对介绍业务活动实行自律管理。

第二章　资格条件与业务范围

第五条　证券公司申请介绍业务资格，应当符合下列条件：

（一）申请日前 6 个月各项风险控制指标符合规定标准；

（二）已按规定建立客户交易结算资金第三方存管制度；

（三）全资拥有或者控股一家期货公司，或者与一家期货公司被同一机构控制，且该期货公司具有实行会员分级结算制度期货交易所的会员资格、申请日前 2 个月的风险监管指标持续符合规定的标准；

（四）配备必要的业务人员，公司总部至少有 5 名、拟开展介绍业务的营业部至少有 2 名具有期货从业人员资格的业务人员；

（五）已按规定建立健全与介绍业务相关的业务规则、内部控制、风险隔离及合规检查等制度；

（六）具有满足业务需要的技术系统；

（七）中国证监会根据市场发展情况和审慎监管原则规定的其他条件。

第六条　本办法第五条第（一）项所称风险控制指标标准是指：

（一）净资本不低于 12 亿元；

（二）流动资产余额不低于流动负债余额（不包括客户交易结算资金和客户委托管理资金）的 150%；

（三）对外担保及其他形式的或有负债之和不高于净资产的 10%，但因证券公司发债提供的反担保除外；

（四）净资本不低于净资产的 70%。

中国证监会可以根据市场发展情况和审慎监管原则对前款标准进行调整。

第七条 证券公司申请介绍业务，应当向中国证监会提交下列申请材料：

（一）介绍业务资格申请书；

（二）董事会关于从事介绍业务的决议，公司章程规定该决议由股东会或者股东大会做出的，应提供股东会或者股东大会的决议；

（三）净资本等指标的计算表及相关说明；

（四）客户交易结算资金独立存管制度实施情况说明及客户交易结算资金第三方存管制度文本；

（五）分管介绍业务的有关负责人简历，相关业务人员简历、期货从业人员资格证明；

（六）关于介绍业务的业务规则、内部控制、风险隔离和合规检查等制度文本；

（七）关于技术系统准备情况的说明；

（八）全资拥有或者控股期货公司，或者与期货公司被同一机构控制的情况说明，该期货公司在申请日前2个月月末的风险监管报表；

（九）与期货公司拟签订的介绍业务委托协议文本。

第八条 中国证监会自受理申请材料之日起20个工作日内，作出批准或者不予批准的决定。

第九条 证券公司受期货公司委托从事介绍业务，应当提供下列服务：

（一）协助办理开户手续；

（二）提供期货行情信息、交易设施；

（三）中国证监会规定的其他服务。

证券公司不得代理客户进行期货交易、结算或者交割，不得代期货公司、客户收付期货保证金，不得利用证券资金账户为客户存取、划转期货保证金。

第十条 证券公司从事介绍业务，应当与期货公司签订书面委托协议。委托协议应当载明下列事项：

（一）介绍业务的范围；

（二）执行期货保证金安全存管制度的措施；

（三）介绍业务对接规则；

（四）客户投诉的接待处理方式；

（五）报酬支付及相关费用的分担方式；

（六）违约责任；

（七）中国证监会规定的其他事项。

双方可以在委托协议中约定前款规定以外的其他事项，但不得违反法律、行政法规和本办法的规定，不得损害客户的合法权益。

证券公司按照委托协议对期货公司承担介绍业务受托责任。基于期货经纪合同的责任由期货公司直接对客户承担。

第十一条 证券公司与期货公司签订、变更或者终止委托协议的，双方应当在5个工作日内报各自所在地的中国证监会派出机构备案。

第三章 业务规则

第十二条 证券公司只能接受其全资拥有或者控股的、或者被同一机构控制的期货公司的委托从事介绍业务，不能接受其他期货公司的委托从事介绍业务。

第十三条 证券公司应当按照合规、审慎经营的原则，制定并有效执行介绍业务规则、内部控制、合规检查等制度，确保有效防范和隔离介绍业务与其他业务的风险。

第十四条 期货公司与证券公司应当建立介绍业务的对接规则，明确办理开户、行情和交易系统的安装维护、客户投诉的接待处理等业务的协作程序和规则。

第十五条 证券公司与期货公司应当独立经营，保持财务、人员、经营场所等分开隔离。

第十六条 证券公司应当根据内部控制和风险隔离制度的规定，指定有关负责人和有关部门负责介绍业务的经营管理。

证券公司应当配备足够的具有期货从业人员资格的业务人员，不得任用不具有期货从业人员资格的业务人员从事介绍业务。

证券公司从事介绍业务的工作人员不得进行期货交易。

第十七条 证券公司应当在其经营场所显著位置或者其网站，公开下列信息：

（一）受托从事的介绍业务范围；

（二）从事介绍业务的管理人员和业务人员的名单和照片；

（三）期货公司期货保证金账户信息、期货保证金安全存管方式；

（四）客户开户和交易流程、出入金流程；

（五）交易结算结果查询方式；

（六）中国证监会规定的其他信息。

中国证监会及其派出机构可以根据审慎监管原则，要求证券公司调整相关信息的公开方式。

第十八条 证券公司为期货公司介绍客户时，应当向客户明示其与期货公司的介绍业务委托关系，解释期货交易的方式、流程及风险，不得作获利保证、共担风险等承诺，不得虚假宣传，误导客户。

第十九条 证券公司应当建立完备的协助开户制度，对客户的开户资料和身份真实性等进行审查，向客户充分揭示期货交易风险，解释期货公司、客户、证券公司三者之间的权利义务关系，告知期货保证金安全存管要求。

证券公司应当及时将客户开户资料提交期货公司，期货公司应当复核后与客户签订期货经纪合同，办理开户手续。

第二十条 证券公司介绍其控股股东、实际控制人等开户的，证券公司应当将其期货账户信息报所在地中国证监会派出机构备案，并按照中国证监会的规定履行信息披露义务。

第二十一条 证券公司不得代客户下达交易指令，不得利用客户的交易编码、资金账号或者期货结算账户进行期货交易，不得代客户接收、保管或者修改交易密码。

第二十二条 证券公司不得直接或者间接为客户从事期货交易提供融资或者担保。

第二十三条 期货、现货市场行情发生重大变化或者客户可能出现风险时，证券公司及其营业部可以协助期货公司向客户提示风险。

第二十四条 证券公司应当协助维护期货交易系统的稳定运行，保证期货交易数据传送的安全和独立。

第二十五条 证券公司应当在营业场所妥善保存有关介绍业务的凭证、单据、账簿、报表、合同、数据信息等资料。

证券公司保存上述文件资料的期限不得少于5年。

第二十六条 证券公司应当建立并有效执行介绍业务的合规检查制度。

证券公司应当定期对介绍业务规则、内部控制、风险隔离等制度的执行情况和营业部介绍业务的开展情况进行检查，每半年向中国证监会派出机构报送合规检查报告。

发生重大事项的，证券公司应当在2个工作日内向所在地中国证监会派出机构报告。

第四章　监督管理

第二十七条　中国证监会及其派出机构按照审慎监管原则，对证券公司从事的介绍业务进行现场检查和非现场检查。

第二十八条　证券公司应当按照中国证监会的规定披露介绍业务的相关信息，报送介绍业务的相关文件、资料及数据信息。

第二十九条　证券公司取得介绍业务资格后不符合本办法第五条、第六条规定条件的，中国证监会及其派出机构责令其限期整改；经限期整改仍不符合条件的，中国证监会依法撤销其介绍业务资格。

第三十条　证券公司违反本办法第三章业务规则的，中国证监会及其派出机构可以采取责令限期整改、监管谈话、出具警示函等监管措施；逾期未改正，其行为可能危及期货公司的稳健运行、损害客户合法权益的，中国证监会可以责令期货公司终止与该证券公司的介绍业务关系。

第三十一条　证券公司因其他业务涉嫌违法违规或者出现重大风险被暂停、限制业务或者撤销业务资格的，中国证监会可以责令期货公司终止与该证券公司的介绍业务关系。

第三十二条　证券公司有下列行为之一的，按照《期货交易管理条例》第七十条进行处罚：

（一）未经许可擅自开展介绍业务；

（二）对客户未充分揭示期货交易风险，进行虚假宣传，误导客户；

（三）代理客户进行期货交易、结算或者交割；

（四）收付、存取或者划转期货保证金；

（五）为客户从事期货交易提供融资或者担保；

（六）未按规定审查客户的开户资料和身份真实性；

（七）代客户下达交易指令；

（八）利用客户的交易编码、资金账号或者期货结算账户进行期货交易；

（九）未将介绍业务与其他经营业务分开或者有效隔离；

（十）未将财务、人员、经营场所与期货公司分开隔离；

（十一）拒绝、阻碍中国证监会及其派出机构依法履行职责。

第五章　附　　则

第三十三条　本办法自发布之日起施行。

合格境外机构投资者境内证券投资管理办法

（2006 年 8 月 24 日　中国证监会　中国人民银行　国家外汇管理局　证监会令第 36 号，2006 年 9 月 1 日实施）

目　　录

第一章　总　　则

第一条　为了规范合格境外机构投资者在中国境内证券市场的投资行为，促进中国证券市场的发展，根据有关法律、行政法规，制定本办法。

第二条　本办法所称合格境外机构投资者（以下简称合格投资者），是指符合本办法的规定，经中国证券监督管理委员会（以下简称中国证监会）批准投资于中国证券市场，并取得国家外汇管理局（以下简称国家外汇局）额度批准的中国境外基金管理机构、保险公司、证券公司以及其他资产管理机构。

第三条　合格投资者应当委托境内商业银行作为托管人托管资产，委托境内证券公司办理在境内的证券交易活动。

第四条　合格投资者必须遵守中国的法律法规和其他有关规定。

第五条　中国证监会依法对合格投资者的境内证券投资实施监督管理，国家外汇局依法对合格投资者境内证券投资有关的投资额度、资金汇出入等实施外汇管理。

第二章　资格条件和审批程序

第六条　申请合格投资者资格，应当具备下列条件：

（一）申请人的财务稳健，资信良好，达到中国证监会规定的资产规模等条件；

（二）申请人的从业人员符合所在国家或者地区的有关从业资格的要求；

（三）申请人有健全的治理结构和完善的内控制度，经营行为规范，近 3 年未受到监管机构的重大处罚；

（四）申请人所在国家或者地区有完善的法律和监管制度，其证券监管机构已与中国证监会签订监管合作谅解备忘录，并保持着有效的监管合作关系；

（五）中国证监会根据审慎监管原则规定的其他条件。

第七条 申请合格投资者资格和投资额度，申请人可以通过托管人分别向中国证监会和国家外汇局报送文件。

第八条 中国证监会自收到完整的申请文件之日起20个工作日内，对申请材料进行审核，并征求国家外汇局意见，作出批准或者不批准的决定。决定批准的，颁发证券投资业务许可证；决定不批准的，书面通知申请人。

第九条 申请人应当在取得证券投资业务许可证之日起1年内，通过托管人向国家外汇局提出投资额度申请。

国家外汇局自收到完整的申请文件之日起20个工作日内，对申请材料进行审核，并征求中国证监会意见，作出批准或者不批准的决定。决定批准的，作出书面批复并颁发外汇登记证；决定不批准的，书面通知申请人。

第十条 为鼓励中长期投资，对于符合本办法规定的养老基金、保险基金、共同基金、慈善基金等长期资金管理机构，予以优先考虑。

第三章 托管、登记和结算

第十一条 托管人应当具备下列条件：

（一）设有专门的资产托管部；

（二）实收资本不少于80亿元人民币；

（三）有足够的熟悉托管业务的专职人员；

（四）具备安全保管合格投资者资产的条件；

（五）具备安全、高效的清算、交割能力；

（六）具备外汇指定银行资格和经营人民币业务资格；

（七）最近3年没有重大违反外汇管理规定的纪录。

外资商业银行境内分行在境内持续经营3年以上的，可申请成为托管人，其实收资本数额条件按其境外总行的计算。

第十二条 取得托管人资格，必须经中国证监会和国家外汇局审批。中国证监会收到完整的申请文件后，于30个工作日内会签国家外汇局作出托管资格许可。

第十三条 托管人应当履行下列职责：

（一）保管合格投资者托管的全部资产；

（二）办理合格投资者的有关结汇、售汇、收汇、付汇和人民币资金结算业务；

（三）监督合格投资者的投资运作，发现其投资指令违法、违规的，及时向中国证监会和国家外汇局报告；

（四）在合格投资者汇入本金、汇出本金或者收益2个工作日内，向国家外汇局报告合格投资者的资金汇入、汇出及结售汇情况；

（五）每月结束后8个工作日内，向国家外汇局报告合格投资者的外汇账户和人民币特殊账户的收支和资产配置情况，向中国证监会报告证券账户的投资和交易情况；

（六）每个会计年度结束后3个月内，编制关于合格投资者上一年度境内证券投资情况的年度财务报告，并报送中国证监会和国家外汇局；

（七）保存合格投资者的资金汇入、汇出、兑换、收汇、付汇和资金往来记录等相关资料，其保存的时间应当不少于20年；

（八）根据国家外汇管理规定进行国际收支统计申报；

（九）中国证监会、国家外汇局根据审慎监管原则规定的其他职责。

第十四条 托管人必须将其自有资产和受托管理的资产严格分开，对受托管理的资产实行分账托管。

第十五条 每个合格投资者只能委托1个托管人，并可以更换托管人。

第十六条 合格投资者可以在证券登记结算机构申请开立证券账户。该证券账户可以是实名账户，也可以是名义持有人账户。

名义持有人应当将其代理的实际投资者或基金的名称、注册地、资产配置、证券投资情况于每个季度结束后的8个工作日内，报告中国证监会和证券交易所。

第十七条 合格投资者应当委托获得证券登记结算机构结算参与人资格的机构进行资金结算。该机构应在开立人民币结算资金账户5个工作日内将开户情况向国家外汇局备案。

第四章　投资运作

第十八条 合格投资者在经批准的投资额度内，可以投资于中国证监会批准的人民币金融工具。

第十九条 合格投资者可以委托在境内设立的证券公司等投资管理机构，进行境内证券投资管理。

第二十条 合格投资者的境内股票投资，应当遵守中国证监会规定的持股比例限制和国家其他有关规定。

第二十一条 境外投资者履行信息披露义务时，应当合并计算其持有的同一上市公司的境内上市股和境外上市股，并遵守信息披露的有关的法律法规。

第二十二条 证券公司等机构保存合格投资者的委托记录、交易记录等资料的时间应当不少于20年。

第二十三条 合格投资者的境内证券投资活动，应当遵守证券交易所、证券登记结算机构的有关规定。

第五章　资金管理

第二十四条 合格投资者经国家外汇局批准，应当在托管人处开立外汇账户和人民币特殊账户。

第二十五条 合格投资者外汇账户和人民币特殊账户的收支范围应当符合国家外汇局的有关规定。

第二十六条 合格投资者应当在国家外汇局规定的时间内汇入本金，汇入的本金应当是国家外汇局批准的可兑换货币，金额以批准额度为限。

合格投资者未在国家外汇局规定的时间内汇满本金的，应当向中国证监会和国家外汇局作出书面解释，并以实际汇入金额为批准额度；已批准额度和已实际汇入金额的差额，在未经国家外汇局批准之前不得汇入。

第二十七条 合格投资者可以在国家外汇局规定的期限届满之日起向国家外汇局申请汇出资金，国家外汇局另有规定的除外。

第二十八条 国家外汇局可以根据我国经济金融形势、外汇市场供求关系和国际收支状况，按照中国人民银行的安排，对合格投资者本金的汇入汇出时间、金额以及汇出资金的期限予以调整。

第六章　监督管理

第二十九条　中国证监会、国家外汇局依法可以要求合格投资者、托管人、证券公司等机构提供合格投资者的有关资料，并进行必要的询问、检查。

第三十条　合格投资者有下列情形之一的，应当在其发生后 5 个工作日内报中国证监会、国家外汇局备案：

（一）变更托管人；

（二）变更法定代表人；

（三）其控股股东变更；

（四）调整注册资本；

（五）涉及重大诉讼及其他重大事件；

（六）在境外受到重大处罚；

（七）中国证监会和国家外汇局规定的其他情形。

第三十一条　合格投资者有下列情形之一的，应当重新申领证券投资业务许可证：

（一）变更机构名称；

（二）被其他机构吸收合并；

（三）中国证监会和国家外汇局规定的其他情形。

重新申领证券投资业务许可证期间，合格投资者可以继续进行证券交易。但中国证监会根据审慎监管原则认为需要暂停的除外。

第三十二条　合格投资者有下列情形之一的，应当将证券投资业务许可证和外汇登记证分别交还中国证监会和国家外汇局：

（一）申请人取得证券投资业务许可证后 1 年内未向国家外汇局提出投资额度申请的；

（二）机构解散、进入破产程序或者由接管人接管的；

（三）合格投资者重新申领许可证的；

（四）合格投资者有重大违法行为及中国证监会和国家外汇局认定的其他情形。

第三十三条　合格投资者所管理的证券账户发生重大违法、违规行为的，中国证监会可以依法采取限制相关证券账户的交易行为等措施，国家外汇局可以依法采取限制其资金汇出入等措施。

第三十四条　托管人违法、违规行为严重的，中国证监会、国家外汇局将依法联合做出取消其托管人资格的决定。

第三十五条　合格投资者、托管人、证券公司等违反本办法的，由中国证监会、国家外汇局依法进行相应的行政处罚。

第七章　附　　则

第三十六条　香港特别行政区、澳门特别行政区、台湾地区设立的机构投资者到内地从事证券投资的，适用本办法的规定。

第三十七条　本办法自 2006 年 9 月 1 日起施行，2002 年 11 月 5 日中国证监会、中国人民银行联合发布的《合格境外机构投资者境内证券投资管理暂行办法》同时废止。

（八）登记结算规则

证券登记结算管理办法

（2009 年 11 月 20 日　证监会第 65 号令，2006 年 4 月 7 日中国证券监督管理委员会令第 29 号公布　根据 2009 年 11 月 20 日中国证券监督管理委员会《关于修改〈证券登记结算管理办法〉的决定》修订　2009 年 12 月 21 日实施）

第一章　总　　则

第一条　为了规范证券登记结算行为，保护投资者的合法权益，维护证券登记结算秩序，防范证券登记结算风险，保障证券市场安全高效运行，根据《证券法》、《公司法》等法律、行政法规的规定，制定本办法。

第二条　在证券交易所上市的股票、债券、证券投资基金份额等证券及证券衍生品种（以下统称证券）的登记结算，适用本办法。

非上市证券的登记结算业务，参照本办法执行。

境内上市外资股的登记结算业务，法律、行政法规、中国证券监督管理委员会（以下简称中国证监会）另有规定的，从其规定。

第三条　证券登记结算活动必须实行公开、公平、公正、安全、高效的原则。

第四条　证券登记结算机构是为证券交易提供集中登记、存管与结算服务，不以营利为目的的法人。

证券登记结算业务采取全国集中统一的运营方式，由证券登记结算机构依法集中统一办理。

证券登记结算机构实行行业自律管理。

第五条　证券登记结算活动必须遵守法律、行政法规、中国证监会的规定以及证券登记结算机构依法制定的业务规则。

第六条　中国证监会依法对证券登记结算机构及证券登记结算活动进行监督管理。

第二章　证券登记结算机构

第七条　证券登记结算机构的设立和解散，必须经中国证监会批准。

第八条　证券登记结算机构履行下列职能：

（一）证券账户、结算账户的设立和管理；

（二）证券的存管和过户；

（三）证券持有人名册登记及权益登记；
（四）证券和资金的清算交收及相关管理；
（五）受发行人的委托派发证券权益；
（六）依法提供与证券登记结算业务有关的查询、信息、咨询和培训服务；
（七）中国证监会批准的其他业务。

第九条 证券登记结算机构不得从事下列活动：
（一）与证券登记结算业务无关的投资；
（二）购置非自用不动产；
（三）在本办法第六十五条、第六十六条规定之外买卖证券；
（四）法律、行政法规和中国证监会禁止的其他行为。

第十条 证券登记结算机构的下列事项，应当报中国证监会批准：
（一）章程、业务规则的制定和修改；
（二）重大国际合作与交流活动、涉港澳台重大事务；
（三）与证券登记结算有关的主要收费项目和标准的制定或调整；
（四）董事长、副董事长、总经理和副总经理的任免；
（五）依法应当报中国证监会批准的其他事项。

前款第（一）项中所称的业务规则，是指证券登记结算机构的证券账户管理、证券登记、证券托管与存管、证券结算、结算参与人管理等与证券登记结算业务有关的业务规则。

第十一条 证券登记结算机构的下列事项和文件，应当向中国证监会报告：
（一）业务实施细则；
（二）制定或修改业务管理制度、业务复原计划、紧急应对程序；
（三）办理新的证券品种的登记结算业务，变更登记结算业务模式；
（四）结算参与人和结算银行资格的取得和丧失等变动情况；
（五）发现重大业务风险和技术风险，发现重大违法违规行为，或涉及重大诉讼；
（六）任免分公司总经理、公司总经理助理、公司部门负责人；
（七）有关经营情况和国家有关规定执行情况的年度工作报告；
（八）经会计师事务所审计的年度财务报告，财务预决算方案和重大开支项目，聘请或更换会计师事务所；
（九）与证券交易所签订的主要业务合作协议，与证券发行人、结算参与人和结算银行签订的各项业务协议的样本格式；
（十）中国证监会要求报告的其他事项和文件。

第十二条 证券登记结算机构应当妥善保存登记、存管和结算的原始凭证及有关文件和资料。其保存期限不得少于20年。

第十三条 证券登记结算机构对其所编制的与证券登记结算业务有关的数据和资料进行专属管理；未经证券登记结算机构同意，任何组织和个人不得将其专属管理的数据和资料用于商业目的。

第十四条 证券登记结算机构及其工作人员依法对与证券登记结算业务有关的数据和资料负有保密义务。

对与证券登记结算业务有关的数据和资料，证券登记结算机构应当拒绝查询，但有下列情形之一的，证券登记结算机构应当依法办理：
（一）证券持有人查询其本人的有关证券资料；

（二）证券发行人查询其证券持有人名册及有关资料；

（三）证券交易所、中国金融期货交易所依法履行职责要求证券登记结算机构提供相关数据和资料；

（四）人民法院、人民检察院、公安机关和中国证监会依照法定的条件和程序进行查询和取证。

证券登记结算机构应当采取有效措施，方便证券持有人查询其本人证券的持有记录。

第十五条 证券登记结算机构应当公开业务规则、与证券登记结算业务有关的主要收费项目和标准。

证券登记结算机构制定或者变更业务规则、调整证券登记结算主要收费项目和标准等，应当征求相关市场参与人的意见。

第十六条 证券登记结算机构工作人员必须忠于职守、依法办事、不得利用职务便利谋取不正当利益，不得泄露所知悉的有关单位和个人的商业秘密。

证券登记结算机构违反《证券法》及本办法规定的，中国证监会依法予以行政处罚；对直接负责的主管人员和其他直接责任人员，依法给予行政处分。

第三章 证券账户的管理

第十七条 投资者通过证券账户持有证券，证券账户用于记录投资者持有证券的余额及其变动情况。

第十八条 证券应当记录在证券持有人本人的证券账户内，但依据法律、行政法规和中国证监会的规定，证券记录在名义持有人证券账户内的，从其规定。

证券登记结算机构为依法履行职责，可以要求名义持有人提供其名下证券权益拥有人的相关资料。

第十九条 投资者开立证券账户应当向证券登记结算机构提出申请。

前款所称投资者包括中国公民、中国法人、中国合伙企业及法律、行政法规、中国证监会规章规定的其他投资者。

投资者申请开立证券账户应当保证其提交的开户资料真实、准确、完整。

第二十条 证券登记结算机构可以直接为投资者开立证券账户，也可以委托证券公司代为办理。

证券登记结算机构为投资者开立证券账户，应当遵循方便投资者和优化配置账户资源的原则。

第二十一条 证券公司代理开立证券账户，应当向证券登记结算机构申请取得开户代理资格。

证券公司代理开立证券账户，应当根据证券登记结算机构的业务规则，对投资者提供的有效身份证明文件原件及其他开户资料的真实性、准确性、完整性进行审核，并应当妥善保管相关开户资料，保管期限不得少于20年。

第二十二条 投资者不得将本人的证券账户提供给他人使用。

第二十三条 证券登记结算机构应当根据业务规则，对开户代理机构开立证券账户的活动进行监督。开户代理机构违反业务规则的，证券登记结算机构可以根据业务规则暂停、取消其开户代理资格，并提请中国证监会按照相关规定采取暂停或撤销其相关证券业务许可；对直接负责的主管人员和其他直接责任人员，单处或并处警告、罚款、撤销任职资格或证券从业资格等处罚措施。

第二十四条 证券公司应当掌握其客户的资料及资信状况，并对其客户证券账户的使用情况进行监督。证券公司发现其客户在证券账户使用过程中存在违规行为的，应当按照证券登记结算机构的业务规则处理，并及时向证券登记结算机构和证券交易所报告。涉及法人以他人名义设立证券账户或者利用他人证券账户买卖证券的，还应当向中国证监会报告，由中国证监会依法予以处罚。

第二十五条 投资者在证券账户开立和使用过程中存在违规行为的，证券登记结算机构应当依法对违规证券账户采取限制使用、注销等处置措施。

第四章　证券的登记

第二十六条 上市证券的发行人，应当委托证券登记结算机构办理其所发行证券的登记业务。

证券登记结算机构应当与委托其办理证券登记业务的证券发行人签订证券登记及服务协议，明确双方的权利义务。

证券登记结算机构应当制定并公布证券登记及服务协议的范本。

证券登记结算机构可以根据政府债券主管部门的要求办理上市政府债券的登记业务。

第二十七条 证券登记结算机构根据证券账户的记录，确认证券持有人持有证券的事实，办理证券持有人名册的登记。

第二十八条 证券公开发行后，证券发行人应当向证券登记结算机构提交已发行证券的证券持有人名册及其他相关资料。证券登记结算机构据此办理证券持有人名册的初始登记。

证券发行人应当保证其所提交资料的合法、真实、准确、完整。证券登记结算机构不承担由于证券发行人原因导致证券持有人名册及其他相关资料有误而产生的损失和法律后果。

第二十九条 证券在证券交易所上市交易的，证券登记结算机构应当根据证券交易的交收结果办理证券持有人名册的变更登记。

证券以协议转让、继承、捐赠、强制执行、行政划拨等方式转让的，证券登记结算机构根据业务规则变更相关证券账户的余额，并相应办理证券持有人名册的变更登记。

证券因质押、锁定、冻结等原因导致其持有人权利受到限制的，证券登记结算机构应当在证券持有人名册上加以标记。

第三十条 证券登记结算机构应当保证证券持有人名册和登记过户记录真实、准确、完整，不得隐匿、伪造或者毁损。

第三十一条 证券登记结算机构应当按照业务规则和协议定期向证券发行人发送其证券持有人名册及有关资料。

第三十二条 证券发行人申请办理权益分派等代理服务的，应当按照业务规则和协议向证券登记结算机构提交有关资料并支付款项。

证券发行人未及时履行上述义务的，证券登记结算机构有权推迟或不予办理，证券发行人应当及时发布公告说明有关情况。

第三十三条 证券发行人或者其清算组等终止证券登记及相关服务协议的，证券登记结算机构应当依法向其交付证券持有人名册及其他登记资料。

第五章 证券的托管和存管

第三十四条 投资者应当委托证券公司托管其持有的证券，证券公司应当将其自有证券和所托管的客户证券交由证券登记结算机构存管，但法律、行政法规和中国证监会另有规定的除外。

第三十五条 证券登记结算机构为证券公司设立客户证券总账和自有证券总账，用以统计证券公司交存的客户证券和自有证券。

证券公司应当委托证券登记结算机构维护其客户及自有证券账户，但法律、行政法规和中国证监会另有规定的除外。

第三十六条 投资者买卖证券，应当与证券公司签订证券交易、托管与结算协议。

证券登记结算机构应当制定和公布证券交易、托管与结算协议中与证券登记结算业务有关的必备条款。必备条款应当包括但不限于以下内容：

（一）证券公司根据客户的委托，按照证券交易规则提出交易申报，根据成交结果完成其与客户的证券和资金的交收，并承担相应的交收责任；客户应当同意集中交易结束后，由证券公司委托证券登记结算机构办理其证券账户与证券公司证券交收账户之间的证券划付；

（二）实行质押式回购交易的，投资者和证券公司应当按照业务规则的规定向证券登记结算机构提交用于回购的质押券。投资者和证券公司之间债权债务关系不影响证券登记结算机构按照业务规则对证券公司提交的质押券行使质押权；

（三）客户出现资金交收违约时，证券公司可以委托证券登记结算机构将客户净买入证券划付到其证券处置账户内，并要求客户在约定期限内补足资金。客户出现证券交收违约时，证券公司可以将相当于证券交收违约金额的资金暂不划付给该客户。

第三十七条 证券公司应当将其与客户之间建立、变更和终止证券托管关系的事项报送证券登记结算机构。

证券登记结算机构应当对上述事项加以记录。

第三十八条 客户要求证券公司将其持有证券转由其他证券公司托管的，相关证券公司应当依据证券交易所及证券登记结算机构有关业务规则予以办理，不得拒绝，但有关法律、行政法规和中国证监会另有规定的除外。

第三十九条 证券公司应当采取有效措施，保证其托管的证券的安全，禁止挪用、盗卖。

证券登记结算机构应当采取有效措施，保证其存管的证券的安全，禁止挪用、盗卖。

第四十条 证券的质押、锁定、冻结或扣划，由托管证券的证券公司和证券登记结算机构按照证券登记结算机构的相关规定办理。

第六章 证券和资金的清算交收

第四十一条 证券公司参与证券和资金的集中清算交收，应当向证券登记结算机构申请取得结算参与人资格，与证券登记结算机构签订结算协议，明确双方的权利义务。

没有取得结算参与人资格的证券公司，应当与结算参与人签订委托结算协议，委托结算参与人代其进行证券和资金的集中清算交收。

证券登记结算机构应当制定并公布结算协议和委托结算协议范本。

第四十二条 证券登记结算机构应当选择符合条件的商业银行作为结算银行，办理资金划付业务。

结算银行的条件，由证券登记结算机构制定。

第四十三条 证券和资金结算实行分级结算原则。证券登记结算机构负责办理证券登记结算机构与结算参与人之间的集中清算交收；结算参与人负责办理结算参与人与客户之间的清算交收。

第四十四条 证券登记结算机构应当设立证券集中交收账户和资金集中交收账户，用以办理与结算参与人的证券和资金的集中清算交收。

结算参与人应当根据证券登记结算机构的规定，申请开立证券交收账户和资金交收账户用以办理证券和资金的交收。同时经营证券自营业务和经纪业务的结算参与人，应当申请开立自营证券、资金交收账户和客户证券、资金交收账户分别用以办理自营业务的证券、资金交收和经纪业务的证券、资金交收。

第四十五条 证券登记结算机构采取多边净额结算方式的，应当根据业务规则作为结算参与人的共同对手方，按照货银对付的原则，以结算参与人为结算单位办理清算交收。

第四十六条 证券登记结算机构与参与多边净额结算的结算参与人签订的结算协议应当包括下列内容：

（一）对于结算参与人负责结算的证券交易合同，该合同双方结算参与人向对手方结算参与人收取证券或资金的权利，以及向对手方结算参与人支付资金或证券的义务一并转让给证券登记结算机构；

（二）受让前项权利和义务后，证券登记结算机构享有原合同双方结算参与人对其对手方结算参与人的权利，并应履行原合同双方结算参与人对其对手方结算参与人的义务。

第四十七条 证券登记结算机构进行多边净额清算时，应当将结算参与人的证券和资金轧差计算出应收应付净额，并在清算结束后将清算结果及时通知结算参与人。

证券登记结算机构采取其他结算方式的，应当按照相关业务规则进行清算。

第四十八条 集中交收前，结算参与人应当向客户收取其应付的证券和资金，并在结算参与人证券交收账户、结算参与人资金交收账户留存足额证券和资金。

结算参与人与客户之间的证券划付，应当委托证券登记结算机构代为办理。

第四十九条 集中交收过程中，证券登记结算机构应当在交收时点，向结算参与人收取其应付的资金和证券，同时交付其应收的证券和资金。交收完成后不可撤销。

结算参与人未能足额履行应付证券或资金交收义务的，不能取得相应的资金或证券。

对于同时经营自营业务以及经纪业务或资产管理业务的结算参与人，如果其客户资金交收账户资金不足的，证券登记结算机构可以动用该结算参与人自营资金交收账户内的资金完成交收。

第五十条 集中交收后，结算参与人应当向客户交付其应收的证券和资金。

结算参与人与客户之间的证券划付，应当委托证券登记结算机构代为办理。

第五十一条 证券登记结算机构应当在结算业务规则中对结算参与人与证券登记结算机构之间的证券和资金的集中交收以及结算参与人与客户之间的证券和资金的交收期限分别做出规定。

结算参与人应当在规定的交收期限内完成证券和资金的交收。

第五十二条 因证券登记结算机构的原因导致清算结果有误的，结算参与人在履行交收责任后可以要求证券登记结算机构予以纠正，并承担结算参与人遭受的直接损失。

第七章　风险防范和交收违约处理

第一节　风险防范和控制措施

第五十三条　证券登记结算机构应当采取下列措施，加强证券登记结算业务的风险防范和控制：

（一）制定完善的风险防范制度和内部控制制度；

（二）建立完善的技术系统，制定由结算参与人共同遵守的技术标准和规范；

（三）建立完善的结算参与人和结算银行准入标准和风险评估体系；

（四）对结算数据和技术系统进行备份，制定业务紧急应变程序和操作流程。

第五十四条　证券登记结算机构应当与证券交易所相互配合，建立证券市场系统性风险的防范制度。

证券登记结算机构应当与证券交易所签订业务合作协议，明确双方的权利义务。

第五十五条　证券登记结算机构应当按照结算风险共担的原则，组织结算参与人建立证券结算互保金，用于在结算参与人交收违约时保障交收的连续进行。

证券结算互保金的筹集、使用、管理和补缴办法，由证券登记结算机构在业务规则中规定。

第五十六条　证券登记结算机构可以视结算参与人的风险状况，采取要求结算参与人提供交收担保等风险控制措施。

结算参与人提供交收担保的具体标准，由证券登记结算机构根据结算参与人的风险程度确定和调整。

证券登记结算机构应当将结算参与人提交的交收担保物与其自有资产隔离，严格按结算参与人分户管理，不得挪用。

第五十七条　结算参与人可以在其资金交收账户内，存放证券结算备付金用于完成交收。

证券登记结算机构应当将结算参与人存放的结算备付金与其自有资金隔离，严格按结算参与人分户管理，不得挪用。

第五十八条　证券登记结算机构应当对质押式回购实行质押品保管库制度，将结算参与人提交的用于融资回购担保的质押券转移到质押品保管库。

第五十九条　证券登记结算机构收取的下列资金和证券，只能按业务规则用于已成交的证券交易的清算交收，不得被强制执行：

（一）证券登记结算机构收取的证券结算风险基金、证券结算互保金，以及交收担保物、回购质押券等用于担保交收的资金和证券；

（二）证券登记结算机构根据本办法设立的证券集中交收账户、资金集中交收账户、专用清偿账户内的证券和资金以及根据业务规则设立的其他专用交收账户内的证券和资金；

（三）结算参与人证券交收账户、结算参与人证券处置账户等结算账户内的证券以及结算参与人资金交收账户内根据成交结果确定的应付资金；

（四）根据成交结果确定的投资者进入交收程序的应付证券和资金；

（五）证券登记结算机构在银行开设的结算备付金等专用存款账户、新股发行验资专户内的资金，以及发行人拟向投资者派发的债息、股息和红利等。

第六十条　证券登记结算机构可以根据组织管理证券登记结算业务的需要，按照有关规定申请授信额度，或将专用清偿账户中的证券用于申请质押贷款，以保障证券登记结算活动的持续正常进行。

第二节 集中交收的违约处理

第六十一条 证券登记结算机构应当设立专用清偿账户，用于在结算参与人发生违约时存放暂不交付或扣划的证券和资金。

第六十二条 结算参与人发生资金交收违约时，应当按照以下程序办理：

（一）违约结算参与人应当向证券登记结算机构发送证券交收划付指令，在该结算参与人当日全部应收证券中指定相当于已交付资金等额的证券种类、数量及对应的证券账户，由证券登记结算机构交付结算参与人；并指定相当于不足金额的证券种类和数量，由证券登记结算机构暂不交付给结算参与人。

（二）证券登记结算机构在规定期限内收到有效证券交收划付指令的，应当依据结算业务规则将相应证券交付结算参与人，将暂不交付的证券划入专用清偿账户，并通知该结算参与人在规定的期限内补足资金或提交交收担保。

证券登记结算机构在规定期限内未收到有效证券交收划付指令的，属于结算参与人重大交收违约情形，证券登记结算机构应当将拟交付给结算参与人的全部证券划入专用清偿账户，暂不交付结算参与人，并通知结算参与人在规定的期限内补足资金或提交交收担保。

暂不交付的证券、补充资金或交收担保不足以弥补违约金额的，证券登记结算机构可以扣划该结算参与人的自营证券，并在转入专用清偿账户后通知结算参与人。

第六十三条 结算参与人发生资金交收违约的，证券登记结算机构应当按照下列顺序动用资金，完成与对手方结算参与人的资金交收：

（一）违约结算参与人的担保物中的现金部分；

（二）证券结算互保金中违约结算参与人交纳的部分；

（三）证券结算互保金中其他结算参与人交纳的部分；

（四）证券结算风险基金；

（五）其他资金。

第六十四条 结算参与人发生证券交收违约时，证券登记结算机构有权暂不交付相当于违约金额的应收资金。

证券登记结算机构应当将暂不划付的资金划入专用清偿账户，并通知该结算参与人。结算参与人应当在规定的期限内补足证券，或者提供证券登记结算机构认可的担保。

第六十五条 结算参与人发生证券交收违约的，证券登记结算机构可以动用下列证券，完成与对手方结算参与人的证券交收：

（一）违约结算参与人提交的用以冲抵的相同证券；

（二）委托证券公司以专用清偿账户中的资金买入的相同证券；

（三）其他来源的相同证券。

第六十六条 违约结算参与人未在规定的期间内补足资金、证券的，证券登记结算机构可以处分违约结算参与人所提供的担保物、质押品保管库中的回购质押券、卖出专用清偿账户内的证券。

前款处置所得，用于补足违约结算参与人欠付的资金、证券和支付相关费用；有剩余的，应当归还该相关违约结算参与人；不足偿付的，证券登记结算机构应当向相关违约结算参与人追偿。

在规定期限内无法追偿的证券或资金，证券登记结算机构可以依法动用证券结算互保金和证券结算风险基金予以弥补。依法动用证券结算互保金和证券结算风险基金弥补损失后，证券登记结算机构应当继续向违约结算参与人追偿。

第六十七条 结算参与人发生资金交收违约或证券交收违约的，证券登记结算机构可以按照有关规定收取违约金。证券登记结算机构收取的违约金应当计入证券结算风险基金。

第六十八条 结算参与人发生重大交收违约情形的，证券登记结算机构可以按照以下程序办理：

（一）暂停、终止办理其部分、全部结算业务，以及中止、撤销结算参与人资格，并提请证券交易所采取停止交易措施。

（二）提请中国证监会按照相关规定采取暂停或撤销其相关证券业务许可；对直接负责的主管人员和其他直接责任人员，单处或并处警告、罚款、撤销任职资格或证券从业资格的处罚措施。

证券登记结算机构提请证券交易所采取停止交易措施的具体办法由证券登记结算机构商证券交易所制订，报中国证监会批准。

第六十九条 证券登记结算机构依法动用证券结算互保金和证券结算风险基金，以及对违约结算参与人采取前条规定的处置措施的，应当在证券登记结算机构年度报告中列示。

第三节 结算参与人与客户交收的违约处理

第七十条 结算参与人可以根据证券登记结算机构的规定，向证券登记结算机构申请开立证券处置账户，用以存放暂不交付给客户的证券。

第七十一条 结算参与人可以视客户的风险状况，采取包括要求客户提供交收担保在内的风险控制措施。

客户提供交收担保的具体标准，由结算参与人与客户在证券交易、托管与结算协议中明确。

第七十二条 客户出现资金交收违约时，结算参与人可以发出指令，委托证券登记结算机构将客户净买入证券划付到其证券处置账户内，并要求客户在约定期限内补足资金。

第七十三条 客户出现证券交收违约时，结算参与人可以将相当于证券交收违约金额的资金暂不划付给该客户。

第七十四条 违约客户未在规定的期间内补足资金、证券的，结算参与人可以将证券处置账户内的相应证券卖出，或用暂不交付的资金补购相应证券。

前款处置所得，用于补足违约客户欠付的资金、证券和支付相关费用；有剩余的，应当归还该客户；尚有不足的，结算参与人有权继续向客户追偿。

第七十五条 结算参与人未及时将客户应收资金支付给客户或未及时委托证券登记结算机构将客户应收证券从其证券交收账户划付到客户证券账户的，结算参与人应当对客户承担违约责任，给客户造成损失的，结算参与人应当承担对客户的赔偿责任。

第七十六条 客户对结算参与人交收违约的，结算参与人不能因此拒绝履行对证券登记结算机构的交收义务，也不得影响已经完成和正在进行的证券和资金的集中交收及证券登记结算机构代为办理的证券划付。

第七十七条 没有取得结算参与人资格的证券公司与其客户之间的结算权利义务关系，参照本办法执行。

第八章 附 则

第七十八条 本办法下列用语的含义是：

登记，是指证券登记结算机构接受证券发行人的委托，通过设立和维护证券持有人名册确认证券持有人持有证券事实的行为。

托管，是指证券公司接受客户委托，代其保管证券并提供代收红利等权益维护服务的行为。

存管，是指证券登记结算机构接受证券公司委托，集中保管证券公司的客户证券和自有证券，并提供代收红利等权益维护服务的行为。

结算，是指清算和交收。

清算，是指按照确定的规则计算证券和资金的应收应付数额的行为。

交收，是指根据确定的清算结果，通过转移证券和资金履行相关债权债务的行为。

名义持有人，是指受他人指定并代表他人持有证券的机构。

结算参与人，是指经证券登记结算机构核准，有资格参与集中清算交收的证券公司或其他机构。

共同对手方，是指在结算过程中，同时作为所有买方和卖方的交收对手并保证交收顺利完成的主体。

货银对付，是指证券登记结算机构与结算参与人在交收过程中，当且仅当资金交付时给付证券、证券交付时给付资金。

多边净额结算，是指证券登记结算机构将每个结算参与人所有达成交易的应收应付证券或资金予以冲抵轧差，计算出相对每个结算参与人的应收应付证券或资金的净额，再按照应收应付证券或资金的净额与每个结算参与人进行交收。

证券集中交收账户，是指证券登记结算机构为办理多边交收业务开立的结算账户，用于办理结算参与人与证券登记结算机构之间的证券划付。

资金集中交收账户，是指证券登记结算机构为办理多边交收业务开立的结算账户，用于办理结算参与人与证券登记结算机构之间的资金划付。

结算参与人证券交收账户，是指结算参与人向证券登记结算机构申请开立的用于证券交收的结算账户。对于同时经营自营业务以及经纪业务或资产管理业务的结算参与人，其证券交收账户包括自营证券交收账户和客户证券交收账户。

结算参与人资金交收账户，是指结算参与人向证券登记结算机构申请开立的用于资金交收的结算账户。对于同时经营自营业务以及经纪业务或资产管理业务的结算参与人，其资金交收账户包括自营资金交收账户和客户资金交收账户。

专用清偿账户，是指证券登记结算机构开立的结算账户，用于存放结算参与人交收违约时证券登记结算机构暂未交付、扣划的证券和资金。

证券处置账户，是指结算参与人向证券登记结算机构申请开立的结算账户，用于存放客户交收违约时证券公司暂不交付给客户的证券。

质押品保管库，是指证券登记结算机构开立的质押品保管专用账户，用于存放结算参与人提交的用于回购的质押券等质押品。

证券结算备付金，是指结算参与人在其资金交收账户内存放的用于完成资金交收的资金。

证券结算互保金，是指全体结算参与人缴纳的用以在发生交收违约时弥补流动性不足以及交收违约损失的资金。

第七十九条 证券公司以外的机构经中国证监会批准，可以接受证券登记结算机构委托为投资者开立证券账户、可以接受投资者委托托管其证券，或者申请成为结算参与人为客户办理证券和资金的清算交收，有关证券登记结算业务处理参照本办法执行。

第八十条 本办法由中国证监会负责解释、修订。

第八十一条 本办法自2006年7月1日起施行。

中国证券登记结算有限责任公司结算备付金管理办法

（2008 年 10 月 17 日　中国证券登记结算有限责任公司）

第一条　为防范和化解证券结算风险，保障结算系统的安全运行，维护结算业务参与各方的合法权益，根据相关法律、法规、规章及中国证券登记结算有限责任公司（以下简称“本公司”）相关业务规则规定，制定本办法。

第二条　从事证券交易所上市的证券、证券投资基金及其它证券类金融产品交易净额结算业务的结算参与人均应遵守本办法，B 股交易的结算业务除外。中国证券监督管理委员会（以下简称“中国证监会”）有特别规定的，按特别规定处理。

第三条　结算备付金是指结算参与人根据本办法的规定，存放在其资金交收账户中用于证券交易及非交易结算的资金。

第四条　结算参与人应当在本公司开立资金交收账户，用于存放结算备付金。资金交收账户即结算备付金账户。

中国证监会的有关规定，同时办理自营与客户证券交易结算业务的结算参与人，应当分别开立用于办理自营业务结算和客户业务结算的资金交收账户。

第五条　结算参与人申请开立资金交收账户时，应当提交以下材料：

（一）结算参与人资格证书；

（二）法定代表人授权委托书；

（三）开立资金交收账户申请表；

（四）资金交收账户印鉴卡；

（五）指定收款账户授权书；

（六）经办人身份证明复印件；

（七）本公司要求提供的其它材料。

第六条　结算参与人应在本公司预留指定收款账户，用于接收其从资金交收账户汇划的资金。指定收款账户应当是在中国证监会备案的客户交易结算资金专用存款账户和自有资金专用存款账户，且账户名称与结算参与人名称应当一致，中国证监会未予规定或另予规定的除外。

第七条　本公司在结算银行开立结算备付金专用存款账户，并在本公司网站向结算参与人公布。本公司结算备付金专用存款账户是在中国证监会备案的专用存款账户。

第八条　结算参与人向其资金交收账户存入资金时，应当将资金划入本公司公布的结算备付金专用存款账户，并注明其资金交收账户账号。本公司确认收到款项后将相应金额记入其资金交收账户。

第九条　根据各结算参与人的风险程度，本公司每月为各结算参与人确定最低结算备付金比例，并按照各结算参与人上月证券日均买入金额和最低结算备付金比例，确定其最低结算备付金限额。计算公式为：

最低结算备付金限额 = 上月证券买入金额/上月交易天数 × 最低结算备付金比例。

本条前款规定的上月证券买入金额包括在证券交易所上市交易的 A 股、基金、ETF、

LOF、权证、债券以及未来新增的、采用净额结算的证券品种的二级市场买入金额、债券回购初始融出资金金额和到期购回金额，但不包括买断式回购到期购回金额。

本条前款规定的最低结算备付金比例，债券品种（包括现券交易和回购交易）按10%计收，债券以外的其他证券品种按20%计收。

本公司有权根据市场情况调整上月证券买入金额的计算范围和相关证券品种的最低结算备付金计收比例，并以通知形式向市场公布。

第十条 在每月前3个营业日内，本公司对结算参与人的最低结算备付金限额进行重新核算、调整。

第十一条 新申请加入本公司结算系统的结算参与人，从其加入之日的下一个月起，执行本办法有关最低结算备付金限额的规定。

第十二条 结算参与人被认定为高风险结算参与人的，本公司有权随时提高其最低结算备付金限额；本公司认为风险较低的结算参与人，本公司可以降低其最低结算备付金限额。

本公司提高或降低最低结算备付金限额的调整办法另行规定。

第十三条 根据市场风险状况或认为必要时，本公司有权重新确定最低结算备付金限额的计算方法和调整时间。

第十四条 资金交收账户的资金由于相关原因被冻结，结算参与人应保证资金交收账户中冻结资金以外的资金能完成正常交收并满足该结算参与人最低备付金限额的要求。

第十五条 结算参与人资金交收账户每日（包括节假日）日末余额扣减冻结资金后，不得低于其最低结算备付金限额。最低结算备付金可用于应急交收，但如日末余额扣减冻结资金后低于其最低结算备付金限额时，结算参与人应于次一营业日补足。

本公司将资金交收账户日末余额扣减冻结资金后低于其最低结算备付金限额的情形作为结算参与人业务不良记录登记在案，并作为确定结算参与人的风险程度的因素之一。

第十六条 在保证当日资金交收的前提下，资金交收账户余额扣减冻结资金后，如超过最低结算备付金限额，结算参与人可以申请将超出部分资金划入其指定收款账户。

第十七条 资金交收账户余额不能满足交收日交收所需要的资金时，结算参与人必须在当日交收截止时点之前将不足部分划入其资金交收账户，否则，构成资金交收违约。交收违约处理办法另行规定。

第十八条 结算参与人结算备付金（冻结部分除外）按下列顺序用于以下项目的资金交收：

（一）结算互保金交收；

（二）二级市场资金净额交收；

（三）实行标准券制度回购购回款交收；

（四）一级市场资金交收。

第十九条 本公司按照与结算银行商定的利率向结算参与人计付结算备付金利息。

结算备付金利息每季度结息一次，结息日为每季度第三个月的20日，应计利息记入结算参与人资金交收账户并滚入本金。

结算银行调整存款利率，本公司统一按结息日的利率计算利息，不分段计算。

第二十条 本公司向结算参与人提供资金交收账户余额查询服务，结算参与人须注意核查其资金交收账户余额。

第二十一条 资金交收账户开户资料有关内容或指定收款账户发生变更或是托管银行类结算参与人委托机构发生变更时，结算参与人应及时向本公司提供相关资料，办理变更手续。

第二十二条 结算参与人终止结算参与人资格时，应及时到本公司办理资金交收账户的注销手续。

对于满一年未发生结算资金收付活动的资金交收账户，如账户所属结算参与人与本公司无债权债务关系，本公司将通知该结算参与人在30日内办理销户手续，逾期视同自愿销户，未划转款项转入本公司专户管理。

第二十三条 本办法由本公司组织实施。

第二十四条 本办法由本公司修改。

第二十五条 本办法由本公司解释。

第二十六条 本办法自发布之日起实施。从本办法实施之日起，沪、深市场与本办法不一致的规定同时废止。

中国证券登记结算有限责任公司结算参与人管理规则

（2007年2月5日　中国结算发字［2007］64号，2007年5月7日实施）

第一章　总　　则

第一条　为保证证券市场结算业务正常安全运行，防范结算风险，规范结算参与人的结算业务行为，加强对结算参与人的管理，根据《中华人民共和国证券法》（以下简称《证券法》）、《证券登记结算管理办法》等有关法律法规、规章，制定本规则。

第二条　本规则所指的结算参与人是经中国证券登记结算有限责任公司（以下简称“本公司”）核准，在本公司设立和管理的电子化证券登记结算系统（以下简称“结算系统”）内，直接参与本公司组织的证券和资金的清算交收，并承担最终交收责任的证券公司及其他机构。

第三条　结算参与人按照可从事的结算业务类型分为甲类结算参与人和乙类结算参与人。

甲类结算参与人可以为其自身的证券自营、证券经纪、客户资产管理等业务办理证券和资金的结算，也可以接受其他结算参与人或非结算参与人委托，为其办理证券和资金的结算。

乙类结算参与人只能为其自身的证券自营、证券经纪、客户资产管理等业务办理证券和资金的结算。

非结算参与人是指参与市场交易，但没有取得本公司结算参与人资格的机构。非结算参与人可以委托甲类结算参与人代其进行证券和资金的结算。

第四条　各类结算参与人依据权利与义务对等、权利与责任相当的原则参与本公司组织的结算业务活动。

第五条　本公司依据有关法律法规、规章和本公司制定的业务规则，对结算参与人实行自律管理。

第二章　结算参与人资格

第六条　申请成为本公司的甲类结算参与人，应当符合以下条件：

（一）通过中国证券业协会组织的创新试点类证券公司评审；

（二）建立符合中国证券监督管理委员会（以下简称“中国证监会”）及本公司要求的结算业务相关技术系统和风险控制系统，具有开展证券结算业务的独立部门并配备具有证券业从业人员资格的专职结算人员；

（三）能够承担其业务范围内的证券和资金的最终交收责任；

（四）本公司要求的其他条件。

第七条　申请成为本公司的乙类结算参与人，应当符合以下条件：

（一）持有中国证监会颁发的《经营证券业务许可证》；

（二）建立符合中国证监会及本公司要求的结算业务相关技术系统和风险控制系统，具有开展证券结算业务的专门机构并配备具有证券业从业人员资格的专职结算人员；

（三）能够承担其业务范围内的证券和资金的最终交收责任；
（四）以净资本为核心的财务指标和风险控制指标符合中国证监会及本公司的有关规定；
（五）本公司要求的其他条件。

第八条 申请本公司结算参与人资格，应当提交以下材料（均应加盖申请人公章）：
（一）结算参与人资格申请报告和申请表；
（二）最新年检的《企业法人营业执照》正本复印件；
（三）《经营证券业务许可证》复印件；
（四）具有证券期货相关业务资格的会计师事务所出具的最近两年财务审计报告或公司设立时的验资报告；
（五）公司组织结构说明；
（六）内部结算风险控制制度说明；
（七）法定代表人对经办人的授权书；
（八）经办人有效身份证明文件及复印件；
（九）本公司要求的其他资料。

第九条 本公司自收到完整的申请文件之日起20个工作日内，对申请材料进行审核，做出核准或者不核准的决定。决定核准的，出具书面核准文件，向中国证监会报告并予以公告；决定不核准的，书面通知申请人。

经核准取得结算参与人资格的单位，在完成与本公司签订有关结算业务协议、设立相关结算账户、缴存结算互保金以及本公司要求的其他事项后方可与本公司开展结算业务。

第十条 结算参与人必须指定一名结算参与人代表和两名结算参与人代表助理。

结算参与人代表是结算参与人与本公司进行联络的指定负责人，主要负责以下事宜：
（一）处理结算参与人资格有关事宜；
（二）提交本公司要求的有关资料；
（三）出席本公司召集的结算参与人会议；
（四）协调处理结算业务异常和紧急事件；
（五）本公司认定的其他事宜。

第十一条 结算参与人代表应由申请单位分管证券结算业务的主要负责人担任，结算参与人代表助理由申请单位证券结算业务部门负责人担任。

结算参与人代表助理在结算参与人代表不能履行职责时，代行其职责。

第十二条 结算参与人不再符合本规则第六条、第七条规定的条件的，本公司将下调其结算参与人类别或注销其结算参与人资格。

乙类结算参与人达到本规则第六条规定的甲类结算参与人条件的，经申请，本公司可以核准其甲类结算参与人资格。

第十三条 本公司依据本规则调整结算参与人类别的，将换发结算参与人资格核准文件，向中国证监会报告并予以公告，同时结算参与人应与本公司重新签订结算协议。

第十四条 结算参与人资格申请表中的有关事项以及经营范围发生变更的，结算参与人应当在15个工作日内向本公司备案。

其中，结算参与人代表或结算参与人代表助理发生变更，或结算参与人的联系电话、传真或电子邮件地址发生变更的，应当立即向本公司备案。

第十五条 结算参与人名称发生变更的，应当向本公司申请换发结算参与人资格核准文件，并提交下列材料：

（一）申请报告（应加盖结算参与人公章）；

（二）名称变更的批准文件；

（三）换发后的《企业法人营业执照》和《经营证券业务许可证》（应加盖结算参与人公章）；

（四）结算参与人资格核准文件；

（五）本公司要求的其他资料。

结算参与人因名称变更申请换发资格核准文件的，应与本公司重新签订结算协议，本公司向中国证监会报告并予以公告。

第十六条 结算参与人有下列情况之一的，本公司注销其结算参与人资格：

（一）向本公司申请注销其结算参与人资格；

（二）不再具备本规则规定的结算参与人条件；

（三）严重违反本公司业务规则或结算纪律；

（四）被依法撤销、关闭、解散或宣告破产；

（五）中国证监会认定应当注销其结算参与人资格；

（六）本公司认为应当注销结算参与人资格的其他情况。

第十七条 结算参与人申请注销结算参与人资格，应提交以下材料（均应加盖申请人公章）：

（一）申请报告；

（二）法定代表人对经办人的授权书；

（三）经办人的有效身份证明文件及复印件；

（四）本公司要求的其他资料。

第十八条 本公司注销结算参与人资格，应当向中国证监会报告，并向结算参与人发出关于注销其结算参与人资格的通知，自通知规定的资格注销之日起，本公司停止该结算参与人的相关结算业务，并予以公告。

结算参与人应在资格注销之日起的20个工作日内与本公司结清债权债务关系，否则，本公司将通过处分其担保品、动用结算互保金冲抵其债务；经上述处置措施，仍不足冲抵其债务的，本公司将依法继续对剩余债务进行追偿。对于该结算参与人对本公司的债权，本公司将按有关规定予以偿还。

第三章 结算参与人的权利与义务

第十九条 结算参与人享有下列权利：

（一）参与其所属类别范围内的结算业务活动，享有本公司提供的结算业务相关服务；

（二）获得本公司结算业务相关规则和信息资料；

（三）获得本公司提供的结算业务和结算参与人管理系统技术支持和指导；

（四）对本公司结算业务变更的知情权和提议权；

（五）对本公司结算业务合规运行及各类基金的收取和使用的监督权；

（六）参加结算参与人大会和本公司组织的结算业务培训；

（七）自愿放弃结算参与人资格；

（八）本公司赋予的其他权利。

第二十条 结算参与人应当履行下列义务：

（一）遵守法律法规、本公司业务规则及其他相关规章制度；

（二）代理客户买卖证券应当与客户签订证券交易、托管与结算协议；

（三）秉承诚信勤勉的态度处理与本公司有关结算业务往来和结算参与人管理有关事宜；

（四）按照分级结算的原则，承担与本公司及与客户的证券及资金的清算交收责任，在本公司规定的交收期限内完成与本公司之间的证券及资金集中清算交收以及与客户之间的证券及资金清算交收；

（五）应当采取有效的保护措施确保客户资产安全，禁止挪用、盗卖，不得损害客户的合法权益；

（六）制定有效的内部结算风险控制制度，对内部电脑系统、网络及通信系统进行安全有效管理，确保其正常运行；

（七）积极配合本公司实施结算参与人资格及结算风险管理，接受本公司的年度自律检查，并按要求及时向本公司提供真实、准确、完整的文件和业务资料；

（八）与本公司共同维护结算系统的安全稳定运行，根据本公司业务规则存放结算备付金，提交结算互保金及其他交收担保品；

（九）按有关规定交纳相关业务费用和基金；

（十）本公司规定的其他义务。

第二十一条 本公司在调整结算参与人的结算互保金、相关交收担保品缴付比例、授予市场创新品种的结算业务资格等方面，将充分考虑结算参与人的风险状况及执行本公司业务规则的情况。

第四章 委托结算

第二十二条 甲类结算参与人接受其他结算参与人或非结算参与人委托办理结算的，应与委托方签订委托结算协议，委托结算协议须经本公司审查同意后生效。

第二十三条 委托结算期间，受托方应在委托结算协议规定的范围和交收期限内与本公司办理证券与资金的集中清算交收，并对本公司承担最终交收责任。

受托方在完成证券与资金的集中清算交收后，应在委托结算协议规定的范围和交收期限内与委托方办理证券与资金的清算交收。

第二十四条 委托方与受托方应严格依据委托结算协议的规定，享受权利并承担义务，有关纠纷可以提请本公司协调解决，但不影响受托方对本公司应承担的最终交收责任。

第二十五条 委托结算协议自协议规定的期限届满之日起失效，或经协议双方协商同意后失效。受托方应在委托结算协议失效前5个工作日书面通知本公司。

委托结算协议失效后，受托方应继续承担因委托结算协议产生的与本公司未了的权利义务关系。

第五章 自律管理和监督检查

第二十六条 本公司定期召开结算参与人大会，结算参与人大会由全体结算参与人参加。本公司认为必要，可召开临时结算参与人大会。

第二十七条 结算参与人大会履行以下职能：

（一）通报关于结算参与人经营情况、合规情况和风险控制情况的报告；

（二）通报关于对结算参与人进行表彰奖励和纪律处分情况的报告；

（三）通报关于结算参与人类别调整的情况；

（四）通报结算互保金和结算风险基金的缴纳和使用情况；

（五）提出关于行业标准和业务发展的建议及意见；

（六）有关结算参与人管理的其他事项。

本公司将对结算参与人提出的关于行业标准和业务发展的建议及意见及时做出答复。

第二十八条 结算参与人之间发生与结算业务有关的纠纷，可以提请本公司出面协调解决。

第二十九条 结算参与人应当按照中国证监会《证券公司统计报表制度》、《证券公司风险控制指标管理办法》等有关规定，于每月前10个工作日内向本公司提交上月相关统计信息数据、净资本计算表和风险控制指标监管报表。

本公司可以根据实际需要，要求结算参与人定期提交中国证监会《证券公司统计报表制度》规定以外的信息。

第三十条 结算参与人应于每一会计年度结束后4个月内向本公司提交以下年度报告材料（均应加盖结算参与人公章）：

（一）年度结算业务工作报告；

（二）经年审或换发的《经营证券业务许可证》的复印件；

（三）按照中国证监会《证券公司年度报告内容与格式准则》规定制作的年度报告和具有证券期货相关业务资格的会计师事务所出具的内部控制报告；

（四）本公司要求的其他材料。

第三十一条 结算参与人遇有下列情况之一的，应当立即告知本公司，并在5个工作日内提交书面材料：

（一）被监管机构采取停业整顿、托管、接管或者撤销、关闭等监管措施；

（二）发生并购、重组、解散、破产等重大事项；

（三）因违法违规行为被中国证监会、其他主管机关及证券交易所调查或处罚；

（四）因经营状况恶化、支付困难或司法强制执行等原因导致不能正常完成与本公司的结算业务；

（五）发生电脑系统及通信系统技术故障，不能与本公司进行通信或数据传输的重大事件；

（六）根据相关法律法规、规章、本公司的业务规则及相关规定应当向本公司报告的其他情况。

第三十二条 本公司可以在每一会计年度结束后6个月内，根据中国证监会的统一安排，对结算参与人的结算业务进行年度自律检查。年度自律检查包括现场检查和非现场检查。

现场检查是指检查人员在结算参与人经营场所，通过听取报告、查验有关资料等方式对结算参与人及其分支机构进行实地检查。

非现场检查是对结算参与人上报的业务报表、财务报表等有关资料进行的分析核查，通过设置风险预警指标及时发现结算参与人存在的问题。

第三十三条 检查人员可要求被检查的结算参与人提供以下文件：

（一）会计报表、相关账簿和凭证以及其他涉及会计报表的资料；

（二）开户资料、交易记录、结算数据、证券交易、托管与结算合同或协议文本、风险管理制度文件等；

（三）现场检查操作规程中涉及的内容及其他应该查阅的文件。

检查人员还可以现场检查结算业务相关技术系统的运行状况等。

第三十四条 检查人员进行现场检查时，可以对有关情况和资料进行记录、录音、录像、照相和复制。

第三十五条 本公司对结算参与人实施现场检查时，检查人员应出示工作证和本公司出具的检查通知。

第三十六条 检查人员对检查过程中知悉的商业秘密负有保密责任。检查人员在检查过程中出现违规违纪行为的，按照有关法律法规和纪律规定处理。

第三十七条 本公司可向结算参与人发出高级管理人员约见通知。被约见人应对本公司提出的问题进行详细、完整、真实的说明和解释，并提供相关材料。

第六章 风险管理

第三十八条 结算参与人出现下列情况之一的，列为本公司重点关注对象：

（一）被中国证监会、证券交易所或其他监管机构列为高风险机构或被采取强制监管措施；

（二）未按本公司要求履行报送月度信息、年度材料、临时材料及其他报告义务，或者在本公司进行现场检查时不予配合；

（三）发生重大法律诉讼、经济纠纷或违法、违规事件，并可能严重影响结算参与人支付能力；

（四）证券公司的净资本等风险控制指标达到本公司设定的预警标准；

（五）发生证券或资金交收违约；

（六）频繁发生技术系统故障并多次导致结算业务无法正常进行；

（七）多次违反本规则、本公司其他业务规则及相关规章制度；

（八）本公司认定的其他情况。

结算参与人存在前款（四）至（八）项风险情形的，本公司将予以提醒，并要求其及时纠正。

第三十九条 本公司依据其风险程度，可对重点关注的结算参与人采取下列风险防范措施：

（一）要求结算参与人增加报告其财务状况及有关说明的次数；

（二）提高结算参与人最低结算备付金比率，或要求结算参与人提供其他符合本公司要求的担保品；

（三）关闭结算参与人结算备付金账户的款项电子划出通道；

（四）暂不交付结算参与人自营或相关证券账户内证券，要求结算参与人提供与风险价值相当的担保品；

（五）处置结算参与人自营、相关证券或担保品；

（六）限制在结算参与人出现资金交收透支期间买入证券的证券账户转指定或转托管，或限制结算参与人关联方证券账户转指定或转托管；

（七）暂停、终止结算参与人参与本公司部分或全部结算业务；

（八）提请证券交易所对结算参与人证券交易进行限制；

（九）提请中国证监会采取相关监管措施；

（十）本公司认为必要的其他措施。

本公司在对结算参与人实施前款第（七）、（八）项措施前，将报告中国证监会并通报证券交易所，同时通知有关结算参与人。

第四十条 结算参与人违约给本公司造成经济损失的，由违约结算参与人承担赔偿责任。对于违约结算参与人未能赔偿的损失，按《证券法》、《证券登记结算管理办法》、《证券结算风险基金管理办法》及本公司业务规则的有关规定处理。本公司在按上述规定处理后，有权继续向违约结算参与人追偿。

第七章 纪律处分

第四十一条 结算参与人违反本规则，本公司将责令其限期改正，并视情节轻重，对其采取下列一项或多项纪律处分措施：

（一）在结算参与人范围内通报批评；

（二）在指定媒体上公开谴责；

（三）调整结算参与人资格类型；

（四）暂停、终止其参与本公司部分或全部结算业务；

（五）注销结算参与人资格。

结算参与人如发生重大证券、资金交收违约或影响结算系统安全运行的其他情况，本公司可以提请中国证监会按照相关规定采取暂停或撤销其相关业务许可，对直接负责的主管人员和其他直接责任人员，单处或并处警告、罚款、撤销任职资格或证券从业资格的处罚措施。

第四十二条 结算参与人代表、结算参与人代表助理违反本规则，本公司视情节轻重可以在一定范围内对结算参与人进行通报批评，或要求结算参与人更换结算参与人代表、结算参与人代表助理。

第四十三条 本公司在依据本规则第四十一条对结算参与人采取纪律处分措施前，将预先告知结算参与人拟给予的纪律处分措施及其原因，结算参与人可以在接到本公司《结算参与人纪律处分事先告知书》后的10个工作日内，向本公司提出书面申辩报告，并可同时报告中国证监会。

第四十四条 本公司在接到结算参与人的书面申辩报告后，将重新对拟给予结算参与人的纪律处分措施及其原因的合规性及适当性进行复核。如结算参与人申辩合理且属实，本公司将取消或变更拟给予结算参与人的纪律处分措施。

第四十五条 本公司未在本规则第四十三条规定的时间内接到结算参与人的书面申辩报告，或经复核维持原拟定的纪律处分措施的，本公司将向结算参与人发出《结算参与人纪律处分通知书》，对其采取相应纪律处分措施，并向中国证监会报告。

第八章 附 则

第四十六条 本规则中结算备付金、结算互保金、其他交收担保品、业务费用的缴付标准，以及相关技术系统规范，在其他业务规则中予以具体明确。

第四十七条 本规则规定的结算参与人可以参与本公司人民币普通股（A股）、债券、封闭式证券投资基金的结算。

结算参与人参与人民币特种股票（B股）、交易型开放式指数基金（ETF）、权证及其他市场创新品种结算的，应符合本公司相关业务规则的规定。

第四十八条 对取得证券投资基金、企业年金、合格境外机构投资者（QFII）境内资产等托管人资格的商业银行，本公司参照本规则有关规定进行管理。

第四十九条 证券公司被托管、撤销、关闭后，关于其结算业务的过渡安排，中国证监会另有规定的，从其规定。

第五十条 按照中国证监会的要求，乙类结算参与人托管高风险证券公司的，可以参照本规则第四章“委托结算”的规定，接受高风险证券公司的委托办理结算。

第五十一条 本规则由本公司负责解释。

第五十二条 本规则自 2007 年 5 月 7 日起实施。

中国证券登记结算有限责任公司证券登记规则

（2006 年 7 月 25 日 中国证券登记结算有限责任公司）

第一章 总 则

第一条 为规范证券登记及相关服务业务，防范证券登记风险，保护投资者合法权益，根据《证券法》、《公司法》、《证券登记结算管理办法》等有关法律、行政法规和部门规章的规定，制定本规则。

第二条 证券交易所上市和已发行拟上市证券及证券衍生品种（以下统称证券）的初始登记、变更登记、退出登记及相关服务业务适用本规则；中国证券监督管理委员会（以下简称中国证监会）另有规定的，从其规定。境内上市外资股以及经中国证监会批准纳入中国证券登记结算有限责任公司（以下简称本公司）证券登记簿记系统的其他证券的登记及相关服务业务参照本规则执行。

第三条 本公司依法受证券发行人的委托办理证券登记及相关服务业务，证券发行人应当与本公司签订证券登记及服务协议（协议范本见附件）。

第四条 本公司设立电子化证券登记簿记系统，根据证券账户的记录，办理证券持有人名册的登记。电子化证券登记簿记系统的记录采取整数位，记录证券数量的最小单位为壹股（份、元）。

第五条 证券应当登记在证券持有人本人名下，本公司出具的证券登记记录是证券持有人持有证券的合法证明。符合法律、行政法规和中国证监会规定的，可以将证券登记在名义持有人名下。名义持有人依法享有作为证券持有人的相关权利，同时应当对其名下证券权益拥有人承担相应的义务，证券权益拥有人通过名义持有人实现其相关权利。名义持有人行使证券持有人相关权利时，应当事先征求其名下证券权益拥有人的意见，并按其意见办理，不得损害证券权益拥有人的利益。

本公司有权要求名义持有人提供其名下证券权益拥有人的相关明细资料，名义持有人应当保证其所提供的资料真实、准确、完整。名义持有人出具的证券权益拥有人的证券持有记录是证券权益拥有人持有证券的合法证明。

第六条 证券登记实行证券登记申请人申报制，本公司对证券登记申请人提供的登记申请材料进行形式审核，证券登记申请人应当保证其所提供的登记申请材料真实、准确、完整。前款所称证券登记申请人包括证券发行人、证券持有人或其证券托管机构以及本公司认可的其他申请办理证券登记的主体。前款所称证券登记申请人提供的登记申请材料包括证券登记申请人直接向本公司提供或通过证券交易所及本公司认可的其他机构间接向本公司提供的书面文件和电子文件。

第七条 本公司证券登记簿记系统内的证券登记信息包括但不限于以下内容：证券持有人姓名或名称、证券账户号码、有效身份证明文件号码、证券持有人通讯地址、持有证券名称、持有证券数量、证券托管机构以及限售情况、司法冻结、质押登记等证券持有状态。

第二章　初始登记

第八条　已发行的证券在证券交易所上市前，证券发行人应当在本公司规定的时间内申请办理证券的初始登记。

第九条　证券初始登记包括股票首次公开发行登记、权证发行登记、基金募集登记、企业债券和公司债券发行登记、记账式国债（以下简称国债）发行登记以及股票增发登记、配股登记、基金扩募登记等。

第十条　股票发行人申请办理股票首次公开发行、增发、配股登记时，应当提供以下申请材料：

（一）股票登记申请；

（二）中国证监会关于股票发行的核准文件；

（三）承销协议；

（四）具有从事证券业务资格的会计师事务所出具的关于证券发行人全部募集资金到位的验资报告（包括非货币资产所有权已转移至证券发行人处的证明文件）；

（五）通过证券交易所交易系统以外的途径发行（以下称网下发行）证券的，还需提供网下发行的证券持有人名册，证券持有人名册应当包括证券代码、证券持有人证券账户号码、证券持有人有效身份证明文件号码、本次登记的持有证券数量等内容；

（六）证券有限售条件的，还需提供限售申请并申报有限售条件证券持有人类别；

（七）公开发行前国家或国有法人持股的，还需提供国有资产监督管理部门的批准文件；涉及向外国战略投资者定向发行股份的，还需提供商务部等有权部门的批准文件；

（八）涉及司法冻结或质押登记的，还需提供司法协助执行、质押登记相关申请材料；

（九）证券首次发行的，还需提供证券发行人法人有效营业执照副本原件及复印件、法定代表人对指定联络人（董事会秘书或证券事务代表）的授权委托书；

（十）指定联络人有效身份证明文件原件及复印件；

（十一）本公司要求提供的其他材料。

第十一条　权证发行人申请办理权证发行登记，除应当提供第十条（五）至（十）项相关材料外，还应当提供以下申请材料：

（一）权证登记申请；

（二）有权机构关于权证发行的核准文件；

（三）本公司要求提供的其他材料。

第十二条　基金管理人申请办理基金募集登记，除应当提供第十条（三）至（十）项相关材料外，还应当提供以下申请材料：

（一）基金登记申请；

（二）中国证监会关于基金募集的核准文件；

（三）基金合同；

（四）本公司要求提供的其他材料。

第十三条　债券发行人申请办理企业债券和公司债券发行登记，除应当提供第十条（三）至（十）项相关材料外，还应当提供以下申请材料：

（一）债券登记申请；

（二）国家有权部门关于债券发行的核准文件；

（三）债券担保协议或有权部门关于免予担保的批准文件；

（四）本公司要求提供的其他材料。

第十四条 国债通过招投标或其他方式发行后，本公司根据财政部和证券交易所相关文件确认的结果，建立证券持有人名册。国债在证券交易所挂牌分销或场外合同分销后，本公司根据证券交易所确认的分销结果，办理国债登记。

第十五条 本公司对证券发行人提供的证券登记申请材料审核通过后，根据其申报的证券登记数据，办理证券持有人名册的初始登记。通过证券交易所交易系统发行（以下称网上发行）的证券，证券交易所向本公司传送的认购结果视为证券发行人向本公司提供的初始登记申请材料之一，本公司根据网上发行认购结果，将证券登记到其持有人名下；通过网下发行的证券，本公司根据证券发行人提供的网下发行证券持有人名册，将证券登记到其持有人名下。本公司完成证券持有人名册初始登记后，向证券发行人出具证券登记证明文件。

第十六条 由于证券发行人提供的申请材料有误导致初始登记不实所致的一切法律责任由该证券发行人承担，本公司不承担任何责任；证券发行人申请对证券初始登记结果进行更正的，本公司依据生效的司法裁决或本公司认可的其他证明材料办理更正手续。

第三章 变更登记

第一节 证券过户登记

第十七条 证券过户登记包括证券交易所集中交易过户登记（以下简称集中交易过户登记）和非集中交易过户登记（以下简称非交易过户登记）。

第十八条 证券通过证券交易所集中交易的，本公司根据证券交易的交收结果，办理集中交易过户登记。

第十九条 证券因以下原因发生转让的，可以办理非交易过户登记：

（一）股份协议转让；

（二）司法扣划；

（三）行政划拨；

（四）继承、捐赠、依法进行的财产分割；

（五）法人合并、分立，或因解散、破产、被依法责令关闭等原因丧失法人资格；

（六）上市公司的收购；

（七）上市公司回购股份；

（八）上市公司实施股权激励计划；

（九）相关法律、行政法规、中国证监会规章及本公司业务规则规定的其他情形。

第二十条 股份协议转让或行政划拨双方取得证券交易所对股份转让的确认文件后，应当向本公司提出股份转让过户登记申请，本公司对过户登记申请材料审核通过后，办理过户登记手续，并向申请人出具过户登记证明文件。

第二十一条 当事人因继承、捐赠、依法进行财产分割（如离婚、分家析产等情形），法人合并、分立，或因解散、破产、被依法责令关闭等原因丧失法人资格的，资产承继人申请办理过户登记时，应当向本公司提供有效的证券归属证明文件及本公司要求的其他材料，本公司对过户登记申请材料审核通过后，办理过户登记手续，并向申请人出具过户登记证明文件。

第二十二条 在证券公司等机构托管的证券的司法扣划，由托管的证券公司等机构协助办理。证券公司等机构受理司法扣划要求后，应当对相关证券实施交易冻结，并在协助司法扣划当日将协助司法扣划的相关数据发送本公司，本公司根据证券公司等机构发送的数据办理过户登记。

第二十三条 未在证券公司等机构托管的证券的司法扣划，由本公司协助办理。本公司受理司法扣划要求后，在受理日对应的交收日清算交收程序完成后对司法扣划涉及的持有人名下的证券进行核查，根据核查结果办理过户登记手续。

第二十四条 上市公司的收购、上市公司回购股份以及上市公司实施股权激励计划引起的非交易过户登记按照相关业务规定办理。

第二节 其他变更登记

第二十五条 其他变更登记包括证券司法冻结、质押、权证创设与注销、权证行权、可转换公司债券转股、可转换公司债券赎回或回售、交易型开放式指数基金（以下简称 ETF）申购或赎回等引起的变更登记。

第二十六条 证券因被司法冻结、质押等原因导致其持有人权利受到限制的，本公司在证券持有人名册中予以相应标识。

债券质押式回购业务涉及的变更登记按本公司相关业务规定办理。

第二十七条 在证券公司等机构托管的证券的司法冻结，由托管的证券公司等机构协助办理。证券公司等机构受理司法冻结要求后，应当对相关证券实施交易冻结，并在协助司法冻结当日将协助司法冻结的相关数据发送本公司，本公司根据证券公司等机构发送的数据办理司法冻结登记。

第二十八条 未在证券公司等机构托管的证券的司法冻结，由本公司协助办理。本公司受理司法冻结要求后，在受理日对应的交收日清算交收程序完成后对司法冻结涉及的持有人名下的证券进行核查，根据核查结果办理司法冻结登记。

第二十九条 投资者证券质押，应当按照本公司证券质押登记业务相关规定办理证券质押登记。证券质押合同在质押双方办理质押登记后生效。证券一经质押登记，在解除质押登记前不得重复设置质押。已办理司法冻结登记的证券不得再申请办理质押登记。

第三十条 权证创设人创设或注销权证的，本公司根据有效的创设或注销申报，办理权证创设或将相应权证予以注销。

第三十一条 权证行权期内，本公司根据有效的行权申报和交收结果办理权证行权的变更登记。

第三十二条 可转换公司债券转股期内，本公司根据有效的转股申报结果，办理转股登记，将相应股份登记到其持有人名下，同时注销其持有人名下的相应可转换公司债券。

第三十三条 可转换公司债券发行人向本公司申请办理可转换公司债券赎回或回售登记的，本公司根据其申请以及公告约定的赎回方式或有效的回售申报，在确认其用于赎回或回售的资金已划至本公司指定银行账户后，将赎回或回售的可转换公司债券予以注销，并按照本公司有关业务规定办理资金划付手续。

第三十四条 申购或赎回 ETF 份额的，本公司根据有效的申购或赎回申报以及交收结果，办理 ETF 份额申购或赎回的变更登记。

第四章 退出登记

第三十五条 股票终止上市后，股票发行人或其代办机构应当及时到本公司办理证券交易所市场的退出登记手续，按规定进入代办股份转让系统挂牌转让的，应当办理进入代办股份转让系统的有关登记手续。

第三十六条 本公司在结清与股票发行人的债权债务或就债权债务问题达成协议后，与股票发行人或其代办机构签订证券登记数据资料移交备忘录，将股份持有人名册清单等证券登记相关数据和资料移交股票发行人或其代办机构。

前款所称持有人名册清单包括但不限于证券代码、持有人姓名或名称、证券账户号码、有效身份证明文件号码、持有人通讯地址、持有股份数量、股份托管机构、限售情况、司法冻结状态、质押登记情况、未领现金红利金额等内容。

第三十七条 股票发行人或其代办机构未按规定办理证券交易所市场退出登记手续的，本公司可将其证券登记数据和资料送达该股票发行人或其代办机构，并由公证机关进行公证，视同该股票发行人证券交易所市场退出登记手续办理完毕。

第三十八条 股票发行人证券交易所市场退出登记办理完毕后，本公司在中国证监会指定报刊上刊登关于终止为股票发行人提供证券交易所市场登记服务的公告。

第三十九条 债券提前赎回或到期兑付的，其证券交易所市场登记服务业务自动终止，视同债券发行人交易所市场退出登记手续办理完毕。

第四十条 其他证券的退出登记手续参照第三十五条至第三十九条的规定办理。

第五章 证券登记相关服务

第一节 证券持有人名册服务

第四十一条 本公司定期向证券发行人提供证券持有人名册。

发生证券初始登记、召开股东大会、召开基金持有人大会、权益分派、股权结构发生重大变化、证券交易异常波动等情形时，本公司根据证券发行人的申请提供相应的证券持有人名册。

第四十二条 本公司提供的证券持有人名册主要内容包括证券持有人姓名或名称、证券账户号码、持有证券数量、证券持有人通讯地址等。如证券发行人还需本公司提供与证券持有人名册相关的增值服务，可以向本公司提出申请，本公司审核同意后予以提供。

第四十三条 同一持有人持有多个证券账户的，本公司在提供证券持有人名册时，对该持有人通过多个证券账户持有的同一证券可以予以合并统计后再行提供。

第四十四条 证券发行人可以通过本公司提供的上市公司网络服务系统、邮寄、现场办理等方式获取证券持有人名册。

第四十五条 证券发行人应当妥善保管证券持有人名册，并在法律、行政法规和部门规章许可的范围内使用。因证券发行人不当使用证券持有人名册导致的一切法律责任由证券发行人承担，本公司不承担任何责任。

第四十六条 上市公司监事会或股东自行召集股东大会的，召集人可以持召集股东大会通知的相关公告，向本公司申请获取其公告的股权登记日的证券持有人名册。召集人不得将所获取的证券持有人名册用于除召开股东大会以外的其他用途。

第二节　权益派发服务

第四十七条　证券发行人委托本公司派发股份股利及公积金转增股本，应当向本公司提供派发股份股利及公积金转增股本申请、股东大会决议以及本公司要求的其他材料。

本公司对证券发行人的申请材料审核通过后，根据其申请派发相应股份。

第四十八条　证券发行人委托本公司派发股票或基金的现金红利或债券本息，应当向本公司提出申请，并在本公司规定的时间内将用于派发现金红利或债券本息的资金划至本公司指定银行账户；本公司确认证券发行人的相应款项到账后，根据本公司有关业务规定办理资金划付手续。

第四十九条　国债派息兑付的，本公司根据财政部关于国债派息兑付的有关规定，办理本息划付手续。

第五十条　证券发行人委托本公司派发现金红利或债券本息，不能在本公司规定期限内划入相关款项的，应当及时通知本公司，并在中国证监会指定媒体上公告，说明原因。因证券发行人未履行及时通知及公告义务所致的一切法律责任由该证券发行人承担，本公司不承担任何责任。

第三节　查询服务

第五十一条　证券发行人和证券持有人可以通过本公司提供的电子网络服务系统、现场办理等方式向本公司申请查询证券登记信息。

证券持有人通过本公司网络查询服务系统获得的查询结果不作为其持有证券的法律依据，证券持有人如需取得具有法律效力的证券持有及变动记录证明，应当按本公司有关业务规定申请办理。

第五十二条　证券发行人可以向本公司申请查询关联人、董事、监事和高级管理人员等知悉内幕信息当事人持有该证券及变更登记等情况。

第五十三条　证券持有人可以向本公司申请查询持有人本人证券持有及变更登记等情况。

第五十四条　证券交易所依法履行职责，可以向本公司查询证券登记相关数据和资料。

第五十五条　人民法院、人民检察院、公安机关和中国证监会等依照法定条件和程序，可以向本公司查询证券登记相关数据和资料。

第四节　网络投票服务

第五十六条　本公司设立上市公司股东大会网络投票系统（以下简称网络投票系统），为上市公司及其股东提供网络投票服务。

第五十七条　上市公司使用本公司网络投票系统，应当向本公司提出申请，经本公司审核通过后，可以按照本公司网络投票业务操作程序的规定办理股东大会网络投票业务。

第五十八条　上市公司股东通过网络投票系统进行投票，应当按照本公司投资者身份验证业务操作程序的规定办理身份验证后，方可进行网络投票。

第五节　股份持有人类别标识服务

第五十九条　本公司根据国家有权部门的相关规定，提供有限售条件股份的持有人类别标识服务。

第六十条 前条所称持有人类别包括“国家”、“国有法人”、“境内非国有法人”、“境内自然人”、“境外法人”、“境外自然人”等。

第六十一条 本公司根据证券发行人或持有人的申报，进行必要的形式审核后，加设、变更相应持有人类别标识。证券发行人或持有人申报加设、变更“国家”、“国有法人”标识的，应当提供国有资产监督管理部门的界定文件。

第六十二条 本公司以证券账户为单位加设、变更持有人类别标识。同一持有人持有多个证券账户且持有人类别标识存在不一致的，本公司有权要求相关证券发行人、持有人重新核定。

第六节　其他服务

第六十三条 上市公司股权激励计划涉及的证券登记相关服务，按照本公司有关业务规定办理。

第六十四条 本公司依法提供与证券登记服务有关的信息、咨询和培训服务。

第六章　附　　则

第六十五条 证券登记申请人应当按照本公司规定的收费标准缴纳证券登记及相关服务费用。证券登记及相关服务业务涉及税收的，按国家有关规定执行。

第六十六条 证券登记申请人违反本规则以及本公司相关业务细则、指引等规定的，本公司可以暂停或终止为其提供证券登记及相关服务。

第六十七条 证券登记申请人向本公司申请办理证券登记及相关服务过程中，存在违反国家法律、行政法规和部门规章行为的，应当对其行为所产生的后果承担责任；本公司有权暂停或终止为其提供证券登记及相关服务。

第六十八条 本规则要求提供的材料以中文文本为准，凡用外文书写的，应当附有经公证的中文译本。

第六十九条 本规则经中国证监会批准后生效，修订时亦同。

第七十条 原由本公司颁布的涉及证券登记及相关服务的规则、细则、指南、指引及通知等，内容与本规则相抵触的，以本规则为准。

第七十一条 本规则由本公司负责解释。

第七十二条 本规则自发布之日起实施。

附件：证券登记及服务协议（范本）。

附件：

证券登记及服务协议（范本）

附件：证券登记及服务协议（范本）
甲方名称：
乙方名称：中国证券登记结算有限责任公司　　　分公司

第一章　总　　则

第一条　根据《证券法》、《证券登记结算管理办法》等有关法律、行政法规、部门规章以及中国证券登记结算有限责任公司《证券登记规则》的规定，甲方委托乙方办理甲方发行证券的登记及相关服务事宜。甲乙双方本着平等、自愿、诚实信用的原则，就证券登记及相关服务事宜订立本协议。

第二条　乙方为甲方提供的证券登记及相关服务包括甲方证券的初始登记、变更登记、证券持有人名册服务、权益派发、查询、退出登记以及甲乙双方约定的其他服务。

第三条　甲方应当向乙方出具授权委托书，授权董事会秘书或证券事务代表为甲方与乙方之间的指定联络人，负责全权办理甲方与乙方之间的所有证券登记业务及其他相关事宜；在未正式聘任董事会秘书或证券事务代表前，甲方应当临时指定人选代行指定联络人的职责。

甲方指定联络人或其联系方式发生变化的，应当自变化之日起五个工作日内书面通知乙方。因甲方未及时通知乙方有关指定联络人变更情况而造成的损失，由甲方承担。

第二章　权利义务

第四条　甲方的权利：

（一）按规定享有乙方提供的证券登记及相关服务；

（二）获取乙方相关业务规则、细则、指引等规范性文件；

（三）依法使用乙方提供的数据资料。

第五条　甲方的义务：

（一）遵守乙方业务规则、细则、指引等的规定；

（二）确认乙方从证券交易所获取的甲方通过证券交易所交易系统发行的证券数据，或者乙方从中央国债登记结算有限责任公司获取的甲方债券托管数据为甲方有效送达的数据。除此之外，甲方向乙方有效送达证券数据的方式为经甲方确认的书面和电子文件；

（三）保证送达乙方登记的证券数据和相关资料合法、真实、准确、完整，并为此承担相应的法律责任；

（四）依法妥善保管乙方提供的数据资料；

（五）按乙方规定的收费项目和收费标准按时、足额向乙方缴纳相关费用；乙方经有权部门批准对收费标准进行调整的，按调整后的标准执行。

第六条 乙方的权利：

（一）根据业务需要，对业务规则、细则、指引等做出修改或补充，并予公布，不再另行通知甲方；

（二）在办理证券登记或提供相关服务时向甲方收取费用；

（三）在甲方违反乙方有关业务规则、细则、指引等及本协议时，不予提供证券登记及相关服务。

第七条 乙方的义务：

（一）按规定根据甲方有效送达的证券数据和相关资料向其提供证券登记及相关服务；

（二）依法妥善保管甲方的登记数据资料，保证甲方在乙方证券登记簿记系统中登记的数据资料的准确性、完整性；

（三）除人民法院、人民检察院、公安机关和中国证监会等有权机构依照法定条件和程序进行查询和取证，证券交易所依法履行职责要求提供相关数据和资料，证券持有人查询其本人的有关资料以及甲方监事会或股东自行召集股东大会需要获取甲方证券持有人名册外，不得向其他第三方提供与其无关的甲方登记数据资料。

第三章 交易所市场退出登记

第八条 如果甲方证券在证券交易所被依法终止上市，且按规定进入代办股份转让系统挂牌转让的，甲方继续委托中国证券登记结算有限责任公司办理其股份在代办股份转让系统的登记及相关服务事宜。甲方应当在股份暂停上市期间与中国证券登记结算有限责任公司签订代办股份转让系统股份登记服务协议。甲方未与中国证券登记结算有限责任公司签订代办股份转让系统股份登记服务协议的，其在代办股份转让系统的登记及相关服务事宜按照中国证券登记结算有限责任公司有关代办股份转让的业务规则、细则、指引等的规定办理。

第九条 甲方证券终止在证券交易所上市后，甲方应当及时向乙方申请办理证券交易所市场退出登记手续，按规定进入代办股份转让系统挂牌转让的，其在证券交易所市场的股份退出登记事宜应当由其在代办股份转让系统的代办机构（以下简称“代办机构”）在规定时间内向乙方申请办理。

第十条 甲方证券在证券交易所被依法终止上市后按规定进入代办股份转让系统挂牌转让的，其股份的确权事宜以及已确权股份在代办股份转让系统的初始登记事宜由其代办机构向中国证券登记结算有限责任公司申请办理。

第四章 违约责任和争议解决

第十一条 甲乙双方任何一方违反本协议而引起的法律责任，由责任方承担。

第十二条 甲方未按乙方规定使用乙方通信系统接收和发送相关数据，给乙方造成的损失，甲方应当承担相关法律责任。

第十三条 甲乙双方就本协议的效力、解释或履行发生任何争议，首先应当通过友好协商的方式解决。自争议发生之日起三十日内协商解决不成的，则争议双方同意将有关争议提交证券监督管理部门调解；调解不成或不同意调解的，则争议双方同意按下列第____项处理：

（一）将有关争议提交____，依该会的仲裁规则进行仲裁。仲裁裁决是终局的，对双方均有约束力。

（二）向乙方所在地人民法院起诉。

第十四条 在争议解决过程中，除双方有争议的部分外，本协议应当继续履行。

第五章 其 他

第十五条 任何一方因地震、台风、水灾、火灾、战争及其他不可抗力因素或系统故障、设备故障、通信故障、停电等突发事故，致使不能按约定的条件履行本协议的有关义务，给对方造成损失的，不承担责任。

受到不可抗力事件或突发事故影响的一方应当及时将有关情况通知对方，乙方可以通过公告的方式履行通知义务。

第十六条 本协议未尽事宜，甲乙双方可签订补充协议。补充协议与本协议具有同等法律效力。

第十七条 本协议自甲乙双方签字盖章之日起生效，至甲方办理完毕证券交易所市场退出登记手续之日终止。本协议终止后，甲乙双方应当根据乙方的业务规则、细则、指引等的规定，对双方各自尚未履行完毕的事项予以清理。

第十八条 本协议一式____份，甲方、乙方各执____份，具有同等法律效力。

甲方（盖章）：	乙方（盖章）：
法定代表人	法定代表人
或授权代表（签字）：	或授权代表（签字）：
签署日期：	签署日期：
本协议签署地点：	

关于修改《证券账户管理规则》第3.6条的通知

（2004年10月20日　中国证券登记结算有限责任公司）

各开户代理机构：

经中国证监会批准，现对《证券账户管理规则》第3.6条作如下修改："一个自然人、法人可以开立不同类别和用途的证券账户。对于同一类别和用途的证券账户，原则上一个自然人、法人只能开立一个。对于国家法律、法规和行政规章规定需要资产分户管理的特殊法人机构，包括保险公司、证券公司、信托公司、基金公司、社会保障类公司和合格境外机构投资者等机构，经向本公司申请，可开立多个证券账户，具体标准另行制定"。

请遵照执行。

中国证券登记结算有限责任公司证券账户管理规则

（2002 年 4 月 29 日　中国证券登记结算有限责任公司，2002 年 5 月 1 日实施）

第一章　总　　则

1.1　为加强对证券账户的管理，保护证券投资者合法权益，根据《中华人民共和国证券法》等有关法律法规的规定，制定本规则。

1.2　中国证券登记结算有限责任公司（以下简称本公司）对证券账户实施统一管理，本公司上海、深圳分公司（以下统称本公司）及本公司委托的开户代理机构为投资者开立证券账户。

1.3　本规则所称开户代理机构，是指本公司委托代理证券账户开户业务的证券公司、商业银行及本公司境外 B 股结算会员。

1.4　本规则所称证券账户，是指由本公司为申请人开出的记载其证券持有及变更的权利凭证。

1.5　本规则所称境内投资者，是指居住在境内或虽居住在境外但未获得境外所在国家或者地区永久居留签证的中国公民、注册在境内的法人。

1.6　本规则所称境外投资者，是指外国的法人、自然人以及中国香港、澳门特别行政区和台湾地区的法人、自然人。持有中国护照并获得境外国家或者地区永久居留签证的中国公民，视同境外投资者管理。

1.7　投资者开立证券账户必须提交有效身份证明文件及复印件，申请开户时注册的证券账户持有人名称必须与身份证明文件中记载的名称一致。境内投资者为自然人的，有效身份证明文件为中华人民共和国居民身份证；境内投资者为法人的，有效身份证明文件为工商营业执照、社团法人注册登记证书、机关事业法人成立批文等。境外投资者有效身份证明文件，是指境外所在国家或者地区护照或者身份证明，有效商业登记证明文件，有境外其他国家、地区永久居留签证的中国护照，香港、澳门特区居民身份证，台湾同胞台胞证等。

1.8　本规则适用于本公司管理的所有证券账户的开立、注册资料的查询与变更、挂失与补办、注销与合并等相关业务。

1.9　与第 1.8 条所述相关业务有关的各方当事人均应遵守本规则。

第二章　开户代理机构

2.1　取得开户代理机构资格应当具备下列条件：

（一）取得中国证券监督管理委员会（以下简称中国证监会）颁发《经营证券业务许可证》的证券公司、中国人民银行颁发《金融机构营业许可证》的商业银行，或本公司境外 B 股结算会员；代理开设 B 股账户的境内证券公司还须取得中国证监会颁发的《经营外资股业务资格证书》；

（二）有开展业务所具备的人员、场地、设备；

（三）管理规范、制度健全。

2.2 有以下情形之一的，不得成为本公司的开户代理机构：

（一）不具备第2.1条规定的开户代理机构资格；

（二）机构被依法撤销、解散或宣告破产；

（三）持续不能履行正常义务；

（四）与本公司有重大经济纠纷；

（五）中国证监会、证券交易所或本公司认定有不良经营记录；

（六）其他本公司认定的情况。

2.3 已经取得开户代理业务资格的证券公司、商业银行或本公司境外B股结算会员，如出现第2.2条所列情形之一的，本公司可暂停或终止其开户代理业务资格。

2.4 申请开户代理业务的机构应当向本公司提交下列材料：

（一）开户代理申请书；

（二）法人有效身份证明文件及复印件或加盖发证机关确认章的复印件；

（三）人员、设备配置、营业场地、库房情况、财务状况的说明及相关内部管理制度文件；

（四）本公司要求提供的其他资料。

证券公司申请开户代理业务的，还需提供中国证监会颁发的《经营证券业务许可证》及复印件，申请代理B股开户的还需提供中国证监会颁发的《经营外资股业务资格证书》及复印件；商业银行申请开户代理业务的，还需提供中国人民银行颁发的《金融机构营业许可证》及复印件。

2.5 申请开户代理业务的机构经本公司审核同意，并以法人名义与本公司签订开户代理协议后，方可开展证券账户的开户代理业务。

2.6 取得开户代理业务资格的证券公司和商业银行的分支机构经申请可以成为开户代办点。

2.7 开户代理机构应当履行以下义务：

（一）申请设立开户代办点时，需要向本公司报送其名称、地址、负责人姓名、联系电话等资料，经本公司审核批准后方可代理开户业务。开户代理机构不得通过互联网或远程联网终端方式，直接为投资者办理开户业务。

（二）开户代理机构及其开户代办点的名称、地址、负责人姓名、联系电话等发生变化时，应及时书面通知本公司。

（三）根据本规则及本公司其他规定，制订相应的开户操作流程，并报本公司备案。

（四）严格按本公司要求审核申请人身份证明的有效性及开户申请文件的准确性和完整性。严禁为申请文件不全或用无效身份证明文件的申请人开立证券账户。

（五）业务人员应全面掌握国家有关法律、法规，以及本规则和本公司其他规定，并有义务向申请人提供业务咨询。

（六）严格内部管理，加强对开户代办点业务的检查和监督。

（七）按规定刻制证券账户开户业务专用章，并在启用前将印模送本公司备案。

（八）按本公司规定的标准向申请人收取费用，并按本公司规定的期限与本公司结清费用，不得额外收取其他费用。

（九）将开户注册资料通过电子介质保存，并定期报送本公司；同时对书面开户注册资料定期按开户日期顺序装订，并按业务类别妥善保管，保存期不少于20年。开户代理机构应对开户注册资料的完整性负责，建立完善的开户注册资料保管制度并报本公司备案。

（十）按本公司规定的数据格式建立开户资料数据库，并保证数据准确、完整。

（十一）空白证券账户卡应有专人保管，并做表外科目账，作废的证券账户卡应及时销毁。

（十二）本公司规定的其他义务。

2.8 本公司对开户代理机构及其开户代办点开户代理业务进行检查。对不再具备开户代理业务资格或在开户代理业务中严重违规的开户代理机构，本公司除有权按照本规则进行处罚外，还可以追究其法律责任。

2.9 开户代理机构及其开户代办点因违规或操作失误而产生的一切经济损失和法律责任，均由该开户代理机构承担。

2.10 开户代理机构重组合并后，应按照谁承继、谁负责的原则，妥善做好开户注册资料的移交工作。其他因故失去开户代理资格的，应及时、妥善地向本公司移交原开户注册资料。

第三章 证券账户开立

3.1 证券账户按类别分为上海证券账户和深圳证券账户。上海证券账户用于记载在上海证券交易所上市交易的证券，以及本公司认可的其他证券；深圳证券账户用于记载在深圳证券交易所上市交易的证券，以及本公司认可的其他证券。

3.2 上海证券账户和深圳证券账户按证券账户的用途分为人民币普通股票账户（简称A股账户）、人民币特种股票账户（简称B股账户）、证券投资基金账户（简称基金账户）、其他账户等。

3.3 A股账户仅限于国家法律法规和行政规章允许买卖A股的境内投资者开立。

A股账户按持有人分为：自然人证券账户、一般机构证券账户、证券公司和基金管理公司等机构证券账户。

3.4 B股账户按持有人分为：境内投资者证券账户、境外投资者证券账户。

3.5 自然人及一般机构开立证券账户，由开户代理机构受理；证券公司和基金管理公司等机构开立证券账户，由本公司受理。

3.6 一个自然人、法人可以开立不同类别和用途的证券账户。对于同一类别和用途的证券账户，原则上一个自然人、法人只能开立一个。对于国家法律、法规和行政规章规定需要资产分户管理的特殊法人机构，包括保险公司、证券公司、信托公司、基金公司、社会保障类公司和合格境外机构投资者等机构，经向本公司申请，可开立多个证券账户，具体标准另行制定。

3.7 自然人申请开立证券账户时，必须由本人前往开户代办点填写《自然人证券账户注册申请表》，并提交本人有效身份证明文件及复印件。

委托他人代办的，还需提供经公证的委托代办书、代办人的有效身份证明文件及复印件。

3.8 法人申请开立证券账户时，必须填写《机构证券账户注册申请表》，并提交有效身份证明文件及复印件或加盖发证机关确认章的复印件、经办人有效身份证明文件及复印件。

境内法人还需提供法定代表人证明书、法定代表人授权委托书和法定代表人的有效身份证明文件复印件。证券公司和基金管理公司等，还需提供中国证监会颁发的经营证券业务许可证、证券账户自律管理承诺书；境外法人还需提供董事会或董事、主要股东授权委托书，以及授权人的有效身份证明文件复印件。

3.9 开户代理机构应认真审核申请人所提供的开户注册资料，审核申请人身份证明文件是否有效、注册申请表所填写内容与身份证明文件相关内容是否一致。

开户代理机构审核确认合格后，在注册申请表上注明“已审核”并签名，同时加盖开户业务专用章，留存除有效身份证明文件原件以外的所有开户注册资料。

开户代理机构审核确认不合格的，在注册申请表上注明不合格原因，并将有关开户注册资料退还申请人。

3.10 开户代理机构应在规定时间内将审核合格的开户注册资料，按规定数据格式实时向本公司传送。内容包括自然人姓名及有效身份证明文件号码或法人名称及有效身份证明文件号码、通讯地址、联系电话、开户机构、申请日期等。

3.11 本公司实行实时配号开户方式。在收到开户注册资料后，本公司实时对姓名或名称、有效身份证明文件号码、通讯地址、开户机构等内容是否合规，以及申请人是否已开户等，进行审核。审核合格的，予以配号；审核不合格的，不予配号，并说明原因。同时，将审核结果返回开户代理机构。

3.12 开户代理机构应当实时接收本公司返回的审核结果。对已配号的，按规定格式打印证券账户卡或B股账户确认书（以下统称证券账户卡）交申请人；对未配号的，如属于数据录入错误，修改后再向本公司传送，如属于开户注册资料不合格的，退还申请人。

3.13 开户代理机构应当使用本公司统一制作的证券账户纸卡或磁卡。纸卡应按照以下要求发放：

（一）以四号仿宋字体打印。内容包括证券账户号、证券账户持有人姓名或法人全称、开户机构代码及名称、开户日期。有更改的，应在更改处加盖开户业务专用章。

（二）加盖开户代理机构证券账户开户业务专用章。磁卡发放办法由本公司另行规定。

3.14 证券账户注册资料中注册的持有人为证券账户持有人。证券账户持有人依法对其账户中登记的证券享有权利。

第四章 证券账户注册资料的查询与变更

4.1 证券账户持有人可以到开户代理机构查询该账户的注册资料。

4.2 自然人申请查询证券账户注册资料时，必须由本人前往开户代办点填写《证券账户注册资料查询申请表》，并提交本人有效身份证明文件及复印件，或本人户口本、户口所在地公安机关出具的贴有本人照片并压盖公安机关印章的身份证遗失证明及复印件。委托他人代办的，还需提供经公证的委托代办书、代办人的有效身份证明文件及复印件。

4.3 法人申请查询证券账户注册资料时，必须填写《证券账户注册资料查询申请表》，并提交有效身份证明文件及复印件或加盖发证机关确认章的复印件，或发证机关出具的注明注册号的遗失证明及复印件，以及经办人有效身份证明文件及复印件。

境内法人还需提供法定代表人证明书、法定代表人授权委托书和法定代表人的有效身份证明文件复印件；境外法人还需提供董事会或董事、主要股东授权委托书，以及授权人的有效身份证明文件复印件。

4.4 开户代理机构审核上述材料无误后，向本公司实时办理查询。

4.5 证券账户注册资料发生下列情形之一变化时，账户持有人应及时到开户代理机构办理注册资料变更手续：

（一）自然人姓名或机构名称；

（二）有效身份证明文件号码；

（三）本公司要求的其他情形。

4.6 自然人申请证券账户注册资料变更时，必须由本人前往开户代办点填写《证券账户注册资料变更申请表》，并提交下列材料：

（一）本人证券账户卡及复印件；

（二）本人有效身份证明文件及复印件；

（三）发证机关出具的有关变更证明及复印件；

（四）本公司要求提供的其他资料。

委托他人代办的，还需提供经公证的委托代办书、代办人的有效身份证明文件及复印件。

4.7 法人申请证券账户注册资料变更时，必须填写《证券账户注册资料变更申请表》，并提交下列材料：

（一）证券账户卡及复印件；

（二）法人有效身份证明文件及复印件或加盖发证机关确认章的复印件；

（三）发证机关出具的有关变更证明及复印件；

（四）经办人有效身份证明文件及复印件；

（五）本公司要求提供的其他资料。

境内法人还需提供法定代表人证明书、法定代表人授权委托书和法定代表人的有效身份证明文件复印件；境外法人还需提供董事会或董事、主要股东授权委托书，以及授权人的有效身份证明文件复印件。

4.8 开户代理机构受理证券账户注册资料变更申请后，必须将证券账户卡、授权委托书、发证机关出具的变更证明等原件，以及有效身份证明文件复印件寄给本公司审核。对审核合格的，由本公司于五个工作日内更改相应注册资料，开户代理机构根据变更后的注册资料打印新的证券账户卡。

获得本公司授权的开户代理机构可直接办理证券账户注册资料变更手续。

4.9 本公司及开户代理机构对变更前后的原始注册资料妥善保存，以备查验。

第五章 证券账户卡挂失与补办

5.1 证券账户卡毁坏或遗失的，证券账户持有人应向开户代理机构或本公司申请补办证券账户卡。补办的证券账户卡可以是原有的证券账户号，也可以是新的证券账户号。

5.2 补办原号码的上海证券账户卡，由原开户代理机构或该证券账户托管的证券公司（或B股托管机构）受理；补办新号码的上海证券账户卡或补办深圳证券账户卡，各开户代理机构均可受理。

5.3 证券账户持有人在挂失补办新号码上海证券账户卡前，应到托管证券公司（或B股托管机构）办理证券账户冻结手续，并领取该托管证券公司（或B股托管机构）出具的证券账户冻结证明。

5.4 自然人申请挂失补办证券账户卡，必须由本人前往开户代办点填写《挂失补办证券账户卡申请表》，并提交下列材料：

（一）本人有效身份证明文件及复印件；

（二）或者本人户口本、户口所在地公安机关出具的贴有本人照片并压盖公安机关印章的身份证遗失证明及复印件；

（三）补办新号码上海证券账户卡时，还应当提供托管证券公司（或B股托管机构）出具的原证券账户冻结证明。

委托他人代办的，还需提供经公证的委托代办书、代办人的有效身份证明文件及复印件。

5.5 法人申请挂失补办证券账户卡时，必须填写《挂失补办证券账户卡申请表》，并提交下列材料：

（一）法人有效身份证明文件及复印件或加盖发证机关确认章的复印件；

（二）经办人有效身份证明文件及复印件；

（三）补办新号码上海证券账户卡时，还应当提供托管证券公司（或B股托管机构）出具的原证券账户冻结证明。

境内法人还需提供法定代表人证明书、法定代表人授权委托书和法定代表人的有效身份证明文件复印件；境外法人还需提供董事会或董事、主要股东授权委托书，以及授权人的有效身份证明文件复印件。

5.6 补办原号码证券账户卡的，开户代理机构审核合格后直接打印证券账户卡交申请人。

补办新号码证券账户卡的，开户代理机构按规定数据格式将有关资料传送本公司，本公司审核合格后即时予以配号，自动将新证券账户托管到原证券账户托管的证券公司（或B股托管机构），并将相关证券由原证券账户转到新的证券账户。

5.7 对于未办理指定交易的上海证券账户持有人，申请补办证券账户卡之前，应先办理指定交易手续。

第六章 证券账户注销与合并

6.1 对于证券余额为零的证券账户，持有人可以申请注销。

6.2 自然人申请注销证券账户时，必须由本人前往开户代办点填写《注销证券账户申请表》，并提交下列材料：

（一）本人证券账户卡；

（二）本人有效身份证明文件及复印件。

委托他人代办的，还需提供经公证的委托代办书、代办人的有效身份证明文件及复印件。

6.3 法人申请注销证券账户时，必须填写《注销证券账户申请表》，并提交下列材料：

（一）证券账户卡；

（二）法人有效身份证明文件及复印件或加盖发证机关确认章的复印件；

（三）经办人有效身份证明文件及复印件。

境内法人还需提供法定代表人证明书、法定代表人授权委托书和法定代表人的有效身份证明文件复印件；境外法人还需提供董事会或董事、主要股东授权委托书，以及授权人的有效身份证明文件复印件。

6.4 开户代理机构对注销证券账户的申请审核合格后，应将拟注销的证券账户卡收缴存档，并按规定的数据格式报送本公司，本公司审核合格后实时办理注销手续。

6.5 本公司对证券账户实行检查、确认制度。经本公司确认属以下情形之一的，本公司有权对该证券账户予以注销或限制使用：

（一）自然人账户没有姓名或机构账户没有全称；

（二）没有有效身份证明文件号码；

（三）开户资料不真实；

（四）违规使用他人身份资料开户；

（五）违规使用他人的证券账户；

（六）其他经中国证监会或本公司认定的违规证券账户。

6.6 证券账户持有人持有多个证券账户时，可以办理合并证券账户手续。

合并证券账户的手续，由合并后留存的证券账户所托管的证券公司（或B股托管机构）受理。对于被合并的上海证券账户，证券账户持有人还应先到该证券账户所托管的证券公司（或B股托管机构）办理撤消托管手续。

6.7 自然人申请办理合并证券账户时，必须由本人前往开户代办点填写《合并证券账户申请表》，并提交下列材料：

（一）拟合并的证券账户卡及复印件；

（二）本人有效身份证明文件及复印件。

委托他人代办的，还需提供经公证的委托代办书、代办人的有效身份证明文件及复印件。

6.8 法人申请办理合并证券账户时，必须填写《合并证券账户申请表》（附表七），并提交下列材料：

（一）拟合并的证券账户卡及复印件；

（二）法人有效身份证明文件及复印件或加盖发证机关确认章的复印件；

（三）经办人有效身份证明文件及复印件。

境内法人还需提供法定代表人证明书、法定代表人授权委托书和法定代表人的有效身份证明文件复印件；境外法人还需提供董事会或董事、主要股东授权委托书，以及授权人的有效身份证明文件复印件。

6.9 证券公司（或B股托管机构）受理账户合并申请后，应将被合并的证券账户卡收缴存档，并按规定的数据格式报送本公司，本公司审核合格后实时办理合并手续，并将被合并的账户予以注销。

6.10 证券账户注销后不得再恢复使用。

第七章 罚　　则

7.1 开户代理机构违反本规则第2.7条（一）、（二）项，本公司将暂停其相关开户代办点的开户代理业务资格。

7.2 开户代理机构违反本规则第2.7条（八）项，擅自提高或降低收费标准的，或者不按时与本公司结清费用的，本公司将予公开谴责。情节严重的，暂停其开户代理业务资格。

7.3 开户代理机构违反本规则第2.7条（九）、（十）、（十一）项，本公司将暂停其开户代理业务资格，直至其按规定完成所有开户注册资料及空白账户卡的整理和保管工作。

7.4 开户代理机构违反本规则第2.7条（四）项、第3.9条，多次出现开户资料不准确或不完整的，本公司将予书面通报。故意使用虚假资料开户的，本公司将予公开谴责。情节严重的，暂停或终止其开户代理业务资格。

7.5 开户代理机构被暂停开户代理业务资格两次以上，或者经本公司认定违规情况特别严重的，本公司有权终止其开户代理业务资格。

第八章 附　　则

8.1 证券账户编码规则由本公司会同证券交易所另行规定。

8.2 本规则自二〇〇二年五月一日起执行。

8.3 原由上海证券交易所、上海证券中央登记结算公司和深圳证券交易所、深圳证券登记结算公司颁布的涉及证券账户管理的业务规则、规定、指引及通知等，内容与本规则相抵触的，以本规则为准。

索　引

1997 年

1998 年

1999 年

2000 年

2001 年

2002 年

2003 年

2004 年

2005 年

2006 年

2007 年

2008 年

2009

2010 年